China Publishing Group Corporation

YEARBOOK

中国出版集团公司

年鉴（2018）

中国大百科全书出版社

图书在版编目（CIP）数据

中国出版集团公司年鉴. 2018 / 中国出版集团公司年鉴编委会主编. —北京：中国大百科全书出版社，2020.2

ISBN 978-7-5202-0696-9

Ⅰ.①中… Ⅱ.①中… Ⅲ.①出版工作—中国—2018—年鉴 Ⅳ.①G239.2-54

中国版本图书馆CIP数据核字（2020）第012396号

出 版 人 刘国辉
策 划 人 盛 力
责任编辑 盛 力
封面设计 润一文化
责任印制 李 鹏 常晓迪
出版发行 中国大百科全书出版社
地 址 北京市阜成门北大街17号 **邮政编码** 100037
电 话 010-88390093
网 址 http://www.ecph.com.cn
印 刷 小森印刷（北京）有限公司
开 本 880 毫米 × 1230 毫米 1/16
印 张 40.75
彩 插 32 面
字 数 1100 千字
印 次 2020 年 9 月第 1 版 2020 年 9 月第 1 次印刷
书 号 ISBN 978-7-5202-0696-9
定 价 188.00 元

2017 年 8 月 21 日，中国出版传媒股份有限公司上市。

2017 年 9 月 15 日，中国出版集团公司贯彻落实全国出版工作会议精神座谈会召开。

2017 年 5 月 31 日，中国出版集团公司总裁谭跃出席第 10 届读者大会并讲话。

2017 年 8 月 21 日，中国出版集团公司总裁、中国出版传媒股份有限公司董事长谭跃出席中国出版传媒股份有限公司在上海证券交易所上市仪式并致辞。

2017 年 9 月 12 日，中国出版集团公司党组书记王涛出席中国出版集团公司 2017 年新员工培训班并讲话。

2017 年 8 月 23 日，中国出版集团公司党组成员、副总裁刘伯根出席商务印书馆—博睿学术出版社战略合作协议签约仪式并讲话。

2017年8月24日，中国出版集团公司党组成员、中国出版传媒股份有限公司副总经理李岩出席“中国著名企业家与企业”丛书发布会并讲话。

2017年4月20日，中国出版集团公司党组成员、副总裁潘凯雄出席第2届“海峡两岸网络原创文学大赛”颁奖典礼暨第3届“海峡两岸新媒体原创文学大赛”启动仪式并讲话。

2017年6月1日，中国出版集团公司党组成员、中国出版传媒股份有限公司副总经理孙月沐出席规范信息披露暨宣传工作专题会议并讲话。

2017 年 2 月 24 日，《小说课》新书发布会举行。

2017 年 8 月 20 日，《朗读者》读者见面会举行。中国出版集团公司党组成员、中国出版传媒股份有限公司副总经理李岩（中）出席。

2017 年 10 月 10 日，人民文学出版社"两学一做"学习教育培训班开班仪式举行。

2017 年 4 月 11 日，商务印书馆乡村阅读中心良户书院揭牌仪式举行。

2017 年 8 月 21 日，商务印书馆与中国现代出版专家座谈会举行。

2017 年 8 月 23 日，商务印书馆—博睿学术出版社战略合作协议签约仪式举行。中国出版集团公司党组成员、副总裁刘伯根（右五）出席。

2017 年 1 月 6 日，中华书局伯鸿书店试营业仪式举行。

2017 年 6 月 16 日，首届宋云彬古籍整理奖颁奖典礼举行。

2017 年 7 月 18 日，《中央档案馆藏日本侵华战犯笔供选编》发布会暨赠书仪式举行。

2017年4月12日，不列颠百科全书公司总裁霍海·高兹访问中国大百科全书出版社。

2017年6月22日，由中国大百科全书出版社主办，华为技术有限公司、天闻数媒科技（北京）有限公司承办的“互联网环境下百科全书的建设”主题论坛举行。

2017年9月8日，《中国大百科全书》第三版总编辑委员会成立大会召开。

2017 年 1 月 12 日，北京市中小学培育和践行社会主义核心价值观——连环画进校园工作座谈会举行。

2017 年 9 月 22 日，首届“东升杯”全国连环画征稿大赛终评会举行。

2017 年 11 月 11 日，教育部基础教育课程教材发展中心临沂实验区“人美美育学堂”教学研讨会举行。

2017年6月7日，嘹亮军歌——纪念中国人民解放军建军90周年音乐会暨新书发布举行。

2017年9月29日，人民音乐出版社与中国人民解放军军乐团、中国国家交响乐团联合主办的拥护《国歌法》实施暨国歌出版发布会举行。中国出版集团公司党组成员、中国出版传媒股份有限公司副总经理李岩（右一）出席。

2017年10月18日，人民音乐出版社组织全体干部职工收看党的十九大开幕式。

2017年5月9日，御窑文化薪火千年——《御窑千年》新书发布会举行。中国出版集团公司总裁谭跃（主席台左二），集团公司党组成员、中国出版传媒股份有限公司副总经理孙月沐（右四）出席。

2017年5月22日，生活·读书·新知三联书店第七届社店战略合作联席会召开。

2017年6月30日，生活·读书·新知三联书店85周年店庆联谊会举行。中国出版集团公司党组成员、中国出版传媒股份有限公司副总经理李岩（左六）出席。

2017 年 1 月 10 日，中国对外翻译有限公司代表团前往联合国日内瓦办事处（UNOG）、世界知识产权组织（WIPO）和世界卫生组织（WHO）进行工作访问。

2017 年 1 月 14 日，中国对外翻译有限公司代表团赴瑞士日内瓦参加国际大学翻译学院联合会（CIUTI）年会。

2017 年 5 月 13 日，中国对外翻译有限公司参加联合国教科文组织《信使》杂志中文版首刊发布仪式。中国出版集团公司党组成员、中国出版传媒股份有限公司副总经理孙月沐（右三）出席。

2017年5月13日，《中华民族道德生活史》新闻发布会暨唐凯麟教授从教55周年学术研讨会举行。

2017年6月23日，东方出版中心纪念建党96周年党员大合唱活动举行。

2017年8月21日，中国出版集团公司总裁谭跃（右六），集团公司党组成员、中国出版传媒股份有限公司副总经理李岩（右五），集团公司党组成员、副总裁潘凯雄（右七）到东方出版中心调研。

2017年5月18日，纪念新华书店成立80周年座谈会举行。

2017年5月18日，中国出版集团公司总裁谭跃（右三），集团公司党组成员、副总裁刘伯根（右二）、潘凯雄（右四）到新华书店总店调研。

2017年7月21日，国家新闻出版广电总局副局长周慧琳（左二）到新华书店总店调研。中国出版集团公司总裁谭跃（左三），集团公司党组成员、副总裁刘伯根（右二）陪同调研。

中国图书进出口（集团）总公司

2017 年 4 月 26 日（当地时间），在中国图书进出口（集团）总公司承办的第 27 届阿布扎比国际书展中国主宾国活动中，国家新闻出版广电总局副局长吴尚之（前排左二）与阿联酋副总理兼内政部长赛义夫·本·扎耶德·阿勒纳哈扬（前排左三）一行参观中国图书进出口（集团）总公司按需印刷产品。

2017 年 8 月 23 日，中国图书进出口（集团）总公司全球按需印刷联盟正式启动仪式举行。

2017 年 10 月，“中国快讯 ExpressReader” APP 上线仪式举行。

2017 年 10 月 10 日，北京市政协主席吉林（左二），副主席王永庆、闫仲秋，秘书长周毓秋及 30 余位委员到荣宝斋调研。

2017 年 10 月 28 日，荣宝斋大讲堂举办讲座活动。

2017 年 11 月 13 日，中国出版集团公司党组十九大精神宣讲组成员，中国出版集团公司党组成员、副总裁刘伯根到荣宝斋为广大党员干部群众做报告。

2017 年 4 月 14 日，现代教育出版社组织全体员工参观北京新华印刷有限公司。

2017 年 4 月 23 日，现代教育出版社与摩拜单车、龙湖长楹天街联合举办“美好席卷天街——分享是件挺酷的事儿”主题阅读分享会。

2017 年 4 月 23 日，现代教育出版社儿童教育中心编辑为小朋友们讲故事。

2017年1月12日，《对弈》首发式举行。中国出版集团公司党组成员、中国出版传媒股份有限公司副总经理李岩（左二）出席。

2017年5月10日，中国出版集团公司党组成员、副总裁潘凯雄（左二）到中国民主法制出版社国家重点实验室——数字影音互动实验室调研。

2017年7月22日，中国民主法制出版社组织党员干部参观八〇二演习纪念馆。

2017年1月9日，中国出版传媒商报社主办的“教育·出版·互联”高峰论坛举行。

2017年11月28日，中国出版传媒商报社组织全体党员和入党积极分子参加党性教育主题活动。

2017年12月11日，中国出版传媒商报社工会组织全体员工开展“延安红色旅”活动。

2017 年 3 月，中国出版集团公司总裁谭跃（左五）一行到中译出版社调研。

2017 年 4 月，中译出版社组织员工参观中国出版集团公司 15 周年改革发展成就展。

2017 年 5 月，中国出版集团公司与联合国教科文组织签署《信使》杂志中文版复刊首刊合作协议，中国出版集团公司总裁谭跃（右三）出席。

2017 年 8 月 24 日，世界图书出版有限公司北京分公司举办我的学生是外交官——《外交官学汉语的故事》新书交流会。

2017 年 9 月 29 日，世界图书出版广东有限公司协办的第八届全国大学生越南语演讲大赛颁奖仪式举行。

2017 年 12 月 17 日，世界图书出版上海有限公司举办中小学编程教育进课堂研讨会。

2017 年 5 月 21 日，世界图书出版西安有限公司举办《中医的脚印》读者见面会。

出 版 说 明

《中国出版集团公司年鉴》是真实记录中国出版集团公司改革发展历程，系统反映集团公司战略举措、出版主业、基本建设等方面情况的资料性工具书。编写年鉴，对于全面真实保存集团公司历史资料、深入研究把握集团公司各项工作规律、全面宣传集团公司的整体形象，具有重要意义。

《中国出版集团公司年鉴》(2018) 采用记述文体，客观记载集团公司自 2017 年 1 月 1 日至 12 月 31 日期间发生的事情。全书采用篇目、栏目、条目三级结构体例编纂，设置了“特载”“工作综述”“重大活动”“重大项目”等 11 个篇目，篇目下设栏目，栏目下设条目；各栏目之中，根据不同内容和情况，分别按照时间、单位次序或人物姓氏笔画等不同标准，对条目进行排序。正文后编制了条目汉语音序索引。

《中国出版集团公司年鉴》(2018) 的编辑出版工作得到了集团公司各部门和各有关单位的大力支持。各级领导高度重视，联络人、供稿人高度负责，确保了收录内容的权威性、系统性和丰富性。中国大百科全书出版社承担了本次年鉴的编辑出版任务，编辑人员在稿件收集和编辑加工方面付出了大量心血。在此，编委会办公室谨向参与本书编写的全体工作人员表示诚挚的谢意!

由于编辑经验不足，本书疏漏错误之处在所难免，恳请广大读者批评指正。

《中国出版集团公司年鉴》编委会办公室

2019 年 12 月

目　　录

特　　载

领导关怀

重要庆典

集团公司领导讲话

工作综述

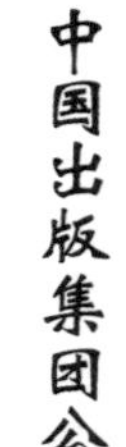

重大活动

战略发展

上市工作

出版工作

营销活动

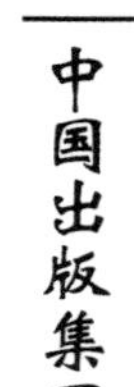

“走出去”工作

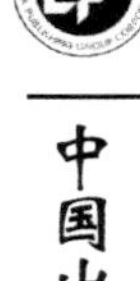

会展工作

人力资源工作

经营管理

文体活动

公益活动

党群工作

重大项目

国家级重大项目

集团公司重大项目

集团公司所属单位重大项目

人事任免

规章制度

集团公司部分重要规章制度

集团公司所属单位部分重要规章制度

媒体关注

部分重要媒体对集团公司的报道

部分重要媒体对集团公司所属单位的报道

公司荣誉

获奖（荣誉）

获奖（荣誉）名单

部分获奖（荣誉）人物简介

出版人

2017 年获得高级职称人员名单

2017 年去世编审简介

资料统计

编辑、出版、发行

财务

对外贸易

著作、论文、书评

大事记

2017 大事记

索引

条目汉语音序索引

特载

SPECIAL ISSUE

领导关怀

刘云山参观第24届北京国际图书博览会

2017年8月24日，中共中央政治局常委、中央书记处书记刘云山在参观第24届北京国际图书博览会（以下简称“图博会”）时指出，本届图博会是十八大以来出版界繁荣发展的成果展示、文化体制改革发展的成果展示，更是出版和科技融合的成果展示。他强调，要深入学习贯彻习近平总书记系列重要讲话精神和治国理政新理念、新思想、新战略，树立高度的文化自信，保持强烈的文化担当，坚持导向为魂、质量为先、创新为要，推动我国加快实现从出版大国向出版强国迈进。

在中国国际展览中心新馆，中国图书进出口（集团）总公司总经理张纪臣向刘云山介绍了图博会30年发展的主要成绩和本届图博会的关键数据。随后，刘云山参观了国内出版单位展区，与出版机构负责人就图书出版发行、国际合作、数字出版等方面进行交流。在党的十八大以来精品图书展台，刘云山仔细察看展示图书，对十八大以来我国出版领域改革发展和图书“走出去”取得的成绩给予肯定，希望出版战线聚焦多出精品这个关键，更加注重内容建设，着力提升国际传播能力，实现出版业持续繁荣发展。刘云山说，当前出版战线的头等大事，就是要认真做好迎接党的十九大主题出版工作，集中优势资源和力量推出一批出版精品，为党的十九大胜利召开营造良好思想文化氛围。

刘云山指出，出版工作是重要的宣传文化阵地，是丰富人民群众精神文化生活的重要载体。要始终坚持正确的政治方向、出版导向和价值取向，在思想上、政治上、行动上同以习近平同志为核心的党中央保持高度一致，牢固树立以人民为中心的发展思想，把社会效益放在首位，正确处理社会效益与经济效益的关系。要坚持质量第一，把多出优秀作品作为出版工作的中心环节，加强选题策划，抓好原创出版，加大高质量出版物的有效供给，更好满足人民群众精神文化需求。要弘扬改革创新精神，积极适应数字化网络化发展的新趋势，深化出版领域改革，加快传统出版和数字出版融合发展，加快形成有中国特色的现代出版企业制度，推动我国出版业不断做大做优做强。

伊朗伊斯兰共和国是本届北京国际图书博览会的主宾国，刘云山参观了主宾国展区并观看了新华社与伊通社联合摄影展。刘云山说，出版是人文交流的桥梁、民心相通的纽带，希望双方抓住“一带一路”建设的机遇，扩大出版合作领域，拓展人文交流内涵，为深化中伊合作、促进“一带一路”建设做出积极贡献。

中共中央政治局委员、中央宣传部部长刘奇葆一同参观展览。中央宣传部副部长、国家新闻出版广电总局局长聂辰席，中央宣传部副部长庹震，国家新闻出版广电总局副局长吴尚之、周慧琳等陪同参观。

北京国际图书博览会由国家新闻出版广电总局等单位共同主办。本届图博会共吸引89个国家和地区的2511家中外出版商参展。

（陈　菲　王玉梅）

刘云山听取“译见”大数据平台情况汇报

2017年8月24日，中共中央政治局常委、中央书记处书记刘云山，在时任中共中央政治局委员、中央书记处书记、中央宣传部部长刘奇葆，中央宣传部副部长、国家新闻出版广电总局局长、党组书记聂辰席，中央宣传部副部长庹震，国家新闻出版广电总局副局长吴尚之，副局长周慧琳等陪同下，参观第24届北京国际图书博览会展览现场，并来到中国出版集团公司展区，了解集团公司发展情况。中国出版集团公司总裁谭跃介绍集团公司出版情况。中国对外翻译有限公司控股子公司——中译语通科技（北京）有限公司总经理于洋围绕“译见”大数据分析平台，以及基于“译见”分析的中国出版国际交流大数据分析等业务情况进行了汇报。大数据分析显示中国出版业国际交流自十八大以来呈持续增长态势，中国出版集团公司版权输出全国居首。　（赵　桐）

刘延东为土耳其加齐大学“中国馆”揭牌

2017年4月18日，由国务院新闻办公室、中国人民大学和土耳其加齐大学合作共建，中国图书进出口（集团）总公司（以下简称“中图公司”）承建的土耳其加齐大学“中国馆”落成启动仪式举行，中共中央政治局委员、国务院副总理刘延东出席启动仪式，并为“中国馆”揭牌。

加齐大学“中国馆”是国务院新闻办公室在海外与各国大学图书馆合作共建的第14座“中国馆”，系中国在西亚北非地区建立的首个“中国馆”，旨在促进土耳其汉学和中国学研究。该馆也是中图公司继秘鲁国家工程大学“中国馆”、老挝国家政治行政学院“中国馆”后承建的第3座“中国馆”。

中国人民大学党委书记靳诺、加齐大学校长伊布拉西姆等中外嘉宾50多人出席启动仪式。伊布拉西姆在致辞中指出，此次“中国馆”的建立是中土关系在文化交流领域深化的结果，中土两国在其他领域还有更为巨大的合作潜力，相信两国文化交流会更上一层楼。

活动现场，刘延东认真翻阅了《习近平谈治国理政》《中国梦》等主题图书，并对中国出版集团公司出版的《大中华文库》、中国人民大学出版社出版的《社会主义核心价值观关键词丛书》等图书给予了高度评价，特别肯定了《大中华文库》系列图书对中国文化走向世界所做出的贡献。她强调，一定要做好翻译工作，让世界看懂中国图书。在数字阅览区，刘延东亲切鼓励正在使用易阅通平台阅读的女学生：“女孩子一定要多读书，读好书。”

中图公司总经理张纪臣向刘延东一行介绍了“中国馆”的整体情况。该馆位于加齐大学中央图书馆的4层，面积达200平方米，主要分为图书阅览、文化展示、多媒体互动、学术交流等4个区域。“中国馆”馆藏资源近10万种，内容涵盖了当代中国最新思想研究成果、优秀文化艺术和顶尖科技成果，这些数字资源均来自中图公司自主研发的“易阅通”平台（CNPeReading），并通过该平台向海外“中国馆”提供中国内容的数字图书馆服务。

“中国馆”的建立，旨在为土耳其人民，特别是青年学生打开一个认识中国、了解中国的窗口，为当前日益频繁深入的中土人文交流搭建一个长期有效的平台。

启动仪式由中华人民共和国驻土耳其共和国大使馆协办。　（葛江霞）

刘奇葆到商务印书馆调研

2017年5月9日，中共中央政治局委员、中央书记处书记、中央宣传部部长刘奇葆到商务印书馆调研，强调要深入学习贯彻习近平总书记系列重要讲话精神和治国理政新理念新思想新战略，围绕迎接宣传贯彻党的十九大这条主线，坚守正确的文化立场和文化追求，打造更多属于我们这个时代的传世精品，推动社会主义文化繁荣发展。

刘奇葆参观了商务印书馆创立暨中国现代出版120年专题展，考察了商务印书馆近年来发展情况，与专家编辑、老员工等座谈交流。

刘奇葆指出，商务印书馆是我国出版界的百年品牌，寄托着我国几代出版人的文化使命和理想追求。要传承好、维护好、发展好这个“金字招牌”，始终秉持人民至上的价值取向，自觉担负起以文化人、以文育人的职责使命，通过编辑出版的作品传递向上向善的价值观，建设中华民族美好精神家园。要始终坚持以内容建设为根本，进一步增强辞书出版的丰富性、多样性和竞争力、影响力，进一步挖掘学术出版资源、丰富产品内容、优化产品结构，不断夯实辞书和学术出版重镇的根基。

刘奇葆指出，当前推进出版领域改革创新，要切实抓好出版融合发展。要强化互联网思维，将传统出版的内容优势延伸到新兴出版领域，推动优质内容资源特别是精品图书的数字化、网络化传播。要拓展对外交流合作，推出一批阐释中国发展道路和社会制度、体现当代中国价值观念的学术著作和通俗理论读物，探索“走出去”的新内容新渠道新方式，更好传播中华文化。

刘奇葆强调，坚持正确出版导向，是出版工作必须遵守的政治底线。要切实增强“四个意识”，认真把好政治导向关、价值取向关、内容题材关、出版质量关。要坚持以社会主义核心价值观为引领，始终把社会效益放在首位，严肃认真地考虑出版物的社会效果，讲品位、讲格调、讲境界，实现社会效益与经济效益相统一。

刘奇葆出席纪念新华书店成立80周年座谈会并做重要讲话

2017年5月18日，纪念新华书店成立80周年座谈会在北京举行。中共中央政治局委员、中央书记处书记、中央宣传部部长刘奇葆出席纪念座谈会并做重要讲话。中央宣传部常务副部长黄坤明，中央宣传部副部长庹震，中央宣传部副部长、国家新闻出版广电总局党组书记、局长和国家版权局局长聂辰席，国家新闻出版广电总局党组成员、副局长田进、童刚、吴尚之、周慧琳、张宏森，国家新闻出版广电总局党组成员王庚年、阎晓明，中国出版集团公司总裁谭跃等出席会议。国家发展和改革委员会、财政部、民政部、人力资源和社会保障部、全国打击侵犯知识产权和制售假冒伪劣商品工作领导小组、文化部、国家新闻出版广电总局相关领导及相关直属单位、社会团体代表，以及各省区市新闻出版广电局、新华书店代表近300人参加了会议。聂辰席主持会议。

刘奇葆强调，要深入学习贯彻习近平总书记系列重要讲话精神和治国理政新理念新思想新战略，充分发挥出版发行主渠道、主阵地作用，着力宣传党的理论和路线方针政策，着力为读者提供更好更多精神食粮，为党的十九大胜利召开营造良好文化氛围。

刘奇葆指出，新华书店是我们党直接创建和领导的出版发行机构，是我国社会主义文化事业的重要组成部分。要坚定文化自信，更好地担负起传承中华优秀传统文化、弘扬革命文化、发展社会主义先进文化的责任，做好马克思主义经典

著作、党和国家重要文献的发行，做好党中央治国理政新理念新思想新战略等重大主题出版宣传。要坚持读者至上，进一步完善服务功能，提高服务的精准化、专业化水平，更好地服务读者、服务基层。要突出发行主业，健全网点布局，做实实体书店，深化体制机制改革，增强发展活力和市场竞争力。要积极探索信息化条件下发展新模式，建设现代流通体系，打造现代发行业态，提高企业信息化、标准化、智能化、集约化水平。要弘扬优良传统，传承“爱党、爱国、爱店、敬业”的新华精神，进一步擦亮新华品牌，坚持做大做强新华书店。（梁晓龙）

刘奇葆出席《中国大百科全书》第三版总编辑委员会成立大会并做重要讲话

2017年9月8日，中共中央政治局委员、中央书记处书记、中央宣传部部长刘奇葆出席《中国大百科全书》第三版总编辑委员会成立大会并做重要讲话，强调要深入学习贯彻习近平总书记系列重要讲话精神和治国理政新理念新思想新战略，以优质内容为根本，以先进技术为支撑，构建影响广泛的网络百科平台，提供方便快捷的百科知识服务，把中国大百科全书打造成我国文化建设新的标志性成果。

刘奇葆指出，编纂出版综合性百科全书是一个国家出版水平的重要标志，是一个民族文化自觉的重要体现。编纂《中国大百科全书》第三版，要坚持正确政治方向，旗帜鲜明地以马克思主义为指导；坚守高端学术品位，以最高水平最高标准打造国家级百科知识体系；秉持打造传世精品追求，确保导向正确、内容准确、编校一流，树立体现最高出版水平的时代标杆。

刘奇葆强调，《中国大百科全书》第三版主推网络版，内容上要充分反映时代发展，使之成为获取新知的网络主渠道；形式上要主动适应网络传播特点，构建有声、有色、有形的立体百科全书；服务上要注重优化用户体验，更好满足广大读者知识需求。

《中国大百科全书》第三版总编辑委员会委员，中央宣传部、国家新闻出版广电总局负责同志，中国出版集团公司、中国大百科全书出版社有关人员出席会议。（尹添铭）

柳斌杰高度评价新华书店总店《国际出版周报》

2017年1月4日，在全国人大常委会办公楼举行的2017北京图书订货会媒体见面会上，全国人大常委会委员、全国人大教育科学文化卫生委员会主任委员柳斌杰在回答中外记者提问时，高度评价《国际出版周报》。他在介绍中国加入国际出版商协会的有关情况时特别强调：“最近，国际出版商协会主席理查德访华，我们进行了深入交谈。与理查德会见的相关情况，《国际出版周报》做了很好的报道，各位媒体记者可以去查阅相关情况。”在得知《图书馆报》与《国际出版周报》同属新华书店总店主办后，柳斌杰对《图书馆报》记者说：“你们的情况我是知道的，与理查德那次见面活动，就是你们新华书店总店《国际出版周报》主办的，活动办得很好，报纸办得很好。”

柳斌杰同志提到的国际出版商协会主席理查德访华活动，由《国际出版周报》全程联络与组织。其中包括了理查德对中国出版企业的访问，对理查德的独家专访和以“国际出版聚焦中国”为主题的出版高层沙龙。2017年《国际出版周

报》将通过在伦敦、北京举办的国际出版高层论坛，在海外直接发行英文版《国际出版月刊》，运营英文国际出版网等方式，加速实现成为国际出版传媒重要平台的战略目标。（梁晓龙）

聂辰席为《中国新华书店发展大系》作序

2017 年 5 月，中央宣传部副部长，国家新闻出版广电总局党组书记、局长，国家版权局局长聂辰席在新华书店成立 80 周年之际，为《中国新华书店发展大系》作序。内容如下：

当前，全党全国各族人民正在以习近平同志为核心的党中央领导下，朝着全面建成小康社会、实现中华民族伟大复兴中国梦的目标阔步前进。作为党创建和领导的出版发行机构，作为社会主义出版事业和文化事业建设的亲身经历者、积极参与者和忠实见证者，新华书店已经走过了 80 年的光辉历程。

1937 年 4 月，新华书店在革命圣地延安诞生。从清凉山麓的一间窑洞出发，新华书店始终伴随着党和人民的事业一路砥砺前行，不断发展壮大。在党中央的高度重视和亲切关怀下，新华书店始终坚持正确方向、坚定立场，坚持围绕中心、服务大局，坚持读者至上、服务群众，及时把党的路线方针政策传播到千家万户，把教材送到亿万学生手中，把科学文化知识提供给广大读者受众，为满足人民群众精神文化需求、提高全民族思想道德素质和科学文化素质做出了卓越贡献，为促进全民阅读、建设书香社会发挥了积极作用，为传承中华优秀传统文化、建设社会主义文化强国凝聚了强大力量。

进入新的历史时期，新华书店不断深化改革，完善体制机制，优化业务结构，创新发展业态，努力提升整体实力和服务水平，把发行网点开办到人民群众最需要的地方，开创了图书发行史上流动供应和上门售书的服务新举措，目前已形成遍布全国的 1 万余处发行网点，拥有 13 万名员工，成为以图书发行为主营业务、多业态发展的国有文化企业中坚力量。

80 年来，无论是在战火硝烟的革命战争年代，在热火朝天的社会主义建设时期，在探索中前行的计划经济阶段，还是在改革开放的社会主义市场经济大潮中，新华书店始终坚守宣传真理、传播知识、传承文化的历史责任，筚路蓝缕、不畏牺牲，坚定不移、勇往直前，经受了血与火的考验，克服了难以想象的挫折与困难，走出了一条服务党和国家大局、服务人民群众的改革发展之路，创造了许多载入文化建设史册的突出业绩，留下了无数值得后人铭记的感人事迹。

80 年来，新华书店涌现出一大批出版发行事业的中坚力量。他们中，有在抗战时期反扫荡中宁死不屈、跳崖牺牲的女英雄黄君臣，有在为各敌后根据地运送图书时突破封锁线而倒下的发行员，有在抗美援朝战争中送书上阵地而壮烈牺牲的随军书店员工高照杰，有在为读者服务中苦练业务、精益求精、服务周全的普通营业员，有在平凡岗位上坚持读者第一、服务第一的劳动模范，还有身退心不退、愿把余生献给读者的新华老员工……他们是不同历史时期新华书店创业发展的脊梁，永远留在读者的记忆中，永远铭刻在新华书店发展前行的历史丰碑上。

在 80 年的奋斗发展历程中，新华书店留下了宝贵的精神财富，锻造了鲜明的新华精神，其核心要义就是：坚持正确的政治方向，与时俱进，改革创新，全心全意为人民服务、为读者服务。这种坚守了 80 年的光荣传统已融进新华人的血液，贯穿于每个新华人的行动中。正是有了这种精神，新华书店才能自强不息、永葆青春，才能在激烈的市场竞争中持续健康发展。

在纪念新华书店成立 80 周年之际，由中国新华书店协会组织编纂并呈现给新华人和社会读者的《中国新华书店发展大系》，系统收集整理了新华书店在革命战争时期、社会主义建设时期和改革开放时期的重要资料，记录了新华书店自创立以来的重大史实和事件，回顾了共和国出版

发行事业的缘起与形成，展现了中国出版发行业特别是共和国图书发行业详尽的发展脉络，是新华书店成立以来史料最全、内容最广、时间跨度最长、记录最翔实的珍贵资料，是共和国出版史上的重要文献和新华书店员工必读的史料教材，具有“存史、资政、育人”的重要价值。一位出版界老前辈曾经说过：通过新华书店的发展轨迹和辉煌历史，可以看到新华书店所具有的光荣的历史、自豪的品牌、高昂的士气和远大的前程。《中国新华书店发展大系》既是对新华书店光荣奋斗历史的翔实记载，更蕴含着激励当代新华人不忘初心、继续前进的强大动力。

伟大的事业需要伟大的精神力量，这对新华书店赋予了新的职责使命。广大新华人要牢固树立政治意识、大局意识、核心意识、看齐意识，深入学习贯彻习近平总书记系列重要讲话精神和治国理政新理念新思想新战略，进一步弘扬优良传统作风，进一步加大改革创新力度，努力繁荣发展社会主义先进文化，更好地满足人民群众的精神文化需求，让新华书店这一光荣品牌“苟日新，日日新，又日新”，让新华精神不断发扬光大，更加充满信心地迈向辉煌百年，为实现“两个一百年”奋斗目标、中华民族伟大复兴中国梦而不懈奋斗！

（梁晓龙）

周慧琳到新华书店总店调研

2017 年 7 月 19 日，国家新闻出版广电总局副局长周慧琳到新华书店总店（以下简称“总店”）调研。对总店近年来改革发展所取得的成绩给予充分肯定，对总店联合全国各省市新华书店共同建设“中国新华发行网—新华书店网上商城”项目给予了高度评价，并对项目的建设提出了要求。国家新闻出版广电总局规划发展司司长朱伟峰，印刷发行司司长刘晓凯，副巡视员董依薇，中国出版集团公司总裁谭跃，中国出版集团公司党组成员、副总裁刘伯根等陪同调研。刘伯根主持调研座谈会。

周慧琳在听取总店的情况汇报后指出，刘奇葆同志在纪念新华书店成立 80 周年座谈会及全国出版工作会议上讲话强调，要发挥新华书店品牌作用，发扬新华书店的优良传统，建设统一的新华书店网上商城，建设网上发行主渠道。总店及时贯彻落实中央领导同志讲话精神和国家新闻出版广电总局工作安排，规划设计的“中国新华发行网—新华书店网上商城”项目设想很好，起步很好。项目建设成功就是真正做出了主业、突出了主业、挺拔了主业，就是圆满完成了中央领导同志交办的任务。

周慧琳指出，建设新华书店网上商城不仅是政治任务，是总店自身业务发展的需要，也是出版发行产业、事业的需要，是业界的呼唤。国家新闻出版广电总局将新华书店网上商城建设作为贯彻落实中央领导同志讲话的一项重要举措，把商城建设的任务交给了总店，总店要进一步调研论证，进一步完善整体解决方案，要充分运用市场手段，与国家新闻出版广电总局有关重点工程充分结合，充分发挥自身优势特色，把新华书店网上商城做成一个基础扎实、可持续发展的工程。

朱伟峰、刘晓凯、董依薇对项目建设分别提出了意见和建议。总店总经理茅院生汇报了总店近年来的改革发展情况，重点汇报了“中国新华发行网—新华书店网上商城”项目建设情况。

周慧琳视察了总店在建中的 135 号院“新华文创科技园”，参观了总店店史馆。新华书店总店党委副书记柏万良，副总经理张雅珊、陈新，总经理助理戴昕、汪春荣等陪同视察。总店中层干部、所属公司负责人及“中国新华发行网—新华书店网上商城”项目小组成员参加了调研座谈会。

（梁晓龙）

阎晓宏到新华书店总店调研

2017年3月24日，国家新闻出版广电总局副局长阎晓宏到新华书店总店（以下简称“总店”）调研。听取了总店改革发展及重点项目建设情况汇报并做了重要讲话，对总店近年来改革发展所取得的成就给予充分肯定，对总店联合全国各省市新华书店共同建设的“中国新华发行网”给予了高度评价，并对“中国新华发行网”的建设提出了要求。国家新闻出版广电总局印刷发行司司长刘晓凯，副巡视员董依薇，中国出版集团公司党组书记王涛，中国出版集团公司党组成员、副总裁刘伯根，投资与资产经营部主任周锡培，中国出版传媒股份有限公司市场营销部主任陈晗雨等陪同调研。总店总经理茅院生汇报了总店近年来改革发展所取得的成绩，重点汇报了“中国新华发行网”的建设情况。

阎晓宏讲话指出，总店近年来在中国出版集团公司领导下，新班子敢想敢干，在全体员工的共同努力下，取得了令人瞩目的成绩，非常不容易。总店曾经有着非常辉煌的历史，由于历史原因，前几年的发展困难重重，但近几年的发展让人感到非常振奋，不仅处理了大量债务和历史遗留问题，盘活存量资产，为集团公司带来收益，而且即将建成5万平方米的“新华文化创意产业园”、上线新华发行网项目，新华书店总店实现了历史性的转变。这个转变很了不起。2017年新华书店（总店）成立80周年，将举行一系列庆祝活动，相信会将新华书店（总店）的事业推向新的高潮。

阎晓宏指出，目前在出版领域，对出版物产品的生产很重视，但是对出版物的传播能力建设却有欠缺。对于传播能力建设，一是要有产品，二是要有传播产品的途径。我们现在有大量优秀的出版物，但如何将它们传播出去，让广大读者及时知道、看到、方便买到是当前存在的一个很大问题。

阎晓宏指出，“中国新华发行网”以资本为纽带，连接出版社、新华书店、图书馆、读者，打通上下游，是一件很伟大的事。做好“中国新华发行网”，对于加强出版发行阵地建设，发扬光大“新华书店”品牌，向读者传播健康、积极向上的优秀出版物，提升国家传播能力极其重要。阎晓宏强调，总店按照市场原则、以资本为纽带、利益共享的方式建设“中国新华发行网”非常有生命力。相信在中宣部、国家新闻出版广电总局、中国出版集团公司等相关单位和部门的全力支持下，“中国新华发行网”一定能够快速发展，早日实现既定的建设目标。

阎晓宏表示，国家新闻出版广电总局将全力支持“中国新华发行网”的建设。印刷发行司将协调相关司局推进“中国新华发行网”建设。

阎晓宏视察了在建中的135号院“新华文化创意产业园”。总店党委副书记柏万良，副总经理张雅珊、陈新，总经理助理戴昕、汪春荣陪同视察。总店中层干部、所属公司负责人及“中国新华发行网”“全国大中专教材采选系统”项目小组成员参加了座谈会。（梁晓龙）

重要庆典

商务印书馆创立 120 年生日会举行

2017 年 2 月 10 日，商务印书馆全体员工、分馆员工代表及部分离馆员工在北京相聚一堂，共庆商务印书馆创立 120 年。中国出版集团公司党组书记、商务印书馆原总经理王涛以及商务印书馆全体馆领导出席活动。

生日会上，商务印书馆总经理于殿利在致辞中回顾了商务印书馆自 120 年前在上海创立，成为中国现代出版事业的开启者、中国现代化进程推动者的历史。他强调，120 年是一个新的起点，商务的事业是一代人接一代人的事业，是始终与国家和民族的命运紧密连接在一起的事业，商务人必须担负起属于自己的责任，做好这一代人的传承与创造。

伴随全场唱响的生日歌，全体员工一同许下心愿，吹蜡烛，切蛋糕，在欢声笑语中迎接商务印书馆新的征程。（刘　芳）

新华书店总店成立 80 周年座谈会举行

2017 年 4 月 21 日，新华书店总店（以下简称“总店”）成立 80 周年座谈会在北京举行。中国出版集团公司党组成员、副总裁刘伯根出席座谈会并讲话。总店总经理茅院生，党委副书记柏万良，副总经理张雅珊、陈新，总经理助理汪春荣出席座谈会。汪轶千、周昌喜、汪季贤、郑士德、王栋石等总店老领导，以及在总店工作一生的百岁老人何蕴之、著名的佣书（甲骨文）专家梁天俊、退休支部书记陈淑梅等老同志代表与总店全体在职员工共同回忆总店光辉历程，展望总店美好未来。

刘伯根代表中国出版集团公司，代表总裁谭跃向总店成立 80 周年表示祝贺，指出新华书店总店 80 华诞，不仅是总店的喜庆和荣光，也是集团公司的喜庆和荣光。刘伯根讲话指出，总店有着光荣的历史，这是总店的品牌资源。新华书店是党中央、毛主席缔造的红色文化企业，毛泽东主席曾 3 次为新华书店题写店招、题词，体现了党和国家对新华书店的关怀。总店不仅是一家书店，代表一个系统、一个行业，更是党的宣传阵地、出版阵地和文化阵地。可以说，没有新华书店，就没有中国的出版发行产业。总店走过了光辉又曲折的道路，这是总店的精神财富。总店 1937 年 4 月在延安成立，党的出版发行事业从此有了主渠道。1949 年共和国成立后，总店作为全国新华书店的最高管理机构，为构建图书发行系统做出了贡献。改革开放后，总店带领、指导全行业恢复发展，发挥了行业先锋作用。1987

年总店转制成为中央一级图书发行企业，作为市场主体，参与市场竞争，树立了自我革命、自我牺牲的典型。2014 年至今，总店在中国出版集团公司的领导下，结合自身实际，立足时代需要，科学规划，谋定而动，是转型发展、凤凰涅槃的表率。

刘伯根指出，总店有了不起的职工，这是总店发展的内在动力。在企业发展的各个时期，总店的员工无论在何种岗位都为企业发展做出了不同的奉献。如今的总店，在全体员工的共同努力下，综合实力大幅提升，工作成绩非常显著，不仅自身实现了更快更好的发展，也增强了集团公司的整体实力。总店有充满希望的未来，前景广阔。围绕“盘活存量资产，推进产业转型”的发展战略，总店寻找到了一条特色的转型发展道路：新华文化创意产业园一期工程即将竣工，135 号院将发生令人刮目相看的变化；一网（中国新华发行网—新华书店网上商城）、一系统（全国大中专教材采选系统）、一平台（国际出版企业高层论坛等会展经济）等重点项目，有效推进了产业转型。3 年来，总店事业健康发展，职工看到希望，收入有增长，奋斗有收获，面貌为之一新，做强做大可期，凤凰涅槃可望。

刘伯根强调，80 年对企业而言，是壮年、是盛年，是充满希望的时期，祝愿总店全体员工继往开来，不懈奋斗，再创辉煌。

茅院生在致辞中回顾了总店 80 年光辉历程。80 年来，总店作为党的宣传重要阵地、国家的重要文化机构和读者的文化家园，始终站在党和国家文化事业的最前沿，始终依靠理想信念和责任担当，谱写了一部党领导下的红色文化企业的革命史、创业史、改革史和创新史，凝聚了几代新华人的奉献、心血与智慧。

茅院生指出，总店作为在延安成立的红色文化企业，始终坚持继承并发扬延安精神，形成了以“传播真理、弘扬文化的爱党爱国精神，自力更生、埋头苦干的创业精神，解放思想、敢破敢立的创新精神，从不放弃、勇于进取的奋斗精神，全心全意、读者至上的服务精神”为主体的新华精神。站在新的历史起点上，总店全体员工将大力发扬新华精神，努力推进产业转型，抓战略谋项目实现调结构，抓科技创品牌实现促融合，抓改革促规范实现稳增长，抓党建凝合力承担企业责任，通过干事创业为国家文化发展繁荣再立新功。

总店原总经理汪轶千回顾了他在总店工作的难忘历程，表达了对总店的深厚感情，对总店当前的工作给予充分肯定，对总店未来发展充满希望。总店事业发展部主任陈建华代表全体在职员工，表达了对老一辈总店人的崇高敬意，对未来的期许和承诺。

刘伯根、茅院生为老领导老同志代表颁发了总店成立 80 年荣誉证章。员工代表演唱了《南泥湾》《相亲相爱》《江山》《走向复兴》等歌曲，全体参会人员分享了总店 80 华诞蛋糕。

为进一步传承弘扬延安精神、新华精神，建设更加美好未来，总店组织了一系列店庆活动，出版了《新华书店总店史》《不忘初心　砥砺前行：新华书店总店“80 周年 80 人物”》《新华人新华情：新华书店总店“我与总店”征文集》《新华书目报——新华书店成立 80 周年店庆特刊》（136 版）等纪念图书和报刊。中央电视台、《人民日报》（海外版）、《光明日报》《新闻出版广电报》、北京广播电视台等媒体对新华书店成立 80 周年做了专题报道，对总店在新华书店 80 年发展历程中起到的重要作用和目前正在实施的重点项目做了专门介绍。（梁晓龙）

生活·读书·新知三联书店创建85周年庆祝联谊会举行

2017年6月30日，生活·读书·新知三联书店（以下简称“三联书店”）创建85周年纪念日前夕，三联书店领导班子成员、全体员工及部分三联书店作者共聚在北京77文化创意产业园小剧场，庆祝三联书店创建85周年。中国出版集团公司党组成员、中国出版传媒股份有限公司副总经理李岩，国务院参事、中国出版传媒股份有限公司原副总经理、三联书店原总经理樊希安，三联书店原总经理沈昌文，三联书店原总经理董秀玉，三联书店原副总编辑汪家明，北京道朴文化公司董事长王雷、总裁李滨一同出席了活动。

联谊会上，与会嘉宾向三联书店致以热烈的祝贺，并感谢三联书店各届领路人和几代出版同人的长期奋斗。李岩、沈昌文、路英勇分别致辞，向三联书店的读者和作者表示衷心的感谢。三联书店的员工和作者表演了丰富多彩的文艺节目。

（张嘉薇）

华文出版社建社30周年纪念座谈会举行

2017年10月13日，华文出版社（以下简称“华文社”）建社30周年纪念座谈会在华尔顿爱华国际中心举行。中国出版集团公司党组成员、中国出版传媒股份有限公司副总经理李岩，中央统战部研究室副主任章建敏出席会议。

李岩在会上致辞。他首先代表中国出版集团公司对华文出版社建社30周年表示热烈祝贺，对建社30年来取得的成就给予充分肯定。李岩说，“三十而立”，对一个企业而言，30年所积淀下的特色资源和发展经验，是宝贵的财富。最近2年，华文社在内容建设、质量建设、队伍建设、制度建设、对外版权输出等方面成果更加显现，在国家重大规划、项目上实现丰收。“丝路文库”“统一战线基本丛书”“中国参政党丛书”和《宫崎滔天家藏民国人物书札手迹》入选“十三五”国家重点图书出版规划；《红色地标VR及配套产品在爱国主义教育中的应用》入选国家新闻出版广电总局“改革发展项目库2017年入库项”；《鲁迅全传》《讲述西藏》《当代中国大事典》3种图书入选“2016年国家出版基金项目”；《总司令的长征》《大国来了》《荣归》《大国关系与中国国家安全》分别入选中宣部、国家新闻出版广电总局2016、2017年度主题出版重点出版物。“丝绸之路名家精选文库”“大国系列”“华文传记”等系列图书深受读者欢迎。

章建敏代表中央统战部研究室向华文出版社表示热烈祝贺。他特别提到，30年来，华文出版社与中央统战部研究室一直精诚合作，共同策划一批具有统战性、体现时代性、合乎大众性的统战题材书目，积极宣传和推广了党的统一战线方针政策、理论创新、实践创新、历史典故、人物风采，充分展示了党的统一战线事业发展的辉煌成就，让更多的党政干部、专家学者和社会大众学习统战、熟悉统战、关心统战。从这个意义上说，华文出版社以其独有的方式、资源和智慧，为党的统一战线工作创新发展做出了特殊贡献。

华文出版社社长宋志军在致辞中说，30年对于一个单位、一个企业、一个文化品牌的培育来说，意味着新老员工前后接力，有几代人倾注青春、智慧和心血，华文社心怀感激。宋志军表示，华文社将坚定地贯彻中国出版集团公司总裁谭跃“用企业的方式做文化”的指示，牢固树立服务意识和品牌意识。一方面发挥传统优势、立足系统资源，依靠统战、服务统战，以优质的服务和上乘的出版质量赢得信任；另一方面面向大众市场，深耕细分品类，强调精品意识，在为读者服好务的过程中赢得口碑和品牌。

华文社创办人之一、中国书法大家、原副社长王文祥特地带来了为华文社30年社庆创作的书法作品。

座谈会上，华文出版社老中青代表分别发言，畅谈华文社30年来的历史与传统，并纷纷送出寄语与祝福。（刘　岚）

集团公司领导讲话

稳增长　调结构　促融合

——在中国出版集团公司回顾十八大以来工作迎接党的十九大座谈会上的讲话

中国出版集团公司总裁　谭跃

（2017 年 4 月 7 日）

同志们：

今天，我们召开专题座谈会，举办改革发展成就展，重点回顾十八大以来工作，积极迎接党的十九大胜利召开，并庆祝中国出版集团成立 15 周年。经过 15 年的发展，集团公司资产总额从 48.71 亿元增长到 183.16 亿元，增幅 276%；销售收入从 30.55 亿元增长到 102.31 亿元，增幅 235%；利润从 1.75 亿元增长到 8.02 亿元，增幅 358%；所有者权益从 22.83 亿元增长到 101.04 亿元，增幅 343%。15 年来，集团公司作为中央文化体制改革第一批试点单位，从无到有，从小到大，从大到强，走过了一段筚路蓝缕、固本培元、逐步壮大的不平凡历程。

党的十八大以来，集团公司认真贯彻习近平总书记治国理政新理念新思想新战略，认真贯彻中央各项决策部署，牢固树立“四个意识”特别是核心意识和看齐意识，认真落实刘云山同志关于努力建设“国际著名出版集团”的重要指示和刘奇葆同志关于集团公司工作的 5 条重要要求，在中央宣传部的领导下，在国家新闻出版广电总局、财政部、中共中央直属机关工作委员会、中央文化企业国有资产监督管理领导小组办公室、驻部纪检组等部门的指导帮助下，奋力实施内容创新、品牌经营、数字化、国际化、集团化、人才强企“六大战略”，大力推进“现代化、大型化、国际化”三化目标，坚持把社会效益放在首位、两个效益有机统一，在做大文化影响、做强经济实力、做实改革管理上取得了新进展，坚持并更加明晰了一条以出版专业化为主体的中版特色发展道路。集团公司连续 8 年入选全国文化企业 30 强，4 次入选“全球出版 50 强”，2 次入选“亚洲品牌 500 强”，首次入选“中国品牌 500 强”，4 次荣获“中国图书对外推广计划”综合排名第一，荣获伦敦书展主席大奖“国际出版卓越奖”和 3 个提名奖，荣获阿富汗总统特别勋章和 2 项吉尼斯世界纪录，越来越成为国际出版业聚焦中国出版的标志性企业。

十八大以来，这条中版特色发展道路是中国特色社会主义道路在集团公司这个“国家队”的具体体现，它的本质是中国特色社会主义的出版道路。其核心指向是坚持主流价值，壮大出版主业，做大文化影响。集团公司完善了导向管理机制，出台了加强主题出版的具体意见，强化了国家知识体系出版架构，制定了“内容创新十策”，

设立了出版特别贡献奖，设置了中版好书榜，举办了编辑大会、读者大会、经销商大会，成立了内容建设委员会，加强了国际版权输出，搭建了翻译、会展、渠道 3 大平台，启动了中国图书“三进”计划。集团公司的内容生产规模和动销品种规模全国领先，在“五个一工程”奖、中国出版政府奖、中宣部“中国好书”榜、国家新闻出版广电总局大众喜爱的 50 种图书、全国图书零售市场占有率、版权输出等 12 项出版指标上位居全国第一，在全国 30 多个榜单上连续位居全国第一，提升了集团公司在文学、古籍、百科、工具书、学术文化、部分教材教辅等领域的专业化生产能力和水平，强化了集团公司主业在全国出版界的领先优势，扩大了集团公司产品的主流价值引导力和海内外文化影响力。

十八大以来，这条中版特色发展道路的现实基础是优化集团运营，加快融合发展，做强经济实力。集团公司先后制定了销售收入和利润双增 10%、8%～6.5%的指标体系，设立了经营特别贡献奖，形成了“一大三小”上市格局，完善了编印发产业链，推进了资金、纸张、印务、物流整合，推进了顺义新华物流基地、中国美术出版大厦、百科编辑能力建设工程、上海虹桥出版创新基地、中国出版创意中心等一批重大基建工程。加快图书、期刊、进出口、语言服务、艺术品经营等关键领域的数字化转型，全集团数字化业务营收 12.72 亿元，增幅 45.13%，在全国纯数字出版营收占比约为 10%。资产总额从 77.64 亿元增长到 183.16 亿元，增长 136%；销售由 47.8 亿元增长到 102.31 亿元，增长 114%；利润由 3.00 亿元增长到 8.02 亿元，增长 167%；所有者权益由 28.18 亿元增长到 101.04 亿元，增长 259%。2016 年集团进入全国少数几家“三百亿”集团方阵。

十八大以来，这条中版特色道路的根本保障是加强党的领导，探索建立具有文化特色的现代企业制度，做实改革管理。集团公司认真落实习近平总书记系列重要讲话精神，扎实开展各项专题学习教育活动，积极履行“两个主体”责任，搭建了以党的建设为核心、以廉政建设为保障、以各类活动为主体的国有文化企业党建体系。加强各级领导班子建设，普遍推动中层竞争上岗，较大范围地实现了集团公司内部干部交流，公开选拔了一批后备干部和“三个一百”人才，开展各类专题培训 3000 多人次。完善双效业绩考核办法，提高社会效益考核比重，出台“改革 30 条”，实施岗位绩效工资，加大关键人才激励力度，加强新业态新实体的市场化运营，初步形成了将社会效益放在首位、两个效益相统一的现代文化企业考核分配体系。

同志们，奋斗饱含艰辛，成绩来之不易。这是各级领导部门高度重视、大力支持的结果，是集团公司历届、各级领导班子和广大干部员工同心同德、奋勇拼搏的结果。在此，我代表集团公司领导班子，向一直以来热情关心集团公司改革发展的领导部门和社会各界表示衷心感谢，向为集团公司改革发展付出辛勤汗水、做出重要贡献的广大干部员工致以崇高敬意，向今天荣获第 2 届集团“突出贡献个人”称号和第 8 届集团公司出版奖的同志们表示热烈祝贺！

同志们，2017 年党的十九大将要召开，我们要围绕迎接、宣传、贯彻党的十九大，坚持稳中求进工作总基调，深化“两调四强”战略重点，以“稳增长、调结构、促融合”为要领，以“提升六个能力”为年度目标，为十九大的胜利召开营造积极舆论氛围和良好文化环境，为“十三五”时期基本建成国际著名出版集团奠定更加坚实基础。总起来说，我们在工作中要把握好以下六个“坚定不移”：

一是坚定不移地贯彻中央精神，牢牢把握正确出版导向

党的十八大以来，以习近平同志为核心的党中央提出了一系列治国理政新理念新思想新战略，不仅为推进中国特色社会主义伟大事业指明了前进方向，也为促进社会主义文化大发展大繁荣提供了基本遵循。集团公司作为出版“国家队”，作为一个文化中央企业，要坚定不移地树立“四个意识”特别是核心意识和看齐意识，始终在思想上政治上行动上坚决与以习近平同志为核心的党中央保持高度一致，认真贯彻党中央各

项决策部署，弘扬主旋律，传播正能量，唱响好声音。

在2017年初的全国宣传部长会议上，刘云山同志强调，要突出坚持和发展中国特色社会主义、实现中华民族伟大复兴中国梦这一主题，突出迎接宣传贯彻党的十九大这条主线，突出稳中求进工作总基调。刘奇葆同志指出，要全面贯彻中央精神，为党的十九大胜利召开营造良好的理论氛围、舆论氛围、文化氛围和社会氛围。这是集团公司作为出版“国家队”必须认真履行的政治使命和庄严职责。我们要始终认识到，导向正确是集团工作的根本原则，是内容生产的定海神针，是选题策划不可逾越的警戒线。这就要求我们，导向把关上从严、从紧、从细，努力强化第一责任人、主要责任人和直接责任人的责任意识，完善预警、监管、抽检和问责机制，严格执行重大选题报备，加强敏感题材审读把关，确保出版物导向正确、万无一失。要进一步深化对习近平总书记系列重要讲话精神和治国理政新理念新思想新战略的宣传，围绕迎接十九大召开、中国人民解放军建军90周年、香港回归20周年等年度主题，围绕改革开放40周年、中华人民共和国成立70周年、中国共产党建党100周年等中长期主题，策划推出一批“双效”显著的主题图书，进一步做响、做优、做强主题出版，努力打造中版特色的主题出版产品集群。

二是坚定不移地坚持稳中求进工作总基调，统筹推进稳增长、防风险、强动力

稳中求进既是中央的大政方针，也是集团公司发展的现实需要，对于集团公司2017年的经济工作而言主要体现在稳增长、防风险、强动力上。

十八大以来，集团公司总体上实现了较快增长，迈上了“三百亿”平台，综合实力、市场竞争力和文化影响力有所增强。在2017年年度工作会上，我们提出，站在“三百亿”平台上怎么看、怎么办，是我们必须要思考和面对的首要问题。历史地看，集团公司实现了长足发展，站上了更高平台；从国内看，集团公司的规模、效益还与一些兄弟出版集团存在较大差距，同时发展的竞争和市场的竞争方兴未艾、日趋激烈；从国际上看，集团公司虽然跻身全球50强，但与培生、企鹅兰登等国际一流出版集团在市场化、集团化、国际化水平上还存在很大差距。而从全球出版业50强的平均增速看，2015年比2014年增长8%，2014年比2013年增长22%。尽管我们提醒自己，要求大不贪大，争强不逞强，但要在当前激烈的市场竞争中持续站稳脚跟、保持领先优势，要实现“十三五”基本建成国际著名出版集团的奋斗目标，就必须保持合理的经济增速，就必须实现更有质量、更有效益、更可持续的增长。

不仅如此，从防控风险的角度而言，我们也必须实现稳增长，防止集团公司经济出现大起大落。稳增长本身就是一种最大的风险防控，平稳增长本身就是一种有效的风险对冲。当前，我国宏观经济下行压力仍然很大，经济运行存在不少突出矛盾和问题，金融与实体经济失衡，房地产和金融领域风险仍在积聚，一些企业的资产负债率有所增高。出版业既是宏观经济中的一个有机组成部分，又会受宏观经济的基本面和其他行业的传导影响。对此，我们要加强对重大投资、重要资金、重要部位的风险管控，防止和化解不良债务、不良资产、不良板块，努力将风险控制住，确保经济持续稳健增长。

强动力是稳增长的题中应有之义。3月24日，习近平总书记在中央全面深化改革领导小组第33次会议上强调，各级主要负责同志要自觉从全局高度谋划推进改革，做到实事求是、求真务实，善始善终、善作善成，把准方向、敢于担当，亲力亲为、抓实工作。这是继中央深化改革领导小组第32次会议后，习近平又一次强调党政“一把手”要亲力亲为抓改革。改革的关键在一把手，改革的重点在强动力，改革的基本举措在抓思路、抓调研、抓推进、抓落实。目前集团公司正在修订双效业绩考核办法，已经召集了四五次专题会议反复讨论，无论怎么修订，一个基本原则就是强化各单位发展的动力机制。各单位也要推进动力机制创新，深化人事、分配两项制度改革，进一步创新选人用人机制，将拔尖人才

和优秀骨干选配到推动改革、促进增长的关键岗位，加大骨干编辑、骨干营销、骨干经营管理人才的激励力度，源源不断地给企业的发动机加油给力。

三是坚定不移地深化结构调整，做优、做强、做大专业化生产能力

作为文化企业，结构不仅是经济问题，更是理念问题。内容生产具有特殊性，所谓结构是由数字展现出来的文化指向，是由指标体现出来的战略选择，是由产品表现出来的时代精神。在各种结构调整中，内容生产结构是核心。调好内容生产结构既是调结构的关键，也是走好集团公司特色发展道路的关键。总体而言，内容结构调整的基本目标，就是要以开放的意识和开阔的视野，不断做优、做强、做大专业化生产能力，实现纵向专业化和横向多样化的统一。

目前，我们在纵向专业化上做得不错，在一些产品细分领域的做深、做精、做专上具备很强的优势。但是，我们横向多样化上还不够。对于我们而言，实现横向多样化有如下四条路径。第一条路径是大众化，就是瞄准普通大众的阅读需求发力，不断拓宽选题领域和目标市场。我们追求的大众化不是简单、肤浅，更不是平庸、媚俗的大众化，而是有品质、有内涵、有引导的大众化，是专业化基础上的大众化。从商务印书馆、中华书局、生活·读书·新知三联书店百年发展史来看，它们成功的一个重要因素在于将经典与大众有机统一起来，不仅在高端学术领域卓有建树，而且在大众文化普及领域也影响广泛。第二条路径是国际化，推动一种版本的多语种、多国别表达，积极拓展海外市场。第三条路径是数字化，推动一种版本的多媒体、多业态表达，实现数字融合发展。第四条路径是产业化，即以企业的方式做文化，以商业的方式强传播，以市场的方式用资源。这四条路径是我们内容生产调结构的方向，是着眼点，也是着力点。

四是坚定不移地加快股改上市，提高集团公司化运营管理水平

经过多年持续不断的艰苦努力，集团公司的上市工作已经进入最后的“临门一脚”阶段，目前在证监会排在120名左右，有望在年内上市。大家越来越认识到上市对出版企业的价值、对集团公司未来的发展的价值，越来越意识到上市对增强企业投融资能力的意义、对进一步做大做强出版产业的意义。虽然上市对于出版业不再是一个新生事物，但对于集团公司而言仍然是一个需要高度重视、认真对待的新情况、新问题。

我们要以股份公司上市为契机，进一步提高集团化、规范化运营管理水平。当前要重点做好三项工作：第一，加强内控管理。按照上市公司的要求，我们一些重要的生产、经营、投资决策不仅将上社委会、总裁会，还将提交董事会、股东会审议。我们要尽快适应新规则新流程，在适应中规范企业内部治理，增强风险管控能力。第二，规范信息披露。各单位对涉及本单位的重要投资、重要并购、重要变更、重要人事、重要诉讼等方面的信息，要及时上报到股份公司，特别注意防止在媒体上出现本单位的负面信息。第三，以“最后一公里”的精神认真、负责地做好上市的各项配合工作，确保上市顺利成功。

五是坚定不移地推动融合发展，努力打造数字集团

促融合既是调结构的重要指向，也是稳增长的未来动力。过去几年，集团公司大力实施数字化战略，在数字融合上已经积累了资源、平台、规模和营收四个方面的部分优势。“十三五”规划已经明确了打造数字集团公司的战略目标，我们要逐步推进从出版融合转向融合出版，要坚持开放性、创意性和商业性，在融合发展中实现业态升级。

当前，要重点抓好三个方面的工作。第一，提高重点平台的运营水平。古籍库、工具书、易阅通、译云、艺术品平台等都已具备比较好的发展基础，要进一步扩大营收能力，力争尽早实现更大的盈利，努力成就3～5个年收入过亿元的融合发展项目。第二，加强新兴项目的建设。要以“十三五”重点项目和上市募投项目为基础，加强投入产出预算和考核，完善商业模式和盈利模式，以内容融合和技术融合带动市场融合、资本融合，形成覆盖出版全产业链，涵盖阅读、影

视、动漫、出版大数据、IP 等多个领域的融合发展态势。第三，要加快体制机制创新。要以公司化、股份化、市场化为纽带，加强外部骨干人才引进，扩大职业经理人试点，完善市场化用人机制和激励分配机制，不断增强新业态发展的制度动力。

六是坚定不移地加强党的建设，不断强化集团公司做优做强做大的政治保证

全集团要深入学习贯彻习近平总书记系列重要讲话精神，认真落实中央关于加强和改进国有企业党的建设工作会议精神，按照集团公司全面从严治党工作会议要求，不断强化党组、党委中心组学习，坚决落实"两个主体"责任，坚决履行"三重一大"决策机制，持续推进"两学一做"常态化制度化，进一步加强党的思想、组织、作风、能力和廉政建设。

特别是在党风廉政建设方面，要认真落实中纪委七次全会精神，落实全面从严治党，启动第二轮巡视，注重巡视结果运用，进一步营造风清气正、廉洁干净的政治生态和发展氛围。要大力加强干部人才队伍建设，打造"对党忠诚、勇于创新、治企有方、清正廉洁"的高素质干部队伍，为稳增长、调结构、促融合提供坚强的政治保证和组织保证。

同志们！2017 年是集团公司成立 15 周年，同时也是商务印书馆成立 120 年、中华书局成立 105 年、生活·读书·新知三联书店成立 85 年、新华书店总店成立 80 年，新的征程已经开启。我们要紧密团结在以习近平同志为核心的党中央周围，不忘初心，奋勇向前，为尽早建成国际著名出版集团，推动社会主义文化大发展大繁荣而努力奋斗，以优异的成绩迎接党的十九大胜利召开！

坚定文化自信　弘扬商务精神

——在商务印书馆调研座谈会上的讲话

中国出版集团公司总裁　谭跃

（2017 年 5 月 9 日）

尊敬的奇葆同志、各位领导、各位来宾、同志们：

在商务印书馆成立 120 周年的时候，刘奇葆同志和各位领导以到一线调研的方式亲临祝贺，既简朴无华，又庄重务实，这对全集团干部职工是一个极大的鞭策和鼓舞。首先，我谨代表中国出版集团公司，向一直以来亲切指导和热情支持商务印书馆的中央宣传部、国家新闻出版广电总局、财政部等各有关部门的领导表示衷心感谢，向一直以来热切关心商务印书馆的各级老领导、各界专家学者、各方社会人士表示崇高敬意，向一直以来默默耕耘的商务印书馆的历届领导和全体干部职工表示由衷祝贺！

回顾商务印书馆的 120 年，她彰显了民族命运与企业发展紧密相连的历史，体现了出版企业践行时代使命的独特方式。在启蒙与救亡、革命与建设、改革与开放的历史浪潮中，她始终坚持民族利益至上，秉承"为国难而牺牲，为文化而奋斗"的神圣使命，传播马列，译介新知，昌明教育，开启民智，整理国故，传承经典。她在时代激荡中引领风潮，又在潮流更迭中催生新知；她在格物致知中启迪民智，又在大众启蒙中倡导新学。她为传承中华优秀文化、融汇人类文明成果做出了艰苦卓绝的持续奋斗，为几代中国人的心智成长、中国社会的现代化转型提供了彪炳史册的精神支撑；她将红色文化基因、民族文化传统、外来文化养料和时代生活底色予以有机融贯，成为中国现代文化史上一个不可磨灭的历史坐标，成为全球文化格局中一个卓然而立的中国符号。

回顾商务印书馆的 120 年，她彰显了文化担

当与市场运营双效合一的历史，体现了出版企业履行文化责任的独特路径。作为我国第一家具有现代意义的出版机构，她最早建立了以企业化、股份化、市场化为基础的现代企业制度，率先引进和使用世界先进印刷技术，推行现代商业管理、运营、销售方式，设立了36个跨国跨地域经营的分支机构，有效整合了大众启蒙与市场运作、思想引领与技术创新等内容生产和传播的要素，以企业的方式做内容，以商业的方式做传播，以市场的方式激活资源，实现了文以载道、商以传道、创新弘道的有机统一。她重市场但不唯市场，重商业但不悖伦理，她重师夷长技但更重技以载道，重产业扩张但更重文化影响。这是她的企业之道，是她的文化格调，也是文化融于企业、企业助力文化的成功之道。

回顾商务印书馆的120年，她彰显了文化理想与文化品质有机统一的历史，体现了出版企业独特的中国精神。她坚持以文化人、以书立人，出版了《四部丛刊》《百衲本二十四史》《万有文库》《辞源》《新华字典》、“汉译世界学术名著丛书”等一批影响深远、传诵不衰的文化精品。她生于忧患，克勤于邦，秉持自强弘毅、与时偕行的进取精神；她品察古今，博采中西，葆有兼收并蓄、厚德载物的开放精神；她寻章摘句，探赜索微，炼就淬金炼石、精益求精的工匠精神；她木铎启路，日新无已，常有敢为人先、勇于探索的创新精神。这种“企业精神”，是商务印书馆历经磨砺、含弘光大的主要法宝，是中国现代出版业薪火相传、生生不息的优秀传统，也是留给我们的宝贵精神财富。

今天，我们要继承好“商务”的文化传统和企业精神，就是要认真贯彻党的十八大以来中央各项部署，认真贯彻习近平总书记系列重要讲话精神，牢固树立政治意识、大局意识、核心意识、看齐意识，坚持以人民为中心的工作导向，坚持把社会效益放在首位、两个效益相统一，坚持把内容建设放在第一位、把质量放在第一位、把出好书放在第一位。中国出版集团公司尤其要在五个方面坚持不懈，一以贯之。一是坚持正确导向，弘扬主流价值，营造昂扬奋进、向上向善的社会文化氛围。二是积极服务大局，做响主题出版，打造更多“叫好又叫座”的精品力作。三是推动文化“走出去”，讲好中国故事，发挥当先锋、扛大梁的示范作用。四是深化企业改革，建立有文化特色的现代企业制度，创新生产、营销和管理机制。五是加快媒体融合，推动传统出版与新兴出版的一体化发展，积极打造具有国际竞争力的数字融合出版集团，为增强中华文化自信、建设社会主义文化强国做出新的贡献，以优异的成绩迎接党的十九大胜利召开！

在中国出版传媒股份有限公司上市仪式上的致辞

中国出版传媒股份有限公司董事长　谭跃

（2017年8月21日）

尊敬的各位领导、各位来宾，女士们、先生们：

大家上午好！

今天是一个喜庆的时刻。我们相聚在美丽璀璨的“东方明珠”上海，共同迎接并庆祝中国出版传媒股份有限公司在A股鸣锣上市。在此，我谨代表公司，向莅临今天仪式的各位领导、各位嘉宾、各位朋友表示热烈欢迎！同时，对中央宣传部、国家新闻出版广电总局、财政部和有关部门一直以来的热情指导表示衷心感谢，对集团公司历届、各级领导班子和全体干部员工一直以来的辛勤劳动表示衷心感谢，对我们的作者、读者、经销商、出版同人以及社会各界人士一直以来的大力支持表示衷心感谢！正是由于大家的共同努力和接续奋斗，中国出版传媒股份有限公司才实现了在资本市场的成功登陆、扬旗挂帆！

中国出版传媒股份有限公司是中国最具文化

影响力的大众和专业出版企业，连续在全国图书零售市场占有率位居首位，出版主业的综合实力位居全国前列，形成了自己优秀的历史传统和产业特征，这就是“专业化、内容强；品牌优、重融合；稳定型、可持续”。今天，“中国出版”的成功上市，是公司发展历史上的一个重要里程碑，是公司在建设“国际著名出版企业”征程中的一次重要提升。

莎士比亚曾说，“凡是过去，皆为序章”。上市不是终点，而是新的出发、新的责任。公司将坚定不移地贯彻习近平总书记关于文化工作的重要指示精神，坚定不移地恪守文以载道、商以传道、创新弘道，坚持把社会效益放在首位、社会效益与经济效益的有机统一，坚持传统出版与数字出版的有机融合，坚持做大文化影响与做强经济实力的有机结合，坚持壮大国内市场与拓展版权贸易的有机契合，进一步提升市场化、数字化、国际化水平，进一步增强品牌竞争力、产业融合力和国际传播力，为促进产业繁荣、建设文化强国做出新的贡献，以优异成绩回报社会和广大投资者！

亲历十九大　感悟新时代　牢固树立以人民为中心的出版理念

——党的十九大代表、中国出版集团公司总裁谭跃学习十九大体会

中国出版集团公司总裁　谭跃

（2017 年 10 月 24 日）

党的十九大是在全面建成小康社会决胜阶段、中国特色社会主义进入新时代的关键时期召开的一次十分重要的大会。习近平总书记所做的十九大报告立意高远、思想深邃、气势恢宏，通篇展示了以习近平同志为核心的党中央引领新时代中国特色社会主义的理论成果、实践成果、创新成果，是我们党迈进新时代、开启新征程、谱写新篇章的政治宣言和行动指南，是新时代中国特色社会主义发展的总纲领、总部署、总动员，激励着全党全国各族人民决胜全面建成小康社会、夺取新时代中国特色社会主义的伟大胜利、实现中华民族伟大复兴中国梦的坚定信心。

习近平总书记在十九大报告中，将“坚定文化自信，推动社会主义文化繁荣兴盛”写入了报告的第七部分，并指出中国特色社会主义文化，源自中华民族 5000 多年文明历史所孕育的中华优秀传统文化，熔铸于党领导人民在革命、建设、改革中创造的革命文化和社会主义先进文化，植根于中国特色社会主义伟大实践。中国特色社会主义文化是中国特色社会主义的重要组成部分，是激励全党全国各族人民奋勇前进的强大精神力量。十九大新修订的党章，把中国特色社会主义文化同中国特色社会主义道路、中国特色社会主义理论体系、中国特色社会主义制度一道写入党章，这有利于全党深化对中国特色社会主义的认识，全面把握中国特色社会主义内涵。可以说，党的十九大将高度的文化自信和文化的繁荣兴盛，上升到了关系中华民族伟大复兴的历史高度，是指导我们今后工作的重要遵循。作为出版工作者，要深入贯彻落实党的十九大精神，通过大力推进出版创新，不断为人民群众提供丰富的精神食粮，进一步坚定文化自信，推动社会主义文化繁荣兴盛，这是我们义不容辞的历史使命。

一、牢固树立以人民为中心的出版理念，进一步满足人民日益增长的美好生活需要

十九大报告提出：“中国特色社会主义进入新时代，中国社会主要矛盾已经转化为人民日益增长的美好生活需要和不平衡不充分的发展之间的矛盾。”习近平总书记关于我国社会主要矛盾变化的论述，是一个具有深远历史意义的重大判

断，对我们做好出版工作具有十分重要的战略指导意义。改革开放30多年来，随着我国城市化进程不断加快，随着人民群众的物质生活水平不断提升，人民群众的精神文化需求也日益旺盛。它不仅实现了总量快速增长，还呈现出结构日益升级，由一般性的知识需求逐步转向审美愉悦需求，由浅层性的文化娱乐需求逐步转向深层次的精神品质需求。文化需求不仅构成了人民美好生活的一个重要部分，还影响着人民美好生活的整体质量、幸福指数和主观评价。

社会主要矛盾的新变化，为新时代出版产业的发展提供了新的政策机遇和市场机遇。从政策层面看，“美好生活”并不仅仅是“物质文化生活”需要，还包括文化需求等更高层次的精神需求。在这样的背景下，出版产业要紧紧围绕满足人民日益增长的美好生活需要，提供丰富的精神食粮。从市场层面看，从“站起来”到“富起来、强起来”的中国，必然会催生更大的文化市场。对于出版业而言，这是重大的历史机遇期，不仅要做大做强出版产业，为人民提供优良的精神文化产品，助力建设社会主义文化强国，而且还要加快经济发展方式转型，助力中国特色社会主义进入新时代。中国出版集团公司作为出版“国家队”，要牢固树立以人民为中心的出版理念，顺应满足人民美好生活需要的时代大势，坚持把社会效益放在首位、实现社会效益和经济效益有机统一，坚持把内容建设放在第一位、把质量放在第一位、把出好书放在第一位，进一步完善内容生产机制，着力打造更多时代精品，铸就更多扛鼎之作，努力为广大读者提供优质的精神文化食粮，提高国民思想境界，提升精神文化品质。

二、推动中华优秀传统文化创造性转化、创新性发展，进一步增强中华民族的文化自信

十九大报告提出，“推动中华优秀传统文化创造性转化、创新性发展”。优秀传统文化是中华民族发展的文化根脉，是中华民族精神生生不息的源头活水。习近平总书记提出要推动中华文化传统创造性转化、创新性发展，这对于增强当代中国人的文化自信、提升国民精神文化素养具有十分重要的历史意义。对于中国出版集团公司而言，要重点做好三个方面的工作。

一是构建国家经典古籍整理知识体系。在5000年的中华文明史上，积淀了一大批具有开创意义的鸿篇巨制和集大成的经典古籍。这些经典古籍历时甚久，需要经过系统整理才便于传承和传播，其中还有不少稀见典籍散落在海外。对于中版集团而言，要以“二十四史及清史稿修订工程”“海外中文古籍总目工程”等项目为龙头，认真做好不同历史时期经典古籍的整理出版，着力构建国家古籍整理知识体系。

二是推动中华优秀传统文化大众化普及化。要秉持“大家品位、大众口味”的出版风格，以灵活的出版方式、鲜活的表达语言，努力将优秀的传统思想、传统精神与现代生活、现代题材有机融合，让更多传统经典走近读者的平常生活，走进读者的内心世界，不断提振当代中国人的精气神。中华书局的《于丹〈论语〉心得》、生活·读书·新知三联书店的《中华文明的核心价值》等都是其中的一些优秀案例。

三是运用新技术新媒体推动传播手段创新。在推动传统文化与新技术新媒体融合发展中，中国出版集团公司做出了许多有益的探索，旗下中华书局等单位，以“中华经典古籍库”为起点，大力推进“中华优秀传统文化资源总库”为核心的数据库集群；以“中华古籍整理出版资源平台”和“中华优秀传统文化聚合出版平台”为主体，全力打造服务于古籍整理出版和学术研究的专业平台，以及面向中华优秀传统文化各类产品出版服务的大众平台，锻造了强大的传统文化内容运营传播能力、社会服务能力和数字传播能力。

三、创新生产经营机制，进一步培育新型文化业态

十九大报告指出，“要创新生产经营机制，培育新型文化业态”。对于中版集团而言，既是一个思想文化的高地，更要努力成为一个数字融合的高地；既是一个以内容为主的出版集团，更要努力成为一个孕育新兴业态的数字集团；既具

有很强的传统出版能力，更要具备较强的数字创新能力。过去5年，中版集团抓住机遇努力打造数字集团，建设以集团优势内容资源为基础，开放式、国际化、延展性的内容集聚、传播、交易和服务功能的综合平台，集团数字化业务营收在全国保持领先。在新时代，中版集团要进一步加快数字融合，文化为体，技术为用，重点做好三个方面的工作。

一是增强优质内容资源的集聚能力。当前优秀作品的数字版权面临着不同市场主体的激烈竞争。虽然中版集团已经积累了一大批优质的内容资源，但下一步还要以优秀作者、优质作品为中心，进一步加大版权资源开发力度，提高优质内容的数字版权签约率，建设一部作品的多形态版权“蓄水池”，为融合发展打好坚实的产品基础。

二是增强一份内容的多媒体表达能力。在拥有优质的数字内容之后，关键要加强创意策划，推动内容与新技术、新手段、新平台的嫁接、融合、转化，实现一份内容的多媒体、多形态、多维度表达，让内容不仅能够看起来、读起来，还能听起来、动起来，构建新的商业模式和盈利模式。

三是增强数字业务的政策支撑能力。中版集团不仅要在战略上高度重视，还要加强政策、资源、人才、机制等方面的战术支持，加快重点产品的项目化、公司化、资本化运作，积极创新实体的选人用人机制、考核分配机制、激励约束机制，争取开辟更多的绿色成长通道，创造有利于融合发展的良好条件。

四、以讲好中国故事推进国际传播能力建设，进一步增强国家文化软实力

十九大报告强调，“推进国际传播能力建设，讲好中国故事，展现真实、立体、全面的中国，提高国家文化软实力”。讲好中国故事，提高国际传播能力是中版集团必须认真履行的国家使命，也是集团公司做好国际化工作的根本指向。对于中版集团而言，主要从五个方面着力讲好中国故事。

一是抓好两大话题。“传统文化的当代阐释”和“中国道路的学术表达”，是中国文化能够产生世界影响的两大话题。尤其是中国的崛起，在人类现代化进程中开创了一个独特的样本，亟须从学理上进一步深入分析中国道路、中国模式的基本原理，为世界提供智识和经验。近两年，中版集团通过现代视角输出传统文化图书900种，通过吴敬琏、厉以宁、铁凝、贾平凹等讲中国当代故事，通过恩道尔、狄伯杰等海外学者讲好中国话题。《中华文明的核心价值》输出15个语种，《山楂树之恋》输出20个语种，《中国道路与新城镇化》等进入国际主流渠道。

二是抓好“三进”渠道。文化传播有一条规律，通常是先在主流机构和主流人群中传播，再逐步影响一般机构和社会大众。因此，中国文化“走出去”，要瞄准进海外著名高校、进海外研究机构、进海外汉语课堂这些主流渠道。中版集团首次在牛津大学设立“中国阅览室”，与哈佛—燕京学社联合出版学术丛书100多种，45个语种的《汉语图解词典》进入100多个国家汉语课堂，初步积累了一些经验。

三是搭建翻译平台。翻译问题是影响中国文化“走出去”的一个难题。我们立足解决翻译瓶颈，创办了牛津大学翻译出版中心，建立了百名翻译家名录，集聚了傅高义、顾彬、施寒微、狄伯杰等一批汉学家和重要译者，逐步建设了一支初成规模的译者队伍、作者队伍梯队。

四是组建国际编辑部。2017年以来，中版集团已经与罗马尼亚、德国、西班牙、匈牙利、印度、斯里兰卡等国的重要出版社签约成立了8家国际编辑部。国际编辑部采取双向联合出版的方式，进一步提高了“走出去”图书选题的策划质量，加强了中国图书在当地市场的营销，提高了本土化运作水平。

五是做大会展平台。中版集团认真承办印度、伊朗、俄罗斯、白俄罗斯、希腊、阿联酋等国际书展和相关的中国主宾国活动，不断扩大版权贸易合作。2017年，中版集团旗下中国图书进出口（集团）总公司承办的第24届北京国际图书博览会，参展国家和地区达到89个，其中“一带一路”沿线参展国家28个；参展商达到2500多家，海外展商达1460家；进一步巩固了全球第二大书展的国际地位，扩大了中国文化的国际影响力。

“激发全民族文化创新创造活力，才能建设社会主义文化强国。”习近平总书记在十九大报告中的重要论断，是中版集团今后做好出版工作的行动指南。我们要以习近平新时代中国特色社会主义思想为指引，坚决贯彻落实党的十九大精神，建设社会主义强国，认真履行出版“国家队”的光荣职责，坚持以企业的方式做文化、以商业的方式做传播、以市场的方式配置文化资源、以产业的方式增强做大文化贡献的持续生产能力，不忘初心、牢记使命，为实现“建设国际著名出版集团”的战略目标，为“建设社会主义文化强国，推动社会主义文化繁荣兴盛”而不懈奋斗！

工作综述

WORK SUMMARY

中国出版集团公司2017年工作综述

2016年是“十三五”的开局之年，中国出版集团公司认真学习贯彻习近平总书记系列重要讲话精神，牢固树立大局意识、政治意识、核心意识和看齐意识，坚持全面从严治党，坚持正确出版导向，按照“两调四强”的战略重点，积极应对复杂严峻的经济形势，攻坚克难，锐意进取，营业收入和净资产首次跨上百亿平台，资产总额接近两百亿，进入“三百亿”集团方阵；图书零售市场同口径占有率达到7.30%，增长0.43个百分点；连续8年入选“全国文化企业30强”，第4次荣获“中国图书对外推广计划”“走出去”综合排名第一，连续4年入选“全球出版50强”，首次入选“中国品牌500强”并位列第29；实现了“十三五”良好开局。

实现这样的开局，全集团很努力，在座的很努力。其中，连续增长很不易，高台增长很不易，大家扛起重担、甘苦同行很不易！这体现了全集团同心同德、砥砺争先的奋斗精神，体现了广大干部员工自强弘毅、刚健不挠的顽强意志，体现了各级干部统筹各方、善于经营的管理能力。在此，我代表中国出版集团公司领导班子，向大家一年来的辛勤付出和艰苦努力表示衷心感谢！各位不容易，大家辛苦了！同时，也向中央宣传部、国家新闻出版广电总局、中央文化企业国有资产监督管理领导小组办公室、中央直属机关工作委员会、中央纪委国家监委驻中央宣传部纪检检查组对中国出版集团公司的热情关心与大力支持表示衷心感谢！

下面，我代表中国出版集团公司领导做工作报告。

一、过去一年的工作

2016年，在中央宣传部、国家新闻出版广电总局、中央文化企业国有资产监督管理领导小组办公室、中央直属机关工作委员会、中央纪委国家监委驻中央宣传部纪检检查组的领导、关心和支持下，中国出版集团公司围绕“两调四强”的战略重点，加强内容生产，深化改革创新，推动融合发展，在做大文化影响、做强经济实力、做实改革管理上取得了新进展。

（一）强导向、强质量，海内外文化影响进一步扩大

1. 导向管理严格规范，主题出版“双效”渐显

一是坚持正确导向。认真落实总裁办公会专议导向制度，切实执行导向管理的12项机制，强化总编辑季度例会的导向把控作用，加强各级审读把关与预警，唱响主旋律，传播正能量。二是加强质量检查。开展辞书、少儿、教辅等图书专项质量检查，出版物合格率达91%，位居全国前列。三是发挥名家引领作用。通过内容建设委员会，引领导向，挖掘内容，孵化精品，推出《中国文化的根本精神》《我们的中国》《〈资治通鉴〉与家国兴衰》《社会主义核心价值观少儿组歌》等一批名家新作，在全国产生较好示范，得到中央领导和中央宣传部领导的批示肯定。四是做强主题出版。围绕中国共产党建党95周年、纪念红军长征胜利80周年、供给侧结构性改革等重大主题，策划了200种图书，入选中央宣传部、国家新闻出版广电总局主题出版重点选题数

量名列全国第一。人民文学出版社、商务印书馆、中华书局、生活·读书·新知三联书店等单位推出了一批“叫好又叫座”的精品力作，《重读先烈诗章》《长征》（修订版）、《生死关头》《供给侧改革》《中华传统文化经典百篇》等产生较强社会反响。“中版好书”首设主题出版类，年度10大主题好书平均印数达4.9万册，初步形成了重文化、重学术的中版主题出版风格。第24届北京国际图书博览会期间集中展示主题出版成果，获得中央领导和上级主管部门的积极肯定。

2. 产品结构逐步调整，内容生产保持优势

一是优化产品线。加大对文学、语言、少儿等领域的投入和扶持力度，着力培育畅销图书。文学板块推出了《极花》《茧》《北鸢》《慈悲》《一百年漂泊》等优秀图书，同比增长10.67%，市场同口径占有率重返全国第一。语言板块推出了《现代汉语词典》《古汉语常用字字典》等“王牌产品”的修订版，市场同口径占有率升至38.9%，保持第一。少儿板块推出了《野芒坡》《杨红樱爱的教育童话》《哈利·波特与被诅咒的孩子》《中国儿童数学百科全书》等畅销图书，市场同口径占有率提高1.06个百分点，由第7位升至第4位。二是优化生产结构。印数1万册以上新书1144种，同比增长9.55%；其中，印数3万册以上新书161种，同比增长11.79%；印数5万册以上的新书77种，同比增长87%。发货10万册以上的新老书132种，同比增长57%；“中版好书”年度榜50种图书，平均印数3.5万册，84%超过1万册。人民文学出版社、中国美术出版总社、生活·读书·新知三联书店、中译出版社、世界图书出版公司等单位的市场占有率排名显著提升。三是产品社会关注度持续走高。《谢觉哉家书》等9种图书入选“2015中国好书”，占总数的32%。《老生》等20种出版物入选第6届中华优秀出版物奖，《汉语世界》等6种期刊入选“2016中国最美期刊”，7种图书入选国家新闻出版广电总局向全国青少年推荐百种读物，入选数量皆为全国领先。在15个有影响的榜单上，中国出版集团公司上榜数量名列前茅。

3. 营销宣传日益深入，品牌影响持续扩大

一是加强渠道营销。推进“百店千柜工程”，提前完成20家书店落地任务；举办中版图书馆配会，增强自有馆配渠道建设；举办第4届经销商大会，深化与重点经销商的战略合作；开展事件营销，天天出版社的曹文轩作品发货5000多万码洋，同比增长150%。二是加强新媒体营销。积极试水新媒体“吸粉”，加强和创新品牌宣传、产品宣传和活动宣传，提升传播力与影响力。人民文学出版社、商务印书馆、中华书局、生活·读书·新知三联书店等5家单位微信公众号入选“大众最喜爱50个公众号”，入选总数全国第一。小说《茧》的线上直播，观众达25万人。三是加强品牌传播。中国出版集团公司在南海三沙捐建了图书馆，生活·读书·新知三联书店开办了韬奋书店第3家分店，商务印书馆开设了多家阅读体验店和乡村阅读中心。中国出版集团公司入选第2届首都文化企业30强、2016中国经济新领军企业、中华英才网第14届中国大学生最佳雇主TOP50榜单。

4. 积极践行国家使命，“走出去”当先锋扛大梁作用逐渐显现

一是主动服务国家外交大局。认真落实习近平主席访问英国重大倡议，与英方协同举办多场纪念汤显祖、莎士比亚逝世400周年活动，出版G20峰会官方指定英文导览书《杭州一瞥》，首次在国际出版商“伦敦论坛”上发出中国声音。服务“一带一路”倡议，首次设立中东欧16国联合主宾国活动，出版《论语译注》《跬步千里》、“一带一路中国情丛书”等重点图书，《中华文明的核心价值》输出累计达15个语种。二是发挥中国图书进出口（集团）总公司“走出去”主力军作用。第24届北京国际图书博览会参展国家和地区89个，海外展商1460家，展示图书30多万种，全球第2大书展的国际地位不断巩固。三是探索海外本土化运作。重启中版东贩公司业务，完成美国公司建账注资，积极稳妥推动海外并购。四是加强海外译者资源集聚。举办中华图书特殊贡献奖获得者联谊会，首次在牛津大学图书馆设立“中国阅览室”，合作成立翻

译出版中心，集聚30多位重要翻译人才。五是荣获多项奖励。全年获得“走出去”专项资助3540万元。中央宣传部图书“走出去”工作座谈会在中国出版集团公司召开，中国图书进出口（集团）总公司荣获伦敦书展卓越奖，《新华字典》荣获两项吉尼斯世界纪录，中国出版集团公司作者曹文轩荣获国际安徒生奖，海内外文化影响力显著增强。

（二）调速度、调结构，经济发展新动能进一步云集

1. 经济总体稳中有升，结构性的增长明显

按2016年财务决算，中国出版集团公司资产总额为183.16亿元，较年初增长2.33%；所有者权益为101.03亿元，较年初增长7.73%；营业总收入102.31亿元，同比增加11.32亿元，增幅12.44%；实现利润总额8.02亿元，同比减少1.21亿元，降幅13.14%。

其中，从板块结构看，一是股份公司营业总收入41.57亿元，增幅1.37%；利润总额6.15亿元，减幅9.47%；资产总额89.84亿元，增幅5.46%。二是出版产业［含中国出版传媒股份有限公司、中国图书进出口（集团）总公司、新华书店总店和古籍厂］营业总收入91.06亿元，同比增幅7.03%；利润7.53亿元，同比降幅6.99%。三是出版单位（含全部图书出版单位）营业总收入30.45亿元，同比增幅3.55%；利润4.30亿元，同比降幅19.99%。四是艺术品经营营业总收入8.10亿元，增幅65.08%；利润5242万元，增幅2.48%。

从出版数据看，出版图书近2万种，增幅21.13%，其中新书近9000种，增幅17.87%，重印率55.21%；造货码洋增幅13.9%，发货码洋增幅9.5%，回款实洋降低1.3%，库存及在途增幅12%；动销品种近65000种，增幅5.34%。零售市场占有率保持第一。

从增长结构看，收入增长前10的是：中国图书进出口（集团）总公司、荣宝斋、中国对外翻译有限公司、中版联印刷物资有限公司、人民文学出版社、商务印书馆、中国民主法制出版社、中国美术出版总社、新华书店总店和北京新华印刷有限公司；利润增长前10的是：中国对外翻译有限公司、人民文学出版社、中国美术出版总社、东方出版中心、新华书店总店、中国民主法制出版社、北京新华印刷有限公司、中版联印刷物资有限公司、现代出版社、中国图书进出口（集团）总公司。

从增长的五种现象看，一是人民文学出版社加强产销，增长显著；二是中国图书进出口（集团）总公司主动转型，高开高走；三是荣宝斋临危不惧，逆势上扬；四是中国对外翻译有限公司异军突起，爆发增长；五是新华书店总店攻坚克难，扭亏为盈。

同时，我们要充分注意，图书出版板块虽整体平稳增长，利润却出现一定下降，其原因固然在于2015年大额版税减免、网店销售返点、期刊广告收入下滑等，但造货大于发货、存货持续增加的现象，应保持高度警觉。

2. 出版融合布局拉开，新兴动能初现端倪

一是顶层设计加强。发布“十三五”融合发展专项规划，明确发展思路及重点举措，中国出版集团公司13个出版融合项目入选国家新闻出版广电总局“十三五”出版规划，入选20个国家级出版融合发展重点实验室。二是进出口融合加速。中国图书进出口（集团）总公司进出口数字化规模持续扩大，数字化营收达8.8亿元；“易阅通”营收5600万元，增长290%；“全球按需印刷体系”初步建成，实现进口教材30%本地印刷。三是出版融合绩效提升。资源总库量达7万种，运营2万种；中华经典古籍库营收近500万元；商务印书馆百种精品工具书等营收910万元；中国大百科全书出版社数据库营收814万元；东方出版中心“影像中国”直接收入800万元，衍生收入2100万元；中版集团数字传媒有限公司扭亏为盈，经营路数逐步明晰。四是新业务快速增长。“译云”“译见”营收2.43亿元，增幅115%；利润3701万元，增幅393%；“荣宝斋在线”营收2100万元；“新华发行网”打造全国数字中盘的前景良好；中版昆仑公司的IP开发、生活·读书·新知三联书店松果、人民音乐出版社音乐、世界图书出版公司云

教育等平台稳步推进。

3. 股改上市稳步推进，整合效应逐步放大

一是3个上市主体取得新进展。中国出版传媒股份有限公司已列入证监会审理，进程可望加快。中译语通公司已完成融资4亿元，年内再融资3.6亿元，争取年底申报；荣宝斋融资3亿元，建基金6亿元。二是资源整合效果初显。资金管理收益1.04亿元，内部委托贷款6.72亿元，节约财务费用1700万元。纸张整合降低成本近千万元；外销量3.44亿元，增幅38.67%。印务整合取得初步成效，北京新华印刷有限公司承接集团内业务增长92.65%。顺义物流投入使用，入库码洋约5亿元，正在整合中磨合，磨合中提高。三是基建工程取得突破。中国美术出版总社新办公楼投入使用，中国大百科全书出版社编辑能力改造工程完成，东方出版中心虹桥创新基地一期工程基本建成，新华书店总店新华文化创意产业园如期推进。中国出版创意中心项目取得规划方案意见复函，人防、环保、热力、供电、供水、通信等多个职能部门的审核批复意见业已过关，土地出让、文物勘探正在进行。四是完善集团化管控模式。制定权力清单和责任清单，进一步简政放权，激发活力。

4. 产业规划正式发布，重大项目陆续启动

一是发布中国出版集团公司“十三五”发展规划。明确了中国出版集团公司和各单位的发展思路、指标体系和重点项目，确立了产业结构适度多元的目标、路径和举措，增强了全集团经济发展的结构性动力。二是召开“十三五”首批重点项目启动大会。10大项目明确了实施主体，签订了经营责任书。三是举办重点项目融资推介会。集中推出12个成长性较好的项目，得到23家银行、基金等投资机构的积极响应。

（三）强党建、强动力，人才强企活力进一步提升

1. 坚持全面从严治党，筑牢文化央企的政治根基

一是加强思想组织建设。中国出版集团公司领导班子进行12次集体学习，带头认真学习贯彻中央精神，坚定“四个意识”，坚决与以习近平同志为核心的党中央保持高度一致。扎实推进“两学一做”活动，开展专项督查，召开民主生活会。以“深入学习贯彻党的十八届六中全会和全国国有企业党的建设工作会议精神”为主题，举办各类专题培训班。部署党费补缴工作，按规定排查党员2695名，发展党员28名。二是加强廉政建设。出台《向驻部纪检组报告工作事项实施办法》《中国出版集团公司巡视工作实施办法（试行）》等规章，开展4家单位的首轮巡视。认真履行全面从严治党主体责任，开展落实中央八项规定精神“回头看”，有效防止“四风”反弹。领导干部述职述廉103人次，提醒谈话62人次，函询3人次，诫勉谈话6人次，抓小抓早，坚决把纪律和规矩挺在前面。认真核实信访案件，对违反规定的有关单位与个人严肃处理。

2. 加强干部队伍建设，厚植人才发展根基

一是加强班子建设。严格选人用人程序，调整补充20个单位和部门的领导班子，任用25人次、免职19人次。完成103名领导干部的年度考核工作，注重考核结果反馈，强化激励约束功能。二是加强人才培养。开展第二批后备干部选拔，加大数字化、国际化、新业态人才的选拔力度，建立跟踪管理制度。颁布《“三个一百”人才管理办法》，完成年度培训。开办中国出版集团公司网络学院和网络党校，增强干部专业素养和学习能力。三是加强人才交流。选派5位同志分赴地方和有关企业挂职，拓展交流新渠道。

3. 完善考核分配制度，增强内生发展动力

一是加强分类考核。针对不同业态、规模、发展阶段的企业，探索实施分类考核，细化考核准则，增强考核的科学性和激励性，同时将党建工作纳入领导干部年度考核。二是加强分配激励。颁布《加强骨干编辑和营销人员激励的指导意见》，加大骨干人才的激励力度。拨发100万元专业人才引进补贴，支持重点人才引进与成长。在中译语通开展职业经理人试点。三是加强企业保障。全面完成转制单位职工企业年金补偿性缴费及支付工作。做好工资总额预算管理，把握好经济增长与员工福利间的平衡。指定专人负责老干部工作，进一步保障老干部的政治、生活待遇。

4. 丰富活动载体，做活企业文化

一是加强学习型组织建设。成立中版研习会，开展“读经典、学新知”读书活动，举办“党在我心中”诗歌比赛，参加长征主题书画展览。二是加强团队文化建设。举办中国出版集团公司第2届足球赛，参加中央国家机关“公仆杯”乒乓球大赛。三是加强创新文化建设。扶持26个青年创新项目，表彰15名创新个人，激发了青年创新热情。四是加强社会责任建设。下拨20余万元慰问86名困难职工，开展“恒爱行动”和慰问老归侨侨眷活动；向新疆维吾尔自治区、甘肃会宁、江西井冈山、南海舰队等捐书5.3万册，启动“书法教育援疆工程”，开展词典下乡活动。积极承担中央下达的对口扶贫任务，选派干部前往泽库县任职，开展智力文化扶贫，捐书50余万码洋。五是获得多项荣誉。11个单位荣获中共中央直属机关先进集体称号，25名个人荣获中共中央直属机关先进个人称号，1名老干部家庭荣获“全国文明家庭”称号，1家出版单位荣获全国“六五”普法先进单位称号。

过去一年，面对复杂的经济形势和激烈的市场竞争，中国出版集团公司总体上咬住了稳中求进、向上向强的发展势头。同时，我们看到，六个方面的问题还比较突出：一是内容创新的持续能力还不强，新的精品书、畅销书不够多，低效、无效、减效书压缩不够，优质作者资源的获取力不够强；二是市场的有效营销能力还不强，库存隐忧加重，新媒体营销能力有待提高；三是国际传播能力还不强，缺少重大国际影响的核心产品，做响做开还不够；四是出版融合发展能力还不强，适度多元的产业格局尚未形成；五是人力资源的创新能力还不强，干部人才结构有待继续优化，考核分配机制有待细化、强化；六是党建工作特别是廉政建设有待加强，从严治党转化为从严治企的思路方法有待研究、创新。对此，我们要头脑清醒，充分警觉，始终保持问题意识和危机意识，以钉钉子的精神，一步一个脚印，扎扎实实地加以解决。

二、抓住“三大要领”，带动发展全局

2017年党的十九大将要召开，严把政治导向、做好主题出版十分重要，唱响主旋律、传播正能量十分重要，坚持“内容建设第一、质量第一、出好书第一”十分重要。这是我们全局工作中的重中之重，是一切经济工作的出发点和落脚点，是贯穿全年始终的指导思想和根本要求。这方面内容在岁末年初中国出版集团公司连续召开了多次传达会、总编辑专题会、选题论证会，今天报告的第三部分还要做专门部署，希望大家把中共中央、中央宣传部和国家新闻出版广电总局的精神贯彻好。这里我重点强调一下，就不专题展开了。

习近平总书记在中央经济工作会议上强调，要坚持稳中求进的工作总基调，要以推进供给侧结构性改革为主线。这对中国出版集团公司深化“两调四强”的战略重点，落实“十三五”规划具有重要指导意义和现实针对性。将中央精神和当前实际相结合最主要的一条，就是稳中求进。稳是前提，稳是大局，稳是总基调，具体表现为稳增长、稳经营、稳发展；进是方向，进是目标，进是精神状态，具体表现为结构优化、动力增强、融合发展。因此，2017年要将稳增长、调结构、促融合作为“三大要领”，作为主攻方向，带动发展全局。

（一）稳增长

前年以来，中国出版集团公司主动适应经济新常态，将经济增速由“双10”调为“双8”又调为“6.5～8”，主要考虑是防控规模等各种风险，适应增长的现实情况。从2016年实际情况看，中国出版集团公司的营收、资产、净资产均出现较快增长，迈上“三百亿”台阶。站在“三百亿”的平台上，怎么看，怎么办？这是我们绕不开、躲不了、必须直面的问题。我们的资产总额更大，掌控能力能否更强？净资产量更多，质量效益能否更好？营收数额更大，利润率能否更高？一句话，中国出版集团公司这艘越来越大的航母，能否保持航向，保持航速，继续前进，再进一步、更进一步，更强、更好、更高、更进，成为“三百亿”平台上的主题词。这其中，关键是稳增长，关键是调结构，关键是促融合。这是带动全局工作的“三大要领”，是落实“十三五”

规划的重中之重。

保持增长是企业生存的铁律。对一个企业来讲，增长是天然使命、立身之本、发展之基，既是维系生存、基业长青的前提，又是造福员工、造福社会的保障。中国出版集团公司各单位作为一个企业组织，必须履行企业的使命，必须遵循企业的规律。文化是我们最高使命，社会效益是我们第一追求。同时，保持增长是我们践行文化使命的资本，是我们坚持社会效益第一的资本，也是我们做强经济实力的资本。没有增长，这些目标都将是一句空话。即使是当前经济发展中存在的一些问题，也需要在增长中逐步加以解决。在增长中解决问题，在解决问题中实现新的增长。

合理增速是市场竞争的法则。十八大以来，中国出版集团公司营收从 47 亿增长到 103 亿，总资产从 77 亿增长到 192 亿，净资产从 28 亿增长到 109 亿，利润从 3 亿增长到 9 亿，保持了两位数的高速增长。这既为弘扬自身品牌、夯实"国家队"地位奠定了经济基础，也为我们保持市场竞争优势提供了回旋余地。当前，出版产业强弱分化明显，主流的边缘化、边缘的入主流，起落升降，屡见不鲜，进退得失，逐年洗牌。纵观出版业，你追我赶，百舸争流，不进则退，慢进也是退。形势逼人，形势激人，形势也让我们看到，这场大戏的背后是市场竞争的法则在导演，适者生存、违者出局，冷冰冰地没商量。要实现中国出版集团公司"十三五"规划，基本建成国际著名出版集团，没有增长不成，没有合理的速度不成，没有合理的、持续的速度更不成。事情都是这样，当时过境迁回头看时，不过是"乌蒙磅礴走泥丸"。既然我们定了"国际著名"的定位，定了实现"三化"的目标，就要神气十足，敢于胜利，保持速度，不达目的誓不休。

质量效益是企业存续的价值和意义。"十三五"期间，全集团要在坚持社会效益第一的前提下，努力实现两个效益的统一，努力实现出版质量和经济质量的统一。这始终是出版企业的价值追求、意义所在。全集团要实现经济发展从规模扩张型向规模和质量效益结合型转变，从"又快又好"向"又好又快"转变。要冷静看到：中国出版集团公司销售和利润比率尚好，但利润增长远低于销售增长，出版利润有回归市场平均利润甚至更低的风险；造货、发货规模基本同比增长，但库存规模持续攀升、隐患相伴；图书品种数与市场零售占有率的比率较好，但低效、无效甚至减效图书不少；网店销售持续扩大，但利润走低已渐成常态。我们重产品规模，更应重单品效益；重经济规模，更应重有效规模；重市场增量，更应重利润增量。概括起来，更有质量、更有效益、更可持续的增长是我们一以贯之、始终如一的基本追求。

（二）调结构

企业肌体是由多种结构组成的。调结构要善于抓本，"万物负阴而抱阳，冲气以为和"，这大概是调结构的本；调结构要善于抓纲，内容、产业、机制这三种结构就是所谓的纲。

内容结构是核心。一是在产品生产方面，既要合理把握主题与一般、历史与现实、学术与普及、新书与重印书、畅销书与常销书、原创与引进、本版与合作之间的比例关系，又要向社科、少儿、文艺、语言、教材教辅等全国市场份额占比大的板块发力。二是在作者资源方面，统筹好老与新、知名与新锐之间的比例关系，特别要努力提升维护老作者和发现新作者的资源判断和获得能力。三是在编辑能力方面，既重案头，也重策划；既重学术情怀，也重市场敏感；既重工匠精神，也重思想创新。内容结构是由出版社的定位和市场需求共同决定的。它既有不变的一面，也有常新的一面；既有固本归宗的一面，也有顺世化转的一面。要在顺世中保持本宗，要在本宗下频出新品。这需要大气、文气和锐气、地气的融合，需要常下功夫、下死功夫研究，从而做到结构在胸中更在市场，在销售更在利润，在回款更在社会影响。

产业结构是重点。一是产销结构，既要提高产品供给的质量，更要提高市场营销的能力。要研究产销之间的各种比例关系，找到这些关系的数据指标，求得产与销在不平衡中的平衡、在动态中的平衡。这是企业的基本结构，是企业的体

征指标，是产业结构中指导、决定、影响各种结构的最重要的结构。营销是我们的难点，既要研究不同区域、不同门类、不同渠道的市场变化，更要抓住关键市场、关键渠道、关键读者；既要增强线上线下一体营销，更要增强移动终端吸粉能力，增强对网店折扣的平衡能力。二是新老结构，既要维护好常销老书，又要开发好畅销新书；既要巩固传统出版优势，又要加快新兴业务拓展；既要提高出版产业链一体化的规模收益，又要增强艺术品、翻译、进出口等多元经营的融合收益。三是内外结构，中国图书进出口（集团）总公司、商务印书馆、中华书局、生活·读书·新知三联书店、人民文学出版社、中国大百科全书出版社、人民音乐出版社、中国美术出版总社等在内外结构中是我们的强势，特别是中国图书进出口（集团）总公司具有更多的资源性、传导性、整合性的强大优势。要发挥这种优势，努力形成国内国外两种资源、两大市场、两个影响的内外结构，为中国出版集团公司更长远的发展筑路基、建渠道、设据点、储人才，努力形成内外结构上的后发优势。

机制结构是关键。一是在组织管理上，要进一步划小生产核算单位，提高内容生产组织扁平化水平，有效下放人、财、物等权力，激发创新因子，打造创业平台。二是在选人用人上，要加强骨干拔尖人才培养，加强新业态人才培养，加强青年优秀人才培养，重品德、重特长、重能力、重业绩，千方百计搭梯子、造环境。三是在考核分配上，要分类研究、因企施策，建立差异化的考核指标，加大对各类骨干人才的激励力度，从而造就“创新之星”竞相涌现的人才队伍。机制就像人体的经络，看不见，但存在；通则气顺血畅，不通则气塞血瘀。机制很重要，要事多难为，但大道至简，差异出活力。机制改革的本质是打破旧的平衡，建立新的平衡，是着眼创新、着力差异。在方法上要中西医兼用，思想工作、改革举措、经济手段并举。在思路上要系统思维，领导决策机制、组织管理机制、用人分配机制，等等。形成系统，连为结构，强调功能，讲究协调，重在活血化瘀，焕发生机，充满活力。

（三）促融合

促融合既是调结构的基本指向，也是稳增长的未来动力。在促融合中，开放性、创意性和商业性特别重要。开放性就是资源开放以规模化、社会化、品牌化，就是资本开放以公司化、股份化、市场化，就是机制开放以强肌体、塑团队、揽人才。创意性重在说好故事，点石成金，化低效资源为高效资源，吸引资本投入、技术导入和资源引入。商业性是强调投入与产出这个关键指标，形成投入产出、再投入再产出的良性发展。

资源融合是立足点。我们的资源是丰富的，但在信息时代如同孤岛。要站稳资源融合这个立足点，必须打通孤岛型的“拥有”，实现互联互通的“享有”。只有从丰富走向巨量、走向海量，我们的数据库和这个平台、那个平台才有成功的希望。所以，内容资源的数字化、数字资源的规模化、规模资源的品牌化，是资源融合的三部曲、必由之路。据此，融合出版，我们才有戏可唱，才有内容的话语权，才有多媒体表达的内容优势。

技术融合是催化剂。就是要在资源融合基础上，通过技术创新与利用，实现内容与数字技术的融合，从而逐步实现从出版融合向融合出版的转变。我们要加强各类平台、数据库、电商、大数据服务、数字发行、IP内容开发等多种产品形态的技术研发，利用新媒体、全媒体手段提供优质内容与服务，实现产品的立体化传播，放大点击量，提高关注度，形成流量、交易量和营销的增量。

资本融合是加速器。就是要借助社会资本，形成多元投入的融合模式。互联网经济的崛起来源于资本市场的孵化，现代企业的腾飞借助于外源式的融资。我们要用资本的钥匙打开数字融合的大门，用资本的杠杆实现内容资源的溢价，要积极推动有条件的企业尽早登陆资本市场，加速吸纳风险投资（VC）、私募股权投资（PE）、产业并购基金等外部资本，通过资本融合带动资源、技术和人才的融合，倒逼思想、体制和机制的创新，增强资源的变现能力、市场竞争能力和资本增值能力。

企业要有精气神。古人说的精气神是有含义

的，是辩证思维的。精者，主要指人体吸入之精华；气者，主要指五脏六腑之运化；神者，主要指精在体内运化后表现在外的神气、神韵，等等。对我们来说，所谓精，好似要素之投入产出；所谓气，仿佛结构之均衡化合；所谓神，就如同企业之状态和业态。稳增长、调结构、促融合就是我们中国出版集团公司这个企业肌体的“精气神”，是“三百亿”基础上“更强、更好、更高、更进”的要害所在、要领所在。这“三大要领”，对走好集团公司特色发展道路，具有战略的重要性、现实的紧迫性和全局的带动性。抓住了这“三大要领”，我们就抓住了“十三五”的发展全局，我们就有可能使整体业态“神气十足”，使“十三五”目标胜算在握。

三、2017 年工作重点

2017 年工作的总要求是：深入学习贯彻习近平总书记系列重要讲话精神，认真贯彻落实党的十八大和十八届三中、四中、五中、六中全会精神，认真贯彻落实中央系列会议精神，切实加强导向管理，切实加强企业党建，切实加强廉政建设，以出版供给侧结构性改革为主线，以推进集团公司“十三五”规划为重点，以“提升六种能力”为年度目标，保持稳健增长，推动结构优化，促进融合发展，为十九大的胜利召开营造积极的舆论氛围和良好的文化环境。

根据中央提出的“稳中求进”工作总基调，新一年要坚持社会效益第一，坚持社会效益和经济效益相统一，营收和利润双增 6.5%至 8%的指标保持不变，进一步落实“两调四强”的战略重点，为打造国际著名出版集团公司奠定更加坚实的基础。

（一）提升内容生产的持续创新能力

一是严守正确出版导向。牢固树立导向把关意识，对重大题材、敏感话题要多过“筛子”、勤用“放大镜”、拉紧责任制，对敏感话题不走“险棋”、不打“擦边球”、不搞“弯道超车”；要增强总裁办公会和各单位社务会专议导向的功能，强化总编辑例会、总部审读小组、各单位终审的把关作用；要强调各单位主要领导是第一负责人，总编辑是主要负责人，分管领导是直接负责人；加大抽检力度，加强关口前移，完善预警、监管和问责机制；严格管理流程，严格执行重大选题报备制，总体掌控相关引进类和敏感题材的选题占比。

二是自觉履行文化使命。围绕学习贯彻习近平总书记系列重要讲话精神等中长期主题和迎接十九大召开、中国人民解放军建军 90 周年、香港回归 20 周年等年度主题，努力推出一批“双效”显著的主题产品。继续组织实施好《中国大百科全书》第三版、二十四史及《清史稿》修订、《海外中文古籍总目》等重大出版工程。加快启动《复兴文库》建设，成立编纂委员会，完成总体设计和选目论证，力争年底出版 100 种。抓好“五个一工程奖”等国家级奖项申报工作，遴选中国出版集团公司年度百种重点图书，在国家知识服务体系建设中发挥出版的扛鼎作用。要特别注意形成主题出版的文化品格和学术风格，要特别注意保持重大、重点项目的文化分量和学术水准。

三是优化产品线结构。语言产品线要加大学生类、专业类工具书和外语类产品的研发力度，继续扩大既有优势；文学、社科产品线要加大畅销书、热点书策划力度，继续扩大领先优势；少儿、音乐、美术、教育产品线要挖潜、提质、增效，努力形成竞争优势；时政、经管、生活、科技等产品线，要探索并购重组，努力形成后发优势。

四是优化产品结构。在新书结构上，加大原创力度，提升高效品种占比；严控低效书、无效书、减效书，提高出版效率。关于合作图书，导向把关要以我为主，出版效益要有利可图，内容资源要于我有补，据此逐步改造低效低质的，逐步置换无利无补的，坚决停掉内容上、经济上有风险的合作出版。在常销书结构上，既要注重新书的积淀能力，又要加大再开发力度，使之逐步沉淀为“经典常销书目”。重视“二八法则”的效应，提升不同学科、不同门类的畅销书占比，加大资金投入、人才组合和考核激励力度。合理把控“大部头”出版节奏，完善“中版好书”遴

选机制，增强“双效”带动效应。对小众化图书，要积极推广按需印刷，防止造货积压。

五是优化作者资源结构。充分发挥内容建设委员会的专家效应，维护老资源，拓展新作者，通过举办作者恳谈会、设立名家工作室等方式，打好服务牌、感情牌、权益牌和信誉牌，带动更多知名专家供稿荐稿。大力拓展新兴作者，扶持一批潜力作者，努力聚集一批社会号召力较强、市场影响力较大、黏合度较高的70后、80后、90后优秀作者，将各社打造成作者和读者共享的文化家园。

（二）提高内容传播的多元营销能力

一是加强统筹管理。明确中国出版集团公司和各单位的营销功能定位：中国出版集团公司负责战略制定、资源统筹、品牌推广和指标考核，各单位负责渠道优化、产品营销、账期把控和库存监管，努力建构统分有序、灵敏协调的市场快速反应机制。依据各社特点，制定营销管理指标体系，完善资产减值制度，压缩库存规模，淘汰无效产能。

二是做强实体渠道。通过“百店千柜工程”“经销商大会”等手段，强化发行业务员“走基层”，加强对实体中盘和地市店的辐射能力，努力提高中国出版集团公司图书的上架率和占位率。通过“中版图书馆配会”，加强与馆配渠道的业务合作，争取馆配市场较大增长。以投入产出为准绳，积极稳妥地推动三联韬奋书店、商务阅读体验店的分店布局。以抓增量、搞服务、重分享为原则，加强中国出版集团公司内部教材资源统筹协调，建立内部联营分享机制，增强教育板块的凝聚力与竞争力。

三是做大网络渠道。积极探索与当当、京东、亚马逊、博库和文轩等重点网店建立双赢的合作新模式，提升中国出版集团公司图书在网络渠道的占有率，以集团化优势推进网店营销，增强合理分享的平衡能力，建立集团层面和各社联动的网络营销模式。鼓励各单位开设自营店并加大与天猫、淘宝、大V店的产品合作。

四是做响新媒体营销。要增强新媒体营销意识与能力，加大微信、微博、视频、直播等新媒体宣介力度，丰富新媒体营销手段，形成线上线下一体化促营销的新合力。抓住4·23世界读书日、暑期、双11、双12等重要节点，开展形式多样的线上线下促销活动。借力中国出版集团公司成立15周年、商务印书馆成立120周年、中华书局成立105周年、新华书店总店成立80周年等重大庆典活动，精心设计方案、精心部署落实，提升品牌美誉度，增强社会影响力。

（三）提升数字出版的融合发展能力

一是以资源建设强内核、强融合。提高数字版权签约率，实现年度全品种的数字化存储，新增上线运营品种数不低于3000种。实现内容与数字技术、内容与延伸服务的融合，不断加大融合发展力度。三联生活周刊、松果生活要加快全媒体融合转型，实现线上线下互动运营的新模式。以国家出版融合发展重点实验室为依托，研究、解决融合发展的关键技术问题，推动科研成果转化为生产力。

二是以平台建设强突破、强影响。《中国大百科全书》第三版要按计划推进，探索有效运营模式；“中华经典古籍库”要做好优质资源增量，扩大市场份额；“百种精品工具书”要完成《新华字典》《现代汉语词典》等拳头产品的数字化开发；学术、音乐、美术、法律、医学等专业平台要加快开发，形成专业出版的数字化模式。中版集团数字传媒有限公司要完成集团公司数字化综合运营平台建设，打造集约化的运营平台，形成统分结合的集团优势，扩大市场影响。

三是以数据服务强管理、强优势。加快中国出版集团公司层面的管理型企业资源计划（ERP）以及各单位复合出版平台建设，提升管理，提高效率，促进转型。加强“易阅通”“译云”“新华发行网”“教材采选系统”以及按需印刷、出版物流大数据服务等开发建设，形成新的竞争力和增长点。

四是以“三抓”为关键举措。围绕抓开放融合，各单位要明确融合思路、项目举措和经营指标；商务印书馆、中华书局、生活·读书·新知三联书店、中国大百科全书出版社、人民音乐出版社、中国美术出版总社等要率先发力，努力成

为从出版融合到融合出版的行业标兵。围绕抓机制创新，中国美术出版总社、人民音乐出版社、生活·读书·新知三联书店、东方出版中心、新华书店总店等要加快重点项目的公司化运营；各单位要加大新兴重点项目的社会融资力度；有条件的单位可探索股权激励或模拟股权激励。围绕抓投入产出，要做好项目预算，降低运营成本，实现良性滚动发展，成为企业新的利润增长点。

（四）提升“走出去”做响又做开的能力

一是选准内容话题。围绕传统文化的当代阐释和中国道路的学术表达两大主题，立足发掘世界话题中的中国现象、中国道路和中国经验，更加注重策划面向年轻一代的作品，更加注重发挥海外汉学家的推介作用，更加注重拓展新兴国家市场。开展“一带一路”沿线国家以及南美地区的专题调研，在中国当代主题策划小组工作的基础上，成立文学艺术、社科人文、工具书、对外汉语、少儿等5个分小组，摸准海外需求，提升选题质量。各单位要聚焦重点产品，努力打造若干种具有一定国际影响的原创作品。进一步做实做优“中印经典和当代作品互译”“曹文轩、杨红樱作品海外推广”“恩道尔地缘政治系列”“中国企业家与企业丛书”等重点项目。

二是搭建传播平台。做强营销平台，要进一步完善中国图书进出口（集团）总公司结构，提升“易阅通”的海外营销能力，研究中国版亚马逊的实施计划。做强各类国际会展，进一步做强北京国际图书博览会的国际影响力。做强翻译平台，启动牛津大学图书馆翻译出版中心运作，召开海外翻译恳谈会，健全精品图书与优秀译者的线上线下匹配机制，完善优质译者资源库；“译云”要为国际传播提供强力支持，“译见”要为中国出版集团公司和行业提供全球视野的数据服务。

三是深化“三进计划”。通过探索在北美、中东欧等大学图书馆设立“中国阅览室”，策划成立“美国佩斯大学中国文化出版中心”，推动图书进美国巴诺大学书店等，落实中版图书“进高校”计划。通过推进与牛津、剑桥、施普林格等合作，加强“商务中华三联”学术出版对外合作等，落实中版图书“进研究机构”计划。通过加强与海外中国文化中心、孔子学院、驻外机构合作，推动《汉语世界》海外落地等，落实中版图书“进课堂”计划。

四是探索本土化运作。加强中版东贩公司、美国公司的建章立制、选题计划和经营管理工作，加快《中国近现代文化经典文库》等重点项目扎根落地。积极稳妥地推进对海外有关出版机构的重组并购工作，拓展海外主流营销渠道，提高海外市场的运营能力和传播能力。

（五）提升资金资产的有效运营能力

一是做优内部管理。中国出版集团公司要成立专项工作小组，尽快形成以财务数据为核心，融集团OA办公系统、出版单位ERP生产系统为一体的集团公司各层级综合管理系统，打破信息孤岛，实现互联互通，提高信息化管理水平和风险预警能力。各单位要完善选题论证会、生产会、营销对接会等机制，提高集编印发供一体化流程管理水平，加强重印书、断货书的实时监控，提高生产效率。

二是做好股改上市。股份公司要抓住审核加速的有利时机，力争2017年上市。中译语通公司要推进C轮融资，力争2017年申报上市。荣宝斋要加快资产清理，完成股改工作，优选战略投资者。中国图书进出口（集团）总公司要着手谋划股改上市，制定方案，积极推进。各上市主体要注重日常工作与上市工作的有机衔接，做好内控管理和信息披露。

三是做稳投融资平台。以集团资金集中管理为核心，统筹各拟上市板块资金，建立协调合作的运作机制，实现内部资金融通，降低外部融资成本；探讨组建投资公司，深化产融结合，增强外部融资能力，形成内外资金互动的发展路径。

四是做专产业板块。以中国图书进出口（集团）总公司为主体，适时兼并收购上下游数据加工企业，进一步做大进出口业务板块；以荣宝斋为主体，加强艺术品经营、书画艺术培训等多元开发，进一步做大艺术品板块；以新华联合发行有限公司为主体，加快集团公司内图书物流和第三方物流集聚，进一步做大物流板块；以北京中版联印刷物资有限公司、北京新华印刷有限公司按需印刷为主体，提高集约效益和规模收益，进一步做大纸张印务板块；以中版昆仑传媒有限公司为基础，加强 IP 资源的多维运营，努力做大影视动漫板块；以新华发行网为基础，努力构建全国性的图书发行数字中盘。

五是做实重点项目。加大“十三五”首批重点项目的融资力度，吸引社会资本投入，完善商业模式，提高运营水平，加强投入产出论证和绩效考核管理。加强募投项目的跟踪管理，进一步完善商业模式与盈利模式。加强房产资产运营管理，盘活各类资源，提高运营效益。积极推进中国出版创意中心、新华文化创意产业园等项目的实施。

（六）提升健康持续发展的统合能力

一是加强党的建设，激发思想动力。认真学习十八大以来中央重要精神，学习《中国共产党廉洁自律准则》和《中国共产党纪律处分条例》，组织党组中心组进行专题学习。巩固“两学一做”学习教育成果，抓好整改落实工作。认真落实中央关于加强和改进国有企业党的建设工作通知的精神，加强党组织建设。深入推进党风廉政建设，认真落实中纪委第七次全体会议精神，召开中国出版集团公司全面从严治党工作会议，抓好首轮巡视整改，启动第二轮巡视，注重巡视结果的运用，进一步营造风清气正、廉洁干净的政治生态和发展氛围。

二是创新选人用人机制，激发开拓动力。认真落实全国总工会精神，加强领导班子建设，建设一支“对党忠诚、勇于创新、治企有方、兴企有为、清正廉洁”的高素质领导干部队伍。坚持党管干部原则，完善民主推荐方式，防止简单以票取人，树立正确的选人用人导向，进一步调好各级领导班子的结构，使之成为政治强、业务精、懂经营、善管理的坚强堡垒。

三是优化人才结构，激发创新动力。抓好后备干部、“三个一百”人才的动态培养与使用，启用一批有思路、有干劲、有操守的 70 后、80 后、90 后进入各级管理岗位。加大新领域、新业态、新实体的人才培养，健全人才引进补贴机制；要完善职业经理人试点工作，其他有条件的单位也可模拟试行。拓宽人才交流通道，促使人才更好地在集团公司内外动起来、活起来、用起来。

四是优化运营机制，激发内生动力。认真落实权力清单和责任清单，提高总部本部的管控运行效率。推广分社制、子公司、工作室等经验，进一步放权、压责、激励。优化分类考核指标，探索社会效益与经济效益有机统一的综合性考核体系。完善各单位领导班子考核办法，增强班子的凝聚力战斗力。完善企业薪酬结构体系，保持领导与员工、经营人员与非经营人员、固定薪酬与浮动薪酬之间的合理比例与动态优化。提高生产经营人员的创利指标和激励权重，加大编辑、营销、经营管理人员的激励力度，形成具有市场竞争力的薪酬体系。

就全国来说，2017 年是全面实施“十三五”规划、全面建成小康社会的重要一年，是供给侧结构性改革的深化之年；就中国出版集团公司来说，是继续推进“两调四强”战略重点的攻坚之年，是扩大文化影响、打造数字集团、保持稳健增长的进取之年。我们要紧密团结在以习近平同志为核心的党中央周围，牢牢坚持正确出版导向，稳中求进，奋发有为，服务大局，为迎接党的十九大胜利召开营造积极昂扬的思想舆论氛围，为尽早建成国际著名出版集团、推动文化强国建设做出新的贡献！（谭　跃）

集团公司所属单位2017年工作综述

人民文学出版社2017年工作综述

2017年，是人民文学出版社（以下简称"人文社"）砥砺奋进、开拓创新、大放异彩的一年，无论是社会效益，还是经济效益，都取得了令人瞩目的成绩。

一、社会效益

在社会效益方面，人文社始终坚持正确的出版导向，出版了一大批优秀的精品图书，众多图书荣获了国家各种一级奖项，众多新书入选了各种媒体榜单，在社会上产生了良好影响。其中，《抗日战争》荣获中宣部"五个一工程奖"；《老生》《杨绛全集》荣获第6届中华优秀出版物奖；在第4届出版政府奖评选活动中，人文社共荣获8个奖项，《曲终人在》荣获优秀图书奖，《鲁迅全集》荣获优秀印制奖，《抗日战争》《中国近代小说编年史》《杨绛全集》《杜甫全集校注》，天天出版社《辫子》荣获提名奖，《林徽因集》荣获装帧设计提名奖。此外，《北鸢》荣获2016年中国好书，《近现代报刊杂志词话汇编》《明文海》《撷芳集》《新文化运动史料丛编》等4个项目获得了国家出版基金资助。在2017年出版的新书中，《小说课》《劳燕》《芳华》《天漏邑》《王城如海》《飞行酿酒师》《奔月》《神奇动物在哪里》《阿赫玛托娃诗全集》等众多图书入选了月度中国好书、光明书榜、华文好书等媒体榜单。

人文社还有一批经典图书也在市场上大放异彩。如《围城》年销量已超过110万册，《白鹿原》销量达到76万册，《红星照耀中国》全年发货270万册，董卿主编的中央电视台同名图书《朗读者》销量超过100万册，《芳华》销量超过60万册。还有"择天记"系列（8卷）、"哑舍"系列（6卷）等，也受到青年读者欢迎，年销量均突破5万套。

二、经济效益

根据北京开卷图书信息技术有限公司的市场数据，截至2017年底，人文社在全国图书市场码洋占有率为1.29%，排名第12位，比2016年同期上升4位；文艺类市场占有率为4.14%，排名第5位。

人文社大社全年发货码洋突破11亿元，比上年同期增长了33.96%，加上天天出版社1.4亿元、上海九久读书人文化实业有限公司独立发货3亿元，发货总码洋达到15.4亿元；大社回款4.1亿元，比上年同期增长了32.3%，加上天天出版社5400万元、上海九久读书人文化实业有限公司9000万元，回款总额达到5.54亿元；大社营业收入3.85亿元，比上年同期增长了39.58%，加上天天出版社5102万元、上海九久读书人文化实业有限公司7985万元，营业收入总额达到4.87亿元；大社实现了净利润6585万元，比上年同期增长了107.93%，加上天天出版社194万元、上海九久读书人文化实业有限公司370万元，合并抵消之后净利润为6058万元。

三、在图书、报刊出版方面加强导向管理，提高竞争意识、提升竞争力

首先，作为文学出版的“国家队”，人民文学出版社必须在坚持正确出版导向上起到引领和示范作用。出版导向不仅仅只是政治导向，还包括思想导向、文化导向和审美导向等。只有导向正确，才能真正做出好书，做出精品。在2017年，人文社专门制定了《人民文学出版社导向管理规定》，要求所有编辑在书、刊内容导向方面时刻保持警惕，不马虎，不懈怠，不抱侥幸心理，不自以为是，发现问题要及时提出。在2017年，人文社在出版导向方面基本没有出现大的问题。

第二，进一步强化市场意识，鼓励编辑在面对选题竞争时要勇于争抢，而不是一味保守。如经过积极争取得到了《朗读者》版权，在肖丽媛副总编辑带领下，在外编室、对外合作部、青年文学编辑室、教材出版中心及各个生产部门的努力下，齐心协力、加班加点，完成了《朗读者》图书的版权洽谈、编辑加工、市场推广等各项工作，《朗读者》全年发货超过100万册，随着同名电视节目的上线，销量还将继续增长；之后又积极投入《开学第一课》电视图书开发的工作中。此外，原创长篇小说陆天明《幸存者》、梁鸿《梁光正的光》等也都是通过积极争取拿到的，《幸存者》是入选十九大重点选题中唯一一部文学作品。这些图书的出版，为人文社的品牌带来积极影响。而且，通过这些案例，人文社向社会各界传递了这样的信息：人文社会以更加积极的姿态投入市场竞争，作家们的优秀作品版权，人文社一定会通过努力争取拿到手里。

第三，在作家队伍建设方面也继续拓展。先后与张翎、庆山、梁鸿、祝勇、阿乙、鲁敏、张怡薇等作家建立了紧密联系，他们陆续出版的作品受到各界关注。在外国当代文学方面，出版了《吃鲷鱼让我打嗝》《火花》《离别时刻》等新书，显示了新气象。在保持纯文学领域出版优势的同时，不断开发新的产品线，出版了《择天记》、玄色的《哑舍》《古董小传》等类型文学作品。利用自身优势，出版了《中国诗词日历》《朗读者》日历和手账等衍生产品，扩大了市场收益。

第四，在重大项目出版方面，出版了国家出版基金项目《中国少数民族文学史》（5卷）、“中国话剧百年典藏”（15卷），完成国家出版基金项目“大中华文库”多语种版16个品种的出版，包括汉法、汉俄对照四大古典名著，《金瓶梅》汉德、汉法、汉俄、汉西、汉日对照版等。古籍资助项目《郝经集编年校笺》《金代诗论辑存校释（上下）》也即将出版。

第五，对既有资源重组、重新开发利用方面的力度更大，意识更明确、思路更清晰。在拥有古今中外大量经典图书，根据不同读者需求开发不同版本，让它们以全新的面貌重装上阵，激发它们的生命力，是面临的一大挑战。2017年，《红星照耀中国》青少版的开发是一个非常成功的案例，人文社敏锐地抓住市场，利用它被教育部纳入中小学必读图书的契机，根据读者需求开发新版本，它在2017年创造的码洋就接近1亿元。同时，适时开发了很多外国文学经典作品的单行本，瞄准目标读者，以更新颖的方式推向市场，让既有资源充分发挥市场潜力。

第六，报刊工作呈现新气象。《当代》杂志在保证每期都有重点亮点作品的前提下，在栏目设置上继续保持精品意识和创新意识，新开设的散文专栏广受读者欢迎；还与中版集团数字传媒有限公司合作，推出《当代》杂志有声阅读版，吸引了一批年轻读者；与中国国际图书贸易集团有限公司签约，正式把《当代》及《当代长篇小说选刊》电子版内容推广到国际市场，扩大品牌知名度和影响力。此外，还与台湾点阅串流科技股份有限公司合作，把《当代》及《当代长篇小说选刊》的内容推广到台湾地区。《新文学史料》积极策划选题，每期都有精彩文章，且对读者关注的历史人物、事件、热点问题予以回应，同时保持了较高的学术水准，文章被引用、转载数量增多，在学术界和读者中获得良好口碑。

自2017年11月起，《中华文学选刊》归入《当代》编辑部，在大家的共同努力下，在极短时间内完成了改刊工作，按时保质地推出带有全

新气息的新杂志。《选刊》的改刊宗旨是“提倡有价值阅读”，打造高品质的文学选刊，争取做到既要选载当前原创刊物中的精品，又能及时反馈文坛创作的最新态势；既保证传统经典作品的选载，又能寻找具有创作潜力的文学新人。

四、生产经营工作成效显著

2017年，图书发稿量持续增长，各生产部门承受了不少压力。但他们加班加点，尽可能确保重点图书的顺利上市，为抓住市场契机提供了有力保障。

2017年1～11月，排校部共收稿506本，较2016年同期多出200本，涨幅达到65.3%。截至12月19日，已出校样14930.4万字，比2016年多3000万字；已付型11966.4万字，比2016年多700多万字。美编室完成封面设计530种，是2016年工作量的112.5%。在完成生产会正常安排的任务外，还承担了《朗读者》《开学第一课》等图书的版式设计、封面设计工作，这些工作在前期就介入，提出了很多设计方案。

印制部门则进一步压低成本，在上半年预计到纸张涨价的情况下，提前囤积纸张，降低成本。2017年全年总计发印10.63亿码洋，较2016年增长55.18%；全年用纸量达到52.15万令，约18000吨，实际用纸金额达到1.2亿元左右。2017年在出版《朗读者》时，第一次尝试招投标的方式寻找合作厂商，极大地降低了生产成本。

在营销工作方面，重点书的推广流程进一步规范化，营销资源配置日益合理，营销活动不断向二三线城市下沉。同时，在新媒体营销方面做出新开拓，官方微信关注人数已达40万，全年利用自身平台、合作平台发布的10万$^{+}$帖子有15篇，并荣获了第2届“大众喜爱的50个阅读类微信公众号”“2017年度最受欢迎公众号”称号。开通了微信公众号“文学好书榜”，联合文化宣传工作委员会每月发布好书，得到了中宣部和国家新闻出版广电总局出版管理司的高度肯定。此外，在短视频制作、传播方面，寻找到固定的合作伙伴，为全方位推广图书拓宽了渠道。

发行部门进一步深挖渠道，对各大书城的码堆、重点摆放等工作越来越重视，在销售方面稳住折扣，业务回款增长明显。发行部坚持将工作下沉，精耕细作，将二三线城市实体书店的销售作为增长点。通过加强地面店信息员队伍建设，细化考核标准，明确奖励机制，有效地提高了图书上架率。发行部进一步加强对民营客户的风险管控，保证了资金安全，对一些账期超长的客户进行集中处理，督促他们及时退回滞销图书，增加结款频率。发行部对全年的营销活动做了整体规划，增强营销意识，抓住寒暑假、书展等重要时间节点，紧抓重点产品，及时进行营销。2017年，发行部回款、销售收入均创历史新高。全年清理退货总码洋达1亿元，退货率控制在9.13%。

五、管理方面成效显著

在管理工作方面很多地方都有所突破。在人事管理方面，完成了中层干部及全员竞聘工作。通过全员竞聘，32位同志走上了中层干部岗位，其中有9位年轻同志首次走上管理岗位；产生了一二级编辑15位，高级主管10位，解决了社内中层干部青黄不接的问题，给年轻同志提供了干事创业的舞台。此外，还实行了新的考勤制度管理，得到全员的广泛重视，坐班、到岗和请销假等方面情况有明显好转。

2017年，对下属全资子公司和控股公司的导向管理和经营管理并重，管理水平得到进一步提升。天天出版社发货码洋达到1.4亿元，同比增加24.1%；回款达到5400万元，同比增加46.34%。天天出版社制定了“提升产品生产的内容创新能力，提高产品推广的营销多元手段，抓原创，抓精品，巩固成果，稳中求升”的年度整体战略方针，继续贯彻“从做产品到做作家转变，从做基础到做精品转变”的整体出版经营理念，深入推进“推作家，推精品”，将原有编辑室划分为3个编辑中心，除曹文轩儿童文学艺术中心外，另设儿童文学中心、低幼中心，集中编辑力量，整合相关资源，有针对性地策划营销，重点开拓产品线。2017年，天天出版社出版了曹文轩《穿堂风》、杨志军《海底隧道》等重点图书，并联系输出第1届“青铜葵花儿童小说奖”6部获奖作品有声书版权，曹文轩《火印》、“青铜葵花小说奖”作品《镜子里的猫》影视改编权和《青铜葵花》舞台剧版权等，在多元化发展道路上进行了开拓。

天天出版社2016年推出了殷健灵新作《野芒坡》，经过多半年的营销推广，收效颇丰，岁末年初之际屡次在各级各类评选中崭露头角。《野芒坡》现已收获8个年度榜单。

上海九久读书人文化实业有限公司2017年独立发货码洋达3亿元，回款9000万元，《阿赫玛托娃诗全集》《我的天才女友》、东野圭吾《第十年的情人节》、王安忆《红豆生南国》、余华《我没有自己的名字》等众多优秀图书，入选了各种媒体推荐榜单。在管理理念上，对上海九久读书人文化实业有限公司的管理，在思想意识上经历了从合作伙伴到自己公司的转变，帮助其逐步建立起自己的发行队伍，预计其今后的发展将更加迅速。这些都为人文社的集团化发展道路奠定了基础。

六、数字出版、“走出去”工作有重点、有亮点

2017年，在数字出版方面也取得骄人的成绩。数字出版部通过多渠道、多模式运营，扩大了出版社数字资源的曝光率和收益，销售回款519.6万元，比2016年增加89%。将《围城》电子版权独家授予掌阅使用一年，版权使用费为100万元，创下了业界电子书单本交易的最高纪录。由于电影的带动，《芳华》电子书收益前期收入达18万元，数字出版部还同步制作了《芳华》有声书，在喜马拉雅平台重点推荐，纸书、电子书、有声书实现同步销售。在争取新书的同时，充分挖掘已有的经典资源，将经典名著和一些公版书重新包装、整合，制作出多品类的电子书，如对“儒勒·凡尔纳”系列、茅奖系列丛书等进行组套销售，收入直线上升。

数字出版部还积极利用新技术，为《朗读者》图书定制增强现实（AR）客户端，增加了图书附加值，扩大了图书的宣传效果。

对外合作部认真做好第46届伦敦书展、第24届北京国际图书博览会、第31届墨西哥瓜达拉哈拉书展等展会工作，积极利用书展开展“走出去”工作，策划并组织了众多中国作家在海外的宣传活动，直接促进了中国作家的版权输出，提高了他们的国际知名度，促进了中国当代文学在国际出版和文坛的影响力。组织签约作家进行海外宣传，积极联络当地中国主流媒体和外国媒体，联合宣传扩大影响。2017年，累计输出版权100余种（包括电子版），是历年来最多的，包括铁凝、格非、路内、阿乙、冯唐等人的作品，而且在欧美主流市场输出数量持续增长，版权预付金获利也继续走高。2017年还签署了葛亮、鲁敏、程耳、江南、玄色、张楚等青年作家的海外代理权，为以后“走出去”工作打下了坚实基础。此外，还积极申请“2018年度国际传播能力建设专项资金项目”“2017国有资本金预算项目”、经典中国、中国作协当代作品翻译工程、丝路书香等国家资助项目，获批国家翻译项目资助达60万元。

七、职能部门服务意识进一步提高

2017年，职能部门的服务意识进一步提高。社办积极做好文件处理工作，认真完成集团公司《年鉴》编写工作，因此荣获了中国出版集团信息宣传先进单位称号。根据集团上市工作统一安排，社办还认真做好上市材料准备、内控制度建设文件的组织编写工作，以及工商、质监、税务等相关管理部门开具合规证明等大量事务性工作。

总编室认真组织安排月度选题论证会，补充完善当年选题计划；按月召集生产会，对即将进入生产流程的图书安排生产计划。每月发布《图书质量检查情况报告》，就各个环节产生的质量问题向全社员工通报，使全社员工能充分认识到我们在图书质量方面出现的问题，以减少、避免损失。同时，还完成了重大选题报备、各种奖项申报和法律维权等工作。

人事教育部规范了退休返聘工作，制定了返聘人员与社里的合作机制和分成模式；完成了

《劳动合同》的批量续签和补签；组织实施了竞聘上岗，认真执行新的考勤制度管理，认真做好干部管理、集团公司“三个一百”人才管理和人才招聘工作。完成157名老同志2014～2017年3年的增资工作，合计金额400余万元。此外，老干部工作的开展也有条不紊，在五一、七一、春节等节假日前夕，认真做好老干部探访工作。在胡真才、屠岸先生去世之后，协助家属认真做好善后工作。

2017年是中国出版传媒股份有限公司成功上市的一年，对财务信息披露及财务分析要求更加严格和细致。财务工作量增大，“时间紧、任务重、要求高”成为财务工作的新常态。计划财务部对2305种图书进行了成本核算（含九久），图书种类繁多、工作量大。另外，计划财务部还加班加点做好年终结算和奖金发放等工作，配合会计师事务所做好各类审计工作。

总务部在改善办公环境、消除火灾隐患等方面做了大量工作，如集中安排人员清洗窗户、更换纱窗、铺平路面、安装水龙头热水器，对办公楼的线路进行检修，并对原资料库房及3层会议室、后楼2层进行了重新装修等。

职能部门这些工作大家都有目共睹，正是因为他们的努力工作，才保证了出版社日常办公的顺利开展。

八、党群工作为出版社发展保驾护航

2017年，党群工作以深入学习宣传贯彻十九大精神和习近平总书记系列重要讲话精神为主线，以继续在党员干部中开展“两学一做”学习教育为抓手，在集团公司直属机关党委的正确领导下，党委严格按照中央要求，牢固树立“四个意识”，把理论学习中心组学习列入重要议事日程，充分发挥了社党委“关键少数”的示范和表率作用。党建工作紧紧围绕改革发展展开，全面落实管党治党责任，充分发挥党委领导作用，不断夯实政治领导责任，团结带领广大干部职工勇挑重担、主动作为，在促进企业改革发展、维护企业和谐稳定等方面发挥了重要作用，为企业稳健运营提供了政治保障。

2016年底，中国出版集团公司第一巡视组开始进行政治巡视。2017年3月，巡视组向社领导班子反馈了巡视情况。对此，社党委、社务会高度重视，立即成立整改工作小组，并且召开会议逐条学习，对照检查，研究整改措施。4月，编列了《人民文学出版社有限公司领导班子整改任务书》，排定时间表，明确责任人。此外，根据工作的实际，重新修订了《党委会议事规则》，工会也补充完善了《人民文学出版社有限公司工会委员会财务管理制度》。

在社党委的安排下，“两学一做”学习教育做到了常态化、制度化，各支部在七一前夕开展了“不忘初心、继续前进”红色经典诵读等系列活动。为迎接党的十九大胜利召开，社党委在井冈山举办了“两学一做”学习教育培训班，各党支部书记、党员、入党积极分子等一起走进井冈山，开展党性教育专题培训，追寻革命先烈的光辉足迹，切身感受先辈们的革命精神，加强党性修养，坚定理想信念。经过前期多次讨论沟通，和井冈山红色文化学院围绕学院的课程和教材开发开展深度合作，举办了《井冈圣火》项目合作签约仪式。还组织全体党员、中层干部、副高职称以上等90余人参加集团公司十九大精神宣讲会，并且第一时间为全社党员发放十九大报告白皮书、新版党章，安排党员自学。

在纪委工作方面，补全了机构和人员，增补了纪委书记和副书记，各支部也增设了纪委委员。为防患于未然，社纪委在各个关键节点发挥作用，在节假日前夕适时、经常性地对干部进行廉政提醒。中层干部上岗之前，纪委书记还对所有中层干部进行了集体诫勉谈话。

在社党委的领导下，工会、团支部紧紧围绕出版社中心工作，积极履行职责，整体工作水平有所提高。职工代表为出版社发展献计献策，提出了很多宝贵的意见和建议；工会组织员工开展了“读经典、学新知”读书征文活动，为青海省泽库县捐赠衣服文具，为新疆维吾尔自治区贫困地区儿童编织毛衣，为生活困难的20位在职和低收入的退休职工发放困补金。还积极筹备改选工作，人员配备更加齐全。团支部组织了一系列

年轻人喜闻乐见的活动，如2017年度“香山论坛”分论坛围绕“青年职工如何在人文社发展中做出贡献”开展讨论，极大地调动了年轻员工的参与热情。（顾 乡）

商务印书馆2017年工作综述

2017年是商务印书馆创立120周年。这一年，党的十九大胜利召开，中国特色社会主义进入新时代，商务印书馆也迎来一个总结历史、展望未来的重要契机。在中宣部、国家新闻出版广电总局和中国出版集团公司等上级领导部门的正确指导与关心支持下，在全馆员工的奋力拼搏、踏实苦干的努力下，商务印书馆着力加大内容创新，不断强化经营管理，社会效益和品牌影响力进一步增强，经济效益保持了高平台上的增长，各项工作呈现出新气象，体现出百年企业的生机与活力。

主要工作如下：

一、贯彻落实十九大精神，深入开展“两学一做”，党建工作成效显著

2017年，党的十九大胜利召开，商务印书馆以习近平新时代中国特色社会主义思想为指导，强调“四个自信”，将党的政治建设摆在首位，落实两个责任，明确“一岗双责”，发挥“关键少数”示范带动作用，坚持从严治党，进一步加强思想建设、组织建设、作风建设、反腐倡廉建设和制度建设，党建工作在深度和广度上都得到了加强。

（一）贯彻落实十九大精神

组织全馆员工收看党的十九大开幕式，召开学习会和报告会，认真学习领会十九大报告精神，积极贯彻报告内容。拟定十九大精神学习计划，布置支部学习安排，为每名党员配发了《决胜全面建成小康社会，夺取新时代中国特色社会主义伟大胜利——在中国共产党第十九次全国代表大会上的报告》及新修订的《中国共产党章程》等学习资料。

（二）深入开展“两学一做”

推进“两学一做”教育学习常态化制度化，制定年度实施方案并予以落实。9月4～8日，组织中层管理干部及各支部委员赴延安大学泽东干部学院，开展商务印书馆第2期“两学一做”学习教育暨中层管理干部培训班，探求延安精神，锤炼党性意识。

（三）积极创新支部活动形式

将学习培训与主题党日、支部共建等活动相结合，在遵义、古田等地参加革命教育培训，举行扶贫支教等主题党日活动，支部建设成果丰硕。

二、120年馆庆活动精彩纷呈，致敬历史，继续前行

为庆祝商务印书馆创立120年，经过精心准备，将120年馆庆活动打造成了一个持续全年、牵动上下、覆盖广泛、影响深远的重要出版文化盛事，品牌影响力进一步提升，圆满完成了120年馆庆工作。

（一）精心组织系列庆祝活动，提升馆庆活动高度，彰显文化自信，弘扬商务精神

5月9日，中共中央政治局委员、中央书记处书记、中宣部部长刘奇葆同志到商务印书馆调研。他指出，商务印书馆是我国出版界的百年品牌，寄托着我国几代出版人的文化使命和理想追求。要传承好、维护好、发展好这个“金字招牌”。为积极贯彻落实奇葆同志的讲话精神，商务印书馆和中国出版集团公司先后召开了商务印书馆全体员工参加的“弘扬商务精神，打造传世精品”座谈会以及集团中青年骨干编辑参加的“弘扬商务精神，强化精品出版”座谈会。

8月21～22日，隆重举办“商务印书馆与中国现代出版专家座谈会”和“商务印书馆与中国现代学术专家座谈会”。来自学术界、出版界的专家学者300余人参加。在“商务印书馆与中国现代出版专家座谈会”上，全国人大常委会副委员长严隽琪对“商务精神”进行了深入的阐发。在随后的“商务印书馆与中国现代学术专家座谈会”上，“商务精神”成为各界学者热议的话题，有关“商务精神”的讨论在学界和业界引起广泛反响。

（二）与学术界合作，把商务印书馆历史文化研究引向深入

8月13～14日，与中国人民大学历史学院、北京大学20世纪中国文化研究中心、中国近现代新闻出版博物馆（筹）等联合主办了“商务印书馆创业120年·商务印书馆与中国现代文化的兴起”国际学术研讨会。第24届北京国际图书博览会期间，组织策划了“商务印书馆创立120年海外合作伙伴答谢会”，来自英国、美国、法国、德国、荷兰、格鲁吉亚、日本、韩国、新加坡，以及中国香港和台湾地区等海内外近40家机构的80余位嘉宾出席了答谢会，极大地提升了商务印书馆品牌的国际美誉度。配合上海有关方面举办“纪念商务印书馆创立120周年主题系列讲座”；配合海盐县政府举办“纪念张元济先生诞辰150周年暨第五届张元济学术思想研讨会”。《商务印书馆与中国现代女性启蒙》《起步的十年——茅盾在商务印书馆》《翻译出版与学术传播——商务印书馆地理学译著出版史》《昌明教育——商务印书馆与中国教育学发展》《典瑞流芳——民国大出版家夏瑞芳》和《商务印书馆120年大事记》等馆史专题研究论著出版问世。

（三）以馆庆纪念版形式助力品牌图书出版传播

在庆祝商务印书馆创立120年之际，“汉译世界学术名著”丛书（120年纪念版·分科本）700种、“汉译世界学术名著”丛书（120年纪念版·珍藏本）700种，“中华现代学术名著”丛书（120年纪念版）200种，《辞源》（第三版）120年纪念版，《新华字典》（120年纪念版）和《现代汉语词典》（120年纪念版）等商务印书馆品牌图书出版纪念版，为馆庆助力。《张元济画传》《中国现代民族出版第一人——夏瑞芳》《中华民族的人格》《天演论·茶花女遗事》（配套礼品书）和《涉园诗录》等一批馆庆纪念性图书也同时问世。

（四）创新和传承企业文化，凝聚员工向心力，激发员工创造力

2月10日举办生日会，商务印书馆员工欢聚一堂，共同庆祝120岁华诞。6月2日延续企业文化传统，商务印书馆老少员工近600人拍摄全体同人合影。组织弘扬“商务精神”主题征文活动等。

（五）多角度展示商务印书馆历史与文化，彰显品牌影响力。

商请中国邮票总公司发行纪念商务印书馆创立120年特种邮票1套1枚及纪念邮册。以北京、上海和海盐为中心，举办“商务印书馆创立暨中国现代出版120年专题展”“纪念茅盾诞辰120年 入职商务印书馆100年图片文献展巡展”“起点：中国现代出版专题展览”等纪念展览，并延展到第7届江苏书展、第27届全国图书交易博览会、广州南国书香节和厦门海峡两岸文化节等。拍摄制作120年馆庆宣传片（中英文版）。举办《典瑞流芳——民国大出版家夏瑞芳》新书首发式及哲后家属茶叙会，茶叙会为商务印书馆创始领导人哲后1949年以来首次聚首。开展面向社会的馆庆专题征文活动，在《人民画报》《中国出版传媒商报》等媒体开设馆庆专题，在网站和“两微一端”设置馆庆专栏。开展“百年商务，百年书影——商务印书馆早期图书书影征集”活动。邀约近百位书画名家和著名学者为商务印书馆创立120年惠赐墨宝丹青。

各类纪念活动得到了新华社、《人民日报》《光明日报》《北京日报》《北京晚报》、人民网、新华网、新浪网、腾讯网、中央电视台、北京电视台等数十家重要媒体的多角度报道，社会评价和影响持续高涨。商务印书馆官方微博和微信开通的馆庆相关专题讨论数和阅读量均创新高。中央电视台大型纪录片《将改革进行到底》，将商务印书馆作为出版领域唯一代表做了相当篇幅的介绍。中央电视台“开讲啦”栏目制作“强国·使命”特别节目，邀请总经理于殿利就文化强国主题，向全国观众传达商务印书馆作为中国第一家现代出版企业120年始终不变的文化担当和自信。

经过精心策划和积极努力，120年馆庆工作取得四个方面的成果。一是提炼出了“商务精神”：商务精神首先是一种与国家和民族命运紧

密相连的责任意识、使命意识和担当精神；商务精神又是一种勇于探索、敢为人先的创新精神和革命精神；商务精神具有博采中西、兼收并蓄的开放精神；商务精神还包括精益求精的工匠精神。二是提升了品牌价值：从商务创立100年时的“中国现代出版从这里开始”，到创立120年时的“商务印书馆的创立标志着中国现代文化的兴起”；商务不仅仅是商务人的商务，也是中国出版人和文化人的商务，商务精神不仅仅是一家出版机构的精神，也是中国出版的精神；商务不仅是中国现代文化史上一个不可磨灭的历史坐标，还是全球文化格局中一个卓然而立的中国符号。三是更加聚合了学术力量，密切了商务印书馆与学界亲如一家的关系，与学界同行、风雨同舟、荣辱与共的理念深入人心。四是极大地增强了员工的自豪感、荣誉感和“战斗力”。

三、双效业绩持续增长，导向质量管理更加强化

在积极筹备馆庆活动的同时，商务印书馆也取得了良好的社会效益和经济效益。在第4届中国出版政府奖的评选中，获评中国出版政府奖先进出版单位称号。同时，《钱钟书手稿集·外文笔记》《中国当代设计全集》（全20卷）、《辞源》（第三版）获“图书奖”，商务印书馆精品工具书数据库获“音像电子网络出版物奖”，《辞源》（第三版）获“印刷复制奖”，《全球华语大词典》《新时代汉英大词典》（第2版）获“图书奖”提名奖，《东方杂志》全文检索数据库获“音像电子网络出版物奖”提名奖，《草木缘情——中国古典文学中的植物世界》获“印刷复制奖”提名奖。商务印书馆还第3次被评为“中国版权年度最具影响力企业”，并获评“2017中国图书海外馆藏影响力出版100强”“连续3年中国图书海外馆藏影响力出版30强”；入选国家新闻出版广电总局第2批“媒体融合示范企业”。

努力推动经济发展提质增效，各项经济指标均有明显增长：全年出版图书2811种，同比增加679种，其中新书1617种，同比增加677种，增量明显。生产码洋19.77亿元，同比增长13.33%；发货码洋17.26亿元，同比增长13.8%；营业收入9.19亿元，同比增长11.3%；利润总额2.45亿元，同比增长约6%。全馆员工以“商务精神”为滋养，团结一致，砥砺前行，完成了一系列“不可能完成”的任务，营业收入和利润总额在集团出版单位中名列前茅。

与此同时，不忘严把出版导向和图书质量关，注意在编印发全流程强化全体员工的导向意识。加强出版流程管理，强化收稿三审制，强化审读室功能，确保在第一关消除问题，在最后一关堵住漏洞。严格执行重大选题备案制度，年内对20余部书稿履行了重大选题备案手续，对10余个选题进行了导向问题重点审读。强化编校能力。积极安排编辑、校对人员参加专题培训，年内连续组织了4期以“提高编校质量”为主题的编辑沙龙，延请馆内外专家为全馆编辑做专题讲座，提高编辑实操能力；配合第6届韬奋杯全国出版社青年编校大赛参赛安排，组织相关编辑、校对人员进行专题培训。

四、持续挺拔出版主业，重点项目成果丰硕，品牌影响力日益扩大

2017年，商务印书馆以国家级重点项目为核心，着力做大做强主题出版，继续巩固工具书优势地位，大力推行学术精品出版战略，积极拓展大众文化产品线，重点项目成果丰硕，品牌影响日益扩大。

（一）强化项目管理，带动重点图书出版

积极推进落实国家出版基金项目的申报、结项等工作。隆重推出国家出版基金重点项目“中国语言文化典藏”20种（EP同步版）；申报国家出版基金项目4个，《中俄关系历史档案文件集：1653～1965》《闽台文化大辞典》《中国电影通史》有序推进中，《汉语阿塞拜疆语词典》结项出版。

积极申请“十三五”国家重点出版规划，增补项目18个，其中《中国濒危语言志》、“中华现代学术名著丛书”（第3批）、《新满汉大词典》（第2版）、《中华人民共和国标准地名词典》等

4个项目入选；《现代汉语词典》数字工具书入选“十三五”国家重点电子出版物出版规划增补项目。

（二）聚焦主题出版和传统文化，着力创新选题思路

创新主题出版思路，推出了《“一带一路”年度报告：行者智见（2017）》《“一带一路”大数据报告（2017）》等围绕“一带一路”主题的图书。出齐《汉语图解词典》《汉语图解小词典》各16个小语种版本，至此《汉语图解词典》出版达80个语种，有效助推国家“一带一路”倡议在语言文化方面的联通。出版了“中国道路丛书”中《中国道路与农民工创业》；“国家治理丛书”中的《价值视野下的国家治理——思想理论资源与中国经济治理实践》《新伦理学原理》和《东方社会发展道路与社会主义的理论和实践》；出版纪念内蒙古自治区成立70周年图书《微观内蒙古》等。

创新传统文化出版思路，组织召开“弘扬中华优秀传统文化专题研讨会”，继续出版“图说人文中国”丛书、“古代诗词典藏本”丛书等传统文化类图书；继续推出以保护文化遗产和拯救乡土文明为编纂理念的乡土文化类图书，其中“衢州文库”已经出版，“山西乡土文化”丛书已经立项；陆续推出《涉园诗录》《四库全书图典》《茶典》《笺谱雅集》等基于传统古籍编辑整理的文化普及类读物及衍生文创产品。同时，还出版了《书法学刊》《草书学刊》等书法艺术辑刊。

（三）兼顾辞书编纂与辞书修订，巩固重点辞书优势地位

《新华字典》（第12版）、《中华人民共和国标准地名词典》《牛津高阶英汉双解词典》（第9版）、《瓦里希德汉大词典》等重点辞书修订、编纂工作有序推进。出版《新华大字典》《两岸科技常用词典》《商务馆学生古汉语词典》《牛津初阶英汉双解词典》（第4版）、《新时代汉英大词典》（第2版缩印本）、《牛津中阶英汉双解词典》（第5版缩印本）、《牛津少儿英汉图解词典》《牛津3000词学习手册》《柯林斯COBUILD英语语法大全》等一批重量级辞书新品。

（四）大力推进重要产品线建设，着力巩固学术出版优势

精耕细作“汉译世界学术名著”丛书、“中华现代学术名著”丛书、“中国当代学术著作辑要”“国际文化版图研究文库”“汉语语言学”系列、“自然博物”系列、“地理科学”系列等重点学术著作产品线，其中“中华现代学术名著”丛书（120年纪念版）入选国家新闻出版广电总局向党的十九大献礼重点出版物。进一步推进“海德格尔文集”“胡塞尔文集”“碎金文丛”“经济学名著译丛”“中国法律”丛书、“德国法学名家名篇”等丛书出版；有序推进大师文集、世界名人传记丛书等重点产品线建设，巩固出版优势。《文字学概要》《现代国际刑法》《城市社会地理学导论》等一大批学术精品图书获得国家和省部级各类奖项。

大众出版屡创佳绩。《风雨平生——冯其庸口述自传》《中国改革与热点问题研究》《诗的八堂课》等一大批社科好书入选“中国好书”“中版好书”等各类榜单，《地球正义宣言——荒野法》入选深圳读书月年度十大好书，《图像与意义》等入选“华文好书榜”。“自然博物”系列图书继续成为亮点，《昆虫的私生活》《探寻自然的秩序》等进一步扩大了品牌效益，《猿猴家书》获得科技部全国优秀科普作品奖，《珠峰简史》荣获“2017年全国优秀科普图书”，《香港方物志》《醉酒的植物学家》获第2届“大鹏自然好书奖”十大自然好书，《羽毛》入选《新京报》书评周刊“2017年中版好书”等。年销万册图书品种持续增加，新书品种达到32种。

（五）试水文创产品，努力延伸内容产业链，培育新的经济增长点

配合120年馆庆，举办了文创产品征集评奖活动，鼓励员工参与文化创意工作，延伸图书产业链的意识日渐增强。日历书等成为文创代表性产品，陆续推出的《灵犬旺年·生肖日历》《国韵雅风诵唸有声日历》《儿童与自然日历：2018》《水果笔记》《教学记·周记本》《戊戌记事》《佛历》等日历书，以自然博物为特色，兼顾国学、教育等领域，与相关图书产品形成有机呼应。同

时，还出品了木盒精装的《四库全书笺谱》《十竹斋笺谱》等笺谱产品10余种。

五、积极推进全媒体出版，努力构建媒体融合新模式

科技商务、数字商务、信息商务的建设步伐进一步加快，电子书、数据库、APP等数字产品的种类、数量和规模日益扩大，以知识服务为基础的全媒体生产运营平台稳步推进，向媒体融合出版稳步迈进。

全年电子书产品总上线品种910种，较上年增长40%，电子书收入总额亦有大幅增长，增量明显。推出了《新华字典》（第11版）APP，广受欢迎，获2017中国数字出版创新论坛“出版融合创新奖”；《汉语世界》杂志APP改版并在苹果商店上线，国内电子刊平台发行收入相应增长。百种精品工具书数据库（Kindle内置）、《牛津高阶英汉双解词典》（第8版）APP、《辞源》数字版（U盘版、网络版）、《东方杂志》全文检索数据库等数字产品双效显著，全年销售收入达800余万元。《现代汉语词典》（第7版）APP测试版已经完成。

同时，《英语世界》杂志官方网站正式上线，微信公众号订阅人数突破15万。“商务印书馆全媒体生产运营平台”“人文社会科学年度报告数字服务平台”“中国语言资源知识服务平台”等平台建设持续推进。其中，“人文社会科学年度报告数字服务平台”之先导项目“社科年度报告（历史学）发展平台”推进顺利，“全媒体生产运营平台”项目已经建成录音录像室，启动POD印刷设备采购；对内容资源管理系统、多形态内容发布系统、数据库集群、基于大数据的全媒体内容运营系统以及电商门户进行了全面的技术研发和前期测试。现代汉语语音数据库、笔顺笔画库已建成，为基于工具书的语言文字知识服务平台做了基础性准备工作。

六、版权经营格局不断拓展，“走出去”工作成效显著，国际传播竞争力显著加强

2017年，积极开展战略合作与对外交流，全年共接待第24届北京国际图书博览会新参展商代表团、英国牛津大学出版社、剑桥大学出版社、德国施普林格出版社等合作伙伴代表来访100余人次；出访阿布扎比、伊朗、希腊、法兰克福、南非等国家和地区，与当地汉学家、出版机构、孔子学院建立直接联系，版权输出55种，同比增加5.77%，不断夯实“走出去”和国际传播力基础。大力维护“走出去”版权资源，信息网络传播权签约率达70%以上，成功取得“新华字典”商标，为《新华字典》的维权提供了商标权利基础。

在第24届北京国际图书博览会期间，作为中国出版集团公司的主题社，设有专题展区，展出500余种重点图书和新书，洽谈版权50余场，举办重要活动6场。

国际传播能力进一步增强。《农民三部曲》《中国商标案例精读》相继出版英文版，实现中国学术图书在西方主流渠道的传播；与卢德里奇出版社签署“国家治理”丛书外译项目，与威科集团签署《中国著作权案例精读》《中国劳动法案例精读》《中国公司法案例精读》输出合同等，一系列讲述中国文化、中国道路的著作实现“走出去”；《新华字典》《现代汉语词典》等品牌辞书海外传播工程启动，旨在为海外学习汉语言文化的读者提供权威实用的工具书；与美文出版社达成合作意向，计划输出“中华现代学术名著”丛书。

七、分馆定位日渐清晰，产品线渐成特色

经过多年的发展，分馆分公司品牌经营效益开始凸显，特色产品线建设有长足进步，优质图书不断涌现，逐渐形成了优势领域和品牌。其中，商务印书馆国际有限公司汉语、英语和学生工具书在全国零售市场占有率分别长期排在第2位、第3位和第4位；以中国古典诗词曲赋鉴赏类辞书、古代文学知识类手册、历史文化知识类300题为代表的中国传统文化方面的专科工具书异军突起；初步搭建起图画故事书、科普百科和益智游戏3条童书产品线，全年发货万册以上图书91种，出版品种、发货码洋、销售收入、

利润等经营指标均同比增长40%以上。商印文津文化（北京）有限责任公司围绕价值阅读、主题出版、传统文化等重点领域，逐步形成了传统文化出版优势，并借助国子监官韵诵唸传承中心的建设试水传统文化培训业务。北京涵芬楼文化传播有限公司保持并发扬了在自然博物出版方面一贯的高标准、高"颜值"特色。商务印书馆（成都）有限责任公司形成了以当代学术思想前沿与文学艺术图书为主的出版特色，在电影艺术类图书的出版方面独树一帜。商务印书馆（上海）有限公司形成了以艺术与时尚、城市文化和海派学术为特色的出版风格，在馆史出版方面也频繁发力。商务印书馆（深圳）有限公司在高等职业教育教材开发方面已经初见成效。商务印书馆（太原）有限公司对山西地方文化挖掘及传统文化类选题的开发已形成一定的规模和特色。刚刚成立的商务印书馆（南京）有限责任公司和商务印书馆（宁夏）有限公司，则分别围绕以《四库全书》系列开发为代表的传统文化和学术读物、以汉译波斯经典文库出版为标志的伊斯兰文化出版工作作为自己的特色，在短时间内获得瞩目。其中，商务印书馆（南京）有限责任公司产品《茶典——〈四库全书〉茶书八种》《陌上问蚕》获评2017年度中国最美的书。

八、持续创新营销模式，积极助力书香社会，品牌文化影响力日益提升

借助120年馆庆契机，不断创新营销模式，与20余个省市自治区的近百家书店联合组织了纪念商务印书馆创立120周年主题展卖活动，极大地带动了销售，进一步传播了商务的文化品牌；联手百道网举办陈列大赛，强化上架陈列；与各大网上销售平台深入合作，制作分类专题促进销售；通过门店零售、线上销售、店外团购等方式多管齐下，保证销售增长。与此同时，配合图书营销，在新媒体宣传、品牌活动与阅读推广等方面持续创新，品牌影响不断增强。

（一）借力新媒体运营，加大营销力度

举办图书营销活动86场，配合120年馆庆，将品牌营销和产品营销相结合，收到了良好的宣传效果，同时积极探索将新媒体发展为沟通销售渠道和读者的重要途径。全年发布微信795篇，总用户数17.6万人，微信阅读人次346万。发表微博近万条，与微信联动，日均阅读数超40万，年阅读量1.5亿。其中搜狐客户端阅读人次2745万，今日头条阅读人次833万，在豆瓣读书频道做到了全品种发布。

（二）品牌活动升级，影响日益扩大

"汉语盘点2017"达成了与腾讯网的合作，增加了滴滴出行平台传播；制作了专题视频及推荐和投票阶段H5页面；揭晓仪式通过网络进行直播；先期发布了十大流行语、十大新词语。盘点活动的关注热度持续走高，活动总点击量达2亿次，揭晓仪式腾讯直播24.6万人在线，成功实现了汉语盘点的宣传周期由"盘点日"向"盘点月"的转型。

（三）实施公益阅读推广战略，助力书香社会建设

成立商务印书馆全民阅读促进中心，建立了涵芬书院，通过开展送书香进军营、校园、机关、企业、社区、家庭等公益阅读活动，促进全民阅读。在推进"价值阅读品牌示范店""商务印书馆阅读体验店"建设的同时，针对机关领导干部、青年公务员和企业职工，开展了"书香中国·北京阅读季——书香机关、书香企业"公益文化服务工作，全年共开展系列活动20余场，推荐机关、企业书单几十种，影响人群数万人。继续推进以乡村阅读中心推动乡村阅读的模式探索，建立了山西高平、河北平山、天津蓟州3家乡村阅读中心，同时加强对安徽绩溪、河北武安两家乡村阅读中心的阅读培育和扶持。针对校园阅读，开展了"为中国未来而读——2017阅读行动论坛""首届青少年阅读教育论坛""2017读书论坛暨《中国教育报》2016年度推动读书十大人物揭晓仪式"等活动，邀请名家、学者走进校园推广全民阅读。2017年还为偏远山区、欠发达地区等基层地区捐赠价值76万元的图书。

九、积极创新经营管理和人力资源管理，企业文化建设体现商务精神

针对经营效率、人工投入产出比、出版效率

3个方面存在的问题，年内组织召开了第3届经营管理大会，从产品创新入手，强化管理，大力提高人工效率、工作效率、产品效率，着力控制生产成本、营销成本、媒体融合成本，进一步完善考核体系，引入收入贡献率和利润贡献率指标，努力实现经济增效。积极应对全年受环境治理、政策调控等影响带来的纸张原材料成本上涨和印刷厂停产限产情况，积极展开议价谈判，合理安排生产，提高生产效率，出版能力稳中有升，可持续发展能力突出。

积极推进企业机制改革，细化人力资源管理制度，出台了《子公司招聘、录用、解聘员工管理细则》《馆内人才交流中心关于待岗及转岗培训人员的管理办法》等，加强子公司的人力资源管理，统筹全馆的人员配置，细化人员流动的规则，人力资源管理更加科学化、精细化、标准化。引入“基薪+绩效”用人和考核方式，鼓励多劳多得，实现有效激励，创新机制。组织完成部分中层管理岗位竞聘上岗工作，组织完成职称评定工作，安排各类人员参加培训。

在企业文化建设方面，举办了“首届职工摄影展”“商务印书馆新春团拜会”“商务印书馆第3届羽毛球团体赛”等文体活动。组织职工参加中国出版集团公司“香山论坛”征文活动、中共中央直属机关喜迎党的十九大书画展、金光杯第6届出版系统羽毛球联谊赛等活动，展现了商务员工积极向上的精神风貌。向集团公司定点帮扶的青海省泽库县而尖村捐赠衣物、文具、玩具等物资共计353件，体现了商务人良好的公益素质。

（冯　雪）

中华书局2017年工作综述

2017年是中华书局内外压力与机遇并存的一年。2017年，中华书局制定了实施方案，明确了打造优秀传统文化出版传播第一品牌的目标定位。传统文化的出版形势向好，但出版产业上下游挤压严重，市场竞争加剧；内部增长遭遇发展瓶颈，创新动能不足，改革呼声高涨。由于2015年度营收和利润的大幅超额完成、2016年度利润指标未完成部分叠加到2017年度的任务，全局付出极大努力，对生产经营进行了有力调控，完成了中国出版集团公司下达的2017年生产经营任务，保持了持续稳定增长的良好态势，为未来3年的改革发展打下了坚实的基础。

一、双效业绩概述

（一）社会效益

2017年，中华书局被中央精神文明建设指导委员会评为第5届全国文明单位。中华书局获中国出版集团公司2012～2016年度“走出去”综合排名第3名，当选中国出版集团公司2016年度优秀信息宣传单位。中华书局入选中国出版传媒商报社、中国文化“走出去”协同创新中心、中国文化“走出去”效果评估中心课题组联合主办的2017中国图书海外馆藏影响力出版100强、连续3年获得中国图书海外馆藏影响力出版30强。在2017上海书展上，中华书局被评为“最有号召力的十佳出版社”，这是自2010年以来连续第8年入选。

中华书局《长沙马王堆汉墓简帛集成》获国家新闻出版广电总局颁发的第4届中国出版政府奖图书奖，《中华经典古籍库》获国家新闻出版广电总局颁发的第4届中国出版政府奖电子出版物奖，点校本《史记》（修订本）获国家新闻出版广电总局颁发的第4届中国出版政府奖图书提名奖。

《中国文化的根本精神》《〈资治通鉴〉与家国兴衰》《顽石的风流》《中华传统文化经典百篇》入选国家新闻出版广电总局第2届向全国推荐中华优秀传统文化普及图书。《中国文化的根本精神》获第12届文津图书奖。《陶渊明的遗产》获第12届文津图书奖推荐图书。《古书之爱》《中华传统文化经典百篇》入选国家新闻出版广电总局2016年度大众喜爱的50种图书目录。《中国诗词大会》（上下）、《重读先烈诗章》入选国家新闻出版广电总局2017年度向全国青少年推荐百种优秀出版物。《中华活页文选》杂志入选国家新闻出版广电总局2017年度向全国少年儿童推荐的百种优秀报刊目录。《殊方未远：

古代中国的疆域、民族与认同》被评为2016年度全国文化遗产十佳图书。在中国出版协会古籍工作委员会主办的第32届全国古籍出版社社长年会暨2016年度全国优秀古籍图书评奖会上，中华书局多种图书获奖。点校本《辽史》（修订本）、《海外中医珍善本古籍丛刊》《困学纪闻注》获2016年度全国优秀古籍图书一等奖；《小校经阁金文拓本》《杨炯集笺注》（典藏本）、《宋史全文》《广雅疏义》《孝经郑注疏》（十三经清人注疏）、《续资治通鉴长编》（四库全书底本）获2016年度全国优秀古籍图书二等奖；《中华经典藏书》（升级版）、《中华传统文化经典百篇》获2016年度全国优秀古籍图书普及读物奖。

（二）经济效益

1. 编务统计数据

2017年出版图书1621种，其中新书508种，重印书1113种，重印书所占比例为68.66%。发稿1955种，其中新书发稿647种，重印书发稿1308种，重印书发稿所占比例为66.91%。选题立项941种。

2. 生产经营数据

2017年图书发货4.08亿元，回款3.08亿元。全年造货6.68亿元。

3. 市场占有率排名情况

2017年中华书局总体排名第42名，市场占有率为0.60%。

二、出版主业情况

（一）重点出版板块稳步发展

1. 主题出版、重大项目出版卓有成效

主题出版项目《中华优秀传统文化百部经典读本》《中华文化的前途和使命》紧贴传统文化与核心价值观，紧密结合党和国家中心工作，积极探索发挥出版在弘扬民族精神、增进价值认同、引领社会风尚方面的作用，取得强烈的社会反响和较好的经济效益。重大出版项目也有重要产品问世，如《魏书》《南齐书》（修订本）、《中央档案馆藏日本战犯笔供选编》《孙中山全集》（新排本）、《孙中山全集续编》《孙中山史事编年》等重点项目如期出版。

2. 优势板块稳步增长

古籍、学术板块稳步增长，古籍出版中心发货2.25亿元。历史编辑室首次突破亿元；基础图书分社实现连续5年发货过亿元，销售实洋首次突破亿元大关。经典文本普及读物保持较快增长势头，其中“中华经典名著全本全注全译”丛书、“中华经典藏书”合力贡献了过亿元发货码洋。

3. 大众普及板块有亮点

以大众图书分社，人文图书、园田、典雅、心耕工作室及上海聚珍文化传媒有限公司构成的大众板块，发货码洋重回8000万元平台，《中国诗词大会》《万历十五年》等图书借势畅销；《〈清明上河图〉：北宋繁华记忆》《中国古代技术文化》《逝者如斯》《古琴》《陟彼景山》《京都如晤》等人文社科类新书也各有亮点。

4. 期刊工作总体稳定

中华书局期刊板块在维护品牌的同时，提高质量，转变经营，取得一定成效。

5. 数字出版进步明显，期待突破

2017年中华书局本部图书数字授权收入大幅增加，收入达124万元。古联数字传媒科技有限公司开发的“中华经典古籍库”产品在2016年7.5亿字的基础上，通过与其他古籍出版社的合作，在2017年达到了10亿字的规模。2017年，古联数字传媒科技有限公司全力开发古籍整理与学术出版平台“籍合网”，将改变单体数据库运营的模式，采用平台化运营策略，未来发展业绩可期。

6. 中华传统文化地方教材取得关键性进展

2017年，中华书局重组并加强了中华传统文化地方教材研发团队，将工作重心集中到着力推进《中华优秀传统文化》系列教材的落地，形成特色鲜明的中华优秀传统文化基础教材的“中华品牌”联合地方特色的开发模式。

（二）贯彻“大营销”理念，强化调控，提升整体生产经营水平

2017年，中华书局以内容生产与产品营销为工作中心，贯彻内容生产与产品营销一体化的“大营销”理念，实施“大营销年”计划，取得

了显著的进步。中华书局实行生产经营全流程计划管理，调控生产节奏，有效控制库存。加强成本控制，集中解决盈利能力问题。

中华书局品牌推广活动有声有色。每月一期的“伯鸿讲堂”被着力打造成为服务读者、回馈社会、推进全民阅读的线上、线下相结合的公益平台，引发社会极大关注，进一步提升了中华书局的品牌影响力。此外，第3个“4·23中华书局读者开放日”、第3届伯鸿书香奖启动仪式、宋云彬古籍整理出版奖颁奖典礼、“中华之星”国学大赛启动等活动也顺利举行。

在第27届全国图书交易博览会期间，中华书局推出《中华优秀传统文化经典推荐书目》，受到书业界关注和欢迎。深圳读书月期间，借主宾社的有利条件，继续开展品牌宣传和传统文化推广活动。年度内持续开展的公益活动从不同的层面向社会传递出中华书局对社会文化建设的积极参与态度和责任担当精神。

三、管理工作情况

2017年取得的各项成绩，和全局强调管理、提升执行力密不可分。

（一）改革管理体制和运行机制，提升各环节执行力

1. ERP系统优化，实现业务对接

根据工作需要，中华书局不断开发、优化ERP各板块功能，包括与新华联合发行有限公司物流的系统对接、编务流程调整、财务板块调整等。

2. 财务管理与业务管理的不断融合

中华书局财务管理工作以上市为契机，重点构建全面的企业成本管理模式，加大成本管控力度，注重投入产出比。按照中国出版集团公司要求，以经营月报、季报为主体，以经营周报、发印成本码洋率周报为日常抓手，及时掌握经营动态，评价经营效果。将图书成本效益的概念逐步灌输到出版的各个环节，为中华书局的经营决策提供财务支撑。

3. 进一步健全管理制度，优化管理流程

2017年，中华书局进行组织机构的调整与人力资源的重新配置，古籍整理、学术著作、大众图书、基础图书、传统文化教育等5大中心的设立，新一轮中层干部竞聘上岗，一批年轻骨干走上重要岗位，为新3年改革发展有效实施打下了较好的基础。

在薪酬与激励方面，推进落实岗位工资的正常调整机制，加大了绩效工资预发力度，使员工日常的实际收入水平有所提高。

在老干部工作方面，充分发扬中华书局的优良传统，继续做好服务，为老员工排忧解难；补发转制前离退休老同志事业单位转成企业工资差额，保证离退休干部员工待遇水平的衔接。

（二）党建工作及企业文化建设有生气

中华书局高度重视党建工作。2017年，在中华书局党委领导下，深入学习习近平总书记系列重要讲话精神，积极落实“两办”《关于实施中华优秀传统文化传承发展工程的意见》，全面贯彻党的十八大及各次全会精神，积极宣讲并组织干部职工深入学习贯彻党的十九大精神，不断加深对中华优秀传统文化传承发展重要性的认识，持续推动日常业务工作稳步发展。结合“两学一做”学习教育，在工作中自觉增强“四个意识”，中华书局党委组织全体党员赴井冈山开展党性修养专题教育。同时，切实发挥并强化纪委的监督责任，严格执行中央八项规定，坚决反对“四风”，推动党风廉政建设和反腐败工作不断取得新成效。

中华书局领导班子成员带头转变工作作风，广泛征求、认真听取员工对中华书局发展和管理工作等方面的意见，对提出的问题给予高度重视，重视如何切实解决员工的实际困难，重视总结、反思和改进制度层面、管理层面不够完善的地方，提升中华书局管理水平。

中华书局团委积极组织“香山论坛·分论坛”及征文比赛，组织团员及青年员工开展红色经典诵读活动和书画摄影展。

中华书局工会紧紧围绕中心工作，积极发挥企业工会组织优势，维护员工权益，有效开展“送温暖”工作。2017年，工会探望生病住院员工20余人次，为患病员工申请疾病困难补助。

参与五四青年节公益环保、“春风送暖”社会捐助、集团女工委“恒爱行动——百万家庭亲情一线牵”编织毛衣活动等，展现员工的社会关怀。此外，中华书局大兴黄村车站北里售房工作圆满结束，完成了员工购房产权证办理工作，并通过专项审计。（梁　彦）

中国大百科全书出版社 2017 年工作综述

一、《中国大百科全书》第三版工作

在《中国大百科全书》第三版（以下简称“三版”）领导小组的领导和社里各部门的支持配合下，2017 年召开《中国大百科全书》第三版总编辑委员会成立大会，中央宣传部领导做了重要讲话，媒体多方宣传，获学界和中共中央宣传部好评，促进了三版各项工作的推进。

三版内容建设方面，103 个学科均全部成立了编委会，确定了主编、副主编人选，召开了编委会会议。在多媒体资源方面，继续寻找合适的图文、音视频、动画合作方和资源方，加快多媒体内容建设工作。包括与全景图片库、国家图书馆洽商合作，获得中央电视台音像资料馆、中国国际广播电台、中国电影资料馆、国家档案馆、中央民族大学博物馆等图文多媒体资源授权。

二、推进《哲学社会科学词条库》工作

为适应网络文化发展需要，根据舆情分析，确定一批问题突出的重点领域，尤其是事关党和国家大局的思想文化领域的词条，以党史、国史、军事、政治、宣传、文化等人民群众普遍关注并亟待了解的热点领域重点词条，针对网络词条的谬误，组织专家队伍，利用百科已有资源，快速展开词条修订、增补、改写、新写、审查工作。发动中国社会科学院、中央文献研究室、中央党史办公室、军事科学院等机构专家，参与词条写作、词条专业和政治把关工作。根据中宣部的要求，多次准备重点词条的样条演示；确认了以出版社三审为一审，权威部门审稿为二审，中宣部专家组审稿为三审的大三审制度；整理《中国京剧百科全书》《音乐百科全书》《中印文化交流百科全书》等图文资源作为社科词条库的专题板块；在出版局的领导下，组织党的十八大以来热点词等。这项工作按照上级的要求，由原定的利用三版平台优先发布三版社科类词条到重新建设平台，组织编辑运维队伍，规划条目。目前，发布平台已初步搭建完成。

三、主题出版工作

服务大局，做好主题出版工作，注重发挥出版特色和百科资源优势，在百科全书、学术著作、少儿读物、数字出版等领域，推出一批重点主题出版项目，大力弘扬社会主义核心价值观、普及中华传统文化，如《最美中国人》《中国历史百科地图》（电子版）、《中国人民解放军历史百科全书》《中国儿童视听百科：飞向太空》《当代中国政治：基础与发展》等。加强重大项目管理，如“中印经典和当代作品互译”、《台湾百科全书》等出版项目有序推进。

四、围绕品牌优势，着重打造重点产品线，出版一批优秀作品奉献社会

继续加强百科全书主业，在综合性百科全书方面，稳步推进地区百科、专题百科的编辑出版；把儿童百科领域系列化工作推向深入，实行原创和引进儿童百科两线发展，出版了《幼儿好习惯培养百科》《儿童安全大百科》以及《DK 儿童海洋百科全书》《DK 儿童自然环境百科全书》《DK 儿童奇趣百科全书》等新品；教育工具书领域在维持原有产品优势的基础上，加强转型升级，走品牌化的道路，拓宽国家语言文字工作委员会李行健的《学生规范字典》系列，推出《韦氏高阶英汉双解词典》等多种图书；学术文化产品线稳步成型，有《南亚研究丛书》《跨文化方法论丛书》等；科普读物出版了 DISCOVERY 系列《探索惊奇世界》《探索凶猛世界》《探索巨型世界》、“科学与未来”系列的《绿色星球的神奇生命》等新品。

五、积极落实集团公司“调结构”“强动力”的精神，调整百科的选题结构

全社出版工作侧重自主选题，侧重市场选题，不断向市场化产品倾斜。重点发展儿童百科全书产品线、DK产品线、教辅工具书、社科学术产品线、科技科普读物等核心优势和特色项目；在发展中调整优化选题结构，打造核心产品，加强重点产品线建设，出版精品图书，不断提升本社的市场竞争力和品牌影响力，儿童百科系列、DK系列、《故宫大怪兽》系列、“雪漠图书”系列都有上乘的市场表现。

六、加强市场营销工作，促进全员营销观念

以创新的姿态狠抓新媒体营销，逐步理顺编辑部门和发行部门在营销、宣传和发行上的衔接工作；市场营销部加快流程再造，提高服务意识、水平和能力；加强多种渠道建设，发好核心产品、重点产品，为产品线建设提供支持和保障。和中国出版协会、韬奋基金会联合举办科普图书排行榜；和北京市出版局、北京阅读季组委会联合举办“百科大讲堂”系列活动；和中小学校联合举办“中国大百科全书出版社阅读基地”系列阅读活动，扩大出版社品牌影响力。

七、发展数字出版，加快推进媒体融合

整合机构，将数字出版运营部、技术部、三版技术中心合并为新媒体中心。推进三版技术平台建设开发，参与三版专题版面建设，《中国人民解放军军史百科》《中国传统书法百科》已完成初验；继续运营维护数据库出版、手机出版、应用商店及电商平台等四大数字出版平台。打造数字产品线，研发和出版安全教育作品《隐患直击》光盘、科普作品《海藻酸盐》等；开拓有声读物产品线，录制《军史百科》《人物传记系列》等，“迷你百科脱口秀”栏目已在多个平台上线。

八、拓展国际传播渠道，继续推动“走出去”战略

积极开展对外版权贸易与合作，开发海外合作伙伴。2017年全年输出图书151种，创历史新高，较2016年增长132%。输出语种有拓展，包括英语、西班牙语、韩语、日语、阿拉伯语、蒙古语、越南语、波兰语、罗马尼亚语及中文繁体。除做好图书版权输出外，积极探索“走出去”新途径，成立“中国百科进美国”国际编辑部。

九、加强人才队伍建设，推进人才机制创新

结合集团公司“三个一百”人才计划，加强引进、选拔优秀人才；结合三版工作，特别加强培养数字出版、网络运营、新技术、国际合作、经营管理等急需人才。坚持导师制度，加强编辑业务培训学习；重视青年职工的交流与相互学习，开展“伙伴计划”，为青年职工提供发展平台。

十、党建工作，企业文化建设有声有色

社党委和全体党员认真学习贯彻十八大、十九大精神暨习近平总书记系列重要讲话精神，党委中心组带头学习，牢固树立政治意识、大局意识、核心意识、看齐意识，并落实到百科社各项工作中。以“三项建设”为抓手，加强基层党组织建设，圆满完成全社各党支部换届选举工作。加强“两学一做”常态化、制度化，开展“不忘初心，继续前行”红色经典诵读活动；组织“学习传承红旗渠精神，团结实干助力百科发展”学习教育活动等，加强企业文化建设，为全社发展凝心聚力。

十一、2017年经营工作情况

2017年全年，全社图书印制品种共2080种，其中新书516种，重印书1564种。营业收入24254.84万元，利润总额为744.61万元。

（尹添铭）

中国美术出版总社2017年工作综述

2017年，中国美术出版总社（以下简称“总社”）以十九大精神和习近平新时代中国特色

社会主义思想为指引，在中国出版集团公司的领导下，全面贯彻集团公司“六大战略”和“三化目标”，落实“两调四强”的工作要求，坚持正确的出版导向，围绕年初启动人美全面建设，有序推进“四个人美”——出版的人美、教育的人美、美术的人美和数字的人美不断发展的战略部署，狠抓落实，各项工作取得新成效。2017 年总社共实现营业收入 23199 万元，较 2016 年（21443 万元）同比增加 1756 万元，增幅 8%；实现利润总额 2238 万元，较 2016 年（2034 万元）同比增加 204 万元，增幅 10%，较好完成了集团公司年初下达的任务指标；同时 2017 年也是 3 年任期的收官之年，营业收入较基期（18465 万元）增长 26%；利润总额较基期（1361 万元）增长 64%，圆满地完成集团公司下达的收入利润双增 24%经济指标。职工人均收入 17.56 万元，较 2016 年（14.91 万元）同比增加 2.65 万元，增幅 18%。

主要做了以下几方面的工作：

一、深入学习贯彻十九大精神，抓好党建工作

（一）广泛开展十九大精神专题学习讨论

总社按照中国出版集团公司 10 月 26 日召开的传达学习十九大精神会议的总体部署和要求，结合总社工作实际，于 10 月 27 日下发了《中国美术出版总社关于学习宣传贯彻十九大精神的通知》。通知要求，各部室、各党支部要紧密联系工作实际，把学习党的十九大精神作为当前头等大事，认真深入地组织全体员工原原本本学习党的十九大报告和新修改的党章。

（二）加强导向管理，坚持正确的出版导向

始终把坚持正确的出版导向作为总社全部工作的重中之重，要求全体员工牢固树立“四个意识”，不断提高政治敏锐性，增强政治鉴别力，严守政治纪律和出版纪律。严格执行选题论证和三审三校制度。加强预警教育，及时传达和执行上级单位的各项出版提醒和出版纪律，定期和不定期做好社内图书质量检查。同时，做好舆论引导工作，对艺术界的一些不良现象和突出问题组织系列评论，提高舆论引导力。结合十九大，组织策划了“倡导三讲，抵制三俗”“提高文艺评论的纯洁性、真实性”“增强文艺原创力”等系列评论，引导艺术界坚持社会主义文化繁荣发展的正确方向。

（三）深入开展“两学一做”学习教育

总社党委高度重视“两学一做”，制定了《中国美术出版总社“两学一做”学习教育方案》。认真学习传达，使政治学习更加自觉，制度建设更加规范，增强政治意识、大局意识、核心意识、看齐意识，树立清风正气，严守政治纪律、政治规矩。党委书记周伟以《编辑要成为美术评论家》为题在编辑一、二、三支部讲党课。在党委指导下，加强支部的建设，强化组织保障，健全了党支部工作制度。总社第 3 届党委 2017 年 2 月 22 日通过换届选举产生。重视支部建设，督导检查支部工作，支持支部自主开展工作，2017 年各党支部补选配齐支部纪检委员，10 月新组建期刊党支部，严格执行“三会一课”等制度。按照党章的要求，督促党员及时、足额、主动缴纳党费。

二、精心优化图书选题结构，做强“出版的人美”

2017 年出版图书 581 种，其中本版 444 种（初版 226 种，重印 218 种）（总编室发稿数据：2017 年重印 567 种，其中主要是项目室漫画境界、银魂等 251 种，教材 72 种），合作 137 种。总印数 305.12 万册，总码洋 17594.05 万元，总印张 32687 千印张。

（一）立足专业特色，优化选题结构，注重双效统一

1. 坚持社会效益第一，提高图书含金量

《〈髹饰录〉与东亚漆艺——传统髹饰工艺体系研究》和《西厢记》分获第 4 届政府奖图书奖和装帧设计奖，《〈髹饰录〉与东亚漆艺——传统髹饰工艺体系研究》同时还获第 6 届中华优秀出版物奖图书提名奖。《李苦禅全集》获得第 27 届“金牛杯”优秀美术图书金奖。《老树作品的背后》获评中国图书评论学会 2017 年 8 月“中国

好书”。

2. 注重出版导向，做好主题出版

为配合党和国家的重大纪念日，很好地完成了多部主题出版图书，出版了如《中国梦黑板报》《军魂颂》《千秋定国赖戎衣：庆祝建军90周年连环画》《西征·东归》《黑土子的故事》《丝路连韵：丝绸之路历史人物故事连环画》以及践行社会主义核心价值观的《最美中国人》等主题图书，其中多项图书获国内图书出版奖项。

3. 坚持专业立社，做精美术出版

出版美术图书《最美中国画100幅》《经典100：中国古代绘画100幅》《月明十二楼：解读元画》《设计的故事：走向设计之人》《欧阳询楷书·一日一字》《王羲之评传》《看见美好：文物与人物》《老树作品的背后》《时尚巨匠》以及少儿图书《绘本西游记故事》《美的启蒙》《向经典致敬》等，同时《中国工艺美术全集》项目有10本（国卷5本，省卷5本）已发稿即将出版，增强了总社在出版行业和美术专业两方面的影响力。

4. 精心打造“人美书谱”“人美画谱”等系列丛书

在总社层面策划编辑出版“人美画谱”“人美书谱”两大系列丛书。同时，在编辑出版“中国最具代表性碑帖临摹范本”丛书的基础上，大力推广与弘扬中国的传统书法文化。

（二）维护传统品牌，连环画出版保持优势

2017年成功举办“北京市中小学培育和践行社会主义核心价值观——连环画进校园座谈会”，参与京津冀教育协同，推广《中国小学生连环画》。同时，与朝阳区教委合作在寒暑假分别出版“小学生连环画课外阅读系列·推荐书”和《满江红》《马兰花》《神笔马良》《闪闪的红星》《红孩子》；与北京市教委、中央美术学院合作出版“北京中小学生原创连环画·图说社会主义核心价值观”12册。着力打造高端产品线和低端产品线，如“中国连环画名家名作”系列、“中国连环画经典故事”系列硬盒装、卡盒装、袋装系列等，修订硬盒外盒装订设计，并推出函盒装。据北京开卷信息技术有限公司统计，2016年12月，连环画图书市场占有率超过上海人民美术出版社，居第1位。

（三）“走出去”成果显著

2017年，版权输出116项，获得集团公司“2015—2016年度‘走出去’综合排名第一名”。实现《诺尔曼白求恩》、“中国连环画名家名作”系列（8种）、《水浒传》等连环画的版权输出，30余种连环画简体版转繁体版进入我国台湾地区。参加第37届法国巴黎书展、第27届阿布扎比国际书展，举办经典连环画作品展与图书展销活动，以连环画为媒介促进文化交流，进一步弘扬中华传统文化。

（四）激发创新意识，营销工作取得新突破

2017年，营销中心全年回款实洋4532万元，2016年同期回款4282万元，较2016年同期增长6%；发货码洋1.44亿元，2016年同期发货码洋1.25亿元，同比增加15%。

1. 开拓新渠道，创新营销模式

2017年总社营销的重点工作除了加强同新华书店的合作外，营销中心也开拓了一些新的独立书店，比如诚品书店、钟书阁等。在网络渠道方面，营销中心继续加强与3大电商的合作。与当当网合作开展人美品牌日，促进总社图书的销售和品牌的提升。营销中心还举办了各种连环画展、新书发布暨签售会、全民阅读推广活动、连环画知识讲座等各种营销活动超过30场，得到了集团公司资金上的奖励以及北京市全民阅读推广活动中心的肯定。为了扩大幼儿美术和少儿图书、连环画图书的渠道，组织“幼儿美术教育研讨会暨少儿图书推介会”。举办了第2届社店战略联席会议，共同提高总社图书的社会影响力和市场占有率，共同提升合作双方的综合竞争力。

2. 新书首发突破3000册魔咒，若干新书发行超万册

正是因为营销力度的加大，现在大部分图书起印数从3000册提高到了5000册。相当一部分起印数达到1万册，比如《老树作品的背后》、“绘本西游记故事”系列。有7种新书起印数甚至达到2万册。“中国连环画经典故事”系列等11种加印数都是2万册。同时，人美商城的建

设基本完成，业务量明显提升，其中《老树作品的背后》在微店不到一个月销售300多册；《解构人体》一个月销售600多册；《美的启蒙》销售150多套，回款达到50万元。

三、努力扩大教材市场份额，做大“教育的人美”

经过教材公司的努力，2017年全年报表收入1.73亿元，同比上年（1.34亿元）增长约25%，报表利润总额5824万元，较上年（4791万元）增长1033万元，增幅22%。

（一）成立人美教材（北京）有限公司，扩大教材销售份额

一是开拓教材直营模式，直接参与四川初中书法教材市场，最终取得约占25%的市场份额。二是强化教材经营质量，优化了代理结构和代理关系。国有代理单位大部分实现了结算方式调整，著作权使用费率有不同程度的提高，部分实现了甲方变乙方，个别地方试点招标市场代理商。三是强化以市场为主导的培训工作。根据全国教材的使用情况，选择重点的、有代表性的地市，以地市为单位，主动联系教育行政和教研部门，组织有针对性的培训，增强了培训工作的市场主导性。2017年度教材直营比例由2016年度的9%（北京市教材和全国教参）增长到46%，直营码洋达到1.77亿元。

（二）落实新课标要求，推进高中《美术》教材修订工作

针对《美术鉴赏》《绘画》《中国书画》《雕塑》《工艺》《设计》《现代媒体艺术》7个模块，积极推进编写，从组织、协调编委队伍，到邀请教育部课标组专家指导、落实责编责任，全程制定时间表、进度要求，力求修订工作按要求完成。此次教材修订围绕新课标实施，较以往修订而言，落地难度加大，审查维度也在增加，无论对编写人员还是编辑，都是极大的考验。

（三）成立教材编辑中心，建设人美美育学堂

2017年，设立了中小学美术、书法和大中专教材编辑室，以及《中国中小学美术》《幼儿美术》期刊编辑室，形成从学前教育到高等教育，覆盖全学龄段的美术教材产业链。通过对教材生产部门的重新划定，为教材产品结构调整提供有力保障。积极推动人美美育学堂在教育部基础教育课程教材发展中心实验区落地，利用实验区的平台优势，积极围绕教材开展教师培训，使之成为提升服务、配合教材发行的重要抓手，成为人美教育品牌延伸和服务于“普及美育、弘扬文化”这项国家战略的重要举措。

四、不断加强人美品牌建设，做响“美术的人美”

以图书、期刊、美术馆等总社知名品牌为依托，吸引优质资源，提升品牌知名度，扩大总社在出版界、美术界和高校等领域的影响力。

（一）打造“中央厨房”，提升期刊质量和学术影响力

为了统筹刊物内容，原本各自为政的编辑部打破屏障统合在一起，分成特稿部、评论部、书法部、设计部、史论部和教育部6个部门，每个部门的人员在不同的刊物上贡献内容。期刊集团打破了过去以编辑部为单位的樊篱，以“中央厨房”的模式进行采编发流程的再造，打破期刊界限，共享资源、人员统一配置，着力点在于一次策划，一次组稿，多种产品，多元发布。采取精细化管理的方式，建立周例会和月例会制度，严格把关选题；精编精校，对每篇文章都进行三级审稿，责任到人；并调整采编发流程，简化了原有的期刊审稿单和出版记录卡，加快分组组稿与快速出刊的磨合过程。现《中国艺术》《中国美术》《油画》全面改版，均已按照进度出刊，《书法教育》已于1月创刊，《幼儿美术》也将于2018年初创刊。

（二）广泛加强联系与合作，开展人美高校行活动

作为总社重点品牌工程，启动“艺术向未来”人美高校行工作，加强与高校等相关部门的联系和沟通，社领导带领相关部室负责人走访了西安美术学院、南京艺术学院、云南艺术学院、昆明理工大学等院校，就提高书刊文章质量、组织优质稿源、增强人美社会影响力、选题、期刊

栏目设置等方面进行了广泛调研和讨论，在多方面达成了共识，并制定了详细的实施方案。目前已与全国包括9大美院在内的30多家高校签订了相关合作协议，组织召开来自全国各地13个省、市、自治区25所高校28位联络处负责人员参加的2018年人美高校工作会议。工作成效初步显现，为人美与高校的融合发展探索一条新的道路。

（三）人美美术馆及人美学院艺术讲座对外开放

2017年是人美美术馆正式开馆的第1年，举办了大小展览及活动13场，包括“中国出版集团公司成立15周年成果展及职工书画展”“观云堂历代书画藏品展”“《美术日记》名家邀请展”“心像·物像——中国画邀请展”“喜迎十九大‘祖国万岁’书画展”“东升杯连环画大赛获奖作品展”等公益性展览，社会反响良好。同时，不定期举办各类主题讲座，并面向社会公众免费开放，也是人美美术馆公共教育活动的一项重要内容。

五、探索推动数字媒体融合，做开“数字的人美”

（一）加快数字化，成立人美新媒体公司

2017年1月，人美新媒体公司注册成功。以人美社品牌为优势、以图书和教材为依托，充分整合上下游优质资源，将资源、出版、教育、技术和渠道进行深度融合，打造集媒体平台、教育平台、艺术平台于一体的中国美术全媒体开发应用平台。积极推动传统媒体与新媒体融合，负责新媒体平台的运营和管理，实现了重点图书、期刊重点文章的移动端阅读功能，并对总社品牌进行有效推广。以新媒体思维、新媒体的表达方式、新媒体技术，努力在新媒体的平台上讲出好故事。

（二）加快人美教育数字升级，推动教育产品媒体融合

自2016年12月人美教育数字端完成1.0版基础建设后，2017年7月实现了2.0版升级改造，将美术教学、书法教学、美育学堂、期刊服务等10个板块的数字资源集聚，实现了后台大数据信息获取，实现了活动现场直播和全国同步收看，初步完成了以内容建设为基础，数字技术为支撑的教育产品融合发展。同时，基于人美美育学堂内容建设的“特色课程数字资源库”，集名师微课和教学视频数百部，扎实推动了传统媒体和新媒体在内容、渠道、平台、经营、管理等方面的融合，对于形成美育学堂的核心竞争力和可持续发展，形成立体多样的资源传播体系，发挥积极作用。

（三）推进融合发展，搭建人美艺术平台

总社依托《中国美术大数据运营平台》，建设了人美艺术微信端，升级了人美教育微信端，由新媒体公司完成产品初步设计，完成招标、评标工作，开发完毕后进入测试和试运营阶段。充分利用自身优势，以“互联网＋艺术”的方式，打造权威、专业的艺术网站，整合优质资源，为艺术家和读者、消费者创建艺术垂直社区。艺术家、设计师可以通过建网站、卖作品、做直播、做互动、建圈子、搞宣传、做展览、发文章、做培训、办活动等，让艺术家与作品得到全方位的展示。读者、消费者可以走进艺术、走近艺术家，让艺术成为人们之间的纽带和桥梁。

六、进一步加强人才队伍建设，优化人才结构

（一）加快配置业务骨干，深化市场化选人用人机制

为了扩大选人用人视野，引进更多优秀人才，加大了社会招聘力度。优先抓经营部门干部建设，将教材公司、营销中心、出版部等急需的干部配置到位。探索市场化选人用人，新媒体、期刊采用社内外公开招聘方式选拔人才，拓宽了选人用人渠道，引进了一批优秀人才。本年度共组织了近20场面试会，将新媒体、营销、编辑、校对等岗位面向社会进行招聘，通过筛选1000余份简历，148人参加面试，选拔出37位管理能力较强、受教育程度较高、工作经验丰富、业务能力精湛的各个领域的优秀人才，使急需的人才迅速得到补充，并在关键岗位快速发挥作用。

（二）优化人才结构，提升人才和岗位的匹配度

压缩非生产一线部门人员，清退临时聘用、小时工等人员，适当调整工作量不饱和岗位，逐步缩减职能部室人员比重，职能部门从10个精简至4个，职能部室减员10人，把人才力量逐渐向生产一线倾斜。与2015年底相比，总人数基本持平，人才结构得到了很大的优化。中层干部队伍做精、做优、做强，人数由51人减少至38人，减幅为25%。业务一线人员从之前132人增加至161人，增幅为22%，职能部室人员则从54人减少至46人，减幅为15%。从年龄结构来看，40岁以下的人员从95人增加到122人，增幅为28%，其中36～40岁人员从之前的28人增加至36人，增幅为29%。

（三）改进考核办法，明确考核重点

总社把编辑部门作为内容生产中心，出版部门作为成本控制中心，营销部门作为利润中心，编印发3个环节设有不同的考核办法。制定并落实《总社职位体系和岗位津贴试行办法》，完成了新的职位体系和岗位津贴的套改，遵循多劳多得的原则，调整了不同岗位收入的结构层次。目前，经营人员、编辑人员和职能部门人员的平均奖金收入比例为1.61∶1.31∶1。合理拉开收入差距，重点向编辑与经营一线倾斜，同时不断提升人才和岗位的匹配度，将政策向骨干人才有所倾斜，优待骨干人才。根据员工自身特点，充分挖掘自身价值，将合适的人用到合适的岗位上，使其在工作岗位上能够发挥最大的作用，避免人力资源的浪费。

（赵军平）

人民音乐出版社2017年工作综述

2017年，人民音乐出版社（以下简称“人音社”）认真学习贯彻党的十八大、十八届历次全会和十九大会议精神，认真学习领会习近平总书记系列重要讲话精神，切实落实党管意识形态、党管出版原则，坚持正确的出版导向，积极推进机制改革和业态创新，圆满完成了全年工作任务。全体员工上下一心、斗志昂扬、开拓进取，人民音乐出版社的文化影响力、品牌影响力、产品创造力、经营创新力多力齐发，各个方面都取得瞩目成绩。

一、双效业绩进一步提升

（一）生产经营情况

2017年共出版1150种不同类型的出版物：图书827种，其中新版图书171种，重印图书656种；教材154种，其中新版教材16种，重印教材138种；出版杂志42期；出版独立电子音像制品127种，其中新版18种，重版109种。全产品发货码洋3.99亿元，销售收入1.96亿元，实洋回款2.18亿元。

（二）获得荣誉情况

在第4届中国出版政府奖的评选中，人音社荣获先进出版单位奖。这是人音社第二次获得此次大奖，不仅充分体现了人音社的专业实力和品牌影响，更是对出版社各项工作的高度肯定。

2017年，出版主业的获奖实现了“三个突破”。《野火：郭文景作品选》获得出版政府奖的音像电子网络出版物奖；专辑《不忘初心　孝行天下》获得第10届中国金唱片奖·流行类最佳专辑奖；在第14届精神文明建设“五个一工程”获奖的10首歌曲作品中，《幸福少年（组歌）》《不忘初心》《我们从古田再出发》《天下乡亲》等4首作品，均由人音社首发出版。这“三个突破”，集中体现了近年来开发优质原创选题的喜人成果。此外，《嘹亮军歌》《中国音乐学文库》《中国音乐词典（数字版）》等3个选题入选国家新闻出版广电总局“十三五”国家重点出版物出版规划项目，《学古琴：古琴自学教程》被国家新闻出版广电总局评为“2017年向全国老年人推荐优秀出版物”，其中《嘹亮军歌》还被中宣部、国家新闻出版广电总局评为年度主题出版重点出版物。《音乐研究》杂志在CSSCI（中文社会科学引文索引）核心期刊中排名第一，再次获得全国社科基金60万元资助，在全国音乐专业期刊中树立了标杆。在集团公司的各类评选中，《中国音乐词典》（增订版）、《中国音乐教育》杂志等7个产品，分别获得第8届中国出版集团公

司出版奖的6个奖项；《童声合唱新作选编》等3个选题被评为集团公司2017年主题出版优秀出版物；《拜厄钢琴基础教程》等4个产品分别荣获集团公司2017年出版特别贡献奖。宣传工作主题鲜明、亮点突出，荣获集团首次颁发的年度宣传创新奖。这些荣誉，都是人音社深耕精品出版、做强文化影响的生动体现。

同时，人音社还获得了“中直机关文明单位标兵”的称号。李向颖同志被评为“全国五一巾帼建功标兵”，郭贵明同志一家获得“2017年全国最美家庭”的称号。事业发展部被评为集团公司“青年文明号”，黄亚超、张健慧、李晓蓓等3名同志被评为集团公司青年岗位能手，其中黄亚超同志还被评为中直机关第10届青年岗位能手。教材中心牵头开展的“立体化音乐教科书”项目获得集团公司青年创新项目奖，赵雨童同志获得青年创新奖章。在2017集团公司“香山论坛”活动中，胡健、陈明陆同志分别取得了一、二等奖的好成绩。在集团公司成立15周年举办的集团十佳人才评选中，魏振华、胡健、张伯平、邹璐等4位同志当选。陈晓燕同志被国家出版基金规划管理办公室聘为国家出版基金评审专家。在集团公司“读经典、学新知、促融合”征文活动中，人音社工会获优秀组织奖。在集团公司2017年度经营情况考核中，人音社被评为A级，财务部获得集团公司财务决算先进单位的称号。这些荣誉，既是出版社不断优化人才结构、促进干事创业的具体表现，也是深化“两个文明”建设、树立正风正气的工作成果。

二、文化影响进一步彰显

（一）主题出版凸显实力

2017年，人音社结合自身专业特点，进一步做亮主题出版、做大出版格局，充分展示了“国家队”的担当与实力。

进一步推进历史意义与现实意义、时代精神与文化价值的有效融合。策划出版了《嘹亮军歌》共9卷，成功举办了“嘹亮军歌——纪念建军90周年音乐会暨新书发布”活动，使得这部作品既讴歌了时代精神、又表达了百姓情怀、还体现了艺术价值，既是一部厚重的建军强军史、又是一部鲜活的爱国主义教程、还是一部中国现当代歌曲创作史，受到方方面面的高度好评。《光明日报》、光明网以《嘹亮军歌：与九十年荣光同行》为题，全文刊登了丛书总序，中央电视台新闻频道也进行了多次重点报道。

不断促进优质资源与出版质量的高度统一。在2016年制定出版《音乐曲谱出版规范》的基础上，又在2017年9月《国歌法》正式实施之际，以高度的政治敏锐性与社会责任感，及时推出了新版《国歌》旋律曲谱及教学挂图，举办了“拥护《国歌法》实施暨国歌版本标准化发布会”，以实际行动拥护和推进国歌出版演奏的规范化。在前期的立法过程中，根据上级安排，指派骨干编辑和资深校对人员，全程跟进《国歌法》草案和国歌曲谱的专家研讨工作，还在全国人大常委会二次审议现场进行了最终审校。这既是对人音社术业有专攻的重大检验，更是再次确立了人音社在音乐出版标准领域的专业地位。人音社受到了全国人大和中宣部有关部门的表彰，也得到了广大同行的鼓励。

（二）专业出版成果显著

一是突出重点，着力巩固专业出版的优势地位。2017年，人音社图书音像精品迭出，在上述获奖产品之外，还出版了《少儿唱古诗词96首》《感受阳光的爱：第13届中国少年儿童歌曲卡拉OK电视大赛歌曲集》等一批弘扬主旋律的重大选题，策划了《音乐基础知识·初级·音乐版》《小朋友们的599·卡通绘图版》《全国钢琴演奏考级作品集》《中国艺术研究院图书馆馆藏项目》等一批适合专业需求的重点产品。这些项目，不仅在原创性和集成性、专业性和普及性方面既有兼顾又有侧重，而且在艺术精湛、制作精良方面都有很好的表现。

二是突出双效，不断推进出版结构的调整优化。人音社坚持不懈地调机制、调结构，努力提升单品的贡献率，努力实现双效的新突破。其一，整体市场占有率明显提高，销售万册以上的动销品种数量增幅较大，同比增长54%，通过打击网络盗版等系列举措，拜厄、哈农等“红皮

书”系列产品从年销10万～20万册普遍增长到20万～30万册。其二，印数万册以上的新品种数量增幅较大，达到了13种，包括《幸福少年》《感受阳光的爱》等重大选题。其三，发货万册以上的新品种数量增幅较大，《少儿唱古诗词96首》超5万册，《全国钢琴演奏考级作品集》超13万册，实现了当年出版、当年重印；《幸福少年》实现销售超万册，深受各类青少年合唱团体的欢迎；《不忘初心 孝行天下》专辑不仅获奖，而且实现了全年销售超41万张、码洋过千万元的好成绩。

（三）教材业务稳中求进

教材是人音社的生命线，是经济收入的主要保障。做好教材工作，既是企业的社会责任所在，更彰显了人音社在音乐教育领域的核心价值。2017年，人音社克服重重困难，在市场推广和教材建设等方面取得了优异的成绩。尽管近年来教育部门不断收紧教材选用权，市场推广难度明显加大，尽管由于教材限价和纸张价格攀升等政策和市场环境，使得利润空间不断受到挤压，但是为确保出版社经济效益“稳增长”的目标，人音社将全国教材市场分类别、分层次加以规划，竭尽全力寻求突破，市场占有率不仅没有下降，而且稳中有升；人音社还通过升级产品形态、研发电子教材，进一步有效拓展了教材市场新的经济增长点。另外，根据教育部的安排，2017年全面启动了高中教材修订工作。尽管这项工作时间紧、任务重、要求高，但是在社委会的坚强领导下，教材中心、出版部、期刊中心、图书编辑部等多个部门加班加点、通力合作，顺利完成了12册教材修订的艰巨任务。伴随着这项工作的进程，出版社的队伍经受了考验，参与教材修订任务的各位编辑同志，在知识水平、专业素养、工作方法上都取得了长足的进步，为今后进一步加强教材建设锻炼了队伍、培养了人才。

（四）期刊出版逆势而上

在纸媒看衰的严峻形势下，人音社的4种期刊年年有新气象。首先，坚持严把内容关和质量关，总计42期杂志，不仅力求新视角、新专栏、新系列，每一期都能看到重要事件的解读、重大活动的报道、重点话题的研讨，而且质检合格率保证百分之百。以《音乐研究》为首的期刊方阵，持续发挥了学科引领作用，持续保持了高精尖的学术地位。其次，不断推进专业优势向品牌优势、市场优势的有效转化，在采编工作十分繁重的情况下，仍然积极地“走出去”、搞交流、办活动，而且是全国性、大规模、高规格的活动，促进了双效的突破。在《中国音乐教育》杂志参与举办的“2017世界（香港）青少年合唱节”上，中外专家、合唱团体3000余人参会，大大提升了自身的品牌地位与市场影响。

（五）数字化建设持续推进

2017年，人音社继续推进数字化内容的建设和管理，进一步夯实产品的内容基础，累计实现数字平台的音频资源5700首、视频资源4300课、乐谱资源4.2万首、期刊资源9700篇；制定出台了《人民音乐出版社数字资源管理办法（试行）》，为规范管理、促进融合保驾护航。新媒体营销体系基本建立，用户规模初步形成，社官微、人音教育公众号、人音期刊公众号的平台不断发展、互相借力；线上线下的一体化营销取得突破，“人音教育”微课堂的线上直播培训得以积极推进，渠道和资源的“共享”营销模式在图书、音像、教材、期刊业务板块进一步得到认同和推广。

（六）国际合作亮点突出

以音乐的国际化带动音乐出版的国际化，深化推进音乐成果交流，积极拓展国际业务。2017年人音社持续推进国际合作，与德国、澳大利亚、英国、美国、日本的出版机构签订输出合同42种，同比增长50%。通过多年的市场培育，英皇考级委员会合作项目重印35种，新书4种，年发货码洋1700余万元，年增长率69%，回款663万元。乐谱租赁业务收入70余万元。在2017年上海国际乐器展上力求突破，不仅与16家国际知名音乐机构进行了卓有成效的会谈，而且策划了10场“人音教育大讲堂”中外音乐文化讲座，场场爆满，行业影响力得到进一步增强。

三、管理效益进一步加强

（一）出版管理与服务能力进一步增强

在出版管理上，切实把牢导向关、质量关，重点抓好重大选题报备、重点书稿审读、图书清样质检、成品书刊质检等必要环节，产品导向和质量得到有效保障。书号申领、成书调控工作更加高效，通过完善《图书重印流程规定》，实现了对重印图书环节的进一步梳理和规范。云因系统的图书生产成本预算程序得到改进，为选题策划提供了更为准确的依据。

在出版服务上，根据用纸品种、用纸数量的规律提前备货，有力解决了2017年纸张供应紧张、价格增长的问题；及时做好应对预案，有效缓解了印厂限产、印力紧张的矛盾；严格执行装帧设计“三审制”，促进了产品设计的整体面貌显著提升。在校对工作中，坚持质量第一，根据工作需要合理安排三校人员，根据急件需要科学制定时间表，保证了编校互补、校次互补，实现了保证质量、节约成本、提高效率的工作目标。

（二）经营管理与服务水平进一步提升

配合集团公司上市要求，财务部门在时间紧、任务重的情况下，加班加点、高度负责地完成了上市前后各项繁重的财务工作，有效推进了2016年度增值税的退税返还工作，切实维护了企业的合法权益。通过加强宣传、促进使用、应对商标诉讼、寻求专业支持等系列措施，商标的管理意识和工作水平明显提升；在解决历史遗留问题、预防经济纠纷与市场风险等方面，法务工作取得了明显的成效，保驾护航的作用进一步体现。

后勤服务既做到了锦上添花，也实现了雪中送炭，午餐标准和供餐质量得到进一步提高，供暖费用报销、消防安全保障、物业服务保障工作进一步完善，大家的工作生活更加安心放心。

（三）人才工作与分配制度进一步完善

2017年，人音社根据事业需要进一步加强队伍建设，严格按照干部选拔任用管理规定，选拔聘用了2名社长助理、2名部门主任、8名项目主管，新招10名员工充实到编辑校对、出版发行等部门。根据集团《企业年金待遇支付办法》，全面落实了49名退休人员的企业年金支付工作，为转制后退休人员彻底解决了后顾之忧；根据股份公司有关通知精神，认真测算，及时调整补发了离休人员7人、退休人员97人连续3年（2015年1月至2017年10月）的津补贴，体现了组织上对老同志的关怀。

在系统调研、个别走访的基础上，本着重点关注低收入和新入职员工、对职称技术人员重点倾斜的总体思路，于11月落实了《薪酬改革方案》，让在岗员工得到了实惠，真正体现了发展成果共享，体现了努力必有回报。

四、从严治党进一步深化

（一）进一步增强“四个意识”，深化全面从严治党

一是落实“两学一做”学习教育的常态化制度化。党委认真落实《理论学习中心组2017年学习计划》，并将学习成果及时转化，落实到改革发展、从严治企的具体举措中。下发了《“两学一做”学习教育实施方案》，强调“牢固树立党的一切工作到支部的鲜明导向”，明确党委和支部管党治党的责任清单。严格依照程序完成了党委委员增补、离退休支部换届以及团支部换届工作，做好1名党员发展和1名预备党员转正工作。强化政治阵地意识，组织全体员工学习总书记“7.26”讲话精神，领会关于落实意识形态责任制的主要要求，观看专题教育片《榜样》，收看十九大开幕式、十九大工作报告和闭幕会议；组织在职党员、中层以上干部等80余人参加了集团公司十九大精神宣讲会，从而保证了学习教育不留死角、不断深入，保证了全社上下牢固树立“四个意识”、坚定“四个自信”、做到“四个服从”。

二是深化提升责任意识，加强风险防控。在原有“三重一大”决策机制的基础上，出台了《社委会和党委会会议制度（试行）》，进一步完善了决策机制，提高了决策水平。各支部结合自身实际，制定落实年度学习计划、“三会一课”计划，建立健全各类工作台账，保证各项工作不走样、有实效。全社上下廉洁从业意识深入人心，

廉政风险点的防控机制愈加严谨，上下级之间及时提醒、同事之间互相提醒成为常态，在员工招聘、干部提拔、评优推荐、党委委员增补、公务车辆购置、重点项目实施等工作中，坚持民主讨论、集中决策，严格按照相关制度执行。纪委坚持对新提拔人员进行集体谈话，对新设部室负责人及时进行廉政风险教育，在重要节点下发专门通知，落实中央八项规定精神，防止“四风”反弹。

（二）进一步发挥群团组织作用，推进精神文明工作

人音社紧紧围绕中心，深入开展各种形式的精神文明创建。结合近年来全社的各项工作成果，在咖啡厅和职工之家分别策划了主题展览，增强了员工的使命感与自豪感。积极响应集团公司工会联合会的号召，开展“读经典、学新知、促融合”读书实践活动。持续开展了以“家”为主题的春节摄影作品展，组织女员工在三八妇女节参观中国美术馆，组织青年员工在五四青年节参加“17分享给你听”读书分享活动，组织全社员工到怀柔红螺寺和雁栖湖开展秋游、感受大自然。积极参加各类公益活动，组织员工参与中直工委“恒爱行动”献爱心活动，向青海省泽库县而尖村捐献衣物，为脑瘫儿童捐赠图书并讲授音乐素养课，在所属的豆瓣社区开展以普及音乐知识和乐器演奏为主题的志愿活动，进一步培养员工向上向善的情感追求。（潘小磊）

生活·读书·新知三联书店 2017年工作综述

2017年，在中国出版集团公司的正确领导下，经过全体员工的共同努力，生活·读书·新知三联书店（以下简称“三联书店”）的各项工作都有新进展，取得了新成就。

一、以打造品牌产品为重点，加强内容创新，社会效益日益突出

（一）主题出版“双效”显著

三联书店认真履行意识形态工作责任制，通过严格执行各种制度，确保了导向安全。强化服务大局意识，做好主题出版。《良训传家：中国文化的根基与传承》《弹在膛上：一个维和士兵的战地纪实》入选中共中央宣传部和国家新闻出版广电总局2017年“主题出版重点出版物选题”，《良训传家：中国文化的根基与传承》还入选“中版好书”2017年度榜·主题出版10种，年内发行3万册。《读书》杂志刊发了《中国农村应有怎样的未来》《经学与当代中国》《中国现代史学的使命与“全球史”的真正建立》等。《三联生活周刊》刊发了封面报道《中国群星闪耀时：新文化运动在1917》《南渡的星辰：西南联大80周年纪念》，还围绕中英建交45周年刊发了特别报道。

（二）获奖、入榜数量可观

6种图书获国家大奖，60余种书刊荣登各类榜单。《生死关头：中国共产党的道路抉择》《海昏侯刘贺》入选2016年度“中国好书”，《中华文明的核心价值：国学流变与传统价值观》《1944：腾冲之围》《谢觉哉家书》荣获中华优秀出版物奖，《阅读力》入选国家新闻出版广电总局2017年度“大众喜爱的50种图书”。《生死关头：中国共产党的道路抉择》入选国家新闻出版广电总局向青少年推荐优秀出版物，《大都无城：中国古都的动态解读》入选“强素质，做表率”读书活动“2017年推荐书目（上半年）”。《三联生活周刊》《读书》入选国家新闻出版广电总局“2017年全国百强社科期刊推荐名单”。《生死关头：中国共产党的道路抉择》等6种图书荣获集团公司“2017年度出版特别贡献奖”，《中国考古学：旧石器时代晚期到早期青铜时代》等4种图书入选“中版好书”2017年度榜·人文社科20种。在4月颁布的第8届集团公司出版奖中，三联书店有15种图书/期刊/项目入选。《东方照相记：近代以来西方重要摄影家在中国》等8种图书荣获首都图书馆联盟第3届“阅读之城”请读书目入选奖，《火枪与账簿：早期经济全球化时代的中国与东亚世界》《第三极的馈赠：一位博物学家的荒野手记》入选《中华读书报》“2017年十大好书”，《第三极的馈赠：一位博物

学家的荒野手记》《荒野行吟：美国自然文学之旅》荣获第2届“大鹏自然好书奖·十大自然好书”。三联书店举办了“2017读者选书”活动，《1944：龙陵会战》等10种图书入选。生活书店出版有限公司也进行了“2017年度好书”评选，《行走的人生》等3种图书入选。

（三）精品好书层出不穷

除重要丛书以外，学术出版分社有《白沙宋墓》《人伦的“解体”：形质论传统中的家国焦虑》《木趣居：家具中的嘉具》《图说敦煌二五四窟》；文化出版分社有《中国考古学：旧石器时代晚期到早期青铜时代》《鉴若长河：中国古代铜镜的微观世界》《中国与重洋：潮汕简史》；大众出版分社有《御窑千年》《1944：龙陵会战》《朝鲜战争》《第三极的馈赠：一位博物学家的荒野手记》；综合分社有《古诗词课》《全球景观下的中国古代艺术》《在台湾发现历史：岛屿的另一种凝视》《火枪与账簿：早期经济全球化时代的中国与东亚世界》；艺文出版分社有《阅读力》；知行文化图书工作室有“华为故事”系列、“金冲及文丛”；生活书店出版有限公司有“德雷克斯家庭挑战”系列、《荒野行吟：美国自然文学之旅》《行走的人生》；生活·读书·新知三联书店（上海）有限公司有“国韵小小说”“国韵故事汇”系列、《沪乡记事》；三联时空国际文化传播（北京）有限公司有《于丹〈论语〉心得》《古人的日子：戊戌年历》等。

（四）重点期刊佳作纷呈

《读书》杂志契合时代主题，关注学术前沿，刊发了《特朗普很保守吗?》《匮乏、政治过度与文明危机》《阿连德的大数据乌托邦》《当机器人成立作家协会》《分享为什么经济》《考古学中的“暗物质”》等；还组织刊发了几组关于社会文化热点的对话和讨论，如“新人文精神对话”“西学与中学”“人工智能与后人类时代”等。《三联生活周刊》不断提升文化人物与文化话题两大传统领域报道的品质，策划了《百岁贝聿铭》《身为村上春树》等封面故事；对社会事件进行深度报道，刊发了《人性善恶与安全失职》《中国病人跨境就医调查》等；历史文化报道新增了“宋朝”系列，《我们为什么爱宋朝》成为2017年最大爆款；尝试拓展了心理系列，如《我们真的拥有亲密关系吗》《三十岁的恐慌》等。

（五）国际传播亮点不断

版权输出签约总计46个，其中外文签约36个，繁体字版签约10个。版权输出涉及19个语种、20多个国家和地区，完成集团公司“走出去”工作10%增长的指标。《中华文明的核心价值：国学流变与传统价值观》累计签约19个语种，《生死关头：中国共产党的道路抉择》《御窑千年》《于丹〈论语〉心得》《天朝的崩溃：鸦片战争再研究》等实现多语种签约。第69届法兰克福书展期间与加拿大出版社共同推出《生死关头：中国共产党的道路抉择》英文版，第24届北京国际图书博览会上与施普林格集团签约《丝绸之路研究》丛书（英文版）及《御窑千年》（英文版）。《何以中国：公元前2000年的中原图景》（俄文）等5个项目获批“中国图书对外推广计划”，《生死关头：中国共产党的道路抉择》（越南语、白俄罗斯语、泰语）等12个项目获批“丝路书香工程重点翻译资助项目”，《火枪与账簿：早期经济全球化时代的中国与东亚世界》（英文）等5个项目获批“经典中国国际出版工程”，累计获得资助332万元。“丝路学术国际化数据库建设项目”获批中央宣传部、国家新闻出版广电总局“丝路书香工程”，获得资助270万元。2017年三联书店荣获集团公司“版权输出进步奖”。

二、以推进融合发展为重点，加强经营创新，经济效益企稳回升

（一）总体效益保持稳健增长，下属公司效益有喜有忧

截至2017年12月31日，三联书店资产总额5.26亿元，比上年年末4.59亿元增加6700万元，增长15%；净资产3.01亿元，比上年年末2.76亿元增加2500万元，增长9%。本年实现营业收入3.03亿元，比上年年末2.19亿元增加8400万元，增长38%；利润总额为3020万元，如计入新媒体投入，实际经营利润为4805

万元，均超额完成集团公司下达的任务指标。

三联书店图书营业收入 1.69 亿元，同比增长 13%；利润总额 2419 万元，同比增长 20%。出版部门图书销售毛利排名前三的是：学术出版分社、综合出版分社、知行文化图书工作室。生活传媒有限公司营业收入 1.13 亿元，利润总额 852万元（计入新媒体投入，实际经营利润为 2652万元）。生活书店出版有限公司营业收入 1464万元，同比增长 47%；利润总额 71.7 万元，扭亏为盈。生活·读书·新知三联书店（上海）有限公司营业收入 464.78 万元，同比增长 151%；利润总额 20.64 万元，扭亏为盈。三联时空国际文化传播（北京）有限公司营业收入 190万元，同比增长 129%；利润总额 3 万元，扭亏为盈。三联韬奋书店营业收入 1910 万元，同比减少 19%；本年亏损 256 万元。

（二）品牌营销持续发力，融合营销优势显现

全年出版图书 616 种，其中新书 282 种，重印书 334 种。当年新书印数 1 万册以上的有 60 种，其中发货量 1 万册以上的有 7 种，发货量 3 万册以上的有 4 种，分别是《于丹〈论语〉心得》（24.7 万册）、《厚积薄发：华为系列故事》（13.89 万册）、《御窑千年》（5.62 万册）、《良训传家：中国文化的根基与传承》（3.15 万册）。

成功举办“一社十七店”第 7 届战略合作联席会。第 27 届全国图书交易博览会、2017 上海书展、2017 南国书香节期间，因营销《于丹〈论语〉心得》《御窑千年》，被《中国图书出版传媒商报》评为“2017 年十大营销金案”。生活书店出版有限公司《行走的人生》新书发布会被评为“2017 上海书展暨‘书香中国’上海周”活动策划奖。联手基层新华书店，推广品牌产品，提升三联书店品牌知名度。在当当网、京东网等网站组套定制图书，成为当当网“亿元俱乐部”成员。全年发货码洋 3.15 亿元，同比增加 1066万元；回款实洋 1.51 亿元，同比增加 660 万元，再创图书销售的历史新高。对《火枪与账簿：早期经济全球化时代的中国与东亚世界》《阅读力》《御窑千年》等 14 种产品（其中 10 种为品牌产品）策划执行重点营销推广活动 35 场/次，被传统媒体、门户网站报道 600 余家/次，新媒体推送达 300 余家/次，总阅读量超过 1000 万。有 10 种产品超额完成计划销售数，总销售码洋超过 4000 万元。

（三）融合发展持续发力，新业态效益增长迅猛

电子书、电子刊、“双微”广告、“松果生活”“中读”“熊猫茶园”、纸介书网店销售等数字化业务经营的收入总共为 1.137 亿元，已占全店总收入的 1/3 强。亚马逊 Kindle、掌阅、腾讯、百度、微信等各大平台累计上线三联书店电子书 800 余种，一年内新上线 120 种，全年收入 219.66万元，同比增长 69%。《我们仨》电子书自 5 月上线以来，总收入超过 50 万元；下半年上线的“王鼎钧传记”系列销售收入超过 25 万元。纸电同步方面，三联书店开始真正拥有自主转码的数字化图书。三联书店官方微信“三联书情”粉丝数约 16.8 万，位居出版社微信号前列；全年共发布文章 488 篇，阅读量过万的有 38 篇。三联书店以“双微”为核心的新媒体矩阵影响力进入全国出版社前 5 名。其中，《三联生活周刊》微博粉丝数 1500 万，微信粉丝数逾 200 万，“松果”APP 下载量逾 50 万，“中读”APP 下载量约 20 万，在全国出版界名列前茅；《读书》微信公众号上线时间不长，但粉丝数也达 12 万。

生活传媒有限公司实现了公司化运营，融合发展稳步推进。以“中读”正式上线为标志，建立起“1＋N”（“中读”＋“松果生活”“熊猫茶园”等）媒体融合发展格局。“松果生活”陆续开创了“连线生活家”、付费课堂、“未来生活家”“LIFE＋演讲”等项目，还陆续开展了“中国好物 100 评选”等活动。“中读”通过打造线上阅读、音频、视频等知识付费产品，成为新型知识服务平台，《人民日报》称其为“内容健康新颖，符合潮流的典型”。《三联生活周刊》荣获 2017 年度“探索力推荐媒体”奖。《读书》在“逻辑思维”旗下“得到”品牌的“每天听本书”栏目下设立《读书》专栏，还向虎嗅网做内容输出。

（四）三联韬奋书店增收节支，减员增效，“24小时服务能力建设”工程全力推进

受到施工影响，三联韬奋书店总店的营业收入大幅减少，为增加收入，三联韬奋书店充分发掘海淀分店的营收潜力，与万科翡翠系地产拟定在翡翠公园共同建立“三联韬奋书店·石家庄市万科公益大书房”，在成都建立分店，收到了良好效果。在前期施工中，三联韬奋书店通过减员，大幅降低了成本支出。三联韬奋书店营业面积减少，但服务品质不打折扣，荣获第7届北京阅读季十大“最北京”实体书店称号。

三、以党的建设为重点，加强制度创新，发展动力不断增强

（一）深入学习十九大精神，全面加强党的建设

以学习党的十九大精神和习近平总书记系列重要讲话精神为重点，加强理论学习，坚持以党委理论中心组的学习带动全体干部职工的理论学习。党委理论中心组共组织学习9次，各支部共组织学习4次。深入推进“两学一做”学习教育常态化制度化，坚持“三会一课”制度。组织党员参观庆祝中国人民解放军建军90周年主题展览；组织职工观看电影《建军大业》；组织职工参观“砥砺奋进的五年”大型成就展；组织职工收看中国共产党第十九次全国代表大会开闭幕式电视转播，并购买了《中国共产党党章》《决胜全面建成小康社会 夺取新时代中国特色社会主义伟大胜利——在中国共产党第十九次全国代表大会上的报告》《党的十九大报告学习辅导百问》下发相关人员；党委成员为党员讲党课，学习传达党的十九大会议精神。全面落实中央“八项规定”精神，持之以恒纠正“四风”，推进党风廉政建设和反腐败工作。组织全体党员干部和各下属单位负责人排查部门、单位和岗位廉政风险点，三联书店党委同全店各部门签署了落实全面从严治党主体责任的责任书。

（二）开展“品牌人才年”活动，一批德才兼备的人才脱颖而出

下发开展“品牌人才年”活动通知，明确了活动的意义、内容、步骤等。人力资源部会同数字出版与营销拓展中心，联合组织召开了三联书店融合发展及品牌人才建设专题会议。在活动中，完成了全店新一轮中层干部聘任上岗；组织编辑沙龙活动；完成第3批“三个一百”人才的组织报送工作。加大人才培训力度，除了对职工进行常规业务培训外，还组织针对下属公司的业务培训，由三联书店本部派出优秀编辑到生活·读书·新知三联书店（上海）有限公司交流。1名同志任总经理助理，1名同志任总编辑助理；4名同志任中层正职，6名同志任中层副职，8名同志任中层助理。

（三）规章制度建设与企业文化建设并重，为企业持续发展凝聚动力

与各出版分社、图书营销中心、生活传媒有限公司、三联时空国际文化传播（北京）有限公司等11个部门和单位签订了“双效”目标责任书，明确了任务指标和考核奖罚办法。制定下发了《三联书店图书工作室管理办法》《三联书店工资总额预算管理办法》，对所有下属公司核发工资总额。

充分发挥群团组织作用，积极推进精神文明和企业文化建设。举办三联书店85周年店庆系列活动。组织职工参加集团公司“恒爱行动”。在三八妇女节，组织女职工参加敦煌研究院文创中心举办的敦煌颜色讲座和型染体验活动。组织开展“帮扶助困”送温暖活动，探望生病职工，为确有困难和家中遇红白事的职工发放慰问金和补助金。七一前夕，三联书店党委走访慰问老党员和生活困难群众，委托离退休员工事务办公室走访慰问3人，并发放慰问金。

2017年的工作成绩是主要的，但也存在一些问题。这些问题主要有：一是图书出版方面，重大出版工程、能够产生重大影响的畅销书和原创书仍嫌数量不足；中国出版政府奖再次榜上无名，“有高原无高峰”问题依然没有得到解决。二是融合发展方面，因受政策、资金、人才等限制，项目进展未获实质性突破，而且在自有资金使用上，投入与产出的比例关系严重失衡。三是经营管理方面，中国出版传媒股份有限公司上市

后，对三联书店的经营管理工作提出新规范、新要求，而三联书店对一些政策理解不到位、执行规定也有偏差。四是人才使用方面，对急需人才的引进缺乏力度，尤其是融合发展专门人才缺位，是制约发展的一个短板。五是政治学习方面，思想上重视不够，时间上难以保证，有时以业务代学习，作风建设有待进一步加强。

（路英勇）

中国对外翻译有限公司 2017 年工作综述

2017 年，中国对外翻译有限公司（简称“中译公司”）认真贯彻中央各项精神，全面落实“十三五”规划，紧密围绕集团公司“三六构想”战略目标，积极推进“稳增长、调结构、促融合”的战略部署，进一步加强党在企业的领导，全力推动公司业务结构调整、经营模式转型、内部管理优化、企业文化融合等各项工作。在中国出版集团公司的指导和支持下，顺利完成业务重组并购及人员转接工作，推动控股公司——中译语通科技股份有限公司（以下简称“中译语通”）完成股份制改造。深耕联合国系统及国际组织语言服务市场，深度嫁接国内外多领域合作资源，推动服务和产品创新，为公司在 2018 年实现持续增长并完成中译语通 IPO 工作奠定基础。在公司领导班子的领导下，全体职工团结一心，克服困难，超额完成了集团公司下达的年度经营指标，保持公司各项业务快速发展及稳定运营。

一、总体经营情况

2017 年实现收入 4.5682 亿元，较上年同期增长了 48.4%；完成利润 5625 万元，较上年同期增长了 48.46%。完成集团公司下达利润指标的 39.40%。

二、主营业务情况

（一）总部方面

1. 联合国语言服务业务

2017 年，中国对外翻译有限公司承接联合国文件翻译业务量增长稳定。为进一步扩大国际影响力，联合国翻译业务团队积极开拓国际语言服务市场，努力创新业务领域，不仅积极参与世界知识产权组织、世界卫生组织等多个联合国系统或国际组织的语言服务项目的招投标工作，更积极推动联合国教科文组织《信使》中文版复刊工作，并于 2017 年 8 月正式签订《信使》翻译服务委托协议，联合国业务逐渐呈现多元化发展趋势。

2017 年，联合国文件翻译部主要来稿机构及项目包括：联合国纽约总部关于第 71 届会议简要记录、第 72 届会议的会前和会期文件及逐字记录、不扩散核武器条约缔约国 2020 年审议大会筹备委员会会议文件、国际贸易法委员会第 15 届会议简要记录等；世界知识产权组织关于各委员会会议文件及成员国大会第 57 届会议报告；国际货币基金组织关于能力建设学院金融部门监督课程系列文件、联合国环境大会第 3 届会议文件、保护臭氧层维也纳公约缔约方会议第 11 次会议文件等。完成的出版物翻译项目主要包括：2013 年《法律年鉴》、2014 年《裁军年鉴》、2015 年《裁军年鉴》、国际麻醉品管制局 2017 年《麻醉品公报》、联合国教科文组织出版物《教育促进可持续发展目标：学习目标》及《信使》杂志 2017 年第 3 期和 2018 年第 1 期等。全年向联合国各机构外派共计 4 人次，签订远程服务合同 2 人次。

为强化公司品牌多元化发展战略，公司成立国际文化发展部，在已有的联合国语言服务培训项目（UNTIT）的基础上，结合联合国语言人才培训体系（UNLPP）考试认证项目，进一步完善了联合国人才培养机制和体制。同时，通过开展广泛合作，强化新媒体运营能力，有效整合多领域合作资源，不断加强国际合作与品牌推广能力，推动联合国语言培训业务实现快速增长。

截至 2017 年 12 月底，共开设联合国文件翻译培训（UNDTT）、联合国口译培训课程（UNITC）、翻译实战能力口笔译训练营等假期班、周末班共 10 期培训课程。邀请联合国高级官员、翻译业界专家举办 2 期“中译大师汇”公开讲座。与联合国文件翻译部密切合作，派遣资

深译员走进校园，进行授课讲座。

2. 国内市场语言服务业务

（1）客户开发

2017 年，中国对外翻译有限公司通过积极维护和深度开发国内市场翻译业务已有客户，努力开发新客户，较好地完成了经营指标。全年新增客户 150 余家。

国内市场业务充分发挥在社科文化领域的优势。全年完成图书翻译 20 本，客户方包括社科文献出版社、中华书局、中国质检出版社、中国建筑工业出版社、中州古籍出版社和中国医学科学院。

（2）重要项目中标

2017 年，完成重要中标项目包括关于上市银行定期报告和会议材料等金融类项目；关于国家核安保技术中心－核安保法规、中国石油化工股份有限公司－SHARP 项目法律文件、中海油仲裁案材料、公安部红通材料等法律类文件；关于葛洲坝集团水电站项目文件、天坛生物检验报告、先正达生物科技系列农业报告、国家食品药品监督管理总局药品生产规范文件等工程技术类文件。

（3）重要翻译项目

2017 年，累计完成了国内知名出版社的 20 余本系列丛书翻译工作，客户方包括社科文献出版社、中华书局、中国质检出版社、中国建筑工业出版社、中州古籍出版社和中国医学科学院。

此外，完成第 24 届冬季奥林匹克运动会（简称“2022 年北京冬奥会”）翻译项目 120 万余字以及累计 600 小时的口译服务。向冬奥组委派驻审校 1 名，负责重要文件的翻译审校和沟通协同，整理体育术语和大型赛事遗产知识，丰富冬奥会语料。

（4）翻译管理

定期召开翻译例会，根据市场反馈，对业务流程和业务团队进行动态管理。定期开展部门培训等业务交流活动，加强团队建设，提升业务水平。翻译部门累计举办关于翻译实操的培训达 50 次，涉及北京冬奥会、文物、科技、专利、知识产权等专题。举办项目管理专题培训 5 次，主题包括项目管理流程、沟通管理、领导力等。

在外部团队方面，筛选简历 3000 余份，通过测试，新签各语种笔译员 280 余名，口译员 110 余名，为业务增长提供了有力保障。

（二）中译语通科技（北京）有限公司业务

作为中国对外翻译有限公司控股子公司，中译语通科技（北京）有限公司（以下简称“中译语通”）在 2017 年超额完成了年度经营指标，保持了公司各项业务快速发展及稳定运营。2017 年 1 月，中译语通完成中译总部境内翻译业务资产组合并购工作，业务结构进一步完善，语言资源优势更加突出。此外，中译语通先后设立陕西公司、成都公司，完成上海公司更名和主营业务转型等工作。9 月 20 日，中译语通发起并设立股份公司，并在 2017 年底前完成 C 轮融资。中译语通凭借不断加强技术研发和成果转化能力、品牌宣传和市场推广力度，推动渠道建设和国际布局。凭借前瞻的商业策略、扎实的技术研发和快速增长的海外市场影响力，已成功跻身国内大数据人工智能领域领先企业行列。

三、公司治理

2017 年，公司在强化经营能力、推动业务融合、加强内部管理和企业文化建设等方面都取得了长足的发展。其中，在全力推动中译语通股改上市的同时，公司进一步完善管理流程、健全组织机构、创新人才管理机制，推动企业稳健快速发展。

（一）开展自查整改工作，推动公司制度全面落实

中译公司将 2017 年定为“管理年”。2017 年初，为全面落实制度“废改立”工作成果，公司各部门、中译语通各级公司开展了自查工作，旨在发现问题和风险点，总结归纳管理经验。3 月中旬，公司召开管理工作专题会，围绕业务经营和职能管理两方面进行讨论，公司管理层与中层干部在会上充分交流，沟通思想，总结问题，会后制定了问题清单和整改措施，并在公司上半年经营工作会上对整改措施落实情况进行了通报。

（二）善用现代化管理手段，提高内部管理效率

2017年上半年，为进一步加强企业治理能力，公司在梳理并完善内部管理流程的基础上，全面运行企业资源计划（ERP）和办公自动化（OA）管理系统，有效提高了内部管理效率。同时，中译公司及中译语通均顺利通过ISO质量管理体系审核认证，使规范化的质量管理流程在公司范围内得以广泛实行。

（三）加强人才队伍建设和管理，优化绩效考核体系

公司在严格执行“三重一大”决策制度的基础上，坚持党管干部原则，通过内部沟通，准确掌握用人需求；结合工作实际，创新人才引进和管理办法。在完善选人用人机制和人才培养体系的同时，健全绩效考核办法，拓宽各领域优秀人才选拔、推荐渠道；在中译语通试行职业经理人制度，并进行了半年期考评工作，及时将考核情况汇报集团公司；根据经营情况，修订完善现有绩效考核办法，细化考核指标，提高绩效考核的针对性和有效性。此外，为加强企业文化建设、规范员工行为，制定发布了《员工手册》。

（四）强化服务意识，建立长效机制，提高综合管理能力

2017年，为保证业务经营和股改上市工作的顺利推进，公司总部及中译语通各级公司的职能部门进一步强化服务意识，积极配合集团公司、股份公司及公司业务部门完成各项工作。

为规范公司内部管理，总经理办公室组织协调各部门进一步完善管理制度、梳理内部管理流程、规范公司“两微一端”等新媒体平台运营；按照上级要求，统一宣传口径和信息披露流程，排查风险点，做好上传下达工作。此外，积极组织协调推进ERP系统和OA系统的调试和运行，协助公司领导推进各项工作落实到位。

为提高财务管理水平，财务部门牵头建立预算控制体系，完善预算管理流程，进一步规范国有产权登记流程，健全财务管理办法；同时，与各部门配合做好与公司经营和股改上市相关的审计、决算、评估、备案、报表及项目申报工作。

为确保中译公司及中译语通各级公司的人事、财务工作高效、协调、有序的运转，实现管理的制度化、规范化、科学化，根据公司发展具体情况和上市工作要求，中译总部及中译语通各级公司人力资源部、财务部实行定期培训和业务交流制度。重点学习国家有关法律、法规、规章，结合实际工作中的问题、难点及政策解读中的分歧进行交流，最终达到认识上和实际操作上的高度统一。

2017年，认真贯彻落实集团公司下达的“人防”“三防”等工作要求，进一步加强对各项物业的经营、维修与管理，完成房改房出售收尾工作，以及房产档案整理工作。根据发展实际，重新调整了2017—2019年度固定资产预算安排。

此外，高度重视离退休人员管理工作，主动以走访、通信、邮件、信息等方式关心慰问离退休同志。对有困难的老党员、老同志，主动给予经济上和精神上的抚慰与关心；组织老同志踊跃参加集团公司的各项活动；在节假日组织老干部参观博物馆、观看演出等文化活动，获得了离退休职工的一致好评。（王　超）

东方出版中心2017年工作综述

2017年，在中国出版集团公司的领导、关心和支持下，东方出版中心坚决贯彻落实集团公司关于“两调四强”的战略部署，紧密结合中心实际，推进规范管理、全面深化改革，围绕目标任务，落实各项举措，团结带领干部员工全力以赴做到：党建工作抓实抓细、图书主业气质成型、园区建设平稳推进、媒体融合目标清晰。2017年全年，东方出版中心各项任务指标落实情况好于预期，各项工作取得较好进展。

一、新时代党的建设不断加强

（一）深入学习贯彻党的十九大精神，坚定不移加强政治建设

按照中国出版集团公司党组部署，十九大召开后，第一时间制定党委、支部两个层面的实施

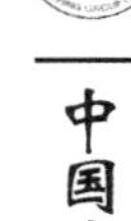

方案。组织开展1次党委会、1次纪委会、1次党委（中心组）学习、1次干部大会、1次专题辅导报告、5次领导宣讲会、3次党委会、3次支部专题组织生活会、2次体会交流研讨、4次“不忘初心、牢记使命”主题党日活动、1次党员新标准新要求相关知识测试、1次十九大报告知识竞赛，教育引导党员、干部、职工坚决做到“两个维护”，坚定“四个自信”，增强“四个意识”。

（二）深入推进“两学一做”学习教育

东方出版中心加大研究党建工作力度、加强思想政治工作分析，组织4次领导干部专题党课、12次中心组专题学习、1次党建课题专项调研、3次专题交流研讨、3次专题辅导报告、4次“走出去”专题学习教育、2次警示教育片观摩教育、1次情景剧展演、2次红歌合唱会、1次党建成果展示、4次典型表彰、2次征文活动、5次主题实践；发放5次学习教育提示，组织了4次专题支部工作培训会、3次支部工作例会、11次支委会、11次支部专题组织生活会，不断夯实党员干部的良好作风，营造风清气正的企业氛围。

（三）进一步夯实基层党建基础

东方出版中心不断健全支部分类指导及党员经常性教育督查机制，督促、指导各支部规范填写、正确运用《党支部工作手册》，加强支部台账管理。2017年，在开展党员经常性教育专项督查中，东方出版中心党建工作获得好评。结合学习贯彻习近平总书记在全国国有企业党的建设工作会议上的讲话精神，组织开展《新常态下创新国有文化企业党建工作》课题调研，注重理论提升和成果转化。2017年，调研课题获上海市宣传系统基层党建调研课题优秀成果三等奖。

（四）切实加强作风建设

东方出版中心注重抓好严明党纪这个关键，不断推动作风建设常态化、长效化。组织开展1次《中国共产党廉洁自律准则》《中国共产党纪律处分条例》专题辅导报告、1次党章党纪党规测试、2次新党章的学习研讨、1次教育片观摩、1次“讲政治、讲党性、严纪律、守规矩”纪律教育月活动，教育引导党员干部尊崇党章，牢固树立“四个意识”，模范遵守政治纪律和政治规矩。

（五）深化创先争优实践

东方出版中心组织1次以“践诺键对键，创先在东方”为主题的党员对标承诺活动、1次以“不忘本源初心，高擎精神火炬”为主题的井冈山红色经典传统教育暨《井冈颂歌》情景剧展演活动、3次以“示范树标杆，引领耀东方”为主题的党员季度之星评选暨年度先进党支部、优秀党员评选活动、1次以“文化润无声，合力聚东方”为主题的精神文明创建活动、2次以“一个党员一面旗帜，一个支部一个堡垒”为主题的党建成果展示活动、1次以“展才对对碰，创先在东方”为主题的拓展训练暨岗位练兵活动，党员先锋模范作用和支部战斗堡垒作用进一步凸显。

（六）创新活动载体，深化精神文明建设、企业文化建设

东方出版中心坚持加强对各部门（单位）精神文明创建活动的指导和督查，修订2017年《东方出版中心精神文明建设（文明部室、单位）考评细则（试行稿）》，组织开展精神文明创建流动红旗评比工作，取得良好效果。党工团整合资源，创新载体，不断深化企业文化建设和精神文明创建活动，启动“每日一操”强身健体活动，成立合唱团，开办声乐培训班，组织开展红歌合唱、植物主题DIY、五四青年节参观见学、社店联谊足球赛、读书征文等多项活动。在上级组织的各类活动中，多名职工获得佳绩，展示了才能风采，提振了精神士气，增强了综合素质，弘扬了企业文化精神，提升了精神文明创建水平。

（七）切实加强党风廉政建设

东方出版中心严格贯彻落实“全面从严治党”各项要求，根据中国出版集团公司和上海市委宣传部要求，修订、完善并严格执行《“三重一大”决策制度实施办法》及《深入贯彻中央八项规定精神的具体措施办法》，抓好党委理论（中心组）学习，组织召开党风廉政建设大会，组织观看《廉洁文化微视频》。中共东方出版中心纪律检查委员会分别与各分管部门进行党风廉

政建设责任书签约仪式，不断增强党员、干部廉洁自律、拒腐防变的意识和能力。

二、图书主业有成效

东方出版中心坚决落实中国出版集团公司工作部署和要求，严把出版导向和质量监控，通过加强图书产品线建设，加强选题开发、优化产品结构，调整营销队伍，提升产品及品牌宣传力度等有效措施，显著提升工作效率。全年出版图书未出现任何导向问题，在主题出版和精品出版方面取得了较好成绩，财经产品线建设有力推进，产品结构明显改善，收入、利润比明显增长，社会影响力不断扩大。

（一）加强管理，严把导向

东方出版中心坚持高举导向旗帜，重视内容建设和质量管理。每月召开内容建设例会，严格“四审三校”流程，坚决遵守出版法规，执行出版纪律，认真落实中国出版集团公司相关规定。加强图书内容抽查审读力度，严格执行出版物质量标准，加大自检力度，以高质量图书回应读者期待。

（二）加大投入，收获不断

东方出版中心坚持优化产品结构，力推精品佳作，不断提升文化贡献值。全年通过拓展选题思路，加强策划能力，图书主业取得显著成效。2017 年内，多部图书入选各类重点媒体、重要平台的推荐书目及畅销榜单。通过加大重点选题开发和申报，多部图书获评各类政府评选项目、重点资助项目、专项资金项目及“十三五”规划补增选题等，出版的图书社会反响良好，社会效益显著。

（三）产品线建设和重点书出版有突破

东方出版中心围绕狠抓精品、聚焦核心，大力推进产品线建设。在财经图书、人文图书、文学图书、艺术图书和少儿图书 5 条产品线上打造新的亮点、寻求新的突破。财经图书围绕中外著名经济学家、管理学家推出精品力作；人文图书着眼学术价值，打造学术精品；文学图书主打当代名家名作；艺术图书力推含金量较高的艺术作品；少儿图书通过引进版权，彰显图书特色。各板块均有市场潜力较大、社会反响良好、备受媒体关注的图书产品问世。

（四）营销发行有亮点

东方出版中心坚持维护好传统媒体的同时，充分运用好新媒体平台，整合宣传渠道，提升营销效果。2017 年内，《人民日报》《光明日报》《文汇报》等重大媒体对中心图书多次重点报道。据统计，各类媒体报道共计 500 余篇，对于扩大图书影响力，提升图书发行量起到积极的推动作用。中心努力开拓图书市场，积极拓展发行渠道，在继续维护好传统渠道的同时，重点在馆配、电商以及非国有渠道的推广和建设上下功夫，图书发行量稳步提升。

三、房产经营、园区建设深挖潜力

2017 年，东方出版中心为应对地产租赁竞争加剧、地产调控力度加大以及传统商业模式剧烈冲击的经济大环境，全力顶住出租率下行压力，及时调整经营策略，留住老租户、发掘新客户，迎难而上，确保房产经营维持平稳适度发展态势。通过体制创新、人才吸引、资本运作、技术引进、建园招商并举，不断探索提升上海东方虹桥国际创意出版产业基地建设的文化集聚效应。2017 年，房产经营风险可控、园区建设稳步实施，为东方出版中心经营工作营造了良好局面。

（一）房产经营风险可控

2017 年 4 月，东方出版中心重点对东方维京文化发展有限公司的治理结构和管理机制按现代企业制度的规范进行治理和重塑，通过理顺治理结构、调整经营策略、关注价值客户、提升服务质量，扭转收入下滑态势，推升房产租赁景气指数。通过节约成本、挖掘潜力、提高效率等手段，不断提升物业管理水平，夯实房产经营基础。

（二）园区建设稳步实施

一是完成制版楼内部装饰工程施工任务。2017 年 1 月，制版楼内部装饰工程施工许可证申领完成。2017 年 8 月，制版楼通过上海市长宁区消防局竣工验收及上海市长宁区建筑行业质量监理中心验收，取得竣工验收合格证，制版楼内外装修工程全部完成。

二是完成园区相关配套项目的建设工作。2017年先后完成制版楼电梯改造施工，内部配电设施设备安装、运转施工，内部摄像监控设备安装施工，临建项目加固和道路铺设施工，整栋楼体墙面及地面道路修缮整饬一新。同时，在认真勘察和规划的基础上，形成园区新增车库建设方案，对进出车道进行重新规划，标明车辆行进道路指示标识，通过组织施工，年内已完成车库施工并正式投入运营，有效缓解园区停车紧张状况，显著提升园区品质，擦亮园区品牌，为园区整体租赁、创造效益营造有利条件。

四、新媒体建设扎实推进

（一）“影像中国”募投项目取得进展

“影像中国”募投项目是东方出版中心以影像建站方式挖掘服务需求，创建“体例标准”，实现影像阅读一站式服务的融合出版项目工程。2017年5～10月，募投项目在夯实基础性工作、反复修改汇报方案的前提下，开展了第7次再论证。通过扎实调研和反复论证，整个项目的科学性、合理性、可行性得以有效提升。

（二）“影像中国”地标日历系列丛书有序推进

东方出版中心深入推进“影像中国”融合出版系列图书项目，继续推出“影像中国地标日历2018”系列丛书11种。2017年，传统出版与数字服务融合出版系列（包括日历、旅行、手账书等文创产品）在图书市场上行销甚广，备受欢迎。

（三）“新多元”系列丛书新媒体比重增加

东方出版中心继续采用融合出版的创新模式与上海新多元教育图书有限公司开展深度合作。2017年，“新多元”系列丛书增加12个新品种，《多元整合幼儿园教育活动资源包》持续修订并配套制作了新媒体课件及APP，为读者提供更加丰富多元的使用体验。

（四）融合出版形式新突破

东方出版中心通过第5代超级文本标记语言（H5）技术、二维码技术以及探索尝试增强现实（AR）技术，继续延伸阅读服务。2017年开发的“中华文明”系列丛书跨媒介融合虚拟增强现实技术，使读者不仅通过纸质图书，还可使用手机、平板电脑等移动客户端，浏览73处中国的世界级文化、自然遗产的数字影像和80余项世界级非遗技艺的数字影像。所有视频都是4K高清3D短片。作为利用数字出版传播中华优秀传统文化的开创性尝试，该系列丛书的推出将弥补中心在AR图书领域的空白，具备良好的市场预期。

五、加强企业管理，强化队伍建设

（一）制定“十三五”战略规划实施方案

根据中国出版集团公司的新要求，东方出版中心在梳理原有的“十三五”战略规划的基础上，结合自身新情况，开展“十三五”规划实施方案调研起草工作。实施方案总体延续原有的规划体系，重点强调实施方案的预见性、计划性和操作性，从指导思想、主业发展、园区推进、数字建设、资本运作、管理规范等6个方面对原有规划进行充实和细化，为今后发展统一了思想、指明了方向。

（二）加强对资产的核查和管理

东方出版中心采用条码技术，对固定资产全程跟踪管理，强化使用者的保管责任。通过专项核查，对各类房产进行梳理，形成详细的《东方出版中心房产使用、租赁情况调查表》，为盘活资产、优化配置打下良好基础。

（三）推进干部队伍和人才队伍建设

1. 积极探索干部选拔新渠道

为保障工作顺利开展，东方出版中心通过一系列干部选拔规范程序，共选拔任用6名中层干部。通过社会招聘、校园招聘等方式，录用11名新员工。新鲜血液的加入，骨干队伍的扩充，较好地弥补了岗位空缺，进一步推动了人才队伍年轻化建设。

2. 规范高级职称评审

根据国家新闻出版广电总局和中国出版集团公司有关要求，东方出版中心对副高级专业技术职务评审委员会进行调整，并就专业技术职务任

职资格的申报、评审工作进行规范和完善。

3. 加强建章立制

东方出版中心注重完善企业内控管理机制，通过修订《领导干部因私出国（境）管理办法》《出版系列高级专业技术职务任职资格评审办法》《东方出版中心有限公司绩效考核制度》《2017年度东方出版中心有限公司绩效考核实施细则》《关于各类奖项的奖励办法》等规章制度，强化企业管理、健全约束机制，保障东方出版中心和中国出版集团公司经营发展战略目标的实现。

4. 完善薪酬福利机制

2017年，东方出版中心梳理、分析各部门岗位工作职责，结合劳动市场状况，完善薪酬体系，上调薪酬标准，惠及全体职工。据测算，中心员工薪酬标准平均上调9.2%，中层干部薪酬标准平均上调6.8%。（姜小明）

新华书店总店2017年工作综述

2017年，新华书店总店（以下简称“总店”）深入学习宣传贯彻党的十九大精神和习近平总书记系列重要讲话精神，牢固树立“四个意识”，在上级领导下，立足于互联网时代背景，立足于服务行业和自身转型发展需求，坚持“盘活存量资产，推进产业转型”的发展战略，坚持经济效益和社会效益相统一，努力改革创新，开拓进取，团结务实，攻坚克难，较好地完成了各项经营任务，新的发展格局基本形成，社会影响力更加彰显。

（一）狠抓经营双效，各项指标再创新高

在全体同志的共同努力下，总店2017年营收及利润再创新高。营业收入突破2亿元台阶，实现营收21946万元，较上年增长4186万元，增幅23.57%；利润总额1718万元，较上年增加164万元，增幅10.55%；应付账款减少1106万元；向国家缴纳税款2635万元，较上年纳税增长15.11%。

总店在岗员工平均收入比上年增长11.8%。在2016年基础上再次为离、退休及内退老同志每年增加生活补贴1200元，每人每年生活补贴总计达到4100元，全年总计为老同志支付生活费等相关费用1617万元，支付医药费142万元。

总店经济效益、社会效益获得肯定，被首都文明委评为“2015－2017年度首都精神文明建设先进单位”；营业收入、利润双超，获得中国出版集团公司（以下简称“集团”）突出贡献奖表彰；“国际化”工作成果明显，获得集团公司“走出去”卓越奖提名奖；信息宣传工作获得集团公司“创新奖”表彰；总店新华国采公司荣获“全国巾帼建功先进集体”称号；成都公司被国家新闻出版广电总局评为“全国新华书店先进集体”，陆建新同志被评为全国新华书店先进个人。在2017北京图书订货会上，“全国馆社高层论坛”“全国高等教育教材峰会”被评为“十佳文化活动”。

（二）大力推进融合创新，转型发展格局初步形成

通过“品牌＋文化＋资本＋技术”的融合发展，努力推进互联网与传统业务从相“加”迈向相“融”，初步形成“一园区四平台”的发展布局。

一是“线上＋线下”融合，攻坚克难，新华书店网上商城上线运营。“中国新华发行网—新华书店网上商城”得到上级和全国合作伙伴的高度认可。中央中宣部要求把“新华书店网上商城”打造成为国家出版物互联网发行主渠道、主阵地、主平台，并召开专题会议研究推进；国家新闻出版广电总局将“新华书店网上商城”确定为重点工作之一；集团公司领导亲自推进网上商城建设。与江苏、安徽、陕西等30家省、市新华书店签署渠道资源使用协议及投资协议，与全国37家出版社合作签约。与国家图书馆、首都图书馆、上海图书馆达成合作意向。平台于12月26日上线运营，与浙江、北京、深圳市新华书店信息管理系统实现业务对接。资质认证完备，新华互联公司通过北京市高新技术企业认定。

二是“互联网＋文化＋教育”融合，深化合作，全国大中专教材网络采选系统推广应用。“全国大中专教材网络采选系统”于2017年5月

正式上线运营，11 所高校实现系统对接。在江西、安徽等地举办“高等教育教材信息化研讨会”，教材采选系统得到行业与市场高度认可，成为部分省市大中专教材招标的必要条件之一。与郑州大学、江西财经大学、西南政法大学等54所院校签订采选系统使用合作协议；联合全国 42 家优秀经销商成立“全国大中专教材经销商联盟”，与江苏凤凰、江西新华、广东新华发行集团等 34 家教材经销商签署了使用平台采购或销售教材合作协议。新华国采公司获得北京市高新技术企业认定。

三是“物联网＋产业链”融合，技术创新，“e 书 e 码”出版物大数据管理平台完成架构设计。“e 书 e 码”以创建精细化生产、营销新模式为目标，将让每一部出版物都具有身份证，凭借实时动态智能化大数据服务平台，贯穿出版生产、销售、仓储、图书馆管理等环节，为打通产业信息孤岛提供链接。研发已形成可见成果，在 2017 国际出版企业高层论坛上推出试用。

四是“互联网＋传统媒体”融合，与时俱进，国际文化传播能力不断增强。以《国际出版周报》、国际出版网、国际出版企业高层论坛为核心的国际化平台建设得到国内外出版业的充分肯定，为国家“一带一路”倡议、中国文化“走出去”和总店国际化战略实施做出了新的贡献。3 月在英国成功举办国际出版企业高层论坛伦敦峰会，向全球发布《中国出版产业发展报告》，让世界了解中国出版产业的繁荣发展。伦敦峰会是总店首次在海外举办的品牌活动，是总店国际化的新标志。8 月在北京举行的国际出版企业高层论坛服务国家“一带一路”倡议，邀请到 12 个国家的 200 余位嘉宾，成为北京国际图书博览会最具有影响力的论坛之一。创办中国唯一一份面向国际出版市场的专业出版物《国际出版月刊》(英文版)，助力中国出版“走出去”。

五是“文化＋资产＋资本”融合，改造升级，新华文创科技园建设焕然一新。改造改建工作小组和建设合作方克服重重困难，稳妥推进园区建设，到 12 月底改造改建完成及在建工程达 23694 平方米。中共党史美术馆、北京文投集团旗下公司、华联院线等一批文创单位入驻园区；复建延安新华书店发祥地旧址，新建新华书店城市书房。建筑别具一格，文化氛围浓厚，园区综合收益较改造前数倍增加。通过“孵化＋投资”的运营方式，盘活了总店存量资产，引入了资本、产业、技术和人才，奠定了总店转型发展基础。

（三）品牌做开做响，对外合作多元有效

一是庆祝新华书店（总店）成立 80 周年，扩大品牌影响力。策划组织新华书店（总店）成立 80 周年系列活动；协助中央中宣部、国家新闻出版广电总局召开“新华书店成立 80 周年座谈会”，与中国新华书店协会共同举办新闻发布会；组织出版《不忘初心，砥砺前行》《新华人，新华情》《中国新华书店发展大系・总店卷》等图书，策划推出《新华书目报・新华书店 80 周年店庆特刊》(136 版)，通过总店店刊、官网及微信公众号报道店庆 80 周年系列活动。中央电视台新闻联播分别以《坚持正确方向，传承优秀文化》《新华书店：传播先进文化，培育读书风尚》为题两次报道，对总店进行了专访；与北京电视台合作推出“书店、书香、书缘——新华书店 80 周年特辑”；新华社、《人民日报》《光明日报》《新闻出版广电报》等媒体均用较大篇幅报道新华书店总店成立 80 周年，彰显了总店的品牌及行业影响力。

二是会展经济渐成规模，品牌活动双效俱佳。2017 年成功举办国际出版企业高层论坛（伦敦峰会、北京峰会）、全国高等教育教材峰会、全国馆社高层论坛、全国少儿阅读峰会、出版界图书馆界全民阅读年会、智慧图书馆论坛等品牌活动，每个活动参加人数都在 200 人以上。品牌活动双效俱佳，得到各界高度评价，媒体关注度明显提高。

三是不断深化战略合作，借力创新多元经营。总店及所属公司围绕发展战略和重点项目，先后与长江证券、安永会计师事务所、钓鱼台、上海阿法迪技术公司、阿里云计算有限公司、珠江集团等知名企业签署战略合作协议，利用自身品牌、平台及渠道，与合作方互利共赢，以融合促发展，创新多元化商业模式。

（四）努力打造合格市场主体，资本运营谋划新篇

一是培育合格市场主体。总店组建成立新华万维国际文化传媒（北京）公司，用市场化机制管理运营《国际出版周报》《新华书目报》《图书馆报》等纸媒，国际出版网（中英文版）、手机报、微信公众号、《书情参考》等新媒体，“国际出版企业高层论坛”“全国馆社高层论坛”“出版界图书馆界全民阅读年会”“全国少儿阅读峰会”等品牌活动，打造总店国际化及媒体融合发展产业群。公司成立后着力传播先进文化，培育读书风尚，讲好中国故事，超额完成经营任务。

二是传统业务转型发展。总店将原承担传统图书总经销业务的新华出版物流通公司更名为新华维邦文化资产管理公司，增加经营范围，开拓新型业务，推出“新华怡品”等系列文创产品，营业收入和利润均大幅提升，圆满完成经营任务；妥善解决历史遗留问题，树立了新的市场形象，增强了企业发展动力。

三是资本运营谋划新篇。2017 年 12 月集团公司批复总店联合其他单位发起设立“新华文化投资管理有限公司”，将是集团公司第一家控股运营的基金管理公司。基金首期募集规模将达 10 亿元，标志着总店资本运营新的尝试。经集团公司批准，新华数创、新华文博公司先后在深圳文化产权交易所挂牌进行增资扩股。新华数创得到上海阿法迪公司的投资，新华文博公司获得中新华（北京）文化发展股份公司投资。两家公司不仅引入了资本，提升了公司资金实力，而且引入技术、资源、机制，拓展了新的市场，为快速发展迈出重要一步。

四是不断完善公司治理。进一步完善两级法人管理制度，治理更趋规范。总店现有全资及控股子公司 7 家，各自都有明确的发展方向及管理制度。对总店 2013 年前参股连续 3 年不盈利的北京新华弘润、新华求索求知等 6 家公司发退股函，清理正在有序推进。

（五）创新队伍建设机制，不断优化人才结构

一是全面实行竞聘上岗，人事改革更加成熟。修订出台《中层管理人员选拔任用管理办法》《竞聘上岗实施方案》，顺利完成 2017 年的全员竞聘工作。这是总店 2014 年实施人事制度改革以来的第 2 次全员竞聘，真正做到干部能进能出，能上能下，改革思维渐入人心。

二是创新激励和人才培养机制，复合型人才不断涌现。建立“所属公司营业收入和利润超额奖励办法”，向有突出贡献的班子成员给予奖励。建立工作日报制度，严格月度、季度、年终考核，考核结果与薪酬紧密挂钩。新进年轻员工通过列席总经理办公会，参与重点项目，工作能力提升迅速；总店中层干部兼任所属公司负责人，参与一线生产经营管理，培养了一批复合型管理人才；鼓励年轻骨干参加竞聘中层管理岗位，管理人才梯队基本形成。

三是引入高端专业人才和高校新生力量，优化总店人才结构。总店所属公司探索职业经理人制度，探索经营管理和重要技术岗位市场化选聘机制、薪酬与市场接轨机制。灵活的引入机制和激励制度，吸引了一批管理、技术、市场运营人才加盟，2017 年共引入各类人才 68 人。在岗员工平均年龄 34.5 岁，其中大学本科以上占 78%。通过公开竞聘，选拔任用中层干部 20 名，其中硕士、博士占 60%。总店就业吸引力明显提升，选人范围更广，2017 年报名参加总店招聘的高校毕业生达到 564 名，比上年增长 63.5%。

（六）党建工作坚强有力，企业文化深入人心

一是深入学习贯彻党的十九大精神，全面加强党的政治和思想建设。全面加强党的领导和党组织建设，层层落实管党治党责任制，“四个意识”不断增强。组织各种形式的学习贯彻活动，在全店掀起学习宣传贯彻党的十九大精神热潮，让习近平新时代中国特色社会主义思想在总店落地生根。认真学习贯彻落实全国国有企业党的建设工作会议精神，修订《新华书店总店章程》，确保党建工作制度化，确立党组织在企业治理结构中的法定地位。开展主题党日活动，不断提高党员干部思想政治觉悟，强化党性修养。

二是推进“两学一做”常态化制度化，严格落实“三会一课”制度，切实加强党的领导。党委理论中心组全年组织11次学习交流，召开“两学一做”专题民主生活会，组织领导干部讲党课，总店班子成员以普通党员身份参加所在支部组织生活会。完善基层组织建设，结合业务工作调整党支部，制定党支部工作年度量化考核标准，加强党员管理和党费收缴、使用及党员发展工作，发展优秀青年入党。

三是严格落实全面从严治党主体责任，党风廉政建设坚强有力。始终坚持“第一责任人”和领导干部“一岗双责”责任制，班子成员之间互相谈话，主要领导定期全面听取中层干部意见，主要经营活动提前提醒警示风险，坚决执行中央八项规定，坚决反对“四风”，形成了风清气正、干事创业的良好思想氛围和工作环境。“克勤于邦，止于至善”的核心理念进一步内化于心，外化于行，在全体员工中团结协作、勇于担当、乐于奉献、追求卓越蔚然成风。

四是开展丰富多彩的群团活动，营造风清气正的文化氛围。成立总店精神文明委员会，组织召开总店纪念中国共产党成立96周年大会，表彰优秀党员、优秀党务工作者和先进基层党组织。关心离退休老同志和困难职工，1年来累计走访慰问老同志、老党员、困难党员近百人次，向34名困难职工发放企业帮扶基金。（刘　健）

中国图书进出口（集团）总公司2017年工作综述

2017年是中国图书进出口（集团）总公司（以下简称“中图公司”）转型发展全面提速的一年，是组织架构、业务系统、流程整合完成后全面运转磨合的一年。全年实现营业收入55.58亿元，较上年同比增长16.73%，整体经营情况稳定，呈现良性运营状态。其中，进出口主营业务销售收入31.69亿元，同比增长10.5%。行业龙头地位更加巩固，获得国家文化出口重点企业和重点项目等重要奖项，行业品牌和社会影响力显著提升。

一、认真学习贯彻十九大，党建保障作用显著

（一）努力学懂、弄通、做实十九大精神

为了将十九大精神落到推动公司改革发展的实处，制定了《中图公司学习贯彻党的十九大精神实施方案》，班子成员积极参加公司组织的各项学习，及时组织专题学习和座谈。通过学习，中图公司凝聚了新一轮创新发展、干事创业的共识，做到了把党的政治优势有效转化为科学发展优势，为推进企业数字化转型、实现业务增长突破提供了坚强的政治保障。

（二）认真贯彻巡视整改意见，全面加强建章立制工作

坚持把党的政治建设摆在首位，全面从严治党，认真梳理了100条廉政风险点及预防措施，并与27家分支机构和部门的党政主要领导现场签订《责任书》；修订出台《总公司贯彻落实中央“八项规定”的具体措施》，通过网络课堂布置理论政策学习，重视日常学习和监督提醒，防止“四风”反弹。

针对第二巡视组反馈的巡视意见，第一时间成立整改工作领导小组和办公室，梳理并制定了《巡视反馈问题整改清单》。共召开领导小组会11次、党委会5次、领导班子会7次，组织召开了中心组学习会和民主生活会，围绕巡视指出的问题，查找原因、深刻反思。同时全面分析现行制度，修订60项（合并为50项）、保留40项、新增5项，为公司长远发展保驾护航。

（三）抓好党工妇团各项工作，持续提升企业凝聚力

制定发布了《中图（集团）总公司党委工作规程》《中图（集团）总公司“三重一大”决策制度实施办法》，明确公司“三重一大”事项要党委会前置研究。全年召开党委会28次，前置研究“三重一大”事项18次、涉及重大事项42个。全年共召开34次领导班子会，研究、讨论、布置工作106项。

全面加强党建工作，认真落实党员干部双

重组织生活制度，积极推动和参与“两学一做”常态化制度化工作，完成新一届工会换届选举工作，创新开展送温暖和文体活动，办好公司微信号和内部刊物《中图人》，积极组织参加集团公司创新项目评比，企业凝聚力显著提升。

二、深化体制机制改革，激发企业经营活力显著

（一）持续推进组织机构改革和人才队伍建设，有效提升管理效能

完成发行中心动迁和人员整合，夯实了组织机构改革和业务流程再造的成果。结合制度修订、ISO贯标全面完善队伍管理、梳理人员配置和奖金分配情况，为下一步薪酬改革和规范化管理奠定基础。分支机构领导班子调整到位，为其保持经营活力、实现转型发展提供有力保障。实施人才优化计划，全年引进45位人才，新设立了上市办公室、数字中心新媒体运营部，建立了驻外人员后备人才库，人员结构更加合理。实现员工平均收入水平连续4年增长，并通过多维度培训和激励体制，全面提升员工归属感和工作积极性。

（二）业务系统初步测试上线，信息化水平迈上新台阶

完成业务管理平台开发，实现采购、销售、发行、结算等流程透明、高效的信息化管理；完成物流管理平台开发，实现销售、采购、发行全业务一体化管理；完成管理驾驶舱开发，提供实时更新、直观形象的统计数据，助力公司战略决策；办公自动化系统稳步推进，信息化管理水平显著提升。

（三）强化精细化管理意识，费用成本控制出成效

加强谈判获得更高折扣，集合了国际订购渠道，优化了国际物流合同和通关渠道，整合了发行业务，降低了成本费用，提高了服务质量。在支撑业务高速增长的同时，管理部门费用基本持平，整体下降3.99%。同时，通过加强财务管理，有效支持业务增长，连续4年获得“中国出版集团公司财务报告先进单位”称号。

三、一体化经营成果进一步凸显，主业提质增效显著

（一）一体化实现主营进口业务平稳增长

全年出版物进口业务实现销售28.38亿元，同比增长8.77%。其中，图书进口销售7.94亿元，同比增长8.06%（教材进口实现销售3.06亿元，同比增长38.9%）；报刊进口抵住大环境下行压力，销售同比基本持平；数字出版物进口实现销售10.01亿元，同比增长12.55%，并提高了利润率；音像进口实现销售2560万元，同比增长8.47%。

（二）一体化带动分支机构业务增长显著

教材一体化成果再创佳绩，在总公司销售同比增长11.05%的基础上，上海公司同比增长153%，深圳公司同比增长234%，广州公司同比增长89%，大连公司同比增长81%，西安公司同比增长34%。图书进口方面，深圳公司同比增长83.01%，广州公司同比增长30.3%。期刊进口方面，深圳公司同比增长35.53%，上海公司同比增长9.2%。音像进口方面，深圳公司同比增长37.97%。

（三）一体化促进服务能力进一步提升

主营进口业务新开拓几十家海外供货渠道，拓展了多语种品类。在保持2016年目录品种的基础上，增加了《海外文献目录》《核心期刊目录（艺术与人文卷）》等，提供了更完善的书目服务。完成报刊客户服务网站改版升级，完善互联网图书海外书目信息采集系统功能，开发了纸本图书目录定制排版工具和馆配现采移动端应用。保税库扩容升级，并新增出口监管仓库功能，进一步发挥在物流成本、到货时效、税收保障、审读安全方面的优势。

四、深化数字化融合发展，转型拉动增长效果显著

（一）强化内容聚合战略实施，数字资产实现倍增

本地资源方面，2017年中外文书刊上线量

翻了一番，累计上线 117.6 万册。本地元数据方面，2017 年中外文元数据聚合量增长了近 2 倍，累计聚合量达到 1261.2 万条。海外纸质书报刊方面，累计拥有 327 万条图书目录信息数据、3393.1 万条报刊数据。中文纸质书报刊方面，累计拥有中文图书信息 150 万条、马克数据 20 万条。

（二）深耕知识库产品研发，拉动数字销售增长

累计策划中外文产品集 155 个，策划特色文库产品，“一带一路资源文库”囊括多语种、多学科国内外电子书 8.1 万种，“民国文库”收录国内外珍贵民国图书类文献 13.8 万种、报刊类文献 4.6 万种。启动与台北故宫出版社的合作，开拓数字内容和 VR 技术相融合的销售新模式。此外，顺利通过互联网服务提供商资质审核，为下一步开展知识服务、拉动销售增长提供有力保障。

（三）“易阅通”销售实现突破，品牌影响力持续攀升

“易阅通”平台功能不断完善，用户体验进一步提升；宣传推广更为深入，品牌影响力进一步扩大。创新本地数字图书馆服务模式，成功打造了上海之窗、和顺数字图书馆、“中国馆”数字图书馆和王府学校示范图书馆（内蒙古农牧户书屋数字图书馆待确认），有效拉动了“易阅通”销售增长。全年实现销售 9089 万元，同比增长 60.24%。

（四）平台集群布局初步成型，提升细分市场服务能力

实施平台集群布局，上线发布有声书资源库，提供 10.6 万集有声书服务；打造了国内独家护理实践视频库频道，开启视听资源服务新模式；成功发布 HiOA，聚合优质 OA 资源 51 万篇，打造了精品移动阅读服务品牌。深圳跨境电商平台实现增资和发布，为成功上市和融资迈出了一大步；“易阅客”启动 2 期调研，成功引入先进的碎片化技术，开启数字资源服务新模式。

五、深拓“走出去”能力，“走进去”成效显著

（一）海外主流渠道进一步拓展

圆满承建土耳其加齐大学“中国馆”；第 24 届北京国际图书博览会“中国图书馆配区”销售 350 万码洋；成功中标“中国之窗”项目、“上海之窗”海外赠书供应商资格、新加坡国家图书馆中文期刊项目；“中国出版物采选平台”实现纸电一站式采选。启动“中国书架”并确定在德国和泰国的 8 家书店设立书架。新开拓英国、意大利、哥伦比亚等 6个国家中文学校市场，同期销售增长 22%。全年实物出口逆势增长，销售收入同比增长 30.95%。

（二）数字化驱动“走进去”广度和深度

“易阅通”海外版首次入选“国家文化出口重点项目”，全年供书 7.36 万种次，收入同比增长 1.3 倍，累计将中国数字资源销售至 26 个国家和地区的 185 家图书馆。同时，通过技术创新与行业深度合作提升了“走进去”的能力，如联合发布“易阅通”阿语平台与中科院中国科讯“一带一路”阿语版 APP，通过“上海之窗”服务海外 100 家图书馆。“美国亚马逊中国电子书店”累计上线 4 万多种图书，占全球亚马逊中文电子书动销品种 60%以上，销售渠道从美国亚马逊延伸到全球亚马逊，打通亚马逊、苹果、谷歌世界 3 大电子书零售平台的全球渠道。

（三）“中国快讯”实现中国新闻报刊“走出去”

“中国快讯”已聚合国内 8 大中央媒体内容、超过 60 家国内优质杂志，以新闻付费的方式，向“一带一路”国家及海外主流社会主动发出中国声音。仅十九大期间，“中国快讯”已进入驻外使领馆、孔子学院、海外图书馆、海外出版商、华人协会、境外媒体等 300 家机构客户，将十九大的声音第一时间传递到了海外主流渠道。

（四）版权输出和海外出版实现突破

全年累计版权输出和合作出版共 95 种，成功将《习近平讲故事》《领航中国》等主题图书输出到“一带一路”国家，将莫言等 14 位知名

作家的39种图书输出至15个国家。《好奇心孩子眼里的中国》等入选国家新闻出版广电总局"外国人写中国计划""城市文化""企业家'走出去'""艺术家'走出去'"系列启动海外出版发行；打造了兼具版权、出版、销售与国际推广4大业务板块互融互通的生态系统，探索出一条业务可持续、盈利可持续的"走出去"模式。

六、大众市场布局初步完成，新业务增长点潜力显著

（一）完成顺义物流中心建设，打造现代化发行服务体系

初步建成现代化物流配送中心，面积达3.57万平方米，具备年吞吐量不低于25亿码洋的能力。打造了国内最大的海外出版物仓储配送中心、海外出版物全品种微库存区、海内外出版物样本现采区，以及行业唯一的海外出版物保税库和自动包装流水线，通过智能化、自动化运营，形成了提升机构市场服务能力和进军大众市场的核心竞争力。

（二）强化按需印刷布局，打造进军大众市场的核心竞争力

与英格拉姆的全球战略合作取得实质性进展，接收了可供按需印刷资源40万种。目前与泰勒弗兰西斯、斯普林格、德古意特等国际知名出版商已达成合作。启动了进口报刊按需印刷工作，积极与出版商展开谈判。可变数据印刷技术取得突破，利用碎片化技术开发了内容可定制的个性化图书。成立了中国图书全球按需印刷联盟，联盟成员已达12家，覆盖全球五大洲100多个国家和地区。

（三）实体书店和童书业务布局初见成效，形成进军大众市场着力点

上海现代书店正大浦东旗舰店正式开业，打造了集高利润回报的咖啡空间、高端文创产品区为一体的进口图书文化体验综合圈，配套的线上和移动端销售平台同期销售翻了一番；深圳博文书店面积更大、功能更全的新店即将开业；中图教育书店开业半年来实现销售275万元。成立了"中图绘本教育联盟"，集聚产业链相关优势资源，打造行业品牌。

七、展会融合创新发展，品牌平台影响力显著

（一）第24届北京国际图书博览会再创新高，稳居世界第二大书展

第24届北京国际图书博览会展览面积达92700平方米，参展国家和地区89个，参展商1460多家；达成中外版权贸易协议5262项，其中各类版权输出与合作出版协议3244项。从各项重要指标来看，进一步缩小了和法兰克福书展的差距，稳居世界第二大书展。

（二）发挥海外书展和政府项目平台优势，打造中国文化"走出去"重要品牌

圆满完成国际智库研讨会接待工作，向世界31个国家和国际组织的智库学者、前政要与中国高端智库专家共240余人准确阐释十九大精神。圆满完成阿布扎比书展中国主宾国承办活动，完成古巴、法国、意大利等15个海外书展参展工作，完成"丝路书香"5个展览服务项目，新华社、中央电视台等国内外47家主流媒体新闻报道100多篇，品牌认知度进一步提升。

（三）深拓地方政府和民间资源，依托展会助推文创融合"走出去"

成立了"中国出版走出去联盟"，凝聚了"走出去"力量。携手中国友好协会成立了"中国文化走出去发展基金"，募集社会、企业、政府资金。图博会绘本展全国巡展、内蒙古新华发行集团的海外参展合作、四川自贡市海天彩灯海外推广合作持续推进。圆满完成第121届中国进出口商品交易会、2017南国书香节暨羊城书展、第13届中国（深圳）国际文化产业博览会、第28届香港书展、2017中国东盟博览会文化展、第5届上海国际音响影音视听展等展会参展工作。

八、推动多元协同发展，全产业链布局势能显著

（一）稳步做强大文化贸易，多元增长带动主业发展

着力规范和强化风险管控，稳步做强各分支

机构的大文化贸易，实现全面增长。版图公司实现销售11.35亿元，上海公司实现销售6.69亿元，广州公司实现销售1.68亿元，西安公司实现销售2661万元，数字国际公司实现销售2.74亿元，为公司营收增长和主营业务快速发展提供了有力支撑。

（二）通过资源共享和定向增资，形成多家分支机构快速增长的潜力

以支持跨境电商、现代书店、精粮和绘本馆等优质项目的方式，完成对深圳公司、上海公司、大连公司的注资论证和决策，助力3家分支机构实现业务转型，注资金额达9000万元；以优质资源共享的形式，助力广州公司深拓教育培训品牌，助力版图公司做强大文化贸易和中版库存平台。

（三）强化资本运营，兼并收购和融资上市项目有序推进

结合上市办成立，组建专业团队，为资本运作提供组织保障。重启英国PT投资项目，变更合作方式，在北京设立中图云创智能合资公司，以市场化的方式，推动中国快讯快速发展，启动大数据和人工智能服务。数字国际公司和深圳跨境电商的上市工作有序稳步推进。

（张纪臣）

现代教育出版社2017年工作综述

2017年，现代教育出版社（以下简称“现教社”）深入学习贯彻习近平总书记系列重要讲话精神，认真贯彻落实党的十八大和十八届三中、四中、五中、六中全会精神，认真贯彻落实中央系列会议精神，认真学习十九大精神，紧紧围绕中国出版集团公司“三六构想”的战略目标和“稳增长、调结构、促融合”的战略部署，结合实际情况，全面落实现教社“十三五”规划，扎实工作，积极推进出版社改革发展，品牌影响力和经济实力进一步增强，各项工作都取得了新进展。具体如下：

一、实现扭亏为盈

2017年，现教社实现扭亏为盈，营业总收入达到10590.62万元，超额完成集团公司下达的任务指标；全社资产规模呈现良好的增长态势，资产流动性大幅增强，投资收入显著提升，存货比下降明显，库存逐步合理，各项指标合理向好发展。

二、坚定不移抓改革、调结构

2017年，现教社紧紧围绕集团公司“十三五”的总体布局和中心目标，立足社情实际，以“儿童、教育”为主线，以实现更高质量发展为目标，围绕“一主四板”，坚定不移抓改革、调结构，凝神聚力，多措并举，在提质增效上取得较大进展。

（一）合理优化产品结构

现教社充分结合社情实际，综合考虑全社资源，科学制定目标，统筹“稳增长、调结构、促融合”之间的关系，围绕“一主四板”，推进内容生产建设，出版了一系列社会效益和经济效益良好的图书。如《英雄联盟瓦洛兰图志·卷一》荣获第8届中国出版集团出版奖·优秀印制奖、北京市优质（印刷）产品奖；《我的动物园》荣获集团公司2017年度“中版好书榜”，以及2017年第1季“中华优秀科普图书榜”原创少儿榜；《三只杯》入选2017年深圳读书月“年度十大童书”30强；《我是淘小虎》《快乐玩科学》《N岁孩子N岁父母》《儿童科学早知道》《童兜宝贝社会大课堂》分别入选集团公司2017年“中版好书榜”第1、2、3、4、6期；还有一批图书入选了中华人民共和国成立70周年的专项图书配送工程。

（二）合理优化部门结构

在现有规模的基础上，现教社展开部门调整，由原来的6个编辑部整合为4个中心，各部门清晰了出版方向，逐步形成了自己的产品主线。改革、完善考核机制，对于部门负责人，在清晰界定权、责、利边界上、前提下，充分信任、充分放权。从实际来看，改革后的各部门能自己开创性的工作，形成工作合力。同时，为加强党建工作，恢复了党群办公室职能，并有专人负责。

（三）合理优化人才结构

现教社立足社情实际，改革薪酬激励体系，发挥制度引领作用，着力搭建骨干队伍，注重多渠道、多手段培养年轻编辑，在社内已初步形成一支业务精通、眼界开阔、思维活跃的高素质编辑队伍，初步形成一个能者上、不能者下的机制。

三、突出重点，加强产品线建设

2017 年，现教社围绕“儿童、教育”这条主线，服务于少儿教育、学校教育、家庭教育和社区教育、国学教育这 4 个板块。整合出版资源，优化出版结构，打造了具有教育特色的优势产品线集群。同时，依托集团的儿童教育专项基金，在做开、做大现有引进绘本的基础上，做好原创、优秀儿童图书的选题策划和家庭教育的开发工作，加大儿童文学产品的策划和新人发掘力度。

经过一年努力，我们在少儿引进类、原创类图书、作文类图书以及经典阅读图书方面有了一定的成绩，如原创绘本《儿童科学早知道》《幼儿情商早知道》，增强现实（AR）科普图书“我的动物园”系列，引进类绘本“小牛津图书馆”“科其保罗大师”系列、“我是淘小虎”系列，科普认知类儿童教育读物中科院《快乐玩科学》和《互动认知翻翻看》。

在基础教育、教材教辅等领域，各编辑部门坚持走产品差异化道路，进行了各种探索，取得了较好的效果。与志鸿教育集团、金星教育集团以及好未来教育集团在多个领域进行了深度合作。如“学而思”系列、“写作启蒙课”系列、“小学生作文 1000 篇”系列、针对高考经典阅读的“中外文学文化经典导读与赏析”系列，针对中小学语文阅读的“新语文阅读”系列、针对小学阅读和语文学习的“新编小学经典阅读四库全书”“小学生必备古诗词 75＋80 篇”系列和《图说全译本史记》，均取得了良好的社会效益和经济效益。

在主题出版及“走出去”方面，出版了《丝路话语》和《泰中双语版中华文化启蒙读本》。

四、加强管理，完善企业体制机制

（一）加强信息化系统建设，提高员工工作准确率及效率

开展了编务系统建设、云因系统升级维护，形成了编、印、发联网式、一键式信息化管理，不仅节约了人工成本，还建立、健全了数据信息库，方便查询，一本图书从选题到成本、到印制、到销售，都有准确的数据提供。

（二）加强流程管理，增强出版效益

重新梳理了生产、储运、发行等相关环节的流程，加强了各环节的监控，有效降低了印制成本、储运成本、营销成本，增强了出版效益。

（三）严把导向，提高图书质量

2017 年，现教社加强对选题的申报和把关，坚持定期召开选题论证会，严格执行“三审三校”制度，做到层层把关。引进优秀编辑，2017 年 10 月将滕振微同志以优秀编辑引进到我社，以加强对编辑的管理，提高图书的编校质量。注重编辑的自身业务学习，鼓励、督促编辑参加继续教育学习，利用社内资源组织业务培训，并为编辑进行责编注册、续展，为编辑完成职业资格认证，编辑水平得到提高，图书编校质量有了进一步提高。

五、加强全员营销意识，创新营销模式

（一）加强培养全员营销意识

注重培养全员营销意识，要求编辑做选题规划时，从分析用户对图书的需求出发，突出用户黏性的策划导向，在调整产品结构上，从有利于形成高度竞争力的产品线出发，注重营销关口前移，需求和供给两端同时发力，助推精准营销。

（二）线上线下同时发力

在线下坚持传统阵地不放松，现教社先后参加了 2017 北京图书订货会、第 24 届北京国际图书博览会、第 3 届童书博览会、第 2 届国学图书展，与上海、广州、武汉等城市新华书店或书城联合开展暑期或其他促销活动。注重与新经济业态融合，与淘宝合作开展图书众筹；与摩拜单车、滴滴出行等共享经济企业联合，通过举办

4·23主题活动、新书首发式、研讨会等形式，对图书进行宣传推进。充分发挥新媒体的作用，与新媒体不断深化融合，注重微信公众号、网络大V推荐等途径与互联网深度融合，拓宽营销推广深度，包括现教社京东自营店的正式上线，《N岁孩子 N岁父母》家长阅读分享会上尝试的网络直播，与教育电视台《玛雅姐姐讲故事》系列电台节目的合作等，积极参与全民阅读活动，借助外力，聚焦线上、线下，以融合促发展。

六、推进党的各项建设，把全面从严治党落到实处

（一）发挥党委的政治引领作用

坚持落实“两个责任”，牢固树立“四个意识”，坚定“四个自信”，做到“四个服从”，坚决维护习近平总书记的核心地位，坚决服从党中央的集中统一领导，坚持以党建促发展，把全面从严治党要求贯彻到现教社工作的各个方面。党委坚持贯彻民主集中制的组织原则，在重大问题决策上，严格按照议事规则和程序办事，党委政治引领和政治保障作用得到充分体现。

（二）推进“两学一做”学习教育常态化制度取得了实效

按照集团公司党组的相关要求，社党委会做出具体安排，组织各支部进行了专题学习，在全社党员中开展了“献礼十九大，争做合格党员，亮身份、找差距、有担当、促发展”活动，“不忘初心，继续前行”红色经典诵读主题党日活动，抽调3名同志参加中直机关建党演出，通过“两学一做”学习教育，增强了规矩意识，提高了政治素质。

（三）认真做好“三会一课”制度工作

按规定及时召开民主生活会、组织生活会和党员大会，认真做好党员评议工作，各支部召开专题党员组织生活会，开展批评和自我批评，组织全体党员对支部班子的工作作风等进行评议，严格执行中心组学习计划，领导同志带头讲党课。

（四）认真学习贯彻党的十九大精神

党的十九大召开当天，社党委组织全体党员集中收看开幕会和习总书记的报告，及时组织干部职工学习，把力量、智慧集中到围绕集团公司和现教社的中心工作上来。

（五）做好党的各项工作

按时完成党委、党支部、团支部的各项工作和换届选举工作，向各支部发放《党员应知应会知识要点》《实践论、矛盾论导读》等读物，及时组织全社职工集中学习习近平总书记系列重要讲话精神，严格按照规定发展党员，整理、完善党员信息，做好党费核定、收缴工作。

（六）加强企业文化建设

社党委高度重视企业文化建设和软实力建设，努力营造积极向上、心情舒畅的企业环境，积极组织干部职工参加集团公司的各项活动，如中国出版集团公司15周年成就展、“读经典、学新知、促融合”读书实践活动和“创新　圆梦”青年创新活动。向青海省泽库县献爱心，捐赠和织毛衣。关心职工业余生活，先后组织“天天健步走，坚持十五天”，举办女职工座谈会，参观北京新华印刷有限公司，到南海子湿地公园参加环湖健步走比赛。社工会为职工建立了阅读室，目前已购置两批图书，共计83个品种182册，团支部还牵头组织了读书分享会。2017年4月，高等教育中心荣获中华全国妇女联合会颁发的“全国巾帼文明岗”称号。

2017年，全社形象为之扭转，对外影响日益增强，员工精神面貌焕然一新，各项工作取得良好成绩。在新的一年，现教社全体员工将团结一心，以维护好、发展好这来之不易的势头。习近平总书记多次强调，“发展从来不等待一切犹豫者、观望者、懈怠者、软弱者”，让我们不忘初心，继续努力，砥砺前行！　（杨　静）

荣宝斋2017年工作综述

2017年，荣宝斋围绕中国出版集团公司稳增长、调结构、促融合的“三大要领”和荣宝斋十三五战略规划的发展目标，将“以稳为主，稳中求进”作为全年工作的总基调和总目标。从强化主业提升、调整产业结构、推进艺术与互联网

和金融相融合等重点工作着手，做好生产经营各项工作。面对严峻的市场环境，克服方方面面的困难，在全体干部职工的共同努力下，实现了良好的经营业绩。2017年合并口径营业总收入8.8亿元，利润总额2200万元。

一、重点工作完成情况

（一）坚持挺拔主业，品牌学术价值不断提升

围绕“学术引领市场”的发展新思路，在书画经营工作中加强策划和宣传，先后举办了《诗情画意——荣宝斋藏作品展》《江山如画——近现代山水画名家作品展》《闲庭信步——李刚田书法品鉴暨学术座谈会》《遥襟——邹涛书画印品鉴暨学术座谈会》等主题展销和学术活动几十场，支持北京荣宝拍卖有限公司举办《春风浓艳——王雪涛花鸟作品展》《世纪丹青——吴昌硕·齐白石绘画展》主题展览。这些活动的开展，充分展示了荣宝斋作为中央企业的文化自信和责任担当，从学术高度传播弘扬中国传统文化，得到了业内同行的高度认可，提升了荣宝斋品牌的学术含量，强化了品牌学术价值。

总部画廊还通过调整库存、加强自媒体推广、推动实力派中青年书画家的发掘和市场培育、探索签约画家经营模式等手段，积极在逆境中找出路，经营效果较上年同期有明显改善。书画经营一部、二部和当代艺术馆都超额完成了任务。

（二）拍卖业务盈利能力显著增强，行业影响力大幅提升

做大做强拍卖这类轻资产业务是提升整个荣宝斋盈利能力的一项战略性举措。2017年，在资金、宣传、征集、招商等各个方面均给予拍卖板块大力支持，在拍品审核上严格把关，在深挖拍品价值上下功夫，成效非常显著。北京荣宝拍卖有限公司新的经营团队勤勉奋进，创新平台化运作模式，融合社会资源形成合力，一年举办了4场拍卖会，除继续扩大在书画拍卖的传统优势之外，在古玩杂项、瓷器拍卖等方面有较大突破，全年实现营业收入8000余万元，利润总额4000多万元，荣宝拍卖在短短的一年之内已经跻身国内拍卖一线品牌。上海拍卖保持沪上拍卖第一品牌的位置，经营稳定。济南拍卖、南京拍卖、桂林拍卖也稳步发展，在地区拍卖行业中正在成为龙头，荣宝斋品牌各拍卖公司拍品质量整体大幅提升，得到了藏家和卖家的一致肯定，社会效益也十分显著。

（三）分店战略收缩初见成效

贯彻集团公司关于三级企业管理的指导意见，停止以分店为代表的传统主业扩张，对现有分店布局进行调整，对于一些长时间亏损的分店采取关停或重组的方式处理，同时对有望扭亏的分店给予更多的经营自主权，激发活力。关停了武汉分店，筹划对广州分店实施重组，将呼和浩特分店和长沙分店交由合作股东经营管理，股东与荣宝斋签订协议和经营目标责任书，确保经营不亏损。呼和浩特分店经过不懈努力，一举扭转了年初亏损的局面，实现了盈利；长沙分店也停止了亏损扩大的势头，企稳向好。分店系统整体上好于上年。

（四）成立物流采购部，优化文房商品结构

2017年，物流采购部成立，重新梳理、规范、细化采购流程，将木版水印、文房用品及衍生产品由物流采购部统一采购、管理，面向总部经营部门和分店配货。采购部紧密对接市场需求，根据经营部门和销售一线的信息反馈，调整采购内容，优化产品结构；重视市场调研，动态掌握一手产品价格走势；积极做好新供货商的开发和老供货商的整合，制定新的供货商甄选机制，从商品质量、厂家信誉、供货价格、付款周期等方面进行全面考量，通过有序竞争，提高商品质量，降低采购成本。和胡开文墨厂合作研发生产了荣宝斋墨汁，品类齐全，质量上乘，市场反应良好，文房用品部也提前完成了全年任务。

（五）创新经营手段，促进非遗销售

面对市场压力，积极开拓思路，通过开发名家限量手签作品，“走出去”宣传非遗技艺，举办主题展销活动、促销推广活动等方式，改变以往坐等的陈旧经营方式。先后举办了《旧日风雅——木版水印历年精品展》《大家风范 各领风

骚——40 位名家代表作木版水印画联展》，参加了首届琉璃厂“文房四宝艺术节”、第 13 届中国（深圳）国际文化产业博览交易会、上海合作组织夏令营开营仪式、北京非物质文化遗产时尚创意设计大赛暨传承人对话活动，举办了木版水印季度展销活动、“点亮 11 月共度狂欢节”八行信纸优惠活动等，取得了积极效果，完成了全年经营任务。

（六）支持电商平台发展，实现快速增长

经过一年多的探索，2017 年荣宝斋在线“文房水印产品”和“当代书画原作”两大核心业务不断巩固提高。“交易＋内容＋数据”的平台定位确立，通过内容形成传播，通过学术引领市场，通过数据指导交易，在行业影响不断提升的同时，销售规模倍增，取得了较好双效业绩。两大核心业务均实现翻番，其中书画业务月均销售 250 万元，文房业务月均销售达到 150 万元。尤其是双 11 当天，文房水印产品实现了 180 万元的销售，在天猫、京东商城传统文房领域均位列第一。在两大核心业务保持强劲增长的同时，荣宝斋在线还探索了非遗商城，配合荣宝斋实体同步拍等辅助业务。2017 年总销售收入 4600 万元，较 2016 年的 2100 万元增长超过 100%，剔除一次性计入 2015 年的开发成本，2017 年电商平台较 2016年减亏 200 万元。

（七）两块土地合作开发稳步推进

蓟州区土地的合作开发已经有了实质进展，双方签署了合作框架协议，合作方开始做前期准备，合作的细节条款也已达成一致，在报请集团公司审批后实施。

顺义土地的开发因为土地的工业用地属性在未来产权分割、转让等方面存在政策限制，在合作的细节上一直没有达成一致。在重新选择符合要求、能够满足条件的合作方，确定新的合作伙伴后，先签署框架协议，荣宝斋先实现部分收益。

（八）支持衍生业务发展，向大众文化消费领域要效益

荣宝斋衍生业务范围不断扩大，发展逐步成熟，对增强经营规模、提高盈利能力都起到了强大的支撑作用。荣宝斋文化发展公司在承接茶文化公司业务的基础上实施增资扩股，实现了品牌收益；成都荣宝斋咖啡有限公司在资金有限的情况下，已经开设了两家荣宝斋咖啡书屋直营店，得到了当地政府的高度重视；北京荣宝斋教育科技有限公司经过一年的探索，已经在前门大街开业，确定了业务路线和盈利模式；在总部的大力支持下，荣宝斋贵阳分店和贵州李兴发酒厂合作，设计生产了幽雅型荣宝斋酱香酒，已经开始销售，市场反应良好。

（九）出版工作成果丰硕

荣宝斋出版社牢牢把握正确的出版导向，在精品出版和“走出去”方面取得了丰硕成果。国家“十三五”规划重点图书《黄宾虹文集全编》《张大千全集》稳步推进；大型画册《赖少其全集》2017 年底出版；国家出版基金资助项目《荣宝斋书谱》继续补充 10 余册新品种，并圆满完成基金办项目验收工作；集团公司“十三五”规划重点图书《历代画谱类编》于 2017 年内出齐。

在第 26 届“金牛杯”优秀美术图书评奖活动中，《历代画谱类编・石》（1—3）、《历代画谱类编・山水》（1—18）获得“金牛杯”金奖；《朱德书法选》《萧朗书画大系》（第 1 卷）获“金牛杯”铜奖。在“2017 年国家丝路书香工程”评选活动中，荣宝斋出版社《荣宝斋藏册页》（俄文版）、《中国传统绘画撷珍——陈洪绶人物卷》（吉文版）入选国家丝路书香工程。在全国版权示范单位评选活动中，荣宝斋出版社获“全国版权示范单位”称号。

二、生产经营情况

（一）书画经营工作

面对严峻的市场形势，荣宝斋将艺术品的学术价值和经济价值相结合，开拓经营思路，扭转经营困境。

1. 书画经营一部

书画经营一部全年举办了“闻鸡起舞——荣宝斋名家画鸡集萃”“诗情画意——荣宝斋藏作品展”“杨天颐水墨作品展”“江山如画——近现代山水画名家作品展”“世纪丹青——吴昌硕・齐白石绘画展”。同时，配合其他部门和分店需

要，提供书画作品展览及销售。

2. 书画经营二部

在国内的艺术品市场整体不景气的情况下，集思广益，采取各种有力措施，通过拍卖渠道增加销售。根据岗位业务上的需要，进行专业技能和服务礼仪方面的培训并定期做考核，提高服务质量，高端化服务进而带动销售业绩的提升。加强同各相关网站、微信公众号、期刊、电视、报纸等媒体的联系，及时并详细介绍书画名家作品及展览等情况，让高端特色经营理念深入人心。

3. 书法馆

举办“草草不工——蔡澜行草展”“和光同尘——丁谦书法作品展”“2018 何国门迎新书画印展”等展览。

4. 当代艺术馆和沉香堂

举办“经典之路——崔晓东山水画作品荣宝斋品鉴会”“荣宝斋中青年艺术家推介展——张洪源（第二回）”“云山清影——潘一见山水画展”等展览。

（二）文房用品经营部

针对前所未有的压力和挑战，文房用品部积极应对新形势，持续站稳主业脚跟，积极调整业务结构，大力促进融合发展。主要在完善丰富产品序列，加大精品、特色商品开发，在全、精、特、创意方面下功夫，积极开发新商品。成功推出了文房用品部微信公众号，为顾客提供更好地了解、交流的平台，也为下一步延伸开发更多的在线服务展开了有益的尝试。

（三）木版水印工艺坊

木版水印工艺坊创新经营模式，提升经营服务能力。同步开展线上线下促销活动，促进销售；举办季度限量优惠活动，回馈新老顾客；与大师合作，推出定制业务，提升商品价值。借助荣宝斋老字号得天独厚的优势，积极参加各项宣传活动，发扬传统文化。圆满完成各项接待展览任务，让更多人了解品牌文化和品牌价值，推动中国文化“走出去”。

（四）木版水印中心

木版水印中心推进新品种研发，分别完成了朱屺瞻《年年如意》、于非闇《牡丹图》、何海霞《华岳生辉图》、宋文治《黄山晴云图》、弘一法师《心经》、乾隆《心经》，电子商务完成齐白石《三寿》、蔡澜先生书法作品《用心》《心经》。同时，积极参加“第 13 届中国（深圳）国际文化产业博览交易会”“中国印刷博物馆中国印刷史开幕活动”“第 24 届北京国际图书博览会”等，宣传推广非遗技艺，展示传统技艺的独特魅力。

（五）装裱修复中心

装裱修复中心在配合其他业务部门做好作品的裱件服务基础上，积极拓展外部业务。与北京新北纬饭店接洽，全体同志克服困难，团结协作，完成 22 幅书画揭裱、修复业务，得到对方的高度赞赏。同时，落实授徒培训计划，为装裱修复技艺的传承和业务扩大打下基础。

（六）出版中心

2017 年，完成出版总种数 93 种。其中新书 75 种，重印 18 种。年度出版总印数 22 万册，总印张 3156，总码洋 2282 万元。

始终坚持对品牌的弘扬与维护，着力打造文化含量高的专、精、特、新产品。《历代画谱类编》荣获第 26 届“金牛杯”优秀美术图书金奖；《朱德书法选》《萧朗书画大系》（第 1 卷）荣获第 26 届“金牛杯”优秀美术图书铜奖；《荣宝斋藏册页》（俄文版）、《中国传统绘画撷珍》（吉文版）入选 2017 年国家丝路书香工程；《书画同源・八大山人》荣获第 8 届中国出版集团公司出版优秀校对奖；《华世翎光：田世光诞辰百年纪念画册》荣获第 8 届中国出版集团公司出版优秀印制奖。荣宝斋出版社还被国家新闻出版广电总局评为“全国版权示范单位”，在 2012—2016 年度中国出版集团公司“走出去”工作综合排名荣获第 2 名。

“走出去”方面，除与欧美国家保持持续稳定版贸交易合作外，还与俄罗斯、印度、乌克兰、吉尔吉斯斯坦等“一带一路”沿线国家建立项目合作关系。参与国际书展及国内外重要版贸活动 10余项，接待国内外出版机构、媒体、交流团体版贸洽谈 50 余次，揽获多项国家级版权奖项，版贸合作成果颇丰。

国际版权工作情况如下：①与乌克兰汉学学

会合作“中国传统艺术文化扎根乌克兰”项目。②与德国杜塞DCKD艺术文化交流协会签订框架协议，合作建立“荣宝斋出版社德国传媒出版中心”。③与英国媒体公关公司Mideas PR公司执行总裁对接，合作“荣宝斋出版社中国传统文化英联邦公关传播”项目。④与德国DCKD对接，参与国际项目“新丝路上的蓝色集装箱”列车和“杜伊斯堡莱茵展示博览会”。⑤与米兰布雷拉美术学院达成战略意向，合作“修复专业交流学习”项目。⑥与意大利都灵阿尔贝蒂娜皇家美术学院院长Salvatore Bitonti对接，合作“学术研讨和艺术交流”项目。⑦与文化部对接，参与“CCTSS中国图书国际推广计划研讨会”和“文明的对话·中埃文化沙龙”活动。⑧与南非最大连锁书店Exclusive Books CEO对接，拟合作建立南非荣宝斋出版社展示空间。

图书数字化工作方面，进一步加强数字化资源的整理和商业模式的开发进度，多方联系加强合作，不断扩充数字资源，提高数字版权签订比率，合作落实数字出版项目。

（七）新产品研发中心和礼品店

2017年，做好荣宝斋官方网站的日常管理和维护、荣宝斋官方微信平台功能拓展、荣宝斋APP终端的推广应用等工作。业务方面，与清华大学美术学院紫砂研究所合作开发的“荣宝斋生肖系列（鸡）紫砂壶”受到大家的欢迎；设计的《兰亭序》折页，在首届“紫禁城”杯中华老字号文化创意大赛中荣获优秀奖。

礼品店对店面进行整理规划，并加强员工的服务技能培训，提高了员工的销售业务水平。推出的紫檀签字笔、书签、无事牌、杯垫、木质音箱等一系列文创产品，得到大家的普遍好评，成为礼品店销售的新的亮点。

（八）展览部

2017年，展览部全年共承办“赵保乐、姜云宗书画展”“张铁林、韦陀紫砂刻壶艺术展”“王昉书法艺术展”“王鸿泽国画精品展”“贾起家书法作品展”“王雪涛弟子国画精品展”“洪潮绘画作品展”“吴广水小楷精品展”“赵洪鑫书法作品展”“陈杰简书展”“王良虎书法展”“大土三阳山水画展”“彭世强绘画展”“兰亭五子书法精品展”“陈雄立国画精品展”“朱赓博山水画展”“荣宝燕泰新产品典藏首发式”等展览，共17场。

（九）荣宝斋北京咖啡屋

2017年餐饮流水约80万元，图书销售约92万元，会员储值余额约20万元，会员人数280人。大力提升文明指数和员工整体文明程度，充分发挥在服务社会、服务读者、服务发展方面的积极作用，以优质服务创建为重点，不断健全服务体系，改进服务方式，拓展服务范围，创新服务举措，提升服务质量。大力推进阳光便民行动，针对特殊群体给予特殊照顾。例如持有残疾人证、学生证以及军人证的顾客，无须办理会员卡即可享受会员的折扣优惠，得到广大消费者的一致认可。

（十）物流与采购部

物流与采购部结合荣宝斋经营状况，实行对新供货商的开发与老供货商的整合，对现实销售问题实施优存略汰，采取优中选优战略，提高准入门槛。有计划地推出创新商品，推出文房用品部创新商品60余种，荣宝在线创新商品20余种，礼品店文创类40余种。设计推广文房商品防伪标签，提高顾客体验和品牌辨识度，同时又增加品牌竞争力。加强建章立制，制定并实施了《库房安全卫生管理制度》《仓库管理制度》《仓库提货发货制度》。对库房现有商品进行拍照和货品信息录入，明确了物流管理及补货采购流程，完善与相关门市部门的接洽以及反馈机制。规范库存材料的核算管理，严格控制材料库存的合理储备，确保在不影响生产及销售的前提下，尽量减少资金的占用。物流与采购部为荣宝斋各地分店等实体部门和线上分支机构业务发展提供了可靠的采购与物流支撑保障。

三、所属公司经营情况

（一）拍卖业务

北京荣宝拍卖有限公司以稳固行业地位为目标，以征集拍品为重点，以多元化发展经营为突破，解放思想、开拓进取、务实高效，注重搭建

文化交流平台，全年共进行了4场艺术品拍卖会，举办了2场大型展览“春风浓艳——王雪涛花鸟作品展”“世纪丹青——吴昌硕·齐白石绘画展”，得到了学者和藏家的高度评价，提升了公司的品牌形象。在主抓拍卖业务的同时，进一步加强内部管理，修订了《北京荣宝员工手册》，规范了员工管理制度和保密制度，并严格按照规定实施，真正做到以规章制度抓管理。

荣宝斋（上海）拍卖有限公司举办春季艺术品拍卖会。在中国拍卖行业协会主办的第2届“青花奖”评选活动中，荣获“全国十佳拍卖公司”大奖，证明了艺术品交易市场对上海拍卖公司的肯定。

荣宝斋（济南）拍卖有限公司举办了“荣宝斋（济南）2017春季拍卖会”“荣宝斋（济南）2017秋季拍卖会”2场拍卖会。

荣宝斋（桂林）拍卖有限公司首次尝试异地拍卖，在昆明、深圳两地举办了春季和秋季2场拍卖会。荣宝斋（桂林）美术馆，主要功能是承办公司拍卖品的展出以及展览书画家的个人作品，为配合公司接洽业务和提供艺术品收藏界的一个交流平台。全年共承办6场书画名家个人展，受到各界人士的欢迎。展览期间，还受到桂林市领导及各界人士、嘉宾的肯定和赞许。

荣宝斋（南京）拍卖有限公司全年举办2次拍卖，首次尝试和其他机构合作举办了“荣宝斋（南京）2017石家庄文物艺术品拍卖会”。陆续出台并修订《考勤管理制度》《车辆管理制度》《内务管理规定》《库房管理制度》《关于对业务人员指标考核的意见》《关于对业务人员进行拍品成交率考核的意见》《对管理人员及公司职员的选聘任免和考核办法》等相关规章制度，提高执行力的标准，严格执行各项规章制度。

（二）分店业务

中国香港分店为扩大品牌影响力，采用“联合办展式、个人专题式、企业赞助式、学术讨论式、场地租赁式”等多种方式，吸引艺术团队及画家，成功举办“凝碧积锦——郑百重中国画展”“新春精品书画珍藏展”“湘情港韵——湖南书画作品展”“华章溢彩 紫荆花开——迎接香港回归20周年暨2017沪港澳台绘画联展”“‘艺术中国 人文香江’纪念香港回归20周年当代中国画名家邀请展”等15次大型展览、1次公益讲座及2个教学项目，均取得了较好的收益，被香港特区艺术界评价为“香港最活跃的画廊”。

天津分店调整工作思路，完善营销方法，成立艺术书店，以品味的艺术书店拉动人气，促使画廊快速向前推进。加入拍卖业态赢取市场份额，与荣宝斋（桂林）拍卖合作，有效地突出天津分店之特色，呈现出平稳增长的势头。延续以展览推动人气、以活动拉动消费的工作思路，举办了“朱赓博书画展”“徐培晨猿猴作品展”“洪潮作品展”“高永谦作品展”“怀真抱素——当代名家邀请展”“‘喜迎十九大，共筑中国梦’天津名家邀请展”“谢增杰大写意花鸟展”等展览，带来了较好的经济效益和作品效益。此外，分店还积极与其他机构洽谈合作业务，拓宽盈利渠道。

呼和浩特分店积极探寻多种销售渠道，不断开拓创新，加强与美术院校、政府、企业间的合作，开办艺术大讲堂、金丝楠木文房家具与古琴销售业务。全年举办了“守望相助 团结奋斗——庆祝内蒙古自治区成立70周年老照片、老年画、老画报暨美术作品展”“心路传拓——乌兰察布之夏”“全国博士书法邀请展暨博士论坛”“共治共享 食品安全——全国书画名家邀请展”等多场展览，既扩大了分店的影响力，也扩大品牌知名度。

长沙分店本着一切为客户服务、提高企业知名度和利益最大化的宗旨，全体员工积极上进，努力工作，经济效益和社会效益均稳步增长。举办了“李凤龙书画展”“滩头年画展”“文脉飘香——湖南名家书画展”“追梦星城——新长沙新征程”等展览，通过举办展览增加销售，提升分店在当地的影响力。

洛阳分店适时转变经营思路，拓宽营收渠道，举办了“圣城有梦——倪水通、辛隽峰、许飞飞书画艺术展”“十分春色（第三回）——当代艺术名家画牡丹精品展”“花间问道——王绣、

赵准旺作品联展”等展览，社会反响强烈，扩大了分店在当地的影响，取得了一定的经济效益。

沈阳分店积极利用各种方式做好企业文化宣传，促进文房、茶文化等销售工作。全年举办“荣宝斋书画精品展暨北京荣宝2017年春拍征集”“风起辽海——鲁美四老国画精品展”“古色今香——荣宝斋木版水印历年精品展”“荣宝斋（济南）拍卖2017秋拍巡展”等多场画展，得到社会各界的高度赞誉，扩大了品牌影响力。

成都分店积极开展各项工作，深入研究区域市场特点，努力推进合作项目，推出高水准展览及活动，维护品牌形象，举办了“‘润物无声’四川大学首届书法本科及2017届书法研究生毕业创作展”“四川文史馆战略合作签约仪式”“北京荣宝2017秋拍巡展”等，维持了品牌在本土艺术界的活跃度，持续增加了业内对分店的信任度。

宁波分店“一人一艺”宁波市全民艺术普及工程对宁波书法的发展起到推进作用，扩大了分店的影响力，成功举办“满庭芳——赵少俨、陈川、王静芳三人联展”“百年艺术传承之路——木版水印吴冠中作品展览”等展览，得到广大书画文化爱好者的大力支持。

淄博分店在当地书画、古玩、珠宝玉器等3大经营业态聚集发展的新平台，准确的市场定位，拉动了市场发展和业户经营，保持了稳健持续发展。参与中国（淄博）第6届书画艺术品博览月暨书画艺术节活动，举办了“坚净元白——启功作品展”“于希宁书画作品展”“中国国家画院张志民工作室师生作品展”“于受万作品展”“姚大伍作品展”等高档次、高品位书画古玩、珠宝玉器等鉴赏展览活动20余场，进一步提升了品牌知名度。

（三）荣宝斋文化投资有限公司

荣宝斋文化投资有限公司在全面推进书画融资业务的同时，拓宽业务范围，与包括社会资金在内的意向合作方进行接洽，适时开展艺术品融资业务。

（四）荣兴艺廊

2017年，荣兴艺廊全体工作人员不断加强自身建设、提高服务质量，保证艺廊科学有序地经营管理。在日常工作中严格执行各项规章制度，为整体运营提供了良好的环境，得到广大商户和相关部门的肯定。

（五）荣宝斋画院有限责任公司

画院对内加强教学管理，提升学术含量；对外加强交流与互动，在书画界突显自身的学术品位与艺术走向。

（六）北京荣宝电子有限公司

2017年3月，荣宝电子正式更名为“北京荣宝斋科技有限公司”后，业务运营思路进一步清晰，运营方向更加明确，业务取得了快速增长。具体包括：始终坚持品牌品质，保持专业性，做好把关工作；逐步形成“交易＋内容＋数据”的定位，继续拓展“文房水印＋当代书画”两大核心业务；明确“自营＋第三方”相结合的运营模式；同时，以极小投入积极试水非遗商城、荣宝斋实体同步拍、IP文创等辅助业务，取得了有效的销售新增，也获得了宝贵的运营经验。

（七）荣宝斋茶文化（北京）有限责任公司

以茶文化公司现有业务为基础，设立荣宝斋文化发展（北京）有限公司，整合和发掘出相关的文化衍生品资源以及文化旅游资源的开发。全年精心策划了“‘一盏一墨一世界’主题活动”“荣宝斋2017·路朔良紫砂艺术展”“《诗意的栖居——现代中式装饰与审美》专题艺术讲座”“荣宝斋2017器物·语鬼才王祥紫砂艺术展”“书画收藏的意义及其价值——徐鼎一老师中国书画艺术讲座”等中小型活动，极大地提升了品牌影响力。同时，积极尝试不同的合作模式，大力拓展新业务，引起广泛关注。

四、党群工作和精神文明建设

荣宝斋党委按照工作部署，创新党建工作方式，不断推进党务、业务融合发展，为荣宝斋的改革发展创造良好的政治生态和奋发向上、风清气正的工作氛围。

在强化党建过程中，喜迎党的十九大召开，深入学习贯彻习近平新时代中国特色社会主义思

想和党的十九大精神；深入开展“两学一做”学习教育，发挥党委领导作用，不断加强政治理论学习，推进“两学一做”常态化、制度化建设；抓好落实集团公司巡视整改工作，按照“条条要整改、件件有着落”的要求，切实抓好基层党组织建设，狠抓党风廉政建设，推动企业健康和谐发展。

在培养党员意识过程中，积极组织党员干部深入学习习近平新时代中国特色社会主义思想以及十九大精神，进一步推动“两学一做”主题教育的落实。通过开展主题党课学习和召开全体党员大会传达十九大会议精神，组织干部职工聆听集团公司副总裁刘伯根同志对十九大精神的宣讲会等各种形式的活动，在实践中加强党员管理。开展“文明服务窗口”和“优质服务标兵”活动，促进党务业务融合发展。

将党建工作落到实处，坚持做到送温暖工作制度化、常态化，关爱退休老职工和困难职工。同时积极参加各种公益活动，回馈社会。提升荣宝斋品牌的社会价值，维护企业良好形象，体现荣宝斋作为300年老字号企业的人文精神，展现新时代老字号的文化内涵、社会责任与担当。

（陶　爽）

中国民主法制出版社2017年工作综述

2017年是不平凡的一年。这一年中，中国民主法制出版社迎来了党的十九大胜利召开，见证了中国出版传媒股份有限公司在上海主板上市，也亲临了自己实验室的成功组建，荣获2015—2017年度中直机关文明单位的殊荣。2017年是国家“十三五”规划的第2年，是集团公司领导下，中国民主法制出版社、研究出版社和中版昆仑传媒有限公司齐头并进，逐步探索媒体融合发展之路的一年。在全社员工的不懈努力下，出版社精诚团结、奋力拼搏、攻坚克难，圆满完成了集团公司交予的任务，总体工作取得了可喜的成绩。

一、全面完成中国出版集团公司下达的任务指标

实现集团公司确定的发展目标，首先是经营上的增长。出版社工作重点是进一步调整及优化收入结构，通过打造畅销书、增加政府采购项目来提高图书收入在整体收入中的比例，增加营业利润。同时充分利用现有资源，积极探索合作业务新模式，拓宽业务范围。截至2017年年底，出版社和东方励格的合并营业收入9570万元，利润883万元，两项指标均超出集团公司下达的年度任务指标。

二、坚持主业，稳固优势产品线，在注重结构调整的基础上，产品向多元化发展

在图书出版方面，出版社突出本社人大类图书和法律类图书的专业特色，优化选题结构，减少印量偏低品种，强化品牌意识，提高出版质量，努力实现两个效益的有机结合。2017年出版总码洋为10709.72万元，较上年同期下降2.3%；出版图书654种，较上年同期增长26.99%；出版新书329种，较上年增长6.47%；重印图书325种，较上年增长57.77%。从出版图书的品种上看，新书中人大类图书34种，法律类图书203种，社科类图书92种；重印书中，人大类图书30种，法律类图书204种，社科类图书91种。从结构上看，人大类图书、法律类图书占总出书品种的72.02%，社科类图书占27.98%。产品线结构合理，且稳定、成型，不仅稳固了原有的出版资源和渠道，而且在大众图书的出版方面有了新的拓展。

（一）人大类产品线结构稳定，渠道下沉，周边产品新意频现

一是加强与地方人大机构联系，使人大理论图书板块实现跨越式增长。历经3年打造的《人民代表大会制度理论研究》（全六卷），召开系统内发布会，取得良好的反响，带动与各省级人大研究室的紧密联系。《百年抉择》是全国人大常委会常务副秘书长王万宾的作品，全面梳理了人民代表大会制度是中国的必然选择，是近年来少有的佳作。2017年出版的地方人大图书占总品种数的三分之一，较往年提升约60%～70%，合作的模式也从单一的补贴出版转向更深层次的选题开发。通过多种形式为各级人大服务，例如代

表培训的开展、会务的组办、联络点的建立等。

二是依靠人大系统资源优势，开创、推广多元化发展。通过“代表之家”的建设，带动乡镇人大代表“双联”工作的开展。推出“代表履职平台”“法规备案审查系统”“人大双联工作微平台”等系列平台系统产品，并进一步深度开发“人大工作日历”“人大履职专用U盘”等文创产品，获得人大机关联络局的高度肯定。

三是全面完成全国人大年度出版计划。进一步加强了与全国人大和地方人大的合作关系。能够参与人大系统的一些具体工作和选题策划，为分社的下一步发展持续发力。

（二）法律类产品线布局合理，重点宣传民法总则，在普法图书和项目结项及推进方面进展顺利

在稳定法律原有产品的基础上，出版社围绕国家网络安全法的颁布，策划出版了《美国网络安全法》（中英文对照版）；围绕民法总则修改，策划了《〈中华人民共和国民法总则〉精释与适用》《民法规范适用新编》及民法总则单行本。同时，围绕内蒙古自治区成立70周年这一纪念节点，出版了《近代内蒙古社会变迁与法制改革研究》，该书跨度百余年，堪称内蒙古近现代法制研究的集大成之作；还出版了法律随笔品牌“独角札丛”之《天才远离法学》，该书幽默诙谐，思想深刻，一经出版即引发广泛关注。根据党中央全面推进依法治国战略部署，面向普法市场，向行业普法领域纵深，适时推出了“谁执法谁普法”系列丛书、“七五”普法书架：以案释法系列丛书和《“谁执法谁普法”系列宣传册》（漫画故事版）等系列读物。

（三）聚焦“两论”，主题出版逐渐形成品牌

为迎接十九大胜利召开，《〈实践论〉〈矛盾论〉导读》（增订版）是积极响应中央宣传部关于开展学哲学、读“两论”的号召，推进马克思主义中国化、时代化、大众化的重点图书。该书短短一个月的时间就征订销售8万余册，新旧版本共计销售13万册，并登上多个新华书店销售榜。以“两论”导读为龙头，“马克思主义经典著作导读”系列图书还推出了《〈哲学的贫困〉导读》《〈社会主义从空想到科学的发展〉导读》《〈家庭、私有制和国家的起源〉导读》《〈中国革命和中国共产党〉导读》《〈关于正确处理人民内部矛盾问题〉导读》《〈哥达纲领批判〉导读》等图书。为宣传我国政治制度，出版了“中国特色社会主义政治制度集成”系列图书（8种），如《中国人民代表大会制度》《中国共产党领导的多党合作和政治协商制度》《中国行政制度》《中国选举制度》《中国司法制度》《中国民族区域自治制度》《中国基层群众自治制度》《中国国防制度》。追踪、研究国内信访问题，出版了《信访与社会矛盾问题研究》（第1～5辑）、《高级信访工作实务》（修订版）、《信访学概论》。紧紧围绕历史节点和社会热点，出版了《吴建民谈公共外交》《邓小平与中国外交》《中国不能缺席》《霸权的黄昏》等书。主题出版已然成为出版社的品牌特色，成为集团公司主题出版的生力军。法律讲堂和吴蔚老师的系列图书规模进一步扩大，并成立了专门的工作室，成果斐然。

三、项目规划及实施有条不紊

项目推进方面，2017年顺利完成“中国特色社会主义法律体系立法纪实”重大项目结项工作，同时即将完成集团公司专项资金资助项目“法律单行本新旧条文对照系列”（30册）的出版和结项工作。2017年成功申请了两项2018年国家出版基金项目，集团公司主题出版专项补贴也有3项入选。经过这些年的项目运作和实践，团队已经具备了申请、运作大项目的能力，可以顺利实现申报、组织结项等相关工作。2017年经向国家新闻出版广电总局申请，获得音像电子的出版权，为下一步的电子影像产品规划打下了基础。

四、活动策划不断推出，营销宣传工作有所提升

在重新整合营销中心队伍的基础上，加大营销宣传力度，策划多场宣发活动，如：隆重推出中国驻法国大使馆原大使吴建民遗作《吴建民谈公共外交》，与吴建民基金会一同举办由著名主持人白岩松主持的“难忘吴大使”座谈会；网络

当红作家吱吱全新力作《慕南枝》读者见面会暨图书签售会；《警世情案》新书发布会；《红楼梦成书传世之谜》首发式；《破晓》图书首发式；《纪连海讲清朝那些人》、共和国三部曲电影连环画、法律讲堂图书《东林沉浮》新书见面会等。2017 年，社领导班子成员同营销人员一道，走访了多个省的主营渠道，尤其是与海南、山东监狱系统的合作，开启了营销新模式，多场线上线下的图书宣传活动精彩纷呈，推进了出版社的品牌建设，促进了图书的销量，兼顾了社会效益与经济效益的双效结合。

五、提升科技在文化发展中的含量，加速出版社内容数字化运营

在数字化发展方面，出版社明确了以科技为手段，促进数字化运营发展方针。获批的国家级重点实验室“数字影音互动科技与标准重点实验室”致力于声音标准、规范的制定，并在内容呈现与表达领域开展研究工作。在数字产品的开发、运营方面，通过成熟的国内外电子书发售渠道，指派专人负责运营，参加渠道的宣传活动。2017 年与上海阅文信息技术有限公司合作，开展了中国悬疑推理小说征文大赛，通过征文比赛的方式聚集作家及作品资源，共征集作品 2000 余部，已经筛选 70 余部作品，有待进一步遴选和孵化。同时，与中版数媒公司合作大力开发推出有声书，为内容提供多元化的呈现。

六、适应人员合理化流动，人才引进工作进入常态化

2017 年出版社因各种原因离职人员数量有所上升。为随时储备编辑发行等岗位的业务人才，出版社专门成立招聘工作小组，利用社会招聘平台，发布招聘信息，加大人员招聘的力度，实现随时遴选简历、安排面试，使人才引进工作常态化，确保人才储备通道畅通，有效缓解了社内因人员流动凸显的岗位人员缺失问题。营销中心实现了岗位重新聘任，制定全新的绩效考核机制，作为第一个尝试实行人员能进能出的部门，相信 2018 年会收到较好的成效。

七、进一步加强党建工作，注重企业文化的培育

在习近平新时代中国特色社会主义思想的引领下，2017 年，党委增补了一名党委委员，加强了党委的领导；基层党支部也进行了换届改选，完善了组织架构和干部配备，加强了党组织和基层党建工作。通过党的组织建设来完善党的管理，既增强了党员履行党员义务的党性意识和责任意识，也提升了党员组织纪律性和凝聚力。在深入学习十九大精神上，创新党课形式，通过在党员微信群中定期发送党中央有关精神，以“微党课”的形式向所有党员宣讲十九大精神。组织全社员工学习和讨论文件精神，通过讲党课、微信群普及知识等方式，使党的十九大精神学习入脑入心。党群工会组织多种形式，加强企业文化建设，通过 3 月服务两会并了解国家权力机关运行方式，5 月组织瞻仰白乙化烈士陵园、全体党员重温入党誓词，7 月参观解放军野狐岭军事基地、举办重温红色经典诵读活动等，使全体党员的党性教育得到提升。同时，中国民主法制出版社与研究出版社组成联合工会，在党委的领导下，工会充分发挥桥梁和纽带作用，先后组织“香山论坛”活动、读书征文活动、女职工法律知识竞赛活动、编织爱心毛衣活动等。通过开展各项活动，活跃了企业氛围，提升了员工的精神面貌。

2017 年，在第 5 届职工大会召开后，大家积极向社领导班子和党委建言献策。党群部对这些意见进行了归纳整理，共征集 5 个方面 26 条意见。

八、2017 年存在的不足

第一，出版社主营收入长期不合理的局面没有得到彻底缓解。图书策划能力持续偏弱的问题没有得到根本解决，优势资源发挥没有到位。合作业务在整个营业收入中所占比例居高不下，虽然解决了现金流，并在一定程度上弥补了短板，但从长远看，依然有不确定的因素存在，会给企业的发展带来更多风险和不确定性。

第二，出版社努力调整产品结构，寻找新的产品增长点，低销量的产品有所降低，但是高销量的畅销图书却并不多见，出版社缺乏畅销书和业内叫得响的图书，表明编辑能力、市场挖掘能力和运营销售能力需要整体提升。

第三，面对融媒体的崛起，创新型的项目带头人才缺乏，在实现全媒体融合转型过程中，缺乏能起带头作用的项目领头人，企业的培训和学习能力有待制度化、长期化、规范化，需探索有效的人才引进和培养方法，为出版社发展配备精锐的干部职工队伍。

第四，现代企业制度管理需要加强，制度建设需要完善。在出版社不断发展的情况下，对总部和分支机构的管理要逐步梳理，完善各项规章制度，逐步探索企业管理的方式，创新管理机制，以适应上市后作为公众企业的规范化要求。

第五，凝心聚力，一心一意谋发展的企业氛围有待进一步提升，主人公意识有待进一步提高。关心员工生活，活跃企业气氛，培育健康的企业文化，是下一步应当着力解决的重点。

（邵　力）

研究出版社 2017 年工作综述

2017 年，研究出版社的领导班子进行了换届，新的领导班子任命后认真总结了几年来出版社发展过程中取得的成绩和存在的问题，率先垂范，锐意创新，摸清家底，研究对策，和全体员工一道，下大力气，克服困难，逐一破解问题清单，在抓重点、抓关键、抓薄弱环节层面，积极推进稳增长、调结构总体战略布局。针对组织架构不完善，不适应企业发展需要的问题，根据出版业务和岗位需求，迅速组建并充实了总编辑办公室、总编室、办公室、财务部、编辑部、版权部、数字出版部、市场推广部、发行部、研究室等关键职能部门，加强了内部管理，完善了结构布局，出版社终于有了新起色，呈现出新面貌，焕发出新活力。出版社人心稳定，各项工作有条不紊地逐项推进，出现了良性循环的新面貌。

一、生产经营情况

（一）出版工作情况

截至 2017 年 12 月初，报送中国出版集团公司 225 个选题，已出版图书 208 种，其中新书 175 种，较上年同期增长 178%；重印书 29 种，较上年同期增长 123%；正在生产中的图书 57 种。

（二）发行工作情况

全年发货码洋 851.85 万元（含人民社 238.59 万元），同比增幅 25.66%；回款 116.60 万元，同比增幅 1.13%；退货比例不超过 9%；平均发货折扣率提高了 2.36%。

二、社会效益情况

2017 年，在彰显社会效益层面做出不懈努力，取得一定成效。《汉语历代隐语汇释》入选 2018 年国家出版基金项目，这是自 2000 年建社以来首次获得国家出版基金项目；《发掘生命中的无限可能》《做自己的国王》入选 2017 年农家书屋重点出版物推荐目录；《中国领导力提升系列》（16 种）入选 2017 年第 5 期“中版好书榜”；《领导内功》入选百道网 2017 年财经类推荐书目；《蔡东藩历朝通俗演义》（11 种）入选全国中小学图书馆（室）推荐书目和湖南省 2017年农家书屋采购项目；《做个好干部》实现多次加印；《读懂中国》荣列北京阅读季第 1 期推荐书目；《中国近代史》《细读周易》《细读论语》《细读孟子》荣列江苏省新闻出版广电局荐书项目；与人民出版社联合推出《安天下：十八大以来治国理政新方略》《中国梦・复兴路》（原创精编版）等精品力作。

三、版权输出“零”的突破

在第 24 届北京国际图书博览会上，研究出版社与印度通用图书公司举行了《读懂中国》印地语和英语版权输出签约仪式。《读懂中国》《中国梦 复兴路》（精编版）两种图书的英语、印地语、泰语、阿拉伯语、波斯语、马来语、哈萨克斯坦语、乌尔都语等多个语种版权签约输出。研

究出版社“走出去”实现“零”的突破，期望研究出版社在未来国际舞台上，破解“走出去”难题，顺势而为。

四、导向管理、主题出版情况

一是导向管理。2017 年，围绕党和国家工作大局，坚持正确出版导向，明晰出版定位。把好方向、强化质量、高效出版，成为研究出版社创新主题出版、立足时代课题、打造精细品牌的原动力。一年来，没有出版有政治导向问题的图书。

二是主题出版情况。积极探索主题图书多方位营销策略，经过 8 个月的运筹与努力，研究出版社策划出版的《安天下：十八大以来治国理政新方略》《中国梦 复兴路》（原创精编版）等 4本主题图书由人民出版社采购发行，每个品种首印数均过万册，有的产品已列入万册加印序列，营销势头可圈可点。与中国民主法制出版社联合推出《〈实践论〉〈矛盾论〉导读》。这样，既借势提升了研究出版社作为主题出版社的知名度，同时也增强了企业影响面和传播力。

五、产品质量、质量管理情况

提升产品质量，强化出版全流程质量监督，成为研究出版社抓产品质量、抓质量管理的重要一环。2017 年 7 月，根据国家新闻出版广电总局出版产品质量监督检测中心《检测报告》结果，研究出版社被抽检的《领导选任》《女性领导》《新编机关政务信息写作技能指导与规范处理》《细读孟子》《后汉通俗演义》等 5 种图书全部合格达标，质量合格。

六、产品结构情况

针对以往图书品类较为庞杂的状况，一方面，摸清家底，厘清思路；另一方面，调整结构，明晰定位。2017 年下半年开始，着力以时政出版供给侧结构性改革为重要抓手，对产品结构、产品类型、品牌策略以及产品线品类进行梳理与分析，调整压缩低效品种，在做好主题图书策划与出版的同时，辅以中华优秀传统国学和历史类、文化类、经济类等板块。目前产品架构基本趋于平稳。截至 12 月，出版总码洋 2953.6 万元。产品印数在 3000 册以下有 68 种，产品印数在 3000～10000 册有 102 种，印数在 1 万～5 万册有 4 种。

七、党政工作情况

2017 年研究出版社并入中国出版集团公司后，一直没有设立独立党组织和工会。2017 年 11 月，由机关党委统一部署，与中国民主法制出版社成立联合工会，党组织被纳入该社党委组织管理范畴，建立党员档案、发放《党费证》，成立研究出版社第三党支部；以党员为主体，以学习教育为中心，激励党员发挥模范先锋带头作用。一系列党建工作新举措，从根本上解决了出版社党组织长期涣散、支部政治功能缺失等问题，既增强了党员履行党员义务的党性意识，更提升了党员的组织纪律性和凝聚力，从政治保障、组织保障、思想保障层面增强了党员的政治意识、大局意识、核心意识、看齐意识。同时，结合业务工作与党员干部思想实际开展党建工作，形成党建工作与出版社业务出版工作相渗透、相促进局面。（王卓然）

中国出版传媒商报社 2017 年工作综述

2017 年中国出版传媒商报社在集团公司、中国出版传媒股份有限公司的大力支持下，紧紧围绕服务大局，不断增强“四个意识”，以迎接和宣传贯彻党的十九大为主线，按照集团公司年初部署，对内稳增长、调结构、促融合要求，扎实推进中国出版传媒商报社各项工作，在传统媒体包括广播电视媒体均呈下滑大势的背景下，中国出版传媒商报社全体员工群策群力、团结拼搏，攻坚克难、逆势而上，较为圆满地完成了集团公司下达的“双八”增长任务，各项指标再创历史新高。现将有关情况小结如下。

（一）围绕中心、服务大局，确保舆论导向不偏差

一年来，《中国出版传媒商报》紧紧围绕迎

接和宣传贯彻党的十九大精神这一主线，精心策划和安排系列报道、主题专刊。先后推出“出版传媒业砥砺奋进的五年・迎接十九大系列报道”“出版传媒业砥砺奋进的五年・学习贯彻十九大精神系列报道”“党代表：亲历十九大，感悟新时代”专栏，推出了“一带一路出版特刊”“主题出版系列专刊”“新华书店80周年特刊”“新时代新征程・2017中国书业实力版图特刊”，在行业内外产生了重要影响。

为进一步健全和完善加强舆论导向把关的制度建设，补充修订了原有的《中国出版传媒商报关于加强舆论导向管理的规定》，并特别针对风险点较大的《中国阅读周报》制定了“中国阅读周报加强舆论导向管理的若干规定”，有效防范风险点，提高了制度管控能力。

（二）《中国出版传媒商报》办报质量持续提升，品牌影响持续扩大

2017年，中国出版传媒商报社在质量建设上，进一步巩固和加强了专业咨询能力和品牌传播能力建设两大重点。一是果断压缩了纸质版面，有效精简质量一般化、可上可不上的选题和稿件；二是强化采编培训、报纸评议，利用每周编前会和月度选题会开展业务培训、采编质量评议，有效提高了采编人员的业务水平和版面质量；三是将精简下的人力、版面向专业咨询、品牌传播，以及新媒体、新领域转移，《中国出版传媒商报》在新媒体领域的影响力迅速扩大与提升。一年来，《中国出版传媒商报》公众号10万+以上阅读量的事例多达5次以上，5万+以上的多达10次以上。《中国出版传媒商报》的官方微博影响力和粉丝数已经稳居行业第一。

一年来，中国出版传媒商报社在品牌传播、品牌营销上紧紧围绕调结构、促融合、深服务这一核心战略，多管齐下、立体发力，实现了新突破，取得了新进展。如，结合新华书店总店成立80周年这一行业盛事，中国出版传媒商报社联合新华网、书香中国网举办了“新华书店80年全国百家文化地标推展”活动，在行业内外产生了广泛影响；8月在成都举办的百家地标推展颁布礼，以及首次举办的“门店设计与绩效管理”峰会盛况空前，赢得了主管部门的充分认可与业界的广泛赞誉。此外，已经连续举办多年的“全国书业教装文创多元展订会”“书店营销实务对接会”“全国出版发行集团信息联通工作会”“供给侧结构性改革暨第三届库存管控峰会”等，为提升、强化和巩固《中国出版传媒商报》的行业品牌影响、确立《中国出版传媒商报》在行业的龙头领军地位做出了突出的、双效俱佳的贡献。3年来，中国出版传媒商报社的会议收入已经稳定在年收入200万元水平上，取得了历史性的突破和进展。

《中国出版传媒商报》的各专版专刊以及各子刊在版面精简后质量更加精当、务实、接地气，如《中国编客》《中国图书营销周报》《中国阅读周报》《中国馆配》《文创中国周报》《传媒中国》《成长教育周报》等，也取得新的业绩，产生新的品牌效应。

此外，中国出版传媒商报社还首次应广东省委宣传部之邀，参与联合举办2017南国书香节首届高峰论坛，与广东学新文化公司联合举办广东全省中小学生作文大赛，均有力地提升了《中国出版传媒商报》的社会影响力。

（三）中国出版传媒商报社深入贯彻集团公司战略，强力推进稳增长、调结构、促融合工作，展现新空间、取得新进展

①2017年，锁定“新项目、新产品、新广告”目标，强力推进相关工作，展现了中国出版传媒商报社在整合资源、内容植入、品牌运营等方面的作为与能力，为未来发展探索了新路、奠定了基础。

首次承接了国家新闻出版广电总局研究课题“推进新闻出版业供给侧结构性改革”，为此推出了相关系列专版，举办了专题峰会，课题顺利实施、结项，获得了主管部门和专家的高度评价。

首次承接了北京阅读季合作机构评估指标体系设计、北京阅读季品牌评估调查分析报告两个项目，具有首创性和后续延展性意义。

首次承接国家新闻出版广电总局关于特色小镇建设调研报告，并首次承接浙江省江山市耕读村阅读小镇规划项目（一期），规划文本提交后

获得主管部门、地方政府、委托方的充分认可，并要求推进二期和三期项目规划。

首次参与教育部国家社科基金项目“中国图书世界馆藏影响力报告”，进一步提升和扩大这一已历3年的项目的影响力，在全国产生广泛而深入的影响。

上述几个“首次”，均是在2017年取得的新突破，均具有未来的放大效应、平台效应。此外，中国出版传媒商报社还实现了与北京师范大学出版集团纸张供应等项目合作，扩大了经营面。

②深化与CNONIX合作，力争在图书信息标准化宣传贯彻工作基础上，联合大数据分析平台，并进而衍生到图书衍生品分类标准制定与信息标准化制定工作中，占领行业大数据服务制高点。

作为CNONIX发标相关工作4大共建实验室之一，中国出版传媒商报社3年前即参与了相关宣贯推广工作。2017年，中国出版传媒商报社尝试建立大数据分析等服务平台，在与国家新闻出版广电总局数字出版司、中发协CNONIX标委会反复沟通基础上，获得了“图书衍生品分类标准与生产规范研究”软课题，并将进一步推进关联标识和信息标准化重大课题研发。这将极大地促进中国出版传媒商报社在书业大数据服务，以及延伸到图书衍生品领域信息标准化工作中获得战略性先机，意义非凡。

③成长教育板块在服务书香校园方面取得新突破，显示了可喜的发展潜力和巨大空间。

与浙江浦江等单位联合主办“童话教学观摩讲习大会”，有600多位教师参加培训，影响空前。中国出版传媒商报社全力推进书香校园联盟建设，截至2017年底，已经联络了近千所中小学，并尝试建立书香校园大数据平台。

④新媒体建设取得突出成效，影响力跃居行业媒体前列。

《中国出版传媒商报》公众号已经跃居行业媒体首位，公信力、影响力、组织力、号召力已经稳居行业媒体之冠，国家新闻出版广电总局和行业重大事件、新闻发布，都明确指定由《中国出版传媒商报》公众号首发，极大地提升了《中国出版传媒商报》新媒体的地位。与此同时，《中国出版传媒商报》在视频、官网及手机客户端等方面的建设也扎实推进，《中国出版传媒商报》其他子报的公众号已经构成了较为完善的微信矩阵。公众号、官网的广告经营也有了新气象。

⑤新产品、新广告谋划取得实质性进展。

2017年，中国出版传媒商报社开设了微店“上艺门”，专门推广文创工美非遗等产品，并首次实现与京东众筹的合作，开启了中国出版传媒商报社运营产品及品牌营销的新模式。

新广告，即一是革新传统纸媒改革，加大增值营销服务；二是依托新闻出版文化新媒体大号平台，开辟新媒体广告运营新天地。为此，中国出版传媒商报社组建专门团队，明确专项任务，开展前期专题调研，进行了初步的筹备，如果此项工作顺利开展，将对未来中国出版传媒商报社的发展提供全新的不可限量的支撑。

（四）党建工作强制度、抓落实，企业文化建设再升级

2017年，中国出版传媒商报社党委按照中央精神、集团公司部署，积极推进“两学一做”学习教育常态化制度化。每月召开党委理论中心组学习会议，领导班子成员在各种会议上讲党课，支部定期开展“三会一课”，党委和各个支部还分别组织全体党员或支部党员进行“迎接党的十九大红色印刷展”“长征胜利展览”“砥砺奋进的五年”、五四红楼等参观学习活动。2017年，中国出版传媒商报社3个基层党支部共召开支委会8次、党员大会18次。用会议、微信公众号等方式组织学习10次。从9月开始，第2支部开启每月第2个星期三固定学习的模式，将支部学习常态化制度化。

中国出版传媒商报社党委还分两次召开青年工作座谈会。党委民主生活会之前，也听取了报社各方代表的意见和建议。

为巩固“两学一做”学习教育成果，推进“两学一做”学习教育常态化制度化，建立共产党员“长期受教育，永葆先进性”的长效机制，

中国出版传媒商报社党委在全社党员中开展了“献礼七一、迎接十九大——我在岗，我尽责，我优秀暨我是党员我带头，百日岗位创佳绩”活动。七一期间，报社党委对活动进行了总结，评选出3名先进党员并进行了奖励。

2017年，中国出版传媒商报社还着力抓好核心价值观和企业文化建设，深入开展批评和自我批评活动，强化集体主义、奉献精神、担当意识，在总结前10年中国出版传媒商报社“十德”，以及“12种力量”“既要最好，又要更好；同心同德，共创共赢”企业文化的基础上，再次修订完善核心价值观，提出“信实慎省、敬奉担当，同心同德、共创共赢”的新表述，针对极个别员工存在的个人主义思想、分散主义观念，开展全社大讨论，整顿了队伍，纯净了思想，增强了全社干部员工的凝聚力、向心力和战斗力。2017年全年，涌现了一批入党积极分子，有的部门全部都写了入党申请书，有的非党高管也表达了积极向党靠拢的良好意愿。中国出版传媒商报社工会也因地制宜积极开展文体健身活动，关爱员工身心健康。2017年，中国出版传媒商报社搬迁到新的办公地址，工会为了更好地营造新环境、新气象，每周一、四付印日组织工间操，并提供茶点为加班员工补充能量。

2017年，中国出版传媒商报社各项工作虽然实现了许多新突破，取得了不少新进展，但发展的瓶颈、危机和隐忧依然严峻。突出表现在：队伍思想建设仍需强化、批评自我批评作风仍需加强；战略目标宣贯还需持续、务实深耕精神还需增进；方法策略仍需统筹、效率效益仍需兼顾等问题，迫切需要在2018年加以改进和提高。

（伍旭升）

中译出版社2017年工作综述

一、以“一统三型”为指导，努力打造新时代国际知名出版社

2017年，中译出版社的主要任务是：以习近平新时代中国特色社会主义思想为统领，以中国出版集团公司努力打造主流出版型、融合发展型、国际传播型“三型集团”为战略指引，找准定位，强弱项，补短板。坚定国际化定位，以国际化视野进行供给侧结构性改革，国际化意识进一步增强。

一是抓国际化大型项目的策划和落实，国际影响力显著提升。在2017年3月第29届伦敦书展期间，策划并举办了“外国人写作中国计划”新书发布会，与西班牙LID集团合作举行了“中国著名企业家和企业”新书研讨会，得到海内外媒体的高度关注。目前，该系列图书已经发行至18个国家的各大书店和机场，电子书也上架到世界各大电商平台，日本、韩国、罗马尼亚、印度尼西亚语版权已经售出，俄语及其他小语种也正在落地之中。参与了集团公司策划的“博航特中学赠书和调研”、瑞典汉学家林西莉的“汉字之美”讲座、牛津大学“中国翻译出版中心”的系列活动。其中，“外国人写作中国计划”得到国家领导人的重视和批示，《人民日报》做了整版报道。

2017年8月，在第24届北京国际图书博览会，中译出版社与中国文化译研网、中国作家协会等共同举办了“外国人写作中国计划”第1期成果发布暨出版签约仪式、中华图书特殊贡献奖嘉宾恳谈会、“中国著名企业家与企业”系列丛书新书（中英文版）发布会暨“中国企业对全球经济影响”主题研讨会、“少数民族作家海外推广计划”发布会暨少数民族文学国际翻译出版论坛和“百年中国儿童文学精品外译丛书”项目新闻发布会等多项活动。

2017年12月20日上午和下午，在印度新德里分别举办了“少数民族作家海外推广计划”印地语新书发布会活动，当天共发布了9种印地语版中国少数民族作家的优秀作品，得到了中印出版界、学者和媒体的高度赞赏。

二是全员的国际传播意识增强，选题策划兼顾国际国内两个市场。2017年，各个分社、中心、工作室都加强了国际化项目的策划，兼顾两个市场。社科文学分社的《信念：十年徒步中国》国内发行近5万册，英语版、阿文版的版权

也已售出。李虹工作室的“杨红樱爱的教育童话”（双语版）、《男生日记》《女生日记》（双语版）首印都达到了2万册，市场反应良好，同时英文版和其他语种的版权也在落地之中；李虹工作室承担的另一项目“百年儿童文学精品外译项目”也取得了积极进展，首批8部图书已有经营商包销各1万册，国际市场反响热烈。少儿出版分社策划了原创绘本《乐乐游中国名画》（5本），在获得集团公司专项资助后又获得了“原动力”中国原创动漫出版计划，这套书经过前期策划、不断调研、不断修改，2017年底已经付印，意大利和瑞士的孔子学院已经表示出对该图书的兴趣；原创绘本《小火车中文阶梯阅读（幼升小阶段）》经过与作者和绘者的不断沟通、多次修改，有6本书已经排版结束。对外汉语出版中心策划了顾彬“中国思想经典系列”（5种）、施寒微《中国简史》“A娃娃历险记”（5种）《字典人生》等图书，其中《字典人生》是与企鹅兰登公司全球同步出版的。

三是积极申报各项国家“走出去”出版计划，获得资助1036万元。主要有：国家出版基金项目《百年潮·中国梦》（8个语种）、《故乡的候鸟》获得185万元；中国当代文学精品译介工程《西藏的战争》（英语）获得27.5万元；中国当代作品翻译工程《放生羊》（匈牙利语）获得20万元；丝路书香出版工程《寻找巴金的黛丽》（越南语）、《放生羊》（匈牙利语）、《空山》（土耳其语）、《小沙弥》（土耳其语）、《寻找快活林》（阿拉伯语）获得96.725万元；经典中国国际出版工程《曲终人在》（英语）获得8万元；北京市新闻出版局优秀“走出去”项目扶持奖励22万元；国家新闻出版广电总局当代作品翻译工程《天行者》（法语）、《空山》（法语）、《湖光山色》（法语）获得41.06万元；作家协会少数民族翻译出版工作《尘埃落定》（僧伽罗语）、《僧舞》（保加利亚语）、《没有比泪水更干净的水》（阿拉伯语）、《睡前书》（保加利亚语）、《远离严寒》（保加利亚语）、《歌棒》（保加利亚语）、《叙述者说》（保加利亚语）获得60.6万元；中国图书对外推广计划项目（简称CBI）《填四川》（英语）、《誓鸟》（匈牙利语）、《空山》（罗马尼亚语）、《空山》（越南语）、《小沙弥》（匈牙利语）、《石榴树上结樱桃》（越南语）、《生命册》（豪萨语）、《生命的呐喊》（孟加拉语）、《百年钟声》（罗马尼亚语）、《毛乌素绿色传奇》（僧伽罗语）、《马云与阿里巴巴》（日语）、《马化腾与腾讯》（日语）、《董明珠与格力》（日语）、《任正非与华为》（日语）获得261.36万元等。

二、围绕国家工作大局，谋划国际化布局

一是重点在“一带一路”国家和地区组建中国主题国际编辑部。2017年，中译出版社与英国LID出版社、罗马尼亚RAO出版社、匈牙利科舒特出版社和匈牙利罗兰大学孔子学院、印度普拉卡山出版社、斯里兰卡海王星出版社、塞尔维亚贝尔格莱德孔子学院和芝戈亚出版社、突尼斯东方知识出版社、坦桑尼亚星矛出版社多家海外编辑部，合作推出“中国著名企业家与企业”系列第1辑（5册）、《根本利益》（印地语版）、《中印情缘》（印地语版）、《尘埃落定》（印地语版）、《空山1》（印地语版）、《小沙弥》（匈牙利语版）、《尘埃落定》（僧伽罗语版）等。

二是在欧美发达国家寻求突破。2017年，中译出版社与亚马逊跨文化出版机构签署了20余种英文原版图书的引进，拟以此合作为契机，通过以渠道换渠道、以资源换资源的方式打开西方发达国家市场；中译出版社与热衷于译介当代中国文学的版权代理公司“纸托邦”签署了梁鸿的《中国在梁庄》、李洱的《石榴树上结樱桃》的版权代理协议，与包括企鹅兰登在内的欧美主流出版商商谈版权转让。

三、零售市场稳中有进，积极推进融合发展，市场影响力得到提升

国内市场喜忧参半，教育板块断崖式下滑，零售市场稳中有进，深度调整中蕴含高质量增长态势。

2017年，中译出版社的国内市场经营经受了较为严峻的考验。此前，一直占据国内市场较大份额的地方教材教辅产品线由于受政策调整的

影响，出现了断崖式下滑，发货、回款和利润都受到了较大影响。国内零售市场稳步增长，呈现了较好态势。财务数据表明，除了教育板块的影响以外，2017 年计提差价比上年同期增长了 200 余万元，这既影响了利润、占压了资金，也对库存敲响了警钟。

2017 年，国内零售市场 2017 年发货码洋（不含特价）9847 万元，2016 年发货码洋（不含特价）9333 万元，2017 年比 2016 年增长 5.5%；2017 年开票实洋（不含特价）2802 万元，回款金额 2706 万元，2016 年开票实洋（不含特价）2319 万元，回款金额 2267 万元，2017 年比 2016 年分别增长 20.83%、19.36%；发行超过 1 万册的图书总计 40 种，其中 10 万册的图书为 1 种，2 万～5 万册的图书为 14 种，1 万～2 万册的图书为 25 种；其他销售在 3000～1 万册的品种还有 262 种。这些图书是主要产生效益的图书，市场潜力尚待挖掘。

四、产品线建设初见成效，形成了若干优势板块

2017 年对产品线和产品进行了适度压缩，着力加强以国际化为引领的社科文学原创产品线、以少年儿童英语学习和当代儿童文学双语读物为主的少儿产品线、以外语学习（双语简写名著、实用语言学习）为主的外语图书产品线、以中外文学名著（中文版、课外文教读物）为主的文学产品线、传记文学产品线、以中国文化双语读物为主的对外汉语产品线和以海洋科普等为主的教材教辅产品线建设。各产品线都积累了一批较高质量的图书，为公司经营打下了一定的基础。

中译出版社获 2017 中国图书海外馆藏影响力出版 100 强，中国出版集团公司“走出去”综合排名第 1 名。《祭语风中》荣获“第 6 届中华优秀出版物奖”，“中国报告”系列（第 1 辑）荣获“第 8 届中国出版集团出版奖 · 优秀‘走出去’奖”。《新中国故事》《中国少年儿童海洋百科全书（第 1 辑）》入选“中国好书”2017 年月度榜单。《培生少儿英语阶梯阅读》《好爸爸童谣》《西南联大英文课》《信念：十年徒步中国》《我的早年生活——丘吉尔自传》、“外国人写作中国计划”之《中国往事》、杨红樱校园成长小说 · 《女生日记》（中英双语珍藏版）（5 册）入选“中版好书”。

五、体制机制创新探索

2017 年，中译出版社进一步完善分社制改革，努力调动编辑主动性、积极性和创造性，取得了一定的成效；从结果看，体制机制创新的力度还不够，效益不是十分显著，还需要学习兄弟单位的经验，加大创新力度。

（一）营销创新

2017 年，中译出版社对营销团队进行了人员调整，修订了管理制度，加大了线上营销、新媒体营销的力度，营销中心的发货、回款都有了一定的提升；从效果看，这些创新和改革依旧粗放，尚无法与发展的需求匹配，存在高素质的营销人员青黄不接的问题。

（二）探索融合发展，跨界整合各类优势资源

一是探索融合发展的路径，开发了若干产品。2017 年，筹划“VR 海洋在线学习平台”“海洋教育虚拟现实实训教室”“跳出来的海洋世界——海洋教育 AR 体验课”3 个海洋数字化项目，参报最近 3 年集团数字化项目；与北京优宇通教育科技有限公司合作开发与英语学习相关的图书、APP 和在线学习平台。

二是联合国教科文组织旗舰刊《信使》复刊。在中国政府的大力支持下，在集团公司领导的关怀下，《信使》中文版于 2017 年 5 月复刊，联合国教科文组织总干事博科娃、时任中央宣传部常务副部长黄坤明、中国出版集团公司总裁谭跃等国内外嘉宾 100 余人出席了复刊盛典。《信使》的复刊为中译出版社进一步利用此平台，聚合作者译者资源，实现跨界融合，更好地服务国家的外交战略，传播中国声音，讲好中国故事，提供了无限可能。

三是举办第 3 届“中译杯全国青少年口译大赛”。大赛的举行提升了中译出版社在全国青少年中的品牌形象，也为下一步的品牌营销、教育

培训、资本运作等打下了较好的基础。

六、夯实基础管理，有序开展各项工作

2017年，中译出版社严把出版物编校质量关，完成了多个重点项目申报工作，完成了营业执照五证合一，办理了工会法人资格证书，开设了党委账户，完成了因营业执照五证合一后变更税号等多项工作。为了节约印制成本，中译出版社采取转移部分印制业务到山东、提前备纸等多项措施。2017年，中译出版社克服困难，完成了分立后房产证的办理工作，办公楼西侧也及时转租。“中国出版”上市前后，中译出版社配合证监会和集团公司上市办多次开展审计工作，认真填报各种反馈材料，确保了数据的准确和材料的及时报送。

2017年，中译出版社加强企业文化建设，开展“中译榜样”的评选活动和读百部经典图书等活动，组织干部职工参观建军90周年主题展览，前往红色革命圣地西柏坡参观学习，开展“不忘初心、继续前进”党日活动，参观“砥砺奋进的五年”大型成就展，组织女职工参加了中直机关“恒爱行动”，组织职工向青海省泽库县而尖村捐献衣物，设立“妈咪爱心屋”等。各方面工作都取得了新进展、新成果，全国图书零售市场占有率0.20%，总体排名第128位，比2016年提升了7位；集团公司“走出去”排名第1，集团公司成立的10个海外编辑部中译出版社占了8名，也是集团公司中获取国际化资助最多的单位。

2017年，根据国家新闻出版广电总局对责任编辑培训的统一要求和中译出版社各业务岗位的工作需要，中译出版社进一步梳理了社内责任编辑继续教育培训的情况，有计划、有针对性地组织编辑完成本年度和需补足的培训学时，全年共完成28人次的624学时的责任编辑培训工作；同时还组织开展各类业务培训37人次，共推荐“三个一百”人才3人、“四个一批”人才1人、优秀编辑1人、新闻出版系统先进工作者1人、先进集体1个、集团十佳人员10人。

（茹　慧）

世界图书出版有限公司 2017年工作综述

2017年，世界图书出版有限公司（以下简称“世图公司”）上下认真学习贯彻党的十九大精神，扎实推进“两学一做”学习教育常态化制度化，牢固树立“四个意识”，确保了正确的政治方向和出版导向。世图公司启动全面深化改革，出版流程、干部人事、薪酬体系、绩效考核等各项改革制度框架初定，新的体制机制渐趋成型。2017年，世图公司营业收入实现3.42亿元，利润实现855万元，同比分别增长18.34%和101.18%，呈现出快速发展的良好势头。

一、认真学习贯彻党的十九大精神，扎实推进党建工作

（一）领导班子思想政治建设进一步加强

世图公司党委高度重视领导班子思想政治建设，年初制定中心组学习计划，全年进行了8次集体学习，并把学习范围扩大到中层干部。主要学习了习近平总书记在中纪委七次全会、全国国有企业党的建设工作会议、省部级主要领导干部专题研讨班开班式上的重要讲话和关于新发展理念的重要论述，学习了党的十九大精神、中央经济工作会议精神、全国宣传部长会议精神，学习了毛泽东同志的《实践论》《矛盾论》和中央印发的《县以上党和国家机关党员领导干部民主生活会若干规定》，并结合工作实际进行了充分研讨。通过学习，领导班子的“四个意识”进一步增强。

（二）“两学一做”学习教育常态化制度化成效明显

一是严抓理论学习。党的十九大召开后，世图公司召开中层以上干部视频会议，及时学习传达十九大精神。党委制定了学习宣传贯彻党的十九大精神的实施方案。党委中心组两次组织十九大精神集体学习研讨。领导班子带头为全体党员讲党课。二是强化制度建设。年初，相继完成了世图公司党委和京区各支部的换届改选工作，配齐配强党委和支委班子。党委制定了党委会议事规则、中心组学习制度和民主生活会制度。北京地区和北京地区以外各支部严格执行“三会一课”制度，召开组织生活会，开展民主评议党员活动，增强了支部的凝聚力、战斗力和创造力。三是创新党员活动。北京地区和北京地区以外各支部结合七一，开展“不忘初心，继续前进”党日活动。党委举办了红色经典诵读活动和红旗渠精神培训班，开展了党风廉政宣传月活动，增强了党员廉洁从业意识。四是党委督导有力。党委建立了党建工作述职评议考核制度，把各单位党建工作纳入班子绩效考核，把支部书记抓党建工作纳入个人业绩考核。

二、严把导向，重视质量，推进重点出版项目，不断提升社会效益

（一）严把出版导向和图书质量关

世图公司总部加强对选题的申报和把关。2017年，共出版新书1700余种，暂缓123个选题，撤销11个选题。同时强化“三审三校”制度，督促各子公司贯彻落实《关于加强出版导向和出版质量管理的规定》，要求各子公司坚持选题论证制度、“三审三校”制度和重大选题备案制度，做到层层把关，责任到人。总部监督各子公司设立审读室，充实审读力量，建设质检队伍，开展内部质量抽检，定期对重点项目、重点图书，以及养生、教辅、少儿等图书进行专项抽检。

（二）推出一批重点图书和重点出版项目

《曲江流饮》和《小小艺术家》分别获得中国出版集团公司颁发的第8届中版出版奖的优秀设计奖和优秀选题奖。《绿色大业》在中国广播电影电视社会组织联合会举办的第11届“纪录·中国”创优评析交流活动中获文献类一等节目。国家出版基金项目《秦岭昆虫志》已完成出版工作，《丝绸之路经济带——新疆与中亚研究丛书》计划2018年出版。集团公司专项基金支持项目《尼尔逊儿科学》已付印。《中国习用民族药识别图鉴》《中国历代瓦当图录考释》已组织申报国家出版基金项目。《华韵老唱片典藏资源数据库》电子出版物获得2017年北京市音像、电子、网络出版物奖励扶持专项资金。《延安风尚》入选集团公司“2017年年度主题出版重点出版物”，并获得3万元奖励。《中国民族百科全书》入选国家新闻出版广电总局与国家民委开展的“第四届向全国推荐百种优秀民族图书”活动。《中国医史》《二十六史医学资料汇编》《秦岭鸟类志》开始了前期论证工作；集团公司募投项目《秦岭中草药资源志》开始了二次论证。“红墙图志”系列丛书获得市场广泛认可，目前正在制作《红墙图志：胡耀邦》。

（三）“走出去”工作稳步推进

2017年《单变量微积分》（英文版）已将版权输出给了德国出版商德古意特，《一个对外汉语教师的手记》《生活汉语手册》通过第三方机构与国外出版社签订了初步的出版协议。《老外眼中的红色强国》成功入选国家丝路书香工程第一期“外国人写作中国计划”。

三、拓宽线上，强化线下，媒体融合深入开展，提高企业经济效益

（一）经济效益稳健增长

2017年，世图公司营业收入实现3.42亿元，利润实现855万元，同比分别增长18.34%和101.18%，经济保持稳健增长。在出版方面，世图公司全年通过强化出版流程和编务管理，确保了世图公司出版业务的平稳推进。2017年共出版图书4198种，其中新书1725种，重印书2473种，重印率种次达到59%。

（二）线上线下形成合力，新媒体营销不断创新

线上活动推品牌，扩大品牌影响力。各家公司都在亚马逊、当当、京东、淘宝、微信等网购平台设有营销渠道。北京公司利用主流媒体和新媒体进行宣传，提高媒体曝光率。北京公司2017年共有36种图书登上中央电视台《第一时间》荐书节目；12种图书登上豆瓣读书首页，其中《棕色的世界》《金刚狼：老罗根》登上豆瓣图书动漫绘本类年榜；19种图书入选百道好书榜；《希姆莱兄弟》入选深圳读书月2016年度十大好书初选100本基础书单；《北大“屠夫”》

《人性能达到的境界》入选“宁波大学生最喜爱的137本书”。长春公司为了满足读者不同阅读形式的需求，与线上阅读平台——小学生阅读联盟进行合作，同时积极与中文在线和微信公众平台对接，并同北京、山东两大实力网店签订协议，联合开发线上图书品系。

线下活动追精品，提高投入产出比。北京公司选择影响力大、声誉好的活动，将人力、财力进行精准投放。在第24届北京国际图书博览会上，北京公司邀请了新西兰和阿尔及利亚驻华大使，举办了《外交官学汉语的故事》新书发布会、法国国宝级艺术家埃德蒙·波顿来华读者见面会和《银河系科幻电影写作》在实体书店的新书发布会等活动。在《神奇女侠》《雷神3：诸神黄昏》《正义联盟》《蜘蛛侠：英雄归来》等电影上映之机，北京公司与荷兰大使馆、中国国际女性影展、亚马逊等机构通力合作，携手宣传电影与相关漫画，并与40余家新华书店举办了“世图动漫节”优惠购书活动。北京公司还参与了由法国驻华大使馆主办的第2届图像小说节，参加了China Joy、上海漫控潮流博览会、北京西单大悦城潮玩漫控嘉年华、“第3届国际消除针对妇女暴力日（EVAW）艺术展”。西安公司利用整合医学大会、医学学术年会和茶博会，推广相关图书产品。长春公司以多年打造的《名侦探柯南》卡漫渠道为基础，全力打通儿童绘本市场的发行渠道，同时在全国机场、高铁等人流量较大的公众场合推广与书店的合作平台。

（三）新媒体融合深入开展，多元化经营已见成效

上海公司“中版教育云平台”完成了7个基本模块的优化和改进，并结合市场反馈对网页端和APP端进行了页面设计和更新，基本完成了产品第1阶段的研发工作，第2阶段的需求调研已经在有序推进过程中。截至2017年底，项目已在全国10余个省市和区域市场进行了专项布局，并制定了推进线路。该项目获得了集团公司领导的高度评价。

广东公司小语种行业教育培训基地建设开局良好，成功举办了由教育部外指委非通用语种类专业教学指导分委员会指导、中国非通用语教学研究会主办的“第五届全国高等学校外语非通用语青年骨干教师高级研修班”。成功组织举办了“世图杯”全国越南语、泰语等各类小语种大奖赛，获得了业界的好评和认可。

四、调整结构，稳定增长，完善企业体制机制，增强企业发展活力

（一）调整产品结构，形成优势产品线

世图公司在充分调研论证的基础上，利用各子公司的地域优势和资源优势，整合出版资源，优化出版结构，打造了世图特色的产品线集群，扩大了世图品牌影响力。

一方面强化重点产品线，扩大产品线竞争优势。北京公司对于社会影响力较大、产品效益较好的产品线，从人力资源到成本投入都给予了一定的倾斜和支持。广东公司继续调整优化产品结构，狠抓原创图书出版工作，在科技和教育出版方面，努力打造精品，积极开展市场营销，建立品牌图书产品线。上海公司集中打造医学、教育和少儿产品线，初见成效。西安公司坚持医学、教育、少儿的出版方向和产品线规划，保持出版品种和码洋适度增长。长春公司着力打造教育、医学、社科和少儿产品线，重点产品线建设稳步推进。另一方面整合弱势产品线，寻找新机遇。如北京公司正在深入调研，综合考量，通过机构调整、编辑部门的拆分和整合，集中力量发展效益较好的产品品类。

（二）健全规章制度，理顺出版流程

世图公司成立改革小组，根据中央和集团公司有关规定，结合世图公司实际，制定了“三重一大”决策制度实施办法、领导干部选拔任用管理暂行办法等规章制度，修订了公司章程，还将根据改革进程制定或修订有关绩效考核、生产流程、员工管理等方面的规章制度。

北京公司从理顺出版流程入手，定期举行编辑、营销之间的通气会，举行编、印、发、营销、职能部门共同参加的生产进度协调会。上海公司理顺了项目申报、出版权和业务外包等各方面工作的关系，有效地解决了提高效率和节约成

本之间的矛盾。西安公司起草了党群工作制度、行政管理制度、人力资源管理制度、财务管理制度、编务出版管理规章制度、后勤管理制度等100多项制度。

（三）做好人才培训，提高员工业务水平

世图公司鼓励员工积极参加国家新闻出版广电总局、地方、行业、总公司的业务培训，并对编辑导向、基本知识技能等方面开展社内培训和社外学习，多次邀请专家做专题讲座。在2017年9月举办的“2017世界图书出版有限公司骨干编辑业务培训班”，编辑们踊跃参加，反响热烈。

（四）加强企业文化建设，营造良好氛围

一是履行社会责任的能力进一步提升。世图公司于2017年9月底10月初组织开展向青海省泽库县“献爱心”活动，共捐献衣物1116件，玩具和文具214件。此外，世图公司还积极开展“恒爱行动——百万家庭亲情一线牵”等活动。

二是企业文化建设成效进一步加强。为进一步加强企业文化建设，世图公司总部征集公司企业精神口号，开展“我为世图改革发展献一策”征文活动和“解放思想、创新发展”大讨论活动。

（任双伟）

华文出版社2017年工作综述

2017年，华文出版社有限公司（以下称“华文社”）在中国出版集团公司的领导下，认真学习贯彻习近平新时代中国特色社会主义思想和党的十九大精神，认真贯彻落实党中央、国务院重大决策部署，在集团公司的指导下，重创新，促改革，各项工作成绩显著。

一、工作成绩

2017年，华文社领导班子成员相互配合，全社员工共同努力，上下一心，齐心协力，顺利完成了集团公司下达的年度任务，各项业务指标向好趋势明显。

（一）政治合格方面

华文社全体党员思想上不怠慢，学习上不松懈，认真学习领会党的十九大有关文件精神，参加了一系列学习教育活动，社领导轮流讲党课，使全体党员的党性得到进一步强化和提高，对新时代新任务以及出版大势和自身的责任有了更明晰的认识。同时，利用中层干部例会和讲党课的时机，反复强调廉政工作的重要性，还针对可能存在的风险点，专门下发《华文出版社廉政规范》，督促全体党员守纪律、守规矩，贯彻落实“八项规定”精神，警惕“四风”，营造风清气正的企业氛围。

（二）推进企业改革发展方面

第一是财务方面。2017年，华文社圆满完成了集团公司下达的年度经营任务，主要财务数据均较2016年同期有明显好转，主营业务在收入和利润中占比加大，数据结构有所改善。

2017年累计实现主营业务收入3372万元，比2016年增长690万元，增长率25.7%，也超出了2015年3318.6万元的主营业务收入。发行和编辑回款均有40%左右的同比增长，收入结构在改善。2017年虽然未能实现扭亏为盈的质变，但在量上比2016年已经增加了1100余万元的利润，经营效果情况明显好于2016年。

第二是业务方面。2017年，报送集团公司出版业务部355个选题，同比上涨42%；出版图书共计381种（含教材），其中1版1次新书202种，重印书179种。入库码洋2540万元，发货码洋2455万元，发货率达96.65%，发货码洋同比增长率为77.13%；退货率11.36%，2016年同期为14.2%，下降近3个百分点。全年在品种、印数、造货码洋等各方面均比上年有显著增长。

第三是实现社会效益方面。2017年，取得了可喜的进展。择其要者列述于下：

①“中国参政党”丛书“宫崎滔天家藏民国人物书札手迹”2个丛书入选国家“十三五规划”增补项目。

②《荣归——香港回归的前前后后》《大国关系与中国国家安全》2种图书入选中央宣传部和国家新闻出版广电总局2017年度重点主题出版物。

③《丝绸之路名家精选文库》入选“一带一路高峰论坛”图书，中央电视台、《人民日报》客户端等主流媒体广泛关注和报道；在西安市做了首场落地活动；获评中国出版集团公司年度营销案例奖。

④《默默且当歌》（陈建功）入选《中国新闻出版广电报》5月优秀畅销书榜。

⑤《诗性江南》（张抗抗）入选2017年6月百道好书榜。

⑥8种图书入选中版好书榜月榜。

第四是从队伍稳定的角度看，2017年，离职3人，调动1人，退休2人，新进员工7人，人数上基本保持稳定，与2015年、2016年相比，关键岗位离职率大大下降。2015年，离职9人，新进7人；2016年，离职7人，新进10人。

第五是从导向把关和质量控制的角度看，加强了三审制和印前质检，设立专人负责印前抽检，并聘请社外专家联合把关，全年未出现因导向和质量问题被通报的恶性事件。国家新闻出版广电总局抽查印装质量，结论是“合格”。

第六是完成的其他年度重点工作。

①调整绩效考核办法，制定《2018—2020年绩效考核方案》。

②加强内部管理，制定图书资源回收办法、优化erp系统内部流程、加强图书成本控制、细化全员考核办法等。

③完成建社30周年纪念会及相关活动。

④完成退休员工企事业差额的计算和发放。

⑤与中央统战部机关服务中心签订《房屋租赁合同》并履约。

⑥在集团公司的大力支持下，申请并完成企业注册资金增资工作。

二、工作经验

华文社在出版质量方面，坚持正确出版导向；坚持健康的价值取向和文化品位；注重原创出版、出版内容质量、编校印装质量。结合社内的“三审三校”、质检等情况，完善了出版质量制度保障体系，确保了2017年出版物质量无扣分。

（一）文化和社会影响

①2017年，华文出版社的重点项目“宫崎滔天家藏民国人物书札手迹”“中国参政党”丛书入选“十三五”国家重点出版物规划增补项目；2016年的国家出版基金项目《当代中国社会大事典（1978—2015：全4卷）》《讲述西藏》于2017年12月出版；《荣归：香港回归的前前后后》《大国关系与中国国家安全》入选2017年中央宣传部、国家新闻出版广电总局主题出版重点图书，其中《荣归：香港回归的前前后后》当年实现出版；《丝路文库》（第2期）、“华文传记系列丛书”（第3批共10种）获得集团公司出版专项资金资助。总体来看，较2016年重点项目入选品种增加了100%。

②2017年出版新书201种，其中《大国来了》《日本人的活法》《丝绸之路名家精选文库》《荣归：香港回归的前前后后》《我们看好中国》《静说日本》入选“中版好书榜”。

③2017年华文社社会评价方面集中体现在媒体报道上，新华社、《北京日报》报道华文出版社持续向社会捐赠《雷锋全集》；新华社、《人民日报》报道《丝绸之路名家精选文库》出版，“丝绸之路文化行”活动启动；《中国新闻出版广电报》报道《丝绸之路名家精选文库》在北京首发，14位散文名家为“一带一路”高峰论坛献礼。

《丝绸之路名家精选文库》是重要的“一带一路”主题出版物，是以散文的形式，通过国内知名文学家个性化的观察与笔触，展现我国丝路沿线各省区市的历史人文、地域风情和个性魅力。第1辑14册借助北京“一带一路”国际合作高峰论坛之风推出，意在提供一套向世界展示中国的“文化名片”。而“丝绸之路文化行”，既是对“一带一路”重要倡议的宣传，同时也是分城市、分地域进行乡土文化宣传和爱国主义教育的重要方式。该活动受到中央宣传部出版局、国家新闻出版广电总局出版管理司、中国出版集团公司相关领导的关注。通过大量的媒体报道，该活动在社会上引起广泛关注，收获好评，业内外也有不小的关注。该套书入选“一带一路国际合作高峰论坛”选用图书，作为礼品呈送与会各国嘉宾。

④在“走出去”方面。2017年，在新时代来临之际，华文出版社国际合作部认真学习十九大精神，把握新机遇，积极进取、努力创新，为更好地讲好中国故事，积极策划符合党政方针的主题图书，并积极向海外出版机构输出符合中国新时代特色的优质图书。

2017年，华文出版社在对外宣传项目申报工作中表现突出，共申报出版项目8项，包括25个品种，其中主题图书《大国来了》（英语版）获得2017年“经典中国国际出版工程”项目资助。

华文出版社在出书体量很小的情况下，2017年输出图书品种18种，其中西班牙语4种：《书法（国际版）》（中级上）、《书法（国际版）》（中级下）、《书法（国际版）》（高级上）、《书法（国际版）》（高级下）；阿拉伯语9种：《阿拉伯的智慧》《写意宁夏》《海上丝路与郑和》《城市白皮书》《战争传说》《朕知道了》《正解老子》《走出盆地》《预警》；德语2种：《书法（国际版）》《书法（国际版）初级下》；韩语2种：《淡定的人生不寂寞1》《淡定的人生不寂寞2》；繁体字《日本人的活法》，获得版税收入共计2000美元。此外，还向香港地区输出中文繁体版的《日本人的活法》，获得版税收入14700元。华文出版社在2017年国际版权贸易方面表现出色，超额完成任务。

华文出版社在2017年输出图书中，已经收到样书的有3种：《群书治要306》《曲终人在》《书法·初级上、下》（西班牙语）。

在积极开拓海外市场方面，与德国斯塔德出版公司建立长期的输出合作关系。第24届北京国际图书博览会期间，华文出版社与德国斯塔德出版公司、德文翻译家吕龙霈先生签订三方合作协议，共同出版周大新作品的德语版图书，并完成《书法》（国际版）6册的合同签约。还举办《曲终人在》德语版新书发布会，获得了很好的社会效益。

（二）产品结构和专业特色

华文出版社2017年注重产品结构优化，出版的以统战、传记、宗教为题材的符合华文社宗旨和定位的图书品种占全社图书品种的70%以上，形成了自己的品牌形象和品牌优势。还制定了体现本社特色的年度选题计划，完成度高、执行情况良好。在选题策划方面更加谨慎，非合作出版图书占比在70%以上，出版了更多高质量的且适应市场需求的图书。

（三）内部制度和队伍建设

①华文出版社在绩效考核制度中体现了效益优先原则，并对获得出版界三大奖和国家级行业性奖项等荣誉的图书的绩效考核办法有详细规定。2017年9月初，针对“三审三校”自查工作中存在的问题，在原有的《编辑出版流程及要求细则》《关于加强图书出版质量管理的规定》等制度基础上，制定了《关于规范三校、印前质检工作的有关规定》，对三校职责做了明确要求，并印制了“三校情况登记表”“图书编校质量检查记录单”等作为“三校档案”凭证，充分保障“三审三校”的落实。未出现违规出版，违反宣传纪律，侵权、盗版等行为。

②在党风廉政建设方面，华文出版社党总支认真落实全面从严治党主体责任、监督责任，抓好突出问题专项整改，不搞形式主义、不走过场，务求实效。充分发挥制度治本作用，细化完善各项配套措施。加强对制度执行情况的督促检查，对有章不循、执行不严的坚决进行查处，切实维护制度的严肃性和权威性。加大专项检查力度，及时发现并解决问题。出版社党总支每年对党风廉政建设执行情况进行一次专项检查，对违反中央党风廉政建设规定精神的行为，严肃处理、严肃问责。总之，华文出版社党总支加强党风廉政建设良好，党组织机制健全，未出现人员违纪违规情况。

③在队伍建设方面，华文出版社通过“内部培养、外部引进”的方式，不断吸纳和培养各方面人才，逐步完善、优化人才结构，人才队伍情况与出版社专业定位、发展方向相适应。定期对新老员工进行专题培训，帮助他们尽快明确岗位

职责，实现工作目标。通过不断学习，全体员工的业务能力和综合素质得到了提高。始终坚持正确的选人用人导向，严格执行党政领导干部选拔任用的各项规定，不断完善工作机制，努力建设一支战斗力强、敢打硬仗的干部队伍。

（四）党群工作

制定了“两学一做”实施方案，月月有安排，并纳入责任清单。党组织主要领导亲自主抓，推动方案的落实。

按照2017年中心组计划，于每月初开展一次中心组学习，以开展读书会、成员讨论等方式，就党章内容、习近平总书记重要系列讲话等内容进行学习。推进“两学一做”学习教育，组织召开民主生活会，根据党员群众意见，查摆问题，提出整改措施；民主评议党员工作；组织参观新文化运动纪念馆，参观“香港回归祖国二十年成就展”；组织党员群众讨论学习刘伯根同志《在中国出版集团2017年党群工作会议上的报告》等。

（刘新颢）

现代出版社2017年工作综述

2017年，现代出版社领导班子在中国出版集团公司和中国出版传媒股份有限公司的正确领导下，深入学习贯彻习近平新时代中国特色社会主义思想和党的十九大精神，牢固“四个意识”，坚定“四个自信”，全面落实现代出版社“十三五”规划，积极推进中国出版集团公司“稳增长、调结构、促融合”的战略部署，锐意进取，扎实工作，呈现了很多亮点。全年营业收入同比增长13.86%，利润同比增长16.18%，营业收入和利润实现“双超”，圆满地完成了全年的工作任务。

（一）畅销书拉动整体规模，万册以上图书占比明显提升

2017年，现代出版社共出版图书569种，其中新书269种。累计印数1万册以上的有120种，其中新书83种，占当年新书品种数的31%。10万册以上的有3种，分别是：《风雪追击》（31万册）、《恋爱的贡多拉》（21万册）、《财务自由之路》（10.9万册），这3种书的销售码洋达2500万元。3万～7万册的有5种，分别是：《中国人的人性与人生》（4万册）、《心若从容，无所畏惧》（3.2万册）、《沈石溪十二生肖故事·猴鸡狗猪》（4.5万册）、《沈石溪十二生肖故事·龙蛇马羊》（4.5万册）、《沈石溪十二生肖故事·鼠牛虎兔》（4.5万册）。此外，重印书《我的错都是大人的错》4.3万册，《疾风回旋曲》9万册。万册以上图书占比的显著提升，极大地拉动了现代出版社2017年的生产规模和销售收入。

（二）坚持精耕细作，产品线越做越扎实

以大众历史、人物传记、军事纪实、小说、励志为主的社科、文艺类图书在2017年势头强劲，并取得了非常好的社会效益和经济效益，3本重量级畅销书均产生于这两大类选题中。通过不断探索和持之以恒的实践，现代出版社的产品线越做越鲜明，大众历史、军事纪实、人物传记、推理小说和青春励志图书在市场上已渐渐形成良好品牌效应，受到越来越多业内同行和广大读者的肯定和关注。

（三）国家出版基金项目支持力度越来越大

《诗经集注集校集评》《马克思主义哲学智慧》以及《日本现代史》的出版获得了良好的社会反响。2017年，申报中国出版集团公司专项和国家出版基金资助总额达475万元，其中中国出版集团公司出版企业发展专项资金120万元，《彭修文作品集》280万元，《中国传统旋律与曲式》75万元。现代出版社会坚持做好文化专项基金和国家出版基金的出版和申报工作，争取更大的经费支持。

（四）获奖图书可圈可点，社会效益突出

《西欧婚姻、家庭与人口史研究》获第4届中国出版政府奖入选提名奖；《中国通史：百集大型历史纪录片》获国家新闻出版广电总局主办的“2017年向全国青少年推荐百种优秀出版物（音像）”；《中国通史：百集大型历史纪录片》《成人学书法》分获国家新闻出版广电总局主办的“2017年向全国老年人推荐优秀出版物”音像类和图书类；《马克思主义哲学智慧》和《环球人物》10周年典藏书系（8种）分别获得第8

届中国出版集团公司出版奖的优秀选题奖和优秀编辑奖；《图解万物简史》入选中国出版协会等主办的中华优秀科普图书榜“成人原创”榜单；《沈石溪十二生肖故事》（全3册）入选中国出版集团公司“中版好书”2017年度榜；《天堑：西藏和平解放纪实》被评为中国出版集团公司2017年度优秀主题出版项目；《财务自由之路》《风雪追击》《恋爱的贡多拉》分别获得中国出版集团公司“2017年度出版特别贡献奖”。

（五）深挖渠道、盯紧图书码放，销售收入人均突破百万

现代出版社营销工作侧重点是对二三线城市的开发，以及盯紧图书上架码放。对销售进行分级管理，体现在对重点区域的重点管理，这样可以保证重点区域的高质产出。2017年，现代出版社图书销售市场排名喜人，曾一度达到全国第69名，渠道回款社内人均突破百万。

（六）传统3大网站销售回款占比下降，有效扼制了销售利润下滑

2017年，现代出版社全年地面店回款为4629万元，占总回款的79.65%。2016年同期为4007万元，增长15.53%。传统3大网站回款1183万元，占比为20.35%，比上年的占比23.5%降低了3个百分点。

发行部经过3年的努力，3大网站回款的占比从2015年的26.15%下降了近6个百分点，加强了出版社的成本控制和利润增加。

（七）数字出版工作在逆境中前行，积极开拓新渠道

面对中国移动手机阅读业务所做的重大调整，数字出版部不畏艰难，提出了很多办法和对策。他们积极与咪咕数字传媒有限公司、上海阅文信息技术有限公司、北京世纪卓越信息技术有限公司、掌阅科技股份有限公司等合作开发新项目。这些新的合作项目业绩增长迅速，有效地阻止了因中国移动手机阅读业务调整给出版社带来的影响。

（八）企业策划工作蓬勃开展，有效地配合了销售工作

2017年，企业策划部工作在人员队伍紧张的情况下，积极开展了多频次多形式的营销活动，既扩大了现代出版社的品牌影响力，又有力地配合了销售工作的进行。

企业策划参与营销图书54种，重点营销图书13种，组织落地活动共计23场，媒体发稿数约1200余篇。其中，新华社、人民网、新浪网、凤凰网、澎湃新闻等主流新闻媒体发稿共计300余篇。

企业策划部还与发行部紧密合作，连续两年举办作家进校园活动。此外，企业策划部还很好地维护了公众号、微博等新媒体平台。

（九）印务工作精益求精

2017年，现代出版社的印务工作也取得了很好的成绩：一是无明显的质量事故；二是有效地控制了成本，新书成本率为15.67%，相比上年下降了2%，降幅明显。

2017年纸张市场混乱，价格每几天就上涨，出版部在3～4月冒险囤了一批常用纸张，总金额800多万元，后来该批囤纸每吨涨幅800～1000元，为出版社节约了几十万元。

（十）财务严格管控，为经营运转提供了有力支持

财务部在资金的运筹以及使用上起到了很好的参谋作用。对于现代出版社这样处于快速成长的企业而言，做好资金运筹，保证出版社经营工作的顺利进行，是非常重要的工作。财务部在资金使用上严格管控和把关，使出版社的现金流始终处于畅通状态。

（十一）党务工作任务重，标准越来越高

2017年，现代出版社党的工作在坚持党员自学和专题学习相结合、坚持理论学习和实践活动相结合、坚持领会精神和指导工作相结合的思想指引下，开展了内容丰富、形式多样的教育学习活动。

现代出版社领导干部带头讲党课，取得了很好的学习效果；2个支部换届，产生新的支委；建立健全党员和积极分子培养程序，强化“三会一课”制度；清理组织关系，按时交纳党费；组织党员开展《不忘初心 继续前行》红色经典朗诵活动；结合“两论”学习，组织全体党员撰写

学习心得，提升党员理论学习水平，并向中国出版集团公司推荐优秀作品；组织党员、积极分子和青年骨干观看电影《建军大业》，重温历史，铭记英雄革命先辈的热血青春。为响应中国出版集团公司的号召，现代出版社全体职工向灾区捐献过冬衣物 100 多件。

全体党员走进红旗渠，重温入党誓言。深入红色基地参观学习，聆听党校老师讲座，观看《红旗渠》纪录片。伟大的事业需要伟大的精神做支撑，全体党员在参观学习中深受震撼和鼓舞，表示回到工作岗位后，要继续发扬艰苦奋斗、开拓进取、求真务实、身先士卒的精神。

2017 年，现代出版社积极开展群团活动。组织女职工去柳荫公园健步走，组织团员参观国家博物馆“复兴之路”展览。开展送温暖活动，为每位员工发放生日卡和生日蛋糕、节假日食品和劳保用品等福利。组织青年骨干积极参加中国出版集团公司“香山论坛”征文活动，并获得集团公司颁发的个人征文二等奖。

领导班子加强党风廉政建设，切实履行主体责任。班子成员认真贯彻落实党中央和中国出版集团公司党组推进党风廉政建设和纪检工作的要求，强化责任担当意识，严明党的纪律，确保令行禁止。通过持续深入地推进党风廉政建设工作，为现代出版社的发展提供了坚强的政治和纪律保障，党员和干部全年未发生任何违法违纪事项。

（十二）人员结构不断优化，职工福利有所提升

2017 年，人事工作也取得了很好的成绩。人员结构不断优化，人员素质不断提升，有力地推动了现代出版社的人才队伍建设，为业务发展提供了人力上的有力支持。

提升职工医疗保障，在原有基础医疗、补充医疗的基础上，签订了医疗基金项目，进一步缓解了当前挂号费和医疗支出上涨给职工带来的压力。

（陈丽壮）

新华联合发行有限公司 2017 年工作综述

2017 年，新华联合发行有限公司认真落实中国出版集团公司“十三五”规划，以“三六构想”战略目标为公司发展方向，积极推动集团化资源整合进度，持续推进信息供应链建设，扎实推动公司精细化管理，不断强化公司各项基础保障性工作。

一、2017 年度公司整体经营情况概述

（一）财务指标完成情况

2017 年，营业收入 8296 万元，同比增长 778%。其中主营业务收入 3583 万元，同比增长 453%；其他收入 4713 万元，同比增长 1482%。

2017 年，成本费用支出 10090 万元，较上年同期增长 6249 万元，同比增长 163%。

2017 年，利润总额 -1480 万元，同比减亏 1110 万元，减幅 42.56%。

（二）主营业务完成情况

2017 年，主营业务入库图书 13600 种，入库码洋 17.5 亿元，同比增长 75%；发货件数 113 万件，同比增长 292%，发货码洋 15.4 亿元，同比增长 342%；退货处理图书 77.7 万种，同比增长 316%，退货件数 12.9 万件，同比增长 315%，退货码洋 1.82 亿元，同比增长 336%。

（三）出版社搬迁完成情况

2017 年 2～6 月，完成了中华书局总计 3729 种、3.98 亿码洋的图书搬迁工作；2017 年 12 月至 2018 年 1 月，完成了现代教育出版社总计 198 种、1429 万码洋的图书搬迁工作；中国大百科全书出版社的搬迁工作也已完成，并开始发货业务。

二、2017 年度主要工作成绩

2017 年，新华联合发行有限公司以集团公司年度工作会议精神为指导，公司领导班子带领全体干部员工，以增效益、提产能、强服务为工作目标，推动集团出版社搬迁进度，推进公司信息系统优化和信息服务平台建设，全面深化企业改革，持续提升管控能力、提升发展质量、提升经济效益，不仅圆满完成了年初的营收目标，而且实现了利润较预算大幅度减亏的杰出业绩，取得了一定的工作成绩。

（一）企业经营工作效果显著

减亏增收有成效。利润-3570万元的大幅亏损，公司面临巨大的压力，公司上下同心协力，把压力转化为动力，采取多项增收节支措施，改善经营状况。一是新华联合物流中心全面实施绩效考核，人效显著提高，全年人员费用比预算减少837万元。二是加强与入驻企业京东的商务谈判，增加物业、能源费收入，全年实际比预算增收412万元。三是加强资金管理力度，全年实际发生比预算减少财务成本支出530万元，全年比预算减亏共计2000万元，圆满完成了集团公司下达的营收8143万元、利润-3570万元的绩效指标，创造出营收8296万元、利润-1480万元的优异成绩。

资金压力有缓解。新华联合物流中心项目建设费用巨大，2017年初仍有3.8亿元项目资金缺口未解决。在集团公司领导的大力支持和公司股东单位的积极配合下，已基本完成了总额为2.7亿元的股东增资工作，为公司业务的顺畅运营提供了坚实保障，为公司的长远发展打下了坚实基础。

（二）物流整合工作稳步推动

通过建立日常对接工作沟通机制，公司积极主动与未搬迁出版社进行对接，以尽量减少出版社搬迁影响为工作出发点，通过前期搬迁经验积累，协调沟通，不断优化搬迁方案等相关准备工作，最大限度保障出版社在搬迁期间业务不受影响，信息对接稳定顺畅，库存数据匹配无误。

10月24日，集团公司召开了物流整合推进会。会上充分肯定了公司物流整合实施的阶段成果，进一步明确了物流整合工作的现实意义与必要性，具体安排了下一阶段未搬迁出版单位的搬迁时间和需要配合的对接工作，以及公司下一步需要完善提升和整改的相关具体要求，为2018年集团公司物流整合实施和公司主营业务壮大发展，提供了政策性保障。

（三）业务运营能力显著提升

面对物流业务整合实施第一年所暴露的种种问题，公司领导班子成员深入一线了解具体情况，带领相关部门分析主客观原因，梳理物流业务流程现状，制定业务工作整改措施。通过完善信息系统功能，优化库内作业流程，实施人员绩效考核，建立覆盖客户服务全过程的运营体系，打造以客户为中心的精细化管理模式。经过努力，年底主营业务生产能力较上年底提升约两倍，发货时效、发货差错和客户满意度等指标均有一定改善，为2018年物流整合实施工作夯实了基础。

（四）信息系统持续优化，信息服务平台建设全面推进

2017年是公司攻坚克难、全面提升产能的关键年，信息系统的全面优化升级在其中起到了重要的保障作用。信息部门根据物流运营的各种优化需求，采取合作开发、自主研发等多种方式，突破多处系统瓶颈，持续完善优化仓储管理系统的各项功能，基本完成符合业务需求的库内全流程仓储管理系统以及在途运输管理系统。

新华联合物流中心是集团公司整个图书供应链上的一个核心节点，不仅是实物的中转站，也是信息的交换节点，客观上成为一个核心的数据中心。为此，信息部门专门开发了用于企业间联通的信息服务平台，进行上下游系统的对接和数据的集成，实现上下游数据共享和管理协同。除了将物流运营数据集成在平台上供上下游查询外，还大力推进了出版社与书店间系统级的EDI对接并取得了显著的成果。截至2017年底，已联通全国17家大型书店，发货码洋占比80%，在行业中首屈一指，基本完成了全集团公司图书供应链的数字化联通。

（五）职能性管理工作不断完善

1. 行政物业管理有保障

一是推动公司各项工作有序推进。以强化各项基础保障工作、确保企业协调运转为工作原则，以行政保障为工作方向，协调内外，监督落实，转变服务理念，完善和规范了办公会议事规则、印章等管理制度，完成了公司年度会议、公司股东会议的筹办，完成了OA系统上线、不动产权登记、资产投保、办公区域改造等重点工作。

二是物业服务能力逐步提升，园区管控力度

不断加强。经过一年多物业管理工作的摸索与实践，园区物业管理基本形成了以自我管理为核心，安保、食堂项目专业化外包为保障，各分包单位为辅助，各入驻企业相配合的全方位工作机制，明确了物业管理中的各方责任和义务，增强了物业服务工作的响应度和问题处理效率，提高了物业服务人员的责任意识。

三是安全管理卓有成效，属地合作紧密畅通。通过建立消防设备设施巡视制度，建立重点防火单位消防档案和有限空间台账，定期组织园区单位联合安全生产检查和相关人员安全培训，及时发现问题隐患并通报相关单位，确保2017年新华联合物流中心无重大责任安全事故。积极配合属地政府、安监、消防、公安、城管等各职能部门的日常检查、协调性工作，全年接待政府相关部门检查、参观共计40余次。

2. 人力资源管理有措施

一是针对信息技术岗位录用率较低、作业岗位流失率较高的情况，专题调研分析，总结问题根源，完善招聘策略。充分利用多种招聘渠道，灵活运用劳务外包、校企合作等用人形式，积极响应各用人部门需求。

二是配合物流事业部对生产作业人员的工资结构进行调整，降低固定工资部分的比例，增加绩效浮动部分的激励，对于可量化的作业岗位全部推行以计件制为基础的绩效考核。根据专业价值和从业人员稀缺程度，适当向关键岗位倾斜，适当在公司内部拉开差距，逐步建立科学性、差异化的收入分配机制。

三是员工教育培训投入继续保持增长态势。2017年教育经费支出19.85万元，比上年增长44.9%，全年累计参加培训345人次。通过对员工教育培训的持续投入，有效促进新员工的岗位适应能力，提升员工企业归属感和团队协作意识。

四是积极争取有利政策资源。2017年7月，人力资源部为公司申请顺义五彩浅山、稳定岗位补贴6.6万元；为提升对关键岗位人才的吸引力，2017年10月，人力资源部申请获得高新技术企业资质，为企业高技术、高技能人才享受市属政策资源提供保障。

3. 财务管理有质量

一是结合上市公司会计核算要求，不断优化、改进核算工作。实现了公司各成本项的分类核算，实现了包装、耗材的进销存金额核算，实现了对往来科目的分客户、分供应商核算，实现了物流中心项目的分项统计核算，使公司各个业务环节通过会计核算口径得以完整反映，基本实现业财联动的核算要求。

二是面对公司年初预算的巨额亏损，公司决策层提出了强有力的针对性减亏举措，财务中心立即跟进，结合2016年各项经营数据，和各部门就相关减亏举措所产生的预算变化进行充分沟通，得出相对精准的年度预算方案，即利润-1500万元，设专人跟进每月预算执行情况，并在公司月度生产经营会上进行汇报，及时纠偏，最终预算执行偏差率小于10%，这样充分体现了预算对经营目标实现的引领作用。

三是及时掌握与公司相关的税收政策，主动防范税收风险，合理运用税收政策，为公司节省纳税支出200多万元。（沈致全）

北京中新联科技股份有限公司2017年工作综述

一、经营情况

党的十八大以来，中国出版集团公司取得了长足发展，在“三六构想”的战略方针指引下，集团公司跨入“三百亿”行列，特别是2017年集团成功挂牌上市，标志着中国出版集团向既定目标又迈进了扎实的一步。北京中新联科技股份有限公司在集团公司的领导下，共生产光盘2635万片，基本与上年持平；全年营业收入1876万元。

1. 行业特点和市场走向

光盘复制加工曾经是暴利行业，因其自身的特点一度是音像节目及数字产品快速传播的主要途径。但从2005年开始，随着互联网技术以及闪存等新的信息载体迅速壮大，光盘市场开始不

可逆转地萎缩。从2008年金融危机开始，国内加工行业受到严重冲击，设备供应商纷纷逃离，材料供应商减少，劳动力大量从工业流向其他行业，使得工业生产零件供应、材料采购、人力资源等方面的成本迅速提高，光盘加工行业已进入微利乃至无利时期。

2. 公司的处境

光盘复制加工一直是公司的主营业务，眼看光盘市场衰落已成定局，业务不转型必定死路一条。光盘加工是资金密集型的行业，设备投入巨大，除了设备昂贵外，厂房设计装修、电力、制冷、洁净环境等配套支持也都对资金有非常大的依赖。公司的设备都是进口精密设备，对设备的维护和操作的要求比较高，因此对设备维护人员和操作人员的要求也比较高，设备的运转使得水电、人工支出也很大。这么贵重的一条大船，想调头谈何容易！

2007年开始，公司着手在锂离子动力电池制造方面进行投入，准备转型新能源行业。但由于工艺技术、市场、产品标准等诸多方面的不成熟，加之资金需求极大，经过数年的开发经营，投入了上千万元，结果并不理想。领导班子经过多次认真论证，于2013年停止了锂电池项目。然而项目遗留的设备、产品和原料库存、剩余人力等负担还是给公司带来了巨大压力。

2012年，公司通过低价收购原中联光碟的设备，生产场地从石景山转移到通州马驹桥，使石景山房产得以盘活，公司逐步利用地段租差实现主营外收入，形成重要经济来源。

3. 困难和优势分析

因为行业趋势，使得主营业务大幅度萎缩，转型新能源又没有成功，公司经营面临空前困难，经营业绩很差。

公司生产地点搬到通州马驹桥后，由于地处偏远，难以招聘到高质量人才；工作场地条件艰苦，办公、生活都面临困难；因为经营业绩难以提高，加之还贷压力和降低成本的要求，员工普遍收入低，生活条件不能及时改善，骨干人才流失；恶劣的经营环境造成资金紧张，迫在眉睫的转型却是需要花钱的，没钱怎么转型？

如果只看到困难，妄自菲薄，这根本就是没法下的死棋。作为公司的决策人，必须全面审视局面，认真找到有利的资源，并将其放大，转化为实质的优势。

从团队资源上看，公司有着近20年的工业生产经验，有成熟的管理、技术、生产和销售团队，公司经营班子积极团结，这是公司近20年积累的不能忽视的财富，是逆境求生的基础。

从房产资源上看，虽然搬到偏远地区，但由于有前10年的积累，公司在石景山拥有11000多平方米的房产，可以通过房产出租赚取租金差，这将能够增加一部分收入来源，为转型提供经济支持。

从设备资源上看，因拥有先进的全自动精密光学、注塑、印刷、检测设备，尽管光盘行业不好了，但在别的领域依然有利用价值。

从财务上看，虽然业绩难看，但没有债务，现金也相对充足，风险能够控制。

从市场上看，光盘虽然已经风光不再，但依然有可观的市场占有，仅北京市一年就有大约3亿片的规模，而公司只占不到10%的份额，说明通过努力，还可以有提高市场占有的空间。

二、操作实践

1. 多方向探索转型

2014年起，公司经营班子组织过多次转型问题的研究，就转型方向确定、发展前景预估、领先性分析、市场分析、资源需求、政策法规、自主核心技术、可利用销售渠道、现有资源利用、风险控制等多个转型关注点进行讨论。根据公司资金不充裕的实际情况，确定的转型策略是：谨慎投入，分阶段评价，留好后路，随时刹车。

公司研究并尝试进入的项目包含锂离子电池项目、光学成像（光学微加工）项目。

电池板块面临的问题是工艺、市场、产品标准不成熟，资金需求巨大，一些厂家在招投标过程中，采用非正常的手段，拼公关拼价格，这是我们不能承受的。根据公司现有的状况，决定暂时不再向电池业务大量投入资源，考虑以技术和设备入股或者整体出售。鉴于一些从事或准备进

入电池行业的经济实体对公司的电池生产能力和品牌表示兴趣，我们就电池板块打包出售处理向集团公司做了请示，得到了集团公司的支持。

光学成像项目优势在于能充分利用现有光盘的光雕刻设备和注塑设备。参考国内外光盘厂转型成功的经验，2015 年公司选择了这个尚处于高端科技的领域。由技术提供方提供技术，公司提供场地、人力和设备，经过近两年的设备改造、技术路线和工艺路线的确定，2016 年公司制作出的样品在业界得到了专家的认可。在集团公司直接支持下，项目进行了专家论证和多次可行性研究。2017 年形成了小批量销售，进一步了解市场的需求，并根据市场调整自己的产品线。该项目已申请进入新闻出版改革发展项目库。2017 年 10 月与技术提供方签订了责权利明确的短期合作协议，合同期满再根据销售情况确定长期合作方式。截至 2017 年年底，公司在该项目投入资金约 400 万元。

2. 破解难题

（1）公司在主营行业没落、前景黯淡的时候，我们怎么办？

首先我们对光盘的供需市场进行分析，从需求看，虽然光盘产品已经没落，但观察到光盘销售市场还有需求，根据光盘材料供应商提供的原料需求量，北京地区每年仍然有约 3 亿片的需求规模，由于利润极薄，我们面临的困难也是其他光盘厂所面临的，我们有房租收入而其他光盘厂没有，这就使得我们在竞争中处于有利位置。目前还存活的光盘厂都是有相当规模的厂，任何一家退出，客户就被剩下的厂分掉，只要我们不死，就能吃上锅底肉。果然在 2017 年，老牌光盘大厂天津天宝撑不住了，由于资金链断裂而破产，于是 2017 年上千万联想订单就流向了我们厂。光盘生产除了能带来每年上千万的收入外，对于稳定队伍和维持加工平台也有意义。因此，克服困难，顽强坚持主业，依然是完成转型前一段时间内的重要任务。

（2）面临原料、能源、人力、配件成本暴涨，我们怎么办？

成本上涨是所有企业都面临的问题，在难以通过产品涨价转嫁给客户的情况下，剩下的路只有一条，那就是精打细算。具体的措施是：利用谷电电价，尽可能安排夜班生产；减少切割车间面积，降低空调消耗；冬季利用气温，减少制冷能耗；仔细测算劳动力需求，根据销售确定资源配备，精简人员，宁可旺季加班也不养闲置人力；修旧利废，尽可能少买配件；加强人员培训，从操作人员中培养高级技术人员。

三、党总支工作

公司党总支全年的工作围绕中心，服务大局，紧密联系集团公司“两调四强”战略部署，结合公司生产经营工作，加强党建工作，自我净化，自我提高，推动公司各方面工作进步发展。

①2017 年总支工作围绕“两学一做”的学习教育，使党的建设工作深入到公司各个层面。从组织制度上落实制度化管理，坚持支部生活常规有序，组织学习日常化集中化，做到个人学习和集体学习有机结合。

②加强纪检干部工作职责。2017 年 5 月，总支召开扩大会，选举了党总支纪检员，落实了岗位工作职责。及时传达中央纪委和上级纪委有关违反党纪党规的典型案件，对全体党员进行遵守党纪国法和思想道德教育。确定由党支部书记安排专题课件，进行党课学习教育，在全体党员中开展党的知识答题活动，增强党性修养，强化党员意识，起到良好效果。

③坚持党的民主生活会制度。2017 年 4 月公司党总支和第一、二支部分别召开民主生活会，公司主要负责人和全体党员参加，并以交流思想、开展批评与自我批评的方式进行深刻的自我剖析，对 2016 年来遵守党的纪律、坚守党的信念、执行党的决议等方面，结合各自的工作深度发言并进行评议。

④2017 年 7 月，组织全体党员和入党积极分子参观“没有共产党就没有新中国”主题教育活动，9 月，组织支部书记参加集团公司党委在韶山的培训班。通过学习，党员同志们又一次接受了心灵的洗礼，加深了情感，思想境界得到了提升。

⑤党的十九大是全党全国人民关心的大事，

公司党总支专门召开支委会，研究组织党员干部职工学习收听十九大会议事项。组织公司党员干部自觉收听收看党的十九大会议开幕式和习近平同志做的大会报告。主动关心和学习十九大的有关文件精神，公司党总支通过微信群建立党员学习园地，及时将十九大的政策方针文本传送到微信群，供同志们学习和把握中央的大政方针。党总支书记以文化自信为题给全体党员讲党课，对深入学习领会十九大文件起到积极的作用。

⑥坚持按时召开支委会、支部大会和开展党课学习，2017年共召开党员大会3次、支委会5次，组织党员活动2次，上党课2次，从而有力地促进了支部各项工作的开展。实行严格的党员管理机制，把好新党员的入口关。在发展党员或党员转正问题上，坚持标准、选准对象、搞好评议、多方考察，充分考虑发展对象和转正对象的工作表现和实际情况，建立了良好的政治氛围，增强了党的组织凝聚力。

⑦在选人用人方面，公司严格按照有关制度，在容易出现问题的关键节点实施重点监控，对重大人事安排严格把关。2017年公司把人才培养、人才发展纳入当前和未来几年的重要工作任务，根据企业发展需要，积极发现发展和引进人才。

（张　慧）

北京中版联印刷物资有限公司 2017年工作综述

2017年，北京中版联印刷物资有限公司（以下简称中版联公司）紧紧围绕中国出版集团公司“三六构想”，深入学习贯彻科学发展观，全面落实中国出版集团公司各项部署，积极推进企业发展，加强企业管理，开拓进取，扎实工作，不断激发企业改革创新的动力，较好地完成了各项工作任务。目前企业发展态势稳中有升，总体实力持续增强。

一、经济效益持续增长

（一）集团公司外市场份额增加

2017年，中版联公司全年销售9.26亿元，比上年增长1.99亿元，其中集团公司外销售收入2.85亿元，比上年同期增长4685万元，同比增长19.7%，占全部销售收入的40.7%。

（二）纸张采购招标效果显著

2017年，集团公司内采购继续实行统一招标。因2017年纸张依旧保持上涨趋势，招标工作效果显著，有效降低了各出版单位的生产成本，保证了供应。1～10月，集团公司内总采购金额为4.13亿元，同比增长54.1%。

（三）特色经营稳定发展

2016年，中版联公司开启互联网销售模式的尝试。与电商印刷家进行合作，主营铜版纸。2017年，网店销售稳定发展，全年共销售纸张3000吨，销售收入约2000万元。

（四）品牌代理初见成效

2017年，公司与瑞典豪门纸业有限公司进行了独家代理谈判，在北京及华北地区销售其book、classic两系列的38克广告纸，该纸张具有品质高、价格稳定、低克重的优势，在国内纸张上涨周期中，其市场竞争力突出。截至10月底，该款进口纸的销售额为800万元。

（五）行业影响力提升

集团公司外销售连年增长，成为公司长远发展的发动机，经济效益增长的同时，提高了社会效益，增加了业内影响力。在北京纸张经销商中，中版联公司以现有销售规模排名在第1梯队前列。与地方出版单位的合作继续加强，与四川省、湖南省、重庆市等地方出版单位合作稳定。2017年，全国工商联纸业商会理事单位换届，公司连任纸业商会理事会理事单位。总经理与副总经理连续多年担任中国版协材料委员会副主任及常委。

二、党建工作情况

（一）深入学习贯彻党的十九大精神

一是规范中心组学习，深入学习十九大精神。中版联公司党支部按照中国出版集团公司直属机关党委的要求，制定了《党支部学习计划》，共进行了5次集体学习，学习了习近平总书记在十九大做的题为《决胜全面建成小康社会，夺取

新时代中国特色社会主义伟大胜利》的报告，以及十九大通过的《十八届中央委员会报告》等文件。二是加强班子思想建设，带头讲党课。结合公司实际为支部全体干部讲了党课，课后党员干部撰写了心得体会。三是开展信仰教育。组织全体党员干部职工收听收看十九大电视直播，坚定理想信念。

（二）严守党的政治纪律和政治规矩

一是坚持党的民主集中制。按照民主集中制的原则办事，虚心听取同志们的意见，重大事项事前充分酝酿，集体研究决定。公司“三重一大”事项，都经过总经理办公会研究决定。二是深入贯彻中央八项规定，严防“四风”反弹。严格按照集团公司要求进行“两节”检查，没有发现违规问题。开展警示教育。按照集团公司统一部署，组织领导班子参观燕城监狱，听讲解，看实例，切实提高领导干部的防腐拒变能力。三是加强政治、组织纪律教育。在党员干部中，强化讲政治守规矩教育，不断增强“四个意识”和“四个自信”，自觉用习近平新时代中国特色社会主义思想武装头脑，指导工作，自觉维护以习近平同志为核心的党中央权威和集中统一领导。

（三）开展“两学一做”学习教育常态化制度化

坚决贯彻党中央全面从严治党要求，深入开展“两学一做”学习教育常态化制度化，制定了《“两学一做”学习教育常态化制度化实施方案》。2017 年 3 月，公司召开了民主生活会，班子成员会前认真学习了有关文件，会上进行了批评与自我批评。10 月，进行了支部集体学习会，集中学习贯彻十九大精神。11 月，完成了班子成员讲党课活动。

三、工会工作情况

①2017 年，中版联公司团支部按照规定进行了换届改选。新一届团支部组织青年员工在地坛公园进行了“迎五一健步走”活动，激励工作热情。工会定时为过生日员工购买生日蛋糕，体现人文关怀。继续完善“职工小药房”，关心员工身体健康。公司工会号召女职工积极参加集团公司“恒爱行动——百万家庭亲情一线牵活动”，为新疆少数民族家庭编织毛衣、帽子、围巾等，体现民族大家庭的互助友爱。

②工会积极协助集团公司党组，从强化学习、廉洁自律、做好服务入手，以建设学习型企业为目标，确立了学习与工作相结合的理念。

一是坚持定期政治学习。坚持每周的政治、业务学习，传达上级文件精神，学习经典案例，引导员工树立正确的人生观、世界观、价值观。二是开展主题活动。深入开展勤业、敬业、创业为主题的三业教育活动，使全体员工时刻保持清醒头脑，树立了不进则退的竞争意识，统一了思想，明确了任务。三是参加各项业务培训。2017 年中版联公司参加了人力资源、业务交易、档案管理、招标投标等培训，提高了服务本领和技能。增强本领，掌握政策，熟悉法律法规，不断提高工作水平和运用市场经济知识指导工作的水平。

通过学习教育，使公司员工牢固树立了“四个意识”：全心全意推进公司工作的创新发展意识，积极推进公司经济发展的大局意识，真心诚意做好服务的服务意识，强化维护公司纸张经营健康发展的责任意识。

公司工会在集团公司总工会的领导下，发扬优良传统，为员工服务，为公司事业的发展服务，很好地发挥了桥梁作用。

四、存在的问题

①长期以来，资金短缺问题是影响中版联公司进一步做大做强的因素之一。2015 年 6 月集团公司印发《中国出版集团关于提高集团化经营水平，促进纸张整合的实施方案》，2016 年 5 月印发《关于落实纸张整合实施方案，通过资金集中管理解决内部欠款的通知》，这两份文件对于规范集团纸张整合发挥了积极作用。2017 年 10 月，印发《关于执行好〈中国出版集团关于提高集团化经营水平，促进纸张整合的实施方案〉的通知》，重点解决内部欠款问题。相信随着相关文件的落实，短期内能有效改变欠款现状，中版联公司集团外业务发展可以轻装前行。

②中版联公司经过10多年的发展，正处于做实做强、转型升级的关键期，面临着诸多困难，例如自主品牌不足，集团公司内整合质量需进步提高等一系列问题。

五、2018年工作重点及举措

（一）建设自主品牌

品牌建设是中版联公司下一步愿景。针对集团各社用纸品质和要求方面具有较高的同质化并且数量规模可观的特点，中版联公司依托集团内部纸张使用提供数据支撑，通过分析得出集团公司所属各社用纸数据并加以整合，中版联公司将开发“集团专用纸”，推广自主品牌，将其作为品牌建设的一大抓手。优先保证集团公司内出版单位的出版物使用，提高集团公司整体出版物的用纸水平和档次，有效降低纸张成本在图书的占比，提升市场竞争中的能力。同时，利用“集团专用纸”的规模效益使之市场化，撬动集团公司外市场竞争，建立销售渠道体系，为中版联公司的长远发展提供空间和动能。

一是加快推进与著名纸厂的特色产品独家代理权合作。依托自身的渠道优势，尽快增强公司在高端纸业领域的话语权。尽快开展美国铜版纸、澳大利亚轻涂纸的代理权谈判。二是专用定制纸项目。做好市场调研，积极利用集团公司内外两个市场、两种资源，指定松厚度、白度、不透明度、平滑度等参数定制生产专用纸。成立专属纸张项目小组，专项负责，力争半年内此项工作取得实质性进展。首先，选择质量稳定、产量富裕的中等规模纸厂进行洽谈，签订纸张专享协议。已与济南欣易特种纸业有限公司进行洽谈，该企业已经同意。其次，在集团公司内进行试点销售，做好宣传，取得各出版单位对定制纸张的支持，保证定制纸用量。第三，做好集团公司外宣传，使得定制纸成为具有一定市场知名度的明星产品，扩大集团公司外销售，提高经济效益。

（二）加大纸浆销售力度

继续向纸张临近领域延伸产业链条，重点发展纸浆销售。公司2015年、2016年纸浆销售收入分别为1.18亿元、2.15亿元，对公司销售规模的增长做出突出贡献。2017年，公司将继续加大纸浆销售。利用日趋成熟的互联网销售方式，通过加快市场化运作和提高专业化服务水平，有计划地布局布点，并加大人力配备及资金投入，力争纸浆销售更快提升。

（三）做大库存纸规模

截至2017年12月，公司库存纸规模约为500吨。由于自2016年以来纸张一直处于上涨周期，公司有计划地提高了库存规模，取得了可观的经济效益。库存纸种类集中为代理的国外纸与出版社常用纸。中版联公司库存纸规模提高，可以有效降低出版社库存纸规模，减轻出版单位资金压力，增进出版单位与中版联的合作紧密度，提高出版单位对集团纸张整合工作的支持度，同时可以有效提高中版联公司的外销能力。

（四）突破传统分配机制

培养、引进对市场需求具有快速反应能力，对市场动向和政策走向具有敏锐观察力、高度职业化的市场营销人才队伍。在职员工个人申请可以进行岗位转换，营造全员做外销的气氛。对销售成绩特别突出的个人，给予特别奖励，拉大管理人员与销售人员的工资差距，激发销售人员的活力。

2017～2018年，中版联公司目标任务已经明确，步骤实施具体可行，关键在于狠抓落实。中版联公司有信心有决心在集团公司和股份公司的领导下，在集团公司各个成员单位的大力支持下，在全体员工的齐心努力下，让工作目标和发展愿景开花结果。中版联公司将继续改进和提高，继续与时俱进，将成绩提高到一个新的台阶，并以此创造更好的社会效益与经济效益。

（贾志勇）

中版集团数字传媒有限公司 2017年工作综述

2017年，按照集团公司“稳增长、调结构、促融合”的总体要求，在集团公司的领导下，在全体员工的齐心协力下，按照年初确立的各项经济指标，中版集团数字传媒有限公司（以下简称

“数媒公司”）采取有效措施，对内强化经营管理，对外积极开拓市场，开源节流，勇于创新，取得了较好的成绩。

截至2017年12月，数媒公司实现主营收入4639万元，增幅62.2%；实现利润总额306万元，增幅61.05%。2017年数媒公司保持了快速的增长态势，全年改革和调整取得成效。

一、工作综述

（一）综合运营平台初步建成，助力公司快速转型

中国出版集团数字化精品内容综合运营平台是集团公司为“十三五”规划确定的一个支点，也是数媒公司2017年工作的重中之重。第1期于2016年9月开始试运行。第1期上线的内容包括中版数字APP、爱嘟嘟，以及集团公司200多种数字产品的集中展示。综合运营平台的主要功能有：将不同架构的产品，分批次、分层次集聚融合到产品统一运营平台，借助资源大数据分析、用户行为大数据分析、行业发展大数据分析等实现精准化服务，通过用户引导、产品跨界等方式实现综合运营；通过线上网站和应用、线下展厅和设备等形式，实现集团数字产品的立体化综合展示。

（二）资源建设从量变到质变，推进融合发展

2017年数媒公司继续加大资源集聚力度。截至2017年12月，共计整理入库集团内外资源21万余种，其中集团内资源79570种。入库整理工作的重心是对资源的元数据整理、检查和分类。将每种资源补充中图分类信息，对应到公司资源卖场分类，并将书名作为资源唯一命名，与表单书名项统一，实现资源定向快速查找。同时，对版权资源进行版权信息的补充，集团公司内版权资源7300种，集团公司外版权资源14万种。

（三）版权经营稳中有升，加大原创签约力度

版权是运营和营销的基础，2017年各大产品线继续加强版权签约力度。有声书全年完成音频录制1500小时。改编签约77种，音频引入签约2739小时。动漫非独家签约绘本作品39部，连环画作品66部，漫画作品48部。电子书共签约数字版权资源5600种，数字图书馆资源合作20万种。

（四）产品运营亮点颇多，动漫业务快速增长

运营是版权变现的途径，数媒公司一直将运营作为公司经营的核心，2017年公司运营亮点很多。

第一，动漫运营成绩斐然。公司于5月26日在江苏常州注册成立中版漫文化科技（常州）有限公司，6月8日在福建厦门注册成立中版信达（厦门）文化传媒有限公司。其中，中版漫文化为公司的全资子公司，主营漫像业务、衍生品生产经营以及活动展会业务；中版信达为公司与厦门信达中天成立的合资控股子公司，主营动漫版权与动漫渠道运营。通过中版漫文化与中版信达两个公司实体的落地，实现公司动漫品牌的初步确立与市场突破。

第二，第三方渠道运营平稳。电子书截至2017年9月30日，通过专题包、联合会员包、精品电子书保底以及日常点击等方式，与天翼阅读文化传播有限公司共实现收入425.68万元，除电信运营商外，还接入了上海阅文信息技术有限公司、掌阅科技股份有限公司、北京世纪卓越信息技术有限公司等第三方电子书渠道，共接入图书10400种，月更新图书150册。

第三，中版数字图书馆的运营取得开门红。中版数字图书馆是推广的第一年，重点在于接触市场，通过我们的宣传推广和代理机制，已经在安徽金溪县图书馆、湖北师范学院图书馆、北京交通大学、河北地质大学、石家庄邮政专科学校图书馆、中国民航飞行学院图书馆、农业部管理干部学院图书馆、海淀区东升镇政府、朝阳区十八里店镇政府、中国银行、湖南永州市等各类图书馆进行了安装和试用。

第四，健康专区市场可期。健康专区业务是公司2017年新开发的一个业务，还处于业务培育期，核心产品是公司联合宣武医院、中信数

字、歌华有线联合打造的健康类移动应用产品。前3季度基本实现了健康专区业务规划和建设，目前处于产品的完善和商业拓展阶段。确定与中信数字、宣武医院共同建设“健康专区联网医院试点工程项目”并签署委托开发合同，合同金额1100万元。

（五）营销工作从无到有，借鸡生蛋，取得突破

为了加大运营力度，公司年初成立了独立的和机动的营销中心，打破原有部门限制，引进专业营销人才，专门负责数媒公司所有产品的营销推广工作。截至2017年12月30日营销中心2017年总签约1942.5345万元，占比全年任务1500万的129.5%；实际回款1709.8845万元，占比113.99%。成效明显。

除了电子书、有声书、视频和动漫产品等公司现有产品之外，2017年营销中心还着力开发了教育信息化和数字文化产品线，目前正在着力开发途悦产品，为公司实现大文化的融合发展转型大胆探索和积累丰富的经验。

（六）大力拓展新媒体，打造中版特色融媒体矩阵

目前，数媒公司运营CBI中英文网站、集团公司网站集群、大佳网及视频，共有7网站、3微博、2微信和2节目等传统媒体和新媒体，组成了中版特色融媒体矩阵，有效提升了集团公司的话语权。

2017年CBI网站改版，改版后的CBI网站更加注重自身细节的优化，明确书目三级分类制度，对于书目信息审核与筛选也更加严格，建立了一套基于书目的算法推荐机制，更加有效地推荐优秀书目信息，方便国内外版权专家精准选择。

近年来，新媒体成为企业品牌运营的必备手段，也成为衡量其社会影响力和经济效益的重要参考指标。中国出版集团公司微信、微博以及中版好书榜微博自运营以来已找准定位，拥有了固定受众，通过与集团办公室和集团网齐配合，在业内逐步产生影响。

二、重大活动

①出版活动：2017年第3届海峡两岸网络文学大赛继续举行，大赛于2017年10月30日完成征稿。经过对稿件的审核整理，合计征收稿件1672部，参赛作者600余人。在第1轮的筛选后，剔除掉不符合参赛条件的作品，如文体不符、字数过短、内容涉宗教涉政治等，有1426部作品进入初审，共计约4200万字。这些作品都是我们的原创版权。

本届大赛参赛作者很多是已取得一定创作成绩的作协或文联会员，为中国作协会员或各省市级作协会员的作者近200位。还有市县级文联组团参赛，如安徽阜阳市文联组成颍淮作家群团体。参赛者专业作家增多，参赛作品质量明显有所提高，这充分说明大赛的影响力显著提高，品牌知名度正在形成。

②人力活动：数媒公司一直非常注重技术人才的引进和培养，2017年公司新进员工90%都是技术人才。

2017年，数媒公司技术中心的重点工作是做好公司ERP管理系统的项目管理和开发工作、中国对外推广网（CBI）中英文网站的改版研发工作、中国出版集团公司综合运营平台的搭建工作、中国出版集团公司百年经典出版资源库项目的项目管理及结项工作、中国出版集团公司及中国出版传媒股份有限公司综合运维项目的项目管理及项目执行工作，同时做好对中国出版集团公司中英文网站、大佳网、出版物发行协会网站、中版财会网站、韬奋基金会网站等软硬件的管理、系统升级研发等工作，完成“去听”“漫像”“爱嘟嘟”“大佳阅读”等产品网络、硬件设备管理的同时，保障中国出版集团总部、本部和数媒公司内部计算机和网络设备的正常运转等工作。

③2017年11月23日，邀请北京人艺导演藤野及国内顶级配音演员曲敬国、郭政建、严燕生等录制的广播剧《茶馆》首发上线，获各大平台重磅上线和推荐，并于年底跻身“去听”2017有声读物排行榜和当当云阅读十大听书产品。

④2017年3月，CBI网站聚焦书目，在页

面展现、框架设计上进行了全面升级改版。

⑤2017 年 4 月，CBI 网微信公众号开通，现有栏目有 CBI 书单、专家视点、书展资讯。

⑥CBI 网开通各类海外 SNS 账号，建立与国外出版商及出版社的联系。在 You Tube 上开通账号 Exotic Must Read，在 Twitter 上开通账号 Exotic Must Read，已发布资讯、视频 46 条。

⑦CBI 网从线上转入线下，发掘各社的“走出去”需求，提高出版机构满意度，团队走访调研基层单位共计 48 次，并与中国轻工业出版社、中国人民大学出版社、上海人民美术出版社、人民体育出版社、商务印书馆、北京语言大学出版社初步达成图书推广合作意向。

⑧常规节目《我的书》在优酷、爱奇艺、腾讯、微博、微信、今日头条、哔哩哔哩等视频网站、平台投放，截至 12 月底，优酷播放量约为 705万，粉丝数为 2.7 万，爱奇艺总播放量为 133万。节目开播两年来，实现单期节目播放稳定，观众群体相对固定。与北京社馆直通车科技有限公司达成资源销售合同，销售《我的书》资源 18 期。

⑨完成大佳阅读的项目研讨和原型设计工作，分“首页”“分类”“圈子”“我的” 4 个板块，打造“精品阅读＋社交”概念，提供专栏、电子书、有声书、原创等优质内容。

⑩2017 年 12 月，通过“出版资源管理系统”入库资源，资源入库量达到 21 万种。

⑪2017 年 7 月，与香港地区“FUN Union”公司签订协议，联合中国大百科全书出版社，共同打造“瑞奇宝宝”线上线下系列图书。

⑫2017 年 12 月，顺利完成适用于苹果、安卓客户端的 5 个 APP 交互电子书，以及适用于微信推广的 H5 版本，并得到合作方的一致认可和赞扬。

⑬文体活动：在职工队伍建设和企业文化建设方面，党工团以活动促进业务，开展知识竞赛、诵读比赛、专题论坛等多种形式的企业文化活动，活跃员工思想，增强队伍向心力，挖掘员工潜力，使公司面貌焕然一新，有效地促进了各项工作的快速健康发展。

三、重大项目

2017 年，数媒公司启动了“大数据知识内容挖掘与分析平台”项目，先对集团公司资源进行碎片化处理，再通过分类融合形成新产品以实现资源的碎片化知识挖掘与利用，实现了资源建设从量变到质变的转化。这是数媒公司在融合发展上的一个大胆探索。

“大数据知识内容挖掘与分析平台”项目主要针对集团公司 20 多万种的数字资源及 200 多万的书目资源如何市场化问题提供知识内容支撑。该平台能够自动对数字资源进行碎片化处理，将概念标签映射到各个知识碎片中。第一期选取“历史”“经济”两个专业领域，目前已对万余种特色图书进行结构化切片处理，并形成带有标签的知识内容碎片，其中历史类知识内容碎片 40 万，经济类知识内容碎片 142 万，初步实现了知识内容数量规模化、知识内容颗粒精细化以及知识内容关联化。这些知识碎片将为阅读平台、主题知识服务平台输送对应的内容素材，逐步打造成为业内最大的碎片化知识内容生产基地，并为未来实现出版行业大数据分析、业务创新模式打下资源基础。

四、规章制度

（一）强化科学管理，激发工作效率

2017 年 7 月，数媒公司修订了新的员工手册，其核心是科学管理和人文关怀。科学管理是把最合适的人放在最合适的岗位上，并进行严格合理的绩效考核。干部能上能下，员工与干部原本是对立的不同岗位，公司通过双向选择、培训和奖惩等一系列措施，变对立为合作，激发大家共同为提高生产效率而努力。

（二）实行全员考核，促进效益提升

2017 年 12 月，数媒公司完成了新一轮全员竞聘工作，并依照竞聘结果与员工签订《岗位聘任书》，激发大家共同为提高生产效率而努力。

为了推进营销，在集团公司领导的大力支持下，设计推出了 3030 的特别奖励政策等，即以部门净利润为主要考核标准，年终完成任务指标

并产生净利润的，以净利润的30%为标准作为部门特别奖励，部门负责人的特别奖励不低于部门特别奖励的30%。

五、公司荣誉

数媒公司在2017年有多个项目入选“国家级重大项目”，大佳网入选了“新闻出版业网站百强”，“海峡两岸新媒体原创文学大赛”获得了中国数字阅读大会“十大数字阅读公益项目”。

此外，去听APP和漫像APP也累积了一定的品牌效应，尤其是漫像APP，2017年分别在常州和厦门两地成立了两家分公司，当年实现收入千万余元。（姜　莎）

中版教材有限公司2017年工作综述

2017年，以《中共中央办公厅 国务院办公厅印发〈关于加强和改进新形势下大中小教材建设的意见〉的通知》（中办发〔2016〕66号）为标志，中版教材有限公司进入转型发展新阶段。公司认真学习贯彻中央各项指示精神，落实集团和公司的“十三五”规划，围绕集团“三六构想”战略目标和“稳增长、调结构、促融合”的工作要求，结合公司实际，励精图治，砥砺前行，克服了诸多困难和挑战，保持2017年的经营工作稳中有增。

2017年，由于国家统编教材政策的下发、前几年书法教材大幅下滑、营改增教材定价下调以及纸张价格大幅上调等诸多不利因素，对公司原有生产经营业务工作造成了巨大、长久的冲击和影响。在集团公司领导的大力支持下，中版教材有限公司领导班子带领全体员工面对困难，积极应对，在充分总结自身历史上形成的“渠道、队伍、服务”经验和优势的基础上，制定了“立足教育、研发产品、拓展服务”的转型发展思路，确定了“教材、装备、馆配、数字化”发展方向，并逐步加以实施，正初见成效，主要做了以下工作。

（一）在市场维护和开拓方面

极力维护历史、道德与法治存留市场，做好服务，寻找契机，同时降低成本，提高效益。

围绕书法教材组织活动，稳定书法教材的市场份额。

（二）积极研发地方教材

面临国家政策调整，国家教材在短时间内可能很难给公司提供机遇，公司确立了把开发地方教材作为转型的重要举措。2017年公司抓住机遇，对地方教材加大了研发力度。截至2017年底，已经有3套教材获准在2017年秋季开始使用。

第1套教材是和中华书局合作研发的山东版《中华优秀传统文化》初中学段和高中学段教材，在山东省17个地市中有7个地市选用。

第2套教材是广西的《安全教育》，2017年9月开始在广西实验区使用。

第3套教材是辽宁省的省情教育《魅力辽宁》，也是经过辽宁、吉林、黑龙江分公司的几位同志历尽艰难争取来的，有35万册左右的印数。

除此以外，公司还在积极推进《中华文化》教材的研发和审定。该套教材是深入贯彻落实习近平总书记系列重要讲话精神，特别是关于新疆维吾尔自治区工作的重要指示以及在第二次中央新疆维吾尔自治区工作座谈会上的重要讲话和视察新疆维吾尔自治区时的重要讲话精神，紧紧围绕“社会稳定和长治久安”总目标，全面推进“对伟大祖国的认同、对中华民族的认同、对中华文化的认同、对中国共产党的认同、对中国特色社会主义道路的认同”教育，和新疆维吾尔自治区教育厅、教科院共同组织专家研发的一套教材。从小学1年级一直到高中2年级共计21册，还有3本教师用书。这套教材现在已经通过新疆维吾尔自治区教育厅的初步审查，有望在新疆维吾尔自治区试用。该套教材不仅有良好的经济效益，社会效益也十分显著。

在上述几个项目顺利推进的同时，公司还在与北京市教科院和陕西省教育厅等教育机构密切接触，酝酿合作其他的地方教材，有的已经成型，预期2018年秋季学期在北京市及陕西省落地。这些项目的开发，为公司的可持续发展奠定

了一定的基础。

（三）整合其他版本教材

2017年教育部对科学学科进行了调整，我们及时整合了广东粤教版《科学》、河南大象版《科学》教材，与这两家出版社分别达成了相应的代理协议，为2018年《科学》教材市场变动做好相应准备。

（四）启动书法教材的修订工作

2017年下半年，启动书法教材的修订工作，把一些专家学者尤其是一线教师提得很好的建议吸纳进来，把教材打造成书法教材中的精品。

（五）取得教育部编本教材初中《历史》同步教辅编写和发行授权

取得了教育部编本教材初中《历史》同步教辅在河南、河北、云南、湖北四地的编写和出版授权，为积极开拓市场提供了重要的基本条件。

（六）开展纸张、印刷物资销售业务，增加销售收入

为了增加营业收入，我们开始尝试增加纸张销售、印刷物资经营业务，纸张销售和印刷物资销售全年实现了4000余万元销售收入。

（七）开始尝试“创客教室”和“教育留学”项目

根据《国务院办公厅关于发展众创空间推进大众创新创业的指导意见》（国办发〔2015〕9号）、《教育部关于印发〈教育信息化“十三五”规划〉的通知》文件精神，我们开始关注创客教育领域，举办了创客知识的培训，开始尝试创客空间的业务开拓。这样的项目不仅给公司带来了现金流水，同时也锻炼了队伍。

（八）开展馆配业务尝试，形成新板块

云南省公司、广西壮族自治区公司等部门开始在馆配方面进行尝试，取得了一定的进展。

（九）对公司内设部门进行调整，以更好适应市场需要

为了更好适应转型发展，公司对一些机构也进行了相应的调整：

一是为进一步提高印务工作水平，更好地开展纸张销售和印刷物资销售，提升服务和营销能力，重新组建了业务部，明确了业务部的职能，同时赋予相应的经营职能。通过这样的尝试和调整，印务部服务能力和经营能力得到了加强和拓展。

二是根据市场需要以及人员变动，重新组建了京、冀、沪、苏、蒙分公司，负责上述省份业务。这样的整合从时间和业务效果来看是恰当、及时的，适时整合了资源，在整合的过程中，新组建的分公司在关键环节起到了非常大的作用。

三是将教材研发、教师培训、专家管理工作由综合部划转到总经理办公室直接管理，加强了对一线的掌控，充实了研发力量。调整以后，由总经办协调全公司，在产品研发方面形成合力，在2017年的几个重大项目中起到很大作用。

启动了《书法教育杂志》《中华文化教育教学研究中心》《云南教育装备公司》《中版教育新媒体科技有限公司》等一系列重大项目的筹备和前期准备工作。在充分论证的前提下，为公司综合发展、多方位开拓，探索教育期刊、培训和咨询业务，探索建立数字化、网络化和开放式的数字化教育平台，通过各类业务的发展，初步构建以教育出版为核心的教育服务产业链，实现从单一教材的发行向教材研发全面发展的转变打下良好基础。

（十）利用公司迁址契机，加大企业文化建设

2017年5月25日，公司搬到丰台区首科大厦新址办公，利用办公室搬迁的机会，改善了办公环境，更重要的是通过办公室的搬迁，加强内部管理，重新塑造和打造了企业形象，让企业的文化建设得到更好的推进，为企业健康发展奠定良好的基础。

一是改进改善了员工工作环境；二是提高员工工资福利待遇；三是结合办公室搬迁，加强日常管理，在劳动纪律、着装、防火防盗方面做了很多工作，进一步提升企业的环境和员工个人形象，营造良好的工作氛围。

（十一）强化了财务管理，规范公司日常经营，为企业发展保驾护航

2017年上半年随着集团公司的上市，国家

反腐倡廉、税费政策的改变，中版教材有限公司根据政策及时对财务管理进行规范，从招待费、差旅费、培训费标准、发票的规范等不同角度强化了管控，在保证日常生产经营的正常开展前提下，化解了财务风险，减少了后顾之忧，招待费、办公费等费用同比有较大幅度减少。

通过积极组织员工参加集团公司组织的各类活动，去延安等革命圣地学习考察，加强了党的建设和团、工会、群众组织的建设，为公司发展提供人员和组织保证。（潘　健）

北京新华印刷有限公司2017年工作综述

2017年，是全面实施“十三五”规划、全面建成小康社会的重要一年，是供给侧结构性改革的深化之年，是集团公司继续推进“两调四强”战略重点的进取之年。在集团公司的领导、关心和支持下，北京新华印刷有限公司（以下简称“新华印刷”）深入贯彻落实科学发展观，认真贯彻落实党的十九大精神和习近平总书记系列重要讲话精神，紧紧围绕集团公司“两调四强”的战略重点，不断探索融合升级之路，抓住科技发展的契机，经受住了市场经济浪潮的洗礼，各方面均取得不俗业绩，始终保持着行业排头兵的地位。

一、强导向、强质量，践行印刷“国家队”的使命担当

新华印刷始终坚持正确的印刷导向，社会责任第一、国家使命第一；始终以“为人民生产更多更好的精神食粮”为己任；始终把社会效益放在首位，努力将社会效益与经济效益相统一。

（一）履行政治责任，圆满完成重要政治印文任务

3月，公司圆满完成了全国两会文件的印制工作，已连续46年服务两会文件的印制。5月，完成北京市党代会正式选票印制工作。举世瞩目的中国共产党第十九次全国代表大会于2017年10月24日胜利闭幕，新华印刷光荣承担了党的十九大专项印文的印制任务，连续6届服务全国党代会。十九大闭幕后，新华印刷又立即投入学习辅导材料的印制任务中。新华印刷以强烈坚定的政治担当和一丝不苟的工作作风，向党和人民交上了一份满意的答卷，体现“国家队”的使命意识、大局意识、责任意识、担当意识。

（二）履行社会责任，示范特色影响力进一步提升

作为国家印刷示范企业，新华印刷对产品质量的不断坚持和努力换来了客户和行业的认可，多年被评为质量管理十佳企业，公司印制的图书多次获得印制大奖。3月，新华印刷荣获北京质量协会印刷分会“北京印刷知名品牌企业”和“印刷出版物优质品金奖”最高荣誉称号，公司印制的《胡锦涛文选》（全三卷）荣获年度北京印刷质量大奖。5月，荣获第4届中国出版政府奖中印刷复制奖提名奖。9月，荣获中国大陆与港澳台地区联办的中华印制大奖金奖。

2017年5月，全国印刷行业首台防爆型通风除尘系统工程在新华印刷正式投入使用，并通过由北京市、开发区安监局和业内国家级通风、防爆相关专家组成的联合评审团队的验收，为全国印刷企业粉尘治理系统做表率。

12月，公司荣获2017年度北京市国有企业安全生产工作创新奖，为北京市各企业安全生产工作树标杆。被科技部评为国家高新技术企业，通过了北京市清洁生产审核。

（三）履行经济责任，巩固企业经济实力

一是整体资产质量良好。2017年底，公司资产总额43087万元，负债总额8818万元，资产负债率为20%。

二是主要经济指标超额完成。2017年底，主要车间产值均有大幅增长，公司营业收入和利润指标均超额完成。营业收入29769万元，同比增加3809万元，增幅15%；实现利润385万元，同比增加35万元，增幅10%，圆满完成营业收入和利润双增8%的目标。

履行政治责任、经济责任和社会责任是党和人民赋予新华印刷的重要使命。国有企业尤其是中央企业，是壮大综合国力、促进经济发展、保

障和改善民生的重要力量。为社会、为人民创造更多价值是新华印刷可持续发展的核心要义，是每一位新华人的使命与责任。

二、调速度、调结构，走新华印刷特色发展道路

新华印刷始终保持做强做大印刷主业的战略定力，在传统印刷领域深耕细作，走出了一条新华印刷特色发展道路，领先优势得到进一步巩固。

（一）业务结构逐步优化，重点客户大放异彩

中国出版集团公司总裁谭跃在年初召开的集团公司2017年度工作会议上明确指出："坚持稳中求进，将稳增长、调结构、促融合作为三大要领，作为主攻方向，带动发展全局。"

按照谭总指示，新华印刷遵循优质客户、优势资源、优秀团队的"三优"原则，调整业务结构，不断扩大优质客户的占有率，建设布局合理、重点突出的业务体系，逐步缩减回款慢、工价低、风险高的客户。新增化学工业、新烟草、中国西藏、经科社等多家合作单位。目前新华印刷已形成六大产品板块：政治印件、字典词典、豪华手工、儿童读物、教材教辅及期刊，与多家国内著名出版单位保持长期密切合作关系，包括商务印书馆、人民出版社、机械工业出版社、外语教学与研究出版社、人民教育出版社、党建读物出版社、人民文学出版社、中办通讯、中国美术出版总社等。

（二）立足传统印刷，推进多元发展

得益于印刷主业强劲增长，新华印刷顺应传统印刷发展大势，推进多元发展，加快企业转型步伐。借助传统印刷与新媒体的融合，着重发展豪华精装的传统手工业务，提供个性化手工定制服务，打造具有新华印刷特色的高附加值产品。同时，借助现有商务印书馆的薄纸和超薄纸订单，进一步加强设备升级、技术改进，逐步拓展超低克重纸印刷业务。

（三）突破创新发展，绿色环保先行

新华印刷是首批获得绿色印刷认证的企业，获得绿色印刷认证这几年来，公司更加重视环保重要性，本着遵循从产品使用的原材料、生产过程中的工艺改进等方面，实施绿色印刷。公司先后被评为"北京市绿色印刷工程标兵示范单位""积极推进绿色印刷工程印刷企业"。

行业持续发展，环保设备先行。公司积极响应政府号召，投入环保治理项目，开展清洁生产工作。2017年，公司投入近300万元完成VOCs治理设备改造、高耗能电机置换、直燃机低氮改造等项目。

（四）印务整合，建设完整产业链

印务整合工作开展以来，按照集团公司总体布局，公司苦练内功，积极响应，在系统内多家出版社的鼎力支持下，不断加强与集团公司内部出版单位的融合发展，印务整合初见成效。

经统计，集团公司内部活源完成情况为：2017年承揽订单金额2391万元，比2016年的2234万元同比增长7.02%，2017年承揽加工产值2324万元，比2016年的2132万元同比增长9.00%，2017年出版集团公司内部活源占公司产值比例为16.69%。

印务整合工作开展以来，新华印刷不断加强与集团公司内出版单位的融合，承接集团公司内优质出版物印制资源，合理有效地与各出版单位进行点对点沟通、协调，解决印制过程中的疑难问题。2017年，集团公司所属出版单位的订单金额增加157万元，同比增长7.02%，加工产值增加192万元，同比增长9.00%。其中，中国美术出版社总社、人民音乐出版社、生活·读书·新知三联书店3家订单产值翻番，商务印书馆国际订单产值同比增加94.5%。

三、强党建、强动力，内生动力得到增强

一是新华印刷全面加强公司党建工作、精神文明建设、企业文化建设和反腐倡廉建设，在全体党员中推进"两学一做"学习教育常态化制度化，促进了公司各项工作的全面发展。

二是坚持人才为本的基本方针，建立科学的培训管理体系，通过"走出去"和"请进来"，各层次、多方位对员工进行培训，培养企业发展

急需的专业技术人才、经营管理人才。通过开展岗位练兵活动、轮岗学习、“师傅带徒弟”、一对一帮扶等活动，促进同事间的感情交融、互帮互助，同时提高了员工的综合素质和技能水平。

三是加强企业文化建设，职工流动率持续下降。公司工会多次慰问看望病困职工，每年组织近百人参加公司年会，在新华印刷成立 68 年华诞之际，组织新老员工座谈会及青年员工踏青活动，增强了企业凝聚力。（胡文娟）

中版文化传播（北京）有限公司 2017 年工作综述

2017 年是中版文化传播公司成立的第 3 年，也是国有资本金预算项目执行的最后一年。公司业务规模在 2016 年的基础上有了较大增长，基本实现了项目预期的各项目标。同时，根据市场形势的发展变化，积极拓展衍生业务，确保公司发展的可持续性。

2017 年主要工作成果如下。

一、“诗词中国”业务取得了跨越式发展，推广渠道成形，构建兴趣圈实现粉丝黏性，已经达到国有资本金预算时设计的诗词存储量、APP 下载量等各个分项目标，项目建设如期完成

①截至 2017 年 12 月 31 日，已实现到账的现金收入 1203.14 万元。同时，以“诗词中国”APP 及其所包含的大赛评审平台及诗词培训课程等为核心，形成了价值巨大的无形资产。2017 年 11 月，北京天健兴业资产评估有限公司以 2017 年 9 月 30 日为基准日，对“诗词中国”APP 进行了全方位评估。根据评估报告，“诗词中国”APP 无形资产价值为 3845.410109 万元。

②“诗词中国”项目整体完成后实现现金收益 1300 万元。APP 开发 3 年后，实现日均下载量 5000＋，最高单日下载量 30000＋，总下载量 3600 万。

③作为自媒体的手机客户端，实现销售回款 300 万元，毛利 120 万元。“诗词中国”微信公众号运营一年半，实现单一广告收入 70 万元。小诗妹人设成为诗友上线互动的精神寄托。

④第 3 届“诗词中国”手机短信覆盖量 6000 万，投稿量 22.3 万。同时有 2 万多诗人在线写诗，共襄盛举。“诗词中国”于 2017 年 6 月大赛截稿日之后，成功申请了“吉尼斯世界纪录——最大规模的诗词竞赛”。

⑤保证了中华诗词网、中华诗词论坛、中华诗词微信公众号实现安全运营，在每日发帖量万余条的情况下，通过后台关键词屏蔽及员工定时巡查制度保证了上传内容健康，并及时处理了不良信息，论坛内容处于正能量状态，未造成社会负面影响。

二、业务转型，实现由诗词到国学的内容扩大，以及盈利模式的重新设计，积极构建创业团队

①积极推进中版国教教育板块与知名教育机构的合作。与知名线上教育机构“乐学”APP 的运营团队进行了深入洽谈，形成了乐学与中版国教在线课程的合作协议。双方合作推广课程共计 65 种。

②设计“全国中学生国学大赛暨国学等级考试”，与在线教育、高考自招、教材教辅出版挂钩，为培训业务打下基础。

为响应党和国家传承弘扬中华优秀传统文化的号召，发挥中版文化的推广平台资源优势，中版文化在 2017 年 11 月 5 日与中国人民大学国学院共同推出“全国中学生国学大赛暨国学等级考试”，为推动中华优秀传统文化在全社会尤其是青少年学生中的传播普及做出努力。

③为加强队伍建设，构建公司的教育板块人才，组织对外招聘，进行人才选拔工作，为公司吸纳了来自新东方、百年英才、精华学校优秀的教育总监 3 人，来自科大讯飞的产品设计人员 1 人，为教育板块的建设打下了良好的人才基础。

④签约《萌芽》杂志，成为“新概念作文大赛”未来 3 年的独家冠名商，为“中版国教”的品牌推广和教育板块合作铺开了很好的推广渠道。

⑤推动中国出版集团公司与淮安市人民政府

的战略合作，在出版部和科数部的支持下，与淮安市人民政府签订《关于共同推进中华优秀传统文化新媒体工程的战略合作协议》，并在淮安市人民政府举行新闻发布会。协议涉及“共建诗词中国博物馆”“举办纪念周恩来120周年诗词大赛”“共建国学书店”“共建淮安市出版发行基地”等项目。截至2018年3月即将完成1项，其他项目正在积极推进中。

三、不忘党建工作，积极学习践行十九大精神。举办中心组学习，坚持“两学一做”常态化教育

①深入学习贯彻十九大精神。支部全体党员、积极分子和群众集体观看十九大开幕式，聆听习总书记十九大报告；全体中层干部及党员参加集团公司关于十九大的宣讲会；领导班子成员积极参加集团公司组织的十九大精神培训班并撰写学习心得。

②支部理论中心组持续性地进行十九大精神专题学习，学习习近平总书记系列讲话精神和党章党规，牢固树立“四个意识”，坚定“四个自信”，进一步坚定对习近平总书记和党中央的绝对信任，进一步增强对全面建成社会主义现代化强国、实现中华民族伟大复兴的强大信心。

③支部坚持“两学一做”常态化学习，领导干部自觉做到先学一步、多学一些、学深一层，为全体党员做深刻解读。普通党员坚持原原本本地学并踊跃发言，讲自己的心得体会。

④支部发挥党员的先锋模范作用，提升社会责任感，发动全体职工向青海贫困地区捐赠衣物。

（包　岩）

中版昆仑传媒有限公司2017年工作综述

2017年，中版昆仑传媒有限公司（简称“中版昆仑传媒”）在中国出版集团公司的正确领导、关心和大力支持下，坚定跨越发展信心，抢抓机遇，开拓创新，攻坚克难，逐渐完善各项规章制度和基础建设，正确处理内部、外部市场之间的关系，深入实施融合的发展战略，在产业门类、商业模式顶层设计方面做了深度的思考和大量的工作，有条不紊地推进IP资源的孵化和开发，循序渐进地推动重大项目的实施，基本实现了良好的开局。

一、抓战略、强导向，探索企业发展路径

1. 创新企业的顶层设计，确立商业发展模式

一是确立企业的战略发展方针。2017年，是中版昆仑传媒建章立制、初试啼声的开局之年，是事关未来发展的关键一年。通过探索，2017年中版昆仑传媒确定了最适宜公司发展的顶层设计和商业模式，确立了“破局与组合”的企业战略方针。破局，是指既要打破传统出版行业的局面，也要突破传统影视产业的现状；既要打开出版行业通向影视行业的道路，又要将影视行业的开发成果回流到出版行业的发展上。组合，就是要利用中国出版集团公司最优质的出版品牌资源，针对公司2017年的发展状况，达到出版资源与影视资源的整合，实现资源的最优化。

二是确立融合发展理念。中版昆仑传媒以四重融合跨界的模式，在传统出版领域、传统互联网领域、传统金融领域以及传统影视领域探索融合。

三是确定企业发展的三大核心业务和四大突破口。2017年中版昆仑传媒的三大核心业务是精品影视剧生产、抢滩微电影短视频风口、IP版权贸易金融化；四大突破口即中国故事全球传播千万亿项目启动、精品影视剧生产在模式上突破、版权贸易的交易形式突破、文化产品衍生业务突破。围绕三大核心业务、四大突破口，切实做好业务工作。

2. 导向管理严格规范，文化企业担当日益显现

一是坚持正确导向。认真落实中国出版集团公司及中版昆仑导向要求，坚持正确意识形态，强化领导班子对政治导向的把控，加强把关与预警，弘扬民族文化精神，传播正能量。

二是加强对内容质量的把控。生产、制作红色主旋律精品影视剧，加强对内容的严格把控和

审查；打造大型文化节目《中国故事大会》，严格做好对内容的审查和监督。

二、抓内容、强产品，打造核心竞争力

1. 打造中国故事品牌产品，强化核心竞争力

十八大以来，习近平总书记多次提出并强调讲好中国故事，传播好中国声音的要求。习近平总书记在文艺工作座谈会上提出："文艺工作者要讲好中国故事、传播好中国声音、阐发中国精神、展现中国风貌，让外国民众通过欣赏中国作家艺术家的作品来深化对中国的认识、增进对中国的了解。"中版昆仑传媒积极响应党中央的号召，担负起国有企业的文化责任和义务，在讲好中国故事方面积极实践，并已获得阶段性的成果。

一是2017年1月，中版昆仑传媒策划了"中国故事全球传播"项目，与蓝海云数字内容服务（北京）有限公司（以下简称"蓝海云公司"）共同成立了"中国故事全球传播千万亿平台"基金，用于中国故事的征集和海外推广。

二是策划了大型人文讲述类节目《中国故事大会》，与北京电视台等单位联合出品，并于2017年9月8日在北京卫视黄金时间播出。紧扣党中央宣传宗旨、紧密联系践行习总书记"讲好中国故事"有关要求，形成了强大的社会正能量和广泛的政治、文化影响，成为国内第一个系统讲述中国故事的电视综艺节目。中国故事系列产品的打造，创新了企业的核心竞争力，形成了爆发力，扩大了影响力，找到了对内的引爆点，点燃了大众的爱国主义热情，吸引了市场的目光，完成了党和国家赋予的文化担当任务。

2. 创新精品影视剧的生产，探索新型运营模式

一是抓内容质量，生产精品影视剧。2017年，中版昆仑传媒参与投拍的红色影视剧《逆战》已拍摄完成并进入发行阶段，纪录片《活佛转世》《住在中国》正在拍摄中。参与出品的电影《嫁衣》获得2017加拿大金枫叶电影节入围资格。

二是创新生产模式。为了确保盈利，中版昆仑传媒采取"供应链资金闭环＋影视产业结构闭环"的双闭环运营模式，以制片人中心制为核心、以项目为核心，建立影视项目与人的利益共同体，在互联网发行保障、金融保障、版权保障的前提下，回避了"人"的道德风险，实现3个"回归"，即让艺术家回归艺术，让商业回归商业，让影视行业回归到正能量的精品生产的道路上。

3. 实现优秀文学作品的IP孵化，版权贸易金融化

一是版权的孵化和开发。中版昆仑传媒的成立，是基于中国出版集团公司从传统出版业向媒体融合发展的需要，承载着整合集团IP资源、全版权运营的重要使命。2017年，在中国出版集团公司的正确领导下，中版昆仑传媒积极理顺与各家出版社以及作者的关系，深度合作开发优秀的版权资源，重点孵化了《蒙古秘藏》《血路》《新闻发言人》等IP资源，完成了《火印》的IP销售。

二是IP版权的贸易金融化。借助中国出版集团公司的内容优势，实现海量版权资产证券化。以"人的证券化"为核心，实现著作权（即图书作品的影视改编权）的金融化，以深圳文化产权交易所（著作权）北京交易平台为试点，以"全媒体""全版权"向"全行业""社会全分层"覆盖（著作权）贸易。中版昆仑传媒已和深圳文化产权交易所签约，交易系统正在筹备中。借助中国出版集团公司版权优势，融合深圳文化产权交易所的金融交易平台，实现无形资产标准化、版权贸易金融化模式，是一次轻资产的金融创新。

4. 扩大战略布局，发展文化产品衍生业务

一是文化特色小镇的开发。为了适应市场需求，完善产品结构，开辟全产业链融合的独特路径，中版昆仑传媒积极探索文化产品衍生业务的突破，创新文旅项目的开发。2017年，中版昆仑传媒打造的烟台福山区悬疑探案特色小镇、唐山空中文化小镇，均已完成框架协议的签订。文化特色小镇以历史文化为核心、影视作品为引流，实现产业与消费的双重导入。

二是红色培训业务。中版昆仑重视对红色资

源的开发，以红色圣地古田为核心，开展红色培训，打造文化产业链条，已形成完整可行性方案，开创红色文化产业发展新模式。

三、抓党建、强队伍，提升企业活力

1. 切实推进党建工作，牢筑思想防线

一是加强思想组织建设。2017 年，领导班子带头严抓党建工作，组织公司党员积极学习党章党规，开展党的群众路线教育实践活动和“三严三实”专题教育，推进“两学一做”学习教育常态化，坚持在理论武装上狠下功夫，凝心聚力抓发展，使得党员服务意识和工作水平有较大提升。通过组织各种学习，全体党员同志自觉在思想上、行动上与党中央和集团党委保持高度一致、同声发力。

二是加强廉政建设。认真履行全面从严治党主体责任，开展落实中央八项规定精神，有效防止“四风”反弹。

2. 创新企业的队伍建设，形成有效管理模式

一是建设人才队伍。2017 年，为了满足企业发展和对冲行业风险的需要，公司在内部不断提高优化现有核心业务，磨炼并打造一支过硬的业务团队，同时面向社会吸纳有志于影视产业开发的优秀人才，做好人才的梯队建设。

二是加强企业管理。通过建立项目公司，构建创新管理模式，吸引社会资金，吸引社会人才，实现风险共担，利益共享，将权利、义务、压力转移至项目公司，规避市场风险，极大地调动了创业人员的积极性，形成了蜂巢式的管理模式。

（胡振宇　沈梦杭）

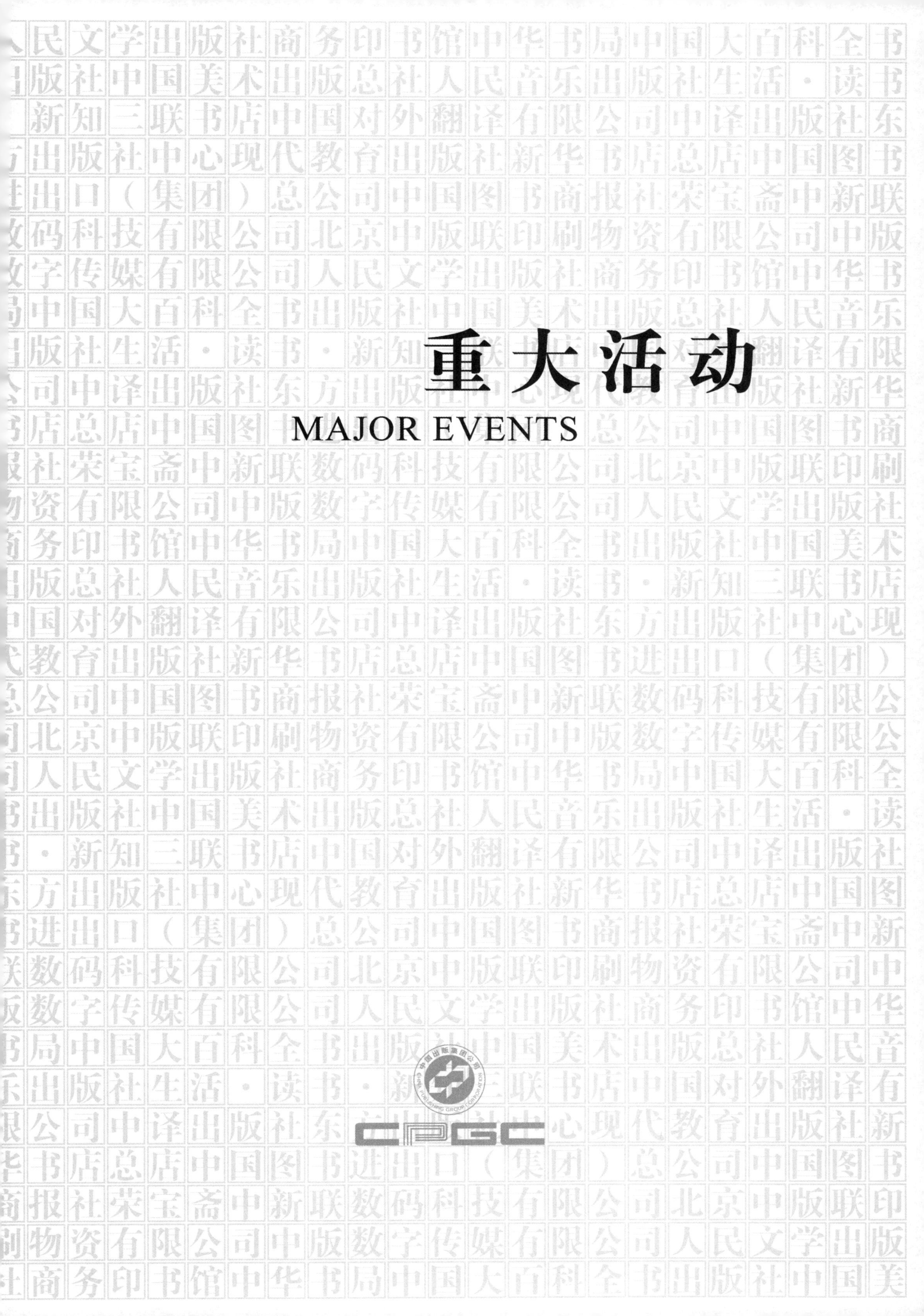

重大活动

MAJOR EVENTS

战略发展

中国出版集团公司传达全国宣传部长会议和中纪委七次全会精神会议召开

2017年1月9日，中国出版集团公司召开各单位领导班子专题会议，传达全国宣传部长会议和中纪委七次全会精神，就学习贯彻提出要求，就2018年工作做出部署。中国出版集团公司总裁谭跃，中国出版集团公司党组成员、中国出版传媒股份有限公司副总经理孙月沐传达了习近平在中纪委第七次全体会议上的重要讲话精神、刘云山在全国宣传部长会议上的重要讲话精神、王岐山在中纪委第七次全体会议上的重要讲话精神、刘奇葆和黄坤明在全国宣传部长会议上的重要讲话精神。中国出版集团公司领导班子成员李岩、潘凯雄、樊希安出席会议。各单位班子成员、总部和本部处以上干部等约120人参加了会议。

会议强调，全集团务必要全面、系统、认真地学习中央近期的几次重要会议精神，要深入贯彻以习近平同志为核心的党中央的各项决策部署，牢固树立政治意识、大局意识、核心意识、看齐意识，结合自身工作重点，以高度的责任感做好2017年工作。要全面了解领会中央精神，把握指导2017年工作的3个重点：一是一个“主题”，要突出坚持和发展中国特色社会主义、实现中华民族伟大复兴“中国梦”这一主题，这也是我们选题的方向；二是一个“主线”，突出迎接宣传贯彻党的十九大召开这条主线，一切工作围绕此开展；三是一个“主基调”，突出稳中求进的主基调，2017年要特别把稳放在重要位置，稳是大局，稳是前提。多做坚定信心、凝聚共识、鼓舞士气的工作，更好地汇聚团结奋进的强大正能量。

会议提出，要把中央精神结合好，转化为促进工作的思想推动力，全集团要做好“结合”这篇重要文章。要认清形势，把握2017年几大特点：一是把握好国际上的“变”。要找到直接间接对出版的影响。二是政治上的“严”。要守住底线，把好导向关，出版导向要更加警觉、敏锐，坚决与中央保持高度一致。三是经济上要“稳”。稳中求进关键是稳。四是财政资金要“紧”。五是文化上要“优”。只有产品优，才能体现文化引领。

会议强调，中国出版集团公司要注重严把导向关，要多过“筛子”，勤用“放大镜”，拉紧责任制。在导向问题上，主要领导是第一负责人，总编辑是主要负责人。要坚决舍弃“三俗”选题，在把社会效益放在首位的前提下，坚持双效统一，坚持追求真善美，着力抓好出版导向，提高内容和质量。（罗娴静）

中国出版集团公司出版融合发展重点实验室挂牌仪式举行

2017年1月10日，中国出版集团公司举办出版融合发展重点实验室挂牌仪式。国家新闻出版广电总局原副局长孙寿山、中国出版集团公司

总裁谭跃，国家新闻出版广电总局规划发展司原司长朱伟峰、出版管理司副司长许正明出席会议，会议由中国出版集团公司党组成员、副总裁潘凯雄主持。参加会议的还有实验室共建单位代表、集团公司各单位分管数字化工作负责人和数字化部门负责人等共 70 余人。

孙寿山对于集团公司出版融合发展工作给予了高度肯定。他指出，中国出版集团公司作为出版行业的“国家队”，与清华大学和中科院共建重点实验室，将为进一步推动产学研一体化，加强融合发展后续研究和应用打下坚实基础。实验室的挂牌，标志着国家新闻出版广电总局布建的重点实验室进入实质性运行阶段。在实验室具体工作中，他提出四点希望：一要始终坚持正确的导向；二要着力开展创新研究；三要不断强化运行管理；四要加快研究成果转化。

他还指出，融合发展要求出版人放宽眼界，多关注市场变化，多关注新技术、新产品，注重大数据挖掘、语义分析、语音合成、编码标准等核心技术的研究。对于听书、数字音乐、数字动漫等新兴媒体传播领域，要善于运用年轻人思维新、动手快的特点，推动出版融合的快速发展。

谭跃在致辞中表示，出版融合发展重点实验室的设立，是集团公司“十三五”期间打造数字化集团公司的重要抓手。集团公司将围绕出版融合发展的重大课题、重大项目和重大发展方向开展攻关，成为全国融合发展研究与应用的示范点和排头兵。他强调，实验室要努力发挥好四个功能：一是创新功能。要加强创新性研究，形成一批可复制、可推广的新技术、新成果。二是转化功能。实验室要着眼于应用研究，及时转化为推动产业发展的生产力。三是交流功能。要坚持“走出去，请进来”的方式，拓宽实验室的学术领域。四是人才培养功能。通过科教融合、校企联合等模式，培养造就一批熟悉市场运作、具备科技背景的出版融合管理人才和科技领军人才。

（史　政）

中国出版集团公司
中版好书百店千柜工程工作会召开

2017 年 1 月 10 日，中国出版集团公司中版好书百店千柜工程工作会在北京市北发大酒店举行，并举办颁奖仪式。广东新华发行集团、新疆维吾尔自治区新华书店等 15 家企业和落地书店分别获得中版好书百店千柜工程“建设推进及运营奖”和“销售增长奖”。

中国出版集团公司党组成员、中国出版传媒股份有限公司副总经理樊希安介绍了该工程推广以来取得的成效及推进中的难点；云南省新华书店集团总经理李东华，新疆维吾尔自治区新华书店党委书记徐晓涛、副总经理闫奇，海南凤凰新华出版发行公司常务副总经理陈纯栋，广东新华发行集团副总经理陈少波等省市新华书店代表分别发言。商务印书馆党委书记、副总经理肖启明，中国大百科全书出版社党委书记、副社长刘晓东，中华书局党委书记、副总经理周清华等中国出版集团公司所属出版社领导及相关负责人出席会议。中国出版传媒股份有限公司市场营销部主任陈晗雨主持会议。

中版好书百店千柜工程自 2015 年 4 月 23 日第一家书城落地深圳书城中心城以来，到 2016 年 10 月 15 日在新疆维吾尔自治区哈密书城的完成，提前实现了 2016 年底 20 家落地书城的目标任务。据落地书城销售情况的初步统计显示，大部分书城的销售实现了增长。

“中版好书百店千柜”对于中国出版集团公司的自身渠道建设、落地书店的销售以及全民阅读都具有重要意义。该工程使中国出版集团公司拥有了自身的营销渠道，解决了中国出版集团公司缺少自有发行渠道的短板，为中国出版集团公司搭建了与全国经销商合作共赢、交流的平台，使中国出版集团公司的好书拥有了更全面的推向全国的机会；也使中国出版集团公司与书店建立了一种定期沟通的机制和模式并进行固化，通过定期举办活动、培训等沟通方式，使交流成为常态；同时也搭建起了倡导全民阅读，推荐好书的

阅读推广平台，有效推进了全民阅读的进程。

（郭晶晶）

中国出版集团公司荣获“十佳展台设计”和“最佳文化活动”奖

2017年1月12～14日，2017北京图书订货会在中国国际展览中心（老馆）举行，这是北京图书订货会自1987年创办以来的第30届。在本届图书订货会活动评选中，中国出版集团公司荣获“十佳展台设计”和“最佳文化活动”奖。“最佳文化活动”奖是为连续3次获得北京图书订货会“十佳文化活动”的企业设置的奖项。

（郭晶晶）

中国出版集团公司2017年度工作会议召开

2017年1月18～19日，中国出版集团公司召开2017年度工作会议。国家新闻出版广电总局副局长吴尚之、中央宣传部出版局局长郭义强、北京市新闻出版广电局局长杨烁出席会议并讲话。中国出版集团公司总裁谭跃做工作报告。

吴尚之肯定了集团公司2016年的工作成绩：一是内容建设显著加强；二是精品力作明显增多；三是改革发展全面推进；四是对外交流双效明显。他提出了集团公司2017年的工作要求：一是着力做好主题出版；二是着力强化精品生产；三是着力推动改革发展；四是着力提升传播能力；五是着力加强出版管理。

郭义强肯定了集团公司2016年的工作有思路、有亮点、有担当；提出集团公司2017年的工作要带头认识大局，带头深化改革，带头坚守底线，带头建设队伍。

杨烁肯定了集团公司在北京市文化建设方面的作用，表示今后更加支持集团公司的工作。

谭跃回顾了集团公司2016年的工作：一是强导向、强质量，海内外文化影响进一步扩大；二是调速度、调结构，经济发展新动能进一步蓄积；三是强党建、强动力，人才强企活力进一步提升。他部署了集团公司2017年的工作：一是坚持稳中求进；二是抓住稳增长、调结构、促融合3大要领；三是提升内容生产持续创新能力、内容传播多元营销能力、数字出版融合发展能力、对外交流做响做开能力、资金资产有效运营能力、健康持续发展统合能力等6个能力。

（施　楠）

中国出版集团公司总裁谭跃分别到新华书店总店和中版昆仑传媒有限公司调研

2017年2月16～17日，中国出版集团公司总裁谭跃，党组成员、副总裁刘伯根，党组成员、中国出版传媒股份有限公司副总经理李岩，党组成员、副总裁潘凯雄及有关部门负责人，分别赴新华书店总店（简称“总店”）与中版昆仑传媒有限公司（简称“中版昆仑”），调研2017年重点工作的部署、重点项目的推进等问题。

在总店调研时，谭跃指出，总店领导班子思路清、干劲大、动脑子、想办法，3年面貌一新，做强做大可望；班子好、合力强、面貌好、人气旺，项目后劲十足，总店振兴可望；视野广、思维新、有锐气、敢于拚，网络演绎助推，凤凰涅槃在望。谭跃要求，总店领导班子要认准使命，坚持发展方向不动摇；要讲好故事，调动一切可以调动的资源；要保持定力，策划好融资性路演、渠道性路演、内容性路演。

在中版昆仑调研时，谭跃指出，公司开局良好，整装待发，未来可期。尽管中版昆仑运作时间不长，但是有激情、有眼光、有思路、有项目、有资源、有运作。谭跃要求，作为知识产权运营的重要平台，中版昆仑第一要做大，第二要做强，但要做大不贪大，做强不逞强。

刘伯根、李岩、潘凯雄分别听取了有关意见，回应了相关问题并给出了具体指导。两家单位在北京的班子成员及员工代表参加了调研。

（施　楠）

中国出版集团公司第一季度总编辑例会召开

2017 年 2 月 22 日，中国出版集团公司召开第一季度总编辑例会，传达了全国各省区党委宣传部新闻出版处处长会议精神、全国报刊管理工作会议精神，布置了集团公司第一季度出版工作。中国出版集团公司党组成员、中国出版传媒股份有限公司副总经理李岩出席会议并讲话，集团公司 19 家出版单位的总编辑、总编室主任以及中国图书进出口（集团）总公司、新华书店总店、中国对外翻译出版公司、中国出版传媒商报社等单位的有关负责同志参加了会议，中国出版传媒股份有限公司出版部主任刘祚臣主持会议。

李岩在讲话中指出，各单位要按照集团公司党组和总裁班子要求，进一步强化导向意识、阵地意识和质量意识，发挥好内容建设委员会平台作用，推动集团公司内容建设工作更有活力，更有成效。

会议要求各单位把主题出版工作放在突出位置，按照中央宣传部、国家新闻出版广电总局《关于做好 2017 年主题出版工作的通知》精神，抓好年度选题计划和中长期规划，注重选题开发与营销宣传的结合，关注现实、重视原创、推动创新，进一步做响主题出版。

会议要求高度重视 2017 年出版物的政治导向管理，对在制图书以及选题计划进行全面梳理，并将梳理情况和结果向集团公司专题汇报。同时，加强内容质量管理，按照国家新闻出版广电总局《出版物“质量管理 2017”专项工作通知》要求，在选题和书号管理、质量保障制度建设和执行情况、出版物质量等方面开展自查。会议还就“十三五”国家重点图书、音像、电子出版物出版规划增补和中国文艺原创精品工程（二期）申报、国家出版基金主题出版项目申报、集团公司第 8 届出版奖申报和评选、集团公司 15 年改革发展成就展、“中版好书”评选、第 10 届读者大会筹备等工作做了安排，要求各单位在第一季度为全年内容出版工作开好头、起好步。

（姜锐刚）

中国出版集团公司党组成员、副总裁潘凯雄到《三联生活周刊》调研

2017 年 2 月 23 日，中国出版集团公司党组成员、副总裁潘凯雄一行到《三联生活周刊》调研，了解《三联生活周刊》的经营情况和新媒体建设规划。中国出版传媒股份有限公司科技与数字出版部主任赖雪梅、生活·读书·新知三联书店（以下简称“三联书店”）领导班子成员等陪同调研。会议由三联书店副总编辑常绍民主持。

“松果生活”负责人魏一平汇报了产品定位与融资计划，重点介绍了“松果生活”的业务进展和未来发展空间。《三联生活周刊》主编李鸿谷汇报了“松果生活”注册公司与融资的进展，重点就体制创新与激励机制等问题做出请示。《三联生活周刊》其他班子成员向调研组汇报了“熊猫茶园”“中读”以及《三联生活周刊》纸媒等方面的业务动向。

潘凯雄对“松果生活”下一步的发展发表意见。他说，作为融合转型“点上突破”的代表，“松果生活”和《三联生活周刊》是集团公司的重点支持项目。融合项目要取得成功关键在于三点：一是要能拿到社会融资；二是体制机制要有突破；三是要尽快做大营收规模。他还特别强调了导向管控的问题。

参加调研的其他同志也对“松果生活”和《三联生活周刊》的发展发表了意见。

（魏一平）

新疆维吾尔自治区首个“华文书法教室”建成并启用

2017 年 2 月 27 日，中国出版集团公司和新疆维吾尔自治区教育厅在疏附县托克扎克镇中心小学联合举办“南疆首个‘华文书法教室’启用暨书法教学名师送教活动启动仪式”。新疆维吾尔自治区党委书记陈全国、党委副书记李鹏新先

后做出重要批示。新疆维吾尔自治区教育工作委员会副书记、教育厅党组书记梁超，中国出版集团公司党组成员、中国出版传媒股份有限公司副总经理李岩出席启动仪式并讲话。

2016年，经新疆维吾尔自治区党委批准，中国出版集团公司与新疆维吾尔自治区教育厅启动实施“中国出版集团公司—新疆书法教育援疆工程”。截至2017年底，中国出版集团公司援建的首批9个地州市13所中小学的“华文书法教室”建设工作已经基本完成，未来将有更多的“华文书法教室”投入实际教学使用。中国出版集团公司所属的中版教材有限公司计划为每个援疆授牌的“华文书法教室”配备一套数字化教学软件，并针对南疆四地州师资薄弱、专业素质不高的现状，在当地开展中小学书法教师的基础培训，促进南疆书法教学与双语教育质量的有效提升。 （施　楠）

中国出版集团公司第二巡视组巡视意见反馈大会召开

2017年3月3日，中国出版集团公司第二巡视组巡视意见反馈大会在中国图书进出口（集团）总公司（以下简称“中图公司”）召开。中国出版集团公司党组成员、中国出版传媒股份有限公司副总经理孙月沐，中纪委驻中央宣传部纪检组副组长罗明成，第二巡视组组长、中央宣传部干部局副巡视员张蕾，第二巡视组副组长、纪委书记姜红新及第二巡视组全体人员出席会议。中图公司全体领导班子成员、各分支机构党政一把手、全体中层干部以及人力资源部、党群工作部全体员工共计120人参会。会议由中图公司党委书记聂静主持。

按照中国出版集团公司巡视工作统一部署，第二巡视组从2016年10月17日到12月5日对中图公司进行了巡视。巡视组认真贯彻党的十八届六中全会精神和中央巡视工作方针，坚决落实政治巡视要求，始终突出坚持党的领导、完善党的建设、聚焦全面从严治党，紧盯“重点人、重点事、重点问题”，从严从实开展巡视监督，把发现问题、形成震慑作为主要任务，广泛开展个别谈话，认真受理群众来信来访，调阅有关文件资料，深入了解情况，顺利完成了巡视任务。

张蕾首先代表第二巡视组反馈了巡视意见。她指出，党的十八大以来，中图公司党委认真学习党的十八大和十八届历次全会精神，认真学习习近平总书记系列重要讲话精神，在图书“引进来”和“走出去”、建设“数字中图”和推进党风廉政建设等方面做了大量工作，取得了明显成效。但在管党治党方面，与党中央和集团党组的要求相比，仍存在不少差距，需要引起高度重视并切实加以解决。巡视中发现的主要问题包括“四个意识”不强，党的领导弱化；基层党建工作虚化弱化；全面从严治党不力；选人用人不规范。

针对巡视中发现的问题，张蕾提出了四个方面的意见和要求：一是牢固树立“四个意识”，切实加强党的领导；二是牢固树立“抓好党建是最大政绩”的理念，切实加强基层党组织党的建设；三是切实履行“两个责任”，落实全面从严治党要求；四是坚持正确用人导向，严格执行干部选任制度。她指出，政治巡视是对党组织和党员领导干部的“政治体检”，中图公司党委要结合巡视反馈提出的意见建议，组织召开专题民主生活会，深刻剖析问题根源，要切实担负起主体责任，党委和行政主要负责同志都要切实担负起第一责任人责任，党委书记和班子成员要认真研究反馈意见，制定整改措施，带头落实整改任务，确保整改实效。要用好巡视成果，把依规治党、从严治党的制度利器用起来，推动全面从严治党从“宽松软”走向“严紧硬”。

罗明成根据中央有关巡视精神强调了三点意见。第一，要深入学习贯彻习近平总书记重要讲话精神，坚决落实深化政治巡视要求，即在政治高度上突出党的领导，在政治要求上抓住党的建设，在政治定力上聚焦全面从严治党。第二，要高度重视巡视组反馈的意见，条条有整改、件件有着落：一是建立整改清单；二是狠抓整改落实；三是报告整改情况。第三，要切实履行巡视整改主体责任，确保整改取得扎实成效：一是加强组

织领导；二是强化制度约束；三是促进改革发展。

中图公司党委副书记、总经理张纪臣代表中图公司党委领导班子做了表态发言。他表示，巡视组反馈的巡视意见，严肃地指出了公司党委在党风廉政建设、贯彻落实中央八项规定、严明党的政治纪律和党管干部等方面存在的突出问题。中图公司将立即组织成立巡视组反馈意见整改落实工作领导小组，由总经理和党委书记共同担任组长，立即着手制定整改方案，对巡视组反馈的意见进行全面梳理，明确整改思想、整改目标、整改要求，明确责任人和整改完成时限，进一步加大查摆问题的力度，认真抓好整改落实工作。他强调，公司要持续加强党的领导，切实增强“四个意识”，通过狠抓进口监管工作，做好国家文化安全卫士；要切实加强党的建设，严格落实两个责任；要始终坚持党管干部，切实提升选人用人水平，通过科学考评培养机制，建设高素质干部队伍；要准确把握从严治党要求，深入开展党风廉政建设，通过党员干部以身作则率先垂范，持之以恒抓好作风建设。中图公司党委领导班子一定会切实反思整改问题，坚持问题导向，不推诿，不敷衍，把各项整改要求一件件、一条条落到实处。

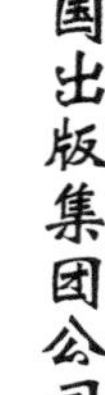

孙月沐代表集团公司党组对本轮巡视工作给予了充分肯定。他指出，巡视组成员作风务实，纪律严明，坚持原则，勇于担当，敢于碰硬，高效有序地完成了巡视工作，没有辜负集团公司党组的信任和重托。他对中图公司党委领导班子提出了明确要求：一是高度重视巡视反馈意见，严肃对待，认真研究，切实在思想上、政治上、行动上同党中央保持高度一致；二是坚决抓好反馈意见整改，要做到“条条需整改，件件有着落”，建立问题清单、任务清单和责任清单，制定整改方案，明确整改时限，确保把整改责任和措施落实到位；三是确保整改工作取得实效，要切实加强组织领导，扎紧制度笼子，以整改促进单位的改革发展，对巡视整改情况要以适当形式向全体职工公开，接受干部群众监督，确保取得让干部群众看得见、摸得着的实际成效。

聂静在主持会议时强调，集团公司第二巡视

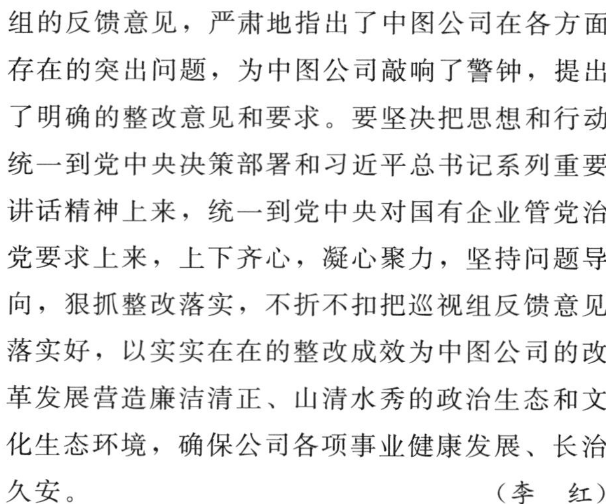

组的反馈意见，严肃地指出了中图公司在各方面存在的突出问题，为中图公司敲响了警钟，提出了明确的整改意见和要求。要坚决把思想和行动统一到党中央决策部署和习近平总书记系列重要讲话精神上来，统一到党中央对国有企业管党治党要求上来，上下齐心，凝心聚力，坚持问题导向，狠抓整改落实，不折不扣把巡视组反馈意见落实好，以实实在在的整改成效为中图公司的改革发展营造廉洁清正、山清水秀的政治生态和文化生态环境，确保公司各项事业健康发展、长治久安。

（李　红）

中国出版集团公司总裁谭跃到中译出版社调研

2017 年 3 月 3 日，中国出版集团公司总裁谭跃到中译出版社调研，聚焦 2017 年集团公司“走出去”重点工作的总体部署、重点外向型出版项目的推进等关心的问题，听取社领导班子汇报，并和大家深入交换看法。

谭跃指出，经过近年来的发展，中译出版社取得了一定的成绩，具体表现在：书系规模初成、成效日益显著，版权输出能力大大提升，对外合作有深度、国际影响在形成，发展思路逐步明晰，经济发展情况较好。对于中译出版社下一步的发展，谭跃提出了三点希望：一是“跟着国家战略走”的总体思路要进一步强化；二是“做响又做开”的思路要进一步强化；三是“企业化”运作的方式要进一步强化。在企业化这一点上，特别要强化“大规划、小开发、重突破”；要重投入产出、重合作共享、重市场需求；要狠抓内部机制改革，在合规的前提下大胆创新。

中译出版社领导张高里代表中译出版社，重点汇报了 2017 年的发展思路与有关重点项目的进展情况。（全冠军　施　楠　茹　慧）

中国出版集团公司 2017 年度第一次数字化联席工作会召开

2017 年 4 月 11 日，中国出版集团公司 2017

年度第一次数字化联席工作会在北京召开。中国出版集团公司党组成员、副总裁潘凯雄出席会议并讲话，各单位数字化工作分管领导、数字化部门负责人和科技与数字出版部人员共50余人参加会议。

潘凯雄在讲话中指出，数字化及融合发展在“十三五”时期具有重要意义，为实现“十三五”期末建成数字化集团的既定目标，各单位要从观念上继续强化融合发展，着眼产业发展框架，主动开拓探索数字化业务的发展。在具体工作上必须集中优势资源、强化队伍建设，特别是针对重点项目，一定要避免重申报轻落实、重资助轻融资、重建设轻运营的问题，以重点项目带动数字化收入的大幅提高。他还指出，各单位在工作中一定要深入研究，要立足于培育支柱性产业，拓宽思路，勇于沟通和尝试，从体制机制、公司化、市场化、股份化方面考虑，积极通过投融资方式吸引外部资金，从而支持自身业务发展，加强集团内外的横向合作和商业化运作，实现资源互通。最后，潘凯雄对各单位的融合发展类项目资金使用提出了要求。

会议还对“十三五”重点科技项目、人才培养、融合发展重点实验室、国家新闻出版广电总局ISLI标准等工作进行了部署；对7月份计划召开的数字化运营工作会议进行了初步安排；并就2017年集团数字化工作绩效考核细则进行了说明，对部分指标和项目绩效考评提出了具体要求。

集团公司各所属单位对2017年本单位数字化工作重点及目标进行了汇报和交流。

（史　政）

第2届“海峡两岸网络原创文学大赛”颁奖典礼暨第3届“海峡两岸新媒体原创文学大赛”启动仪式举行

2017年4月20日，第2届“海峡两岸网络原创文学大赛”颁奖典礼暨第3届“海峡两岸新媒体原创文学大赛”启动仪式在国家新闻出版广电总局新闻中心举行。来自中国大陆、港澳台地区和加拿大、美国及其他地区的华文作品共计2135部作品参与角逐，最终叙事散文《一生不负少年头》获大佳散文一等奖，小说《对决》获大佳小说金奖。

中国出版集团公司党组成员、副总裁潘凯雄出席仪式并致辞。他指出：尽管网络文学目前评价不一，但无论如何，网络文学是一个巨大的存在，无论是作品、创作者、读者可以用数以亿计来形容，我们必须正视这个巨大的存在。网络文学在今天已然是中国文化“走出去”一个重要的样式，可以说中国的网络文学堪比韩剧在世界的影响。同时，他对网络文学的发展也发表了自己的看法：相较于传统文学，网络文学有自己的特点，譬如高度的想象力，譬如民间的狂欢，而这些还需要发掘和研究。

在本次颁奖会上，第3届海峡两岸新媒体原创文学大赛也正式启动。大赛在追求网络文学的社会影响和价值的同时，也非常关注网络文学更长远的发展，对获奖作品从文学IP的开发、授权与合作，从内容生产，到用户培养，再到衍生产品的设计改编、互动、质量、市场投放、发行和出版等各个环节进行系统规划和介入，全方位立体挖掘版权价值。

（史　政）

中国出版集团公司15周年改革发展成就展总结会召开

2017年4月26日，中国出版集团公司召开“中国出版集团公司15周年改革发展成就展”总结会，集团公司党组书记王涛出席，党组成员、副总裁刘伯根，党组成员、中国出版传媒股份有限公司副总经理孙月沐总结了从筹备到展览的一系列工作，成就展工作小组成员以及有关单位和部门代表参加了会议，并对各自工作进行了梳理总结。

刘伯根表示，展览取得圆满成功，既是对工作小组能力水平的一次检验，也是对整个团队的一次综合锻炼，充分体现了集团公司各单位、各部门之间的协作力和凝聚力。

孙月沐表示，本次成就展既提高了集团公司

在全体员工中的影响力，也进一步扩大了集团公司的社会影响力。同时，各单位、各部门团结协作，领导力和执行力都得到了充分体现。

中国美术出版总社党委副书记高石屹表示，作为此次展览的承办单位之一，在接到任务后周密安排，积极配合集团公司有关单位和部门，尽全力做好承办工作。集团公司党群工作部主任姜红新、办公室副主任万萍、《中国出版传媒商报》金霞，以及集团公司有关单位和部门同志，分别就各自分管工作进行了回顾总结。

（顾梓榆）

第8届中国出版集团公司出版奖评选工作完成

2017年4月，第8届中国出版集团公司出版奖评选工作圆满结束，86种出版物分获综合奖、优秀编辑奖、优秀选题奖、优秀“走出去”奖、优秀数字产品奖等9个奖项。中国出版集团公司总裁谭跃担任评奖委员会主任，党组成员、中国出版传媒股份有限公司副总经理李岩，党组成员、副总裁潘凯雄，党组成员、中国出版传媒股份有限公司副总经理孙月沐担任副主任。

本次获奖出版物集中反映了集团公司两年来出版主业改革发展的新成就，尤其是落实“三六构想”、实施“两调四强”战略的新成绩，得到了读者和社会的检验，代表了出版“国家队”的水平。这批获奖出版物体现了集团公司在出版主业发展上的一贯追求。

一是体现了社会效益第一的鲜明导向。如《冯雪峰全集》《辞源》（第三版）、二十四史及《清史稿》修订工程、《中国军事百科全书》（第二版）、《中印文化交流百科全书》《中华民族道德生活史》《马克思主义哲学智慧》等均为国家出版规划重点项目，文化意义重大，社会效益显著。

二是体现了打造国际影响力的重大使命。如“中国种子世界花”系列，采用来自中国的文字作品，配以西方插画家创作的插图，已输出瑞典、丹麦、阿拉伯等语种；《中华文明的核心价值》围绕中华文化的现代阐释，为当下弘扬和践行社会主义核心价值观提供理论支撑与历史经验，受到海内外关注，已输出10多个语种；杨伯峻的《论语译注》已畅销60年、总销量几百万册，本次推出的印地语版，作为“一带一路”文化精品项目，对于推动中印文化交流有重大意义。

三是体现了打造数字集团公司的战略定位。如《译见——跨语言大数据分析处理平台》，汇集了全球200多个国家、60多个语种的资讯信息，平台每天处理新闻媒体数据量超过3000万篇，社交媒体数据量超过1亿条，盈利模式多元、经济效益明显，2016年销售收入额达到8500万元；《中华经典古籍库》（微信版）是迄今为止国内第一个基于微信客户端开发的移动中文古籍数据库，在发布不到1年的时间里，阅读人次达200万人次，实现销售收入9万元；荣宝斋在线全平台已建成官方电商、微拍平台等5个子平台，逐步形成“交易＋内容＋社区”的定位，累计访问用户超过千万，2016年实现营业收入2100万元。

四是体现了挺拔主业发展的特色道路。如《新华成语词典》（第二版）、《牛津中阶英汉双解词典》（第五版）、《中国传统文化经典百篇》《中国文化的根本精神》《音乐曲谱出版规范》《弦乐中国》《中国传统绘画史纲》《长征·1936连环画》，都是商务印书馆、中华书局、人民音乐出版社、中国美术出版总社等单位基于其专业特色的重点项目；《火印》《小小艺术家》《英雄联盟》等，体现了集团公司在“调结构”尤其是做大少儿出版方面的努力；《毒药师》《隐身衣》《我们的中国》等畅销图书，体现了集团公司在大众出版持续发力的成效。

中国出版集团公司出版奖每两年评选一次，本次的评奖年度为2015年1月至2016年12月，上承“十二五”收官、下启“十三五”开局，又恰逢集团公司成立15周年，意义重大、主题突出、影响深远。集团公司党组和总裁班子高度重视并做了专题研究和部署，邀请全国人大常委会原副委员长许嘉璐担任评奖专家委员会名誉主

任，聘请四个方面的专家组成复评委员会。一是出版界、文化界老领导，如杨牧之、王文章、桂晓风、石峰、邬书林、聂震宁、李朋义等；二是学界著名专家，如中国社科院文学所党委书记刘跃进、北京师范大学艺术与传媒学院院长胡智锋、北京语言大学副校长戚德祥等；三是出版研究专家，如中国新闻出版研究院院长魏玉山、中国传媒大学编辑出版研究中心副主任李频、北京印刷学院图书馆馆长魏超等；四是资深媒体人，如《人民日报》评论部主任李舫、《光明日报》评论部主任蔡闯、《中国新闻出版广电报》总编辑马国仓、《中华读书报》总编辑王玮等。

（姜锐刚）

中国出版集团公司传达、学习、落实刘奇葆调研商务印书馆讲话精神专题会议召开

2017年5月10日和5月15日，中国出版集团公司分别在第一季度经营工作会和总裁办公会上，专题传达刘奇葆5月9日调研商务印书馆的讲话精神。总裁谭跃提出学习贯彻要求，党组书记王涛出席会议，中国出版集团公司领导班子成员，总部和本部各部门负责人，各单位主要负责人、分管领导和中层干部等120多人参加会议。

会议认为，在商务印书馆创立暨中国现代出版120年之际，刘奇葆亲临一线调研工作，体现了中央领导同志对集团公司的亲切关怀、对出版战线的高度重视，令全集团干部职工倍感振奋、深受鼓舞。

会议认为，刘奇葆的讲话全面总结了商务印书馆暨中国现代出版120年的历史经验，明确提出了出版战线围绕迎接宣传十九大的5项任务，体现了习近平总书记“坚定文化自信”的要求，体现了十八大以来建设文化强国的要求，体现了增强国家文化软实力的要求，为我们进一步做好出版工作指明了前进方向，提供了思想遵循。各单位领导班子要尽快召开专题会议，做好传达、学习和贯彻工作。

会议提出，中国出版集团公司要从6个方面贯彻落实刘奇葆讲话精神：一是加强学习贯彻。中国出版集团公司将在5月中旬举办“弘扬商务传统　强化精品出版”的编辑座谈会，召集中国出版集团公司19家图书出版社的主要负责人、总编辑、品牌编辑、骨干编辑，系统学习刘奇葆同志讲话精神，深入交流学习心得和体会。二是加强导向管理。要用中央的“筛子”筛选题，强化第一责任人、主要责任人和直接责任人的责任意识，完善预警、监管、抽检和问责机制，确保出版物导向正确、万无一失。三是加强主题出版。要结合迎接和宣传党的十九大精神，组织出版一批立意高、分量重、“叫好又叫座”的主题出版产品，为党的十九大胜利召开营造昂扬向上的社会文化氛围。四是加强内容创新。要深化产品结构调整，聚焦一流作者、新锐作者、潜力作者，打造立足时代热点、表现时代精神、具有时代影响的畅销之作和传世精品。五是加强媒体融合。要进一步启动数字化人才社会招聘计划，扩大职业经理人试点，提高重点项目的商业化运营水平，加速传统出版与新兴出版的融合发展。六是加强“走出去”。要立足“一带一路”沿线国家，集聚海外优质译者和汉学家，深化“外国人写中国计划”，打造阐释中国道路、符合国际口味、具有国际影响的核心产品，让中华文化更好地在海外落地生根、发扬光大。（何　奎）

中央全面深化改革领导小组办公室一行到中国出版集团公司调研

2017年5月16日，中央政策研究室副秘书长、中央改革办文化局局长方江山，国家新闻出版广电总局规划发展司司长朱伟峰一行8人，到中国出版集团公司调研《关于推动国有文化企业把社会效益放在首位，实现社会效益和经济效益相统一的指导意见》（中办发〔2015〕50号）的贯彻落实情况。中国出版集团公司总裁谭跃，党组成员、中国出版传媒股份有限公司副总经理孙月沐，总部、本部相关部门同志参加调研座谈。

谭跃从坚持把社会效益放在首位、深化机制改革、加快产业融合发展、服务国家战略、坚持

党管干部原则、全面加强党的建设等六个方面汇报了集团贯彻落实文件的情况，提出了下一步贯彻落实的具体措施，并对中央全面深化改革领导小组办公室有关工作提出意见建议。

方江山提出了三点要求：一是集团公司要充分发挥国有出版企业在价值引导力、文化凝聚力、精神推动力上的示范带头作用；二是要把做好出版商与做好出版家结合起来，既要用专业的眼光做专业的事情，还要用市场的眼光做市场的事情，实现两个效益相统一；三是要不断增强核心竞争力，增强自我发展能力，早日实现建成国际著名出版集团的目标。

朱伟峰表示，张元济等老一代出版人树立了社会效益优先的出版理念，体现了出版人的文化使命和理想追求，中国出版集团公司继承并发扬了这一优良历史传统，始终坚持把社会效益放在首位，实现社会效益和经济效益相统一，体现了出版“国家队”的使命担当。（顾梓榆）

中国出版集团公司中青年骨干编辑座谈会召开

2017 年 5 月 25 日，中国出版集团公司举办中青年骨干编辑座谈会。集团公司党组书记王涛出席会议，中国出版集团公司党组成员、中国出版传媒股份有限公司副总经理李岩传达了刘奇葆讲话精神并主持会议。集团公司所属各出版单位总编辑、总编室主任、优秀编辑代表 110 多人参加会议。

会议指出，要进一步学习贯彻习近平总书记的系列重要讲话精神，贯彻落实刘奇葆的讲话精神，认真梳理商务印书馆、中华书局等集团品牌单位的文化传统，继承好张元济、陆费逵等先辈的精神财富，回顾过去、把握现在、开创未来。集团公司的编辑要牢固树立四种意识，在实现自己职业生涯目标中为国家和民族做出贡献。一是责任意识，要把实现中华民族的伟大复兴作为当代出版人的伟大责任；二是谦卑意识，要保持对读者、作者、同事、市场、品牌的谦卑态度；三是精品意识，要把出精品作为编辑工作的追求，把每一本图书都当作思想精品、文化精品、印装精品来做；四是创新意识，要把创新作为一种工作伦理贯穿在编辑业务的思考和全程中。

商务印书馆总经理于殿利对商务精神做了阐述：一是始终坚持理想信念不动摇的精神；二是始终把自身事业与民族、国家紧密相连的担当精神；三是顺应国家之需、民族之需、时代之需，打造传世精品的大市场意识；四是始终追求卓越品质的大工匠精神。人民文学出版社、商务印书馆、中华书局、中国大百科全书出版社、中国美术出版总社、人民音乐出版社、生活·读书·新知三联书店等 7 家单位的编辑代表做了发言。大家一致表示深受刘奇葆同志讲话鼓舞，感受到党和国家对文化的重视、对出版的重视，在下一步工作中将落实好刘奇葆同志讲话精神，继承好包括商务精神在内的中国出版集团的优良传统，在继承中发展、在发展中创新，坚持走中版特色发展道路，把出好书、出精品作为目标，在内容创新、融合发展、中华文化“走出去”等方面持续努力，为繁荣社会主义出版事业、文化事业再立新功。（姜锐刚　刘　芳）

中国出版集团公司出版融合发展重点实验室 2017 年专题工作会议召开

2017 年 5 月 26 日，中国出版集团公司“出版融合发展重点实验室 2017 年专题工作会议”在北京召开。中国出版集团公司党组成员、副总裁潘凯雄出席会议并讲话。实验室共建单位、集团公司有关单位工作人员共 20 余人参加了会议。

会议通报了出版融合发展重点实验室挂牌以来的工作情况，并就数字产品综合运营平台、中华优秀传统文化版权资源传承工程、中版有声资源集聚与运营平台等项目纳入实验室建设的具体工作进行了研究与讨论。

潘凯雄在讲话中指出：作为全国 20 家出版融合发展重点实验室之一，集团公司对实验室的工作高度重视，同时也深感责任重大。实验室要紧扣国家新闻出版广电总局的指导要求和研究方

向，深度研究以互联网为载体的出版运营体系及服务方式建设，探索精品内容资源如何面向大众的渠道建设路径。潘凯雄对实验室的建设工作提出三点具体要求：一是集团公司与共建单位之间的信息与资源要进行有效的共享互通，实现“产、学、研”一体化；二是利用好实验室的有利条件，将更多好的项目和研究课题纳入其中，形成一批利于行业发展，可复制、可推广的新技术、新成果；三是本着务实的精神，严格按照实验室的既定时间和建设规划要求，做好实验室的各项具体工作。潘凯雄强调，实验室是面向集团公司、面向行业服务的科研及转化机构，实验室的依托单位、共建单位和各参与单位要有整体观念，互相借力，完成好既定工作。

会议还启动了实验室在精品数字内容资源运营方面六项标准的编制工作，与会人员本着可操作性、实用性和前瞻性的原则，在充分考虑集团公司和行业数字化现状与实际需求的情况下，对六项标准制定的工作方案进行了讨论，确定了各个标准的起草单位、执笔人和编制进度安排。

（史　政）

中国出版集团公司
第10届读者大会举行

2017年5月31日，第10届“读者大会”在河北省廊坊市隆重举办。阎崇年、梁晓声、曹文轩、葛亮、徐则臣、张悦然等名家亲临现场，与现场近千名观众分享了自己的写作体会与感悟，共享阅读的快乐。国家新闻出版广电总局副局长周慧琳，河北省委常委、宣传部部长田向利，中国出版集团公司总裁谭跃出席大会并致辞。

第10届“读者大会”由国家新闻出版广电总局、河北省人民政府、中国出版集团公司联合主办，中国出版传媒股份有限公司、河北省新闻出版广电局、廊坊市人民政府承办，河北广播电视台故事广播、廊坊市文广新局协办。作家代表阎崇年、梁晓声、曹文轩，国家新闻出版广电总局副局长周慧琳，河北省委常委、宣传部部长田向利，中国出版协会常务副理事长邬书林，中央宣传部出版局副局长张拥军，中国出版集团公司总裁谭跃等领导共同为本届“读者大会”揭幕。

国家新闻出版广电总局副局长周慧琳在致辞中，向“读者大会”10周年表示了祝贺，充分肯定了“读者大会”10年来为推动全民阅读做出的重要贡献。他认为，读者大会是推广全民阅读的重要实践，在推进全民阅读活动中起到了先锋引领作用。

中国出版集团公司总裁谭跃在致辞中表示，10年来，在中央宣传部和国家新闻出版广电总局的指导下，“读者大会”已经成为读书人的欢乐嘉年华，成为读者与作者、读者与出版社沟通交流的友谊之桥，成为全国图书博览会的一张靓丽名片，成为推广“全民阅读”的一项品牌活动，成为党和政府的一项文化惠民工程。“读者大会”10周年意味着重新开始，进入一种更新的、更高的发展阶段。中国出版集团公司将不忘初心、重新出发，和业界同人共同持续推动“全民阅读”，加快构建“书香社会”。

本届读者大会上，阎崇年、梁晓声、曹文轩、葛亮、徐则臣、张悦然等名家先后上场，就传统文化、儿童阅读、文学创作、历史写作等不同话题，与现场读者互动交流，分享个人阅读体验与经历。

首轮访谈登场的是阎崇年和梁晓声两位作家。阎崇年在访谈中介绍了自己为何一直致力于历史知识和传统文化普及。他还结合最近在生活·读书·新知三联书店出版的新作《御窑千年》，介绍了“瓷器之路”在中西文化交流中发挥的重要作用。梁晓声结合他在现代出版社出版的《中国人的人性与人生》，谈到作家写作应该始终坚持自己的操守，秉持知识分子的良知和情怀，高扬人文主义的精神，并且“心里永远不要忘记云层上端，因为那里有真善美，也有全人类的价值”。

在第二轮名家访谈环节登场的是曹文轩、张悦然两位作家。曹文轩先生对读者大会活动表示了充实肯定，他已连续4年参与其中。他携在天天出版社出版的新作《穿堂风》，与现场读者分享了他获国际安徒生奖之后的创作。作为80后

代表作家，张悦然与读者分享了她最新长篇小说《茧》的创作经历。

最后登场的3位作家葛亮、徐则臣同样受到现场读者的热烈欢迎。葛亮书写近代历史和家国兴衰的作品《北鸢》入选了备受瞩目的“2016中国好书”，此次在读者大会上，葛亮就该书的关键词“民间”，与现场读者做了个人体会分享。徐则臣在访谈中介绍了他的创作与“北京”这座城市的关系，同时他还分享了创作短篇《王城如海》与长篇《耶路撒冷》的不同体验。

本届读者大会还设置了幸运抽奖环节，增强了读者的参与感，活跃了现场气氛，多位幸运读者获得中国出版集团公司赠送的作家签名作品。在几轮名家访谈期间，主办方还穿插安排了精彩的文艺节目，如舞蹈《汉唐风韵》、全国金话筒获得者晓蔚表演的名篇朗诵《河北》、笛子演奏《小放牛》等节目，引得满堂喝彩、掌声不断。

中国出版集团公司一向热心公益服务，积极履行社会责任，历届“读者大会”都会在现场进行图书捐赠，先后为举办地的儿童福利院、大中小学以及部队、社区、贫困山区、建设农场等单位捐建了60余家“读者之家”图书馆，累计捐赠近700万元图书。在本次“读者大会”举行的“读者之家”图书捐赠仪式上，中国出版集团公司向61906部队、廊坊市图书馆、廊坊职业技术学院图书馆、保定市新莲池书院等9家单位捐赠了集团公司出版的优秀图书。（姜锐刚）

中国出版集团公司项目库系统上线运行

2017年5月31日，经过近5个月的努力，由集团公司财务部牵头，各业务归口管理部门参与的集团公司项目库系统较原计划提前1个月建设完成。6～7月，通过各单位申报宣传文化发展专项资金，顺利完成系统试运行。12月完成项目验收。项目库系统的建成使用，改变了集团公司成立15年却无项目库的情况。通过项目库的各项功能，落实了财政部对专项资金管理的要求，实现了项目的全流程管理，提升了项目管理成效，标志着集团项目管理更加规范和有效。下一步，集团公司将继续完善项目库的二期功能优化。（黄　迪）

中国出版集团公司规范信息披露暨宣传工作专题会召开

2017年6月1日，中国出版集团公司召开规范信息披露暨宣传工作专题会议。中国出版集团公司领导班子对规范信息披露工作十分重视，总裁谭跃对此项工作做出指示，要求各单位按照相关要求不折不扣地执行。中国出版集团公司党组成员、中国出版传媒股份有限公司副总经理孙月沐出席会议并讲话。各单位分管宣传工作的负责人、宣传部门及相关工作人员，总部、本部各部门通讯员，中国出版集团公司新媒体运营人员共80余人参加会议。

孙月沐结合信息披露和信息宣传业务，强调了三个方面工作：一是认真做好信息披露工作。各单位负责人要准确把握信息披露内容、程序和规则来做好宣传工作，面对公众媒体和财经媒体，要严谨对待有关人员、机构、业务、资产和财务等相关问题，必要时做好应急宣传预案。二是认真做好意识形态把关工作。全集团上半年意识形态管理工作平稳有序，没有发生明显的导向错误，但也存在险情隐患，特别在下半年要进一步加强意识形态管理，继续抓紧抓牢五个方面的工作，包括对本单位出版的图书、报纸、期刊、“两微一端”开展自查；认真贯彻中国出版集团公司加强网络意识形态工作责任制的实施办法；加强出版选题导向把关；强化网络阵地管理；加强线下活动管理等。三是认真抓好下半年宣传工作亮点。要围绕迎接和宣传党的十九大、重大国际书展两大主题，充分做好前期筹划，抓住宣传亮点，努力完成重点宣传任务，提升中国出版集团公司品牌影响力。

中国出版传媒股份有限公司近期已将董事会讨论通过的《信息披露管理制度》《重大信息报告制度》《年报信息披露重大差错责任追究制度》《内幕信息知情人登记管理制度》印发给各单位，

会议强调了信息披露工作的规则、程序和要求，确保信息披露工作依法、合规。（罗娴静）

中国出版集团公司 2017年主题出版座谈会召开

2017年6月8日，中国出版集团公司在人民文学出版社召开主题出版座谈会。集团公司总裁谭跃出席会议并讲话，集团公司党组成员、中国出版传媒股份有限公司副总经理李岩主持会议。集团公司所属各出版单位总编辑、总编室主任50余人参加会议。

谭跃指出，近年来集团公司坚持正确导向，加强正面宣传，在主题出版上做了大量工作，取得了明显成效。他强调，各单位要进一步深入学习贯彻习近平总书记的系列重要讲话精神，尤其是总书记在文艺工作座谈会上的重要讲话精神，认真落实“实现中华民族伟大复兴需要中华文化繁荣兴盛”的重要要求，进一步增强使命意识，紧密服务大局；认真遵循“坚持以人民为中心的创作导向”的重要要求，进一步加强传播创新，竭诚服务读者；认真遵循“创作无愧于时代的优秀作品”的重要要求，进一步深化内容创新，打造时代精品；认真落实“中国精神是社会主义文艺的灵魂”的重要要求，进一步弘扬中国精神，做大国际影响；认真落实“加强和改进党对文艺工作的领导”的重要要求，进一步深化企业改革，健全现代文化企业制度。他指出，在党的十九大即将召开之际，各单位要进一步提高思想认识水平，坚持政治家办出版立场不动摇，增强四个意识，对党中央绝对忠诚，自觉服务党中央，紧跟党中央步伐，坚决维护党中央权威，切实加大工作力度，严格把控导向、做响主题出版，扛大旗、争先锋，勇立潮头、展现风采，以优异的成绩迎接党的十九大胜利召开。

座谈会上，人民文学出版社、商务印书馆、中华书局、人民音乐出版社、中国民主法制出版社等多家单位就主题出版的认识、已有的工作经验、取得的突出成绩以及下一步的计划安排做了交流。（姜锐刚）

中国出版集团公司报刊导向管理专题工作会议召开

2017年6月26日，中国出版集团公司召开报刊导向管理专题工作会议，针对所属报刊意识形态责任制和内容生产管理工作做出系列工作部署。集团公司党组成员、中国出版传媒股份有限公司副总经理孙月沐出席会议并讲话，中国出版传媒股份有限公司出版业务部相关工作人员、集团所属部分重点报刊负责同志与会。

孙月沐指出，集团公司总裁班子、党组一直十分重视书报刊等出版物的导向管理和内容建设，按照总裁谭跃的具体部署，召开此次报刊系列会议。他为此提出具体要求：一是坚定不移强化“四个意识”，坚持正确导向，用“政治家办报、政治家办刊”的要求做好工作。把政治意识、大局意识作为生命线，把核心意识、看齐意识作为工作的指针。二是加强制度建设，尤其是加强和完善导向管理制度建设，推进意识形态责任制，严格“三审制”。各报刊要根据集团公司2014年下发的《关于加强出版导向管理的若干意见》，制定和完善本报刊的导向管理制度。三是近期各报刊要按照导向工作要求，安排一次意识形态风险点排查。特别是刊物的封面文章和书评栏目，必须要杜绝推介有导向问题的图书。四是导向管理要全员全流程全覆盖，不留死角。要从选题策划阶段开始，抓住重点部位，抓住薄弱环节，抓好流程管理。五是做好重大选题备案制度执行工作，相关选题一定要严格按要求报备。六是做好主题出版和主题宣传工作，把导向管理和选题建设结合起来，做好符合本报刊密切定位的主题宣传。

《三联生活周刊》《当代》《读书》等报刊负责同志在会上分别介绍了本报刊导向管理工作情况及近期重点选题情况。（姜锐刚）

中国出版集团公司第三季度总编辑例会召开

2017年6月27日，中国出版集团公司召开

第三季度总编辑例会。中国出版集团公司党组成员、中国出版传媒股份有限公司副总经理李岩出席会议并讲话。集团各出版单位总编辑、总编室主任及集团出版部相关同志50余人参加会议。

会议传达了刘奇葆在贯彻落实中央关于巡视中央意识形态单位有关精神专题会议上的讲话精神，传达了中央宣传部出版局专题座谈会精神。会议转达了总裁谭跃关于加强出版导向的明确要求：一是抓当前，对选题和在制品再排查、过筛子，切实为十九大的召开营造良好舆论氛围；二是抓长远，对三审制制定执行过程中可量化、能考核的办法，确保制度落到实处。李岩在讲话中指出，在党的十九大即将召开之际，各单位要进一步学习习近平总书记系列重要讲话精神，尤其是在全国宣传思想工作会议上的讲话、在文艺工作座谈会上的讲话、在党的新闻舆论工作座谈会上的讲话、在哲学社会科学工作座谈会上的讲话等，进一步增强“四个意识”，落实意识形态责任制，在抓繁荣发展的同时要强调导向管理，切实把抓内容建设放在第一位、把质量放在第一位、把出好书放在第一位。他要求各单位全面梳理所有选题、在制图书，尤其是十九大前要出版的图书以及目前在售的有影响的图书，加大对图书印前审查和印后抽查的工作力度，在导向问题上坚持用中央的筛子，坚决实行一票否决。要求集团公司出版部对各单位的三审制执行情况开展一次大检查，针对主管副总编辑和中青年骨干编辑举办一次专题培训班。

会议通报了集团公司1～6月导向管理的情况，已累计审核选题7503个，核发书号5562个，其中撤销选题37个，要求履行重大选题报备手续选题85个，提醒注意导向和内容把关选题94个。会议对第3季度的书号管理、报刊年检、“中版好书”宣传推广以及国家出版基金、集团公司专项资金等项目申报管理等工作做了安排。

（姜锐刚）

中国出版集团公司与淮安市人民政府签署战略合作协议

2017年7月14日，中国出版集团公司与淮安市人民政府在淮安市政府会议中心签署了战略合作协议。双方就共同传播中华传统诗词，共同实施“中华优秀传统文化新媒体工程”“中华优秀传统文化国民素养提高工程”，共同打造国学书店，共同举办“纪念周恩来诞辰120周年全球华语诗词大赛”，共同打造文化教育类图书出版发行基地及在淮安设立“诗词中国博物馆”“最美国学书店”“24小时国学图书自助驿站”等一系列事宜达成合作。

中国出版集团公司党组成员、副总裁潘凯雄与淮安市副市长王红红分别代表合作双方签署了协议。淮安市代市长蔡丽新出席并致辞。人民网总编辑余清楚为“纪念周恩来诞辰120周年全球华语诗词大赛”题写了主题长卷，中国出版传媒股份有限公司出版部主任刘祚臣、科技与数字出版部主任赖雪梅，中版文化传播总经理包岩等出席，淮安市文化广电新闻出版局局长、党委书记张冲林主持签约仪式。

潘凯雄向淮安市委市政府有关部门的负责人介绍了中国出版集团公司的基本情况，并表达了对本次合作前景的良好祝愿。他指出，中国出版集团公司是出版业的“国家队”，集聚了中国出版业一批最具品牌影响力、文化积累非常厚重的出版单位。近年来，集团公司也正在拓展新的业务领域，“诗词中国”更是集团探索新媒体文化传播的重要品牌。此次携手淮安市开展系列合作，共同打造城市文化战略，体现了中国出版集团公司作为出版“国家队”在中华民族的文化复兴过程中所肩负的历史使命，也是集团公司在做专、做强主业的基础上，不断扩大产业、拓宽合作模式的践行。

代市长蔡丽新则表示，淮安是一代伟人周恩来的故乡，地处中国南北地理的分割带，也是中国南北文化的融合带。淮安市委市政府高度重视文化工作，特别是注重对中华优秀传统文化的传承与发展。本次合作协议的签订，既是好的开始，也是新的契机。

（张颖潇）

中国出版集团公司传达学习刘奇葆在全国出版工作会议上的讲话精神

2017年7月17日，中国出版集团公司召开总裁办公会，专题传达学习刘奇葆在全国出版工作会议上的讲话精神。总裁谭跃提出学习贯彻要求，党组书记王涛，党组成员、副总裁刘伯根，潘凯雄，党组成员、中国出版传媒股份有限公司副总经理孙月沐出席会议，党组成员、股份公司副总经理李岩传达讲话精神，总部、本部各部门负责人参加会议。

会议认为，全国出版工作会议是出版战线时隔近十年之后召开的一次全国性重要工作会议，刘奇葆同志的讲话体现了习近平总书记关于增强文化自信、建设文化强国的重要指示，体现了中央领导同志对出版战线的高度重视，令广大出版工作者深受鼓舞，对进一步促进出版事业繁荣发展，推动我国从出版大国向出版强国迈进具有十分重要的指导意义。

会议对中国出版集团公司下一步学习贯彻刘奇葆同志的讲话精神做出了专门部署，提出了五项安排：第一，做好学习传达。近期要继续做好刘奇葆同志讲话精神的传达，组织各单位领导班子学习。第二，召开学习贯彻会议。8月中旬中国出版集团公司召开专题会议，深入交流学习心得和具体贯彻措施。第三，加强导向管理。中国出版集团公司即将出台进一步强化导向管理的六项措施：一是确保对履行重大选题备案程序后的书稿修改到位，中国出版集团公司出版部对修改情况进行复核；二是加强对敏感内容的出版物审读把关，出版单位要安排专人审读；三是加强成品书的内容导向检查，完善上市前的审核程序；四是加强选题申报的内容简介和相关信息把关，防止出现信息失真；五是对于在市场上存在不同声音或有不同反应的图书，要严控或停止销售和宣传；六是加强重点报刊的审读把关，封面故事、期刊目录、稿件内容必须经出版社社长或总编辑签字把关。第四，强化编辑培训。加强“三个一百”人才和骨干编辑人才的思想政治建设，开展新一轮教育培训，不断提升编辑的政治意识、大局意识和责任意识。第五，出台落实意见。8月底在各单位学习讨论的基础上，中国出版集团公司起草贯彻落实刘奇葆同志讲话精神的具体意见，并上报中央宣传部。 （何奎）

中国出版集团公司党组成员、中国出版传媒股份有限公司副总经理孙月沐到新华书店总店调研

2017年7月18日，中国出版集团公司党组成员、中国出版传媒股份有限公司副总经理孙月沐到新华书店总店（以下简称“总店”）调研总店近年来报刊改革发展情况。新华书店总店总经理茅院生汇报了总店报刊改革发展情况，总店党委副书记、报刊总编辑柏万良，总经理助理戴昕，新华万维国际文化传媒公司领导班子及全体中层干部参加座谈会。

孙月沐在讲话中指出，3年多来，总店各项工作取得了跨越式进步，品牌价值得到了较大提升。总店3份报刊的改革发展思路清晰，措施得力，在导向建设、内容生产、人才队伍建设、营销推广、品牌建设、体制机制等方面都取得了成绩，找到了自身独特的发展道路，是总店转变形象、重塑品牌、光大品牌工作的重要组成部分，是集团公司媒体融合战略的重要成果之一。孙月沐要求，总店要坚定不移抓好导向与内容生产建设，精心做好选题策划；要高度重视渠道拓展和媒体品牌推广，综合运营好报、刊、网、论坛、公号平台；要做好资源整合，形成媒体合力；进一步加快速度，将总店所属报刊打造成行业内外、国内外知名媒体。

总店近年来始终坚持两个效益统一，坚持正确的方向导向，着力做优报刊内容，做大影响力；做大平台，做出品牌力；做宽合作渠道，做出竞争力；做细媒体融合，做出传播力；创新体制机制，做出生命力。报刊改革发展成果显现，发展战略基本明确，发展框架基本确立，内容转型基本实现，媒体融合格局初步建成，公司治理体制机制基本形成，人才队伍更具活力。总店将坚持正确的方向导向，狠抓内容质量；坚持社会效益与经济效益相统一，狠抓市场运营；坚持媒体融合与业务创新，狠抓科技与文化融合发展；坚持战略与项目相统一，狠抓规划落实；坚持人才发展与企业发展相统一，狠抓体制机制创

新，将总店所属报刊打造成为具有影响力的国际出版产业媒体，努力进入媒体影响力指数第一方阵。

（张　倩）

中国出版集团公司总裁谭跃一行到青海省泽库县调研

2017年8月2～4日，中国出版集团公司总裁谭跃率扶贫工作组赴青海省泽库县进行调研考察，参加对口援建工作座谈会，出席图书捐赠仪式和集团公司援建的桥梁通车仪式，慰问困难群众和集团公司扶贫干部。集团公司党组成员、副总裁刘伯根等参加调研。泽库县委副书记、县长更智才让，黄南州人大常委会副主任周加才让等参加了座谈和捐赠仪式。

座谈会上谭跃指出，扶贫工作是集团公司的一项重要政治任务，集团公司将继续按照习近平总书记“扶贫先扶智”的要求，密切配合泽库县委、县政府，共同打赢脱贫攻坚战，为泽库县17000多贫困人口早日脱贫做出应有的贡献。刘伯根表示，两年来股份公司先后向泽库县捐赠了价值120万码洋的图书，组织《三联生活周刊》记者采访报道，并选派2名优秀干部到县里开展扶贫工作。集团公司还出资55万元修建了定点扶贫村而尖村连心桥，多次慰问困难户和受灾户等，并将于10月份为泽库县宣传干部组织培训。更智才让详细介绍了泽库县的基本情况和集团公司的帮扶情况，并就下一步共同做好脱贫攻坚提出了工作建议。

图书捐赠仪式上，谭跃将价值50万元的图书捐赠卡交给更智才让。随后，谭跃一行赴恰科日社区而尖村参加连心桥通车仪式。在而尖村，谭跃一行走访慰问了3户贫困群众，勉励他们坚定生活信心，努力脱贫致富。谭跃一行还考察了西宁市大十字新华书店，并与青海省新华书店洽谈了“中国新华发行网”和“中版好书百店千柜工程”落地等业务工作。

（顾梓榆）

人民文学出版社2017“香山论坛”分论坛举行

2017年8月4日，人民文学出版社2017“香山论坛”分论坛在社内会议室举行。本次论坛共收到33份征文，旨在围绕青年职工如何在人民文学出版社发展中做出贡献开展讨论，其中10位来自不同部门的员工在论坛现场进行了精彩的演讲。社长臧永清和党委书记张贤明对青年员工发表讲话，鼓励年轻同志在工作中勇于创新。人民文学出版社推荐两名同志参加集团公司“香山论坛”总论坛。

（顾　乡）

中国出版集团公司总裁谭跃一行到东方出版中心调研

2017年8月21日，中国出版集团公司总裁谭跃，党组成员、中国出版传媒股份有限公司副总经理李岩，党组成员、副总裁潘凯雄及集团公司相关部门负责人到东方出版中心调研。东方出版中心就当前出版工作和经营情况向集团公司领导做了详细汇报。

谭跃对东方出版中心所做的工作给予了肯定。他指出，作为集团公司旗下唯一一家在沪成员单位及法人独资企业，东方出版中心具有鲜明的产业特点。要进一步强化经营自主性，认清产业特点，积极做好海派文化及大众财经图书的出版；找准基本定位，真正了解、深入研究、准确把握自己的方位、任务、目标，形成长期传统、长期优势；用好机制法宝，坚持党政合一，以常态化的机制增强发展内生动力。

他强调，集团公司及所属出版单位要进一步解决发展瓶颈，突破前行藩篱，推动事业前行，就是要坚持“六个牢记”，即牢记“四个意识”，牢记“根本任务”，牢记“第一要务”，牢记“基本趋势”，牢记“党建优势”，牢记“动力机制”。始终结合工作实际，坚持问题导向，深挖企业“病根”，以具体的行动、实在的举措将“六个牢记”落到实处，推动机制创新，提升工作实效，

以集团公司上市为龙头，带动企业整体发展，为建成文化强企、推进集团公司繁荣而努力奋斗！

（姜小明）

中国对外翻译有限公司2017“香山论坛”分论坛举行

2017年8月，中国对外翻译有限公司（以下简称“中译公司”）在中铁建设大厦16层北京厅会议室举行2017年“香山论坛”分论坛演讲比赛。公司党委副书记、工会主席张晶晶出席会议并发表讲话。各支部书记、群团组织代表作为评委参加会议。

此次演讲比赛，由公司党委、工会联合主办，公司党群工作部负责组织落实。历经3个月的宣传和组织，通过由下而上，层层推荐、选拔，最终共有5名选手入围演讲比赛决赛。评委们根据选手的演讲内容和现场表现，综合评选出最佳人选，代表公司参加集团公司举办的“2017香山论坛”。

在演讲决赛中，选手们结合工作实际，紧紧围绕“三大要领——稳增长、调结构、促融合”，以“着力提升内容生产持续创新能力、内容传播多元经营能力、数字出版融合发展能力、‘走出去’做响又做开能力、资金资产有效运营能力、健康持续发展统合能力”为工作主线，饱含激情地诠释了对工作的热情、对公司的热爱以及对集团公司未来发展的热切期盼和坚定信心。

（赵　桐）

新华书店总店2017“香山论坛”分论坛举行

2017年8月，新华书店总店（以下简称“总店”）党委、工会及团委联合组织的“2017香山论坛·总店分论坛”在总店举行。总店副总经理张雅珊、陈新，总经理助理戴昕、汪春荣，各部门及所属公司主要负责人出席论坛并担任评委，近百名青年员工参会。

张雅珊在致辞中指出，“互联网＋”的大时代环境下，青年人应该成为创新经济和创新发展的重要推动力。作为企业最富创新精神和创造力的主力军，总店的青年员工应始终树立创新意识，加强协同创新与整合资源的能力，为总店的发展做贡献。

总店及所属公司12名青年员工代表围绕“稳增长、调结构、促融合”的论坛主题，通过演讲和辩论为集团公司和总店发展献计献策。代表们提出的利用“互联网＋”思维，推动传统实体书店转型升级；媒体融合创新报刊宣传力，助力传媒“走出去”；创新管理机制，提高风险管控力；复合型O2O体验与发行模式创新等新思维、新观点、新方法，展现了总店新一代青年员工的优秀素质和为总店在新时期改革发展做贡献的决心。他们用鲜明的观点、生动的事例、真切的情感，感染了现场的观众，赢得了阵阵掌声。

（张　倩）

中国出版集团公司入选亚洲品牌500强第63位

2017年9月9日，由亚洲品牌网、香港大公文汇传媒集团、外交部中国亚洲经济发展协会、商务部国际商报社共同主办的“第12届亚洲品牌盛典”在中国香港圆满落幕，各大榜单正式发布。中国出版集团公司再次入选亚洲品牌500强，名列第63位；中国出版传媒股份有限公司入选“中国上市公司创新品牌100强”。本届亚洲品牌500强榜单共涉及39个行业，其中共有280家中国企业上榜，这些品牌多来自金融、信息技术、食品、互联网等行业，如中国工商银行、深圳市腾讯计算机系统有限公司、华为技术有限公司、中国石油天然气有限公司、阿里巴巴网络技术有限公司等国内知名企业。

亚洲品牌盛典迄今已成功举办11届，其形成的“品牌评价法”在业界被广泛认可。其每年推出的“亚洲品牌500强排行榜”作为亚洲品牌界的第一榜，被誉为“亚洲品牌的风向标”，以其科学性、权威性和透明度昭示了各行业品牌的亚洲影响力。本届盛典以“开启品牌数字化时

代”为主题，全方位探讨亚洲品牌在品牌数字化大环境下的商业创新和品牌建设的新思路。

中国出版传媒股份有限公司A股股票于8月21日在上海证券交易所成功挂牌上市，这不仅是中国出版集团公司发展史上一个新的里程碑，也是出版业繁荣发展的一件大事。中国出版传媒股份有限公司此次入选“中国上市公司创新品牌100强”，是上市以来收获的首个品牌荣誉。

2014年，中国出版集团公司召开品牌经营战略推进会，提出“品牌是我们的核心竞争力”，着力“做响品牌产品、做强品牌企业、做优品牌技术和服务”，大力推进品牌与品质、内容、科技、市场、资本的“五个融合”。近年来，中国出版集团公司在推进品牌经营上取得丰硕成果。连续9年入选“全国文化企业30强”，排名逐步上升；连续4年入选“全球出版业50强”；入选2014年“中国经济最具发展潜力企业”、2016中国经济新领军企业，是出版界唯一一家获此殊荣的企业；名列2016中国大学生最佳雇主TOP50榜单；2016年入选“中国品牌500强排行榜”，名列第29位。

（罗娴静）

中国出版集团公司荣获全国各大出版集团“走出去”综合排名第一

2017年9月13日，由国务院新闻办公室、国家新闻出版广电总局主办的“中国图书对外推广计划”工作小组第13次工作会议在上海召开，中国出版集团公司在版权输出数量和质量、重点项目入选率和结项率、国内外媒体营销等多方面表现优异，第5次荣获全国各大出版集团“走出去”综合排名第一。中央宣传部副部长、国务院新闻办公室副主任崔玉英，为中国出版集团公司党组成员、中国出版传媒股份有限公司副总经理李岩颁奖，国家新闻出版广电总局副局长吴尚之出席会议并讲话。

党的十八大以来，集团公司认真学习贯彻习近平总书记系列重要讲话精神，牢固树立大局意识、政治意识、核心意识和看齐意识，“走出去”综合实力稳步增强，国内外行业影响力显著提升，“深化欧美、开拓新兴、壮大‘一带一路’周边市场”的国际化战略初显成效。2016年集团公司输出到“一带一路”沿线国家版权281种，创历史最高，与沿线1/4数量的国家实现出版合作。传播中国价值的《论语译注》累计输出8个版本，被韩国、日本、新加坡等国的大学作为教材。《中华文明的核心价值》累计输出19个语种。“中国图书对外推广计划”实施10年来，集团公司累计有544种精品图书获资助。项目结项率97.5%，图书翻译后均在输出对象国实现出版发行。

集团公司与国外知名大学、著名出版社紧密合作，达成战略合作或共建国际编辑部，共计8个，组织参加国内外重要海外书展并强化营销推广，调动作译者、出版商、汉学家、版权人等各方力量，力争实现“做响、做开、做强、做实”。集团公司将积极参与全球市场的行业竞争，加强与“一带一路”沿线国家学术和出版机构的合作，保持国内市场的强势占有率，并最终取得一定的国际市场份额，为在“十三五”期间建成“国际著名出版传媒集团”持续努力。

（孙　牧）

中国出版集团公司总裁谭跃一行到中版教材有限公司调研

2017年9月14日，中国出版集团公司总裁谭跃，中国出版集团公司党组成员、中国出版传媒股份有限公司副总经理李岩，带领集团公司直属机关党委常务副书记、纪委书记、党群部主任姜红新，中国出版传媒股份有限公司出版业务部副主任曹永平、财务部副主任王剑辉等一行，到中版教材有限公司进行工作调研，听取了领导班子关于公司的基本情况、2017年以来应对政策变化所开展的主要工作、下一步工作思路和主要措施，以及公司面临的问题和困难等的情况汇报。

谭跃听取班子工作汇报后指出，中版教材有限公司在经历了政策、产品市场、人员方面“三种变化”的过程中，表现出不怕挫折砥砺、不屈不挠、勇于开拓的“三种素质”，难能可贵，建立在这三种素质的基础上，在思路、举措、实际成效方面取得了“三个进展”，对做出的努力和取得的成绩给予了充分肯定。

关于下一步工作，谭跃指出要重点研究的三个问题。国家政策发生了巨大变化，导致市场也发生变化，定位也要随之变化。变和不变是联系的，不变的是仍和教育出版有关，变的可能是从教材产品经销商转为“教育服务商”，这样的定位其实就展示了我们很多的思考和发展领域，跟教育产品、服务相关的全产业链都可以研究，重新筛选一下可做的东西。

谭跃建议，通过组织全员论坛、领导引导、组织专题学习的方式结合实际、结合教材公司发展的实际深入研究这三个方面。全员参与，大家都要关心企业的未来和命运。希望能看到新的经营形态、新的增长形态、新的管理机制。

李岩在讲话中说，教材公司这一年的努力卓有成效，在集团公司的总体安排部署下，止住了下滑的趋势，向更好的方向发展，这是大家共同努力的结果。中版教材有限公司是一个经营性公司，今后无论做什么项目，都要考虑经营收入、利润还有投资回报率，这个宗旨不能变。集团公司层面会向公司倾斜，解决天花板和瓶颈问题，这对公司发展会有不竭的动力。

杨伯勋代表全体员工，感谢集团公司领导到公司调研，给予指导。集团公司领导的讲话为公司指明了今后的工作方向，理清了思路，使公司更加坚定了面对问题和困难的信心。今后大家将继续按照集团公司提出的“稳增长、调结构、促融合”三大要领，结合本公司“立足教育、研发产品、拓展服务”的转型发展思路，抓紧时间研究组织相关工作，形成具体的举措，使公司尽快实现转型，走向可持续发展的健康之路。

（武一格）

中国出版集团公司贯彻落实全国出版工作会议精神座谈会召开

2017年9月15日，中国出版集团公司召开贯彻落实全国出版工作会议精神座谈会，并发布《贯彻落实全国出版工作会议精神实施意见》。中央宣传部出版局副局长冯士新，国家新闻出版广电总局图书管理司副司长许正明出席会议，中国出版集团公司总裁谭跃就贯彻落实会议精神提出要求，集团公司党组书记王涛及集团公司领导班子出席会议。

谭跃指出，贯彻落实会议精神，重点做好以下几点：一是要认真落实“准确把握当前形势，进一步增强责任感使命感”的要求，不断增强围绕中心、服务大局的能力；二是要认真落实“坚持内容第一，提高质量多出好书”的要求，不断做大文化影响力传播力；三是要认真落实“坚持深化改革，确保两个效益相统一”的要求，不断完善文化特色现代企业制度；四是要认真落实“坚持融合发展，形成出版发展新格局”的要求，不断加强数字集团的业态创新；五是要认真落实“加快出版‘走出去’，不断扩大中华文化影响力”的要求，进一步提升国际化工作做响又做开能力；六是要认真落实“坚持严格管理，牢牢把握正确导向”的要求，为迎接宣传贯彻党的十九大提供坚强有力的出版保障。

部分所属企业和部门负责人做了专题发言。

（施　楠）

中国出版传媒股份有限公司2017年全国重点经销商业务恳谈会举办

2017年10月15～17日，中国出版传媒股份有限公司在苏州召开了全国重点经销商业务恳谈会，凤凰传媒江苏新华发行集团、山东新华书店集团有限公司、山西新华书店集团有限公司、广东新华发行集团股份有限公司、浙江省新华书店集团有限公司、深圳出版发行集团公司等25省区市的31家新华书店和蔚蓝时代机场书店，以及20家出版单位的主要领导和业务负责人共百余人参加。

会上，社店双方就信息对接、线上线下融合发展、渠道建设、细分图书市场、店外销售、馆配、推进全民阅读等议题及“中版好书百店千柜工程”和各出版单位的重点产品、项目进行了充分研讨和交流，介绍了各地新华书店的成功经验和做法，对社店合作提出了意见和建议。

参会各方均表示，这样的业务恳谈会务实、高效，给社店双方进行深入交流搭建了平台，有利于社店合作的顺利开展。大家希望，通过共同努力，创新合作模式，谋求更广阔的合作与发展空间。

中国出版集团公司领导表示，中国出版集团公司是出版物供给方，以内容生产为主，其价值实现要充分依靠渠道来完成。当前，新华书店依然是我国出版发行的主渠道、主阵地，中国出版集团公司和各地新华书店是相互依存、共生共荣的关系，大家只有同舟共济，才能真正把出版做强做大。经销商处于市场最前沿，最了解市场，经销商反馈的最新的市场信息能够给出版社以借鉴、参考，促进供给侧结构调整，从而满足不断变化的市场需求和读者的文化需求。店社双方应该共同努力，更好地应对市场变革带来的机遇与挑战。

会后，参会代表参观了苏州吴江新华书店，了解当地新华书店转型发展的相关情况，并就店堂升级进行了沟通交流。（郭晶晶）

中国出版集团公司提升数字化运营能力研讨会召开

2017 年 10 月 19～20 日，中国出版集团公司“提升数字化运营能力研讨会”在北京召开。会议就提升集团数字化运营能力建设进行了现场交流和研讨。中国出版集团公司党组成员、副总裁潘凯雄出席会议并讲话，各单位数字化工作分管领导、数字化部门负责人和股份公司科技与数字出版部人员共 60 余人参加会议。

潘凯雄在讲话中指出，习近平总书记在十九大报告中提出坚定文化自信，推动社会主义文化繁荣兴盛，健全现代文化产业体系和市场体系，创新生产经营机制，完善文化经济政策，培育新型文化业态，各单位要认真学习领会、贯彻执行。针对集团数字化运营工作，他强调，集团公司近几年在出版融合发展方面取得了一些成效，建设完成了一批有代表性的数字产品，社会效益和经济效益在业内也处于领先地位，但从总体上讲，各单位发展程度参差不齐，而且普遍存在重建设、轻运营的不平衡现象。因此，提高运营能力的建设对于集团公司在“十三五”末建成数字化集团的既定目标具有重要意义。针对运营能力建设，他提出三点要求：一是对以数字化、大数据、云计算、人工智能为核心的融合发展，既要有坚定不移的意志，又要有坚持不断地学习和思考，在产品建设和运营的实践中进行理性的分析、判断和应用。二是在融合发展过程中要坚持产品研发与运营并重，尤其对运营方面的学习和实践更为紧迫，各单位要做好运营工作的整体规划、管理和组织，特别是体制机制和人员队伍的建设要有创新和保障。三是要认真研究面向融合发展的运营技巧、运营方法和运营规律，通过不断的学习、研究与实践，增强运营本领，提高运营能力。

针对数字化运营能力建设的具体工作，会议安排了主旨演讲、分组讨论、小组发言等多种参与形式，从数字产品运营情况和经验、互联网常用运营手段和方式，以及数字化产品运营体会、措施及建议等方面进行了充分研讨与交流，对于加强集团公司数字化运营工作，提升数字化运营能力起到了很好的促进作用。

会议还就集团公司重点项目的申报、论证工作进行了安排和部署，提出了明确而具体的要求。（史　政）

中国出版集团公司传达学习党的十九大会议精神干部大会召开

2017 年 10 月 26 日，中国出版集团公司召开干部大会，由十九大代表、集团公司总裁谭跃和十九大代表、中华书局总经理徐俊，共同传达学习党的十九大会议精神。会议由集团公司党组成员、副总裁、直属机关党委书记刘伯根主持。集团公司党组成员、集团公司老领导、各单位领导班子成员、总部本部处级以上干部共 140 人参加了会议。

谭跃传达了党的十九大报告的内容。他在传达时指出，党的十九大是在全面建成小康社会决胜阶段、中国特色社会主义进入新时代的关键时期召开的一次十分重要的大会。总书记所做的十九大报告立意高远、思想深邃、气势恢宏，通篇展示了以习近平同志为核心的党中央引领新时代中国特色社会主义的理论成果、实践成果、创新成果，是我们党迈进新时代、开启新征程、谱写新篇章的政治宣言和行动指南，是新时代中国特色社会主义发展的总纲领、总部署、总动员，激励着全党全国各族人民决胜全面建成小康社会、夺取新时代中国特色社会主义的伟大胜利、实现中华民族伟大复兴中国梦的坚定信心。

徐俊传达了《关于中央纪律检查委员会工作报告的决议》《关于〈中国共产党章程（修正案）〉的决议》。

（集团公司总部人力资源部提供）

中国出版传媒股份有限公司印发《关于进一步执行好〈中国出版集团关于提高集团化经营水平促进纸张整合的实施方案〉的通知》

2017年10月，中国出版传媒股份有限公司办公会听取了执行纸张整合实施方案过程中所出现的部分单位拖欠中版联纸张款的情况汇报，要求各单位高度重视股份公司为提高集团化经营水平和出版整体效益而制定的促进纸张整合的工作目标和整合原则，认真贯彻2015年颁布的实施方案中的各项内容。

为此，股份公司印发了《关于进一步执行好〈中国出版集团关于提高集团化经营水平　促进纸张整合的实施方案〉的通知》（中版传媒〔2017〕41号），要求各单位进一步执行好该实施方案，明确提出三方面意见和实施细则：一是支持主业发展，解决实际困难；二是明确结算责任，细化结算规则；三是加强日常管理，严肃执行纪律。

（侯　宇）

中国出版集团公司“走出去”工作会召开

2017年11月7日，中国出版集团公司召开“走出去”工作会。会议学习贯彻十九大精神和全国出版工作会议精神，回顾总结了过去5年的工作，展示了5年来的“走出去”成果，表彰了先进集体，全面部署了当前和今后一个时期的“走出去”工作。集团公司党组书记王涛，集团公司党组成员、中国出版传媒股份有限公司副总经理李岩，中央宣传部对外推广局副局长李智慧，国家新闻出版广电总局进口管理司副司长赵海云出席会议，集团公司26家单位主要领导、分管对外合作的领导、对外合作部主任及业务骨干80余人参加会议。

过去5年，集团公司全面学习贯彻落实党和国家关于加强中华文化“走出去”工作的精神和要求，在中央宣传部、国家新闻出版广电总局和中央文化企业国有资产监督管理领导小组办公室的关心支持指导之下，积极服务大局，主动创新，勇于担当，取得了突出的成绩，荣获众多国际奖项，国际影响力、传播力显著增强。一是贯彻落实中央精神，制定了业界首个企业国际化发展战略。二是抓住“走出去”内容中心话题，版权输出大幅度增长。三是抓住翻译关键环节做文章，有力推动各项工作取得实效。四是积极拓展“一带一路”合作，版权输出成果丰硕。五是出色完成国家任务，着力推进重点项目，奖励资助为集团公司“走出去”提供了源源动力。六是服务全国“走出去”，北京国际图书博览会国际地位进一步巩固和提高，已排名“全球”书展第二位。七是培养人才、创新机制，为持续有效工作提供基础性条件。八是做响又做开，探索从“走出去”转型“走进去”。

会议贯彻十九大精神，紧紧围绕加强中外人文交流，推进国际传播能力建设，讲好中国故事，展现真实、立体、全面的中国，提高国家文化软实力，对“走出去”工作中内容建设、翻译资源、“一带一路”、融合发展、人才培养、深化改革等进行了全面部署。

中国美术出版总社、中译出版社、荣宝斋、中国大百科全书出版社、中华书局分别获得“走出去”综合评比一、二、三等奖，生活·读书·新知三联书店获得版权输出进步奖，中国图书进出口（集团）总公司和商务印书馆获得“走出去”卓越奖，天天出版社和新华书店总店获得“走出去”卓越奖提名奖。（林成琳）

中国出版集团公司2017年信息宣传工作会议召开

2017年11月8～9日，中国出版集团公司召开2017年信息宣传工作会议。中国出版集团公司党组成员、中国出版传媒股份有限公司副总经理孙月沐做专题报告。会议通报了2016～2017年中国出版集团公司信息宣传工作情况。各单位分管宣传工作的领导、办公室负责人、通讯员、新媒体负责人近100人参加会议。

孙月沐传达了总裁谭跃有关“三六构想”“两调四强”的战略宣传要求，指出2016年中国出版集团公司领导高度重视信息宣传工作，并对重要工作项目做出批示。他总结了2016～2017年信息宣传工作的五大特点：一是体现国家站位，坚持服务大局；二是体现时代主题，做强主题出版；三是体现品牌特色，深耕产品文化；四是体现媒体融合，建设传播矩阵；五是体现统筹整合，打造重点项目。

孙月沐强调，2018年中国出版集团公司信息宣传工作要从五个方面持续发力：一是坚持正确导向，认真履行意识形态工作责任制；二是服务出版主业，促进文化繁荣兴盛；三是创新宣传方式，促进融合发展；四是讲好中国故事，扩大国际影响力；五是坚持以人为本，大力加强队伍建设。他还布置了2018年的四项重点工作，即十九大主题宣传工作、纪念改革开放40周年、中国出版集团公司2018年度工作会、重点品牌活动。

会议表彰了中国出版集团公司2016～2017年信息宣传工作先进单位和先进个人。人民文学出版社、商务印书馆、中华书局、生活·读书·新知三联书店、中国对外翻译有限公司、中国图书进出口（集团）总公司、荣宝斋、中国出版传媒商报社、世界图书出版有限公司、中版集团数字传媒有限公司等10家单位荣获“优秀信息宣传单位”称号；人民音乐出版社、新华书店总店、中版文化传播（北京）有限公司、中版昆仑传媒有限公司等4家单位荣获“信息宣传工作创新奖”；张晋、冯雪等13名通讯员荣获“优秀通讯员”称号。商务印书馆、人民音乐出版社、生活·读书·新知三联书店、中国图书进出口（集团）总公司、中国出版传媒商报社、中版昆仑传媒有限公司等6家单位代表做了经验交流，中国出版集团公司《年鉴》有关负责人布置了2017年的年鉴编写工作。

会议安排了分组讨论和专家培训。各小组围绕相关话题展开了讨论。光明日报社光明书榜副主编吴娜围绕如何“挖掘文化特色，做好出版报道”做了专题培训，获得与会者的一致好评。

（罗娴静）

中国出版集团公司“以十九大精神统领出版导向内容生产”座谈会召开

2017年12月1日，中国出版集团公司召开“以十九大精神统领出版导向内容生产”座谈会。集团公司党组书记王涛、中央宣传部出版局局长郭义强、国家新闻出版广电总局出版管理司副司长许正明出席会议并讲话。集团公司党组成员、中国出版传媒股份有限公司副总经理李岩主持会议。所属各出版单位主要领导、总编室主任，总部、本部各部门主任参加会议。

郭义强指出，中国出版集团公司要重点做好以下八项工作：一是学习宣传贯彻好习近平新时代中国特色社会主义思想和十九大精神；二是不忘出版初心，发挥出版引导教育服务的作用；三是提高出版质量，为社会奉献更多精品；四是加强阵地建设、阵地管理方面的出版工作；五是深化改革，加快构建“双效统一”的体制机制；六是紧跟时代要求，在坚守出版品牌的基础上进行创新；七是按照政治过硬、本领高强的要求加强队伍建设；八是巩固出版品牌，向具有全球竞争力的世界一流出版企业迈进。

许正明强调，下一步工作中，一是要把学习贯彻党的十九大精神作为头等大事和首要政治任务，牢固树立“四个意识”，提高政治站位；二是要聚焦重点、打造亮点，把宣传阐释党的十九大精神和习近平新时代中国特色社会主义思想作为一项最大的、重大的政治任务，让党的主张成为时代最强音；三是要围绕人民对美好生活的新期待，不断加大精品创作生产和公共服务体系的建设；四是要围绕决胜全面建成小康社会和建设社会主义现代化强国的目标，加强出版事业和产业的发展；五是大力推动融合发展。

人民文学出版社、商务印书馆、中华书局、中国大百科全书出版社等 8 家出版单位负责人在会议上做了典型发言。（姜锐刚）

中国出版集团公司总裁谭跃一行到中华书局调研

2017 年 12 月 15 日，中国出版集团公司总裁谭跃，中国出版集团公司党组成员、副总裁潘凯雄，中国出版集团数字传媒有限公司总经理赖雪梅，中国出版传媒股份有限公司证券与法律事务部主任刘禹一行，到古联（北京）数字传媒科技有限公司（以下简称“古联公司”）就上市募投项目的进度进行实地调研。中华书局总经理徐俊、总编辑顾青、党委书记周清华、总经理总编辑办公室主任翁向红、计划财务部主任刘宏及古联公司副总经理洪涛等参加。

顾青首先介绍古联公司成立两年多来的发展情况，其次介绍了中华书局的传统文化数字化战略，并对募投项目《中华国学资源总库》进行了详细介绍。

徐俊表示，古联公司通过这几年的发展，由单一的古籍整理，向整个传统文化数字出版方向转型，势在必行。要解决好中华传统文化数字化的工作，要解决最后“一公里”的问题，同时解决好当下与未来的关系。希望得到中国出版集团公司的重视与支持。

谭跃对古联公司的发展、《中华国学资源总库》的进展给予了充分肯定。他认为，《中华国学资源总库》是集品牌、资源、技术等因素融合的最有希望的项目，希望该项目在推进中，进一步强调学术性与大众性相结合、资源积累与产品开发相结合、技术型生产与技术型呈现相结合、募投资金与社会融资相结合；要讲求“六重”，即更重市场、更重大众、更重应用、更重普及、更重技术呈现方式、更重互联网特点。中国出版集团公司非常重视数字项目的建设，希望中华书局进一步探索以市场的力量推动文化建设。

（梁　彦）

中国出版集团公司2017“香山论坛”大会举行

2017 年 12 月 22 日，中国出版集团公司 2017“香山论坛”大会在集团公司举行。集团公司党组成员、副总裁刘伯根，集团公司党组成员、中国出版传媒股份有限公司副总经理孙月沐出席大会。各单位领导班子成员、业务部门、群团组织负责人和职工代表共 130 人参加大会。

刘伯根在讲话中指出，当前全集团正在深入学习宣传贯彻党的十九大精神，以习近平新时代中国特色社会主义思想为指引，总结 2017 年工作，谋划 2018 年工作。“香山论坛”大会，也是一场交流思想经验、研讨推进工作的大会。

刘伯根提出三点要求，一是要深刻理解推动国家文化繁荣兴盛就是集团公司改革发展的历史使命；二是要深刻理解集团公司作为出版“国家队”必须坚持创造性转化；三是要深刻理解集团公司员工作为国家文化建设者必须坚持创新性发展。

孙月沐宣读了《关于表彰中国出版集团公司 2017“香山论坛”系列活动征文的通报》，并与刘伯根一同为一等奖获得者颁奖。

11 位获奖者围绕学习宣传贯彻十九大精神，用习近平新时代中国特色社会主义思想指导工作，坚持创造性转化，坚持创新性发展，从“媒

体融合与数字化转型、内容多元推进与青年创新创造、互联网＋营销与‘走出去’”等方面，结合单位和岗位实际，突出媒体融合、创新引领主线，提出了很好的见解和建议。（顾梓榆）

中国出版集团公司党组集体学习中央经济工作会议精神专题会召开

2017 年 12 月 22 日，中国出版集团公司党组集体学习中央经济工作会议精神专题会召开。党组成员出席会议，各部门负责人与处级以上干部列席会议。

中国出版集团公司总裁谭跃指出，一是要在新时代呈现新气象，努力构建主流出版型、融合发展型、国际传播型的国际著名出版集团，不断增强国内主流舆论阵地话语权和国际主流社会文化影响力。二是要坚持问题导向，深刻理解新时代我国社会主要矛盾在出版领域的主要表现，着力解决集团公司发展不平衡、不充分的问题，促进集团公司发展质量变革、效率变革、动力变革，最终实现高质量发展。三是要把推动高质量发展作为集团公司当前与今后一个时期确定发展思路、配置各类资源、实施绩效考核的根本要求，要在集团公司上下树立“全质量观”，进一步推动落实好集团公司“十三五”规划和“两调四强”等战略部署。四是要研究与编制集团公司高质量发展指标体系，以实实在在的指标与举措，推动集团公司在实现高质量发展上不断取得新进展，为集团公司持续发展打下坚实基础。五是要以供给侧结构性改革为主线，围绕提高供给体系质量，在体制机制创新上进一步发力，加快建立健全具有文化特色的现代企业制度，不断提高全要素生产率，显著增强集团公司的质量优势和效率优势。六是要充分发挥资本、科技对优化供给结构的关键性作用，使创新成为集团公司发展的第一动力，促进集团公司迈向全球文化出版价值链中高端，培育若干国内一流、世界知名的先进出版文化企业。

（施　楠）

中国出版集团公司入选中国品牌 500 强列第 29 位

2017 年 12 月 28～30 日，由亚洲品牌网联合中国亚洲经济发展协会、中国商报社、澳门商报社等单位共同主办的“2016 第 11 届亚洲品牌（澳门）盛典”在澳门举行。中国出版集团公司入选“2016 中国品牌 500 强排行榜”并名列第 29 位，是唯一入选的出版企业。中国工商银行、华为技术有限公司、中国移动通信集团公司、阿里巴巴网络技术有限公司、大连万达集团股份有限公司、中国出版集团公司、恒大地产集团有限公司等入选“2016 中国品牌 500 强”前 30 强。

亚洲品牌（澳门）盛典被誉为中国品牌走向亚洲的“第一站”，旨在贯彻习近平总书记提出的“中国制造向中国创造转变、中国速度向中国质量转变、中国产品向中国品牌转变”的重要讲话精神，以“培育工匠精神，发挥品牌引领”为主题。评选标准包括 8 个一级指标，如品牌文化承载力、质量和服务水平、创新引领性、品牌领导力、客户关系强度、品牌稳定度等。

品牌经营战略是中国出版集团公司发展的“六大战略”之一。2014 年，中国出版集团公司召开品牌经营战略推进会，提出“品牌是我们的核心竞争力”，着力“做响品牌产品、做强品牌企业、做优品牌技术和服务”，大力推进品牌与品质、内容、科技、市场、资本的“五个融合”。近年来，中国出版集团公司在推进品牌经营上取得丰硕成果。商务印书馆在全国建立了 16 家分支机构，在太原、南宁、上海等地建立阅读体验店；三联韬奋书店在北京开设了 3 家 24 小时书店；中华书局、人民音乐出版社在上海开办了分公司；中图外文书店、现代书店、涵芬楼书店等特色书店品牌成为城市文化新地标；荣宝斋完成“五年十店”的品牌扩张计划；中国对外翻译有限公司欧诺公司探索“互联网＋”的新型营销方式，开拓语言服务技术新领域。各单位推出《长征》《群山之巅》《极花》《带灯》等一批品牌产品热销市场。集团公司“读懂中国”沙画形象片登上纽约时代广场，进一步提升海内外影响力。

2016 年，中国出版集团公司连续 8 年入选“全国文化企业 30 强”；连续 4 年入选“全球出版业 50 强”；连续 2 年入选“亚洲品牌 500 强”；荣获 2016 中国经济新领军企业，是出版界唯一一家获此殊荣的企业；连续荣获每两年举办一次的“首都文化企业 30 强”；首次进入中华英才网中国大学生最佳雇主 TOP50 榜单。

（罗娴静）

上市工作

中国出版传媒股份有限公司在上海证券交易所挂牌上市仪式举行

2017年8月20日，中国出版传媒股份有限公司在上海举行了上市新闻通气会。8月21日，中国出版传媒股份有限公司在上海证券交易所成功挂牌上市，股票简称“中国出版”（601949）。

中央宣传部文化体制改革和发展办公室主任黄志坚，国家新闻出版广电总局规划发展司副司长孔德龙，财政部文化司副司长马骏，中共上海市委常委、宣传部部长董云虎，中国出版集团公司总裁谭跃，中国出版集团公司党组书记王涛，中国出版集团公司原总裁杨牧之、聂震宁，中国出版集团公司原党组书记李朋义，中国出版集团公司党组成员、中国出版传媒股份有限公司副总经理李岩，中国出版集团公司党组成员、副总裁潘凯雄，中国出版集团公司党组成员、中国出版传媒股份有限公司副总经理孙月沐，中国出版集团公司党组成员、中国出版传媒股份有限公司副总经理樊希安，股东代表中国联合网络通信集团有限公司资产运营部副总经理王启明，中国文化产业投资基金总裁陈杭，学习出版社社长董俊山，上海证券交易所副总经理刘绍统，中银国际证券副执行总裁沈锋等分别出席了上述仪式。

上海市新闻出版局党组书记、局长徐炯，中国出版协会常务副理事长兼秘书长刘建国，上海文化广播影视集团有限公司总裁高韵斐，江西出版集团、中文传媒党委书记、董事长赵东亮，中国教育出版传媒集团有限公司党组副书记、总经理殷忠民，上海世纪出版（集团）有限公司党委副书记何向莲，江苏凤凰出版传媒股份有限公司总经理孙真福，中国科技出版传媒集团有限公司党委副书记、副总裁刘荣光，上海报业集团副总经理陈剑峰等出席上市仪式。中国出版集团公司、中国出版传媒股份有限公司所属各企业、各部门负责人，股份公司员工代表及各中介机构代表等参加仪式。（宛晶晶）

中国出版传媒股份有限公司挂牌上市

2017年8月21日，中国出版传媒股份有限公司在上海证券交易所成功挂牌上市，股票简称“中国出版”（601949），首次公开发行不超过36450万股，发行价格为3.34元/股。上市首日，“中国出版”最新价为4.81元，较发行价上涨44.01%。

中国出版集团公司是适应出版业改革发展的需要，经中共中央、国务院批准，于2002年4月9日成立的中央级出版机构。2004年3月25日，国务院授权成立中国出版集团公司，在国家相应计划中单列，对中国出版集团公司所属成员单位行使出资人权利，承担国有资产保值增值责任。为了进一步拓宽融资渠道，发挥公司主营业务优势，实现资本和资源的深度融合，巩固并增强公司的市场竞争力和持续发展能力，集团公司整合旗下出版发行业务资产，联合中国联合网络通信集团有限公司、中国文化产业投资基金（有限合伙）以及学习出版社共同发起设立了中国出版传媒股份有限公司。2011年12月19日，中

国出版传媒股份有限公司成立。

2015 年 10 月 30 日，中国出版传媒股份有限公司召开董事会，正式审议批准通过了 11 个上市募投项目。12 月 24 日，中国出版传媒股份有限公司向中国证券监督管理委员会递交了 A 股 IPO 申请和全部申报材料，并于 12 月 30 日收到了中国证券监督管理委员会 153785 号受理通知。2016 年 1 月 28 日，中国出版出现在 IPO 预披露企业大名单中。2017 年 6 月 26 日，中国出版更新了预披露招股书，其中中国出版集团公司持有中国出版 97.5%的股权，中国联通、中国文化产业投资基金、学习出版社分别持有中国出版 1%、1%、0.5%的股权。截至 2016 年 12 月 31 日，中国出版控股公司中国出版集团公司总资产 183.16 亿元，2016 年度实现净利润 6.75 亿元。

2017 年 7 月 21 日，中国证券监督管理委员会主板发审委召开会议，审议通过了中国出版传媒股份有限公司的上市申报，中国出版传媒股份有限公司首发获得通过，A 股市场再添出版生力军。

股份公司 A 股的成功上市，是中国出版迈入全新发展阶段的重要里程碑，对于增强品牌实力、树立良好企业形象具有至关重要的推动作用。股份公司将以上市为契机，整装待发，持续稳定地提供更好的产品、更优质的服务，来回报广大投资者。在今后的发展中，中国出版还将不断通过强化专业出版、大众出版，提升教育出版，加快数字出版，提高运行效率，调整产业结构，推进产业升级等手段，发挥央企带头作用，逐步实现成为“国际著名出版集团”的战略发展目标。

（宛晶晶）

中译语通科技（北京）有限公司完成股改及 C 轮融资工作

2017 年 9 月 20 日，根据集团公司转发《中央宣传部办公厅关于反馈中国出版集团公司所属中译语通科技（北京）有限公司改制意见的函》（中宣办发函〔2017〕642 号）及集团公司印发《关于同意中译语通科技（北京）有限公司改制的批复》（中版〔2017〕175 号）文件要求，中译公司控股子公司——中译语通科技（北京）有限公司（以下简称“中译语通”）按照法定程序，完成整体变更及发起设立股份公司工作，并正式更名为“中译语通科技股份有限公司”。

根据《财政部关于同意中译语通科技股份有限公司 C 轮股权融资采取非公开协议方式的函》（财文〔2017〕210 号）和中国出版集团公司《关于同意中译语通科技股份有限公司采取非公开协议方式进行 C 轮融资的批复》（中版〔2017〕242 号），中译语通依照法定程序，通过非公开协议方式，与 6 家战略投资人签订了增资协议，并收到全部融资款。2017 年 12 月 27 日依法取得新的工商营业执照，完成 C 轮融资。同时，拟以 2017 年 12 月 31 日为申报基准日，正式启动 IPO 申报工作。

（赵　桐）

出版工作

"当代外国文学纪事（1980－2000）"丛书发布会暨专家研讨会召开

2017 年 1 月 5 日，"当代外国文学纪事（1980－2000）"丛书发布会暨专家研讨会在北京外国语大学召开。北京外国语大学校长彭龙、商务印书馆总经理于殿利、英语室主任马浩岚，王佐良外国文学高等研究院院长兼丛书总主编金莉、中国社会科学院外文所原所长吴元迈、外文所所长陈众议、北京大学西语系教授赵德明、清华大学外文系主任颜海平、人民文学出版社编审胡真才以及"当代外国文学纪事（1980－2000）"丛书各卷主编出席会议。参会学者在研讨会上讨论了当代外国文学研究的现状、未来和发展趋势。

"当代外国文学纪事（1980－2000）"丛书共 10 卷：《德语卷》《俄罗斯卷》《法国卷》《拉丁美洲卷》《美国卷》《日本卷》《泰国卷》《英国卷》《罗马尼亚卷》《西班牙卷》，每卷按照年代顺序，以作家词条引领作品词条，对 20 世纪最后 20 余年间亚洲、欧洲、北美洲、拉丁美洲的多个国家和地区的文学发展进行梳理，全景式、多视角、多维度地展示了这些国家和地区当代外国文学发展动态和基本状况。丛书由我国的外国文学学者独立编写，旨在服务于基础学术研究。丛书题材和视角独特，编撰理念新颖，内容具有前沿性和权威性，以最小的篇幅容纳最大的内容和信息量，是国内第一套多国别、编年式大型文学工具性丛书。

（马浩岚）

"中国译学协同研究中心"揭牌仪式及"第 1 届理论翻译学及译学方法论高层论坛"举行

2017 年 1 月 7 日，商务印书馆与广东外语外贸大学共同创办的"中国译学协同研究中心"在广东外语外贸大学举行揭牌仪式，同时举办"第 1 届理论翻译学及译学方法论高层论坛"。广东外语外贸大学校长仲伟合，商务印书馆总经理于殿利，广东外语外贸大学外语研究与语言服务协同创新中心主任李瑞林、外语学院教授黄忠廉，商务印书馆英语编辑室主任马浩岚等参加揭牌仪式。仲伟合和于殿利共同为中心揭牌。

商务印书馆与广东外语外贸大学合作多年，尤其与该校词典研究中心、外语研究与语言服务协同创新中心等机构已有合作成果产生。"中国译学协同研究中心"的设立，是进一步深化和开拓双方合作的良好契机。双方希望把研究中心建设成为交流学术、人才汇聚的平台，教学相长、教育培训的基地，商务印书馆将为中心提供出版成果、体系创新的助力。该中心将为我国翻译事业的健康发展提供新思路、新理念，使翻译工作更好地服务中外交流大局，提升我国在世界上的文化地位和影响力。

在"第 1 届理论翻译学及译学方法论高层论坛"上，参会学者和出版界代表充分交流，讨论中国翻译学发展和巩固成果的前景。

（马浩岚）

中国出版协会美术出版工作委员会换届选举会议召开

2017年1月12日，中国出版协会美术出版工作委员会第6届理事会换届会议在中国美术出版总社召开。中国出版协会常务副理事长邬书林、中国美术出版总社党委书记周伟、天津人民美术出版社社长李毅峰等常务委员代表出席会议。经全体代表民主投票，选举周伟担任中国版协美术出版工作委员会第6届理事会主任，顾伟、李毅峰、胡小罕、葛庆文、肖灿等5名同志担任副主任，林阳同志担任秘书长。

周伟首先向工作委员会对人美社的厚爱和信任表示感谢，并就接下来工作委员会如何做好服务工作提出三个方面的建议：第一是做好导向引领，第二是做好服务，第三是加强合作。希望各成员单位继承《中国美术全集》合作出版的优良传统，在《中国工艺美术全集》编辑出版以及艺术家推广、展览会议和品牌延伸等方面寻找合作的切入点，发挥各单位联系协作的优势。同时，人美社也将不辜负工作委员会的期望，努力使今后的活动更加有实效，更加有意义。

邬书林对当选的新一届美术出版工作委员会负责同志表示祝贺，并对如何落实今后的工作提出几点要求。第一，要发挥美术出版工作委员会联系党、政府和美术界的桥梁和纽带作用，努力维护行业的共同利益，将各项工作落到实处。第二，要认真研究整个行业的发展态势、相关技术和市场环境，与时俱进，在变化中不断完善委员会规章，使各项规范常修常新。第三，要实实在在地贯彻党和国家的各项方针政策，研究政策、用好政策，在政策中发现商机，繁荣和发展我们的资源。（范雨萌）

2017中青年语言学者沙龙举行

2017年1月14日，以“语言资源与语言智能”为主题的2017中青年语言学者沙龙在商务印书馆举行。活动由中国社会科学院语言研究所、北京语言大学与商务印书馆共同主办，这也是商务印书馆连续组织的第12届中青年语言学者沙龙。来自国内外各大高校及研究机构的80余位中青年语言学者参加会议。

本次沙龙上，中国科学院院士、清华大学教授张钹以“人工智能与自然语言的处理”为题，分析了目前人工智能对自然语言的理解所达到的水平，倡议人工智能研究应与认知科学、语言学、神经科学结合起来。百度公司副总裁王海峰以“语言与智能”为题发言，结合互联网实践，阐述了正是从大量语言资源中提取出的知识库，赋予了人工智能越来越强大的能力，语言始终是人类思维和知识的载体。清华大学教授孙茂松通过回顾机器翻译的历史，探讨了神经网络模型发展的革命性空间，提出“大数据时代的语言处理，语言学家还能做些什么”的命题。与会学者讨论热烈，互动频繁，创见迭出。

中国社会科学院语言研究所所长刘丹青以对“人工智能、语言智能给语言学带来的机遇和挑战”“语言学作为人类学的永恒价值”“语言资源与语言智能的密切关系”3个问题的论述，做会议总结发言。（刘　芳）

《“一带一路”战略研究》研讨会召开

2017年1月17日，《“一带一路”战略研究》研讨会在商务印书馆召开。中国出版集团公司党组书记王涛，中国科学院院士陆大道，国务院发展研究中心副主任隆国强，国家发展和改革委员会西部开发司巡视员欧晓理，中国科学院地理科学与资源研究所副所长廖小罕、研究员刘卫东，中国军事科学院研究员穆显奎，中国人民大学重阳金融学院院长王文，北京大学教授翟崑，蓝迪智库理事长助理朱晓进，商务印书馆总经理于殿利、副总编辑李平，以及其他研究机构、高校的专家学者近20人参加会议。

《“一带一路”战略研究》由中国科学院地理科学与资源研究所、国家发展和改革委员会西部开发司等单位合著，商务印书馆出版。其观点是以包容性全球化为核心来理解“一带一路”，力

图从经济全球化的角度构建“一带一路”的理论基础，认为“一带一路”是包容性全球化的倡议，将开启包容性全球化新时代。此外，该书还对“一带一路”建设与区域发展战略的关系，陆路跨境运输通道、“中欧班列”组织方案，产业“走出去”的模式，我国的对外开放平台，与沿线国家的贸易格局、人文合作重点领域，以及风险防控等方面内容进行了阐述。（刘　芳）

《中国大百科全书》第三版 2017 年第一次工作会议召开

2017 年 2 月 8 日，《中国大百科全书》第三版 2017 年第一次工作会议召开。《中国大百科全书》第三版（以下简称“三版”）执行总主编杨牧之、社长刘国辉、副总编辑刘杭，以及人力资源部、计划财务部和三版相关部门负责人出席本次会议。会议由刘杭主持。会议部署了人员管理和资金管理的相关工作，梳理了各部门近期工作进展情况以及需要解决的问题，布置了下一步的各项工作。

计划财务部汇报了 2017 年《中国大百科全书》第三版资金预算的审批情况。第三版内容中心汇报了内容建设整体工作进展情况。各部门汇报情况后，刘国辉在讲话中要求内容建设还要进一步加快进度；平台建设尤应作为重中之重来推进，各部门要加强合作，调动各方面积极力量来完成。

在会议总结阶段，杨牧之为未来的第三版工作提出了需要加强的六个方面：一、加强学习，坚持导向。认真学习习近平总书记讲话和中央文件的精神。二、审稿的人员特别是一审人员要加强培训，提高政治和业务水平。三、关于资金使用，要不断完善规章制度，加强监管。四、审读室的工作重点是对稿件质量的把关，继续扩大人员队伍，调动大家的积极性，各尽所能。审读室的工作很重要，责任重大。五、平台建设需要做好项目评估。六、强调团结，大家要在不断沟通和交流中做好第三版工作。（尹添铭）

世界图书出版上海有限公司参加首届本草文化论坛

2017 年 2 月 18 日，世界图书出版上海有限公司参加首届本草文化论坛。本届论坛以“弘扬本草文化，建设健康中国”为主题，以《本草纲目》为引子，香港浸会大学中医药学院副院长赵中振教授作为嘉宾出席了本届论坛。作为药用植物、中药、方剂、中国医学史及中药鉴定专家，由他主编的《当代药用植物典（第 2 版）》将由世界图书出版上海有限公司出版。

赵教授作为《当代药用植物典》曾于 2008 年由世界图书出版有限公司出版，赵中振教授是编者之一。新版《当代药用植物典》分为 3 篇共 4 册（中英文版），分别为东方篇（第 1～2 册）、西方篇（第 3 册）与岭南篇（第 4 册）。全书收集 800 多种常用植物，内容深入浅出、图文并茂，涵括每种药用植物的中英文及拉丁文名称、药用部位、主要产地、化学成分、药理作用及临床应用研究的新进展，是从事医药研究、生产、开发、检验以至销售人员极为实用的参考书。

（施　维）

“剑桥应用语言学年度评论”丛书发布会暨“语言学名著译丛”研讨会召开

2017 年 2 月 24 日，“剑桥应用语言学年度评论”丛书发布会暨“语言学名著译丛”研讨会在商务印书馆举行。商务印书馆党委书记肖启明、副总编辑陈小文出席会议。来自北京师范大学、北京外国语大学、对外经济贸易大学、北京第二外国语大学、上海交通大学、南京师范大学、西北师范大学、厦门大学、西安外国语大学、武汉大学、复旦大学、大连外国语大学等高校和研究机构的专家学者 20 余人参加会议。

“剑桥应用语言学年度评论”丛书是商务印书馆首次出版的导读版语言学英文原著，首批出版 15 种（2000～2014）。该丛书原版由剑桥大学出版社出版，是应用语言学界的国际顶尖刊物，每年聚焦一个语言学主题。丛书对应用语言学不同发展阶段的主题和内容进行了梳理，包括作为新兴学科的应用语言学、语言和心理学、语言接触和演变、语言与科技、语言政策和语言评估、多语现象研究等专题。商务印书馆引进该丛书，由北京大学教授胡壮麟担任丛书主编，相关领域顶尖专家为每一期撰写导读，对相关主题进行批判性评介，为读者阅读、学习、研究提供指导和帮助，其理论和方法对国内的母语教学及外语教学都有借鉴意义。

研讨会上，与会专家学者围绕“语言学名著译丛”选目阶段经典与前沿的平衡，译者能力评估，跨分支、跨语种、各层次读者需求等问题展开了讨论，对于丛书项目组明确思路，进行更深层次的选题论证起到了推动作用。（刘　芳）

《商务印书馆》特种邮票发行

2017 年 2 月 27 日，为纪念商务印书馆创立 120 年，同时纪念中国现代出版业 120 年光辉的发展历程，中国邮政发行《商务印书馆》纪念邮票 1 套 1 枚，面值 1.20 元。

邮票由一本打开的书和“商”字图案构成，是对商务印书馆馆标的分解示意。书的右页上方为 20 世纪 30 年代初鼎盛时期的商务印书馆上海总馆，1932 年“一・二八”事变中被日本侵略军炸毁；下方为商务印书馆创始时期位于上海江西路德昌里的 3 间作坊。书的左页上方是商务印书馆早期很有影响的出版物《最新国文教科书》和《华英初阶》词典；下方是近年来以中外品牌工具书和“汉译世界学术名著丛书”为代表的经典出版物。左侧“数百年旧家无非积德，第一件好事还是读书”为中国传统耕读之家常见的对联，由商务创始人张元济手书，反映了商务印书馆的主业和旨趣。（刘　芳）

北京市中小学培育和践行社会主义核心价值观——连环画进校园工作座谈会举行

2017 年 3 月 17 日，由北京市委教育工委、北京市教委、中国美术出版总社共同主办的“北京市中小学培育和践行社会主义核心价值观——连环画进校园”工作座谈会在北京育才学校举办，全面总结近 3 年来的工作情况，深入研究在京津冀教育协同发展中如何做好“连环画进校园”工作，以及在全国中小学中如何发挥连环画阅读在培育和践行社会主义核心价值观中的作用等。国家新闻出版广电总局印刷发行司司长刘晓凯，中国出版集团公司党组成员、副总裁刘伯根，北京市委教工委副书记郑登文，中国美术出版总社党委书记周伟出席座谈会。

在座谈会上，北京市委教工委副书记郑登文介绍了项目实施情况。中国美术出版总社党委书记周伟介绍了项目出版情况。北京育才学校介绍连环画阅读四步骤：读、赏、演、创。门头沟区大峪第二小学介绍连环画阅读与主题教育活动相结合情况。东城区介绍连环画阅读与课堂教学相结合情况。天津、河北教育部门负责同志分别发言。连环画家、油画家、中国美术家协会连环画艺委会主任沈尧伊作为连环画专家代表做了发言。

2014 年 5 月 30 日，习近平总书记视察北京海淀区民族小学时，与师生们分享了连环画对自己的影响，对少年儿童培育和践行社会主义核心价值观提出 16 字要求：“记住要求，心有榜样，从小做起，接受帮助。”为贯彻落实总书记指示精神，2014 年至今，北京市教工委、市教委开展了优秀连环画进校园活动，人民美术出版社、连环画出版社出版了“十三五”国家重点图书规划项目《北京小学生连环画》3 批，共计 654 册。（范雨萌）

《当代》研究发展工作会召开

2017 年 3 月 20 日，人民文学出版社召开了《当代》研究发展工作会。社长臧永清、副总编辑应红、《当代》编辑部全体员工参加了会议。会议由主管《当代》工作的社领导应红主持。臧永清听取了《当代》编辑部每一位员工的工作汇报，并对《当代》的发展提出了期望和建议。臧

永清强调，第一，杂志的发展应该始终坚持以内容为主，在坚守优秀传统的基础上多挖掘好作家、刊登好作品，敢于抢稿，敢于和同行掰手腕，将杂志做出品质、口碑。公司会通盘考虑杂志稿费的资金支持。第二，办杂志应该加强政治导向意识，加强能力建设，多方把关，办出格调。第三，努力做到书刊互动，以刊带书，以书促刊，在刊物上推出优秀文学作品的同时，推出文学精品书和畅销书，培养种子作家，并积极拓展刊物周边产品，在数字化和影视合作方面打开思路，开创出期刊发展的新局面。应红对会议进行了总结，强调《当代》杂志在未来工作中，要以加强导向意识、内容建设、书刊互动等工作为重点。

（顾　乡）

“21世纪年度最佳外国小说·2016暨邹韬奋年度外国小说奖”颁奖典礼举行

2017年3月24日，“21世纪年度最佳外国小说·2016暨邹韬奋年度外国小说奖”颁奖典礼在北京召开。颁奖典礼由人民文学出版社、中国外国文学学会及韬奋基金会联合主办。在颁奖典礼上，共有来自德国、西班牙、尼日利亚、冰岛、俄罗斯的5位作家的作品获得2016年“21世纪年度最佳外国小说奖”，他们分别是：德国作家海因茨·海勒的《本来我们应该跳舞》、西班牙作家费尔南多·马里亚斯的《父亲岛》、尼日利亚作家A. 伊各尼·巴雷特的《黑腚》、冰岛作家埃纳尔·茂尔·古德蒙德松的《酷暑天》以及俄罗斯作家古泽尔·雅辛娜的《祖列伊哈睁开了眼睛》。

其中，冰岛作家埃纳尔·茂尔·古德蒙德松的《酷暑天》荣获第3届“邹韬奋年度外国小说奖”。作家本人莅临现场，接受了人民文学出版社社长臧永清的颁奖并发表了讲话。21世纪年度最佳外国小说的各位评委、相关国家使馆人员、翻译界、出版界、外国文学研究者以及外国文学爱好者等近百人参加了颁奖典礼。

（顾　乡）

《“一带一路”年度报告——行者智见（2017）》发布暨专家研讨会举行

2017年3月28日，《“一带一路”年度报告——行者智见（2017）》发布暨专家研讨会在商务印书馆举行。研讨会由“一带一路”百人论坛和商务印书馆主办，商务印书馆总编辑周洪波出席会议并发言。来自国家发展和改革委员会、中国国际人才交流基金会、国家邮政局发展研究中心以及权威智库、相关企业的100余位专家学者出席了研讨会。

发布会上，全国人民代表大会常务委员会委员、外事委员会副主任赵白鸽，中国人民对外友好协会民间外交战略研究中心主任李新玉，新加坡驻华大使馆经济参赞沈爱玲分别做主旨发言。专家研讨会上，围绕“一带一路：政府与政策”“一带一路：企业与经济”“一带一路：人文与传播”等3大主题，11位专家从不同专业、角度和领域做了精彩发言。《“一带一路”年度报告》主编、中央党校国际战略研究院教授赵磊做总结发言。他指出，“一带一路”经过3年的发展，今天更需要“以例服人”，用生动的案例、行动的故事说服、争取“一带一路”沿线民众。

早在2016年3月28日，国内首份“一带一路”年度报告《“一带一路”年度报告——从愿景到行动（2016）》即由“一带一路”百人论坛与商务印书馆共同发布。2016年度报告重在“以理服人”，2017年度报告则重在“以例服人”，直观有效地反映了中国城市和企业在“一带一路”建设过程中的各类成功案例，生动昭示了“一带一路”可预期、可复制、可推广的美好未来。

（刘　芳）

《普通高中课程标准试验教科书·音乐》编写工作完成

2017年3月，人民音乐出版社《普通高中课程标准试验教科书·音乐》的编写工作完成，并进行多个模块教科书的送审。同月，人民音乐出版社在北京市第二中学开展了教材调研工作。6月到10月，教材编写组对教材内容、装帧设计等进行了分模块的多次研究讨论，对教材中存在的不足反复斟酌，提出意见与建议。12月，顺利完成第一次送审，并于12月22日前往教育部课程中心参加专家评审会，认真听取专家的评审意见，全面推进高中教科书送审工作。

（王宁宇）

北京版《义务教育教科书·音乐》修订工作完成

2017年3月，人民音乐出版社完成北京版《义务教育教科书·音乐》一至九年级（上、下册）共18本的修订工作，以及春、秋两季北京市普通中小学地方教材列入教学用书目录的报送工作。此外，还参与新京版教材体系建设研讨会及配合北京市教育委员会进行排查整治京版教材的“问题地图”，严格执行有关法律法规，确保学生使用的教材地图准确、安全。

（王宁宇）

《重庆图书馆藏民国时期未刊书丛编》出版研讨会召开

2017年4月6日，由中华书局、重庆图书馆主办，北京古逸英华文化传播有限公司和古联（北京）数字传媒科技有限公司承办的“《重庆图书馆藏民国时期未刊书丛编》出版研讨会”在重庆图书馆隆重举行。中国社会科学院、国家图书馆、南京图书馆、国家博物馆等全国20余家科研机构、图书馆及博物馆的专家代表参加研讨会。

会上，重庆图书馆馆长任竞、中华书局总编辑顾青分别介绍了《重庆图书馆藏民国时期未刊书丛编》的编纂和出版情况。《重庆图书馆藏民国时期未刊书丛编》是“‘十二五’国家重点图书出版规划项目”和“民国时期文献保护计划”整理出版成果。本书共收录民国时期的图书、期刊、政府文件等书籍共579种，既收有反映民国社会客观情况的原始文献，又收有能够反映这一时期学术、文化及教育发展水平的论著、教材等，另有大量军事统计、战略战术方面的材料，丰富了民国文献的内容。

毛雅君、王建朗、全勤、张奇伟、徐立等与会专家学者，分别就《重庆图书馆藏民国时期未刊书丛编》编纂出版的学术意义、文献史料价值，图书馆民国时期文献收藏与保护现状以及馆藏特色，民国文献的整理开发与利用等议题进行了充分的交流和讨论。

（梁　彦）

东方出版中心3种图书获第8届中国出版集团公司出版奖

2017年4月7日，中国出版集团公司在成立15周年座谈会上，表彰了第8届中国出版集团公司出版奖的获奖图书出版单位。东方出版中心3种图书获奖：《中华民族道德生活史》（8卷）获综合图书奖，《三松堂自序》获优秀校对奖，《影像中国·地标日历》获优秀数字产品奖。

中国出版集团公司出版奖每两年评选一次，遴选范围涵盖集团公司所属各社最近两年出版的新书、报刊以及数字出版物，是集团公司内容生产方面的最高荣誉。本次评选工作于2017年2月初启动，4月初结束，历时2个月，经过前期质检、中期初评、后期复评，最终评选出86种获奖出版物。

（姜小明）

《阅读力》出版研讨会召开

2017年4月11日，《阅读力》出版研讨会在韬奋图书馆召开。全国政协常委、副秘书长、民进中央副主席朱永新，中国出版协会常务副理事长邬书林，中央宣传部出版局局长郭义强，国家新闻出版广电总局出版管理司副司长李一昕，中国出版集团公司党组成员、中国出版传媒股份有限公司副总经理孙月沐，《阅读力》作者、韬奋基金会理事长聂震宁出席并做重要讲话。生活·读书·新知三联书店（以下简称“三联书店”）总经理路英勇、副总经理张作珍以及众多

出版界同人、致力于推动全民阅读的相关人士共同参加了此次研讨会。会议由三联书店副总编辑郑勇主持。

研讨会上，与会的各位领导、嘉宾分别围绕全民阅读的议题，针对自己的工作范畴阐述了自己的认识和理解，畅议为推动全民阅读已经完成或正在进展的工作，以及对未来事业的建议和规划。（张嘉薇）

中华书局首届全国中华优秀传统文化教材交流研讨会召开

2017年4月15日，中华书局举行首届全国中华优秀传统文化教材交流研讨会。中国出版集团公司党组成员、中国出版传媒股份有限公司副总经理李岩，北京师范大学文学院院长过常宝，北京师范大学文学院李山，北京市海淀区教育科学研究院院长吴颖惠，首都师范大学文学院汪龙麟，中国人民大学国学院韩星，北京人文大学国学院院长蔡恒奇出席活动。来自中华书局、人民文学出版社、商务印书馆、世界图书出版公司、齐鲁书社、北京父师文化、深圳泽慧文化等数十家传统文化出版机构和教育机构就近年来的业界成果进行了集中展示，并对传承发展中华优秀传统文化的内容选择、教材编写、教育目标及业界前景进行了广泛深入的研讨交流。中华书局总编辑顾青、副总编辑尹涛出席研讨会。

（刘　激）

张悦然荣获2016年“年度小说家”荣誉

2017年4月22日，第15届华语文学传媒大奖在广州顺德揭晓，人民文学出版社作家张悦然凭借《茧》荣获2016年“年度小说家”荣誉。值得庆贺的是，这是人民文学出版社作家连续两年荣获该奖项，2016年由路内凭借《慈悲》荣获2015年“年度小说家”。以下是主办方为张悦然所写的授奖辞：

“张悦然在同代人中间生活，却不像他们那样思考。那些同代人引以为傲的东西，在她看来更像是一种疾病和无能，而青春经验之外的历史重负，个人内心的磨难，爱与罪的根源，才是她出版于2016年度的长篇小说《茧》的核心母题。被创伤记忆改变的现实，在内心辩论中诞生的个人，从罪的救赎里生长出来的宽恕，以及伴随生存真相的敞开而有的残酷和温暖，都在这部小说那明练的人情、缜密的语言、精约的结构中尽显无遗。”（顾　乡）

《北鸢》荣获“2016中国好书”，《大写西域》入围“2016中国好书”

2017年4月23日，中央电视台一套播出“2016中国好书”专题节目，公布了各类获奖图书。人民文学出版社出版的《北鸢》入选“2016中国好书”，《大写西域》入围“2016中国好书”。

《北鸢》是被海外评论界誉为“当代最具大师潜力、最会说故事的小说家”葛亮“中国三部曲”的第二部，是一部新古典主义小说定音之作。小说以民国商贾世家子弟卢文笙的成长经历为线索，以其身后两个家族的沉浮命运为背景，以民国各色人物为素材，编织了一张恢宏曲折的故事网络，映射出近现代家国兴衰、波诡云谲的一段历史。全书叙事宏大，情节紧张跌宕，语言精致隽永，工笔再现，可谓是文字版的“清明上河图”，是现代人文心史的质感表达。

《大写西域》是一部深入理解“一带一路”倡议的文化内涵和人文格局的书。该书以历史史话的方式，全面梳理了陆上丝绸之路沿途48个古国的历史，讲述古西域数千年的历史变迁，为“一带一路”倡议提供了深厚的历史支撑和文化支撑。该书吸收西域学、古代宗教文化学、历史地理学、民族关系史等众多学科的研究成果，深入阅读《汉书》《史记》等古代典籍，以新观点、新视角再现了中华民族在世界四大文明交汇、在世界经济发展中曾发挥的历史作用，具有鲜明的独创意义和填补空白的价值。

“中国好书”推选活动是在中央宣传部直接指导下，由中国图书评论学会和中央电视台科教频道联合举办。“中国好书”是目前我国最具影响力

的全民阅读文化品牌。从2013年以来，每年评选出的“中国好书”均成为高品质的热销图书，在全社会引起巨大反响，对于激发广大读者阅读兴趣，创建健康向上的读书氛围具有明显推动作用。人民文学出版社出版的《老生》《洗澡之后》《抗日战争》《曲终人在》，天天出版社出版的《将军胡同》都曾先后入选“中国好书”。

（顾　乡）

《老生》荣获中华优秀出版物图书奖，《杨绛全集》（9卷）荣获提名奖，天天出版社“青铜葵花获奖作品”荣获中华优秀出版物优秀图书奖

2017年4月23日，以“走进名作、名家、名社”为主题的第6届中华优秀出版物颁奖典礼在中国传媒大学举行，数百位出版人、作者、读书人参加了庆典。本届颁奖典礼由中国出版协会主办，中国新闻出版传媒集团、中国新闻出版研究院、中国传媒大学、人民教育出版社协办。

全国人大教科文卫委员会主任委员、中国出版协会理事长柳斌杰，中共中央委员、全国政协文史委员会副主任叶小文，民盟中央副主席、国家教育咨询委员会委员、中国教育发展战略学会副会长徐辉，中央宣传部出版局局长郭义强，中国新闻文化促进会会长李东东，中华出版促进会理事长苏士澍等专家领导出席了庆典。

柳斌杰在庆典上讲话指出，开展评选中华优秀出版物奖是出版界深入贯彻落实党的十八大和习近平总书记系列重要讲话精神，坚持“四个自信”特别是文化自信，推动社会主义文化大发展大繁荣的重要举措。这些涉及政治、经济、历史、文化、文艺、科技等领域的获奖作品，具有重要历史价值和出版价值，实现了社会效益和经济效益相统一。本届评选经过出版社推荐、专家评审和评委无记名投票，从2014年、2015年50多万种出版物中，选出300余种具有重要历史价值、社会效益和经济效益相统一的精品力作。这些作品展现了出版业改革发展的重要成果，代表了我国出版产品的新水平，对于传播和积累有益于提高民族素质、促进经济发展和社会进步的先进文化，对于加快中国出版“走出去”、扩大中华文化在全世界的影响力，对于坚持为行业发展服务、促进出版业贯彻“五大发展”理念、建设文化强国具有重要意义。

中华优秀出版物奖是中国出版界奖励优秀出版物的综合性奖项，与“五个一工程”奖、中国出版政府奖并列为业界3大奖。共有3个子项奖，即图书奖、音像电子和游戏出版物奖、出版科研论文奖。第6届中华优秀出版物奖评选于2016年8月启动，全国31个省（区、市）484家出版社报送参评图书876种，29个省（区、市）164家出版单位报送参评音像电子游戏出版物298种，共有符合参评条件的论文163篇。经过初评、复评和终评三级评审，于2016年12月27日评选揭晓。

人民文学出版社出版的贾平凹长篇小说《老生》获得本届中华优秀出版物图书奖，是社科文化类图书奖的代表图书。此外，还有人民文学出版社出版的《杨绛全集》（9卷）荣获中华优秀出版物图书提名奖，天天出版社“青铜葵花获奖作品”荣获中华优秀出版物优秀图书奖。人民文学出版社副总编辑周绚隆、《当代》杂志孔令燕参加本次颁奖礼。

（顾　乡）

《慈悲》获2017“博库·全民阅读周刊春风图书势力榜”白金图书奖

2017年4月23日，2017“博库·全民阅读周刊春风图书势力榜”的最终获奖名单揭晓。路内凭借人民文学出版社出版的《慈悲》获得全场大奖——白金图书奖，人民文学出版社出版的葛亮的《北鸢》摘得虚构类白银图书奖。以下是主办方为路内《慈悲》所写的授奖词：

“路内以极简的笔墨，写出了一个工厂50年内跌宕起伏的兴衰际遇，也隐喻了一个时代遽然而又沉默的转换。其中的人物，跳跃或潜行，以自尊的姿态成全着自我的‘活着’。路内始终注视着这个时代，并再现着人们的精神世界中，那些看似纤微实则深重的波澜。正因如此，《慈悲》

一如‘慈悲’这个词的本身，它无形却足以表达时代、家国以及有生命的个体的生存观念。”

（顾　乡）

纪念新华书店总店成立80周年系列作品出版

2017年4月24日，新华书店总店（以下简称“总店”）成立80周年之际，作为纪念总店成立80周年庆典的内容之一，《中国新华书店发展大系：总店卷》《不忘初心 砥砺前行：新华书店总店“80周年80人物”》《新华人 新华情：新华书店总店“我与总店”征文集》相继出版。

《中国新华书店发展大系：总店卷》由人民出版社出版。书中记载了1937年至2017年，80年来新华书店从延安创办、成长壮大的轨迹，以及共和国成立后新华书店体制改革和新华书店总店自身发展的历程，叙述了新华书店总店在抗日战争、解放战争以及共和国成立后领导全国新华书店为繁荣中国出版发行事业发挥的作用和取得的成就，总店80年来服务全国、服务基层、服务读者，不断探索前进、创新发展的追求，是一部中国红色文化企业的革命史、创业史、奋斗史、改革发展史。

《不忘初心 砥砺前行：新华书店总店“80周年80人物”》由华文出版社推出。书中选取了在总店发展史上具有一定代表性的80位新华人，让大家分享他们的奋斗经历，体察他们的坎坷心路，从中感受到世代新华人为献身于崇高的事业而孜孜以求的敬业精神和人格魅力，也可以从中透视出总店80年的风雨历程。为此，总店成立了“80周年80人物”人物评选委员会，经过总店全体员工特别是离退休老干部、老同志的积极推荐，评选委员会选出了这80位“有影响力人物”候选人并且进行了公示。

由现代出版社出版的《新华人 新华情：新华书店总店“我与总店”征文集》讲述了发生在总店员工身边的生动故事，展现了他们对总店发自内心的热爱，在他们的经历中也折射出总店波澜壮阔的发展历史。无论是总店在职员工，还是离退休同志，都无一例外地表达了对总店品牌的珍视和对未来的祝福。在他们的故事中，我们看到了付出、无悔、青春、记忆，以及与总店的结缘，成就了他们人生的高峰。同时，总店也因为他们的加入而日趋精彩。

（张　倩）

商务印书馆120年纪念展开展

2017年5月9日，商务印书馆120年纪念展在涵芬楼艺术馆开展。中共中央政治局委员、中央书记处书记、中央宣传部部长刘奇葆到商务印书馆调研时参观展览，中央宣传部常务副部长黄坤明，中央宣传部副部长庹震，国家新闻出版广电总局副局长吴尚之，中国出版集团公司总裁谭跃、党组书记王涛随行，商务印书馆总经理于殿利陪同讲解。

纪念展分三部分内容：一是商务印书馆图片展，展示商务印书馆创立120年来的发展成就；二是商务印书馆出版纪年，展示商务印书馆120年来历年出版的重要图书；三是商务印书馆历年出版的重点图书杂志和历史文献。配合图片展还对商务印书馆近年来承担的国家出版基金项目、重大主题出版项目、重要获奖图书、新产品线建设图书及数字融合出版成果等进行了实体展示，生动形象地反映了商务印书馆近年来取得的可喜成绩。

展览开幕后，先后在上海市、河北、广西、福建、安徽等地书展和第24届北京国际图书博览会举办10余场巡展，总接待人数达数万人。

（刘　芳）

菊生学术论坛举行

2017年，商务印书馆与北京大学人文社会科学研究院继续合作举行6期“菊生学术论坛”。4月15～16日，菊生学术论坛第3期“政教相维：近代中国的制度变革与文教转型”国际学术工作坊召开，关注“近代中国制度转型”，就清末民初的政治和文教变革等议题，展开深入对话

与互动。5 月 13～14 日，菊生学术论坛第 4 期“焉知死：古代墓葬研究的前沿与前瞻”学术工作坊召开，围绕古代中国墓葬材料，梳理审视既往考古学研究的惯常理论、方法和问题，并对未来的研究范式和方法论角度提出前瞻性的预判。6 月 10～11 日，菊生学术论坛第 5 期“近代中国的政治革命与社会转型”学术工作坊召开，围绕经学之变与社会科学兴起、近代中国的士人群体与读书生活、近代湖湘知识人的思想演变与政治实践、乡治与现代政党的地方兴起等展开了讨论。7 月 1～2 日，菊生学术论坛第 6 期“英国思想与社会的现代转变”跨学科研讨会召开，围绕 17～18 世纪的英国在思想、社会和文化等方面的激变与转化展开了跨学科的对话与讨论。10 月 14～15 日，菊生学术论坛第 7 期“科技合作——藏学与人类学领域间关系”学术工作坊召开，围绕藏学与人类学关系的历史和现状、两者相互启发和结合的必要性、藏文明研究的人文社会科学意义等展开讨论。11 月 4～5 日，菊生学术论坛第 8 期“七至十六世纪信息沟通与国家秩序”学术工作坊召开，与会学者认为，研究信息沟通在国家和社会秩序构建、维护、破坏、瓦解和重建当中的运作机制，不仅有助于加深我们对历史的理解，也有助于为社会秩序的和谐稳定提供帮助。（白中林）

首届宋云彬古籍整理奖评审会召开

2017 年 5 月 5 日，中华书局首届宋云彬古籍整理奖评审会在北京香山饭店举行。16 名评委对入围图书和编辑进行了认真评议。按照严格的投票程序，评委们从经过海选、专家推荐、资格审查、理事会讨论等环节入围的图书和编辑中，最终评选出图书奖 4 种和编辑奖 2 名。

此次评委会由葛兆光担任主席，成员包括詹福瑞、金良年、吴丽娱、黄爱平、刘跃进、荣新江、杜泽逊、程章灿、刘石等知名学者和出版专家。

在评审过程中，专家针对入围图书和编辑各抒己见；从各自的研究实践出发，对不同类型古籍整理的方法、价值和难度进行了讨论；对奖项评选工作提供了很多切实可行的建议；推举漆永祥监督基金会办公室唱票和计票。

宋云彬古籍整理出版基金理事会副理事长、中华书局总经理徐俊，宋云彬哲孙宋京毅、宋京其对评委们的工作表示了感谢。（梁　彦）

《信使》杂志中文版复刊首刊发布仪式举行

2017 年 5 月 13 日，由联合国教科文组织《信使》杂志中文版复刊首刊发布仪式在北京钓鱼台国宾馆举行。中央宣传部常务副部长黄坤明，教育部副部长、中国联合国教科文组织全国委员会主任田学军，联合国教科文组织总干事伊琳娜・博科娃，中国出版集团公司总裁谭跃等出席并发表讲话。中央宣传部对外推广局局长张雁彬、副局长李智慧，国家新闻出版广电总局进口管理司司长蒋茂凝，中国出版集团公司党组成员、中国出版传媒股份有限公司副总经理孙月沐，中国对外翻译有限公司总经理黄松，中译出版社总编辑张高里等出席发布仪式。

《信使》杂志是联合国教科文组织 1948 年创办的旗舰性期刊，长期致力于宣传教科文组织促进文化多样性、推动文明间对话、构建和平文化的理念，深受教科文组织会员国特别是知识界欢迎。杂志 2012 年因经费原因停刊。在中国支持下，于 2017 年 4 月复刊，将陆续以中、法等 7 种语言面向联合国教科文组织 195 个会员国发行，同时推出纸质版和网络版。

《信使》中文版曾于 1980 年起由中国对外翻译出版公司（现分立为中国对外翻译有限公司和中译出版社有限公司）负责在中国翻译出版，复刊后的《信使》杂志将继续由联合国教科文组织委托中国出版集团公司所属中国对外翻译公司和中译出版社分别负责翻译出版工作。双方在发布仪式上签署了合作协议。

谭跃在会上说，感谢联合国教科文组织、中央宣传部和教育部对中国出版集团公司的高度信任，再次将《信使》的翻译出版工作交给集团公司。这对集团公司既是一份光荣，更是一份责

任。集团公司将全力支持做好《信使》杂志的翻译、编辑、出版工作，以恪尽职守的使命意识和精益求精的工匠精神，努力将《信使》杂志打造成一份具有广泛国际影响的品牌期刊，为推进全球文化交流合作做出应有的贡献！

联合国教科文组织代表团、国际组织驻华机构代表、“一带一路”沿线国家驻华使节、国内有关单位代表等百余人出席复刊首发式。

（王　超　茹　慧）

第2届自然法青年学术论坛举行

2017年5月13～14日，商务印书馆与华东政法大学法学院在上海联合主办了第2届自然法青年学术论坛。来自自然法、法哲学与政治哲学领域的40余位青年学者参加。

“自然法名著译丛”自2013年以来陆续推出了《实践理性的第一原则》《法概念与法效力》《圣托马斯·阿奎那与自然法传统》等一批经典名著，在学界收获了良好口碑，形成商务印书馆法学类名著的全新产品线。本次论坛是继2016年第1届自然法青年学术论坛成功举办后，商务印书馆为进一步拓宽选题思路，推动汉语学界有关自然法的经典研究，加强与青年学者的学术交流而举办。与会学者均为术有专攻且已经在各自研究领域崭露头角的青年学者。

论坛期间，与会学者就自然法诸学派，自然法、正义与道德哲学，自然法、自然权利与现代权利理论，自然法、启蒙与自由主义，自然法、万民法、国际法与良好世界秩序等议题，展开了深入讨论。大家一致认为，中国法律的核心问题，甚至在未来很长一段时间内的核心问题不仅仅只是建立一套完善的制度，而是首先要确立一整套支撑这套制度并为其提供合法性根据的思想，本论坛及相关丛书的宗旨即在于此。

（王　曦）

中国对外翻译有限公司承接中央宣传部外宣出版物采购项目评审专项工作

2017年5月，中国对外翻译有限公司（以下简称“中译公司”）承接了“中央宣传部外宣出版物采购项目”评审专项工作。该项目拟对来自国内最优秀的40余家出版社的20余种内容涵盖政治、经济、文化、教育等领域的300余本中外文对照图书，主要针对语言方面进行全方位的最终评审工作。

中译公司调配资深翻译及审校人员，专门组建拥有经验丰富的专业团队，凭借多次承接“中国文化著作翻译出版项目”及长期大量翻译“走出去”及“一带一路”等相关图书精品的经验和积累，在短时间内，严密监控工作流程及时间进度，按期圆满完成了评审工作，获得中央宣传部相关负责人的高度赞誉。　（赵　桐）

《朱德书法选》编辑出版

2017年5月，荣宝斋出版社编辑的《朱德书法选》出版。《朱德书法选》是从中央档案馆馆藏的朱德同志的手迹中，按书法艺术的角度选辑而成的。该书共收入作品78件，作品排列按书写时间为序，月份不详的排在该年份最后，日期不详的排在该月份最后，日期相同的按作品名称首字的笔画多少为序。对朱德同志书法艺术的深入学习与欣赏，有助于人们从艺术的角度，进一步感悟老一辈革命家的人格魅力和崇高风范，为实现中华民族伟大复兴的中国梦汲取奋发前进的鼓舞力量。

（陶　爽）

商务印书馆员工拍摄全家福照片

2017年6月2日，为纪念商务印书馆创立120年，商务印书馆全体员工济济一堂，在北京昌平九华山庄拍摄全家福照片。北京全体员工、各地分馆员工以及离退休老干部近600人参加合影拍照。此次全体同人合影既是商务印书馆120年馆庆的一项重要活动，也延续了每10年一次全体员工合影留念的传统。活动现场气氛热烈，秩序井然，大家互致问候，共同庆祝商务印书馆120岁华诞。

拍摄活动后，全体同人一起观看了商务印书馆历史上的珍贵合影照片。总经理于殿利带领大家回望每张照片背后商务印书馆的历史：从商务印书馆创立到10年后迎来第一个发展高峰；创业30周年时举行了盛大的纪念活动和庆祝游行；创业35周年时虽惨遭日军轰炸，却始终未忘学术、出版的报国之志；湖北咸宁五七干校的向阳湖畔留下了商务人的足迹和身影；商务百年纪念时，在人民大会堂举行了隆重的纪念会和座谈会，全体员工拍摄了全家福……展望未来，他激励全体员工为了共同的理想和追求，在历史新的起点上，不忘初心，不断奋进，编织更美好的未来。

（沈方兴）

商务印书馆第五印刷厂旧址揭牌暨“商务印书馆与中华文化自信”学术研讨会举行

2017年6月8日，商务印书馆第五印刷所旧址在上海市静安区天通庵路190号揭牌。揭牌当日举行了“多学科视野：商务印书馆与中华文化自信——纪念商务印书馆创立120周年学术研讨会”，会议由上海市社会科学界联合会和静安区人民政府主办，商务印书馆协办。商务印书馆总经理于殿利出席会议并发言。

作为1932年日军轰炸中幸存下来的商务文脉，第五印刷所旧址保存了商务印书馆的珍贵记忆。研讨会上，专家学者回顾了商务印书馆120年的历史，赞颂张元济等诸多前驱者抱持“昌明教育，开启民智”的使命，促成商务印书馆以世界的眼光，以现代学术的方法，竭力继承中华文化，积极传播海外新知，成为推动中国现代化进程的重要引擎。围绕研讨会主题，与会学者从各自的专业角度，就总结商务印书馆的文化成就及其成因，推进当代中国的文化自信等，做出了各具特色的阐发。

（刘　芳）

首届宋云彬古籍整理奖颁奖典礼举行

2017年6月16日，以宋云彬命名的首届“宋云彬古籍整理奖”颁奖典礼在中国国家图书馆古籍馆举行。

颁奖典礼上公布了首届宋云彬古籍整理奖获奖名单：点校本《史记》（修订本）、《长沙马王堆汉墓简帛集成》《杜甫全集校注》获宋云彬古籍整理奖·图书奖；俞国林获宋云彬古籍整理奖·编辑奖；《光宣诗坛点将录笺证》获宋云彬古籍整理青年奖·图书奖；林日波获宋云彬古籍整理青年奖·编辑奖。颁奖嘉宾宣读了颁奖词，并向获奖图书作者和编辑颁发了获奖证书和奖杯。

宋云彬古籍整理出版基金理事会常务副理事长、中华书局总经理徐俊表示，基金理事会将认真总结经验，吸收大家的意见，将宋云彬古籍整理奖的评选工作做得更好，推动古籍整理学科、古籍整理出版行业的发展，为古籍整理出版事业树立新的标杆。

宋云彬古籍整理出版基金理事会理事长袁行霈指出，古籍整理和出版对国家文化建设的意义，对中华优秀传统文化传承和发展的意义非常重大。他期待着古籍整理出版工作不断开拓、日新月异，为祖国的文化建设做出更大的贡献。

宋云彬哲孙、宋云彬古籍整理出版基金理事会副理事长宋京其对参与此事的学术界、出版界的诸位专家和媒体表示感谢，对获奖的编辑和学者表达了衷心祝贺，并希望与社会各界一起，继续为弘扬优秀传统文化、支持古籍整理出版事业贡献力量。

会上，来自高校和科研机构的专家学者、中国出版协会古籍出版工作委员会成员单位代表、宋云彬古籍整理出版基金理事会成员、推荐委员、评审委员、获奖代表、各大媒体、部分从事古籍整理出版的编辑人员等百余人出席了颁奖典礼。

（梁　彦）

“一带一路”《民族文学》翻译培训班暨“文学翻译双语读本丛书”研讨会召开

2017年6月20日，由《民族文学》杂志、中国文化译研网、中译出版社、中国少数民族作

家学会联合主办的“一带一路”《民族文学》翻译培训班暨“文学翻译双语读本丛书”研讨会在北京举行。

中国作家协会党组成员、副主席、书记处书记吉狄马加，中国作家协会副主席何建明、白庚胜，中国少数民族作家学会常务副会长叶梅，《民族文学》主编石一宁，中国作家协会机关党委常务副书记李霄明，《民族文学》副主编、中国少数民族作家学会秘书长赵晏彪，中译出版社总编辑张高里，文化部外联局翻译处处长蒋好书，中国文化译研网执行主任徐宝锋，新疆文联名誉主席阿扎提·苏里坦，北京作家协会驻会副主席王升山，中国民族语文翻译局副局长金英镐，德国汉学家、翻译家顾彬，《民族文学》编委白崇人，中国社科院《民族文学研究》编辑部主任刘大先，中国国际文化交流中心处长洪和文等出席。此外，来自多个民族的60多位作家、翻译家、评论家参加了培训及研讨。

“文学翻译双语读本丛书”（5册）于2017年1月由中译出版社出版，精选由《民族文学》少数民族文字版发表过的60多篇优秀翻译作品（蒙、维、哈、朝、藏语），并与汉文原作一起出版，旨在打造可供读者对照原文阅读，可学习、可鉴赏、亦可提高翻译水平和值得收藏的精品读本。

（茹　慧）

财政部一行到中国大百科全书出版社调研

2017年6月29日，财政部文化司及相关职能处室负责人湛志伟、蒋伟宁、李挺伟、薛红等到中国大百科全书出版社（以下简称“百科社”）就《中国大百科全书》第三版项目进行调研。《中国大百科全书》第三版执行总主编杨牧之，中国出版集团公司总裁谭跃，中国出版集团公司党组成员、中国出版传媒股份有限公司副总经理李岩，党组成员、副总裁潘凯雄，中国大百科全书出版社社长刘国辉、党委书记刘晓东、副总编辑刘杭，以及集团公司和百科社相关部门负责人参加了调研活动。

财政部一行首先参观了百科社出版能力建设项目中的百科全书博物馆、第三版编纂中心等场所。在座谈会上，杨牧之首先向财政部文化司对百科第三版项目的大力支持表示感谢，并介绍了国内外舆论对第三版工程的巨大反响和积极评价。刘国辉就出版社能力建设、第三版项目工作进度，以及目前工作中存在的困难和问题进行了汇报。

财政部负责人在听取有关情况后表示，《中国大百科全书》第三版是出版行业的重大项目，也是数字化、网络化出版业态的新型产品，一定要做好出版流程的数字化再造，做好预算的编报和执行工作，确保资金安全，完成社会效益和经济效益的双丰收。他还提到2018年是百科社成立40周年，要以此为契机，贯彻落实好习近平总书记的重要讲话精神，推动百科全书事业的发展再上新台阶。

谭跃在座谈会最后表示，中国出版集团公司一定按照有关要求，确保资金安全使用。同时，将按照文化产业项目建设内容是工作重点的这一指导性原则，利用数字化技术，为优质内容插上网络的翅膀。

（尹添铭）

《天漏邑》作品研讨会召开

2017年7月8日，由中国作家协会创作研究部、江苏省作家协会和人民文学出版社联合主办的赵本夫长篇小说《天漏邑》研讨会在中国作家协会召开。来自北京、上海、南京、沈阳、广州等地的数十位文学评论家、作家及读书媒体，围绕长篇小说《天漏邑》的艺术特色以及作者的创作理念进行了深入的探讨。

赵本夫与人民文学出版社渊源很深，曾在人民文学出版社出版过《天下无贼：赵本夫小说力作》，还有“地母三部曲”（包括《无土时代》《黑蚂蚁蓝眼睛》《天地月亮地》）等作品。其中《无土时代》出版过多个版本，曾被收入“人民文学出版社·新中国60年长篇小说典藏”书系和“朝内166文库”书系。

时隔10年，赵本夫新的长篇小说《天漏邑》

较之以往创作呈现出不同的面貌和风格，体现出作者的写作实力和巅峰状态。这部长篇新作《天漏邑》以求新求变的面貌给了读者一个惊喜。

（顾　乡）

“2017 海内外中国语言学者联谊会暨第 8 届学术论坛”举行

2017 年 7 月 22 日，由中国社会科学院语言研究所、北京语言大学、中国语言学书院、商务印书馆联合主办的“2017 海内外中国语言学者联谊会暨第 8 届学术论坛”在商务印书馆举行。此次论坛的议题为“本土意识，国际眼光——中国语言学的现状与未来”。来自北美、欧洲、日本及中国香港、澳门特区和内地的 60 余位语言学者以及中国语言学书院研修班的近 60 名学员参加了论坛。商务印书馆总经理于殿利、总编辑周洪波，北京语言大学校长刘利出席活动。

论坛上，澳大利亚昆士兰大学教授陈平、北京语言大学教授李宇明、中国社会科学院语言研究所研究员胡建华分别做主题发言。与会学者结合论坛主题和 3 位主讲人的发言，展开了深入讨论和充分交流，论坛气氛热烈。

论坛还同时发布了陈平教授新作“陈平语言学文选”，包括《汉语的形式、意义与功能》《引进·结合·创新——现代语言学理论与中国语言学研究》《语言与中国的现代化进程》3 本书，这 3 部书是作者在汉语话题、现代语言学理论与中国语言学关系等方面的研究专著。

（刘　芳）

《新闻发言人》剧本研讨会召开

2017 年 7 月 26 日，由中版昆仑传媒有限公司筹划拍摄的 IP 作品《新闻发言人》剧本研讨会召开。作家张策、导演鲁坚、编剧刘青玲、编剧胡金岚出席了会议。专家各抒己见，就如何定位新闻发言人这一角色进行了深入研究和探讨。

专家认为，《新闻发言人》的定位决定了剧情的发展，也决定了项目的制作与发布渠道。《新闻发言人》具备扎实的内容和人物关系，剧本的改编及撰写都要从新闻发言人这一人物的本身出发，保留小说的原本价值，进行差异化的制作。导演鲁坚在会上发言并表示，该剧既具有悬疑重生和跌宕起伏的商业类型片元素，又不失对社会现实的人文关怀，是一部充满现代时尚气息的警匪大戏。

《新闻发言人》由全国公安文联秘书长、三级警监张策所著。张策曾多次获全国金盾文化大奖、金剑文学奖、中国潮报告文学奖、《十月》文学奖等，擅长警侦题材的作品。《新闻发言人》深刻剖析了公安局新闻发言人这一特殊岗位，文笔清新，人物刻画细致入微，是一部有思想和艺术特色的长篇小说。曾获公安部第 10 届金盾文学奖。

（诸琦睿）

“唤醒终南山”秦岭——终南山文化高层论坛暨邢小俊长篇纪实文学《居山活法》研讨会举行

2017 年 7 月 31 日，“唤醒终南山”秦岭——终南山文化高层论坛暨邢小俊长篇纪实文学《居山活法》研讨会在北京举行。会议由中国报告文学学会常务副会长李炳银主持，中国作家协会书记处书记、作家出版社社长吴义勤，文化界著名作家、评论家周明、王宗仁以及中译出版社总编辑张高里等 30 余人出席。与会专家全方位解读了《居山活法》的文学价值和现实意义，并分析了该部作品在邢小俊创作道路上的突破性贡献。如何挖掘、继承终南山文化也成为专家研讨、交流的焦点。

吴义勤提到，《居山活法》是一本向终南山致敬的书、向秦岭致敬的书。秦岭的神奇、丰富，每个人从中获得的感悟是不一样的。因此，这本书探索的不仅是隐士的生活，更是它最大的主体——终南山、秦岭。

张高里表示，《居山活法》的出版对终南山文化在当代的延续与传承具有重要的意义，是文学界的幸事，也是出版界的幸事。另外，出版社还将继续推出《居山活法》英、法、德等多语言

版本。著名导演李军虎有望根据该书拍摄纪录片，并参评香港电影金像奖、台湾电影金马奖等奖项。 （茹　慧）

“商务印书馆与中国现代文化的兴起”国际学术研讨会召开

2017 年 8 月 13～14 日，由中国人民大学历史学院、北京大学 20 世纪中国文化研究中心、中国近现代新闻出版博物馆（筹）、商务印书馆联合主办的商务印书馆创业 120 年——“商务印书馆与中国现代文化的兴起”国际学术研讨会在北京召开。中国出版集团公司党组成员、中国出版传媒股份有限公司副总经理李岩，商务印书馆总经理于殿利、总编辑周洪波出席会议。

周振鹤、陈平原、陈万雄、张人凤、袁明、季家珍、王立、黄兴涛、许纪霖、沈国威、周武、洪九来、吴永贵、范军、张志强、石鸥等来自国内以及美国、加拿大、日本等国家的著名学者、学科带头人、学术新秀等共 70 余人共聚一堂，就商务印书馆企业历史与文化、商务印书馆出版物研究、商务印书馆与现代文化教育等主题展开研讨。这是迄今为止关于商务印书馆历史研究规模最大的一次学术研讨活动。

会议共收到论文 65 篇，围绕商务印书馆 5 个方面的成就展开了研讨，包括创立现代教育制度，开启全民启蒙进程；整理国故、译介西学，参与构建了整个现代汉语知识体系；追随时代发展的先进方向，始终保持独特的文化风骨；以解决时代命题为己任，与时代潮流密切互动；建立完备的现代企业制度，运用成熟的经营策略，以公司的力量成就文化的伟业，表现出独特的企业文化魅力。 （刘　芳）

商务印书馆与中国现代出版专家座谈会举行

2017 年 8 月 21 日，“商务印书馆与中国现代出版专家座谈会”在北京饭店金色大厅举行。全国人民代表大会常务委员会副委员长严隽琪出席并讲话，中国出版集团公司党组书记王涛，中国编辑学会会长郝振省，中国社会科学院原副院长、学部委员汝信，中国社会科学院原副院长、学部委员江蓝生发言，商务印书馆总经理于殿利致辞，中国出版协会常务副理事长邬书林主持，全国人民代表大会教科文卫委员会主任委员、中国出版协会理事长柳斌杰发来书面讲话。

与会专家表示，商务印书馆自创立以来，以高远的文化理想、独到的文化眼光、成功的商业运作，在创立现代教育体系、促进文化学术进步，以及引进现代印刷技术、推行现代企业制度等方面，取得了卓越的成就，为近现代中国的思想文化发展，为整个民族的现代化和复兴大业做出了重要贡献。

与会专家认为，以“昌明教育，开启民智”为内核的“商务精神”赋予了商务印书馆强大的生命力与创造力，并成就了中国现代出版的精神特质：一是心系家国、自强不息的担当与进取精神；二是勇于探索、敢为人先的创新精神和革命精神；三是博采中西、兼收并蓄的开放精神；四是淬金炼石、精益求精的工匠精神。总结“商务精神”和中国现代出版精神，必将对新时期出版业的发展及文化建设产生重要的推动作用。

来自出版界和学界的 300 余位代表出席座谈会，商务印书馆近百位员工参加。 （刘　芳）

商务印书馆与中国现代学术专家座谈会举行

2017 年 8 月 21～22 日，“商务印书馆与中国现代学术专家座谈会”在北京举行。近 200 名来自各学科领域的专家、学者和出版人参加会议。中国出版集团公司党组书记王涛以及商务印书馆全体馆领导出席。

座谈会上，商务印书馆首先向 12 位长期以来鼎力支持商务印书馆出版事业，主要作品在商务印书馆出版，对商务出版事业做出突出贡献，在学术界和社会上享有盛誉的重要作译者致敬，借此向以严复、林纾、蔡元培、梁启超等为代表的一代代先辈作译者表达深切的感念之情，向当代作译者表达诚挚的感谢之意。

为促进学术与出版事业生生不息，座谈会上宣布成立“商务印书馆学术委员会”，以期与学界继续相互扶持、共同发展，为中国学术出版事业再铸基石。同时设立“商务印书馆学术基金”500万元，以踵先贤之伟绩，续事业之新章，资助学术出版、学术会议、学术研究、学术交流和学术翻译等事项。

商务印书馆总经理于殿利以“与学界同行，与时代同声”为题做主旨讲话。北京大学教授陆俭明，中国社会科学院教授陈祖武，北京大学教授蔡运龙，中共中央党史研究室副主任、教授冯俊，英国伦敦大学应用语言学研究中心主任、教授李嵬等做大会发言。来自各学科领域的资深专家学者分为7个小组进行了讨论。专家代表刘丹青、胡壮麟、渠敬东、陈恒、李强、甄峰、薛晓源分别代表各小组做了发言。与会专家对商务印书馆与学界携手相行的历史传统进行了探讨和梳理，畅谈商务印书馆创立120年来与中国学术界相互扶持、相互促进、共同发展的悠久传统和未来展望。（刘　芳）

中国图书进出口（集团）总公司承办北京国际出版论坛

2017年8月22日，北京国际图书博览会的标志性会议北京国际出版论坛在北京举办。论坛由国家新闻出版广电总局、国务院新闻办公室、中国民主促进会中央委员会共同主办，中国图书进出口（集团）总公司（以下简称“中图公司”）承办。

本次北京国际出版论坛以“‘一带一路’倡议与国际出版合作”为主题。全国政协常委、中国民主促进会中央委员会常务副主席蔡达峰，中央宣传部副部长、国务院新闻办公室副主任崔玉英出席论坛并致辞。国家新闻出版广电总局副局长吴尚之做主题演讲。

崔玉英针对进一步加强国际出版合作，助力“一带一路”建设，提出三点期望：推动文明互鉴，增进民心相通；加快互联互通，促进产业发展；立足互利互赢，扩大务实合作。

蔡达峰提出三点建议：第一，要加强“一带一路”沿线国家出版界的交流合作，应组织实施出版交流合作的重点工程项目，形成出版资源互联互通、渠道共享共用、内容共同开发、产业共同发展的出版合作新局面；第二，要丰富“一带一路”国际出版合作内容，提升出版合作品质，充分发挥出版品牌和内容创新优势，推出符合需求的优秀作品；第三，要搭建“一带一路”国际出版合作平台，继续支持办好北京国际图书博览会，并支持中国出版企业在重要国际书展举办中国主宾国活动。

吴尚之表示，“一带一路”不仅是一条经贸合作之路，更是一条文明交流互鉴之路。同时，他也对加强“一带一路”国际出版合作提出了几点建议：第一，要建立长效合作机制，着力加强合作顶层设计；第二，要提升合作内容质量，着重推出一批深入阐释、积极推动“一带一路”合作的精品图书，培育翻译专业人才；第三，要拓展合作渠道平台；第四，要推动合作项目对接；第五，要创新合作方式方法，实现出版内容资源的多层呈现、多元传播，大力发展移动阅读、在线教育、知识服务等新兴出版业态。

论坛上，中国人民大学国际关系学院教授、“一带一路”研究领域学者王义桅，泰勒—弗朗西斯出版集团期刊出版全球总裁伊恩·班纳曼等嘉宾发表演讲。

作为北京国际图书博览会的“重头戏”，北京国际出版论坛自2004年创办以来，已成功举办13届，成为我国对外介绍中国出版业发展及政策走向、中外出版人开展对话交流的重要平台，赢得了中外出版人的赞誉。（朱烨洋）

中国少数民族作家海外推广计划发布会暨少数民族文学国际翻译出版论坛举行

2017年8月24日，由中译出版社、中国文化译研网（CCTSS）、中国少数民族作家学会与《民族文学》杂志共同主办的“中国少数民族作家海外推广计划发布会暨少数民族文学国际翻译

出版论坛”举行，会议由中译出版社总编辑张高里主持，作家叶梅和埃及汉学家白鑫主持论坛讨论环节。

“中国少数民族作家海外推广计划”由国家新闻出版广电总局、中国作家协会共同发起并指导，中译出版社具体实施。中译出版社以每年1辑5本的规模翻译出版少数民族文学作品，同时积极推动这些作品的多语种版走向国际。截至2017年7月，该系列图书已签约输出的语种达19种，签约总数达到70多部。

会议首先进行了新书发布环节，张高里总编辑邀请与会作家吉狄马加、丹增、阿来、叶梅等与翻译出版他们作品的海外出版商一起展示、发布了新书，包括阿来作品《尘埃落定》的印地语版和僧伽罗语版、丹增作品《小沙弥》的匈牙利语版和阿拉伯语版，以及此前已经出版的该系列20余部多语种新书。

少数民族文学国际翻译出版论坛由叶梅和白鑫共同主持。与会的中外嘉宾共同参与了讨论，并就中国少数民族文学的世界性、创作特点以及中国少数民族文学作品在翻译和推广中面临的问题等各抒己见，各国出版商均表现出对中国少数民族文学的喜爱与推广热情。

在本次论坛上，中译出版社总编辑张高里还与吉狄马加副主席签署了他最新出版的《吉狄马加自选集》多语种版的版权代理协议。

（茹　慧）

CCTSS捷克语专家委员会成立暨中捷文学恳谈会&百年中国儿童文学精品外译书系启动新闻发布会召开

2017年8月25日，由中国文化译研网、中译出版社联合主办的“CCTSS捷克语专家委员会成立暨中捷文学恳谈会&百年中国儿童文学精品外译书系启动新闻发布会”在北京召开。

中国出版集团公司党组成员、中国出版传媒股份有限公司副总经理孙月沐祝贺CCTSS捷克语专家委员会的成立和中译出版社重大项目“百年中国儿童文学精品外译书系（中英双语珍藏版）”正式启动，衷心希望捷克语专家委员会的成立能切实大力推进中捷双方文化作品的互译和文学交流。他说，“百年中国儿童文学精品外译书系（中英双语珍藏版）”是中国文学的百年大事，也是中国儿童文学界和中国少儿出版界的一个创新工程，中国出版集团公司对这个项目寄予厚望，衷心希望这个项目能尽快进入出版程序，实现优质翻译、高品质出版的目标。

张高里向与会嘉宾展示了中译出版社重大外译项目以及“走出去”的主要成果，并表示中译出版社准备把更多中国作家优秀的作品翻成英文，包括欧洲其他的语言。

会议最后，CCTSS向捷克专家委员会成员颁发了聘书，与会者合影留念。双方达成共识：将在双方政府和企业的大力支持下，努力加强双方的文化交流，大力推进中捷文化、文学互译项目。

（茹　慧）

《中国大百科全书》第三版总编辑委员会成立大会召开

2017年9月8日，《中国大百科全书》第三版总编辑委员会成立大会在北京召开。中共中央政治局委员、中央书记处书记、中央宣传部部长刘奇葆，第十届、十一届全国政协副主席、中国社会科学院原院长陈奎元，第十一届全国人大常委会副委员长、农工党中央原主席、中国工程院院士桑国卫，第十一届全国政协副主席、中国文联名誉主席、文化部原部长孙家正，中央宣传部常务副部长、《中国大百科全书》第三版总编辑委员会副主任委员黄坤明，社保基金会理事长、财政部原部长楼继伟，水利部部长陈雷，中国科学院院长、中国科学院院士白春礼，中央宣传部副部长庹震，国家新闻出版广电总局副局长吴尚之，文化部副部长杨志今，交通部副部长刘小明，清华大学建筑与城市研究所所长、清华大学人居环境研究中心主任、中国科学院院士、中国工程院院士吴良镛，《中国大百科全书》执行总主编、新闻出版总署原副署长杨牧之，中国出版集团公司总裁谭跃，以及《中国大百科全书》第

三版总编辑委员会委员，来自全国科研院所及高等院校的近百余位专家学者和中国大百科全书出版社社领导与全体编辑 300 余人参加了会议。大会由黄坤明主持。

杨牧之首先在会上通报了《中国大百科全书》第三版工作进展情况。他在发言中追溯了世界百科全书的发展历史，强调新时代编纂新版百科全书的重要意义，并通报了总编委会筹备组在陈奎元主任的领导下开展的 10 项重点工作，明确了今后工作的努力方向。

吴尚之代表国家新闻出版广电总局宣布了《中国大百科全书》第三版总编辑委员会名单。大会还为《中国大百科全书》第三版总编辑委员会委员代表颁发了聘书。

中国社会科学院副院长、《中国大百科全书》第三版总编辑委员会委员、社会学学科主编李培林，中国科学院院长、中国科学院院士、《中国大百科全书》第三版总编辑委员会副主任委员、化学学科主编白春礼作为委员代表在会上做了学科组稿、撰稿、审稿工作的发言。

陈奎元在讲话中，对与会领导和专家的关心和支持表示感谢，对《中国大百科全书》第三版编纂工作提出了重要期望。他说，大家都应以高度的使命感编写好《中国大百科全书》第三版，树立“四个自信”，巩固我国主流文化，加强核心文化对外传播；与时俱进，适应科学文化发展的潮流；增强中华文明影响力，构建新型知识传播体系，扩大在人文领域中的话语权。他说，总编委会要认真负责地履行职责和任务，遵守政治纪律，强化“四个意识”；提高认识，统一思想；加强统筹，善作善战；团结协作，发扬奉献精神，希望在大家的共同努力下，《中国大百科全书》第三版早日上线、出版，为中国特色社会主义的文化大发展，献上一部有分量的精品力作。

刘奇葆在大会上做了重要讲话。他强调要深入学习贯彻习近平总书记系列重要讲话精神和治国理政新理念新思想新战略，以优质内容为根本，以先进技术为支撑，构建影响广泛的网络百科平台，提供方便快捷的百科知识服务，把《中国大百科全书》打造成我国文化建设新的标志性成果。他指出，编纂《中国大百科全书》第三版，要坚持正确政治方向，旗帜鲜明地以马克思主义为指导；坚守高端学术品位，以最高水平最高标准打造国家级百科知识体系；秉持打造传世精品追求，确保导向正确、内容准确、编校一流，树立体现最高出版水平的时代标杆。

最后，黄坤明对大家提出要求。他提出，刘奇葆同志的重要讲话，内涵丰富，思想深刻，既有总体的部署，也有工作的要求，为大家做好《中国大百科全书》第三版的编纂出版工作提供了重要遵循，要认真地学习领会，切实地贯彻好，落实好。此次会后，总编辑委员会要抓紧建立重大事项决策协调机制和重大条目审核把关机制，及时指导和有力保障百科编纂项目的顺利推进，中国大百科全书出版社要按照批准的方案细化、完善具体的措施，抓紧推进词条编纂出版和平台技术等各项工作。各有关部门、科研院校、高等学校和主管单位要大力支持，做好相关工作，在确保质量的前提下尽早推出网络版，适时推出纸质版。

（尹添铭）

中国大百科全书出版社学习刘奇葆在《中国大百科全书》第三版总编辑委员会成立大会上的讲话精神专题会议召开

2017 年 9 月 12 日，中国大百科全书出版社召开专题会议，学习刘奇葆在《中国大百科全书》第三版（以下简称“三版”）总编辑委员会成立大会上的讲话精神。《中国大百科全书》第三版执行总主编杨牧之、社长刘国辉、党委书记刘晓东、副总编辑刘杭及社长助理、总编辑助理、三版部门主任和骨干员工参加了学习，刘国辉主持会议。会上大家共同学习了刘奇葆在《中国大百科全书》第三版总编辑委员会成立大会上的讲话精神，纷纷表示刘奇葆的讲话充分体现了党和国家对三版工作的高度重视，同时也感到肩负的责任重大，一定要按照党和国家的要求，努力把三版工作做好。

杨牧之在讲话中提出，未来的三版工作，一是利用好总编委会成立之机，动员大家进一步做

好三版工作；二是坚持正确的政治方向，把这项根本贯彻到工作的每一个环节；三是找出薄弱环节，突出工作重点；四是合理有效使用资金，廉洁奉公；五是要做高端、权威的百科全书，做好顶层设计，明确网络版规模；六是加强人员培训；七是不断完善管理制度，保证质量；八是优化纸质版设计，做好总体方案。

刘国辉在会上强调，要深入贯彻刘奇葆同志讲话精神，按照吴尚之和杨牧之的要求，并从完善顶层设计、优化平台建设、提升审稿质量和编辑业务、合理优化资金使用、构建运营机制、加强团队建设等方面提出了具体的工作要求。他要求大家要团结奋进，攻坚克难，依靠集体的力量，为打造最高水平最高标准的国家级百科知识体系而不断努力奋斗。（尹添铭）

《鹤鸣九皋——民俗学人的村落故事》新书发布暨专家研讨会召开

2017 年 9 月 15 日，《鹤鸣九皋——民俗学人的村落故事》新书发布暨专家研讨会在商务印书馆召开。中国社会科学院荣誉学部委员刘魁立研究员，中央民族大学教授邢莉，中国社会科学院民族文学研究所原副所长、《民族文学研究》原主编汤晓青，国家民族事务委员会国际司原副司长、中国人类学民族学研究会副秘书长吴金光，中国社会科学院语言研究所副研究员王大惟、社会学研究所郑少雄、民族文学研究所宋颖，商务印书馆（太原）有限公司总编辑李智初出席并参与研讨。

《鹤鸣九皋——民俗学人的村落故事》汇集了 87 位民俗学者集中讲述的 88 篇真实有趣的田野故事，由纪录片《记住乡愁》撰稿人宋颖博士发起，与中国社会科学院世界宗教所陈进国博士共同主编。撰稿者均为海内外民俗学和相关专业的研究者，调查范围覆盖中国境内几乎所有省份，内容涉及人生礼仪、饮食、服饰、信仰、节日仪式和婚丧嫁娶等民俗生活，兼及 20 多个少数民族的独特风俗。书中的田野故事真实、有趣，是来自学者们真挚的心声，是知识与经验碰撞后迸发的智慧火花，每一篇故事背后都饱含了民俗学人的学术思考和人生态度。

（刘　芳）

“世图杯”第 8 届全国大学生越南语演讲大赛举行

2017 年 9 月 29 日，由中国非通用语教学研究会主办，北京大学外国语学院、北京大学国家外语非通用语种本科人才培养基地、北京市“一带一路”国家人才培养基地承办，世界图书出版广东有限公司协办的“世图杯”第 8 届全国大学生越南语演讲大赛在北京大学举办。本次大赛共有来自全国各地 24 所高校、29 名专业老师、68 位越南语专业学生参加。大赛旨在促进文化传播，增进校际交流，积极推动和发展非通用语教育研究事业，探索“一带一路”国家复合型人才培养和实践的应用。

本次大赛为选手们提供了一个展现自我、提升自我和相互切磋学习的机会，为全国越南语高校教师提供一个教育交流的平台，激发了越南语专业学生学习越南语的热情，对“一带一路”国家复合型人才的培养与实践有重要的现实意义。

（卢家彬）

《中国出版传媒商报》推出“出版传媒业砥砺奋进的五年·学习贯彻十九大精神系列报道”专题

2017 年 9 月，《中国出版传媒商报》陆续推出“出版传媒业砥砺奋进的五年·迎接十九大系列报道”“出版传媒业砥砺奋进的五年·学习贯彻十九大精神系列报道”“党代表：亲历十九大，感悟新时代”专栏，推出了“一带一路出版特刊”“主题出版系列专刊”“新时代新征程·2017 中国书业实力版图特刊”，在行业内外产生了重要影响。

2017 年 10 月 17 日推出《厉害了中国出版》专刊，梳理党的十八大以来的 5 年，中国出版业的主要发展成就。在此次专刊里，《中国出版传媒商报》提出，这5年是中国出版传媒业贯彻习近平总书记系列重要讲话精神和治国理政新理念新思想新战略的5年，是牢牢把握舆论导向、发挥宣传主阵地作用的5年，是全领域体制改革、深层次机制转变的5年，是融合发展、转型升级的5年，是做响主题出版、做实精品出版的5年，是讲好中国故事、传播好中国声音的5年。

（马雪芬）

商务印书馆西安编辑策划中心揭牌

2017年10月11日，商务印书馆在西安交通大学博物馆设立“商务印书馆西安编辑策划中心”，并举办“‘夏青杯’陕西赛区颁奖典礼暨商务印书馆西安编辑策划中心揭牌仪式”大型诗歌朗诵会。

会上，商务印书馆副总经理胡中文与西安交通大学博物馆名誉馆长钟明善共同为商务印书馆西安编辑策划中心揭牌。中共陕西省委常委、宣传部部长庄长兴，陕西师范大学党委书记甘辉，西北大学原副校长李浩，以及西安邮电大学、陕西省文学艺术界联合会、陕西省政协等单位领导和观众1000多人出席活动。

西安编辑策划中心主要由特约编辑团队组成，教育部艺术教育专业委员会副理事长钟明善为中心顾问，西安交通大学钟明善艺术研究中心研究员郭彤彤、西北大学原副校长李浩、中国艺术研究院研究生院原院长任大援、西安交通大学人文学院教授薛养贤为特约编辑。西安编辑策划中心将坚持学术水平和出版质量并重的原则，积极策划具有西北地方特色的优秀选题，如陕西地方文化、历史文化，东西方艺术史，陕西汉唐时期书法艺术、绘画艺术和雕塑艺术等。

（李智初）

中国美术出版总社举办《现行汉字分析》专题讲座

2017年10月12日，中国美术出版总社举办《现行汉字分析》专题讲座，特邀国家语言文字委员会原副主任、国学督学、研究员、国家有突出贡献专家傅永和担任主讲。讲座围绕汉字的演变、共和国成立以来整理和简化汉字的成果、现行汉字的分析三个方面深入浅出地解析，让大家对汉字有了更加深入的了解。讲座向广大读者免费开放。

（范雨萌）

“纪念张元济先生诞辰150周年暨第5届张元济学术思想研讨会”举行

2017年10月25日，由浙江省海盐县人民政府、商务印书馆、上海市文史研究馆共同主办的“纪念张元济先生诞辰150周年暨第5届张元济学术思想研讨会”在浙江海盐召开。

张元济先生是商务印书馆120年基业的奠基人。他于1902年入商务印书馆，确立“昌明教育，开启民智”的出版宗旨，历任编译所所长、经理、监理、董事长，为商务印书馆奉献近60年，为中国现代出版、文化、教育、学术事业做出了重要贡献。

开幕式上，海盐县委书记陈玲芳、上海市文史研究馆副馆长沈飞德、商务印书馆总经理于殿利、嘉兴市副市长邢海华先后致辞，总经理于殿利向张元济图书馆赠送《张菊生先生九十生日纪念册》。

研讨会上，杨天石、张珑、张人凤、柳和城、沈祖炜、邹振环、杨扬、周武、洪九来、陈福康、陈麟辉、吴永贵、叶新、张稷等来自中国社会科学院、商务印书馆、复旦大学、华东师范大学、上海社会科学院、上海市文史研究馆、武汉大学、南京大学等30余家教育、科研机构的学者，以及张元济先生哲嗣、相关文史专家等共70余人，围绕“张元济的思想及出版活动”“多重视域中的张元济”“张元济综合研究及与故乡海盐”三大主题展开研讨。10月26日，“家训诏垂，格言传世——张元济先生后人捐赠文物展”在海盐县博物馆开展。

（刘　芳）

世界图书出版上海有限公司2018年度编辑选题报告会召开

2017年10月27日，世界图书出版上海有

限公司召开2018年度编辑选题报告会。编辑部门、市场部门和公司中层以上干部共同参加了会议。会上，医学分社和综合图书事业部的编辑对2018年将要开展的工作进行了详细的说明。

医学分社的产品为医学专业图书和医学科普图书。在现有的基础上，分社将一手抓基础学科建设，一手抓重点学科建设，在夯实基础学科建设的基础上发展重点学科，寻找机会开发重大选题。在团队建设上，一方面掌握学科前沿动态，知晓从业人员需求的专家是我们的重要资源；另一方面国内外的合作团队也为我们提供了重要的渠道资源和读者需求。作为编辑，只有通过不断提高学习能力、工作能力，才能打开思路，策划出高质量的产品，使之拥有持久的生命力。

综合图书事业部对几大主要板块如基础教育、学术类、生活类产品提出了详尽的规划和展望，同时也将在产品的内容开发、组织方式、呈现方式、营销上进行拓展创新。

这次会议，编辑们展示了各自对于未来选题的思考，对选题内容、出版形式、营销方式的创新思考。之后，公司还将就各类选题组织专题讨论会，深入丰富、完善各条产品线，力求将出版主业做精做强。

（施　维）

“张元济与中华古籍保护”学术研讨会召开

2017年10月31日，为纪念张元济诞辰150周年，由上海图书馆、上海市文史研究馆、商务印书馆主办的“张元济与中华古籍保护”学术研讨会在上海图书馆举行。张元济嫡孙张人凤等来自海内外的60余位专家学者，围绕“张元济与古籍整理出版”“张元济的古籍保护实践”“上海图书馆馆藏张氏文献研究”等主题展开研讨。

研讨会上，多位学者立足于不同的研究视角或文献材料，对张元济与古籍保护这一主题进行了深入阐发。大家一致认为，在张元济所有的事功中，目前的研究愈加证明，整理古籍或是其最荦荦大者，也是张元济于我们民族文化最重要且不可替代的贡献。研讨会的举办将进一步加深对张元济学术思想的研究，总结张元济在古籍保护方面的巨大贡献，进一步彰显其学养、造诣和高贵品德，特别是他弘扬优秀传统文化所表现出的文化自信、文化自觉和文化担当。

（刘　芳）

商务印书馆举办4期“编辑沙龙”

2017年，商务印书馆共举办4期“编辑沙龙”。10月31日，举办“编辑沙龙”第9期，中国社会科学院语言研究所专家李志江以“提高编校能力系列讲座之一——编辑加工中的语法差错及其他”为题做主题讲座；11月1日，举办“编辑沙龙”第10期，清华大学出版社总编辑吴培华以“提高编校能力系列讲座之二——新技术条件下编辑的质量意识与基本功培养”为题做主题讲座；11月7日，举办“编辑沙龙”第11期，商务印书馆汉语编辑中心编审刘一玲以“标点符号用法及数字用法举要”为题做主题讲座；11月8日，举办“编辑沙龙”第12期，商务印书馆学术编辑中心编审李霞以“译著出版规范”为题做主题讲座。

（刘　兰）

中译语通科技股份有限公司参加“新时代 新模式—2017中国翻译服务业发展高峰论坛”

2017年11月4～5日，中译语通科技股份有限公司（以下简称“中译语通”）作为主赞助商，参加由中国翻译协会翻译服务委员会在海南文昌主办的“新时代 新模式—2017中国翻译服务业发展高峰论坛”。中国翻译协会常务理事、翻译服务委员会主任、中国对外翻译有限公司总经理黄松出席并致辞，中译语通副总经理柴瑛受邀发表主旨演讲。

黄松在致辞中表示，当前语言服务已经上升至国家战略层面，而语言服务体系建设则成为新的机遇与挑战，改革创新成为新时代语言服务行业的新趋势，特别是大数据及人工智能等技术的

发展，为整个行业带来了强大的动力。他希望本次会议能够进一步促进语言服务体系的构建，推动语言服务与科技的融合，着力打造新时代下语言行业新气象。（赵　桐）

《傅柏翠传》剧本研讨会召开

2017 年 11 月 10 日，《傅柏翠传》剧本研讨会在中版昆仑传媒有限公司 6 层会议室召开。中央文史馆馆员、著名作家张胜友，福建省广播影视集团总经理庄志松，龙岩市文广新局局长王如彬，龙岩市文联主席王永昌，上杭县宣传部副部长丘晓武，福建金银海文化传媒股份有限公司赖东英，编剧闻华舰，傅柏翠孙女傅华英参加会议。

研讨会上，各位专家就《傅柏翠传》故事大纲的修改意见及剧本写作方向展开了研讨。编剧闻华舰将剧本定位为“主旋律商业片”，以历史真实为背景，结合戏剧真实和戏剧逻辑，体现出“四个自信”的重要思想。王永昌在发言中表示，傅柏翠是一个具有强烈矛盾冲突的英雄人物，改变了“非白即黑”“非左即右”的传统观念，这样的人物塑造是具有开创性的。

由中版昆仑传媒有限公司与福建金银海文化传媒股份有限公司联合打造的《傅柏翠传》，讲述了主人公“傅秀中”秉承“耕者有其田”的革命理想，致力于乱世中建设中国的“世外桃源”，在革命斗争情势极为严峻的情况下，不顾个人荣辱安危，设计“自我潜伏”，与军阀劣绅、国民党政府、惯匪流氓等各种势力斗智斗勇，巧妙周旋，暗中为共产党的伟大事业默默奉献，直至率部起义迎接共和国的到来，谱写了一段惊心动魄的“白皮红心”的传奇故事。（沈梦杭）

第 2 届博物学文化论坛举行

2017 年 11 月 11 日，第 2 届博物学文化论坛在商务印书馆举行。本次论坛以“博物出版”和“博物旅行”为主题。来自全国高校和科研教育机构的百余人参加论坛。商务印书馆总经理于殿利出席并致辞。

围绕出版是促进文化发展的基础，旅行则是与市场和应用接轨的实践的话题，高校和科研教育机构的研究者与科学传播工作者、博物出版机构与博物旅行公司的从业者、从事自然写作与博物绘画及相关工作的自由职业者，共同探讨博物出版和博物旅行的历史、现状与未来。论坛还提出并讨论了《博物理念宣言》，意在倡导博物爱好者反思、约束自己的行为，尽可能减少或避免博物活动对自然环境造成的危害，从而推动人与自然持久和谐相处。

论坛举行当日，商务印书馆还在涵芬楼书店举办“博物之美——纪念商务印书馆 120 周年科学画展”，展出国内外博物艺术家的精美作品，包括部分原作，为热爱博物绘画的参会者提供了一场视觉盛宴。（刘　芳）

东方出版中心
2018 年度选题论证会召开

2017 年 11 月 15 日，东方出版中心（以下简称“中心”）召开 2018 年度选题论证会。中国出版集团公司党组成员、中国出版传媒股份有限公司副总经理李岩，出版业务部主任刘祚臣，信息宣传处处长杜宇出席。东方出版中心总经理赵东、党委书记董玲、副总编辑郑纳新、副总编辑王祖光，特邀评审专家中心顾问祝新刚，上海人民出版社原社长王兴康，上海理工大学出版研究中心主任夏德元以及中心各部门、单位负责人和出版主业全体人员参加了会议。

会议由郑纳新主持。赵东对中心出版主业发展的总体思路、要求和策略进行了介绍。总编办负责人汇报了 2017 年选题落实和 2018 年选题计划编制情况。各编辑部、事业部负责人对本部门 2018 年度重点选题做了专题汇报，并介绍了本部门产品线建设的进展情况。

李岩对中心的出版发展思路和 2018 年度选题计划给予肯定，并对中心的出版工作提出三点要求：第一，在选题落实上，要加强意识形态的管理，严把导向关，利用好京沪优质出版资源，

重点抓好财经图书的出版工作；第二，要加大体制机制创新，特别是结合实际工作，加快建设，加强推广营销工作；第三，编辑要重视工作细节，更为精心地打造符合市场需求、受读者欢迎的图书。

中心副总编辑郑纳新在总结时强调，一定遵照中国出版集团公司领导的指示要求，将出版工作落实在行动上，体现在效果上，进一步筛选和完善2018年度选题，为中心出版工作做好坚实的准备。（姜小明）

世界图书出版上海有限公司 2018年度选题会召开

2017年11月16日，世界图书出版上海有限公司召开2018年度选题会。

中国出版集团公司党组成员、中国出版传媒股份有限公司副总经理李岩，中国出版集团公司出版部主任刘祚臣，世界图书出版有限公司总经理张作珍，世界图书出版有限公司党委书记汪武，世界图书出版上海有限公司总经理陆琦，世界图书出版有限公司副总编辑孙延凤出席了会议。会议还邀请了5位医学和教育领域的专家一同参加。世界图书出版上海有限公司中层干部也旁听了本次选题会。

世界图书出版上海有限公司围绕十九大精神，结合公司实际，确定了2018年的工作重点，在产品线上重点打造专业科技、教育、少儿、主题出版和“走出去”等几大板块，同时对融媒体出版项目在2018年的开展也进行了汇报。

汇报后，每位专家就选题情况发表了自己的看法，并提出了中肯的意见和未来的选题规划建议。选题会上，集团公司的领导也对公司的选题计划给予了肯定和表扬，同时也提出了很多具有建设性的指导意见。（王　纯）

中国大百科全书出版社 2018年度选题工作会议召开

2017年11月22～24日，中国大百科全书出版社2018年度选题工作会议召开。中国出版集团公司党组成员、中国出版传媒股份有限公司副总经理李岩，出版业务部副主任张力慧，出版业务部宣传处处长杜宇，中国出版集团公司国际合作部对外交流处副处长林成琳，《中国大百科全书》执行总主编杨牧之，商务印书馆原副总编辑王乃庄，中国图书评论学会副会长、中国图书评论杂志社总编辑杨平，以及本社社委会成员及各部门正副职负责人、首席编辑、营销编辑、市场营销部人员共计60余人参加了会议。

会议首先由总编室、出版部、市场营销部介绍了全社有关选题、发稿、市场表现等整体情况。随后，10余个编辑部门对2017年1～9月本部门工作整体情况、本年度选题计划落实情况、本部门相应板块的市场调研情况进行了分析和总结，介绍了2018年度重点选题计划安排情况。王乃庄、杨平对会议的讨论内容进行了点评。

杨牧之在讲话中以联结增容、纸网互动为主题，为《中国大百科全书》第三版的发展点明了方向。刘晓东和刘杭分别就打造品牌、媒体融合等问题提出了具体工作办法和思路。刘国辉在总结发言中，对全社选题工作提出了要求：继续统一思想，坚持“两翼齐飞”方针不动摇，找准定位，深入挖掘选题价值，解放思想，加强创新。

李岩对本社选题工作提出了几点期望：一是积极做好高端学术类图书的选题策划工作；二是本社员工要不断提升自身新书规划和选题创新的能力，从根本上保证选题的质量；三是大家要把关注点放眼于出版物的全流程中，尤其是宣传营销工作。（尹添铭）

生活·读书·新知三联书店 2018年度选题论证会召开

2017年11月29日至12月1日，生活·读书·新知三联书店（以下简称“三联书店”）召开2018年度选题论证会。三联书店领导班子全体成员、各分社及下属公司负责人、相关职能部门中层干部、部分编辑共50余人参加了会议。

中央宣传部出版局办公室副主任王为衡，中国出版集团公司党组成员、中国出版传媒股份有限公司副总经理李岩到会讲话。会议还邀请了著名经济学家梁小民、当当网副总裁陈立均及其团队与会做专家点评。

会上，图书营销中心主任孙漩做三联书店2017年新书出版及发行情况分析；数字出版与营销拓展中心主任詹那达做数字出版及宣传推广工作专题发言；对外合作部副主任孙玮做“走出去”工作专题发言。各分社、下属公司负责人分别提出需要论证的若干选题，与会人员有针对性地发表了具体的意见及建议。

王为衡在会上指出，三联书店要以更加宽广、更加长远的视野来策划主题出版，要以更加鲜明的特色来点缀主题出版，要以更大的耐心来做好主题出版，要以更加宽广的渠道来宣传推广好主题出版图书。

李岩对三联书店提出三点建议：第一，要大力提高和市场对接的能力，适当集约产品线，丛书套书要整体推出、整体营销；第二，在清晰的产品线的基础上，适当向产业链拓展；第三，选题拓展应适当向宏大叙事进军，充分利用作者资源的优势，与时代、市场紧密贴合。总经理路英勇做会议总结。（张嘉薇）

中国对外翻译有限公司参加中国翻译协会第七届全国理事会第二次会议

2017年11月30日至～12月1日，中国翻译协会第七届全国理事会第二次会议在北京召开。中国对外翻译有限公司（以下简称“中译公司”）是中国译协的理事单位，总经理黄松、副总经理张晶晶、中译语通科技股份有限公司CEO于洋受邀出席。总经理黄松发表题为“人工智能时代的语言科技创新”的主题演讲。

（赵　桐）

中华书局2018年度选题工作研讨会召开

2017年12月8～9日，中华书局召开2018年度选题工作研讨会。中央宣传部出版局局长郭义强，国家新闻出版广电总局出版管理司副司长李一昕，中国出版集团公司党组成员、中国出版传媒股份有限公司副总经理李岩、孙月沐出席，中华书局总经理徐俊，总编辑顾青，党委书记、副总经理周清华，副总编辑尹涛、李占领及全体编辑、部分营销人员参加。会议由李占领、尹涛分别主持。

总编辑顾青做了产品战略调整主要思路与资源调整方案的说明。副总编辑尹涛对中华书局2018年度选题及出版计划做了整体介绍。营销总监王军总结了2017年度市场情况并介绍了新3年营销思路。计划财务部主任刘宏介绍了财务工作整体情况，重点介绍了全面预算管理思路。

徐俊在总结中强调了6点内容：振奋精神，放下包袱，以目标既定、攻坚克难的状态推进工作；道路问题、共识问题仍然是首要问题；了解存量图书态势，做好本职本业，做足优势产品线和产品群；实现中心实体化管理；注重创造力和创新力，从产品源头开始，推进改革发展；站在发展的高度上明确起点和站位，在发展中寻求突破。

李岩肯定了中华书局近几年来的选题规划和目标，并对中华书局新3年的出版改革提出4点期望：围绕古籍和基础两大核心，进行市场探索；通过部门调整、机构整合，使目标更清晰，使决策更有力，使运行更顺畅；把全面预算管理做到位；考虑突出原典，突出原创。

李一昕对中华书局提出期望，希望中华书局担大任，做大书，育大家；做出版领域的行业标杆，弘扬中华优秀传统文化，践行社会主义核心价值观；做意义重大的、难度大的书，做成规模、成系统的书；培养更多的出版家、编辑家。

郭义强在讲话中肯定了中华书局取得的成绩，并对中华书局2018年度出版工作提出期望：全面领会，真正落实十九大精神，深入挖掘优秀传统文化中蕴含的思想观念、人文思想、道德规范，在深入上、创新上、时代风采上下功夫；另外，要注意研究读者新的需求，结合十九大精神和年初两办关于传统文化的文件，抓住选题核心点。

（刘　溦）

第3届“诗词中国”传统诗词创作大赛颁奖典礼暨荣获吉尼斯世界纪录“最大规模的诗词竞赛”称号大会举行

2017年12月9日，第3届“诗词中国”传统诗词创作大赛颁奖典礼在人民日报社新媒体大厦1号演播厅举行。活动现场颁发了本届大赛成人组和青少组的年终创作奖，并表彰了对大赛给予大力支持的单位和组织。吉尼斯世界纪录认证官现场宣布第3届“诗词中国”挑战吉尼斯世界纪录“最大规模的诗词竞赛”称号成功，同时颁发了挑战证书。人民日报社副总编张首映，中国出版集团公司党组成员、中国出版传媒股份有限公司副总经理孙月沐，中华书局党委书记周清华等主协办方领导，周笃文、钟振振、杨逸明、钱志熙等知名学者、诗词名家，地方诗词学会代表及“诗词中国”的部分评委和获奖选手代表应邀出席本次活动。

“诗词中国”大赛及系列活动于2012年启动，至今已连续举办3届，共收到当代人的原创传统诗词投稿37万余篇。其中第3届大赛在166天的征稿期内，收到来自全国31个省市自治区和10个海外国家和地区的原创诗词投稿22.33万首，超过前两届之和。

大赛分为“绝句”“律诗”“词”“古风”4个组别，鼓励人们将古典诗词的表现形式与现实生活的题材内容相结合。举办3届以来，“诗词中国”发现了众多优秀的民间诗人，涌现出一大批具有时代精神、个性鲜活的优秀诗词作品。

“经典文化，大众传播”是“诗词中国”的核心品牌特色，除了参与人群的“大众化”外，还有传播手法的“大众化”。作为首个以“高规格、大规模、全媒体”为特色的传统文化普及推广活动，“诗词中国”在新媒体方面的探索从一开始就备受关注。由组委会自主设计开发的“诗词中国”APP，集诗词互动社区、诗词主题搜索、在线诗人档案、诗词美文欣赏、诗词创作辅助工具等功能于一体，致力于为诗词爱好者提供最全最好的习诗体验。截至2017年12月，“诗词中国”APP下载量已经达到3600万次，互动人数超过千万。

与前两届大赛相比，第3届“诗词中国”加强了活动品牌的国际传播，面向世界展示以古典诗词为代表的中国优秀传统文化的深厚底蕴和独特魅力。为此，组委会首次开通了海外投稿平台，举办了《传统诗词的海外传播》主题论坛，并在碧桂园·森林城市的大力支持下，组织本届大赛10余位一等奖获奖选手，赴马来西亚、新加坡进行创作采风。在征稿期内，大赛共收到来自美国、澳大利亚等10个海外国家和地区的投稿作品200余篇。

纵观本次“诗词中国世界之旅”的最高潮，无疑是第3届“诗词中国”发起的对吉尼斯世界纪录“最大规模的诗词竞赛”称号的挑战。

“恭喜‘诗词中国’!”在典礼现场，来自吉尼斯世界纪录的认证官Brittany Dunn宣布，第3届“诗词中国”挑战吉尼斯世界纪录“最大规模的诗词竞赛”（Largest poetry competition）称号成功，并将“最大规模的诗词竞赛”纪录保持者的挑战证书颁发给诗词中国组委会。

第3届“诗词中国”由中华书局发起，联合中央电视台、人民网、中华诗词研究院、中华诗词学会共同主办，中国移动通信集团公司协办。中央电视台《新闻联播》栏目、《人民日报》《中华读书报》《中国新闻出版报》《中国出版传媒商报》、新华网、人民网等媒体进行了集中报道。

（张颖潇）

现代教育出版社2018年度选题工作研讨会召开

2017年12月13日，现代教育出版社在集团公司11层会议室召开2018年度选题工作研讨会。会议由副总编辑沈悦苓主持，副社长陈琦、社外专家所广一、常汝吉及社内相关部门负责人、全体编辑出席会议。中国出版集团公司党组成员、中国出版传媒股份有限公司副总经理孙月

沐，出版部主任刘祚臣、副主任曹永平等应邀参加。

会上，总编室主任滕振微对全社2017年的工作进行了总结，并简要整理2018年度全社发展规划思路，阐述了产品线建设的相关情况。各编辑部围绕“一主四板”的发展战略，介绍了本部门2018年度的选题计划。出席会议的集团公司领导及社外专家在听取各部门报告后分别对各类选题进行了点评。副社长陈琦表示2018年现教社还需通过论证，不断强化品牌定位，扩大品牌影响力，充分挖掘少儿、教育的市场。

（焦小桥）

中版教材有限公司人民版高中《历史》研讨会召开

2017年12月14～15日，商丘市教育局、商丘市基础教研室、中版教材公司和人民出版社在商丘市第一高级中学联合举办商丘市高中历史观摩教学研讨会。

此次人民版高中《历史》研讨会，邀请了新课程培训专家、江苏省教育专家、江苏省中学历史特级教师王生老师。参加教学研讨会的历史老师人数有216人。

商丘市基础教研室主任王桂书主持研讨会并讲话。王桂书首先说明了这次培训会的背景，对商丘历史教学的现状做了概述。他说，近几年历史在高考中的成绩不够突出，历史教研、教学面临一些困境。希望与会教师珍惜这次难得的学习机会，学有所获，理解新课程理念，准确把握教材，找到精准的教学方法，把专家的教育思想进行领悟吃透，将知识消化吸收，使之成为自己工作的财富。同时以这次学习为新的起点，在实践中不断提高自身的业务能力和综合素质。

本次培训教师是江苏省教育专家王生老师，他始终坚持在一线代课，潜心研究近十年的高考历史试卷，深入了解教师的“教”和学生的“学”，对高中历史教育、教学、高考有丰富经验。他把“意义建构、信息解读、答案生成”高考历史题解答的教学理论与参训老师进行分享，改变了教师在教学中的误区，解决了教师在教学中的困惑。

（侯大千）

中华书局2017年度“双十佳图书”评选揭晓

2017年12月16日，中华书局2017年度“双十佳图书”揭晓。2017年共有近60种图书入围“双十佳好书”的候选书单。来自高等学校、研究机构、书评媒体的27位专家从中评出了2017年度中华书局古籍学术类十大好书和人文社科类十大好书。

2017年度中华书局古籍学术类十大好书为：《汉魏六朝杂传集》《辽史补注》《黄道周集》《魏书》（修订本）、《南齐书》（修订本）、《大唐众经音义校注》《尔雅义疏》《国家图书馆藏王国维往还书信集》《近思录集解》《殷墟小屯村中村南甲骨刻辞类纂》。

2017年度中华书局人文社科类十大好书为：《〈清明上河图〉：北宋繁华记忆》《中国古代技术文化》《黄花黎》《台湾汉语音韵学史》《逝者如斯：六十年知见学人侧记》《唐代高层文官》《何炳棣思想制度史论》《古琴》《陟彼景山：十一位中外学者访谈录》《京都如晤》。

（刘　激）

中国大百科全书出版社2016年度出版物编校质量检查工作总结会召开

2017年12月18日，中国大百科全书出版社2016年度出版物编校质量检查工作总结会在本社召开。社长刘国辉、副总编辑刘杭出席会议并讲话，出版社全体编辑人员参加了本次会议。

会议由刘杭主持。总编室向与会人员介绍了2016年度出版物编校质量检查工作的总体情况以及检查中发现的部分问题和常见错误，同时向大家传达了国家新闻出版广电总局重大选题备案工作最新的相关精神，详细介绍了出版物中应注意的一些敏感问题，并针对全社编校质量提升工作提出了具体措施。

刘杭提出编辑要有“五心”，他希望本社编

辑提高职业素养，同时不忘初心，以提高人民的精神生活为追求目标。刘国辉对会议做了总结发言。他说，首先，国家对出版物质量的要求越来越高，对质量管理愈发严格，这是大势所趋。质量是企业的生命线，编辑人员应把企业的生命和个人的追求联系起来，不能心存侥幸。第二，编辑审读书稿要提高专注力，提高编校能力需靠平时的学习、积累。年轻编辑要继承百科社的优良传统，在专业领域精益求精。第三，要正确看待质检问题。大家要以提升以后的工作质量为目标。

（尹添铭）

商务印书馆总经理
于殿利开讲“文化强国”

2017 年 12 月 30 日，商务印书馆总经理于殿利在中央电视台《开讲啦》节目开讲“文化强国”。他在节目中讲述了商务印书馆老一辈人对文化进步的执着追求，也阐述了自己对新时代“文化强国”的独到见解。

节目中，于殿利特别提到，商务印书馆编撰字典工具书和新式教科书，是因为中国传统的教育方式只有私塾，只是念古书，而对现代的科学知识一概没有，中国人要想赶上世界现代化的潮流，最重要的就要用现代的知识、思想、技术和道德观念来武装人，所以新式工具书和教科书的编撰是当务之急。与此同时，商务印书馆还吸收借鉴所有新的知识、新的思想和新的文化，翻译出版西方思想学术名著，大大摧毁了旧的封建制度和旧的知识体系、思想观念和道德基础，对中国当时的新青年产生了巨大影响，同时也培养了一代代的新人，推动着中国文化现代化的进程。

他认为“文化强国”是要强大本民族的文化。对个人来说，要形成独立的见解，有独立的人格；对国家和民族来说，要有独立的世界观和价值主张，形成独特的民族性格和国格。真正的强，其一是要强现代的文化和知识；其二是要强道德观，有独立的思想和想法，才能实现人格的独立和国格的独立。文化强国，归根结底，强的是人。

（刘　芳）

中国出版集团公司组织评选出
“中版好书”2017 年度榜

2017 年 12 月，中国出版集团公司组织评选出“中版好书”2017 年度榜，包括主题出版十大好书、人文社科二十大好书、文学艺术十大好书、少儿教育十大好书共 50 种图书入选。

“中版好书”2017 年度榜的评选历时近 2 个月，分为初评与复评 2 个环节。初评委由集团公司旗下 20 多家出版社的社长、总编辑担任；复评委由中国新闻出版研究院院长魏玉山、中国编辑学会副会长乔还田、中国图书评论学会副会长杨平、清华大学历史系教授张绪山、儿童文学作家张之路、书评人绿茶、中央电视台《读书》栏目制片人李潘，以及《人民日报》《光明日报》《中国新闻出版广电报》《中国出版传媒商报》和新浪读书、喜马拉雅听书、樊登读书会等多家媒体总编辑或相关负责人担任。经过投票，50 种图书进入“中版好书”2017 年度榜榜单。

（姜锐刚）

营销活动

人民文学出版社举办“文学是一场偷情：那些年我们采访的人和事”活动

2017年1月8日，人民文学出版社、享读文化、单向空间联合举办“文学是一场偷情：那些年我们采访的人和事”活动。《众声》作者郭玉洁、《正午故事》主笔叶三、《正午故事》主编谢丁，与《单读》主编吴琦一起分享了关于写作与采访、文学写作与新闻写作的心得体会。

《众声》是《正午故事》主笔郭玉洁在媒体从业多年后，首度将人生沉淀积累成书。18篇文字里，记录了来自人生现场的如实观察。在泰国清道潜心体验工匠生活，在柏林墙下回顾城市历史，从乌兰巴托往北，去往成吉思汗出生的地方，在台湾地区的文学课堂上倾听大师们分享文化记忆。这是一本非虚构文字作品合集，关于文学、历史、城市、命运。辗转4座城市，对话10位名人，与更多普通人的心灵，追忆数段往事，去理解每个人的生命选择。不同的声音汇聚，就是一个时代。重回生命的现场，丰富、智性，又留存着天真的热情。 （顾　乡）

中国出版传媒商报社主办“教育·出版·互联”高峰论坛

2017年1月9日，由中国出版传媒商报社主办的“教育·出版·互联”高峰论坛在北京召开。此次论坛致力于为教育、出版、技术三大领域搭建融合、共享之平台，相关管理部门、教育专家、新技术公司和出版产业领军人物，围绕教育改革政策解读、教育信息化趋势及资源需求分析、教育一线实践与研究、教育出版产业转型模式、互联网＋教育解决方案解析、助学资源创新开发及互联网营销等展开深入对话。中国出版传媒商报社社长伍旭升在致辞中表示，在“大教育”理念之下，中国出版传媒商报社为教育界、出版界和技术界搭建融通互动平台，助力跨界发展。

此外，论坛同时发布由在线答疑平台、教辅互联网全面解决方案提供商“阿凡题”独家冠名支持的“2016—2017年度品牌教辅TOP榜”及“2016—2017年度教辅发展领军人物”等重磅榜单。 （马雪芬）

中国出版集团公司第5届经销商大会举行

2017年1月10日，中国出版集团公司第5届经销商大会在北京市通州区台湖北发大酒店举行。本次大会以“推进深度战略合作、积极谋求营销创新”为主题。中国出版协会常务副理事长邬书林、中央宣传部出版局巡视员刘建生、国家新闻出版广电总局印刷发行司副巡视员董伊薇等行业主管部门领导，中国出版集团公司党组书记王涛，中国出版集团公司党组成员、中国出版传媒股份有限公司副总经理李岩等集团公司领导，全国各省市新华书店、民营书店等110余家经销商领导和业务负责人，中国出版集团公司所属各出版单位主要领导、业务负责人，媒体记者共300余人参加了会议。会议由中国出版集团公司

党组成员、中国出版传媒股份有限公司副总经理樊希安主持。

会上发布了“中版好书 2016 年度榜”“2017 年度中版集团重点图书”两组榜单，对“中版图书优秀销售门店”“中版图书优秀采购经理”“中国出版集团优秀营销案例”和“中国出版集团优秀营销员”进行了颁奖表彰，对中国出版集团公司的部分精品好书进行了回顾推荐，并通过重点图书展示，实现社店双方的进一步交流。

邬书林在致辞中对出版发行行业的发展提出了三点希望：一是希望业内能认真学习全国宣传部长会议和全国新闻出版广播影视工作会议精神，掌握中央的精神实质，了解中央的部署，以明确全年的工作方向、工作重点，把握好世界趋势、中国大势；二是出版业要有坚定的出版自信；三是要充分自信出版业会永远是朝阳产业，但要在搞好产业、搞好事业的同时，清醒认识到信息技术革命给出版发行业带来的革命性变化。

刘建生在致辞中表示，2017 年出版人、发行人要深入推进“三去一降一补”，要深入推进供给侧结构性改革，要从着力振兴实体经济等三个方面全面发力。

中国出版集团公司希望不断创新、丰富经销商大会的参与形式与会议主题，以更接地气的好书推荐、更具实效的营销互动、更加便捷的现场对接，强合作促拓展，推进营销创新。

（郭晶晶）

广西新华书店集团股份有限公司一行到新华书店总店参观考察

2017 年 1 月 11 日，广西新华书店集团股份有限公司董事长谢向阳，副总经理王春林、向润华一行 7 人到新华书店总店（以下简称“总店”）参观考察。总店副总经理张雅珊、总经理助理戴昕，新华互联公司常务副总经理许维华、副总经理郑欢，新华国采公司副总经理杨桦等同志参加座谈。

张雅珊说：“一年来，新华书店总店与广西新华书店集团股份有限公司的合作越来越密切，双方已经就新华发行网的合作签署了合作协议、渠道合作与技术服务协议、增资扩股协议，谢董一行的到访，也可以看作履行股东权利，对我们工作的一次检查。”张雅珊就中国新华发行网近期工作进展向广西新华书店集团股份有限公司来宾做了简要介绍，就项目与出版社、图书馆合作洽谈的推进情况做了说明。新华互联公司郑欢、唐榕蔚对“中国新华发行网”项目的平台建设、资源整合、双方合作进展和有关技术细节的对接等情况进行了详细汇报。杨桦向来宾介绍了正在建设中的“全国大中专教材网络采选系统”的情况。

谢向阳介绍了广西新华书店近期的转型发展思路和重点工作安排，表达了对“中国新华发行网”“全国大中专教材网络采选系统”两个重点项目的期盼和关注。他强调广西新华书店将与项目组继续保持紧密的对接合作，调整内部组织机构，组建电商团队，做好广西壮族自治区内的 O2O 服务，全力配合项目的推进。

双方就全面深化合作，加大对接和协调力度，更加务实有效地推动项目落地深度共识，并对未来的深入合作充满信心和期待。

（梁晓龙）

新华书店总店承办 2017 全国高等教育教材峰会

2017 年 1 月 11 日，由中国出版协会、中国出版集团公司、《全国大中专教学用书汇编》编委会主办，新华书店总店、新华国采教育网络科技有限责任公司、全国大中专教材网络采选系统承办的“2017 全国高等教育教材峰会”在北京中国国际展览中心举办。

中国出版集团公司党组成员、中国出版传媒股份有限公司副总经理樊希安，中国编辑学会会长郝振省，中国出版协会副秘书长刘丽霞到会致辞，中国编辑学会常务副会长胡国臣，中国编辑学会副会长兼秘书长乔还田，新华书店总店副总经理陈新，中国新闻出版研究院副院长、中国书刊发行业协会副理事长范军等嘉宾出席会议。

200余位来自全国各地的教育教材专家、教育出版社出版人、教材经销商和教材编辑参会。

会上由新华国采教育网络科技公司发起，以履行行业责任，推动产业发展为目标的“全国大中专教材经销商联盟”正式成立。首批加入联盟的全国42家优秀教材经销商联合发布《全国大中专教材经销商联盟反盗版共同宣言》。

与会领导和嘉宾围绕“融汇·创新·突破”主题做了报告。大家一致认为，在高等教育教材发展方面，结合互联网技术手段，使“互联网+”在推进教育领域综合改革、教育治理体系和治理能力现代化进程中发挥更大作用。同时要重视优质教育资源的利用，把“互联网+”作为提高教材质量的重要手段，加速优秀教材的数字化，加速教材服务的互联网转型，不断推进教材资源的共建共享，提高优质数字教材资源的使用效率，促进教育公平。

峰会上还举行了“2016年全国优秀教材经销商”“全国大中专教材金牌编辑”“教材发行界十年风云人物”颁奖仪式。

全国高等教育教材峰会已举办6届，是教育界与出版界交流互动的知名平台，峰会始终关注高等教育教材产业链的沟通与合作，借助“互联网+”的手段，搭建形式多样、内容务实的交流平台，对拓宽教材出版思路、创新教学改革、提高发行服务水平进行了积极探讨和有益尝试。

（梁晓龙）

“中华优秀科普图书榜”评选启动仪式举行

2017年1月12日，由中国大百科全书出版社主办的“中华优秀科普图书榜”评选启动仪式在北京图书订货会举行。中国出版协会常务副理事长刘建国，中国版本图书馆原馆长左晓光，著名作家、作协儿委会副主任张之路，中国新闻出版传媒集团有限公司董事长马国仓，中国出版集团公司党组成员、中国出版传媒股份有限公司副总经理李岩，中国大百科全书出版社社长刘国辉等出席了本次活动并做了讲话。本次评选活动集结了全国百余家出版单位几千余种科普出版物，本着公平、公正的原则，按照原创成人科普、原创青少年科普、引进版成人科普、引进版青少年科普4大类别，按季度评出TOP10榜单，同时还将推出年度TOP10榜单。评选活动将按预先制定的评选标准，设定初选、初评和终评3个环节，采取专家评选和公众投票相结合的方式组织评定。“中华优秀科普图书榜”评选活动是为贯彻落实好习近平总书记重要讲话精神，进一步提升全民科普素养，加强科普出版物的社会影响力，由中国出版协会、中国科学技术协会科普部、中国韬奋基金会、中国大百科全书出版社联合发起的。本活动由《中国科学报》《中国新闻出版广电报》、人民网、科学世界杂志社协办，《百科知识》杂志承办。该活动的开展，为民众获取优质的科普图书提供了帮助，同时也在一定程度上推动了中国科普出版物的发展。

（尹添铭）

《人美文库》新书发布会举行

2017年1月12日，人民美术出版社在中国国际展览中心（旧馆）举行了《人美文库》新书发布会。中国出版集团公司党组成员、中国出版传媒股份有限公司副总经理李岩，中央美术学院教授、博士生导师、著名美术史论家、书画家、书画鉴定家薛永年出席发布会并发言，人民美术出版社总编辑助理、视觉艺术编辑室主任王远主持活动。

2016年恰逢人民美术出版社建社65周年，出版社对65年来出版过的著作进行整体回顾，以《人美文库》的品牌将其中优秀的且至今仍有丰富传承价值的出版物重新编辑、设计，整体规划，分批出版。本次选取的图书主要有两类：一类为《宣和画谱》等经典古代绘画理论，均为启功、黄苗子、王伯敏、薛永年等专家当年校订的版本；一类为近现代美术理论著作，作者为邓散木、于非闇等大家。通过复制技术，再现了当年最经典的版本，尽力原汁原味地呈现这批经典理论图书的面貌，传承“中正大雅，朴真至美”的“人美”精神，让“人美”精神在一代又一代

"人美"人和广大读者中继往开来，发扬光大。

（范雨萌）

《韦氏高阶英汉双解词典》新书发布会举行

2017年1月12日，《韦氏高阶英汉双解词典》新书发布会在2017北京图书订货会举行。这是韦氏品牌英汉词典首次登陆中国，该书也是首部源自美国权威辞书出版机构的高阶英汉词典。

在新书发布会上，中国出版集团公司党组成员、中国出版传媒股份有限公司副总经理李岩对词典的出版表示了祝贺，指出这部词典在促进语言学习和文化交流等方面的重要意义。中国大百科全书出版社社长刘国辉回顾了与美国韦氏公司的合作经历，并对参与出版工作的编译者和专家学者表示了感谢。随后，本词典的编译总顾问、审订人、北京外国语大学教授庄绎传和新东方教育集团资深教师孙广鑫先后从编译者和使用者的角度做了发言。庄绎传为大家点明这部词典的精华所在，孙广鑫则结合自己的教学经验简述了本词典的重要意义。他们认为，韦氏这个权威辞书品牌以收词全面、释义精准等特点在英语工具书中有着举足轻重的地位，本书可以说是为有北美留学意向的学习者和广大美语爱好者量身打造的词典。

中国大百科全书出版社对这部词典的内容开发进行积极探索，拟与俞敏洪投资的APP"精雕细课"合作，推出有关词典使用和基于本词典丰富例句及短语搭配的学习课程和学习竞赛。

（尹添铭）

《中国人的人性与人生》首发式举行

2017年1月12日，《中国人的人性与人生》在2017北京图书订货会举行首发式。中国出版集团公司党组成员、中国出版传媒股份有限公司副总经理李岩，现代出版社社长臧永清出席活动。

《中国人的人性与人生》是梁晓声继《中国社会各阶层分析》《郁闷的中国人》两本书之后，推出的又一本深度解剖当代中国人文化心理和国民性的纪实录。书中，梁晓声以一如既往冷峻而智慧的笔调、渗及骨髓的透视深度，以及充满人文理性的文字，对当代中国人的文化心理状况、普通人人生的尴尬，以及关于中国的文化与文化人，给出了自己的观察与评述。可以说，这本书是一部关于中国社会人文现状的"田野调查"，也是一部深度的社会观察笔记。（陈丽壮）

《郁钧剑·歌唱问答111例》新书首发式举行

2017年1月12日，《郁钧剑·歌唱问答111例》新书首发式在北京举行。中国出版集团公司党组成员、中国出版传媒股份有限公司副总经理李岩，著名歌唱家郁钧剑，人民音乐出版社副总编辑赵易山以及来自全国的歌迷和现场读者近200人参与了本次活动。该书是郁钧剑对自己在几十年的歌唱学习与实践中遇到的各种问题的解答，不仅对歌者普遍关心的很多基础性问题提出了独到的见解，而且分享了自己在歌唱学习、歌唱表演、作品选择方面的诸多宝贵经验。天猫直播平台对此次活动进行了直播，近2000人通过直播收看了此次活动，实现了"线下活动"和"线上传播"的有机结合。（韩舒雅）

人民文学出版社举办"图画书的原创力：万花镜中的图文重奏——多元视角解读图画书创作"活动

2017年1月13日，由人民文学出版社、天天出版社举办的"图画书的原创力：万花镜中的图文重奏——多元视角解读图画书创作"活动在2017北京图书订货会举行。著名儿童文学作家汤素兰、国际插画艺术创作研究中心主任詹凯、北京大学心理学博士王异芳、自然主义绘本作家崔莉以及首届"青铜葵花图画书奖"获奖作者悉数到场，以多元视角切入，从文本创作、绘图叙

事到孩子心理需求的满足来解读中国原创图画书的创作。（顾　乡）

天天出版社举办“破茧成长——曹文轩、杨志军、殷健灵笔下的少年”活动

2017年1月13日，由天天出版社举办的“破茧成长——曹文轩、杨志军、殷健灵笔下的少年”活动在中国国际展览中心举办。作家曹文轩、杨志军、殷健灵参加了活动，并就儿童文学创作、孩子的成长等话题进行了深入的探讨和交流。中国出版集团公司党组成员、中国出版传媒股份有限公司副总经理李岩，人民文学出版社、天天出版社社长管士光出席了本次活动并致辞，均表达了出版方对优秀原创作品的珍视和打造时代精品力作的决心。杨志军首部少年成长小说《海底隧道》也已出版，反响良好。

（顾　乡）

《国子监官韵诵唸·论语》新书发布会举行

2017年1月13日，商务印书馆出版的《国子监官韵诵唸·论语》新书发布会在2017北京图书订货会上举行。《论语》作为传统文化必读经典，曾以多种形式与读者见面。商务版《国子监官韵诵唸·论语》的最大不同在于，该书以直观易学的方式告诉读者，我们的古人是用什么样的声调、韵律诵读这些经典的。

该书主编潘姝雅介绍，通过“诵唸”的方法学习传统经典，能直观地掌握汉语言文字最基础的汉字音韵，继承学会了“诵唸”方法，娴熟于文字音韵，吟诵诗词不必背格律，自然会作诗。因此向中小学生传授诵唸的方法，对于他们学习古诗词大有助益。发布会上，北京市海淀区星火小学学生着汉服表演了诵唸诗剧《论语——人生启示》，清雍书会代表诵唸《论语》章节，并与大家分享诵唸《论语》的心得。

《国子监官韵诵唸·论语》一书由昆曲表演艺术家张卫东以大明官话诵唸，宣纸线装，1函5册，配以CD光盘，是一部极佳的视听读物，颇具阅读、审美、收藏价值。商务印书馆出版的“国子监官韵诵唸”系列已出版《论语》《大学》《中庸》《道德经》《孝经》等5种。

（刘　芳）

《南极洲——从英雄时代到科学时代》新书分享会举行

2017年1月13日，商务印书馆在2017北京图书订货会期间，举办《南极洲——从英雄时代到科学时代》新书分享会。中国科学院院士、中国气象局原局长、中国徒步横穿南极大陆第一人秦大河，以及该书译者、参与南极“中山站”选址建站的南极问题专家李占生，与现场读者分享了南极洲的探险史、科学考察及领土问题。

关于中国在南极的科学事业，秦大河院士指出，南极洲是天然试验室，对于地球科学、环境科学、生命科学，包括大气科学、天文学都是非常好的观测平台、研究地点。中国已在南极洲建立了天文台，国家重大项目中南极冰盖的研究、南极生物研究、南极海洋研究都被列入了日程。由于近年来国家经济实力的增强，中国的南极考察已进入航空时代，南极飞行队可以从海岸线飞到南极最高点，相关科学研究在国际上都是非常前沿的。

该书作者、澳大利亚历史学家大卫·戴基经过长达5年的坚实研究，以翔实的史料为基础，使得南极洲200余年曲折跌宕、波澜壮阔的历史首次全方位展现在世人面前。正如《经济学人》杂志评论的那样：紧张、刺激、辛酸，带领读者感受一个从未想象过的南极洲。（刘　芳）

《人生智慧箴言》新书发布会举行

2017年1月13日，商务印书馆在2017北京图书订货会期间，举行德国哲学家叔本华《人生智慧箴言》最新中译本新书发布会。

《人生智慧箴言》是德国哲学家叔本华流传最广的著作。该书用散文诗般的语言阐释了幸福

生活的艺术，指出人生面对“窘困制造的痛苦”与“富足产生的无聊”两大敌人时，“既无痛苦，也不觉无聊，本质上就实现了人世的幸福”。由于思想睿智深刻，问世160多年来畅销不衰，影响了无数思考人生幸福与苦难的人。该书将作者深刻的思想见地、丰富的人生阅历与敏锐的世事洞察熔于一炉，堪比《论语》《老子》《庄子》等中华人生智慧经典。

新译本由香港中文大学李连江教授直接用德文译出，译文准确精练、优雅流畅，读起来朗朗上口、韵味十足，令人难忘。（刘　芳）

新华书店总店
2017全国馆社高层论坛举行

2017年1月13日，由北京图书订货会组委会、中国出版集团公司、新华书店总店主办，中国图书馆学会阅读推广委员会阅读与出版专业委员会、《图书馆报》、新华互联电子商务有限责任公司承办的“2017全国馆社高层论坛”（以下简称“论坛”）在北京举行。

论坛以“馆社联动——构建文献资源建设新生态”为主题，由新华书店总店副总经理、《图书馆报》总编辑张雅山主持。中国出版协会副理事长李朋义，中国图书馆学会副理事长刘小琴，中国书刊发行业协会副理事长王宏经，中国出版集团公司党组成员、中国出版传媒股份有限公司副总经理樊希安出席论坛并讲话。来自全国各地的出版社、馆配商、图书馆界的300余位代表参加了会议。

在论坛主旨报告环节，北京大学图书馆副馆长陈凌以“高校中文图书资源建设新模式”为题发表精彩演讲。在对谈环节，中国人民大学图书馆副馆长刘春鸿、中华书局总编辑顾青、社科文献出版社副总编辑蔡继辉、皖新传媒图书馆管理公司总经理李永红、人天书店集团董事长邹进和北京中文在线教育科技发展有限公司常务副总经理杜嘉等专家参与对谈。几位专家从多维度、多方位探讨了构建文献资源建设新生态的思路。对谈环节由北京大学信息管理系教授刘兹恒主持。论坛还为“2016年度全国优秀馆配商”评选活动的获奖单位举行了颁奖仪式。

全国馆社高层论坛举办11年来，已成为北京图书订货会及中国馆配行业信息交流与研讨的重要平台。继2015年、2016年连续两年被北京图书订货会组委会评为“十佳文化活动”后，本届论坛又被北京图书订货会组委会评为“最佳文化活动”。（梁晓龙）

《李苦禅全集》新书发布会举行

2017年1月14日，人民美术出版社在2017北京图书订货会上举办《李苦禅全集》新书发布会。国家出版基金规划管理办公室副主任祁德树、李苦禅先生之子李燕作为嘉宾出席发布会，人民美术出版社总编辑林阳介绍了图书出版的详细过程。《李苦禅全集》是国家出版基金专家集中评审、定向资助的优秀项目。全集展现了李苦禅一生的艺术创作成就。（范雨萌）

“中国最具代表性碑帖临摹范本”丛书
新书发布会举行

2017年1月14日，人民美术出版社在2017北京图书订货会上举办“中国最具代表性碑帖临摹范本”丛书新书发布会。该书全套共48种，截至2017年12月31日，已出版39种。丛书八开四色印刷，是定位于学术研究基础的普及型碑帖，同时面向中小学生，尤其注重提要部分知识的准确性与版本的规范性，尽量杜绝不经考订的“以讹传讹”的现象。（范雨萌）

中国故事全球传播千万亿
高峰对话举行

2017年1月19日，“中国故事全球传播千万亿高峰对话”在北京水立方举行。中版昆仑传媒有限公司、蓝海云数字内容服务（北京）有限公司、中国工业经济联合会、平安银行、建设银行、诺亚财富、河南航空港卫视、昆明报业集团

等近百个平台合作伙伴济济一堂。会议决定启动6000部中国故事的投拍和全球传播工作，与会各方共同签署了平台2017年行动宣言，决定通过汇聚社会资源、整合资本力量，合力打造万个故事出海，形成中国故事的规模化全球传播。著名歌唱家廖昌永先生出席活动，并应邀担任平台的形象代言人，腾讯网作为特别支持媒体对活动全程进行了现场直播。

活动现场，“中国故事千万亿平台”联合发起人、中版昆仑传媒有限公司总经理曹剑介绍说，向世界讲好中国故事、传播好中国声音，对于提升国家文化软实力、提高国际话语权、引导国际社会全面客观认识中国具有重要而深远的意义。“中国故事千万亿平台”旨在联合千家机构、打造万个故事、达到全球数亿受众，推动中国故事规模化出海，搭建国际化的交流、研讨、传播平台，增加世界民众对中国的认知度和认可度，为“一带一路”国家服务，提升中国国家软实力。（诸琦睿）

商务印书馆开展“书香中国·北京阅读季——书香机关、书香企业”活动

2017年1月，商务印书馆承担了“书香中国·北京阅读季——书香机关、书香企业”建设工作，紧紧围绕党的十九大、首都文化中心建设等重大主题，立足全民阅读实际，着力阅读推广向基层延伸，开展了30余场形式新颖、内容丰富的全民阅读推广活动，直接受益人群10000余人次，培育了机关和企业阅读推广组织和阅读推广人队伍，形成上至中央国家机关，下至区级、街道级、社区级，以服务北京机关、企业阅读为核心，辐射全国的全民阅读推广格局，初步形成了全民阅读进机关、进企业的“北京模式”。

针对“书香机关”建设，陆续开展北京市直属机关青年公务员读书大讲堂、学习百年商务精神——“读我书庐”主题党日读书活动、“‘一带一路’与青年发展”主题论坛、“走进百年商务，共建书香家庭”北京市委办公厅亲子读书活动、市直机关青年公务员好书品读沙龙等系列精品活动。运营了“公务员读书”微信公众号，研发了“习近平总书记推荐的17本书”“中华优秀传统文化书单”“公务员推荐书单”“中直机关五四书单”等专题推荐书单。搭建“书香领秀”“书香机关读书交流”等微信交流群，为机关公务员提供更丰富的阅读内容和服务。

针对“书香企业”建设，打造了中关村企业阅读公益共享书架，协助北京京西燃气热电有限公司等企业开展企业书屋建设，打造企业阅读样板示范空间，并帮助内蒙古岱海发电有限责任公司等京外企业开展企业书屋建设。以“首开集团青年读书会”“楠书房读书会”、书香企业共享书架启动仪式、书香企业亲子读书会、企业读书沙龙等为代表的一批系列活动得到了广大企业阅读者的喜爱。同时，运用“书香企业”自媒体平台，引导企业职工参与到全民阅读活动中来。

（魏　微）

《中国少年儿童美术书法摄影作品》（第19卷）首发式举行

2017年2月5日，由连环画出版社出版的《中国少年儿童美术书法摄影作品》（第19卷）首发式在北京人民大会堂举行。以提高少年儿童创新能力，促进素质教育为宗旨的《中国少年儿童美术书法摄影作品》大型画集，自1998年起每年出版1卷，至今已经成功出版了19卷，共收录了7万多幅作品，小作者遍布全国30多个省市自治区及香港、澳门特别行政区。《中国少年儿童美术书法摄影作品》珍藏了孩子们成长的足迹，一年一度的首发式留下了他们用一生去体味的童年的梦，并激励他们积极向上，不断进取。

本次会议有来自全国各地的小作者、辅导教师和家长代表近千人出席，著名教育家、艺术家为书中的作品做了精彩的点评。同日下午，还在中央团校举办了“华夏儿艺”全国少年儿童美术书法摄影作品展及新春笔会。（范雨萌）

《杨度与梁启超——我们的祖父和外祖父》新书发布会暨出版座谈会召开

2017年2月16日，人民文学出版社出版的《杨度与梁启超——我们的祖父和外祖父》新书发布会暨出版座谈会在中国人民大学清史研究所召开。该书作者杨友麒，北京大学教授王奇生，湖南大学岳麓书院副院长吴仰湘，人民大学文学院院长孙郁，人民大学教授杨念群，以及杨度孙女杨友鸿，梁启超孙女梁再冰，梁思达之子梁任堪、之女梁忆冰等参与座谈会。会议由人民文学出版社党委书记张贤明主持。大家就该书的创作过程及文学、史学价值展开了讨论，并分享了许多杨、梁两人的故事，展现了不拘泥于历史记载的、鲜活的杨度与梁启超。

《杨度与梁启超——我们的祖父与外祖父》系杨度之孙杨友麒、梁启超外孙女吴荔明夫妇合著，也是国内第一部杨度和梁启超的合传。全书史料丰厚，见解独到，以时间为序，在整体纵向叙述的同时，采取比较研究的方式横向论述，横纵交替。不单介绍了杨度和梁启超的生平及两人的关系，也介绍了他们与同时代重要历史人物关系、他们在重大历史事件中发挥的作用。最后部分还专章介绍了杨度与梁启超的后代，以现其流风余韵，对当今读者尤为有益。（顾　乡）

《北京印象：化方故事》新书读者见面会举行

2017年2月18日，《北京印象：化方故事》新书读者见面会在北京图书大厦隆重举行。该书是“金牌词人”化方的年度巨献，由华文出版社精心策划出版。

该书在编辑过程中得到了很多名人的支持，由化方亲自操刀作词、著名作曲人胡力倾心打造的同名主题曲在2016年末一经推出，即在社会各界引起强烈反响。本书以全新的视角来体悟北京，掀起了一股普通大众在北京生活点滴的追忆。

华文出版社社长宋志军认为，这本书最大的意义是能让普通读者从书中读出正能量，从这些名人奋斗的历程中体会到成功的励志。整部书的形式非常新颖，图文结合，更直白地展示了全书的主题。（景洋子）

毕飞宇《小说课》系列宣传活动举行

2017年2月24～26日，人民文学出版社连续举办3场毕飞宇新书《小说课》的宣传推荐活动，多家媒体和众多读者参与了活动，反响热烈，宣传效果显著。这也为“和春天一起呼吸：人文之春，邀您悦读”系列活动开了一个好头。

2月24日，人民文学出版社在东四9条88号共享际举办“毕飞宇的下午茶——毕飞宇《小说课》媒体见面会”。活动现场，毕飞宇解答了媒体诸多关于新作的问题，有近30家媒体到场参与了采访报道，与毕飞宇畅谈小说创作、阅读，共同度过了一个惬意的“小说下午”。人民文学出版社副总编辑应红参加了本次活动并致辞，见面会由当代文学编辑室主任赵萍主持。

2月25日，人民文学出版社在北京单向空间·花家地店举办“共享小说·毕飞宇《小说课》读者分享会”。毕飞宇与著名节目主持人王雪纯作为活动嘉宾，与200多名读者共享小说，分享阅读的经验和乐趣。这是“和春天一起呼吸，人文之春，邀您悦读”系列活动之一。

2月26日，《小说课》的第3场宣传活动在清华大学举办，作者毕飞宇在清华大学做了“李商隐的太阳，李商隐的雨——毕飞宇《小说课》专题讲座”。毕飞宇对晚唐诗人李商隐情有独钟，他从李商隐诗歌中的“太阳”和“雨”两个意象说起，为读者献上一场精彩的诗歌解读。活动现场气氛热烈，300多位读者现场聆听了讲座。

《小说课》辑录了毕飞宇在南京大学等高校课堂上与学生谈小说的讲稿，所谈论的小说皆为古今中外名著经典，既有《聊斋志异》《水浒传》《红楼梦》，也有哈代、海明威、奈保尔乃至霍金等人的作品。讲稿曾发表于《钟山》杂志，广为流传，特结集以飨读者。（顾　乡）

《雁城谍影》新书发布会举行

2017年2月25日，《雁城谍影》新书发布会在三联韬奋书店举办，活动由生活·读书·新知三联书店总编辑翟德芳主持。该书作者刘兆玄以“战火烽烟中的大时代一瞥——《雁城谍影》与真实历史”为题进行了演讲，描绘了抗战烽火中坚守民族大义的英雄儿女群像，带领读者重回抗战战场，感受谍影侠踪、出生入死的历史传奇。

发布会上，翟德芳首先对刘兆玄作为官员、学者和作家的三重身份进行了介绍，并分享了他对《雁城谍影》的阅读经验。

在演讲中，刘兆玄围绕《雁城谍影》的构想，就小说虚构的内容和真实的历史情况为读者们做了一个完整的交代。刘兆玄表示，写作《雁城谍影》的动机是要为抗日战争胜利70周年纪念做一个记录，并向读者解释了选择衡阳保卫战和空军这两个题材的原因和初衷。刘兆玄还谈及中国空军发展的历史，并强调空军对战争的贡献其实很大，但被谈论、被纪念得非常少，以空军为题材是要弥补这部分的缺憾。演讲结束后，刘兆玄与读者进行了互动。（张嘉薇）

《中国诗词大会》明星选手见面会举行

2017年2月25日，“诗词中国”组委会在中华书局举办了《中国诗词大会》明星选手见面会，邀请到北京大学工科女博士生陈更、青年诗人李四维、年仅9岁的诗词小才女李尚容，与200多位诗词爱好者现场分享了他们的学诗心得、参赛感受和成长经历，并回答了现场观众的提问。在互动环节中，嘉宾们与台下的观众玩起了“飞花令”，激烈的抢答、精彩的比拼，让现场高潮迭起。

作为两季《中国诗词大会》的合作者，“诗词中国”组委会参与了部分题库建设、选手征集和海选的工作，也得到了众多诗友的信任和支持。2017年2月，由组委会与中华书局合作策划和编撰的《中国诗词大会》同名图书上市，组委会为此举办了“明星选手见面会”活动。本次见面会采取了线上预约的形式，并通过网络直播平台进行了全程直播。在直播过程中，明星选手们与网友们实现了实时互动，回应了网友们关于《中国诗词大会》的一些疑问，同时也讲述了他们在备战和节目录制期间的幕后故事。据统计，本场直播的同时，在线收看人数达到3万多人。

（张颖潇）

“向世界讲好中国故事”高峰论坛暨中国故事全球传播千万亿基金揭牌仪式举行

2017年2月28日，“向世界讲好中国故事”高峰论坛在北京举行，来自政府主管部门领导、行业专家学者、企业负责人等各界人士共济一堂，围绕向世界讲好中国故事的模式应如何创新、瓶颈该怎样突破、社会力量如何调动等主题进行了深入探讨。同时，中国故事全球传播千万亿基金在会上正式揭牌启动。该基金是国内首支专项支持中国故事全球传播、在国际传播领域践行习近平总书记“向世界讲好中国故事”重要指示的公益类基金。

本次活动由中国出版集团公司和国家新闻出版广电总局发展研究中心联合主办，国家新闻出版广电总局发展研究中心主任祝燕南担任论坛主持。中共中央委员、全国政协文史和学习委员会副主任叶小文，中国出版集团公司党组成员、副总裁刘伯根，国家新闻出版广电总局电视剧司副司长杨铮、国际合作司副司长闫成胜，中国国际广播电台副台长田玉红等有关领导出席活动并讲话。

基金联合发起方、中版昆仑传媒有限公司总经理曹剑表示，向世界讲好中国故事、传播好中国声音，对于提高国际话语权、引导国际社会全面客观认识中国具有重要而深远的意义。然而，中国文化在“走出去”的时候面临种种困境，如文化企业融资难融资贵、国际文化之间的差异化、政策层面的引导等，“中国故事全球传播千万亿基金”应运而生，它的宗旨是筹措中国故事

全球传播专项资金，支持“中国故事千万亿平台”及相关项目，推动我国外宣工作在国际传播领域的创新与突破，扩大对外文化传播交流与合作。（胡振宇）

《雷锋全集》主题系列活动举行

2017年2月，华文出版社联合北京电视台和几家公益组织，以“学雷锋走基层”为主题开展系列活动，从规模、场次到合作单位、活动形式等方面，对《雷锋全集》的营销宣传进行了创新升级，并携该书开展了为期半个多月13场座谈捐书活动。本次捐书对象十分“接地气”，有机关干部、企业职工，有军营官兵、学校师生，有社区劳模、公交保安……《雷锋全集》更加深入地走进了百姓读者。

活动现场不单是捐书仪式，其内容形式也是丰富多样：观看老电影《雷锋》再现雷锋的感人形象，观看新制作的视频《雷锋语录的感召》重温雷锋事迹与精神，全场齐唱《学习雷锋好榜样》，与会嘉宾、志愿者座谈交流学习雷锋志愿活动心得……有的活动还与社区劳模评选、庆三八文艺演出等结合起来，每场都精彩而充满新意，通过看、听、说全方位领悟雷锋精神。

新华社、北京电视台、《北京日报》《中国新闻出版广电报》《中国出版传媒商报》、千龙网等多家主流媒体对《雷锋全集》和营销活动进行了“集中轰炸式”的报道，其中千龙网的报道达13篇。绝大多数媒体直接用“华文出版社”和“雷锋全集”做标题，新华社电文标题是《华文出版社持续向社会捐赠〈雷锋全集〉》。

（景洋子）

“克勒门大讲堂”系列之“父亲教我读书”活动举行

2017年3月5日，配音表演艺术家曹雷携其父亲曹聚仁的作品《上海春秋》出席生活·读书·新知三联书店（上海）有限公司举办的“克勒门大讲堂”，在上海图书馆多功能厅，与读者们共同分享了“父亲教我读书”的故事。

此次讲座由特邀嘉宾、作曲家陈钢做开场介绍。随后，曹雷讲解了由生活·读书·新知三联书店出版的《上海春秋》。她围绕“父亲教我读书”这一主题，讲述了曹聚仁的生平经历以及作为父亲对子女的教育等。该书为读者了解上海提供了诸多视角，也为后人研究上海留下了珍贵的史料。演讲结束后，曹雷为现场读者签名并交流。（徐旻玥）

《非比寻常：中文系二》新书发布会举行

2017年3月12日，毕业3年，你还是那个非比寻常的人吗？——《非比寻常：中文系二》新书发布会在三联韬奋书店举行。作者李师江、人民文学出版社《当代》杂志的石一枫、评论家李云雷、《人民日报》侠客岛的主笔司徒格子与众多读者一起分享了有关年轻人青春记忆的这些年、那些事。

《非比寻常：中文系二》是作家李师江的最新长篇小说。2010年，李师江以北京师范大学中文系为背景的小说《中文系》出版，以其幽默而深情的笔触风靡一时，在成长小说中独树一帜。《非比寻常：中文系二》则是《中文系》的续集，主要以主人公大学毕业后3年的生活为线索，将年轻人在工作、爱情、家庭三者间的思考与抉择呈现在读者面前。（顾　乡）

《细民盛宴》新书发布会举行

2017年3月12日，长篇小说《细民盛宴》新书发布会在上海书城举行，作者张怡微和青年作家暨该书责任编辑文珍与在场读者一起分享了生命中那些大型离散与小型团圆。

此作是张怡微“家族试验”系列中唯一一部长篇小说。“家族试验”系列作品里，她写了失独、丧偶、过房等形形色色家庭重组的故事，一群没有血缘关系的人，最终以家庭的形式生活在一起。在《细民盛宴》里，小女袁佳乔既有继父也有继母，一个女孩成长在一个再组的家庭，不得不去应对无数次“细民盛宴”，面对日常生活中的诸般计较、客套、虚与委蛇。按照她的说法，她是借袁佳乔这个人物来书写独生子女一代的生命经验。张怡微凭《细民盛宴》入围2016年第14届文学传媒大奖最具潜力新人奖。

（顾　乡）

“中国著名企业家和企业”丛书第1辑（英文版）新书预热会举行

2017年3月14日，中译出版社与西班牙里德（LID）出版集团在英国伦敦南岸中心（South Bank Centre）联合举办了“中国著名企业家和企业”丛书第1辑（英文版）新书预热会。中方代表和外方代表以及中外媒体的代表共100余人参加了这次活动。

新书预热会上，中外嘉宾就中外文化交流、中国企业和中国文化的国际化等广泛话题进行了深入的交流。随后，罗马尼亚知名出版社RAO当场签下了“中国著名企业家和企业”丛书第1辑（英文版）罗马尼亚语的版权。此系列图书的日文版和阿拉伯文版已经签约。

“中国著名企业家和企业”丛书第1辑（英文版）包括《任正非与华为》《马云与阿里巴巴》《王健林与万达》《董明珠与格力》《马化腾与腾讯》。该丛书是一个开放的系列，策划伊始，中译出版社就与合作方里德（LID）出版集团密切合作，就国外读者的阅读需求进行了深入研究和交流，通过中国企业家的生平和个人奋斗，通过各个企业从小到大、由弱变强的发展历程，探索和总结企业家的个性特点、文化内核、理想追求，以及他们的创新精神、管理经验和经营之道。他们身上，既体现着中国传统文化的仁爱精神、兼济精神、天下情怀，也体现着中国当代企业家开放的心胸、危机意识和敏锐的嗅觉。这些企业家是中国改革开放的弄潮儿，是30多年中国改革开放的亲历者和见证者，也是中国企业在后发型社会中崛起的标志性典范。通过他们的故事，西方读者会对今日中国有更直观的认识，对中国文化有更真切的感知，对中国梦有更深刻的体会。

该书将于2017年6月正式上市，西班牙文版也将由里德出版集团翻译出版，其他多语种的出版也在积极推进之中。

（茹　慧）

新华书店总店承办2017国际出版企业高层论坛伦敦峰会暨《中国出版产业发展报告》全球发布会

2017年3月15日，由国际出版商协会、中国出版协会、中国出版集团公司、伦敦书展联合主办，新华书店总店、《国际出版周报》承办的2017国际出版企业高层论坛伦敦峰会在奥林匹亚会展中心举办。百余位国内外知名出版企业高层、专家、出版代表就“中国出版市场与国际出版合作”这一主题展开了广泛而精彩的交流探讨。

驻英使馆公使衔文化参赞项晓炜、国家新闻出版广电总局规划发展司司长朱伟峰、伦敦书展主席Jacks Thomas在会上发表致辞。国际出版商协会前主席、英国Bloomsbury出版公司总裁Richard Charkin，国际出版商协会主席、爱思唯尔全球学术关系高级副总裁Michiel Kolman，施普林格·自然首席执行官Derk Haank，中国出版协会副理事长、《国际出版周报》编委会主席李朋义等国际出版界知名人士出席峰会并做主题演讲。新华书店总店总经理、国际出版周报社社长茅院生向世界首次发布了“中国出版产业发展报告”。峰会由麦克米伦教育出版集团原总裁、《国际出版周报》编委会副主席Christopher Paterson主持。

驻英使馆公使衔文化参赞项晓炜在致辞中肯定了此次峰会是中英两国对全球出版事业的大国风范和责任担当。希望在推进双边合作基础上，以两国自身优势，积极拓展合作视野和层次，大力开展国际出版交流与合作。

国家新闻出版广电总局规划发展司司长朱伟峰表示，出版是传承人类文明成果的重要载体，又是推动人类文明进步的有力杠杆。站在新的历史起点上，中国诚挚欢迎世界各国同人和中国出

版界一道，进一步加强交流合作，携手共进，互利互赢，共同开创世界出版业的美好未来。

（梁晓龙）

《龙抬头》中文版新书首发式暨出版座谈会召开

2017年3月17日，丹麦资深警官、作家福劳德·欧尔森的小说《龙抬头》中文版新书首发式暨出版座谈会在人民文学出版社召开。作家福劳德不远万里，从丹麦来到北京参加此次会议。人民文学出版社副总编周绚隆、丹麦驻华公使劳乐思、丹麦大使馆北欧五国驻华警务联络官冯奕博、丹麦大使馆文化处官员汉娜、丹麦文化中心主任艾瑞克、司法部司法协助与外事司副司长张晓鸣、中国驻丹麦前大使甄建国、公安部国际合作局（国际刑警组织中国国家中心局）美大处处长傅兴潮、海关总署国际司副处长李妍、北京市公安局丰台分局副所长杨向锋、北京书虫负责人彼得·高弗、莫弗安全系统（上海）有限公司总经理胡昕等嘉宾参加了会议，对作家福劳德的作品给予了高度的评价。

福劳德·欧尔森出生于1950年，为丹麦犯罪小说和纪实小说家。他从1975年开始成为一名警察。最初是街道巡警，后来加入刑警队。1991～1994年，被外派到维也纳当一名警务联络官，专门负责巴尔干半岛地区事务。后来任职于反欺诈调查组。2000年，他成为腓特烈斯贝警察局局长。2002年，福劳德·欧尔森担任国家检察院特殊国际犯罪调查组组长，职能范围包括战争犯罪等。他的工作把他带到了许多当今的热点地区，他还曾为伊拉克警方担任联合部队的丹麦警务顾问。2008～2013年，他被派到在北京的丹麦驻华大使馆工作，作为北欧国家在中国的警务联络官，负责与中国警方和海关部门合作处理跨境犯罪。

在担任警察职务之余，福劳德·欧尔森基于多年的跨国工作经历开始进行文学创作。其作品主要有：《在第三人的阴影下》（2001年）、《狗吃肉，马吃草》（2002年）、《下雪那天》（2007年）、《哥本哈根—巴格达》（2010年）。《龙抬头》是作者第一部以中国为背景的长篇犯罪小说，原版于2012年在丹麦出版。（顾　乡）

中版教材有限公司举办书法教育骨干教师培训班

2017年3月17日，中版教材有限公司与广东省云浮市教育局在云浮市第二小学联合举办全市小学书法教育骨干教师培训班。广东省云浮市教育局副局长李昊和中版教材有限公司副总经理蒋志臻出席开班仪式并讲话。来自全市200余名小学书法教育骨干教师参加了培训。

本次培训时间为1天。上午，北京市东城区金台书院小学专职书法教师张勇为培训老师上了一节“善”字为主题的示范课，从如何指导小学生感受传统文化、提高书法兴趣、书写技法等方面做了一个很好的展示；下午，中央财经大学书法专业副教授、硕士研究生导师张冰博士做《关于书法学习的若干问题》的专题讲座。两位专家的深厚书法功底和专业指导深深地吸引了现场参加培训的老师。他们认为在小学开展书法教育，能够培养孩子审美情趣，陶冶高尚情操。培训结束后，要把本次培训学到的知识用于书法教育实践，提高书写能力，提高审美情趣，创新开展书法教育活动，培养书法人才，打造高效书法课堂，带动云浮市中小学生书写水平的提升。

（张造顺）

“把遥远又真实的故事带给你——自然绘本《这是谁的脚印?》读书沙龙”活动举行

2017年3月18日，由人民文学出版社、天天出版社主办的“把遥远又真实的故事带给你——自然绘本《这是谁的脚印?》读书沙龙”活动在北京举办。儿童阅读推广人阿甲，《这是谁的脚印?》部分作者熊亮、崔莉悉数到场，为现场读者分享创作故事、畅谈阅读体会。沙龙由天天出版社总编辑张昀韬主持。

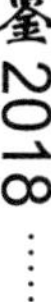

《这是谁的脚印?》描绘了一对水獭母子的温馨故事。从雪后鄂木措湖面一大一小两排清晰的脚印写起，记录了水獭母子散步的惬意时光。有趣的是，画面中的脚印是自然保护工作者何兵在鄂木措湖考察时拍摄的，插画师崔莉将这些照片绘于纸上，还原了水獭母子的动作神态；编者熊亮则精心设计了故事结构。

说到该书，阿甲说："在图画书里，常见的是想象中的动物或实物照片。而像《这是谁的脚印?》这样用绘画的形式真实展现动物生活的却很少见，也很特别。前文画面上的脚印和后文水獭的活动是一一对应的，这是一种再现的表现形式，通过足迹再现事实。"

谈及这本书的创作源泉，熊亮介绍："《这是谁的脚印?》不是编出来、写出来的，而是长期生活在那里的人们记录下来的故事。这个看似平凡的故事背后包含了许多细微的观察，创作者们希望孩子们不仅在书中了解自然，也能走近真实的自然，感受其中魅力。"

"在创作插画时，我们更多考虑的是怎样忠实于自然原貌，还原水獭母子散步、捕鱼等真实的生活，而不是加入过多人为改编的情节。"崔莉表示，故事框架需要大量细节来填充，因此她做了很多研究工作，这才有了书中所呈现的种种符合真实的细节。（顾　乡）

《燕子最后飞去了哪里》新书分享会举行

2017 年 3 月 19 日，由人民文学出版社出版的当代青年作家沈书枝的最新散文作品《燕子最后飞去了哪里》新书分享会在北京举行。作为沈书枝历时 3 年倾情撰写的散文力作，《燕子最后飞去了哪里》在完整讲述姐妹五人成长故事的同时，也让乡村生活及其变化在其工笔描绘般细致的笔下得到呈现。

在新书中，沈书枝以一贯细密工整的文字、冲淡平和的语调讲述着姐妹五人之间的情感和各自的人生故事，朴素诚实地展现出日常生活中的细微之处。在看似琐碎的讲述中，能让人静下心来感受平淡日子的冷暖，体味生活的质感。书中谈及读书求学、外出打工等情节，皆真实而触动人心。（顾　乡）

"中外文化文学经典导读与赏析"系列新书首发式举行

2017 年 3 月 20 日，现代教育出版社在北京市第三十五中学举办了主题为"品中外名著，养家国情怀"的"中外文化文学经典导读与赏析"系列新书首发式。在新书首发式开始，三十五中校长朱建民、北京市教委教育部关心下一代工作委员会常务副主任王富与现代教育出版社副总编辑沈悦苓分别做了致辞，并向参与会议的学生和教师代表赠予了新书。本次活动也得到了诸多业界专家的支持，全国政协委员、韬奋基金会理事长、中国出版集团公司原总裁聂震宁，著名作家刘一达，以及青少年阅读专家石恢莅临会场。

活动中，与会专家不仅向广大师生分享了对这套丛书的感受，还围绕为什么要在中学开展阅读课和怎样阅读经典著作进行了精彩纷呈的专题讲座。丛书主编常汝吉老师为大家做了新书介绍，指出这套丛书所选取的名著，不仅仅是经过岁月的洗礼流传下来的文学精粹，也是教育部要求中学生必读的书目；是学生真正需要的读本，是加强人文修养、提高综合素质的必读丛书。

（焦小桥）

《健康教练——身心的成长与改变》新书发布会举行

2017 年 3 月 21 日，由中译出版社、北京大学国家发展研究院体育商学院、北京盛心阳光咨询有限公司、丰盛时光·组织健康与心理管理俱乐部联合主办的国际健康管理研讨会暨《健康教练——身心的成长与改变》新书发布会在北京举行。40 多位来自组织健康、医疗卫生、心理咨询等行业的专业人员参加研讨和发布会。

《健康教练——身心的成长与改变》是一本改变人们生活方式与健康理念的书，也是在国际

健康教练行业广泛阅读的专著。该书深入浅出地介绍了“全人健康”（wellness）这一国际健康管理、健康促进领域及生活方式医学领域通行的概念。“全人健康”是指“以高度自觉、有意识的选择、自我接纳、与他人的紧密关系、有爱、有意义和有目标的方式生活的体验”。书中介绍的“全人健康”教练技术“360°健康地图”是一种让专业人员成为来访者的同盟者，协助来访者实现可持续的生活方式改变的方法，这种方法被世界各地的生活教练、健康教练、管理教练、商业教练、医务人员以及企业健康管理系统及健康管理机构工作者广泛采用。（茹　慧）

《处男葛不垒》新书发布会举行

2017年3月25日，徐皓峰小说集《处男葛不垒》新书发布会于北京涵芬楼书店举办，作家徐皓峰、编剧史航、青年批评家杨庆祥、青年作家蒋方舟出席发布会。

作为中央美术学院附中及北京电影学院导演系学生，青年作家徐皓峰汲汲于艺术之真谛，这些作品里可以瞥见一抹西方现代文学艺术的魅影，90年代原乡北京的风貌人情，青春雀跃驰骋的疆域，所有的单纯、稚气、幻想和想象无不打着童贞的烙印并且不复重现。这部小说集还收录了徐皓峰在中央美术学院附中油画专业学习时创作的6幅油画，从另一个角度展现了徐皓峰的创作才华。（顾　乡）

《不忘初心 孝行天下》新专辑首发式举行

2017年3月27日，由人民音乐出版社主办的《不忘初心 孝行天下》新专辑首发式和媒体见面会在北京举行。中国出版集团公司党组书记王涛，人民音乐出版社社长莫蕴慧、党委副书记周群、副总编辑杜永寿参加了首发式。福建省原省长胡平受邀出席了首发式。活动由人民音乐出版社副总编辑赵易山主持。

新专辑由人民音乐出版社所属人民音乐电子音像出版社出版，由国内著名歌唱家、歌坛“常青树”韩磊演唱。专辑共收录韩磊近年来演唱的经典歌曲12首，包括影视歌曲和主题晚会歌曲，其中主打歌曲《不忘初心》是在2016年纪念长征胜利80周年晚会上推出的新歌，由著名作曲家舒楠作曲、著名词作家朱海作词。（韩舒雅）

“中译大师汇”名家系列公开讲座举行

2017年3月，中国对外翻译有限公司举办两场“中译大师汇”讲座，邀请联合国日内瓦办事处大会管理部口译司司长、首席同传李正仁和外交部前翻译室主任、中国驻特立尼达和多巴哥原特命全权大使、联合国大会和会议管理部文件司原中文处处长徐亚男，分别进行了以“联合国译员招考政策和联合国文件翻译”及“联合国口译服务工作与口译人员培养”为主题的专题讲座，并与来自全国各地的翻译从业者和爱好者进行交流互动。（金文茜）

SPBCN英文拼字大赛2016～2017赛季全国总决赛举行

2017年4月2～4日，SPBCN英文拼字大赛2016～2017赛季全国总决赛在北京人卫酒店举行。中国大百科全书出版社对外合作中心和市场营销部相关人员负责本次比赛的宣传活动，本社最新出版的《韦氏高阶英汉双解词典》作为礼品赞助决赛获奖选手。

拼字大赛源于1852年，是一项全球享有盛誉的年度性英文拼字竞赛，被誉为英语界的“奥林匹克”，每年有1100万人在世界各地参与。为保证赛事的学术标准，中国区赛事SPBCN英文拼字大赛选取韦氏词典作为备赛推荐词典，与中国大百科全书出版社的《韦氏高阶英汉双解词典》完全契合。4月2～3日，对外合作中心在比赛签到处摆放展台、书模和易拉宝等宣传品，向选手和选手家长介绍《韦氏高阶英汉双解词典》。4月4日决赛颁奖现场，中国大百科全书出版社社长刘国辉作为颁奖嘉宾，为全国总决赛亚军选手颁奖。

本次活动作为中国大百科全书出版社与SP-BCN组委会的首次接洽合作，取得了良好的效果。活动期间，双方对2017—2018赛季全方位深度合作初步交换了想法。通过本次活动，很多家长和学生深入了解到《韦氏高阶英汉双解词典》的权威性，词典也在读者中取得了良好的口碑。（尹添铭）

北京荣宝拍卖有限公司2017迎春拍卖会收槌

2017年4月2日，北京荣宝拍卖有限公司2017迎春拍卖会以1.13亿元的总成交额收槌，成交率为75％。此场拍卖秉承荣宝斋的优良传统，以“来源最可靠，自律最严格”为经营理念。“近现代书画专场”分为书画一、书画二两个专场，成交总额为4830万元，李可染《看山图》以644万元摘得桂冠；“德泉堂藏古代书画专场”与“古董文玩及工艺品专场”分别以4193.5万元和1278.6万元交卷；“当代书画专场”是首场登上拍台的专场，最终以2287.3万元成交额收槌，成交率为73％；何家英《丽人百合》以333.5万元拔得头筹。（陶　爽）

《王城如海》《人生若只如初见》签售活动举行

2017年4月15日，人民文学出版社作者徐则臣携新作《王城如海》、安意如携最新修订的《人生若只如初见》，在朝阳公园北京书市面向市民读者举行了一场签名售书活动。现场座无虚席，读者们的热情犹如当天炎日的天气一样热烈。徐则臣分享了新作中描写的我们置身其中的都市和藏在这个城市中的人，聊起了他心中的“唯有王城最堪隐，万人如海一身藏”的寓意。安意如则通过古典诗词中的金句，为读者们解答了人生、情感中的一些困惑。现场群众购书踊跃，近百册图书完成签售。（顾　乡）

中国民主法制出版社举办《法律讲堂》进校园活动

2017年4月17日，第9届海南书香节名家海南行之中央广播电视总台《法律讲堂》栏目进校园活动在海南政法职业学院举行。活动由中国民主法制出版社、中央广播电视总台《法律讲堂》栏目共同主办，主讲人张永红博士为学院广大师生带来了“刑法实务的疑难问题”主题讲座。该活动得到当地相关部门的大力支持，以及一致好评，不仅展现了中国民主法制出版社作为中国出版集团公司唯一法律专业出版社的社会责任，还推进了出版社的品牌建设，同时也促进了相关图书的经济效益。（邵　力）

中国民主法制出版社举办《法律讲堂》进监狱活动

2017年4月18日，中国民主法制出版社和中央广播电视总台《法律讲堂》栏目到海南省某监狱监区，举办《法律讲堂》活动，主讲人张永红博士为服刑人员进行了“大众易误解的刑法问题辨析”主题讲座，受到了好评。中国民主法制出版社通过长期与中央广播电视总台合作，2017年荣膺《法律讲堂》栏目文史版最佳媒体合作奖。（邵　力）

《战败者见闻录》中文版发布会举行

2017年4月20日，在中墨建交45周年之际，《战败者见闻录》中文版发布会在墨西哥驻华大使馆举行。活动由墨西哥驻华大使馆、商务印书馆、墨西哥国立自治大学出版社、墨西哥国立自治大学墨西哥研究中心联合主办。墨西哥驻华大使何塞·路易斯·博纳尔、商务印书馆总经理于殿利、墨西哥国立自治大学墨西哥研究中心主任吉列尔莫·普利多出席活动并致辞。

《战败者见闻录》中文版由墨西哥著名历史学家米格尔·雷昂-波尔蒂利亚编辑而成，将

《战败者的见闻》与《战败者的见证》两部书合二为一，汇集了由纳瓦特尔语翻译成西班牙语的墨西卡人关于西班牙侵略战争的证词，记载了阿兹特克王朝的毁灭和印第安族群对抗侵略者的不屈斗争历程。这两部书是从印第安原住民视角看待西班牙侵略战争的必读之书。

发布会上，《战败者见闻录》作者米格尔·雷昂-波尔蒂利亚通过远程视频与中国读者分享了编撰《战败者见闻录》的特殊感受。他认为，这本书是战败者在悲伤与备受折磨之后的回忆和倾诉，同时它也是一首“讲述近代墨西哥民族根源的史诗”。该书译者孙家堃教授认为，这部著作打破了历史只能由胜利者书写的陈词滥调，将它翻译介绍给中国读者，是为了让中国人民记住我们过去也曾有过的战争创痕，铭记历史，珍爱和平。（刘　芳）

第3届“诗词中国”终审评议会召开

2017年4月20～21日，第3届“诗词中国”传统诗词创作大赛终审评议会在北京召开，评选出本届大赛主赛及青少年分赛绝句、律诗、词、古风4个组别的各项年度创作奖。中华诗词研究院顾问、著名诗人、学者、书法家林岫，中国楹联学会会长、中华诗词学会诗书委员会委员蒋有泉，中国社会科学院文学研究所研究员、中华诗词学会常务理事陶文鹏，南京师范大学一级特聘教授、博士生导师钟振振等受邀作为本届大赛的终审评委。

会上，评委们提出，“当代人写诗一定要有当代人的面貌”“一等一的好作品当有时代性”；指出“诗有美声、有美意、有美法，比起单纯的背诗，更重要的是要搞明白为什么要背这些诗，减少盲目性，才能从诗中获得更多的东西，才能真正对提高写作水平有所裨益”。

本次终评会的评审结果在“诗词中国”官网、APP、微信公众号上公布，部分获奖者代表受邀参加“诗词中国”在马来西亚、新加坡的采风活动，并在北京参加颁奖典礼，与评委及诗词名家零距离交流。第3届“诗词中国”自2016年6月18日启动，在5个月的投稿期内，共收到投稿223543首，本次终评会的召开，将决定第3届“诗词中国”大赛年终创作奖的最后归属。（张颖潇）

大型电视剧《逆战》开机仪式举行

2017年4月21日，大型电视剧《逆战》在皖南云岭新四军军部旧址开机，中版昆仑传媒有限公司总经理曹剑参加开机仪式。《逆战》由中版昆仑传媒有限公司、文源影视文化有限公司、21世纪威克传媒有限公司、广东广播电视台、捷成中视精彩影视文化有限公司联合出品，金牌制作人蒋卫岗任总制片人，著名导演彭景泉执导，张晓虎编剧，青年演员张铎、刘梦珂等人搭档诸多实力演员主演。

精品红色主旋律大剧《逆战》讲述了皖南事变后，新四军特战营营长关四斤等人组成的一支特殊战队，在中国陷入内忧外患的时期，在强敌环伺的情况下突出重围，做出一系列抗争的热血故事。（诸琦睿）

《典瑞流芳——民国大出版家夏瑞芳》新书座谈会举行

2017年4月22日，《典瑞流芳——民国大出版家夏瑞芳》新书座谈会在商务印书馆举行。《典瑞流芳——民国大出版家夏瑞芳》一书2014年6月由台湾商务印书馆出版，是第一部夏瑞芳文学传记。商务印书馆在创立120年之际推出该书的简体版，具有特别的意义。中国出版集团公司党组成员、中国出版传媒股份有限公司副总经理李岩，商务印书馆全体馆领导及夏瑞芳外孙史济良、张元济嫡孙张人凤等出席座谈会。

商务印书馆总经理于殿利表示，夏瑞芳创立的商务印书馆不仅是中国现代出版事业的开端，更参与到中国现代社会、中国现代文化和思想的孕育。夏瑞芳不仅是一位出版家，还是具有开拓精神的企业家。他身上所体现的创业者气魄、企

业家精神和出版家品格在《典瑞流芳——民国大出版家夏瑞芳》一书中都有非常详细的展示。

座谈会上，商务印书馆百年资源部主任张稷，与夏瑞芳外孙史济良、张元济嫡孙张人凤、华中师范大学教授范军、夏瑞芳故居负责人潘栋梁，就夏瑞芳生平事迹、《典瑞流芳——民国大出版家夏瑞芳》的出版故事，夏瑞芳与张元济的交往，《典瑞流芳——民国大出版家夏瑞芳》的历史价值，以及夏瑞芳精神对当代出版和企业经营的启示等内容进行了对谈。

当日，商务印书馆还举办了1949年以来第一次创始领导人哲后家属茶叙会。鲍咸恩、夏瑞芳、张元济、陈叔通等创始领导人的后人与商务印书馆主要领导温馨围坐，共叙商务印书馆120年的沧桑与辉煌。（刘　芳）

《机器人手术护理学》新书发布会举行

2017年4月22日，《机器人手术护理学》新书发布会在江西省南昌市召开的“2017机器人与泌尿外科学术论坛”上举行。该活动由世界图书出版西安有限公司主办。在此活动中，对已出版的《机器人泌尿外科手术学》及《格林泌尿外科学》进行宣传推广。

《机器人手术护理学》介绍了国内已开展的机器人手术相关护理注意事项和护理配合事宜，是国内第一部机器人手术护理学的专著，参会专家对该书给予高度评价。（张　丹）

“聆听书韵——2017春之声”朗诵会举行

2017年4月23日，由人民文学出版社、中央人民广播电台、北京阅读季三方联合主办的“聆听书韵——2017春之声”朗诵会在北京蓬蒿剧场举行，有100多位观众到现场参与了活动，并与嘉宾进行友好互动。本次活动全程在新浪网络平台直播，在线观看人数达数万人次。此次人民文学出版社与中央人民广播电台娱乐广播、北京阅读季联袂邀请了多位著名文学编辑和播音员，以朗诵文学名著名篇的方式与读者分享阅读的快乐，欣赏文学之美，激发大家阅读的兴趣。到场的嘉宾有著名诗人、人民文学出版社原总编辑屠岸、著名作家周大新、著名演播艺术家李野墨、著名演播艺术家王明军等。屠岸先生现场朗诵了莎士比亚的《十四行诗》和中国古诗，以优雅的古风古韵带大家领略了古诗词的独特韵味。曾播讲《白鹿原》《平凡的世界》等作品的李野墨先生朗诵了作家路内的《慈悲》片段。王明军与乔菲菲共同演绎了刘震云的著名小说《我不是潘金莲》片段。此外，参与本次演出的还有殷超、赵岭、黎春、任杰、小曾、成亚、满超、李杨等多位优秀播音员。除了朗诵经典文学作品外，他们还现场演绎了正在热播的电视剧《人民的名义》《欢乐颂》等场景，完美的嗓音和精彩的演绎，让现场观众沉醉其中，畅游于文学海洋。本次朗诵会由中央人民广播电台读书节目主持人海涛担任主持。

读书虽是日常的习惯而非某一天的事，但读书日可谓全世界读书人分享读书乐趣的节日。中央人民广播电台、人民文学出版社携手北京阅读季合力奉献的这场视听盛宴，既让读者们欣赏了一场精彩的表演，又为推动全民阅读增添了一份动力。（顾　乡）

《天有二日？禅让时期的大清朝政》作品研讨会及签售会举行

2017年4月23日，《天有二日？禅让时期的大清朝政》作品研讨会于“见证了半个清朝史”的恭王府举行。

文化部原部长、中国作家协会名誉副主席、著名作家王蒙，著名评论家、中国出版集团公司党组成员、副总裁潘凯雄，文化部恭王府管理中心主任孙旭光，人民文学出版社社长臧永清，中国大百科全书出版社社长刘国辉，上海九久读书人文化实业有限公司负责人黄育海，文化部清史纂修与研究中心主任崔建飞，《中国文化报》总编辑宋合意，著名清史专家、中国第一历史档案馆原馆长邹爱莲，著名文史学者、国家图书馆原副馆长、华侨出版社社长金宏达，著名清史专家、国家清史编纂委员会传记组组长潘振平，北京大学教授傅刚，中国人民大学教授、长江学者特聘教授朱万曙，史学家、三联书店副总编辑常绍民，中国第一历史档案馆副馆长胡忠良，光明日报社资深编审单三娅，现代教育出版社副总编辑沈悦苓，人民文学出版社总编辑助理叶显林，北京大学历史学博士研究生、《清史参考》编辑张建斌，上海九久读书人文化实业有限公司副总经理尚飞和本书作者卜键共同出席，进行了对这段特殊历史时期和这部作品的精彩研讨。

4 月 23 日，卜键还特别在恭王府的重要建筑——葆光室进行了作者见面与签售会。

（顾　乡）

《海底隧道》读者见面会举行

2017 年 4 月 23 日，由人民文学出版社、天天出版社主办的“杨志军新书《海底隧道》读者见面会”在青岛书城举行。作家杨志军，良友书坊文化机构创办人、青岛文学馆馆长臧杰，知名作家、评论家张薇齐聚青岛书城，在世界读书日这一天为青岛读者分享了《海底隧道》的创作故事。天天出版社常务副社长张弋辉出席了活动。

《海底隧道》是杨志军创作的首部儿童文学作品，故事以祖国建设时期的山东胶州湾为背景，讲述了男孩儿圆圆的成长故事。一段心灵跋涉的动人故事，一个珍贵岁月的神秘入口。“海底隧道”将亲情、师生情与家国大爱串联起来，为小读者展开了一幅情怀的长卷。《海底隧道》是《藏獒》过后，杨志军创作的首部儿童文学作品。他说：“其实每一位作家都怀有赤子之心，我希望将自己内心天真的一面表达出来献给孩子。这种表达除了基于创作的欲望，更多则来源于个人经历。我在青藏高原生活了 40 年，雪域高原造就了我敬畏自然与感恩一切的情怀，而这正是当下所缺乏的。所以我希望把这种情怀转化为故事传达给孩子，让他们在成长过程中也保有纯粹的心灵。”

（顾　乡）

“2017 读书论坛暨《中国教育报》2016 年度推动读书十大人物揭晓仪式”举行

2017 年 4 月 23 日，在第 22 个“世界读书日”到来之际，“2017 读书论坛暨《中国教育报》2016 年度推动读书十大人物揭晓仪式”在商务印书馆举行。中国出版集团公司党组成员、中国出版传媒股份有限公司副总经理孙月沐，教育部语言文字应用管理司、语言文字信息管理司司长田立新，商务印书馆总经理于殿利、总编辑周洪波，中国教育学会中学语文教学专业委员会副理事长杨桦，中国教育报社副总编辑张圣华出席论坛。

此次读书论坛以“中华优秀传统文化与国民教育”为主题，邀请北京师范大学、教育部的专家学者做主题演讲。来自全国各地中小学校长、教研员、一线教师以及关心教育、关注阅读推广运动的人士与会，大家分享经验、交流问题，共同探索中国阅读推广的新道路。

商务印书馆出版的中小学传统文化教材《中华优秀传统文化》于活动当日首发。该教材依据教育部《完善中华优秀传统文化教育指导纲要》，由北京大学、北京师范大学等单位近 100 位专家、教研员和一线教师编写，围绕家国情怀、人格修养、社会关爱，根据不同学段学生特点精选、安排学习内容。该书体例新，将传统文化的精神要素与知识体系都列入，但不是用文言文的原典做教育载体，而是以典籍原文为引子，更多以现代议论与理念为主要内容，是传统文化教育课程和教材体系的一种重建与创新。

（刘　芳）

中华书局举办“4·23 读者开放日”活动

2017 年 4 月 23 日，中华书局举办以“亲近经典，致敬读者”为主题的“4·23 读者开放日”活动。700 位读者网上预约，实际到场人数近千人。

中华书局总经理徐俊在致读者欢迎辞中表示，热爱传统文化的读者成就了中华书局对传统文化传播的坚守，要将“4·23读者开放日”打造成为中华书局与读者共同的节日。

在读者开放日上，中华书局为读者准备了“中华书局105年·105种书”“启功题签展”“化身千百——纸书版本类型展”“阅读《诗经》精品图书展”“中华书局局史展”等5项主题展览。

由中华书局和桐乡市人民政府发起，联合光明日报社、人民网共同主办的第3届伯鸿书香奖暨“同一本书”主题阅读启动仪式在读者开放日上举办。中华书局伯鸿书店举行开业仪式。伯鸿讲堂在这一天也安排了两场讲座。面向中小学生的“中华之星”国学大赛在当日举办新闻发布会。中华书局总编辑顾青全天候在线上与线下进行读者接待。

中央电视台、《光明日报》《中国新闻出版广电报》《中华读书报》等主流媒体对当天的活动进行了报道。（梁　彦）

生活·读书·新知三联书店世界读书日“阅读马拉松”活动举行

2017年4月23日，生活·读书·新知三联书店联合“北京阅读季”领导小组办公室、北京人民广播电台、北京市海淀区委宣传部以及北京市海淀区文化委员会，在三联韬奋书店海淀分店开启了一场24小时不间断的阅读马拉松活动。此次活动分为两个部分。一部分是“阅读马拉松”，参与读者须在三联韬奋书店坚持阅读6小时以上，即可完成挑战，并获得三联韬奋书店的珍贵印章；坚持阅读12小时以上的读者还会获得“优胜者证书”。另一部分是“朗读+我”，由“北京阅读季”与北京人民广播电台携手打造的“诵读小站”落户三联韬奋书店，参与活动的读者可以将自己的朗诵片段现场录音，并有机会在北京文艺广播FM87.6编辑播出。活动吸引了300多位读者参与。

下午4时，北京人民广播电台举办了“阅读+我”领读活动。三联韬奋书店副总经理王玉与北京文艺广播电台副台长牛力介绍了“诵读小站”的项目情况，北京人民广播电台副总编辑李秀磊为听众与读者颁发了纪念品。北京市新闻出版广电局公共服务处处长王亦君、北京文艺广播电台主持人等也来到三联韬奋书店，与听众代表及现场读者一起朗读了经典文学作品。

（三联韬奋书店）

生活·读书·新知三联书店与中国国际航空公司联合举办空中阅读会

2017年4月23日，世界读书日，生活·读书·新知三联书店（以下简称“三联书店”）与中国国际航空公司（以下简称“国航”）联合举办了“带本好书去旅行”世界读书日主题活动，把“阅读会”开到了空中。旅客们齐聚国航CA1339，在蓝天白云间，感受文字的魅力，体会阅读的乐趣，共赴一场文化之旅。

活动期间，首都机场T3航站楼A区候机室摆放了百余本《傅雷书信选》《迦陵谈诗》《将饮茶》等优质三联版读物，引来旅客们驻足观望；办理值机和登记的旅客，也收到了为此次“带本好书去旅行”主题活动定制的文化书签和旅行书单。扫下主题海报上三联书店的二维码，好书推荐尽收眼底。此次飞行服务由曾被评为“时代楷模”的金凤乘务组全程负责。登机后，乘务员向旅客派送《三联生活周刊》，其中夹着活动主题书签。金凤乘务组主任、乘务长钟莉开场介绍后，朗读活动正式开始，旅客们踊跃参与。

（王　竞）

《于丹〈论语〉心得》（新版）新书发布会举行

2017年4月23日，《于丹〈论语〉心得》（新版）新书发布会在首都图书馆举办。作者于丹以“十年溯源，一心所得”为题，与新老读者一道领读经典，分享自她在“百家讲坛”开讲《论语》以来积淀10年的心得，致敬历久弥新的

中华智慧。活动由敬一丹主持。新书发布会上，中国出版集团公司总裁谭跃，中国出版集团公司党组成员、中国出版传媒股份有限公司副总经理李岩，“百家讲坛”原制片人万卫，生活·读书·新知三联书店总经理路英勇、副总经理张作珍等也来到现场与读者交流。腾讯新闻频道做同步直播。

于丹用初心、成长、感恩、阅读4个主题和读者交流，追溯了自己与《论语》的缘起。李岩则向读者介绍了10年前《于丹〈论语〉心得》从“百家讲坛”到中华书局出版的点滴故事。截至活动结束，《于丹〈论语〉心得》销售近600万册，版权输出到海外30多个国家。

（王福刚）

生活·读书·新知三联书店（上海）有限公司与上海电影译制厂联合举办译制片系列图书签售活动

2017年4月23日，适逢上海电影译制厂成立60周年，生活·读书·新知三联书店（上海）有限公司（以下简称“上海公司”）联合上海电影译制厂在上海书城举办了译制片系列图书集体签售活动。《我和译制配音的艺术缘：从不曾忘记的往事》作者刘广宁、《棚内棚外：上海电影译制厂的辉煌与悲怆》作者潘争、《那些难忘的声音》作者张稼峰亲临书城现场。到场嘉宾还包括上海电影译制厂党总支书记严峻、常务副厂长刘风、上海公司总经理赵炬、上海书城总经理江利、东方卫视主持人贝倩妮等。

由生活·读书·新知三联书店出版发行的3种书籍吸引了众多译制片的“忠粉”到场致敬。活动中，读者与嘉宾一同走进棚内棚外，重温译制经典，感悟配音艺术，聆听难忘声音。

（徐旻玥）

现代教育出版社“游花海 品书香”暨北京阅读马拉松顺义户外活动举行

2017年4月23日，现代教育出版社携手顺义区青少年阅读协会在顺义鲜花港举办了“游花海　品书香”暨北京阅读马拉松顺义户外主会场活动。

活动中，现代教育出版社副社长陈琦向“2017北京阅读马拉松”组委会赠送图书，同时也为小朋友们准备了很多精美图书。儿童教育中心编辑和基础教育中心编辑还分别与小朋友们进行互动，讲故事、玩游戏。另外，现代教育出版社还组织了“共绘亲子阅读长卷”活动，参加活动的大人、小孩都在认真地图画、填色。

（焦小桥）

现代教育出版社举办“美好席卷天街——分享是件挺酷的事儿”主题阅读分享会

2017年4月23日，现代教育出版社在北京市龙湖长楹商业中心举办“美好席卷天街——分享是件挺酷的事儿”主题阅读分享会。此次活动是现代教育出版社与摩拜单车、龙湖长楹天街联合举办的。该活动以“共享骑行、共享阅读、共享美好生活”为主题，吸引了众多市民的参与。

阅读分享会由儿童即兴戏剧教育品牌“即兴派”工作创始人诗曼老师主持，现代教育出版社副社长陈琦进行了主题致辞，和来宾分享了全民阅读在现代社会的意义、价值，提出“骑行＋阅读”的新生活方式。诗曼老师还和现场的朋友们分享了实用而暖心的亲自阅读小技巧。活动现场中，现代教育出版社儿童教育中心编辑和现场观众分享了绘本《我不想一个人睡》；诗曼老师带领现场的小朋友们共读《倒霉的鸭子》；国学中心主任围绕《图说史记》和博物馆文物，和现场观众进行了有奖互动问答。现场气氛活跃、温馨。

阅读分享会结束后，“轮子上的图书馆——图书共享发车仪式”在长楹商业中心外场举行，现代教育出版社副社长陈琦、摩拜单车华北区总经理邢林、龙湖长楹天街项目总监彭沛锡共同出席发车仪式并剪彩。

（焦小桥）

《口腔种植外科彩色图谱》（第 4 版）新书发布会举行

2017 年 4 月 25 日，《口腔种植外科彩色图谱》（第 4 版）新书发布会在四川省成都世纪城国际会展中心召开的“第 16 届中国（西部）国际口腔医学学术会”上举行。新书发布活动由世界图书出版西安有限公司主办。世界图书出版西安有限公司编辑参加了此次活动。

《口腔种植外科彩色图谱》（第 4 版）一书涵盖了有难度种植问题的清晰、全彩图片，以及临床实践指导内容，包括治疗计划的制订、详细的手术技术和术后随访。本书反映了口腔种植手术方面的新进展，并增加了新的病例展示，兼备实用性与创新性。参会的口腔专业人士对该书给予高度评价，认为此书具有较大的可读性和较强的可操作性。

（王少宁）

《整合医学——理论与实践②》新书首发活动举行

2017 年 4 月 29 日，《整合医学——理论与实践②》新书首发活动在陕西省西安曲江国际会议中心召开的“2017 中国整合医学大会”上举行。新书发布活动由世界图书出版西安有限公司主办。

《整合医学——理论与实践②》分“理论篇”与“实践篇”两部分。“理论篇”共有 12 位专家从各个角度阐述整合医学理念的内涵与精神，“实践篇”包括了整合医学在消化病、神经、儿科、营养等领域的实践应用，具有很好的引领性和现实指导意义。新书发布活动中，该书现场销售逾千册。参会者对该书给予高度评价。

（李维秋）

《故宫里的大怪兽》立体复合式营销系列活动举行

2017 年 4 月，中国大百科全书出版社新版《故宫里的大怪兽》上市后，便全面开展了本书的立体复合式营销策略，先后举办新书发布会、校园巡回讲座、书店码堆创意大赛、网络直播、社群营销等一系列宣传推广活动，力求实现线上营销与线下营销深度融合，取得社会效益和经济效益双丰收。重点营销活动如下：

一、新书发布会

2017 年 4 月 17 日，《故宫里的大怪兽》新书发布会在故宫皇家凝和庙大殿（北京东城灯市口小学北池子校区）举行。中国大百科全书出版社社长刘国辉，故宫博物院故宫学研究所研究员、中国作家协会理事祝勇和孩子们分享了自己对传统文化传承、故宫与文学创作的理解。刘国辉指出，希望通过《故宫里的大怪兽》这个文化载体，彰显出版人和作者对小读者的拳拳之心，对文化传承的殷殷之情。北京东城区少年宫主任助理赵晶晶表示，《故宫里的大怪兽》好像一套传统文化的“教科书”，使孩子们对博大精深的故宫文化产生兴趣，身临其境地感受传统文化的魅力。

二、作品研讨会

2017 年 12 月 5 日，由北京作家协会和中国大百科全书出版社联合举办的《故宫里的大怪兽》作品研讨会在北京举办。北京作家协会驻会副主席、秘书长王升山，中国出版集团公司党组成员、中国出版传媒股份有限公司总经理孙月沐与会并讲话；中国大百科全书出版社社长刘国辉主持会议。在研讨会上，北京作家协会儿童文学委员会原主任、儿童文学作家金波，北京作家协会儿童文学委员会主任、儿童文学作家张之路，中国作协儿童文学委员会副主任、文学评论家王泉根，《人民文学》副主编、儿童文学作家李东华，北京作家协会儿童文学委员会副主任、儿童文学作家周敏，儿童文学作家史雷，《北京晚报》资深编辑、亲子阅读专栏作家李峥嵘等儿童文学作家、评论家围绕《故宫里的大怪兽》的创作开展了深刻的研讨。大家一致认为这套作品拓展了当代童话创作题材的新领域，在挖掘传统文化、继承传统文化、弘扬传统文化、诠释和续写传统文化方面有着重要的出版意义。

三、“故宫神兽文化进校园”活动

《故宫里的大怪兽》上市以来，中国大百科全书出版社联合全国各地的教委、团委及新华书店，深入学校、少年宫和少儿图书馆，开展故宫神兽文化宣讲活动，让抽象的文化看得见、摸得着，使孩子们将故宫神兽这样一个文化符号入眼入心。自 2017 年 4 月起，已面向全国 11 个城市 40多所学校 4 万名师生开展了 50 多场宣讲。所到之处，受到师生们的欢迎和好评。宣讲活动不仅直接带动了图书销售，同时也进一步打造了百科社的品牌形象。

四、全国码堆创意大赛

2017 年 9～10 月，中国大百科全书出版社携《故宫里的大怪兽》系列图书与全国各大卖场联合开展了销售码堆创意大赛活动，全国 14 个省（市）21 个书城参与，每个书城都对该书进行了重点陈列，并设计了充满创意的书堆造型，有效宣传该书并带动销售。

五、媒体报道

2017 年 4 月，中国大百科全书出版社利用微信公众号共发布各类文章 20 余篇，向新华书店及大 V 号提供微信公众号软文 10 余篇，收获大量粉丝。媒体宣传方面，中国教育电视台、广州电视台、中国新闻社、新华社、《北京晚报》《中国文化报》《中国新闻出版报》《深圳商报》《广州日报》《南方日报》《扬州晚报》《羊城晚报》、新浪、网易、搜狐等 50 多家北京内外的电视台、纸媒、网媒做了广泛而深入的报道，媒体覆盖量达 100 多次。（尹添铭）

中版好书百店千柜工程落地全国 48 家机场书店

2017 年 4 月，中国出版传媒股份有限公司与蔚蓝时代商业管理公司合作，开始在其所属的机场连锁书店内设立“中版好书”专柜专台，向机场高端客流宣传“中版好书”。截至 8 月底，已经在全国 18 个机场、48 家连锁书店设立专柜专台。

“中版好书”专柜专台在醒目位置摆放“中版好书 引领阅读”的木制展牌，集中展示中国出版传媒股份有限公司和各出版单位名录。同时，通过集中上架“中版好书榜”优秀图书，有效促进了图书单品和各出版单位的总体销售，初步显现品牌宣传展示带动整体销量提升的效果。

此外，该项目对社店合作也起到了推进作用，东方出版中心、中国民主法制出版社、中译出版社等单位与蔚蓝时代公司相继建立了业务合作。（郭晶晶）

儿童文学作家沈石溪做客天天出版社童书直播间

2017 年 5 月 4 日，著名儿童文学作家沈石溪做客天天出版社童书直播间，为网友分享他与动物之间新奇有趣的故事。

沈石溪被誉为“中国动物小说大王”，他在人民文学出版社出版的“中西动物小说大王金品共读系列”（8 册）深受大小读者喜爱。沈石溪对动物的特殊感情源于年轻时在西双版纳插队。“有一次，我和老乡上山打孔雀，回来的路上被六只野狼围困在树上两天两夜，后来是寨子中的村民和民兵把我们救下。若干年后，我就把这段和野狼的遭遇改写成好几本书，也收录在天天出版社出版的‘中西动物小说大王金品共读系列’中。”沈石溪介绍说。

在沈石溪的动物小说中，关于狼的作品最为生动，形象塑造也极为精彩。“被狼围困的同时，我也在仔细观察着它们的面貌和家庭生活，这也为我以后的创作提供了感性认识。所以孩子们在写作时也要注意观察来源于生活的小细节，并赋予丰富的想象力，这样写出来的文章才会丰满耐读。”沈石溪如是说。（顾　乡）

《神奇动物在哪里》中文版首发式暨“神奇的你在哪里”争霸赛举行

2017 年 5 月 6 日，《神奇动物在哪里》中文版首发式暨“神奇的你在哪里”争霸赛在天桥艺术中心举行，发布会由人民文学出版社联合天桥盛世投资集团主办。人民文学出版社社长臧永清、“哈利·波特”系列及本书责任编辑王瑞琴、译者马爱农参加了活动，与现场近200位哈迷共同踏上新的魔法旅程。

《神奇动物在哪里》是国际畅销书“哈利·波特”系列的作者、深受读者喜爱的英国女作家J. K. 罗琳撰写的第一个电影剧本，她在电影编剧领域的初次尝试为全世界读者带来了一个魔力无穷的新故事。“神奇动物”系列电影将拍摄5部，首部电影由奥斯卡影帝埃迪·雷德梅尼主演，已于2016年11月18日上映，并迅速席卷全球，掀起了一股新的魔法热潮。

《神奇动物在哪里》中文简体字版由人民文学出版社出版，译者由马爱农和马珈担任。从4月10日开始，《神奇动物在哪里》中文简体字版已经开始全面预售。（顾　乡）

《丝绸之路名家精选文库》新书发布会暨“丝绸之路文化行”大型活动启动仪式举行

2017年5月6日，华文出版社出版的《丝绸之路名家精选文库》在北京首发。在当天华文出版社与国家人文历史杂志社联合举办的“《丝绸之路名家精选文库》新书发布会（研讨会）暨‘丝绸之路文化行’大型活动启动仪式”上，中国出版集团公司党组书记王涛，中央宣传部出版局局长郭义强，文库作者丹增、陈建功、王巨才、张抗抗，著名学者、文艺评论家孙郁、陈晓明都对丛书的出版给予了充分肯定。大家一致认为，这是献给即将举行的“一带一路”国际合作高峰论坛珍贵的礼物，也是中国当代作家对“一带一路”倡议的积极响应。

“丝绸之路文化行”大型活动同时启动。该活动由人民日报社与中国出版集团公司指导，国家人文历史杂志社与华文出版社联合主办。活动将以《丝绸之路名家精选文库》所展现的各省份为空间依托，深入各地宣传丝绸之路沿线的历史文化和风土人情，将在陕西省、西藏自治区、新疆维吾尔自治区陆续举办城市论坛、非遗展览等一系列活动。第一场活动于2017年8月10～12日，在陕西西安曲江新区举办。9月19日，在甘肃“丝路文化发展论坛”上举行了“丝绸之路文化行”传递仪式，著名作家、诗人叶舟从西安市委宣传部部长吴键手中接过代表丝路文化的长卷，完成了交接。（景洋子）

天天出版社参加中关村第二小学图书进校园活动

2017年5月8～10日，天天出版社参与了中关村第二小学组织的图书进校园活动。在为期3天的时间里，天天出版社的编辑及策划团队相继奔赴中关村第二小学本部、华清分校及百旺分校，为同学们带去了近百种优秀童书，并与小读者进行了面对面的沟通和交流。3天的时间共取得实洋1万多元的销售业绩。（顾　乡）

《御窑千年》新书发布会举行

2017年5月9日，“御窑文化 薪火千年——《御窑千年》新书发布会”在韬奋图书馆举行。中共中央委员、全国政协文史和学习委员会副主任叶小文，中国出版集团公司总裁谭跃，中国当代著名学者、故宫研究院院长郑欣淼，故宫博物院常务副院长王亚民，中国出版集团公司党组成员、中国出版传媒股份有限公司副总经理孙月沐，中国紫禁城学会会长晋宏逵，全国政协常委、北京满学会终身名誉会长陈丽华，中共江西景德镇市委常委、秘书长吴隽，北京社会科学院院长王学勤，生活·读书·新知三联书店总经理路英勇，中国民主法制出版社社长刘海涛，华文出版社社长宋志军及多位文艺界专家学者出席发布会。会议由三联书店总编辑翟德芳主持。

《御窑千年》一书由三联书店出版，是一部历史学家撰写的简明瓷器文化史，重在探讨宫廷与御窑瓷器的历史与文化之关系。发布会上，名家汇聚，大师云集，就该书的学术性、普及性、创新独到处，以及对当下时代的启发等展开讨论；一些与会嘉宾、学者还从自己的专业领域出

发，分享了自己的体会。

路英勇在致辞中指出，《御窑千年》是一部对弘扬优秀传统文化、铭记中华文化的根和魂有重要意义的著作。三联书店希望借助该书的出版，让更多的人参与到“一带一路”的建设中，继承传统，不断创新，使新时代的中外交流结出更丰硕的成果。（张嘉薇）

《中华民族道德生活史》新闻发布会举行

2017年5月13日，《中华民族道德生活史》新闻发布会暨唐凯麟教授从教55周年学术研讨会在湖南长沙举行。会议由湖南师范大学主办，校长蒋洪新教授致辞，校党委副书记刘起军、副校长欧阳峣教授主持。来自清华大学、中国人民大学、中国社会科学院等众多高校和科研机构的知名学者100多人与会，东方出版中心文史哲编辑部主任梁惠在会上介绍了该书出版情况。

《中华民族道德生活史》8卷本是国家“十二五”重点出版规划项目，由东方出版中心于2016年出版。该书主编为我国著名伦理学家、湖南师范大学道德文化研究中心主任唐凯麟教授。该书出版后受到学术界高度好评，2017年初获中国出版集团公司出版综合奖。

（姜小明）

流浪的芒克与“我们时代的诗人”——陈东东主题讲座及新书分享会举行

2017年5月16日，流浪的芒克与“我们时代的诗人”——陈东东主题讲座及新书分享会在华东师大思勉研究院举行。此次分享会由东方出版中心主办，华东师范大学夏雨诗社协办，第三代诗人代表陈东东、北京文艺网国际诗歌奖评委古冈、80后新锐诗人胡桑出席讲座。分享会上，3位嘉宾围绕书中与诗人昌耀、郭路生、骆一禾和张枣有关的故事展开讨论。

陈东东与华东师范大学的同学们分享了很多与此书创作有关的故事。陈东东说，当《收获》想开一个诗人写诗人的专栏并找到他时，让他写的是有关张枣的故事。他说：“张枣是个有故事的人，在写他的故事的时候，我把我自己也放进去了，这里有我的片段回忆。”正如主持人胡桑所说：“此书中用的都是非常贴近诗人的写法，而不是学术写法，在语言的背后，写作的人始终在场。”这可能就是为什么在“亲爱的张枣”一篇中，一开篇“中山公园、愚园路、静安寺、南京路……”那些熟悉的地标能带来扑面而来的记忆的味道。嘉宾古冈也分享了书中的写作手法，给在座的同学们带来了很多启发。

（姜小明）

人民文学出版社组织作家进校园讲古诗词

2017年5月19～22日，人民文学出版社组织作家安意如分别为北京三里河第三小学和北京第七中学的百余名中小学生，讲述了一堂生动活泼的古典诗词课，极大地激发了学生们对古典诗词的热爱。安意如自2006年古典诗词赏析系列《人生若只如初见》等出版以来，由于她对古典诗词的赏析具有鲜明的个人风格，从而受到广大读者的热爱。

安意如在此次针对中小学生的两次讲座中，延续其一贯的唯美风格，用平白、优美的语言，向中小学生们描绘出古典诗词尤其是唐诗的恢宏意境，展现出古汉语的语言之美以及中国传统士大夫文化的深邃。

此次安意如进校园活动，是2017年北京儿童阅读周暨西城区“书香·传爱”名家进校园系列活动之一。这是第7届书香中国·北京阅读季，为推进全民阅读，建设书香社会组织的系列活动，其主旨是通过名作家讲师团深入校园、图书馆、阅读空间等一系列活动的开展，丰富人们的业余生活，扩展孩子的课外阅读，让更多的人爱上阅读。（顾　乡）

中国大百科全书出版社联合葫芦弟弟举办“奇遇大会”暨为爱阅读21天颁奖典礼

2017年5月20日，“奇遇大会”暨为爱阅读21天颁奖典礼在中国大百科全书出版社举办。本次活动由葫芦弟弟与中国大百科全书出版社联合主办，乐乐趣童书、信谊图画书、蒲蒲兰绘本馆、海豚传媒、安徽少年儿童出版社五大童书出版社机构协办。活动主要包括“遇见大师”“遇见好书”“遇见奇趣”三大模块，通过高含金量的演讲、高品质童书推广、丰富创新的亲子活动，为读者带来一场奇幻的视听盛宴。

中国大百科全书出版社社长刘国辉致开幕词，中央电视台主持人鞠萍、“国际安徒生奖”获奖者曹文轩、“卡梅拉之母”郑迪蔚、儿童文学作家保冬妮4位重量级嘉宾亲临现场进行主题演讲，并与到场的小朋友进行互动。鞠萍与大家分享了自己学习、读书、工作中的一些阅读经历，并告诉现场的家长们，最好的阅读推广人就是父母，在生活中要鼓励孩子不断提问。保冬妮为现场家长和孩子们分享了一本充满人情味的绘本。郑迪蔚与孩子们针对书中的内容进行了互动，现场的小朋友们对答如流。曹文轩为大家分享了感人的故事。他的讲话让现场的观众们深刻了解到了阅读的意义。

本次活动还举办了“奇遇儿童阅读空间展”。现场各个品牌的童书都设立精品图书阅读区，吸引到场家长与孩子们的兴趣，为小读者们带来经典绘本故事会以及亲子DIY手工课堂。

（尹添铭）

《中医的脚印》读者见面会举行

2017年5月21日，《中医的脚印》一书作者、中国中医科学院王宏才教授的读者见面会在陕西省西安曲江书城举行。此次活动由世界图书出版西安有限公司主办，世界图书出版西安有限公司领导与本书作者王宏才教授出席了此次活动。在读者见面会上，王宏才教授做了专题讲座，回答读者提问，与读者互动并进行了现场签售活动。

《中医的脚印》由世界图书出版西安有限公司于2017年3月正式出版。该书是一部集原创性、可读性、知识性于一体的讲述中医文化的著作，作者以多年的中医学习积累为基础，讲解了经络、穴位、针灸、气、五脏这些我们既熟悉又陌生的中医元素及其古往今来的故事。

（胡玉平）

生活·读书·新知三联书店第7届社店战略合作联席会召开

2017年5月22～24日，生活·读书·新知三联书店（以下简称“三联书店”）第7届社店战略合作联席会在安徽召开。此次社店战略合作联席会由三联书店与安徽新华发行集团联合举办，会议规模由第1届的“四省一市”扩大到2017年的“十三省四市”，战略合作单位分别是生活·读书·新知三联书店、江苏凤凰出版传媒集团有限公司、安徽新华传媒股份有限公司等18家出版发行单位。

参加会议的各方表示，这7年战略联盟成立后，效果显著，各方都有实质性的合作，带来了业务成长和业绩大幅度提升。经过会议讨论和各方磋商，与会18家单位达成共识，进一步扩大战略合作联盟，并重申了“一社十七店”战略合作的目的，签订了“社店战略合作协议书”。会议期间，各战略合作伙伴与三联书店就新一年在图书方面的合作进行了深入交流，取得了不错的效果。

（孙　漩）

香港中文大学学生到人民文学出版社参观

2017年5月25日，香港中文大学学生近30人到人民文学出版社参观。策划部主任宋强为他们介绍了人民文学出版社的历史和发展现状，同学们参观了人民文学出版社办公楼和楼道橱窗陈列的样书、会议室陈列的各种荣誉奖杯奖状、珍贵的名家手稿等。他们还来到青年文学编辑室和脚印工作室，并向资深编辑脚印老师了解了大陆图书出版现状。人民文学出版社副总编辑周绚隆为同学们介绍了人民文学出版社图书出版业务的整体情况，并就网络文学、中国古典文学和如何

成为一名好编辑等同学们提出的相关问题进行了交流与探讨。

（顾　乡）

天天出版社邀请朱永新、曹文轩做客人民网

2017 年 5 月 26 日，天天出版社邀请民进中央副主席、中国教育学会副会长朱永新，著名作家、“国际安徒生奖”得主曹文轩做客人民网直播间，从文学和教育的视角切入，畅谈儿童成长，分享阅读体会。

六一儿童节到来前夕，曹文轩推出了自己获得“国际安徒生奖”后创作的第一部小说《穿堂风》。与以往作品不同，在《穿堂风》中，曹文轩首次把目光投向了一个因为父亲偷盗而备受歧视的男孩橡树身上，讲述了他从被排挤、怀疑到努力证明清白、树立尊严的感人故事。橡树的成长并不顺利，甚至充满伤痛，这个不合群的孩子心里一直有一个不被阳光照亮的角落，而这类孩子的成长问题也超越了单纯的文学领域，可以从家庭、教育、社会等多个维度来审视。因此，人民文学出版社特别策划这场对谈，朱永新与曹文轩两位大家也从各自的领域出发，探讨文学和教育是怎样为孩子特别是处在伤痛中成长的孩子提供更多的理解、关爱和支持，指引他们的成长。

（顾　乡）

人民文学出版社邀请著名作家参加第 10 届读者大会

2017 年 5 月 31 日，由国家新闻出版广电总局、河北省人民政府、中国出版集团公司主办的第 10 届读者大会在廊坊举行。人民文学出版社作家葛亮、徐则臣、张悦然及天天出版社作家曹文轩携新书参加了本次大会，并现场与读者分享了自己的读书心得和阅读经验。人民文学出版社社长臧永清、副总编辑应红参加了活动。

（顾　乡）

中华书局与图书发行界高层峰会举行

2017 年 5 月 31 日，中华书局举办了“贯彻落实‘两办’《意见》让中华优秀传统文化走进书店——中华书局与图书发行界高层峰会”。

会议由中华书局党委书记、副总经理周清华主持，国家新闻出版广电总局政策法制司司长余爱群、规划发展司司长朱伟峰、数字出版司司长张毅君、印刷发行司司长刘晓凯、规划发展司副司长李建臣，以及数十位图书发行界代表参加了会议。

峰会上，中华书局营销总监王军向书店介绍店内“打造中华优秀传统文化专区”的实施方案，总编辑顾青发布《中华优秀传统文化经典推荐书目》233 种，总经理徐俊介绍了新书《中华优秀传统文化百部经典读本》的出版过程，广东省新华发行集团党委书记洪文香为新书揭幕。

中国出版集团公司总裁谭跃表示：“两办《意见》既给我们进一步坚定文化自信，为传承和弘扬中华优秀传统文化提供了思想遵循，也提出了更高要求，出版行业要学会以企业的方式做文化。拥有内容、编辑和品牌资源的出版社要与拥有平台、社会和客户资源的书店结合起来，社店共同研究、探索、努力，形成正向的产销循环，互利共赢，共同发展。”

国家新闻出版广电总局副局长周慧琳指出：中华优秀传统文化中最核心、最精粹、流传最有序的是传世典籍中的经典，经典阅读是了解中华优秀传统文化的重要途径。中华书局发布的《中华优秀传统文化经典推荐书目》有重大现实意义，希望引发社会、学界对经典推荐书目的探讨与关注，使经典更广为人知，让中华优秀传统文化的影响力历久弥新。《中华优秀传统文化百部经典读本》定位于当代，是积极的尝试，希望中华书局保持服务大局的意识和干劲，希望图书出版、图书发行要自觉从国家文化战略、社会大势来观照传统文化需求的态势，并主动满足、引导这种需求，要集中力量发掘传统文化的当下价值，提振中华民族的文化自信。

与会的书店代表十分赞赏推荐书目以及新书的发布，表示这些举措对于书店传承弘扬中华优秀传统文化是有力的支持，希望社店合作更加深入。北京发行集团有限责任公司党委书记、董事长李湛军，河北省新华书店有限责任公司副总经理刘旭东，青岛新华书店有限责任公司董事长李茗茗做了发言。（梁　彦）

“连环画艺术鉴赏讲座”举行

2017 年 5 月 31 日，中国美术出版总社在第 27 届全国图书交易博览会中心活动区举行了“连环画艺术鉴赏讲座”专场活动，特邀全国知名连环画收藏家王家龙先生为读者做精彩的连环画艺术鉴赏专题讲座，同时精选部分中国经典连环画原作仿真精品在现场展示。

中国连环画文图并茂，雅俗共赏，是独具特色的民族艺术之花。王家龙先生向观众们讲解了他多年来研究众多连环画名家的作品，并系统、重点地分析几位名家的创作道路及其创作风格，尤其是讲解了表现河北历史特色的连环画，如《杨家将》《狼牙山五壮士》《穷棒子扭转乾坤》等。讲座吸引了当地的众多“连友”和来参观的观众驻足聆听。

为配合展览和讲座，中国美术出版总社还挑选近年来出版的优秀连环画图书进行展销，包括中国连环画名家名作系列（12 开精装）、线装连环画系列（32 开线装）、中国连环画经典故事系列（64 开硬盒装、卡盒装、袋装）等几大系列。题材丰富，艺术性高，如《西厢记》《白蛇传》《闹天宫》《聊斋志异》《水浒传》《杨家将》《白光》等。（范雨萌）

《走出晚清：大师们的涅槃时代》新书发布会举行

2017 年 5 月 31 日，第 27 届全国图书交易博览会首日，现代出版社举行了汪兆骞《走出晚清：大师们的涅槃时代》新书发布会。作者汪兆骞、茅盾文学奖得主周大新、《山楂树之恋》编剧肖克凡共同畅聊晚清文人学者的命运抉择，以及热血年代大师们的崇高与卑微、飞扬与落寞。

为了客观公正地还原民国时期文化、文学、教育、思想等领域的真实风貌，汪兆骞从 1998 年开始，搜集了上千万字的权威史料。作者不囿于固有定论，依据翔实的史料，书写被遮蔽的历史，刻画真实生动而丰富的人物命运，立体式彰显民国大师独特而复杂的文化品格和人格。

《走出晚清：大师们的涅槃时代》是汪兆骞民国大师集体传记“民国清流”系列的前传，沿袭了这一系列图书的风格，呈现出 1912～1916 年新文化思潮汹涌澎湃的壮丽景观，客观再现了 20世纪初中国文化进程的巨大蜕变。大师们在精神和思想领域奋力跋涉，以文字为武器，在实现相当文化和文学成就的同时，也希望图书借此找到一条走出晚清桎梏的文化转型之路，完成自身的涅槃。本书以浓墨重彩的刻画，生动再现了民国大师们的困境与彷徨、抉择与突围。

（陈丽壮）

《信念：十年徒步中国》新书发布会举行

2017 年 5 月 31 日，第 27 届全国图书博览会在河北省廊坊市国际展览中心开幕。雷殿生《信念：十年徒步中国》举行了新书发布会。中译出版社总编辑张高里为读者介绍了这位黑衣黑裤、身材瘦小的普通男士，就是 10 年徒步中国、只身成功徒步穿越罗布泊的“勇士”雷殿生！

对于自己奇迹般的壮举，雷殿生轻描淡写地表示：“我只是匆匆行走的一个过客，追寻着一个梦”“我这辈子就算做成了这一件事也好”。

雷殿生的人生经历十分曲折：幼时家贫，小学刚上 3 年便辍学照顾母亲，不到 15 岁父母双亡；80 年代开始艰苦创业并小有成就，但一套徐霞客邮票、与当代徒步旅行家余纯顺的一次偶遇让他萌生了徒步走中国的梦想；1988～1998 年，为了实现梦想，他 10 年磨一剑，在身体、知识和资金上做了 10 年准备；1998～2008 年，他用自己的双脚将祖国的大地一一丈量；10 年

总行程81000千米，相当于绕赤道两圈，先后穿烂52双鞋，走掉19个脚指甲，遭遇19次抢劫，神农架生吞蛇肉，罗霄山巨蟒惊魂，阿里无人区夜战群狼，戈壁滩饮血喝尿……10年艰辛，百味杂陈！

雷殿生自嘲地表示，无法做到“读万卷书”，但却实现了“行万里路”，多年的行走生涯让他见多识广，谈吐风趣，讲起自己的徒步经历更是绘声绘色。现场读者把活动区围得水泄不通，个个凝神屏息，听得如痴如醉。当雷殿生讲到他多年心系公益，关注贫困、关注环保的时候，掌声响彻现场。（茹　慧）

《寻找害怕的男孩》新书发布会暨中版昆仑传媒有限公司影视版权签约仪式举行

2017年5月31日，主题为“承燕赵文脉，启盛世书香”的第27届全国图书交易博览会在河北省廊坊市举行，全国共有45个代表团960家出版发行单位参展。中版昆仑传媒有限公司与作家赵丽宏在此次博览会中达成合作，并举行了赵丽宏《寻找害怕的男孩》故事绘本的新书发布会暨与中版昆仑传媒有限公司的影视版权签约仪式。

赵丽宏是著名的作家、散文家、诗人，还是全国政协委员、中国作家协会全委会委员、中国作家协会副主席、上海文学杂志社社长。赵丽宏在发布会上表示，他对优秀的儿童文学一直心怀敬意，好的儿童文学作品是用童真的目光，用生动有趣的故事，不动声色地讲述深邃的哲理，传达生命的体验。这对作者是一个极高的要求。

（沈梦杭）

葛亮、张悦然“遥望北鸢，时光成茧”文学双人谈举行

2017年6月1日，葛亮、张悦然“遥望北鸢，时光成茧”文学双人谈在北京大学举行。葛亮和张悦然相识很早，那时他们刚完成各自的长篇小说《朱雀》和《誓鸟》，是很重要的文学伙伴，在写作道路上彼此扶持，陪伴前进。而在2016年，他们不约而同地在人民文学出版社推出了他们的新作《北鸢》和《茧》，完成了一次青春的告别。

《北鸢》和《茧》毫无疑问是最受关注的文学作品，出版临近一年之时，两位年轻的写作者终于面对面坐了下来，在北大畅谈这部对于他们写作历程中最重要的两部作品。这次对谈是一次具有历史意味的对话。1917年，陈独秀出任北大文科学长，《新青年》编辑部由上海迁往北京，拉开了新文化运动的大幕。巧合的是，葛亮的太舅公正是陈独秀，文学、文化的血脉在新一代文学青年的身上以独特的方式被传承着。张悦然、葛亮所书写的故事囿于一个时代的逼仄、人心与生命的走向，他们所思考的是一代青年人面对历史的态度与诘问。在现阶段，他们通过《北鸢》与《茧》完成了一次自我飞跃，在对历史的遥望中破茧而出。（顾　乡）

曹文轩图画书《远方》改编同名儿童舞台剧首演预演举行

2017年6月1日，由曹文轩图画书《远方》改编的同名儿童舞台剧在北京朝阳9剧场进行了首演预演，曹文轩亲临演出现场，并在演出结束后与现场观众进行了互动。整场演出观众反响热烈，为“六一儿童节”点亮了一朵与众不同的花。

图画书《远方》讲述了一串小动物们和它们领悟到“不要总是忙碌于眼前的日常，也要学会站在高处，眺望远方”的故事。而奇妙画剧《远方》则在保留原著作品故事主旨的基础上，进行了大胆的扩充与尝试，赋予了作品更加丰富、曲折的情节。在形式上，画剧《远方》以“绘画”为核心元素，将传统形式的儿童舞台剧与多媒体交互技术相结合，同时融入原创歌曲、舞蹈、手影等元素，打造了一台内容丰富、互动多样、舞台视觉效果绚丽梦幻的新颖剧目，这也是中国首部大型多媒体互动奇妙“画”剧。

（顾　乡）

中国美术出版总社举办“连环画是什么?”讲座

2017年6月1日，中国美术出版总社在第27届全国图书交易博览会廊坊会场和唐山分会场举办“连环画是什么?”讲座，介绍连环画与漫画、绘本的区别，以及如何让连环画更好地发挥寓教于乐的作用，并与在场的大小朋友们交流阅读连环画的心得和体会。讲座现场还举办了“你来画，我送书”的连环画即兴创作活动。

（范雨萌）

《绘本西游记故事》涂色创意活动举行

2017年6月1日，中国美术出版总社在第27届全国图书交易博览会廊坊会场举办《绘本西游记故事》涂色创意活动。活动现场，通过与小读者的答题互动，让更多小朋友对《西游记》原著有更深入的了解和认知，涂色活动让孩子们充分享受创造美的快乐，分角色朗读表演则完美诠释了《绘本西游记故事》语言的优美，让小朋友可以更好地进入场景、深入角色，更好地理解人物关系，从而领悟名著的教育意义。

（范雨萌）

中译语通科技（北京）有限公司与中国人民大学新闻学院共建全球新闻大数据实验平台签约仪式举行

2017年6月2日，中译语通科技（北京）有限公司（简称“中译语通”）与中国人民大学新闻学院签署《全球新闻大数据实验室共建方案》，双方正式开启新闻大数据领域深度战略合作。中译语通总经理于洋与中国人民大学新闻学院副院长胡百精现场共同签署了战略合作协议。双方将在今后的合作中，积极发挥各自在技术、人才和平台资源等领域的优势，共同建设包括海外新闻数据源采集、分析及处理平台、新闻门户网站的网页自动机器翻译系统等在内的平台和产品。此外，双方还将在全球新闻大数据实验室项目框架下，从新闻大数据联合算法和标准课题研究、国家重点实验室建设等方面深入开展合作。

（赵　桐）

北京荣宝拍卖有限公司2017春季拍卖会收槌

2017年6月2日，北京荣宝拍卖有限公司2017春季拍卖会收槌。本场1600余件拍品成交率为77%，总成交额为7.75亿元，再创新高。“中国书画·精品”专场皆为精选拍品，以2.74亿元的成交额位居榜首，共诞生“春风浓艳·王雪涛作品”及“荣宝十家·当代书画”2个白手套专场。

（陶　爽）

《银河系科幻电影指南》新书发布会举行

2017年6月2日，《银河系科幻电影指南》新书发布会在北京举行。知名科幻影评人电子骑士、脱口秀“骨灰级”粉丝谷大白话、科幻作家陈楸帆、编剧作家震子出席，他们与到场的读者交流互动，分享了对于科幻电影的认知和思考。

作为《银河系科幻电影指南》的作者，电子骑士认为，科幻电影从初始时期至今，一直是科技时代的产物，不同于其他类型影片，它是最有科技色彩的。一部好的科幻电影，除了要有好的剧本和故事之外，还要具备科技支持。

科幻作家陈楸帆认为，科幻本身只是载体，“世界观设定”才是故事的主体，文学作品改编成影视剧最重要的是找准故事改编的切入点，以点带面，同时也需要浏览各类图书，体会不同人物情感，这样写出的故事才能具有情感饱和度，让影迷在观看影片的时候产生共鸣。

脱口秀“骨灰级”粉丝、知名微博主谷大白话也以漫改电影“漫威宇宙设定”为例发表了看法。他认为，泛科幻时代的“视觉奇观”对于观众的吸引已经慢慢弱化，大幻想时代的奇幻电影

则后来者居上，凭借话题性和新鲜度受到国际关注。

与此同时，他们还提到，可以利用电影行业这几年的科幻热潮，提升编剧对于科幻电影的认知度。《银河系科幻电影指南》一书通过“25 篇精彩科幻电影评论，12 个科幻电影专题的趣味研究”，由浅入深地解读了科幻电影背后的意义，旨在让更多人了解科幻、愿意创作科幻。

（朱利伟）

人民音乐出版社“人音版音乐教材培训会”举行

2017 年 6 月 6～8 日，人民音乐出版社“人音版音乐教材培训会”在北京举行。本次会议旨在贯彻党的十八大以来，党中央、国务院对深化教育改革做出的一系列重大决策，落实教育部做出的深化课程改革、“立德树人”的根本任务的战略部署，结合近几年课程改革的实际，就“人音版”音乐教材展开对话与交流。社长莫蕴慧，副总编辑赵易山、杜永寿与来自全国 28 个省、市、自治区的教研员，各省合作出版社代表，代理单位代表等 400 余人参加了会议。会议由莫蕴慧致开幕词，杜永寿主持。

会上，北京师范大学教授林崇德，东北师范大学教授尹爱青，总政歌舞团团长、国家一级作曲家张千一等 3 位专家做了专题讲座。不同的专题讲座让与会者了解到人民音乐出版社的出版视野和对音乐教育领域的深入研究。会场内外，老师们积极与专家们就教材新方向、新形式展开深入的学习和探讨，希望能将专家们在各自领域的研究和探索成果融会到各自的课研与教学中，真正成为推动教材发展和教学研究的新动力。

（王宁宇）

“嘹亮军歌——纪念中国人民解放军建军 90 周年音乐会暨新书发布”举行

2017 年 6 月 7 日，为纪念中国人民解放军建军 90 周年，迎接党的十九大召开，由人民音乐出版社主办的“嘹亮军歌——纪念中国人民解放军建军 90 周年音乐会暨新书发布”在北京国家大剧院举行。

《嘹亮军歌——中国人民解放军建军 90 周年优秀歌曲集》由著名作曲家、中国人民解放军原总政治部歌舞团团长张千一担任总主编，特邀军队文艺创作的顶级专家团队参与编撰。全书共分 9卷，配套音像光盘，按照编年体方式收录 1927～2017 年间我军各个历史时期、覆盖各个军兵种的 1700 余首优秀军旅歌曲，涵盖队列歌曲、独唱、重唱、小合唱、表演唱、大合唱、组歌、交响合唱、歌剧和舞剧选曲、影视歌曲等丰富多样的体裁形式，具有时间跨度长、史料收集广、涉及作品多等特点，对经典曲目的历史演变过程均加以注释说明。

为了充分发挥音乐出版的特点，进一步扩大优秀主题出版图书的社会影响，人民音乐出版社与中央军委政治工作部歌舞团强强联手，在建军 90周年即将到来之际，联合举办“嘹亮军歌——纪念中国人民解放军建军 90 周年音乐会暨新书发布”。音乐会演唱的曲目从《嘹亮军歌——中国人民解放军建军 90 周年优秀歌曲集》中精心遴选，程志、王宏伟、雷佳等军委政治工作部歌舞团的歌唱家和中国人民解放军合唱团以饱满的政治热情和一流的专业水准，通过独唱、重唱、合唱等多种形式，为首都观众献上了《中国人民解放军军歌》《人民军队忠于党》《保卫黄河》《军民团结一家亲》《强军战歌》等 20 首经典军旅歌曲。

本次音乐会受到媒体的广泛关注，新华社、中央电视台、《人民日报》《光明日报》《中国青年报》《北京青年报》等重要媒体以及新浪、搜狐、腾讯等网络媒体都给予了及时报道，并对音乐会给予了高度评价。

（孙曼均）

荣宝斋（济南）拍卖有限公司 2017 春季拍卖会收槌

2017 年 6 月 10 日，荣宝斋（济南）拍卖有限公司 2017 春季拍卖会收槌，总成交额 1.3 亿

元。本次春拍共10余件拍品过百万成交，其中徐悲鸿的《双马》以1200万元夺得本季春拍桂冠。 （陶　爽）

中国出版集团公司组织所属单位对广东省4市新华书店一线发行人员进行产品培训

2017年6月12～15日，中国出版传媒股份有限公司组织所属中国大百科全书出版社、中国美术出版总社、现代教育出版社、天天出版社等4家出版单位在广州、惠州、梅州、汕头等广东省4市新华书店分别进行了针对一线发行人员的产品培训，重点介绍中国出版集团公司的整体情况、中版好书榜及各单位的重点少儿产品，参会人员近300人。

各新华书店参会人员表示，这样的产品培训很有必要，能帮助一线发行人员更加全面、及时地了解各出版单位的产品和产品特点，提升对中国出版集团公司的认知度，有利于宣传集团品牌和产品，更有针对性地服务读者。

（郭晶晶）

第5届中国出版传媒业信息资源联通会召开

2017年6月15～16日，由中国出版传媒商报社和广西师范大学出版社集团有限公司联合主办的第5届中国出版传媒业信息资源联通会在广西桂林召开。广西壮族自治区新闻出版广电局副局长朱为范、桂林市文化新闻出版广电局局长李滨、广西师范大学出版社集团有限公司总裁姜革文、中国出版传媒商报社党委书记任江哲出席会议并致辞。

来自全国30余家出版发行集团、投资机构代表就当前出版传媒业转型升级问题进行交流，并围绕转型升级背景下出版传媒业投资的热点与痛点进行了讨论。会上评选出“2016—2017年出版发行集团品牌传播金案金奖”及“2016—2017年出版发行集团十大品牌传播金案”。

（马雪芬）

中国出版传媒商报社2017全国书业教装文创多元经营展订研讨会召开

2017年6月19～21日，由中国出版传媒商报社、全国书业教装文创多元经营联盟主办，云南新华书店集团有限公司协办的2017全国书业教装文创多元经营展订研讨会在昆明召开。全国各地200余位书店、供应商代表参会。短短3天的会期，与会供应商集中展示产品、强化推广，将最新、最全的产品信息推荐给渠道嘉宾；书店代表通过此次会议，也了解到最前沿的实践经验、最新颖的一线案例。

中国国际教育交流协会教育装备分会常务副理事长、秘书长王玲，云南出版集团副总经理、云南新华书店集团董事长杨志强，中国出版传媒商报社社长伍旭升等出席会议。

作为此次会议的重拳产品，由中国出版传媒商报社精心打造的“高层论坛”“培训课堂”以量身定制、专业化、标准化的10多场主旨演讲与培训，为与会嘉宾提供了教装文创多元经营的实用指南。 （马雪芬）

中译语通科技（北京）有限公司与中国法国工商会共同举办大数据座谈会

2017年6月20日，中译语通科技（北京）有限公司（以下简称“中译语通”）与中国法国工商会联合举办大数据座谈会，中译语通科技（北京）有限公司副总经理张晓丹出席会议并发表题为“大数据如何助力B2B发展”的主题演讲。

张晓丹在演讲中结合“译见”平台专题分析案例，生动地诠释了跨语言大数据在精准营销、品牌管理、产品对比、市场分析等领域的应用。与会企业代表围绕大数据与行业需求展开讨论。未来中译语通会通过跨语言大数据平台，更好地服务于中法两国企业。 （赵　桐）

《太阳是唯一的种子——贡萨洛·罗哈斯诗选》中文版发布会举行

2017年6月28日，《太阳是唯一的种子——贡萨洛·罗哈斯诗选》中文版发布会在智利驻华大使馆举行。发布会由智利驻华大使馆与商务印书馆联合主办。智利驻华大使贺乔治、商务印书馆总经理于殿利、贡萨洛·罗哈斯的孙女卡塔丽娜·罗哈斯、北京大学赵振江教授出席活动。

贡萨洛·罗哈斯1916年生于智利，拉美“文学爆炸”运动的推动者，也是继巴勃罗·聂鲁达之后拉丁美洲又一位杰出的诗人。曾任智利驻华使馆文化参赞（1971—1972）。主要诗作有《人类的苦难》《抗拒死亡》《黑暗》《诗五十首》《领悟及其他》《天空集》《疯狂的爱情》等。2003年获得西班牙语世界的文学最高奖——塞万提斯奖。在诗人百年诞辰之际，商务印书馆与智利驻华大使馆、贡萨洛·罗哈斯基金会合作，翻译出版罗哈斯诗歌选集《太阳是唯一的种子》作为纪念，这也是贡萨洛·罗哈斯的首部中译本诗集。

（刘　芳）

中译语通科技（北京）有限公司协办“2017两岸大学生创客营”

2017年6月28日，“2017两岸大学生创客营”在北京大学正式开幕。本次活动由国务院台湾事务办公室为指导单位，北京大学主办，中译语通科技（北京）有限公司（以下简称“中译语通”）等4家单位协办。国务院台湾事务办公室副主任郑栅洁，北京大学副校长高松，北京市台湾事务办公室副主任黄塞溪，中译语通CEO于洋，活动创办人、北京大学新闻与传播学院党委书记兼副院长陈刚等嘉宾出席。于洋在开幕式上发表致辞。

（赵　桐）

《俄罗斯抒情诗选》（俄汉对照）新书发布会暨俄罗斯抒情诗品鉴会举行

2017年7月1日，《俄罗斯抒情诗选》（俄汉对照）新书发布会暨俄罗斯抒情诗品鉴会在涵芬楼书店举行。活动以“风儿从远方捎来诗歌的芬芳”为主题，旨在与读者分享《俄罗斯抒情诗选》一书的创作感悟和俄罗斯抒情诗的美妙，共同诵读俄罗斯著名诗人的传世名作。

《俄罗斯抒情诗选》（俄汉对照）的两位主编，北京大学俄语系教授、“莱蒙托夫奖章”获得者顾蕴璞，天津师范大学教授、中国俄罗斯文学研究会理事曾思艺出席活动。两位学者同俄罗斯诗歌爱好者们齐聚一堂，分享了自己与俄罗斯诗歌之间的故事。随后，两位主编分别动情地朗诵了自选诗篇，博得全场观众的喝彩。几位俄罗斯诗歌爱好者也进行了现场朗诵，并由嘉宾做了点评和解读。活动中还设置了集体朗诵环节，在两位主编和主持人的带领下，全场观众齐声朗诵了普希金的经典诗篇《大海》，将现场气氛推向高潮。

（刘　芳）

幼儿美术教育研讨会暨“美的启蒙”丛书新书发布会举行

2017年7月7日，一场别具特色的座谈会——“幼儿美术教育研讨会暨‘美的启蒙’丛书新书发布会”在中国美术出版总社举行。该书由首都师范大学教授、著名儿童美术教育专家杨景芝老师，中央美术学院教授、中国剪纸研究中心主任乔晓光老师担任主编，北京市区校外美术教研组、东城少年宫、空军蓝天育翔幼儿园、海军机关幼儿园、北京理工大学幼儿园等15家一线教学单位的主要负责人担任编委会成员，由人民美术出版社近日正式出版发行。

《美的启蒙》作为专业幼儿园美术教育丛书，以美术形式向3～6岁幼儿教授中华优秀传统文化，目前共推出3册，每册由“美的心灵”“美的生活”“美的自然”和“美的家园”4个单元组成。课程内容以发扬传承中华优秀传统文化为主线，构成具有中国特色的教学体系，从小朋友们的生活中最常接触到的事物来实现润物细无声的美育教育。目前，本套丛书已在北京空军蓝天育翔幼儿园等一线幼儿园进行实践教学。

研讨会上，中国美术出版总社党委书记周伟介绍了中国美术出版总社的基本情况和本套图书的出版缘起，指出本书的编辑出版是中国美术出版总社启动“四个人美”全面建设的一个重要节点。杨景芝、乔晓光两位老师分别就幼儿教育与美术教育的结合情况、中国传统文化及民间美术教育传承的结合情况做了详尽的介绍。与会部分教育专家、幼儿园园长、出版发行单位主要负责人分别做了发言，一致认为本套丛书是实践中的实践、课程中的课程，集趣味性、知识性、情感性和可操作性于一体，让幼儿充分感受美的愉悦，建立起积极参与艺术活动的自信心，对在少年儿童中培育和践行社会主义核心价值观进行了一次重要的创新实践。（范雨萌）

《写给儿童的中国传统文化微读本》新书试读预售活动举行

2017年7月7日，《写给儿童的中国传统文化微读本》新书试读预售活动在西安市1010亲子阅读馆举行。预售活动由世界图书出版西安有限公司主办，邀请了著名儿童文学作家、陕西省作家协会会员、“大白鲸”原创幻想儿童文学奖获得者张军老师，为现场60多个小朋友及家长分享了中华优秀传统文化的魅力。

《写给儿童的中国传统文化微读本》图文并茂、通俗易懂，注重突出内容的中国特色，特别是灿烂的中华传统文化，涉及汉字、文史典籍、图腾、古建筑、传统服饰、书法篆刻、传统绘画、传统节日、民俗文化、古代科技等内容。通过现场活动，有助于孩子们了解中华优秀传统文化，同时开阔思维，拓宽知识面，激发其自主性探索行为，进而培养孩子们的民族自豪感和爱国情怀。（赵亚强）

人民文学出版社举办“云想衣裳花想容——中国古代服饰与妆容文化漫谈”讲座

2017年7月8日，人民文学出版社两本新书的作者——《湮没的时尚·云想衣裳》作者李汇群和《湮没的时尚·花想容》作者暮烟深处，受邀参加首都图书馆“尚读沙龙”公益活动，举行了“云想衣裳花想容——中国古代服饰与妆容文化漫谈”的讲座。

活动现场，数百名通过提前预约方式获得门票的读者观众，来到首都图书馆二层报告厅。讲座开始前，北京汉服协会进行了中国传统服饰的展演，将汉代到明代的日常服装和礼服比较完整地展示给观众，引起了观众的浓烈兴趣。随后，李汇群和暮烟深处分别讲述了中国古代服饰与妆容的历史和文化：峨冠、羽衣、深衣、泽衣、霓裳、宝带、锦裤、素袜、纤履，条分缕析缤纷华服；洗面、护肤、敷粉、画眉、胭红、唇彩、花钿、护手，面面俱到妆容全程。

讲座结束后，两位作者与观众进行了互动。在新书签售环节，许多观众购买了这两本新书。（顾　乡）

荣宝斋（南京）拍卖有限公司2017春季文物艺术品拍卖会收槌

2017年7月8日，荣宝斋（南京）拍卖有限公司2017春季文物艺术品拍卖会在南京维景国际大酒店收槌。整场书画拍卖共分4个专场，共计成交1.93亿元，成交率为88.5%。此番春拍得到了社会各界收藏人士的广泛关注和参与。（陶　爽）

中国出版传媒商报社主办“童书出版特训营”培训活动

2017年7月9～11日，“书香中国·北京阅读季·北京儿童阅读周暨中国童书博览会”期间，中国出版传媒商报社联合北京方略博华文化传媒有限公司，举办了为期3天的“童书出版特训营”，邀请著名童书策划人“现场教学”，为参加“特训营”的童书编辑们分享原创童书开发以及IP研发的全过程。

日本福音馆前执行总编、“小活字”图话书

负责人唐亚明师从日本绘本大师松居直，亲历了日本绘本从起步到繁盛的 30 年。他围绕典型案例，深度剖析编辑在绘本研发过程中如何发挥自己的作用，如何提升自己的策划水平。新经典文化股份有限公司副总裁、爱心树童书总编辑李昕首次透露了“爱心树”绘本品牌的发展历程。

为了增强“特训营”的授课效果，主办方邀请蒲公英童书馆总编辑颜小鹏、国内知名插画师熊亮以及国外插画师进行了生动的实战课，画家们就某一文本故事展开现场创作。

（马雪芬）

《王城如海》参加“我的北京故事”读书沙龙

2017 年 7 月 11 日，作家徐则臣携他的新作人民文学出版社出版的《王城如海》来到北京市亦庄开发区，参加“我的北京故事”读书沙龙，围绕“北京生活”“青春与梦想”“如何缓解压力、释放情绪”等主题，与广大青年读者分享自己对北京的体悟。

在场的许多青年代表也上台讲述了自己的青年故事，他们在北京打拼的心路历程引发了现场许多人的共鸣。徐则臣结合自己对北京的体会，与他们开展了广泛和深入的交流。在场的不少青年读者表示，他们都比较熟悉徐则臣写作的小说，如《跑步穿过中关村》《耶路撒冷》等。作为一名以北京为写作对象的作家，徐则臣笔下的北漂青年的心理状态也时常让他们产生共鸣。

（顾　乡）

“国际三大音乐教学法在中国学校音乐课堂教学中的应用——教法融合全体系培训”举行

2017 年 7 月 11～15 日，由人民音乐出版社《中国音乐教育》杂志主办，“国际三大音乐教学法在中国学校音乐课堂教学中的应用——教法融合全体系培训”在杭州举行。本次活动旨在透过国际三大音乐教学法的教育理念和教学方法，以小学五年级、六年级的教学内容为基础，从“人音版”教材的每个单元中精选一节教学课例，进行教法融合的全体系培训，为参与培训的教师提供更多元的教学方法，以便引领学生用自己喜欢的方式感受并表达对音乐的理解。

（王春力）

《老年介护技术教程》新书发布会举行

2017 年 7 月 13 日，《老年介护技术教程》的新书发布会在上海书城（福州路店）举行。

本书作者日本社会福利法人旭川莊的现任理事长末光茂、旭川莊常务理事板野美佐子、本书审阅者上海市民政局原局长马伊里、本书出版方世界图书出版上海有限公司副总编辑施维、上海市慈善基金会浦东分会会长陈南岗、上海市民政局社会福利处副处长陶继民等出席了本次活动。活动由上海市外事办公室亚太处处长周国荣主持。

《老年介护技术教程》是旭川莊应上海市民政局的要求而特别创作的，从“帮助老年人有尊严地度过晚年”这一理念出发，用简明扼要的语言介绍了日本社会福利制度的发展状况，详细阐述了老年介护人员需要掌握的各种知识和介护技巧，将为今后上海市乃至全国老年介护工作人员的专业培训发挥积极作用。

在发布会上，上海中医药大学、长沙民政职业技术学院、江苏经贸职业技术学院等 4 家单位获得了现场赠书。发布会后，末光茂先生、板野美佐子女士和马伊里女士还进行了现场签售。上海东方卫视“新闻制高点”栏目对《老年介护技术教程》新书发布会做了报道。

中国美术出版总社举办连环画专场活动

2017 年 7 月 14～16 日，中国美术出版总社在第 7 届江苏书展举办连环画专场活动，吸引了一大批小读者前来参加。活动包括讲座、现场创作、展览等多种形式，旨在让孩子们有机会阅读到最具故事性、知识性、趣味性的经典连环画作品，让连环画真正走入孩子们的心里。在“你来

画，我送书——‘我的小人书’即兴绘画”比赛中，现场的小朋友纷纷拿起画笔，创作属于自己的“连环画”。由现场嘉宾和中国美术出版总社编辑组成的评委团为现场参加活动的小朋友们评奖，评出一等奖 1 名，二等奖 2 名，三等奖 3 名，并为获奖的小朋友颁发精美连环画作为奖品。

（范雨萌）

“为中国未来而读——2017 阅读行动论坛”举行

2017 年 7 月 15～16 日，“为中国未来而读——2017 阅读行动论坛”在西安举行。本届论坛由中国教育学会中学语文教学专业委员会主办，商务印书馆、西安教育学会中学语文教学专业委员会承办，西安高新第一中学初中校区、西安高新第一中学协办。来自全国各地的校长、教研员、一线语文教师等近千人参加了本届论坛。

论坛主题是“阅读与中国传统文化教育”，旨在贯彻中央《关于实施中华优秀传统文化传承发展工程的意见》精神，推动全民阅读和校园阅读，将中华优秀传统文化贯穿国民教育始终，提高师生的传统文化素养。论坛邀请北京师范大学教授李山、教授蒋重跃分别做了题为《课本中的国学专题》《秦汉思想与中华文明》的主题报告。与会教师认为，当下传承中国传统文化，除了响应政府的号召和制度的保障之外，很重要的一点就是要让中小学生从小接受中华优秀传统文化的教育，将传统文化带入孩子的生活，让其文化素养和精神品质受到潜移默化的影响。

商务印书馆在论坛上推介了 3 种相关图书：《中学生阅读行动读本》以“体现核心价值、培育现代公民、倡导问题驱动、关注当下生活、立足多元开放、践行立体阅读”为理念，覆盖多个领域，全面提升中学生的人文底蕴和科学精神；《中华优秀传统文化》涵盖小学至高中各年级，引导学生将对传统文化最初的直观感受上升为理性认识；“语文教师小丛书”选取普及中国传统文化的典范之作，旨在提升语文教师的素养。

（刘　芳）

中国美术出版总社举办小学生连环画进校园活动推介会暨连环画名家签售会

2017 年 7 月 15 日，中国美术出版总社在第 7 届江苏书展主宾馆举办了“小学生连环画进校园活动推介会暨连环画名家签售会”。中国美术家协会理事、连环画家高云，北京育才学校小学部德育主任程驰携班主任翟爱玲，中国美术出版总社党委副书记、副社长高世屹出席活动。

活动现场，翟爱玲介绍了小学生连环画进校园项目的具体做法和经验。通过嘉宾的精彩展示和详细讲解，读者对连环画有了更加深切的认识。小孩子阅读小人书，不仅能够培养读书的兴趣，还可以学到很多知识，接受人文精神的熏陶，开发想象力，启迪智慧，同时还可以培养孩子的艺术鉴赏能力，可谓“一举多得”。

在嘉宾互动问答环节，高世屹介绍了连环画目前的发展前景和热销的连环画图书，提出连环画从内容的故事性、知识性、绘画的高水准和审美性都比日本漫画更具优势；连环画饱含丰富的中国传统文化，很多读者都是看着连环画长大的，对连环画感情颇深。高云与现场观众分享了他在创作获得全国美术展览金奖作品《罗伦赶考》过程中的经验与趣事，认为连环画对青少年小读者树立正确价值观的重要性不可忽视，提出要想重振连环画，就一定要尊重小读者。活动结束后，高云在现场进行了签售活动。

（范雨萌）

《俯仰流年》新书发布会举行

2017 年 7 月 15 日，《俯仰流年》新书发布会暨消夏雅集在北京举行。来自中国社会科学院、国家图书馆、北京大学、中国人民大学、首都师范大学、中国传媒大学、中国作家协会、中国戏剧家协会、中国艺术研究院、生活·读书·新知三联书店等单位的 20 多位专家学者到会，围绕《俯仰流年》的写作特色、文学价值、时代意义、创作得失等进行了讨论和深入交流。与会

学者纷纷发言，以乡土气、书卷气、学者气、名士气评价该书。会上，作者詹福瑞还与大家分享了《俯仰流年》的创作心得。（生活书店）

《穿堂风》读者见面会举行

2017年7月15～16日，《穿堂风》读者见面会拉开帷幕。曹文轩现身成都、重庆、广州、深圳等地的书城与广大读者分享《穿堂风》的创作故事，畅谈儿童阅读与写作。

曹文轩的作品陪伴了许多孩子的成长，而今他仍然怀着饱满的热情，不断创作新的作品。他的作品能使人体会到另一种不一样的童年：充满悲伤和苦难，却又无比温暖。在最新出版的《穿堂风》中，曹文轩用细腻有力的笔触描摹一个男孩的孤独与倔强，用温暖和大爱讲述一个守护和尊重童心的故事。（顾　乡）

《绘本西游记故事》趣味朗读问答活动举行

2017年7月16日，中国美术出版总社在第7届江苏书展主宾馆举行“《绘本西游记故事》趣味朗读问答”活动。本届书展恰逢暑期伊始，吸引了众多青少年读者及家长的参与。

这套书与众不同之处，一是它的语言，文字洗练讲究，尽可能保留了原书的韵味，在传承中国文化的同时，也提高了孩子对优雅的古汉语的欣赏能力。二是绘画者为我国著名的连环画家胡志明，他擅长人物工笔，作品风格细腻、淡雅，人物生动传神，于传统绘画中见童趣。

活动期间，主持人邀请小朋友一起进行《真假美猴王》一书的分角色朗读表演，在诠释《绘本西游记故事》语言优雅的同时，带领小朋友进入场景，深入角色，更好地理解人物关系，从而领悟名著的教育意义。活动最后，在积极参与活动的小朋友中抽取一、二、三等奖以示鼓励。

（范雨萌）

《我们去哪儿》涂色创意活动举行

2017年7月16日，中国美术出版总社在第7届江苏书展主宾馆举行《我们去哪儿》涂色创意活动。《我们去哪儿》是一套神奇的旅行涂色宝典，打开一本书，就像开始了一段奇妙的旅行，每一本书都能将你带入一个新奇神秘的国度，让你足不出户便能饱览世界各地的大好风光。本书融入涂色和绘画，让每本书都成为小艺术家独一无二的画集。

活动现场，主持人结合图书“旅行”的主题，以每个国家的主题元素为切入点，带领小朋友切身体会不同国家的风土人情，增长见识、开阔眼界，让参与活动的小朋友把自己对世界的认知通过颜色诠释出来，给他们一个认识世界、创作世界的机会。通过这样的创意活动，旨在培养孩子认识美、体验美、感受美、欣赏美和创造美的能力，使孩子具有美的理想、美的情操、美的品格和美的素养。（范雨萌）

《设计的故事——走向设计之人》新书发布会暨签售会举行

2017年7月16日，中国美术出版总社在第7届江苏书展上举办以“人类的存在就是设计的意义”为主题的《设计的故事——走向设计之人》新书发布会暨签售会。作者迪人为读者奉上了一场精彩的视听盛宴，用生动风趣的语言将设计这个看似专业的名词诠释得深入浅出，让读者明白了设计不仅仅属于专业领域，而是遍布在生活的各个角落。

作者吸纳社会学、人类学、哲学以及技术学、艺术学等的研究成果，首次提出了“设计之人”的哲学命题，为设计理论界之首创。本书以颠覆性的倒序手法，逐次打开了现代、近代、古代以至远古设计的大门。讲座围绕着苹果的创立、迪拜的大规模设计与开发、大英博物馆文物的印证等大家熟知的案例背后关于设计的故事展开，一个个关于设计的故事试图将文明史中的经典设计更真实、更自然而又更本质地再现于世。讲座结束后，举办了签售活动以回馈广大读者。

（范雨萌）

中国对外翻译有限公司举办“联合国译员的成长之路”系列公开讲座

2017 年 7 月 16 日，中国对外翻译有限公司（以下简称“中译公司”）举办题为“联合国译员的成长之路”的专题讲座。本次讲座特邀中译公司联合国文件翻译部高级翻译、中译培训明星教师金丹女士进行授课。40 余位翻译从业者、翻译相关专业学生和翻译爱好者到场听取讲座，并与专家、讲师进行了交流互动。（金文茜）

“2017 世界青少年合唱节——香港”举行

2017 年 7 月 17～22 日，“2017 世界青少年合唱节——香港”举行。《中国音乐教育》杂志作为本届合唱节的协办方，积极为中国内地的专家、学者、教师和学生提供参与国际高水平合唱节和交流的机会。本届合唱节不仅评审专家知名度高，参赛团队水平高，合唱节在组织形式、内容安排、评审规格等方面也具有较为成熟的经验和模式。通过合唱节中的国际合唱比赛、合唱音乐会、合唱工作坊、世界青少年合唱艺术家圆桌论坛等一系列丰富多彩的活动，无论是合唱团、指挥，还是合唱节的组织者，抑或是合唱节的评审以及合唱作品的创作者，每一位参与者都深有感触和收获。（王春力）

《中央档案馆藏日本侵华战犯笔供选编》（第 2 辑）发布会暨赠书仪式举行

2017 年 7 月 18 日，由中央档案馆整理、中华书局出版发行的《中央档案馆藏日本侵华战犯笔供选编》（第 2 辑）发布会暨赠书仪式在中国人民抗日战争纪念馆举行。中国人民抗日战争纪念馆、国家图书馆接受了图书捐赠。

《中央档案馆藏日本侵华战犯笔供选编》是纪念中国人民抗日战争暨世界反法西斯战争胜利 70 周年重点主题出版项目，第 1 辑 50 册已于 2015 年 8 月出版，此次第 2 辑 70 册的出版，为这项庞大的出版工程画上了圆满的句号。

中华书局总经理徐俊表示，该书的出版为反击日本右翼言论提供了不可撼动的历史证据，具有重要的现实意义和深远的国际影响。

中央电视台、中央人民广播电台、《人民日报》（海外版）、《光明日报》《中国新闻出版广电报》、中国社会科学网等 10 多家媒体对本次活动给予了重点报道。（梁　彦）

《父亲的含义是榜样》新书发布会举行

2017 年 7 月 22 日，中国民主法制出版社编辑出版的《父亲的含义是榜样》新书发布会在西单图书大厦举行，多名现场读者得到了郑氏 3 代的合签版。在发布会之前策划了线上直播活动，以“父亲”“教育”为关键词，让线上的读者粉丝与郑洪升、郑渊洁、郑亚旗子孙 3 代亲切互动。发布会后，又与新浪读书的官方微博合作了转发打榜赠书活动，转发、评论、点赞量均超过预期，借助新浪读书及郑洪升的微博粉丝，使得出版社的官方微博成功吸粉。（邵　力）

荣宝斋（桂林）拍卖有限公司 2017 春季艺术品拍卖会收槌

2017 年 7 月 22 日，荣宝斋（桂林）拍卖有限公司 2017 春季艺术品拍卖会在昆明翠湖宾馆二楼金色大厅收槌。参与拍卖的拍品总计 620 余件，成交率为 85%，总成交额为 6600 万元。

此次春拍分为“中国书画”“文玩清韵”两个专场。“中国书画”专场名家力作云集，成交率高达 80%，尤以仇英的《仿赵伯驹青绿山水手卷》最为亮眼，拍出了 319 万元的高价。沈铨《松鹤延年图》、张大千《听涛图》分别拍出 92 万元、75 万元的高价。（陶　爽）

《劳燕》分享对话会举行

2017 年 7 月 28 日，人民文学出版社新书《劳燕》在西西弗书店蓝色港湾店举行分享对话会。作者张翎与人民文学出版社副总编辑应红、作家王树增、北京大学中文系主任陈晓明和澳门大学教授朱寿桐围绕战争中的人性与文学创作展开精彩对话，而张翎的原文朗读更将活动推向高潮。

王树增分析了小说的主题和战争背景。他说，当代中国文学史上又多了一本非常优秀的战争题材小说，它以战争为大背景，把直接的笔触及到战争当中的人性，而小说中所彰显的人性重生更令他深深感动。

朱寿桐谈论了小说的艺术创作。他认为，现在的时代已经进入到大家可以把玩“精致”，可以欣赏“精致”，可以欲求那种文学艺术的“精致”的时候，而张翎正代表着这样一种趋势，并就小说的结构、人物关系、内容和语言表达了自己的看法。

陈晓明认为，《劳燕》真正写出了在战争中受伤的心灵如何重新建立生命的尊严与发出人性的光辉，并通过和王树增的纪实文学对比，肯定了张翎小说的虚构写法，从艺术创作角度分析了她写历史、处理战争和灾难的方式。

（顾　乡）

世界图书出版有限公司第 5 届全国高等学校外语非通用语青年骨干教师高级研修班开班

2017 年 7 月 28 日，由教育部外指委非通用语种类专业教学指导分委员会指导、中国非通用语教学研究会主办、世界图书出版广东有限公司承办的第 5 届全国高等学校外语非通用语青年骨干教师高级研修班在广州开班。来自北京、天津、河南、上海、广东、广西、四川、云南、海南等 10 余个省、自治区、直辖市的 30 余所高等院校骨干教师 105 人参加了本次研修会。

本次研修班邀请了教育部非通用语种类专业教学指导分委员会主任委员刘曙雄、国务院外语学科评议组成员钟智翔以及来自北京大学、广东外语外贸大学、云南民族大学、广西民族大学等高校共 9 名非通用语界专家教授，为全国青年骨干教师传授非通用语种的教学方法与技巧。研修班由世界图书出版广东有限公司总经理助理刘正武主持，总经理陈岩致开幕词，刘曙雄教授代表教育部外指委就“我国外语非通用语教育历史沿革和发展趋势”发表讲话，简明扼要地概述了非通用语教育的历史沿革和发展成果，阐述了非通用语和当前国家“一带一路”国际合作之间的关系，对世界图书出版广东有限公司出版的 250 多种非通用语教学用书表示了肯定。

（卢家彬）

中译语通科技（北京）有限公司“幻化·2017 战略发布会”举行

2017 年 7 月 29 日，中译语通科技（北京）有限公司（以下简称“中译语通”）“幻化·2017 战略发布会”在北京举行。来自知名高校、媒体、医疗、体育、互联网等众多领域的 300 余位嘉宾应邀出席，共同见证中译语通从“绽放”到“幻化”的蜕变。中译语通 CEO 于洋在大会上发表了主题为“大数据驱动下的 AI 美学”的演讲，在回顾中译语通过去 5 年的发展历程的同时，展望未来“大数据+人工智能”的深度场景化应用。

中译语通在过去 5 年的发展中，在大数据技术生态里，构建起包括 Insider DI、Insider BUZZ、Insider LITE、JOVEBIRD 等在内的系列大数据应用。同时，在大数据采集和分析、机器翻译和人机辅译、语义搜索等方面进行深入研发与持续投入，为构建大数据技术生态夯实基础。

（赵　桐）

荣宝斋（上海）拍卖有限公司 2017 春季艺术品拍卖会收槌

2017 年 7 月 30 日，荣宝斋（上海）拍卖有限公司 2017 春季艺术品拍卖会以 1.21 亿元成交额（成交率 81.59%）收槌。此次“无底价书画”专场产生了白手套专场，这是荣宝斋（上海）拍卖的首次白手套专场。（陶　爽）

中国美术出版总社与无锡地铁联手打造“连环画主题地铁专列”

2017 年 7 月，中国美术出版总社《连环画报》编辑部联手无锡地铁，推出“一趟倒回旧时光的列车”活动，《水浒》连环画主题地铁专列在无锡地铁 1 号线上线。

这列 6 节编组的列车里，以连环画形式再现了《快活林》《林冲雪夜上梁山》《狮子楼》《李逵下山》《闹江州》《野猪林》6 段脍炙人口的《水浒传》故事，所展示的作品均出自人民美术出版社于 20 世纪 50 年代出版的《水浒传》系列经典连环画。以《水浒传》为代表的被称作“小人书”的连环画陪伴了几代人的成长。经典的连环画画面，配以青砖路、斑驳墙、老木门、小人书摊，这些怀旧元素重现在车厢里，使得那些看着小人书成长起来的乘客刹那间穿越回到童年幽深的小巷。（范雨萌）

《中国音乐教育》杂志主办“第 7 届奥尔夫音乐艺术教育国际认证师资培训班”

2017 年 8 月 7～13 日，由《中国音乐教育》杂志主办的“第 7 届奥尔夫音乐艺术教育国际认证师资培训班”在深圳举行。来自澳大利亚奥尔夫协会的奥尔夫教学法专家莎拉・布鲁克、苏西・戴维斯一斯比特以及中国奥尔夫音乐教育实践研究课题组特聘专家徐迈为参加培训的百余名学员进行了长达 36 课时的授课，教学内容包括教学法、配器法、技能和即兴、歌唱、直笛等。培训结束后，专家们为完成培训、通过考核的学员颁发了澳大利亚奥尔夫协会授予的国际执教资格证书。

（王春力）

《父母：挑战》新书发布会举行

2017 年 8 月 8 日，美国作家鲁道夫・德雷克斯的经典作品《父母：挑战》新书发布会在北京单向空间书店举行。此次活动由生活书店出版有限公司和“北京阅读季”共同主办。美国正面管教导师、《父母：挑战》的译者花莹莹与读者分享了该书的精髓，以及当代父母到底应该如何应对育儿过程中面临的种种挑战。活动中，花莹莹具体探讨了父母教育孩子时会面临的诸多问题，并通过自己正面管教的专业知识予以解答。现场读者提问踊跃。

此次活动还使用了京东直播，读者们在观看直播的同时，还可以把活动涉及的相应图书产品《父母：挑战》实时添加到购物车内，增加了京东购物平台的图书销售数量。（赵庆明）

中国美术出版总社参加 2017 南国书香节

2017 年 8 月 10 日，中国美术出版总社参加 2017 南国书香节。本次展览精选了人民美术出版社、连环画出版社部分中国连环画经典名作，如人民美术出版社老一辈名家王叔晖先生绘画的《西厢记》（彩色和黑白）、墨浪先生绘画的《牛郎织女》，上海老一辈连环画名家张令涛、胡若佛先生联袂创作的《杨家将》，更有王弘力的《杨志卖刀》、洪斯文的《海瑞》、卢延光的《龙女牧羊》，以及孩子们最爱的由赵宏本和钱笑呆创作的《孙悟空三打白骨精》等原作仿真精品展出。

（范雨萌）

“中版好书百店千柜工程”落地广东省 41 家书城

2017 年 8 月 10 日，以“南国书香节　阅读嘉年华”为主题的 2017 年南国书香节暨羊城书展在广州琶洲会展中心拉开帷幕。开展当天，“中国出版集团馆”举行开馆仪式，国家新闻出版广电总局出版管理司副司长李一昕，广东省委

宣传部巡视员、省文明办主任顾作义，以及中国出版集团公司所属各单位、广东省有关单位和集团公司的相关领导出席了仪式。

在开馆仪式上，在与会领导和嘉宾的见证下，中国出版集团公司与广东新华发行集团签署了《中版好书百店千柜工程项目合作协议》，确定在广东省的广州、湛江、梅州、江门等 17 个城市的 41 家书城设立“中版好书”专柜专台，集中展示销售“中版好书榜”榜单优秀图书。

2015 年以来，“中版好书百店千柜”工程已经在广东三水新华书店、湛江赤坎购书中心，以及广州“四阅·永泰店”落地。此次双方以新的形式合作，是双方实施创新合作模式的一次有益探索，也是双方深化战略合作的具体成果。

广东新华发行集团一直以来与中国出版集团公司保持了良好的合作，双方陆续签署了中国出版集团公司长期落户南国书香节、出版发行战略合作、产业供应链信息对接战略合作等一系列合作协议。通过不断深入推进双方的战略合作，持续促进双方资源重组，优势互补，打通精品图书出版与发行销售的上下游产业链，努力为广大读者搭建出更优质的阅读平台，为促进全民阅读的伟大事业发挥出更大作用。

本届南国书香节“中版馆”场馆面积约1080平方米，内设“中版好书”“传统文化”“社科文艺”“少儿图书”“精品连环画”5 个专题展，集中展销中版集团的重点图书、音像制品和数字出版物等优秀产品 4000 余种。此外，中国出版集团公司还精心筹备了 10 多场文化活动。

（郭晶晶）

中国出版传媒商报社承办南方出版高峰论坛

2017 年 8 月 11 日，由中共广东省委宣传部、广东省新闻出版广电局主办，南方出版传媒股份有限公司、中国出版传媒商报社承办的“南方出版高峰论坛”在广州市琶洲国际会展中心举行。本次论坛以“出版之魂——品质·品位·品读”为主题，旨在推动出版业出精品、推原创，打造有思想、有灵魂、有品位的好书。中共广东省委宣传部巡视员、省文明办主任顾作义出席并致辞。全国政协常委、民进中央副主席、阅读推广名家朱永新，中国作家协会副主席、书记处书记李敬泽，中国出版协会常务副理事长邬书林，韬奋基金会理事长聂震宁，中国出版集团公司党组成员、中国出版传媒股份有限公司副总经理孙月沐，著名作家王树增，中国少年儿童新闻出版总社社长李学谦，商务印书馆党委书记肖启明，中国人民大学出版社社长李永强参加论坛并做主题演讲。来自全国出版界人士 200 余名参加了论坛。

（马雪芬）

《沪乡记事》新书首发式举行

2017 年 8 月 12 日，《沪乡记事》新书首发式在上海市浦东新区南汇博物馆举行。浦东新区宣传部宣传处处长黄玉靖、浦东新区惠南镇党委副书记徐建军、上海电视台首席记者宣克炅、自媒体人士“小程哥哥”程钦磊等出席了活动。

活动中，作者沈月明回忆了在惠南镇黄路乡海沈村成长的点滴，以使命感和责任感讲述了 20 世纪七八十年代故乡的乡村图景。程钦磊配合书中内容，在现场表演了南汇方言脱口秀，并与读者互动。徐建军则分享了以一个外乡人的角度阅读《沪乡记事》的经历。黄玉靖在致辞中表达了祝贺、感谢与感动。他说，《沪乡记事》写的是所有郊乡人的故乡，整本书充满了令人共鸣的回忆与温情。

（刁俊娅）

《N 岁孩子，N 岁父母》家长见面会举行

2017 年 8 月 12 日，现代教育出版社在北京百万庄图书大厦举办《N 岁孩子，N 岁父母》家长见面会。此次活动是现代教育出版社携手北京师范大学文化创新与传播研究院、一起悦读俱乐部、百万庄图书大厦和北京惠民文化消费季联合举办的。现代教育出版社副社长陈琦致开幕词，北京师范大学家庭教育课题负责人尚立富博士对本套丛书进行了整体介绍，随后北京师范大学家

庭教育课题组成员翟婷婷和王颖老师分别就《0岁孩子0岁父母》《4岁孩子4岁父母》两本书为大家做了重点介绍。在这次活动中，现代教育出版社尝试利用直播网络平台进行全场的网络直播活动。本次活动吸引了众多家长、幼儿园老师及关注家庭教育的市民的参与，扩大了现代教育出版社图书的品牌影响力。（焦小桥）

沈石溪、秦文君、谢倩霓携作品出席2017上海书展

2017年8月16～22日，由人民文学出版社、天天出版社主办的多场新书发布活动在2017上海书展举办。沈石溪、秦文君、谢倩霓纷纷携各自作品与读者朋友见面，分享创作背后的故事，畅谈阅读写作、家庭教育的心得体会。

被誉为“动物小说大王”的沈石溪在这次书展上为小读者带来的是《中西动物小说大王金品共读系列·拼音版》。该套丛书精选了沈石溪与欧内斯特·汤普森·西顿创作的动物小说精品，并加大了注音力度，专为4～6岁儿童量身打造，为他们奠定独立阅读的扎实基础。

儿童文学作品的创作关乎孩子的成长，作为上海书展的常客，著名儿童文学作家秦文君在活动中和自己的女儿戴萦袅一起分享了她们对校园成长和家庭教育的感悟。此次活动，她带来了《秦文君原创大奖小说书系》与《秦文君原创大奖小说·美绘拼音版书系》，引人入胜的情节和细腻生动的描摹使读者在感受一个个少年人物成长的同时，也能体会到校园生活的甜酸苦辣。

除秦文君母女外，在此次2017上海书展中，著名儿童文学作家谢倩霓也携手女儿江亦纯，向读者呈现了两代人的成长对话。值得一提的是，在前不久出版的“成长的对话”系列中，谢倩霓与一对双胞胎女儿所著的《我在你身旁》收录其中。新颖的亲子作品，向读者展示了父母的言传身教在孩子成长过程中所留下的美丽印记。

（顾　乡）

《微观内蒙古》（汉英版）新书发布会举行

2017年8月16日，由内蒙古博物院、内蒙古新华发行集团和商务印书馆联合主办的《微观内蒙古》（汉英版）新书发布会在内蒙古博物院举行。内蒙古自治区党委宣传部对外联络处调研员巴音吉日嘎拉、内蒙古自治区社会科学界联合会副主席胡益华、内蒙古博物院院长陈永志、内蒙古新华发行集团常务副总经理张颖、商务印书馆总编辑周洪波出席会议。

《微观内蒙古》（汉英版）主题出版项目是向内蒙古自治区成立70周年献礼之作。该书由达斡尔族学者莫久愚主持编写，以汉族、蒙古族、鄂温克族等内蒙古不同民族的学者、作家、媒体人、摄影家组成创作团队，由来自美国的国际版权人担任翻译。400余条短小却富含内容、充满情致的“微博”以及数百张精彩图片，图文并茂地展示了内蒙古的人文、历史、民俗、地理以及文化、情感等诸多方面。“微博体”极具亲和力和感染力，配上有视觉冲击力的摄影作品，“阅图”加“悦读”，带给读者轻松而直观的阅读新体验。

《微观内蒙古》（汉英版）是商务印书馆主持策划的外宣读物“微观中国”系列的第5本。“微观中国”系列首创“微博体”写作方式，强调从细微处观察、体验，用140字的篇幅独立呈现一个事实或传递一种情感。此前出版的《微观西藏》《微观新疆》《微观西安》《微观杭州》均受到广泛好评。（刘　芳）

《我们看好中国——世界政要精英共论中国》新书发布会举行

2017年8月16日，华文出版社联手《环球时报》、上海中版图书公司，在2017上海书展共同举办“《我们看好中国——世界政要精英共论中国》名家讲座暨新书发布会”。复旦大学中国研究院院长张维为、《环球时报》副总编辑谢戎彬出席。

《我们看好中国——世界政要精英共论中国》是继《我们误判了中国——西方政要智囊重构对华认知》出版之后，华文出版社再度联手《环球时报》共同打造的一部年度大书。全书分为：中国式贤能政治、深厚的中国文化、和平大外交、“一带一路”：中国与世界对接、创新驱动中国、世界需要中国等。分别从真正代表人民整体利益的政治力量、市场作用和政府作用的有机结合、中国混合经济模式实现创新驱动的独特优势、中国道路成功背后的中国文化因素等方面进行了深层次的论述。（景洋子）

“汉译名著分科本120年纪念版出版座谈会”举行

2017年8月17日，在2017上海书展上，商务印书馆举办“汉译名著分科本120年纪念版出版座谈会”。华东师范大学党委书记、哲学系终身教授童世骏，同济大学人文学院教授孙周兴，商务印书馆总经理于殿利参加座谈，商务印书馆副总编辑陈小文主持座谈会。

“汉译世界学术名著丛书”是商务印书馆组织出版的一套大型学术翻译丛书。丛书自1982年开始出版，至2017年单行本已出版了15辑650种。“汉译名著”自出版以来，得到了社会和学界的肯定、赞誉。2017年是商务印书馆创立120年，商务印书馆特别推出“汉译名著”分科本120年纪念版700种。分科本不仅包括已出版的第1～15辑的600余种，还包括即将出版的第16辑和第17辑的部分品种。分科本在以往出版的单行本基础上做了文字和体例上的统一校改，进一步提升了译文质量。装帧上采用硬面套装，封面做了烫金处理，凸显了“纪念版”的主题。“汉译名著”分科本120年纪念版的出版，可谓是对这一学术品牌新的阶段性总结。

（刘　芳）

“尼采与当代艺术——《未来艺术丛书》对谈会”举行

2017年8月17日，“尼采与当代艺术——《未来艺术丛书》对谈会”于2017上海书展期间举行。首都师范大学教授、艺术批评家汪民安，同济大学教授、《未来艺术丛书》主编孙周兴，商务印书馆总经理于殿利，围绕“尼采与当代艺术”展开精彩对谈，内容包括：今天我们为何还要读尼采、何为当代艺术、什么是面向未来的艺术与哲学等，极富思想性与启发性的观点为读者带来了一场精神的盛宴。

孙周兴主编的《未来艺术丛书》依托同济大学艺术史与艺术哲学研究所、中国美术学院艺术现象学研究所，重点推介以欧洲（德、法）为重点的当代艺术和艺术理论。以艺术与哲学的当代交织为主线，着眼于当代生活的艺术—哲学介入，关注人类未来文明以及创造和思想的可能性。丛书作者既有艺术家和艺术史家，也有哲学家和美学家。《未来艺术丛书》第1辑包括《艺术在没落中升起》《20世纪西方艺术史·上卷》《20世纪西方艺术史·下卷》《悲剧的诞生》《瓦格纳事件·尼采反瓦格纳》《当代艺术的哲学分析》《什么是艺术？——博伊斯和学生的对话》《艺术—政治的未来——雅克·朗西埃美学思想研究》。

（刘　芳）

《沈石溪十二生肖故事》新书发布会举行

2017年8月17日，国内少儿文学代表作家、著名动物小说大王沈石溪携最新力作《沈石溪十二生肖故事》参加2017上海书展并举行新书发布会。该书由现代出版社出版发行。

沈石溪创作的动物小说，深入内心世界的细节描写和精妙绝伦、跌宕起伏的情节设置，刻画出一个个栩栩如生的动物形象，读来扣人心弦、震撼人心。在他的笔下，动物世界是与人类平行的有血有泪的世界。

《沈石溪十二生肖故事》将故事性、趣味性和知识性融为一体，内涵深刻，富有哲理。在每篇故事后面罗列出相关的扩展知识，内容涵盖动植物、传统文化、人文地理、艺术神话等多个领域，让小读者开阔视野，感悟世界，在读故事的

同时又能轻松学习传统文学知识。

（陈丽壮）

《自然法名著译丛》《政治哲学名著译丛》签售会举行

2017年8月18日，商务印书馆在2017上海书展上举行《自然法名著译丛》《政治哲学名著译丛》签售会。《自然法名著译丛》《政治哲学名著译丛》主编、华东师范大学法学研究院晨晖学者吴彦，华东师范大学哲学系教授葛四友，南京师范大学法学院副教授姚远，上海师范大学法政学院刘振宇，华东师范大学思勉高研院青年研究员马华灵参加活动并进行对谈。

商务印书馆自2013年开始出版的《自然法名著译丛》旨在为汉语学界提供最基本的自然法文献，并在此基础上还原一个更为完整的自然法形象。该丛书希望通过理解这些构成西方法学根基并将其作为反思与辩驳对象的观念，进而为建构我们自身良好的生存秩序提供前提性的准备。《政治哲学名著译丛》意在为人们构建一个“政治成熟”的理论基础，使人们认识到，一个民族的政治成熟在本质意义上不在于它力量的强大或对现实处境的敏锐意识，而在于它可以给整个世界提供一种好的生活方式。（刘　芳）

语文教师与经典阅读论坛暨语文教师小丛书（第1辑）新书发布会举行

2017年8月19日，由商务印书馆主办的“语文教师与经典阅读论坛”暨“语文教师小丛书”（第1辑）新书发布会在2017上海书展期间举行。著名教育家、特级教师于漪，安徽师范大学文学院教授陈文忠，上海市北中学校长、特级教师陈军，商务印书馆总编辑周洪波出席论坛。与会嘉宾和读者认为，“语文教师小丛书”为语文教师读书、藏书提供了一份精品书目。论坛掀起了暑期教师阅读经典的热潮。随着丛书的陆续出版，将持续带动语文教师读经典、读好书。

“语文教师小丛书”的选书标准为“大家经典小书、语文教师必备”，在广泛征求学术界、教育界、读者的意见基础上，选取中国本土学术大家的篇幅适中的经典之作出版，涵盖语文教育相关领域。书目充分考虑语文学科的基础性、综合性、实践性特点，重在培育语言、思维、审美、文化四大语文核心素养，为便于教师研读，每种书前均附有当代学者撰写的导读。该丛书第1辑包括：俞陛云《诗境浅说》、龙榆生《词学十讲》、朱自清《经典常谈》、胡朴安《文字学ABC》、胡怀琛《古书今读法》。（刘　芳）

中国大百科全书出版社举办彩虹宝宝趣味涂鸦活动

2017年8月19日，由中国大百科全书出版社“彩虹宝宝趣味涂鸦活动”在2017上海书展举办。活动吸引了大批小读者前来，他们积极踊跃，构思奇妙，展现出各异的绘画潜力。

《彩虹宝宝》一书是动画片《彩虹宝宝》的配套同名图书，被列为联合国教科文组织“关爱女童计划”推荐书目。《彩虹宝宝》以中华优秀文化为核心元素，面向学龄前儿童，向孩子们传递坚定、执着和对生活的热爱与担当。该动画片在2016年4月首播后，就获得了中国动画学会颁发的“2015年度动漫游戏创投奖大奖”，被国家新闻出版广电总局推荐为优秀国产动画片，入选文化部“2016年弘扬社会主义核心价值观动漫扶持计划项目”，更是被联合国教科文组织纳入支持项目。

此次举办的“彩虹宝宝趣味涂色大比拼”活动以书中的人物形象为代表，在经过现场插画师对本书内容及具体形象讲解后，由参加活动孩子进行现场涂色，孩子们可根据自己的喜好以及对人物形象的把握自由创作，最后经专业人士进行现场有奖评选。中国大百科全书出版社为参加活动的孩子们准备了礼品。（尹添铭）

《太平洋战争》新书发布会举行

2017年8月19日，天涯超人气知名历史作

家青梅煮酒携新作《太平洋战争》参加 2017 上海书展并举行新书发布会，与数百位历史爱好者共话太平洋战争的前因后果。

“太平洋战争”系列由现代出版社出版发行，完整呈现了日本军国主义兴起及败亡的全过程，多角度展示了轴心国和同盟国之间的军事、政治、外交和经济斗争。“太平洋战争”系列图书自日本明治维新写起，多角度解读日本军国主义兴起至二战战败投降的全过程。

作者青梅煮酒数十年积累，一朝勃发，其故事内容和写作方式获得了读者的喜爱与欢迎。青梅煮酒在活动现场从九个方面论述了太平洋战争的必然结果，描述诙谐细腻，情节扣人心弦。他曾连续两年获得天涯社区“煮酒论史”栏目十大作者称号，2016 年还获得“天涯社区 18 周年人物盛典文学分区网络红人”称号。“太平洋战争”系列更是获得天涯社区 1999～2016 年经典原创作品奖，并连续两年获得年度十大佳作。

（陈丽壮）

《图手创意——手机时代的跨界艺术》新书发布会暨签售会举行

2017 年 8 月 20 日，中国美术出版总社在 2017 上海书展举办了《图手创意——手机时代的跨界艺术》新书发布会暨签售会，作者曹宇、著名文化学者胡野秋出席活动。本书一改传统的艺术类作品选集的出版方式，从艺术表达和图书设计两方面加以创新，用作品与所配文字共同诠释“人文手机图像”这种新的艺术方式。

（范雨萌）

《看见美好：文物与人物》新书首发式暨签售会举行

2017 年 8 月 21 日，中国美术出版总社在 2017 上海书展上举办《看见美好：文物与人物》新书首发式暨签售会活动，本书作者、中央美术学院教授郑岩到场和读者亲切互动，并围绕图书主题进行生动介绍。从郑岩的介绍中可知，书中介绍的古代艺术品大多是考古发掘所得，如今通过写作的方式对这些艺术品进行再次“发掘”，通过细致的观察、分析来发现古代艺术品内在的价值，意在表达它们的美好；不经过再次发掘，即使看了也未必看见。本书不论是谈物、论人，还是对创作手法的解析，都是对美的追寻，对艺术之美及其背后的人性之美的追寻。

（范雨萌）

华文书法教育暨中华文化研学活动举行

2017 年 8 月 22～28 日，由中国出版集团公司、新疆维吾尔自治区教育厅共同举办，中版教材有限公司承办的“华文书法教育暨中华文化研学活动”在北京举行。此次活动为期一周，共有新疆维吾尔自治区 9 个地州市、6 个民族的 18 位书法教师参加了此次活动。

参加本次活动的各位师生代表白天参观了北京古代建筑博物馆、中国人民革命军事博物馆、故宫、北京孔庙和国子监博物馆、首都师范大学书法文化博物馆等 10 多处历史古迹、文化古迹以及红色文化教育场所，并与北京的中小学师生开展交流，近距离地感受书法之美，体验中华文化之博大精深。晚上，公司还安排了书法交流研讨课程，授课教师均为书法教学经验丰富的教研员、书法家。通过贴近新疆中小学师生实际，开展最生动有力的社会主义核心价值观教育和中华文化教育，极大地增强了他们的民族自豪感，增添了他们建设伟大祖国、建设美丽新疆的责任感和使命感。

活动让新疆各族学生了解了祖国悠久的历史和灿烂文化，更加深切地体验到中华文化的博大精深，领会到中华民族的光荣伟大，感受到“中华民族一家亲”的磅礴力量。（张造顺）

2017 国际出版企业高层论坛举行

2017 年 8 月 23 日，“2017 国际出版企业高层论坛”在北京举行，来自全球 14 个国家和地区的 200 余位国际国内出版行业高层人士出席论坛。论坛以“一带一路：出版合作模式创新”为主题，由国际出版商协会、中国出版协会、中国出版集团公司主办，新华书店总店、人民音乐出版社、《国际出版周报》联合承办，南京禾康智慧养老产业有限公司、新华互联电子商务有限责任公司协办。

全国人大教科文卫委员会主任委员、中国出版协会理事长柳斌杰，捷克文化部副部长卡特琳娜·卡利斯托娃，国家新闻出版广电总局印刷发行司司长刘晓凯，伊朗出版联盟主席麦哈莫德·阿姆兹高利，阿拉伯出版商协会秘书长巴沙尔·沙巴鲁等出席论坛并致辞。中国出版集团公司党组书记王涛，爱思唯尔全球副总裁戴博文，凤凰出版传媒集团董事长张建康，埃及智慧宫文化投资公司总经理艾哈迈德·赛义德，外语教学与研究出版社社长蔡剑峰，匈牙利出版商和书商协会主席、科苏特出版公司首席执行官兼董事长安德烈·亚历山大·柯奇士，叙利亚出版商协会主席海赛姆·哈菲兹·莫霍克，中原大地传媒股份有限公司总经理林疆燕，南非连锁书店 Exclusive Books 首席执行官本杰明·瑞斯克，贝尔格莱德孔子学院院长、塞尔维亚汉学家拉多萨夫·普西奇等多名重量级嘉宾，围绕“一带一路”出版合作创新、国际出版深度合作等主题做主旨报告。

柳斌杰在致辞中指出，“一带一路”沿线丰富多彩的各国各民族文化，不仅赋予出版人沟通各国文化理想、促进人类文明传承的光荣使命，也将给中外出版业的交流合作、市场扩展创造历史新机遇，为全球出版事业提供丰富的选题资源和发展空间。柳斌杰希望“国际出版企业高层论坛要形成长效机制，架起中外出版交流的桥梁”。

刘晓凯指出，国家新闻出版广电总局开展的“丝路书香”工程促使中外出版交流的领域和空间不断拓展，项目合作、资本运营、技术投资、人才交流等多元化、立体化合作格局与模式渐次建立。

由新华书店总店《国际出版周报》发起并承办的国际出版企业高层论坛已在北京和伦敦举办过两届，是国际出版界最高规格的合作交流活动之一，旨在为出版产业铸就一个凝聚智慧的国际平台、资源共享的交流平台、推进合作的信息平台，加强我国和相关国家的文化交流，共同拓展人文空间。

（梁晓龙　韩舒雅）

《宋慈大传》（英文版）第1卷新书活动举行

2017年8月23日，第24届北京国际图书博览会在北京举行。8月25日，中译出版社与英国查斯（亚洲）出版有限公司共同举行了《宋慈大传》（英文版）第1卷新书活动。“中国图书对外推广计划”工作办公室副主任王凤、中国作家协会创作研究部处长纳扬、英国查斯（亚洲）出版有限公司总经理王英、《宋慈大传》作者王宏甲出席了会议。会议由中译出版社总编辑张高里主持。

《宋慈大传》集中了几个非常大的优势。首先是基于中国文化，中国法制自古以来就很发达，在宋慈所处的时代，他不仅法医学学问高，也是人类法官的楷模。其次，译者在翻译过程中非常敬业、严谨，能够感受到他的专业性。第三，戴敦邦先生是水浒一百零八将、金陵十二钗等经典形象的设计者。尽管年事已高，一只眼睛已经失明，但为了设计好宋慈的画像，反复研读这部书，为《宋慈大传》画了插图。

宋慈的精神是非常可贵的，他的作品《洗冤集录》传到海外后，竟在大家不了解作者的情况下出现了21个语种版本。《宋慈大传》书中断案知识源自《洗冤集录》，是宋慈传记与小说的合本，是作者王宏甲“发掘与历史性地再现宋慈”前后达37年的结晶。由于这部作品引人入胜的故事和所凸显的人文价值和学术价值，吸引了英国查斯（亚洲）出版有限公司的注意，并于2016年底和中译出版社签署了全球英文版版权输出协议，希望通过《宋慈大传》（英文版）在海外的推广，来扩大宋慈的影响力，把宋慈介绍给全世界的读者。

（茹　慧）

《外交官学汉语的故事》新书交流会举行

2017 年 8 月 24 日，由世界图书出版有限公司北京分公司举办的“我的学生是外交官——《外交官学汉语的故事》新书交流会”在第 24 届北京国际图书博览会举行。《外交官学汉语的故事》由北京外交人员语言文化中心的多位教师编写，讲述了发生在该语言文化中心的对外汉语教师和学习中国文化的外交官学生之间故事。

本次活动通过特殊的对外汉语教学工作者、特殊的汉语学习者——外交官和对外汉语出版领军人物之间的对话，为读者呈现了一场别开生面的汉语文化盛宴。该书作者之一、北京外交人员语言文化中心主任与读者分享了知名外交官学习汉语的有趣故事；两位大使也通过介绍学习汉语的切身体会，为我们展示了一个别样的语言教学课堂；承载着不同语言文化之间的交流与互动的对外汉语教学，不仅让我们得以从不同的角度反观自己的文化，更增加了中华民族的文化自信。

（朱利伟）

《中国故事大会》新闻发布会举行

2017 年 8 月 25 日，由中版昆仑传媒有限公司、北京电视台和苏州传视影视联合打造的大型人文讲述类综艺节目《中国故事大会》新闻发布会在北京卫视举行。

出席的嘉宾有中国出版集团公司党组成员、副总裁刘伯根，中版昆仑传媒有限公司总经理、《中国故事大会》总策划曹剑，北京卫视副总编辑徐滔，北京卫视节目中心主任马宏，苏州传视影视传媒股份有限公司代表、《中国故事大会》总制片人桑恬，掌门 1 对 1 CEO 张翼，节目常驻嘉宾徐德亮先生等。此外，中央电视台财经频道著名主持人、中国故事大使陈伟鸿发来 VCR 表示支持。

刘伯根在发布会上致辞，指出讲好中国故事是现实的需求，也是文化企业的责任，中国出版集团公司具有天然的优势和影响力。曹剑认为，《中国故事大会》是一档有担当、有深度、有文化、有内涵的综艺节目，拥有巨大的政治价值、社会价值、文化价值和市场价值。

《中国故事大会》缘起于中版昆仑传媒有限公司，是“中国故事全球传播项目”的延伸。《中国故事大会》主题围绕“中国道路”“中国文化”“中国历史”与“中国自信”，讲述中国人的悲欢离合、恩爱情仇与人生追求，是一档有“烟火气”的节目，向大众绘制出一幅当代的“清明上河图”。

（沈梦杭）

《爸爸妈妈，我们今天玩什么》图书交流活动举行

2017 年 8 月 26 日，中国大百科全书出版社在第 24 届北京国际图书博览会上举办《爸爸妈妈，我们今天玩什么》图书交流活动。学前教育专家、百看早教创始人、本书作者李白，用身边废旧物品做成各种环保玩具，伴着大屏幕上“皮皮一家”的游戏视频，为台上台下的孩子们带来了一场别开生动的活动讲座。

现场的父母们注意到，现场游戏所用的道具都是由家中随处可见的纸杯、矿泉水瓶、纸盒、皮筋等手工 DIY 制成，只需要按书中的示范简单加工，一个个小玩具就呈现在孩子面前。孩子们的欢声笑语吸引了越来越多的观众参与进来。李白介绍，这套书用身边的纸杯、纸盒等和孩子一起制作简易玩具，既好玩又经济，同时在制作和游戏中增强了亲子互动。书中每个游戏还内置了“二维码视频”，“制作＋游戏”一目了然，帮助解决中国家长普遍面临的“不知玩什么”和“不知怎么玩”的难题。“生活即教育”是本次讲座努力传递给广大家长的教育理念。

（尹添铭）

现代教育出版社推出“玛雅姐姐讲故事”系列电台节目

2017 年 8 月，现代教育出版社与教育电视

台合作，推出了《玛雅姐姐讲故事》系列电台节目，第一本开讲图书是《我不想一个人睡》。本节目通过意味深长的语言、温情脉脉的文字，以及温馨唯美的图画，让孩子们在故事王国里学会处理成长过程中会遇到的问题。该系列的电台节目也得到家长们的广泛转载和支持。

（杨　静）

《劳燕》分享会举行

2017 年 9 月 2 日，海外华人作家张翎携新作《劳燕》，在抗日战争胜利 72 周年之际，回到故乡温州，与读者分享了小说的创作始末。著名文学评论家谢有顺、作家鲁敏到场，温州大学人文学院教授孙良好主持了分享会。谢有顺认为，张翎为时下的小说创作提供了一种考证的态度，这让虚构小说变得坚实、细腻，让每一个器物都有所出处。鲁敏表示，不管是作为同行还是读者，她都由衷地感佩：“作品中，超现实主义的表现手法和日记、新闻报道、两只狗之间的对话等多种文体的穿插，让整个故事更加结实、饱满，这种标新立异的文体实验和叙事策略让人格外惊喜”。

在现场，温州籍抗战老兵、92 岁的金福元，盟军中美合作所玉壶训练班原少尉特工、91 岁的钟晓村，南京大屠杀幸存者、参加中国远征军、在缅甸印度战场上杀敌报国、88 岁的孙嘉玲，川军抗战名将龙云骧遗孀参加了分享会。

《劳燕》是迄今为止中国第一部涉及美国海军秘密援华使命的文学作品，通过鬼魂追忆的叙事方式，还原了抗战期间发生在浙南乡村的一段隐秘往事。小说中，3 个结下深厚战友情谊的男人都与一个叫“阿燕”的姑娘产生了复杂纠结的情愫，他们在战争的腹脏里开始世事的艰辛。

（顾　乡）

《选择生命——汤因比与池田大作对谈录》中文新译本发布会举行

2017 年 9 月 7 日，在中日邦交正常化 45 周年之际，由商务印书馆与日本创价学会联合主办的《选择生命——汤因比与池田大作对谈录》中文新译本发布会在北京举行。商务印书馆副总编辑李平、日本创价学会常务副会长谷川佳树、清华大学教授冯峰、南开大学马克思主义学院院长纪亚光、中日友好协会副会长许金平、创价学会副会长寺崎广嗣、周恩来总理侄子周秉和等出席活动。

《选择生命——汤因比与池田大作对谈录》是 20 世纪最负盛名的历史学家汤因比与日本思想家池田大作的对谈录。两位东西方智者的对谈发生在 1972 年及 1973 年，正是东西方冷战如火如荼的时期。对谈录分为“人生与社会”“政治与世界”和“哲学与宗教”，共 3 篇 12 章，论及的问题极为广泛。两位作者纵贯古今，横跨全球，追溯过去，着眼当代，展望未来，从宇宙天体、生命起源、宗教哲学、道德伦理、科学技术、文化教育、医疗卫生、环境保护、国民经济、社会福利、政治制度、领导选择、军备竞赛、和平战争，一直到未来的世界大同，几乎探讨了人类社会、当代世界所有最迫切的问题，并对未来世界做了预测和展望，还谈到了中国在未来世界中的作用。这部字字珠玑的对谈录曾于 1985 年由国际文化出版公司出版过中文繁体版，名为《展望二十一世纪》，此次以全新中文译本面世，译文更融入时代语境，便于读者对内容的理解及传播。

（刘　芳）

《中国故事大会》播出

2017 年 9 月 8 日，由中版昆仑传媒有限公司、北京电视台等单位联合打造的大型人文讲述类综艺《中国故事大会》于北京卫视晚间黄金档播出，并在腾讯视频同步上线。跨界嘉宾齐聚节目现场，不仅有“故事大会掌门人”陈伟鸿作为故事引荐人，还有人艺表演艺术家、国家一级演员何冰，青年演员、主持人李林，最强大脑李威的加盟讲述。

《中国故事大会》定位于一档有担当、有深度、有文化、有内涵的综艺，通过讲述当代中国

人身边的故事，生动地绘制出一幅展现当代风貌的“清明上河图”，弥补了主流综艺中传统文化与老百姓互动性差的不足，传达出背后所蕴含着的振奋人心、积极向上的力量，将代表民族、国家和时代的故事说给更多人听，也把最能展现文化自信的中国力量说给世界听。

《中国故事大会》作为国内第一个故事讲述类节目，在众多综艺中独树一帜、大胆创新，创立了观众喜闻乐见的新形态。十九大期间，《中国故事大会》的播出受到领导的高度肯定。国家新闻出版广电总局发表评论，称“从英雄大义到家庭温情，从文化传承到国家行动，《中国故事大会》串联‘小故事’凝聚‘大情怀’，为广播电视讲好中国故事树立了一个值得分析的范本”。

（沈梦杭）

荣宝斋（南京）拍卖有限公司 2017 石家庄文物艺术品拍卖会收槌

2017 年 9 月 10 日，荣宝斋（南京）拍卖有限公司 2017 石家庄文物艺术品拍卖会在石家庄太行国宾馆收槌，整场共计成交 5956 万元，成交率为 86.7%。从预展到拍卖，荣宝斋（南京）2017 石家庄文物艺术品拍卖会得到了社会各界的大力支持，同时还得到河北省当地收藏人士的广泛关注和参与。

（陶　爽）

“刺猬公社”创始人叶铁桥到人民文学出版社谈新媒体营销

2017 年 9 月 12 日，新媒体研究公号“刺猬公社”创始人叶铁桥，就“伴随着新媒体的兴起、传统媒体的式微，图书出版营销工作应当如何在内容与形式上推陈出新，取得更好的营销效果”这一话题，与策划部工作人员及各编辑部门新媒体运营者进行了深入交流。

叶铁桥结合“新世相”“蚂蜂窝”等知名微信公众号、APP 在品牌营销推广上的成功案例，建议新媒体环境下的营销应当以大开脑洞的创意为先导，通过有意思的线下活动吸引意见领袖加入，进而重塑品牌先锋、时尚的内涵，引导舆论，快速吸引粉丝，增加流量。

在文案制作上，叶铁桥以“快看漫画”“夜听”等 APP、微信公号的成功运营为案例，介绍当下媒体环境下，优质内容的制作需要结合大部分用户的敏感点，将当下的时代感以个人化的特征，用视频、音频等多媒体形式来呈现，以吸引更多用户的分享与转载。

优质新媒体内容的制作，需要考虑用户在情感、生活、资讯等多方位的需求，以多媒体的形式讲述大众喜闻乐见的当代故事。

（顾　乡）

第 23 届东亚出版人会议举行

2017 年 9 月 20～23 日，第 23 届东亚出版人会议在浙江乌镇举行。本次会议由中华书局承办，主题为“全民阅读与出版转型”。来自中国大陆和香港、台湾地区以及韩国、日本的 60 余位出版人出席会议。中华书局总编辑顾青、副总编辑尹涛、营销中心主任王军等参会。

中国出版集团公司党组成员、中国出版传媒股份有限公司副总经理李岩在会议开幕式致辞。清华大学李伯重以“挑战与应对”为题，做本次会议的主题发言。随后，参会的东亚出版人围绕“全民阅读与出版新需求”“科技发展与出版新机遇”和“来自编辑现场的新阅读案例分享”3 个议题展开讨论。

数字出版技术对出版业的影响以及在出版业中的应用，成为本次会议讨论的重点。大量有关数字出版的生动案例，为东亚出版人开拓选题思路、积极利用数字出版技术提供了有益的启示。

（梁　彦）

中译语通科技（青岛）有限公司承接第 3 届全球 TMF 智慧城市峰会语言翻译服务

2017 年 9 月 20 日，第 3 届全球 TMF 智慧城市峰会在银川国际交流中心开幕。中译语通科技（青岛）有限公司作为大会的官方指定语言供应商，为大会提供了同声传译、陪同翻译、交替传译等全方位的语言服务，并以优质的服务高效地保证了大会各项活动的顺利举办。

此次峰会由 TM Forum、中兴通讯、银川市政府联合主办，聚集了全球智慧城市生态系统中最具有创意和前瞻性思维的城市、服务供应商、企业、学者和技术合作伙伴。来自五大洲 66 个国家和地区、115 个海外城市与百余个国内城市的政府官员、专家学者齐聚银川，围绕“智慧治理、智慧生活、智慧产业”三大主题，共同交流智慧城市建设经验，探究智慧城市的评价体系和发展模式。

（赵　桐）

斑斓遗石——寿山石名家保真专场拍卖会收槌

2017 年 9 月 24 日，由北京荣宝拍卖有限公司与永新华韵共同举办的斑斓遗石——寿山石名家保真专场拍卖会在北京富力万丽酒店举槌开拍。现场 260 件寿山石艺术品成交 169 件，一枚田黄瑞兽钮夔龙纹章拍出全场最高价 218.5 万元，整场拍卖会成交率为 65%，以 3217 万元成交额收槌。

（陶　爽）

《奔月》新书发布会举行

2017 年 9 月 27 日，鲁敏长篇小说《奔月》新书发布会在北京彼岸书店举行，中国作家协会副主席李敬泽、评论家梁鸿与作者进行了交流和对话。鲁敏曾斩获鲁迅文学奖、人民文学奖、庄重文文学奖、中国小说双年奖、小说月报百花奖、未来大家 TOP20 等各大奖项，此部小说是其历时 5 年精心创作而成。

《奔月》的故事从一辆开往梵乐山的旅游大巴意外坠崖展开。小六在这场事故中消失了，生不见人死不见尸，只留下散落满地的物品。丈夫贺西南不愿相信她已死，开始寻找她的下落，却渐渐揭开了小六隐藏在温顺外表下乖张不羁的多重性格。

（顾　乡）

中版教材有限公司举办中华书局版《中华优秀传统文化》教材培训会

2017 年 9 月 27 日，中版教材有限公司在山东省潍坊市联合举办中华书局版《中华优秀传统文化》教材培训会。本次培训围绕潍坊市初中学段使用中华书局版《中华优秀传统文化》教材展开了讨论。共有来自潍坊市各区县的 350 多名初中优秀教师参与活动。本次培训会旨在使潍坊市初中教师正确理解、准确把握本套教材的体例结构和教学使用，实现中华优秀传统文化课程初中学段的系统感知。

教材主编、山东师范大学二级教授、山东省齐鲁文化研究院名誉院长、中国名字研究院特聘院长王志民讲授“中华优秀传统文化教育政策解读”。王志民先生主要就四个方面做了生动、细致的讲解：第一，大力弘扬中华优秀传统文化，是实现中华优秀传统文化创造性转化和创新性发展的基础，是党的十八大以来的重大战略部署。第二，大力弘扬中华优秀传统文化是坚定文化自信的基石。第三，儒学是中华传统文化的骨干，而“八德”是中华传统美德的核心内涵。第四，山东应该成为大力弘扬传承中华优秀传统文化的示范区，而初中教育作为塑造人生灵魂的关键时期，教育工作者应牢牢把握。

教材执行主编、中华书局编审、中华书局经典教育研究中心主任祝安顺做了“教材体例结构和使用建议”的专题报告。祝安顺主要从传统文化教育与教学、教材编写政策、过程、体例、特点、教学建议等方面做了细致、精炼的梳理，为老师们下一步开展实际的教学奠定了坚实的基础。

教材副主编、教师用书主编、北京市中学语文特级教师何郁讲授了“教学指导与实施建议”。何郁以“怎样讲好传统文化课”为题，以教材具体课例以及教师用书具体的使用为抓手，从五个方面娓娓道来。他首先说到中华优秀传统文化教育事关国家文化安全，关系到我们的身份辨认，能够帮助我们认识社会、认识自己，面对《中华

优秀传统文化》这门新的课程，我们要秉持客观、科学、礼敬的态度，落实到理解、认同和实践上，要切己省察、成己达人。随后，他以具体的课程为例，展示了语文课与传统文化课定位的不同、指导老师如何备课、讲好一节传统文化课的原则等。（侯大千）

拥护《国歌法》实施暨国歌出版发布会举行

2017年9月29日，为庆祝《中华人民共和国国歌法》（以下简称“《国歌法》”）的诞生与正式实施，人民音乐出版社与中国人民解放军军乐团、中国国家交响乐团联合主办的“拥护《国歌法》实施暨国歌出版发布会”在解放军军乐团军乐厅举行。

在国歌立法过程中，身为音乐出版“国家队”的人民音乐出版社根据上级安排，结合几十年来音乐专业出版与专业制谱的经验，参与了相关工作。为进一步推进《国歌法》的落实，以实际行动拥护《国歌法》的颁布实施，践行使命与担当，2017年9月，人民音乐出版社及时出版了《中华人民共和国国歌》旋律曲谱及教学挂图；同时在国家有关部门的领导下，与中国人民解放军军乐团合作推出国歌管乐版，与中国国家交响乐团合作推出国歌交响版、合唱版，以满足全国与社会各界当务之急的现实需求。

发布会上，人民音乐出版社举行了赠书仪式，中国人民解放军军乐团现场演奏了国歌，30名少年儿童依据新版曲谱、按照礼仪要求现场演唱了国歌。中央电视台、《光明日报》、新华网、人民网、中国网、央广网等中央媒体和行业媒体对本次活动进行了报道。（孙曼均）

中版文化传播（北京）有限公司在国内多所优质中学开展国学主题系列宣讲

2017年9～12月，中版文化传播（北京）有限公司（以下简称“中版文化”）面向国内优质中学策划了系列合作内容，包括国学主题的进校讲座、图书捐赠，以及“国学大赛基地校”授牌等。

截至2017年底，中版文化共与江苏省徐州一中、徐州撷秀中学、淮阴中学、浙江省温州中学、平阳中学、湖北省宜昌一中、辽宁省大连市育明高级中学等7所学校达成合作，授予以上7所中学“全国中学生国学大赛合作基地校暨优质生源地学校”铜牌。中国人民大学国学院副院长乌云毕力格教授、诸葛忆兵教授，人民教育出版社语文编辑室编辑李嘉哲等专家学者先后作为嘉宾，面向“基地校”的教师和学生进行了国学相关主题的讲座和分享。同时，大赛组委会还向基地校捐赠了由中国出版集团公司所属出版社出版的中华优秀传统文化典籍，每个学校约60种。此次活动不仅有效提升了“国学大赛”的品牌知名度，还是对集团公司所属出版社品牌图书的有益展示，同时为地方学校普及和推广中华优秀传统文化教育提供了有效支持。（宋炳辰）

《纸色斑斓》出版座谈会暨读者签售会举行

2017年10月5日，由中华书局和模范书局主办，古逸英华传播有限公司协办的《纸色斑斓》出版座谈会暨读者签售会在北京模范书局举行。

《纸色斑斓》收录了黄显功为各种图书出版所撰写的集序，包括一些大型影印丛书的出版前言，如《〈申报〉丛书前言》《〈万国公报〉影印出版前言》《中国尺牍文献的源流与研究》《俞曲园及其所留信札》等；此外，还包括版画藏品集序、藏书票集序等。全书集序共计44篇，约15万字，并配有少量书影。

该书作者、上海图书馆历史文献中心主任黄显功，中华书局总编辑顾青，中国社会科学院诗歌史研究专家刘春福，国家图书馆外文采编部主任顾犇，著名版画家和藏书票制作大师杨忠义，中国科学院大气物理研究所高级实验师、早起中国藏书票收藏家龚晏邦，模范书局总经理姜寻以

及古逸英华传播有限公司常务副总经理姜红出席活动。（梁　彦）

《“一带一路”大数据报告》（2017）新书发布会举行

2017年10月12日，《“一带一路”大数据报告》（2017）新书发布会在北京举行。国家发展和改革委员会西部开发司巡视员欧晓理、国家信息中心主任程晓波、商务印书馆总经理于殿利、克拉玛依市副市长阿合买提·巴拉提出席并致辞。

《“一带一路”大数据报告》（2017）由国家信息中心“一带一路”大数据中心编著，商务印书馆出版。该报告有4个突出特点：一是大数据，利用大数据分析技术全面反映“一带一路”建设进展与成效，使用各类原始数据超过5000亿条；二是全方位，覆盖“一带一路”沿线60多个国家以及国内31个省区市、200多家企业、800多家智库、1000多家媒体；三是指数化，推出了“一带一路”国别合作度、省市参与度、智库影响力、媒体关注度、外贸竞争力等8大指数；四是多维度，全面聚焦“一带一路”重点方向、重点地区、重点国家、重点项目。（刘　芳）

“诗词中国”一等奖10位获奖者赴新加坡、马来西亚进行创作采风

2017年10月14～17日，“诗词中国”组委会与碧桂园·森林城市合作，邀请第3届“诗词中国”10位一等奖获得者赴新加坡、马来西亚，开展为期4天的诗词创作采风活动。同时，邀请“诗词中国”的两位资深评委、南京师范大学钟振振教授和中华诗词学会林峰副会长作为导师，全程跟团指导诗友创作。

活动期间，诗友们游览了新加坡最著名的标志性建筑鱼尾狮公园，参观了滨海艺术中心、莱佛士登岸遗址、林谋盛民族英雄纪念碑、百年吊桥等景点，并以当地特色文化景观和“森林城市”理念等为主题进行了诗词创作和交流探讨。在整个活动过程中，导师和诗友们共创作70余首作品，其中部分优秀作品刊登在《诗词中国》丛刊中。（张颖潇）

《尼尔逊儿科学》新书首发活动举行

2017年10月18日，《尼尔逊儿科学》新书发布会在江苏省苏州市召开的“第二十二次全国儿科学术大会”上举行。本次活动由世界图书出版西安有限公司主办。

《尼尔逊儿科学（原著第19版）》一书涵盖了0～18岁儿童所患各种疾病的遗传学、内分泌学、病因学等方面的内容，完整地反映了近年来儿科学发展的新趋向、新理念、新观点和热点问题，全面且详细地阐述了儿科学的理论与实践，对于促进我国儿科学快速、深入的发展有较大的促进作用。参会专家高度评价该书，认为该书的出版对于提高我国儿科临床医生的理论水平和业务能力大有裨益。（王少宁）

《奔月》新书分享会举行

2017年10月21日，南京作家、鲁迅文学奖得主鲁敏，携人民文学出版社出版的最新长篇小说《奔月》在南京先锋书店与读者进行交流。见面会前，记者对她进行了专访。鲁敏告诉记者，这本书从2014年7月写到2016年10月，其间改了6遍，到最后一稿仍旧标注着“一直改到印刷之前”。

鲁敏称，她写的这个故事看似奇崛甚至荒诞，但实际上灵感却来自多则社会新闻。鲁敏说：“现代人往往会对自己的身份产生一种质疑，比方说，我能不能换一种活法？比较积极的处理方式是，有的人会选择换一座城市、换一份工作，等等。而有的人就会采取比较极端的处理方式。”（顾　乡）

现代教育出版社举办家庭教育阅读分享会

2017年10月28日，现代教育出版社在百

万庄文化创客空间举办了一场家庭教育阅读分享会。该活动是由现代教育出版社、北京百万庄图书大厦携手北京师范大学家庭教育课题组、书香中国·北京阅读季以及一起悦读俱乐部举办的。

分享会上，特别邀请了小雨姐姐来为大家展示现代教育出版社出版的精美绘本《三只杯》和《儿童科学早知道》。孩子们聚精会神地听着并积极参与互动，家长们之间也不时地相互交流。随着小雨姐姐绘声绘色的讲演，现场气氛被推向高潮。另一位特邀嘉宾是作为《N 岁孩子 N 岁父母》推广人、家庭教育研究专家潘老师为大家详细介绍了本套丛书。潘老师以轻松活泼的方式，深入浅出地为家长朋友们分享了如何树立良好正确的家庭教育理念，引发了家长们的共鸣和思考。

（焦小桥）

《张菊生先生九十生日纪念册》《校订元明杂剧事往来信札》《涵芬楼烬余书录》（稿本）新书首发座谈会举行

2017 年 10 月 30 日，上海图书馆与商务印书馆合作出版的《张菊生先生九十生日纪念册》《校订元明杂剧事往来信札》《涵芬楼烬余书录》（稿本）在上海图书馆举行新书首发座谈会。两家文化机构以出版的方式，向张元济诞辰 150 周年送上了一份特别的献礼。张元济嫡孙张人凤、上海图书馆副馆长周德明、商务印书馆副总编辑陈小文出席并致辞。

《张菊生先生九十生日纪念册》为 1956 年 10 月张元济 90 寿辰时，商务印书馆同人向其故友旧交和社会知名人士征求书画诗文，精工装裱而成的册页，以为贺礼。《校订元明杂剧事往来信札》是 1938 年 6 月至 1941 年 12 月间，张元济、郑振铎、王云五、袁同礼、李宣龚、王季烈、丁英桂、姜殿扬、胡文楷、蒋仲茀、瞿凤起、任绳祖、孙楷第、孙伯恒、王守兑及相关机构为整理出版《孤本元明杂剧》之事的往来信札专集。《涵芬楼烬余书录》是张元济最后一部古籍整理著作，此次影印出版的是存留了张元济修改、批注手迹的打字油印本。上述 3 种文献均为首次公开出版。同日，“菊香书林——上海图书馆藏张元济文献精品展”在上海图书馆开幕，集中展示上海图书馆所藏张元济译书、印书、藏书、著书以及相关社会交往的第一手文献共 107 件。

（刘　芳）

“艺术向未来”人美高校行活动举行

2017 年 10 月 31 日，中国美术出版总社党委书记周伟，期刊传媒集团书法部和教育部主任、《书法教育》杂志副主编袁法周，期刊传媒集团经营部总监于宏，期刊集团绘画部主任、《油画》杂志副主编王欣等一行前往昆明理工大学艺术与传媒学院开展“艺术向未来”人美高校行活动，与周峰越副校长带领的艺术与传媒学院领导班子以及美术系教师进行了交流。

周伟介绍了人美高校行活动的内容，表示将尽力发挥“人美”的媒体优势，以满足双方需求、建立高校艺术期刊联盟等多种形式，充分展现昆明理工大学美术专业的风貌和学术积淀，共同为弘扬中华民族文化思想、培育艺术人才打好基础。周峰越介绍了艺术与传媒学院美术系的专业特点、专业优势、师资优势、硬件设施等情况，希望人民美术出版社能依托人美独家优质的出版资源及网络、新媒体资源，为昆明理工大学美术系师生搭建和推广学术交流及成果展示的平台。

（范雨萌）

“人美美育学堂”教学研讨会举行

2017 年 11 月 1 日，教育部基础教育课程教材发展中心临沂实验区“人美美育学堂”教学研讨会在临沂市第三十九中学举行，临沂实验区近 300 位美术骨干教师参加了活动。活动现场，临沂市第三十九中学校长徐振如、人民美术出版社教材编辑中心总编辑李滢、临沂市教育科学研究中心主任宋玉良分别发言。山东省教育科学研究院美术教研员肖钢教授、临沂市教育科学研究中心美术教研员李娜、人美教材公司副总经理宋保华和《中国中小学美术》主编贾小川出席会议。此次教研活动是人美美育学堂落地教育部课程中心实验区后举办的首次教研活动。

（赵军平）

世界图书出版上海有限公司与西华一高就中版教育云平台举行交流会

2017年11月1日，中版教育云平台负责人、世界图书出版上海有限公司总经理陆琦一行来到西华一高，与学校领导、各学科教师面对面交流，讨论如何更好地使用云平台，帮助提高教学效率。

会议由西华一高的张志伟老师主持，参加会议的除了中版教育云平台的各位负责人、项目组成员和西华一高教师外，还有中版集团数字传媒有限公司营销中心总经理刘山峰先生、河南润鼎教育科技有限公司总经理栾海陆先生。

会议主要围绕如何更好地使用和建设中版教育云平台这一议题展开。西华一高的领导和教师提出了很多具体的建议。中版教育云平台项目组表示，每所学校的情况不同，通过和老师面对面的交流沟通，我们能更全面具体地了解到西华一高各学科教师的需求，为西华一高提供更为个性化的服务，使西华一高在教育信息化迅速发展的今天能跟上时代发展的节奏，利用新一代信息技术，构建智能化学习环境，养成全校师生数字化学习习惯，从而在教学中获得更理想的效果。

（章　怡）

2017商务印书馆人文社科“十大好书”评选活动举行

2017年11月2日，2017商务印书馆人文社科“十大好书”评选活动在商务印书馆举行。本次活动除邀请书评人、媒体人和学术专家组成专业评委会外，还邀请了全国24所高校的25个读书会、10家优秀企业读书会、22家机关读书会的代表参与投票，并将投票结果以“公务员喜爱的15本好书”“企业推荐的15本书”“大学生喜爱的21本好书”等专题发布。

本次评选共有145本图书入围参评。经过激烈角逐，评选产生出商务印书馆年度“十大好书”：《诗的八堂课》《弦诵复骊歌——教会大学学人往事》《剑桥十八世纪政治思想史》《十五至十八世纪的物质文明、经济和资本主义》《反异教大全（全四卷，五册）》《欧洲漫画史（上卷）——古代—1848年》《欧洲漫画史（下卷）——1848—1900年》《世界报业考察记》《安魂曲——汉诺赫·列文戏剧精选集》《人生道路诸阶段》；年度“十大入围好书”：《俄罗斯抒情诗选（俄汉对照）》《清代学者象传校补（全三册）》《小说鉴史——旧制度与大革命的百年战争》《蜜蜂的寓言（全两卷）》《世界帝国史——权力与差异政治》《珠峰简史》《汉画像之美——汉画像与中国传统审美观念研究（精装本）》《图像与意义——英美现代艺术史论》《丝绸之路研究集刊（第一辑）》《我们需要什么样的文明》《晚清以降——西方冲击下的社会变迁》。

（刘　芳）

《于丹〈论语〉心得》（新版）营销推广活动举行

2017年11月4日，生活·读书·新知三联书店（以下简称“三联书店”）“读书与读城”系列活动第一站在广州图书馆举办，对《于丹〈论语〉心得》（新版）进行营销推广。活动中，作者于丹携三联书店全面修订的《于丹〈论语〉心得》（新版）与读者见面，分享了她自2006年“百家讲坛”开讲《论语》以来积淀10年后的心得；致敬中华智慧，畅谈岭南文化，细品花城广州，纵论读书之道。中国出版集团公司党组成员、中国出版传媒股份有限公司副总经理李岩与于丹展开对话。

此次活动，三联书店与京东网深度合作，通过京东网全程直播。活动当天，共有3.5万人次在线观看直播、参与互动，通过直播链接下单购买《于丹〈论语〉心得》（新版）近1000册。“京东共读”还为此次活动量身打造了“京东共

读计划”，精选书中接受度最高、影响力最大的内容制作成专业音频读物，精准投放到关注“于丹”“论语”“传统文化”等关键词的读者的客户端，组织读者社群，形成迭代式传播效果。

（王启立）

“全国中学生国学大赛”启动

2017年11月5日，由中国人民大学国学院、中版文化传播（北京）有限公司主办的“全国中学生国学大赛”系列活动，在中国人民大学国学馆召开新闻发布会。清华大学人文学院教授孙明君、华中师范大学文学院教授张三夕、北京师范大学文学院教授马东瑶、人民教育出版社编审顾之川、中国社会科学院历史所研究员徐义华等国内知名专家学者受聘成为“全国中学生国学大赛暨国学等级考试”专家评审委员。

在活动现场发布了经评审委员会集体讨论通过的大赛考试范围，包括中国古代文学、中国古代史、中国古代哲学、中国古代文化常识、古代汉语五大板块。大赛设置初赛、复赛、决赛三个阶段，采用线上答题与现场笔试相结合的方式进行。组委会还得组织国学主题“研学营”，邀请众多国内一流高校的学者和优秀学子与同学们面对面交流。

这是中版文化传播（北京）有限公司继“诗词中国”之后开启的又一个文化活动品牌。大赛以成就“富蕴思想的青春国学、富有担当的时代国学、富涵意趣的世界国学”为理念，希望为广大青少年构筑一个研学传统文化、夯实人文素养、培育思辨能力、淬炼综合素质、铸造民族精神的平台，同时也体现了对国学教育乃至中华优秀传统文化传承和推广方式的深刻探索。

（张颖潇）

《安魂曲——汉诺赫·列文戏剧精选集》中文版新书发布会举行

2017年11月5日，由商务印书馆、以色列国驻华大使馆、麦多传媒等联合主办的《安魂曲——汉诺赫·列文戏剧精选集》中文版新书发布会在北京举行。商务印书馆总经理于殿利，以色列国驻华大使馆文化处主任罗尼·艾布拉姆森，以色列著名演员、列文的灵魂伴侣莉莉安·芭若特出席并致辞。著名演员濮存昕、剧作家过士行、剧作家李静、翻译家黄纪苏、戏剧翻译家孙兆勇出席新书发布会。濮存昕与读者分享了10多年前以色列卡梅尔剧院来京首演《安魂曲》的幕后故事；过士行、李静、孙兆勇则通过对谈，对列文戏剧名作做了深入导读和个体化的生动阐释。

汉诺赫·列文是以色列国宝级剧作家、导演、诗人，他创作并导演的《安魂曲》自2004年以来先后3次登上北京的舞台，强烈震撼了戏剧界。《安魂曲——汉诺赫·列文戏剧精选集》共收入汉诺赫·列文4部经典戏剧作品，包括根据契诃夫小说改编的《安魂曲》、轻喜剧《雅各比和雷弹头》、鞭挞人欲的《俄亥俄小姐》，以及关于家庭生活的《旅人》。作为国内出版的首部列文戏剧作品合集，该书的出版实现了广大文学、戏剧爱好者的期待。

（刘　芳）

首届“东升杯”全国连环画征稿大赛评选揭晓暨全国巡展首站举行

2017年11月6日，由人民美术出版社、连环画出版社主办，北京东升汇文化传媒有限公司协办的首届“东升杯”全国连环画征稿大赛评选揭晓暨全国巡展首站在北京举行，近百件获奖佳作在人美美术馆闪亮登场，为首都观众带来一场精美的连环画文化盛宴。展览历时13天。结束后还将在国内部分省市巡展，同时进行系列连环画普及、宣传推广活动。

连环画是独具中国特色的艺术之花。共和国成立以来，在党和国家的高度重视下，连环画艺术取得了极大的发展。特别是20世纪60～90年代举办的4次全国连环画评奖活动，对连环画事业的发展产生了巨大的推动作用。为活跃连环画学术交流，提升连环画艺术品格，发现优秀作品，凝聚新老作者，振兴中国连环画，2016年8

月，“东升杯”全国连环画征稿大赛在上海书展启动。大赛面向全国征集连环画（包括绘本）作品，邀请老一辈连环画界前辈姜维朴等 7 人为顾问，以沈尧伊等 27 位美术名家为评委，评选出主题类和创作类两大类近 100 件优秀作品，并对获奖者颁发总额百万元大奖。

大赛受到各界的关注和赞誉，广大连环画艺术家、美术爱好者积极参与，引发了广泛响应。大赛期间，共计收到各类投稿作品 2000 余件。参赛作者中，既有久负盛名的老一辈美术家，也有活跃在当今连环画创作园地的艺术工作者。人民美术出版社将 300 多件入选作品选编成册，以 2018 年美术日记形式出版。（范雨萌）

《海派生活小史》新书发布暨海派生活交流分享会举行

2017 年 11 月 9 日，《海派生活小史》新书发布暨海派生活交流分享会在上海大学举行。上海大学党委宣传部部长、上海大学海派文化研究中心秘书长李坚，上海大学文学院党委书记、上海大学海派文化研究中心副秘书长竺剑，上海大学社科学部副教授李瑊，受访人王守华、江爱群、朱庆涛、钱乃荣、陈佐民、褚半农以及学生采访人等出席了分享会。

竺剑介绍了“310 与沪有约”——沪文化传承主题活动之“我身边的老克勒”口述研习营的重要成果，《海派生活小史》成书的缘起和经过。世界图书出版上海有限公司编辑介绍了本书的最大特色和亮点，即以口述的形式还原醇正的上海味道、上海记忆。李瑊讲述了如何选取采访对象以及采用口述形式的意义。书中的受访人也在会上进行了发言。

上海大学文学院党委书记、上海大学海派文化研究中心副秘书长竺剑老师还向受访人代表和研习营学生代表分别赠送了《海派文化小史》一书。（施　维）

《梁光正的光》系列宣传活动举行

2017 年 11 月 13～14 日，人民文学出版社在河南郑州、开封两地举行《梁光正的光》系列宣传活动。作者梁鸿与茅盾文学奖获得者李佩甫、河南省作家协会主席邵丽、著名诗人单占生与河南省文学院院长何弘展开精彩对谈。

李佩甫说，《梁光正的光》在某种意义上超过了余华的《活着》，余华的《活着》写的是人生的绝望，但是《梁光正的光》写的是在最低贱的地方发出来的一种光，这是这部长篇小说最了不起的地方，超过了她以前的作品。

单占生认为，以往乡村题材以及农业题材，总是要把农民的形象提到带有意识形态高度的价值观，但是梁鸿所写的梁光正要成为一个他要做的人，这样一个典型在作品中写出来了，这是很了不起的。

何弘对《梁光正的光》给予高度赞扬。他认为，这部作品是中国文学、中国小说史上具有突破意义的作品，梁鸿塑造的这个人物形象在中国的文学史上几乎没有出现过。（顾　乡）

“推进出版业供给侧结构性改革创新论坛暨第 3 届图书库存管控交流会”举行

2017 年 11 月 14～15 日，由中国出版传媒商报社主办，北京师范大学出版科学研究院、中央财经大学文化经济研究院协办的“推进出版业供给侧结构性改革创新论坛暨第 3 届图书库存管控交流会”在北京举行。中国出版集团公司党组书记王涛、国家新闻出版广电总局规划发展司司长朱伟峰、中宣部出版局原巡视员刘建生出席论坛并做主旨演讲。来自出版界、传媒界和新技术领域的近百位代表参会。中国出版传媒商报社社长伍旭升表示，《中国出版传媒商报》通过这一平台，持续推动“调结构，转方式，控库存”的理念和实践探索，得到业界的关注和肯定。

作为行业权威媒体，《中国出版传媒商报》持续关注出版业供给侧结构性改革的动向，2017 年承接了国家新闻出版广电总局《推进新闻出版业供给侧结构性改革》研究课题。此次论坛为课题阶段性成果展示，18 位来自新闻出版主管部

门、出版社、科研院所、技术公司的演讲嘉宾，围绕“政策解读和制度创新”“技术和版权背景下的供给侧改革解决方案”“出版业调结构、去产能、补短板实操分享”三大板块深入交流研讨，为助推出版业供给侧结构性改革，凝聚行业共识、探寻解决之道。（马雪芬）

人民音乐出版社等联合主办人音教育菲伯尔国际教学水平考试

2017年11月17日，人民音乐出版社、美国菲伯尔研究院联合主办“人音教育菲伯尔国际教学水平考试”。该考试由畅销世界的“钢琴之旅”系列图书作者兰德尔·菲伯尔先生担任考试委员会主席。人民音乐出版社为美国菲伯尔研究院指定的中国唯一官方合作机构，证书由人民音乐出版社、美国菲伯尔研究院提供，考试通过的名单将由人民音乐出版社、美国菲伯尔钢琴研究院给予公布。（韩舒雅）

《黄棠一家》文学三人谈活动举行

2017年11月18日，马原与当代著名作家余华、著名评论家陈晓明就《黄棠一家》这部小说，在北京大学全球大学生创新创业中心阶梯教室展开文学三人谈。此次活动由人民文学出版社与北京大学中文系、北京大学极客实验室联合举办，当当阅读会、《新京报》有时 live、梨视频提供媒体支持，为线上线下读者讲述一场精彩的关于“旧日的先锋与当下的现实”的文学课。

“我和马原不知道是多少年的朋友了。马原身上始终保持他的一个优点，就是幼稚。”余华回忆，20世纪80年代末，大家一起组成足球队踢球，还一起夜里偷黄瓜，度过了许多难忘时光。余华说，他读完这本书最大的感觉是，这是一个老江湖写出来的书，一个经历了很多的人才能写出来的书。“那么多年我听到好多对马原的惋惜声音，说马原不写东西，瞎折腾。但是我看完这本书以后的感受是，没有一种生活是可惜的，也没有一种生活是不值得的，所有的生活都充满了财富，只不过是你去开采还是没开采。”

《黄棠一家》讲述了中产阶层黄棠、洪锦江的家族故事。这部长篇小说借助黄棠之力四散开来，丈夫、儿女、女婿一干人等均被纳入叙述视野，堪称一部中国当代社会生活的“浮世绘”。

（顾　乡）

全国社店营销实务对接会暨2017书业营销推展发布礼举行

2017年11月22日，由中国出版传媒商报社、浙江省新华书店集团有限公司联合主办的“全国社店营销实务对接会暨2017书业营销推展发布礼”在浙江杭州举行。中央宣传部出版局原巡视员刘建生，浙江出版联合集团董事长、总裁童健，中国出版传媒商报社社长伍旭升，浙江省新华书店集团有限公司董事长王忠义等出版发行业领导出席。来自全国30个省、自治区、直辖市的渠道商、出版机构、策划机构的300余位嘉宾参会。

会上，2017中国图书发行年度领英人物、全国书业2017年度营销金案（书店篇）、全国书业2017年度创新营销人（书店篇）、全国书业2017年度最受欢迎公众号、全国书业2017年度营销金案（出版社篇）、全国书业2017年度创新营销人（出版社篇）、全国书业2017年度发行英杰等七大奖项次第揭晓，引来业内外瞩目。

（马雪芬）

《梁光正的光》读书分享活动举行

2017年11月25～26日，人民文学出版社在山东济南、青岛两地举行梁鸿新书《梁光正的光》分享活动。作者梁鸿在山东师范大学、山东书城、品聚书吧以及青岛书城与山东师范大学教授张丽军、山东大学教授马兵、山东作家协会赵月斌、青岛作家协会刘涛等人进行了精彩对谈。这一系列活动吸引了十多家当地重要媒体和数百名读者现场参与，反响热烈。

（顾　乡）

《阮章竞太行山笔记手稿四种》影印本首发式举行

2017年11月27日，阮章竞笔记手稿捐赠仪式暨中华书局《阮章竞太行山笔记手稿四种》影印本首发式在国家图书馆举行。阮章竞之女阮援朝代表家属，向国家图书馆捐赠阮章竞在太行山时期和1949年以后的一些工作笔记手稿，计87种178册件。中华书局副总编辑李占领代表中华书局，向国家图书馆捐赠《阮章竞太行山笔记手稿四种》影印本（全二册）。中共党史人物研究会常务副会长章百家、国家新闻出版总署原副署长李东东、证监会纪律检查委员会原书记李小雪等领导出席仪式并讲话。此外，中共党史和革命文学创作等相关研究领域的专家学者，山西、河北等晋冀鲁豫边区的原县市领导共60余人出席活动，并就《阮章竞太行山笔记手稿四种》的编纂出版进行了深入的专题研讨。河北大学文学院阎浩岗、中央党校党史部王海光、华东师范大学历史系韩钢、中国人民大学辛逸、当代史学者徐庆全、中央党史研究室《周恩来传记》原组长李海文分别做专题发言，认为本书的出版无论是对阮章竞个人文学创作历程的研究，还是对太行山地区革命史的研究，甚至是对整个党史的研究，都提供了宝贵的第一手材料。

（梁　彦）

《中国器物简史》新书发布会举行

2017年11月29日，人民出版社、研究出版社联合在北京时代名流拍卖广场举办中国“艺术品金融交流平台”研讨会暨“艺术品鉴定丛书”——《中国器物简史》新书发布会。

文化部原副部长常克仁，中国出版集团公司党组成员、中国出版传媒股份有限公司副总经理李岩，人民出版社常务副社长任超，研究出版社总编辑赵卜慧，中国民主法制出版社办公室主任邵力，文化部老干部办公室副主任刘清朗，文化部市场中心原主任陈兴保，国家文物局国家文物鉴定委员会原秘书长刘东瑞，中国文化艺术发展促进会副会长王建国，中国民间艺术品收藏评估委员会主任委员吕少民，艺术品鉴定专家温尚光、刘文、赵曰斌、王增丰、周学文、刘建业、傅团忠、贺万湘、吕健安、赵四戈、李延春、刘明杉等人出席发布会和研讨会。

《中国器物简史》（上下册）是“艺术品鉴定丛书”的首发本，由人民出版社和研究出版社联合出版发行，中国民间艺术品收藏评估委员会主任委员吕少民及其团队编撰。此书集众多著名专家学者智慧结晶，从器物史角度多层次、全方位讲述鉴定知识。字字斟酌，千件器物件件精品，使人仰望先人之智慧。透过器物，可以窥探古人风尚，更辨析今之真伪。文化部原副部长高占祥亲自为丛书作序，认为该套书籍具有社会价值、研究价值、实用价值、收藏价值和推广价值。

发布会上，李岩充分肯定了此套书籍的价值，称“这套丛书，既体现了选题高站位、格调高品位的出版风格，同时也彰显着国家品牌、中国精神”。希望依照十九大“推进国际传播能力建设，讲好中国故事，展现真实、立体、全面的中国，提高国家文化软实力”精神，坚定让出版“走出去”，让《艺术品鉴定丛书》走向世界，让世界了解、喜爱中国传统文化。

任超社长表示，人民出版社和研究出版社联合出版这套丛书是有繁荣中华文化的初心的，希望把这套丛书的部分分册作为国家的‘走出去’项目向海外推广。人民出版社作为这套书的总发，会努力通过扩大发行量来形成更好的社会影响。”

研究出版社赵卜慧也表示：“此套书籍文化历史内涵深厚，专业知识权威高雅，它的出版承载着不可限量的历史价值、艺术价值和科学价值。”

“艺术品鉴定丛书”包含《中国书画鉴定基础》《中国陶瓷鉴定基础》《中国古玉鉴定基础》《中国硬木鉴定基础》《中国紫砂器鉴定基础》《中国纹饰鉴定图解》《艺术品鉴定美学基础》《艺术品市场中英词典》《艺术品行业制度汇编》

9本图书，将陆续出版发行。该系列丛书的发行，对于推动我国艺术品文化市场发展有着积极的意义，为艺术品收藏爱好者、投资者和研究者有着指导性的作用。（王卓然）

新华书店总店联合国家版权局网络版权产业研究基地共同举办天府数字文创产业高峰论坛

2017年11月30日，由新华书店总店和国家版权局网络版权产业研究基地主办，《国际出版周报》、腾讯研究院、国浩律师（成都）事务所、成都天府软件园有限公司承办的“科技＋文化：天府数字文创产业高峰论坛”在成都举行。中国版权协会理事长、国家新闻出版广电总局原副局长阎晓宏，新华书店总店总经理茅院生，国家版权局网络版权产业研究基地副主任、腾讯研究院院长司晓，四川省新闻出版广电局副巡视员肖世军，成都市中级人民法院副院长杨咏梅，中国版权协会秘书长孙悦等百余位嘉宾出席了论坛，对我国数字文创产业面临的机遇与挑战进行了讨论，对中国特色数字文创产业的发展繁荣提出了诸多建设性意见。

阎晓宏在开幕致辞中指出，数字文创的核心是作品，没有好的作品，就不可能实现文化创意产业的良好发展。获得优质作品在大多数情况下只能通过权利人的授权。取得正当授权的核心意义，就在于获得对优质版权资源的控制力，这是数字文创产业发展的基础，也是核心竞争力。

茅院生主持开幕式，并介绍了新华书店总店改革发展情况。他指出，新华书店总店和腾讯联合主办此次论坛，是传统与现代、文化与科技、线上与线下结合的具体实践。新华书店总店近年来致力于推进行业转型发展，通过打造“一个园区四个平台”，即“新华文创科技园”“新华书店网上商城”“全国大中专教材网络采选系统”“e书e码出版物大数据管理平台”和“国际文化传播平台”，努力将新华书店总店建设成为“文化＋科技”的现代企业。（梁晓龙）

《细说糖尿病》新书签售会举行

2017年11月30日，世界图书出版上海有限公司携手钟书阁（闵行店）举办了糖尿病健康养生讲座暨《细说糖尿病》新书签售活动，受到到场的中老年读者的欢迎。

本次活动的主题为“享受甜蜜生活，躲避甜蜜陷阱”。第二军医大学环境卫生学教研室教授马文领，向到场的听众介绍了糖尿病的产生原因、防治措施、健康食谱等，并对生活中大家可能遇到的相关问题进行了解答。（施　维）

《钢琴艺术》杂志承办“第2届全国钢琴教学研讨会”

2017年12月1～4日，由人民音乐出版社、教育部重点人文社科研究基地、中央音乐学院音乐学研究所主办，《钢琴艺术》杂志、中央音乐学院鼓浪屿钢琴学校承办的“第2届全国钢琴教学研讨会”在福建厦门举办。精彩纷呈的活动安排，吸引了来自全国各地的钢琴老师共计400余人参会，人数再创新高。此次研讨会邀请了英国、日本、俄罗斯三国相关学科带头人进行主旨发言和专题报告，此外还邀请了全国十大音乐学院附中钢琴学科主任、业内专家等，围绕“中等专科学校钢琴专业教育”与“钢琴教育社会化”这两个议题进行了深入探讨。研讨会期间，还举办了一系列专题讲座、教育教学论坛、大师班和音乐会等活动，国内外同行进行了充分的交流研讨。（李晓蓓）

北京荣宝拍卖有限公司2017秋季拍卖会收槌

2017年12月2日，北京荣宝拍卖有限公司2017秋季拍卖会举行15个专场，以8.55亿元成交额，总成交率73.15％收槌。此次“荣名为宝”专场皆为精选拍品，以2.4亿元成交额位居榜首。同时，本次秋拍共产生2个白手套专场，

分别为“荣宝十家”“以文会友”当代名家书画专场。（陶　爽）

荣宝斋（桂林）拍卖有限公司2017（深圳）秋季文物艺术品拍卖会收槌

2017年12月2日，荣宝斋（桂林）拍卖有限公司2017（深圳）秋季文物艺术品拍卖会在深圳华侨城洲际大酒店收槌。参与拍卖的拍品总计539件，成交率为76%，总成交额为6900多万元。此次拍卖会分为中国书画和文玩清韵2个专场，名家荟萃，佳作云集，涵盖书画精品及文玩杂项共计539件。中国书画专场共计拍品294件，成交率85%，成交额4000多万元。文玩清韵专场共计245件拍品，成交率64%，成交额2700多万元。此次拍卖是荣宝斋（桂林）拍卖有限公司在深圳的首场拍卖，得到当地众多藏家的关注。（陶　爽）

丝路影视工业链暨《丝路·那一夜》新闻发布会举行

2017年12月2日，由中版昆仑传媒有限公司、福建金银海文化传媒股份有限公司、浩林文化传播、影视工业网、人民网金台投资、金实资本等企业共同发起的丝路影视工业链暨《丝路·那一夜》超级IP项目，在第4届丝绸之路国际电影节上举办启动仪式及新闻发布会。

丝路影视工业链核心团队以中版昆仑传媒、金银海文化传媒、浩林文化传播、影视工业网、人民网金台投资、金实资本等企业为代表，涵盖整个影视产业链中的IP、资本、运营、人才、制作、宣发、平台等各个环节。

《丝路·那一夜》是以“一带一路”枢纽城市福州、西安为源发城市，延伸至“一带一路”上的其他名城，所创立的IP项目具有全球视野、最具话题性、互动参与感最强全新“丝路”主题系列文化影视娱乐超级IP项目。超级IP布局分为“大地卷”和“海洋卷”，将从全产业链出发，并以影视剧、短视频、综艺、戏剧、摄影等多种改编形式对外传播。“海洋卷”和“大地卷”中的作品将产生联动，打造丝路影视宇宙。

（胡振宇）

《书法教育》杂志征稿会召开

2017年12月4日，中版教材有限公司召开《书法教育》杂志征稿会。全体业务人员、研发中心人员参加此次会议。

会议介绍了中版教材有限公司准备筹建杂志社的意向，并准备与人民美术出版社共同合作发行《书法教育》杂志。

此杂志将立足于书法基础教育和书法高等教育，将内容划分为展讯、学人、一线师生等模块，为广大中小学师生和高校师生提供一个展示的平台。通过这个平台，传递书法之美，传承中华优秀传统文化。

此次会议将征稿任务下达给各分公司，要求各分公司广泛联系各地区书法教研员，建立稳定的供稿来源，同时保证稿件质量。各分公司负责人纷纷表示支持此项事业，愿意行动起来，参与这个平台的建立和推广。征集到的稿件将由研发中心的编辑人员负责审稿改稿，并协调书法专家和教研员将下一期或者下几期的稿件征集出来准备刊发。（武一格）

荣宝斋（济南）拍卖有限公司2017秋季拍卖会收槌

2017年12月8日，荣宝斋（济南）拍卖有限公司2017秋季拍卖会在济南喜来登大酒店收槌，总成交额1.01亿元。其中，齐白石《持菊做寿》以747万元摘得本季书画专场桂冠。

（陶　爽）

第3届“诗词中国”传统诗词创作大赛颁奖典礼举行

2017年12月9日，第3届“诗词中国”传统诗词创作大赛颁奖典礼在人民日报社新媒体大

厦1号演播厅举行。活动现场颁发了本届大赛成人组和青少组的年终创作奖，并表彰了对大赛给予大力支持的单位和组织。吉尼斯世界纪录认证官现场宣布第3届“诗词中国”挑战吉尼斯世界纪录“最大规模的诗词竞赛”称号成功，并颁发了挑战证书。

人民日报社副总编辑张首映，人民网总编辑余清楚，中国出版集团公司党组成员、中国出版传媒股份有限公司副总经理孙月沐等主协办方领导，周笃文、钟振振、杨逸明、钱志熙等知名学者、诗词名家，地方诗词学会代表及“诗词中国”的部分评委和获奖选手代表应邀出席本次活动。

第3届“诗词中国”由中华书局发起，联合中央电视台、人民网、中华诗词研究院、中华诗词学会共同主办，中国移动通信集团公司协办。大赛在166天的征稿期内，收到来自全国31个省市自治区和10个海外国家和地区的原创诗词投稿22.33万首，超过前两届之和。

（张颖潇）

中版教材有限公司联合新疆维吾尔自治区举办第5届中小学书法骨干教师培训班

2017年12月10～16日，新疆维吾尔自治区教育厅和中版教材有限公司在新疆维吾尔自治区巴州库尔勒市联合举办第5届中小学书法骨干教师培训班。来自全疆的230名各族中小学书法骨干教师参加了此次活动。

培训团队由高校教授、一线书法教研员、书法教师组成，梯队搭配，覆盖面广；培训内容切合实际，涵盖了书法理论修养和书法鉴赏水平的提升，同时又兼顾了书写技能与教学经验的交流。

在此次中小学书法骨干教师培训班开班前，就已专门设立了“南疆书法教育基础培训班”，旨在通过培训提升南疆地区书法教师的书法教学质量和水平，推动南疆地区的书法教育事业更好更快发展。此次培训活动与集团公司“书法援疆工程”一脉相承。

（张造顺）

《细说糖尿病》读者见面会举行

2017年12月13～15日，《细说糖尿病》读者见面会在黑龙江举办。

13日，本书作者马文领和马宏达为冰城糖友带来了健康素养提高的使用工具，图、文、视频的结合，为糖友开启了立体学习的新模式。

14日，马文领在黑龙江省糖尿病教育学会糖尿病（慢病）健康管理基地——鼎新健康管理中心，与来自黑龙江省内各地的糖尿病（慢病）健康管理的负责人见面。

15日，在由黑龙江省疾病预防控制中心、黑龙江省糖尿病教育学会共同举办的“全民健康生活方式指导员”训练基地启动仪式暨黑龙江省糖尿病（慢病）健康管理成果汇报会上，马文领针对《细说糖尿病》做了新书推荐。

（王　纯）

《中国语言文化典藏》（20卷）新书发布会举行

2017年12月15日，“中国语言资源保护工程”标志性成果《中国语言文化典藏》（20卷）新书发布会在商务印书馆举行。发布会由教育部、国家语言文字工作委员会主办，商务印书馆、北京语言大学承办。国家出版基金规划管理办公室副主任颜永刚，教育部语言文字应用管理司、语言文字信息管理司司长田立新，中国出版集团公司党组书记王涛，丛书主编、中国语言资源保护工程首席专家曹志耘，商务印书馆总经理于殿利、总编辑周洪波出席会议。

《中国语言文化典藏》丛书是“中国语言资源保护工程”的标志性成果。该丛书以原创性、存史性、创新性为特点，在“语言文化”和“典藏”上精细打磨。“语言文化”是指用语言形式所表达的具有地方特色的文化现象，包括地方名物、民俗活动、口彩禁忌、俗语谚语、民间文艺等；“典藏”是指在实地调查的基础上，利用多媒体、数据库和网络技术进行保存和展示。丛书首批出版20卷，涵盖官话、晋语、吴语、徽语、闽语、湘语、赣语、客家话、粤语等汉语方言和怀集标话等少数民族语言，具有创新与存史并重、学术性与普及性相结合的特点。

（刘　芳）

《中国新工人：女工传记》新书座谈会举行

2017年12月16日，《中国新工人：女工传记》新书座谈会在三联韬奋书店海淀分店举办。作者吕途和嘉宾范雨素在现场对谈，畅议她们眼中各自不同的新工人文化，引起媒体的广泛关注，并做现场直播。活动中，北京大学新闻学院老师张慧瑜也参加座谈，作为皮村文学小组的指导老师，他认为吕途和范雨素所写的故事是在当今的大众文化中看不到的，且不同于以往的经典作品，但从字里行间可以看到她们个性中的坚韧，她们比当今社会的人有更多更纯粹的正能量。

在活动的开场和结尾，该书中的主人公之一段玉演唱了《车间女孩》《我的生命是一本书》等原创歌曲，以另外一种艺术形式诠释了这本新书。

（曾　诚）

2017首届中国茶生活年会举行

2017年12月20日，由《三联生活周刊》及旗下“熊猫爱茶研究所”发起的2017首届中国茶生活年会在北京举行。相关部委领导、中国出版集团公司与生活·读书·新知三联书店（以下简称“三联书店”）的有关领导，法国、斯里兰卡等国驻华使馆代表，茶学泰斗、文化界知名人士，投资界、娱乐界、传媒界以及最具代表性的中国茶的企业及手艺人齐聚一堂，为中国茶的未来发声。

此次茶生活年会的主题是“中国茶如何与世界对话”，旨在探讨中国茶连接着怎样的美好生活。中国出版集团公司党组成员、中国出版传媒股份有限公司副总经理孙月沐和斯里兰卡驻华大使商务参赞Ruwanthi Ariyarathne出席年会并致辞。随后，中国茶学泰斗、中国科学院院士陈宗懋发表“茶，让世界更美好”的主题演讲，对年会主题进行破题。

年会中，孙月沐、陈宗懋、Ruwanthi Ariyarathne，以及三联书店副总编辑常绍民、《三联生活周刊》主编李鸿谷、尚巴集团总经理史劲松，共同宣布“‘一带一路’2018中国茶文化全球行”正式启动，并为专门设置的“一带一路”茶树浇水。启动仪式后，文化学者、香港非物质文化遗产咨询委员会主席郑培凯，国际茶业专家、中央电视台《茶，一片树叶的旅行》顾问Jane Pettigrew，湖南农业大学教授刘仲华以及李鸿谷，分别针对茶的生活方式、古今属性和健康属性等方面发表演讲。

《三联生活周刊》副主编李伟，偕同全国茶业标准化技术委员会白茶工作组组长、福鼎市茶业发展领导小组常务副组长陈兴华，北京第二外国语学院阿拉伯学院副院长侯宇翔，《三联生活周刊》茶专栏作者、中国茶产区分级推动者刘姝滢，法国官方授勋香槟校尉孟蕾，浙江大学茶学系主任、教授屠幼英，青普创始人、董事长兼CEO杨雪山，金骏眉联合创始人闫翼峰，以及资深媒体人章武，展开了多维度的对谈。他们从茶饮与茶工艺的现代性，聊到茶产品、茶生活的多样性，深入探讨了茶与酒、茶与瓷的跨界及相通的可能性。

年会还颁发了“2017中国茶影响力品牌”和“2017中国茶匠人匠心奖”。

（程　磊）

首届小学书法课堂教学比赛观摩活动举行

2017年12月20～21日，广东省江门市中小学教研室、中版教材有限公司和华文出版社在广东省江门市新会圭峰小学联合举行首届小学书法课堂教学比赛观摩活动。江门市教育局副局长韦健宁和大赛聘请的9位市内外的嘉宾评委出席了本次活动。来自五邑地区的8位书法老师参加

了比赛，近500名书法骨干教师到场观摩学习。

出席本次活动的专家评委有：华文出版社社长助理、华文版书法教材特约编委王晓峰，中国硬笔书法协会会员、习标格专利发明人赖文峰，中国书法协会会员、书法硕士研究生罗文威，中国书法协会会员、书法硕士研究生吕晓艳，人民教育出版社报刊社《少儿国学》广东中心主任许志明，珠海市语文名师、珠海香山学校学科带头人吴慧彦，江门市国学读书工程负责人、江门市语委办常务副主任吴华杰，东莞市采撷文化传播有限公司董事长、习标格写字法资深导师叶新锦等。

本次比赛，参赛老师立足于中国书法文化，注重在教学过程中渗透造字文化、地域文化、书法理论，重视培养学生读帖、临帖能力；注重教师的讲解示范与学生的练习训练相结合，善于调动学生学习兴趣，注重学生课堂动态生成，体现了书法教学“讲、练、评”的三位一体，课堂洋溢着浓浓的书香气息。参赛老师在教学中的精心设计、精彩表现，扎实的书法素养，起到了较好的示范作用，得到了评委与听课老师的好评。

赛后，王晓峰为老师们推广了辅助书法教学的现代化应用软件。罗文威对8节书法课进行了详细点评，执教了《左右结构》书法教学示范课，并做了《开发书法校本课程，传承香山书韵文化》的专题报告。

本次活动切实提高了江门市教师对书法教学的重视，让参与活动的老师们在观摩中学习了教学方法，在交流中收获了教学经验。本次书法课堂教学比赛引发的对书法课堂教学深层思考，会给江门市的书法教育教学带来新的活力。

（田中原）

“汉语盘点2017”揭晓

2017年12月21日，由国家语言资源监测与研究中心、商务印书馆、人民网、腾讯网联合主办的“汉语盘点2017”揭晓仪式在人民日报社举行。“智”“人类命运共同体”“享”“初心”分别当选年度国际字、国际词、国内字、国内词。

中央电视台著名主持人敬一丹主持揭晓仪式，教育部语言文字应用管理司、语言文字信息管理司司长田立新，人民网总编辑余清楚、副总裁唐维红，中国出版集团公司党组书记王涛，商务印书馆总经理于殿利、党委书记肖启明等出席活动，李宇明、金灿荣、雷颐、于丹、王旭明、侯敏、何婷婷、刘鹏远、沈阳、李鸿谷等专家学者现场揭晓并点评年度字词。王守常、阎崇年为活动泼墨题字。

此次活动自启动以来，得到了广大网民和媒体的密切关注，共收到网友推荐字词数千条，推荐和投票点击量达2亿次。此次“汉语盘点”首度在活动阶段施行“三大发布”，包括年度十大流行语、十大新词语、十大网络用语的发布，打造了“汉语盘点月”。

2017年，年度汉字评选活动在日本、马来西亚、新加坡等国家和中国台湾地区也火热进行，体现了汉字文化圈的民众对汉字文化的重新审视和日益认同，推动了汉语的传播，扩大了汉字文化的影响。

（刘　芳）

《朗读者》图书签售活动举行

2017年12月23日，著名主持人董卿携《朗读者》在成都文轩books书店进行图书签售活动。随同参加的有人民文学出版社副总编辑肖丽媛、责任编辑付如初、发行部副主任李理和业务员王朝昭。活动现场气氛热烈，董卿即兴朗读《朗读者》第3册中收入的四川著名老作家流沙河的诗歌《理想》，让读者回味无穷。当天共有千余人到达现场，400余人得到了董卿的签名，对图书销售的带动也非常明显。

《朗读者》是中央电视台大型读书节目的同名图书，自2017年8月上市以来，销量已近百万册。新书发布会、上海书展包括此次四川成都签售会，都获得了巨大的社会反响，堪称整个行业2017年双效益俱佳的图书。

（顾　乡）

人民文学出版社与哈迷圣诞联欢暨图书交流活动举行

2017年12月23日，人民文学出版社与哈迷举行两场圣诞联欢暨图书交流活动。“哈利·波特”系列图书责任编辑王瑞琴和译者马爱农与哈迷组织“魔法部”和“有求必应屋”展开热情交流。

“SHHO魔法部圣诞魔法趴体”在西城区南新华街袈蓝公社举行，活动由图书内容分享、分院仪式互动体验、经典电影赏析、全场身份任务游戏、四学院主题活动、全场猜人互动游戏和黄油啤酒制作7大板块构成，围绕图书经典内容设计的活动让哈迷仿佛置身于小说情境中。

“有求必应屋圣诞派对”在科技寺三里屯滚石店举行，活动由学院争霸赛、魔法晚餐和主题游戏3个环节构成。学院争霸赛环节形式为图书知识竞答，魔法晚餐环节形式为图书中所出现的经典食品与饮品制作和品尝，主题游戏环节围绕图书内容设定。活动的科学设计既加深了哈迷对图书内容的理解，又增进了人民文学出版社与哈迷之间的联系。（顾　乡）

《春困》新书发布会暨读者见面会举行

2017年12月23日，人民文学出版社出版的张五毛新书《春困》发布会暨读者见面会在北京言几又书店举办。张五毛现场与作家徐则臣、人民文学出版社编辑付如初进行了对谈，策划部主任宋强担任本次活动的主持人。有近100位读者现场参与了本次活动。

两位“北漂”作家就《春困》的写作进行了探讨，也就其中的主题——“年轻人逃离或者留在北上广”的话题进行了交流。徐则臣认为，张五毛的《春困》很好地反映了许多现实问题，在写法上也很成熟，书中探讨的虽然是每年的社会热点问题，但张五毛的书写从更宽广的视角和思维层面对此进行了解读。

与作家的身份相比，张五毛更显著的标签是著名的前媒体人、每篇都10万＋的公众主。他的个人公众微信号“张先生说”因讨论“两千万人假装生活在北京”，讨论“国庆休假鄙视链”等问题而备受关注。（顾　乡）

梅下清思——乐泉书画展暨《乐泉谈艺》（人美版）新书签售会举行

2017年12月31日，“梅下清思——乐泉书画展暨《乐泉谈艺》（人美版）新书签售会”在人美美术馆开幕，同时还举办艺术家乐泉先生近期力作《白云无门之二：梅下清思——乐泉谈艺》新书签售会活动，该书由人民美术出版社出版发行。

《白云无门之二：梅下清思——乐泉谈艺》汇集了乐泉先生25篇短文、50首诗稿及近200幅艺术精品图片，囊括了前书的艺术思想精华，以及乐泉先生50多年来对艺术、自然和人格关系认识的总结和发展。文字娓娓道来，平和涵容，启人慧识，展现了乐泉先生作为一个艺术家，对传统文化的精研和对中华民族文化大道的自信。（范雨萌）

"走出去"工作

中国对外翻译有限公司代表团赴瑞士参加国际会议并对联合国日内瓦办事处等国际组织进行工作访问

2017年1月10～14日，应国际大学翻译学院联合会（CIUTI）的邀请，中国对外翻译有限公司（以下简称"中译公司"）代表团赴瑞士日内瓦参加国际大学翻译学院联合会组织的年会，并承办主题为"人工智能、大数据及语言的协同创新"的分论坛。中译公司副总经理张晶晶、中译语通科技股份有限公司总经理于洋分别致辞和做主题演讲，并与CIUTI高层会晤，洽谈合作，推进海外院校合作。出访期间，张晶晶带队赴联合国日内瓦办事处（UNOG）、世界知识产权组织（WIPO）等国际组织进行工作访问。

（赵　桐）

中国图书进出口（集团）总公司实施国家新闻出版广电总局重大出版工程项目数字资源"走出去"工作对接会召开

2017年2月14日，"实施国家新闻出版广电总局重大出版工程项目数字资源'走出去'工作对接会"在中国图书进出口（集团）总公司（以下简称"中图公司"）召开，国家新闻出版广电总局进口管理司副司长赵海云出席会议并讲话。会议由中图公司副总经理林丽颖主持，承担国家新闻出版广电总局重大出版工程项目的12家国内出版社代表参加会议。

近年来，国家新闻出版广电总局着力培育"经典中国国际出版工程""丝路书香工程重点翻译资助项目"等重大出版工程项目，进一步推动了优秀外向型图书的国际出版，加快了中国图书"走出去"的步伐。为将这些优秀出版物更加快速、广泛地推送至全球市场，本次会议在以往纸质资源"走出去"的基础上更加明确地提出了数字资源"走出去"的创新模式，集中探讨了如何发挥政府重大工程的集约化、国家化和优势化的作用，将这些结项的外文版图书统一聚合、标准加工并按类别设计成不同的数字产品，开辟"走出去"新渠道。

与会人员畅所欲言并达成共识：共同培育建设中国自己的优秀数字产品并加强在国际市场的深度推广营销，更好地满足海外读者的多样化需求，使中国数字内容真正走进当地主流市场，全面提升数字时代中国出版企业的国际竞争力和中华文化国际传播实力。此项工作将由国家新闻出版广电总局推动，各出版单位承担内容建设，中图公司承担数据库技术开发与运营。

多年来，中图公司深耕出版物进出口业务，拥有丰富的海外营销网络和运营经验，并通过平台对接、纸电融合、市场互联等方式，打通了中国精品出版物国际传播的高速路，使中国内容真正实现了在海外市场"找得着""买得到""看得懂"。

（尤海坤）

《单变量微分》英文版输出协议签订仪式举行

2017年2月15日，世界图书出版公司北京分公司与德国DEGRUYTER（德古意特）签订《单变量微分》一书的英文版输出协议。《单变量微积分》以实际问题为出发点，问题解决方法为线索，引发学生对微积分的自发兴趣。例如，开篇讲述了生活中一个关于路程和速度的故事，谈我们需要解决什么问题、如何解决这些问题、这些问题说明什么，从而引出为什么要研究函数极限。该教材是德古意特出版社在中国引进的第一本微积分教材，也是该出版社引进的第一本国内出版的本科生教材。该书的英文版于2018年3月在德国出版。（任双伟）

中国出版集团公司向英国博航特中学赠书并举办"汉字之美"讲座

2017年3月13日，中国出版集团公司在第46届伦敦书展开幕前夕，向英国博航特中学赠书并举行"汉字之美"讲座活动。中译出版社对英国及欧洲的汉语教学、教材情况进行了较为深入的调研。

博航特中学在英国的汉语教学方面独树一帜，全校1600名学生中，接近三分之一在学习汉语，部分班级甚至开展了沉浸式汉语教学法，使汉语教学水平和方式提升到新的高度。但在教材和学习资料方面遇到了不少困难：教材内容与教学实际脱节，不能充分引起学生们的兴趣；教材的话题陈旧，不能跟上社会、科技和文化的发展变化；教材不是太简单就是太难，很难找到与GCSE非常匹配的教材；阅读资料在内容上显得过于低幼，引不起阅读的兴趣；等等。

中译出版社结合该社对外汉语出版中心的工作规划和欧洲汉语教学现状及可利用资源，聘请法国汉语教学总督学白乐桑为对外汉语教学专家委员会主任，组成由欧洲著名汉学家和在英、法一线从事汉语教学的优秀教师为主的专家委员会，编写符合实际的听说读写教材产品。

（林成琳）

中国图书进出口（集团）总公司参加北美亚洲研究学会年会和北美东亚图书馆学会年会

2017年3月14～23日，中国图书进出口（集团）总公司（以下简称"中图公司"）副总经理林佳红一行5人，赴加拿大多伦多参加北美亚洲研究学会年会（简称"AAS年会"）及同期举办的北美东亚图书馆学会年会（简称"CEAL年会"），举办了系列活动，充分彰显了中图公司的综合实力，加深了中图公司与北美地区东亚研究学者和图书馆界间的交流与合作，提升了中图出口在北美市场的影响力。

中图公司客户大会吸引近80位东亚研究专家学者及北美东亚图书馆员参会。林佳红着重介绍了中图公司在数据驱动和服务创新方面的新举措。会议还就易阅通平台海外版、中国出版物采选平台及出口服务等内容向客户进行了详细推介。普林斯顿大学葛思德图书馆馆长Martin先生作为特邀嘉宾，分享了参加2016北京国际图书博览会"中国图书馆配区"现采活动的收获。

在"第4届中美高校图书馆合作发展论坛"和CEAL中文电子资源专题会议上，林佳红一行重点介绍了中图公司作为中国最大、国际权威的信息服务提供商的专业实力，以及通过易阅通平台、全球按需印刷体系、顺义物流中心和北京国际图书博览会中外文图书馆配区建立的核心竞争力，获得参会图书馆负责人的高度关注。

在AAS书展上，中图公司根据北美东亚研究学者关注的主题及图书馆的馆藏需求，精心遴选出中国出版集团公司及国内古籍出版社近两年出版的学术精品图书参展。多部图书当场收到美国国会图书馆、普林斯顿大学葛思德图书馆、哈佛大学艺术图书馆、史密斯艺术图书馆等客户的征订意向。

年会期间，中图公司出访团队分别与北美30余家图书馆负责人进行了深入会谈，听取客

户对年度服务的意见与建议，并到加拿大最大连锁书店 INDIGO 书店多伦多店、美国华盛顿政治与散文书店以及美国最大的公共图书馆波士顿市立公共图书馆调研。

通过此次活动，中图公司的“走出去”综合服务能力得到美国东亚研究学者和图书馆界的充分关注与认可。（刘　丽）

中国出版传媒商报社冠名伦敦书展国际卓越奖单项奖

2017 年 3 月 14 日，伦敦书展国际卓越奖揭晓，由中国出版传媒商报社冠名的教育学习资源奖授予立陶宛自由市场智库。外语教学与研究出版社国际部主任侯慧获得版权专家奖，评委希望借此表彰她“通过创新的合作方式，将中国图书带到国际市场所取得的成功”。

此前的 2 月 8 日，伦敦书展公布了 2017 年国际卓越奖各奖项的短名单。法国企业获得 4 个提名，中国、美国、南非和加拿大的企业各获得 3 个提名。来自中国的浙江大学学报（理学版）（简称 JZUS）获得学术及专业出版商奖提名，浙江大学出版社与澳大利亚的科学出版集团（CSIRO Publishing）和法国的世界经合组织出版社（OECD Publishing）角逐该奖项。外语教学与研究出版社获得 2 项提名，包括教育活动奖和版权专家奖，与外语教学与研究出版社角逐教育活动奖的是非洲的国际图书援助组织（Book Aid International）、加拿大的焦糖树教育集团（Caramel Tree），外语教学与研究出版社的侯慧与法国、比利时的 2 位版权人士角逐版权专家大奖。中国出版传媒商报社冠名的教育学习资源奖在波兰的 Eduexpert、加拿大的 EssayJack 和立陶宛的 Lithuanian Free Market Institute 3 家公司间展开角逐。（马雪芬）

中译出版社在西班牙和罗马尼亚分别成立国际编辑部

2017 年 3 月 14 日，中国出版集团公司参加第 46 届伦敦书展并举行中译出版社“中国著名企业家及企业丛书”新书发布会。同时，中译出版社与西班牙 LID 出版集团、罗马尼亚 RAO 出版社成立国际编辑部。

中译出版社从 2016 年底开始与 LID 商议在其伦敦公司挂牌成立中国主题国际编辑部。LID 出版集团总部位于西班牙马德里，在全球多地设有分公司，具有覆盖全球的出版、发行能力。通过共同成立的编辑部，双方将分工合作，在翻译出版、内容开发、国际发行和文化活动等方面提升合作层次，在 LID 内打造一个中国出版资源中心，涵盖文学、历史、文化、经济、商业、当代中国发展及学术研究等门类，第一年将出版 5～8 种图书，并将这些出版物纳入双方共同开发的一个新的出版品牌之下，逐渐形成一个全方位、多类别推介中国文化的出版品牌，充分利用 LID 的发行渠道，在全球出版发行。中译出版社重点负责内容的选择和提供，并争取更多的翻译和出版资金来启动优秀的选题；LID 重点负责目标市场需求的调查和在全球的发行。

罗马尼亚 RAO 出版社位于首都布加勒斯特，在全国出版企业中位于前 5 位，每年引进和原创图书超过 500 种。目前已与中译出版社签署 10 余种图书的罗马尼亚文翻译出版合同。双方将通过成立国际编辑部，打造数条中国内容的图书系列，形成在罗马尼亚中国主题图书的出版中心，有力推动中国政治、经济、文化、历史和文学等多个类别图书在罗马尼亚的传播，为中国出版走进中东欧以及“一带一路”其他沿线国家形成示范效应。（林成琳）

中国出版集团公司“外国人写作中国计划”新书发布会暨汉学家恳谈会举行

2017 年 3 月 15 日，中国出版集团公司在第 46 届伦敦书展期间举办“外国人写作中国计划”新书发布会暨汉学家恳谈会活动，发布《中印情缘》英文版、德国汉学家顾彬《忆当年》、英国学者迈克尔·迪伦参与编写的《简明中国历史读本》英文版等新书。新华社、《人民日报》《光明日报》、中央电视台、凤凰卫视等主流媒体跟进报道。

"外国人写作中国计划"以中华图书特殊贡献奖获得者、重要汉学家、海外中国问题研究专家、作家和媒体人为主要撰稿人，由他们来讲述"中国故事"，内容包括作者的家庭民俗、成长经历、自己国家的历史文化，他们何时以及怎样开始关注、了解并研究中国，他们在中国的求学、工作、生活和爱情，他们如何融入中国、亲身感受中国的发展变化。这些充满个性色彩的故事和研究，可以生动地向世界展示发展中的中国和丰富多彩的中国文化。2016 年 11 月 7 日，中国出版集团公司总裁谭跃对此项目做出批示："这个计划好就好在请外国人写中国事，现在看也有了些成效，希望能进一步加重策划的含量，在内容上扣住中国道路、中国精神、中国方案等，在形式上更有文学性和吸引力。要注意抓重点，做响一两本，带动一套书，从而也增强中译出版社在外国作者中的影响力。"

2015 年 8 月，首批签约的有印度的狄伯杰、土耳其的吉莱、格鲁吉亚的玛琳娜、罗马尼亚的鲁博安、德国的顾彬等汉学家。陆续签约的汉学家、中国问题研究专家包括罗宾·吉尔班克（英国）、迈克尔·迪伦（英国）、金泰成（韩国）、阮丽芝（越南）、爱德华·卡伊丹斯基（波兰）、白露娜（法国）、白乐桑（法国）、白鑫（埃及）、宗博莉·克拉拉（匈牙利）、李素（捷克）、郝清新（匈牙利）、林西莉（瑞典）、杰夫（美国）、葛浩文（美国）、奥努奈朱·查尔斯（尼日利亚）等。

（林成琳）

中国出版集团公司"中国百科进美国"项目发布会暨国际编辑部成立仪式举行

2017 年 3 月 15 日，中国出版集团公司参加第 46 届伦敦书展并举行了"中国百科进美国"项目发布会暨国际编辑部成立仪式。国际出版商协会原主席理查德·查金认为，该项目体现了好的愿景、建立在信任基础上的长期合作、商业利润可行性和为客户群提供服务等项目都有较好的成功因素。伦敦国王学院中国研究所所长凯瑞·布朗教授表示，该项目是对世界的巨大贡献。活动反响强烈，得到了国内外主流媒体的关注和报道，包括中央电视台、人民网、搜狐网、凤凰卫视、美国《出版商周刊》等。

"中国百科进美国"项目是中国大百科全书出版社与美国宝库山出版集团合作实施的，致力于以中国主题百科内容传递中国声音、扩大中国文化海外影响力的一个国际化项目。该项目是中国第一次用百科全书、百科词条向国际社会讲述中国故事、传播中国文化。2016 年项目正式启动，确定了中美双方合作模式、建立中美编辑协同工作机制、开启中国百科内容的本地化、开展先期营销推广等。

中国大百科全书出版社已完成近 200 万字中国主题的百科内容的翻译、编辑工作，已将近 100 万字的内容交由宝库山出版集团进行编辑加工和本地化工作。同时，宝库山出版集团已着手对百科词条的数据库进行建设，为产品下一步的在线发布做准备。

（林成琳　尹添铭）

中国出版集团公司牛津大学中国翻译出版中心运营工作启动

2017 年 3 月 15 日，第 46 届伦敦书展期间，牛津大学中国翻译出版中心运作出版的牛津大学图书馆馆藏孤本《顺风相送》和《指南正法》在牛津大学图书馆正式发布，标志着该中心运营工作全面启动。发布仪式后，中国出版集团公司（以下简称"集团公司"）与牛津大学图书馆相关负责人就该中心年度选题计划、中长期出版规划和运作机制举行了工作会谈。

2016 年 4 月，集团公司总裁谭跃与牛津大学图书馆馆长 Oviden 共同签署了双方合作备忘录。2016 年 8 月，第 23 届北京图书博览会期间，集团公司与牛津大学图书馆签署协议，正式成立牛津大学"中国翻译出版中心"。双方明确了中心的 3 大出版板块：一是集团公司人文社科、文学艺术类精品图书的对外翻译出版；二是牛津大学 40 多位汉学家、中国问题研究专家学

术成果的译介出版；三是牛津大学图书馆馆藏中文古籍善本的整理出版。 （林成琳）

《国际出版周刊》举办 2017 国际出版企业高层论坛伦敦峰会

2017 年 3 月 15 日，第 46 届伦敦书展期间，由中国出版协会、国际出版商协会、中国出版集团公司、伦敦书展联合主办，新华书店总店、《国际出版周报》承办的 2017 国际出版企业高层论坛伦敦峰会在奥林匹亚会展中心举办。

该峰会是《国际出版周报》在海外举办的首场活动，获得中外出版界的高度关注与肯定，国内外媒体对此进行了报道。峰会首次面向全球发布《中国出版产业发展报告》。驻英使馆公使衔文化参赞项晓炜、国家新闻出版广电总局规划发展司司长朱伟峰、伦敦书展主席 Jacks Thomas 在会上发表致辞。国际出版商协会原主席、英国 Bloomsbury 出版公司总裁 Richard Charkin，国际出版商协会主席、爱思唯尔全球学术关系高级副总裁 Michiel Kolman，中国出版协会副理事长、《国际出版周报》编委会主席李朋义，施普林格·自然首席执行官 Derk Haank 等国际出版界知名人士出席峰会并做主题演讲。峰会由麦克米伦教育出版集团原总裁、《国际出版周报》编委会副主席 Christopher Paterson 主持。

书展期间，《国际出版周报》编委会在伦敦召开高层会议，共同讨论了《国际出版周报》（中文版）、《国际出版月刊》（英文版）、国际出版网（中英文版）、国际出版高层论坛的年度工作与未来发展规划。《国际出版周报》还与英国知名行业媒体《书商》（The Bookseller）进行了合作洽谈。 （何　奎）

国家新闻出版广电总局进口管理司副司长赵海云到生活·读书·新知三联书店调研

2017 年 3 月 17 日，国家新闻出版广电总局进口管理司副司长赵海云到生活·读书·新知三联书店（以下简称“三联书店”）调研。三联书店总编辑翟德芳、副总编辑郑勇以及对外合作部副主任孙玮、办公室主任白杨一同接待。

在交流中，赵海云提出，三联书店作为中国的品牌出版社推出了大量优秀作品，其中不乏可能走向国际的高品质内容，《天朝的崩溃：鸦片战争再研究》《中华文明的核心价值：国学流变与传统价值观》外文版本的成功出版，为更多优质作品走向国际市场奠定了基础、创造了可能。他还强调，三联书店要做好“丝路学术”国际化数据库建设项目，合理利用项目资助，在有限目标内实现国际影响力和商业应用价值。

翟德芳介绍了三联书店“走出去”的两条主线——“学术”和“文化”，并重点介绍了“三联·哈佛燕京学术丛书”的国际学术背景和影响力。 （孙　玮）

“易阅通阿语平台”与“中国科讯‘一带一路’阿语版 APP”联合发布仪式举行

2017 年 4 月 27 日，由中国图书进出口（集团）总公司和中科院文献情报中心共同举办的“易阅通阿语平台”与“中国科讯‘一带一路’阿语版 APP”联合发布仪式在第 27 届阿布扎比国际书展中国主宾国展区举行，国家新闻出版广电总局副局长吴尚之、中国出版集团公司总裁谭跃出席了本次活动。

目前，“易阅通阿语平台”共聚合了来自国内 500 多家出版社的优质数字出版物，包括 30 余万种电子书、3000 种数字期刊、9.5 万集有声书，囊括社会、历史、文学、科技、文艺等全部学科内容。而“中国科讯‘一带一路’阿语 APP”移动平台，依托中国科学院丰富权威的科技学术文献资源，汇集了我国最新的科技成果和科技资讯。

两个平台的密切合作，将发挥各自在运营服务网络和科技资源方面的优势，切实推进中国的出版内容资源和科技信息资源在阿拉伯国家和地区的有效落地，促进中国理论、中国学术、中国科技和中国文化的“走出去”和“走进去”。

"易阅通阿语平台"与"中国科讯'一带一路'阿语版APP"的联合发布，标志着两者将携手传播中国科技与文化，共同服务"一带一路"沿线国家。与会者认为，两个平台联合发布，不仅为海外读者了解中国政治、经济、科技、文化等信息提供了便利，还为中国优秀数字出版物走入海外主流市场、增进多方合作起到了积极的推动作用。（李甲荣）

《歌棒》（阿拉伯语版）新书签售会举行

2017年4月28日，中译出版社和埃及希克迈特文化投资有限公司在第27届阿布扎比国际书展作家区共同举办了《歌棒》阿语版新书签售会。

《歌棒》是土家族作家叶梅的中篇小说集，作为一个土家族作者，叶梅几乎所有作品的叙事焦点都集中在大山里的土家人身上。她的小说展示了一个奇异的世界，遥远而神秘，充满山鬼的气息。参加签售会的阿语读者很热情，许多读者慕名而来，热购新书的同时，与作家叶梅也展开互动和讨论，场面热烈。（茹　慧）

中国对外翻译有限公司参加日本IT周国际专业大数据应用展览会

2017年5月7～11日，应日本IT周（Japan IT Week）主办方邀请，中国对外翻译有限公司（以下简称"中译公司"）总经理、党委副书记、中译语通科技（北京）有限公司董事长黄松等5人前往日本东京，参加日本IT周国际专业大数据应用展览会（Big Data Management Expo）。出访期间，团组人员将访问大阪通信移动运营商NTT公司进行交流学习与业务洽谈；参加世界IT企业高级别论坛，宣传、介绍"译见"跨语言大数据产品；与世界优秀的云及数据中心领袖企业高层会面，探讨"译见"跨语言大数据合作。（赵　桐）

人民文学出版社举办中澳作家对谈活动

2017年5月12日，人民文学出版社以朝内166·文学公益讲座的形式，举办来访的澳大利亚作家杰·布鲁克斯与中国作家路内的对谈，进行文学交流分享。布鲁克斯女士是2006年度普利策小说奖得主，其两部作品《奇迹之年》《马奇》均由人民文学出版社首推中文版。

早在20世纪80年代，人民文学出版社就涉足澳大利亚文学翻译出版，21世纪以来更是关注澳大利亚当代文学动态，翻译出版了澳大利亚重量级作家作品。

正值澳大利亚文学周在中国举办10周年庆典之际，为增进与澳大利亚文学出版界的深度合作，人民文学出版社举办了此次活动。

（顾　乡）

易阅通平台与中国科讯平台签署战略合作协议

2017年5月25日，中国科讯正式版APP在北京发布，中国图书进出口（集团）总公司（以下简称"中图公司"）作为中国科讯的电子书供应商和重要战略合作伙伴出席发布会，并与出品方中科院文献情报中心现场签署战略合作协议。

中国科学院副院长、中国科学院院士张涛出席发布会并致辞，中科院发展规划局副局长黄晨光、中科院科学传播局副局长赵彦、国家科技图书文献中心主任彭以祺出席发布会，中图公司总经理张纪臣致辞，副总经理林丽颖代表中图公司与中科院文献情报中心签署战略合作协议。

与会嘉宾认为，易阅通平台与中国科讯平台具有良好的合作基础，可以实现强强联合、互补共赢。从机构历史来看，中图公司和中科院一直致力于服务国家科技经济发展；从建设目标来看，都旨在整合本机构拥有的传统文献资源，为读者提供更优质的数字资源服务；从发展理念来看，都高度重视数字化创新、国际化视野、版权

保护意识。尤其在“走出去”方面，将各自发挥科技文献资源优势、专家团队优势、海外渠道优势、书展平台优势，深入“一带一路”国家主流社会的毛细血管，真正推动中国科技和中国理论“走出去”“走进去”。

百度学术、微软亚洲研究院、爱思唯尔、同方知网等单位领导、中科院研究所一线科学家等共计300余人出席发布会。（姜天翔）

加拿大作家及多伦多书展主办方一行访问人民文学出版社

2017年5月31日，加拿大作家及多伦多书展主办方一行访问人民文学出版社，与出版社编辑就中国图书出版及中国文学“走出去”等话题进行了讨论，百万级青春畅销书作家玄色代表中方作家受邀出席。

人民文学出版社副总编辑肖丽媛首先代表出版社对加拿大来访团成员表达了欢迎，她介绍说：“66年来，人民文学出版社始终致力于出版高质量、高品质的图书，是中国文学史上非常重要的文学重阵。”加拿大作家对人民文学出版社在优秀图书的发掘、出版题材的选择方面表现出浓厚的兴趣。

人民文学出版社当代文学编辑室主任赵萍以中方代表作家玄色的畅销作品《哑舍》为例，介绍了中国图书行业的出版发行情况，该作品200万册的单册销量代表了中国当下一系列经典畅销图书的市场现状。责任编辑胡玉萍为来访团的各位介绍了《哑舍》这部作品的简要情况。

“哑舍”直译为“安静的房间”，由一间古董店展开，将默然千年的古董赋予灵魂，讲述古物背后的历史，描绘历史背后的人生。几位加拿大作家在了解了《哑舍》的名字由来后，对这部承载了中国传统历史文化的青春读物兴趣十足。交流中，玄色通过自己的经历向加拿大作家们展示了中国年轻一代作家的创作历程，对于网络文学日更3000～4000字的更新频率，加拿大作家们难掩惊叹，纷纷点头表示认可。

玄色向加拿大来访团成员赠送了《哑舍》的图书和改编漫画，并与罗伯特·索耶交换了签名作品，其中两位加拿大作家在收到玄色赠书后迫不及待地打开，漫画的呈现形态跨越了语言的障碍，顿时吸引了他们的目光。

被加拿大知名书评杂志《纸与笔》（Quill and Quire）誉为加拿大出版业最有影响力30人之一的杰弗瑞·泰勒表示，希望能够通过本次交流，促进中加图书出版行业更深一层的合作，引入加拿大的优秀文学作品，同时发掘中国的新生代作家，让中国的优秀文学走出国门。这也正是人民文学出版社所希望的，双方不谋而合。

《哑舍》作为中国青春图书市场的畅销作品，有望继越南之后，被翻译成他国语言，让更多外国友人感受到中国传统历史文化的独特魅力。

（顾　乡）

中译语通科技（北京）有限公司参加2017年世界经济论坛新领军者年会暨夏季达沃斯论坛

2017年6月27～29日，中译语通科技（北京）有限公司CEO于洋受邀出席2017年世界经济论坛新领军者年会暨夏季达沃斯论坛。此次大会以“在第四次工业革命中实现包容性增长”为主题，重点关注科技进步中的商业模式与政策创新，旨在引导全球增长模式向更具包容性的方向转变。（赵　桐）

北京国际图书博览会与国际版贸平台PubMatch达成合作

2017年6月下旬，世界领先的全球版权贸易平台PubMatch在纽约宣布与北京国际图书博览会（以下简称“图博会”）合作，双方将依托图博会，为中国出版商打造专业的在线版权交易平台，向国际推广中文内容。

PubMatch是目前国际上唯一一个自动版权交易平台，它拥有150多个国家的25万条版权信息，每天约有13780位出版人、代理商和作者上线浏览。图博会与PubMatch的合作，是以

PubMatch 现有平台为模型，打造一个可供所有参加图博会的各国出版商及其版权经理使用的中文版 PubMatch 在线版权平台，平台集版权数据库、工具和搜索功能等于一体，中国出版社可以上传图书版权信息，国际出版商可以轻松地搜索到中国出版社的信息。

全新打造的 PubMatch 平台将在第 24 届北京国际图书博览会上投入使用。Combined Book Exhibit 总裁 Jon Malinowski 表示："从版权交易的角度出发，PubMatch 在线版权交易平台将使中国出版社的走向世界变得更容易。"

图博会承办方中图公司副总经理林丽颖表示，PubMatch 提供的优秀网络系统和工具，将为图博会参展商带来更加有效的展示，并取得更好的版权交易成果。通过 PubMatch 平台，中图公司也能够向国际市场介绍更多高品质的中文内容。

（朱烨洋）

《泰中双语版中华文化启蒙读本》入选中国出版集团公司 2017 年对外出版项目

2017 年 6 月，现代教育出版社《泰中双语版中华文化启蒙读本》被列为中国出版集团公司"一带一路"主题出版重点出版物；入选中国出版集团 2017 年对外出版项目；申报 2017 年"丝路书香"工程翻译资助项目。该书作者是国学教育编写组，译者是黄璧蕴博士、许爱联博士，顾问是丘永春博士、魏清博士，泰方出版机构是泰国乌汶大学中文系。

该图书将"中泰一家亲"作为主题，寻找中国与泰国文化的交融点，从泰国文化中寻找中国元素，探索中泰两国"亲"的文化根源。内容以中国传统蒙学精华为线索，以孩子的视角去挖掘中泰文化传统的共性，以孩子的成长为落点，图文并茂地展现中华传统文化的鲜活魅力。它是一套让泰国少年儿童感兴趣的书，让他们为泰国文化自豪的同时也爱上中国文化的图书。

（杨　静）

中国出版集团公司开展非洲出版国际交流合作

2017 年 7 月 24 日至 8 月 2 日，中国出版集团公司（以下简称"集团公司"）党组成员、中国出版传媒股份有限公司副总经理李岩率团在坦桑尼亚、肯尼亚和南非开展国际交流合作。代表团深入调研当地出版市场，拜访了知名出版社、书店、重点大学孔子学院和联合国环境规划署，达成 6 项合作意向。北京新华印刷有限公司总经理兰本立等 4 人参加考察。考察发现，非洲各国国情不一，经济差异较大，但对中国经济与中国发展道路比较认同，对中国社会文化比较感兴趣。中非经济合作频繁，在非中资企业屡见不鲜，但中非文化合作薄弱，中国题材图书匮乏，中非的出版交流前景广阔。

在坦桑尼亚，李岩向知名出版企业 Mkukina Nyota Publishingers 表示集团公司作为出版"国家队"，积极响应习近平总书记提出的"一带一路"重大倡议，努力推动中国文化更好地惠及坦桑尼亚人民，并就引进曹文轩、杨红樱等人童书，出版旅游口袋书达成 2 项合作意向。在达累斯萨拉姆大学孔子学院和斯瓦希里语学院，李岩详细了解汉语推广和斯瓦希里语应用情况，表示愿意帮助解决汉语教材匮乏问题，就编撰本土化汉语教材、汉斯双语词典、用斯瓦希里语推广中国历史文化达成 3 项合作意向。

在肯尼亚，代表团拜访了联合国环境规划署，李岩和交流与公共信息司司长 Naysan Sahba 洽谈合作，表示集团公司肩负国家使命，愿意为其发布年度重要报告、保护野生动物等提供翻译与中文出版服务，受到对方高度肯定。在非洲成立最早的内罗毕大学孔子学院，双方围绕中国问题研究情况、中国话题图书开展交流，探讨了易阅通合作以及与内罗毕大学出版社合作的可能性。在四达肯尼亚分公司，李岩表示愿意将四达肯尼亚分公司作为一个重要案例，纳入集团公司英文传记丛书"中国企业家系列丛书"，积极向海外介绍中国文化企业走出去。

在南非，李岩和 Exclusive Books 首席执行官本杰明·瑞斯克洽谈，围绕国民阅读、实体书店、数字出版、中国题材图书等展开深入交流，就设立中国图书专区达成合作意向。对方表达了来华合作开办实体书店的强烈愿望。转机途中，李岩考察了该书店的机场店。Exclusive Books 是南非最大连锁书店之一，拥有 41 家分店，经营图书、报刊、咖啡和文创产品，曾获伦敦书展最佳书店奖。在与 Jacana、New Africa books 出版社会谈中，李岩分别就动物题材、历史文化题材和数字出版、中国题材图书等开展了交流，表示将开展童书合作。（林成琳）

中国对外翻译有限公司参加FIT2017 世界翻译大会

2017 年 8 月 3～5 日，应国际翻译家联盟（简称“FIT”）的邀请，中译公司副总经理张晶晶、控股子公司中译语通科技（北京）有限公司（以下简称“中译语通”）总经理于洋等 12 人赴澳大利亚参加 FIT 在澳大利亚布里斯班举办的 FIT2017 世界翻译大会。会议期间，于洋应邀发表主题演讲。同时，中译语通承办了大会人工智能、语言大数据分论坛，举办语言服务大数据解决方案发布会，组织参加展会，并与当地合作伙伴签署合作协议。

会后，张晶晶等 3 人赴新西兰访问奥克兰大学，进行交流与合作洽谈。此次出访，将使中译公司的品牌影响力有效地扩大至国际主要区域的翻译协会与组织，推进国际院校及研究机构资源的引进，扩大语言大数据联盟（LBDA）在海外的影响力，推进双方在机器翻译、大数据、人工智能等方面的业务合作。（赵　桐）

中译语通科技（北京）有限公司发布 YeeKit 智能语言科技工具平台

2017 年 8 月 3～5 日，第 21 届世界翻译大会（FIT 2017）在布里斯班会展中心召开。中国对外翻译有限公司（以下简称“中译公司”）控股子公司中译语通科技（北京）有限公司（以下简称“中译语通”）作为大会独家最高级别战略合作伙伴，于 8 月 3 日下午举办了“人工智能与语言科技”论坛，首次在海外发布 YeeKit 智能语言科技工具平台。

论坛由奥地利维也纳大学翻译研究中心主任 Gerhard Budin 教授主持，中译公司副总经理张晶晶、新南威尔士大学人文和语言学院 Sean Cheng、FIT 大会组委会主席等重要嘉宾出席论坛。张晶晶在论坛致辞中提出，随着全球化进程的加快，全球翻译行业正处于前所未有的发展时期，科技发展对语言服务行业的影响已逐步凸显。中译语通近年来在机器翻译、大数据分析和人工智能认知方面取得了显著成就，希望中译语通通过此次论坛，与世界各地语言服务领域的企业、高校、机构等伙伴进一步深入交流，共享资源，实现技术融通。

中译语通副总经理张晓丹与新南威尔士大学 Sean Cheng 在论坛现场代表双方签署战略协议。中译语通和新南威尔士大学将在机器翻译、大数据技术等方面开展合作，共同培养符合市场需求的专业人才。（赵　桐）

荣宝斋木版水印技艺参加第 2 届上海合作组织夏令营开营仪式

2017 年 8 月 12 日，为纪念联合国教科文组织通过《保护世界文化和自然公约》45 周年，增进上海合作组织（以下简称“上合组织”）各国间在非物质文化遗产保护、传承、发展等方面的交流合作，由文化部外联局、中国对外文化集团公司、北京市文化局、贵州省文化厅共同主办，北京非物质文化遗产保护中心、西城区文委、天桥艺术中心、中国文化国际共同承办，上合组织各成员国、观察员国、对话伙伴国文化部参与的“魅力非遗——第 2 届上海合作组织夏令营·非物质文化遗产交流体验”活动在北京天桥艺术中心开营。

本届上合组织非遗夏令营以“传承与弘扬”为主题，秉持首届夏令营活动“以文化为基础，

搭建与世界对话的平台"的理念，使上合组织各国非遗传承人充分沟通，尽情展示各国非遗文化，交流传承与保护的心得，为人类的非遗宝库增砖添瓦。中国、俄罗斯、哈萨克斯坦、白俄罗斯、阿富汗、巴基斯坦、尼泊尔、柬埔寨、土耳其、伊朗等10个上合组织成员国、观察员国和对话伙伴国文化部共派出24名非物质文化遗产传承人或手工艺者参加本次活动。

开营仪式上，各国代表向北京市捐赠了极具代表性的本国非遗作品。其中，荣宝斋的木版水印画代表中国向北京非物质文化遗产保护中心进行捐赠。开营仪式后，文化部外联局局长谢金英、北京市文化局副局长庞微、西城区人民政府副区长郁治，以及上海合作组织秘书处及各国驻华使馆的代表来到荣宝斋木版水印的展演台前，认真聆听了荣宝斋木版水印技艺国家级非遗传承人高文英老师对木版水印制作的详细讲解。一些参观者听完高文英老师的介绍，对木版水印产生了浓厚兴趣，纷纷动手印刷，亲身体验木版水印的奥妙。

（陶　爽）

商务印书馆创立120年海外合作伙伴恳谈会举行

2017年8月23日，在第24届北京国际图书博览会期间，商务印书馆举办"商务印书馆创立120年海外合作伙伴恳谈会"，邀请与商务印书馆在各领域开展合作的海外出版机构代表、汉学家共聚一堂，畅叙友情，共谋发展。来自英国、美国、法国、德国、荷兰、格鲁吉亚、日本、韩国、新加坡、马来西亚、泰国、越南等国家和地区的近40家海外出版机构的80余位嘉宾参加活动。

中国出版集团公司党组成员、中国出版传媒股份有限公司副总经理孙月沐出席。商务印书馆总经理于殿利向与会嘉宾介绍了商务印书馆创立120年来在中国出版国际交流合作方面的开拓性贡献和主要实践。他期待商务印书馆与各合作伙伴未来能有更深入的合作，以出版为桥，为促进世界各国文化互融互通贡献更大的力量。牛津大学出版社英语教学部合作创新部主管约瑟夫·诺贝尔、日本东方书店社长山田真史、威科中国首席执行官徐重威、德国施普林格出版社·自然出版集团人文及社会科学编辑总监裴米娅等作为海外出版机构代表发言。

（刘　芳）

"农民三部曲"英文版发布会举行

2017年8月23日，商务印书馆与德国施普林格出版社在第24届北京国际图书博览会上举行"农民三部曲"英文版发布会。中国出版集团公司总裁谭跃，中国出版集团公司党组成员、副总裁潘凯雄到会祝贺。商务印书馆总经理于殿利、副总编辑陈小文、副总经理王齐，德国施普林格出版社·自然出版集团人文及社会科学编辑总监裴米娅，施普林格出版社·自然出版集团全球副总裁哈门·范·帕拉迪斯，"农民三部曲"作者、国务院发展研究中心研究员赵树凯出席活动。

"农民三部曲"——《农民的政治》《农民的新命》《农民的鼎革》紧扣时代脉搏，反映国际关切，聚焦中国当下农民问题，探讨中国农民在当代政治经济条件下的历史命运演变，揭示国家在处理农民问题上所做的努力，展望中国农村改革的未来。"农民三部曲"来源于作者对中国农村长期具体与深入的观察，其成果对于推动中国农民问题研究具有重要的启示与推动作用，对于国际社会客观认识中国的改革与发展道路具有重要意义。该丛书也是商务印书馆与施普林格出版社自2014年达成战略合作协议以来取得的新进展与新成果。

（刘　芳）

商务印书馆—博睿学术出版社战略合作协议签约仪式举行

2017年8月23日，商务印书馆与荷兰博睿学术出版社在第24届北京国际图书博览会上联合举行"商务印书馆—博睿学术出版社战略合作协议签约仪式"。中国出版集团公司党组成员、副总裁刘伯根到会祝贺并讲话，商务印书馆总经

理于殿利、总编辑周洪波、副总经理王齐，博睿学术出版社出版主管戴悟理等出席活动。

博睿学术出版社和商务印书馆均为有着横跨数世纪历史的学术出版机构，在出版界享有盛誉。博睿学术出版社是一家国际学术出版机构，总部位于荷兰，同时在美国、德国和新加坡设有办公室，以卓越的人文和社科出版而知名，“逾三百年，专注学术出版”，特别是在亚洲研究方面享有盛誉。博睿学术出版社每年出版800多册新书、200多种期刊，图书类大多为具有极高学术价值的系列丛书。

根据战略合作协议框架，双方将定期互相推荐新书；尝试合作开发内容产品，共同挑选作者，研究和策划选题，以满足中国和国际学术市场的读者需求；共同开发出版高质量的学术期刊（以印刷本和电子形式同时出版），特别是在中国研究和亚洲研究领域。同时，双方在数字产品和学术交流等方面也将展开相关合作。

（刘　芳）

“汉译波斯经典文库”新书发布会举行

2017年8月23日，在第24届北京国际图书博览会上，商务印书馆与伊朗伊斯兰共和国文化联络组织联合举行战略合作协议签约仪式暨“汉译波斯经典文库”新书发布会。伊朗文化联络组织主席艾布扎里·伊布拉希米、商务印书馆总经理于殿利出席仪式并致辞。伊朗驻华大使哈吉、中国出版集团公司党组书记王涛到会祝贺。

“汉译波斯经典文库”堪称波斯文学的精粹，收录了包括波斯文学“四大柱石”在内的8位诗人的10部主要作品，包括萨迪的《果园》《蔷薇园》、菲尔多西的《列王纪全集》、哲拉鲁丁·鲁米的《玛斯纳维全集》、哈菲兹的《哈菲兹抒情诗全集》、内扎米的《蕾莉与玛杰农》《内扎米诗选》、鲁达基的《鲁达基诗集》、海亚姆的《鲁拜集》、贾米的《春园》等共23卷，全面展现了波斯古典诗歌园地群星灿烂、百卉争妍的景象。其中，《果园》《蔷薇园》《哈菲兹抒情诗全集》《蕾莉与玛杰农》《内扎米诗选》将第一批与中国读者见面。

（刘　芳）

《牛津初阶英汉双解词典》（第4版）和《牛津少儿英汉图解词典》新书发布会举行

2017年8月23日，商务印书馆与牛津大学出版社在第24届北京国际图书博览会上联合举行新书发布会，推出《牛津初阶英汉双解词典》（第4版）和《牛津少儿英汉图解词典》。中国出版集团公司党组成员、副总裁潘凯雄，商务印书馆党委书记肖启明、副总经理王齐，牛津大学出版社英语教学部词典语法内容战略总监派特里克·怀特，北京师范大学外文学院教授罗少茜出席活动。

《牛津初阶英汉双解词典》（第4版）在第3版基础上推陈出新，与时俱进，更加注重对教学研究成果的吸收，并使用语料库搜集真实例证，提供19000个适合初学者的单词、短语，13000条生动浅显的地道例证，以及研习专页、核心词标注、附加说明等学习型功能，力争满足初学英语的非英语母语人士的需求。

《牛津少儿英汉图解词典》由英国教育专家编写，专门针对初学英语的少儿读者，以“看图识字”为理念，帮助小读者掌握常见事物的英文表达法。图文并茂，趣味性强，通过扫描二维码或使用点读笔还能获取对应的音频文件，使小读者获得立体有趣的英语学习体验。

（刘　芳）

生活·读书·新知三联书店举办系列“走出去”活动

2017年8月23～27日，第24届北京国际图书博览会在中国国际展览中心举办。生活·读书·新知三联书店（以下简称“三联书店”）在此次会展期间举办了3场重要活动。国家新闻出版广电总局新闻报刊司司长李军、出版管理司副司长许正明、出版管理司副司长许文彤，中国出版集团公司总裁谭跃，中国出版集团公司党组书记王涛，中国出版集团公司党组成员、副总裁潘凯雄等莅临活动现场，共同见证了三联书店"走出去"的工作成果。

8月23日上午，三联书店与施普林格出版集团举办了《丝绸之路研究》与《御窑千年》的英文版签约仪式。三联书店总经理路英勇与施普林格·自然集团人文及社会科学编辑总监 Myriam Poort 女士代表双方签约并分别致辞。

8月23日下午，三联书店与吉尔吉斯斯坦东方文学与艺术出版社举办了《中华文明的核心价值——国学流变与传统价值观》吉尔吉斯语、哈萨克语版的首发仪式。活动中，东方文学与艺术出版社北京首席代表叶莲娜·戈尔什科娃向谭跃赠送新书。潘凯雄、路英勇、叶莲娜·戈尔什科娃以及该书作者清华大学哲学系教授陈来出席仪式并致辞。

随后，三联书店与俄罗斯尚斯国际出版集团举办了《于丹〈论语〉心得》俄文版的签约仪式。路英勇与尚斯国际出版集团总经理罗曼·格拉西莫夫代表双方签署合约。三联书店总编辑翟德芳在致辞中感谢尚斯国际出版集团为促成此次合作所做出的努力。

第24届北京国际图书博览会期间，三联书店共展出原创图书近200种，完成版权洽谈40多场，达成了多项版权输出合作意向，包括《中华文明的核心价值——国学流变与传统价值观》乌克兰语、乌兹别克语版，《于丹〈论语〉心得》越南语版，《御窑千年》英文、俄文版，《长安是中国的心》俄文版，《中国雕塑史》土耳其语版，《祖宗之法：北宋前期政治述略》英文版，《天朝的崩溃：鸦片战争再研究》日文版等。

（孙　玮　孙琳洁　仝　星）

中国图书进出口（集团）总公司举办第24届北京国际图书博览会

2017年8月23～27日，第24届北京国际图书博览会（BIBF）（以下简称"图博会"）在中国国际展览中心（新馆）举办。

本届图博会上，中国图书进出口（集团）总公司（以下简称"中图公司"）以"持续打造国际一流书展"的目标为指引，稳中求进，积极创新展会功能，不断提升专业化水平，全面唱响主旋律，力推中国出版"走出去"，为迎接党的十九大胜利召开营造了良好氛围。

本届图博会各项核心指标持续稳定增长，展览面积92700平方米，较2016年增长17.9%；参展的国家和地区达到了89个，其中"一带一路"沿线国家达28个，阿曼、阿塞拜疆、乌克兰3个国家为首次参展；参展商达到2500多家，其中海外展商达1460家（新增102家），占比达到58%。伊朗伊斯兰共和国担任本届图博会主宾国。5天时间里，图博会展览展示了30多万种精品图书，举办了近千场文化交流活动，吸引了1000多名中外记者到场报道。书展期间，共达成中外版权贸易协议5262项，同比增长4.9%，世界第二大书展地位更为稳固，进一步缩小了与法兰克福书展的差距。

相比往届展会，本届图博会呈现出五大特点：

第一，中央领导高度重视和亲切关怀。8月24日，中共中央政治局常委刘云山，中共中央政治局委员、中央宣传部部长刘奇葆参观调研图博会，刘云山做重要讲话。8月22日，中共中央政治局委员、国务院副总理刘延东出席第11届中华图书特殊贡献奖颁奖仪式，并为获奖人颁奖。这是刘延东连续7年出席中华图书特殊贡献奖颁奖仪式。8月23日，全国政协副主席、民进中央常务副主席罗富和参观调研图博会。中央领导的高度重视和重要指示，为图博会的发展指明了发展方向，提供了根本遵循。

第二，唱响主旋律，为十九大召开营造良好氛围。"砥砺奋进的五年"是2017年图博会的重要关键词。围绕这个主题，出版界精心准备了一大批精品图书，并通过展览展示、交流活动等多种方式，为党的十九大胜利召开营造良好思想文化氛围。其中，由国家新闻出版广电总局主办的精品图书展盛大亮相，共展览展示十八大以来国内出版的精品图书1万多册，吸引不少读者驻足，成为媒体关注的热点。中国出版集团公司、中国国际出版集团等众多国内出版单位，也集中

展示了其出版的优质主题图书、精品图书、与科技融合的新型出版物。

第三，版权功能突显，“走出去”形式立体多样。2017年图博会进一步加大版权贸易服务力度，各出版单位也积极推介本版图书，版贸输出量进一步提升。经现场初步统计，本届图博会共达成中外版权贸易协议5262项，同比增长4.9%。其中，达成各类版权输出与合作出版协议3244项，同比增长5.5%，达成引进协议2018项，同比增长3.9%，引进输出比为1∶1.61。主题类、少儿类、文学类、文化教育类、经济类、哲学类图书排在输出前列，“一带一路”沿线国家成为版权输出的热点地区。中图公司等多家公司通过发布ExpressReader（中国快讯）等产品，以数字化技术推动中国权威媒体内容“走出去”。

第四，名家汇聚，国际化水平显著提升。书展期间，来自40多个国家的70余位汉学家、译者参加图博会，到图博会中寻找中国故事，其数量之多、规模之大，创下书展历史之最，成为本届书展的一大亮点。中图公司积极牵头策划了翻译恳谈会、交流座谈会、对话汉学家、文学之夜等30多场活动，开辟了200平方米的翻译咖啡馆，帮助汉学家集中了解中国翻译资助的政策与项目，掌握中国作品的一手信息，对接中国出版业者和作者，深入挖掘感兴趣的中国故事，真正走进中国出版行业和中国文化的内核。书展结束时，30位汉学家提交了拟翻译出版中国图书的申请表，成果不凡。在出版领域，本届图博会更是大家云集，北京国际出版论坛邀请了国际问题专家、中国人民大学国际关系学院教授王义桅和英国布鲁姆斯伯里出版社执行董事、国际出版商协会前主席理查德·查金等国际知名专家学者到会演讲，莫言、铁凝、贾平凹、刘震云、徐则臣、余华、冯唐、曹文轩、张悦然、西川等诸多知名作家也参与到图博会各类文化交流活动中。由中国作协设立的作家馆，举办了精彩的作家互动交流、推介中国好书的活动。

第五，专业化程度持续提升，“一带一路”成为热点。本届图博会聚焦版权贸易，不断强化家门口“走出去”的平台功能，一方面充分整合国内外参展嘉宾的专业优质资源，让具有国际影响力的专家、学者深度参与图博会各项出版文化交流活动；另一方面紧跟行业发展，瞄准行业前沿，扎扎实实做好专业活动，为推动中外版权交流、扩大中文图书的传播路径搭建重要平台。展会期间，除了举办北京国际出版论坛、中华图书特殊贡献奖颁奖仪式等重大活动外，图博会继续在专业活动上深挖、做细，不断提升服务能力和专业化水平。2017世界童书（北京）论坛、2017 BIBF国际数字出版论坛、“BIBF 10＋10”圆桌会议等专业活动，邀请国内外出版人贡献智慧，搭建沟通交流的平台。展商之旅、走进中国出版业培训、版权经理人沙龙等形式多样的活动，为中外出版合作创造了平台与机会。

北京国际图书博览会自1986年创办，经过31年的发展，国际影响力和外宣功能不断提升，参展成效明显，中外展商满意度提高，纷纷以“专业、高端、融洽、有实效”来形容本届展会。中图公司将继续立足图博会的平台机遇，发挥进出口渠道优势，承担起“走出去”主力军作用，持续推动中国出版“走出去”。

（王玉梅　朱烨洋）

中国图书进出口（集团）总公司中国图书“走出去”联合签约发布仪式举行

2017年8月23日，由中国图书进出口（集团）总公司（以下简称“中图公司”）主办的中国图书“走出去”联合签约发布仪式在北京举行。中央宣传部出版局局长郭义强，国家新闻出版广电总局进口管理司副司长赵海云，中国出版集团公司党组书记王涛，党组成员、中国出版传媒股份有限公司副总经理李岩出席活动。中图公司总经理张纪臣，副总经理林键、林丽颖分别代表公司与合作方签约、换约。50余家国内出版单位代表，来自德国、俄罗斯、日本、马来西亚、阿联酋迪拜等国家和地区的海外按需印刷商以及美国亚马逊代表参加活动。

为讲好中国故事，传播好中国声音，中图公司借助自身业务优势，从国际版权输出、纸书全球按需印刷、电子书海外主流渠道落地三方面，全面促进中国内容"走出去"，并走进海外主流渠道和主流社会，开创出一条纸电融合、跨界融合、跨国融合的"立体走出去"新模式。活动中，中图公司分别与安徽出版集团、内蒙古新华发行集团股份有限公司、浙江大学出版社3家国内出版机构签署了"走出去"战略合作协议；携手国际按需印刷企业发起成立了全球按需印刷联盟；与亚马逊达成深度合作，在亚马逊美国Kindle中国电子书店重点推广优质中国电子书。

作为中国出版"走出去"的主力军，此次中图公司与国内出版集团、全球按需印刷厂商和亚马逊美国联合签署中国图书"走出去"战略协议，分别从内容、技术、渠道三个方面，着眼于发挥"走出去"的组合联动效应，拓宽"走出去"渠道。通过联合国内优秀出版品牌，中图公司聚合海量的优势数字内容资源，为"走出去"打好内容资源的基础。

同时，中图公司积极探索"走出去"新模式，与有影响力的海外按需印刷技术商和设备提供商开展深度合作，发起建立全球按需印刷联盟，以联盟的方式突破数字版图书转换为纸版的成本、技术等瓶颈，实现"走出去"的可持续发展。此外，公司还对接亚马逊电子书店，借助成熟的国际化数字资源交易平台，为走进海外主流市场打通渠道，真正实现"落地"海外，从而推动中国优秀数字出版内容更多、更快、更好地走出国门。

（王玉梅）

中国出版集团公司签署成立国际编辑部

2017年8月24日，中国大百科全书出版社与施普林格出版集团共同成立《中国大百科全书》英文版国际编辑部。中译出版社与塞尔维亚Cigoja Stampa出版社和贝尔格莱德大学孔子学院在第24届北京国际图书博览会现场签署了国际编辑部的合作备忘录。

《中国大百科全书》英文版国际编辑部，有力支撑了《中国大百科全书》第三版英文版产品的设计和实施。中译出版社通过国际编辑部，输出"中国著名企业家与企业丛书"5种、《中国通史》6卷本、"中国报告"系列2种（张雅文的《生命的呐喊》《百年钟声——香港沉思录》）、"少数民族海外推广计划"5本（阿来《空山Ⅰ》等）共计18种图书罗马尼亚语版权。"中国报告"系列（《百万大裁军》《空山》《寻找巴金的黛莉》《阿里　阿里》《新生代农民工》等9本）、"少数民族海外推广计划"之胡东林的《狐狸的微笑》等共计12种图书的僧伽罗语和泰米尔语达成了版权输出协议。

第24届北京国际图书博览会期间，中译出版社的国际编辑部还发布了阿来《尘埃落定》的印地语版本和僧伽罗语版本、丹增《小沙弥》的匈牙利语版本和阿拉伯语版、《中国著名企业家与企业丛书》（5种）的英文版。

（林成琳）

中国出版集团公司国际绘本展举行

2017年8月24日，中国出版集团公司所属中国图书进出口（集团）总公司（以下简称"中图公司"）在取得举办两届国际绘本展经验的基础上，于2017年第24届北京国际图书博览会期间，继续举办国际绘本展吸引了1万多名家长和小读者参观。

本届国际绘本展设置了新颖多样的主题区，集中展示国际优秀绘本。其中，"我的城堡"区专门为小女孩准备了与公主相关的传统童话书；"原创100"区集中展示中国原创绘本；"插画家工作室"每天都有年轻插画家进行现场插画创作；"小语种专区"提供13种语言的上万种精品绘本；"大师书房"2017年重点介绍插画大师莫里斯·桑达克，读者在这里可与桑达克笔下的各种经典故事人物相遇。

除了各具特色的主题区域外，展区还组织了丰富多彩的阅读活动，许多童书界知名人士来到现场。例如，首次获得国际安徒生奖的中国作家曹文轩，深受孩子喜爱的儿童阅读推广人、"红

泥巴村”网站创始人阿甲，来自巴西的安徒生插画大奖获得者罗杰·米罗，动画电影《宝莲灯》的编剧向华等，为观众带来生动有趣的阅读活动。

此外，中图公司还在第24届北京国际图书博览会期间举办了中图绘本教育联盟启动仪式。中图绘本教育联盟，将通过做好汇聚国内外资源、建设平台、举办活动、按需印刷服务、鼓励绘本原创、建设实体网络、发布行业报告等7项工作，搭建一个出版与教育相对接的第三方平台，助力中国儿童教育事业的健康发展。

（林成琳）

“中国著名企业家与企业”丛书（中英文版）发布会举行

2017年8月24日，在第24届北京国际图书博览会上，中译出版社在中国国际展览中心（新馆）举行“中国著名企业家与企业”丛书新书（中英文版）发布会暨“中国企业对全球经济影响”主题研讨会。活动中，发布和展示了丛书第1辑《马云与阿里巴巴》《任正非与华为》《马化腾与腾讯》《王健林与大连万达》《董明珠与格力》5本图书的中英文版。“中国著名企业家与企业”丛书是中译出版社与英国里德（LID）出版社的重要合作项目。该丛书以总结和介绍中国当代著名企业和企业家的成功之道为切入点，旨在介绍中国民营企业家们的创业生涯和个人生活，研究他们和他们代表的企业对中国经济做出的重大贡献以及对全球经济日益增强的影响力。

中国出版集团公司党组成员、中国出版传媒股份有限公司副总经理李岩指出，该项目是中译出版社与英国里德出版社共同调研、联合策划、编写、翻译和设计，在国内和国际市场同步发行的成功案例。该丛书的罗马尼亚语版和韩语版也分别与海外出版社签约，成果喜人。在成功合作的基础上，双方签署协议，联合成立了中国主题图书国际编辑部。希望双方能够在已有成功合作的基础上，加紧谋划后续项目，加深翻译出版合作，进一步推动中国企业和中国文化走向国际。

会上，中译出版社与俄罗斯尚斯国际出版社、英国里德出版社、埃及希克迈特出版社分别签署了由中共中央党校国际战略研究院赵磊教授所著《“一带一路”的文化经济学》一书的俄语、英语和阿拉伯语版权输出协议。（茹　慧）

商务印书馆举办伊朗伊斯兰共和国出版社代表团交流会

2017年8月25日，第24届北京国际书展期间，伊朗伊斯兰共和国出版社代表团交流会在商务印书馆礼堂举行。11家伊朗出版社和代理机构的代表在伊朗伊斯兰共和国驻华领事馆文化参赞汉尼·阿德勒带领下参会。人民文学出版社、中国民主法制出版社、天天出版社和商务印书馆的版权合作部门负责人参会。商务印书馆副总经理王齐主持会议。

此次伊朗出版社代表团出版范围涉及学术、教育、地图、辞书、儿童文学等广泛领域，与中国出版集团公司的出版资源有很高的匹配度。会上，王齐介绍了商务印书馆的历史和品牌特色，回顾了商务印书馆出版和传播伊朗文明经典的成果，表达了希望继续与伊朗出版社加强合作、推动中伊文明交流的美好心愿。汉尼·阿德勒文化参赞致辞，希望以此次交流会为契机，中伊出版交流合作能够不断加强。双方出版社还就各自的出版特色及合作意向展开了深入交流。

（郭朝凤）

《读懂中国》英语及印地语版权输出签约仪式举行

2017年8月25日，在第24届北京国际图书博览会上，研究出版社与印度通用图书公司举行了《读懂中国》英语及印地语版权输出签约仪式。中国民主法制出版社副社长乔先彪主持。

签约仪式上，中国出版集团公司党组成员、中国出版传媒股份有限公司副总经理李岩在致辞中强调，当前的中国正处在民族复兴的盛世伟业中，中国的发展吸引了世界的目光。研究出版社出版的《读懂中国》，立足中国发展的大格局，探讨了当前发展的关键问题，是一本不可多得的解读中国当今发展与未来走向的精品图书。

研究出版社总编辑赵卜慧女士简要介绍了研究出版社的情况。作为一家致力于宣传党的理论政策，诠释国内外政治、经济、文化等领域研究成果的出版机构，研究出版社已经逐渐形成了独具特色的专业出版风格，先后推出了《领导力提升系列》《细读经典国学系列》《做个好干部》等图书，具有良好的社会效益和经济效益。

印度通用图书公司是一家拥有84年历史的家族企业，是印度最具规模和影响力的中文图书出版和发行企业。总裁高崖先生长期致力于通过出版交流，促进中印两国的文化交流与合作。该公司与多家中国出版社保持着良好的合作关系，并在印度出版了《中国梦》《一带一路》《东方主战场》等精品图书。

高崖先生在致辞中表示，他在考虑引进图书版权的时候，通常会用一个月的时间进行认真调研，但在此次第24届北京国际图书博览会上"偶遇"《读懂中国》这本书，却在很短的时间内做出了引进英语、印地语版权的决定。这不仅是出于对一本好书的判断，更是出于对中国出版传媒股份有限公司品牌出版社的信任。

此次合作将共同搭建中印两国文化交流的平台，增进两国人民的相互理解和友谊。合作双方都表示将把《读懂中国》作为重点项目，争取早日完成英语版及印地语版《读懂中国》的翻译、出版工作。

《读懂中国》英语及印地语版权输出，研究出版社"走出去"旗开得胜，一炮打响，实现了"零"的突破。同时，阿拉伯语、波斯语、泰语、马来语、哈萨克斯坦语、乌尔都语等6个语种的版权输出已达成合作意向。（王卓然）

中国图书进出口（集团）总公司 ExpressReader（中国快讯）启航——中国报刊走进"一带一路"发布仪式举行

2017年8月25日，ExpressReader（中国快讯）启航——中国报刊走进"一带一路"发布仪式在第24届北京国际图书博览会期间举行。国家新闻出版广电总局原党组成员、副局长及中国音像与数字出版协会理事长孙寿山，伊朗文化展览协会主席阿米里·迈斯欧德·沙赫拉米尼杨，中国出版集团公司总裁谭跃出席活动，并与中央宣传部出版局副局长张拥军，国家新闻出版广电总局数字出版司司长张毅君、新闻报刊司司长李军，白俄罗斯信息部出版司司长伊莲娜·巴甫洛娃，伊朗出版商协会主席穆罕默德，塞尔维亚共和国文化和媒体部高级顾问米拉登，中国图书进出口（集团）总公司（以下简称"中图公司"）总经理张纪臣等共同启动平台。《经济日报》《科技日报》、新华网等国内权威媒体负责人、来自"一带一路"国家的代表、60余位汉学家和学者共同见证ExpressReader（中国快讯）正式启航。

"中国快讯"是中图公司为实现传统报刊在数字时代的出口转型而研发的APP移动阅读应用端，具有内容优质、即时发布、突出品牌、语种丰富、技术先进、方便订阅6大特点。它以"一带一路"为市场方向，主动发出中国声音，满足海外读者尤其是"一带一路"沿线国家读者在移动阅读时代更多、更全面、更快速地了解中国内容的需求。

合作方代表科技日报社副总编辑许志龙和"一带一路"沿线国家代表伊朗出版商协会主席穆罕默德、白俄罗斯信息部出版司司长伊莲娜·巴甫洛娃、塞尔维亚汉学家米拉登等分别致辞，阐述了"一带一路"沿线国家读者对中国权威资讯内容的需求和中国媒体走进"一带一路"沿线国家的重要性。大家一致认为，"中国快讯"的正式发布，有助于实现中国资讯精准落地"一带一路"主流人群，满足广大读者的阅读需求，为中国与"一带一路"国家间的资讯交流提供了便利。（王玉梅）

中国出版"走出去"联盟成立仪式举行

2017年8月26日，中国文化"走出去"战略合作协议签署、中国出版"走出去"联盟成立

仪式在中国国际展览中心（新馆）中图活动区举办。中国图书进出口（集团）总公司（以下简称“中图公司”）总经理张纪臣、中国人民对外友好协会秘书长李希奎出席了仪式。中图公司副总经理林丽颖与中国友好和平发展基金会秘书长贾伶签署了《中国文化“走出去”战略合作协议》，助推中国文化“走出去”，走进国际主流社会、走向海外主流读者。

在现场，中图公司与时代出版传媒股份有限公司、凤凰出版传媒集团、山西出版集团、北京出版集团、中国大百科全书出版社、商务印书馆、浙江大学出版社共8家首批联盟单位的代表们共同走上主席台，启动大屏幕联盟成立装置，宣布中国出版“走出去”联盟正式成立。

中国出版“走出去”联盟是中图公司发起成立的、以推动中国出版“走出去”为目标的非营利性行业联盟组织。该组织希望通过优势资源整合、优势资源共享，共商共建中国出版“走出去”大业，实质性地解决出版企业“走出去”所遇到的困难和发展瓶颈，推动中国出版企业抱团“走出去”，实现互利共赢。（王宇燕）

中华书局一行参加欧洲汉学图书馆协会年会

2017年9月4～9日，中华书局副总编辑李占领、文献影印编辑部张昊赴捷克参加欧洲汉学图书馆协会年会并做专题报告，向与会各国图书馆员介绍中华书局“海外中文古籍总目”项目的进展、成果及下一阶段工作计划，会间与英国、德国、荷兰、挪威、瑞典、比利时等国汉学图书馆员交流项目情况。其间，访问了捷克科学院东方研究所及其附属鲁迅图书馆，了解捷克汉学发展情况及该国的中文古籍藏书情况；还访问了帕拉茨基大学孔子学院。（刘　激）

《嫁衣》入围2017年加拿大金枫叶国际电影节

2017年9月20～25日，2017年加拿大金枫叶国际电影节在加拿大温哥华举行。作为国家新闻出版广电总局重点培养的国际十大品牌电影节之一，加拿大金枫叶国际电影节是中加两国政府搭建的中西电影人合作交流平台。由中版昆仑传媒有限公司参与出品的《嫁衣》通过加拿大金枫叶国际电影节组委会评审初评，获得2017年电影节入围资格，并在电影节上公开放映，让世界感受中国的少数民族文化。

《嫁衣》由我国著名湘西籍导演彭景泉先生编导，剧中人物语言采用纯苗语对白，除了剧中的汤玛斯教授之外，演员均为来自湘西州内的普通群众，他们本真演绎苗寨的自然之美、人性之美、人与自然的和谐之美及昂扬的精神状态。

电影艺术打破了文化传播的地域和障碍，在宣传和推广民族文化上具有得天独厚的优势。《嫁衣》是中版昆仑传媒有限公司“中国故事全球传播”项目推广的电影佳作，此次入围2017年加拿大金枫叶国际电影节，通过国际化的文化交流平台，全方位地向世界展示中国湘西土家族苗族自治州神奇的山水风光、厚重的历史文化、浓郁的民族风情，并结合新时代、新技术传承弘扬中华优秀传统文化和中华美学精神，打造中加文化交流的桥梁，把中国文化推向世界。

（沈梦杭）

中译出版社与突尼斯东方知识出版社举行“中国主题图书编辑部”签约仪式

2017年10月22日，在中国出版传媒股份有限公司国际部的帮助和支持下，中译出版社与突尼斯东方知识出版社在中译出版社会议室举行了“中国主题图书国际编辑部”的签约仪式。

中国和突尼斯分处亚非两洲，都有悠久的历史和灿烂的文化。随着习近平主席“一带一路”倡议的贯彻与实施，处在“一带一路”建设沿线关键节点的突尼斯，两国合作的潜力巨大。此次建立国际编辑部体现了双方合作的诚意，表达了共同推进中国文化内容在突尼斯传播，加强两国文化交流，促进相互了解的愿望。

此次中译出版社与突尼斯东方知识出版社总经理爱诗玛签署了一系列版权合作协议，包括"中国著名企业家与企业系列"和《中国新生代农民工》共6本中国图书的阿拉伯语版权。

中译—东方知识出版社中国主题编辑部（突尼斯）是中译出版社继中译—罗兰大学"一带一路"研究中心—科舒特（匈牙利）、中译—普拉卡山（印度）、中译—里德（英国）、中译—罗奥（罗马尼亚）、中译—海王星（斯里兰卡）、中译—贝尔格莱德大学孔子学院—芝戈亚（塞尔维亚）后成立的第7家中国主题编辑部。

（茹　慧）

中国图书进出口（集团）总公司承办"'中共十九大：中国发展和世界意义'国际智库研讨会"

2017年11月16日，由中国社会科学院和中国国际经济交流中心共同举办，中国图书进出口（集团）总公司（以下简称"中图公司"）承办的"'中共十九大：中国发展和世界意义'国际智库研讨会"在北京举行。

中共中央政治局委员、中央宣传部部长黄坤明出席并发表题为《中国开启新征程　世界发展新机遇》的主旨演讲。日本前首相福田康夫、巴基斯坦前总理肖卡特·阿齐兹、法国前总理多米尼克·德维尔潘分别做了开幕致辞。

此次研讨会是在中共十九大胜利闭幕后举办的一次国际智库界的重要会议，来自世界31个国家和国际组织的智库学者、前政要与中国高端智库专家共240余人，共同探寻中国发展的全球意义。

本次承办工作时间紧、任务重、要求高，中图公司临时建立项目组，在公司总经理张纪臣、副总经理林丽颖的指挥下，开启了一系列高效的协同作业，最终圆满完成了承办工作，得到了主办方和参会嘉宾的好评。12月15日，中央宣传部国际联络局专门发来感谢信。

（荣　容　卓舒芸）

英国DK公司首席执行官伊恩·哈德逊一行访问中国大百科全书出版社

2017年11月21日，英国DK公司首席执行官伊恩·哈德逊一行到中国大百科全书出版社参观访问。中国出版集团公司党组成员、中国出版传媒股份有限公司副总经理李岩，中国大百科全书出版社党委书记刘晓东、副总编辑刘杭等参与接待会谈。

李岩首先代表中国出版集团公司总裁谭跃，对哈德逊的到访表示诚挚欢迎。他表示，中国出版集团公司非常重视与DK公司的合作，期待DK公司能与中国大百科全书出版社继续深入合作。中国出版集团公司将对双方的合作给予大力支持。刘晓东代表社长刘国辉对哈德逊先生表示热烈欢迎，提出期望DK公司未来能与本社开展进一步深度合作，包括共同开发选题、编撰图书，开拓更广阔的中国市场和世界市场等。刘杭介绍了《中国大百科全书》第三版的编纂情况，并强调DK引进版图书是出版社重要的产品线。

哈德逊首先对中国出版集团公司以及中国大百科全书出版社的接待表示感谢，并对百科精神和百科社的历史成就给予了高度赞赏。他提出，中国大百科全书出版社是DK公司重要的合作伙伴，DK公司一直珍惜和本社的合作关系。本社在选题、内容方面所提的建议以及在DK产品与中国本土化相结合方面所做出的贡献值得学习称赞。他期待未来能与中国大百科全书出版社在选题策划等方面有更加深入的合作。

中国大百科全书出版社是哈德逊在北京的两天行程里到访的唯一一家出版社。DK公司中国和东南亚区域销售总监彭恺玲、DK公司北京办事处总代表郭志平、DK公司北京办事处销售经理刘昌伟等陪同访问。

（尹添铭）

杰拉尔·德帕迪约访问中版昆仑传媒有限公司

2017年11月29日，国际著名电影巨星杰

拉尔·德帕迪约到中版昆仑传媒有限公司进行访问交流。杰拉尔·德帕迪约是法国著名演员、欧洲八大国际巨星之首、戛纳国际电影节评委以及里昂国际电影节发起人，1996年获得法国最高荣誉“骑士勋位勋章”，曾因出演《大鼻子情圣》（Cyrano de Bergerac）而在世界范围享有盛誉。

此次杰拉尔·德帕迪约来访中版昆仑传媒有限公司，带来“四项合作”：一是为了寻求电影、电视方面的合作；二是为戛纳国际电影节和里昂国际电影节寻求中方合作伙伴；三是为了进行图书、版权贸易上的合作；四是进行法国红酒等其他国际贸易的合作。（诸琦睿）

《中国工艺美术史》（德文版）版权输出达成协议

2017年12月8日，东方出版中心与德国卡利斯托出版社就《中国工艺美术史》（德文版）版权输出达成协议。该书详尽、系统地汇编和整理了我国古今工艺美术史料，阐述我国各种工艺美术的历史沿革和发展，分析艺术特色，介绍制作工艺，内容涵盖了原始社会的工艺美术到新中国现代工艺美术的全部历程，通过以史带论、史论结合的方式，令人折服地对我国工艺美术发展演变的脉络进行了清晰的梳理和勾勒。德文版的出版，对于展示和研究我国工艺美术发展史有极高的参考价值。（姜小明）

人民音乐出版社参加2017首届新闻出版合作大会

2017年12月9～10日，首届新闻出版合作大会在山东省泰安市举行。人民音乐出版社副总编辑赵易山与特邀来华访问的美国伯克利出版社总编辑乔纳森·菲斯特共同参会。会议期间，菲斯特做重要演讲，探讨了编辑出版工作和作者之间的关系。菲斯特在北京期间，与人民音乐出版社社长莫蕴慧、副总编辑赵易山进行了会谈。双方对共同取得的合作成果表示满意，期待进一步的紧密合作。菲斯特表示，作为伯克利教材中文版教材的独家出版机构，人民音乐出版社引进美国权威流行音乐教学法，对于中国的现代音乐教育有积极的意义，这将推动中国流行音乐教育的快速发展。菲斯特还期待伯克利出版社与人民音乐出版社可以实现进一步合作，推出更多优秀的伯克利音乐教材。（王　浩）

会展工作

人民文学出版社参加2017北京图书订货会

2017年1月12～14日，2017北京图书订货会在中国国际展览中心（老馆）举行，在这场华文图书盛会上，人民文学出版社率先推出赵本夫《天漏邑》和徐则臣《王城如海》两部重点长篇小说。

1月12日，江苏著名作家赵本夫长篇小说《天漏邑》举办新书发布会，发布会由人民文学出版社副总编辑应红主持，李敬泽、聂震宁、潘凯雄、管士光等与会发言。赵本夫在该书中以田野调查的叙述方式，向读者讲述了“天漏村”的故事。作品在真实与虚幻中自由出入，将宇宙自然的奇幻力量与文明进程的诡谲之处表现得淋漓尽致，很多细节富有隐喻。与会者认为，小说情节奇特而出人意料，书中众多人物生动独特，个性鲜明，给人以酣畅淋漓的阅读快感。

1月13日，70后作家领军人物徐则臣推出长篇新作《王城如海》，人民文学出版社副总编辑应红主持发布会，评论家李敬泽、杨庆祥与作者共聚新书发布会现场。该书书名取自苏轼的诗句：“唯有王城最堪隐，万人如海一身藏”。作者在书中刻画了几个主人公在北京的生活状态，多维度、多侧面地呈现了这座大都市的复杂现实，置身于这里的人们都在奔向自己的希望，追寻自己的价值感。作品情节紧凑，并设置了不断升级的矛盾冲突，发人深思，引人共鸣。

（顾　乡）

商务印书馆参加2017北京图书订货会

2017年1月12～14日，商务印书馆精选3场文化活动与1200余种图书出席2017北京图书订货会。3场活动分别是：展现中华优秀传统文化创新出版成果的“《国子监官韵诵唸·论语》新书发布会”；反映科学新知类图书出版的“《南极洲——从英雄时代到科学时代》新书分享会”以及表现学术出版大众化发展的“《人生智慧箴言》新书发布会”。

“工具书·语言”类图书方面，推出了《现代汉语词典》（第7版）、《两岸科技常用词典》《牛津高阶英语词典》（第9版）、《汉语阿塞拜疆语词典》《瓦里希德汉大词典》《Cornelsen法汉分类图典》等大部头辞书。“国际文化版图研究文库”“自然文库”“博物之旅”“图说人文中国”系列丛书均有新作亮相。其中，“汉译波斯经典文库”（23卷本）为近年来国内最重要的波斯语翻译成果，是中国读者了解、学习波斯文学的重要窗口。“学术·教育”图书中，“中华当代学术著作辑要”“德国法学名家名篇”“政治哲学名著译丛”“自然法名著译丛”“国外马克思主义和社会主义研究丛书”“古代社会生活史手册”等系列，继续引进世界学术精品，同时夯实完善了商务印书馆的学术图书谱系。为纪念商务印书馆创立120年，《辞源》（第三版·纪念版）、《字典集成》《起步的十年——茅盾在商务印书馆》《商务印书馆与中国现代女性启蒙》等纪念图书也进行了重点陈列。

（魏　微）

中华书局参加 2017 北京图书订货会

2017 年 1 月 12～14 日，中华书局参加在中国国际展览中心举办的 2017 北京图书订货会。1 月 12 日，《古琴》新书发布会举行，汪家明分享策划出版过程，并介绍了古琴对中国传统文化的意义、林西莉对中国文化的热爱及其推动中国文化在世界传播的贡献等。1 月 13 日，中华经典古籍库镜像版第 4 期暨中华经典古籍库微信专业版联合上线启动仪式举行，出席嘉宾有中国出版集团公司党组成员、副总裁潘凯雄，凤凰出版社社长姜小青，中国国际图书贸易总公司副总裁夏战生。中华书局总编辑顾青主持上述两场发布会。（刘　激）

中国美术出版总社参加 2017 北京图书订货会

2017 年 1 月 12～14 日，2017 北京图书订货会在中国国际展览中心（老馆）举行，中国美术出版总社为此次订货会带来《人美文库》《李苦禅全集》《中国最具代表性碑帖临摹范本丛书》等可读性、专业性兼具的艺术类图书，同时精心准备了 3 场新书推介会活动。为了更好地展现图书的丰富内涵和人文价值，中国美术出版总社特地邀请知名美术理论研究者、艺术家共同参与。（范雨萌）

人民音乐出版社参加 2017 北京图书订货会

2017 年 1 月 12～14 日，2017 北京图书订货会在北京国际展览中心举行。人民音乐出版社（以下简称"人音社"）共设 8 个展位，展出了包括图书、教材、期刊和音像制品等在内的 460 余种产品。其中，新书品种以针对少儿的各类基础教程（"钢琴+"系列、"新路径"系列、"小朋友们的"系列等）和民乐专业考级曲集（琵琶、竹笛、葫芦丝、巴乌等）两大系列为主。此外，古琴欣赏普及系列图书的第 2 册《琴颂诗经》及音乐理论专著《中国音乐词典》（增订版）也在此次订货会期间与读者正式见面。人民音乐出版社策划主办了《郁钧剑・歌唱问答 111 例》和《带着父母去旅游——刘和刚作品专辑》两场首发式活动，取得了良好的营销效果，充分展示了人音社的产品吸引力和品牌影响力。

此次展会前，人音社还举办了首届社店交流恳谈会。社领导、多位编辑部（中心）主任、业务骨干和主要经销商代表近百人汇聚一堂，就音乐出版的市场现状、发展前景以及新产品开发等课题进行了深入分析和探讨。（刘　培）

生活・读书・新知三联书店参加 2017 北京图书订货会

2017 年 1 月 12～14 日，2017 北京图书订货会在中国国际展览中心举行。生活・读书・新知三联书店（以下简称"三联书店"）在此次展会上展示图书共 300 多种。其中，学术精品亮点有李零的《我们的中国》《万变——李零考古艺术史文集》以及孙机的《从历史中醒来——孙机谈中国古文物》等；经典老书改版有"现代西方学术文库""学术前沿"等三联书店知名学术品牌；新系列产品有观念读本、图画通识丛书、汉宝德系列等。此次图书订货会还重点推出了由三联书店文化出版分社策划的"新知文库"系列丛书。

在中国出版集团公司举办的第 5 届经销商大会评选中，"三联书店首届战略合作伙伴高管培训活动强化社店合作"获得了 2016 年度优秀营销案例奖，图书营销中心的两名员工获得"优秀营销员"称号。（李　旭）

现代教育出版社参加 2017 北京图书订货会

2017 年 1 月 12～14 日，2017 北京图书订货会在中国国际展览中心（老馆）举行。现代教育出版社社领导、经营中心全体人员以及编辑参加

了本次订货会。在订货会上，现代教育出版社重点推介了“小牛津图书馆”“我是淘小虎”系列、“小象勿忘我”系列、“克利的世界”系列、“动物王国”等少儿类图书绘本，各类优质图书吸引了小朋友们的眼光，令他们流连忘返。

（焦小桥）

现代出版社参加 2017 北京图书订货会

2017 年 1 月 12～14 日，2017 北京图书订货会在中国国际展览中心（老馆）举办，现代出版社参加了本次展会。

本次订货会上，现代出版社组织举办了梁晓声《中国人的人性与人生》、张亚丽“语之可”书系、南仁淑《下辈子不再嫁给你了》、曾子航《你为什么不敢爱自己》新书发布会，以及中央电视台《中国通史》百集纪录片主创见面会。

《民国清流·肆：大师们的抗战时代》《我的世界都是你》《我不想活得这么累》《下辈子不再嫁给你了》《女人 30，拥抱更广阔的人生》《四季》等精品图书入选中国出版集团公司 2017 年重点新书推介榜单。在中国出版集团公司经销商大会上，现代出版社发行部片区经理孙勇被授予中国出版集团公司 2016 年度优秀营销员称号。

（陈丽壮）

中版教材有限公司参加 2017 北京图书订货会

2017 年 1 月 12～14 日，由中国出版协会和中国书刊发行协会主办的 2017 北京图书订货会在中国国际展览中心举行。中版教材有限公司参加了本次图书订货会，这是中版教材有限公司首次参加图书订货会。会上展出了《书法练习指导》《地理》等国家教材、地方教材和其他与教育相关的图书。

（武一格）

荣宝斋举办“荣宝斋大讲堂——范曾讲座《中国画研究法》”

2017 年 1 月 13 日，继《宇宙无限　初心不朽》主题讲座之后，范曾先生再次到荣宝斋大讲堂阐论《中国画研究法》。范曾先生将中国画的本质总结为“哲学的、诗性的、书法的”。他从中国古典哲学的方法论和本体论说起，谈到“有无相生”“知白守黑”，进一步阐述了在艺术领域东西方哲学思想的异同，最终把“依于仁”归为艺术家应该孜孜以求的目标；其次，他认为中国画是诗性的，“诗中有画，画中有诗”（苏东坡），“思理为妙，神与物游”（刘勰）；最后，书法是通向本体的简洁明快、精审的语言。“以书为骨、以诗为魂”，这也是范曾先生关于中国画的八字箴言。

（陶　爽）

中国图书进出口（集团）总公司承办第 26 届古巴哈瓦那国际书展中国代表团参展工作

2017 年 2 月 9～19 日，第 26 届古巴哈瓦那国际书展在哈瓦那的圣卡洛斯城堡举行。受国家新闻出版广电总局委托，中国图书进出口（集团）总公司承办了本次书展的组团参展工作，来自人民出版社、人民卫生出版社、青岛出版集团有限公司等多家国内知名出版单位的负责人参加了此次书展。

中国展台面积为 30 平方米，分为主题图书、传统文化、中国文学、人文社科、少儿读物、语言学习 6 个专题图书展区，展出 500 多种、800 多册精品图书，其中西文版图书占据 50%。《习近平谈治国理政》（西、英文版）、《中国梦与世界》《互利务实、共同发展：中拉经济合作新框架》（西文版）等一批反映中国改革开放以来在政治、经济、文化和社会等方面取得的重大成就及与拉美经济合作的主题图书集中亮相中国展台，为古巴和拉美地区民众了解当代中国发展现状、感知中华文化打开了重要窗口。

书展期间举办了多种形式的文化娱乐活动，并在书展结束后继续在各省份进行巡回展览。该书展已成为古巴最重要的文化活动之一，对拉美和加勒比海地区也有着重要的文化影响力，每年有近 200 万人次前往参观。

在书展闭幕式上，古巴图书协会和哈瓦那国际书展组委会授予中国代表团模范展台奖。

（荣　容　朱烨洋）

中国出版集团公司参加第46届伦敦书展

2017年3月14～16日，中国出版集团公司在第46届伦敦书展期间举行了6场文化交流和新书发布活动，得到了多家媒体的密切关注，引起舆论反响。

书展期间，中央电视台、凤凰卫视、新华社、《人民日报》《光明日报》、中新社、《中国日报》等新闻单位驻英记者纷纷报名采访。海外知名汉学家、博航特中学的师生、牛津大学图书馆专家等也成为媒体现场采访的焦点。集团公司还统筹国内宣传工作，在集团公司网站和官方微信上及时编发各项活动新闻。集团公司在本届伦敦书展的全部活动均获得新闻报道。中央电视台在书展开幕的第2天，以集团公司为焦点采访本届伦敦书展，并在新闻频道国际时讯栏目播出2分钟新闻。

由外国人讲述中国故事，是获得较好舆论反响的重要原因。法国汉学家白乐桑解释了“外国人写作中国计划”的重大意义；施普林格·自然出版集团首席执行官Haank用科技出版数据向外界说明“中国即将成为世界最大知识生产国”；来自英国帝国理工学院等4名专家学者论说中国企业的成功和企业家精神；博航特中学董事会主席指出，“面向中英贸易未来，有必要学习中文，不能再通过翻译”。

在国际场合主动发声、澄清事实，是集团公司出版“国家队”的使命担当。中华书局《顺风相送·指南正法》在牛津大学博德利图书馆举行发布会，该书精确呈现牛津大学图书馆馆藏古籍孤本，是通过图书出版领域的国际合作，在国际场合澄清钓鱼岛的主权归属问题。《中国日报》等媒体的相关报道，得到新闻网站、微信等的大量转载。

充分利用海外新媒体提高传播效果，是本届伦敦书展参展宣传的新尝试。《中国日报》对集团活动进行了全媒体报道，剪辑制作了精彩的视频内容，并通过网站、微博以及脸书等渠道有效传播。中国国际电视台、《中国日报》《环球时报》、China Plus News、《光明日报》、中新社等还在脸书等海外社交媒体上用英文发布和转载文字消息和图片视频，获得满意传播效果，博航特中学的文化讲座消息，1小时内视频点击播放600次，点赞数百次，评论几十条。

（林成琳）

中国图书进出口（集团）总公司组团参加第46届伦敦书展

2017年3月14～16日，中国图书进出口（集团）总公司（以下简称“中图公司”）组团参加在英国伦敦奥林匹亚会展中心举办的第46届伦敦书展（LBF），来自报刊、图书、数字、会展、教材、国际出版、外事以及西安公司的17位领导及员工组成中图代表团，副总经理林丽颖担任团长。

这是中图公司第二次以整体形象参加伦敦书展。此次书展吸引了来自全球130多个国家的行业精英。书展期间，中图公司代表团共进行了221场会谈和活动，各部门、各业务小组互利互助，共享资源，互相推广，提高了参展成效：

数字业务方面，中图公司以易阅通平台海外电子书刊资源本地聚合、按需印刷业务拓展为核心，与3家出版社实现现场签约，与美国ProQuest、英国Gardners、新西兰Wheelers、西班牙24Symbols和匈牙利PublishDrive等渠道合作商展开洽谈。同时，在英国档案馆发现了大量关于日本战争罪行类的档案文献，将以此作为海外民国文献数字化回归项目新的突破口，开拓新的贸易领域和合作渠道。传统业务方面，议定一家出版社阅读教材产品的独家代理权；与CIE国际课程体系下的出版社达成协议，共同打造CIE国际课程、调整中国区考试内容，进行中国版CIE教材教辅本地印刷的开发。

此外，中图公司还与英国帕斯出版社等单位

达成版权合作意向；举办了2017北京国际图书博览会推介会，并落实了2017北京国际图书博览会海外展区的参展情况。（刘向涛）

中国图书进出口（集团）总公司承办第37届法国巴黎图书沙龙参展工作

2017年3月24～27日，第37届法国巴黎图书沙龙在法国巴黎凡尔赛门展览中心举办。受国家新闻出版广电总局委托，中国图书进出口（集团）总公司（以下简称“中图公司”）组织国内15家出版社的20位出版人参展。本次中国展台面积约20平方米，共展示了400多种、600多册中国精品图书。书展期间，中国代表团还举办了系列精彩的文化交流活动。

主题图书成亮点。在国家新闻出版广电总局领导下，中图公司精心挑选了《习近平谈治国理政》（法文版）、《中国道路与中国梦》（中英法文版）等中国主题图书，并在展台显要位置专门开辟了主题图书展示区，重点向法国出版业和当地民众进行推介。书展期间，《习近平谈治国理政》（法文版）等图书销售一空。

传统文化聚人气。重点推介了人民美术出版总社的系列连环画，并于现场展示了数十幅经典连环画作品手稿。《白蛇传》《牛郎织女》等蕴含中华优秀传统文化的读物以连环画的形式集中在法亮相，受到当地民众特别是年轻父母的喜爱。书展期间，人民美术出版总社与法国黎赫文化公司达成了传统连环画系列作品的版权合作意向。

文化交流呈多彩。“中法连环画沙龙”活动邀请法国连环画评论家洛朗·梅利基安介绍中国连环画的独特风格和发展脉络，得到观众一致认可；第24届北京国际图书博览会宣介会吸引数十家参展企业参加，推广效果良好；浙江出版联合集团举办的《发现西藏》新书发布会，邀请作者布雷斯勒博士，就作品内容和背后的故事与读者进行深入交流。

本次参展受到国内外的广泛关注，新华社、《欧洲时报》、法国国际广播电台、中新社等中外主流媒体都进行了专题报道。（孟祥意）

中国美术出版总社参加第37届法国巴黎图书沙龙

2017年3月24～27日，第37届法国巴黎图书沙龙在法国巴黎凡尔赛门展览中心举办。中国美术出版总社的150余册连环画亮相巴黎书展，引起连环画爱好者们的广泛关注。展示的连环画既有《白蛇传》《牛郎织女》等中国传统故事，也有《福尔摩斯探案全集》等改编自外国经典作品的连环画，并在现场展示了几十幅《闹天宫》《西厢记》《武松打虎》经典连环画作品手稿，独特的线条和色彩吸引了不少读者驻足观看。（范雨萌）

荣宝斋举办“诗情画意——荣宝斋藏作品展”

2017年3月25日至4月16日，荣宝斋书画经营一部举办“诗情画意——荣宝斋藏作品展”。本次画展展出近50位明清以及近现代书画大家90余件诗画合璧的精品力作，受到广大书画爱好者的欢迎。（陶　爽）

2017中国主题图书巡回展举行

2017年3月29日，第46届曼谷国际书展（BKKIBF）在曼谷诗丽吉王后国家会议中心开幕。中国图书进出口（集团）总公司（以下简称“中图公司”）在书展现场举办了2017中国主题图书巡回展活动，展览面积54平方米，展出300余种、500余册精品中、英、泰语版图书。

书展期间，泰国诗琳通公主专程到中国主题图书巡回展展台参观。在工作人员引导下，她翻看了《习近平谈治国理政》《女娲传说》《我与世界只差一个你》《郑渊洁十二生肖童话绘本》等图书，向工作人员详细询问了中国图书在泰翻译出版情况，并对此次中国参展给予了很高评价。她希望两国出版业加强合作，将更多中国图书翻译成泰语，让更多泰国人民通过图书了解当代

中国。

中图公司还与朱拉隆功大学孔子学院合作举办了多场交流活动，并在我驻泰使馆协助下，与泰国南美公司等出版商、泰国主流书店和泰国图书馆等建立了沟通渠道。

作为2017丝路书香工程的重要子项目，中国主题图书巡回展后续还将在波兰、印尼、阿联酋和克罗地亚等“一带一路”沿线重要国家举办。（孟祥意）

天天出版社参加 2017博洛尼亚国际童书展

2017年4月3日，中国联合展团第4次参加博洛尼亚国际童书展，天天出版社代表范景艳参加书展。此次参展不仅是为了在国际版权贸易的大舞台上购买外版书版权，更重要的是为了更好地了解国际童书出版的发展特点与动向，力争把天天出版社的原创童书做好，早日被世界广泛认可。

博洛尼亚是学习艺术专业的重地，此次书展也处处充满了浓郁的艺术气息。与此同时，还能见到很多不同类型的童书，有专门为小小孩设计制作的纸板童话认知书，有富于创意的低幼认知书，还有无形中赋予儿童艺术启蒙的获奖童书。这些图书在阅读的过程中，都能很好地激发孩子的想象力与创造力。

天天出版社展出的“童年中国”原创图画书系列吸引了众多国外插画师前来寻求合作机会，特别是《辫子》一书受到中外众多插画师和出版商的青睐。此外，天天出版社还与瑞典的Raben&Sjogren出版社合作，引进了畅销40余年的“阿尔菲心理成长故事”系列。中文版已出版5本，后续的20本图画书将会陆续出版。

（顾　乡）

人民音乐出版社参加 2017法兰克福国际乐器展

2017年4月5～8日，全球最大规模的乐器展——2017法兰克福国际乐器展在法兰克福国际展览中心举办。人民音乐出版社（以下简称“人音社”）副总编辑赵易山率版权经理、书刊编辑、数字化和营销人员等一行9人赴德参展，与国际知名音乐出版机构进行了音乐文化与音乐出版领域的深入交流和贸易洽谈。

展会期间，人音社相继与德国、美国、英国、奥地利、匈牙利、波兰等十余家全球知名音乐出版机构举行会谈。洽谈中，人音社与合作伙伴分享成果、交流进程、展望未来，就各个项目的具体实施细节进行详细的讨论与切实的磋商，显示了互信互利的务实态度。同时，人音社还推介了近年来出版的产品，介绍了针对课外音乐教育市场推出的“人音教育”品牌的相关规划，受到外方的高度评价与关注。

在德期间，人民音乐出版社一行应邀访问了德国最大的音乐出版社——朔特音乐出版社。朔特音乐出版社与人民音乐出版社一直保持战略合作关系，有着长期良好的合作。在参访中，朔特音乐出版社负责人彼得·汉斯一施特莱克博士详细介绍了德国音乐出版的历史，并展示了保存的名人手稿。双方就关心的数字出版等问题，深入交换了意见。（王　浩）

中国图书进出口（集团）总公司 聘任刘震云为北京国际图书博览会 首任阅读推广形象大使

2017年4月5日，中国图书进出口（集团）总公司（以下简称“中图公司”）总经理张纪臣向著名作家刘震云颁发了聘书，正式聘任刘震云为北京图书博览会（以下简称“图博会”）阅读推广形象大使，聘期5年。中国作家协会副主席、著名评论家李敬泽在现场见证了这一时刻。

刘震云在发言中指出，阅读是件非常重要的事，阅读的对象除了文字之书，还有另外两本书：一本书是生活，另一本书是我们每天面对的人，每个人都是一本书。“读书可以长见识，一句有见识的话，一句顶一万句。”刘震云说。

这是图博会自1986年创办以来首次设立阅

读推广形象大使。刘震云长期参与图博会的文学活动，他亲切地说自己和图博会已经成为老朋友。在刘震云看来，书展是书和书之间、人和人之间的交流，更重要的是民族之间的交流，读书比其他任何交流方式都更深入、有用得多，也更利于世界民族之间的互相理解。发布会现场，李敬泽和刘震云以“走进书展·读享世界”为主题，与现场观众畅谈文学与书展，分享阅读与见识。

北京国际图书博览会由中图公司创办并承办，已成为世界第二大书展，是目前亚洲国际化程度最高的书展，每年吸引 80 多个国家和地区的 2400 多家中外出版企业参展。（朱烨洋）

中国出版集团公司成立 15 周年成就展及职工书画展举行

2017 年 4 月 7 日，中国出版集团公司成立 15 周年成就展及职工书画展在中国美术出版大厦人美美术馆举行。郭沫若、胡适、徐志摩等多位名家的 109 件手稿、题词、编辑手记同时展现在观众面前。

成就展主要分“领导关怀”“发展历程”“十五年来的综合成就”“党的十八大以来重要改革成就”“集团特色发展道路”“十三五展望：基本建成国际著名出版集团”等 6 个部分，数百张图片呈现出中国出版集团公司 15 年的发展历程。

著名书法家沈鹏为名家手稿展和集团公司职工书画摄影展题写“不忘初心”的展览名称。名家手稿展主要展出了郭沫若、胡适、徐志摩、叶圣陶、范文澜、吴晗、茅盾、钱锺书、贾平凹、陈忠实等名家的稀见手稿、题词、编辑手记等共 109 件。书画摄影展则展出了集团公司员工书画摄影作品共 203 幅，其中包括沈鹏、林阳、徐俊、范存刚等当代名家的书画新作。

（范雨萌）

荣宝斋举办“荣宝斋藏品系列展——海上画派部分（一）”

2017 年 4 月 11 日至 7 月 30 日，荣宝斋美术馆举办“荣宝斋藏品系列展——海上画派部分（一）”。此次展览从荣宝斋藏品中精选出海派大家任熊、虚谷、赵之谦、钱慧安、任薰、任伯年、吴昌硕等 15 位画家的 70 余件作品，为广大书画爱好者提供了一次难得的研究、品评和学习的机会。（陶　爽）

中国图书进出口（集团）总公司举办第 27 届阿布扎比国际书展中国主宾国活动

2017 年 4 月 26 日至 5 月 2 日，应第 27 届阿布扎比国际书展主办方邀请，中国以主宾国身份参展，这是中国首次在阿拉伯国家和地区的书展上举办主宾国活动。国家新闻出版广电总局副局长吴尚之，中央宣传部出版局副局长张拥军，国新办对外推广局副局长李智慧，中国出版集团公司总裁谭跃，著名经济学家林毅夫，当代著名作家曹文轩、刘震云、余华、麦家、徐则臣等政府代表、行业代表和著名作家学者代表约 200 人参加活动。主宾国活动由中国图书进出口（集团）总公司承办。

在为期 7 天的书展上，中国主宾国活动以“阅读中国”为主题，展览展示了 3500 多种、5400 余册精品中、英、阿拉伯语图书，举办了近 50 场出版交流文化活动。本次中国主宾国活动进一步促进了中阿两国乃至中国与阿拉伯国家的出版文化交流，成果显著。

本次中国主宾国活动受到各界瞩目和一致好评。阿联酋副总理兼内政部长赛义夫亲王出席了中国主宾国活动开幕式，并对本次活动给予高度评价。阿布扎比旅游文化局局长暨阿布扎比国际书展主席古巴什为中国主宾国活动点赞，中国驻阿联酋大使倪坚对本次主宾国活动也给予了积极肯定。

阿布扎比国际书展中国主宾国活动的成功举办，为“一带一路”国际合作高峰论坛的举办营造了良好的文化氛围，开启了中阿出版交流的新篇章，对于推动中阿图书版权贸易，提升中国图书在阿拉伯图书市场的影响力和竞争力具有重要意义。（刘　婷）

中国美术出版总社参加第27届阿布扎比国际书展

2017年4月26日，第27届阿布扎比国际书展中国主宾国开幕式如期举行，由中国美术出版总社主办的“经典连环画作品展览暨图书展销活动”在第27届阿布扎比国际书展上亮相。此次连环画展销活动作为阿布扎比国际书展上中国主宾国活动之一，是以连环画为媒介促进中国与阿拉伯国家的文化交流，进一步弘扬中华传统文化。为实现最佳的整体展示效果和氛围营造，此次展览期间中国美术出版总社还对近年出版的不同开本形式的精品连环画进行展销活动，包括“中国连环画名家名作”系列（12开精装）、线装连环画（32开线装）、“中国连环画经典故事”系列（64开硬盒装、卡盒装、袋装）等几大系列。所选图书题材丰富，以古典题材、外国题材为主，如《西厢记》《白蛇传》《闹天宫》《聊斋志异》《水浒传》《杨家将》《白光》等中国传统经典连环画，故事性强，极富中国文化特点；《小鼓手》《白鹳在想什么》等外国题材连环画。这些连环画绘画水平较高，风格多样，展示了不同时期画家的经典作品；装帧设计风格多样，既有体现传统特点的线装图书，也有适合欣赏与收藏的大开本精装系列。这些作品表现出画家高超的艺术功底和造型能力，更是连环画的经典代表作品。

（赵军平）

中译出版社参加第27届阿布扎比国际书展

2017年4月26日，中译出版社参加第27届阿布扎比国际书展，并举行中阿女性文学讲座。

讲座中，作为中国具有代表性的女性作家之一，叶梅在回答主持人关于中国女性文学的提问时谈到，中国的女性文学在中国文学领域中占有举足轻重的地位。中国作家协会1万多名作家中有超过三分之一是女性，她们的作品也大多关乎女性的命运。在改革开放的几十年里，中国的经济发生了翻天覆地的变化，中国女性的思想、命运也随之转变，她们逐渐开始有了自主意识，变得自尊、自爱、自立、自强，从而促进了女性文学的蓬勃发展。

此外，中译出版社总编辑张高里介绍了即将落地的中国文化海外推广计划，并宣布将与阿拉伯出版机构达成中阿优秀作品互译协议。这对于传播中国文学，加深中阿人民的相互了解，促进中阿文明共同繁荣，进而推动重建文学的丝绸之路具有重要意义。

（茹　慧）

荣宝斋举办“闲庭信步——李刚田书法品鉴暨学术座谈会”

2017年4月28日至5月1日，荣宝斋书法馆举办“闲庭信步——李刚田书法品鉴暨学术座谈会”。本次活动展出李刚田先生书法精品力作50余幅，作品有中堂、横幅、对联、扇面、小品等多样形式，也涵盖了篆书、隶书、楷书、行书等多种字体，受到广大书法爱好者和收藏人士的喜爱。

（陶　爽）

人民音乐出版社参加第3届北京音乐生活展

2017年5月5～7日，由中国乐器协会、上海国际展览中心有限公司主办的第3届北京音乐生活展（Music&Life）在北京展览馆顺利举办。人民音乐出版社作为唯一一家出版社应邀参展。生活展以“快乐阅读、深入体验”为主旨，通过丰富多彩的活动展示，勾勒出一幅幅孩子们捧书阅读、相互分享的美好图景。展会期间，先后组织了“你好『钢琴+』——中国钢琴集体课引领者”“少儿唱古诗词96首”等活动，通过这些立体的讲学活动，重现课堂情景、师生对话，体现出自身品牌的主题特色，帮助现场观众对人民音乐出版社的品牌理念增加更加全面、深刻的了解；同时，本次活动通过问卷调查，深入了解读者观众对活动的感受及建议，为日后产品的制作提供了有效依据。

（蔡　润）

中国图书进出口（集团）总公司组团参加第14届萨洛尼卡国际书展

2017年5月11～14日，第14届萨洛尼卡国际书展在希腊国际展览中心举办。受国家新闻出版广电总局委托，中国图书进出口（集团）总公司（以下简称“中图公司”）组织北京、上海、黑龙江等地共8家出版社参展。这也是自2010年举办希腊萨洛尼卡国际书展中国主宾国活动后，中图公司连续第7次承办该项活动。

本次书展，中国展台面积36平方米，展出了250多种、近400册精品图书，其中外文版图书比例达到36％。

展会期间，中国出版集团公司党组成员、副总裁刘伯根，中图公司党委书记聂静，中版集团机关工委副书记姜红新及代表团全体成员，参加了书展方举办的中希文化年系列活动之“在丝路相遇”论坛。刘伯根在主旨发言中指出，中版集团高度重视与“一带一路”沿线国家开展广泛的国际出版合作。未来，中版集团将进一步深化与希腊出版界合作，通过共同推进优秀作者、译者人才建设，共同成立国际编辑部，共同策划优秀选题等方式，让更多希腊民众通过图书理性、客观地认识当代中国。

本次参展工作得到了希腊方面的高度肯定，希腊文化基金会主席康斯坦丁·特索卡拉斯表示，中希两国出版业近年来不断加强合作，特别是“一带一路”构想提出后，取得了一系列成果，希望两国出版业能够充分利用国际书展平台，加深理解、增进共识，取得合作新突破。

（孟祥意）

荣宝斋参加第13届中国（深圳）国际文化产业博览交易会

2017年5月11～15日，荣宝斋参加第13届中国（深圳）国际文化产业博览交易会（以下简称“文博会”）。

此次文博会，荣宝斋展出了国家级非物质文化遗产木版水印精品30件，包括1943年开始印制的张大千《敦煌供养人》，唐代画家周昉的《簪花仕女图》，齐白石《九秋图》等。木版水印制作技艺传承人赵慧萍等现场演示技艺流程并与来宾互动。开幕式后，中共中央政治局委员、中央书记处书记、中央宣传部部长刘奇葆，在中共中央政治局委员、省委书记胡春华，省委副书记、省长马兴瑞，省委常委、市委书记王伟中等陪同下参观了文博会展览馆，并到荣宝斋展位观看了木版水印技艺的表演。

（陶　爽）

中国图书进出口（集团）总公司首次组团参展第30届意大利都灵国际图书沙龙

2017年5月18～22日，第30届意大利都灵国际图书沙龙在灵格托展览中心举办。受国家新闻出版广电总局委托，中国图书进出口（集团）总公司首次承办中国代表团组团参展工作。

本次书展设立中国展台8平方米，展出中国精品图书（中英文）100余册，包括主题图书、传统文化、中国文学、人文社科、少儿读物、语言学习等类别，吸引众多意大利读者驻足浏览。书展期间，中国代表团与都灵大学孔子学院合作，举办了中国现代诗歌朗诵（中意双语）以及书法、国画、剪纸、中国结、太极拳等多场文化活动，成功实现了参展目标。

意大利都灵国际图书沙龙创办于1988年，由意大利图书音乐文化基金会主办，地点在灵格托展览中心，是意大利最大的图书贸易博览会，每年有近1200位参展商参展，参展观众达27万余人。

（刘朝冉）

荣宝斋举办“遥襟——邹涛书画印品鉴暨学术座谈会”

2017年5月20～24日，荣宝斋书法馆举办“遥襟——邹涛书画印品鉴暨学术座谈会”。本次活动展出了邹涛先生书法精品力作50余幅，作品形式多样，内容丰富，受到广大书法爱好者和

收藏家的欢迎。（陶　爽）

荣宝斋参加2017北京国际服务贸易交易会

2017年5月28日，2017北京国际服务贸易交易会（以下简称“2017京交会”）在国家会议中心开幕。

荣宝斋作为百年企业中和艺术品相关的唯一老字号单位参加了此次2017京交会，所展示的木版水印技艺是这次京交会老字号主题的重中之重。到展会的主要领导对荣宝斋的展位极为关注，与参展人员进行了长时间的交谈，并给予具体指导。北京市常务副市长张工，副市长王宁、卢彦，北京市人大常委会副主任杨艺文等纷纷给出指导意见，指出荣宝斋对于民族文化所做出的特殊贡献和所面临的非遗传承的困难和方向。

在参展期间，荣宝斋的传承人员充分展示了国家级非物质文化遗产木版水印技艺，并向领导和观众宣传百年名训“以文会友，荣名为宝”的企业文化精神。同时，与其他老字号的非遗传承人员充分沟通，探讨技艺，交流非遗保护与传承的经验和措施，共同提高非遗的发展保护水平。

（陶　爽）

中国出版集团公司参加第27届全国图书交易博览会

2017年5月31日至6月3日，第27届全国图书交易博览会（以下简称“书博会”）在河北廊坊举行。中国出版集团公司率所属人民文学出版社、商务印书馆、中华书局、中国大百科全书出版社、中国美术出版总社、人民音乐出版社、生活·读书·新知三联书店等23家出版单位携近5000种图书亮相书博会，举行了“文化活动”。

本届书博会中，中国出版集团公司展区有三大看点：一是集团公司设立了重点图书展区，集中展销中国出版集团公司“一带一路”主题图书及“中版好书榜”（2017年第3期）图书，并创新营销方式，在展柜设置二维码，读者通过手机扫描，即可链接到当当网的相应图书页面，实现随时随地购买。二是2017年恰逢中国出版集团公司所属商务印书馆成立120周年，集团公司展区设立了“商务印书馆120年纪念展”，以图片展的形式展出商务印书馆的百年发展历程；同时，《辞源（第三版）》（商务印书馆创立120年纪念本）等“商务印书馆120年纪念”主题图书也一并亮相。三是中国美术出版总社在集团公司展区设立连环画展，集中展销连环画及相关图书近300种。

本届书博会在唐山设立了分会场，为配合唐山市政府举办的“庆六一 逛书展”购书活动，中国出版集团公司在唐山分会场设置了少儿图书专题展览和连环画展，集中展销集团公司所属各出版单位的重点少儿图书，包括幼儿绘本、儿童文学、连环画、少儿百科、教辅读物等品类，并开通了扫码购买功能。

本届书博会上，中国出版集团公司继续进行公益捐赠活动，共向河北省8家基层单位捐赠40万码洋的图书。（郭晶晶）

中国美术出版总社参加第27届全国图书交易博览会

2017年5月31日至6月3日，第27届全国图书交易博览会在河北廊坊举行。中国美术出版总社精心准备、周密筹划，在博览会期间举办连环画艺术鉴赏讲座，邀请连环画收藏家王嘉龙先生与喜爱连环画的读者分享连环画经典作品；举办“连环画是什么”讲座，开展“你来画我送书”活动，现场读者有机会得到精美连环画图书；举办“《绘本西游记故事》涂色创意活动”；在集团公司展区设立连环画展，集中展销连环画及相关图书近300种，唐山分会场也同步设展，助力全民阅读。（范雨萌）

人民音乐出版社参加第27届全国图书交易博览会

2017年5月31日至6月3日，第27届全国

图书交易博览会在河北省廊坊市举办。人民音乐出版社（以下简称“人音社”）派出多名业务人员，参加了廊坊、唐山两地会场的出版物现场展览工作，并配合中国出版集团公司相关部门，顺利完成了各项服务工作。

此次书博会期间，人音社重点展示了《古乐之美》《中国音乐词典（增订版）》《幸福少年—社会主义核心价值观少儿组歌》《小小演奏家（系列）》等一批优秀图书，为广大读者送上了一份丰富、优质的文化大餐。在举行现场销售的唐山分会场，更是吸引了广大读者踊跃购买。

同时，人音社积极响应中国出版集团公司号召，精心挑选了一批适合大众阅读、欣赏、学习的普及型音乐出版物，捐赠给河北省部分机关团体、部队、学校、社区图书馆等单位，共计920册、码洋28800元，得到受捐单位的一致好评。

（刘　培）

东方出版中心参加第27届全国图书交易博览会

2017年5月31日至6月3日，东方出版中心携人文社科、财经经管、少儿读物等近200种图书参加了在廊坊举行的第27届全国图书交易博览会。其中《四七社》《黄霖讲金瓶梅》《李希凡讲解红楼梦》等图书产品在内容质量、封面设计等方面较之过去让人眼前一亮，得到不少客户认可，甚至当场订货。展会现场，电视宣传片滚动播放展示中心“影像中国”融合出版项目宣传视频，获得关注。

（姜小明）

现代教育出版社参加第27届全国图书交易博览会

2017年5月31日至6月3日，第27届全国图书交易博览会在廊坊举行。现代教育出版社参展图书百余种，种类涵盖了文学、历史、少儿、社科、教材教辅等，其中既有学术著作也有大众读物，既有品牌图书也有新锐产品，既有原创图书也有外向型图书。此次博览会让更多读者知道了现代教育出版社，达到了预期效果。

（焦小桥）

华文出版社参加第27届全国图书交易博览会

2017年5月31日至6月3日，第27届全国图书交易博览会在廊坊召开，华文出版社率团参展。博览会上，华文出版社重点展出统战类、社科类、历史类、传记类、宗教类图书，重点推荐《大国来了》《日本海军陆战队》《人生怎么活》《唐末发生了什么》《蒙卡达审判》《魏征：和皇帝讲道理》《王阳明：知行合一的心学大师》《北京印象：化方故事》《名人三传》《谁于争雄：民国1925—1932》《丝绸之路名家精选文库》《黄埔师生与抗日战争》等图书。

（杨艳丽）

现代出版社参加第27届全国图书交易博览会

2017年5月31日至6月3日，现代出版社参加第27届全国图书交易博览会。入选2017年第3期中版好书榜的图书《愿你一生清澈明朗》获重点展示。书博会期间，现代出版社还组织举办了汪兆骞《走出晚清：大师们的涅槃时代》新书发布会、王蕤——中美育儿经验分享会，受到媒体和社会各界的关注，取得了良好的效果。

（陈丽壮）

《2017美术日记》年度作品展举行

2017年6月9日至7月3日，“《2017美术日记》年度作品展”在中国美术出版大厦人美美术馆举行。此次展览是中国美术出版总社为作者举办的一次年度展览，是集专题出版、艺术品交易、美术教育品牌推广于一体的综合性展览，每年举办一次，实现美术出版进一步向广大读者、美术教育、艺术品市场等多个维度延伸，竭诚服务于广大作者和读者的目标。《2017美术日记》收集的214位作者捐赠作品的收益将全部资助美术教育事业。此次展览也期待能够成为作者、书

画家、藏家、读者、学生之间的一座艺术桥梁。

《美术日记》是人民美术出版社早期的一本品牌图书，最早出版于1954年12月，即《1955美术日记》。新版《2017美术日记》所刊载的美术作品，大部分选自人民美术出版社、连环画出版社所出版的图书和期刊，出自人民美术出版社和连环画出版社的作者之手。（范雨萌）

中国图书进出口（集团）总公司举办2017北京出版交流周

2017年6月19～25日，由北京国际图书博览会主办的2017北京出版交流周在北京举行。活动邀请了来自法国Gallimard、西班牙Planeta、德国Suhrkamp、美国Amazon等9家国外出版机构的知名编辑、经纪人、书探和多位国内知名作家作为嘉宾，30多家国内出版机构的出版人参与了交流周的活动。

本届交流周以“非虚构”作为嘉宾选择的参考侧重点，举办了主题演讲、公共讲座、模拟书展工作坊等一系列活动，活动形式更加丰富，深度互动机会进一步增多。

模拟书展工作坊是出版交流周公共活动的重点。活动结合国内实际需求，将本土化的中国编辑培训与交流周活动相结合，通过参与研讨、小组讲书等活动，实操书目挑选、资料撰写、英语讲书等一系列流程，在获取嘉宾一手的点评和建议的同时，也增进了国内编辑与国际同行的了解，拓展了专业对话并建立了有效的联系。

本次交流活动，为中国出版界及作者与国际出版界之间建立了更深更直接的联系，既帮助了国际出版人了解中国出版业及作者，也帮助中国编辑建立对外交流的信心，更好地理解国际出版运作。

据悉，未来北京出版交流周将每年侧重于一个具体出版领域，让北京成为国际出版交流活动的一个重要“根据地”。（葛江霞）

荣宝斋举办“杨天颐水墨作品展”

2017年6月25日至7月1日，荣宝斋书画经营一部举办“杨天颐水墨作品展”。荣宝斋在开设观展区（书画经营一部）的同时，还在荣宝斋茶文化开设了品茶论画区，为喜欢杨先生作品的艺术爱好者、收藏家提供可以畅谈书画的雅致场所。（陶　爽）

中国美术出版总社“心像·物像”主题美术展举行

2017年7月7日，“心像·物像”主题美术展在中国美术出版总社人美美术馆举行。参加此次展览开幕式的艺术家有：孙志钧、刘临、顾顾、董竞成、韩朝、王勇、白雁、郭鸿、冯娟、张琪、马洪星、李博、樊墨安、王水清、刘利波、王娇艳、丁凤红、马淑霞、邹训精。

本次展览以“心像·物像”为题，旨在探讨传统中国画在当代语境下的发展与创新。“物像”与“心像”并非是不可调和的两端。陆机在《文赋》中提到“物色之动，心亦摇焉”，“写气图貌，既随物以宛转；属采附声，亦与心而徘徊”。“中国画的写实性不止于描绘物象的逼真，还要通过物象而取其真”，传达出艺术家在观察与表现自然中对生命的微妙感动。

“心像·物像”的主题涵盖了艺术家对自然与理想的思考，通过作品交流艺术家的创作观和经验，思考“追摹物象逼似期真”与“逸笔草草不求形似”的可调和性，以当代的视觉经验与生命感悟提炼出艺术家的心灵观照。

（范雨萌）

现代教育出版社参加第3届中国童书博览会

2017年7月7～16日，现代教育出版社参加了第3届中国童书博览会。此次展会在北京展览馆举行，现代教育出版社社领导、经营中心全体人员及编辑参加了本次展会。在展会上，现代教育出版社为小朋友们带去了很多优秀的绘本图书和学习用书。少儿绘本方面主要有“小牛津图书馆”《我是淘小虎》系列丛书、“牛津经典童书”系列、《克利的世界》《小象勿忘我》系列、英语启蒙游戏书《动物王国》和少儿财商类绘本《三只杯》等；学习用书方面包括作文和阅读类书籍等。许多小朋友们和家长参与其中，不时地向在场的编辑老师们询问关于书籍的情况。

（焦小桥）

中国美术出版总社参加第7届江苏书展

2017年7月13～16日，第7届江苏书展在苏州国际展览中心举办，中国美术出版总社倾力打造十余场图书活动，推荐的图书内容融汇中西、纵贯古今、深入浅出、老少咸宜，每一部都是值得反复阅读的精品。其间举办的两场连环画专场活动，旨在让孩子们有机会阅读到最具故事性、知识性、趣味性的经典连环画作品，让连环画能够成为孩子们阅读的最爱，真正走入孩子们的心田。

此外，中国美术出版总社举办了“中国经典连环画展”，展出了近年来出版的众多连环画图书，展区周围聚集了许多孩子和家长，同时吸引了多家媒体的关注和报道。（范雨萌）

现代教育出版社参加2017香港书展

2017年7月19～25日，现代教育出版社参加2017香港书展。本次书展在香港会展中心举行，现代教育出版社高等教育中心主任王春霞携重点图书《我的动物园》《中外文化文学经典导读与赏析》《中国民间美术精品集》等参展。本次书展为编辑与香港地区的出版社、作者之间的沟通搭建了桥梁，同时也为出版社图书向香港地区市场展示提供了一个良好的平台。（焦小桥）

中国美术出版总社参加2017年全国美术出版社社长年会

2017年7月23～25日，中国美术出版总社参加2017年全国美术出版社社长年会，与全国近40家美术出版社社长、总编辑共同商讨美术出版的融合发展和新常态下美术出版的结构性供给侧改革。年会由中国出版协会美术出版工作委员会秘书长、中国美术出版总社总编辑林阳主持。云南省新闻出版广电局党组成员、副局长陈德金致会议欢迎词，云南新华书店集团董事长、副总经理杨志强代表云南出版集团党委书记、董事长李维就云南出版集团的发展情况向各位来宾做了介绍并致欢迎词。

中国出版协会美术出版工作委员会主任、中国美术出版总社党委书记周伟代表委员会做了重点发言，指出在未来大家要在数字化和媒体融合方面加强合作，共同研究调整图书出版结构、实现差异化竞争的有效措施，发扬优良传统，在重大出版项目上开展横向联合。

江苏凤凰美术出版社社长葛庆文、云南美术出版社社长刘大伟等分别做了发言，中国美术出版总社人美新媒体科技（北京）有限公司运营总监、技术总监宫鸣宇对“人美线上服务平台”进行了详细介绍和演示，林阳做总结发言。与会人员反映，美术出版单位情况的交流对于今后各家单位的具体出版工作具有非常现实的指导意义。

（赵军平）

荣宝斋举办“汲古——祝竹书画印品鉴会暨学术讲座”

2017年7月29日至8月2日，荣宝斋书法馆举办“汲古——祝竹书画印品鉴会暨学术讲座”。本次活动展出了祝竹先生书、画、印精品力作50余幅，作品形式多样，内容丰富，受到广大书法爱好者和收藏家的欢迎。

（陶　爽）

人民美术出版社纪念建军90周年出版文献展暨《军魂颂》言恭达大草书法长卷展举行

2017年7月30日，为纪念建军90周年，人民美术出版社举办“人民美术出版社纪念建军90周年出版文献展暨《军魂颂》言恭达大草书

法长卷展”。此次展览整理精选了历年出版的军队主题宣传画 50 余幅、连环画若干以及历年来出版的有关军队美术创作的文献一并展出，这些极具文化和艺术价值的文献资料，是对建军 90 年来军队发展和军民关系的最好呈现。

（范雨萌）

荣宝斋举办“荣宝斋藏品系列展——近现代书法部分（二）”

2017 年 8 月 8 日至 11 月 26 日，荣宝斋美术馆举办“荣宝斋藏品系列展——近现代书法部分（二）”。中国书法是由实用文字发展、演变而成的独特的艺术表现形式，近现代书法史更是一部集艺术、文化、政治、学术融合一起的综合文化史。许多书法名人同时又是一流学者、著名的政治家、政府高官或艺术界的巨擘。此次展览从荣宝斋藏品中精选出翁同龢、康有为、郭沫若、赵朴初、吴昌硕、齐白石、黄宾虹、徐悲鸿、启功等 30 余人的近 60 件作品。这些风格各异的作品多方面展现了近现代书法的艺术风貌，为广大书法爱好者提供了一次难得的研究、品评和学习的机会，以期大家在领略书法艺术和赏读作品的同时，能够感受到文字书写与书法艺术之间的奥妙。

（陶　爽）

中国美术出版总社参加 2017 南国书香节

2017 年 8 月 10～14 日，2017 南国书香节在广州中国进出口商品交易会展馆 B 区举办，中国美术出版总社为读者带来了中国经典连环画展和 4 场精彩活动。

中国经典连环画展精选了部分中国连环画经典名作，如人民美术出版社老一辈名家王叔晖先生绘画的《西厢记》（彩色和黑白）、墨浪先生绘画的《牛郎织女》，上海老一辈连环画名家张令涛、胡若佛先生联袂创作的《杨家将》，更有王弘力的《杨志卖刀》、洪斯文的《海瑞》、卢延光的《龙女牧羊》，以及孩子们最爱的由赵宏本和钱笑呆创作的《孙悟空三打白骨精》等原作仿真精品展出。

书展期间，举办《设计的故事——走向设计之人》新书发布暨签售会，“什么是连环画”讲座，培育、践行社会主义核心价值观——连环画进校园项目推介会，“怎样创作连环画”讲座等 4 场活动，涉及设计理念、连环画发展及创作等多方面内容。与会嘉宾既有行业资深教授，也有深入实践的一线教师和项目负责人。活动的举办有助于让大家更多地了解艺术设计、了解连环画，让艺术走入生活，走入更多人心间。

（范雨萌）

生活·读书·新知三联书店参加 2017 南国书香节

2017 年 8 月 10～14 日，2017 南国书香节在广东省广州市举办。生活·读书·新知三联书店（以下简称“三联书店”）在此次书展上将近两年入选中国出版集团公司“中版好书”的三联版图书集中陈列，同时还准备了三联书店产品线中最具代表性的尖端产品，如杨绛、钱锺书、钱穆、黄仁宇、林达、李零等多位知名品牌作者的系列作品，“新知文库”“当代学术”等重点丛书也集中展出。除重要产品线外，三联书店还展出了 2017 年的新品图书，如《御窑千年》《良训传家：中国文化的根基与传承》《于丹〈论语〉心得》（新版）等，引起读者的关注。

书展期间，三联书店举办了两场大型营销活动。全国政协委员、中国出版集团公司原总裁、现任韬奋基金会理事长聂震宁在琶洲会场第二活动区出席了《阅读力》广州南国书香节读者见面会；被誉为中央电视台《百家讲坛》节目“开坛元勋”的阎崇年也携新书《御窑千年》出席南国书香节，与读者交流分享。

（韩庭东）

中国出版集团公司参加 2017 上海书展

2017 年 8 月 16～22 日，2017 上海书展在上海展览中心举办。中国出版集团公司携 8000 余

种图书、600余种重点图书和1600余种新书参展，并组织了60余场文化活动。

参展的图书包括为迎接党的十九大胜利召开和纪念中国人民解放军建军90周年而推出的重点主题图书，国内外名家经典和名家新作，纪念伟人、名人的大家作品，弘扬优秀传统文化的经典国学读物，各语种工具书，美术音乐作品以及儿童读物。为了便于读者选购，展区还设立了“中版好书”展销专台，集中展示销售近200种入选2017年第1～4期“中版好书榜”和2016年度“中版好书榜”的图书。

此外，现场还展销了部分中国连环画经典名作，如人民美术出版社老一辈名家王叔晖先生绘画的《西厢记》（彩色）、墨浪先生绘画的《牛郎织女》，上海老一辈连环画名家张令涛、胡若佛先生联袂创作的《杨家将》，王怀旗的《红旗谱》和高云的《罗伦赶考》5部原作仿真精品。另有“中国连环画经典故事系列”中盒装中国古典四大名著、袋装红色故事，以及《东郭先生》《大闹天宫》《童年》等。

60余场文化活动涵盖专题讲座、新书发布、名家签售、名家演讲、读者见面会、亲子活动等多种形式，出席嘉宾包括张维为、严歌苓、阎崇年、董卿、俞敏洪、秦文君、沈石溪、常怡、马爱农等多位知名作者。另外，中国出版集团公司还举办了“大众数字产品推介会”，重点推介所属出版单位的大众类数字产品《新华字典数字版》《经典古籍库微信版》《认识中国——儿童趣味地图》《中读》《去听》等。（郭晶晶）

人民文学出版社参加2017上海书展

2017年8月16～22日，人民文学出版社在2017上海书展期间举办多场活动，集中宣传推广人民文学出版社近期出版的重点新书和重点长销书，包括赵丽宏诗集《疼痛》作品朗诵会、严歌苓最新长篇小说《芳华》分享签售会、“哈利·波特”出版20周年哈迷见面会、徐则臣《王城如海》分享签售会、董卿主编的《朗读者》分享签售会以及雪漠新作《最后的匈奴》签售会等。在书展期间，人民文学出版社还与思南公馆、上海钟书阁书店等合作，举行张翎、严歌苓、雪漠等多位作家的图书推广活动。社长臧永清、副总编辑肖丽媛等参加了部分活动。

书展结束后，人民文学出版社再次入选2017上海书展“十佳出版社”，销售码洋也再次稳居中国出版集团公司第一的位置。

（顾　乡）

商务印书馆参加2017上海书展

2017年8月16～22日，商务印书馆携14场精品活动参加2017上海书展，并为庆祝商务印书馆双甲子生日设置“中国现代出版从这里开始：商务印书馆120年纪念展”。

14场活动中，有专门为纪念商务印书馆创立120年所举办的“汉译名著分科本120年纪念版出版座谈会”“《中华民族的人格》新书首发暨纪念商务印书馆120年、张元济诞辰150年”专题活动；有体现中华优秀传统文化出版的“轻吟雅韵、文采风流——张卫东论昆曲”“走进唐诗——《星垂平野阔》新书发布会”“辛弃疾的英雄气质”专题活动；有展现世界文明发展的“哲学批判时代——《我们需要什么样的文明》新书发布会”“尼采与当代艺术——《未来艺术丛书》对谈会”“《世界帝国史——权力与差异政治》新书见面会”“法律、人文与经典阅读签售会”“世界时刻：在19世纪和20世纪之间——《万国竞争》新书发布会”；有展现地域文明变迁的“魔都风情谈——《文以载车》《陆小曼1927上海》新书发布会”“《远山古道》读者见面会”主题活动；也有聚焦教育发展的“‘语文教师与经典阅读论坛’暨‘语文教师小丛书’（第1辑）新书发布会”“英语词汇怎样学——牛津3000词学习手册（上册、中册、下册）及配套APP发布会”。以上各场活动丰富了读者的阅读生活，也为馆庆120年的纪念时刻留下了绚丽多彩的一笔。

（魏　微）

中华书局参加2017上海书展

2017年8月16～22日，中华书局参加2017上海书展。在书展上，中华书局先后举办点校本《魏书》《南齐书》修订本读者见面会、《中国古代技术文化》新书发布会、《中国诗词大会》读者见面会和《海上遗珍：武康路》新书发布会等。

中华书局入选2017上海书展暨“书香中国”上海周最有号召力的“十佳”出版社，这是自2010年以来第8年入选。

《光明日报》《文汇报》《中华读书报》《新京报》《深圳晚报》《中国出版传媒商报》《新民周刊》、澎湃新闻网、上海热线网等20多家媒体对中华书局的活动和重点图书进行了报道。

（刘　激）

中国美术出版总社参加2017上海书展

2017年8月16～22日，中国美术出版总社参加2017上海书展，为读者带来了5场精彩的视听盛宴。“中国经典连环画展”在上海展览中心中央大厅东厢房（第三活动区）举办，展期为8月16～22日。同期还举办了《设计的故事——走向设计之人》新书发布暨签售会，《图手创意——手机时代的跨界艺术》新书发布会暨签售会，《绘本西游记故事》趣味涂色、朗读活动，《看见美好：文物与人物》新书首发式暨签售会等精彩活动。（范雨萌）

生活·读书·新知三联书店参加2017上海书展

2017年8月16～22日，2017上海书展在上海展览中心举办。生活·读书·新知三联书店（以下简称“三联书店”）在此次书展上分别展示了2017年重点新书、重点畅销书以及常销学术精品与艺术精品共300多种。书展期间，还举办了多场营销活动。8月20日举办的《御窑千年》上海读者分享会和《中国近代海军史事编年（1860—1911）》上海首发式，以及8月22日举办的《1944：龙陵会战》上海新书发布会，共同构成了此次三联书店营销活动的最大亮点。此外，生活·读书·新知三联书店（上海）有限公司组织举办了“克勒门文丛”作者集体签售会和《影记沪上：1843—1949》签售会两场营销活动。

（李　旭）

东方出版中心参加2017上海书展

2017年8月16～22日，2017上海书展暨书香中国上海周活动在上海展览中心举行。东方出版中心携多部重点新书、精品图书出席展览，并为读者奉献了7场重磅活动。特别是由东方卫视主持人小荷姐姐主持的《异世界的孩子》新书推介会，现场人气爆棚。

书展期间，东方出版中心在东方维京大厦举办社店恳谈会，来自全国的20余家经销商参加了恳谈会。东方出版中心副总编郑纳新主持会议，并向经销商介绍了中心的发展情况和近期的重点产品。据统计，书展期间，媒体发稿24篇，涉及的平台包括纸媒、网媒及微信微博平台，内容包括活动前预告、活动书迷招募和活动后的整理发布，发布媒体包括《光明日报》、人民网、东方网、《中华读书报》、凤凰网、澎湃新闻等多家核心媒体。（姜小明）

现代教育出版社参加2017上海书展

2017年8月16～22日，2017上海书展在上海展览中心举办。本次书展以“我爱读书，我爱生活”为主题，现代教育出版社携百余种童书亮相上海书展，其中以绘本、儿童文学、教辅类图书为主，吸引许多前来观展小朋友们的目光。

（焦小桥）

华文出版社
参加 2017 上海书展

2017 年 8 月 16～22 日，2017 上海书展暨“书香中国”上海周在上海展览中心举办，华文出版社率团参展。书展上，华文社重点推荐《我们看好中国——世界政要精英共论中国》《荣归：香港回归的前前后后》《〈关于加强政党协商的实施意见〉学习问答》《三大师》《致父亲》《抗战题词精选集》《我们生命里的“七七”》以及“美国国家图书馆珍藏名传”系列和“丝路文库”系列新书。书展上，华文出版社携新书《我们看好中国——世界政要精英共论中国》参加 2017 上海书展，联手环球时报社、上海中版图书公司共同举办“我们看好中国——世界政要精英共论中国”名家讲座暨新书发布会。复旦大学中国研究院院长张维为、环球时报社副总编辑谢戎彬出席。（杨艳丽）

现代出版社
参加 2017 上海书展

2017 年 8 月 16～22 日，2017 上海书展暨“书香中国”上海周活动在上海展览中心举行。现代出版社参加了 2017 上海书展，并为上海读者带来了两场精彩的新书发布会，分别是国内少儿文学代表作家、著名动物小说大王沈石溪的《沈石溪十二生肖故事》和天涯超人气历史作家青梅煮酒的《太平洋战争》。活动受到读者、媒体的好评和关注。（陈丽壮）

中国出版集团公司参加
第 24 届北京国际图书博览会

2017 年 8 月 23～27 日，由中国出版集团公司所属中国图书进出口（集团）总公司（以下简称“中图公司”）承办的第 24 届北京国际图书博览会（以下简称“BIBF”）圆满闭幕。BIBF 是中国图书出版业“走出去”的重要平台，是集团公司服务“走出去”、推动国际化发展的重要抓手。从各项量化指标看，BIBF 世界第二大国际书展地位更为稳固。

一、服务大局，成效显著

2017 年 BIBF 的主题是“砥砺奋进的五年”，展览展示了一大批精品图书，成为十八大以来出版业繁荣发展、文化体制改革、出版和科技融合等的成果展示，为党的十九大胜利召开营造了良好氛围。BIBF 组织了《习近平治国理政》海外出版成就展。国家新闻出版广电总局主办的精品图书展面积达 1000 平方米，分为党的十八大以来精品图书展、国家出版基金 10 周年成果展和中国出版“走出去”成果展 3 个板块，共展览展示十八大以来国内出版的精品图书 1 万多册。其中，既有一批学习贯彻习近平总书记系列重要讲话精神和治国理政新理念新思想新战略、迎接党的十九大胜利召开的精品出版物（含外文版），也有原创文学艺术、社会科学、自然科学、传统文化、辞书工具书、少数民族语言、少年儿童方面的“高峰”之作（含外文版），以及获得国际国内奖项的品牌图书和图书“走出去”代表著作等，集中展示了党的十八大以来，我国出版业发展和文化建设的丰硕成果。众多国内出版单位也都在显著位置展示了其出版的优质主题图书、精品图书、与科技融合的新型出版物，吸引了大量业者和读者的关注。

二、版权贸易再创新高

2017 年 BIBF 进一步加大版权贸易服务力度，经现场初步统计，共达成中外版权贸易协议 5262 项，同比增长 4.9%。其中，版权输出与合作出版协议 3244 项，同比增长 5.5%，引进协议 2018 项，同比增长 3.9%，引进输出比为 1∶1.61。“一带一路”沿线国家成为版权输出的热点地区。人民出版社签约《习近平讲故事》英文版、俄文版和日文版版权输出，外文出版社首发《摆脱贫困》英、法文版和《中国工农红军长征史》英文版。《人民的名义》等 2017 年新出版的原创文学作品成功达成输出日本、俄罗斯、

阿拉伯国家、马来西亚、印度尼西亚等国家和地区的意向。新版《于丹〈论语〉心得》在输出28个语种基础上，签约俄文版。接力出版社76种图书输往“一带一路”沿线国家和地区。中图公司启动“国家哲学社会科学学术期刊数据库”——“易阅通”一带一路推广平台，发布ExpressReader（中国快讯）产品，推动中国主流媒体走进“一带一路”。BIBF期间，中国大百科全书出版社和中译出版社等与英、美、德、匈、罗、塞、印等国主流出版和学术机构合作，挂牌成立8个国际编辑部。

三、海外资源汇聚史上最多

2017年BIBF吸引了40多个国家的70余位汉学家、翻译家，数量之多、规模之大创下历史之最。70余位汉学家中，一半以上来自“一带一路”沿线国家，包括近20位第11届中华图书特殊贡献奖获奖者（含作家、翻译家和出版家），40多位文化部外联局主办的“中外文学翻译研修班”嘉宾。其中有德高望重的老学者，如英国翻译家保罗·怀特；有致力于中国传统与当代文化研究的汉学家，如德国的顾彬、法国的安博兰；还有对中国文化充满热情的青年译者，如保加利亚的韩裴。北京国际出版论坛邀请了国际出版商协会前主席理查德·查金等国际知名专家学者到会演讲，多家国际出版集团负责人亲临展场。组委会特邀刘震云担任阅读推广形象大使。莫言以“故事沟通世界”为题，对话30国汉学家。铁凝、贾平凹、曹文轩、徐则臣、余华、冯唐、张悦然、西川等诸多知名作家也积极参加了20多场BIBF文学沙龙系列活动。

四、书展规模不断扩大

2017年BIBF总面积达到92700平方米，增长17.9%，再创历史新高。参展的国家和地区达到89个，其中“一带一路”沿线国家28个，阿曼、阿塞拜疆、乌克兰3国首次参展。海外展商1460家，新增102家，占比达到58%。伊朗伊斯兰共和国担任本届BIBF主宾国。本届BIBF共展览展示30多万种精品图书，举办了近千场文化交流活动，参展人数近30万人次，1000多名中外记者到场报道。 （林成琳）

商务印书馆参加
第24届北京国际图书博览会

2017年8月23～27日，商务印书馆参加在中国国际展览中心新馆举办的第24届北京国际图书博览会，在中国出版集团公司集体展位设有4个展架和主题社展区，展出500余种重点图书和2017年新书，重点展示了商务印书馆近期出版的重点辞书、学术著作、大众图书，尤其是“走出去”重点项目成果。其中包括“中华现代学术名著丛书”（第6辑）、“中华当代学术著作辑要”“汉译世界学术名著丛书”（第15、16辑）、“汉译名著”权威全译本系列、“汉译名著”布脊精装系列、“国际文化版图研究文库”“大师文集”系列、“中华优秀传统文化”系列、商务印书馆120年纪念主题图书系列、“欧亚备要”系列、“自然博物”系列、“一带一路”主题图书系列，《辞源》（第三版，120年纪念本）、《现代汉语词典》（第7版）、《新华字典》（第11版，线装本）、《新华成语大词典》等中文工具书，以及《新时代汉英大词典》（第2版·缩印本）、《牛津高阶英汉双解词典》（第8版）、《牛津初阶英汉双解词典》（第4版）、《牛津少儿英汉图解词典》等外语工具书等。同时，特别推出《综合英汉科技大词典》（第2版）、《历史突围——图说春秋战国》等“图说人文中国”系列、《中国道路与简政放权》等“中国道路”系列、《世界是通的——“一带一路”的逻辑》等“一带一路”主题系列、《微观内蒙古》等“微观中国”系列作为重点输出产品。

作为主题社，商务印书馆在集团公司展台入口处设计了醒目的“商务印书馆创立120年”主题墙，展示“走出去”重要成果；在主题墙背面安装大屏幕，不间断播放商务印书馆创立120年宣传片；屏幕下方设陈列柜，展出了商务印书馆出版的第一本书《华英初阶》（1898）、商务印书馆出版的第一部学术专著《马氏文通》（1898）

等馆史珍贵资料；在展台外围，以大型灯箱展示了商务印书馆120年馆史图片和文字。

博览会期间，还举办了“农民三部曲”英文版发布会、商务印书馆—博睿学术出版社战略合作协议签约仪式、“汉译波斯经典文库”新书发布会、《牛津初阶英汉双解词典》（第4版）和《牛津少儿英汉图解词典》新书发布会、伊朗伊斯兰共和国出版社代表团交流会，以及商务印书馆创立120年海外合作伙伴恳谈会等6场重要活动。

（郭朝凤）

中华书局参加第24届北京国际图书博览会

2017年8月23～27日，第24届北京国际图书博览会在中国国际展览中心新馆举行。中华书局共有200多种图书参展，均为近两年的最新出版成果，内容涉及历史、哲学、文学、艺术和文化类，如《中国古代技术文化》《中国诗词大会》《海上遗珍：武康路》《魏书》《南齐书》（修订本）等。图博会期间，中华书局和巴蜀书社签署战略合作协议。双方将在媒体融合和古籍数字出版、中华优秀传统文化教材出版、古籍整理出版、传统文化“走出去”、人才队伍建设等领域开展深度合作。国家新闻出版广电总局副局长周慧琳，中央宣传部出版局局长郭义强，四川省委常委、宣传部部长甘霖，四川省委宣传部副部长向宝云，中国出版集团公司总裁谭跃，中国出版集团公司党组成员、中国出版传媒股份有限公司副总经理李岩，四川新华发行集团党委书记、董事长朱丹枫，四川新华发行集团总裁、新华文轩出版传媒股份有限公司董事长何志勇等出席。

（刘　潋）

中国大百科全书出版社参加第24届北京国际图书博览会

2017年8月23～27日，第24届北京国际图书博览会（以下简称“图博会”）在中国国际展览中心举行。本届图博会中国大百科全书出版社遴选200多种图书参展。相关图书在中国出版集团公司“走出去”精品展区、主题出版、中版少儿展区进行展示，得到了各方人士的关注。

版权贸易洽谈依然是本次博览会的工作重点。版权经理们积极与各国出版社、各类版权代理机构商谈，安排会谈数十场，有重点、有针对性地推荐本社原创图书，所谈项目数量达上百种。在向国外出版社推荐适销对路的本社优秀图书的同时，出版社持续关注国外优秀选题，根据编辑部需求，搜集了一批优秀选题。

图博会期间，社长刘国辉会见了波兰马尔沙维克出版社、美国宝库山集团、施普林格·自然出版集团等出版组织机构的负责人，与外方就版权引进输出以及合作出版等问题达成了多个版权意向。其中，中国大百科全书出版社与施普林格·自然集团举行了《中国大百科全书》英文版国际编辑部揭牌仪式，拉开了双方深度合作的序幕。在本次图博会上，中国大百科全书出版社在儿童馆专区以“百科带你看世界”为主题，重点展示了本社的少儿图书。集知识性和趣味性为一体的图书产品，吸引了小读者和家长的驻足阅读。展会期间，还举办了多场作者见面会及图书推广活动。

（尹添铭）

人民音乐出版社参加第24届北京国际图书博览会

2017年8月23～27日，第24届北京国际图书博览会在中国国际展览中心顺义新馆举办。人民音乐出版社（以下简称“人音社”）随中国出版集团公司参展。展示了包括国际合作和近年来“走出去”的精品图书100余种，呈现了丰硕的“走出去”成果。展会期间，人音社分别与加拿大、印度及美国等国家的多家出版社，就版权输出、翻译合作等事项进行了洽谈，同时参加了中国出版集团公司举办的与青年汉学家、翻译家和“特殊贡献奖”专家的座谈会等活动。

（王　浩）

荣宝斋参加第24届北京国际图书博览会

2017年8月23～27日，第24届北京国际图书博览会开幕。作为中国首批非物质文化遗产项目的荣宝斋木版水印技艺和部分作品在本次书展的文创馆中进行展示。技师们现场演示木版水印制作流程，引起参观者们的极大兴趣，纷纷驻足观看，一些参观者还亲自上阵体验水印过程，在惊叹木版水印技艺奥妙的同时，荣宝斋百年品牌形象也得到了宣传。荣宝斋出版社借此次图书博览会，继续做好版权输出，扩大其在海外市场的影响力与知名度。（陶　爽）

华文出版社参加第24届北京国际图书博览会

2017年8月23～27日，第24届北京国际图书博览会期间，华文出版社携手德国布塞特和斯塔特出版公司（Verlag Bussert & Stadeler）举办德语版《曲终人在》新书发布会，并成功与著名德文翻译家吕龙霈先生、德国布塞特—斯塔德出版公司签订三方长期合作协议，即三方共同出版茅盾文学奖得主、著名作家周大新老师所有作品的德文版。

2017年，华文出版社国际合作部响应国家"一带一路"倡议，配合集团公司增强与阿拉伯国家合作的集团战略，努力开拓与阿拉伯国家的合作，除了长期与埃及希克迈特文化（出版）公司合作外，又与埃及Osiris bookshop出版社建立了合作关系。与此同时，还与德国卡利斯托出版社建立了出版合作关系。（杨艳丽）

北京新华印刷有限公司参加第24届北京国际图书博览会

2017年8月23～27日，北京新华印刷有限公司参加了第24届北京国际图书博览会（以下简称"图博会"）。本届活动以"书香迎盛世 融合展辉煌"为主题，是全国出版、印刷领域喜迎党的十九大胜利召开前的一次大型国际文化盛会。

北京新华印刷有限公司此次在创意印刷展区展出了精装书《列宁全集》、平装书《二十四史》、政治系列书籍、字典辞典、证书请柬及儿童读物等，主要分为豪华精品区和红色经典区，展现了公司精湛的印装技能和产品特色。总经理兰本立、副总经理赵树文出席了图博会的启动仪式，并与北京印刷协会领导在公司logo板上签字、合影留念。公司市场营销部副主任邱锦、平装部副主任顾梓榆作为展区的主要负责人，每天负责接待参观人员、出版商和客户，向他们介绍新华印刷的产品；24日接待了海外参观团，外国友人对新华印刷的手工艺装订装帧赞不绝口，并表示期待合作。参展期间，新华印刷组织各职能、生产部门40余人到展会参观、学习。

此次创意印刷展的展出让印刷不再是大家传统印象中的终端加工者，而是成为出版产业链上独具创意的一环。在往届的图博会上，常常都只是一些大型印刷企业唱"独角戏"，但是在本届图博会现场，从印刷企业到印刷设备商，从印刷物料商到印刷电商，印刷产业链的各个环节逐渐参与进来，部分印刷企业不仅展示出与出版社的合作产品，还可以看到印刷企业跨界融合的文创产品，吸引了很多参观者驻足围观，也让老牌印刷企业有了许多新的灵感与想法。

（王冬温）

中华书局参加第32届全国古籍出版社社长年会暨2016年度全国优秀古籍图书评奖会

2017年9月20～22日，第32届全国古籍出版社社长年会暨2016年度全国优秀古籍图书评奖会在江西南昌召开。本届年会由中国出版协会古籍出版社工作委员会（以下简称古工委）主办，江西人民出版社承办。来自全国近40家出版社、50家书店及20多家图书馆共300余人参会。

国家新闻出版广电总局原副局长、中国出版协会常务副理事长邬书林，中国出版协会副秘书长兼办公室主任陈宝贵，国家新闻出版广电总局出版管理司古籍整理与规划处处长章隆江，江西新闻出版广电局领导，江西省出版集团公司领导出席。中华书局总经理徐俊，党委书记、副总经理周清华代表中华书局参加年会。会议宣布了云南人民出版社、西泠印社出版社正式成为古工委理事单位，福建人民出版社和崇文书局成为古工委观察员单位。

9月21日，2016年度全国优秀古籍图书评奖会举行，共评出一等奖27种、二等奖54种、普及读物奖10种。中华书局《辽史》（修订本）、《海外中医珍善本古籍丛刊》《困学纪闻注》获2016年度全国优秀古籍图书一等奖；《杨炯集笺注（典藏本）》《小校经阁金文拓本》《宋史全文》《广雅疏义》《续资治通鉴长编（四库全书底本）》《孝经郑注疏》获2016年度全国优秀古籍图书二等奖；《中华传统文化经典百篇》《中华经典藏书（升级版）》获2016年度全国优秀古籍图书普及读物奖。

（刘　澂）

荣宝斋举办“大家风范 各领风骚——40位名家代表作木版水印画联展”

2017年9月20日至10月20日，荣宝斋木版水印工艺坊举办“大家风范 各领风骚——40位名家代表作木版水印画联展”。中国国画历史源远流长，初始于春秋战国时期，拓展于魏晋南北朝，至隋唐趋向全盛，五代两宋时期绘画进一步成熟和繁荣，山水、花鸟画跃居主流，也标志着画作风格由写实向写意的转变。元明清三代，水墨山水和写意花鸟得到突出发展，元代文人主张“复古”“以书入画”的观点对于以后中国画的发展影响极大。明清以来，在“诗画一律”“书画结合”上有了进一步发挥。20世纪以来，中国画艺术不断前进、不断发展，展现出流派纷呈、不断改革创新的局面，在中国美术史上留下了光辉的篇章。

荣宝斋木版水印工艺坊精心遴选了40幅自明以来书画大家的木版水印作品，本着一人一幅经典代表作的呈现思路，作品涵盖了多元的风格、流派和题材。画家们各自凸显着自身的艺术气质，每一幅画作均配以精品赏析，具体而形象地展现出他们的风格特征和艺术特色。此次展览意在向观众展示荣宝斋木版水印对中华文明传统手工技艺的传承、领悟与发展，并将木版水印技艺所蕴含的审美价值、文化价值和艺术价值呈现给广大书画爱好者。

（陶　爽）

中国图书进出口（集团）总公司承办2017泰国“中国图书展销”活动

2017年9月26日，由国家新闻出版广电总局和中国驻泰国大使馆主办，中国图书进出口（集团）总公司和泰国南美有限公司承办的2017泰国“中国图书展销”活动在曼谷南美书局开幕。中国驻泰国大使馆文化参赞蓝素红、中国图书进出口（集团）总公司总经理张纪臣、泰国潮州会馆主席黄迨光、南美有限公司董事总经理陈美琪为开幕剪彩并发表致辞。

蓝素红指出，此次中国图书展销活动是2017年中泰文化交流的一项重要活动。泰国支持并积极参与中国提出的“一带一路”倡议，图书承载人类的思想与智慧，是沟通民心的重要媒介，举办此次中国图书展销活动意义重大。

张纪臣介绍，此次共有708种、1500多册各类优秀中国图书参与展销，英文和泰文图书占到图书总量的70%，内容涵盖中国政治、经济、文化等各个方面，力求使更多的泰国读者感知中国、了解中国。其中，以《习近平谈治国理政》《习近平讲故事》为代表的一大批反映中国改革发展新理念，展示中国在政治、经济、文化和社会等方面取得的重大成就及与“一带一路”主题相关的图书集中亮相，为泰国民众了解当代中国发展现状、感知中华文化打开重要窗口。

陈美琪表示，此次展销活动可以帮助泰国乃至东盟国家的民众更好地感知当代中国的发展和变化，感受中国人民对泰国人民的友好感情，从

而全面理解中国、促进两国间的人文交流。同时，活动有助于提升中国图书的影响力，深化泰中出版交流，打通中国版权和图书直接输送到泰国的渠道。（葛江霞）

中国美术出版总社主办“喜迎十九大‘祖国万岁’书画展”

2017年9月30日，为迎接“十九大”召开，弘扬中华文化，以“祖国万岁”为主题的邀约“海峡两岸暨香港、澳门”及海外华侨书画家参加的“喜迎十九大‘祖国万岁’书画展”在人美美术馆开幕。本次书画展由人美美术馆主办，九州兴和文化发展有限公司和北京朝花书画社联合承办，作品以弘扬爱国情怀为主，歌颂党、歌颂祖国、歌颂人民，弘扬社会正能量。

（范雨萌）

人民文学出版社参加第69届法兰克福书展

2017年10月11～16日，中国出版集团公司组织代表团参加第69届法兰克福书展，人民文学出版社社长臧永清任团长。参加此次法兰克福书展，人民文学出版社取得了许多成果，其中贾平凹的《极花》（英文版）版权输出到英国查思出版公司。臧永清和查思出版公司总编辑马丁·萨弗里在中国出版集团公司展台签署了《极花》（英文版）版权输出合同。臧永清在签约仪式上发言指出，中国文学近年来取得了长足发展，人民文学出版社出版了很多中国优秀现当代作家的作品，我们将努力推动中国文学作品走向世界。

除贾平凹的《极花》（英文版）外，人民文学出版社还输出了格非的《人面桃花》（英文版）、《褐色鸟群》（捷克文版）、阿乙的《情史失踪者》（瑞典文版），并就其他几部中国文学作品与国外出版社达成版权输出意向。

在大力向世界推广中国文学作品的同时，臧永清还带领编辑和国外出版社、版权代理人等会面，了解业内新动态，积极引进当代外国文学作品版权。（顾　乡）

商务印书馆参加第69届法兰克福书展

2017年10月11～16日，商务印书馆派员随中国出版集团公司代表团参加第69届法兰克福书展，展出商务印书馆的重点书和新书33种63册，包括汉语和外语工具书、对外汉语教材、汉语言文化学习读物、有关中国国情和发展经验的学术图书、“一带一路”主题相关图书等。

商务印书馆参展代表充分利用书展机会进行参观调研，了解国内外同行出版趋势，发现可能与商务印书馆内容特色匹配、适于引进的产品，及时把发现的选题信息与编辑部同人分享；与合作较多的出版社和代理会谈，处理和解决平时工作中的重点、难点，落实重点图书的版权问题，与国外合作伙伴建立和增进信任，理顺和维护合作关系；向重要客户推介商务印书馆的图书，与美国芝加哥大学出版社、法国美文出版社、西班牙语教材和儿童读物出版社 enClave ELE、德国维托里奥·克洛斯特曼出版社等出版机构会谈20余场，达成版权引进和输出意向30余种。

（郭朝凤）

中华书局参加第69届法兰克福书展

2017年10月11～16日，中华书局参加第69届法兰克福书展。中华书局副总编辑尹涛、中华书局历史编辑室主任李静受邀参加。在书展上，中华书局与国际出版商进行了充分交流，就《中国古代物质文化》《庄子》《孙子》的德文版版权输出达成初步意向。

（刘　潋）

中国大百科全书出版社参加第69届法兰克福书展

2017年10月11～16日，第69届法兰克福书展举行。中国大百科全书出版社负责版权、市场营销、编辑策划等具体业务的4名人员参加此次会展。

书展上，中国大百科全书出版社对外合作中心版权经理与英国、以色列、印度、日本、菲律宾、马来西亚、中国台湾地区等多家出版商进行了会谈。出版社的儿童文学作品系列、儿童地图绘本系列、专题儿童百科全书系列等受到外方的肯定和青睐，并达成初步合作意向。同时，版权经理还约谈了已建立良好关系的合作伙伴，包括来自西班牙、黎巴嫩等国的出版商和欧美文学代理人，跟进合作项目进展情况，落实版权意向。

为了学习国外出版行业的优秀经验，拓宽选题视野，出版社代表团在努力推动本社图书走出国门的同时，也积极到各展位参观洽谈，同英国、法国、美国、意大利等出版商初步达成了合作意向。此外，工作人员们拜访了诸多以畅销图书而闻名的出版商，对其出书的品种规模、组织运营模式等有了更深入的了解，获得了更多关于图书策划及图书制作、传统出版与数字化出版方面的经验和灵感。（尹添铭）

现代教育出版社参加第69届法兰克福书展

2017年10月11～16日，现代教育出版社参加第69届法兰克福书展。本次书展在德国法兰克福展览中心举行，现代教育出版社副社长陈琦携重点图书“儿童科学早知道”系列、“中外文化文学经典导读与赏析”系列、“图说全译本史记”系列、“中国‘家庭·家教·家风’教育”丛书和《泰中双语中华文化启蒙读本》等参展。通过参加本次法兰克福书展，了解国外图书出版相关市场情况，同时寻找有意合作的海外出版商，加强市场调研，为出版社未来版权输出的发展寻找合作商机。（焦小桥）

人民音乐出版社参加2017中国（上海）国际乐器展览会

2017年10月11～14日，2017中国（上海）国际乐器展览会在上海新国际博览中心召开。人民音乐出版社（以下简称“人音社”）副总编赵易山及相关工作人员20余人参加了本届展会。

本次展会，人音社首次在展位专门设立精品图书展示区。以整体玻璃柜的形式，集中展示了包括《国歌》《嘹亮军歌——中国人民解放军建军90周年优秀歌曲集》《马可选集》《中国音乐百年作品典藏》《中国音乐史图鉴》（修订版）、《音乐百科词典》等一批主题出版、院校精品教材类重点产品。

展会期间，人音社分别与德国、美国、英国、奥地利、波兰、马来西亚以及中国台湾等国家和地区的16家国际音乐出版社，就版权输出和引进、本版书海外销售、文化交流活动策划等项内容进行了卓有成效的会谈，并初步达成10余种图书的版权输出意向。

展会期间，人音社邀请了主要合作伙伴参与“人音教育大讲堂”系列讲座。讲座不仅对系列出版物做了详尽完整的介绍，还对与海外出版社的重要合作项目起到了良好的宣传作用，取得了良好的现场效果和积极的市场反馈。

本次展会接待读者逾千人次，零售收入10万余元。上海乐器展成为向广大音乐爱好者和音乐从业者推荐和介绍人音社品牌和产品的良好平台。（王浩）

荣宝斋举办“草草不工——蔡澜行草展”

2017年10月27日至11月1日，荣宝斋书法馆举办“草草不工——蔡澜行草展”。本次展览展出蔡澜先生50件左右行草作品，皆是大众熟悉乐见的内容。其中《心经》《用心》2件书法作品还特别制作了限量版的荣宝斋木版水印，蔡澜先生亲临现场签售。10月28日，蔡澜先生在荣宝斋大讲堂分享他自己的书法故事和体验，主题为“冯康侯老师教导的书法与篆刻”。

（陶爽）

中国图书进出口（集团）总公司参加第 36 届沙迦国际书展

2017 年 11 月 1 日，第 36 届沙迦国际书展在阿联酋沙迦开幕，中国图书进出口（集团）总公司（以下简称“中图公司”）携“一带一路”国家主题图书巡展项目参展。

沙迦国际书展是世界上最大的图书博览会之一，也是中东地区最具影响力的图书展。受国家新闻出版广电总局委托，中图公司此次展出了 200 余册中、英、阿语精品图书，涵盖主题丰富，既包括《习近平谈治国理政》《中国创造精神》等深入介绍中国发展现状的图书，也有针对性地推出了《商界领袖——马云的颠覆智慧》《芈月传》《中国儿童百科全书》等人文社科类读物，为中东民众深入全面地了解中国、感知中国文化开启了重要窗口。

书展期间，中图公司还举办了汉字书法表演、儿童插画彩绘墙涂色、中国书房文化展示等一系列文化交流活动，让当地民众零距离感受中华文化的独特魅力。

这是中图公司连续两年代表中国出版界参加沙迦国际书展。2017 年，由中图公司承办的“一带一路”国家主题图书巡展在曼谷、华沙、雅加达、沙迦和萨格勒布等 5 地举办，沙迦是巡展的第 4 站。中图公司致力于通过向“一带一路”国家民众展示中国优秀图书，使其更加了解当代中国，从而进一步扩大中国图书在“一带一路”国家的知名度和影响力。（葛江霞）

荣宝斋举办“世纪丹青——吴昌硕·齐白石绘画展”

2017 年 11 月 19～26 日，荣宝斋书画经营一部举办“世纪丹青——吴昌硕·齐白石绘画展”。2017 年恰逢吴昌硕逝世 90 周年，齐白石逝世 60 周年，为纪念两位大师在中国绘画史上的卓越成就和贡献，荣宝斋特地举办了此次展览。此次展览涵盖了吴昌硕、齐白石各个时期的百余幅佳作，系统地呈现出两位艺术巨匠的创作面貌与风格。展品大多来自荣宝斋馆藏精品，部分来自藏家的无私奉献，遴选精心，格局宏伟。此外，由荣宝斋出版社结集出版展览画册《世纪丹青——吴昌硕·齐白石绘画集》，借此与广大书画爱好者一同追忆吴昌硕、齐白石的绘画之路，为大家提供品评、研究的学习契机，一同向艺坛之巅的两位大师致敬。（陶　爽）

荣宝斋举办“荣宝斋藏品系列展——京津画派部分（一）”

2017 年 12 月 6 日至 2018 年 3 月 30 日，荣宝斋美术馆举办“荣宝斋藏品系列展——京津画派部分（一）”。京津画派是对京津地区画家总体的泛称，主要是指 20 世纪 20～30 年代中国画学研究会、湖社与京津画家群。画家中有清宗室、曾任职于清廷的官员、外地来京定居的画家。他们以“精研古法，博采新知”为宗旨，强调传统笔墨功力，广泛吸取其他绘画流派的精华，同时借鉴西方绘画的色彩和写生技法，形成了自己独特的创作风格，促进了中国传统绘画的振兴和继承。此次展览从荣宝斋藏品中精选出京津画派齐白石、黄宾虹、陈师曾、陈半丁、金城、刘奎龄、于非闇、徐悲鸿、溥心畬、张大千等近 50 位画家的 70 余件作品，为广大书画爱好者提供了一次难得的研究、品评和学习的机会。

（陶　爽）

荣宝斋举办“和光同尘——丁谦书法作品展”

2017 年 12 月 9～17 日，荣宝斋书法馆举办“和光同尘——丁谦书法作品展”。此次展览展出丁谦先生书法精品力作 70 余幅，有严谨遒润的行楷对联，有轻松静雅的草书小品，有开张大气的榜书斗方等，作品形式多样，内容丰富。由荣宝斋出版社出版的《和光同尘——丁谦书法作品集》也同期出版发行，受到广大收藏家、书法爱好者的欢迎。（陶　爽）

“古风遗韵”
——周宝根中国画作品展举行

2017 年 12 月 17 日，由上海市海外交流协会主办，新加坡黑土地美术馆、美国纽约双世界画廊协办的“古风遗韵”——周宝根中国画作品展在人民美术出版社美术馆开幕。在研讨会上，与会嘉宾纷纷发表了对周宝根作品的看法。展览从 12 月 17 日持续至 12 月 22 日。

周宝根，笔名阿豹，字夏商，籍贯浙江宁波镇海。9 岁学画，先后毕业于上海市美术专科学校预科、上海大学美术学院中国画系。师承程十发、谢之光。现为上海大学兼职教授、中国美术家协会上海会员。2012 年，在中国上海举办“中国风”戏剧人物画个展。本次展览，也有多幅戏剧人物画亮相。周宝根的戏剧人物画对人物的表情、动作都刻画得很传神，借此展现了不同戏曲中经典人物造型的精气神，并且通过写意的手法，使绘画作品更具有观赏性。 （范雨萌）

荣宝斋举办“2018 何国门迎新书画印展”

2017 年 12 月 26 日至 2018 年 1 月 2 日，荣宝斋书法馆举办“2018 何国门迎新书画印展”。此次展览展出何国门先生书画印精品 100 余件，作品形式多样，内容丰富。此展是荣宝斋青年艺术家推介展之一，也是荣宝斋书法馆举办何国门迎新书画印作品年度展的首展。 （陶　爽）

荣宝斋举办“云山清影——潘一见山水画展”

2017 年 12 月 30 日至 2018 年 1 月 7 日，荣宝斋当代艺术馆举办“云山清影——潘一见山水画展”。为了更好地推动中国艺术的发展，响应文化大发展的战略方针，荣宝斋秉承文化传播的初衷，加大力度关注、扶持有学术潜力的中青年艺术家，坚持以学术带动市场的经营方针，与中国当代最具学术影响力的艺术家共同搭建学术平台，建立了荣宝斋青年艺术家资料库。本着扶植和培养中青年艺术家的文化责任心，通过市场和学术两条线索助力艺术家的成长，努力打造青年艺术家持续成长发展的生态系统。潘一见博士毕业于中央美术学院，现为中央民族大学副教授，她的山水画立足于中国传统笔墨，以书入画，意境清幽，格调高古。经荣宝斋学术委员会认定，潘一见为当代艺术馆推介画家。

（陶　爽）

人力资源工作

现代出版社中层干部竞聘上岗竞聘会举行

2017 年 1 月 20 日，现代出版社举行了 2017—2018 年度中层干部竞聘上岗活动。本次竞聘会前研究并制定了《现代出版社中层干部竞聘上岗流程及办法》，会前两周公布了大众文化编辑室主编、社科文艺编辑室主编、市场营销部主任、企划部主任等 12 个竞聘岗位，并充分宣讲。会上，竞聘者围绕自己的工作成绩、竞聘优势以及对所竞聘岗位的发展设想和规划等内容进行演讲和陈述，并现场回答评委的问题。评委们从参加竞聘人员的品德、素质、能力、工作业绩、工作态度等方面进行综合评定。

经过充分研究，初步确定了本次竞聘上岗人选名单。整个竞聘活动秉承公平公正公开的原则顺利举行。 （裴　郁）

中国出版集团公司宣布调整东方出版中心领导班子

2017 年 2 月 17 日，东方出版中心（以下简称“中心”）召开干部大会，中国出版集团公司党组书记王涛出席。中心中层干部、副高级职称以上人员 40 余人参加大会。

会议由董玲主持。会上，聂静宣读了中国出版集团公司和中国出版集团公司党组关于中心主要领导的任免通知。强调东方出版中心作为集团公司在上海的重要窗口、联系京沪出版界的纽带、立足长三角地区发展的前沿阵地而备受关注，集团公司对中心领导班子寄予厚望。要求一是要牢牢把握正确的出版导向，不断繁荣出版主业，取得更好的社会效益和经济效益；二是要始终利用好现有资源，以媒体融合创新推进新业态发展，提升综合实力和核心竞争力；三是要认真贯彻民主集中制，切实加强领导班子和干部队伍建设，为中心可持续发展提供坚强的组织保障和人才支持。希望中心新班子在集团公司的大棋局中，找准定位和坐标，找准工作的切入点和着力点，带领广大干部职工深化改革、开拓进取，努力把中心建设成为导向正确、主业突出、品牌响亮的一流文化企业，为集团公司发挥好在上海的窗口作用，为集团公司“三化”目标的早日实现做出应有的贡献，为集团公司在上海乃至长三角地区的发展起到关键作用。 （姜小明）

生活·读书·新知三联书店2016 年度领导班子考核述职会召开

2017 年 3 月 7 日，生活·读书·新知三联书店（以下简称“三联书店”）2016 年度领导班子考核述职会在韬奋图书馆召开。中国出版集团公司党组成员、中国出版传媒股份有限公司副总经理孙月沐，集团人力资源部处长董易、党群工作部干部温存出席了会议。述职会由三联书店党委书记翟德芳主持。三联书店领导班子成员、中层干部及全体职工代表参加了会议。

三联书店总经理路英勇代表店领导班子做述职报告，全面总结了 2016 年店领导班子带领全

店员工取得的成绩，同时也指出了全店工作中存在的不足，并提出整改措施。随后，店领导班子成员分别就个人分管的工作进行述职。路英勇代表班子汇报了三联书店 2016 年度干部选拔任用的情况。

孙月沐表示，述职工作是中央对干部管理的重要手段，“一报告两评议”是加强对权力监督和进一步提高用人水平的举措。他希望三联书店在 2017 年做好以下具体工作：一是严导向，严质量；二是调结构，促融合；三是强动力，强品牌；四是稳增长，促发展。

领导班子述职后，与会人员认真填写了“领导干部年度考核测评表”和“新选拔任用干部民主评议表”，评述一年来店领导班子的工作、个人表现和干部选拔任用情况。（关丽峡）

中国大百科全书出版社举办编辑基础专题讲座

2017 年 3 月 30 日，中国大百科全书出版社邀请中国辞书学会顾问、著名辞书专家周明鑑，为出版社编辑做了题为“了解辞书、编好辞书”的讲座。社内有百余名编辑参加。

周明鑑结合自身工作经验，通过大量的实例，为本社编辑们进行了深入浅出的讲解。第一部分，从辞书概念、辞书地位、辞书特点三个方面定义辞书；第二部分，介绍了辞书的历史成就；第三部分，详细阐述了编纂辞书过程中的质量问题，并从辞书质量问题历史回顾、如何区别抄袭和借鉴、如何判断词典中的差错、辞书产生错误的原因四个方面展开论述。最后，作为辞书编纂领域的前辈，他对百科社的编辑们提出了期望：大家要传承先辈精神，重视图书质量，编好每一本书。（尹添铭）

新华联合发行有限公司校企合作招聘模式启动

2017 年 3 月，新华联合发行有限公司启动校企合作招聘模式，赴河北怀来职业学校招收中专实习生 16 人。7 月，赴天津交通职业学院招收大专实习生 5 人。学生到岗后，在物流中心各作业岗位轮岗实习，使其将在校所学与工作实践有机结合，让学校和企业的设备、技术实现优势互补、资源共享，从而提高育人的针对性和实效性，提高技能型人才的培养质量。校企合作模式一方面可以用较低的成本补充物流中心作业人员紧缺的局面；另一方面也可以通过在校生定岗实习期间的工作表现，为公司未来发现和储备人才。（白　雨）

人民音乐出版社举办2017 年度编辑校对人员业务培训班

2017 年 5 月 9 日，为了提高编辑和校对人员的政治思想素质和编校业务水平，人民音乐出版社举办了“2017 年度编辑校对人员业务培训”。此次培训邀请了人民教育出版社原审读室副主任徐向东主讲，党委副书记周群主持培训，共 50 余名编校人员参加。

培训中，徐向东老师结合稿件编校中的实际案例，从四个方面讲解了容易出现的编校错误和盲区。在徐向东老师生动、风趣的讲解下，一些较为生僻的词汇和暗藏错误的句式给大家留下了深刻的印象。本次培训也是人民音乐出版社积极响应国家新闻出版广电总局“质量管理 2017”专项工作而有针对性地开展的一次业务培训活动。（杨莹莹）

中国大百科全书出版社青年编辑座谈会召开

2017 年 5 月 11 日，中国大百科全书出版社召开“创新点亮梦想，实干助推成长——百科与我的职业理想”青年编辑座谈会。社领导、全社编辑及相关部门参加了座谈会。此次座谈会也是本社“立足市场强选题，全面营销促发展”系列活动的重要内容。座谈会上，来自 10 个编辑部门的 20 名青年编辑代表做了发言。在发言中，大家结合工作实际，各抒己见，树立职业理想，

明确发展方向。同时在选题策划、资源整合、市场营销等方面提出很多创新性想法和建设性建议。

社长刘国辉在座谈会上指出，青年编辑们是出版社生存发展的核心和根本，大家要根据本社产品线规划和个人能力等因素，找到适合自己的职业发展方向，追求实、精、专的工匠精神，努力成为出版项目的编辑专家；编辑部门结合自己的产品线鼓励青年编辑们成长，为他们的发展营造空间；出版社要从政策、资金、人力资源等方面给青年编辑们以积极的引导和有力的支持。本社的发展要坚持“两翼齐飞求奋进”的战略规划，在做好《中国大百科全书》第三版工作的同时，走出自己的市场品牌，完成从加工到创新的转变。他希望作为百科发展主力军的青年编辑们，能时刻牢记自己作为百科人的使命，用创新点亮梦想，用实干助推成长，立足岗位做贡献，创新思维做榜样，在百科发展中成就个人梦想，在个人成长中铸就百科辉煌。（尹添铭）

中国图书进出口（集团）总公司“建言十九大”老干部座谈会召开

2017年5月26日，中国图书进出口（集团）总公司（以下简称“中图公司”）老干部“畅谈十八大以来变化、展望十九大胜利召开”专题座谈会召开。陈为江、吴江江等退休老领导、离退休支部代表、老干协负责人12人参加座谈会，张纪臣、聂静等公司领导班子成员以及人资部、党群部共10人参会。

党委书记聂静主持本次座谈会。她表示，组织开展本次“畅谈十八大、建言十九大”正能量活动，是希望充分发挥老干部的政治、经验和威望等优势，为党的十九大、为中国出版集团公司和中图公司的改革发展建言献策。

老干部们对中国出版集团公司和中图公司的发展表现出极高的关心和支持。会上，他们畅谈十八大以来的新成就、新气象、新变化和对十九大的期待与愿望，充分表达了对坚持党的领导和走中国特色社会主义道路的坚定信心。

总经理张纪臣向参会的离退休老干部介绍了中图公司“十二五”期间的经营成果、组织机构和业务流程的改革创新以及未来的发展规划，并在总结中提出了“六个继续”：一是继续加强班子队伍建设；二是继续加强党建、工会和思想政治工作；三是继续做好风险防范与控制工作，确保资金运作安全；四是继续夯实传统主营业务，不断开拓新业务新市场；五是继续拓展出口业务，通过新思路、新理念实现新突破；六是通过建立“一带一路”资源中心等举措，继续提升“走出去”实效。（王　倩）

生活·读书·新知三联书店（上海）有限公司举办系列主题培训

2017年5月，为提高编辑业务水平，生活·读书·新知三联书店（上海）有限公司（以下简称“上海公司”）在上级单位生活·读书·新知三联书店（以下简称“三联书店”）的支持下，结合公司业务实际，专题筹划，分步落实，面对不同内容开展系列主题培训工作。

2017年5月17日，上海公司邀请云因公司ERP系统专家举办专题培训讲座，针对图书加工、编辑流程、财务结算、发行业务在云因ERP系统的应用进行讲解。技术人员与应用部门就实际操作业务中的需求进行分析讨论，得出解决相关问题对应的技术路径。

5月19日，三联书店委派大众出版分社编辑张龙赴上海公司为编辑们做业务培训。张龙结合策划《海昏侯刘贺》等书籍的经历，从前提、目标、态度三个方面介绍了选题策划的经验，并提出选题“四看”：一是向前看（整合已出版的内容），二是向后看（考虑丛书或系列书），三是向上看（了解政策），四是向下看（直面市场）。（韩瑞华）

新华联合发行有限公司实施作业人员绩效考核

2017年5月，新华联合发行有限公司开始

实施以计件制为基础的作业人员绩效考核。人力资源部配合物流事业部对生产作业人员的工资结构进行调整，降低固定工资部分的比例，增加绩效浮动部分的激励，对于可量化的作业岗位全部推行以计件制为基础的绩效考核。自方案推出之后，在作业人员数量基本不变的情况下，作业人员月均作业量和月收入呈现明显的整体上升趋势，实现了员工收入与生产业绩同步调整。

（白　雨）

新华联合发行有限公司举办员工接待日活动

2017 年 5 月，新华联合发行有限公司人力资源部与党支部、工会联合举办员工接待日活动。本次活动接待和约谈了 40 多位基层管理者和员工，收集涉及现场工作现状、工作状态、薪酬水平、公司建设、干部领导力等各个方面近 20条意见和建议，妥善处理、解决了员工在工作和生活中存在的实际问题。员工接待日活动疏通了员工与公司之间的沟通机制，增强了员工的归属感和幸福感，调和了员工与企业的关系，提高了作业活跃性和主动性，也促进了公司业务更高效的展开。广大员工纷纷表示，将不负重托、尽快成长、立足岗位，在企业新的发展周期建功立业。

（白　雨）

中国对外翻译有限公司组织开展培训及业务交流会

2017 年 6 月 2 日，中国对外翻译有限公司举办为期一天的培训会。会议学习《中国出版集团公司所属企业工资预算管理办法（试行）》文件精神，通报 2016 年在劳动关系、工资总额预算管理、国家有关统计报表工作中存在的问题，对 2017 年工资总额预算管理工作进行讲解、交流，取得很好的效果。参会职工讨论热烈，有效地解决了日常工作中遇到的问题、难点及对政策理解分歧点，达到认识上和实际操作上的统一。

此次交流会的目的是为保障中国对外翻译有限公司及控股子公司人事、财务工作高效、协调、有序运转，实现管理的制度化、规范化、科学化。学习国家有关法律、法规、规章，结合日常工作中遇到的问题、难点及对政策理解有分歧等情况进行交流，最终达到认识上和实际操作上的高度统一。

（赵　桐）

中国大百科全书出版社举办“互联网环境下百科全书的建设”论坛

2017 年 6 月 22 日，由中国大百科全书出版社主办，华为技术有限公司、天闻数媒科技（北京）有限公司承办的“互联网环境下百科全书的建设”主题论坛在百科社报告厅召开。中国大百科全书执行总主编杨牧之，国家新闻出版广电总局数字出版司副司长冯宏声，中国大百科全书出版社社长刘国辉、党委书记刘晓东出席论坛，会议由中国大百科全书出版社副总编辑刘杭主持。

刘国辉在致辞中向参加活动的各位嘉宾表示热烈欢迎和诚挚感谢，并介绍了《中国大百科全书》第三版的立项过程和相关建设情况。他指出在互联网时代，如何实践精准的新定位，在拥抱互联网技术的同时实现资源利用的最大化和最优化，是百科全书数字化转型中所面临的核心问题。中国大百科全书的目标是建设成为国家大型公共知识服务平台，这个平台意味着共建、共享、共赢、开放，大规模、大范围的融合资源，百科社举办“互联网环境下百科全书的建设”这一主题的论坛，就是邀请行业主管机构、技术专家、兄弟单位一起探讨，集思广益，共同前进。

国家新闻出版广电总局数字出版司副司长冯宏声、华为企业广电媒资业务部高级经理张磊，新闻出版总署信息中心原数字出版技术总监孙卫、瑞易吉成数字科技公司总经理王霞、天闻数媒科技（北京）有限公司媒体与出版行业总监韦宇鹏、洛阳师范学院副教授王国强等 6 位嘉宾，从互联网环境下百科全书的发展方向、数字出版转型的路径探寻、知识价值的深度挖掘与创造、

百科全书应用探索等角度展开演讲。

来自中国出版集团公司、北京市新闻出版广电局、商务印书馆、中华书局、科学出版社、人民法院出版社、社会科学出版社、中国文联出版社、华文出版社、北京印刷学院、新闻媒体等单位的领导和专家，以及百科社相关人员近300人参加了活动。

（尹添铭）

中国美术出版总社举办编辑出版业务培训

2017年6月27日，中国美术出版总社在人美学院举办编辑出版业务培训活动。此次培训特别邀请了国家语言文字工作委员会研究员厉兵老师主讲，全体编辑、校对等人员参加了学习。

厉兵老师多次担任“全国企事业媒体新闻采编业务培训班”授课老师，在语言文字规范方面经验丰富。课上，厉老师结合编辑人员事先提出的问题，向在场的员工讲授了诸多重要的知识和方法，并对在讲座前提出的一系列语言文字规范方面的问题进行了分析和解答。随后，从文字、词语、语法、标点、数字、计量单位、知识、格式、标题、文风等语言文字工作规范的10个方面入手，对最新标准进行了解读，对不符合规范的常见错误进行了展示，对一些编稿过程中存在争议的问题提供了解决思路。

本次编辑出版业务培训是根据国家新闻出版广电总局《关于开展出版物“质量管理2017”专项工作的通知》（新广出发〔2017〕7号）要求，主要侧重于编辑、校对业务实操。为确保培训取得预期效果，培训前为大家发放了培训讲义。这次培训使大家受益匪浅，对编辑出版实际工作指导性强，取得了良好的效果。

（赵军平）

中国图书进出口（集团）总公司举办编目人员RDA数据培训班

2017年6月27～28日，中国图书进出口（集团）总公司（以下简称“中图公司”）邀请国家图书馆外文采编部专家为公司26名编目人员进行专业培训。

国家图书馆外文采编部主任罗翀和西文编目组组长蔡丹分别围绕RDA概论、NCL PS主要本地化规则、AACR2与RDA的主要差异、RDA套录数据的本地化处理等多个方面进行详细讲解，现场解答了编目人员在数据处理方面遇到的各类问题，并对中图公司长期以来所提供的高质量MARC数据表示称赞。培训现场学习气氛浓烈，讲师与编目人员一起探讨编目行业的发展趋势。大家一致认为，未来服务理念将是在树立为“用”而编的思想的同时，向客户按需提供最佳数据服务解决方案，这就需要编目工作由“被动”变为“主动”，加快推动服务专业化升级。

此次培训旨在提升编目人员对国际前沿编目理论的认知水平，全面落实信息资源数据的统一性、规则性和完整性，以精益求精的技术服务水准，开拓创新的业务服务维度，助推服务专业化升级，以专业的品质将优质的数据提供给广大客户。

中图公司将定期组织编目人员参加数据培训，并邀请权威专家帮助他们将理论基础与实际操作融会贯通，为公司编目人员达到专业化、前沿化水准，引领整个行业发展保驾护航。

（何　佳）

人民音乐出版社等联合承办第3届国内高端学术出版社骨干编辑联合培训班

2017年7月19～21日，为推动学术出版社在新媒体时代加快融合发展的步伐，系统地了解行业传统媒体与新媒体的融合发展新常态的成功经验，人民音乐出版社联合中华书局、社会科学文献出版社等几家单位共同承办了第3届国内高端学术出版社骨干编辑联合培训班。

培训班特邀国家新闻出版广电总局出版管理司图书处处长杨芳、中华书局总编辑顾青等编辑出版行业内具有丰富实战经验的学界专家、资深出版人、数字阅读平台负责人、知名媒体人等作为讲师，通过相关案例分析、政策解读、经验交流等方式，分享不同的转型策略与模式。人民音乐出版社共有编辑、校对人员 34 人参加。

（杨莹莹）

中国美术出版总社举办第二次编辑出版业务培训

2017 年 7 月 19 日，中国美术出版总社继 2017 年 6 月 27 日编辑出版业务培训之后，在人美学院举办了第二次编辑出版业务培训。此次培训特邀国家语言文字委员会《语言文字报》原主编、《语文建设》原副主编杜永道老师主讲，全体编辑、校对，团员、青年等各部室人员聚集一堂，认真学习讲座内容。

杜永道老师身为语言文字方面的专家，有着丰富的语言文字方面的知识和经验。此次讲座的内容主要围绕五个方面：一是出版物的语言文字问题日益受到社会关注；二是编辑工作中常见的字词问题；三是编辑工作中常见的标点符号问题；四是编辑工作中常见的数字用法问题；五是人民美术出版社、连环画出版社出版物语文差错举例。杜永道老师结合自身专业优势和多年的丰富经验，对编辑工作中容易出现的语言文字问题进行了具体而细致的讲解，并对大家在讲座中提出的诸多语言文字问题进行了耐心的分析和解答。

此次业务培训具有很强的现实指导意义，对于进一步增强编辑的政治意识、提升编校业务能力和提高出版物质量起到了很好的促进作用。接下来，中国美术出版总社将继续根据国家新闻出版广电总局《关于开展出版物“质量管理 2017”专项工作的通知》（新广出发〔2017〕7 号）要求，切实提高出版质量，推出更多优秀出版物，确保编辑出版业务培训常态化。

（赵军平）

中版教材有限公司开展“创客空间”项目培训会

2017 年 8 月 18 日，中版教材有限公司召开“创客空间”项目培训会，邀请思科达（北京）教育科技公司为全体营销人员、研发中心人员对“创客空间”项目进行讲解与培训。

会上，思科达（北京）教育科技公司工作人员就创客教育发展前景与政策解析、什么是 STEAM 创客教育、怎么实现 STEAM 创客教育、校园创客空间建设及课程开展等四个方面展开介绍。

（刘　洋）

中版教材有限公司开展集体户口整顿专项工作

2017 年 8 月，为贯彻落实《关于开展中国出版集团公司集体户口清理整顿工作的通知》要求，中版教材有限公司制定了相关工作计划，并结合计划安排，对集体户内的相关人员进行了动员，取得一定的效果。同时，结合集团公司对集体户动迁工作的原则和要求，对未来的户口动迁工作进行了规划和安排。

（潘　健）

中国出版集团公司举办 2017 年度新员工培训班

2017 年 9 月 11～15 日，中国出版集团公司在北京举办 2017 年度新员工培训，近 120 名新员工参加。本次培训从集团公司概况、出版导向、出版实务、考察参观、团队拓展五个方面对新员工进行全方位的培训。授课主题分别为：《中国出版集团情况介绍》《出版人的责任与担当》《青年人的成长与成才》《出版导向管理》《新员工的中版文化情怀》等。培训期间，还组织学员围绕“谈谈入职后的角色转变”“如何做一名合格的出版人”两个专题进行了分组讨论，开展了增强团队协作精神的拓展训练，并增加了对新华联合发行有限公司顺义物流基地的实地考察。

中国出版集团公司党组书记王涛出席座谈。中国出版集团公司党组成员、副总裁刘伯根，中国出版集团公司党组成员、中国出版传媒股份有限公司副总经理李岩为新员工授课。培训班还邀请了中央宣传部出版局局长郭义强、中国人民大学副校长贺耀敏、中国教育出版传媒集团

有限公司原党组书记李朋义等专家授课。

学员们普遍表示，通过短短5天的培训，主要收获体现在三个方面：一是摆正心态，认真做好每一件事，找准发展定位，尽快实现角色转变，更好地融入工作环境。二是通过这次培训，大家收获了知识和友情，并为成为“中版人”而自豪，下定决心早日成为集团公司的中坚力量。三是不忘初心，肩负起成为文明传承者的使命，将自己的人生追求和集团公司发展的目标紧紧地结合在一起，怀抱信念继续前进，争做一名新世纪合格的出版人。（李　巍）

中国对外翻译有限公司举办2017年度新员工入职培训

2017年9月13日至19日，中国对外翻译有限公司对新入职员工进行为期7天的入职教育培训，8名员工参加了此次培训活动。培训内容涉及企业文化、职业道德规范、公司管理制度等方面。此次引进社会专业人才6人，校园招聘2人，实现100%本科以上学历，为公司的业务发展提供了优质的人才保障。（赵　桐）

世界图书出版有限公司举办骨干编辑业务培训班

2017年9月15日，世界图书出版有限公司在北京开展“2017世界图书出版有限公司骨干编辑业务培训班”。本次培训涉及“导向安全”“编校技能”“企业文化”和“团队协作”四个方面，采取专家授课和学员讨论相结合的培训方式。各分公司骨干编辑踊跃参加，反响热烈。

（任双伟）

现代教育出版社举办员工业务培训

2017年9月，现代教育出版社组织了一场“从编辑加工的角度谈如何保证图书质量”的培训。本次讲座的目的是加深编辑们对图书质量重要性的认识。审读室主任韩雪作为本次培训的主讲人，从实际工作角度出发，将自己多年积累的宝贵经验和年轻编辑们进行分享，并将培训重点内容与实际案例一一对应，以便编辑们更好的理解。本次培训4个编辑中心共计30余人参加。培训结束后，大家纷纷表示受益匪浅。

（焦小桥）

中译出版社开展一系列招聘工作

2017年9月，中译出版社开展一系列招聘工作，在校园招聘、社会招聘、留学生接受与管理等都取得较好的效果。

根据集团公司人力资源部的部署，结合各部门的岗位需求和岗位职责要求，2017年中译出版社开展了校园招聘，共收到477份简历，最终挑选出2名应届毕业生。

为满足生产经营需要，弥补业务岗位自有人才的不足，经过笔试、面试等招聘环节，社会招聘人员5人，充实到出版部、审读室、营销中心、社科分社、推广中心等部门。

为了更好地服务于“走出去”的国际化定位要求，中译出版社在分立后的3年时间共接收7名留学回国人员，在各位老师的传、帮、带的影响下，目前已成为各岗位的业务骨干。

在实习生招聘使用与管理方面，2017年中译出版社共录用实习生32人次，主要服务在外语分社、推广中心、教育分社、营销中心等部门。

（茹　慧）

人民音乐出版社组织新员工开展下厂培训实践活动

2017年11月28～30日，人民音乐出版社组织新员工开展下厂培训实践活动。

培训实践的地点既包含乐谱排版公司、光盘复制公司，又包含书刊胶版印刷和数字印刷公司，以及物流和发行公司，涵盖了出版物完整的生产链条。每家接待单位都安排了专人为新员工定制了内容丰富的培训讲义和参观讲解，有些企业的负责人还亲自为员工上课。在北京乐友排版公司，大家参观了排版车间，更加直观地了解了乐谱、文谱图书的排版特点、生产流程和注意事项。在北京中新联科技股份有限公司，大家走进车间，参观了光盘生产的各道工序，学习了解了光盘产品的工艺流程。在北京新华印刷有限公司，大家参观了书刊胶版印刷车间的各道生产工序，公司副总经理还结合纸张和印刷行业现状为大家做了业务培训和问题解答。在北京建宏印刷有限公司，通过参观生产车间绿色环保的数字喷墨轮转印刷机、数字单张纸印刷机、数字化印后装订生产线等按需印刷设备，大家对数字印刷有了全新的认识。在新华联合发行有限公司和中国图书进出口（集团）总公司发行中心这两家新型物流中心，大家参观了先进的自动传输线、高位立体库、路向分拣系统以及智能高效的全自动数码包装生产线，学习了国内图书、进出口图书的物流管理模式和流通方式。（范秋雪）

新华联合发行有限公司开展作业人员流动情况专题调研分析活动

2017 年 11 月，针对招聘效率不高、人员流失较多的状况，新华联合发行有限公司人力资源部对前三季度作业人员流动情况做了专题调研分析。调研采取离职访谈、电话访谈等形式先后与 100 余人进行沟通交流，采集调研数据，并进行分析研究，最终提出了解决问题的建议。根据调研结果及离职人员填写的离职因素来看，在招聘环节人员流失的主要因素是工作时间长、部分岗位体力劳动强度高且身体难以承受以及相同工作时长偏低的收入水平。而在岗人员主动离职的主要因素除了上述因素外，还指向个人职业发展、平衡家庭生活及企业管理文化等。

（白　雨）

中国出版集团公司举办 2017 年“三个一百”人才培训班

2017 年 12 月 5～8 日，中国出版集团公司在北京举办“三个一百”人才培训班。集团公司党组成员、副总裁刘伯根做培训总结。培训班邀请了中央党校田嵩燕副教授，清华大学陈来、沈阳、彭兰教授，国家新闻出版广电总局副司长许正明、冯宏声、赵海云和主任温建龙；深圳出版发行集团党委书记、总经理尹昌龙，中信出版集团常务副总裁卢俊，中国文化产业投资基金副总裁陈霍清，掌阅科技股份有限公司副总裁游亭，国家发展和改革委员会西部开发司司长赵艾，外交部新闻司副司级参赞刘禹同，国家行政学院主任杨正位，河北大学主任赵俊玲等授课，集团公司第一批、第二批、第三批“三个一百”人才 260 余人参加了培训活动。

刘伯根在总结中强调了两个问题：一是扎实围绕稳增长、调结构、促融合，努力为建成国际一流著名出版集团而奋斗；二是在不忘初心的前提下，尽好我们央企的职责，尽好我们出版人的天职，为创新型国家建设做出我们的贡献。

此次培训涉及的议题广泛，解读党的十九大精神的课程有《坚定文化自信　推动社会主义文化繁荣兴盛》《中华文化的传承与转化》；实战层面上针对编辑人才的有《有关党史题材出版应注意的问题》《当前图书出版形势和出版管理要求》《出版物质量管理》《选题创新》；针对营销人才的有《从供给侧发力，做知识服务商》《阅读推广：理念、方法、案例》《作为操作系统的营销》；针对数字化人才的有《深入推动新闻出版业数字化转型的融合发展》《新时代新媒体新营销》《中国文化传媒产业的投融资实践与趋势展望》《当我们谈论数字阅读时都谈论什么》；针对国际化的有《“一带一路”的过去与今天》《中国出版“走出去”》《大国外交与公共外交》《“一带一路”国际战略》等课程。

学员们一致表示，此次“三个一百”人才培训课程水平高、接地气、收获大，全方位地开阔了视野、拓展了思路，更重要的是有利于解决实际工作中的问题，真正地做到学以致用。

（李　巍）

经营管理

北京荣宝斋教育科技有限公司与清华大学合作举办清华——苏富比“艺术管理硕士”课程活动

2017年1月13日，北京荣宝斋教育科技有限公司与清华大学合作举办清华——苏富比“艺术管理硕士”课程活动。本次活动旨在传承中华文明、弘扬传统文化，也是荣宝斋书画艺术同北京高校高端课程相结合的有益尝试。学员们参观了荣宝斋木版水印工艺坊，由国家级非物质文化遗产代表性传承人高文英女士向学员们介绍了木版水印勾描、刻板和印刷工序以及装裱修复技艺的全过程，并详细讲解了《簪花侍女图》《韩熙载夜宴图》等木版水印代表性作品，学员们对这项古老而神奇的技艺产生浓厚的兴趣。荣宝斋文房用品部经理、高级营业技师李春林以及北京荣宝拍卖公司艺术总监、荣宝斋艺委会委员李砚强分别为学员们讲授了文房四宝以及书画艺术品的收藏、投资、市场和鉴定的相关知识，得到了学员们的热烈响应。

（陶　爽）

商务印书馆2016年度工作总结暨表彰大会举行

2017年1月19～20日，商务印书馆2016年度工作总结暨表彰大会在北京举行。中国出版集团公司党组书记王涛出席大会。商务印书馆总经理于殿利代表商务印书馆馆务会，从7个方面对2016年的工作进行了全面总结。他指出，2016年是商务印书馆保持稳定、稳中求进的一年，通过内容的改革创新，做实主题出版，构建新的产品结构，创新营销模式等举措，较好地实现了各项经济指标，品牌影响力持续提升。2017年商务印书馆的工作重点是继续加强导向管理，同时深化内容创新、推进文化营销、加速全媒体整合，做好120年馆庆的各项工作。表彰大会上，馆领导分别为在不同岗位上做出突出业绩的员工颁发了年度最佳奖，以及“优秀编辑加工报告、优秀书评奖”“人文社科十大好书奖”等各类奖项。

（刘　芳）

中译出版社2016年总结暨表彰大会召开

2017年1月16日，中译出版社召开2016年总结暨表彰大会。

大会由中译出版社副总编辑吴良柱主持，总编辑张高里做2016年工作报告。报告总结了2016年中译社各项重点工作的开展情况，并梳理了2017年的工作思路。报告指出：2016年，中译出版社坚定不移地按照集团公司2016年度工作会议上提出的“调速度、调结构、强导向、强质量、强动力、强党建”的战略重点作为指导思想，开展体制机制创新，加快“五大平台”建设，重点推进国际化项目，实行岗位竞聘和绩效考核管理，做强做开教育、少儿、社科、外语等各大板块，各项工作取得了长足进步，整体规模比上年同比有较大幅度增长；收入和利润实现了双增10%的工作任务。同时，在2017年，中译出版社将继续以创新、融合、协调、开放、共享

为发展理念，努力建设学习型企业，继续深化体制机制创新，在调结构上下功夫，立足于国际化的定位，在内容创新、国际布局、人才培养、做响品牌等方面迈上新台阶，实现新突破。会上授予少儿出版分社等 13 个部门“部门亮点奖”；授予孙建华等 28 人“个人亮点奖”；授予滕建乡等 7人“优秀中层干部亮点奖”；表彰“中译出版社优秀党员”阎辉东等 4 人，“中译出版社优秀团员”孙建、佟香凝；此外，授予 2017 年在集团公司及出版界取得荣誉的《杨红樱爱的教育童话（中英双语珍藏版）》等 5 种出版物“出版物专项奖”，授予 2017 年在集团公司及社外单位取得荣誉的个人及部门“个人（部门）专项奖”20 项。

（茹　慧）

生活·读书·新知三联书店传达中国出版集团公司 2017 年总编辑会议精神会议召开

2017 年 1 月 17 日，生活·读书·新知三联书店（以下简称“三联书店”）召开中层干部会议传达中国出版集团公司 2017 年总编辑会议精神。三联书店总经理路英勇、总编辑翟德芳、副总编辑郑勇出席会议，三联书店各出版分社社长、审校中心、美编室、总编室、出版部、《读书》编辑部、生活书店出版有限公司、三联时空国际文化传播（北京）有限公司负责人参加会议。

翟德芳首先传达了中央宣传部、国家新闻出版广电总局出版工作会议的主要内容以及集团公司总编辑会议精神，强调出版工作要落实责任制、落实编校程序，对选题要从严管理。他结合 2017 年三联书店的工作安排，对选题和出版工作提出四点要求：一是一定要认清形势；二是要充分注意引进版图书过多的问题；三是要重视原创选题的策划以及原创图书的后续开发；四是要抓好编校质量。

路英勇指出，党的十九大于 2017 年召开，在开展出版工作时，一定要增强“四个意识”，要继续保持生产顺畅和导向管理及质量管理相统一的良性循环，要更加严格执行关于导向和编校质量管理的相关规定。

（邵慧敏）

中华书局 2016 年度工作总结暨表彰大会召开

2017 年 1 月 20 日，中华书局召开 2016 年度工作总结暨表彰大会。大会由中华书局总编辑顾青主持。中华书局总经理徐俊代表局务会做 2016 年度中华书局工作总结，从编务生产经营数据、全局管理工作、主营业务经营情况、营销工作、党群及民生工作、品牌影响力和 2017 年全局工作重点等七方面进行了分析阐述。中华书局副总编辑尹涛宣读关于对 2016 年度中华书局、部门、个人所获各项荣誉的通报表扬。中华书局副总编辑李占领宣读关于对 2016 年度中华书局图书所获各项荣誉的通报表扬。中华书局党委书记、副总经理周清华宣读关于表彰 2016 年度中华书局出版特别贡献奖获得者、先进集体及先进个人的决定。

（刘　激）

生活·读书·新知三联书店 2017 年度工作会议召开

2017 年 1 月 20 日，生活·读书·新知三联书店（以下简称“三联书店”）2017 年度工作会议在韬奋图书馆召开，总结 2016 年度全店工作，布置 2017 年的工作任务。中国出版集团公司党组成员、副总裁潘凯雄到会指导并发表讲话。三联书店领导班子全体成员及全体员工 100 余人参加了会议。会议由总编辑翟德芳主持。

潘凯雄对辛勤耕耘一年的三联书店全体员工表示敬意与慰问。在讲话中，他从中国出版集团公司年度工作会议上提出的 2017 年工作三大要点“稳增长、调结构、促融合”出发，谈了这三点对于三联书店 2017 年工作的指导意义。

三联书店总经理路英勇代表领导班子总结 2016 年度的工作成绩，并布置 2017 年的具体任务。路英勇指出，2017 年三联书店的工作重心是以品牌建设统领转型发展，这种统领作用是由“品牌文化建设”“品牌产品建设”和“品牌人才

建设”共同体现的。

会上还表彰了2016年度优秀图书、优秀设计、优秀印制以及优秀员工和部门。

（刘　畅）

中国对外翻译有限公司 2016年总结暨表彰大会召开

2017年1月20日，中国对外翻译有限公司（以下简称“中译公司”）召开2016年度总结暨表彰大会，总经理、党委副书记、中译语通科技股份有限公司（以下简称“中译语通”）董事长黄松做2016年工作总结及2017年工作要点报告，副总经理、党委副书记兼纪委书记张晶晶主持会议。

黄松指出，2016年中译公司认真学习、贯彻落实习近平系列重要讲话精神及党的十八届五中、六中全会精神，紧紧围绕集团“三六构想”战略目标，积极落实“两调四强”战略思路，努力推动各项工作。在集团公司的支持和指导下，公司领导班子率领全体职工团结一心，奋力拼搏，推动公司在品牌影响力和经营能力等方面取得了长足的进步，双效业绩指标实现连续两年高速增长。

中译公司将2017年定位公司的“管理年”，是完成组织架构调整、业务融合重组后的第一个经营年度，也是公司股改上市工作的关键之年。公司将做好业务重组并购收尾工作，推进公司的职能转变。中译公司在进一步巩固和发展联合国业务规模和盈利能力的同时，强化行业领导地位，提高监督管理水平，完善职能转换机制，加强资本运营及管理能力。中译语通将在做好经营发展的基础上，进一步提高管理水平，扎实推进股改上市各项工作。（赵　桐）

东方出版中心 2017年全体员工大会召开

2017年1月20日，东方出版中心（以下简称“中心”）2017年全体员工大会召开。中心总经理李智平出席大会并做主题报告。中心党委书记、纪委书记、副总经理董玲主持会议，副总编辑郑纳新、王祖光代表中心领导班子宣读表彰决定。

李智平以“五指握拳、能量聚合”回顾2016年主业、园区、新业态、管理、党建五方面的重点工作，感谢广大干部员工一年来的努力。他指出，必须面对机遇，迎接挑战：一是出版主业实现稳步规模成长尚需时日；二是房产物业整体向好，但维京公司需突破瓶颈；三是新业态要加速平台搭建；四是企业上市运营机制有待加强；五是党建各项工作需不断强化。

他强调，2017年中心将认真学习贯彻习近平总书记重要讲话精神和中央有关会议文件的精神，联系工作实际，切实领会和践行中国出版集团公司工作会议提出的“稳增长、调结构、促融合”九字方针及工作部署，在“十三五”开局之年基础上，紧紧咬定主业、物业和新业态年度指标不放松，结合从严治企加强党建。以党建引领企业文化建设、精神文明建设和干部、人才建设。全力打造一支导向正、作风严、专业强，能够撸起袖子实干，“抱团挺进”的正能量队伍，实现“十三五”规划的集体愿景和共同承诺！

（姜小明）

新华书店总店 2017年度工作会议召开

2017年1月20日，新华书店总店（以下简称“总店”）2017年度工作会议召开。中国出版集团公司党组成员、副总裁刘伯根出席会议并做重要讲话，新华书店总店总经理茅院生，党委副书记柏万良，副总经理张雅珊、陈新，总经理助理戴昕、汪春荣，总店及所属公司全体在职员工和离退休人员代表参加会议。会议由柏万良、张雅珊分别主持。

刘伯根充分肯定了总店3年来特别是2016年取得的成绩，称赞总店圆满完成各项工作任务，在经济效益和社会效益方面都取得了显著的提升，为下一步更好更快的发展奠定了基础，也为集团公司的整体发展做出了重要贡献。

对于总店2016年的工作，刘伯根指出：一是在稳中求进中实现了负责任的增长。通过大家的努力奋斗，总店实现了比集团公司要求的平均速度高的增长，增强了总店在集团公司和行业中的地位和作用；特别是实现了职工平均收入的较高幅度增长，体现了总店的责任感。二是通过改革发展，为总店再次崛起奠定了基础。新华文化创意产业园区一期基本完工，给总店的未来发展奠定了基础。新华发行网、全国大中专教材采选系统这“一网一系统”两个项目的全面启动，为总店未来业务转型奠定了基础。创办《国际出版周报》以及成功举办国际出版论坛，拓展了总店在业界、国际上的影响，为进一步的国际合作奠定了基础。三是通过近3年的发展，为未来重新崛起奠定了希望。现在的总店人心思发展，管理有秩序，人才也得到了优化，经营也渐入佳境。这些都为实现总店的复兴梦奠定了希望。

刘伯根对总店2017年的工作提出三点要求：一是要加强党建，在统一思想中解放思想。要上下一心，思想路线和组织路线要为总店既定的规划和目标服务。二是以品牌为依托，以品牌经营带动企业经营。紧紧围绕总店这个品牌，带动资本运营市场运作，带动融合发展，带动行业资源的整合，带动拓展国际影响力。三是稳中求进，以务实的精神落实各项工作计划。总店“十三五”规划中重点项目要落地生根，同时要进一步完善现代企业管理制度，抓好人才建设。

茅院生做了题为《脚踏实地，改革创新，大力推进产业转型，在新的起点上创造总店更加美好的明天》的工作报告。报告回顾与总结了2016年的工作：一是开源节流抓效益，经营业绩创新高。营业收入较上年增长17.53%，利润总额较上年增长104.2%，营业收入和利润均进入集团前10强。应付账款减少7029万元。2016年总店在岗员工平均收入比上年增长38%。在2015年基础上再次为离退休老同志每月增加生活补贴100元，每人每年达到2900元。二是谋篇布局抓长远，战略规划有创新。制定了《新华书店总店“十三五”时期发展规划（2016—2020）》，明确了战略定位、战略目标、主体战略，明确了经营指标、重点项目、储备项目、人才建设目标、党建目标，研究规划了一批项目。三是砥砺前行抓落实，重点项目有进展。全面推进中国新华发行网、全国大中专教材采选系统建设；新华文化创意产业园一期工程基本完工。四是媒体融合抓创新，国际布局有亮点。创办《国际出版周报》，助力中国文化走出去；创办“国际出版网”，构筑信息传播新渠道；创办“国际出版企业高层论坛”，搭建国际交流平台。五是品牌运营抓合作，传统业务有突破。会展活动更加成熟，影响力更加深远；传统业务营销不断创新，市场反馈效果良好。六是管理运营抓细节，企业治理有提升。建立现代企业制度，完善公司法人治理结构；上线办公自动化（OA）管理系统，实现信息化管理；完善法律顾问制度，确保无重大法律风险。七是人才强企抓结构，团队建设成梯队。围绕中心工作，优化人才结构；创新用人机制，努力实现“能上能下，能进能出”；创新人才培养机制，逐步建立人才梯队。八是“两学一做”抓关键，党群工作上台阶。坚持党的领导，加强党的建设；以企业文化建设为抓手，凝聚改革发展力量；以人为本抓服务，老龄工作更贴心。

报告回顾了新领导班子成立以来的工作。2013年12月31日总店新的领导班子成立以来，按照党和国家的要求和部署，贯彻中国出版集团公司“三六构想”，知难而进，改革创新，开拓进取。3年来，总店班子始终将抓经营成效作为企业生存之本，抓战略规划谋可持续发展，抓重点项目推进产业转型，抓对外合作重建市场形象，抓全面改革促治理规范，抓机制创新建优秀团队，抓党建形成企业合力。经过全体员工3年多的共同努力，总店综合实力显著提升，走上了发展快车道。2014年实现扭亏为盈，近3年利润平均增长率达到347%，2016年向国家总计纳税比2014年增长350%。在岗员工平均薪酬是2013年的2.5倍，中层干部平均薪酬是2013年的3倍，近3年为老同志总计增加生活补贴802万元。3年计提资产减值储备金总计10846万

元，夯实了企业资产。应付账款逐年递减，2016年比2013年总计下降10749万元。存货累计减少36%，各项经营指标更加稳健、更趋健康。在集团公司2015年度考核评级中，总店首次被评为A级。

报告对2017年的工作做了全面部署：一是进一步突出重点，产业创新见成效；二是进一步狠抓落实，资产运营见成效；三是进一步创新方式，品牌运营见成效；四是进一步开拓创新，多元发展见成效；五是进一步创新机制，人才强企见成效；六是进一步精益运营，管理提升见成效；七是进一步明确责任，党群工作见成效。

大会对总店2016年度先进个人、先进单位、突出贡献奖、特别贡献奖获得者，优秀工会积极分子、优秀工会工作者、优秀工会之友进行了表彰，获奖代表做了先进事迹汇报。新华国采、新华互联、新华出版物流通、新华数创、新华文博、新华书店成都公司的负责人分别与总店签署了2017年度经营目标责任书。（张　倩）

现代教育出版社调整部门结构

2017年1月，现代教育出版社结合“一主四板”产品线发展的目标，按照图书内容及读者对象优化编辑部门，将编辑部调整为儿童教育中心、基础教育中心、高等教育中心和国学中心。同时，为了加强出版社党群建设，在管理中心专设党群办公室，由专人负责出版社党群工作和老干部工作。

在提高出版效率方面，现代教育出版社每月召开一次生产经营会，主要围绕出版数据、财务数据、经营数据汇报上月主要工作内容及需要解决的问题。通过每月经营会的召开，加强了各部门负责人的业务数据分析能力，便于社领导及时掌握经营进度，提高出版效率。（杨　静）

中国美术出版总社 2017年度工作会议召开

2017年2月8～9日，中国美术出版总社（以下简称“总社”）召开2017年度工作会议。总社领导班子、各部室正副职、各直属企业正副职以及各期刊主编、副主编出席会议。党委书记周伟代表领导班子对2016年工作进行了总结，并就未来工作思路和重点进行了部署。

在对2016年工作的简要回顾中，周伟对6大板块的经营情况和存在的问题进行了分析。2016年总社经济增长位列集团公司前10位，实现营业收入2.14亿元，较上年同比增长2844万元，增幅15.3%；实现利润总额2000万元，较上年同比增长400万元，增幅25%；职工人均收入14.91万元，较上年同比增长1.19万元，增幅9%。取得上述成绩，主要归因于如下几点做法：一是调整教材销售结算方式，做大总量；二是加强成本控制，提高利润率；三是调整图书出版结构，有效维护出版品牌；四是注重品牌运营，吸收社会资金；五是改进考核办法，明确考核重点；六是优化干部配置，提高人员与岗位匹配度。存在的主要问题：一是新品种教材编写尚未或初步启动，教材市场份额仍有扩大空间；二是图书生产和销售效率偏低，存在质量隐患且库存结构不合理；三是品牌资源仍未得到有效利用，运营开发方式单一；四是数字化建设还处在起步阶段，与其他出版社差距较大；五是期刊融合出版经营机制尚需探索完善；六是有形资产的运营还需进一步加强。

就未来工作思路，周伟提出：深入学习贯彻习近平总书记系列重要讲话精神和党的十八届三中、四中、五中、六中全会精神，按照集团公司关于强导向、调结构、稳增长、促融合的要求，精准定位、精准发力、精准管理，抓住机遇，发挥优势，启动“人美”全面建设，有序推进“四个人美”发展。“四个人美”即“出版的人美”“教育的人美”“美术的人美”“数字的人美”，是启动人美全面建设的四个重要组成部分。“出版的人美”是主业，是人美品牌之基，要做强做优美术出版，成为名副其实的美术出版国家队。“教育的人美”是核心优势，是核心竞争力，在做好一流美术教材的基础上，由中小学美术教育向幼儿美术教育、大中专美术教育和社会美术教

育延伸，做大美术教育板块。“美术的人美”是品牌的力量，是品牌在美术界的扩展，要凝聚社内外专业人才，擦亮人美的品牌，持续增强人美在美术界的影响力和美誉度。“数字的人美”是发展趋势，是未来业态，要抓住机遇，顺势而为，实现融合发展，打造一个数字版的中国美术出版总社。做强“四个人美”要立足三大优势：一是历史积淀优势，即人美60多年来发展形成的品牌优势和“中正大雅、朴真至美”的人美精神；二是当前的环境优势，新媒体不断发展，出现不少成功案例，这可以成为我们的后发优势；三是队伍优势，即人美社既有的优质人才资源。

关于2017年工作的主要着力点，周伟概括为如下八项措施：一是加强导向管理，做好主题出版；二是调整图书生产结构，不出赔钱书；三是扩大教材销售份额，提高自营比例；四是建设“中央厨房”，促进融合出版；五是发挥品牌优势，加强品牌运营；六是精细化管理，努力节支增效；七是加强党建与业务的融合；八是优化人才结构，加快人才培养。（赵军平）

生活·读书·新知三联书店落实中国出版集团公司2017年度工作会议精神会议召开

2017年2月8日，生活·读书·新知三联书店（以下简称“三联书店”）召开中层干部会议，落实中国出版集团公司2017年度工作会议精神。三联书店总经理路英勇、总编辑翟德芳及全店中层干部、主任助理等30余人参加了会议。会议由副总编辑郑勇主持。

翟德芳传达了集团公司2017年度工作会议精神，并全文传达了集团公司总裁谭跃在会议上的讲话。其中包括对集团公司过去一年工作的回顾总结、取得的成绩及存在的问题，以及2017年抓住“稳增长、调结构、促融合”三大要领，带动发展全局的工作思路。

路英勇对落实集团公司2017年度工作会议精神提出要求。他强调，2017年三联书店有三项任务是重中之重：一是确保导向正确；二是抓好转型发展；三是抓好品牌建设。2017年是三联书店“十三五”规划的第二年，三联书店要在集团公司“两调四强”总方针的指导下，稳步推进“1+3”战略发展，向着把三联书店建设成为现代化、国际化、集团化的著名出版企业这一目标大步前进。（刘　畅）

新华书店总店与宁波市委宣传部达成合作意向

2017年2月22日，宁波市委宣传部副部长林大吉、文化产业处处长陈善杰，宁波市工商联商会副会长陈春明一行到新华书店总店（以下简称“总店”）参观考察，就双方共建宁波“书香之城”等项目进行洽谈。总店总经理茅院生、总经理助理戴昕、《国际出版周报》副社长袁虎、事业发展部高级主管张宇参加合作洽谈。

茅院生对林大吉一行的到来表示欢迎，他介绍了新华书店总店的红色历史以及新时期的发展战略，就“中国新华发行网”“全国大中专教材网络采选系统”“国际出版网”和新华文化创意产业园等项目做了重点介绍。

林大吉介绍了宁波文化改革发展成就，就“宁波特色文化产业博览会”“书香宁波”“良知书局”等项目合作提出建议，期待双方在资源共享、活动推广等方面能够有更加深入的合作，宁波市将在政策、资源方面给予总店大力支持。

双方就拟合作的项目进行了深入交流，按照项目推进时间，确定了近期、中长期合作规划，由双方共同建立合作小组负责推进落实。林大吉一行参观了总店店史陈列馆及筹备中的中共党史美术馆。（梁晓龙）

中国图书进出口（集团）总公司顺义物流中心动迁工作现场协调会召开

2017年2月9日，中国图书进出口（集团）总公司（以下简称“中图公司”）顺义物流中心动迁工作现场协调会在北京召开。按照会议计划，大部分涉及动迁的板块需在3月中旬前完成

搬迁工作。

协调会由中国图书进出口（集团）总公司发行中心牵头组织，营销中心、报刊中心、图书进口中心、教材中心、出口中心、大众市场部、音像部等部门以及上海耀欣、贵州普天、江苏六维、节点通等承建单位的领导及相关同志参会，公司副总经理林键、林佳红、庞莉莉出席会议并指导工作。

协调会前，与会人员首先参观了中图顺义物流中心，听取了各个板块的情况介绍。会上，发行中心主任方修柱详细介绍了物流中心的建设进度，提出了下一步需要各部门和承建单位配合的工作内容，以及发行中心将抓紧督导完成的工作细项，并提出了相关板块的动迁计划安排。

按照计划，样本室的搬迁工作需在 2 月底完成；进口报刊发行、进口图书发行、大众市场部发行、音像发行、教材宝龙库搬迁需在 3 月中旬完成；出口中心、保税库结合自身情况，努力赶上总体动迁节奏；各板块需从现在起做好动迁准备，整理好货品和发行相关设备，按照动迁时间表有序推进工作。

林键充分肯定了物流中心的阶段性建设成绩。他指出，顺义物流中心建设是中图公司“十三五”战略规划的重要内容，是中图实现数字化转型的重要一环，由于时间紧、任务重，希望公司发行中心、各业务部门及各相关承建单位高度重视、积极配合，撸起袖子加油干，尽早完成相关工作，实现总经理张纪臣提出的智能化、适度自动化的建设要求和统一收货、发货的管理要求。

（祁　歆）

新华书店总店
2017 年工作务虚研讨会召开

2017 年 2 月 9 日至 3 月 22 日，新华书店总店（以下简称“总店”）分别召开由各部门、所属公司 2017 年改革发展工作务虚研讨会。总经理茅院生，党委副书记柏万良，副总经理张雅珊、陈新，总经理助理戴昕、汪春荣参加会议。领导们仔细听取了各部门、所属公司 2017 年的工作目标、发展思路及落实措施，对发言做了点评，并针对工作中存在的问题提出了建议和意见。

总经理茅院生对各部门及所属公司 2016 年的工作给予充分肯定。他说，在全体同人的共同努力下，2016 年总店在中国出版集团公司（以下简称集团）的领导下，全体干部员工围绕总店“盘活存量资产，推进产业转型”的发展战略，改革创新，攻坚克难，奋发有为，创造了较好的社会效益和经济效益，实现了“十三五”的良好开局，为总店转型发展打下了坚实的基础。

茅院生指出，2017 年总店各部门尤其是所属公司的发展思路清晰、目标明确、项目具体，大家都能够认识到工作中的问题，也能够提出解决方法，体现出干事创业的强烈愿望。

茅院生强调，各部门各公司要处理好近期生存和远期发展的关系，要有责任意识、改革创新意识，不断开拓新领域。在工作中要抓住主要矛盾，要有激情、有担当、有方法、有重点、有合力。要善于借势借力，突出重点，工作方法要更加多样，工作措施要更加有力。

茅院生要求各部门及所属公司要进一步增强执行力，工作具有主动性和前瞻性，做到有激情、有奉献、有风骨。他提出，2017 年总店各部门及所属公司要坚持创新，在七个方面见成效：一是进一步突出重点，产业创新见成效；二是进一步狠抓落实，资产运营见成效；三是进一步创新方式，品牌运营见成效；四是进一步开拓创新，多元发展见成效；五是进一步创新机制，人才强企见成效；六是进一步精益运营，管理提升见成效；七是进一步明确责任，党群工作见成效。

柏万良要求各部门所属公司工作要围绕指标方向，研究落实目标的方法。所属公司要宏观考量组织架构、执行力以适应发展需求，与先进企业对标，进一步优化结构，提升公司化运营能力和水平。

张雅珊要求各所属公司根据市场和公司发展目标，进一步梳理优化项目，创新管理模式，加强人才建设。

陈新要求各所属公司在发展中要加强制度建设，狠抓财务管理，注意风险防范。

各部门工作汇报思路清晰，重点突出。办公室提出要围绕总店战略，抓好督办落实，加强品牌推广，创新公关能力，提升管理水平，做好行政服务；计划财务部提出要加强总店及所属公司预决算管理，配合重点项目做好财务管理，进一步做好风险把控；人力资源部提出要进一步完善人力资源管理制度，加强所属公司人事监督和管理工作，完善人才引进、培养和激励创新；事业发展部提出监督“十三五”时期发展规划的执行，积极谋划总店投融资和壮大会展经济，做好法律事务管理；资产经营部提出要努力实现资产效益的最大化，推进新华文化创意产业园项目，配合集团公司做好马连道项目开发，做好总店职工宿舍房屋“三供一业”分离移交工作；党群工作部提出认真制定党委理论中心组学习计划，抓好党风廉政建设，加强企业文化建设，做好80年店庆征文及出版工作；老龄工作部提出做好80年店庆80人编纂及出版工作，做好离退休老同志影像资料收集工作；国采公司提出建设好全国大中专教材网络采选系统平台，做好在线教育项目研发，开创会展经济新格局；互联公司提出建设好新华发行网项目和《国际出版周报》公司化运营；数创公司提出狠抓项目落实，调整业务转型，创新体制机制，做好人才引进和优化人才结构；新华出版物流通公司提出在解决好遗留问题的同时，转换思想，创新机制，加强谋划，寻找资源，完成新商业模式的构建；新华文博物业管理有限公司提出要做实传统业务，开拓新型业务，推进股份制改造，落实三供一业政策。

（张　倩）

中华书局2017年市场分析会召开

2017年2月15日，中华书局召开2017年市场分析会。会议由中华书局副总编辑李占领主持，编辑部门、营销中心和营销工作领导小组办公室全体成员参加了市场分析会。

会上，中华书局营销总监王军做主题报告《2016年营销分析，2017年营销展望》。从介绍“大营销”理念入手，从“板块”“新书”“常销书”“客户”四个角度对2016年的发货情况进行了总结分析，对2017年做出预测，并给出基于“两办”意见的重点工作建议。

中华书局总编辑顾青做题为《抓住战略机遇期，明确目标，乘势而上》的发言，强调中华书局应在“两办18条意见”的大背景下抓住机遇，乘势而上，加速发展。为实现发货码洋6.89亿元，营业收入3亿元和利润总额4012万元的全年任务，顾青对全局工作提出计划要求并做布局安排，明确2017年工作要做到“六强”，即“强导向”“强质量”“强计划”“强营销”“强新书”和“强新人”。

中华书局总经理、营销工作领导小组组长徐俊在总结时强调，在2017“大营销年”，要实行内容生产和市场营销的一体化战略。在《关于实施中华优秀传统文化传承发展工程的意见》发布及“全民阅读”立法呼声高涨的历史机遇下，中华书局一要调整步伐，迎接传统文化的春天；二要不断深入理解，形成共识，参与推动，壮大自身。既要坚守古籍学术品牌核心，更要推进传统文化大众出版；既要做好传统文化内容的产品累积，更要下大力气做好传统文化资源的深挖和提炼、传承体系的构建；既要坚持做好产品营销、读者服务、渠道协同，更要着力建设优秀传统文化的“中华”品牌，让“中华”品牌融入学术文化，融入大众生活，成为中华优秀传统文化的一面旗帜。

（刘　溦）

中国图书进出口（集团）总公司干部大会召开

2017年2月20日，中国图书进出口（集团）总公司（以下简称“中图公司”）在北京召开干部大会，任命聂静为中图公司党委书记和副总经理，免去吴伟同志中图公司党委书记和副总经理职务并办理退休。会议由中图公司总经理张纪臣主持，总公司领导班子成员、北京京内外分支机构党政一把手、总公司中层现职干部参会。

大会对吴伟任职以来的工作给予了充分肯定，对聂静寄予了深切的希望。指出，自2010年以来，吴伟加强中图公司党建工作，为公司改革发展营造风清气正、团结和谐的政治环境和工作环境做了大量工作，希望退休后继续关心、支持中图公司发展；聂静历经多个单位的多岗位锻炼，在出版集团薪酬分配激励机制完善、人才选拔培养创新等方面做出积极贡献，希望今后为中图公司的改革发展做出更大贡献。下一步，中图公司要把握机遇、创新发展，重点做好三项工作：第一，促进文化交流，确保文化安全，把社会效益放在首位，实现社会效益和经济效益相统一；第二，推动业务转型，打造数字中图，重塑核心竞争力，实现中图公司健康可持续发展；第三，增强“四个意识”，切实加强领导班子和干部队伍建设，为中图公司改革发展提供坚强的组织保证和人才支持。希望中图公司在肩负“走出去”国家任务过程中，调整业务结构，打造“数字中图”，增强发展动力，保持可持续发展，为出版集团公司建成国际著名出版传媒集团做出积极贡献。

吴伟在退休感言中表示，将一如既往关注、支持中图公司发展，祝福中图公司发展更美好。聂静表示，将在以张纪臣为班长的领导班子领导下，努力学习，尽快进入角色；勤勉工作，不辱使命；注重团结，凝心聚力；严于律己，清正廉洁。

张纪臣代表中图公司领导班子发言，表示坚决拥护出版集团公司的人事决定，感谢集团公司多年来对中图公司班子建设和转型发展的大力支持。他指出，中图公司新一届领导班子将按照集团领导的要求，同心协力、锐意进取、扎实工作，带领广大干部员工深化改革，开拓创新，通过实施“五型发展战略”，加快建设“数字中图”，实现中图公司的业务转型和跨越式发展，为中国出版集团公司建设成国际著名出版集团贡献力量。

（刘　佳）

新华联合发行有限公司 2017年度工作会议召开

2017年2月25日，新华联合发行有限公司召开2017年度工作会议。会议由常务副总经理叶冰主持。总经理沈致金出席会议并讲话，各部门相关人员参加了会议。

会上，沈致金回顾了2016年工作成果，并指出2017年工作的指导思想是：以集团公司2017年度工作会议精神为指导，全面深化企业改革，加快推进企业管理体制机制创新，持续提升管控能力、提升发展质量、提升经济效益，全面推动新华联合生产经营管理迈上新台阶，努力在全行业实现运营效率第一、单位能效第一、生产管理水平第一、服务质量第一、经济效益第一。他还提出了2017年的工作目标：第一，以严、细、实的“工匠精神”迎接新一年的挑战；第二，继续深入推进物流业务整合工作；第三，信息化建设对业务的保驾护航功能要更加突出；第四，全面实施精细化管理，提升发展内涵；第五，着力提升品牌影响力，培育新的经济增长点；第六，强化各项基础保障工作，确保企业工作协调运转。

（白　雨）

中国图书进出口（集团）总公司 2017年度工作会议召开

2017年2月27～28日，中国图书进出口（集团）总公司（以下简称“中图公司”）2017年度工作会议在北京举行。中国出版集团公司总裁谭跃，党组成员、副总裁刘伯根出席会议，中图公司领导班子、分支机构领导班子和总公司中层干部等130余人参加会议。会议在总结2016年工作成效的基础上，以“十三五”规划为统领，部署2017年重点工作。

会上，谭跃发表重要讲话。他首先以“五显著”高度肯定了中图公司的工作成效：即“领导同志重视，使命地位显著”“内容高质量把关，守土尽责显著”“经济高位增长，奋斗精神显著”“融合发展高处发力，新兴动能显著”“‘走出去’高平台突破，品牌影响显著”。他指出，中图公司要把走过的路，经过认真总结上升到理性认识，从而指导未来的工作，并从“争当中华文化走出去的排头兵”“争当经济增长的排头兵”“争当转型融合的排头兵”“争当改革创新的排头兵”和“争当加强国企党建的排头兵”5个方面，对中图公司2017年的工作提出了更高要求。

随后，中图公司总经理张纪臣做了题为“以‘五型发展’为统领，稳中求进，着力建设‘数字中图’”的工作报告。报告分4个部分：第一部分，从内容审读、体制机构改革、主营业务一体化、数字化转型、“走出去”能力建设、文创融合发展、多元协同发展、重大项目进展和党建工作9个方面，总结了中图公司2016年在“深化改革，融合发展”方面取得的工作成效。第二部分，客观分析了中图公司面临的五大挑战，明确“以转型促进增长，以增长带动转型”的发展思路，指明了中图公司的转型发展之路。第三、四部分基于前两部分的总结和分析，确立了中图公司2017年工作思路和工作重点：贯彻中央精神和习近平总书记重要讲话精神，贯彻刘奇葆同志讲话精神，落实出版集团“两调四强”战略精神和“稳增长，调结构，促融合”三大要领，以“五型发展”战略为统领，围绕“管理，提升，巩固，突破”年度工作主题，着力实施精细化管理，以“一个贯彻、三个管理提升、五个巩固突破”夯实基础，加快转型，实现收入利润双增8%的年度任务指标，向建成“数字中图”大步挺进。

中国图书进出口上海公司、中国图书进出口深圳公司以及总公司营销中心、数字发展中心等10家单位做专题发言。会议期间，与会人员分为6个专题小组，围绕谭跃重要讲话精神和年度工作报告进行讨论并做专题汇报。大家群策群力，共析问题之源，共谋发展之路。

中图公司党委书记聂静在会议总结中指出，本次会议内容丰富，成效显著，取得了圆满成功。针对如何抓好会议精神的贯彻落实，她提出了4点要求：一是加强学习、领会精神、明确要求；二是加强团结、凝心聚力、奋发有为；三是加强落实、细化任务、明确责任；四是加强党建、夯实基础、保驾护航。

会议期间，还举办了青年创新奖颁奖仪式和2017年绩效任务书签约仪式。（姜天翔）

中国图书进出口（集团）总公司教材业务经营工作会召开

2017年3月1～3日，中国图书进出口（集团）总公司教材业务经营工作会议在北京召开。总经理张纪臣出席会议并做重要讲话，副总经理林键、庞莉莉，中图上海、广州、西安、深圳、大连分公司负责人及业务骨干出席了会议。

与会人员围绕“继续巩固和扩大教材一体化经营成果”这一会议主题展开深入讨论。

张纪臣指出，2016年教材业务一体化经营成效显著，但仍存在业务体量不够大、业务不够深入稳定、盈利能力不强、库存风险较大、内容不够丰富、成本费用过高等问题。面对复杂多变的市场竞争，他希望做好中图教育的总体规划，充分利用顺义物流中心、POD按需印刷、保税库等资源，结合即将上线的中图教育平台，发挥好纸电融合的优势，提升中图教育品牌知名度，进入主流教育市场。

张纪臣强调，一体化是大家共同做大市场蛋糕，教材一体化工作要围绕中图公司“管理、提升、巩固、突破”这一年度主题，进一步优化业务模式，全力开拓、巩固创新，努力提升市场竞争力，扩大教材业务发展空间。

本次大会明确了三个目标，一是2017年中图公司教材一体化的业务指标为三亿元；二是加快注册中图教育品牌，完成后实现公司内品牌共享；三是做好教育培训市场并引导其发展方向，实现从教材销售商到综合服务商的转变，推动教材业务成为公司的支柱业务。（王　丽）

中国对外翻译有限公司2017年管理工作会议召开

2017年3月3～4日，中国对外翻译有限公司（以下简称“中译公司”）召开了2017年管理工作会议。中国出版集团公司（以下简称“集团公司”）党组成员、副总裁潘凯雄参加会议并发表讲话。中译公司领导班子、中译语通科技股份

有限公司（以下简称“中译语通”）领导班子、中译和语通公司中层干部及上海、青岛公司主要负责人共计50余人参加会议。

潘凯雄结合中译公司发展实际，围绕如何提高管理水平、推进中译语通股改上市进程发表讲话。他指出，中译公司要在合规的条件下搞发展，首先要做好三点：建章立制、贯彻落实、保障有力。中译公司和中译语通要实现上市目标，管理规范的工作尤为重要，大家一定要高度重视。

中译公司副总经理、党委副书记、纪委书记张晶晶强调，管理是一个人围绕一群人开展工作，管理者就是这个圆心。管理者要加强自律，提高自身素质。中译语通总经理于洋指出，公司的经营和发展现状要求管理人员通过创新和细化管理手段、强化执行效力等方式，不断提高管理规范程度。

最后，中译公司总经理、党委副书记黄松做总结发言。他指出，公司目前发展速度较快，从公司发展目标及当前内外部环境来看，都必须提高管理水平，使之与公司发展速度相匹配。公司的管理要规范、有序、有效益，可以保证公司每一位员工的权利、自身价值得以最大化实现。全体干部职工要以积极理性的态度对待管理，推进公司管理水平的不断提高。（赵　桐）

新华书店总店与重庆理工大学就“全国大中专教材网络采选系统”合作达成意向

2017年3月7日，新华书店总店（以下简称“总店”）总经理茅院生带队到访重庆理工大学，与重庆理工大学党委书记李志雄、校长石晓辉、副校长何建国、副校长田波等就“全国大中专教材网络采选系统”合作事宜进行洽谈。

总经理茅院生向重庆理工大学领导介绍“全国大中专教材网络采选系统”功能，特别强调了“全国大中专教材网络采选系统”在贯彻国家“互联网＋”战略，贯彻教育部《关于进一步加强和改进新形势下高校宣传思想工作的意见》精神，实现教育信息化、教育公平方面的作用。

李志雄表示，“全国大中专教材网络采选系统”在教育信息化、教育公平方面有革命性意义，对高校教材选购的科学管理大有作用。石晓辉校长高度评价采选系统，就后续合作充满期待。

重庆理工大学党委宣传部部长李岚、教务处处长廖林清、信息中心主任李彦，总店事业发展部主任陈建华、新华书店成都有限公司总经理杨琳、新华国采教育网络科技有限责任公司副总经理李昆、产品总监韩学谦、战略总监金爽参加了项目介绍会。与会人员围绕“全国大中专教材网络采选系统”的使用管理、对接方式及合作细节做了深入交流和沟通。

（梁晓龙）

新华书店总店与西南政法大学达成采购教材协议

2017年3月7日，新华书店总店（以下简称“总店”）总经理茅院生带队赴西南政法大学推介“全国大中专教材采选系统”，西南政法大学党委书记樊伟、校长付子堂、党委副书记刘想树分别与茅院生进行了座谈交流。

茅院生介绍了总店的历史沿革及改革发展情况。他表示，西南政法大学与新华书店总店都具有红色基因，双方合作基础牢固。他特别强调了“全国大中专教材网络采选系统”在贯彻国家“互联网＋”战略，实现教育信息化、教育公平，提升教学质量方面的重要作用。

付子堂充分肯定了“全国大中专教材网络采选系统”的意义和作用。他表示，“全国大中专教材网络采选系统”符合党和国家教育发展战略，理念先进，有助于教育信息化建设，有助于教育模式创新，有助于提升教学质量，有助于人才培养模式的改革。西南政法大学将与新华书店总店共同推进“全国大中专教材采选系统”的建设与利用。

西南政法大学校办主任郭增琦、科研处处长邓斌、计划财务处处长刘建民、教务处处长石经海、教务处副处长钟曼娟，总店事业发展部主任陈建华、新华书店成都有限公司总经理杨琳、新华国采教育网络科技有限责任公司副总经理李昆、产品总监韩学谦、战略总监金爽等出席项目推介会，并围绕“全国大中专教材网络采选系统”的功能设置、信息安全、教材选购流程等做了深入细致的交流和沟通。

“全国大中专教材网络采选系统”是总店为深入贯彻国家教育信息化战略，服务于高等院校师生，集教材信息发布、纸质教材选购、数字教材租赁、教材分析评价为一体的教材销售电商平台。该系统将为师生提供权威的知识获取解决方案，并为出版、发行、学研等机构提供基于用户行为和市场反馈的大数据分析服务。该系统将填补我国中高等教材数字发行平台与大数据分析平台的空白。（梁晓龙）

中国对外翻译有限公司通过ISO9001质量管理体系第三方监督审核

2017年3月21日，方圆标志认证集团有限公司专家审核组，对中国对外翻译有限公司（简称“中译公司”）质量管理体系进行第二次监督审核。总经理黄松在发言中强调了认真落实ISO9001质量管理体系各项要求的重要性，要求公司各部门应积极配合监督审核相关工作，确保按照计划完成审核任务。

副总经理张晶晶在总结发言中提出，审核组的审核客观、全面、有针对性，对公司在质量管理工作中的不足提出了有效的改进建议。公司将高度重视审核中发现的问题，及时落实有关建议。中译公司将在2017年认真做好ISO9001质量管理体系（2015版）换版审核的准备工作，贯彻ISO质量管理体系各项要求，通过不断细化质量目标，持续改进管理流程，实现企业管理水平和服务水平的双提高。（赵　桐）

新华书店总店与紫光集团有限公司洽谈资本合作

2017年3月21日，紫光集团有限公司高级副总裁姬浩、厦门安港建设集团有限公司董事长薛学安一行到新华书店总店（以下简称“总店”）就中国新华发行网合作共建事宜进行洽谈。总店总经理茅院生，新华互联公司常务副总经理许维华、副总经理郑欢出席洽谈会。

茅院生介绍了新华书店总店的历史沿革及改革发展情况，尤其对中国新华发行网的项目背景、优势、实施计划和战略远景进行了重点介绍。中国新华发行网将推进出版发行产业健康发展，为整个行业的转型升级提供平台。总店希望借力清华紫光集团丰富的资本运作经验和强大的资源整合能力，共同推动新华发行网实现商业运营并择机进入资本市场。

姬浩对紫光集团的发展历程、发展思路、战略布局做了介绍，对新华发行网项目团队高度认可，充分肯定了新华发行网的商业模式，认为中国新华发行网项目是可以做到千亿市值的好项目，希望能有机会与新华书店总店一起推进新华发行网的建设。

双方就进一步优化中国新华发行网商业运营路径，推进资本合作进行了深入探讨。

清华紫光集团有限公司前身是成立于1988年的清华大学科技开发总公司。2009年6月，紫光集团增资扩股并引进新的管理团队，成为按照混合所有制模式，建立市场化机制的国有控股企业。清华紫光集团1999年发起设立的紫光股份有限公司是信息电子产业的中国高科技A股上市公司，紫光股份聚焦IT服务领域，向云计算、移动互联网和大数据处理等行业应用全面深入，是集现代信息系统研发、建设、运营、维护于一体的全产业链服务提供商。（梁晓龙）

中版教材有限公司成立印务部

2017年4月11日，为进一步提升印务工作水平，为市场开拓提供助力，中版教材有限公司决定撤销综合部，成立中版教材有限公司印务部，负责全公司印务工作。原综合部教材研发、教师培训、专家管理等工作由总经理办公室进行管理。（潘　健）

人民美术出版社第一所“人美美育学堂”落地山东临沂

2017年4月12日，人民美术出版社第一所“人美美育学堂”落地临沂第三十九中学，这是教育部基础教育课程教材发展中心与人民美术出版社共同举办的第一所实验区人美美育学堂。实验区人美美育学堂将建设成为美术示范课展示交流中心、区域性教师培训中心、美术教学成果展示中心和学生兴趣爱好活动中心。

教育部基础教育课程教材发展中心副主任张国华和人民美术出版社副总编辑欧京海为临沂第三十九中学人美美育学堂揭牌。人民美术出版社向学校赠送图书和人美特色课程数字资源库。随后，与会领导、专家和部分临沂实验区美术教师参观了师生书画作品展。

人民美术出版社作为国家级美术专业出版社，从1951年建社之初，就承担起普及美育、提高全民族艺术素养的重任，贯彻落实国家美育工作，是人美社工作的重要内容之一。此项目将发挥教育部课程中心实验区的平台优势和人美社在美育、艺术方面的内容优势和专家资源优势，通过开展“大家讲坛”“课例研修”“美育论坛”“书画展览”等丰富多彩的活动，为广大美术师生搭建交流、分享、学习的平台，助力美术教学水平和美育素养提升。

启动仪式后，举办了“大家讲坛”首场讲座。作为“大家讲坛”的首讲专家，教育部美术课标组组长、首都师范大学美术学院教授尹少淳，为与会的临沂实验区近百所学校120位美术教研员和骨干教师，做了题为“核心素养 学科核心素养 美术学科核心素养”的讲座，讲座以美术教育的前沿思想引领，既有高度又接地气，受到老师们的热烈欢迎。（范雨萌）

新华书店总店与首都师范大学达成合作意向

2017年4月12日，首都师范大学校长宫辉力、党委副书记缪劲翔、学生处处长周举坤一行到访新华书店总店，就全国大中专教材采选系统合作共建事宜洽谈。新华书店总店（以下简称“总店”）总经理茅院生、党委副书记柏万良、副总经理张雅山、副总经理陈新，新华国采教育网络科技有限责任公司常务副总经理李漪、副总经理李昆参与座谈。

茅院生向来宾介绍了新华书店建店80年来的发展历程及新时期新华书店总店的发展规划。尤其对全国大中专教材采选系统进行了重点介绍。宫辉力校长介绍了首都师范大学的发展情况和资源优势，并对与新华书店总店建立合作关系给予充分的肯定。双方将在世界读书日前后签订战略合作协议。

宫辉力一行参观了总店80周年店史展览。

全国大中专教材采选系统以达到教材采选网络化、知识获取信息化、教学效果可控化的目的，助力教育信息化发展推进出版发行产业健康发展，为整个行业的转型升级提供平台，并将对实现教育信息化、教育公平方面起到推进作用。

首都师范大学创建于1954年，是一所包括文、理、工、管、法、教育、外语、艺术等专业的综合性师范大学，是教育部、北京市“省部共建大学”。建校63年来，共培养各类高级专门人才二十余万名，是为北京市基础教育输送合格师资和培养其他现代化建设所需人才的重要基地。学校在2003年接受教育部本科教学工作水平评估中，被评为“本科教学工作优秀学校”。

（梁晓龙）

东方出版中心2017年第一季度运营工作会议暨经济责任签约仪式举行

2017年4月14日，东方出版中心2017年第一季度运营工作会议暨经济责任签约仪式举行。总经理赵东出席会议并做重要讲话。中心班子成员出席会议。各部门、单位正副职、助理，工会、团总支负责人，处级干部、副高专业职称以上人员参加会议。

赵东充分肯定2016年第一季度经营业绩和

干部员工的精神状态。他指出，2017 年我们要深入学习贯彻习近平总书记系列重要讲话精神和中央系列会议精神，以中国出版集团公司“三六构想”战略目标及“两调四强”战略思路为指导，落实“三大要领”，坚持社会效益和经济效益相统一，确保营收和利润双增长，保持中心安全运营、稳健增长，为早日建成“国际著名出版集团”做出新贡献。

他提出完成全年目标任务的五点要求：一是要深入学习贯彻集团公司年度工作会议精神、总裁谭跃在集团公司成立 15 周年座谈会上的讲话精神，更好地落实中心年度计划；二是要辩证把握文化积累与经济发展的关系，必须坚持“两手抓”“两促进”；三是必须要高度重视经济指标，须臾不可放松，确保企业健康增长；四是要凝神聚气，众志成城，确保完成年度“双效”指标；五是要薪火相传，创新图强，谋划未来发展。全体干部、职工共同努力，稳中求进，真抓实干，以优异的工作成绩和良好的工作氛围迎接党的十九大的胜利召开。（姜小明）

新华书店总店与北京发行集团洽谈合作事宜

2017 年 4 月 19 日，北京发行集团董事长李湛军、北京市新华书店连锁有限责任公司总经理徐洪生、中国书店出版社总编辑马建农等一行 7 人到新华书店总店（以下简称“总店”），就开展全方位合作事宜进行洽谈。总店总经理茅院生、副总经理张雅珊、总经理助理汪春荣、资产经营部主任许维华等参与座谈。

茅院生向李湛军介绍了新华书店总店近年来的改革发展情况，重点介绍了“中国新华发行网”“全国大中专教材网络采选系统”、新华文化创意产业园三大项目建设情况。

李湛军介绍了北京发行集团改革发展情况，对新华书店总店正在建设的三大重点项目给予了高度评价。他表示，北京发行集团将尽快开启与新华书店总店的全方位合作。作为全国新华书店重要的组成部分，北京发行集团尤其要与总店共同建设好新华发行网项目，通过加强出版发行阵地建设，向读者传播健康、积极向上的优秀出版物，发扬光大“新华书店”品牌，提升国家传播能力。

茅院生陪同李湛军一行参观了总店店史陈列馆，观看了 80 周年店史展览。

北京发行集团于 2004 年 1 月在整合了原北京市新华书店、北京市外文书店（北京市图书进出口有限公司）、中国书店和北京图书大厦有限责任公司 4 家国有企业的基础上进行组建，是首都国有图书发行行业的主渠道和主力军。集团旗下拥有独立法人资格的成员企业 25 家。以经营中文版图书发行业务、具有 60 多年发展历史并享誉全国的北京市新华书店（北京新华文化有限责任公司），主要经营古籍古旧图书为特色业务兼具出版、拍卖经营的中国书店和主要经营外文原版图书的北京市图书进出口有限公司（北京市外文书店），构成了北京发行集团的三大支柱企业。（梁晓龙）

新华书店总店与首都师范大学签署战略合作协议

2017 年 4 月 20 日，“首都师范大学与新华书店总店战略合作签约暨首都师范大学第 2 届大学生阅读季启动仪式”在首都师范大学举行。北京市新闻出版广电局党组书记、局长杨烁，首都师范大学党委书记郑萼、校长宫辉力，新华书店总店总经理茅院生、党委副书记柏万良出席活动。签约启动仪式由首都师范大学党委副书记缪劲翔主持。

会上，新华书店总店总经理茅院生与首都师范大学校长宫辉力签署战略合作协议。双方约定，将在全民阅读与书香校园建设、中高等教育教材信息化及教材采选信息化建设、优秀学术成果出版发行等方面开展深入合作。

杨烁代表北京市新闻出版广电局对战略合作协议的签署表示祝贺。他指出，首都师范大学与新华书店总店签署战略合作协议，携手推进“书香校园”建设，对于推广全民阅读工作具有十分

重要的示范意义。

郑萼在致辞中表示，新华书店总店与首都师范大学的战略合作必将有效助推双方发展，实现互惠双赢。

宫辉力在致辞中表示，在新华书店总店即将迎来80华诞之际，双方签署战略合作协议具有重要意义。引领社会风尚、推进文化发展、坚定文化自信——这一共同的价值目标，让首都师范大学与新华书店总店走上了携手合作的道路。

茅院生在致辞中强调，新华书店总店与首都师范大学的战略合作是贯彻落实十八大以来党中央、国务院关于“开展全民阅读活动”指示精神的具体举措，是双方“互联网+文化+教育”的关键探索。

柏万良代表新华书店总店，向首都师范大学捐赠了“汉译世界学术名著丛书”。

（张　倩）

北京新华印刷有限公司通过ISO三体系认证审核工作

2017年4月27～28日，北京埃尔维质量认证中心审核组专家依据GB/T19001：2008及14001：2004、GB/T28001－2011体系文件和标准要求，对北京新华印刷有限公司（以下简称“新华印刷”）的质量、环境和职业健康安全管理三体系进行了年度监督审核。审核过程中，审核组通过抽样查阅体系文件、记录和现场沟通等方式，对公司贯标情况和各部门职责范围内体系的运行情况进行了深入细致的审核，对公司在三体系运行管理方面取得的成绩给予了充分肯定。

在ISO外审末次会议上，审核组对此次审核工作进行总结，指出新华印刷管理层、各部门主任对体系的运行情况十分重视，有充足的设备和人力资源投入，管理基础比较扎实，管理体系自身的监督、改进和控制机制得到了较好的实施。对在内审中发现的问题，相关责任部门能分析原因，采取措施，进行自我完善和自我改进。同时，审核组特别肯定了总经理办公室在执行贯标时，对ISO审核的推动工作所采取的积极认真的管理态度。会议上，公司ISO三体系管理者代表赵树文对下一阶段ISO体系文件改版工作提出要求，强调要同步实施新版标准的学习培训，保证贯标工作的有效性。公司领导姚颂铭在总结中指出，对于每年一次的ISO审核工作，各部门首先要从认识上引起高度重视，进一步完善体系建设，提高制度的执行力；其次对外审中发现的问题要及时落实、改进。

ISO工作贵在坚持，借助此次外审的契机，将依据ISO管理体系标准，对现行的体系文件以及管理规定进行全面梳理和及时更新，认真做好体系文件的改版升级工作。（王冬温）

商务印书馆（宁夏）有限公司成立

2017年4月，商务印书馆（宁夏）有限公司在宁夏回族自治区银川市注册成立。该公司由商务印书馆与北京希思麦文化传媒有限公司共同出资组建。公司作为商务印书馆面向西北地区的重要窗口，旨在深度发掘西北文化、历史、语言、民俗研究的同时，增加对美索不达米亚文明的关注，并对与中华文明交融的中国西北少数民族文化板块的出版工作有所作为。目前，公司凭借其地理文化优势，已针对地方历史文化和中华优秀传统文化，包括优秀少数民族文化、两河流域文化等推出了相应项目，并显示出鲜明的出版特色。作为商务印书馆图书产品阵营中富有特色的一支队伍，公司将秉承“商务精神”，带动宁夏及周边地区的文化事业发展，集合品牌影响力与号召力，建设辐射西北的文化地标企业。

（乔　永）

中国美术出版总社精细化管理工作会议召开

2017年5月3日，中国美术出版总社召开精细化管理工作会议，党委书记周伟主持会议并讲话，社领导杨辉、欧京海、高世屹和全体中层干部出席会议。

周伟在讲话中指出，精细化管理的核心在于分工协作、提高效益、降低成本、创新管理。精细化管理不是繁文缛节、文山会海，应当提纲挈领，不搞形式主义，不停留在纸上和嘴上。具体要做到六个方面：一、责任明确，分解到人。职能部门要强化服务意识，责任到人，具体指标和做法要落实到考核上，例如总编室可以申请出版资助为依据进行考核。二、预算管理，收放有度。财务预算管理要有一定的灵活性，既要管得住，又不要管死。三、流程再造，简便有效。要对出版流程和办公流程进行再造，提高出版效率，简化签字手续。四、考核激励，预期清晰。让每个人可以预期完成任务应得的奖励，明确编辑按印张奖励的制度，编辑室主任的考核要与营销挂钩。五、反复研判，周密计划。策划中的人美画谱、书谱和印谱要成立编委会，反复论证，突出人美特色，彰显人美品牌。六、有序实施，善始善终。要时刻注意开始的项目进行到哪一步，杜绝有头无尾。要落实加强营销例会作用、简化三种流程表、职能部门重要事项限时承诺服务三件事。下属子公司在配齐会计和出纳之后，要拥有独立的人事权、财务运营权和内部考核权，总社只负责公司领导班子的考核，同时也要放权给准公司化运营的部门。

会上，10 个部门和子公司负责人以“精准定位、精准发力、精细管理”为主题，就研究贯彻落实总社 2017 年度工作会议精神、各部室今年的工作思路、已经采取的措施和取得的成效、存在的问题、下一步工作计划等进行了发言。主要包括办公室的食堂管理和车辆管理，总编室的内部流程管理和发稿督办管理，财务部为决策提供服务支持的工作，人力资源部的简化考核办法，营销中心在网络销售和扩大品种方面的做法，期刊传媒集团在出版和经营方面的新突破，教材中心内容、学堂、数字化三个方面的进展，书法篆刻编辑室的“一书一表”，连环画编辑室精准读者定位的做法，物业公司的服务及管理等方面的工作，充分体现了各部门在精细化管理方面的着力点。 （赵军平）

中国出版集团公司 2017 年第一季度经营工作会议召开

2017 年 5 月 12 日，中国出版集团公司召开 2017 年第一季度经营工作会议。集团公司、股份公司班子成员，各所属单位班子正职、分管经营工作领导及财务、人力资源部门负责人，集团公司、股份公司各部门负责人参加了会议。会议由中国出版集团公司党组成员、副总裁潘凯雄主持，中国出版集团公司党组成员、中国出版传媒股份有限公司副总经理孙月沐做《“双效”业绩考核办法》及相关配套文件修订情况的说明，总裁谭跃与各单位主要负责人签订了 2017 年“双效”业绩考核责任书，潘凯雄布置股份公司上市工作。

会上，集团公司、股份公司领导为 2016 年经营特别贡献获奖单位颁奖。

谭跃在总结讲话中强调，经营要稳中求进，稳经营要体现在增速和质量、效益的提升上；上市要稳中求好，要规范、精准、合规地做好配合工作，争取良好业绩，严格信息披露，股份公司进一步独立运行；动力要稳中求强，确保全集团持续稳健增长，增强企业发展的结构化动力和产业化动力。 （黄　迪）

中版昆仑传媒有限公司与龙岩市委有关领导就共同建设古田红色小镇项目举行会谈

2017 年 5 月 14 日，中版昆仑传媒有限公司总经理曹剑带队前往福建龙岩洽谈古田红色小镇项目，与龙岩市委书记林国耀、副市长孙秋霞等进行会谈，并实地考察古田。

古田镇是著名的“古田会议”会址所在地，又是梅花山 AAAA 级自然保护区所在地。2003 年入选建设部和文物局评选的中国历史文化名镇（第一批）名单。2014 年被评为国家 5A 风景区。古田会议是中国共产党历史上的一次重要会议，是党领导下军队建设史上的重要里程碑。

红色旅游把革命教育和旅游休闲融为一体，将革命历史、革命传统和革命精神通过旅游传输给广大人民群众，是灵魂和脚步的双重洗礼，也有利于挖掘、开发、管理、利用好革命历史文化遗产。古田红色特色小镇，以红色金融体验培训园、红色影视产业园、红色开国将帅园以及书香特色园为核心，融影视文化、红色革命文化、金融教育、休闲旅游为一体，融合高端资源，打造全国特色产品。（诸琦睿）

中国美术出版总社第2届社店战略合作联席会召开

2017年5月17日，中国美术出版总社召开第2届社店战略合作联席会，中国美术出版总社党委书记周伟、中国出版传媒股份有限公司市场营销部主任陈晗雨出席联席会，北京发行集团有限责任公司、江苏凤凰出版传媒股份公司等17家发行单位负责人参加了此次联席会。会议由中国美术出版总社党委副书记、副社长高世屹主持。

周伟就首届社店战略合作联席会以来取得的成绩和今后的发展方向做了介绍，各编辑室主任向与会代表介绍重点书、新书出版情况。各新华发行集团、书店代表纷纷发言，畅所欲言，表达对总社出版及发行工作的意见和建议。

会后，各新华发行集团采购经理现场看样订货，对中国美术出版总社最有市场潜力图书进行了评选，并与崔伟等书画名家进行了精彩的书画笔会活动。（范雨萌）

东方出版中心2017年干部大会召开

2017年5月18日，东方出版中心召开2017年干部大会，传达学习中国出版集团公司2017年第一季度经营工作会议精神。中心总经理、党委副书记赵东出席并讲话。党委书记、副总经理董玲主持会议。副总编辑郑纳新、王祖光出席会议。

赵东指出，集团公司2017年第一季度经营工作会上，总裁谭跃传达了中共中央政治局委员、中央书记处书记、中宣部部长刘奇葆5月9日在商务印书馆调研时的讲话精神：深入学习贯彻习近平总书记系列重要讲话精神和治国理政新理念新思想新战略，围绕迎接宣传贯彻党的十九大这条主线，坚守正确的文化立场和文化追求，打造更多属于我们这个时代的传世精品，推动社会主义文化繁荣发展。要传承、维护发展好百年品牌，要切实抓好出版融合发展，要坚持正确出版导向，实现社会效益与经济效益相统一。

赵东强调，为完成全年工作目标，第二季度全体干部职工必须做到：一、深入学习贯彻总裁谭跃在集团公司第一季度经营工作会议精神上的讲话精神，落实好中心2017年经营工作计划；二、明晰上海发展形势，将上海市第十一次党代表大会精神与全面贯彻落实集团公司战略部署有机结合，找准全局定位，主动融入上海发展，发挥好独特的地位和作用，跟上上海发展的时代步伐，确保中心事业健康、可持续发展。

（姜小明）

生活·读书·新知三联书店融合发展及品牌人才建设专题会召开

2017年5月24～26日，生活·读书·新知三联书店（以下简称“三联书店”）融合发展及品牌人才建设专题会召开，三联书店领导班子成员、各分社及下属公司负责人、相关职能部门中层干部共40余人参加了会议。中国出版集团公司党组成员、副总裁潘凯雄到会讲话。中国出版传媒股份有限公司科技与数字出版部主任赖雪梅参加了会议。会议还邀请了商务印书馆数字出版中心主任孙述学、中信出版集团副总经理汪媛媛、亚马逊中国 Kindle 数字内容总监王飞、喜马拉雅 FM 副总裁姜峰与会做相关领域专家经验分享与交流。

潘凯雄肯定了三联书店为全面推动媒体融合及开展“品牌人才年”活动所做的工作，并指出要做好融合发展工作，必须要把学习和研究放在

首位，必须要坚持“为”“慎为”“缓为”这三条路径。赖雪梅从集团公司数字出版与融合发展的整体规划和布局出发，介绍了相关内容。

总经理路英勇做《三联书店融合发展及品牌人才建设动员报告》，介绍三联书店融合发展的规划和考虑，布置三联书店融合发展的重点任务。副总编辑常绍民做《三联书店数字出版与融合发展规划》的主题发言。数字出版与营销拓展中心主任詹那达、三联生活传媒有限公司总经理李鸿谷分别从图书和期刊的角度，介绍了三联书店数字化转型的路径与项目。人力资源部主任关丽峡介绍了三联书店融合发展品牌人才建设的要点。（张嘉薇）

中国图书进出口（集团）总公司业务系统上线启动大会召开

2017 年 5 月 24 日，中国图书进出口（集团）总公司在多功能厅召开了业务系统上线启动大会。公司领导张纪臣、聂静、朱朝旭、林键、林丽颖、曹勇斌出席会议，图书进口中心、数字发展中心、营销中心、出口中心、发行中心、教材中心、审读中心、音像部、大众市场部、计财部、通关部负责人和部门有关人员及英捷特公司相关人员参加会议。

英捷特公司汇报了业务系统建设情况和下一步工作安排，就如何稳健推进系统测试上线制定了时间进度表。教材、图书、审读、发行、数字负责人作为部门代表进行发言，就下一步如何确保业务系统稳定上线提出建议。

张纪臣就如何做好下一步工作提出五点要求：一是做好充分准备，全力以赴投入业务系统测试工作，及时发现问题、解决问题，改善并稳定业务系统运营；二是高度重视业务安全和数据安全，确保系统测试期间相关业务顺畅运营；三是数字发展中心要确保业务系统软硬件环境，为系统运行保驾护航；四是各单位要全力以赴，确保试运行按计划进行；五是各业务部门要积极适应业务系统，实现提高效率、流程可控、规范管理、降低人工成本的目标。

业务系统开发工作意义重大，是中国图书进出口（集团）总公司提高信息化水平、提升业务效率的重要手段，也是公司进出口主业提质增效的关键措施。（姜天翔）

中版教材有限公司乔迁新址

2017 年 5 月 25 日，中版教材有限公司从北京市东城区美术馆东街 20 号三联书店搬迁至北京市丰台区西三环南路甲 14 号院 1 号楼首科大厦 14 层。公司利用迁址的机会，改进、改善了员工工作环境，加强内部管理，重新塑造和打造了企业形象，让企业文化的建设得到更好的推进，为企业健康发展奠定良好的基础。

（武一格）

新华书店总店与安永华明会计师事务所签署合作协议

2017 年 5 月 26 日，新华书店总店与安永华明会计师事务所签署合作协议，双方将在财务会计及审计、财务交易、税务管理及咨询服务等领域开展合作。安永华明会计师事务所大中华区金融服务首席合伙人陈凯、华北地区审计服务主管合伙人张明益、咨询服务合伙人宋涛、金融服务总监赵媛媛，新华书店总店总经理茅院生，副总经理张雅珊、陈新，总经理助理汪春荣出席签约仪式。总店党委副书记柏万良主持签约仪式。

安永华明会计师事务所大中华区金融服务首席合伙人陈凯、新华书店总店总经理茅院生在签约仪式上分别致辞，期待双方求真务实，在完善新华发行网商业模式、引入战略投资者、引进先进技术和管理及运营制度建设、风险管控及重组上市等方面开展卓有成效的合作，共同推进中国出版发行业的现代化、国际化发展。

安永华明会计师事务所（全称为 Ernst & Young）是全球领先的审计、税务、财务交易和咨询服务机构，国际四大会计师事务所之一，全美第二大会计师事务所，至今已有 100 多年的历史。其在新闻及文化传媒行业的代表客户主要有

麦格雷希尔、英国广播公司、法新社、美联社、四川新华文轩、万达影视传媒、时代华纳、寰亚传媒集团等，曾协助上市的客户主要有中国国际航空公司、中国平安保险公司、中国铁建股份有限公司、百度、当当网、去哪儿网等。

（梁晓龙）

中版教材有限公司调整营销部门

2017 年 6 月起，中版教材有限公司撤销“京鲁苏分公司”和“冀蒙分公司”，重新组建“京冀鲁分公司”，负责北京、河北、山东、内蒙古、江苏业务，以便更好地适应市场发展需要，整合资源。

（潘 健）

新华书店总店与钓鱼台经济开发公司签署战略合作协议

2017 年 6 月 7 日，新华书店总店与钓鱼台经济开发公司战略合作签约仪式在钓鱼台国宾馆举行。钓鱼台经济开发公司总经理、北京钓鱼台酒业有限公司董事长黄凤文，北京钓鱼台酒业有限公司总经理丁远怀，新华书店总店总经理茅院生，副总经理张雅珊、陈新，总经理助理、新华维邦文化资产管理有限责任公司董事长戴昕，总经理助理汪春荣，总店事业发展部主任陈建华，资产经营部主任许维华及新华维邦文化资产管理公司相关负责人出席签约仪式。北京钓鱼台酒业有限公司副总经理孙大卓主持签约仪式。

会上，茅院生与黄凤文签署了《新华书店总店与钓鱼台经济开发公司战略合作协议》，北京钓鱼台酒业有限公司与新华维邦文化资产管理有限责任公司签署了《“新华怡品”酒的合作协议》，戴昕与丁远怀代表各自公司签署协议。新华书店总店与钓鱼台经济开发公司将充分发挥各自渠道和品牌资源优势，共同打造系列特色文化创意产品，促进双方发展，实现互利共赢。

黄凤文董事长在致辞中表示，新华书店总店和钓鱼台国宾馆均有着深厚的历史，相信两个有着深厚历史品牌的合作能够打开一片新的天地。

茅院生在致辞中表示，新华书店与钓鱼台都是重要国有企业，在品牌、渠道、市场运营等方面有各自的优势，希望双方能够发挥各自优势，加强合作，加强规划，加强优势互补，承担国有企业责任，创造更好的社会效益与经济效益。

（张 倩）

新华书店总店 2017 年 1～5 月经营工作会议召开

2017 年 6 月 14 日，新华书店总店召开 2017 年 1～5 月经营工作会议。总经理茅院生出席会议并做总结讲话，党委副书记柏万良，副总经理张雅珊、陈新，总经理助理汪春荣出席会议并就各自分管工作进行分析和点评。

总店各部门负责人及所属公司班子成员参加会议。所属公司负责人分别汇报了各公司 2017 年度 1～5 月经营情况、存在的问题及下一步的工作计划。

茅院生在总结讲话中对各所属公司的工作成绩给予充分肯定，对经营中存在的问题进行了分析，并提出了下半年的工作要求。茅院生指出，总店1～5 月的工作有规划、有进展、有成效，主要体现在：一是圆满组织并完成了新华书店 80 周年系列庆祝活动。彰显了新华书店品牌，极大地提升了总店的媒体曝光度，加深了社会各界对新华书店和总店的认识，为总店及各下属公司营造了良好的发展环境。二是大力推进对外合作，开拓新市场。新华互联与北京、浙江、深圳、山东等地合作推进新华发行网建设；新华国采与西南政法大学、重庆理工大学、首都师范大学等多家重点大学就大中专教材采选系统达成共建协议；新华数创与阿法迪公司共建“一书一码”项目；新华维邦与钓鱼台经济开发公司合作开发新产品。三是大力推进重点项目建设，部分项目初见成效。135 号院园区改造改建项目一期工程完工；大中专采选系统 2.0 版本上线；新华发行网 1.0 版本试运营，并取得阶段性成果，为 2.0 版本奠定了基础。四是大力推进体制机制改革，公司治理更加完善。创办新华万维，实现纸

媒公司化运营；新华流通更名为新华维邦，确立了新的发展方向；新华数创与新华文博推进股份制改造，已经获得集团批准。五是大力推进人才建设，一批人才加盟总店。六是大力开展“两学一做”，企业文化更加深入人心。

茅院生指出，当前各所属公司的主要项目已进入攻坚克难的阶段，工作推进难度进一步加大，在工作中也暴露一些问题：一是市场形势严峻，经营风险较大；二是重点项目没有实现预期目标；三是媒体融合发展未见成效；四是人员增长与生产力增长尚不匹配；五是对外融资进展缓慢；六是体制机制改革需要进一步推进。

对于下半年的工作部署，茅院生要求：一是所属公司要以增加营业收入和利润为中心进行工作调整，研究有关项目和创收方式，解决收入来源单一的问题；二是要加快推进教材采选系统、新华发行网、“一书一码”等重点项目；三是要推动体制机制改革，各所属公司加快股份制改革，引进外部资本，推动公司发展；四是按照计划开展干部任期竞聘工作，真正实现干部能上能下；五是抓好“两学一做”，坚持正确的出版导向；六是安全生产，营造良好的工作环境。

柏万良讲话强调，各公司要推进体制机制改革和公司文化的建设，明确公司定位和发展方向；把握好有关项目，做好经营工作。张雅珊指出，对于全新业务平台，在开始搭建和管理的过程中要线上线下同时推进，在建设新平台的过程中也要兼顾这一时期的业务收入。陈新强调，各公司要把工作落实到位，各项业务都要持续推广。

（张　倩）

新华书店总店与海军总医院军地共建达成意向

2017年6月16日，海军总医院政委杨明建、健康管理中心主任臧贵明一行到新华书店总店（以下简称“总店”），就双方党委共建事宜进行了深入交流并达成了合作意向。总店总经理茅院生、党委副书记柏万良参加合作洽谈。

茅院生总经理介绍了新华书店总店发展历程以及未来发展规划，特别介绍了总店近年来在品牌创新、重点项目开发、企业文化建设等方面所做的工作。新华书店总店愿意与海军总医院在军民融合发展方面进行有益探索，为基层党的组织建设、思想建设、作风建设打造军地共建的样板。

杨明建政委指出，2017年恰逢中国人民解放军建军90周年和新华书店总店成立80周年，海军总医院和新华书店总店既是我党的两面优秀旗帜，又是地缘上的邻居，要加强合作，紧密团结。海军总医院作为我军优秀医疗单位，愿意为总店员工在医疗方面提供更多更好的服务。

海军总医院于1954年经周恩来总理批准组建，经过60多年的发展，目前已建设成为一所集医疗、保健、教学、科研、预防为一体的大型现代化军种总医院，是1994年首批获评的军队三级甲等医院。重点学科包括高压氧科、神经外科、耳鼻喉科、眼科、航海航空医学科等5个国家临床重点专科，1个全军神经外科研究所，4个全军医学专科中心，腰椎间盘、结节病和视光学疾病3个全军专病中心以及全军海战伤救治研究重点实验室。

（梁晓龙）

新华书店总店与长江证券股份有限公司签署战略合作协议

2017年7月4日，新华书店总店与长江证券股份有限公司战略合作协议签约仪式在长江证券股份有限公司北京代表处举行。双方签署战略合作协议，并约定发挥各自优势，共同打造新业态业务模式，实现合作共赢。长江证券股份有限公司董事长尤习贵，董事长助理、北京代表处首席代表张明，新华书店总店总经理茅院生，党委副书记柏万良，长江证券股份有限公司各相关业务板块主要负责人和新华书店总店所属公司负责人出席了签约仪式。

尤习贵在致辞中介绍了长江证券的发展历史，并表达了双方合作的愿望，对新华书店总店为中国出版发行事业做出的贡献给予高度评价。尤习贵表示，长江证券将积极以新华书店总店的

事业发展需求为依托，通过资本市场，为全国文化企业现代化转型提供参考范本。

茅院生在致辞中介绍了新华书店总店从延安走来的光辉历程，重点介绍了自十八大以来，新华书店总店在中央宣传部、中国出版集团公司的领导下，围绕“盘活存量资产，推进产业转型”，打造“文化＋科技＋资本”的现代企业所做的工作，介绍了新华书店总店“十三五”期间的五大重点项目，即“一园区：新华文创科技园，四平台：新华书店网上商城、全国大中专教材采选系统、一书一码大数据平台、国际文化传播平台”。希望能与长江证券携手合作，借助资本的力量，为中国出版发行产业的改革发展做出新的贡献。

（张　倩）

中国图书进出口（集团）总公司“易阅通”五期开发专家讨论会召开

2017 年 7 月 6 日，中国图书进出口（集团）总公司（以下简称“中图公司”）在北京召开“易阅通”五期开发专家讨论会。北京大学图书馆副馆长肖珑、清华大学图书馆副馆长邵敏、上海图书馆主任倪道敏等 10 家国内高校和公共图书馆专家应邀参加会议。中图公司总经理张纪臣，副总经理林丽颖、庞莉莉，以及营销中心、数字发展中心相关负责人、英捷特公司技术代表等出席会议。

会上，张纪臣向国内图书馆对“易阅通”平台开发的支持与合作表示衷心的感谢。他回顾了中图公司的发展历程，介绍了“易阅通”平台开发的整体构想，并着重阐述了在互联网时代“易阅通”平台开发的重要意义。他指出，打造平台是落实刘奇葆同志关于“打造具有品牌影响的数字出版中盘”重要指示的具体举措，也是数字时代中图公司更好地服务国家科教兴国战略的转型之举。

与会专家围绕“易阅通”的技术、服务、内容资源和平台等方面展开了深入的讨论。他们一致对“易阅通”平台的整体发展方向给予高度肯定，并从各自的使用体验和平台开发经验出发，对五期的功能开发、内容聚合、市场推广、专业化服务等方面积极建言献策。

会后，针对专家们提出的问题及建议，张纪臣带领营销中心、数字发展中心等部门相关负责人进行了进一步的讨论和总结。他强调，有关部门要认真总结专家建议，开展各项专题研究，加大落实力度，真正使平台功能和服务水平迈上一个新台阶，使之成为助推中图跨越式发展的重要支撑。

（李甲荣）

中国对外翻译有限公司 2017 年上半年经营工作会议召开

2017 年 7 月 7 日，中国对外翻译有限公司（以下简称“中译公司”）召开 2017 年上半年经营工作会议，总结中译公司各部门上半年经营工作的成绩和不足，总经理黄松做总结发言。

黄松指出，公司上半年的经营情况令人欣慰，但下半年要面对的形势依然紧迫。一方面，中译总部要居安思危，在巩固联合国业务的同时，将参与制定国家翻译标准作为发展的重要抓手；另一方面，中译语通要在快速发展的基础上，以拟上市公司的要求强化管理，进一步提高国资管理水平，不断完善、创新体制机制，做好各项制度、规范的贯彻落实，真正做到企业发展与管理两手抓、两手都要强，确保公司顺利完成各项任务。

（赵　桐）

人民文学出版社 2017 年年中总结会召开

2017 年 7 月 13 日至 8 月 4 日，人民文学出版社年中总结会共分 8 次召开。为了细化工作，有针对性地发现问题和解决问题，2017 年的年中总结工作，人民文学出版社没有采用大会报告的形式，而是分部门召开，让全体员工深度参与。会议形式为：每位员工先汇报自己上半年完成的工作情况，针对工作中出现的不足，提出解决办法，并介绍自己下半年工作计划，最后由部门主任对本部门整体情况做汇报分析。会议由各部门主管领导肖丽媛、应红、周绚隆分别主持，社长臧永清和党委书记张贤明全程参会，每个部门总结结束后，臧永清分别做总结讲话。

臧永清明确指出，各编辑部要以导向问题为主导，坚持正确出版导向，每一位编辑都要负起责任，部门主任应把导向问题放在首位，严抓导向管理的同时，不断提高编辑发稿质量，压缩自费选题，解放生产力，严格控制平庸选题。各编辑部还要认真梳理作家资源和文学史上的好作品，维护好我们的作家资源及图书版权。做编辑的不仅要有气吞山河、舍我其谁的气势，还要尊重市场规律，敢于竞争。我们要充分发挥自己的优势，形成自己的产品风格。要加强与生产部门的沟通，使图书出版程序更合理化。臧永清明确要求发行部要确保有效发货，维持发货稳步增长的同时深挖渠道，把渠道下沉到二三线城市。还要对畅销书断货情况加以分析，加强库存临界点与加货时间点的控制，维护好畅销书的销售渠道，把握好地面店与网店的比值。要求策划部按产品分级做营销活动，以创新先行为主导意识。臧永清还对生产部门进一步提出要求：出版部要内部认真处理工作流程，加强对印厂的管理；美编要对设计项目进行分级管理，保证重点项目的顺利完成，加强对所接项目的时间管理；排校可内部分级管理，在工作量饱和的情况下，加强对校对公司的质量监管。最后，臧永清强调：我们要适应集团上市的要求，首先要在建章立制上下工作，用制度管人；其次财务部要加强预算管理，参与经营工作的决策，并提出经营中出现问题的解决方案，全社要执行无死角财务管理，把2017年工作圆满完成。（顾　乡）

东方出版中心2017年年中经营工作会议举行

2017年7月18日，东方出版中心（以下简称“中心”）2017年年中经营工作会议举行，总结上半年情况，部署下半年工作。中心党委书记董玲、副总编辑郑纳新、副总编辑王祖光分别就分管工作提出要求，总经理赵东主持会议并讲话，各部门负责同志共计40余人参加会议。

会上要求全体干部职工积极筹划，坚持稳中求进总基调，把握“稳增长、调结构、促融合”主攻方向，通过完善制度、改进管理、落实重点、加强调研，切实做到政治稳定、出版稳定、经营稳定、生产稳定；切实做到凝神聚力、遵规守纪，守土有责、守土尽责、守土担责；切实做到凝聚共识、谋划未来，为中心蓝图的绘制贡献智慧；切实做到信息共享、包容共融，厘清责任边界，完善岗位职责，夯实管理基础；切实做到齐头并进、奋发有为，以舍我其谁的勇气和担当争创佳绩，迎接接党的十九大的胜利召开。

（姜小明）

中版昆仑传媒有限公司2017年度上半年工作总结会议召开

2017年7月19日，中版昆仑传媒有限公司召开了2017年度上半年工作总结会议，全体员工出席参加。会上，各部门领导及员工对上半年的工作进行了总结，分别就各自经营管理中取得的成绩、面临的困惑、存在的问题、解决的方案以及发展的方向等方面做了全面的介绍，并对下半年的工作计划做了报告。

总经理曹剑在听取上半年工作汇报后，肯定了在当前严峻形势和激烈竞争下，公司在初期发展阶段取得了不易的成绩，基本完成了战略布局，IP的开发有了基础性的积累，公司的管理开始逐步走上正轨，各项规章制度逐步完善，但公司仍存在主营业务不够清晰的问题，工作还处在探索阶段。首先，公司全产业链发展的概念非常新颖，如何做好、做实、做出彩还需共同思考。其次，企业要有思想也要有实干，既有思想家，也有实干家，若大家都是思想家，就不能落实工作；若都是实干家，就没有战略。最后，公司要立足IP，IP的开发、收购和销售才应该是立足之本。会议结束前，曹剑对公司2017年下半年重点项目做了工作部署。

（胡振宇）

中国大百科全书出版社 2017年上半年工作会议召开

2017年7月20日，中国大百科全书出版社召开2017年上半年工作会议。社领导班子及全体中层干部参加会议。会议由党委书记刘晓东主持。各部门分别汇报了上半年工作完成情况及下半年工作计划。社长刘国辉在讲话中概括了上半年全社的工作情况，并对下半年工作提出了几点要求：

一、认识充分，运筹帷幄。要充分认识到目前存在的主要问题；调动全社员工的积极性，将工作压力转化为持久动力，在下半年的工作中奋力拼搏，努力完成本年度的工作任务。

二、直面困难，充满信心。要看到各经营部门呈现出的诸多亮点，清醒认识到还要主动调整结构，一些在所难免的困难是在预料之中和可控范围内的。

三、团结一心，全力以赴。出版社的发展要有团队的意识，要有一体的思维，保证内部沟通顺畅。要靠中层，靠党员，靠高素养的员工，靠职业精神克服困难，提倡敬业爱岗、勇于创新、辛勤付出。

四、突出重点，急用先行。首要重点是确保完成国家级重大项目；次要重点是以市场为中心，保证出版流程生命线运营畅通。

五、精兵简政，厉行节约。各部门通过整合精简等手段，简化冗余人员，要让每个岗位充分发挥出应有的作用，甚至创造更高的价值。

六、做好规划，做好自己。各部门下半年的工作计划要分清轻重缓急，做到有条不紊。每个编辑都要有自己的方向和追求，找到自己的准确定位，相互配合，携手共进，更好地完成本年度的任务目标。

（尹添铭）

生活·读书·新知三联书店 2017年度年中工作会召开

2017年7月20日，生活·读书·新知三联书店（以下简称“三联书店”）2017年度年中工作会召开，三联书店领导班子成员、各分社及下属公司负责人、相关职能部门中层干部参加了会议。会议由总编辑翟德芳主持。

总经理路英勇代表店领导班子讲话。他首先传达了全国出版工作会议精神；其次，结合会议精神、国内出版大环境以及三联书店经营现状，来反思上半年工作的亮点和不足；最后，布置了下半年的工作重点。翟德芳做会议总结。

（张嘉薇）

商务印书馆第3届经营管理大会召开

2017年7月25日，商务印书馆召开第3届经营管理大会，本届大会主题为“向成本和效率要效益”。中层以上管理人员、生产经营管理部门有关业务人员及编辑代表180余人参加会议。会上，版权与法务部、汉语编辑中心、学术编辑中心、教科文编辑中心、深圳分馆、文津公司、出版中心、营销中心、数字出版中心、财务中心、全媒体制作中心、人力资源部、总编室等13个部门，就如何向成本和效率要效益分别发言。于殿利总经理做大会总结。会议还邀请亚马逊中国数字内容总监王飞先生做了“互联网时代下的付费阅读”主题报告；樊登读书会主编肖宏文先生做了“樊登读书会的发展及与出版业的合作”主题报告，并分享了该读书会发展的历史及相关情况。

（刘　芳）

中国美术出版总社 2017年期刊工作会议召开

2017年7月27～28日，中国美术出版总社召开2017年期刊工作会议，期刊传媒集团、《中国美术》有限公司、新媒体公司负责人、各期刊主编、全体编辑及经营人员参加会议。会议主要围绕上半年的期刊工作进行总结，找问题、找差距，研究如何进一步做好编辑和经营工作。总社党委书记周伟出席会议并做总结讲话，副总编辑欧京海、总编辑助理王远出席会议并就各自分管工作进行了分析和点评。所属期刊负责人、编辑分别汇报了各刊的经营情况、存在的问题以及下一步的工作计划。同时，与会人员对所有期刊互相展开了点评，在肯定成绩的同时，主要找出问题和存在的不足，并提出建设性的意见。周伟在总结讲话中对各期刊的工作成绩充分肯定，对经营中存在的问题进行了分析，并提出了下一步的工作要求：一是要审慎地评价已取得的成绩；二是要客观看待存在的问题；三是要积极推进期刊的各项工作。具体要做好以下七个方面的工作：①导向。对选题和稿件要反复研判，坚持正确的出版导向，体现国家意志。②定位。要进一步明确、清晰，紧跟时代的步伐。③市场。以市场为引领，注重有数据的市场分析，找准消费群体。④创新。要深耕栏目、内容，做好内容和形式的创新以及产品创新、营销创新。⑤融合。要不断加强互动性，打造平台，促进媒体融合。⑥机制。建立有效的工作机制，如周例会制度、发稿流程等，处理好各编辑组和各刊的关系。⑦人才。要锻炼集策划、编辑、写稿、设计、营销、新媒体于一体的编辑队伍，脚踏实地、真抓实干。对于下一步的具体工作部署，周伟要求：一是《连环画报》的改版工作要抓紧调研，着重关注青少年读者；二是《幼儿美术》的创刊要抓紧开会研究讨论，确定栏目、定位、定价；三是《中国美术》有限公司要进一步理清经营思路，拓展相关活动；四是落实一刊一活动，由经营部牵头组织；五是内部管理、考核机制进一步完善；六是各刊认真梳理2018年的改进方案；七是抓紧推动美术院校期刊联盟工作；八是实现媒体融合发展，建立新媒体平台。（赵军平）

中国美术出版总社 2017年度年中工作会召开

2017年8月7～8日，中国美术出版总社举行2017年度年中工作会。党委书记周伟，总编辑林阳，副社长杨辉，副总编辑欧京海，党委副书记、副社长高世屹出席会议，各部门负责人参加了会议。

会议重点总结了各部门上半年取得的成绩、存在的问题和差距，并研究解决问题的办法，提出各项有效措施，以努力完成全年工作目标。会上，各经营部门、全资子公司、编辑室负责人及代表在会上进行汇报，总社领导对各部门的汇报分别做了总结并提出要求。

周伟在总结中充分肯定了各部门上半年取得的成绩，也指出了存在的不足，对各部门下半年经营工作提出了具体要求。他说，上半年我们的工作在大家的共同努力下，坚持开源节流，不断深化改革，坚持社会效益和经济效益相统一，工作出现了新亮点。主要体现在以下六个方面：一是教材实现部分自营，全国的市场销售份额不断增加，甲方变乙方取得成效；二是出版主业保持持续稳定，一批导向正确，受到大众欢迎的图书陆续出版，如《最美中国画100幅》《设计的故事》《老树作品的背后》《看见美好》《一日一字》《美的启蒙》等新书；三是期刊工作初见成效，上半年改版的《中国美术》《中国艺术》及《油画》《中国中小学美术》《连环画报》等已全部按期出刊，下半年还有《艺术博物馆》《书法教育》《幼儿美术》陆续创刊；四是新媒体融合发展有新进展，人美新媒体公司正式运营，“人美艺术”正式上线等；五是内部节支增收有新的进步，完成了首次印厂招标；六是营销发行的思路进一步明确，更加深入基层。

同时，周伟也指出了上半年工作中存在的问题，要求认真研究予以解决。针对各部门的具体经营情况，他要求教材公司要以高中教材修订作为突破，以培训推动市场，提高市场占有率；营销中心应当进一步加快网上人美书城的建设，切实加强内部管理；综合编辑室和项目室作为合作出版部门，应当坚守品质第一的原则，稳抓项目建设；出版部要坚决执行印厂招标决议，主动服务，提高出书效率；新媒体公司要提高销售收入和影响力、美誉度；朝花书画社要加强设计力量，加强品牌建设；各编辑室要调整结构，精准定位，注重内容和形式的创新；总编室要进一步提高服务意识，提高书号申领和校对的效率。

对于总社下半年的具体工作要求，周伟提出，各部门下一步要坚持正确的出版导向，继续

加强内部管理和机制建设，重视人才队伍的培养，注重提高引进人才质量，做好人才支撑，齐心协力完成集团下达的各项任务指标。

（赵军平）

中版教材有限公司上半年工作总结会召开

2017年8月15～16日，中版教材有限公司召开了2017年上半年工作总结会议。中国出版集团公司党组成员、中国出版传媒股份有限公司副总经理李岩，中版教材有限公司总经理杨伯勋，副总经理郭德生、刘茜、蒋志臻及全体员工参加会议。

李岩听取大会交流汇报后发表了重要讲话。讲话中充分肯定了上半年取得的成就，对公司领导班子和全体员工的努力给予高度肯定，同时希望公司员工在领导班子的带领下，团结一心，再接再厉，相信公司一定能够度过眼前暂时的困难，走出一条平稳发展的道路。

杨伯勋在会上代表公司领导班子做了主题发言，对公司上半年总体情况进行总结，并对下半年工作进行安排。

2017年上半年随着政策的调整，公司的市场、产品和市场结构发生了重大变革，公司经历了比较艰难的转型期。面临这样的困难，在集团公司领导的亲切关怀和支持下，在中国出版集团公司党组成员、中国出版传媒股份有限公司副总经理李岩的领导下，公司领导班子及全体员工积极应对，万众一心、众志成城，按照集团公司提出的“稳增长、调结构、促融合”的三大要领，确定了“立足教育、研发产品、拓展服务”的转型思路，并逐步加以实施。经过2017年上半年的努力，这些措施已经初见成效，各项工作取得了平稳的推进，经济效益以及业务进展都比较顺利。2017年1～7月，公司本部上半年经济状况良好，业绩好于2016年，一些项目有大的突破，取得了比较好的业绩。从2017年下半年开始，许多项目都已落地，开始产生市场效益。

公司副总经理郭德生、刘茜、蒋志臻分别从财务、党团工作、培训、产品及各自分管的市场等方面对公司上半年的工作进行了总结，对公司推进改革、拓展市场、产品研发、制度建设等方面提出了自己的看法。各分公司、部门负责人也对本部门上半年的工作情况进行总结并规划下半年工作，同时提出工作中遇到的问题。

通过这次会议，大家交流了心得，启迪了思路，进一步理解了公司的发展战略，达到了认真总结经验教训，更好地完成下半年工作的预期目的。

（武一格）

中国图书进出口（集团）总公司与中国文物交流中心战略合作签约仪式举行

2017年8月25日，中国图书进出口（集团）总公司（以下简称“中图公司”）与中国文物交流中心战略合作签约仪式在第24届北京国际图书博览会举行。中图公司总经理张纪臣、中国文物交流中心主任王军出席了本次活动。

此次签约，标志着中国文化领域的两家龙头企业强强联合，在共同落实“创新、协调、绿色、开放、共享”的发展理念、推动中国文博文创产业发展方面迈出了坚实的一步。两家企业将积极服务“一带一路”沿线国家，弘扬中华优秀传统文化，充分利用国际、国内两个市场、两种资源，建立多层次人文合作机制，搭建更多合作平台，开辟更多合作渠道，着力构建全方位、宽领域、多层次的开放合作新格局。

通过此次合作，中图公司将经由中国文物交流中心，与国家图书馆、故宫博物院、中国国家博物馆、中国美术馆、山西博物院、中国印刷博物馆等100多家文化文物单位、文化创意产品开发试点单位开展深入合作，共同开发和分享中国文物文创产品数据资源，深入挖掘中华优秀传统文化价值内涵，为推动文化创意产业的繁荣发展发挥积极作用。

（孔少君）

学习出版社社长董俊山一行到新华书店总店考察交流

2017年8月28日，学习出版社社长董俊山到新华书店总店（以下简称“总店”）考察指导，并就双方资本、业务合作事宜进行座谈，达成了合作的共识。总店总经理茅院生、党委副书记柏万良、副总经理张雅珊，学习出版社市场部主任陶林燕，总店部分所属公司负责人参加座谈。

茅院生介绍了党的十八大以来总店的改革发展情况，重点介绍了总店围绕“盘活存量资产，推进产业转型”的发展战略，借助互联网、移动互联网技术，融合出版发行、文化创意、科技、教育产业，以创新为动力，以融合促发展，初步建立起“一个园区，四个平台”的发展布局。茅院生对学习出版社近些年来改革发展所取得的成就高度肯定，希望双方发挥自身优势，深入合作，共同为国家文化发展繁荣做出新的贡献。

董俊山介绍了学习出版社的基本情况及在建重点项目，高度肯定了新华书店网上商城、全国大中专教材采选系统以及 e 书 e 码三大重点项目，指出总店利用科技纽带，将出版业各个部分链接在一起，顺应了时代发展浪潮，满足了市场需求，体现了新华书店一以贯之的读者至上理念。三大重点项目成功运营，将实现全产业的互通、共融、共享、共建。董俊山希望，学习出版社能够通过资本、业务合作参与到总店相关项目建设及运营中，共同为行业转型发展做贡献。

董俊山考察了总店在建中的“新华文创科技园”，参观了新华书店总店店史馆。总店相关项目负责人介绍了新华书店网上商城、e 书 e 码、全国大中专教材采选系统等项目。

（梁晓龙）

“人美艺术”平台正式上线

2017 年 8 月 31 日，“人美艺术”平台正式上线运营。“人美艺术”平台将按照为人、为学、为艺的标准遴选艺术家，客观介绍艺术家、艺术品，采用圈子、直播等方式让艺术家与爱好者进行互动交流，让作品得到全方位的展示，为艺术家和爱好者打造成艺术垂直社区。同时，消费者也可以通过“人美艺术”走进艺术、走近艺术家，让艺术成为人们之间的纽带。

（范雨萌）

三联韬奋书店与 77 文创签约仪式暨战略合作发布会举行

2017 年 9 月 20 日，生活·读书·新知三联书店（以下简称“三联书店”）旗下三联韬奋书店与 77 文创签约仪式暨战略合作发布会在北京 77 文化创意产业园小剧场举行。三联书店总经理路英勇和 77 文创创始人、东方道朴首席执行官王雷共同签署了战略合作协议。三联韬奋书店与 77 文创将携手共同打造以书店、阅读为核心的文创产品线，其中首个合作项目——77 三联文化空间将落地北京经济技术开发区内。三联书店总编辑翟德芳，中国出版传媒股份有限公司市场营销部主任陈晗雨，北京三联韬奋书店有限公司副总经理曾军、曾伊宾，道朴文华公司总裁李滨等领导、嘉宾也出席了发布会。

翟德芳、王雷分别致辞，对双方合作表示祝贺并寄予厚望，期待在合作中共同为读者服务，为北京市文化建设、“书香北京”贡献一分力量。

（张嘉薇）

中译语通科技股份有限公司创立大会暨第 1 次股东大会召开

2017 年 9 月 20 日，中译语通科技股份有限公司（以下简称“中译语通”）创立大会暨第 1 次股东大会在北京召开。中国对外翻译有限公司总经理、党委副书记、中译语通董事长黄松主持大会。

股份公司发起人中国对外翻译有限公司、上海腾星网络科技有限公司、青岛联宇投资控股有限公司、中国图书进出口（集团）总公司、上海新华发行集团有限公司、上海简理投资合伙企业（有限合伙）、上海文化产业股权投资基金合伙企业（有限合伙）、上海新华传媒股份有限公司、宁波朝乾卓创股权投资合伙企业（有限合伙）的代表出席了本次会议。

会议选举产生了中译语通第1届董事会、监事会主席。第1届董事会、监事会分别召开了第一次会议，分别选举黄松为第1届董事会董事长，并决定聘任于洋为第1任股份公司总经理，选举张晶晶为股份公司第1届监事会主席。本次创立大会的召开，标志着中译语通进入了一个全新的发展阶段，并将加快推进上市步伐。

（赵　桐）

中国出版集团公司2017年非上市范围企业经营工作座谈会召开

2017年9月21日，中国出版集团公司召开2017年非上市范围企业经营工作座谈会。总裁谭跃、党组书记王涛出席会议，党组成员、副总裁刘伯根主持会议。各非上市范围企业的主要负责人、分管经营和财务工作的领导、财务部门负责人参加会议。

中国对外翻译有限公司、新华书店总店、中国图书进出口（集团）总公司、荣宝斋及中版置业的主要负责人在会上介绍了各自近期的经营情况及年底前抓好经营工作的主要举措。谭跃和刘伯根分别对各单位总体情况、问题分析、措施研究等进行了点评，并就年底前的重点工作提出了要求。

谭跃充分肯定了各企业近5年的经营业绩，以及对集团整体营业收入和利润总额有较大提升所起到的重要作用。他指出，现在要更加强调的是以利润为中心的收入增长：一是能带来利润提高的营业收入要大力发展；二是能带来利润率提高的营业收入要优先发展。他要求，要有以二级企业为单位的利润率指标，要有业务分类的利润率指标，要强调以毛利率为前提的利润率，要强调以数字化为重点内容的利润率。这是2017年后几个月尤其是2018年加强经营工作的重点。

（黄　迪）

第8届京沪港三联书店高层年会召开

2017年9月26日，第8届京沪港三联书店高层年会在浙江省宁波市召开。参加会议的有生活·读书·新知三联书店总经理路英勇、总编辑翟德芳，上海三联书店有限公司总经理陈启甸、总编辑黄韬、副总经理陈逸凌，三联书店（香港）有限公司总经理李家驹、总编辑侯明、副总经理詹玲莉，香港联合出版集团原副总裁、香港三联书店原总经理曾协泰，台湾三联书店总经理王承惠等。此次年会由上海三联书店承办，陈启甸主持。会上，三地三联书店的总经理分别通报了各自机构上一年度的发展情况，还就2018年三联书店在香港地区运营70周年举办纪念活动达成一致意见。

高层年会后，2017年三联时空国际文化传播（北京）有限公司第二届第二次董事会召开，路英勇主持会议。会议听取了公司总经理王博文的工作报告。

26日晚，三地三联书店的总经理与读者见面活动在上海三联书店旗下筑蹊书店举办。活动现场读者发言踊跃，充分交流了关于三联书店历史沿革、现实发展等方面的问题。此次活动受到浙江省宁波市文化主管单位的高度重视，宁波市委宣传部副部长林大吉出席了活动。

（王博文）

北京市政协主席吉林到荣宝斋调研

2017年10月10日，北京市政协主席吉林，副主席王永庆、闫仲秋，秘书长周毓秋及近30位委员到荣宝斋调研。北京市发展改革委、北京市经济信息化委、北京市财政局、北京市商务委、北京市旅游委领导，中国商业联合会中华老字号工作委员会及北京老字号协会领导也参加了调研活动。荣宝斋党委书记朱涛出席有关活动。

吉林一行先后到文房用品经营部、木版水印工艺坊、美术馆进行实地走访调研，了解荣宝斋的经营业务、特色产品。实地考察结束后，北京市政协举办了“老字号品牌传承保护与创新发展”委员沙龙。会议听取了中国商业联合会中华老字号工作委员会主任安惠民关于老字号传承保护与创新发展的专题报告，胡新民、刘桓等9位委员和专家围绕老字号与文化中心建设、老字号体制机制创新、老字号技艺传承与人才培养、老字号面临的困难与诉求、政府如何更好地发挥在老字号传承保护与创新发展中的作用等方面做了发言。荣宝斋党委书记朱涛介绍了荣宝斋改革发展的基本情况和需要市政协及有关方面帮助解决的一些问题。北京老字号协会会长刘小虹介绍了北京老字号企业的发展情况并提出了建议。

吉林在委员沙龙上做了总结讲话。吉林指出，老字号是一个具有很强民族历史传统和地域特征的文化符号，要提高全社会对老字号传承保护与创新发展工作重要性的认识，精心做好老字号品牌传承保护与创新发展这篇大文章，切实保护好老字号这张首都优秀历史文化的“金名片”。一要扎实做好基础工作，摸清全市老字号发展现状、存在的问题等“家底”；二要坚持分类管理，特别是要加大对那些关系到城市和公众记忆、文化基因且市场需求已经很少的老字号产品或技艺的扶持；三要坚持因企施策，完善精准政策扶持体系，帮助老字号企业解决发展过程中面临的突出问题，促进老字号企业健康发展；四要加强宣传，营造良好的社会舆论氛围。（陶　爽）

人民音乐出版社与小叶子（北京）科技有限公司签署合作协议

2017 年 10 月 12 日，人民音乐出版社与小叶子（北京）科技有限公司正式签署合作协议。小叶子（北京）科技有限公司致力于“来自未来的音乐教育”，双方将在“智能音乐课堂”、师资培训、音乐公益等方面展开合作，通过信息技术与优质教育内容的融合创新，不断优化、均衡音乐教育资源，共同推进中国美育建设，探索音乐教育可持续发展之路。（韩舒雅）

荣宝斋贵阳分店试营业

2017 年 10 月 16 日，荣宝斋贵阳分店试营业。依托总店深厚的文化底蕴，荣宝斋贵阳分店将继续延承百年老店的优良传统，为贵州地区的书画家及艺术爱好者提供交流的平台。10 月 20 日开始为期一周，举办了张铁林书法作品展。

（陶　爽）

东方出版中心 2017 年第三季度经营工作会议举行

2017 年 10 月 18 日，东方出版中心 2017 年第三季度经营工作会议举行，传达学习中国出版集团公司年中经营工作会议精神，总结前三季度经营情况，部署第四季度经营工作。中心党委书记董玲、副总编辑郑纳新分别就分管工作提出要求，总经理赵东主持会议并讲话，各部门、单位负责同志共计 30 余人参加会议。

会上要求全体干部职工始终坚持目标导向、问题导向，对照工作计划及任务推进表，抓好任务落实。同时，处理好 2017 年与以往 3 年指标的关系、2017 年与 2018 年的关系、2017 年与未来 3 年的关系，加强部门间的沟通配合、信息共享、包容共荣。坚持上下一致、齐心协力，紧盯数字紧扣时间，加足马力全面冲刺，实现各自业务“小目标”，完成东方全局“大目标”，为全年工作画上圆满句号，交出满意答卷。

（姜小明）

“荣宝斋装裱修复技艺人才培养”培训班开班

2017 年 10 月 23 日，国家艺术基金 2017 年度艺术人才培养资助项目——“荣宝斋装裱修复技艺人才培养”培训班在济南分店举行开班仪式，山东省文化厅副厅长、党组成员张桂林，荣宝斋党委书记、副总经理朱涛出席仪式并讲话。文化部非物质文化遗产传承人培训计划咨询专家、中国艺术研究院硕士生导师陆宗润作为授课教师代表做了发言，30 位录取学员参加开班仪式。

山东省文化厅副厅长张桂林在讲话中对举办此次培训班表示祝贺，并希望学员认真学习，将所学知识更好地用在工作中，为传承优秀文化贡献出自己的一分力量。荣宝斋党委书记、副总经理朱涛在讲话中对国家艺术基金、讲课教师表示衷心感谢，对来参加学习的30位学员表示欢迎，向大家介绍了荣宝斋的基本情况，并对办好培训班提出了几点要求。项目负责人陈铭简短介绍了此次培训计划，提出了学员管理的注意事项。

“荣宝斋装裱修复技艺人才培养”培训班以发扬“工匠精神”、培养当代传统装裱修复领域的优秀青年技艺人才为目标，有助于传统优秀的手工技艺薪火相传、生生不息，并不断发扬光大。本项目旨在培养一批有专业基础、有才能、有潜力的高素质装裱修复技艺人才，培养和造就具有当代“工匠精神”的专业人才，继承和发扬装裱修复技艺这项优秀传统技艺，对于装裱修复技艺当前和长远的发展具有深远影响。

（陶　爽）

新华联合发行有限公司 2017年第一次临时股东大会召开

2017年10月26日，新华联合发行有限公司在北京召开了2017年第一次临时股东大会，会议决定中国出版传媒股份有限公司、江西新华发行集团有限公司和江苏凤凰出版传媒股份有限公司3家股东以货币形式同比例增资27000万元。本次增资后，公司注册资本增加至95800万元。

（白　雨）

荣宝斋与永新华韵签署战略合作协议

2017年11月6日，荣宝斋与永新华韵举行战略合作签约仪式。双方依托各自的优势资源，在非遗传承发展、文化多样性保护、产业运营与品牌创新等方面展开全面合作，并积极响应“一带一路”倡议，坚定“文化自信”，不断扩大双方在海内外的影响力，共同推进非遗的保护、传承与创新发展，助推中华文化复兴。受邀出席本次签约仪式的主要领导有：文化部原副部长、中国国家图书馆名誉馆长周和平，文化部原副部长、中国艺术研究院名誉院长王文章，中国非遗保护协会会长马文辉、副会长张雅芳等；荣宝斋常务副总经理、党委副书记范存刚，党委书记、副总经理朱涛，副总经理唐辉及荣宝斋部分中层领导；永新华韵文化产业投资集团董事长李永军、总裁张坤兰及其团队同时出席签约仪式。

荣宝斋常务副总经理、党委副书记范存刚，永新华韵文化产业投资集团董事长李永军代表双方企业进行签约。双方一直保持着良好的合作关系，包括共同合作的集展示和培训等功能于一体的“荣宝斋教育”艺术空间已在前门大街对外开放，成为非遗生动展示、教育研习、文化体验与传承的重要窗口；永新华韵还携手北京荣宝拍卖在2017年9月成功举办了“斑斓遗石——寿山石名家保真专场拍卖”，开创了“国石”寿山石非遗艺术京城拍卖市场的先河，也为文化艺术品拍卖挖掘了更多的市场潜力，同时也为本次的顺利签约奠定了基础。荣宝斋与永新华韵继续发挥各自品牌和资源优势，共同探索更有效的非遗传播形式和成果转化实践，实现资源平台共享、产业协同发展，弘扬中华优秀传统文化，为促进非遗传承发展做出更大的贡献。

（陶　爽）

北京新华印刷有限公司 中国环境体系复评换证工作结束

2017年11月16～17日，中环联合认证中心按照环境标志产品认证技术要求及认证规则，对北京新华印刷有限公司（以下简称“新华印刷”）的中国环境管理体系运行情况进行了一致性的检查和复评换证工作审核。

审核期间，中环联合认证中心审核组的3位审核专家认真对照HJ2503－2011环境标志产品技术标准的具体要求，查阅核实新华印刷的环境标志产品保障体系文件、程序文件及各类检验报告等资料，采取现场提问、实地审核等方式，严肃认真地对照标准条款核实各项客观证据。所有涉及的部门，相关证据完整。

经过两天的紧张工作，中环联合认证中心审核组对新华印刷2017年度的绿色印刷体系管理工作给予了充分肯定，认为本年度新华印刷的平

版印刷生产中应用绿色原辅材料和日常管理的体系运行有效，符合中国环境体系认证要求；认为新华印刷的文件、记录控制以及生产过程、采购程序控制管理流程等各项检查均符合环境标志产品的技术标准。现场审核顺利通过。

中环联合认证中心审核组认为，通过5年来中国环境管理体系标准在新华印刷的贯彻实施，新华印刷在人、机、料、法、环、测及安全等方面的绿色印刷管理和质量控制上有了新的进步，领导层的绿色印刷管理意识和观念有了很大提高，员工的清洁生产意识进一步加强，相信通过反复多次的复评及监督审核，新华印刷的绿色印刷管理工作会沿着标准指引的方向，扎扎实实进行下去。审核组殷切地期望新华印刷能够再接再厉，让各项管理工作更上一层楼。公司管理者代表、副总经理赵树文对中环联合认证中心专家认真、高效的工作表示衷心的感谢，表示会继续抓紧抓好体系运行工作，将公司绿色印刷管理工作提升到新的水平。 （王冬温）

中华书局新3年改革发展动员会召开

2017年11月17日，中华书局召开新3年改革发展动员会。会议由中华书局党委书记、副总经理周清华主持。周清华介绍了新3年部门调整与中层竞聘工作安排。中华书局总编辑顾青着重介绍了编辑部门2018年绩效考核方案的基本思路——促进发展、提高效益，强调改革体现在实行分类考核、过程考核、利润考核，总经理基金将加大覆盖面和激励力度，进行综合奖励，做到奖功罚过、奖优罚劣、奖勤罚懒。中华书局总经理徐俊介绍了总体改革方案，并对机构调整做了说明。 （刘　澂）

新华书店总店重点项目落地贵州

2017年11月28日，为推进新华书店总店重点项目“新华书店网上商城”和“全国大中专教材采选系统”在贵州落地，新华书店总店总经理茅院生带队赴贵州，与贵州省委宣传部、省教育厅、贵州省新华书店集团等部门和单位的领导进行座谈交流，就总店与贵州相关文化和教育单位的深入合作、总店的重点项目落地达成了一致意见。

贵州省委常委、省委宣传部部长慕德贵会见了茅院生一行。慕德贵表达了对总店重点项目落地贵州的欢迎，介绍了贵州省产业结构、文化建设的有关情况，希望新华书店总店积极参与贵州省的文化建设，也愿意为总店在贵州的发展提供支持。省委宣传部副部长谢念参加会见。

茅院生介绍了总店的改革发展情况，重点介绍了总店正在建设的“一个园区，四个平台”重点项目，表达了参与贵州省文化建设的良好意愿。新华书店总店将结合贵州省的文化发展战略和地方特色，与贵州省相关文化单位共同规划新的项目，推进贵州文化产业发展。

在与贵州省新华书店集团领导的座谈会上，双方对“新华书店网上商城”的落地运营进行了深入交流，对联合贵州省教育厅推进“全国大中专教材采选系统”在全省高校的使用形成了具体的方案。双方将借助各自资源优势，探讨更多合作的领域，创造共建、共享、共赢的新发展格局。

总店资产经营部主任、新华互联电子商务有限责任公司常务副总经理许维华，新华国采教育网络科技有限责任公司副总经理李昆，总店事业发展部副主任、新华维邦文化资产管理有限责任公司副总经理张宇，贵州省新华书店集团党委书记阮平、总经理李健等参加座谈。

（梁晓龙）

北京新华印刷有限公司参加2017年北京绿色印刷产业促进商务交流会暨京津冀协同发展绿色印刷产业促进商务交流会

2017年11月30日至12月1日，由北京市新闻出版广电局主办的2017年北京绿色印刷产业促进商务交流会暨2017年京津冀协同发展绿色印刷产业促进商务交流会在北京蟹岛三点钟会议中心举行。交流会由国家新闻出版广电总局印

刷发行司指导，北京市新闻出版广电局主办，天津市新闻出版局和河北省新闻出版广电局协办，北京印刷协会和必胜印刷网承办。

本届交流会上，特设“北京印刷业5年成果展”专区，展现了北京印刷业5年来在北京市新闻出版广电局的领导下取得的成绩。北京新华印刷有限公司是中国出版传媒股份有限公司与中国文化产业发展集团有限公司共同控股的国家印刷示范企业，是带头推进绿色发展理念和环保体系建设，成为首批通过绿色印刷认证的企业。公司印刷的产品全部实现了绿色印刷。在此次交流会上，公司设置独立展台，展示绿色印刷成果。展台前，吸引众多观众驻足交流。（王冬温）

中国图书进出口（集团）总公司与党建读物出版社签订独家代理协议

2017年12月8日，中国图书进出口（集团）总公司（以下简称“中图公司”）和党建读物出版社就图书“走出去”及相关宣传推广服务达成合作，并签署协议。

党建读物出版社授权中图公司为其全球版权代理方，其中“一带一路”地区为独家代理。此前，中图公司先后代理输出该社《五大发展理念案例选·领航中国》版权至埃及，《今日中国丛书·解读“四个全面”系列图书：全面深化改革》和《今日中国丛书·解读“四个全面”系列图书：全面依法治国》版权至突尼斯。

党建读物出版社是中共中央组织部主管主办的党建类专业出版社，是国家一级图书出版单位和全国百佳图书出版单位，出版了一系列展现中国核心价值观的精品图书。

此次中图公司与党建读物出版社的合作，是双方在新时代背景下，为贯彻落实十九大精神，携手推动中国主题图书“走出去”迈出的重要一步。通过双方的共同努力，可以更好地将中国价值、中国理论、中国精神介绍给全世界，真正讲好中国故事、传播好中国声音，有效提升中国文化的国际影响力。（邓南茜）

中国美术出版总社2018年高校工作会议召开

2017年12月13～14日，中国美术出版总社在江苏省宜兴市召开人美2018年高校工作会议。会议以“合作、互利、双赢、发展”为主题，研究讨论了在全国各地的高校设立人美高校联络处的具体办法和下一步的工作思路。来自全国13个省市的25所高校的28位联络处负责人以及总社相关工作负责人参加了会议。总社党委书记周伟出席会议并做主题报告，副总编辑欧京海主持会议。

周伟首先介绍了人美事业发展状况，简要回顾了人美60多年的辉煌历史，重点就新时期做好“四个人美”建设的战略部署和实施情况做了说明和介绍。会上，总社领导向人美高校联络处负责人颁发了任职聘书，总社教材、营销、期刊、新媒体等部门负责人介绍了发展情况。

在会议的分组讨论环节，参会人员分两个组就人美高校工作相关的六个议题进行了交流研讨，这六个议题分别是：①讨论人美高校联络处工作职责；②进一步加强与高校联系的意见建议；③如何进一步办好期刊，提高在高校的影响力；④如何进一步发挥新媒体的作用；⑤如何进一步做好高校教材的编写与出版工作；⑥如何做好发行与广告工作。

在讨论过程中，高校有关负责人表示，人美走进各大高校，有利于实现出版社与高校的多赢局面，希望人美社加快步伐打造核心期刊，《中国艺术》《中国美术》《书法教育》等期刊开设针对面向高校的专栏，重点推广；人美社新媒体建设要进一步加强，对接线上线下，扩大纸质刊物信息的传播影响力；推进合作编写教材和图书出版，提高内容的权威性。

中国美术出版总社办公会专题听取了本次会议的情况汇报，一致肯定会议达到了预期目标，并指出下一步要按照高校工作会议中提出的有关问题，抓紧推进各项工作，制定出人美高校联络处工作指导手册，建立微信平台，做好联络处的

定位和量化指标以及年度规划，为人美与高校的融合发展探索一条新的道路。（范雨萌）

韩国总统及夫人一行参观荣宝斋

2017年12月15日，韩国总统文在寅、夫人金正淑一行50余人参观荣宝斋，荣宝斋法定代表人、常务副总经理、党委副书记范存刚，副总经理张大卫全程陪同。总统夫妇对中国传统文化表现出浓厚的兴趣，饶有兴致地参观了荣宝斋文房用品经营部、木版水印工艺坊、荣宝斋美术馆和茶文化公司。范存刚向总统夫妇介绍荣宝斋的发展历程时说："荣宝斋已有345年的历史，这块金字招牌之所以熠熠生辉，靠的是文化有自信，经营讲诚信。荣宝斋是文化央企，一直致力于传统文化的传承和发展，自觉承担文化责任，她的发展也得到了国家的关注和支持。中国政府对传统文化发展极为重视，从青年一代抓起，积极推动传统文化进校园。正如习近平总书记所说，文化是一个民族的灵魂，文化兴则国运兴。"在文房用品部，范存刚向客人介绍了当代大家范曾先生的画作，以及笔墨纸砚等传统文房用品。

有民间故宫之称的荣宝斋珍藏了元代以来的书画文玩珍品数千件，文在寅总统一行参观了荣宝斋美术馆正在举办的《荣宝斋藏品系列展——京津画派部分（一）》。韩国客人对中国传统书画艺术赞不绝口。总统夫妇对齐白石、徐悲鸿、张大千等大师的艺术成就也颇有了解。

在荣宝斋茶文化公司展厅，工作人员向文在寅总统介绍了荣宝斋将书画艺术与茶文化结合开发的文化茶礼，在悠扬的古琴声中，文在寅总统一行落座茶室，品茗茶叙。范存刚代表荣宝斋赠送了荣宝斋木版水印齐白石《双寿》和荣宝斋345年纪念茶礼，总统夫妇欣然接受并表示感谢。在谈到传统文化发展时，文在寅总统说，中国在传承弘扬自己的文化方面做得非常好，韩国也应该把传统文化产业视为增长动力。

文在寅总统一行还认真观看了荣宝斋国家级非物质文化遗产木版水印技艺的制作工艺展示，对勾描、刻板、印刷3道工序的非遗传承人精湛的技艺赞不绝口。文在寅总统还亲自体验了印刷环节，印制了齐白石《牵牛花》，范存刚将该幅作品赠送给总统先生留作纪念。（陶　爽）

新华书店总店与阿里云计算有限公司共同建设新华书店网上商城

2017年12月20日，在阿里云2017云栖大会·北京峰会上，新华书店总店全资子公司新华互联电子商务有限责任公司与阿里巴巴集团全资子公司阿里云计算有限公司签署战略合作协议。双方将协同出版产业链资源，强强联合、优势互补，打造适应时代需求的云上文化消费电子商务平台——新华书店网上商城，探索并推动全国新华书店系统及其上下游行业生态的转型升级，通过布局智慧书店，打造全新的"悦读生活"理念，满足多元化、个性化的消费需求。

新华书店总店副总经理张雅珊与阿里云新零售事业部副总经理周斌彬共同按下象征合作正式启动的按钮。双方合作后，将携手完成新华书店网上商城线上线下的数字化升级，协同新华书店线上线下价值链上的"人、货、场"信息，从"小前端"汇聚到"大中台"上，整个环节都将由云平台承载，完成仓储物流、会员信息、线上线下、支付、发行等各个环节的打通，让书店拥有可以洞悉全局、智慧思考的"大脑"，将助力新华书店门店打造成全民阅读推广中心、文创产品展示中心、文化交流中心、学习教育中心，提升线上线下经营效率，更好地为读者服务。

为推动行业转型发展，新华书店总店近年来积极贯彻落实国家"互联网+"战略，秉持"共建、协同、共享"的发展理念，打造"新华书店网上商城""全国大中专教材网络采选系统"等全产业链平台。阿里云在云计算领域拥有领先的技术实力，在新零售领域拥有超前的实践经验，双方将通过技术、资源、人才等全方位深入合作，以新华书店网上商城为切入口，带动出版发行全产业链的升级，打造一个更加健康、更符合市场需求的产业生态环境，为行业、产业带来新的价值，创造更多的商业机会。

创立于2009年的阿里云是阿里巴巴集团旗下云计算品牌，致力于以在线公共服务的方式，提供云服务器、云数据库、云安全等云计算服务，以及大数据、人工智能服务、精准定制基于场景的行业解决方案。目前，该公司在世界云计算领域排名前3名。（梁晓龙）

中国图书进出口（集团）总公司2017年度财务工作会议召开

2017年12月21～22日，中国图书进出口（集团）总公司（以下简称“中图公司”）在北京召开2017年度财务工作会议，总经理张纪臣及总经理助理陶建民出席会议并讲话。会议由总公司计划财务部经理张明霞主持。

会议期间，国内各分支机构汇报了2017年主要经营情况和财务工作情况；总公司计划财务部对2017年度决算和2018年度预算编制工作做了详细的布置和说明，同时总结了2016年度决算、2017年季报及快报和预算中存在的问题。本次会议特邀大信会计师事务所合伙人陈国华，他指出了中图公司2016年度决算问题，对2017年决算重点工作提出建议，并对最新的政策法规、收入准则进行了讲解。

张纪臣在讲话中回顾了中图公司2017年的整体情况、战略转型及业务构成，强调了财务工作对企业的重要性。他指出，财务工作既是技术性的，又是政策性的；既是服务性的，又是管理性的；既是具体的，又是宏观的。财务部门在从事具体账务工作的同时，也要对公司的全面发展及业务构成有着透彻的了解。他对公司财务工作人员提出几点要求：一是加强政策研究；二是提高创造生产力能力；三是加强财务管理。张纪臣强调，总公司和各分支机构要协同发展，共同奋进。

陶建民肯定了公司财务工作者的努力，指出财务工作应与企业转型相结合，在总结规律的同时谋求创新，并向管理转型。他强调，财务工作是企业发展的基石，在承担财务、税务等风险的同时，应加强宏观政策的研究，做好企业法人、总经理的左膀右臂，协助公司的业务转型。

张明霞传达了中国出版集团公司财务工作会议精神，总结了中图公司2017年财务工作；部署了2018年重点工作，要求公司财务人员按时保质完成年底的预算及决算工作，力争实现“中国出版集团财务报告先进单位”的五连冠。

（王斯庄）

荣宝斋工会第10届会员代表大会召开

2017年12月27日，荣宝斋工会第10届会员代表大会在多功能厅召开，换届选举产生第10届工会委员会和经费审查委员会。会议由上一届工会委员孙行主持，荣宝斋党委书记朱涛，出版集团工会联合会温存、赵景娴及62名工会会员代表参加了会议。会议听取并审议了工会委员会和经费使用及管理工作报告，通过了换届选举办法，以无记名投票方式，差额选举产生了新一届工会委员会、经费审查委员会，张建平同志代表新一届工会委员会做了表态发言。

党委书记朱涛同志做了重要讲话，对上一届工会所做的工作给予了肯定，并对新一届工会工作提出了几点希望：一是突出服务发展的职能；二是突出依法维权职能；三是突出工会自身建设。朱涛同志还表示，将把工会工作纳入党委工作重要议事日程，及时研究解决带有方向性、原则性和全局性的重大问题，为工会组织创造性地开展工作，创造良好的条件和氛围。

会议最后，温存同志代表集团工会发表讲话，强调今后工会要在党委的领导下，牢牢把握政治方向，要把工会组织真正建成职工群众信赖的“职工之家”，使工会干部真正成为职工群众的贴心人。

荣宝斋新一届工会委员会将认真履行职责，在上级工会和斋党委的领导下，充分发挥好工会的桥梁纽带作用，团结广大职工在荣宝斋的各项改革、建设和发展中发挥更加积极的作用，维护职工的合法权益，丰富活动方式，充分调动和发挥工会会员的积极性和创造力，把工会建设成为

党组织靠得住、职工信得过的群众组织。

（陶　爽）

中国出版集团公司 2016 年度决算报表及快报综合考评出炉

2017 年 12 月 28 日，根据《中国出版集团公司企业年度财务决算报告考评管理暂行办法》（中版发〔2011〕3 号）要求，中国出版集团公司对 2016 年度决算报表及快报进行了综合考核评比。中国图书进出口（集团）总公司、荣宝斋、中国对外翻译有限公司、商务印书馆、中国美术出版总社、东方出版中心、中华书局、人民音乐出版社和中版教材有限公司等 9 户企业被评为“2016 年度财务报告先进企业”；新华书店总店、上海东方维京文化发展有限公司、中国大百科全书出版社、中国出版传媒商报社、人民文学出版社和现代出版社等 6 户企业被评为“2016 年度财务报告优秀企业”。

（黄　迪）

文体活动

商务印书馆首届职工摄影展举行

2016 年 12 月 30 日至 2017 年 1 月 12 日，商务印书馆首届职工摄影展在涵芬楼艺术馆举行。此次展览是纪念商务印书馆创立 120 年的系列活动之一。所展出的 60 幅（组）摄影作品都是商务印书馆职工近年来在摄影创作领域的收获，其中既有风光照，也有人像；既有人文纪实照，也有动物花草摄影。这些作品从一个侧面反映了商务印书馆职工的精神世界和审美水平。

作为有着悠久历史的文化单位，商务印书馆一直重视职工的文化生活和企业文化建设。摄影是职工业余文化生活的一个重要组成部分。商务印书馆工会及职工摄影协会多次组织职工积极参加相关的摄影展或比赛，很多作品在中国出版集团公司、中央直属单位系统、北京出版系统摄影展或比赛中获奖，有力地推动了商务印书馆的企业文化建设。

（朱　绛）

中译出版社离退休老同志新春座谈会举行

2017 年 1 月，中译出版社举行离退休老同志新春座谈会。总编辑张高里代表公司全体职工向离退休老同志表示了亲切的慰问，并就公司 2016年的经营情况及 2017 年工作思路进行了汇报。2016 年，中译出版社以“调速度、调结构、强导向、强质量、强动力、强党建”为指导思想，开展体制机制创新，加快“五大平台”建设，重点推进国际化项目，实行岗位竞聘和绩效考核管理，做强做开教育、少儿、社科、外语等各大板块，各项工作取得了长足进步，整体规模比去年同比有较大幅度增长，收入和利润实现了双增 10%。

在听取了张高里汇报后，与会老同志们纷纷谈了感受，并送出了他们对中译出版社的祝福。他们充分肯定了公司这一年里取得的成绩，认为取得这样的成绩令人欢欣鼓舞，并表示：回到公司，看到熟悉的面孔，有一种回家的感觉。中译出版历史悠久，道路曲折，经历了漫长的发展道路。2015 年出版与翻译分家，这是出版工作的一个重大拐点，存在着很多的困难。在这种情况下，中译出版社能够稳步发展，几大产品线清晰并形成一定的规模，在全国 600 多家出版社中排名靠前，振奋人心，令人欣慰。

（茹　慧）

新华书店总店举办元宵节联谊会

2017 年 2 月 10 日，新华书店总店（以下简称“总店”）在多功能厅举办了 2017 年元宵节联谊会。总店总经理茅院生，党委副书记柏万良，副总经理张雅珊、陈新，总经理助理戴昕、汪春荣及部分员工参加了联谊会。

柏万良代表总店领导班子向全体员工致以节日的祝福。他指出，2016 年我们实现了“十三五”开门红，总店重点项目上升为集团公司重点工作，经营指标持续上扬，职工收入持续增长，

社会影响力持续攀升，体现了我们“克勤于邦，止于至善”的核心理念。当下的总店具备了跨越式发展的天时、地利、人和，开启了产业转型的新天地。企业改革发展不是等来的，更不是天上掉下来的，而是勇于创新打拼出来的、攻坚克难苦干出来的。我们坚信，在领导班子的正确领导和员工们的团结奋斗下，以抓铁有痕的精神落实工作，我们一定会实现总店的复兴梦！明天的总店必将艳阳高照，员工们也将拥有更多的获得感、成就感和幸福感。

联谊会上独唱、合唱、诗朗诵、乐器演奏等节目精彩纷呈，还有别出心裁的幸运抽奖，“喊”出了2017年的幸运员工，以及互动游戏、互换礼物等内容，掌声、欢笑声不断。

总经理室成员与总店合唱队演唱的《中国，中国，鲜红的太阳永不落》，将会场的气氛推向高潮，嘹亮的歌声展现了总店人实现复兴梦的坚定信心，预示着新的一年总店必将披荆斩棘，一路向前。（张　倩）

新华书店总店举办新华大讲堂

2017年2月23日，新华书店总店（以下简称“总店”）邀请全国政协委员、中国韬奋基金会理事长聂震宁应邀做客“新华大讲堂”，以“邹韬奋是怎样成为出版大家”为题，为总店全体在职员工做了一场精彩的报告。总店总经理茅院生，党委副书记柏万良，副总经理张雅珊，总经理助理戴昕、汪春荣及总店各部门、所属公司在职员工聆听了报告。

聂震宁通过邹韬奋先生投身出版与革命事业的六个方面的事迹（“为大众”“爱祖国”“敢斗争”“善经营”“懂管理”“真敬业”），深入浅出地总结了韬奋精神及其时代要求。他用耳熟能详的历史事件、感人至深的出版故事，勾勒出邹韬奋追求进步、向往光明，服务大众、矢志报国的光荣一生，虽托化缘于市的商贾作为，却始终修具教化天下、拯民水火的家国情怀。韬奋先生用其一生的新闻出版实践，深刻诠释了“竭诚为读者服务”的精神信条。在深入学习贯彻习近平总书记系列重要讲话精神的今天，聂震宁的报告不仅拓展了“韬奋精神”的时代特征，更是为总店全体员工上了一堂生动的教育课。

茅院生在主持总结讲话中指出，新华书店总店作为在延安成立的红色文化企业，学习韬奋精神有着很强的现实意义。韬奋先生的爱国精神、服务精神、奉献精神、敬业精神与新华人所倡导的“新华精神”高度一致，也是我们新华书店内在的、首要的、突出的品格。2017年是新华书店创建80周年，在新的历史起点上，我们要更好地学习韬奋精神，落实韬奋精神，要将爱国精神、服务精神、敬业精神、奉献精神贯穿在各项工作中，更好地为国家民族复兴、先进文化传播、总店改革发展贡献力量。（张　倩）

人民文学出版社
庆祝三八妇女节系列活动举行

2017年2月28日至3月1日，在三八国际妇女节来临之际，人民文学出版社举行了女职工庆祝节日的系列活动，不仅有三八妇女节女职工座谈会、有奖知识竞答，还有趣味运动会，充分调动女职工的积极性，使其参与到活动中来。

2017年2月28日，人民文学出版社提前组织了女职工座谈会。领导班子参加座谈会，与10余位女职工代表就人民文学出版社可持续发展、生产经营、维护女职工权益等方面进行了对话交流。女职工代表围绕员工生活、业务培训和企业文化建设等问题踊跃发言，对出版社的发展提出了合理的建设性意见。社长臧永清总结发言，表示人民文学出版社良好的企业文化是发展的优良基础，对员工提出的建议都会虚心接纳、努力改善。

此外，工会还给社内每名女职工分发三八妇女节女工知识答题试卷，根据答题情况颁发奖品。3月1日，在社内组织了三八妇女节趣味运动会，鼓励大家利用休息时间积极参与比赛，锻炼身体、放松身心，体会人民文学出版社温暖愉快的人文关怀。（顾　乡）

中国大百科全书出版社举办三八妇女节主题系列活动

2017 年 3 月 3～8 日，中国大百科全书出版社开展了以“传承匠人精神，做美丽百科人”的主题系列活动。活动主要包括两项内容：一是 3 月 3、6、7 日，组织全体职工观看《我在故宫修文物》纪录片；二是 3 月 8 日当天，组织女职工参观故宫博物院。

中国大百科全书出版社职工们在观看纪录片及参观游历故宫的过程中，被宏伟壮观的建筑设计与深厚的历史文化底蕴所折服。三版技术与运营中心、少儿百科分社、期刊中心、市场营销部等部门还将活动与部门中心工作相结合，对故宫的参观场景、文化创意以及所反映的传统文化等进行了考察、调研，为工作的开展提供了借鉴。

（尹添铭）

中国对外翻译有限公司举办“学习雷锋好榜样”主题征文活动

2017 年 3 月 5 日，是毛泽东主席提出“向雷锋同志学习”54 周年纪念日。为进一步加强企业文化建设，弘扬雷锋精神，让雷锋精神深入人心，中国对外翻译有限公司举办了“学习雷锋好榜样”主题征文活动。征文以围绕学雷锋活动，展示身边的感人事迹，宣传雷锋助人为乐、为人民服务的奉献精神为主旨。

本次主题征文活动面向全体干部职工，共征集文章 25 篇，经评选，共有 6 人获奖，其中一等奖 1 名，二等奖 2 名，三等奖 3 名。

（赵　桐）

中译出版社做手工、迎三八活动举行

2017 年 3 月 7 日，在第 107 个国际妇女节来临前夕，中译出版社工会邀请拥有制作“丝网花”多年经验的中直机关已经退休的石老师，为全体女工讲授“丝网花”的制作方法。中译出版社的“丽人们”齐聚一堂，在秀美的花涛和欢声笑语中度过了一个难忘的下午。

“丝网花”起源于日本，以其色彩艳丽，造型丰富而闻名。在石老师的精心讲解和指导下，大家很快上手，用不同颜色的丝网、套筒、尖嘴钳、剪刀、棉线、铁丝、绿色纸胶带和仿真绿叶这些基础的工具，制作出一朵朵婀娜多姿的郁金香和一簇簇楚楚动人的四瓣小花。节日里，中译出版社心灵手巧的“妈妈们”和“女儿们”暂时放下手头的工作，与朝夕相处的同事们一起享受做手工的乐趣。在生活节奏越来越快的工业化时代，手工带来的温情与浪漫让大家在体验新鲜事物的同时，舒缓压力，放飞心情，公司对女同胞的关怀和爱护也无声地绽放在这些如花的笑靥里。

（茹　慧）

生活·读书·新知三联书店举办三八妇女节特别活动

2017 年 3 月 8 日，为庆祝国际妇女节，生活·读书·新知三联书店工会邀请到敦煌研究院文化创意工作者的陈琦，举办了一场结合学术、文化、艺术和手工的型染手绘体验活动。陈琦向女员工们系统讲述了敦煌壁画中所蕴含的意义、艺术形态以及壁画所运用的色彩及其搭配。经过理论知识的铺垫，并观看型染程序的展示后，女员工们拿起铅笔和剪刀进行创作，还相互借鉴、学习、欣赏。此次参加活动的女员工共 30 名，覆盖了“50 后”到“90 后”的各个年龄层。

（张　惟）

中国图书进出口（集团）总公司工会组织女职工庆祝三八妇女节

2017 年 3 月 8 日，中国图书进出口（集团）总公司工会组织女职工开展了一场“参观百年义利，DIY 制作面包”活动，共有 72 名女职工参加活动。

大家首先参观了北京义利食品公司，了解其

百年发展历史。从共和国成立时期的公私合营，经过19世纪50～60年代经济物质匮乏时期，再到改革开放的发展变化，义利的发展史就像一个共和国经济发展的小缩影，生动立体地呈现在大家眼前。而其招牌产品威化饼干、维生素果子面包、北冰洋汽水等，更是勾起了女职工们的儿时记忆。

让大家更为兴奋的是，现场可以亲手制作面包。全体成员分为7组，围在操作台边认真聆听技巧讲解，仔细观看操作演示。经常做家务的女职工们十几分钟就完成了“规定任务”，精美的花式面包显示着她们平日的勤劳；另一边，90后们也不甘落后，她们的作品构思巧妙，展现出新一代的时尚风采。

“50号！78号！99号！”在工作人员高亢的叫号声中，一袋袋刚出炉的香甜面包找到了自己的主人。返程路上，大家分享着劳动果实，满车麦香飘进了每位女职工的心田。（吴永利）

现代出版社举办“春暖迎三八 环湖健步走”活动

2017年3月8日，现代出版社工会组织女职工开展“春暖迎三八 环湖健步走”活动。

上午10点，健步走的队伍在现代出版社门口集合，统一出发。大家按照设定路线，沿着湖畔，走过湖堤，成为一道亮丽的风景线。虽然天气微凉，但是大家一路你追我赶，欢声笑语，不仅释放了身心压力，更促进了部门之间的同事关系。（曹　婕）

中国图书进出口深圳公司启动首届深港两地书评征文大赛

2017年3月21日，中国图书进出口深圳公司启动首届深港两地书评征文大赛，通过“全球文化跨境交易平台”网站、《深圳商报》等媒体面向全社会征稿。

本次征文大赛由中国图书进出口深圳公司、深圳市作家协会等单位主办，中图跨境电商（深圳）有限公司、《深圳商报》文化广场协办。组委会邀请深港两地文学界资深编辑、作家、出版人组成专家团队，提出最近5年出版的深港两地文学作品书目。参赛者以书目范围内的文学作品为阅读对象，撰写原创书评并按要求投稿，通过初审、复审、终评，评出各奖项。主办机构将编选优秀作品结集出版，向有关作者赠阅并在深港两地发行。（彭淑瑜）

中国美术出版总社与人民音乐出版社联合举办扑克牌友谊赛

2017年3月24日，中国美术出版总社与人民音乐出版社扑克牌友谊赛在中国美术出版总社举办，比赛由两家出版单位的工会策划、组织。

中国美术出版总社党委副书记、副社长高世屹，人民音乐出版社党委副书记、工会主席周群，中国美术出版总社工会主席赵国瑞参加了活动，为大家带去了党委和工会组织对员工精神文化生活的高度重视和深切关爱。双方领导在致辞中鼓励选手们赛出水平，赛出友谊，赛出企业文化特色；通过比赛，进一步促进兄弟单位之间的情感交流，加强在业务发展等不同层面的相互学习。

在此次比赛之前，双方单位各自进行了为期5天的选拔赛，员工们积极参与、认真参赛，各自选拔出8名代表。在中国美术出版总社工会的精心组织、细心安排下，举行了友谊赛。双方16名选手通过抽签随机分组的形式进行较量，比赛在欢快轻松、友好融洽的气氛中进行。选手们以牌会友、切磋技艺、交流心得。最终，中国美术出版总社取得了第1名，人民音乐出版社取得了第2名和第3名。（周　钰）

生活·读书·新知三联书店迎85周年店庆摄影比赛举行

2017年3月30日，生活·读书·新知三联书店（以下简称“三联书店”）工会组织了一项

摄影比赛，系为三联书店迎 85 周年店庆员工文体活动之一。此次参赛作品为三联书店组织员工赴居庸关春游期间所拍摄的照片。工会共收到参赛作品 50 多幅，由工会请三联书店专业人员组成评审组，评选出一二三等奖。获奖作品刊登在 2017 年第 4 期《店务通讯》上，并颁发相应奖励。

（张嘉薇）

中国大百科全书出版社组织青年职工参观滴滴出行集团

2017 年 4 月 6 日，中国大百科全书出版社团支部组织青年职工前往滴滴出行集团总部进行参观学习。在滴滴企业文化部负责人的带领下，青年职工们深入到滴滴出行集团内部参观，感受滴滴出行集团的文化。随后的交流座谈会上，滴滴出行集团党委书记代表公司对大家的到来表示欢迎并致辞，资深培训师介绍了滴滴出行集团的创业背景、发展历史、企业文化、经典案例和创新理念。双方还就企业发展方向、企业运营模式、企业文化建设、人才培养等内容展开深入的交流讨论。中国大百科全书出版社党委办公室主任宋梅娟向滴滴出行集团介绍了百科的发展历史、主要业务和取得的荣誉，也期待双方能够在“互联网＋”领域开展尝试性合作，在企业文化建设、员工发展等方面能有更多的交流和协作。活动结束后，双方合影留念，出版社向滴滴出行集团图书馆赠送了图书，并邀请滴滴出行集团的青年员工来百科交流学习。

（尹添铭）

中译出版社组织员工参观“中国出版集团公司 15 周年改革发展成就展”

2017 年 4 月 10 日，中译出版社 40 多名员工参观了在中国美术出版总社举办的“中国出版集团公司 15 周年改革发展成就展”。他们在解说员的引导下，循着集团公司 15 年改革发展的历史足迹，目睹了一幅幅生动感人的照片、一组组靓丽醒目的数据、一项项振奋人心的重大出版工程。参观之后，大家都为集团公司在 15 年里所取得的巨大成就深受鼓舞。

参观过程中，员工们看到中译出版社的《走进海洋世界》《宋慈大传》和《杨红樱爱的教育童话》等书籍出现在中版好书展台，《魅力总理周恩来》和《周恩来自述评传》展示在主题出版展台，《希腊神话全集》在畅销书展台展出。更为醒目的是，在国际化展台，中译出版社的“中国报告”系列、《中国通史》（6 卷本）、“藏族青年作家”系列、“阅读中国・五彩丛书”系列等 30 余种英文版书籍悉数展出，再一次展示了中译出版社作为集团公司“国际化”排头兵的实力。

（茹　慧）

中国大百科全书出版社组织职工参观“中国出版集团公司 15 周年改革发展成就展”

2017 年 4 月 12 日，中国大百科全书出版社组织各部门职工代表、业务骨干、青年员工参观“中国出版集团公司 15 改革发展”。

展览分为 15 周年成就展和书画摄影展两大部分，多方面、全方位地展示了集团公司 15 年来的成长历程、改革发展道路、取得的成就和未来发展方向等内容。还展出了集团公司 15 年来的各项重大出版工程、畅销书、常销书、获奖图书，中国大百科全书出版社的多种图书也在展览之列。书画摄影展汇集了集团公司各单位领导、职工、退休老同志的书法、绘画、摄影作品，以及难得一见的名家手稿。本社职工高原、罗锡鹏、杨小凯、乌灵、张若楷、陈义望、曾辉、李征、刘晓晴、孙宇、孙怡、梁燕、程忆涵等多名同事的作品也入选其中。

在参观过程中，大家都表现出极大的热情，对集团公司历史、改革道路、发展方向有了更系统、深入的了解，职工们的集体荣誉感、认同感也得到了进一步的强化。大家决心立足本职岗位，为推进本社改革和市场化发展做贡献，为打造现代化、大型化、国际化出版传媒集团贡献百科力量。

（尹添铭）

中国图书进出口（集团）总公司领导班子到顺义物流中心调研

2017年4月12日，中国图书进出口（集团）总公司领导班子一行8人前往中图顺义物流中心调研，撸起袖子和职工们一起劳动。

抵达后，班子一行首先参观了中图顺义物流中心，并听取各板块情况介绍。中图顺义物流中心建设方案于2015年首次提出，总建筑面积35721平方米，设计年吞吐图书码洋不低于25亿码洋（1600万册），已正式投入运营。随后，班子成员兵分3组，深入职工队伍参加劳动：第1组前往图书样本室，协助完成样本上架工作；第2组、第3组前往微库存区，进行教材、大众市场微库存商品上架工作。整个劳动场面气氛热烈，繁忙有序。

劳动结束后，召开了顺义物流中心工作情况汇报会。总经理张纪臣在总结发言中首先肯定了发行中心的工作，并对大家的辛苦付出表示感谢。他要求各部门继续全力配合发行中心，平稳顺利地完成各项工作对接。他强调，中图公司过去、现在、未来的发展都离不开发行，要借助此次物流中心启用，结合业务系统开发，把发行工作扩大规模、提高档次、提升高度，用科学化、严格化的管理开展工作，将物流中心打造成中图的核心竞争力，全面激发企业经营活力。

党委书记聂静希望物流中心广大干部职工继续发扬前期的优良作风，在今后的工作中重点注意工作自律、安全生产、干部队伍建设及班子团结四个问题。（卓舒芸）

现代教育出版社组织全体员工参观北京新华印刷有限公司

2017年4月14日，现代教育出版社组织全体员工参观北京新华印刷有限公司。北京新华印刷有限公司的两位副总亲自带队，一个车间、一个车间地进行详细、严谨、生动的讲解，让现代教育出版社员工特别是年轻人打开了眼界，了解了印厂的工作流程，知道了每一本书的印刷工序。当看到由现代教育出版社出版的《图说全译本史记》从生产线上下来的那一刻，成就感、自豪感油然而生，同时也深深地感受到肩上责任之重大。

这次活动让全体员工在紧张的工作之余身心得到了放松，拉近了大家的距离，每一位员工都参与进来，调动了员工积极性，提高了员工归属感，增强了员工凝聚力。（李　颖）

现代教育出版社开展环湖健步走比赛

2017年4月14日，现代教育出版社全体员工赴南海子湿地公园，进行环湖3公里健步走比赛。比赛前，有的员工开始做热身运动，压压腿、拉拉筋，像模像样。比赛开始后，不管是年轻的员工还是年老的员工，一个个健步如飞。在全体员工全部抵达终点后，评选出男子组前3名、女子组前6名。此次健步走比赛让员工在工作之余，走向户外、亲近自然，增强了团结，加深了交流。（焦小桥）

中版教材有限公司组织职工参观“中国出版集团公司15周年改革发展成就展”

2017年4月18日，中版教材有限公司组织全体员工参观“中国出版集团公司15周年成就展”。该展览总结回顾了集团公司成立15周年来的各项工作及成果，规划展望“十三五”时期的改革发展。（武一格）

中图外文书店举办尤克里里亲子手工课

2017年4月22日，中图外文书店“亲子手工，尤克里里”活动于店内2层美书馆举行。活动以DIY手工制作西方乐器尤克里里为主，融入了大量的木头、书本、彩绘等传统东方元素。

为了让各位家长和小朋友深入了解活动背景，活动伊始，现场指导老师简要介绍了尤克里里的历史文化、名称由来、发展以及艺术应用。

活动期间，演奏老师轻轻拨动琴弦，尤克里里欢愉的乐声缓缓倾泻；木作老师一边讲解理论知识，一边示范制作尤克里里的基本操作。小朋友们认真打磨木料，仔细安装弦准、琴枕、琴柄，并粘贴指板，固定零件。

外文书店活动负责人表示：“我们是在体验一种更接近自然、更接近艺术的生活方式。在这个流行积木、汽车、模型的快餐时代，希望通过这次活动，将大家带回那个一砖一木、一物一华的慢生活年代。”

活动报名人数空前，获得了腾讯新闻、网易新闻等大型新闻网站的转发，吸引了几大亲子平台的关注并陆续联系合作。中图外文书店将不定期举办传统文化手工系列活动，让喜欢传统文化、热爱动手的青少年能参与其中。

（刘粉艳）

人民音乐出版社举办
“17 分享给你听”活动

2017 年 5 月 4 日，人民音乐出版社在五四青年节举办了“17 分享给你听”活动。活动由社党委、团委组织，全社 35 岁以下青年参加了此次活动，党委副书记周群同志参加活动。

此次分享活动以“书”和“音乐”为纽带，来自编辑部、音像中心、教材中心、校对中心、总编室、出版部、发行部和办公室等部门的 14 名青年员工，结合自己感触最深的一本书或者一段音乐作品，分享了自己的心得体会。分享的书籍和音乐的类型、风格多样化，作品涉及范围广，主要包括编辑知识理论、文学历史、民族音乐等多种题材。活动前，14 名员工做了精心、用心的准备，制作了精彩的 PPT，准备了专门的音频和视频资料。活动中，每位分享者积极畅谈感悟，分享从阅读图书和欣赏音乐中的收获与快乐。活动营造出了相互交流、共享乐趣的良好氛围。周群对“17 分享给你听”活动的组织工作和 14 名员工的分享交流发言给予了充分肯定。她说，“好的文化就是激发与人分享的冲动”，希望大家通过分享活动爱上阅读，并通过读书提高员工的专业能力，在社内形成崇尚学习、善于思考的良好氛围。

（黄亚超）

人民文学出版社举办
“手工制作皮质名片夹”活动

2017 年 5 月 4 日，人民文学出版社团支部联合朝阳门街道办事处团委，在人民文学出版社办公楼会议室举办了“手工制作皮质名片夹”活动。

特意前来的赵老师对手工制作有着深刻的体会和热爱。他讲道，在一般人看来，很多知名皮具品牌只是体现身份的消费符号或者精美的配件，但实际上这些品牌之所以知名，不可不提的一部分原因在于，品牌内部的工匠们会不断尝试最好的材料、最好的工艺，从而制造出最佳品质的皮具。这一次，赵老师为大家讲解的是皮具缝制中常用又经典的马鞍针法，爱马仕公司把这种应用悠久的针法推广至今，其效果是机器无法代替的。

介绍完背景，赵老师拿起针线皮革，为大家一步一步细致地讲解制作过程。青年员工们认真聆听每一步指导，并在互相交流的氛围中开始了皮具制作。有些员工先行完成后，热心地向其他同事传授经验，并彼此比较作品的完成度，进行最后的打磨封釉，尽量做到尽善尽美。

在这次活动中，大家不仅学到了一门新的手艺，更了解到将一件最简单的皮具做好也需要一定的知识、技巧和专注与耐心。将这份精神运用到平日的工作生活中，相信青年员工们能够以更精益求精的眼光看待自己的成果，取得更多辉煌的成就。

（顾　乡）

中国对外翻译有限公司举办
首届职工趣味运动会

2017 年 5 月 5 日，中国对外翻译有限公司（以下简称“中译公司”）在石景山体育馆举办了首届职工趣味运动会，全体干部职工积极参与此次活动。

公司副总经理、党委副书记、纪委书记、工

会主席张晶晶出席运动会，并致开幕辞。她在发言中指出，长期以来，中译公司高度重视员工的文体活动，员工的健康管理是公司管理工作的重点之一，公司一直鼓励员工在工作之余积极参加体育运动。希望以这次运动会为契机，在整个公司树立“健康生活，快乐工作”的理念，形成热爱体育、关注健康、团结奋进的良好氛围。

员工们通过运动和竞技，不仅放松了身心，强健了体魄，更加强了团队的凝聚力和向心力，促进了公司文化融合和正能量的传播。

（赵　桐）

东方出版中心参加2017年度“社店联谊杯”足球邀请赛

2017年5月17日，东方出版中心工会以“球在足下、心有东方、奋勇拼搏、勇创辉煌”为主题，组织11名东方足球队成员赴上海华东师范大学参加由上海新华传媒连锁有限公司与华东师范大学出版社有限公司、上海交通大学出版社有限公司等6家出版单位共同发起的2017年度“社店联谊杯”足球邀请赛。通过3场预赛及1场决赛，中心足球队以4场全胜，6个进球、1个失球的战绩获得足球邀请赛冠军，展现了中心青年良好的拼搏精神。（姜小明）

中华书局2017年度趣味运动会举行

2017年5月26日，中华书局举行2017年度趣味运动会。本届运动会设置了羽毛球、乒乓球、足球、台球双打、拔河、集体跳绳、投篮、飞镖、高尔夫等9个项目，170余名员工踊跃参加。比赛紧张激烈，精彩纷呈，大家热情高涨，努力争先。此次运动会的成功举行，起到了增强员工体质，丰富员工业余文化生活，增强凝聚力，促进企业文化建设的作用。（梁　彦）

中版昆仑传媒有限公司组织全体员工参加拓展训练

2017年5月26～27日，中版昆仑传媒有限公司党团、工会组织公司全体员工到密云云蒙山参加拓展训练。党员们重温了入党誓词，再次坚定了党员的信仰，深深感受到党员的责任、使命和荣耀，表示要在今后以实际行动践行对党的庄严承诺。中版昆仑传媒的全体员工参观了密云的白乙化烈士纪念馆，缅怀先烈，感受峥嵘岁月。与此同时，第1届“中版昆仑杯”体育竞赛在云蒙山开展，项目涵盖篮球、乒乓球、台球等比赛。这次活动既促进了员工们的沟通，增强了集体凝聚力和团队精神，同时也营造了健康积极向上的企业文化氛围，为企业的发展积蓄了力量。

（沈梦杭）

中华书局第2届手机拍书影比赛举行

2017年5～6月，中华书局举行第2届手机拍书影比赛。本次比赛共收到60名员工上传的120幅书影作品，并在中华书局一楼大厅电视中循环播出。6月7日，经评委会全体成员认真评议，评选出一等奖5名、二等奖10名、三等奖15名，以及参与奖若干。（梁　彦）

中国图书进出口深圳公司举办首届深港作品书评征文大赛

2017年6月24日，由中国图书进出口深圳公司、深圳市作家协会、深圳市福田区人民政府侨务办公室和深圳市福田区公共文化体育发展中心联合主办，中图跨境电商（深圳）有限公司承办的首届深港两地文学作品书评征文大赛于深圳中心书城公布获奖结果，并推出精选书评结集《蛙声集》。

本次大赛于3月21日至5月31日向社会公开征稿，共收到133篇有效稿件。参赛选手包括著名文学评论家、中国出版集团公司党组成员、副总裁潘凯雄，著名文学评论家、多届国家级文学奖项评委贺绍俊，深圳报业集团副总编、《深圳晚报》总编丁时照，空军指挥学院副院长、少将、全国政协委员朱和平，中国青年出版社纪实读物编辑中心副编审李文华等。

为纪念香港回归20周年，加强深港两地文学及作家的沟通与了解，促进两地作家、文学爱好者及文学媒体的合作与创作繁荣，大赛组委会成立编修小组，将所有精选书评篇章结集出版，名为《蛙声集》。作为活动延伸，《蛙声集》的评委与作者将到企事业单位、街道社区、学校等地举办分享会。

中共深圳市福田区委常委、统战部部长刘俊琳，深圳市福田区公共文化体育发展中心主任李捷，中国图书进出口深圳公司总经理林宏雄等出席颁奖典礼。（陈永娴）

中国对外翻译有限公司开展红色经典诵读活动

2017年6月，中国对外翻译有限公司（以下简称“中译公司”）各支部组织开展红色经典诵读活动。活动中，诵读者满怀真情、充满敬意的诵读，感染了在场的每一位党员。大家在重温经典的同时，深刻体会到经典著作给人的不朽力量，纷纷表示要把从经典中所悟所得内化于心，使其成为成长的精神动力，又外化于行，将其转化为工作和生活的实际行动。

根据上级要求，经公司党委研究决定，推荐集体诵读节目《红船精神：启航的梦想》代表中译公司参加集团公司举办的“不忘初心，继续前进”主题红色经典诵读活动。（赵 桐）

商务印书馆第3届羽毛球团体赛举行

2017年10月14日，商务印书馆第3届羽毛球团体赛在冶金部羽毛球馆举行。商务印书馆馆领导出席比赛开幕式。各部门及所属公司高度重视，广大员工积极响应、踊跃参与，共有8支联合代表队参加，80多名运动员参赛。

本次比赛采用创新的“五羽轮比”特别混合团体赛的方式，即比赛全部为双打，参赛双方各派出5名队员（3男2女），比赛采用100分制（每球得分制），实行5局轮换制，比分先到100分的一队获胜。经过激烈角逐，最终营销版权全媒体联合代表队获得第1名，教科文外语代表队获得第2名，人力出版涵芬楼代表队获得第3名，汉语编辑中心代表队获得优秀组织奖，营销版权全媒体联合代表队获得突出贡献奖。

（张华斌）

中国对外翻译有限公司组织开展红色主题党员教育实践活动

2017年10月19～21日，中国对外翻译有限公司党委组织党员赴湖南韶山开展“追寻先辈光辉足迹，缅怀领袖丰功伟绩”的红色主题教育实践活动。公司总经理、党委副书记黄松，副总经理、党委副书记兼纪委书记张晶晶，中译语通科技股份有限公司总经理、党委委员于洋等共48名在职党员参加了活动。

通过参观毛泽东、刘少奇等革命先烈的故居，回顾老一辈无产阶级革命家成长及为共和国奋斗的艰辛历程，党员干部们的内心受到了震撼，思想得到了净化，灵魂受到了洗礼。每一名党员更加清醒地认识到在新的历史时期所承担的历史责任，要立足岗位，从点滴做起，为党的事业，为集团公司和本公司的发展贡献更多力量。

（赵 桐）

中国图书进出口（集团）总公司工会举办健步走活动

2017年10月28～29日，中国图书进出口（集团）总公司工会在北京奥林匹克森林公园举办了以“快乐工作、健康生活”为主题的徒步远足健身活动。总经理张纪臣、党委书记聂静带领领导班子成员，与员工一起体验运动的乐趣。

28日9点整，张纪臣总经理宣布活动开始，大家斗志昂扬，整装而发。现场天公作美，碧空白云，天晴气爽。有的职工身体矫健，飒爽英姿尽现眼前；有的职工放慢步伐，沉浸在晚秋的美景中；还有的职工活力十足，不满足于5千米的路线，沿着10千米的方向大步流星，活力焕发宛如少年。愉悦的气氛和大家的欢声笑语为本次

活动平添了许多色彩。工会工作人员还为所有参与活动的员工准备了纪念品。

本次健步走活动不仅增进了同事之间的交流与了解，还调动了广大职工踊跃参与体育健身活动的热情，同时鼓励和引导职工开展自主锻炼、强身健体、快乐生活，以健康的体魄和良好的精神状态，为中图公司做出更大的贡献。（卓舒芸）

中译出版社团总支举办组织生活会暨“读百部经典 成专家型人才”读书会

2017 年 10 月 30 日，中译出版社团总支于公司大会议室举办了组织生活会暨“读百部经典成专家型人才”读书会，团员及部分青年参加了此次活动。

“读百部经典 成专家型人才”为中译出版社党委、工会、团总支于 2017 年开展的主题系列活动，旨在更好地落实党员“两学一做”和团员“一学一做”教育实践，促进员工思想政治素养和业务能力的提升。活动要求各位员工积极阅读经典，多方面拓展知识和能力，并通过读书会、征文等多种活动平台进行交流和成果转化。社党委、工会、团总支共同置办百种图书，于 6 层大会议室设立“百部经典图书角”供员工自由借阅。本次读书会为中译出版社团总支自成立以来举办的第 3 期读书会，得到团员的好评，并已逐渐形成特色。（茹　慧）

中版教材有限公司工会组织员工秋游活动

2017 年 11 月 8 日，公司为丰富员工文化生活，组织“坡峰岭赏红叶，周口店猿人遗址一日游”活动。坡峰岭景区位于房山区周口店镇黄山店村境内。山上的红叶树木以黄栌为多，兼有其他变色树种。秋尽时，满山红叶格外抢眼。

通过此次秋游活动，公司员工不仅欣赏了美丽风景，放松身心，缓解了工作压力，同时也增进了彼此感情，为大家提供了交流平台，为日后协调合作打下良好的基础。大家表示将会以更加饱满的工作热情投入到自己的工作岗位中，为公司蓬勃发展贡献自己的力量。（武一格）

公益活动

商务印书馆“涵芬书院”文化服务综合体落成

2017 年初，“涵芬书院”文化服务综合体在商务印书馆阅读空间（灯市口大街 100 号）正式落成。“涵芬书院”是由商务印书馆运营的为读者提供文化服务的品牌，以全民阅读“书香七进”的相关要求为指引，旨在向广大读者提供多种类型的阅读和文化活动，以丰富读者的文化生活，也致力成为专家学者与读者沟通的重要枢纽。书院成立后，逐渐实现了品牌输出。2017 年 4 月 14 日，“育英·涵芬书院”在北京市第二十五中学成立，商务印书馆副总经理王齐与北京市第二十五中学校长贾春杨共同为“育英·涵芬书院”揭牌。书院将为书香校园建设、促进学生阅读教育提供助力。（魏　微）

中国出版传媒商报社连续举办图书捐赠公益活动

2017 年 1 月 9 日，在中国出版传媒商报社举办的“教育·出版·互联”峰会上，中国出版传媒商报社联合多家出版机构，为海南澄迈县 100 所学校捐赠了 17 余万种、总价值 77 余万元的图书。澄迈县人民政府副县长王祚宁、教育和科学技术局党委书记王文范在此次论坛上为上海钟书实业有限公司、河北一路领先图书贸易有限公司、郑州培优教育图书发行有限公司、广东教育出版社有限公司、江苏春雨教育集团有限公司、西南大学出版社、广东新世纪出版社有限公司、山东星火国际传媒集团有限公司、湖南电子音像出版社以及北教小雨文化传媒公司 10 家企业颁发了捐赠证书。

此外，在 6 月 15～16 日举行的由中国出版传媒商报社和广西师范大学出版社集团有限公司联合主办的第 5 届中国出版传媒业信息资源联通会议上，中国出版传媒商报社联合各参会单位，向广西桂林龙胜民族中学捐赠 300 余册、价值 1.2万余元的图书。（马雪芬）

中国大百科全书出版社学雷锋——文明乘车志愿者服务活动启动仪式举行

2017 年 3 月 3 日，中国大百科全书出版社举行了学雷锋——文明乘车志愿者服务活动启动仪式。文明乘车志愿者服务活动是中国大百科全书出版社自 2002 年至今始终坚持的一项社会公益活动，更是弘扬雷锋精神的重要实践活动。15 年来，出版社共有 5000 余人次投入这项活动中，得到中直机关工委、中国出版集团公司及市、区文明办等各级单位、领导及人民群众的好评，多次被授予“西城区文明乘车志愿者先进服务队”称号。

启动仪式上，团支部书记宋伟芳为 2017 年参与活动的新员工介绍了活动的背景和意义，团支部副书记谢雪宣读了媒体报道和人员安排。为了让大家掌握规范的文明乘车旗语手势和文明用语，了解有关的注意事项，特别邀请相关人员现场进行培训讲解。两会期间，近 20 名志愿者将

在阜成门站台开展为期 8 天的志愿者服务活动，为维持站台秩序、构建和谐社会贡献力量。

（尹添铭）

中国图书进出口大连公司 中图绘本馆公益巡讲活动启动

2017 年 3 月 19 日，中图绘本馆在大连正式开业，中国出版集团公司党组成员、副总裁潘凯雄，中国图书进出口（集团）总公司（以下简称“中图公司”）党委书记聂静以及中国儿童文学作家曹文轩出席开业庆典。大连市少年儿童图书馆授予中图绘本馆“大连市少儿馆分馆”称号，并联手启动“打开绘本看世界”公益巡讲活动。

潘凯雄指出，国有文化企业要响应国家号召，大力倡导全民阅读，而倡导全民阅读要从娃娃抓起。中国出版集团公司将支持中图绘本馆的发展，未来会把人民文学出版社、人民美术出版社、中国大百科全书出版社、生活·读书·新知三联书店等优质资源注入绘本馆中，使其汇集国内外优质绘本，让国际性和本土性文化相互交融。

聂静表示，在中国出版集团公司以及中图总公司的支持下，中图绘本馆努力成为中外文化交流的桥梁，成为培育文化精神、提高公民素质的重要阵地，为喜爱阅读的小朋友提供更多的精神食粮，为推动全民阅读活动的深入开展做出应有的贡献。

中图绘本馆得到了大连业界的广泛关注与认可。庆典后，多家知名企业主动与绘本馆接洽交流，为进一步开展深入合作奠定了良好的基础。

大连市文化广播影视局、大连市委宣传部等有关领导，大连市部分小学、幼儿园以及社会各界热心人士也参与了此次庆典。（魏　巍）

商务印书馆 3 家乡村阅读中心揭牌

2017 年 4 月 11 日，山西首家商务印书馆乡村阅读中心——良户书院在中国历史文化名村山西高平良户村揭牌。国家新闻出版广电总局出版管理司副司长许文彤、中国出版传媒股份有限公司原副总经理、国务院参事樊希安，商务印书馆总经理于殿利、山西省作家协会副主席葛水平、山西省新华书店集团常务副总经理刘兴太、中国教育学会中学语文教学专业委员会阅读推广中心主任孟素琴、中国艺术研究院研究员任大援等来自北京、安徽、河南、黑龙江等地的知名阅读推广人出席。晋城市委副书记曾庆勇、市委宣传部部长赵沂旸，高平市市长邹树琦、高平市领导班子成员，以及学校学生、志愿者代表和群众代表参加活动。活动由中央电视台少儿频道著名主持人鞠萍主持。“商务印书馆乡村阅读中心”是全国首个有公开报道的“全民阅读促进中心”，中心旨在为通过对全民阅读的理论研究和推广实践，促进全民阅读。当天，商务印书馆全民阅读促进中心成立大会暨促进全民阅读座谈会同期举行。

4 月 15 日，商务印书馆乡村阅读中心——拾磨书店在天津市蓟州区西井峪村揭牌成立。蓟州区委宣传部部长魏继红、渔阳镇党委书记张利勇、西井峪村委书记周维记、拾磨书店创始人李谦、商务印书馆副总经理胡中文出席活动并分别致辞，商务印书馆、天津市相关区镇领导参加揭牌仪式。该中心旨在结合西井峪独特的文化价值，将好书与文化服务送到渤海之滨，丰富京津冀一体化建设的精神内涵。

4 月 17 日，作为中共中央直属机关青年支教扶贫志愿服务队阅读活动基地，商务印书馆乡村阅读中心——北冶中学图书馆揭牌暨阅读讲座在河北省平山县北冶中学举行。中共中央直属机关团工委副书记、平山县委副书记陈利明，商务印书馆全民阅读促进中心秘书长何光宇，北冶乡中心学校兼北冶中学校长韩志华，北冶乡中心学校副校长邢永梅，北冶小学校长崔铁牛等出席活动。该中心致力于为乡村阅读推广提供专业的阅读指导和规划，将乡村阅读中心打造成一个乡村阅读推广的源头，让乡村的中小学生掌握科学的阅读方法，养成良好的阅读习惯。（魏　微）

现代教育出版社参加“书香进校园·给留守儿童带去书香温暖”捐书活动

2017 年 4 月，现代教育出版社工会参与了

喆妈公益阅读组织的“书香进校园·给留守儿童带去书香温暖”捐书活动。在工会的倡议下，全社职工积极参与捐书活动。此次所捐图书一部分是现代教育出版社出版的儿童图书，还有一部分是职工从家里带来的适合1～6年级的孩子们阅读的课外书籍，共计138种233册。

（李　颖）

中国对外翻译有限公司向司法部燕城监狱干警捐助图书活动

2017年5月15日，中国对外翻译有限公司党委、纪委组织中层以上党员干部赴燕城监狱，开展廉政建设警示教育活动，并向监狱干警赠送图书。

警示教育过程中，通过参观、讲解、图文展示等形式，使全体党员干部亲眼看见在押人员“高墙电网”内的铁窗生活，切身感受到了全党反腐倡廉工作的成果。尤其是在押服刑人员的现身说法，更让在场人员心灵受到强烈震撼。大家纷纷表示，此次警示教育活动，充分显示了公司党委、纪委对党风廉政建设和反腐败工作的态度和决心，体现了对党员干部的关心和爱护，对大家有很好的教育作用。

活动结束后，公司党委、纪委要求每位党员干部要结合自身工作实际，深刻反思，充分认识廉政建设的重要性。在工作中以身作则，坚定理想信念，坚守道德底线，不忘初心，不失本真，共同营造风清气正的工作氛围和干事创业的企业文化。

（赵　桐）

世界图书出版上海有限公司医学分社捐赠图书活动举行

2017年5月28日，世界图书出版上海有限公司医学分社向复旦大学附属儿科医院新生儿科送去200本《早产儿家庭养育指导手册》和200本《迈出哺乳的第一步》，旨在为更多的早产儿家庭提供帮助。复旦大学附属儿科医院新生儿科和儿保科为参加活动的小朋友进行了全面的健康义诊，并且准备了别具匠心的游园会和文艺表演。儿科医院党委副书记张瑾等领导参加了此次活动，东方卫视知名主持人贝贝主持了大会。

（施　维）

世界图书出版上海有限公司捐赠图书活动举行

2017年6月3日，北京春苗儿童救助基金会联合主办单位原北京军区总医院附属八一儿童医院共同发起“爱的礼物”公益沙龙暨《早产儿家庭养育指导手册》捐赠仪式。本次活动得到了世界图书出版上海有限公司、早产儿大本营、中国早产儿网、北京中视文公文化传媒有限公司《生门》电影团队的大力支持。本次沙龙邀请了50余名早产儿家长以及20多名医护人员共同参与。

活动最后，春苗基金会将首批上市的《早产儿家庭养育指导手册》赠予原北京军区总医院附属八一儿童医院NICU超早产科、极早产科、早产科。

（施　维）

中国图书进出口（集团）总公司捐赠“和顺数字图书馆”

2017年7月4日，中央宣传部向云南省腾冲市和顺图书馆赠书仪式举行。中央宣传部出版局副局长张拥军、腾冲市市长庄宁、和顺图书馆馆长寸雨等出席了赠书仪式。包括中国出版集团公司在内的国内主要出版单位共捐赠1万多册图书，中国图书进出口（集团）总公司（以下简称“中图公司”）向和顺图书馆特别捐赠的“和顺数字图书馆”，成为此次捐赠活动的亮点。

“和顺数字图书馆”不仅包含了此次捐赠的1000种电子书、10小时有声书、10种电子刊和中国大百科全书数据库，还将和顺图书馆此前已有的数字资源一并整合其中，便于馆内数字资源的统一管理和使用。

为使数字图书馆的内容和功能建设都符合当地的需求，中图公司专门派人提前赴和顺对网络环境、硬件设施等进行实地考察，对接各项细节。“和顺数字图书馆”支持PC端和移动端的

便捷使用，所捐赠的数字内容涵盖主题图书、传统文化、文学、历史、少儿、艺术、地方志等，非常符合当地读者的阅读和研究需求，特别是大百科全书数据库包含16万条目、近100万个知识点，有很强的实用性。

此次中宣部捐赠活动中诞生的“和顺数字图书馆”，融合了历史与当下、传统与技术，为1928年诞生的和顺图书馆注入了持续发展的新活力。

（牛　怿）

中国大百科全书出版社团支部向武警北京总队二师第六支队九中队捐赠图书

2017年8月1日，中国大百科全书出版社团支部前往武警北京总队二师第六支队九中队慰问，并为部队官兵捐赠图书。在赠书仪式上，出版社党委办公室主任宋梅娟介绍了百科历史以及历年来的拥军情况，九中队中队长也介绍了所在中队基本情况和主要任务。随后，在中队长带领下，团支部先后参观了宿舍、食堂、篮球场等场所。为了进一步增进友谊，将百科社的拥军活动常态化，双方约定近期举行篮球比赛和羽毛球比赛，并协商开展其他共建活动。

本次活动拉近了百科社职工与部队官兵们的感情，百科社的年轻人也用实际行动践行了“军民一家亲”的内涵。大家衷心希望本社的图书产品能够为部队官兵带来心灵上的启迪，为早日实现强军梦贡献出自己的一分力量。

（尹添铭）

中版教材有限公司向青海省泽库县捐赠衣物

2017年8月23日，中版教材有限公司响应集团号召，组织全体员工向青海省泽库县而尖村捐赠闲置衣物，帮助困难群众度过严冬。共计捐赠大衣外套16件，毛衣毛裤20件。

（武一格）

新华书店总店员工向青海省泽库县捐赠衣物

2017年8月，新华书店总店（以下简称“总店”）党群工作部号召全体员工向而尖村捐赠闲置衣物。66位员工捐赠的500件物品于10月底已发至青海省泽库县。

青海省泽库县是国务院扶贫办确定的中国出版集团公司定点帮扶地区，总店的陆建新同志挂职泽库县而尖村第一书记已有两年。泽库县是国家级贫困县，而尖村是青海省最为贫困的18个重点村之一，群众生活条件非常艰苦。

总店员工积极响应集团号召，各部门、各公司也非常重视，由专人负责此项工作。党群工作部将收集到的各类捐赠物品仔细分类检查、整理、打包装箱，确保捐赠物品安全抵达泽库县。大家为能用自己的行动帮助困难群众度过寒冷的冬季而自豪，也为落实集团公司的精准扶贫工作贡献了一分力量。

（张　倩）

现代教育出版社向青海省泽库县捐赠衣物

2017年8月，现代教育出版社积极响应中国出版集团公司直属机关党委、团委的号召，组织全社员工向青海省泽库县而尖村捐赠闲置衣物，帮助困难群众度过寒冬。全社员工积极参与，奉献爱心，捐赠的棉被衣物共计142件。

（李　颖）

现代出版社向青海省泽库县捐赠衣物

2017年8月，现代出版社在接到中国出版集团公司开展《关于组织员工向青海省泽库县而尖村捐赠衣物的通知》后，积极开展了“向而尖村捐赠衣物”的活动，得到了全体员工的积极响应。现代出版社安排专人进行接收、分类登记、打包汇总等，及时送往中国出版集团公司完成查

验和消毒后，统一发往而尖村。本次“向而尖村捐赠衣物”活动取得了圆满成功，现代出版社员工再一次以实际行动发扬了无私奉献、乐于助人的优良传统美德，营造了现代出版社团结进取、真情互助的良好氛围。（曹　婕）

新华联合发行有限公司向青海省泽库县捐赠衣物

2017年8月，新华联合发行有限公司全体党员干部积极响应集团公司党委的工作部署，为切实帮助青海省泽库县而尖村群众安全过冬，积极向灾区群众捐赠冬衣。广大党员和青年团员充分发挥了带头作用，共捐棉衣、棉被、棉裤等衣物300余件，为灾区人民献上了一份爱心。

（白　雨）

中国图书进出口（集团）总公司参加“恒爱行动——百万家庭亲情一线牵”公益活动

2017年9月28日，105件精美的毛线编织作品在中国图书进出口（集团）总公司（以下简称“中图公司”）一层大厅展出。这些来自公司员工亲手编织的爱心衣物，将通过“恒爱行动——百万家庭亲情一线牵”活动，送到新疆维吾尔自治区少数民族儿童的手里。中国出版集团公司女工委主任权舆前来参观并指导女工工作，中图公司党委书记聂静介绍情况，工会主席曹勇斌及部分女工委工作人员陪同参观展览。

按照中国出版集团公司妇工委的统一部署，中图公司第4次参加恒爱编织活动。为将爱心编织活动有效传递，公司女工委举办了编织交流培训班，邀请编织能手担任辅导老师，70多名女职工先后进班学习交流。编织班前后历时两个月，老师们放弃了午休时间，认真传授经验，耐心讲解要点，参加学习的女职工们虚心请教，同样牺牲了大量的休息时间进行编织练习。

权舆对近年来中图的女工工作给予了肯定，尤其是对2017年举办编织交流培训班的做法表示赞赏。

“恒爱行动”是贯彻落实党中央新疆维吾尔自治区工作会议精神，为新疆维吾尔自治区贫困少数民族家庭和孤残儿童办实事的民心工程。本次参加活动的每件作品，不仅凝聚着员工们对新疆少数民族儿童的关心与关爱，也彰显着民族大团结的和谐氛围，奉献了中图公司员工的一片爱心。（吴永利）

现代教育出版社参加“恒爱行动——百万家庭亲情一线牵”公益活动

2017年9月，全国妇联、中央和国家机关妇工委发出关于继续开展“恒爱行动——百万家庭亲情一线牵”公益活动的通知，现代教育出版社工会积极响应集团公司女工委的号召，发动全社女职工利用业余时间参加这项公益编织活动，共有9名女职工为新疆维吾尔自治区少数民族家庭编织毛衣、帽子、围巾等各类御寒衣物共计26件，给他们带去了温暖和祝福。

（李　颖）

人民音乐出版社向脑瘫儿童捐赠图书并讲授音乐素养课

2017年11月14日，人民音乐出版社携手龙羽时代科技有限公司走进北京市朝阳区晨光脑瘫儿童康复中心，为脑瘫儿童捐赠音乐图书并带来一堂生动的音乐素养课程。

此次公益课堂旨在帮助脑瘫儿童通过音乐治疗的方式，提高音乐感知力和音乐表达力。为此，人民音乐出版社提前与康复中心沟通，了解孩子状况，精心设计了简单易学、趣味性足的音乐素养课程，还特别邀请了来自中央音乐学院附中的黄千倪主讲本次音乐素养课程。参与课程的脑瘫儿童虽行动有困难，但对于这样生动的音乐学习都表现出极大的兴趣，积极与老师互动，一些学生还表演了钢琴曲弹奏和口风琴演奏。课后，孩子们用一首《感恩的心》表达了对此次公益课堂的感激之情。

活动期间，人民音乐出版社带去了数十种图书、音像等产品捐赠给中心，供脑瘫儿童学习使用。（韩舒雅）

荣宝斋参加各种公益活动

2017年8～11月，荣宝斋党群部组织党员和广大干部职工参加各种公益活动。2017年8月，组织广大干部职工向青海省泽库县而尖村共捐赠衣物216件；10月，在西城区开展2017年春风送暖社会捐助活动中，对灾区、贫困地区及本地区困难群众进行善款捐助；11月，在“恒爱行动——百万家庭亲情一线牵”公益活动中，为新疆维吾尔自治区少数民族儿童制作爱心编织物。

（陶　爽）

党群工作

中国对外翻译有限公司2016年度领导班子专题民主生活会召开

2017年1月6日，中国对外翻译有限公司（以下简称“中译公司”）召开2016年度专题民主生活会，中译公司总经理、党委副书记黄松主持会议并做对照检查，对公司党政班子认真组织开展“两学一做”学习教育、切实贯彻落实十八届六中全会精神及取得的显著成效进行了全面介绍。

对照“两学一做”要求，对班子成员围绕贯彻落实“四有四讲”、树立和执行“四个意识”等方面进行深入查摆、透彻分析、指出不足。黄松同志表示，中译公司党委高度重视此次专题民主生活会，按照上级要求，集中部署，制定方案，以印发征询意见表和召开老中青员工代表座谈会等方式广泛征求意见，由党群工作部负责收集、整理、归纳各方党员群众的意见反馈，向党委集中汇报。

张雁同志对中译公司的民主生活会给予了充分的肯定，认为会议准备工作充分，理论基础扎实，内容贴合实际。同时，她对中译公司党委提出三点希望：一是坚持立根固本，提高党性修养；二是聚焦突出问题，深化整改落实；三是落实“两个责任”，从严管理要求。班子成员要在各个环节把抓工作和抓管理结合起来，切实履行“一岗双责”，为公司的持续发展提供有力保障。

（王　超）

生活·读书·新知三联书店2016年度党委民主生活会召开

2017年1月10日，生活·读书·新知三联书店（以下简称“三联书店”）党委根据中国出版集团公司直属机关党委《关于转发〈中共中央纪委机关、中共中央组织部关于认真开好2016年度县以上党和国家机关党员领导干部民主生活会的通知〉的通知》要求，召开了民主生活会。集团公司党组书记王涛出席。三联书店总经理路英勇代表党委做对照检查报告，纪委书记张作珍、副总编辑郑勇参加会议。党委书记翟德芳主持会议。

民主生活会上，路英勇首先代表三联书店领导班子做对照检查。在批评和自我批评环节，路英勇带头做个人对照检查，班子其他成员也都开展了批评与自我批评。集团公司对此次民主生活会给予了肯定，并对三联书店今后的工作提出了几点建议：一是要牢固树立“四个意识”，严把导向关；二是要进一步深化改革，以改革促进业态转型升级、分配制度优化等中心工作发展；三是要坚持从严治党，不断强化党委的主体责任和纪委的监督责任。

（刘　畅）

新华书店总店贯彻落实中国出版集团公司老干部工作会议精神专题会召开

2017年1月10日，新华书店总店（以下简称“总店”）召开贯彻落实中国出版集团公司1月5日老干部工作会议精神，总店党委副书记柏万良，老龄工作部主任、离休支部书记张京义及离退休支部支委等10余人参会，柏万良主持会议。

柏万良向与会人员传达了集团老干部工作会议精神。他说，国家对离退休老干部非常重视，近年来出台了一系列重要文件。2016年12月23日在人民大会堂召开了全国老干部工作表彰大会，习近平总书记做了重要指示。中国出版集团公司领导对此高度重视，在1月5日下午召开了中国出版集团公司老干部工作座谈会，集团公司党组书记王涛出席会议。会议要求各单位要认真组织学习中央精神，做好调查研究，出实招，进一步做好老干部工作。老龄工作部主任张京义宣读了中共中央办公厅、国务院办公厅印发的《关于进一步加强和改进离退休干部工作的意见》等文件。

参加会议的离退休支部委员对集团会议精神进行了讨论。退休支部书记陈淑梅同志说：通过学习感到非常振奋，支部工作有了目标和动力，调动了大家的积极性，今后支部工作会做得更好。集团公司领导对总店非常重视，选派了有朝气、有作为、强有力的领导到总店，经过这3年，总店发生了翻天覆地的变化，职工工作有干劲，我们退休老同志也享受到了总店改革发展的福利。2017年离退休和内退员工每人每月又增加了100元钱，连续3年增长，人均年增长4100元。虽说100元不算多，但总店离退休内退人员有900多人，这也是一笔不小的开支。有的同志说：新班子对老龄工作非常重视，在部门设置时增添了老龄工作部，并配备了3名专职工作人员。这3年看到总店的变化特别鼓舞人心，感到很振奋，使我们这些老同志对总店越来越关心了。总店有了几个重点项目，我们是了解的，一致认为新华发行网的建设和落地，将是总店复兴之日。

最后，柏万良代表班子和全体在职员工向离退休和内退员工拜年，祝大家春节快乐，阖家幸福。

（张　倩）

中国图书进出口（集团）总公司“两学一做”专题民主生活会召开

2017年1月16日，中国图书进出口（集团）总公司（以下简称“中图公司”）召开了“两学一做”专题民主生活会。总经理、党委副书记张纪臣代表领导班子做自查报告，领导班子成员逐一开展自我批评和相互批评。中国出版集团公司直属机关纪委副书记张雁、人力资源部副处长朱建伟到会指导，中图公司全体领导班子成员、党委委员共12人出席会议。中图公司党委书记吴伟主持。

张纪臣在自查报告中总结了公司开展“两学一做”专题教育活动的基本情况，并从学习贯彻习近平总书记系列重要讲话精神、从严治党切实履行主体责任、加大监督执纪力度、狠抓作风建设、配合做好巡视工作等方面，归纳了公司党委领导班子开展“两学一做”专题教育所取得的成效和收获，重点报告了党委领导班子对照《关于新形势下党内政治生活若干准则》和《中国共产党党内监督条例》查找的突出问题，并通过分析，反思查找原因，提出下一步整改方法和努力方向。

自查报告中，中图公司党委领导班子根据征求到的意见和建议，结合班子成员在理想信念和遵守纪律、作风建设、担当作为、组织生活和落实全面从严治党责任等五个方面，进行了深入查摆和认真梳理，总结存在的主要问题，并从理论学习、思想认识、班子建设、机制建设等方面分析了原因，提出了整改措施和努力方向。

随后，党委和班子成员按照中央要求，紧扣“两学一做”主题，分别进行了对照检查，并逐一开展自我批评和相互批评。会上，大家敢于揭短亮丑，不回避、不掩饰，对存在的问题进行了认真而诚恳的剖析，没有怕得罪人的顾虑，也没有一团和气的“礼炮、哑炮、空炮”，表现出了党内民主生活应有的庄严性和严肃性。

张雁对中图公司领导班子民主生活会给予了高度肯定，认为此次会议准备充分、组织严谨，

开展批评直截了当，达到了“团结—批评—团结”的要求，是一次高质量的民主生活会。

吴伟在会议总结中提出，下一步，公司将针对存在的问题，结合班子和自身问题抓好整改落实，统筹制订发展规划，将“两学一做”专题教育活动中的好经验、好做法、好措施以制度形式固化起来，要把这次专题民主生活会作为新的起点，狠抓整改落实，强化党性修养，勇担主体责任，扎实推进公司各项工作。（李　红）

中国出版集团公司党组 2016年度民主生活会召开

2017年1月20日，中国出版集团公司党组召开了2016年度领导干部民主生活会。中央纪委驻中宣部纪检组副局级纪检员唐汇西，中央第23督导组成员娄华锋、詹耘，中央宣传部干部局系统干部处副处长靳北翔到会指导。集团公司总裁谭跃，集团公司党组书记王涛，集团公司党组成员刘伯根、李岩、潘凯雄、孙月沐参加会议。

谭跃总结了集团公司领导班子落实2015年度民主生活会整改任务情况，对理想信念、政治纪律和政治规矩、作风、担当作为、组织生活、落实全面从严治党责任等方面存在的主要问题进行了深入查摆和梳理，对如何进一步整改提出了具体落实措施。随后，领导班子逐一进行了个人对照检查。

唐汇西对集团公司党组民主生活会给予了肯定，指出集团公司领导班子要提高政治站位，进一步增强“四个意识”特别是核心意识、看齐意识，把总书记系列重要讲话精神全面落实到出版集团全面从严治党和各项工作部署中；要进一步增强责任担当，敢于拿起问责利器，层层传导主体责任压力，把全面从严治党主体责任压实压深。（顾梓榆）

人民文学出版社领导班子民主生活会召开

2017年1月23日，人民文学出版社召开领导班子民主生活会，中国出版集团公司直属机关党委常务副书记、纪委书记、党群工作部主任姜红新，人民文学出版社领导班子成员全部参会，会议由党委书记张贤明主持。首先，社长管士光代表全体班子成员进行对照检查，以十八届六中全会精神为主题，围绕“两学一做”学习教育开展情况，结合思想和实际工作，进行党性分析；对照《中国共产党廉洁自律准则》《中国共产党纪律处分条例》的规定和要求，结合实际，着重从思想、组织、作风、纪律及全面从严治党主体责任等方面查找存在的不足，深刻剖析产生的原因，提出还要继续增强思想认识，带头加强党建知识学习，切实加强党建工作，从严从实做好各环节工作。

领导班子对照检查后，管士光带头做了个人对照检查发言。接着，党委书记张贤明、副总编辑周绚隆逐一进行个人对照检查。大家在发言中，对自身思想上和工作上存在的问题进行了深入的分析。随后，班子成员相互间开展了严肃认真的批评与自我批评，做到襟怀坦荡、开门见山、见人见事见思想。针对问题，大家表示要制定整改措施，立行立改，并接受党员、群众的监督。

最后，姜红新对民主生活会进行了点评。他认为，人民文学出版社召开的民主生活会非常严肃，紧扣主题，班子成员谈得深入、坦诚。3位党委成员的对照检查准备得很认真，讲的也很实际，大家在这次民主生活会上确实交流了思想和工作情况。他强调，与会同志要以十八届六中全会精神为主题，重点对照《中国共产党廉洁自律准则》《中国共产党纪律处分条例》的规定和要求，作为自己的行为准则。他对接下来的工作进行了部署，要求社党委将从严治党延伸到非党的领导干部，在出版社形成好的社会风气；在“两学一做”方面学习的还不够，有“重业务、轻党建”的思想，党建是基础，领导班子还要加强年轻党员干部的学习培训工作。姜红新对人民文学出版社此次民主生活会给予了充分肯定，希望出版社把握好出版导向，落实好全面从严治党主体责任和班子成员“一岗双责”制度，再接再厉，

做好 2017 年出版社的全面工作。 （顾　乡）

中国出版集团公司直属机关纪委纪检工作会议召开

2017 年 2 月 13 日，中国出版集团公司直属机关纪委召开纪检工作会议。集团直属机关党委常委副书记、纪委书记姜红新主持会议，集团直属机关纪委委员，各单位纪委书记、副书记，纪检办主任 30 余人参加会议。

会上，生活·读书·新知三联书店纪委书记张作珍、新华书店总店纪委书记柏万良、中国对外翻译有限公司纪委书记张晶晶先后对 2016 年纪检工作做了述职述廉报告。会议提出，根据中直纪工委和中宣部纪检组有关要求，各单位纪委负责人每年需向集团纪委提交书面述职述廉报告，部分单位纪委书记还将进行现场述职述廉。

姜红新指出，在新的一年里，集团公司各级纪检组织和广大纪检干部要继续深入学习习近平总书记系列重要讲话精神，认真贯彻党的十八届六中全会精神和中纪委七次全会精神，进一步强化“四个意识”，有效推进全面从严治党工作向全面从严治企工作转化，有序落实国企党建工作会议各项工作。

姜红新强调，各单位纪委要在新一年的纪检工作中发挥更大作用，加强监督执纪问责工作，明确新任务新要求，进一步推动党风廉政建设向基层延伸。各单位纪委要加强对“三重一大”事项的监督力度，盯紧本单位党委主体责任，切实发挥纪委监督责任，在工作中不断促进党委中心组学习的定期化、“三会一课”的制度化、“两学一做”的常态化和主要领导干部讲党课的定期化。

会议要求，与会同志要向本单位主要领导报告会议精神，并认真组织纪检干部深入学习会议精神，切实做好纪检监督执纪工作。

（顾梓榆）

中国对外翻译有限公司设立中译语通党建工作领导小组

2017 年 2 月 20 日，中国对外翻译有限公司（以下简称“中译公司”）召开党委会议。党委副书记黄松主持会议，党委副书记兼纪委书记张晶晶，党委委员于洋、张晓丹、夏建军参加会议。会议研究决定，在中译语通科技（北京）有限公司（以下简称“中译语通”）设立党建工作领导小组。该小组负责协助中译公司党委全面推进控股子公司中译语通及下属分、子公司的党建、群建及党风廉政建设工作。于洋任该小组组长，负主要责任；夏建军任常务副组长，负直接责任；张晓丹任副组长，协助开展工作。

3 月 21 日，中译公司召开全体党员大会，开展增补纪委委员的选举工作。会议由党委副书记黄松主持，党委副书记兼纪委书记张晶晶，党委委员于洋、张晓丹、夏建军参加会议。会议按既定程序，经无记名投票，等额选举田宇、赵利迎两名同志增补为中译公司纪委委员。

（王　超）

中国出版集团公司全面从严治党专题会议召开

2017 年 3 月 1 日，中国出版集团公司召开全面从严治党专题会议。中央纪委驻中宣部纪检组副组长陈桂林出席会议并讲话。集团公司领导班子，各单位领导班子成员、党办主任，总部和本部处以上干部共 140 多人参加会议。

集团公司总裁谭跃对集团公司 2016 年全面从严治党工作进行了回顾，对 2017 年工作进行了部署。集团公司党组成员、副总裁、直属机关党委书记刘伯根传达了中央纪委七次全会精神和中央纪委驻中宣部纪检组 2017 年工作要点。

谭跃强调，进一步推动集团公司全面从严治党向纵深发展、更好地贯彻落实中央决策部署具有重要意义：一是要把坚定正确政治方向作为全面从严治党的第一要务；二是要把严肃党内政治生活、净化党内政治生态作为全面从严治党的基础；三是要把贯彻落实国有企业党的建设各项任务作为全面从严治党的重点；四是要把落实党风廉政建设“两个责任”作为全面从严治党的重要抓手；五是要把抓住领导干部这个“关键少数”

作为全面从严治党的关键；六是要把推进集团“十三五”各项事业发展作为全面从严治党的落脚点。

陈桂林提出三点要求：一是深入学习贯彻十八届六中全会和中央纪委七次全会精神，牢固树立“四个意识”，不断提高政治站位；二是贯彻实施好准则和条例，认真履行全面从严治党政治责任；三是综合运用“四种形态”，把纪律和规矩挺在前面。

（顾梓榆）

中国出版集团公司 2017年党群工作会议召开

2017年3月1～2日，中国出版集团公司召开2017年党群工作会议。集团公司党组书记王涛出席会议，集团公司党组成员、副总裁刘伯根做工作报告。直属机关党委常务副书记、纪委书记姜红新主持会议，传达了中直机关党的工作会议和集团年度工作会议精神。集团公司及各单位党、纪、群团组织负责人共150人参加了会议。

刘伯根就进一步抓好集团公司党建工作提出要求：一是讲政治，认真学习贯彻习近平总书记系列重要讲话精神和党章党规，切实做到“四个带头”；二是讲大局，围绕迎接服务十九大和学习贯彻十九大精神，围绕集团公司“三大要领”和“六种能力”的大局，提升持续健康发展的统合能力；三是讲规矩，严肃党内政治生活，加强党内监督；四是讲战斗力，抓好支部建设和支部书记队伍建设，发挥群团工作整体优势。

会上，商务印书馆、中华书局等10个单位，分别从党建、纪检、工会、共青团和女工5个方面做了大会交流发言。在分组讨论中，大家围绕党群工作报告进行了深入研讨。纪委、工会、团委、女工委员会分别学习传达了上级有关精神，总结2016年工作并部署了2017年工作。

（顾梓榆）

人民音乐出版社 2017年度党建工作会议召开

2017年3月7日，人民音乐出版社召开2017年度党建工作会议，传达中国出版集团公司全面从严治党专题会议和中国出版集团公司2017年党群工作会议精神，并对近期党建重要工作进行了安排部署。全体支部委员参加会议，党委副书记、纪委书记周群同志主持会议。

周群首先传达了中国出版集团公司全面从严治党专题会议的重要精神，带领大家一起学习了中国出版集团公司副总裁、直属机关党委书记刘伯根在中国出版集团公司2017年党群工作会议上的报告；纪委副书记张伯平同志传达了中国出版集团公司直属机关纪委2016年工作总结和2017年工作要点；党委委员、党办主任胡健同志对即将开展的专题组织生活会和民主评议党员工作进行了部署。

周群对照中国出版集团公司的会议精神，代表党委对全社2017年党建工作提出了要求。

（周　钰）

东方出版中心 2017年党建工作会议召开

2017年3月16日，东方出版中心（以下简称“中心”）2017年党建工作会议举行。中心党委书记、纪委书记、副总经理董玲出席大会并讲话。副总编辑、党委委员郑纳新主持会议。副总编辑、党委委员王祖光出席大会。全体党员、入党积极分子共计60余人参加会议。

董玲指出，2017年党建工作总体要求是：以十八大，十八届三中、四中、五中、六中全会精神为主线，以“凝心亮旗迎开局，聚力亮剑谋发展”主题实践为载体，按照全面从严治党要求，开展“两学一做”学习教育，加强班子建设和党员队伍建设；围绕主业“亮旗扭亏增效”和资产保值增值，落实党建工作责任制；推进特色支部建设，增强支部战斗力；践行社会主义核心价值观，深化企业文化建设；推进党员对标承诺，发挥党员在推进事业发展中的积极作用；贯彻中纪委六次全会精神，推进党风廉政建设。确保中心党建取得较好成效，为全面完成各项任务提供有力保证。

郑纳新指出，中心各党支部要组织党员认真学习贯彻会议精神，引导党员强化“四个意识”，在纯洁党性、把握导向、出版优秀图书、强化经营管理、推动国资增值等工作中发挥作用，为推动事业发展贡献力量。（姜小明）

中国图书进出口（集团）总公司图书中心党支部开展党员模范先锋实践活动

2017 年 3 月 22 日，中国图书进出口（集团）总公司图书进出口中心党支部组织全体党员前往顺义物流中心，开展党员模范先锋实践活动。

参观顺义物流中心库房区、办公区等区域后，支部全体党员分为 4 个小组，分头协助物流中心样本室的同事完成样本图书的扫书、贴条码、分类和上架工作。

“两学一做”基础在学，关键在做。活动现场，秉承将政治理论学习与稳扎稳打实干相结合的原则，大家分工有序、干劲十足。经过一天的辛勤劳作，支部全体党员齐心协力完成了 12 托盘约 12000 册图书上架和 8 托盘约 8000 册图书的扫描分类贴签上架工作，得到了样本室工作人员的高度肯定。

本次活动支部重视、党员积极、干部带头，把主题实践活动与工作紧密结合，以活动促进学习教育深入开展，取得了实实在在的效果：不仅强化了党员同志们的政治意识和党性修养，同时也为始终保持党员本色、主动地立足岗位做贡献、充分发挥党员先锋模范作用奠定了良好的基础。

（何　佳）

东方出版中心学习习近平总书记在全国国有企业党的建设工作会议上的讲话精神专题学习交流会召开

2017 年 3 月 24 日，东方出版中心（以下简称“中心”）党委召开专题会议，深入学习习近平总书记在全国国有企业党的建设工作会议上的讲话精神，围绕如何更好地加强党的建设、更好地助推事业发展，开展深入交流研讨。中心党委书记、副总经理、纪委书记董玲主持会议。总经理、党委副书记赵东，副总编辑郑纳新、王祖光出席会议。各部门、单位正副职及助理，各党支部书记、支部委员，工会、团总支主要负责人，处以上干部近 40 人参加会议。

董玲指出，把准国有文化企业党建的着力点和落脚点，就是要从思想深处拧紧螺丝，在行为起点扎紧笼子，为本职岗位加足马力，向团队内部注满活力。全体党员干部要竖好党员表率“旗”和“杆”，立稳党的建设“本”和“要”，铸牢东方发展“根”和“魂”，为共圆东方梦展现新作为、做出新贡献。

赵东强调，全体党员干部要深入学习贯彻习近平总书记在全国国有企业党的建设工作会议上的讲话精神，坚持把方向、管大局、保落实，全面贯彻执行党和国家的方针政策，确保国有文化企业的社会主义发展方向，切实把党的领导转化为国有文化企业市场核心竞争力，全面完成中国出版集团公司下达的“双效”发展目标，为推动中心事业健康、可持续发展提供坚强组织保证。

（姜小明）

中国出版集团公司举办所属企业负责人学习贯彻党的十八届六中全会和全国国有企业党的建设工作会议精神（第 2 期）培训班

2017 年 3 月 27～31 日，中国出版集团公司在中央党校举办了所属企业负责人学习贯彻党的十八届六中全会和全国国有企业党的建设工作会议精神（第 2 期）培训班。集团公司党组书记王涛出席，党组成员、副总裁刘伯根做辅导讲座，集团公司部分所属企业负责人和部门主任 55 人参加培训。

刘伯根就如何学习贯彻两个会议精神提出意见要求，指出要把学好中央精神同统一思想行动结合起来，把加强党的领导与完善公司治理统一起来，把抓好班子和带好队伍结合起来，把全面

从严治党与营造改革发展良好政治生态结合起来，切实把组织领导落实到党建工作责任制上。

培训班上，大家结合习近平总书记系列重要讲话精神，对十八届六中全会精神和习近平总书记治国理政新理念新思想新战略基本理论进行了学习；结合《中国共产党廉洁自律准则》《中国共产党纪律处分条例》进行了党性教育；结合全国国有企业党建工作会议精神，解读学习了中央加强国企党建工作的最新要求；前往党校校史馆进行参观学习，深化了对党的发展的历史认识；大家还进行了分组讨论，3 个小组代表做了大会交流发言。（顾梓榆）

中华书局 2017 年度专题组织生活会召开

2017 年 3 月，中华书局各党支部分别召开 2017 年度专题组织生活会，对党员和党支部工作进行评议。会上，全体党员围绕“两学一做”，以“四讲四有”为标尺，紧密联系自身思想和工作实际，认真查摆自身存在的问题，开展批评与自我批评，并明确今后的整改措施和努力方向。（梁　彦）

中版教材有限公司团总支开展“智慧团建”系统组织建立工作

2017 年 3 月，中版教材有限公司团总支认真落实《共青团中央办公厅关于做好“智慧团建”系统组织树建立阶段工作的通知》要求。团总支认真核实团员情况，完善组织建立及团干部录入，确保录入数据真实、准确、完整，为共青团长远发展打下坚实基础。（武一格）

中国出版传媒商报社党委开展一系列党员教育活动

2017 年 3～11 月，中国出版传媒商报社党委按照中央精神、集团公司部署，积极推进“两学一做”学习教育常态化制度化，开展了一系列党员教育活动。从 3 月开始，报社党委在全社党员中开展了“献礼七一、迎接十九大——我在岗，我尽责，我优秀暨我是党员我带头，百日岗位创佳绩”活动，并在七一期间对表现优秀的党员进行了表彰。7 月，报社党委开展党日活动，组织全体党员前往中国印刷博物馆参观了“迎接党的十九大红色印刷展”。11 月，报社党委组织全体党员和积极分子赴上海、杭州、嘉兴进行现场党性教育活动。

中国出版传媒商报社 3 个党支部的活动也各具特色，分别组织开展了参观“砥砺奋进的五年”大型成就展、参观北大红楼等活动。

（马雪芬）

东方出版中心 2017 年党风廉政建设大会召开

2017 年 4 月 13 日，东方出版中心党委召开 2017 年党风廉政建设大会，总结 2016 年党风廉政建设工作，部署 2017 年工作。东方出版中心党委书记、副总经理、纪委书记董玲出席大会并讲话。总经理、党委副书记赵东主持大会。副总编辑、党委委员郑纳新、王祖光出席大会。

董玲指出，党风廉政建设永远在路上。要牢固树立“四个意识”，坚持思想引领，加强监督管理，持之以恒深化作风建设。通过紧盯“关键少数”，严化“两个责任”，注重关口前移，持续深入细化制度体系，推动挺纪在前，一以贯之硬化纪律建设，加强选用管治，营造、固化风清气正的政治生态，全力以赴抓好党风廉政建设。

董玲强调，推动党风廉政建设向纵深发展，各级领导干部必须坚定政治信仰，高标准打造“定海神针”；筑牢纪律底线，高标准造就“坚强堡垒”；端正自身作风，高标准锤炼“不坏之身”；坚持责任担当，高标准铸就“铜墙铁壁”；凝聚各方力量，高标准当好“先锋表率”。同时，上下联动、齐心奋进，进一步推进党风廉政建设迈上新台阶，以实现经济效益与社会效益的有机统一。（姜小明）

东方出版中心“两学一做”之革命传统教育实践活动举行

2017 年 4 月 17～21 日，东方出版中心举行“两学一做”之革命传统教育实践活动。党委组织部分干部赴井冈山开展革命传统教育培训，传承红色基因，弘扬革命精神，坚定理想信念，强化队伍建设。培训通过专题讲授、情景教学、访谈教学相结合的方式，激励、引导广大党员、干部始终不忘“让信仰点亮人生”的本源初心，坚决高擎“让传统代代相传”的精神火炬，积极吹响“让担当熠熠生辉”的前进号角，让东方队伍的内生动力、团队合力、激情活力在推进主业振兴的征程中闪现出耀眼光芒！学员们一致认为：作为新时代的出版人，必须要严格按照习近平总书记系列重要讲话精神，结合时代发展的新需求，结合事业发展的新实践，在出版主业工作中大力弘扬井冈山精神，始终把弘扬井冈山精神、践行“两学一做”作为锤炼党性的基本功和推动前行的不竭精神动力，始终坚定理想信念，进一步增强“四个意识”，坚持严守党纪党规，当好“四讲四有”的合格共产党员，永葆共产党员政治本色。

（姜小明）

中译出版社参加中共中央党校“跟着总书记读好书”推广周活动

2017 年 4 月 21 日，中译出版社参加中共中央党校举办的“跟着总书记读好书”推广周活动开幕式。此次活动为期一周，中国出版集团公司党组成员、中国出版传媒股份有限公司副总经理李岩参加了开幕式，集团公司所属的商务印书馆、生活 · 读书 · 新知三联书店、中华书局、人民文学出版社、中译出版社等 5 家单位应邀参加了本次活动。

中译出版社此次参展图书共有 200 多本。主要有三类：一是主题类图书，如《抗战时期的毛泽东》《魅力总理周恩来》《周恩来自述评传》《一个人的抗战》《南京大屠杀》等；二是社科人文类图书，如《伟大的思想》系列丛书、《宋慈大传》《祭语风中》《后地震时代》《那三届》等；三是“一带一路”图书，如《中亚文明史》《非洲通史》等系列丛书。

在参展中，不少读者走到中译出版社展出的柜台前，兴致勃勃地阅读中译图书，一些书店也对中译图书特别感兴趣，提出了合作、购买意向。

（茹　慧）

中国图书进出口（集团）总公司开展“一学一做”教育实践主题团课学习

2017 年 4 月 27 日，中国图书进出口（集团）总公司（以下简称“中图公司”）团委召开“一学一做”教育实践主题团课暨团员青年座谈会。中央直属机关团工委书记、中央直属机关青联主席吴佳松莅临中图公司，考察指导共青团工作并讲主题团课。中图公司党委书记、副总经理聂静主持会议，中版集团团委书记、青联主席温存，中图公司副总经理、党委青年委员林佳红，党群工作部主任李红出席会议，公司全体共青团员、团干部共 56 人参会。

吴佳松在讲话中，首先就中图公司党委对共青团工作的重视和支持给予了肯定。他的团课重点围绕三个方面展开：一是关于“为什么干”的问题；二是关于团的地位和重点工作，明确“干什么”的问题；三是明确团干部和团员的责任使命，明确“如何干”的问题。

聂静指出，本次“一学一做”主题团课，在中直团工委、集团团委的关心和指导下，取得了很好的成效。她表示，今后公司党委将进一步加强对团的工作和青年工作的支持，带领广大团员青年提高素质和技能，为中图公司实现“五型发展”、打造“数字中图”贡献智慧和力量，以良好的风貌和优异的成绩迎接党的十九大胜利召开。

主题团课开始前，吴佳松还到中图外文书店、数字发展中心、中图文化室等部门考察，了解中图公司的业务情况、青年员工的日常工作情

况，以及公司的历史沿革和企业文化。

（刘　洋）

现代教育出版社党委、团支部完成换届选举工作

2017 年 4～6 月，在中国出版集团公司党组和直属机关党委的指导下，现代教育出版社党委、党支部顺利完成换届选举工作。通过本次换届选举，党委、党支部班子得到了进一步优化和充实，为持续加强公司党建工作打下良好基础。

2017 年 10～12 月，在中国出版集团公司团委和现代教育出版社党委的指导下，现代教育出版社团支部顺利完成换届选举工作，第 5 届团支部委员会由刘莹、焦小桥、何之舟 3 位委员组成，刘莹任团支部书记。（焦小桥）

世界图书出版有限公司党委换届工作完成

2017 年 4 月，世界图书出版有限公司（以下简称“世图公司”）党委完成换届工作。

世图公司第 2 届党委、纪委书记、副书记成功改选。会议采取等额方式，选举了世图公司第 2 届党委书记、副书记，汪武同志当选为党委书记，李春凯同志当选为党委副书记。

会议审议通过了世图公司第 2 届纪委会选举结果，孙延凤同志当选为纪委书记，王燕民同志当选为纪委副书记。（张　慧）

中国图书进出口广州公司开展主题团日活动

2017 年 5 月 4 日，在中国图书进出口广州公司党委的大力支持下，广州公司团总支部举办了“铭记革命历史，传承五四精神”主题团日活动。

此次主题团日活动形式多样，包括“重温入团誓词，坚定忠诚信念”“观看五四影片，铭记革命历史”“参观中共三大会址，重温党史不忘初心”“参观国安教育展，反奸防谍爱党护国”以及“走进春天户外踏青，丰富青年文化生活”等 5 个子活动。

通过进行铿锵有力的宣誓、观看精彩燃情的历史影片、开展爱党爱国实地参观教育，团员青年们的历史使命感大大增强，为党的事业不懈奋斗、为中图事业开拓创新的责任感得到激发，筑牢意识形态“防火墙”、自觉维护国家文化安全的急迫感得到强化。

在爬山登高和绿色骑行等户外活动中，团员青年们个个精神抖擞、意气风发，充分展现了中图人积极向上的精神面貌和朝气蓬勃的靓丽风采。此次团日活动结束后，大家纷纷表示受益良多，今后将更加团结一致、锐意进取，为公司改革发展贡献自己的青春力量。（钟浩纯）

现代教育出版社团支部“一学一做”专题组织生活会召开

2017 年 5 月 4 日，为踊跃响应团中央的号召，提高团员们的政治觉悟性，进一步弘扬爱国主义精神，现代教育出版社团支部召开“学习总书记讲话 做合格共青团员”专题组织生活会。会议上，团支部书记杨静指出了学习习近平总书记系列重要讲话精神的重要性，传达了团中央将“一学一做”常态化的要求。会后，团支部还开展了以“做合格共青团员”为主题的征文活动。

（焦小桥）

中版教材有限公司团总支举办五四青年员工茶话会

2017 年 5 月 4 日，中版教材有限公司团总支在一楼会议室召开“五四青年员工茶话会”。党总支书记郭德生、党总支副书记潘健、团总支书记蒋志臻、总经理杨伯勋、副总经理刘茜及公司 14 位青年同志参与了此次活动。与会同志积极参与讨论，踊跃发言。

会上，领导认真听取了青年人对公司发展的意见、建议以及诉求，并以此展开了讨论。

京鲁苏分公司员工曾祥帅向所有青年同志发出倡议：一是希望青年人有良好的精神面貌，用积极的心态面对工作、生活；二是要多读书，洗涤心灵，提升内涵；三是要多向前辈、同事学习。郭德生对他的倡议十分赞同，指出阅读是十分重要的，读书可以改变一个人的气质。他说，目前国家已经把全民阅读上升到国家战略，公司又是教育文化单位，更应该多阅读。

豫宁分公司员工王金山为公司的发展提出建议，希望公司能为员工提供更好的平台、优秀的资源，这样员工才能更好地开展业务，为公司带来效益。

辽吉黑分公司员工赵翾在感谢公司为自己提供良好工作氛围的同时，也对公司的宣传工作提出建议，建议公司加强微信公众号的运营管理，加大对公司的宣传，扩大影响力。总经理办公室员工李燕文表示赞同，也分享了自己管理微信公众号的经验并提出一些建议。

会议期间，几位领导认真聆听大家的发言，不时与大家交流，最后杨伯勋对此次会议进行总结。杨伯勋表示，这次会议十分成功，拉近了公司领导与青年人的距离，也了解了青年人的心声。虽然之前国家政策的变化对教材的发行工作有一定影响，但公司的整体态势还是稳中向好，公司领导也在积极应对，寻求新的机遇。希望公司的青年员工与大家一起携手谱写公司美好未来。

（武一格）

中版教材有限公司组织团员到雄安新区学习考察

2017 年 5 月 10 日，中版教材有限公司团总支组织团员青年和员工赴雄安新区学习考察，并参观了雁翎队纪念馆、孙犁纪念馆。

党总支委员、副总经理、团总支书记蒋志臻，党总支副书记、总经理助理、总经办主任潘健，公司团员及部分青年员工参加了此次活动。

本次活动不仅缅怀了革命先烈，了解了国家新战略，更激发了公司青年员工们的爱国热情和工作积极性。大家表示一定不负年华、不负时代，用青春凝聚力量，用实干追逐梦想，在加快公司建设、努力实现中国梦的伟大进程中，书写属于自己的美丽画卷。

（武一格）

世界图书出版上海有限公司党支部组织党员参观主题展览

2017 年 5 月 15 日，世界图书出版上海有限公司党支部组织公司全体党员参观“逐梦新时代·上海 2012－2017”大型主题展览。

本次展览集中展示了上海过去 5 年在以习近平同志为核心的党中央领导下，上海市委团结带领全市干部群众，围绕“创新、协调、绿色、开放、共享”五大发展理念和党的建设所取得的巨大发展成就，集中反映了近 5 年上海努力当好全国改革开放排头兵和创新发展先行者的经验和成果，以及上海全面从严治党的实践。

展览分为“崇尚创新·砥砺奋进”“注重协调·行稳致远”“倡导绿色·追求卓越”“厚植开放·海纳百川”“推进共享·成就梦想”和“从严治党·不忘初心”6 个板块，共展出图片 1300 余张，并根据 6 大主题放映了 6 部主题微电影。

（施　维）

东方出版中心党员大会召开

2017 年 5 月 18 日，东方出版中心（以下简称“中心”）召开党员大会，传达学习上海市第十一次党代表大会精神。中心党委书记、副总经理董玲主持会议并讲话，副总编辑、党委委员、上海市第十一次党代会代表王祖光传达上海市第十一次党代会精神。总经理、党委副书记赵东，副总编辑、党委委员郑纳新出席会议。

会上，王祖光就市第十一次党代表大会的大会议程、大会主题、大会报告等方面做了传达，并分享了参会感悟和体会。他指出，中心作为落户上海的中央单位，要结合自身实际，贯彻落实市十一次党代会精神，将“坚持文化强市、大力提升文化软实力”的部署贯穿到文化出版工作全过程、各方面，切实担负起历史和时代赋予的

重任。

会上，董玲要求全体党员要深入学习、领会、贯彻市第十一次党代会精神，把学习领会好、宣传阐释好、贯彻落实好党代会精神作为当前和今后一个时期的重要政治任务，按照上海市委要求，精心组织、全面推进，切实抓紧抓实抓好。（姜小明）

东方出版中心“两学一做”之上海市南汇监狱参观见学活动举行

2017年5月24日，东方出版中心（以下简称“中心”）党委组织党员干部赴上海市南汇监狱参观见学。中心党委书记、副总经理董玲带队参观学习并讲话，总经理、党委副书记赵东，副总编辑、党委委员郑纳新参观学习。

董玲指出，现场体验式廉政警示教育活动旨在通过“走出去”创新培训模式、触动灵魂的现场教学方式，推动反腐倡廉的有力呈现，使党员干部充分认清腐败对政治生态和经济社会发展的巨大危害，进一步强化对推进党风廉政建设的高度认同，不断增强对党保持自身纯洁性的自觉性，用矢志不移的信仰、坚定不移的信念支撑起“人”字的一撇，用挺在前面的纪律、正直无私的德行支撑起“人”字的一捺，以昂扬向上的精气神写好大写的“人”字，以抱团取暖的聚合力过好大写的人生！（姜小明）

中国出版集团公司举办入党积极分子培训班

2017年5月24～26日，中国出版集团公司举办了入党积极分子培训班。集团公司党组成员、副总裁刘伯根为参训学员讲党课，直属机关党委常务副书记、纪委书记姜红新主持开班式和结业式，集团公司各单位入党积极分子和党员发展对象50人参加培训。

刘伯根强调，推进“两学一做”学习教育常态化制度化，要深入系统地学习党章党规，学习系列讲话精神。党章的本源来自马克思主义经典著作，而《共产党宣言》是经典的经典，是共产党人最基本的理论遵循和“初心”所在，对于共产党人乃至全人类都具有很强的启示意义。

刘伯根对参训学员及集团公司全体青年员工提出了三点要求：一要有抱负，把远大志向与中国特色社会主义事业发展结合起来；二要有担当，把担当负责与在本职岗位上建功立业结合起来；三要有作为，把自身发展与推进工作结合起来。

培训班上，中央党校教授薛鑫良以《不断提高综合素质，努力争取做合格党员》为题，为学员授课；中直机关优秀共产党员、中译语通公司副总经理程国良以《成就公司就是成就自己——如何做一名合格党员》为题，为学员讲党课。此外，还组织学员观看了入党培训讲座视频，并进行党的知识考试。（顾梓榆）

新华书店总店党委理论中心组推进“两学一做”学习教育活动常态化、制度化会议召开

2017年5月26日，新华书店总店（以下简称“总店”）党委理论学习中心组就推进“两学一做”学习教育活动常态化、制度化组织专题学习。总店党委副书记茅院生、柏万良，党委委员张雅珊、陈新出席会议，并分别就“两学一做”进行学习交流。总店全体中层干部参加中心组学习。

茅院生指出，开展“两学一做”学习教育，是以习近平同志为核心的党中央加强党的思想政治建设的一项重大部署，是协调推进“四个全面”战略布局，全面从严治党的有力抓手。推进“两学一做”学习教育活动常态化、制度化，在学习内容上要着力“学规矩、学方法、学精神”：一要学规矩，学《党章》及习总书记系列讲话；二要学方法，学系列讲话中解决问题、“治国理政”的方法；三要学精神，学习中国共产党的精气神，进一步增强“四个自信”。在学习方法上要“统筹规划、与时俱进、指导工作”，要做到学习有规划，坚持系统学、深入学、跟进学，做

到学而信、学而思、学而行，切实把思想和行动统一到讲话精神上来。要切实落实好检查制度，检查学习效果，只要内容明确、方法得当、狠抓落实，“两学一做”学习教育就能真正做好、做实，真正推动总店的改革发展，实现常态化、制度化。

柏万良副书记对“两学一做”学习教育活动常态化、制度化提出 7 点建议：①坚持以“学”为先不动摇，夯实真学真懂这个基础；②坚持以“做”为本不懈怠，抓住笃行求实这个关键；③坚持以“改”为重不打折，用好即知即改这个方法；④坚持以“领”为范不落空，强化以上率下这个牵引；⑤坚持以“常”为要不放松，扭住支部建设这个重点；⑥坚持以“促”为进不停步，聚集担当作为这个标杆；⑦坚持以“担”为责不松劲，加强组织领导这个保障。 （张　倩）

新华联合发行有限公司党支部换届工作完成

2017 年 5 月 26 日，新华联合发行有限公司在东直门会议室召开党员大会，选举产生了新华联合发行有限公司第 2 届党的支部委员会，同时选出新一届委员会委员、书记及副书记，顺利完成了换届工作。通过换届选举，活跃了党内民主生活，调动了广大党员的积极性和创造力，增强了党支部班子的凝聚力、战斗力，使党支部真正成为广大党员拥护、有战斗力的领导核心。

（白　雨）

中共中央直属机关工作委员会文明办主任吴清彬到新华书店总店考察

2017 年 6 月 20 日，中共中央直属机关工作委员会宣传部巡视员、副部长、文明办主任吴清彬，中国出版集团公司直属机关党委常务副书记、纪委书记、文明委主任姜红新到新华书店总店（以下简称“总店”）参观考察，召开座谈会调研新华书店总店创建精神文明单位的做法及成绩。新华书店总店总经理、党委副书记茅院生，党委副书记、纪委书记、工会主席柏万良，副总经理陈新，总经理助理汪春荣陪同参观考察并参加座谈会。中共中央直属机关工作委员会宣传部活动协调处处长梁云程，中共中央直属机关工作委员会宣传部干部李振、陈超，以及总店部分中层干部参加座谈。座谈会由姜红新主持。

吴清彬听取总店情况汇报后，对总店近年来的发展给予高度评价。吴清彬指出，以习近平同志为核心的党中央高度重视文化建设，总店发展迎来了好的政策环境。中共中央宣传部、中国出版集团公司为总店提供了多方面支持、指导和帮助，总店资源得到了有效的规划、整合和发展，可喜可贺。总店领导班子思路清晰，目标明确，措施有力，做事有章法，对两个文明建设认识到位，可钦可佩。总店拥有红色基因，底蕴扎实，内涵丰富。新华文化创意产业园及两个互联网平台的建设，是总店转型发展的缩影。他希望总店以 2015—2017 年度首都文明单位评选活动为契机，更好地推动两个文明建设，在社会主义文化建设中发挥重要作用，再创事业辉煌。

茅院生介绍了总店改革发展情况及精神文明建设情况。他说，新华书店总店作为中国共产党领导下的重要文化机构，在传播革命思想与先进文化方面做出了突出贡献。尽管在历史发展过程中，总店事业经历了挫折和低谷，但总店人始终坚持不懈，迎难而上，改革创新，谋求发展。党的十八大以来，在中宣部、中国出版集团公司等主管单位的领导和关心下，总店坚持物质文明、精神文明建设一起抓，各项工作取得了显著成果：一是按照党和国家的要求，牢固树立“四个意识”，企业实力明显提升，社会效益、经济效益显著提高，总店发展步入良性轨道；二是始终通过战略规划，谋求可持续发展；三是始终通过重点项目，推动产业转型；四是始终通过对外合作，抓企业形象建设；五是始终通过全面深化改革，抓治理规范；六是始终通过制度创新，抓优秀团队建设；七是始终通过党建工作，形成企业合力。

（张　倩）

东方出版中心纪念中国共产党成立96周年党员大会召开

2017年6月23日，东方出版中心（以下简称“中心”）召开纪念中国共产党成立96周年党员大会。中心党委书记、副总经理、纪委书记董玲出席会议并讲话。总经理、党委副书记赵东主持大会。副总编辑、党委委员王祖光出席会议。

会上举行了先进表彰，观看了《凝心亮旗树标杆，聚力亮牌筑堡垒，抱团亮剑谋发展》——党的十八大以来中心党建成果回顾综合片，欣赏了中心自编自导的情景剧《井冈颂歌》，聆听了合唱团红歌合唱《追寻》。

董玲指出，全体党员、各级干部、积极分子要坚持引领在路，在厚植文化自信上带好头，带头用彰显东方人主体性、体现东方文化底蕴、传递当代铿锵之音的优秀作品，厚植推动东方事业发展的深厚文化自信和独特文化优势；坚持正气在胸，在提神振气聚力上做在先。以始终不动摇的理想信念、始终不松劲的清风正气、始终不懈怠的精神状态、始终不畏难的使命担当，团结带领广大职工拧成一股绳，铆足一股劲，在本职工作中传播正能量，唱出好声音，创出新业绩，亮出“党建成效助推发展”的旗帜，助力东方发展更为出彩。（姜小明）

中国出版集团公司举办“不忘初心，继续前进”红色经典诵读会

2017年6月28日，中国出版集团公司“不忘初心，继续前进”红色经典诵读会在中国大百科全书出版社报告厅举办。集团公司党组成员出席诵读会。集团各单位领导班子成员、总部本部各部门主任、党员代表、演职人员近300人参加了诵读会。

集团公司总裁谭跃指出，这次诵读会体现了政治性、思想性和群众性，自己受到了一次深刻的党性锤炼。希望大家能够从党的历史中汲取营养，从红色经典中汲取智慧，坚定理想信念，强化“四个意识”，把思想和行动统一到党中央决策上来，统一到集团公司的部署上来。

集团公司党组成员、副总裁刘伯根表示，要通过诵读红色经典，丰富“两学一做”的内涵；通过推进“两学一做”学习教育常态化制度化，推动党员真正学有所获，切实做到“四个合格”；推动领导干部当表率，做到“四个带头”。全体党员要结合思想、作风和工作实际，坚定理想信念，永葆共产党人本色，不忘初心、继续前进，以良好状态和优异成绩迎接党的十九大胜利召开。

诵读会上，广大党员一起重温了马克思主义经典作家、党的领袖、革命先烈先辈、英雄模范人物及革命作家的名篇名段，重温入党誓词，共同感悟信仰的力量，加深了对党史国情的了解，普遍受到了一次生动而深刻的党性教育。

（顾梓榆）

中国图书进出口（集团）总公司红色经典诵读会暨主题党课报告会举行

2017年6月29日，中国图书进出口（集团）总公司组织全体党员共计200余人，召开“不忘初心，继续前进”红色经典诵读会暨《做合格共产党员》主题党课报告会。公司全体党政领导班子成员出席会议，大会由党委书记聂静主持。

诵读会上，公司各党支部党员代表深情诵读了《为祖国而歌》《毛主席长征组诗颂》《追思焦裕禄》等8个精彩的名篇名段，与全体党员一起重温红色经典、感悟信仰的力量、传承红色基因。

中央党校洪向华教授以《做合格共产党员》为主题，为公司党员做党课报告。党课围绕“积极推进两学一做常态化制度化”“为什么要常态化制度化”“坚持用党章党规规范党组织和党员行为”等方面进行了深入的阐述，主题鲜明、内容丰富，具有很强的针对性和指导性。

总经理张纪臣向全体党员提出了三点要求：

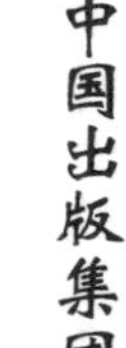

一是要做一名合格的共产党员；二是要发挥党员的先锋模范作用；三是要发挥党组织的战斗堡垒作用。他指出，广大党员同志要以诵读会和主题党课为契机，从党的历史中汲取营养和智慧，牢记党的宗旨和使命，不忘初心、继续前进，为推进公司“十三五”规划和“五型发展”战略，为迎接党的十九大胜利召开，为实现“两个一百年”奋斗目标和中华民族伟大复兴的中国梦而努力奋斗。

聂静在总结讲话中强调，每位共产党员都是一面旗帜，广大党员要成为公司改革发展的中坚力量，在以张纪臣为班长的领导班子的带领下，团结一心、共同奋斗，以良好的精神风貌和优异成绩迎接党的十九大胜利召开。（刘　洋）

新华书店总店领导看望老党员

2017 年 6 月 29 日，新华书店总店（以下简称“总店”）党委副书记柏万良、党群工作部主任韩杰、老龄工作部主任张京义同志，一同看望了汪轶千、鲁明、郑士德 3 位离退休老领导。柏书记向 3 位老领导表示，马上就要到“七一”了，我们伟大的中国共产党就要迎来 96 华诞，在党的 96 华诞前夕，受总店领导班子及党委的委托，我们代表总店班子及员工向 3 位老领导表示真诚的问候和节日祝福。7 月 1 日是总店原副总经理鲁明同志 90 岁生日，总店特意为她准备了花篮，表达真心的祝福。

柏书记向老领导们介绍了总店“十三五”规划制定的情况，特别谈到了《国际出版周报》的创刊和新华发行网项目、全国大中专教材网络采选系统项目、135 号院改建改造的推进情况。老领导们听了非常高兴，认为总店这几年取得了很大的成绩，他们感到十分欣慰，并对总店领导的此次到访和慰问表示感谢。他们表示，虽然退休了，但时刻关心总店的变化。《新华书店总店全面深化改革材料汇编 2015》和《总店通讯》他们都认真阅读了，认为非常好，能及时了解总店的动态，起到了桥梁的作用。老领导们肯定了总店领导班子在当前严峻的经济形势下实现总店稳定发展的佳绩，希望总店在全体干部职工的共同努力下，团结务实、开拓进取，按照“十三五”规划制定的目标扎实推进、再创辉煌。

党群工作部主任韩杰与老龄工作部李静还看望了郁红、张永年、郄志真同志。

（张　倩）

中译出版社赴西柏坡开展党日纪念活动

2017 年 6 月 29 日，中译出版社党委组织全体党员、团员、入党积极分子以及部分干部职工前往红色革命圣地西柏坡学习参观，开展“不忘初心，继续前进”党日活动。该活动旨在让广大党员干部接受革命传统教育，陶冶思想情操，树立“四个意识”，坚定跟党走的信念和对革命事业的忠诚。这次活动主要有四项内容：一是党员重温入党誓词，团员重温入团誓词；二是红色经典诵读活动；三是应知应会党建知识抢答；四是参观西柏坡纪念馆和七届二中全会旧址。整个活动开展得有声有色，融历史回顾、党史知识与现场参观于一体，深受大家的好评。

（茹　慧）

现代教育出版社党委开展“不忘初心，继续前进”红色经典诵读主题党日活动

2017 年 6 月 30 日，为纪念中国共产党成立 96 周年，迎接党的十九大胜利召开，现代教育出版社党委召开党员大会，开展“不忘初心，继续前进”红色经典诵读主题党日活动。

诵读会上，广大党员带着真挚的情感，怀着对先辈的崇敬去诵读，深刻体会到经典著作给予的不朽力量，感受到红色经典在不断深化改革砥砺发展的今天，仍然有着巨大的教育内涵和深远的指导意义。会议最后，全体党员重温入党誓词，共同感悟信仰的力量。

（焦小桥）

世界图书出版上海有限公司党支部纪念建党96周年系列活动举行

2017年6月30日，中国图书进出口上海公司党委举办纪念建党96周年庆祝活动，世界图书出版上海有限公司党支部也组织全体党员参加。

每一个党支部派代表参加了红色经典诵读活动。大家在诗歌的氛围中体会我党的历史，深感中国共产党走过96年的不易和艰辛，更坚定了继续前行的信心。

红色经典诵读活动结束后，中国图书进出口上海公司党委书记冯国雄还给全体党员上了一堂生动的党课，并传达了上海市第十一次党代会精神。（施　维）

北京新华印刷有限公司组织开展庆祝建党96周年暨扎实推进“两学一做”常态化制度化活动

2017年6月30日，北京新华印刷有限公司组织各部门主要负责人和党员共计40余人赴革命圣地狼牙山，开展庆祝建党96周年暨扎实推进“两学一做”常态化制度化活动。

30日到达狼牙山后，北京新华印刷有限公司副总经理刘高源以党性修养和锤炼为题，为全体党员上了一堂生动的党课。3月19日至6月21日，刘高源在中直机关党校3个月学习期间，参加了党校组织的山东临沂党性现场教学活动，沂蒙山革命老区的精神给刘总留下了深刻的印象。他由沂蒙山精神引入正题，分别阐述了中国共产党的性质、关于党性修养和关于党性锤炼。提出党员们要做到思想常提纯、灵魂常回炉，不断增强自己的政治意识、大局意识、核心意识和看齐意识；坚持自我反省、自我净化，自觉把党性修养正一正、把党员义务理一理，不以“不为人知”欺骗自己，不以“小节无碍”开脱自己，不以“下不为例”放纵自己；坚持遵规守纪，不越红线，严守政治纪律和政治规矩，结合正在开展的“两学一做”学习教育常态化制度化，努力使自己在党性上变得纯粹一些，境界上变得高尚一些，自律上变得严格一些。

副总经理、党委副书记赵树文代表党委对广大共产党员和党务工作者致以节日的问候和亲切的慰问，并宣读了《关于表彰优秀共产党员、优秀党务工作者的决定》，向获得“优秀共产党员”和“优秀党务工作者”光荣称号的吴中宾、高隽、郭涛、刘庆江、胡文娟等同志颁发荣誉证书。

7月1日，党员同志们来到山脚下狼牙山五勇士雕像处，举行了全体党员宣誓仪式。在党委委员卢向东同志的带领下，老党员及新入党的两名党员面向党旗，握紧右拳，庄严宣誓。随后，老党员吴中宾和刘庆江分别为新党员周继伟和倪海涛佩戴了党徽。

党员同志们参观了狼牙山五勇士陈列馆。该馆收藏有珍贵的历史图片、资料、抗战文物、战斗场景雕塑等，生动地再现了我抗日军民在党的领导下抗击日寇、保家卫国的英雄业绩和壮丽历史。随后，党员同志们沿着勇士的足迹登上棋盘坨顶峰，肃立在狼牙山五勇士纪念塔前，仰望聂荣臻元帅的题词，遥想狼牙山五勇士弹尽药绝，不以革命之躯见辱于倭寇，奋然跳崖的感人场景，深切体会到勇士们气壮山河的气概和心怀天下的豪情。

这次参观学习活动，使全体党员同志们接受了一次深刻的爱国主义教育。大家纷纷表示，要把这种精神与自身的工作学习相结合，以更加饱满的热情和更强的责任感做好本职工作，努力实现公司生产经营目标，促进新华公司各项工作再上新台阶。（董凯玲）

湖北中图长江文化传媒有限公司开展践行“两学一做”系列活动

2017年6月，湖北中图长江文化传媒有限公司（以下简称“湖北中图公司”）紧密结合企业自身特点，在开展“两学一做”学习教育中，本着“抓党建促发展”的总体理念与要求，不断

丰富学习教育载体，将党建工作与企业经营工作相融合，结合公司经营方向与行业特点，努力探索和创新企业党建工作，营造学习氛围，争做有价值员工，促进公司发展活力。

坚定政治信念，筑牢思想基础。湖北中图公司主要服务于大型国际会展及对外文化交流等工作。在标准高、任务重、困难大、人员少、条件繁复的情况下，党员干部通过学习党章、系列讲话和文件精神，狠抓理论学习、牢筑思想基础，充分发挥基层党组织的战斗堡垒作用和党员的先锋模范作用，用坚定不移的信念执行好各项工作。

注重学做结合，促进发展活力。公司推出“8＋1”学习计划，鼓励员工在紧张的工作之余做好工学时间分配，坚持拿出午休或下班后 1 小时进行集中学习。在加强员工思想教育的同时，将提高员工综合素质、提升服务素养与专业水平相结合，融合《员工心态》《麦肯锡思维》《做最有用的好员工》《时间管理》《营销与谈判》、涉外礼仪与外事知识等丰富的学习内容，运用讲、听、谈、用等多种形式，不断增强大局意识、责任意识，加强员工能力建设。力求通过学做结合，解决好公司发展中遇到的实际问题和困难，提升企业发展活力。（张　峰）

世界图书出版有限公司开展“不忘初心，继续前进”红色经典诵读主题党日活动

2017 年 7 月 5 日，世界图书出版有限公司举办了红色经典诵读会。党员们通过诵读、歌唱红色经典，重温革命先辈矢志不渝的理想追求和驰而不息的革命斗志，接受党性教育，坚定了理想信念。诵读会上，世图公司总经理李春凯带领全体党员重温入党誓词，牢记党的使命宗旨，不忘初心。党委书记汪武在诵读会结束后，以“从严治党，必须从党内政治生活严起”为题，为全体党员讲党课。七一前，每一个支部相继开展了主题党日活动，党员都诵读了红色经典，各支部都讲了党课。

7 月 7～8 日，世图公司组织全体党员赴红旗渠举办“两学一做”学习教育培训班。通过观看《红旗渠》纪录片，邀请专家讲解红旗渠精神的时代价值，参观红旗渠纪念馆，到主干渠、青年洞进行体验式教学，深刻体会了林县人民为改变干旱缺水面貌，“自力更生、艰苦创业、团结协作、无私奉献”的红旗渠精神。党员们纷纷表示，要学习弘扬红旗渠精神，在推进世图公司改革发展进程中发挥先锋模范作用，努力做到“四个合格”，永葆共产党员本色。（张　慧）

中国图书进出口（集团）总公司工会第七届一次会员代表大会召开

2017 年 7 月 18 日，中国图书进出口（集团）总公司（本部）工会第七届一次会员代表大会召开。本次大会应到正式代表 100 名、列席代表 18 名，实到正式代表 95 名。换届选举领导小组组长、总经理张纪臣做重要讲话，换届选举领导小组成员、工作小组组长、总经理助理曹勇斌作《第六届工会委员会工作报告》，换届选举领导小组成员、计划财务部经理张明霞作《第六届工会经费审查报告》。

会议审议通过了《第六届工会委员会工作报告》和《第六届工会经费审查委员会工作报告》，选举产生 11 名第七届工会委员会委员和 3 名经费审查委员会委员。新当选委员在大会后召开了第一次全体会议，选举曹勇斌为第七届工会主席，李红、吴永利为工会副主席。

张纪臣回顾了公司近年来的经营成果，突出了公司在挺拔主业、数字化转型、“走出去”能力建设、融合发展方面的可喜成绩，并对新一届工会促进公司稳定发展表达了殷切的期待，提出了三点要求：一是强化思想引领，协助党委抓好思想政治建设；二是发挥好桥梁纽带作用，切实为企业稳定发展做出贡献；三是与时俱进，创新工作方式，努力提升服务能力。

中国出版集团公司直属机关代表上级党委和工会向本次大会召开表示祝贺，并对工会工作提出五点建议：一要增强新形势下工会工作的使命

感和责任感；二要创造性地做好维护职工合法权益的工作；三要下大功夫抓好模范“职工之家”的创建工作；四要充分发挥职工代表大会的作用；五要进一步加强工会组织自身建设。

（姜天翔）

中国图书进出口（集团）总公司第23届党建思想政治工作会议召开

2017年7月26日，中国图书进出口（集团）总公司第23届党建思想政治工作会议在北京召开。公司党委委员、各党支部书记、专职纪检员，各分支机构党组织书记、党办主任共34人参加会议。

党委书记聂静首先强调了会议召开的特殊意义和背景，随后在报告中总结了2016年以来中图公司的党建工作，并结合中央要求和集团公司部署，强调了2017年公司党建的五项重点工作：一是确保文化安全，抓好迎接服务十九大和学习贯彻落实十九大精神工作；二是切实履行“两个责任”，落实全面从严治党要求；三是落实国有企业党建会议精神，以巡视整改为契机，切实加强党的领导、党的建设；四是推进“两学一做”学习教育常态化制度化，切实加强基层党组织建设；五是推动党建工作与生产经营深度融合，推进集团“十三五”各项事业发展。

聂静以“贯彻中央精神，落实集团部署，明确工作重点”为题，为与会人员讲了一堂主题鲜明、内容丰富、富有针对性和教育意义的专题党课。她指出，落实全面从严治党，加强党的领导和党的建设，推进“两学一做”学习教育常态化制度化，推动党建工作与生产经营深度融合，促进“十三五”各项事业发展，是集团党建工作的主旋律。

随后，版图公司、中图上海公司、报刊中心支部、图书中心支部等9家单位的党组织负责人代表，结合工作亮点和典型案例，就本单位党建思想政治工作的有效开展分别做了专题发言。

纪委书记林佳红在主持会议时指出，在党的十九大召开之际，本次政工会主题鲜明，内容丰富，对于下半年加强党建工作，促进生产经营，推动改革发展工作，必将起到积极作用。

聂静在总结讲话中强调，会后各单位要传达好会议精神，特别要落实好2017年五大重点工作，推动党建工作与生产经营深度融合，充分发挥党组织优势，为确保完成全年各项工作任务，推动“五型战略”实施，打造“数字中图”做出更大贡献。

（刘　洋）

中国大百科全书出版社党委理论学习中心组学习刘奇葆同志在全国出版工作会议上的讲话精神专题学习（扩大）会议召开

2017年7月28日，中国大百科全书出版社党委理论学习中心组召开专题学习（扩大）会议，集中学习刘奇葆同志在全国出版工作会议上的讲话精神。出版社党委委员、社长助理、总编室副主任参加学习，党委书记刘晓东主持会议。与会人员共同学习研读《刘奇葆同志在全国出版工作会议上的讲话传达提纲》。大家一致认为，刘奇葆同志的讲话为当前和今后一个时期出版工作前进的方向提供了基本遵循，明确了重点任务，也进一步明确了出版的功能和定位，对本社工作的开展具有很强的指导意义。

与会人员围绕讲话精神和实际工作进行发言讨论，总结出七个方面落实讲话精神：一是做好《中国大百科全书》第三版工作的同时，立足市场强选题，增强核心竞争力；二是坚持内容第一，加强内容创新，做好原创出版；三是提升经营能力；四是加快《中国大百科全书》第三版工作与市场、数字与传统的融合，构建百科出版新局面；五是重实效、强内容，不断推进“走出去”工作；六是提升管理能力，完善建立符合上市企业要求的现代出版企业制度；七是积极发挥党委作用，把握政治方向和出版导向。

（尹添铭）

中国出版集团公司党组理论学习中心组扩大会议召开

2017 年 7 月 31 日，中国出版集团公司党组理论学习中心组召开扩大会议。中国出版集团公司总裁谭跃传达了中纪委驻中宣部纪检组贾育林组长的谈话精神，并就如何贯彻落实谈话精神做了部署。集团公司领导班子、各二级单位领导班子成员、总部和本部处以上干部共 100 人参加会议。

谭跃强调，要结合学习贯彻落实刘奇葆在全国出版工作会议上的讲话精神，结合中央关于落实意识形态工作责任制监督检查情况的通报，认真查找思想上的偏差、管理中的漏洞。各二级单位要认真反思，查找不足，采取措施，加强整改，亡羊补牢。一是忠实践行“四个意识”，坚定政治方向和正确的出版导向；二是出版物要突出政治效果和社会效果，达到两个效益的统一；三是严格履行三审制度，落实好《出版管理条例》；四是切实加强出版队伍建设；五是认真落实意识形态工作责任制；六是管好电子网络出版物。

谭跃还就贯彻落实谈话精神做了部署。一是进一步规范中心组学习；二是抓好学习传达，层层传导压力；三是推进专题述职，强化问题整改；四是开展专项巡查，严把政治关。

集团公司决定成立检查组，对二级单位落实意识形态工作情况进行专项巡查，特别加强对书稿三审制落实情况的检查，以严、细、深、实的作风严把政治关，切实做好守土有责、守土尽责、守土担责，为党的十九大胜利召开营造良好的舆论氛围。（顾梓榆）

现代教育出版社开展“献礼十九大、争做合格党员——亮身份、找差距、有担当、促发展”活动

2017 年 7 月，为纪念中国共产党成立 96 周年，迎接党的十九大胜利召开，扎实推进“两学一做”学习教育常态化制度化，现代教育出版社党委在全社党员中开展“献礼十九大、争做合格党员——亮身份、找差距、有担当、促发展”活动。

亮身份，通过佩戴党徽，重温入党誓词，铭记入党初心，唤醒党员身份意识；找差距，牢固树立“四个意识”，时刻对照合格党员标准，躬身自省、检视自身；有担当，忠诚履责、尽心尽责、勇于担责，要求党员干部要奋发有为；促发展，把党员先锋模范作用植入到出版社发展的全过程，推动党建工作与生产经营相互融合、共同发展。（李　颖）

现代出版社组织党员干部开展一系列教育学习活动

2017 年 7～9 月，现代出版社党总支组织党员干部开展一系列教育学习活动。主要有：“走进红旗渠，重温入党誓言”活动；邀请党校老师讲党课；观看《红旗渠》纪录片。全体党员在参观学习中深受震撼和鼓舞，表示要在工作岗位上，发扬“开拓进取、团结协作、无私奉献”的红旗渠精神，发挥党员的先锋模范作用。在组织党员开展“不忘初心，继续前行”红色经典朗诵活动中，现代出版社有两名党员同志参加了中国出版集团公司诵读会，反响良好。

组织党员、积极分子和青年骨干观看电影《建军大业》。重温中国共产党建立军队的艰难，体会老一辈革命者开创新中国的决心，珍惜中国今天取得的成就，坚定不移地推动改革发展和从严治党，为党和国家实现“两个一百年”的奋斗目标贡献力量。

结合“两论”学习，组织全体党员撰写心得，提升理论学习水平，并向中国出版集团公司推荐优秀作品。（裴　郁）

新华书店总店党委理论学习中心组（扩大）会议召开

2017 年 8 月 1 日，新华书店总店（以下简称“总店”）召开党委理论学习中心组（扩大）

会议，传达学习习近平总书记7月26日在省部级主要领导干部“学习习近平总书记重要讲话精神、迎接党的十九大专题研讨班”上的重要讲话精神。总店党委副书记、总经理茅院生传达了习近平总书记重要讲话精神，交流了学习心得，代表总店党委对深入学习贯彻习近平总书记重要讲话精神做出部署和要求。会议还传达学习了中共中央政治局委员、书记处书记、中宣部部长刘奇葆7月28日在全国宣传部部长会议上的讲话精神、中纪委驻中宣部纪检组组长贾育林同志与中国出版集团公司领导的谈话精神，传达了中国出版集团公司关于学习习近平总书记重要讲话精神的部署安排。总店党委副书记柏万良，党委委员、副总经理张雅珊、陈新出席会议，并分别交流了学习心得。

会议指出，在全国上下喜迎党的十九大胜利召开之际，党中央举办省部级主要领导干部“学习习近平总书记重要讲话精神，迎接党的十九大专题研讨班”，对于进一步统一全党认识、明确前进方向、确保党的十九大胜利召开具有十分重要的意义。

会议要求，认真学习贯彻习近平总书记“7·26”重要讲话精神是当前和今后一段时期总店的首要政治任务。学习习近平“7·26”重要讲话精神要与深入推进“两学一做”学习教育常态化制度化结合起来，切实抓好学习贯彻。总店领导班子要带头学，各部门、各公司、各支部要把学习作为领导干部和党团员教育培训的必修课，把学习成果转化为实际的工作能力、工作方法和工作业绩。要将学习贯彻习近平总书记系列重要讲话精神和治国理政新理念新思想新战略紧密结合起来，迅速把思想和行动统一到讲话精神上，增强维护核心的思想觉悟和行动自觉。要抓好总店发展战略和重点项目，切实创造新成绩、创建新成果，以优异的成绩迎接党的十九大胜利召开。要抓好宣传，牢牢把握新华书店总店作为中央文化企业的战略定位，营造好学习贯彻习近平总书记重要讲话精神的浓厚氛围，尤其是报纸出版，要牢固树立正确的政治方向和舆论导向，精心策划、集中报道，运用新媒体平台和总店店刊、官网，开设专题、专栏，集中推出迎接党的十九大的宣传报道，营造团结奋进的舆论氛围。

总店各部门、各所属公司、各党支部负责人列席会议。

（张　倩）

现代出版社深入学习贯彻习近平总书记“7·26”重要讲话精神系列活动举行

2017年8月3日，现代出版社组织全体中层干部和党员学习习近平总书记“7·26”重要讲话精神。党总支书记张晶同志主持学习活动。通过学习讲话内容，大家深刻领会了习近平总书记重要讲话精神的丰富内涵和重大意义。

学习活动结束后，现代出版社组织中层干部、党员和编辑座谈，并结合《关于深入学习贯彻刘奇葆同志在全国出版工作会议上的讲话精神的通知》展开讨论。领导、党员干部和业务骨干结合各自的岗位谈工作、谈信仰、谈意识、谈责任、谈担当、谈奉献。大家一致认为，习近平总书记“7·26”重要讲话是一次统一思想、凝聚力量的讲话，是一次站在新的历史起点上不忘初心继往开来的讲话，具有很强的前瞻性和指导性，为开好党的十九大奠定了重要的政治基础、思想基础、理论基础。

现代出版社领导从出版导向方面再次对业务部门的同志提出了具体的要求：要进一步增强责任意识，保持高度的政治警觉性和敏锐性，提高政治站位；要严把出版物政治导向，加强对电子出版物和官网、微博、公众号的内容管理，以及线下图书推广活动中的舆论导向。

现代出版社党总支将持续学习，坚决贯彻习近平总书记“7·26”重要讲话精神，并与“两学一做”学习教育常态化制度化结合起来，坚决维护党中央的权威，坚定不移地把讲话精神贯彻落实到位。

（裴　郁）

中国大百科全书出版社党委理论学习中心组学习习近平总书记“7·26”重要讲话精神专题会议召开

2017年8月4日，中国大百科全书出版社党委理论学习中心组召开学习（扩大）会议，专题学习习近平总书记“7·26”重要讲话精神。出版社党委委员、社长助理、中层干部、支部书记参加学习，党委书记刘晓东主持会议。与会人员共同学习了集团公司下发的《关于学习贯彻习近平总书记在省部级主要领导干部专题研讨班上的重要讲话精神的意见》。大家一致认为，习近平总书记的重要讲话，为党的十九大胜利召开奠定了重要的政治、思想和理论基础，为党和国家各项事业发展提供了理论指导和行动指南。刘国辉社长在会上强调，学习宣传贯彻习近平总书记“7·26”重要讲话精神是当前首要的政治任务，全体党员干部要认真学习、深刻领会，深化对讲话政治意义、理论意义、实践意义的认识，切实增强“四个意识”，把握出版导向，把思想和行动统一到讲话精神上来。他对本社如何贯彻落实重要讲话精神也提出了具体要求。

中国大百科全书出版社党委根据集团公司通知精神，结合实际，研究制定了《百科关于认真学习贯彻习近平总书记在省部级主要领导干部专题研讨班上的重要讲话精神的通知》，强调各支部、各部门要高度重视学习贯彻习近平总书记“7·26”重要讲话精神，并以支部、部门为单位展开学习讨论，把习近平总书记重要讲话精神贯彻到各项工作中。

（尹添铭）

生活·读书·新知三联书店党委理论学习中心组学习（扩大）会议召开

2017年8月4日，生活·读书·新知三联书店（以下简称“三联书店”）召开党委理论学习中心组学习（扩大）会议，传达学习习近平总书记在省部级主要领导干部专题研讨班上的重要讲话精神。三联书店总经理路英勇、副总编辑常绍民、副总经理张作珍、副总编辑郑勇出席会议，全体中层干部、各下属公司负责人及党支部书记参会。党委书记翟德芳主持会议。

路英勇首先传达了中国出版集团公司“7·31”会议精神，强调要深入学习领会习近平重要讲话精神的内涵；要把贯彻落实习近平系列重要讲话精神与迎接宣传党的十九大胜利召开、与推进“两学一做”常态化、与推动集团改革发展结合起来；要掀起学习贯彻习近平重要讲话精神的热潮。按照谭跃总裁的要求，三联书店要充分落实意识形态工作责任制；要具备风险预判能力和分辨错误思潮的能力；要防止以学术文化为名，传播错误观点。路英勇还针对三联书店工作实际，对导向管理工作做出了专门部署。

翟德芳传达了中国出版集团公司下发的《关于学习贯彻习近平总书记在省部级主要领导干部专题研讨班上的重要讲话精神的意见》，并指出，三联书店作为出版“国家队”，要把为十九大营造稳定和谐的舆论环境这一中心和导向管理、主题出版这两个基本点作为工作的重心。

（刘　畅）

新华书店总店与北京发行集团联席专题会议召开

2017年8月10日，新华书店总店与北京发行集团联席召开专题会议，学习贯彻落实中共中央政治局委员、书记处书记、中宣部部长刘奇葆同志在新华书店成立80周年座谈会及全国出版工作会议上的讲话精神，对刘奇葆同志讲话提出的弘扬优良传统，光大新华精神，做强做大新华书店品牌；进一步适应网络发展，加强联合，整合资源，推进线上线下融合发展，与全国新华书店共同建设好“新华书店网上商城”；建设好发行主渠道主阵地，实现社会效益、经济效益相统一等要求进行了专题研究，形成了贯彻落实意见。

新华书店总店总经理茅院生就光大新华品牌，建设发行主渠道、主阵地，发挥北发集团及全国各省市新华书店渠道资源优势，联合打造“新华书店网上商城”提出了具体建议。北京发行集团董事长李湛军介绍了北发集团发展情况、战略规划及智慧书城、北京台湖会展贸易中心等重点项目，对共同建设运营好“新华书店网上商城”，打造国家互联网发行的主渠道、主阵地提出了实施建议。总店副总经理张雅珊，北京发行

集团总经理龙晓雯、副总经理石鸿印等参加会议，对双方整合优势资源，做强做大新华书店品牌，加快“新华书店网上商城”建设等进行了深入讨论交流。龙晓雯主持会议。

双方认为，刘奇葆同志提出联合全国有实力的省市新华书店共同建设“新华书店网上商城”，利用科技创新和市场机制，链接全国1.2万家门店，通过O2O的创新模式，将打破新华系统以省为界、重复建设的不利格局，既可集中发挥互联网营销的便捷、及时、低成本的特点，又可盘活新华书店的实体店资源，使新华书店成为更有竞争力的文化产业经营主体，推进出版发行行业的转型发展。

双方确定，将努力联合全国各省市新华书店共同建设运营“中国新华发行网—新华书店网上商城”，充分发挥出版发行主渠道、主阵地作用，向读者传播健康、积极向上的优秀出版物，发扬光大“新华书店”品牌，提升主流文化传播能力。双方将签署共建“新华书店网上商城（新华发行网）”的合作协议，加快合作步伐，将北京图书大厦作为“新华书店网上商城”的第一批接入门店，为建设国家网络发行的主渠道、主平台贡献力量。

（张　倩）

中国对外翻译有限公司党委理论中心组学习习近平总书记在省部级主要领导干部专题研讨班上的重要讲话精神专题会议召开

2017年8月14日，中国对外翻译有限公司（以下简称“中译公司”）党委理论中心组召开专题会议，集中学习习近平总书记在省部级主要领导干部专题研讨班上的重要讲话（以下简称“7·26”重要讲话）精神，传达刘奇葆同志在全国宣传部长专题工作会议上的讲话精神。

党委副书记黄松指出，“7·26”重要讲话全面总结了党和国家近年来取得的改革发展成果，深入科学地剖析了当前国内外政治、经济形势，深刻阐明了未来一个时期党和国家事业发展的大政方针和行动纲领，为党的十九大胜利召开奠定了重要的政治、思想和理论基础。我们要将深入学习领会、宣传贯彻“7·26”重要讲话精神，认真推进落实讲话精神到各级组织、各个层面。党员干部要以身作则，把“7·26”重要讲话精神与推进“两学一做”学习教育常态化制度化结合起来，有序开展、深入推进。

（王　超）

人民音乐出版社党委中心组深入学习贯彻习近平总书记“7·26”重要讲话精神学习扩大会议召开

2017年8月22日，人民音乐出版社召开党委中心组学习扩大会议，深入学习贯彻习近平总书记“7·26”在省部级主要领导干部专题研讨班上的重要讲话精神。全体党委委员、班子成员和各支部书记参加会议，党委副书记周群主持会议。

社长莫蕴慧指出，学习贯彻“7·26”重要讲话精神，是当前和今后一个时期全体同志的重大政治任务。要通过深入学习，进一步深刻认识我们党要举什么旗、走什么路、以什么样的精神状态、担负什么样的历史使命、实现什么样的奋斗目标。党委副书记周群谈到，学习“7·26”重要讲话精神，更加坚定了“四个自信”，更加坚定了维护以习近平同志为核心的党中央、永远与党中央保持高度一致的信心与决心，进一步认识在新的历史条件下宣传思想工作的重大使命以及党的新闻舆论工作职责使命“48字”的深刻意义。副总编辑赵易山谈到，学习“7·26”重要讲话精神，督促我们更加深刻地思考出版人如何真正做到敢于担当、牢记使命，更加有效地严守政治纪律、强化导向管理、推进主题出版。副总编辑杜永寿认为，学习“7·26”重要讲话精神，重点在于从讲话精神中找答案找办法，在企业改革发展中融会贯通，落实到推进“两调四强”战略上来。

各支部书记分别汇报了支部学习扩大会议的情况，并畅谈了自己的学习体会。根据党委部署，各支部集中开展了扩大学习活动，支部书记组织支部全体党员、支部所含部室的所有非党员员工进行了一次专题学习，认真交流了习总书记“7·26”重要讲话精神的学习体会。

（周　钰）

中华书局举办党员干部党性修养培训班

2017年9月3～9日、10～16日，中华书局分两批在井冈山红色文化教育学院举办中华书局党员干部党性修养培训班。党委委员周清华、顾青、尹涛、张继海及部分党员共52人走进革命圣地井冈山，开展党性修养培训，认真学习先辈们艰苦奋斗的革命意志，切身感受大无畏斗争精神，深刻感悟井冈山红色文化，加强党性修养，坚定理想信念。

在简短而庄重的开班仪式后，培训正式开始。首先是《井冈山斗争与井冈山精神》专题讲座。通过授课专家对井冈山革命斗争史、毛泽东基本思想理论的形成与发展、井冈山精神深刻内涵的讲述，寓情于史，寓理于史，培训班学员得以走入那段激情燃烧的岁月，仿佛身临硝烟弥漫的战场，对井冈山的斗争和革命精神有了新的认识，受到震撼和洗礼。此外，学员们还聆听了《十八届六中全会精神解读》《落实党风廉政建设及两个责任》讲座，观看了《印象井冈山》大型实景演出和《永恒的信念》专题片。

培训期间，学员陆续赴井冈山革命历史博物馆、井冈山革命烈士陵园、茨坪旧址群、小井红军医院旧址、小井红军烈士墓、黄洋界哨口、茅坪八角楼、龙江书院等地进行现场学习。追寻着革命前辈战斗的足迹，学员们走进一个个历史现场，切身感受那些不寻常的年代印记。在井冈山革命烈士陵园，学员们向烈士敬献花圈，重温入党誓词；在茨坪毛泽东旧居，学员们感悟伟人情怀和革命乐观主义精神；在茅坪八角楼，学员们聆听“八角楼的灯光”的传奇故事，对中国的红色政权为什么能够存在有了更深刻的理解；在井冈山革命历史博物馆、小井红军医院旧址、小井红军烈士墓，学员们感受到革命先辈信仰之纯正、信念之坚定、处境之艰险、斗争之卓绝，以及探索一条正确道路的艰辛不易。通过上述实地探访和现场学习，学员们更加深入地理解了“星星之火，可以燎原”的含义，以及习近平总书记考察井冈山时提出的“坚定执着追理想、实事求是闯新路、艰苦奋斗攻难关、依靠群众求胜利”这一井冈山精神新的时代内涵。

在访谈教学现场，通过对井冈山斗争早期将领袁文才、王佐烈士之孙袁建芳、王生茂，原中组部副部长曾志之孙石金龙，红歌作者后代、电视连续剧《井冈山》插曲《红军阿哥你慢慢走》演唱者江满凤等人的访谈，学员们聆听到他们讲述的井冈山斗争背后一些鲜为人知的传奇故事，感受到现当代井冈山人质朴勤奋、扶贫助弱、热爱家园的红色情怀。

在体验式教学现场，学员们重走朱毛红军挑粮小道。尽管道路崎岖险陡，天气炎热潮湿，但大家都激情满怀，精神抖擞，既亲身体会到老一辈无产阶级革命家艰苦奋斗的优良传统，也展示出中华书局党员干部积极向上的革命乐观主义情怀，接受了一次革命传统历史教育的洗礼。

在结班仪式上，石玉、李闻辛、李晨、李勉、杨一、宋吉6名学员作为代表，畅谈此次培训学习的感受。井冈山中忆峥嵘岁月，黄洋界上看星火燎原。学员们切实感受到坚定信念、艰苦奋斗、实事求是、敢闯新路、依靠群众、勇于胜利的井冈山精神，在学习和实践中提升了自身的党性修养、理论水平和工作能力，更加坚定了不忘初心、继续前进，实现共产主义远大理想和中国特色社会主义思想的信念。学员们认为，此次培训是一次深刻的体验性学习，既有直观的感受与启迪，也有理论上的收获与提升，更有精神上的洗礼与升华。

（梁　彦）

商务印书馆举办第2期“两学一做”学习教育活动暨中层管理干部培训班

2017年9月4～8日，商务印书馆举办第2期“两学一做”学习教育活动暨中层管理干部培训班。本期培训班由商务印书馆主办，延安大学泽东干部学院承办。商务印书馆馆领导及中层管理干部、各支部委员共计45人参加。

学习期间，延安大学泽东干部学院共安排课程 18 节，课程详尽充实、衔接紧密，授课形式多样，既有专题报告，又有现场教学、现场讲解。商务印书馆全体学员上课认真，严格遵守中央及学院的相关规定，严格遵守学员守则。通过在革命圣地的学习，大家一致认为收获颇丰，不仅学习了延安精神，接受了理想信念教育和革命传统教育，提升了党性修养，同时也促进了业务水平和经营管理能力的提升。（刘　波）

中版教材有限公司
党总支专题学习会召开

2017 年 9 月 4 日，中版教材有限公司党总支召开“严明纪律和规矩、防止‘四风’反弹回潮”等问题专题学习会。会上，进一步落实中央关于党风廉政建设方面的要求，要求全体党员干部在工作中要加强学习，增强党性意识，对党纪国法心存敬畏，把纪律挺在前面。同时，在工作、生活和对外交往中，严格要求自己。

（武一格）

中共中央直属机关工作委员会常务
副书记孟祥锋到中华书局调研

2017 年 9 月 12 日，中共中央直属机关工作委员会常务副书记、中央办公厅副主任孟祥锋，中直机关工委宣传部部长顾祥胜等一行 4 人到中华书局调研党建工作。中国出版集团公司总裁谭跃，集团公司党组书记王涛，集团公司党组成员、副总裁刘伯根，以及集团直属机关党委常务副书记姜红新，中华书局总经理徐俊、总编辑顾青、党委书记及副总经理周清华参加调研。

在听取刘伯根代表中国出版集团公司和周清华代表中华书局做的党建工作汇报后，孟祥锋做了重要讲话。他充分肯定了中国出版集团公司和中华书局的党建工作，并从工作实际出发，提出五点意见。一是大抓思想政治建设。集团公司首先是一个政治组织，要旗帜鲜明地讲政治。二是大抓深化巡视整改。要坚持问题导向，把中央巡视组巡视中央单位时提出的“灯下黑”问题，作为抓党建工作的重点方向之一。三是大抓党建责任制落实。要不折不扣地落实党建工作责任制、意识形态责任制、党风廉政建设责任制这三个责任制，以责任倒逼党建工作迈上新台阶。四是大抓基层基础。要发挥好党支部的战斗堡垒作用和党员的先锋模范作用，切实解决基层党建工作弱化、淡化、虚化、边缘化的问题。五是大抓探索创新。要研究解决加强分类指导、党建工作和业务工作“两张皮”、互联网＋党建、思想教育的方式方法等实际问题。

谭跃从履行党建工作主体责任、落实意识形态工作责任制、坚持正确的选人用人导向等三个方面，汇报了集团公司党组和领导班子的履职情况。（顾梓榆　梁　彦）

新华书店总店领导班子成员
参加所在支部专题组织生活会

2017 年 9 月 26 日，新华书店总店（以下简称“总店”）党委副书记、总经理茅院生，党委副书记柏万良，副总经理张雅珊、陈新，以普通党员身份分别参加了所在支部的专题组织生活会，学习习近平总书记参加所在党支部组织生活会上发表的重要讲话，并结合各自实际查找差距，明确整改方向和措施。

茅院生同志在第一支部专题组织生活会上认真倾听各位党员的发言，听取了大家的意见和建议，和大家分享了自己的管理心得，并结合工作分析了存在的问题。茅院生指出，企业领导者的任务是要领导方向，要领导战略和项目，要领导人才。对照这三点，他认为自己尚存在不足之处。主要体现在：第一是领导得不够、领导得不实。“不够”主要体现在方向、战略明确后，项目在实施和进展过程中方法不多、力度不够、效果不明显；“不实”主要体现在有布置、有安排、少检查。第二是在方式方法上，存在性格急躁、方法简单的问题，导致在思考问题及与大家交流时不够深入、不够全面。茅院生提出了五条改进措施，即加强学习、更加认真、团结同志、时刻

牢固树立正确方向、狠抓落实。

茅院生强调，新华书店总店要旗帜鲜明地讲政治，牢固树立“四个意识”。当前是一个比较重要的关键时期，党的十九大即将召开，全体党员要带头搞好自身建设，要尽职守则，对党忠诚，敢于担当，争当时代楷模。同时，总店正经历转型发展的关键时期，所有规划的重点项目要确实体现成效。在这个关键时刻，要求广大党员干部以强烈的事业心和高度的使命感，始终保持干事创业、开拓进取的精气神，发挥模范先锋作用，确保总店各项事业取得更大发展。

在各支部会上，总店党员结合自己的实际工作，谈了学习习近平总书记重要讲话精神的心得体会。大家表示，总店领导班子成员认真履行党员义务，身体力行、率先垂范，为广大党员干部起到了很好的示范带头作用。专题组织生活会让彼此沟通了思想、得到了启发，收获很大，党员干部要以此为契机，坚持学习，进一步坚定理想信念，勇于担当作为，在生产、工作、学习和社会生活中起先锋模范作用，以更好的精神状态和优异工作成绩，迎接党的十九大胜利召开。

（张　倩）

世界图书出版上海有限公司党支部开展“主题党日”活动

2017 年 9 月 27 日，世界图书出版上海有限公司党支部开展“主题党日”活动。全体党员、干部前往江苏太仓考察学习。

大家参观了太仓市规划展示馆和中国科学院上海技术物理研究所太仓中心，并与技物所太仓中心的工作人员一起召开了座谈会。

座谈会上，大家了解了中国科学院上海技术物理研究所及该所下属的太仓中心的历史沿革、主要工作以及和世界图书出版上海有限公司教育云平台项目的进展情况，共同希望两家单位继续合作开发，探索合作的内容，拓展项目的深度和广度，以期达到双方互利共赢、共同发展的目的。

（施　维）

中版文化传播（北京）有限公司党支部举办学习贯彻十九大精神系列活动

2017 年 9 月，支部组织 4 名同志参观“砥砺奋进的五年”大型成就展，并将观展体会提交给集团公司，发表在集团网站上。10 月，石悦同志以“读哲学·学‘两论’”为主题撰写学习心得，并提交集团公司党委。

10 月 18 日，全体党员、积极分子及部分群众集体观看十九大会议开幕式，聆听习近平总书记报告。党支部书记包岩同志、纪检委员沈昊同志参加了集团公司举办的领导干部学习贯彻十九大精神培训班，并撰写了十九大精神学习心得。11 月，支部全体党员及中层干部 12 人积极参加集团公司党委组织的十九大宣讲会。

（武　瑾）

人民文学出版社党委组织党员赴井冈山举办“两学一做”学习教育培训班

2017 年 10 月 10～14 日，人民文学出版社党委在中国革命的圣地井冈山举办了人民文学出版社“两学一做”学习教育培训班。人民文学出版社党委书记张贤明，纪委书记、副总编辑周绚隆，副总编辑应红以及各党支部书记、党员、入党积极分子一同走进井冈山，开展党性教育专题培训，追寻革命先烈的光辉足迹，切身感受先辈们的革命精神，加强党性修养，坚定理想信念。

井冈山干部学院的赖宏教授对井冈山革命斗争史及井冈山精神的内涵延伸做了生动的讲述，寓情于史，寓理于史，将大家带回那段激情燃烧的烽火岁月，让大家更加真切地领悟以“坚定信念、艰苦奋斗，实事求是、敢闯新路，依靠群众、勇于胜利”为主要内涵的井冈山精神。在现场教学、访谈教学方面，学院还组织学员赴井冈山革命博物馆、井冈山革命烈士陵园、大井毛泽东故居、小井红军医院、小井烈士陵园、黄洋界哨口、八角楼、龙江书院、三湾村等地进行现场

学习考察。培训期间，全体学员还就几天来的所学所观所感，结合“两学一做”学习教育课题进行了分组讨论。在讨论中，一方面，大家纷纷感叹革命先辈信仰之纯正、信念之坚定，感动于无数共产党员为了新中国的事业抛头颅、洒热血，用生命换取了我们今天幸福的生活；另一方面，大家在专题学习后深感习近平总书记系列重要讲话主题鲜明，文风清新，而且每次讲话都有很强的现实针对性、思想性和实践性，都有很强的说服力、感染力和渗透力。

井冈山的一山一水、一草一木，这里的精神传统、民心民风，带给我们太多的光荣与梦想，传承给我们太多的使命与责任。而这些优秀的革命传统如何在新时期得以体现、如何体现，是我们每位党员必须要思考的问题。

这次培训成果丰硕，经过前期多次讨论沟通，人民文学出版社党委和井冈山红色文化学院将围绕学院的课程和教材开发开展深度合作。在结班仪式上，副总编辑应红代表出版社与井冈山红色文化学院院长彭朝球举行了《井冈圣火》项目合作签约仪式。未来几年内，由人民文学出版社出版的井冈山斗争与井冈山精神系列教材，将有机会传递到前来井冈山培训的全国各地学员们手中。

（顾　乡）

中版教材有限公司党总支组织全体员工参观“砥砺奋进的五年”大型成就展

2017 年 10 月 12 日，中版教材有限公司党总支组织全体员工参观“砥砺奋进的五年”大型成就展。此活动为中版教材有限公司党总支开展深入学习宣传贯彻落实党的十九大精神系列活动之一。回顾过去 5 年，以习近平同志为核心的党中央团结带领全党全国各族人民取得了各项历史辉煌成就，社会经济、科技创新、生态环境、人民生活都有了翻天覆地的变化，砥砺奋进，继续前行，中国人民再次站在了新起点上。

本次展览让人感受到中华民族的强大和成长，倍感振奋、鼓舞和自豪。（武一格）

人民音乐出版社团支部换届选举大会召开

2017 年 10 月 17 日，人民音乐出版社召开了第六次团员代表大会，选举产生了新一届团支部委员会。社长莫蕴慧、党委副书记周群出席了会议，全社共青团员、团支部委员以及 35 周岁以下的青年参会。

社长莫蕴慧和党委副书记周群对上一届团委工作和本次选举工作给予高度评价，并对出版社团支部的发展建设和青年员工的成长提出了殷切的期望。团委书记黄亚超代表第五届团支部做了工作报告，全体参会人员审议通过了工作报告；团支部宣传委员高军航宣读了中国出版集团公司团委同意进行换届选举的批复；审议并通过了选举办法；选举产生了第六届团支部委员；王凡代表 4 位离团的团员进行了发言。

大会通过差额选举的方式，选举张斌、张露凝、王满婷 3 位同志为新一届团支部委员。新一届团支部委员会召开第一次会议，选举张斌任团支部书记，张露凝为宣传委员，王满婷为组织委员。

（黄亚超）

中国对外翻译有限公司党委理论中心组学习贯彻中央文件精神专题会议召开

2017 年 10 月 17 日，中国对外翻译有限公司（以下简称“中译公司”）党委理论中心组召开专题会议，集中学习党的第十八届七中全会精神，并对组织全体党员、团员及在职员工收听收看习近平总书记在中国共产党第十九次全国代表大会上的报告进行部署。

黄松同志带领中心组成员集中学习了中国共产党第十八届中央委员会第七次全体会议公报等文件精神，并传达了集团公司召开的有关会议精神。他强调，公司党委要高度重视学习党的十八届七次全会精神，认真组织全体党员及在职职工收听收看习近平总书记在党的十九大会上的报告。

（王　超）

商务印书馆贯彻党的十九大精神系列活动举行

2017年10月18日，商务印书馆党委组织全馆员工收看中国共产党第十九次全国代表大会开幕式，同时在礼堂、食堂等安放电视的地方滚动播放十九大会议的相关新闻和访谈。馆领导与广大员工一起收看，共同讨论，营造出浓厚的学习氛围。大家一致认为，十九大报告极具震撼力、穿透力、感召力，深感振奋，倍受鼓舞。

十九大闭幕后，商务印书馆开展了丰富多样的十九大精神学习活动。党委理论学习中心组成员分别前往中国延安干部学院学习，参加中国出版集团公司传达学习党的十九大会议精神大会，参加“学习贯彻党的十九大精神中央宣讲团首场报告会”，分批参加中国出版集团公司领导干部学习贯彻十九大精神培训班。12月4日，党委理论学习中心组以“学习十九大精神，重在落到实处”为主线开展学习。同时，商务印书馆党委拟定了十九大精神学习计划，布置各支部学习安排，为每名党员配发了《决胜全面建成小康社会，夺取新时代中国特色社会主义伟大胜利——在中国共产党第十九次全国代表大会上的报告》及新修订的《中国共产党章程》，学习内容重点强调针对性和实效性，学习方式鼓励多样性，力争将学习成果转化为动力，推动各项工作的全面发展。

（刘　波）

中华书局总经理徐俊参加中国共产党第十九次全国代表大会

2017年10月18～24日，中国共产党第十九次全国代表大会在北京举行。中华书局总经理徐俊作为中直系统选出的党代表参加大会。

10月19日，徐俊进入党代表通道，回答了《光明日报》记者的提问，引起了众多关注，中央电视台进行了现场直播。会后，徐俊陆续接受了多家媒体的采访。

徐俊在回答从出版角度传承和传播好中国文化这个问题时强调，作为一个出版人，我感受到了作为文化传承传播的责任。过去5年，书香中国、全民阅读活动蔚然成风，作为出版工作者深有体会，最大的感受就是全民的阅读需求持续增长，读书、爱书的群体不断扩大。出版业态的多元、阅读方式的多样化，数字出版、传统出版融合发展，给我们的阅读提供了更多的机会和选择。实体书店的回暖，书店成了老百姓文化体验的空间，书店成了城市的文化地标，作为一个出版者深受鼓舞。至于文化自信，其中的应有之义就是要对民族自身的文化有更准确的理解、更高度的认同，对出版人来说就是要做好更精准的阐释。出版的本质是内容选择和价值传播，所以我们提倡经典阅读和有价值的阅读。要让优秀传统文化活起来，融入人民的生活，满足人民日益增长的美好生活需求。

11月15日，根据中央统一部署、中国出版集团公司党组的安排，中国出版集团公司学习贯彻党的十九大精神宣讲会在中华书局召开。中国共产党第十九次全国代表大会代表、中华书局总经理徐俊做宣讲报告，中华书局党委书记、副总经理周清华主持宣讲会。中华书局、中国出版传媒商报社、中版教材有限公司、中版文化传播（北京）有限公司、中版昆仑公司全体在职党员、中层以上干部、职工代表及部分离退休党员参加宣讲会。

（梁　彦）

东方出版中心学习贯彻党的十九大报告学习会召开

2017年10月18日，东方出版中心（以下简称“中心”）党的十九大报告学习会召开。中心党委书记董玲主持会议，总经理赵东，副总编辑郑纳新、王祖光出席会议。各部门、单位正副职及助理，处以上干部，副高职称以上人员，各党支部书记、支部委员，工会委员、团总支委员近50人参加学习会。

与会人员一致认为，本次大会是在全面建成小康社会决胜阶段、中国特色社会主义发展关键时期召开的一次十分重要的大会，对于决胜全面

建成小康社会、夺取中国特色社会主义伟大胜利、实现中华民族伟大复兴的中国梦，具有重大的政治意义、理论意义、实践意义。习近平同志所做的报告，高屋建瓴、切中肯綮、思想深邃、论述精辟、主题明确、内容丰富，站在历史和时代的高度，深刻阐述十八大以来党和国家事业发生的历史性变革，深刻阐述新的历史条件下坚持和发展中国特色社会主义的一系列重大理论和实践问题，聚焦新方位、新思想、新判断、新方略、新部署，得出了中国特色社会主义进入新时代的新方位、我国社会主要矛盾已经转化的新判断，形成了新时代中国特色社会主义思想和新时代坚持发展中国特色社会主义的新方略，明确了建设社会主义现代化强国的两个阶段安排，是中国之治的时代宣言，是马克思主义的理论飞跃，是亿万人民的幸福指南。

董玲强调，全体党员干部必须深入学习贯彻党的十九大精神，坚守“不忘初心跟党走、牢记使命勇担责”的同一信念，聚焦“推动主业振兴、推进业务前行”的同一目标，以习近平新时代中国特色社会主义思想为引领，凝聚“协力奋进‘十三五’，同心共圆东方梦”的同一力量，在新的发展征程中奋勇前进，为中国出版集团公司的发展、东方出版中心事业的繁荣增光添彩！

（姜小明）

学哲学、读“两论”，学习宣传贯彻十九大精神——中国图书进出口（集团）总公司党委理论学习中心组专题学习交流会召开

2017 年 10 月 24 日，中国图书进出口（集团）总公司（以下简称“中图公司”）党委理论学习中心组组织集体学习，以“学哲学、读‘两论’，学习宣传贯彻十九大精神”为主题进行了专题学习交流。在会前认真自学相关学习资料的基础上，每位党委班子成员结合各自实际，畅谈学习体会和收获。现场学习研讨气氛热烈，表达思想认识真挚，取得了很好的学习效果。

党委书记聂静强调，本次学习旨在结合十九大报告精神，学哲学、用哲学，通过“两论”的学习，进一步深刻领会习近平总书记新时代中国特色社会主义思想的内涵，提高思想理论水平和认识能力、工作能力。她认为，《实践论》的精髓是一切从实际出发、实事求是；《矛盾论》的精髓是指出矛盾的普遍性和特殊性，提出了具体问题具体分析的方法论；习近平新时代中国特色社会主义思想就是针对当代中国的国情提出的适合新时代中国发展的新思想。我们要结合“两论”，进一步学习领会习近平新时代中国特色社会主义思想精髓，切实把思想和行动统一到十九大精神上来。

总经理、党委副书记张纪臣从 3 个方面谈了个人学习体会：一是要深刻领会“两论”的精神内涵；二是要努力学习和掌握辩证唯物主义基本原理和方法论；三是要自觉以习近平总书记系列讲话贯穿的马克思主义科学方法论指导工作。他强调，领导干部要带头结合“两论”的学习，深入学习领会十九大报告的丰富内涵和重大意义，把理论学习成果转化为指导实践的武器。中图公司是文化国企，在转型中需要全体班子成员以强有力的领导，带领员工团结一致往前走。要牢牢坚持服务国家科技、经济、文化和社会发展的最高经营宗旨，始终把社会效益放在首位，实现“数字中图”的建设目标，实现企业实力的新增长，为员工谋福利，为社会发展做出新贡献。

公司党委和领导班子成员各自谈了自己的学习认识和体会。大家一致认为，凝结在两本书中的哲学智慧，直到今天仍能给人以丰富的思想启迪和实践导向指引。要通过反复精读“两论”，学会用马克思主义哲学观看待问题，加深对习近平新时代中国特色社会主义思想的认识，切实把思想和行动统一到十九大精神上来。

会后，党委中心组成员集体观看了党的十九届中央委员会第一次全体会议新选出的中央政治局常委中外记者见面会直播。（李　红）

新华书店总店传达学习党的十九大精神大会召开

2017 年 10 月 26 日，新华书店总店（以下

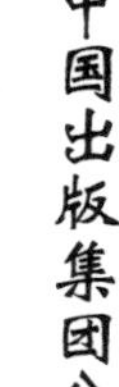

简称“总店”）召开传达学习党的十九大精神会议。党委副书记、总经理茅院生传达了十九大报告精神，要求总店各部门各公司广大党员干部，要把学习宣传贯彻党的十九大精神作为当前和今后一个时期首要的政治任务，更加紧密地团结在以习近平同志为核心的党中央周围，深入学习宣传贯彻习近平新时代中国特色社会主义思想，把各方面的力量凝聚到实现党的十九大提出的各项目标任务上来，让习近平新时代中国特色社会主义思想在总店落地生根，形成生动实践。

党委副书记柏万良，党委委员、副总经理张雅珊、陈新出席会议。总店各部门员工、所属公司负责人、全体在职党员及离退休支部代表参会。会议由陈新主持。

会议要求，总店要全面深入贯彻落实中央部署安排，学习宣传贯彻落实好十九大精神。一是要抓好层层传达和认真学习。各部门、各公司要迅速行动起来，将党的十九大报告和党章修正案、中纪委工作报告等重要文件精神层层传达下去，确保党的十九大精神传达到每一个党支部、每一名党员干部和群众。组织党员干部群众认认真真、原原本本地学习和深刻领会党的十九大报告、党章修正案和中纪委工作报告，深刻领会习总书记在十九届一中全会上的重要讲话和同中外记者见面时的重要讲话精神。二是要抓好集中宣讲和精心宣传。要全面准确宣讲好党的十九大精神，紧密联系总店实际、党员干部群众思想和工作实际，切实把党的十九大精神讲清楚、讲明白，转化为实实在在的行动。要充分发挥总店报、刊、网等媒体的重要作用，用好“两微一端”等新媒体，采用喜闻乐见的形式，大力宣传解读党的十九大精神，宣传各部门、各公司，宣传出版发行行业学习贯彻十九大精神的具体举措、实际行动和典型事迹。三是要抓好全面贯彻和争见实效。落实总店“十三五”发展规划、推进重点项目建设、推进全面改革、全面从严治党等，都要在党的十九大精神的指引下扎实向前推进，确保不断取得新的更大成效。总店班子要在学习宣传贯彻党的十九大精神上率先垂范、做出表率，确保学习贯彻务求实效，不走过场。

（张　倩）

现代教育出版社党委中心组集体学习党的十九大报告会召开

2017 年 10 月 26 日，现代教育出版社党委中心组召开会议，集体学习党的十九大报告。党委副书记陈琦指出，学习宣传贯彻落实好十九大精神是当前和今后一个时期的首要政治任务，也是一项长期的战略任务。要将学习宣传贯彻引向深入，在学懂弄通做实上下功夫，突出重点，抓住关键，准确领会把握好十九大精神的思想精髓、核心要义。要按照中央和集团公司的部署要求，制定具体的学习安排意见，明确学习任务，安排专题学习。社党委成员要充分发挥表率示范作用，积极参加所在支部的学习。坚持以上率下，上下联动，组织和带动全社职工认真学、深入学，形成学习宣传贯彻十九大精神的浓厚氛围，将学习十九大精神与工作实际相结合，以学促行，指导工作。

（李　颖）

中国美术出版总社下发《中国美术出版总社关于学习宣传贯彻十九大会议精神通知》

2017 年 10 月 27 日，中国美术出版总社按照中国出版集团公司于 10 月 26 日召开的传达学习十九大精神会议的总体部署和要求，结合工作实际，下发了《中国美术出版总社关于学习宣传贯彻十九大精神的通知》。通知提出，深入学习宣传贯彻党的十九大精神是中国美术出版总社当前和今后一个时期的首要政治任务。

首先，要以四个深刻学习领会为重点，准确把握十九大的精神实质。习近平同志在参加十九大贵州省代表团讨论时强调了四个深刻学习领会，即：深刻学习领会中国特色社会主义进入新时代的新论断，深刻学习领会我国社会主要矛盾发生变化的新特点，深刻学习领会分两步走全面建设社会主义现代化国家的新目标，深刻学习领

会党的建设的新要求。按照习总书记的要求，统一思想，充分认识深入学习宣传贯彻党的十九大精神的重大意义。

其次，要以推动社会主义文化繁荣兴盛为目标，深入学习宣传贯彻习近平新时代中国特色社会主义思想。坚持正确出版导向，传播先进思想文化，为广大人民群众提供更多更好的优质精神食粮，不断加强内容创新、体制机制创新、融合发展新业态创新。

再次，要以十九大精神为引领，确保完成今年各项目标任务，积极谋划明年的工作。坚持导向是生命线，不断推进供给侧结构性改革，贯彻新时代全面从严治党的总体要求，把学习十九大精神与推进“两学一做”学习教育常态化制度化结合起来，确保学习活动持续深入推进。

通知要求，各部室、各党支部要紧密联系工作实际，把学习党的十九大精神作为当前的头等大事，认真深入地组织全体员工原原本本学习党的十九大报告和新修改的党章。广大党员干部群众要在学习原文、研读文件上下功夫，在深刻领会、准确把握精神实质上下功夫，在弄通学懂、融会贯通上下功夫，紧密结合当前选题工作，切实抓好内容建设，尤其要突出做好主题出版和优秀传统文化的推广。紧密结合年度工作目标，千方百计完成今年工作任务。紧密结合明年工作计划，谋划好明年工作。以时不我待的紧迫感切实抓好各项工作的部署落实，努力推进总社事业不断发展。总社将在各部室、各党支部学习基础上，在全社范围内组织学习讨论。

（赵军平）

生活·读书·新知三联书店学习贯彻党的十九大会议精神动员会召开

2017 年 10 月 27 日，生活·读书·新知三联书店（以下简称“三联书店”）召开会议，总经理路英勇传达学习党的十九大会议精神及集团公司干部大会会议精神，并结合工作实际，对下一阶段深入学习贯彻十九大会议精神做出动员。会后，党委书记翟德芳为与会人员讲党课。党委委员、副总编辑郑勇，全体党员及入党积极分子，全体中层干部 40 余人参加了会议。

路英勇传达了党的十九大报告内容和集团公司干部大会会议精神。他指出，要学习领会中国特色社会主义进入新时代的新论断、我国社会主要矛盾发生变化的新特点、分两步走全面建设社会主义现代化国家的新目标以及党的建设的新要求，三联书店要按照集团公司的总体部署，以十九大报告为指导，做好出版工作。

随后，翟德芳以“把握十九大报告精髓，推动三联书店出版事业发展”为主题，给与会人员讲党课。

（刘　畅）

新华联合发行有限公司理论学习中心组专题学习研讨会召开

2017 年 10 月 27 日，新华联合发行有限公司理论学习中心组召开“走进学习榜样，凝聚发展力量，做新时代合格党员”为主题的专题学习研讨会。与会人员集体观看了中组部、中央电视台联合录制的反映优秀共产党员和先进基层党组织典型事迹的专题节目《榜样》，并结合观看情况进行了座谈交流。大家纷纷表示要向优秀党员看齐，向优秀党员学习，积极发挥党员先锋模范作用，要有信念，讲奉献，懂坚守，有作为，以更高的标准严格要求自己，在目前面临集团公司和各所属出版社全面搬迁并最大限度保障生产效率、服务质量的巨大压力下，进一步明确自身责任，求真务实、履职尽责，始终保有攻坚克难和精益求精的精神，为更好地服务集团出版主业发挥表率作用。

（白　雨）

人民音乐出版社学习传达党的十九大精神专题会议召开

2017 年 10 月 30 日，人民音乐出版社召开学习传达党的十九大精神专题会议。社班子成员、党委委员和各部门负责人、各支部书记参加会议。党委副书记周群主持会议。

副总编辑杜永寿首先传达了十九大代表、中

国出版集团公司总裁谭跃关于《习近平同志代表第十八届中央委员会向党的十九大所做报告》。党委委员胡健传达了党的十九大关于《中国共产党章程（修正案）》的决议。副总编辑赵易山传达了中国出版集团公司关于贯彻党的十九大精神、进一步做好主题出版工作的要求。社长莫蕴慧在总结发言中强调，深入学习贯彻党的十九大精神，是当前和今后一个时期全社的重大政治任务和头等大事；要以四个“深刻学习领会”为重点，认真学习领会习近平新时代中国特色社会主义思想，深刻把握新时代、新使命、新征程，真正体现新思路、新举措、新姿态。

在十九大召开期间，人民音乐出版社还精心组织了党员干部群众集体收听收看开幕会及闭幕会，认真聆听习近平总书记代表十八届中央委员会向大会做的报告，并组织全体党员干部群众收看专题学习节目《榜样》。（周　钰）

中国对外翻译有限公司党委理论中心组集中学习传达党的十九大精神会议召开

2017 年 10 月 30 日，中国对外翻译有限公司（以下简称“中译公司”）召开党委扩大会议，集中传达学习党的十九大会议精神。会议由公司党委副书记黄松主持，党委副书记兼纪委书记张晶晶及于洋等党委委员参加会议。

会上，张晶晶传达了党的十九大报告的内容和《关于中央纪律检查委员会工作报告的决议》。她在传达时指出，作为文化科技企业，中译公司及各级子公司要认真研习报告内容，正确领会深意，并据此制定符合企业发展实际的方针、战略。

黄松对下一步学习宣传贯彻十九大会议精神提出了四点要求：一是高度重视，认真组织；二是全面、深刻学习领会十九大会议精神，以支部集中学习和全体党员职工自学为基础，以组织开展十九大知识竞赛和征文活动为抓手，把学习宣传贯彻十九大会议精神工作引向深入；三是要及时汇报学习宣传落实情况，并将其纳入各支部年终党建工作考核；四是各级公司要以十九大会议精神为引领，结合工作实际，切实做到在政治上、思想上和党中央保持高度一致，努力实现政治思想和业务经营的双丰收。（王　超）

荣宝斋全体党员大会召开

2017 年 10 月 30 日，荣宝斋召开全体党员大会，学习宣传贯彻党的第十九次全国代表大会精神。会议由荣宝斋党委书记朱涛同志主持。荣宝斋党委副书记、常务副总经理范存刚，副总经理唐辉、张大卫出席会议。荣宝斋全体在职党员和部分离退休党员参加了会议。

范存刚传达了《中国共产党第十九次全国代表大会关于十八届中央委员会报告的决议》，唐辉传达了《中国共产党第十九次全国代表大会关于〈中国共产党章程（修正案）〉的决议》，张大卫传达了《中国共产党第十九次全国代表大会关于十八届中央纪律检查委员会工作报告的决议》和十九届中央政治局第一次全体会议新闻通稿。

荣宝斋党委书记朱涛就荣宝斋学习宣传贯彻十九大精神做出部署安排。朱涛强调，一要认真抓好学习，深刻领会党的十九大精神；二是要扎实抓好荣宝斋企业党的建设，促进党务业务工作融合发展；三是要扎实推进当前业务工作。新时代要有新气象，更要有新作为。要结合学习贯彻党的十九大精神，以学习贯彻促工作促发展，各部门和下属各单位务必全力抓好生产经营工作，确保完成全年目标任务，在完成好 2017 年任务目标的同时，及早谋划明年的工作。

（陶　爽）

中版教材有限公司党总支开展深入学习宣传贯彻落实党的十九大精神系列活动

2017 年 10 月，中版教材有限公司党总支开展深入学习宣传贯彻落实党的十九大精神系列活动。组织全体员工收看中国共产党第十九次全国代表大会的开幕仪式、党的十九届中央委员会第一次全体会议；一起学习党的十九大工作报告；

将关于党的十九届中央委员会第一次全体会议的相关文件整理成传阅件，以支部为单位要求党员学习传阅。

在中国共产党第十九次全国代表大会期间，每天中午都播放相关新闻，及时向党员及全体员工传递关于十九大的新进展，便于大家及时学习。

（武一格）

中华书局参加“深圳读书月”活动

2017年11月1日，中华书局作为首届主宾社参加了“深圳读书月”活动，得到了深圳市委市政府、中国出版集团公司领导的高度关注和重视。深圳市委宣传部副部长刘石磊，中国出版集团公司党组成员、中国出版传媒股份有限公司副总经理李岩，中华书局总经理徐俊，中华书局党委书记、副总经理周清华等人共同参加了主宾社启动仪式。启动仪式后，徐俊做了题为“中华书局与中华传统文化”的演讲。

在读书月期间，中华书局在深圳发行出版集团旗下中心、罗湖、南山三大书城分别策划了不同的营销活动，受到了各大书店和读者的肯定与支持，《晶报》《深圳晚报》等媒体进行了报道。

（刘　激）

新华书店总店党委委员为所在支部党员讲党课

2017年11月1日，党委副书记、总经理茅院生在第一党支部讲了题为《深入学习贯彻习近平新时代中国特色社会主义思想》的党课。茅院生全面阐释了习近平新时代中国特色社会主义思想的核心要义和丰富内涵、时代背景和历史贡献、理论特色和实践要求。他指出，学习贯彻落实习近平新时代中国特色社会主义思想，一是要紧扣我国社会主要矛盾发生变化的特点，抓好发展是这个党执政兴国的第一要务；二是要切实增强社会主义文化繁荣兴盛的责任感和使命感；三是按照十九大报告“创新生产经营机制，培育新型文化业态”的要求，进一步全面深化改革。

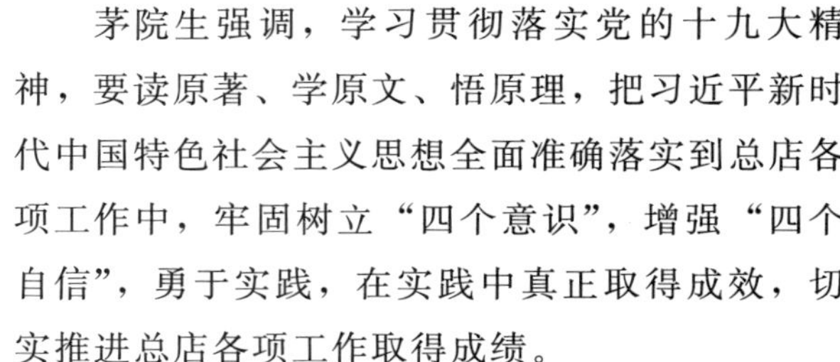

茅院生强调，学习贯彻落实党的十九大精神，要读原著、学原文、悟原理，把习近平新时代中国特色社会主义思想全面准确落实到总店各项工作中，牢固树立“四个意识”，增强“四个自信”，勇于实践，在实践中真正取得成效，切实推进总店各项工作取得成绩。

9月26日，党委副书记柏万良为第四党支部讲了《学习贯彻习近平总书记“7·26”重要讲话精神》的党课。11月1日，党委委员、副总经理张雅珊以《不忘初心 牢记使命》为题，为第三党支部讲了党课。11月7日，党委委员、副总经理陈新在第二党支部结合学习十九大报告，讲了题为《新时代 新思想 新征程》的党课。

（张　倩）

中国大百科全书出版社党委理论学习中心组学习（扩大）专题会议召开

2017年11月2日，中国大百科全书出版社党委按照中央和集团公司关于认真学习贯彻党的十九大精神的有关要求，召开了以“学习宣传贯彻十九大精神，领会新思想立足新作为开创新局面”为专题的党委理论学习中心组学习（扩大）会议。社党委委员、总编辑助理、社长助理、中层干部、支部书记参加学习。与会人员认真学习了党的十九大报告精神、《关于中央纪律检查委员会工作报告的决议》和《关于〈中国共产党章程（修正案）〉的决议》。大家一致认为，报告立意深远、总揽全局，是我们党在中国特色社会主义新时代下的政治宣言，是决胜全面建成小康社会、进而全面建成社会主义现代化强国的行动指南。同时表示要牢记使命，牢固树立“四个意识”，自觉在思想上政治上行动上同以习近平同志为核心的党中央保持高度一致，认真贯彻落实十九大精神。

社长刘国辉代表社党委、社委会，结合本社工作实际，就如何学习贯彻落实好十九大精神提出具体要求。他强调，党的十九大报告把文化建设上升到一个前所未有的政治高度和国家战略，

体现了中央对文化建设非同一般的重视。作为出版工作者，要以党的十九大精神为引领，加强整体经营理念，落实全员营销观念，履行百科人的责任，努力传播文化知识，弘扬科学精神，为人民群众提供更高质量、更多数量的文化知识产品和服务，为提高全民族文明素质、提升国家文化软实力、推动社会主义文化繁荣兴盛做出应有的贡献。（尹添铭）

新华书店总店举办主题党日活动

2017年11月2日，新华书店总店党委组织全体党员及在职员工在北京西山无名英雄纪念广场，开展了主题党日活动。

新华书店是我党创建的红色企业，是我国社会主义文化事业的重要阵地，许多新华人为之奋斗一生乃至献出了生命。2017年恰逢新华书店成立80周年，站在纪念广场上，抚摸着镌刻在花岗岩上的那一排排烈士的英名，聆听着英烈们的事迹，广大党员和职工的心灵受到了洗礼。大家表示要不忘初心、牢记使命，以革命先烈为榜样，继承和发扬新华精神，按照十九大报告“创新生产经营机制，培育新型文化业态”的要求，为新华书店总店的转型发展努力奋斗、做出更大贡献。（张　倩）

中版教材有限公司团总支团员大会换届选举暨第三届团总支委员会第一次全体会议召开

2017年11月2日，中版教材有限公司团总支在大会议室召开团员大会，进行换届选举。大会以无记名投票、差额选举的办法，选举产生新一届团总支委员5名。

同日，中版教材有限公司第三届团总支委员会召开第一次全体会议，用投票表决的方式进行选举，李静涛全票当选为团总支书记，李燕文为组织委员，武一格为宣传委员，侯大千为文体委员，刘洋为纪检委员。（武一格）

人民音乐出版社团支部党的十九大精神学习组织生活会召开

2017年11月9日，人民音乐出版社团支部召开了党的十九大精神学习组织生活会。全体社团员青年及担任集团公司青联常委和青联委员的同志参加了会议，会议由团支部书记张斌主持。

张斌传达了集团公司团委扩大会议的精神，以及中国出版集团公司团委对十九大精神的学习情况。在社党委组织学习党的十九大精神的基础上，团员青年结合自己的工作实践，重点围绕社会主要矛盾变化及其给出版工作带来的影响。“四个自信”特别是文化自信等主题谈了自己的学习体会。中国出版集团公司青联常委、社党委委员、党办主任胡健谈了他对党的十九大精神的体会，希望青年团员积极参加集团公司“青年创新计划”等各项活动，更好地发挥团员的带头作用，引导社里青年员工健康成长。

（张　斌）

东方出版中心党建工作获上海市委宣传部党员经常性教育督查组好评

2017年11月10日，上海市委宣传部基层处一行赴东方出版中心（以下简称“中心”）开展党员经常性教育专项督查。中心党委书记、副总经理董玲出席督查会议并介绍相关情况。党政办公室负责人、各党支部书记参与督查。

督察组对中心党建工作给予高度评价，指出中心的党建工作具有五大特点，即有章法、有抓手、有活力、有情怀、有成效。党建工作突出四大亮点，即党委引领率先垂范，示范作用不断凸显；基础工作扎实有力，支部建设扎实有效；党员教育从严从实，战斗堡垒扎牢立稳；党建活动载体创新，融合实际凸显成效。

董玲对督察组认真检查、悉心指导和全面反馈表示感谢，强调中心党委将继续以习近平新时代中国特色社会主义思想和基本方略为引领，以

新时代党的建设总要求为行动指南，持续推进“两学一做”学习教育常态化制度化，积极开展“不忘初心、牢记使命”主题教育，从内容、方法、手段、机制上进一步创新党建工作。

（姜小明）

中国出版集团公司党组成员、副总裁刘伯根到荣宝斋宣讲十九大精神

2017年11月13日，根据中国出版集团公司党组《关于开展党的十九大精神宣讲的通知》的部署和安排，集团公司党组十九大精神宣讲组成员、集团公司党组成员、副总裁刘伯根到荣宝斋，为广大党员干部群众做报告，对党的十九大精神进行系统深入的解释和阐读。

刘伯根的报告紧紧围绕习近平新时代中国特色社会主义思想，从总体把握十九大主题，全面准确理解中国特色社会主义新时代、新使命、新思想、新征程、新部署和加强党的建设七个方面，系统阐释了党的十九大精神和历史贡献。报告内容全面、梳理透彻、论述深刻，理论性、思想性、针对性都很强，对同志们深入学习贯彻十九大精神具有重要指导意义。

荣宝斋党委书记、副总经理朱涛主持了本次宣讲会，指出荣宝斋广大党员干部群众要以刘伯根同志此次专题宣讲为契机，迅速兴起学习贯彻十九大精神的热潮，要注重学用结合，坚决以十九大精神为指引，高举旗帜，维护核心，不忘初心，顽强拼搏，奋力开创荣宝斋改革发展新局面。

荣宝斋领导班子成员、部分老领导、全体在职党员、中层以上干部、副高级职称以上干部、民主党派人士、职工代表等共计130多人参加了宣讲会。

（陶　爽）

生活·读书·新知三联书店举办党课学习

2017年11月15日，生活·读书·新知三联书店（以下简称“三联书店”）召开会议，由总经理路英勇给全体党员讲党课，结合三联书店工作实际，学习贯彻党的十九大会议精神。全店党员及中层干部参加了会议。会议由党委书记翟德芳主持。

路英勇指出，要结合三联书店的工作实际把握十九大精神，尤其是“六个聚焦”“十个深刻领会”等关键内容；要把学习十九大精神、领会十九大精神的内涵落实到出版工作上，坚持正确导向，加强主题出版和品牌产品建设，打造精品力作，繁荣发展社会主义文艺创作。他还强调，三联书店有着图书出版主业、期刊全媒体运营、实体书店建设三位一体的经营特色，要贯彻落实好十九大精神，就要从这三个方面一起入手，推进三联书店的整体工作。

（刘畅）

中国美术出版总社十九大精神专题学习组织生活会召开

2017年11月17日，中国美术出版总社为深入学习宣传贯彻党的十九大精神，切实组织好团员青年深入学习宣传贯彻十九大精神，引导团员青年用习近平新时代中国特色社会主义思想武装头脑、指导实践，按照中国出版集团公司团委《关于组织团员青年深入学习宣传贯彻党的十九大精神的通知》（中版团字〔2017〕第13号）要求，召开十九大精神专题学习组织生活会。总社党委书记周伟，副书记、副社长、纪委书记高世屹出席会议，集团公司青联常委、总社教材编辑中心总编辑李滢，党委委员、教材公司副总经理张朝生，办公室副主任、团委书记赵军平及全体团干部、团员青年共40余人参加会议。会议由团委书记赵军平主持。

会上，周伟书记、高世屹副书记分别从十九大会议的基本情况、十九大报告的主要精神和亮点及十九大的重要意义等方面，重点分析了报告中的关键词，并对全体团员青年深入学习宣传贯彻党的十九大精神提出了具体要求。他们要求全体团员青年自觉把十九大精神运用到实际工作中，结合自身工作实际深入展开自学，认真反复

研读党的十九大报告、中央纪委报告、修订后的党章等重要文件，原原本本学原文。同时，大家就十九大精神学习，紧密结合自身工作、学习和生活，谈了自己的心得体会。

通过学习交流，全体团员青年进一步认识到党的十九大是在全面建成小康社会决胜阶段、中国特色社会主义进入新时代的关键时期召开的一次十分重要的大会。大家纷纷表示要继续深入学习宣传贯彻十九大精神，把自己当作一块砖一颗钉，做到立足自身岗位做贡献，在中华民族的复兴之路上，为社会主义文化繁荣发展贡献出自己的力量。（赵军平）

东方出版中心参加中国出版集团公司学习贯彻党的十九大精神宣讲会

2017 年 11 月 17 日，东方出版中心（以下简称“中心”）党委组织全体党员、干部、职工代表参加中国出版集团公司学习贯彻党的十九大精神宣讲会。中国出版集团公司党组成员、中国出版传媒股份有限公司副总经理李岩宣讲，中心党委书记、副总经理、纪委书记董玲主持会议，总经理、党委副书记赵东，副总编辑、党委委员郑纳新、王祖光出席会议。中心全体党员，中层以上干部，副高级职称以上人员，工会、团总支全体人员，纪检干部，民主党派人士，职工代表，中国图书进出口上海公司、世界图书出版上海有限公司部分党员干部近 90 余人参加会议。

李岩在宣讲中指出，党的十九大是党的历史上最有里程碑意义的一次代表大会。大会取得的政治成果、理论成果和实践成果，还有大会做出的重大的战略部署、提出的巨大的战略举措，将会对今后一个时期我们党和国家事业发展产生重大而深远的影响。

他强调，学习十九大精神，要从总体上把握好大会的主题，把握好大会最重要的政治成果、最重要的理论成果、最重要的实践成果，把握好大会的主要精神和历史贡献。广大党员干部职工要坚持“不忘初心、牢记使命”，更好地以十九大精神武装头脑、指导实践、推动工作。

（姜小明）

生活·读书·新知三联书店（上海）有限公司十九大报告专题学习会召开

2017 年 11 月 23 日，生活·读书·新知三联书店（上海）有限公司（简称“上海公司”）十九大报告专题学习会暨 2018 年度选题论证会在公司会议室召开，上海公司全体人员参加。会议由上海公司总经理赵炬主持。

在十九大报告专题学习会中，上海公司党支部书记王秦伟介绍了学习十九大报告精神的体会，重点分析了十九大报告中对文化发展建设的论断和阐述，补充介绍了习近平总书记关于如何培育和弘扬社会主义核心价值观，如何推动传统文化创造性转化、创新性发展的论述。

（刘　畅）

新华书店总店党委理论中心组专题会议召开

2017 年 12 月 11 日，新华书店总店（以下简称“总店”）党委理论学习中心组召开会议，专题学习党的十九大精神。党委副书记、总经理茅院生，党委副书记柏万良，党委委员、副总经理张雅珊、陈新分别交流了学习十九大精神的体会和总店如何认真抓好贯彻落实、推动发展的举措。

茅院生结合十九大报告和总店工作实际，交流了自己的学习体会：一是要深入学习贯彻习近平新时代中国特色社会主义思想。把习近平新时代中国特色社会主义思想确定为党的行动指南，这是十九大的重要历史贡献，实现了党的指导思想的又一次与时俱进，要进一步结合总店的实际工作深入学习。二是要努力推动社会主义文化繁荣兴盛。总店作为中央文化企业，要深入贯彻十九大报告“建立现代文化生产体系和市场体系、创新生产经营机制”的要求，在体制机制创新、新型文化业态的培育方面做出更多的贡献。《国际出版周报》、国际出版网在加强文化交流、讲好中

国故事方面要有更多的作为。三是要进一步加强改革发展。以习近平为核心的党中央在新的历史起点上为国有企业改革做出了重大部署，为新时代国有企业改革发展指明了方向。总店的“一个园区四个平台”建设按计划扎实推进，“四个平台”已实行了公司制，下一步要继续深化改革，稳步推进员工持股、混合所有制改革，形成灵活高效的市场化经营机制，形成有效制衡的公司法人治理结构并加强监管，防止国有资产流失。

柏万良以新时代党的建设总要求为题，把新时代党的建设总要求归纳为四点，即“两个坚持”的根本方针，“四个以”的工作思路，“5＋2”的总体布局，“五句话”的总目标。他强调，总店现在已形成新的发展格局，我们要以十九大精神为指导，强化动力，不断提升执行力，切实促进企业发展。（张　倩）

中国对外翻译有限公司第一党支部开展党课专题活动

2017 年 12 月 22 日，中国对外翻译有限公司（以下简称“中译公司”）第一党支部召开支部组织生活会，进一步深入学习党的十九大会议精神。党委副书记黄松、党委副书记兼纪委书记张晶晶分别结合自身实际，为党员讲授党课。

黄松在党课中重点解读了习近平新时代中国特色社会主义思想。他指出，习近平新时代中国特色社会主义思想用八个“明确”清晰阐明，以十四项“坚持”为基本方略进行具体谋划，两者相辅相成、缺一不可。我们在新的历史方位当中，怎样来坚持和发展中国特色社会主义，是讲方略、办法、路径的问题。

张晶晶带领大家梳理学习了新修订的《中国共产党党章》。她强调，党章是党的根本大法，是党内最具权威的法规。共产党员要明确党章的意义、党的性质，时刻谨记自己应具有先进性和自觉性。我们要在认真学习、切实领会党的十九大精神的基础上，思考把贯彻落实党的十九大精神和我们的工作实际紧密结合起来，加强自身建设，扎实做好本职工作。（王　超）

新华联合发行有限公司申请成立团支部获审批通过

2017 年 12 月，为了进一步在青年队伍中开展团的工作，切实提高青年职工的政治觉悟、理论水平、业务能力，全面拓展青年职工的综合素质，进一步增强青年职工的向心力、亲和力、凝聚力、战斗力，团结带领广大青年职工立足本职岗位成长成才，服务企业发展，经过新华联合发行有限公司党员大会决定，向中国出版集团公司团委申请成立新华联合发行有限公司团支部并得到审批通过。有了团组织的成立，新华联合发行有限公司的青年员工团建活动势必会更加丰富多彩。（白　雨）

新华联合发行有限公司党支部开展学习十九大精神系列活动

2017 年 12 月，新华联合发行有限公司党支部购置发放《中国共产党章程》《党的十九大报告辅导读本》等各类学习教材 40 余册，积极开展学习贯彻十九大精神活动。党支部书记叶冰从十九大报告重点和党章新变化等方面开展党课教育活动，给全体党员讲解十九大具体内容。通过学习十九大报告，参会党员深刻体会到，我国已迈进新时代，作为新时代的党员，要以更加饱满的热情投入到工作中去，时刻保持谦虚谨慎、勤奋刻苦工作的作风。学习贯彻十九大精神，准确把握十九大的基本精神，继续把学习贯彻十九大精神作为一个时期的头等大事抓紧抓好，大力发扬理论联系实际的学风。习近平总书记在十九大报告中明确指出，“没有高度的文化自信，就没有文化的繁荣兴盛，就没有中华民族伟大复兴”。作为文化企业的一员，我们更应该严格贯彻落实十九大的指导思想，齐心协力、团结一致、奋力拼搏，坚决服从组织和领导安排，创新生产方式，推进企业文化建设，大力发展文化产业，努力做好出版社服务工作，不辜负集团公司领导和兄弟单位的期望和信任，贯彻落实集团“三六构

想"的总体战略，迎难而上，奋力前行，为推动公司稳步健康发展而不懈奋斗。（白　雨）

中版文化传播（北京）有限公司坚持"两学一做"常态化学习

2017年12月，中版文化传播（北京）有限公司支部每月进行一次专题学习，由党支部书记带头，其他党员踊跃发言，学习"延安文艺座谈会上的讲话""新时期文化工作者的艰苦奋斗作风：文化传承的自觉性与制度化""重读抗战家书""反对本本主义""领导干部要讲诚信、懂规矩、守纪律""在实现中国梦的生动实践中放飞青春梦想""认真学习党章，严格遵守党章"等。

领导干部自觉做到先学一步、多学一些、学深一层，为全体党员做专题解读。普通党员坚持原原本本地学，原汁原味地通读全文，坚持逐篇研读、逐句琢磨，在深化学习中深刻领悟，提高理论水平。

积极倡导全体党员观看纪录片《我在故宫修文物》，并结合《在延安文艺座谈会上的讲话》，深化了全体党员对文化传承自觉性的认识；通过观看纪录片《将改革进行到底》，使全体党员明确了反腐倡廉的必要性和重要性；通过观看纪录片《榜样》，大家纷纷被普通党员扎根基层、服务群众的职业精神所感动。（武　瑾）

中译出版社开展"中译榜样"评选活动

2017年12月，为了更好地调动广大党员干部的积极性、主动性和创造性，推动公司两个文明建设迈上新台阶，经中国共产党中译出版社有限公司委员会研究决定，中译出版社以申报"北京榜样"为契机，在公司上下开展以争做"中译榜样"为载体的评优创先活动。每个月开展一次评选活动，先由各部门内部讨论，把每个月在部门中有亮点实例的优秀员工和部门推荐出来，然后把资料上交到党委办公室，最后由党委会根据业绩和表现讨论决定人选。公司设立了助人为乐、敬业奉献、选题创新、市场开拓、国际化拓展等5大类别。2017年共评选出20位先进员工、3个先进部门，"两学一做"活动得到了深入贯彻和落实。2017年度，中译出版社被中央直属机关评为"2015—2017年度文明单位"。

（茹　慧）

中译出版社开展"读百部经典、成专家型人才"读书评选活动

2017年12月，中译出版社结合公司实际情况，在广大党员干部中广泛开展"读百部经典、成专家型人才"活动。通过设立读书角，购买了100部经典图书，推荐员工阅读喜欢的书籍，让员工真正学、认真学、学到实处，增长知识，培养能力。还组织党员干部及全体职工撰写读书心得、体会、论文，共上交54篇读书心得。党委、工会、团总支共同组织开展读书分享活动，分享阅读党章、阅读习近平总书记重要讲话精神、阅读经典名著的体会和收获，把"两学"落到实处。（茹　慧）

重大项目

MAJOR PROJECTS

CPGC

国家级重大项目

"大家读大家"（7 种）

国家出版基金项目。人民文学出版社 2017 年 10 月编辑出版。

"大家读大家"是在响应和贯彻习近平总书记"全民阅读"号召的大背景下，将活跃在文学最前沿的中国当代著名作家阅读中外名家名作的经验传播给广大读者，作为一种有鲜活敏悟的导读。此书系为引领"全民阅读"走向，提升核心素养，树立正确的人文价值观提供了可资的保障。同时，其可贵的原创性、生动的趣味性和优雅的审美性，为更广泛的"全民阅读"的推广提供了动力与基础。

为培养和树立作家为大众阅读的服务意识，该书约请了包括文、史、哲、艺四个学科门类学有专攻的优秀学者，以及在创作领域里的著名作家和艺术家分别撰写他们对古今中外名家名著的独特解读，以期与广大读者共同携手走进文化的圣殿，去浏览和探究中国和世界瑰丽的文化精神遗产。书系集聚了中国目前最优秀的文学名家学者，调动了当下一线作家，通过他们多年读书的积累，并结合自己文学创作的实践，系统性、专业性地为广大读者解读小说、诗歌等文学经典；同时，也让广大读者通过著名作家的引导，在解读中外名著中获得不同的阅读参照。

2017 年，"大家读大家"（7 种）已编辑出版。

（甘　慧）

《幸存者》（中国三部曲 · 骄阳）

中央宣传部、国家新闻出版广电总局 2017 年主题出版重点出版物，2017 年度国家出版基金项目。人民文学出版社 2017 年 9 月编辑出版。

《幸存者》（中国三部曲 · 骄阳）是作家耗时 4年多完成的一部长篇小说。这部小说写的不仅是与共和国同成长的一代人的奋斗史，也可以看成是父子两代关于青春的对话。通过这部小说，年轻一代的读者可以走进父辈激情、冒险、困惑、蹉跎的前半生。作者陆天明，中国作家协会主席团成员、中国戏剧家协会会员、中国电视艺术家协会会员、国家一级作家，曾供职于中央电视台电视剧制作中心。主要作品有长篇小说《桑那高地的太阳》《命运》《大雪无痕》《省委书记》《高纬度战栗》等。曾多次荣获"五个一工程奖"、国家图书奖、飞天奖、金鹰奖等多项国家级大奖。早在 50 年前，陆天明在新疆生产建设兵团度过最难忘的青春年华，曾创作出关于那段岁月的长篇小说《桑那高地的太阳》、中篇小说《啊，野麻花》等。这部小说所讲述的热血青年谢平、向少文、李爽等一代人，在共和国的历史上承上启下，不可或缺。他们经受过磨难，了解中国实情，懂得珍惜与回报，也有追求的魄力与方向感。他们是中国经济建设的精英，是改革开放巨大成就的参与者。陆天明将视角对准这一代人，以饱满的情感描绘出他们曾经的风雨激荡，探寻了这一代人精神的深度和广度，成功地书写了他们的思索、追求和奋斗，为历史留下一

份珍贵的备忘录。（甘　慧）

《中俄关系历史档案文件集：1653—1965》

国家出版基金项目。2017年立项，商务印书馆编辑出版。

《中俄关系历史档案文件集：1653—1965》共计40卷，包括清朝档案、民国档案、中华人民共和国档案三部分，约3000万字。本书无论就其规模之大、时间跨度之长、全面性和系统性而言，不仅在中国，而且在世界上也是独一无二的。该书为中俄关系史、清史、中国近现代史研究提供了全新的资料和视角，具有很强的原创性和学术价值；同时也更具有现实意义，是中俄战略协作伙伴关系长期稳定发展的一块重要基石。总主编李静杰，现为中国社会科学院学部委员、中国社会科学院俄罗斯东欧中亚研究所研究员、中国俄罗斯东欧中亚学会会长，受聘为俄罗斯人文社会科学院院士、俄罗斯科学院名誉博士、中国战略学会高级顾问，长期从事苏联历史、俄罗斯问题研究。

截至2017年底，项目已实施总体进度的30%，交稿38卷，发稿7卷。（陈　洁）

《中国电影通史（1905—2014）》

国家出版基金项目。2017年立项，商务印书馆编辑出版。

《中国电影通史（1905—2014）》是为纪念中国电影诞生110周年而编撰出版的大型中国电影史论著。该书在整体结构上根据中国社会政治制度变迁与现实格局，以及中国电影历史发展的特点，按年代分为8卷。在各卷撰写过程中，超越以往电影史研究以电影作品、导演、思潮为主体的模式，对该时间段电影所涉及的所有生产环节与相关领域进行全面、系统、深入的论述分析。

全书约260万字，在已有的具有通史性质的中国电影史论著中，规模是最大的。撰写体例上，该书首次采用编年与断代相结合的电影史书写方式，在力求时间观念具体明晰的同时，尽可能详细论述电影发展的历史史实、历史成就和历史经验。时间跨度上，第一次完整呈现了中国电影110年的发展历程，同时也首次将21世纪以来的14年这一最新历史时期的电影纳入其中，弥补了以往电影史著作对这一时间段研究的空缺。地区范围上，第一次全面论述了包括大陆、香港和台湾地区在内的中国电影，各卷均采用合述中国电影的编写方式。

该书堪称集近年来中国电影历史研究之大成的重大学术成果，必将对我国的电影史学研究、艺术学科建设、文化教育事业以及国内外文化交流产生巨大而深远的影响。

2017年完成全书8卷的编辑加工及发稿工作，进入校对流程。（朱　丹）

《闽台文化大辞典》

国家出版基金项目。2017年立项，商务印书馆编辑出版。

该书是首部呈现闽台文化知识的大型文化类工具书，全面、系统地介绍了福建文化和台湾地区文化，梳理了闽台文化之间“源”与“流”的关系。由福建省炎黄文化研究会组织编写，总主编何少川，副总主编吕良弼。辞典共550余万字，收录条目15000余条。按类编排，分为地理、历史、民族与宗族、思想与学术、文学、语言、教育、艺术、工艺美术与雕塑、出版与传媒、科学与技术、医药卫生与体育、宗教与民间信仰、饮食、民俗、旅游、建筑、文化设施、海洋文化、华侨华人等20卷。正文之前设有《闽台文化导论》专文，对闽台文化的基本情况、特征进行概说；正文之后设有15种附录，补充闽台文化方面的有关内容，帮助读者进一步了解相关知识。为方便读者查检，设置了“分卷目录”和“正文目录”，以及“词目笔画索引”和“词目音序索引”。

2017年立项后，主要对全稿做了专项检查，并完成编辑加工；同时，还邀请辞书专家和闽台文化专家对书稿进行了全面审读。

（吴满蓉）

《汉语阿塞拜疆语词典》

2013—2025 年国家辞书编纂出版规划项目。国家出版基金项目。2012 年立项，商务印书馆 2017 年编辑出版。

该词典是国内外首部汉语—阿塞拜疆语词典。全书共 120 万字，收字目 5000 余条、词目 20000 余条。单字字头后附列繁体字，有助于国外读者更多、更全面地认读汉字。词目后均带有汉语拼音，便于国外读者掌握正确汉语读音。除收录普通语词外，还适量收录了成语、俗语、惯用语等。书后附有 7 个实用附录。

2017 年恰逢中国和阿塞拜疆建交 25 周年。作为第一部记录当前中国语言发展变化的汉阿双语词典，词典的出版填补了两国文化交流的一项空白，使“工具书王国”商务印书馆关于“一带一路”沿线国家语言工具书的品种增至 32 种，具有重要的学术价值和社会效益，同时为“一带一路”建设提供了强有力的语言支持。

（孙　驰）

《微观内蒙古》（汉英版）

国家出版基金项目。商务印书馆 2017 年编辑出版。

《微观内蒙古》（汉英版）是商务印书馆策划的外宣读物“微观中国”系列的一种。“微观中国”系列首创“微博体”写作方式，强调从细微处观察、体验，用 140 字的篇幅独立呈现一个事实或传递一种情感。“微观中国”系列已成为商务印书馆主题出版的一个品牌。《微观内蒙古》主题出版项目，向中外读者展示了一个真实生动兼具自然美和人文美的内蒙古，借此向内蒙古自治区成立 70 周年献礼。该书通过 400 余条短小而富含内容、充满情致的“微博”以及数百张精彩图片，中英对照，图文并茂地展示内蒙古的人文、历史、民俗、地理以及文化、情感等诸多方面。见微知著，用细节构筑一个有温度的鲜活的内蒙古。该书尝试将广角度、多维度、大视野置于细节之中，从细微之处观察，以微距体验大美。小细节更能打动人，也更易于让外界亲近和了解内蒙古。微博体的容量、节奏和图文并茂的呈现方式，符合当代人的“微阅读”习惯。

（华　莎）

“中国语言文化典藏”丛书（EP 同步版）

国家出版基金项目。教育部哲学社会科学研究重大课题攻关项目。2011 年立项，商务印书馆 2017 年编辑出版。

该项目立足于田野调查，调查时间从 2012 年初至 2014 年 6 月底，共有衡山、澳门、苏州、清徐、藤县、连城、潮州、寿县、永丰、遂昌、怀集（粤语）、怀集（标话）、宜春、滩溪、杭州、金华、江山、屯溪、泸溪、井陉 20 个语言调查点，涵盖官话、晋语、吴语、徽语、闽语、湘语、赣语、客家话、粤语等汉语方言和怀集标话等少数民族语言。各调查团队参照《中国方言文化典藏调查手册》，遵守统一的“工作规范”和“调查表”开展工作，确保各图册的调查内容、形式体例基本相同，每个调查点编写出版一册语言文化图册（EP 同步版），共计 20 册。

该丛书收录方言文化图片及其方言名称（汉字）、读音（音标）、解说，以图带文，一图一文，图文并茂。每册收图约 600 幅。为保留方言的语音，部分语料附有音频、视频，扫描书中的二维码，即可听到原汁原味的方言发音或有地方特色的戏曲、民谣。

（刘建梅）

商务印书馆全媒体生产运营平台

2016 年中央文化企业国有资本经营预算支出项目。商务印书馆承担。2016 年 2 月启动，2017 年完成硬件搭建及软件开发任务。

该项目旨在推进以商务印书馆为代表的专业出版企业的编辑方式、生产方式、营销方式的变革，以技术改造、流程再造和数字资源库建设等为基础，搭建国际化、专业化的全媒体生产运营平台。全媒体生产运营平台建设主要由 6 个方面

组成，分别是数据中心机房建设、多媒体中心建设、内容运营子平台建设、基于大数据的内容运营子平台建设、电商平台建设以及资源加工项目。2017 年项目主体已基本搭建完成。

（李　昊）

商务印书馆民国期刊总辑全文检索数据库平台

2017 年新闻出版改革发展项目库入库项目。2016 年立项，商务印书馆承担。

本项目的核心目标是建成民国期刊总辑全文检索数据库平台，实现对民国出版资源的数字化汇集和保存，并以此为基础，为各类研究人员和查阅用户提供专题内容资源服务。为了提高对海量内容资源的组织、管理和服务，平台将建立系统、规范的内容分类系统对资源进行重新组织，并根据各类用户对民国资源的查阅需求进行专题数据库产品的开发，以满足用户个性化的需求。本项目将建设动态重组和出版系统，用户可根据产品规划从碎片化的总辑数据库中筛选数据，然后进行内容汇编和资源打包，制作成多样化的数字产品。再根据具体的目标用户和市场销售策略进行有针对性的个性化出版，包括数据库形式、电子书形式以及纸质印刷等。

本项目建成之后，将有包括《东方杂志》《小说月报》《教育杂志》《妇女杂志》《学生杂志》《少年杂志》《英语周刊》《儿童世界》《儿童画报》《自然界》等在内的具有极高史料价值和影响力的总共 36 种民国期刊。

本项目将分步、分库建设全文检索数据库，再通过集成整合，形成民国优质期刊全文数据库。截至 2017 年底，已完成本项目的一期《东方杂志》全文检索数据库产品化开发，以及《小说月报》《教育杂志》《妇女杂志》《学生杂志》4 种民国期刊的数据化加工工作。《东方杂志》全文检索数据库产品已实现销售收入 500 余万元。

（冯建民）

点校本“二十四史”及《清史稿》修订工程

国家“十一五”重点图书出版规划项目，国家古籍整理出版“十一五”重点规划项目。中华书局编辑出版。

针对中华书局 1959—1977 年间出版的点校本“二十四史”及《清史稿》而开展的一项修订工程。由中华书局立项并组织全国 10 余所高校和研究机构的 300 余位学者进行修订。

自 1959 年《史记》出版，到 1977 年《宋史》面世，点校本“二十四史”及《清史稿》全部出齐，至今已有 30 多年。由于当时政治、经济、意识形态等客观条件的制约和整体学术水平的限制，各史均存在不同程度的缺点和遗憾。为适应新时代学术发展和读者使用的需求，亟须全面修订。2005 年初，中华书局开始着手点校本“二十四史”及《清史稿》修订的前期调研工作，引起史学界、文献学界的广泛而积极的响应。党和政府对修订工作十分重视和支持。2005 年 11 月，国务院总理温家宝和国务委员陈至立分别对修订工作做出重要批示，要求重视和支持古籍整理出版事业，解决资金和人力问题。2006 年 4 月，“二十四史”及《清史稿》点校本修订工程正式启动，并获得国家专项资金支持。

2017 年，修订本《魏书》《南齐书》出版。此外，点校本“二十四史”及《清史稿》修订工程和其他各史继续稳步推进，同时坚持抓好进度管理、资金管理、信息交流、资料积累各项工作，预计 2018 年出版修订本《宋书》。

（梁　彦）

《龙泉司法档案选编》

国家出版基金项目。中华书局编辑出版。

本书收入龙泉地区所藏晚清至民国时期司法档案。上自咸丰元年（1851），下至 1949 年，共计 1.7 万余卷，多达 88 万页，数量极为庞大，多侧面地折射出清代、民国时期地方社会的世相

百态，是研究清代特别是民国时期的地方司法、日常生活、社会变迁等诸多侧面的珍贵史料。为方便学者查询利用，浙江大学地方历史文书编纂与研究中心将这批档案重新整理，以案件起始时间为序编排，编写提要，附入档案原件。

这批档案具有资料独占、内容翔实和整理细致三大特点。首先，这批档案是目前所知民国时期保存最完整、数量最大的地方司法档案。其次，这批档案一方面清晰记录了中国法律制度和司法实践从传统到近代变革的完整过程；另一方面也记录了近代地方社会结构、经济形态、家庭婚姻、民众观念等方面的变迁，实际涉及民众生活所有内容。最后，选编工作依据新编的索引目录，将散布于不同卷宗中同一案件的文书集中起来，按时间顺序重新编排，然后从中选取典型案例，以分辑出版。

《龙泉司法档案选编》第 1、2 辑已于 2012 年、2014 年相继出版。2017 年，收到第 3 辑全部来稿，已进行全面编辑加工。预计 2018 年出版第 3 辑。（梁　彦）

《中央档案馆藏日本侵华战犯笔供选编》

国家出版基金项目。中华书局 2017 年编辑出版。

2015 年是纪念中国人民抗日战争和世界反法西斯战争胜利 70 周年，为揭露日军侵华罪行，警醒世人反对战争、珍惜和平，中央档案馆与中华书局合作影印编辑出版《中央档案馆藏日本侵华战犯笔供选编》。本书拟分两辑出版，共选收 800 多名日本侵华战犯的笔供，按战犯人名编录，按照档案号（每人一案一号）顺序排列。每位战犯均收录有身份照片。每份笔供档案前都设有中英文提要，提要包括战犯简介（籍贯、年龄、职历、军历、侵华时间、被俘时间）及重要罪行的条述。笔供内容包括“笔供”及“补充笔供”（补充、更正、附言等），除个别直接以中文书写外，均包含当时的中文译文及日文原文，旨在以影印的方式对侵华战犯的自笔供述作无删节修改的全面呈现。包括档案原有的一些疏误，如个别页码排列等，均保持档案原貌，未做改动或说明。其中绝大部分供述为首次公布，具有极大的历史价值。第一辑拟分为 50 册，涉及战犯 327 人，档案超过 26000 页。

日本侵华战犯的笔供，是他们在侵略中国战争中所犯罪行的自供状。通过笔供可以看到，日本侵略者侵华期间，肆意屠杀、抓捕、奴役和毒化中国人民，制造和使用细菌武器、化学武器，进行人体活体试验，进行细菌战、毒气战，建立慰安所，强征“慰安妇”——日军性奴隶，强奸妇女，掠夺物资财物，毁灭城镇乡村，驱逐和平居民，犯下了一系列违反国际准则和人道主义原则、超出善良人们想象和人类道德底线的罪行。

《中央档案馆藏日本侵华战犯笔供选编》（第 1 辑）2015 年出版。2017 年《中央档案馆藏日本侵华战犯笔供选编》（第 2 辑）出版。

（梁　彦）

《孙中山史事编年》

国家出版基金项目。中华书局 2017 年编辑出版。

《孙中山史事编年》由长江学者、孙中山研究专家桑兵主编，中山大学历史学系孙中山研究所承担编写。全书共 12 卷 12 册，约 555 万字。以孙中山为枢纽，全面爬梳档案、报刊、日记、函电、书籍等各类资料，经过勘验比较，按照时间顺序，编排孙中山的言行思想，以及与此直接或间接相关的各种人、事的所有史实，大幅度扩充相关史事的层面，还原历史的复杂本相。

全书文献资料来源较为广泛，种类繁杂，所收史料主要由三大方面构成：一是广泛辑录收藏于广东省档案馆、广州大元帅府、中国第一历史档案馆、台北党史馆、中研院近代史研究所档案馆及日本外务省等处的各类未刊档案文献；二是收录藏于各大历史档案馆中的《申报》《大公报》《益世报》《民国日报》《北华捷报》《字林西报》《大阪每日新闻》等多种中文、英文、日文报刊；三是搜集各类已刊专题档案资料集、政府公报、

当事人日记、回忆录、学术研究著作等。

（梁　彦）

《近代蒙古文献大系》

国家出版基金项目。中华书局编辑出版。

《近代蒙古文献大系》是一部将1840—1949年中散见于各种期刊、报纸文摘、回忆录及各类政府公报中有关蒙古的中文文献进行分类编辑而成的史料丛书。内容涵盖近代蒙古地区的政治、经济、军事、文化、教育、宗教、历史等诸多方面，全方位地反映了近代以来蒙古地区乃至整个北部中国的历史文化、社会经济变迁与发展态势，具有浓郁的民族和地域特色，信息量大，工具作用性强，可为中国近代史、近现代边疆史、蒙古史等研究提供翔实资料；对于建立“亲、诚、惠、容”的周边国家关系，对“一带一路”建设，也可提供基本的文献支持，增进背景领略，具有相当的现实意义。

2017年，完成该大系《概览卷》《见闻卷》的初审工作。

（梁　彦）

《民国时期出版物总目录·民国线装图书总目》

国家出版基金项目。中华书局编辑出版。

《民国时期出版物总目录·民国线装图书总目》收录了全国10家大型文献收藏机构的书目数据8万余条，编目数据约20万条，采用《中国国家图书馆普通线装书分类法》组织编排，以联合目录形式呈现。每种图书的著录项包括题名（含卷数）、责任者（含朝代/国别、姓名、责任方式）、版本（含出版时间、出版地、出版者、版本说明）、稽核、丛编以及馆藏信息6个部分。为使著录文字信而有征，便于读者参考使用，还配有书影图版约16万幅。

2017年收到部分来稿，进入编辑加工阶段。预计2019年出版。

（梁　彦）

《中国发展道路丛书——当代中国政治：基础与发展》

国家出版基金项目。中国大百科全书出版社2017年1月编辑出版。

本书是“中国发展道路丛书”之政治卷，主旨是从中国的历史和现实出发来把握中国政治的本质，提出通过现代民主政治的建构和实践来逐步形成中国特色的社会主义民主政治格局。全书共16章，分题详述了大一统与中国政治、共和制与国家转型、党与国家、宪法与法制、人民民主、权力监督和国家治理等内容，体系严整，立论科学，全面指出了中国新型政治体系的合理性与可行性，是近年重大的政治学理论著作。本书作者林尚立现为中央政策研究室秘书长，是中国知名的政治学者。他从中国政治的根基、共产党的领导、国家治理、民主建设等方面，系统论述了当代中国政治的机理。本书于2017年1月出版，入选“中版好书榜”2017年度榜单。

（尹添铭）

“中国娃娃水墨绘本”系列丛书

国家出版基金项目。中国大百科全书出版社2017年5月编辑出版。

本丛书是一套彩墨国画低幼绘本，是由儿童文学作家保冬妮和画家于洪燕经过5年时间，为成长中的少年儿童创作的50册系列水墨图画书。全书分为《想象力篇》《游戏篇》《心理篇》《社交篇》《成长篇》5辑。前3辑于2017年六一儿童节前夕正式出版；后2辑正在组稿中，预计2019年出版。本丛书以“儿童本位、童趣盎然、富含教益、体验优先”为中心思想，内容覆盖孩子们3～6岁成长关键期。作者擅长于将胡同文化、水墨情怀、儒释道的精神内核用潜移默化的形式，根植于善于发现美的孩子们心中，运用“中国水墨”的画风诠释孩子们成长中的“中国表情”，用熟悉的“中国情感”讲述发生在身边的“中国故事”，以独具一格的中国艺术手法为孩子们带来高质量的阅读体验。保冬妮既是儿童文学作家，又是心理咨询师，曾在全国妇联做儿童心理咨询工作15年，深入了解孩子的心理，善于用故事的方式解决孩子普遍面临的心理问题。

（尹添铭）

《中国军事百科全书数据库》

国家“十三五”重点出版规划项目。中国大百科全书出版社2017年7月上线。

本项目内容来源于《中国军事百科全书》第二版，进行了数字化加工。内容涉及15个学科领域：军事思想、战略、作战、国防建设、军事工作、中国人民解放军政治工作、军事后勤、军事装备、军事技术、军事法、国际军事、军事历史、军事人物、军事著作、军事环境。有近100个学科单元，收录3万余个条目，2万余幅图片、表格，3600万文字，以及中国人民解放军大事记、武器装备列表等百余个权威资料库。参与图书编纂的专家、学者共计万余人，其中两院院士50余名。历时11年编纂完成。本项目代表了当代中国军事科学发展的最新权威水平，是系统介绍古今中外军事领域知识的大型百科全书，是建设军事文化的基础性和标志性工程，是实现大国强军梦之文化软实力的集中体现。

（尹添铭）

《中国人民解放军军史百科》

国家“十三五”重点出版规划项目。中国大百科全书出版社2017年7月上线。

本项目内容来源于《中国军事百科全书》（第二版）军事历史卷，由中国军事百科全书编审委员会编著。项目设置了中国人民解放军军史、中国人民解放军、八一建军节3个特色栏目词条，并按照新民主主义时期、社会主义革命和建设时期、改革开放和社会主义现代化建设时期几个历史阶段为主轴，记述了中国人民解放军创建、发展、壮大的历程，包括所经历的重要军事事件、军事会议等相关军史知识。共收录400余个条目、300幅图片，约52万字。

（尹添铭）

《韩美林艺术大系》

国家出版基金项目。人民美术出版社编辑出版。

本书通过对韩美林不同时期、各个艺术门类作品的采集、编辑和整理，将最为丰富、完整、真实的韩美林艺术作品呈现给读者。同时还收录韩美林大量的论文、创作手稿及历史照片，很多都是首次发表，极其珍贵。该书对于弘扬中国传统文化具有非常积极的意义。2017年，人民美术出版社进行了选题策划、组稿、审稿、编校等工作。该书包括雕塑卷之城市雕塑、雕塑卷之艺术雕塑，绘画卷之人体、绘画卷之水墨动物、绘画卷之线描动物、绘画卷之彩墨动物、绘画卷之岩画等。

（范雨萌）

《20世纪中国插图艺术》

国家出版基金项目。人民美术出版社编辑出版。

该书为学术性著作，把20世纪中国插图艺术作为一个整体进行观照，并将其纳入东西方文化矛盾语境中，探究其现代化历史过程及现代建构的特征。该书从清末民初的插图艺术入手，寻找20世纪中国插图艺术发生的历史。对20世纪中国插图艺术进行综合性描述，勾画总体的成果、成就、代表作品和特征，以便对一个世纪以来的插图面貌有清晰的认识。对现代插图的话语形态进行研究，阐释其现代意识形成和变化的历史依据，寻找其精神来源。从三个侧面论证中国插图艺术现代化的性质与形式创造，全面梳理和呈现20世纪中国插图艺术。2017年，人民美术出版社进行了选题策划、组稿、审稿等工作。

（范雨萌）

《封泥考略》

国家古籍整理出版专项经费资助项目。人民

美术出版社编辑出版。

该书著录四川、西安、山东、临淄出土的秦汉及少量战国封泥，共849方，大体上以内容分类编排，先列官印，后列私印及闲章，每种封泥都配有原大拓片，真实地反映了秦汉印章篆刻的原貌。封泥后附有考释，涉及官制、地理等方面，首开利用封泥文字证史、补史的范例。该书既是了解秦汉时期篆刻艺术的必读书目，也是研究古代职官制度、历史地理等的重要资料。书中考释文字旁征博引，极为精简严密，又可窥见封泥文字各时期之形态变化。2017年，人民美术出版社进行了选题策划、组稿等工作。

（范雨萌）

《社会主义核心价值观彩色连环画》

国家新闻出版广电总局2017年主题出版项目。连环画出版社编辑出版。

本书围绕社会主义核心价值观24个字和总书记16字要求，通过各小学组织学生写脚本、手绘连环画，内容结合中小学生学习和生活实际，反映校园、社区和北京的新变化；寻找感动自己的人，如英雄人物、先进模范、老师、家人和同伴等；反映爱好环境、遵守公德、诚实守信、关心他人、服务社会、积极践行社会主义核心价值观的人和事。2017年，连环画出版社进行了选题策划、组稿、审稿、编校等工作。

（范雨萌）

《千秋定国赖戎衣——庆祝中国人民解放军建军90周年连环画集》

国家新闻出版广电总局2017年主题出版项目。连环画出版社2017年8月编辑出版。

在共和国连环画出版进程中，曾涌现出众多表现人民军队光辉历程和英雄人物感人风采的作品，这些作品高扬主旋律，坚持现实主义创作传统，有强烈的艺术感染力和思想性，影响了几代读者，很多作品屡印不衰。该套书遴选了45册优秀连环画，既有诸如《狼牙山五壮士》《雷锋》等优秀传统连环画，也有《长征1936》等近年来新创作的作品，篇幅大，内容丰富，全景式地展现了我军的辉煌历程，对于广大读者尤其是青少年读者具有深刻的教育意义。（范雨萌）

《西征东归》

入选国家新闻出版广电总局“原动力”中国原创动漫出版扶持计划。人民美术出版社2017年11月编辑出版。

全书分为两部分：西征表现了红西路军血战河西走廊，最后兵败祁连山的悲壮历程；东归则用9个故事，表现了徐向前等红军将领忍辱负重，穿过腾格里沙漠返回延安的过程。该书内容生动，绘画具有感染力，是一本普及党史、进行革命英雄主义教育的通俗美术读物。

（范雨萌）

《中国工艺美术全集》

入选国家新闻出版广电总局“十三五”重点出版物出版规划增补项目。人民美术出版社编辑出版。

该书是一部全面记录和诠释中国工艺美术的历史、文化、艺术、品种、技术、材料、工具，以及传承发展、人力资源、代表作品、生产方式、营销形式、社会组织等方面的大型专业文献。它集合历史学、社会学、科技学、工艺学、材料学、考古学、艺术学和美学，融历史性、知识性、学术性于一体，在一定程度上反映了中国各个历史时期政治、经济、文化、教育、科技等方面的发展程度，是具有工具书意义的恢宏巨著。2017年，人民美术出版社进行了选题策划、组稿、审稿、编校、出版等工作。

（范雨萌）

《嘹亮军歌——中国人民解放军建军90周年优秀歌曲集》

国家“十三五”重点图书出版规划项目。人

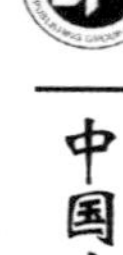

民音乐出版社 2017 年 7 月编辑出版。

本套书是为纪念中国人民解放军建军 90 周年而精心策划的一部重大主题出版物。按照编年体方式排序，分为 9 卷。收入 1927～2017 年优秀军旅歌曲 1670 余首，并配套有音像光盘。本套书特别邀请了当下军队文艺创作的顶级专家（作曲家、理论家、音乐评论家等）团队参与编撰。

本套书真实记录了我军 90 年来音乐艺术创作的历史，梳理了军队歌曲的脉络。它的出版为正能量作品提供了传播平台，必将成为里程碑式的作品。

军队的音乐创作在整个中国音乐创作史上占有重要的位置。本套书无论是在记录音乐还是传承音乐方面，都是一项史无前例的重大工程，将在当代中国音乐史上留下浓墨重彩的一笔，也是对中国音乐界的重大贡献。（杨济如）

《文化名家暨“四个一批”人才作品文库》

中央宣传部项目。2016 年 7 月立项，人民音乐出版社 2017 年编辑出版。

《文化名家暨“四个一批”人才作品文库》项目是由中央宣传部安排部署并投入资金支持的系列项目。该项目包含天津评剧院院长、国家非物质文化遗产传承人曾昭娟，中央军委政治工作部歌舞团副团长、中国舞蹈家协会副主席、国家一级编导杨笑阳以及八一电影制片厂著名演员岳红的作品专辑。

《曾昭娟作品专辑》中收录了《红高粱》《赵锦棠》《寄印传奇》《凤阳情》等代表剧目以及精彩唱段。《杨笑阳作品专辑》中收录了获奖舞剧《铁道游击队》《月上贺兰》《吕梁英雄传》，纪念红军长征胜利 80 周年文艺晚会《永远的长征》，歌剧《长征》以及其他获奖作品等优秀剧目。《岳红作品专辑》中收录了《八女投江》《野山》等获奖电影作品以及《追你到天边》《满天星》《母亲》3 部有代表性的电视剧。3 位“四个一批”人才的作品专辑从不同时期、不同角度、生动、立体地展现了他们丰富的舞台和影视形象。

截至 2017 年，3 位“四个一批”人才的作品专辑出版工作已按计划顺利完成。

（张颖雪）

《马可选集》

国家出版基金项目。人民音乐出版社 2017 年编辑出版。

《马可选集》是对马可先生的音乐成就和不平凡的一生进行了文献的集中和梳理。中国音乐学院于 2007 年 7 月正式成立《马可选集》编委会。全书共 9 卷。分为音乐著作（第 1～3 卷）和文字著作（第 4～9 卷）两部分，具体是：第 1、2 卷歌剧卷（上下），包括歌剧《白毛女》《小二黑结婚》，秧歌剧《夫妻识字》等。第 3 卷歌曲卷、器乐及电影音乐卷，包括《咱们工人有力量》等歌曲 112 首，管弦乐曲《陕北组曲》等。附有 3 张 DVD、3 张 CD。第 4 卷音乐家研究与音乐评论卷，包括专著《冼星海是我国杰出的社会主义现实主义音乐家》，有关音乐家研究与评述、歌剧创作与评论、音乐评论等文章。第 5 卷民族音乐研究卷，包括专著《中国民间音乐讲话》，有关民族音乐遗产研究、民间音乐研究、戏曲音乐研究等文章。第 6 卷诗文卷，包括诗歌、散文、剧本、自述、序及有关中外交流、音乐教育等文章。第 7 卷日记卷（上），包括 1938～1940 年抗敌演剧队时期、1940～1945 年延安时期的日记。第 8 卷日记卷（下），包括 1945～1949 年东北时期的日记。第 9 卷年表、画传与著作总目，附有马可纪念与研究文献选目、马可纪念与研究文选。另有编委会所撰《总序》《编后》。

该书具有较高的艺术价值和学术价值，为继承中国音乐传统起到承前启后的作用，对于弘扬和继承我国民族民间音乐传统及如何使艺术更好地为人民服务有重要的教育意义。2017 年该书已出版。（杨济如）

《1944：龙陵会战》

国家出版基金项目。生活·读书·新知三联

书店2017年编辑出版。

《1944：龙陵会战》是余戈继《1944：松山战役笔记》(2009)、《1944：腾冲之围》(2014)之后，创作的滇西抗战"微观战史三部曲"的收官之作。

本书叙述的是1944年滇西抗日反攻主战场的战事——中国远征军的龙陵会战，以及其后收复芒市、遮放、畹町，与反攻缅北的中国驻印军会师芒友、打通中印公路的全过程。在序篇中，介绍了1942年以龙陵为核心的滇西沦陷于日寇之手以及当地民众的反抗斗争；全书中心在远征军以重兵三战龙陵，其间粉碎了日军"断"作战攻势，终于以硬碰硬的攻坚方式攻克龙陵古城，创造了抗战史上中国军队以大兵团及空前规模的步炮空协同，实施攻坚作战并赢得完全胜利的全新战例；收复芒遮畹为本书尾声部分。

本书特色为"微观战史"，对战事叙事精确到一天一地，且与敌我双方史料严密比对，在错综复杂的战事中追求最大程度的客观准确，以达到真正意义上的"信史"标准，为读者汲取战争经验教训提供可靠的文本。

全书798千字。作者余戈，《军营文化天地》杂志主编，发表散文随笔、文化评论、报告文学类作品百余篇。2000年起，业余时间收藏抗战文物、研究抗战史，已出版《1944：松山战役笔记》(获2010年"文津图书奖")、《1944：腾冲之围》(获2014年"中国好书"奖)。

本书入选"中版好书2017年度榜——人文社科20种"。

(邵慧敏)

《中亚民族史》

国家出版基金项目。生活·读书·新知三联书店编辑出版。

本书的主要内容是阐述中亚民族的演化史。在人种上，由欧罗巴人种到蒙古人种与欧罗巴人种的混合型，具体到各个民族，其混合比例又各不相同；在语言上，由印欧语系印度－伊朗语族到阿尔泰语系突厥语族的语言占优势，除塔吉克族外，其他各族均讲突厥语族的语言；在宗教信仰上，由当地的拜火教转信佛教、摩尼教、景教，最后基本上都皈依伊斯兰教；在文化上，中亚文化先受希腊文化的影响，又受印度文化的影响，再受汉文化的影响，最后又受阿拉伯文化的影响，包括风俗习惯以至书写文字。进入近代之后，中亚各民族又受到俄罗斯强有力的影响。本书力求阐明这多种因素相互影响的具体过程，正是这种相互影响，造成了中亚各民族文化的绚丽多彩而又各具特色。作者力求以马克思主义民族理论为指导，运用可信的史料，通过具体的史实，阐明生存于独特地理条件、自然生态环境中，在强大的外来文明影响甚至控制下，中亚各民族历史发展的轨迹。

本项目为2卷，480千字。魏良弢、刘正寅著。魏良弢，1933年生，山东昌邑人，南京大学历史系教授、博士研究生导师。刘正寅，1963年生，江苏丰县人。1983～1993年就读于南京大学历史系，获历史学博士学位。现为中国社会科学院民族学与人类学研究所研究员、博士生导师，中国民族史学会副会长兼秘书长。

2017年，作者对全稿遗留的问题做了修改、校正。由于作者魏良弢先生年事已高，无法参与相关的具体工作，由他撰写的前三编（全书篇幅的一半）中，许多古代语言（如古代突厥语、粟特语、古代波斯语、阿拉伯语等）的人名、地名、官名的审音与拉丁转写需要进一步规范、统一，第二作者刘正寅先生和责任编辑查对文献、询问相关领域的专家，逐一对相关问题予以解决。

(邵慧敏)

《良训传家——中国文化的根基与传承》

中央宣传部、国家新闻出版广电总局2017年主题出版重点出版物。生活·读书·新知三联书店2017年出版。

本书跳脱出以个别古代家训为主的说教式或文字释读式的写作方法，而将中国古代家训中的精髓提炼出来，将重要的家训内容与历史人物、典故融为一体，点面结合、寓理于情。作者身为大学教授，长期关注我国的教育体制，主张现代

教育应从中国古代传统文化，尤其要从家训家教中获得启示，汲取古人的智慧，促进学生的健康成长，改进家庭教育与学校教育的思路与方法。

全书201千字。作者韩昇，复旦大学历史系教授、博士生导师，中国魏晋南北朝史学会副会长，日本东京大学东洋文化研究所、明治大学文学部、关西大学等大学教授、研究员。主要研究领域为汉唐史、东亚历史与国际关系、佛教史。出版《唐太宗治国风云录》《隋文帝传》等著作10余部；翻译了号称日本汉学研究巅峰之作的《九品官人法研究》，出版译著10余部；发表学术研究论文100多篇。

本书入选2017年度“中国30本好书”（中国出版协会）、“中版好书”2017年度主题出版类好书、《中国教育报》2017年度教师喜爱的100本书、《中国新闻出版广电报》2017年度好书等。

（邵慧敏）

《弹在膛上——一个维和士兵的战地纪实》

中央中宣部、国家新闻出版广电总局2017年主题出版重点出版物。生活·读书·新知三联书店编辑出版。

这是一部依据战地日记整理而成的纪实作品，讲述了中国首批赴马里维和部队从组建筹备、防卫部署、进行营区建设、应对恐怖袭击、与外军的交流合作、与马里当地人民的友好交往，直到圆满完成任务、全体人员安全回国的全过程。作者以写实的笔触，生动描写了中国维和部队所面临的异常艰苦、极端危险的环境，表现了以维和官兵为代表的新一代中国军人不怕牺牲、忠于职守、精于业务、积极乐观的可贵品质。

全书278千字，作者杨华文，内蒙古呼伦贝尔人。历任排长、宣传干事、组织干事，现为解放军某部纪律检查干事，少校军衔。2013年，以首批赴马里维和部队党委秘书、警卫分队政工干事身份到马里执行维和任务，亲历并记录了维和行动。

本书2017年履行了重大选题备案程序。2017年10月，获国家新闻出版广电总局予以核批，因此出版流程顺延，2017年底完成了印制工作。面世时，举办了新书发布会，作者做了精彩演讲，新华社、《解放军报》、中央电视台7频道等媒体出席，新浪等网络媒体发布了消息或相关报道。本书在青年读者特别是在特定人群（如军队、维和圈）中引起很大反响。

本书入选“中版好书”2018年度榜。

（邵慧敏）

“中国艺术学大系”（第2辑）

2017年增补为国家“十三五”重点图书出版规划项目。生活·读书·新知三联书店编辑出版。

本项目是一套集当前我国艺术基础理论之大成的学术工程论著。该大系反映的是当代艺术科研的前沿性成果，既面对国内外理论研究工作者，又可作为国内外在校大学生、研究生、博士生的教材或学习参考用书。按内容分为三类。第一类为综合类，如《中国艺术史》《中国艺术学》等；第二类为各学科类，如《中国音乐学》《中国音乐史》等；第三类为新兴或交叉学科类，如《艺术人类学》《艺术市场学》等。

本项目共32卷，8000千字，中国艺术研究院担任主编。中国艺术研究院是国务院首批公布的博士、硕士学位授予单位，是在共和国建立初期成立的中国戏曲研究院、中国音乐研究所、中国美术研究所的基础上发展起来的，1980年10月经国务院批准定名。

2017年，项目处于组织撰写稿件阶段。

（邵慧敏）

“宿白集”

2017年增补为国家“十三五”重点图书出版规划项目。生活·读书·新知三联书店2017年编辑出版。

三联书店从学术积累和学术普及的角度，重

新整合宿白先生的学术典范之作，具体包括《白沙宋墓》《中国石窟寺研究》《藏传佛教寺院考古》《唐宋时期的雕版印刷》《魏晋南北朝唐宋考古文稿辑丛》《宿白未刊讲稿》，希望可以比较全面地反映宿白及新中国历史时期考古学的重要成就。这些作品均具有或开创范例、或建立体系的价值，在考古文博方兴未艾的当下，应该拥有更多的读者。本项目共 6 册，3024 千字，1000 幅图。作者宿白，字季庚，著名考古学家，辽宁沈阳人。1944 年毕业于北京大学史学系。1948 年北京大学文科研究所攻读研究生肄业。1951 年主持河南禹县白沙水库墓群的发掘。1952 年起先后在北京大学历史系和考古系任教。1983 年任北京大学考古系主任兼校学术委员，同年任文化部国家文物委员会委员。

《白沙宋墓》于 2017 年出版。

（邵慧敏）

文化服务出口项目

中央文化企业发展专项资金项目。中国对外翻译有限公司承担。

中国对外翻译有限公司（以下简称“中译公司”）是国内唯一一家正式与联合国签约的联合国文件翻译服务承包商。自 1973 年成立至今，中译公司与联合国纽约总部、日内瓦办事处、维也纳办事处、内罗毕办事处、联合国教科文组织、国际货币基金组织、世界知识产权组织、经济合作与发展组织等机构建立了长期稳定的合作关系。多年来，中译公司为联合国系统和国际组织翻译了数亿字的文件和出版物，派遣译员赴联合国机构担任翻译和审校工作，累计已达 800 多人次。因始终坚持以优良的翻译质量服务国家、服务社会，并为中国恢复在联合国合法席位后发挥更加重要的国际政治影响力做出了自己独特的贡献。中译公司自 2009 年起，连续 9 年获商务部、中宣部、财政部、文化部、新闻出版广电总局共同评定为“国家文化出口重点企业”，并获得文化服务出口奖励。2017 年，中译公司再次获评“2017－2018 年度国家文化出口重点企业”，并获得中央文化企业发展专项资金支持。

（赵　桐）

“译见”跨语言大数据分析处理平台

2016 年中央文化企业国有资本经营预算项目。由中国对外翻译有限公司控股子公司——中译语通科技股份有限公司承建。

“译见”平台是一个集跨语言信息搜索、国际资讯服务、智能资讯汇聚等功能为一体的大数据分析平台。该平台采用语义搜索、机器翻译、机器学习等先进的语言大数据处理技术和人工智能技术，是对传统搜索技术的智能升级，是下一代的互联网信息服务平台。“译见”平台可以提供全球范围内的各行业垂直资讯信息，通过多语言机器翻译技术、跨语言搜索技术，为用户提供更加精准的信息搜索服务；通过跨语言自然语言处理技术构建资讯主题，平台搜索并自动汇聚用户需要的多维度资讯，为用户提供更加智能的资讯服务；通过对全球多语种信息的分析处理，发现隐藏在海量信息之后的秘密，实时得出分析结论，自动形成分析报告，解决用户搜索的真正需求。2017 年，“译见”荣获第 8 届中国出版集团公司暨中国出版传媒股份有限公司出版奖综合奖数字奖。

（赵　桐）

中国核心语汇（二期）项目

中央宣传部“2017 年国际传播能力建设专项资金”项目。该项目由中国对外翻译有限公司控股子公司——中译语通科技股份有限公司承建。

“中国核心语汇”是一个涵盖中国政治、经济和文化等领域的中国语汇，通过权威、标准的多语种翻译与解读方式，向国际社会传递最准确的中国表述和解读的互联网大数据语料库。平台建设坚持把“正确导向”放在首位，以正确传播“社会主义核心价值观”为使命，为实施中华文化走出去战略，传播正确的中国声音，促进国际出版，引导媒体传播等提供开放的公共服务；让国际社会通过平台获取准确的中国语汇表达方式，让世界了解真实的中国。

“中国核心语汇”（二期）建设周期为1年，实现收录包含超过170个分类细目的1万条目共计200万字的中国话语及解读、20万条例句、25万篇共计2.5亿字/单词左右的阅读篇章、覆盖12个国际主要语种。二期项目新增德语、蒙古语、藏语、维吾尔语4个语种的语言资料，新增5000条语汇的8种外语释义和篇章阅读资料内容，并使“中国核心语汇”网站的界面操作语言达到12种。

（赵　桐）

“当代视野与中国文学传统研究书系”

国家新闻出版广电总局“十三五”规划项目。东方出版中心编辑出版。

该书系推出中国文学研究近10年来的最新重要成果。突出的价值是以当代学术文化视野、理论、方法来展开对中国古典文学及近现代文学的全面深入研究，开拓了众多新途径，体现了多学科交叉研究的新思维，发现并提出了许多重要的学术新问题，形成了一系列可靠的具有重大价值的学术成果，是中国文学乃至中国文化研究的新进展。该书作者罗岗，华东师范大学中文系教授、博士生导师。程光炜，中国人民大学文学院教授、博士生导师，中国当代文学研究会副会长。董乃斌，上海大学文学院首席教授、博士生导师。袁进，复旦大学中文系博士生导师、教授，中国近代文学学会副会长兼秘书长。王家新，诗人、批评家、翻译家，中国人民大学文学院教授、博士生导师。该书系第1辑包括：《从传统到现代——中国近代文学的历史轨迹》（袁进）、《英雄与丑角》（罗岗）、《文学史二十讲》（程光炜）、《翻译的辨认》（王家新）。该丛书出版后，受到学术界的极大关注和好评。2017年，东方出版中心已出版其中的4种：《文学史二十讲》《中国文学叙事传统研究》《翻译的辨认》《从传统到现代——中国近代文学的历史轨迹》。

（姜小明）

《中国公司治理分类指数报告（2017）》

国家新闻出版广电总局“十三五”规划项目。东方出版中心编辑出版。

该书是第三方评价机构——北京师范大学公司治理与企业发展研究中心研制的第16部全样本、全方位、多角度、分类评价中国上市公司治理水平的指数研究报告。本报告以国际通行的公司治理规范，同时基于中国的制度架构和现实国情，分类设计了中国公司治理评价指标体系，在此基础上，运用科学的方法，计算出2016年2840家上市公司的6类公司治理指数，包括中小投资者权益保护指数、董事会治理指数、企业家能力指数、财务治理指数、自愿性信息披露指数和高管薪酬指数（高管薪酬指数的样本公司是2829家），并从总体、行业、地区、所有制、上市板块等角度分别进行了排名和比较，同时分析了近几年的发展变化。6类指数的全部样本总体排名和分行业排名，以及高管薪酬绝对值排名呈现在光盘中，每类排名均同时有地区和所有制划分。该书作者高明华，北京师范大学经济与工商管理学院教授、博士生导师、公司治理与企业发展研究中心主任、国家社科基金重大项目首席专家。他在国内外率先提出“中国公司治理分类指数”概念，并创立“中国公司治理分类指数数据库”，推出“中国公司治理分类指数系列报告”，本书是第16部。2017年，东方出版中心进行了选题策划、组稿、审稿、编校、出版等工作。

（姜小明）

“海外现行版权法译丛”

国家出版基金资助项目。东方出版中心2017年编辑出版。

该译丛是一套系统地大规模介绍国外现行版权法现状的译著，具有系统性、针对性与适用性的特点。是上海市高峰学科建设成果，复旦大学国家文化创新中心学术成果。该译丛第1辑包括：《美国版权法》《英国版权法》《欧盟版权法》

《世界版权条约》。该译丛也是这个团队深耕于数字传播与版权制度领域的研究成果，给我国现行著作权法的修改和知识产权领域的管理者、研究者、从业者以启迪和借鉴。其中，《美国版权法》主要从半导体芯片保护和船身涉及保护等具体方面介绍、论述美国版权法。《英国版权法》主要从版权、邻接权、注册外观设计、表演权及其相关版权等方面来进行介绍、论述。涉及数字技术、信息技术、通信技术领域的《欧盟版权法》及《世界版权公约》在具体法律条文规定之外，亦关注全球数字化进程时，各国在知识产权领域所思考的问题、解决问题的思路。该书作者张大伟，复旦大学新闻学院高级教师、知名学者。这套丛书的刊行，有助于完善我国版权法的建设和实践，有助于推进全面依法治国，建设中国特色社会主义法治体系，有助于中国文化产业全面了解其他国家的版权立法状况，促进外向型经济发展和对外文化交流。2017 年，东方出版中心进行了选题策划、组稿、审稿、编校、出版等工作。

（姜小明）

《给青年的十二封信》

教育部新编语文教材推荐阅读书目。东方出版中心 2017 年编辑出版。

本书是朱光潜先生旅欧期间写给国内青年朋友的信。信中对青少年关心的话题，如读书、升学、作文、做人、修身等做了亲切而全面的探讨。信中劝青年树立远大理想，眼光要深远，思想要明澈，要夯实基础，勿贪图世俗名利。这些书信读来发人深省、受益良多，长期以来深受广大青少年的欢迎。该书作者朱光潜，中国现代著名美学家、文艺理论家、教育家、翻译家。安徽桐城人。生前长期担任北京大学教授。本版以初版为底本，精加校勘，并吸收各传世版本的优点，版本精良。2017 年，东方出版中心进行了选题策划、组稿、审稿、编校、出版等工作。

（姜小明）

《中国玺印篆刻通史》

第 26 届“金牛杯”全国优秀美术图书·银奖。东方出版中心编辑出版。

该书是一部中国印章发展史与艺术风格史的专著，也是第一部以丰富的资料和完备的体系向海内外读者介绍中国印章文化与中国印学的经典性著作。该书作者孙慰祖，现任上海博物馆研究员、中国艺术研究院·中国篆刻艺术院研究员、西泠印社副秘书长、上海市书法家协会副主席兼学术委员会主任、篆刻委员会副主任、上海市书法研究中心研究员。全书 100 万字，彩图 1500 幅。所选印例皆为作者精心遴选自国内外博物馆的珍贵藏品，具有中国历代印章断代标准和艺术风格代表的价值，也是目前为止资料最为丰富的一部印史通论。该书为艺术院校学生和玺印篆刻爱好者深入了解中国印章史提供了一本具有学术前沿性的教材，也为印史研究和文物研究专业工作者提供了一批不可多得的新信息和新资料，并列有玺印、篆刻断代辨伪专章，为玺印研究者和收藏者透露了鉴真辨伪的方法与依据。2017 年，东方出版中心进行了选题策划、组稿、审稿、编校、出版等工作。

（姜小明）

《中国石刻艺术编年史》

第 26 届“金牛杯”全国优秀美术图书·铜奖。东方出版中心编辑出版。

本书共 220 万字、近 300 幅彩图，分为 3 卷：严峻卷（先秦两汉魏晋南北朝）、理想卷（隋唐五代）、愉悦卷（两宋辽金西夏元明清），以时间为经，以人物事件及作品等为纬，较为准确翔实地编织出先秦至明清时期中国石刻艺术发展的真实历史场景。采用描述阐释与历史钩沉相结合的方法，将纪传体的长处巧妙糅进编年史的写作中，文省于纪传，事豁于编年，填补了学术空白。编年体例分为“提示”“叙录”“文献”三部分，重点包括：与石刻艺术相关之重要政策法规、历史事件、宗教事件；对石刻艺术发展有直接或间接影响之文化行为；雕刻家或刻工生平事迹；重要石刻艺术作品之系年、流传及影响等。最后一卷末附有参考文献书目、图录索引、内容索引。该书作者向以鲜，学者、诗人。就职于四川大学古籍所，参与主持中国首家大型民间专题博物馆——四川省鹿野苑石刻艺术博物馆。本书资料翔实，史论结合，图文并茂，极具学术价值的研究成果，不仅填补了国内外研究的一项空白，也为进一步深入研究、大力弘扬中华民族灿烂的历史文化提供了一份珍贵的参考资料。2017年，东方出版中心进行了选题策划、组稿、审稿、编校、出版等工作。（姜小明）

《中华民族道德生活史》（8卷）

“十二五”国家重点图书出版规划项目、国家社科基金重大项目。国家出版基金资助项目。东方出版中心编辑出版。

《中华民族道德生活史》是当今中国伦理学界一项具有开创意义的标志性成果。由著名伦理学家唐凯麟教授领衔，王泽应、张怀承、彭定光、李培超、高恒天等教授共同完成。共8卷，总计3442千字，包括《先秦卷》《秦汉卷》《魏晋南北朝卷》《隋唐卷》《宋元卷》《明清卷》《近代卷》《现代卷》。该著作系统总结了中华民族自先秦至当代5000多年道德生活的发展历程、主要内容和基本特征，揭示了中华民族道德生活发生发展的内在逻辑和发展规律，是一项体现文化自觉、文化自信和文化自强的优秀作品，具有填补空白和理论创新的重要意义。2017年，东方出版中心进行了编校、出版等工作。

（姜小明）

“中国现代电影产业与电影创作研究”丛书

上海市新闻出版专项资金资助项目。东方出版中心编辑出版。

该项目主要研究包括明星、联华、天一、新华、艺华和电通等20世纪30～40年代一些重要的、有影响的电影企业，在广泛搜集资料的基础上，对其进行深入的专题研究；既全面梳理这些电影企业从诞生、发展到衰落的历史过程，总结探讨其产业运作的经验教训，又注重论析其电影创作的特色、成绩、贡献和不足，评析一些重要电影编导的创作成就和美学风格，由此揭示出中国现代电影产业与电影创作关系的一些基本规律，总结经验教训。该书主编周斌，主要研究领域为戏剧影视学，现任复旦大学电影艺术研究中心主任、教授、博士生导师，中国台港地区电影研究会副会长兼台湾电影委员会主任，中国电影家协会理论评论委员会副会长、顾问，中国电影文学学会剧作理论委员会主任，中国夏衍电影学会夏衍研究委员会理事长，中国长三角高校影视戏剧学会会长，上海影视戏剧理论研究会会长。已出版个人专著有《夏衍剧作艺术论》等15种，主编著作有《新时期文学20年精选·话剧卷》等8种，合作主编著作有《台湾电影：历史、产业与美学》等16种。学术成果曾获国家辞书奖、中国文联文艺评论奖、中国电影金鸡奖理论评论奖、上海市哲学社会科学优秀成果奖等多种学术奖。该书获第8届中国出版集团公司出版奖“综合图书奖”。2017年，东方出版中心进行了选题策划、组稿、审稿、编校、出版等工作。

（姜小明）

《财政学通论》

国家新闻出版广电总局“十三五”规划项目。东方出版中心编辑出版。

该书从认知财政学与经济学的起点出发，一边翔实陈述重要基础理论，一边紧密联通至中国实践。该书作者贾康，国内资深财政学专家，现任全国政协委员、政协经济委员会委员，国家“十一五”“十二五”和“十三五”规划专家委员会委员等职务。该书内容框架依次囊括财政理论概要、人类社会中现实财政状态的演变、财政收支框架与平衡原理、财政收入、财政支出、预算管理、财政转移支付与基本社会保障、财政政策与宏观调控、国有资产管理体系、政策性投融资体系、财政改革与经济社会转轨、世界文明潮流

与财政学术创新等板块。基础理论层面的内容，集中反映了作者对财政学及其相关理论的理解、论述、提炼、升华和反思，依托空间和时间两个维度，紧扣国内外理论及其发展脉络；中国实践层面的内容，则集中反映作者对中国财政实践的参与、思考、评论、探索和创新，沿着中国财政改革的道路，纵贯历史、现在和未来。该书从内容上更加致力于中庸地达成财政学领域通透与现实的结合。该书既可作为教材，又是一部学术专著，填补了财政学教材内容的空白。该项目分上下两卷，约1000千字。是中央组织部“第3届全国党员培训精品教材”。2017年，东方出版中心进行了审稿、编校、出版等工作。

（姜小明）

“易阅通＋ ＋ 按需印刷＋”全产业链融合发展项目

2017年中央文化企业国有资本经营预算项目。中国图书进出口（集团）总公司承建。

“易阅通＋ ＋ 按需印刷＋”全产业链融合发展项目是“十三五”时期中国出版集团公司服务中国经济、社会、科技、教育发展的进出口资源核心运营平台，是中国图书进出口（集团）总公司在数字化融合发展时代基于自身基础的一次凤凰涅槃式的再生和转型升级，是重塑核心竞争力的重要抓手。

项目借助互联网技术，以数字服务降低出版产品的成本、扩大出版产品的覆盖范围，实现出版商、中盘商和消费者的多方共赢，目标是打通中国图书国际传播高速路，打造我国最权威的数字资源交易与服务中盘，并构建纸电融合发展的价值产业链，建设中图数字平台集群，建设辐射亚洲的按需印刷生产中心。

具体内容包括：打造中国国际出版大数据中心，建立中国出版信息云，服务行业发展；实施数字资产倍增计划，建成“数字中图”；提供精准市场服务，打造数字平台集群，实现“易阅通＋”；建立完善全球按需印刷服务体系，构建全品种微库存电商平台，实现“按需印刷＋”。

2017年，初步搭建了以易阅通平台为主体的关联平台体系，形成了书目基础数据标准，并开展了大数据建设调研，启动研究按需印刷技术升级和可供按需印刷资源库建设。

（王玉梅）

“一带一路”资源中心建设工程项目

2017年文化产业发展专项资金项目。中国图书进出口（集团）总公司承建。

“一带一路”资源中心建设工程是中国图书进出口（集团）总公司贯彻、响应国家“一带一路”倡议，执行国家新闻出版广电总局《加快推进我国新闻出版业向周边国家和“一带一路”沿线国家“走出去”工作方案》等文件精神，为满足国内外对相关文献和资讯不断增长的市场需求，全面汇聚“一带一路”沿线国家区域文献、全球对一带一路区域研究文献等数字内容资源，整合国内外智库、学术机构等研究信息以及相关资讯数据，着力打造国内领先、国际一流的“一带一路”资源中心的重点建设项目。

该项目引入大数据采集与处理、机器翻译、人工智能、智能语义搜索等前沿技术，为国内外研究机构与个人读者提供个性化知识服务。主要内容包括：①建设一个全球多语种“一带一路”知识库；②形成一套与国际接轨并适配多语种的数字加工标准和流程；③打通数字出版资源与资讯数据，打造一个知识服务平台；④构建一套知识服务体系，探索形成合作共赢的商业模式，面向中国国内以及“一带一路”国家，绘制推广服务的路线图并切实落地。

2017年底，“一带一路”资源累计聚合近8万种，覆盖47个语种；策划形成海外看中国文库、丝路文化库等13个资源专题库；结合自有平台进行迭代升级；针对落地国开展宣传推广，扩大项目内容的市场认知度和影响力。

（王玉梅）

中版库存图书网络销售平台建设项目

2017年宣传文化发展专项资金项目。由中

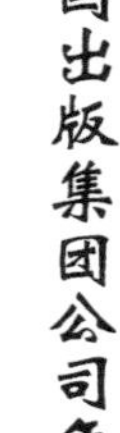

国图书进出口（集团）总公司旗下中国出版对外贸易总公司具体实施。

中版库存图书网络销售平台是中国图书进出口（集团）总公司积极响应国家供给侧改革要求，为国内外出版社提供的“去库存”“降成本”的销售渠道、为社会读者建设的特色大众图书采购平台，是全力推进全民阅读走向深处、实处的重大项目。它是中国图书进出口（集团）总公司多元化经营资源中的重要组成部分，是中国出版对外贸易总公司在新经济市场条件下实现转型升级的重要举措。

项目依托互联网平台，采用网上商城的线上经营模式，通过库存图书及文化商品的线上销售、平台出租、互联网广告等多种经营方式赢利。建成后，平台具有运行可靠的商品展示、推荐、销售和读者服务功能，上线销售的库存图书（可供货）品种（信息）应不少于20万种至50万种，具有鲜明的“中国出版”特色和图书专营特色。

2017年，基本完成网页版销售平台及手机APP销售平台开发，上线销售图书达7.76万种，与20余家出版社建立了合作关系。

（王玉梅）

中国电子书店全球推广计划项目（“与亚马逊等机构合作打造中国电子书店项目”二期）

2017年国际传播能力建设专项资金项目。中国图书进出口（集团）总公司承建。

中国电子书店全球推广计划项目是中国图书进出口（集团）总公司在原有“与亚马逊等机构合作打造中国电子书店项目”一期项目基础上，持续升级打造的重大建设项目。项目将通过创新运营模式，深入拓展国际主流渠道，全面覆盖欧美主流市场，建设集中国出版资源聚合、营销推广、大数据分析与应用等为一体的系统工程，服务于国外主流市场及用户。

项目内容包括：①内容聚合，将进一步深化中国电子书聚合能力建设。②渠道拓展，放眼全球，计划将国际主流传播网络覆盖至亚马逊美国平台之外的亚马逊其他市场平台或其他国家主流电子书平台，覆盖德国、西班牙、加拿大、英国、法国、日本、澳大利亚和巴西等国家。③数字加工，在原有的格式与元数据标准化加工的基础上，将针对不同的渠道和内容进行精加工。利用增强型电子书技术，制作一系列增强型电子书，提供更丰富的阅读体验。④利用已有的销售数据和收集的用户行为数据进行大数据分析。

至2017年底，累计聚合电子书近3万种，上线电子书1.5万余种；与美国亚马逊专属企业服务直接合作，成为其在中国的首家内容供应商，实现对亚马逊超过200个渠道的全球覆盖；实现线上推广营销常态化；启动销售和营销数据分析并向出版社分享。

（王玉梅）

中国图书国际主流渠道建设项目

2017年国际传播能力建设专项资金项目。中国图书进出口（集团）总公司承建。

中国图书国际主流渠道建设项目是中国图书进出口（集团）总公司适应国际出版融合发展趋势，贯彻落实深改组文件要求，和刘奇葆同志调研时提出的“做好做大、做大做强，真正实现中国图书走进当地主流社会”要求，积极拓展国际主流营销渠道，构建纸电融合的中国出版“走出去”立体网络体系，满足国际社会对中国图书出版物的内容需求，促进中国出版文化快速、真正地进入国际主流社会，增强中国文化软实力的重大建设项目。

项目内容包括：打造权威中国图书元数据资源库，通过与国际知名平台对接和对中国出版物元数据的大范围推送，全面提高中国图书海外发现率；开辟美国、日本等多个发达国家和“一带一路”重点国家市场，实现中国图书进入上述国家的主流书店；打造中国数字图书馆，实现优质数字出版资源进入美国、新加坡、日本等多个国家的主要图书馆，并以此为突破口，全面深入拓展中国出版物国际主流营销渠道。将通过创新运营模式，深入拓展海外主流渠道，实现中国优质

出版物全面覆盖欧美及“一带一路”沿线国家的主流市场，建设集线上资源聚合、营销推广、云存储、大数据分析与应用，线下渠道拓展、按需印刷等为一体的系统工程，服务于国外主流市场及用户。

2017 年，初步建立资源运营管理平台，提供数字加工和制作服务，累计加工 50 万种图书信息；在海外主流书店举办试点活动，实现中国图书全面走进当地国家的主流市场；拓展海外主要图书馆市场，聚合资源，打造中国数字图书馆，累计聚合 8 万种多媒体多语种出版物。

（王玉梅）

《古代珍稀法律典籍新编》（复合出版项目）

2017 年国家出版基金。中国民主法制出版社编辑出版。

系中国古代颁行的法律及法律诠释经典，记载了大量第一次出版的法律制度，具有极高的史料价值。该项目收入两汉至清乾隆朝法律典籍珍本 32 种，其中孤本、抄本 18 种。纸质书计划精选其中的内容，结集出版 30 册。该项目数据库部分尽量涵盖其他具有珍贵文献价值的典籍，相当于纸质书容量的 50 册。因清乾隆朝以前的法律典籍存世者屈指可数，这些文献为研究中国古代法律制度提供了一大批新的资料。研究中国法制史乃至中国古代史，这些文献是必读之书。2017 年将收集的内容进行重新梳理，对书稿的编排体例及设计框架予以完善。（邵　力）

《中国特色社会主义法律体系立法纪实》

国家出版基金项目。中国民主法制出版社 2017 年编辑出版。

该项目多角度、全方位地记载了我国立法工作的伟大成就，弥补了当前关于立法纪实的出版空白。共有图书 142 本该项目充分反映了“集思广益汇聚民智，奏响科学民主强音”的立法理念，所收录的全部立法工作资料以及对法律体系的解读正是广大人民智慧的结晶：横向而言，对加强全民法治教育所需的法律知识的精髓做了全面精准的阐释；纵向而言，对我国历年的立法大事件以及全国人大立法活动做了概览式提炼，其参考实用价值很强。通过 5 年大量的编辑、加工、出版工作，项目于 2017 年 6 月正式结项。2017 年底，国家出版基金办公室对项目进行验收。

（邵　力）

“中国少年儿童海洋百科全书”（第 1 辑）

国家出版基金项目。2016 年 1 月立项，中译出版社 2017 年 11 月编辑出版。

这是一套集知识性、趣味性、科学性、启发性于一体，符合少年儿童认知特点的海洋特色系列科普丛书。由丁德文院士、方念乔教授主编。

本套丛书定位准确，精选适合少年儿童阅读的海洋知识，包含海洋生物、海洋地理、海洋资源、极地科考等各个方面，内容丰富翔实。本套丛书在知识讲解的同时穿插趣味小问题，如设置“拓展”“海洋百科”“你知道吗”小栏目来增强与少年儿童的互动，引导少年儿童运用已知的知识来思考问题，培养他们的科学探索精神。还在书中加入 200 余个视频，配以生动的专家解说，拓展图书内容。通过扫描二维码，轻松体验音频、视频，生动再现海洋知识。（茹　慧）

《中国古代简史：从史前文明到末代皇帝》（英文版）

国家出版基金项目。2016 年立项，中译出版社 2017 年编辑出版。

这是一部直接面向海外读者、概览性地介绍中华上下 5000 年文明历史的图书。全书共分 20 章，以历史年代为序，再现了中华文明从远古文明到清朝结束的发展历程，全面回顾了自原始社会以来各个不同时期的中国历史画卷，集中讲述了历史的变迁过程，较为系统地介绍了中国历史的发展脉络，同时涵盖了中华民族在各个时期所创造的灿烂辉煌的传统文化，涉及历史、政治、

经济、军事、哲学、宗教、文学、艺术、语言、考古、天文、地理、科技、民俗以及中外交流等方面，全面展示了华夏文明的古今传承。本书是国内首部由中外作者合编的介绍中国历史的图书，在保持中国叙述视角的同时，照顾到了国外读者的阅读习惯，弥补了英语世界中国历史研究的中国视角的空白，与国家文化战略高度统一。出版后，中译出版社已收到来自英国、埃及、印尼等多个国家出版社的版权购买意向，预期可顺利在多国图书市场落地。（茹　慧）

《西藏的战争》（英文版）

中国当代文学精品译介工程翻译资助项目。2017 年立项，中译出版社编辑出版。

这是作家 30 年生命体验之书，也是出自心灵、探寻人类灵魂的寻梦人之书。19 世纪末 20 世纪之交，英军入侵西藏的战争不仅是军事之争，更是基督教信仰和藏传佛教的心灵之争，两种不同的信仰发生了剧烈的碰撞，杨志军的长篇小说《西藏的战争》带领我们进入那个烽烟四起、心灵激荡的大变革时代，藏地独特的雪域文化碰到上帝之时那种初始的惊讶，藏人与英人因为信仰不同而引发的巨大争议，在英军不断深入西藏山川的过程中，藏地奇特的文化越来越显示出与众不同的精神光华。作者杨志军，1955 年 5 月出生于青海西宁。著有长篇小说《环湖崩溃》《海昨天退去》《大悲原》《失去男根的亚当》等。藏地小说系列曾多次获得全国文学奖，并以多种文字被译介到国外。曾荣登“2008 第 3 届中国作家富豪榜”第 19 位，引起广泛关注。

2017 年完成签订翻译委托合同、审订框架、组稿和编辑加工工作。（茹　慧）

《放生羊》（匈牙利文版）

中国当代作品翻译工程项目。2017 年立项，中译出版社编辑出版。

作品以西藏高原上的芸芸众生为笔下的人物，力图描绘出西藏世俗生活的画卷。该作品延续了藏族传统文学的基调，以一种伤感、忧郁的气质和宗教的信仰来关照藏族人的内心世界，传达了他们的世界观和人生观，展示了藏民族的历史现实和文化变迁。作者次仁罗布，出生于西藏拉萨市八廓街。1981 年考入西藏大学藏文系，获藏文文学学士学位。大学毕业后，在西藏日报社和《西藏文学》编辑部等工作，现为《西藏文学》执行主编。曾获第 5 届鲁迅文学奖、西藏第 5 届珠穆朗玛文学奖金奖、第 5 届西藏新世纪文学奖、第 7 届全国当代少数民族文学研究创作新秀奖等。

2017 年完成签订翻译委托合同、组稿和编辑加工工作，已完成初稿。（茹　慧）

《寻找巴金的黛莉》（越南文版）

丝路书香工程重点翻译资助项目。2017 年立项，中译出版社编辑出版。

《寻找巴金的黛莉》以寻找巴金的 7 封信为源，牵出一位现代女性传奇而坎坷的命运。作者精湛的语言文字能力和结构能力，标志着中国非虚构文学创作的文本价值，更体现了作家忠诚于土地的精神。作者赵瑜，1955 年出生于山西长治。国家一级作家、山西省作家协会理事、中国报告文学学会常务理事。著有中长篇报告文学《中国的要害》《太行山断裂》等，参与并推进当代报告文学的发展，尤以中国体育三部曲《强国梦》《兵败汉城》《马家军调查》影响深远。曾获鲁迅文学奖。

2017 年着手审订框架，进行组稿和编辑加工工作。（茹　慧）

《空山Ⅰ》（土耳其文版）

丝路书香工程重点翻译资助项目。2017 年立项，中译出版社编辑出版。

《空山》描写了 19 世纪 50 年代末期到 90 年代初，发生在一个叫机村的藏族村庄里的 6 个故事，主要人物有近 30 个。本书由《随风飘散》

和《天火》两部分组成。《随风飘散》写了私生子格拉与有些痴呆的母亲相依为命，受尽屈辱，最后含冤而死。《天火》写了在一场森林大火中，巫师多吉看到“文革”中周围世界发生的种种变化。作者阿来，藏族，1959 年出生于四川西北部阿坝藏区的马尔康市。毕业于马尔康师范学院。主要作品有诗集《棱磨河》，小说集《旧年的血迹》《月光下的银匠》，长篇散文《大地的阶梯》，长篇小说《尘埃落定》《空山》。长篇小说《尘埃落定》获第 5 届茅盾文学奖。

2017 年完成签订翻译委托合同、审订框架、组稿和编辑加工工作。（茹　慧）

《小沙弥》（土耳其文版）

丝路书香工程重点翻译资助项目。2017 年立项，中译出版社编辑出版。

中国第一部西藏小沙弥传奇成长史。所收作品多以作者丹增的生活亲历与哲学思索为主题，这部半自传体作品集，用深情的笔触讲述神秘西藏的奇崛往事，让读者真切地抚触到藏地圣洁而奇伟的文化。作者丹增，西藏人，出生于 1946 年。毕业于复旦大学。曾任西藏自治区党委副书记，现任中国文联副主席。先后荣获 2006 年文化产业年度十大人物、2007 年中国创意产业杰出贡献奖、2009 年亚太文化产业成就展特别荣誉奖、2009 年十月文学奖、2010 年台湾鹤山文化艺术勋章、2012 年《小说月刊》双年奖。

2017 年完成签订翻译委托合同、审订框架、组稿和编辑加工工作。（茹　慧）

《寻找快活林》（阿拉伯文）

中国当代作品翻译工程项目。2017 年立项，中译出版社编辑出版。

该套书收入杨红樱短篇童话 15 篇。作品集美、善、爱于一身，以强烈吸引孩子的故事，唤醒人性深处那沉睡的或尘封的善良与爱并使之回归。作者杨红樱，中国作家协会会员，成都作家协会副主席。曾做过小学老师、儿童读物主编，现为《青年作家》杂志社副编审。所著“淘气包马小跳系列”“杨红樱校园小说系列”“杨红樱童话系列”已成为品牌图书，畅销校园内外。“杨红樱校园小说系列”将拍成 100 集校园动画片；《女生日记》《男生日记》正由中国电影集团拍成电影。

2017 年完成签订翻译委托合同和初稿工作。（茹　慧）

《尘埃落定》（僧伽罗语）

中国当代少数民族文学作品对外翻译工程项目。2017 年立项，中译出版社编辑出版。

作品讲述了一个声势显赫的康巴藏族土司，酒后和汉族太太生了一个有智力障碍的儿子。这个人人都认定的智力障碍者与现实生活格格不入，却有着超时代的预感和举止，成为土司制度兴衰的见证人。小说故事精彩，曲折动人，以饱含激情的笔墨、超然物外的审视目光，展现了浓郁的民族风情和土司制度的浪漫神秘。作者阿来，藏族，1959 年出生于四川西北部阿坝藏区的马尔康市，俗称“四土”，即 4 个土司统辖之地。毕业于马尔康师范学院。主要作品有诗集《棱磨河》，小说集《旧年的血迹》《月光下的银匠》，长篇散文《大地的阶梯》，长篇小说《尘埃落定》《空山》。长篇小说《尘埃落定》获第 5 届茅盾文学奖。

2017 年完成签订翻译委托合同、审订框架、组稿和编辑加工工作。（茹　慧）

《僧舞》（保加利亚语）

中国当代少数民族文学作品对外翻译工程项目。2017 年立项，中译出版社编辑出版。

这是一部古典题材短篇小说集。这些作品多借用朝鲜半岛的李朝或者高句丽时期为故事背景，既有迂回曲折的爱情故事、古代名妓的传奇人生，也有蕴藏在琴韵舞姿中的残酷凄凉。作者金仁顺，朝鲜族，现居长春。出版长篇小说《春香》、中短篇小说集《桃花》《松树镇》《僧舞》

等数部，曾获骏马奖、庄重文文学奖、中国出版集团公司奖、林斤澜短篇小说奖、《小说月报》百花奖等多种奖项，编剧电影作品《绿茶》《时尚先生》《基隆》。部分作品被翻译成英文、日文、韩文、德文等。

2017年完成签订翻译委托合同、审订框架工作。（茹　慧）

《睡前书》（保加利亚语）

中国当代少数民族文学作品对外翻译工程项目。2017年立项，中译出版社编辑出版。

《睡前书》是中国当代女性诗歌重要代表人物娜夜的诗集，她的诗篇在敢于正视人的自身局限性的同时，还折射出这样的含义："美的短暂性会提高美的价值"。作者娜夜，满族人，生于中国辽宁兴城，现居重庆。中国当代女性诗歌重要代表人物。在大西北甘肃长大，毕业于南京大学中文系，长期从事新闻媒体工作。20世纪80年代中期开始写作。出版诗集多部，其中《娜夜诗选》2015年获得鲁迅文学奖。作品被翻译成英语、日语、俄语、德语、瑞典语等。

2017年完成签订翻译委托合同、审订框架、组稿和编辑加工工作。（茹　慧）

《远离严寒》（保加利亚语）

中国当代少数民族文学作品对外翻译工程项目。2017年立项，中译出版社编辑出版。

作品讲述了作者童年时期与一只小羔羊萨尔巴斯之间深厚友谊的故事。虽然她们语言不通，但她们之间的友谊没有受到任何阻碍。出乎意料的是，她们彼此可以用眼神来表达自己的内心世界。生命远离严寒，是为了守望温暖。作者叶尔克西·胡尔曼别克，哈萨克族，19世纪60年代初出生于新疆北塔山，一级文学创作。现任新疆维吾尔自治区文联副主席、新疆作协副主席。从事文学创作、文学翻译、歌词翻译及影视剧创作。

2017年完成签订翻译委托合同、审订框架、组稿和编辑加工工作。（茹　慧）

《歌棒》（保加利亚语）

中国当代少数民族文学作品对外翻译工程项目。2017年立项，中译出版社编辑出版。

作品讲述了一个民歌歌手与都市丽人情感纠葛的故事。歌棒是三峡一带记载歌词的工具。歌手在都市舞台前丢失了歌棒，女主持人追随歌棒来到三峡，与歌手产生了一段情缘，但最后无果而终，各自回到原本的生活轨道。作者叶梅，女，土家族，中国作家协会主席团委员。著有小说集《花灯，像她那双眼睛》《撒忧的龙船河》《五月飞蛾》《最后的土司》《九种声音》《第一种爱》《回到恩施》《妹娃要过河》，散文集《我的西兰卡普》《朝发苍梧》《大翔凤》《从小到大》《穿过拉梦的河流》；评论研究《叶梅研究专集》等。有多部作品被选载、翻译、获奖。

2017年完成签订翻译委托合同、审订框架、组稿和编辑加工工作。（茹　慧）

《叙述者说》（保加利亚语）

中国当代少数民族文学作品对外翻译工程项目。2017年立项，中译出版社编辑出版。

《叙述者说》中收录的散文皆关乎女性。有对武则天、高阳公主、上官婉儿这类历史人物的评点，有对张爱玲、胡蝶、阮玲玉等民国女子的演绎，有对伍尔芙、波伏娃、杜拉斯等外国女作家的解读。作者赵玫，女，满族，毕业于南开大学中文系，天津市作家协会主席。已出版《朗园》《武则天》《高阳公主》《上官婉儿》《左岸左岸》等中短篇、长篇小说，编剧《阮玲玉》等电视剧本共81集计千余万字。曾获全国首届鲁迅文学奖，第4届、第5届全国少数民族文学创作奖，庄重文文学奖等。1994年应美国政府邀请，赴美参加"国际访问者计划"。

2017年完成签订翻译委托合同、审订框架、组稿和编辑加工工作。（茹　慧）

《马云与阿里巴巴》(日文)

中国图书对外推广项目。2017年立项，中译出版社编辑出版。

本书介绍了马云的生活经历、创业生涯和创建阿里巴巴的全过程，展示了马云如何颠覆传统，使阿里巴巴成长为全球商业巨头。2014年阿里巴巴在纽约首次上市，并刷新世界纪录，成为当年全球最大的公开募股公司。

2017年完成签订翻译委托合同和初稿工作。

(茹　慧)

《马化腾与腾讯》(日文)

中国图书对外推广项目。2017年立项，中译出版社编辑出版。

1998年，马化腾与他人共同创办了腾讯公司，腾讯从开发QQ即时通信软件起步，这款软件迅速风靡全国。在马化腾的领导下，如今的腾讯已经进入网络门户、社交网络、多玩家在线游戏和电子商务时代，成为当今互联网巨头之一。马化腾本人被美国《时代》杂志评为2014年度“全球百大最具影响力人物”之一。腾讯公司以其技术、业务的创新思维和方法著称。本书讲述了马化腾的传奇故事，剖析腾讯崛起这一商业奇迹带来的影响。

2017年完成签订翻译委托合同和初稿工作。

(茹　慧)

《董明珠与格力》(日文)

中国图书对外推广项目。2017年立项，中译出版社编辑出版。

格力电器成为全球空调行业的一大巨头，很大程度上要归功于董明珠的创业精神和管理魄力。在丈夫病逝后，36岁的董明珠来到珠海，进入格力公司，从一名基层销售人员做起。4年后，1994年她担任珠海格力电器股份有限公司经营部部长；1996年担任副总经理；2001年出任格力电器总裁。在此期间，董明珠不循常规、敢于挑战和转变各种既定规则；在销售、服务和员工政策方面实现了突破创新。本书讲述了这位极富励志与创新精神的商界奇女子的传奇故事。

2017年完成签订翻译委托合同和初稿工作。

(茹　慧)

《任正非与华为》(日文)

中国图书对外推广项目。2017年立项，中译出版社编辑出版。

任正非是中国备受尊崇的励志商业领袖。他于1987年创建的华为技术公司，是当今最大的电信设备及手机供应商，在全球拥有17万名员工。任正非为人低调，做事踏实，在中国极受欢迎。本书讲述了任正非如何将华为发展成世界上最受认可的商业品牌之一，以及其成功背后受人钦佩的管理哲学。

2017年完成签订翻译委托合同和初稿工作。

(茹　慧)

《填四川》(英文)

中国图书对外推广项目。2017年立项，中译出版社编辑出版。

作品讲述了一个客家母亲和家族悲欢离合的故事，一个复苏泱泱大省的史诗故事，一个小人物成为大英雄的故事。自四川荒芜告急，康熙颁布“填川诏”开篇，以主人公宁徙离闽进川遇飞人夺子为线索，以川东小城荣昌区为主场景，浓墨重彩地描述了进川移民的大起大落。全篇贯穿了宁徙与土著士绅赵书林、闽西武士常维翰惊世骇俗的生死爱情，描写了土匪、戏子、族人、商贾、官宦、皇室等各色人物的善恶心态。

2017年完成签订翻译委托合同、审订框架、组稿和编辑加工工作。(茹　慧)

《誓鸟》(匈牙利语)

中国图书对外推广项目。2017年立项，中

译出版社编辑出版。

在大航海时代的宏大历史背景下，一个美丽的中国女子远下南洋，海啸夺走了她的记忆，她在大海里、岛屿上颠沛流离，被欺侮、被抛弃，历经生育、病痛、牢狱之苦。她刺瞎了自己的双目，只为寻找遗失的记忆。她为了寻找自己的过去，甘愿穷尽一生。春迟终于没能在沧海中找到那枚藏着她的记忆的贝壳，但她并没有把自己的故事归于茫茫。她是世上最富有的女人。海盗、歌女、宦官、部族首领、西洋牧师，他们的命运在南洋旖旎的风光里交汇。

2017 年完成签订翻译委托合同和初稿工作。

（茹　慧）

《空山Ⅰ》（罗马尼亚语）

中国图书对外推广项目。2017 年立项，中译出版社编辑出版。

《空山》描写了 19 世纪 50 年代末期到 90 年代初，发生在一个叫机村的藏族村庄里的 6 个故事，主要人物有近 30 个。本书由《随风飘散》和《天火》两部分组成。《随风飘散》描写私生子格拉与有些痴呆的母亲相依为命，受尽屈辱，最后含冤而死。《天火》描写在一场森林大火中，巫师多吉看到“文化大革命”中周围世界发生的种种变化。作者阿来，藏族，1959 年出生于四川西北部阿坝藏区的马尔康市。毕业于马尔康师范学院。主要作品有诗集《棱磨河》，小说集《旧年的血迹》《月光下的银匠》，长篇散文《大地的阶梯》，长篇小说《尘埃落定》《空山》。长篇小说《尘埃落定》获第 5 届茅盾文学奖。

2017 年完成签订翻译委托合同、审订框架、组稿和编辑加工工作。（茹　慧）

《石榴树上结樱桃》（越南语）

中国图书对外推广项目。2017 年立项，中译出版社编辑出版。

《石榴树上结樱桃》描写了一个简单的当下生活的图景：村级选举。现任村委会主任繁花巾帼不让须眉，一心为村民谋福利，论功劳论苦劳，都是连任的不二人选。但就在选举前夕横生枝节——关乎上台下台的计划生育工作出了岔子，一个妇女计划外怀孕，继而失踪。在一个表面平常的争权夺利的故事背后，李洱笔触的深刻之处在于，他抽丝剥笋、不慌不忙、冷静客观，剥离出表象背后在中国农村普遍存在的评判和抉择方式——血缘关系和短期利益，它仍然左右着农民的大脑。

2017 年完成签订翻译委托合同、审订框架、组稿和编辑加工工作。（茹　慧）

《毛乌素绿色传奇》（僧伽罗语）

中国图书对外推广项目。2017 年立项，中译出版社编辑出版。

《毛乌苏绿色传奇》记述了鄂尔多斯毛乌素沙漠消失的过程，展现风沙肆虐的过去和草木葱茏的今天，记录乌审旗人民的英雄治沙史，重点描写乌审旗及进驻企业“产业治沙”的成效，表现蒙古族“天人合一”的理念、热爱自然的优良传统。作者肖亦农，蒙古作家协会副主席。1973 年开始发表作品。1987 年加入中国作家协会。

2017 年完成签订翻译委托合同、审订框架、组稿和编辑加工工作。（茹　慧）

《生命册》（豪萨语）

中国图书对外推广项目。2017 年立项，中译出版社编辑出版。

《生命册》的主题是时代与人。作者怀着经典现实主义的雄心和志向，确信从人的性格和命运中，可以洞见社会意识的深层结构。《生命册》以沉雄老到的笔力塑造了一系列鲜明的人物形象，快与慢、得与失、故土与他乡、物质与精神，灵魂的质地在剧烈的颠簸中经受缜密的测试和考验，他们身上的尖锐矛盾所具有的过渡性特征，与社会生活的转型形成了具体而迫切的呼应。

2017 年完成签订翻译委托合同、审订框架、组稿和编辑加工工作。（茹　慧）

《生命的呐喊》（孟加拉语）

中国图书对外推广项目。2017年立项，中译出版社编辑出版。

《生命的呐喊》真实记述了“中国阿信”张雅文震撼人心的奋斗历程。既是张雅文个体生命的呐喊，也是一个中国女性历经磨难的性格史、忠贞不渝的情感史、自强不息的奋斗史。

张雅文，国家一级作家、黑龙江省作家协会副主席、中国作家协会会员、中国报告文学学会理事、中国首届百佳电视工作者、黑龙江有突出贡献的中青年专家、国务院政府津贴享受者。出版作品《趟过男人河的女人》《玩命俄罗斯》《韩国总统的中国御医》等。

2017年完成签订翻译委托合同和初稿工作。

（茹　慧）

《百年钟声——香港沉思录》（罗马尼亚语）

中国图书对外推广项目。2017年立项，中译出版社编辑出版。

回归祖国16年，香港特区发生了怎样的变化？祖国对香港特区的发展给予了多少支持和影响？香港特区同胞的民心回归、对祖国的认同感如何？香港特区给内地带来了怎样的启迪与反思？作者着力书写了香港回归后的现实情状，其中包括：解放军驻港部队面临的各种考验和优异表现，香港特区各路精英的成长之路及对港贡献，香港特区的慈善事业，香港特区的民生、医疗、文化、媒体、教育，香港特区的廉政建设，香港特区所面临的挑战与前景等。其中一些章节，不仅是当今香港特区成功经验的写照，而且对内地乃至许多国家地区的发展有着借鉴意义，其中最为突出的是香港特区的廉政建设。

2017年签订翻译委托合同、审订框架、组稿和编辑加工工作。

（茹　慧）

“中国地理百科”丛书（第2辑）

“十二五”国家重点图书出版规划项目、国家出版基金资助项目。世界图书出版广东有限公司2017年12月出版。

这是一套科普读物。丛书共分《成都平原》《河西走廊》《南海诸岛》《三江平原》《绿洲》《岩溶地貌》《丹霞地貌》《长江》《长城》《北纬30度》等40册，内容从一方水土养一方人的视角出发，具象地反映了特定地理单元或地理事物的地质、地貌、气候、资源、物种分布情况与历史、经济、文化发展情况。丛书把每一地理单元中纷繁的信息梳理为明晰的词条，并配以大量的视觉元素（照片、示意图、图表等），将庞大的知识体系融于直观、趣味和生动的图文交互体裁之中。实现了从自然地理、经济地理、历史地理、文化地理的角度，对中国广袤无垠的山川形胜及人与环境相互作用、和谐共处的历史和现状进行全面系统、浅显易懂的表述。2017年12月完成项目出版并结项。

（卢家彬）

董作宾未刊手稿《甲骨丛编》

“十三五”国家重点图书出版规划增补项目（古籍出版规划）。由世界图书出版广东有限公司编辑出版。

该书系中国社会科学院考古研究所研究员冯时、国家图书馆古籍馆副研究馆员胡辉平整理校勘的董作宾著作《甲骨丛编》手稿。稿本共4册，第1、2册为剪贴的甲骨摹本，第3、4册为剪贴的甲骨释文摹本。手稿用毛笔楷书书写，小字流畅清晰；1500余幅甲骨手工摹本制作精良，展现各期甲骨文字形变化及钻凿、卜兆等细节特征。2017年10月完成手稿整理校勘初稿工作。

（卢家彬）

《英语世界百科词典》

“十三五”国家重点图书出版规划增补项目

（辞书出版规划）。由世界图书出版广东有限公司编辑出版。

该词典主要收录了英语国家（以美国、英国、加拿大、澳大利亚、新西兰为主，同时兼顾其他英语国家）的人物、地点（山脉、河流、地区等）、国家、历史、文化、政治、法律、宗教、文学、组织和机构等方面的词汇，收录词条共计5200余条。全书共计约180万字，包含多幅图片，并设18个附录。2017年1月已完成书稿编写工作。（卢家彬）

《秦岭昆虫志》

2017年国家出版基金资助项目。世界图书出版西安有限公司编辑出版。

《秦岭昆虫志》以中国科学院尹文英、印象初和康乐3位院士为顾问，以中国科学院西安分院、陕西省动物研究所杨星科为主编。该项目以图文并茂的形式，收录了截至目前在中国秦岭所发现的近8000种昆虫，根据昆虫纲目划分为12卷，包括低等昆虫及直翅类、半翅目、缨翅目、广翅目、脉翅目、毛翅目、长翅目、鞘翅目、鳞翅目、双翅目、膜翅目等，系统描述了秦岭昆虫系统分类学研究概况、形态学特征、生物学特性以及地理分布等。

2017年12月出版第一部分《秦岭昆虫志·双翅目》《秦岭昆虫志·鳞翅目 大蛾类》《秦岭昆虫志·半翅目 同翅亚目》《秦岭昆虫志·鞘翅目Ⅲ》《秦岭昆虫志·鞘翅目（二）天牛类》5卷。（冀彩霞）

“中国参政党”丛书

国家“十三五”重点图书出版物出版规划增补项目，国家新闻出版广电总局“十三五”国家重点图书、音像、电子出版物出版规划增补项目。华文出版社编辑出版。

该书全面贯彻落实党的十九大精神，认真学习贯彻习近平新时代中国特色社会主义思想，深入学习贯彻中央统战工作会议精神，准确把握多党合作工作和民主党派的形势与发展变化，融合多党合作与各民主党派基本历史、基本政策、基本知识。2017年成立专门项目小组和“十三五”规划专家座谈会，请专家结合各自领域，介绍中央统战工作在宣传出版方面的新精神、方向和重点；并与中央统战部有关领导和各民主党派中央有关同志及专家组建“中国参政党”丛书的编写队伍，拟订编写大纲和编写体例。

（刘　岚）

《宫崎滔天家藏民国人物书札手迹》

“十三五”国家重点图书出版物出版规划增补项目。华文出版社编辑出版。

该书由中国宋庆龄基金会研究中心编写，是将宫崎家族保存的与中国民主革命及相关历史人物有关的资料以原件影印形式编辑出版，旨在深入挖掘这些资料的珍贵价值，推动孙中山及辛亥革命相关研究，促进中日友好。宫崎滔天是坚定支持孙中山先生领导的中国民主革命的日本人士，与孙中山、黄兴、宋教仁、戴季陶等众多近代中国历史人物有密切往来，其家族保存有大量相关信函、题词等手迹资料，这些珍贵资料大部分尚未公之于众。全书共8卷，收入了张继、胡汉民、汪精卫、戴季陶、朱执信等相关信函，绝大多数史料为首次面世。这些资料不仅涉及大量与日本相关的近代中国历史人物，如孙中山、黄兴、宋教仁、胡汉民、张继、戴季陶等，且涵盖了信函、题词书画、照片、报刊等诸多种类，对于研究孙中山及辛亥革命、研究中国近代史和民国历史人物具有重要价值。其中众多民国历史人物亲笔手书堪称书法精品，具有重要的艺术价值和文化价值。

2017年，对《宫崎滔天家藏民国人物书札手迹》（3～8卷）进行了部分资料的分类整理、资料辨识及翻译工作，并组织有关专家讨论研究了部分疑难资料。

（刘　岚）

《当代中国社会大事典（1978—2015）》套装全4卷

2016年度国家出版基金项目。华文出版社2017年12月编辑出版。

该书紧紧围绕完善和发展中国特色社会主义制度，加强社会建设、推荐社会治理体系和治理能力现代化建设的主线，真实记录了这一时期社会领域改革发展的演变脉络、重大事件和辉煌成就。全书共4卷，第1卷系统梳理了改革开放以来中国社会发展状况、社会结构变迁和社会体制改革、民主法治与社会规范等内容；第2卷收录了中国在收入分配、劳动就业、劳动关系、基本公共服务体系建设等领域所发生的重要事件、各项法律法规；第3卷收录了社会保障体系建设、社会保险、食品安全等相关内容与法律法规；第4卷收录了网络社会与信息安全、保障与提高人民生活水平、中国社会发展综合统计、中国社会学发展大事记等内容。《大事典》兼具学术理论创新、实践经验总结、体制制度变迁综述等多方面的特征，并在功能定位、理论视角和研究方法上具有重要创新。该书2017年12月编辑出版。

（刘　岚）

《彭修文作品集》

2017年国家出版基金项目。现代出版社编辑出版。

《彭修文作品集》由彭修文之女彭弘女士整理、编辑，将彭修文先生毕生所创作、改编的100余部中国民族管弦乐合奏曲作品总谱结集出版。作品集共分10卷，按照著作方式分为“创作曲”和“改编曲”两辑，每辑之中按照创作时间先后排列作品，读者从中既可以了解彭修文的音乐风格，又能够把握其创作思路的变迁，可以更全面、更深入地了解彭修文的艺术成就。

2017年，组稿工作均已完成。

（梁毅国）

《中国传统旋律与曲式》

2017年度国家出版基金项目。现代出版社编辑出版。

该书是国家社会科学基金艺术学重点项目“中国传统旋律学”的部分结项成果。全书共分4册，包括《汉族旋律与汉族语言》《中国传统旋律的构成要素》《中国传统曲式》和《八板变体及其家族》。全书由李西安教授负责，赵冬梅副教授参与研究。

2017年，组稿工作均已完成。

（梁毅国）

中版教材有限公司全国发行网络中心建设项目

财政部2013年中央文化企业国有资本经营预算项目。中版教材有限公司承担。

中版教材有限公司根据现有全国营销网络平台情况，拟在2013～2014年分阶段建设教育出版全国营销网点。

2017年，营销网点已在海南、成都、西安、南宁、长沙、云南等地投入运行，其中云南省营销网点拟注册独资实体教育装备公司，注册资金1050万元。

（武一格）

集团公司重大项目

《两岸科技常用词典》

中国出版集团公司宣传文化发展专项资金项目。商务印书馆 2017 年编辑出版。

本词典是第一部两岸科技专家携手编写的中型科技规范词典。全书共收录两岸常用的基础科技词汇约 19500 个，涵盖 30 余个学科。字形和注音采用两岸对照的形式，并附对应的英文。注释力求科学性与通俗性相结合，并设置知识窗介绍词语信息。书中还随文附图 700 余幅，以帮助读者理解。

两岸差异名词，主要是由于科技名词翻译方式不同、使用字母词方面、双方汉字用字习惯、修订科技名词的力度和步伐不一致等导致的术语差异。本词典是两岸合编中华语文工具书的成果之一，对于消除差异、促进两岸常用词语使用的统一，方便两岸同胞沟通，进一步推进两岸经贸文化交流，共同传承弘扬中华文化具有重要而深远的意义。 （吕海春）

“图说人文中国”丛书

中国出版集团公司宣传文化发展专项资金项目。2017 年 5 月立项，商务印书馆 2017 年 12 月编辑出版。

丛书以简洁流畅的文笔对每个朝代的中国进行全方位描述，兼顾古代社会的各个方面，包括经济基础与上层建筑、物质生活与精神文化，以扎实的历史资料和严谨的撰述风格，给予读者以知识的教益和智慧的启迪。丛书包括《人文初构——图说夏商》《礼乐吉金——图说西周》《历史突围——图说春秋战国》《大风起兮——图说秦汉》《茂林风骨——图说魏晋南北朝》《千秋盛世——图说隋唐五代》《黄金时代——图说两宋辽金》《大朝盛衰——图说元代》《夜雨朱门——图说明代》《天地清风——图说清代》等 10 册。

从夏商以迄清代，完整地串联起整个中国古代历史，从政治、军事、文化、生活、民族、外交诸方面多维度地展现出古代历史的灿烂文明。丛书作者均为在相关领域耕耘多年的学者，通过他们通俗流畅的撰述，巧妙搭配精心选取的数千幅珍贵馆藏文物、历史遗迹图片，使广大读者真切地感受到中华文明之伟大，从而增强民族自豪感与爱国情怀。 （厚艳芬）

《现代日汉大词典》（修订版）

中国出版集团公司宣传文化发展专项资金项目。2010 年立项，商务印书馆编辑出版。

词典收词约 15 万条目，其中新增词条 4 万余条。总字数约 1000 万字。主要特点包括：兼采美英辞书编纂法之长，在语词词典中适当增入百科词典的内容，选收各学科常用的专业词汇和人名、地名等专有名词，为读者解决多方面疑难提供方便；采用一词一列的编排方式，对于常用的派生词、复合词均作为独立词条处理，必要时举例加以说明，方便读者音序检索。采用多层次释义法，释义力求完整、准确，概念力求明确、清晰，每个词尽量译出相应的汉语词。对于常用

词及难解、难用、难译的词，附有相应的近义词、词源、词义及语法性说明，力争全面揭示词义的内涵；新增词目语调，为国内读者的日语学习提供更加全方位的语音指导；书末附《检字表》，为日语学习者在遇到生僻词汇而又不知读音时，提供便捷有效的检索手段。

该项目由对外经济贸易大学姚莉萍教授主持修订，另有北京外国语大学、北京大学、对外经济贸易大学、黑龙江大学等30余位中青年专家学者执笔编写。

该书首次尝试运用商务印书馆自主研发的“辞书数字化编纂平台系统”，充分利用电脑自检、无纸化编校等技术手段，力争将这部大型辞书的编校错误率和排版差错率降到最低。

2017年实现全稿灌入商务印书馆编辑编纂系统，并在线上完成编辑加工200万字。

（张　静）

商务社科年度报告（历史）发展平台

中国出版集团公司宣传文化发展专项资金项目。2017年4月立项，商务印书馆承担。

商务社科年度报告（历史）发展平台是努力再造一个“数字的、科技的和智能的新商务”的重要环节。项目将通过精细化、精准化的专业知识服务定位，构建一个与商务印书馆现有出版优势高度匹配的融合出版体系。通过开发性融合、整合性获取，平台项目所提供的服务形成集数字阅读、知识服务、读者交流、在线教育于一体的全方位功能，最终搭建成为权威的、专业性、智能型知识服务平台。

项目实施后，在年度报告撰写方面形成了完善的专业团队，明确了年度报告的框架结构，组建了专家队伍，完成了27份历史各分级学科的年度报告撰写及审读，并进行了数字化结构处理，做到在历史学的每一个重大学科甚至细分学科都有年度报告发布。具有权威性和准确性的年度报告分析综述，介绍了相关领域国内外当年有影响力的思想人物，思想流派，国内外学术的前沿、热点、重要课题。报告充分反映并总结了相关领域的年度新成果、新发展，展示了新动向、新趋势，将成为了解和掌握我国及世界人文社会科学各领域研究成果及趋势的重要平台。

在既有学术出版资源的数据化方面，项目确定了承担具体数据加工的第三方专业团队，并完成数据加工工作，构建了总量约4亿字的内容库，包括“汉译世界学术名著丛书”等知名丛书以及众多其他优质图书在内的权威、专业的内容资源。海量优质的正版资源将为我国的社会科学工作者带来极大的便利，也有利于提高全民素质，培养全民阅读风尚。

项目还完成了服务平台的分析与检索系统、资源库管理及应用系统、数据云存储系统开发、数据通用自动标引系统、内容动态重组系统等子项目的开发，完成核心系统的搭建，完成服务器集群（web服务器及移动端服务器）、服务系统及数据库软件（web服务器及移动端服务器）以及自动排版软件的协调整合。在平台功能上，实现了内容检索、聚合阅读、互动、云笔记和课程表等主要功能。该项目为涵盖整个社科领域内容的知识服务平台的建设打下了重要基础。

（鲁大东）

“中国近代人物日记”丛书

中国出版集团公司宣传文化发展专项资金项目。2017年立项，中华书局编辑出版。

丛书以日记体裁的特殊性，使其具有其他种类文献所不具备的史料价值。日记中的资料，有的为通行文献所不载，有的可与通行文献相互印证、补充，有的可以订正通行文献中的讹误，为学术界提供完备、可靠的基本资料。中国近代许多历史人物都留有非常丰富的日记，较为著名的有晚清四大日记翁同龢《翁文恭公日记》、李慈铭《越缦堂日记》、王闿运《湘绮楼日记》、叶昌炽《缘督庐日记》等，都是具有较高史料价值、经常被学者征引的重要文献。然而许多日记文献藏于图书馆、博物馆、研究机构或个人手中，学者访求不便。为此，系统发掘整理这类文献，是一项很有意义的工作。中华书局于20世纪70年代开始策划《中国近代人物日记丛书》，出版了多个品种，受到学术界的重视与好评，《翁同龢日记》《郑孝胥日记》等至今仍是引用率较高的近代日记整理本。21世纪以来，中华书局继承传统，加大近代人物日记的出版力度，试图通过进一步完善整理体例、新编更便利使用的索引、搜集更完备的附录资料等方式，使这套丛书发挥更大的作用，继续为学术研究贡献力量。

2017年，《刘绍宽日记》《林骏日记》《符璋日记》《赵钧日记》《绍英日记》进入编辑加工阶段。（梁 彦）

《中华文化基础教材》（修订版）

中国出版集团公司宣传文化发展专项资金项目。2017年立项，中华书局编辑出版。

《中华文化基础教材》（修订版）以分学段有序推进中华优秀传统文化教育为目标，以培育中华传统美德、人文精神与核心思想理念为大纲，供九年义务教育阶段学生使用，每学期1册，共计18册。其中，小学阶段12册，初中阶段6册。它是中华书局为响应教育部《完善中华优秀传统文化教育指导纲要》而推出的一套成系统的中华优秀传统文化教材，较好地解决了传统文化教育与现行教育体制和课堂教学的匹配问题，有助于学生系统感知、理解中华优秀传统文化。

（梁 彦）

中国原创儿童百科产品线

中国出版集团公司宣传文化发展专项资金项目。中国大百科全书出版社编辑出版。

本产品线围绕“米”字形产品结构（纵向是全年龄段覆盖的儿童综合百科系列，横向是儿童专题百科系列，两条斜线是儿童习惯养成系列和儿童益智百科系列），加大原创儿童百科产品的开发力度，做到新品旧品双品并举，长线中线短线三线齐进。

2017年《儿童安全大百科》（第二版）、《中国儿童地图百科全书——世界遗产》（2卷）图书出版。（尹添铭）

《伯克希尔世界史百科全书》

中国出版集团公司宣传文化发展专项资金项目。生活·读书·新知三联书店编辑出版。

在过去的10余年间，由美国伯克希尔出版社推出的这套6卷本《伯克希尔世界史百科全书》，已经成为全美历史教学的首选参考书。此次引进推出的中文版，是基于《伯克希尔世界史百科全书》的第二版。在第一版的基础上，新增、扩展和更新了原有的条目及内容，通过各种内容和形式上的设计，本书更便于历史教学的使用。新版增加了多幅跨页彩图，在第一版已有的499幅图的基础上，增加到了1200幅图。

本项目共6卷，300万字，1200幅图，另有《读者指南》《地图索引》《人名地名术语表》等。

主编威廉·麦克尼尔（William H. McNeill），是当代最著名的历史学家之一、全球史研究奠基人、世界历史学科的“现代开创者”。现为芝加哥大学荣誉退休教授，曾担任美国历史学会主席、美国世界史学会主席。在全球史方面的研究卓然有成，德高望重，与斯宾格勒、汤因比齐名，被誉为“20世纪对历史进行世界性解释的巨人”，开辟了一个西方世界史学的新时代。1963年，他以一部《西方的兴起》（The Rise of the West：A History of the Human Community）一举成名，并因此获得美国国家图书奖。此后他笔耕不止，迄今已出版30多部作品。1996年，威廉·麦克尼尔因在欧洲文化、社会和社会科学领域里做出的杰出贡献荣获伊拉斯谟奖。

本项目已初审完毕，就书中出现的翻译问题，责编已退译者进行修改。（邵慧敏）

全国大中专教材网络采选系统项目

中国出版集团公司国有资本金预算项目。2016年9月立项，新华书店总店承担。

该项目以中国中职教育、高职教育、大学教

育的在校师生为服务对象，以推动中国教育信息化建设、教育出版数字化转型为目标，而构建的集教材信息发布、纸质教材选购、数字教材租赁、教材分析评价为一体的网络平台。采选系统包括四大子系统：教材信息发布系统、纸质教材选购系统、数字教材租赁系统和教材分析评价系统。项目于2017年1～4月进行纸质教材选购系统优化版开发，正式版1.0已于2017年5月正式上线运营，网址为 www.textbooking.com.cn，并配合牡丹江师范学院等7所院校完成线上教材采选工作。院校运营方面，截至2017年底，采选系统已与全国34家院校签订合作协议，包括郑州大学、南昌大学、西南政法大学、重庆理工大学、首都师范大学、江西财经大学、牡丹江师范学院等高校。经销商运营方面，已与全国28家经销商签订合作协议，包括广东新华发行集团股份有限公司、湖北三新文化传媒有限公司、河北省新华书店有限责任公司、江西新华发行集团有限公司、江苏凤凰出版传媒股份有限公司、新华书店成都有限公司等。

（张　倩）

新华书店总店图书馆客户服务平台（一期）

中国出版集团公司宣传文化发展专项资金项目。2009年立项，新华书店总店承担。

该项目充分利用总店和万维公司的品牌优势、市场优势和资源优势，借助现代化网络信息传播手段，依托《新华书目报（科技新书目版）》《新华书目报（图书馆版）》《国际出版周报》的专业媒体平台，聚焦图书馆建设和公共文化事业的发展壮大，致力于推动全民阅读，打造出版社、中盘商和图书馆上、中、下游沟通与交流的信息平台。2017年，项目中的《新华书目报（图书馆版）》《新华书目报（科技新书目版）》《国际出版周报》均按期出版；图书馆报网、图书馆报官方微信更新及时；全国馆社高层论坛、智慧图书馆论坛、出版界图书馆界全民阅读年会、中国图书馆年会学术分会场成功举办。项目不仅有效汇聚了图书馆资源，而且通过媒体融合、多元化发展、国际化战略，形成了实用性强、投送精准的专业化信息服务体系。

（张　倩）

中国新华发行网—新华书店网上商城

中国出版集团公司国有资本金预算项目。2016年立项，新华书店总店承担。

“中国新华发行网—新华书店网上商城”是由新华书店总店发起，联合全国新华书店、出版机构、图书馆，以资本为纽带，以互联网技术为支撑，打造出版物全产业链服务的文化消费电子商务平台。平台以“中国新华书店跨地区协作网”为基础，开展线上线下活动，落实国家“互联网+”战略与全民阅读计划。

自2015年项目团队成立以来，各项工作有序推进。2017年5月18日，时任中共中央政治局常委、书记处书记、中宣部部长刘奇葆在纪念新华书店总店成立80周年的座谈会上发表重要讲话指出：“更好地整合全国新华书店资源，努力创造统一的新华书店网上商城”。在上级领导的大力支持下，2017年新华互联公司实现“线上+线下”融合，攻坚克难，新华书店网上商城成功上线运营。在各方共同努力下，平台与广东、江苏、安徽、山东等30家省、市新华书店签署渠道资源使用协议及投资协议，与全国37家出版社完成合作签约，与国家图书馆、首都图书馆、上海图书馆达成合作意向。2017年12月26日，“新华书店网上商城”网站（www.xhsd.com）成功上线运营，并与浙江、北京、深圳市新华书店信息管理系统对接。

（张　倩）

“乐乐游中国画”系列

中国出版集团公司宣传文化发展专项资金项目。2017年5月立项，中译出版社编辑出版。

该系列以长相极具东方气质的小女孩——乐

乐的经历为主线，让孩子们兴味盎然地跟随她进入我国先秦、魏晋南北朝、隋唐、宋代、元明清等历史时期的国画世界。

乐乐很喜欢画画。生日那天，爸爸送给她一本《清明上河图》的画册。乐乐在画册的封面上画了一只小狗。没想到，小狗居然活了，还能跟乐乐说话呐！这只名叫“小黑”的小狗带着乐乐，穿越到了中国画的世界里。在那里，乐乐听到了动物们聊天儿，四处寻找一头脾气古怪的公牛，收集各种各样的花果，调解小精灵们的矛盾，探寻快乐的真谛……经历了这么多美妙而神奇的事情，乐乐变得更加乐观、勇敢，珍惜友情，热爱生活。

乐乐在该系列故事中穿越的中国画包括《五牛图》《虢国夫人游春图》《步辇图》《捣练图》《T形帛画》等。故事后特设“乐乐赏名画”知识页，让孩子们在看有趣故事的同时，轻松掌握相关知识。

该系列通过奇思妙想的故事，讲述中国文化、中国人、中国事，开启儿童艺术启蒙之旅，引导其感受中国文化的魅力，提升其审美水平，提高其民族认同感和归属感。（茹　慧）

“小火车中文阶梯阅读”系列

中国出版集团公司宣传发展专项资金项目。2017年5月立项，中译出版社编辑出版。

该系列由北京师范大学文学院语文教育研究所赵宁宁副教授主编并提供学术支持，由知名小学及幼儿园一线教师团队精心打造，贯穿“阶梯渐进，树形拓展”的儿童阅读与学习理念，科学分级，体系开放，满足不同年龄阶段、不同阅读能力的少儿的阅读需求。

该系列图书包括《兔子先生爱读诗》《单韵母，藏猫猫》《短鼻猪与长鼻象》《小真的幼儿园》《农场宴会》，用孩子们喜闻乐见的童话及贴近儿童生活的故事，关注其情感世界，发展其语言能力，培养其数学与科学素养。每册配有生动活泼、风格多样的插画，文字量约800字，适合幼小衔接阶段（5～7岁）儿童在指导协助下阅读。书后附有阅读指导，帮助教师、家长指导孩子更好地理解故事，让孩子一步一步爱上阅读。（茹　慧）

“杨红樱爱的教育童话”系列（中英双语珍藏版）

中国出版集团公司宣传文化发展专项资金项目。2017年5月立项，中译出版社编辑出版。

该项目为中国新世纪具有广泛影响力的作家杨红樱与中译出版社独家合作品种，致力于杨红樱代表作中英双语版及多语种版本的翻译、出版及海内外推广工作，为全球6～12岁未成年人奉献杨红樱优秀作品中英双语及多语种彩色插图本。《杨红樱爱的教育童话系列》包括《最好听的声音》《寻找快活林》两册，精选杨红樱短篇童话作品15篇。这些优美的短篇童话作品集美、善、爱于一身，以强烈吸引孩子的故事，唤醒人性深处那沉睡的或尘封的善良与爱并使之回归，让家长与孩子在亲子共读中、在文与图共融的童话意境中陶冶情操，感受纯美带来的爱与关怀。这些童话作品屡获海峡两岸各项大奖，畅销20多年，陪伴一代代孩子成长，也成就了今日的杨红樱。本系列由审译者、美国森特学院亚洲研究系主任凯尔·大卫·安德森作序。他以世界儿童文学视角对杨红樱短篇童话给予极高评价，认为中英双语版的推出，对孩子养成英文阅读的习惯大有裨益。2017年，该系列书出版。（茹　慧）

“杨红樱校园成长小说”系列（中英双语珍藏版）

中国出版集团公司宣传文化发展专项资金项目。2017年5月立项，中译出版社编辑出版。

该项目包括杨红樱校园成长小说代表作《女生日记》《男生日记》。《女生日记》是6年级女生冉冬阳从小女孩到少女的贴身日记，揭开从小女孩到少女的心路历程；《男生日记》6年级男生吴缅从小男生到男子汉的贴身日记，揭开从小男生成长为男子汉的心路历程。

这两部作品为姊妹篇，以日记的形式，真实而生动地描绘了6年级女生冉冬阳和男生吴缅在青春期到来时其生理、心理所发生的微妙变化，展现了丰富多彩的校园生活和家庭生活，揭示了少男少女心中的许多小秘密和羽化成蝶的痛苦与欢乐，真实而生动地展示了当代少年儿童成长的快乐和烦恼。两部作品畅销近20年，首次推出中英双语珍藏版，特邀美国知名译者翻译，中英文对照阅读，生词着重标注，并加当页注释，方便读者顺畅阅读英文。还附有美国原声朗诵，扫描二维码即可收听英文音频，不仅可以练习听力，也可以自主学习英文朗诵。2017年，该系列书出版。（茹　慧）

《中国秦岭经济植物图鉴》（上、下册）

中国出版集团公司宣传文化发展专项资金项目。世界图书出版西安有限公司编辑出版。

《中国秦岭经济植物图鉴》分为上、下两册，全面汇集了近年来在秦岭地区经济植物资源研究方面的新成果和新发现，填补了秦岭经济植物最新研究的空白。为进一步开发秦岭经济植物资源提供了更好的借鉴，为从事经济植物资源保护与利用及自然保护区的工作者、植物学爱好者，以及经济植物学教师和学生等提供直观而实用的参考，为秦岭自然环境的有效保护提供了重要的指导作用，对于我国生态环境的可持续发展有十分重大的意义。

作者刘文哲，西北大学生命科学学院教授、博士生导师、生物科学系系主任。现任中国植物学会植物结构与生殖生物学专业委员会委员、陕西省地方级自然保护区评审委员会委员、陕西省植物学会常务理事。（冀彩霞）

“口腔颌面诊疗”丛书（第2辑）

中国出版集团公司宣传文化发展专项资金项目。世界图书出版西安有限公司编辑出版。

本套丛书主要介绍近年来口腔颌面相关学科的最新进展与发展方向，帮助相关专业从业人员洞悉当前医学科学发展动向，深刻、系统地了解相关医学领域，是广大临床医生和医学院校学生、研究生必备的参考用书。该项目包括《颌面赝复学》《儿童口腔创伤学》《唇腭裂诊断与治疗》《正畸与儿童口腔病例精粹》4种图书。这4种图书的作者均为业内相关专家，分别来自空军军医大学与西安交通大学口腔医学院。

（马元怡）

《延安风尚》

中国出版集团公司宣传文化发展专项资金项目。世界图书出版西安有限公司2017年12月编辑出版。

本书结合延安时期典型的时代符号与图片，借助于权威历史文献和档案资料以及历史事件亲历者的著作、文章、新闻报道，以图文并茂的方式，从不同角度、不同侧面再现延安时期的经典故事、经典场景、经典论述，描述或解读20世纪三四十年代延安的时代风貌、社会风尚以及昂扬向上的精神状态，系统地反映了延安精神的时代内涵，展示了原生态的延安时代，表现了延安积极的时代风尚，对于宣传延安精神和红色文化有着重要而特殊的意义。

《延安风尚》作者王纪刚，是中国延安干部学院延安精神研究中心副主任。（冀彩霞）

“少儿环保科普小丛书”

中国出版集团公司宣传文化专项资金项目。世界图书出版广东有限公司编辑出版。

该丛书内容包括环保的生态伦理常识，大自然的物质循环和能量循环，资源综合利用与生物质能，地球上的野生动物、濒绝植物和灭绝物种，地球的森林和水资源（包括江河湖泊、冰川），人类的生态资源和生态难题，大自然的灾变（包括温室效应、沙尘暴、灰霾等），跨国界大污染与国际合作，环境与人类生活及健康，绿色环保生活的新思维、新时尚，节能与环境保护，节约型环保生活，城市的生态与环境，未来城市与绿色家园等，基本涵盖了少儿阶段应该了解和掌握的环保科学理念、知识和基本技能。丛书图文并茂，知识新颖，科学性、可读性强。出版发行后市场反响良好，其中5本分册进入农家书屋目录、1本分册进入中小学生馆配目录。

丛书共38册，由中国环境科学学会、广东省科普作家协会、广东省环境科学研究院、中山大学、华南理工大学、华南师范大学附属中学等单位的专家学者和教师编写。（卢家彬）

“丝路文库”（第2期）

中国出版集团公司宣传文化发展专项资金项目。华文出版社编辑出版。

“丝路文库”丛书基本架构以经典历史著作、人物传记为主，配合传世文学典藏，逐步引进当代优秀作品。引进出版讲述伊斯兰文化故事、反映伊斯兰文学水准、展现中伊文化交流历程的知识性、大众性精品图书。“丝路文库”计划每年引进出版10～15种图书，年度总码洋达到600万，在5年时间内达到60～80种图书规模。2017年出版的图书书目如下：《阿拉伯的智慧》《阿拉伯经典散文选》《鹂鸟声声》《沃斯米娅跃出大海》《征程》《移居北方的时节》《西域文化史》《阿拉伯现代文学与神秘主义》《真境花园》《历史概论》《新开罗》《经行记笺注》《道里邦国志》《西洋番国志》《我家有个男子汉》《安萨里传》《麦卡姆词话》《我们街区的孩子们》《伊斯兰装饰百科》《日落之后》《遥远的归途》《洞中人》《艾布·胡莱赖如是说》《埃及九年》

（刘　岚）

“华文传记”丛书（第3批）

中国出版集团公司宣传文化发展专项资金项目。华文出版社编辑出版。

“华文传记”以人物传记为主导，选取民主人士、各界社会文化名人为传主。在写作形式上约请传主后代做采访记录。“华文传记”系列已有多年的经验积累，是华文出版社传记产品线中的中长期规划，是华文出版社发挥己之所长，整合优势资源后提出的一个极具社会价值的项目。已出版《四十自述》《周作人传》《熊希龄传》《胡适与韦莲司》《萧红与鲁迅》，以及“傅雷翻译作品经典读本系列”等。这些图书的出版为出版社带来良好的社会效益，提升了华文出版社的品牌知名度。2017年的“华文传记”以推出经典为目标，充分考量当下图书市场，做到以“经典”换效益。通过推出经典，提升品牌竞争力，进而占有更多的市场份额，在保证社会效益的同时，实现经济效益。该系列共包括10种图书，每部书稿字数为30万字，每部图片数为30幅。

（张慧君）

少儿绘本产品线

中国出版集团公司宣传文化发展专项资金项目。现代出版社2017年编辑出版。

“少儿绘本产品线”大多是经过了时间锤炼和检验的经典获奖绘本，集结了世界著名儿童绘本作家的代表作品。如“雅卡利的神奇历险”系列荣获安古兰国际漫画节大奖，自1973年出版至今，影响了欧洲三代人的童年生活。除此之外，现代出版社的少儿绘本系列不断加入世界各国新晋热门绘本作家的绘本作品，持续扩大绘本产品线中精品绘本的规模，如日本的绘本名家秋山匡、德国荣获安徒生绘本奖的绘本名家沃尔夫·埃布鲁赫、日本新晋绘本作家立本伦子等均与现代出版社签约。2017年12月，该项目已结项。（梁毅国）

中国原创少儿文学产品线

中国出版集团公司宣传文化发展专项资金项目。现代出版社2017年编辑出版。

“中国原创少儿文学产品线”以“悦阅鸟系列注音读物”（原“快乐鸟系列注音读物”）为核心产品，以其他原创类少儿文学图书品牌为辅助。原“快乐鸟系列注音读物”首批上市于

2013 年 6 月，新品上市 3 个月后均实现加印，在读者、渠道以及作家群体中均形成良好口碑。几年来，新书品种数、印数、码洋（发货码洋）稳定增长，在全社的比重逐年上升，呈现良性发展趋势，具备明确的盈利模式。2017 年 12 月，该项目已结项。（梁毅国）

集团公司所属单位重大项目

“汉译世界学术名著”丛书（120年纪念版）

商务印书馆重点出版项目。商务印书馆2017年启动。

“汉译世界学术名著”丛书（120年纪念版）为纪念商务印书馆创立120年而出版。该丛书是我国现代出版史上规模最大、极为重要的学术翻译工程。所收书目均为世界学术史上具有里程碑意义的经典著作，涵盖哲学、政治、法律、历史、地理、经济、语言等多个学科领域，在学界和社会上享有很高声誉。

“汉译世界学术名著”丛书（120年纪念版）共计700种，收入了“汉译世界学术名著”丛书已出版的15辑600余种，以及将要出版的近90种。分为分科本（32开平装）和珍藏本（小16开布面精装）两个版本。纪念版的全部书稿重新进行了通读加工，内容质量有了新的提升，并做了全新的装帧设计，突出其纪念意义和典藏意义。120年纪念版是这套标志性学术品牌丛书一个新的阶段性总结。

2017年底分科本700种全部出版，珍藏本700种预计于2018年初出齐。（李　霞）

“中华现代学术名著”丛书（120年纪念版）

商务印书馆重点出版项目。商务印书馆2009年启动。

商务印书馆自1897年始创，以“昌明教育，开启民智”为宗旨，一直与中华现代学术相伴而行，出版了大批具有鲜明原创精神并富于学术建树的经典著作。2009年起，商务印书馆陆续出版“中华现代学术名著丛书”，全面整理中华现代学术成果，深入探寻现代中国的百年学脉。丛书收录上自晚清下至1980年代末中国原创学术名著（包括外文著作），以人文社会科学为主，涵盖文学、历史学、哲学、法学、政治学、经济学、社会学、教育学、地理学、心理学等众多学科。意在辨章学术，考镜源流，收录各学科、学派的名家名作，展现传统文化的新变，追溯现代文化的根基。丛书立足于精选、精编、精校，希望能与“汉译世界学术名著丛书”相辉映，昭示中华学术与世界学术于思想性和独创性上皆可等量齐观，为中国乃至东方学术在世界范围内赢得应有的地位。

2017年商务印书馆创立120年馆庆之际整体推出纪念版200种。（倪咏娟）

《汉语图解词典》

商务印书馆重点出版项目。商务印书馆2008年立项。

《汉语图解词典》为商务印书馆与孔子学院总部/国家汉办联合推出的汉语国际推广重要项目，是为全球汉语学习者倾力打造的图示化学习型双语工具书。

相较于其他汉外工具书，《汉语图解词典》具有如下特点：以话题为纲，以语义关联模式检

索词条，以精准的对译、轻松有趣的方式解释词义，是一部供外国人高效学汉语的学习型词典；以全景式的主题、大量精美的图片“图释”词义，是一部让外国人直观了解中国的图示化百科手册；结合目标国汉语学习者二语习得的特点而设计，为其汉语教学提供最鲜活的素材；在突出当代中国文化特色的同时，充分尊重和体现目标国民族文化特色，量身打造，免犯禁忌，真正实现本土化。

该项目分三期开发多语种版。2017 年完成第三期 16 个语种版本，并经国内外专家验收结项，至此共出版成人版和儿童版各 80 个语种，共计 160 种书。版权输出 10 个语种，遍布全球 200 多个国家和地区，赢得海内外读者、专家广泛好评，开启了一个“图解汉语”新时代。

（华　莎）

《新华大字典》

商务印书馆重点出版项目。商务印书馆 2017 年 5 月出版。

《新华大字典》是一部收字量大、适合大众读者使用的新型语文字典。该字典收字 3 万余个，涵盖了传统十三经的全部用字。全书具有四个突出特点：一是编纂严谨专业。从制定大纲、讨论体例，到编写、审稿、修改、发稿，始终秉承商务严谨的出版态度，坚持原创性、学术性。主编苏培成、张联荣为北京大学中文系教授，出版、主编过多部汉字方面的论著和辞书。编者张书岩、王汉长等都是专业的语言文字工作者，具有丰富的辞书编写经验。二是选字规范实用。所选现代常用字包括《通用规范汉字表》的 8105 个汉字，并在字的右上角加“□”标识。对新字表外的字，主要从实用的角度选取“相对常见”的生僻字，如人名、地名、经典古籍中的常用字。既满足用字量大的读者的需求，又不一味求多。为便于读者了解汉字的历史发展，繁体字、异体字以附列在正字头后的形式出现，字形由专家逐一确认，予以规范。三是释义举例简明易懂。现代常用字的释义尽量简明准确，并展现字义发展脉络，常用义放前，文言义放后。所选例句不仅精当丰富，且兼顾现代和古代，对文言例句中晦涩难懂的字词加以注音、解释。四是查检方式多样便捷。除了音序索引和部首索引，还附设了笔画索引，这在已出版的大型字典中并不多见。

（段濛濛）

“中华当代学术著作辑要”丛书

商务印书馆重点出版项目。商务印书馆 2017 年立项。

“中华当代学术著作辑要”丛书，是继“中华现代学术名著丛书”后，又一套总结中国学术文化的大型丛书。该丛书以“集当代中华学术精粹，让世界重新认识中国”为主要目的，希望以此来集中展示新时期以来中国学者最高水平的科研成果。

丛书主要收录改革开放以来中国大陆学者兼及港澳台地区和海外华人学者的原创名著，涵盖人文社科领域众多学科。丛书是在中西文化相互激荡的时代浪潮中，首次大规模地向世界集中展示中华当代学术的传承与发展，展示中华当代学人的学术创新、思想创新和文化创新，展示中华学人立足本土、独立思考的思想结晶与学术智慧，成为在学术领域中“让世界重新认识中国”的重要平台。

丛书预计以 5 年为出版周期。截至 2017 年，已出版哲学、文学、社会学、政治学、法学、史学方面的专著 15 种，作者包括陈嘉映、邓晓芒、陈中梅、葛晓音、郭英德、傅刚、唐力行、陈志强、渠敬东等当代最重要的人文社科学者。

（田　媛）

中国品牌辞书海外传播工程

商务印书馆重点出版项目。商务印书馆 2017 年正式实施。

该项目着力于推动《新华字典》《现代汉语词典》两部品牌辞书“走出去”，希望通过在全球范围内整合一流的出版与翻译资源，在海外多

个国家和地区，尤其是“一带一路”沿线国家和地区出版这两部辞书的多语种汉外版，推动汉语语言文化在全球传播，提升中国文化软实力。

项目的总体目标是，未来3～5年间在中国及海外出版发行多种汉外版《新华字典》和《现代汉语词典》。商务印书馆寻求与海内外优秀的辞书出版社或综合出版社、汉学家、辞书专家等密切合作，以图早日达成项目目标。商务印书馆还以与国外出版社共建国际编辑部的方式，加速推进项目进展。国际编辑部将在组织当地翻译资源、编辑加工书稿、开展营销推广活动等方面发挥重要作用，促进汉外版的翻译出版工作，保障各汉外版进入海外主流渠道发行。项目以英语作为第一个翻译语种，《新华字典》和《现代汉语词典》汉英版由商务印书馆与牛津大学出版社（中国）合作开发，将对整体项目的实施起到良好的示范作用。（郭朝凤）

“国家治理”丛书

商务印书馆重点出版项目。商务印书馆2016年启动。

“国家治理”丛书是商务印书馆以“国家治理”为主题策划出版的丛书。该丛书将国家治理研究和讲好中国故事有机统一起来，做到理论探索的创新与舆论宣传的传播效应深度融合，对于推动中国特色社会主义制度更加成熟、定型，对于提高国家文化软实力，提高国际话语权，具有重要的理论价值和现实意义。

参与该丛书编写的海内外学者均为各学科领域国内一流、国际知名的专家，既具有精深的理论研究能力，又具有广泛的学术话语权；既能够坚持中国立场，又具备宽广的国际视角。从学科分布来看，涵盖哲学（伦理学）、政治学、社会学、经济学、历史学等领域，有效覆盖了国家治理研究的各个方面，是发掘国家治理科学内涵、传承优秀传统文化、弘扬社会主义核心价值观的重要人才资源。

丛书不仅引起了学界的广泛关注，也引起国外出版机构的浓厚兴趣。英国卢德里奇出版公司与商务印书馆达成“国家治理”丛书项目合作协议，将出版该丛书的外文版。

2017年“国家治理”丛书已出版赵家祥《东方社会发展道路与社会主义的理论和实践》、王海明《新伦理学原理》、刘敬鲁《价值视野下的国家治理：思想理论资源与中国经济治理实践》3种。（王　希）

“环球葡萄牙语”系列

商务印书馆重点出版项目。商务印书馆2017年编辑出版。

“环球葡萄牙语”系列是一套专门为中国学生编写的葡语初学教程，由澳门理工学院和葡萄牙里斯本大学合作，以现在欧洲流行的交际教学法为原则编写而成，教材内容以会话、短文、录音和练习为主，充分调动学生自学能力，以提高口语和书面表达能力为培养目的。作为一套体系完整的葡语教材，“环球葡萄牙语”系列的出版，为从事葡语教学的老师和学生在教科书的使用上提供了一个新的选择，为推动国内葡萄牙语教材编写的多元化，促进和提高中国葡语教学的水平贡献了新的力量。

2017年出版第1、2册学生用书和配套教师用书。

图书出版时恰逢“世界葡语国家高峰论坛”在澳门召开，澳门理工学院将本套图书作为礼物赠送给葡萄牙总理达·科斯塔，得到总理的高度评价。（杨晓明）

“西班牙语快乐学”系列

商务印书馆重点出版项目。商务印书馆2017年编辑出版。

“西班牙语快乐学”系列是商务印书馆从西班牙enClave出版社引进的一套针对少儿西班牙语教学的图书。enClave出版社是西班牙从事对外西班牙语教学资源出版的专业社。该系列图书包含学生用书1、2册及配套练习册和教师用书，共6册，专为6～12岁儿童设计，内容以图画、

歌曲、游戏等多种形式展现；配套学生练习册也是以游戏为主，用以玩带学的方式教授西班牙语。教材配有可下载的音频，供学生和教师使用。这套教材针对国内少儿“小语种”教育缺乏配套教材的现状而设计，填补了相关市场空白。2017 年，该系列图书出版。（杨晓明）

《辽史补注》

中华书局重点出版项目。中华书局 2017 年编辑出版。

《辽史》一书因成书仓促，书中记事不完全，混乱之处颇多。《辽史补注》是作者陈述利用碑志材料以及大量宋人使辽、使金的资料对《辽史》进行补注，成稿历时数十年。主要有四个方面的内容：正误、补缺、补歧义、存类事。本书除了钩辑资料、考订史实，还为《辽史》补“选举”“艺文”等志，同时增补 140 余位辽人传记，并把古今解释契丹语的有关资料汇集在一起，成“国语解补”，大大丰富了一向简陋的《辽史》内容。本书征引书目 800 种以上，网罗宏富，编排有法，为“集辽代史料之大成”之作。陈寅恪先生在早年为此书所撰序言中盛赞道：“《补注》之于《辽史》，亦将如裴《注》之附陈《志》，并重于学术之林。”《辽史补注》是陈述最重要的遗著，始作于 20 世纪 30 年代初期，到 1992 年去世前才基本完成，可谓倾尽毕生精力。

（梁　彦）

《黄道周集》

中华书局重点出版项目。中华书局 2017 年编辑出版。

黄道周是明末著名学者，所著诗歌、文赋、奏疏、制诰、碑记、铭诔、信札、序跋、札记等，由清代学者陈寿祺在洪思、郑玟、郑亦邹等前人基础上，积 10 年搜访之力汇编成册，名曰《黄漳浦集》（此次整理改名为《黄道周集》）。《黄道周集》凡 50 卷，收录各种文体的文章总计 1000 余篇，内容宏富，集中反映了黄道周生平履迹、仕宦交游、读书治学等方方面面，其中奏疏文告对于了解明末社会和南明历史的细节具有很高的史料价值，诗词歌赋对于丰富明末文学史具有重要的文学价值，序跋札记等则体现了黄道周的学术思想。明末很多著名历史人物，如徐霞客、陈子龙、方以智、刘宗周等均与黄道周交往甚密，这些在该书中均有所反映。此次整理，以道光十年（1830）刻本《黄漳浦集》为底本，以明崇祯刻《骈枝别集》、崇祯十五年刻《大涤函书》、明刻《石斋行业》等为校本或参校本。

（梁　彦）

《国家图书馆藏王国维往还书信集》

中华书局重点项目。中华书局 2017 年编辑出版。

《国家图书馆藏王国维往还书信集》收录王国维家书和寄师友信札 266 通，各家致王国维书札 1259 通，附录相关书信 18 通，共 1543 通 2600 多页，均为原件彩色影印，其中数百通首次公布于世。往还师友计 90 多人，有罗振玉、沈曾植、缪荃孙、劳乃宣、陈衍、张元济、张尔田、梁启超、胡适、顾颉刚、梁漱溟、容庚等诸多名家。王国维对时政的种种关切、对国家民族的忧患、对人事进退的好恶、对交游向背的去取，以及师友间学术讨论、文字切磋，无不表达于书信。国家图书馆所藏这批书信，可看作王国维及其师友学说思想、学术活动的实录，是一部内容极其丰富的近代史料集。（梁　彦）

《近思录集解》

中华书局重点出版项目。中华书局 2017 年编辑出版。

《近思录》由南宋朱熹和吕祖谦选取北宋理学家周敦颐、程颢、程颐、张载 4 人语录共 622 条，分类编辑而成。南宋叶采为《近思录》各卷创建纲目和提要，成《近思录集解》，使得原书体例更加明晰完备，理学思想的表达更趋明朗，是《近思录》系列文献中影响最为深远的一种。

叶采《近思录集解》国内现存版本多达30余种。本次点校，以台北故宫藏元刊本为底本，以《续修四库全书》收录的元刻明修本和清康熙年间邵仁泓重订本为主要对校本，同时参校明代前期刻本叶采《集解》、南宋刻本杨伯嵒《泳斋近思录衍注》、清嘉庆年间江永《近思录集注》，且对叶采集解本中的疑难字句，引历代《近思录》注本中的相关文字注释于当页之左。叶采《集解》校点本后，另附明嘉靖年间贾世祥刻本《近思录》（白文）、历代刊钞叶采《近思录集解》之序跋，以便读者全面认知《近思录》及叶氏注本。

（梁　彦）

《中国古代技术文化》

中华书局重点出版项目。中华书局2017年编辑出版。

《中国古代技术文化》是上海交通大学讲席教授、科技史大家江晓原在数十年对中外科技史深入研究的基础上，从工程技术、天文地理及医学文化等方面，对中国古代技术文化所做的系统思考和阐述。通过系统研究，江晓原教授以实事求是的辩证态度、以一分证据说一分话的求真精神，避开“中国古代有没有科学”的伪命题，与读者共同探讨何为“中国古代的技术文化”。江晓原教授以贯通中西的视野、熔铸古今的学识，从历史上种种趣事出发——《周髀算经》中为什么会蕴藏着惊人的宇宙学说？古代中国到底有没有地圆学说？究竟是谁将骑士阶层炸得粉碎？中医究竟是什么？——讨论中国古代的伟大成就，精详考辨，去伪存真，有破有立中启迪读者何为对待传统文化的应有态度。（梁　彦）

《陟彼景山：十一位中外学者访谈录》

中华书局重点出版项目。中华书局2017年编辑出版。

本书也是前辈学者的学人心史。一代有一代之学术，一代有一代之思想。通过作者戴燕对何兆武、李学勤、章培恒、王水照、裘锡圭等11位从抗战到当下的老一辈中外学人的访谈，使读者了解了那个即将过去的时代中发生过的历史，以及那一代历史中的学人的思考与抉择——他们的政治关怀和学术理想是什么？在巨大的社会变动中，他们如何选择自己的人生道路？在各自的专业领域，他们又是如何思考历史与未来，如何承上启下的？一位位学者，体现了一代学术、思想的风气。这些学者，可以说是这个时代精神的脊梁，是学术文化的灵魂。鉴往知来，当今学人只有充分了解上一辈学人的学术及思想，才能承上启下，继往开来。（梁　彦）

《古琴》

中华书局重点项目。中华书局2017年编辑出版。

这是一个关于古琴的故事，是一个瑞典汉学家学习古琴的传奇经历和体会，其中不仅有对古琴本身的描写，还有关于古琴对古代文人生活的意义，关于古琴与人的命运，与音乐、诗歌的关联。全书分为5章：第1章《另一个世界》记叙了作者在北京古琴研究会跟随古琴师王迪学习的经历，以及与许多古琴大师的交往；第2章《乐器》则从琴体、漆与断纹、古琴作坊、琴弦和调音、铭文、琴式等方面谈论古琴本身；第3章《远古及传说》是通过历史故事讲述古琴的文化传承；第4章《桃源梦》集中谈论古琴与古代文人的关系；第5章是《琴谱和弹奏技巧》。由于作者是外国人，从小学习欧洲古老的鲁特琴，而她在中国学习古琴的1961～1962年是一个特殊年代，她有幸遇到管平湖、查阜西、溥雪斋这样的一流大师，所以她的这部作品就有一种生动的感性，一种特别的味道，同时有着专业的根基，是一部深入浅出的古琴艺术著作。

（梁　彦）

《韦氏高阶英汉双解词典》

中国大百科全书出版社重点出版项目。中国大百科全书出版社2017年1月出版。

本书出自梅里亚姆—韦伯斯特公司（简称韦氏）。韦氏是美国第一专业辞书品牌，在辞书界具有举足轻重的地位。这部词典是韦氏公司专门为母语非英语的学习者量身打造的一本词典，是立足美语的权威高阶英汉词典首次在中国亮相。在当今英语学习呈现高水准化、低龄化、以美语为主流的整体趋势下，这部词典的出版具有里程碑意义。词典收词全面、释义清晰、例句数量居现有同类词典之首，学习型功能显著，并独具美语特色，是市场上同类词典中最符合现阶段英语学习主流趋势且兼具教学功能的英语工具书。词典秉承了韦氏系列词典一贯的严谨翔实、准确实用的风格，同时充分考虑到学习者的需求，收录10万余主词条、超过16万的情景化例句、超过2.2万个短语、习语、俚语等，更具实用性。既是中学生、大学生英语学习的良师益友，也是从事英语教学、英语研究的教师和专家的得力助手。（尹添铭）

《DK伟大的世界地图》

中国大百科全书出版社重点出版项目。中国大百科全书出版社2017年3月出版。

本书选取60多幅世界上最具影响力的地图，每一幅都来自重要的历史时期，向读者描绘出制图师们精心创作的构思和他们所处世界的独特视角，8开的超大开本为地图提供了大跨页完美展示，对视觉形成极大的冲击力。全书不仅描述了每幅地图的创作原因和创制过程，还通过对地图局部细节的深入分析，展现了地图所在时期的历史文化背景以及地图背后的故事，记录和再现了人类文明的发展史。在具备查阅功能的同时，大量地再现了天文、地理、数学、政治、艺术和思想文化等各方面的内容，描述了不同文化和历史背景下的人物及事件。本书入选中国出版集团公司2017“中版好书”年度榜。（尹添铭）

《DK幼儿百科全书——那些重要的事》

中国大百科全书出版社重点出版项目。中国大百科全书出版社2017年7月出版。

本书是中国大百科全书出版社与英国DK公司共同策划的选题，是一本针对3～6岁学龄前儿童的综合百科全书。书中内容围绕儿童身边重要的事物叙述，一共分为6个章节，分别是：有关地球的重要知识、有关地理的重要知识、有关动物的重要知识、有关人类的重要知识、与我相关的重要知识、其他的重要知识。本书知识结构适合幼儿阅读，是学龄前孩子建立知识架构的入门读物。全书的编排使用了很多手绘风格的插图，将孩子需要掌握的知识以图文配合的形式讲述出来，阅读起来轻松愉快。书中还有与小学衔接的内容，例如算数、配色、计量单位等均有所提及。其编辑思路是从父母和社会责任的角度出发，旨在将最重要的知识和技能教给孩子们，使他们认识世界，了解身边事物的来龙去脉，培养健康的生活和学习习惯。（尹添铭）

《人美画谱》

人民美术出版社重点出版项目。人民美术出版社2017年12月编辑出版。

《人美画谱》系列甄选中国古代、近现代绘画典范之作，囊括山水、花鸟、人物诸科。在编辑上延续了古代画谱编纂思路，让初学者认识古人习画的方法，让进阶者熟知中国绘画的传承体系。组织国内顶级院校及研究机构的著名画家和专业教师，对古代、近现代杰作进行技法示范和深度解析。本丛书内页高清步骤一一详解，技法演示视频同步推出，全方位满足中国画基础技法学习及临摹的需要。（范雨萌）

《人美书谱》

人民美术出版社重点出版项目。人民美术出版社2017年12月编辑出版。

《人美书谱》按书体分为：天卷·真书、地卷·草书、玄卷·隶书、黄卷·篆书、宇卷·行书五大系列，分别邀请孙伯翔、华人德等权威专家主编。本丛书甄选历代经典碑帖名品，选本精

良、图版高清、印装精美，释文严谨考究，还约请专家撰写技法讲解和书体研究论文，最后附历代集评于书后，力争给读者以完整的审美体验和书体、技法知识。（范雨萌）

《图说敦煌二五四窟》

生活·读书·新知三联书店重点出版项目。生活·读书·新知三联书店 2017 年出版。

该书是一部以新的视角、新的媒介对中国传统艺术做出新阐释的书，引领读者体验敦煌艺术的永恒魅力，进而深入了解中国传统艺术的匠心所在。与以往偏重于通览概说或图片画册的书籍不同，这本书只集中于莫高窟众多洞窟中的一座。敦煌现有 492 座石窟保留有壁画及彩塑，254 窟是其中最有代表性的早期洞窟之一。它建于北魏统一河西以后，建筑布局谨严，雕塑壁画无不显示出既吸收外来因素，又以汉文化传统加以融合的创新精神，在中国美术史上有着重要地位。由于年代久远、保存完整、艺术价值珍贵，这座洞窟很少有机会对公众开放。本书像讲解员一样带领读者走进其中，从细读南北两壁的三铺经典壁画入手，有序地循着窟内空间展开，结合建筑形制以及窟内装饰，对石窟的营建和构思做了整体解读。全彩内文，附有 385 幅高清敦煌壁画图片及临摹线描图、示意图，扫描书后二维码，即可以在手机上浏览窟内全景及两部原创动画阐释影片。

全书 100 千字，384 幅图。作者陈海涛、陈琦，分别就读于北京电影学院动画专业、中央美术学院油画专业，获硕士学位。主创完成《舍身饲虎》与《降魔成道》两部文教数字动画影片，合作发表《魏晋南北朝美学的具体呈现——以莫高窟第 254 窟壁画艺术为例》《中国汉魏六朝美学史研究与莫高窟北魏壁画艺术鉴赏》《莫高窟第 254 窟舍身饲虎图的数字阐释及影片创作》等论文。

本书入选“中版好书”2018 年度榜。2018 年被评为豆瓣网友选书艺术设计类第一名。

（邵慧敏）

《木趣居》

生活·读书·新知三联书店重点出版项目。生活·读书·新知三联书店 2017 年出版。

本书是木趣居家具的研究性图录，每件家具除了多角度照片、细部特写图片之外，作者著录了家具的具体规格尺寸、设计造型特点、艺术特色、收藏来源、曾经的出版状况，部分可与明清小说中的版刻插图对应，还提供了版画书影。为增加可读性，在个别藏品的介绍中点缀了一点收藏故事，不过此书还是以学术上的周翔、严谨为最主要特点。全书为中英文双语（英文为作者自撰），除方便国际交流之外，也提供更多版面来安排家具的照片资料。

全书 520 千字，1091 幅图。作者伍嘉恩（Grace Wu Bruce），美国芝加哥大学商科硕士，20 世纪 70 年代起收藏明式家具，同时从事研究工作。从 1987 年开始，在王世襄指点下开创香港“嘉木堂”，经营明式家具，经手过眼大量珍品，在伦敦、纽约、北京、马斯特里赫特、巴黎、巴塞尔等地举办明式家具展，成为王世襄之后新一辈中国传统家具专家之一。主要著作有《*Chinese Classical Furniture*》《永恒的明式家具：侣明室明式家具收藏》（2006）、《明式家具经眼录》（2015 年度“全国文化遗产十佳图书”）等。

（邵慧敏）

《中国考古学——旧石器时代晚期到早期青铜时代》

生活·读书·新知三联书店重点出版项目。生活·读书·新知三联书店 2017 年出版。

本书讨论的主要理论问题是在中国，农业的发展和国家的形成在社会复杂化进程中发挥了哪些作用。本书集中讨论 10000 万年以来的古代历史，也涉及远至 24000 年前有关文化发展的某些背景材料。这包括了从最晚的旧石器时代的采集—狩猎群体，经过新石器时代的农业村落，到达青铜时代商王朝的演化轨迹。本书展示了该阶段

的中国古代社会，如何从简单到复杂、从部落到城市、从“野蛮”到“文明”、从使用简单刻画符号到发明文字的过程。

全书 484 千字。作者刘莉、陈星灿。陈星灿，1991 年毕业于中国社会科学院考古学系，获博士学位，同年至中国社会科学院考古研究所工作，先后任助理研究员、副研究员和研究员，现任副所长、研究员。撰写了近百篇（部）发掘报告、论文、译文和专著。研究领域主要为中国新石器时代考古学、中国史前考古学史、中国史前社会生活史。刘莉，现为美国斯坦福大学东亚语言与文化系教授。本书入选“中版好书”2017 年度榜——人文社科 20 种。（邵慧敏）

《朝鲜战争》

生活·读书·新知三联书店重点出版项目。生活·读书·新知三联书店 2017 年出版。

该书的主要内容不在战争过程，也不在美国政界、军界的决策内幕，而是把战争的性质定义为“内战”，把论述的重点放在介绍和分析战争发生前朝鲜半岛的历史和形势（包含战争的起因）、战争期间韩国和朝鲜在战斗之外的杀戮、美国半岛策略背后的政治考虑以及如何救平战争创伤、真正结束战争、恢复朝鲜半岛的和平等方面。因此，它开辟了新的视角，弥补了长久以来国内图书市场上关于朝鲜战争的图书只论述军事进程和各政府内部、政府之间决策与斗争的偏颇，使得朝鲜战争的画面更加完整，对战争起因和动力的分析更加深入，便于读者更为全面地理解这场战争的实质。

全书 179 千字。布鲁斯·卡明斯著，林添贵译。布鲁斯·卡明斯是美国芝加哥大学历史系著名教授，专长为朝鲜现代史、国际关系史以及东亚—美国关系史。（邵慧敏）

《御窑千年》

生活·读书·新知三联书店重点出版项目。生活·读书·新知三联书店 2017 年出版。

作者根据海内外重要博物馆的精美瓷器馆藏，讲述中国古代官窑及瓷器的发展演变历史；同时，通过个别瓷器器物的介绍，挖掘官窑瓷器背后的文化与工艺；此外，还对中国陶瓷史上的一些关键性问题进行了深入研究。作者立足中西文化交流的大背景，认为与丝绸之路并存的瓷器之路亦是中西文化交流互动的历史见证。

全书 253 千字，137 幅图。作者阎崇年，北京社会科学院满学研究所研究员、北京满学会会长、中国紫禁城学会副会长，著名历史学家，中央电视台《百家讲坛》主讲人。论文集有《满学论集》《燕史集》《袁崇焕研究论集》《燕步集》共 4 部；专著有《努尔哈赤传》《古都北京》《天命汗》等 16 部。

本书出版后，受到媒体的广泛关注，入选“中国好书”“中版好书”“光明书榜”“新浪好书榜”。本书入选“中版好书”2017 年度榜——人文社科 20 种。（邵慧敏）

《在台湾发现历史——岛屿的另一种凝视》

生活·读书·新知三联书店重点出版项目。生活·读书·新知三联书店 2017 年出版。

本书集结了杨渡过去发表过的 10 篇长文，这些文章脉络一贯，表里如一，即使有些写于多年前，但现在读来，对讨论台湾地区病理核心问题依然有理而有力。本书讲述的可以说是“遗落的台湾故事”，包括中国台湾地区原住民凯达格兰人的故事、农民抗日以及台共的故事、1945 年的台湾地区状貌、“二二八”事件等。“另一种凝视”，一是说它不同于所谓“本土”的争论和切割化的历史，而是将观察的视角放在历史的大脉络下，从全球化的视野对台湾地区进行考量；二是指拨开层层迷雾，将不被关注的另一种抗争引入视线的尝试。虽然是历史性文章和论述性文章，但作品文学性较强，全书有细节，有故事，有温度。

全书 202 千字，43 幅图。作者杨渡，台湾诗人、作家。1958 年生于台中农家，写过诗歌、

散文，编过杂志，曾任台湾《中国时报》副总主笔、辅仁大学讲师。现任台湾中华文化总会秘书长。出版过诗集《南方》《刺客的歌：杨渡长诗选》，散文集《三两个朋友》《飘流万里》，报告文学《民间的力量》等。另有传记作品《红云：严秀峰传》《激动一九四五》《简吉：台湾农民运动史诗》，专著《日据时期台湾新剧运动》等十数种。

本书入选“第2届海峡两岸年度作家十大好书”。（邵慧敏）

《火枪与账簿——早期经济全球化时代的中国与东亚世界》

生活·读书·新知三联书店重点出版项目。生活·读书·新知三联书店2017年出版。

本书是一部从全球史的角度，观察晚明及其所在的东亚世界巨大变化的力作。15世纪末至17世纪是经济全球化大潮出现和迅速发展的阶段，即早期经济全球化时代。李伯重先生将这个时代的特征概括为“火枪与账簿”。火枪代表了军事革命导致的新型暴力，账簿则意味着对商业利益的积极追求。早期经济全球化的出现和发展，导致东亚世界原有的秩序被打破，出现了前所未有的大变局。在这个历史的十字路口，中国未能抓住机遇，从而不得不再等上两个世纪，才又在新的国际环境中重新开始近代化的进程。

全书260千字。作者李伯重，香港科技大学人文社科学院教授、清华大学教授。著有《唐代江南农业的发展》《中国的早期近代经济》。

本书的研究横扫整个东亚的变革潮流，格局宏大，史料丰富，总结了东亚独有的历史经验和教训，并因此获得了第6届韩国坡州图书奖的著作奖、《中华读书报》年度十大好书、21世纪年度好书、《北京青年报》年度好书等，体现了国际学术的新潮流。（邵慧敏）

《寂寞的伏兵——当代中国科幻短篇精选》

生活·读书·新知三联书店重点出版项目。生活·读书·新知三联书店2017年出版。

本书收录了中国90年代以来的代表性科幻作品13篇，从90年代初的赛博朋客《决斗在网络》到2014年郝景芳现实主义的《北京折叠》，中国科幻作家代表如刘慈欣、韩松、王晋康、宝树、飞氘、陈楸帆等，中国90年代以来科幻小说中最具代表性的作品如《流浪地球》《伤心者》《一日囚》《北京折叠》均包括其中。夏笳的选编别具一格，这13篇文章犹如一组坐标，勾勒出中国科幻在过去近30年中走过的道路和形成的版图。书前有编者的长序，详细刻画中国科幻的发展脉络；每篇作品之后亦附有评论，以帮助读者更好地理解作品的创作背景与历史语境，以及去想象一种不一样的未来。

全书267千字。编者夏笳，原名王瑶，陕西西安人，中国新生代科幻小说作家的领军人物之一。作品题材广泛，多次获中国科幻“银河奖”和全球华语科幻“星云奖”。英文小说“Let's Have a Talk”发表于英国《自然》（Nature）杂志Futures专栏，她也是中国第一位在该杂志发表文章的文科生。代表作《关妖精的瓶子》《百鬼夜行街》《童童的夏天》《2044年春节旧事》《晚安忧郁》等被翻译为英、日、法、俄、波兰、意大利等多种语言。除学术研究和文学创作外，亦致力于科幻小说翻译、影视剧策划和科幻写作教学。（邵慧敏）

《阅读力》

生活·读书·新知三联书店重点出版项目。生活·读书·新知三联书店2017年出版。

本书即为作者多年研究阅读学和普及阅读学知识的结晶。书中通过对人类阅读历史、阅读社会、阅读目的的梳理，对各种阅读活动和阅读现象进行辩证分析，指出“阅读力的培养实际是对人们思维能力的培养”，从而在阅读史上首次提出了“阅读力”这一概念。作者是我国全民阅读的倡导者、领读人，多年来一直在全国各地的全民阅读活动、阅读论坛、读书会和大中小学读书报告会上发表演讲，获得热烈反响。

全书 188 千字，14 幅图。作者聂震宁，著名出版家、作家，第十、十一届全国政协委员，中国作家协会全国委员会委员，韬奋基金会理事长。获得过首届庄重文文学奖、韬奋出版奖、中国出版政府奖优秀出版人物奖等，被授予“新中国 60 年百名优秀出版人物”“新中国 60 年百名优秀出版企业家”称号。出版过小说集《长乐》《暗河》《去温泉之路》等，编辑出版学文集《我的出版思维》《我们的出版文化观》《书林漫步》等。（邵慧敏）

《孩子，你慢慢长大（幼儿篇）——亲历华德福教育》

生活·读书·新知三联书店重点出版项目。生活·读书·新知三联书店 2017 年出版。

本书记录了作者的幼儿教育实践和理论探索，分三部分：第一部分是作者办园伊始的每周回顾；第二部分是幼儿生活观察；第三部分是教育之路。作者认为，华德福教育不仅是一种与众不同的教育方法和教育观点，而且是一种与众不同的生活理念和生活方式。

全书 233 千字。作者吴蓓，上海交通大学理学硕士、民间环保组织“自然之友”会员、北京“春之谷”创始人之一。2001 年 8 月赴英国爱默生学院学习华德福（Waldorf）教育，2005 年 9 月开始在北京实践华德福幼儿教育，后在广州开始了华德福小学阶段的实践。（邵慧敏）

《孩子，你慢慢长大（小学篇）——亲历华德福教育》

生活·读书·新知三联书店重点出版项目。生活·读书·新知三联书店 2017 年出版。

本书记录了作者小学教育的见闻、实践和思考。全书分三部分：第一部分为国外见闻，主要记录了作者在国外参观华德福小学的见闻和思考；第二部分为国内实践，主要记录了作者在休宁德胜平民学校、什邡灾区帐篷学校、北京郊区打工子弟学校以及夏令营、亲子营中的教学实践和体会；第三部分为教育往事，收录了作者早年写的涉及学校教育、家庭教育、自然教育等的文章。

全书 174 千字，14 幅图。作者吴蓓，上海交通大学理学硕士、民间环保组织“自然之友”会员、北京“春之谷”创始人之一。2001 年 8 月赴英国爱默生学院学习华德福（Waldorf）教育，2005 年 9 月开始在北京实践华德福幼儿教育，后在广州开始了华德福小学阶段的实践。（邵慧敏）

《在生命这袭华袍背后》

生活·读书·新知三联书店重点出版项目。生活·读书·新知三联书店 2017 年出版。

本书分“童年·少年”“父亲·母亲”“人事·书事”三个部分，共计 26 篇文章，这些文章绝大部分首发在《经济观察报·观察家栏目》，属忆旧文章。作者自幼深受父母及其文化界朋友的影响，视野开阔，阅历丰富，聪睿明敏，西方古典音乐修养极佳，尤其擅长文字，其作品可读性较强。

全书 165 千字，23 幅图。作者李大兴，1982 年留学日本，后赴美留学并定居。其文字沉稳老练，机锋檃栝，十分具有可读性。（邵慧敏）

《星云智慧》

生活·读书·新知三联书店重点出版项目。生活·读书·新知三联书店 2017 年出版。

本书集结了星云大师多年来对诸多社会与人生问题的评论。全书分为 8 个章节：人间事、悲苦事、大众事、谈心事、智慧事、佛家事、两岸事、大千事。在书中，大师谈媒体、谈灾难、谈教育、谈生死，结合佛理佛法，字字珠玑，体现出他的慈悲、智慧、包容和无私。每篇章节最后，更有高希均教授的回应文章，使得本书更臻圆满。

全书 320 千字。作者星云大师，1927 年生，江苏江都人，台湾佛光山开山宗长、国际佛光会世界总会总会长、临济宗第48代传人。一生致力于推广文化、教育、慈善等事业，先后在世界各地创设200余所寺院道场，并在海内外设立16所佛教学院，培养佛门专业人才。此外，为推广社会教育，创办了均头和均一中小学、普门中学、南华大学、佛光大学、美国西来大学、澳大利亚南天大学，创办了《人间福报》、人间卫视等媒体。（邵慧敏）

“我的动物园”系列

现代教育出版社重点出版项目。现代教育出版社2017年2月出版。

该系列是一套以AR技术为依托的科普类图书，共4册，分为《丛林冒险》《大千世界》《海底探秘》和《天空之城》，精装，适合3～6岁儿童阅读。作者叶可涵从小是一位自然科学爱好者，曾做过野生动物摄影师，其所创业的公司——上海戈威公司，是一家专业的AR、VR技术提供公司，在AR儿童领域有着丰富的经验，也具有丰富、专业的建模经验与计算机视觉研发能力。本系列图书囊括了从陆地到海洋、到天空的常见的100种动物最真实的姿态，并配以该动物的生活习性、形态特征、科普小贴士等科普知识，提升了图书的科教和科普价值。好玩的同时，还可以学习到关于动物的各种科普知识，弥补了现在AR图书重玩乐性缺乏知识性的缺陷。（杨　静）

“中国‘家庭·家教·家风’教育”丛书（第1辑）

现代教育出版社重点出版项目。现代教育出版社2017年4月出版。

本套丛书主要以0～6岁儿童的发展特点为主线，从教育学、儿童心理学、社会学等多学科视角来解读儿童的发展和需求，更好地指导家长学会智慧地面对、解读和解决孩子出现的心理、生理、行为、人际关系、习惯培养等方面的实际问题，促进儿童的健康成长和全面发展。这套丛书的第1辑共6册，分别是《0岁孩子0岁父母》《1岁孩子1岁父母》《2岁孩子2岁父母》《3岁孩子3岁父母》《4岁孩子4岁父母》《5岁孩子5岁父母》，适合有0～6岁孩子的父母阅读。该套丛书的作者为北京师范大学家庭教育课题组，他们结合多年来有关家庭教育的科研成果而作，由中国家庭教育学会原副会长赵忠心、北京师范大学儿童教育专家钱志亮联袂推荐。截至2017年10月，已连续重印4次，印数达3万套。（杨　静）

“中外文化文学经典导读与赏析”系列

现代教育出版社重点出版项目。现代教育出版社2017年4月出版。

这套系列图书是响应中央关于“推广群众阅读活动”的精神以及国务院“十三五”教育发展规划中关于积极引导学生阅读欣赏中外文化文学艺术经典的政策，并结合国家教育部颁布的中高考语文《考试说明》中要求中学生必读和必考的列举书目，联合诸多北京市重点中学的一线高级语文教师和专家而策划推出的。该系列共13册，包括《红楼梦》（上下）、《三国演义》《平凡的世界》《呐喊》《四世同堂》《红岩》《雷雨》《论语》《欧也妮·葛朗台》《堂吉诃德》《巴黎圣母院》《老人与海》《边城》。

丛书每册分“作家介绍”“作品介绍”“文章赏析”“艺术手法赏析”“与其他作品的比较阅读”“作品所反映的文化”等多个板块，汇聚了很多最近几年在各种核心期刊上发表的文献，并有意识地收录同一问题的各家之言，形成争鸣，让学生直观地感受到对于经典的一般认知和个性化解读共存，拉近经典著作和学生的距离，使他们能从多角度了解这些经典著作，引导和培育学生发散性思维和多层面的理解经典著作，使学生不仅能提高文学素养和阅读兴趣，备战考试，还可以让他们了解中外文化文学经典著作的深刻精髓，终身受益。（杨　静）

“儿童科学早知道”系列

现代教育出版社重点出版项目。现代教育出版社 2017 年 7 月出版。

该系列图书是一套原创的儿童科学绘本，共 6册，包括《瓢虫和蜻蜓》《木娃和跳蛛》《小鸡和大马》《红鱼和青蛇》《枫树和向日葵》《蝴蝶和蜂鸟》，精装，适合 7～10 岁儿童阅读。该系列图书作者为月中兔工作室，是一家长期为国内著名出版机构提供原创儿童和青少年图书的工作室。每本图书以生动趣味的故事形式介绍两种动物或植物，内容科学严谨，图片真实唯美，语言生动活泼，不仅可以锻炼孩子的观察能力、培养孩子的科学探索精神，还可以熏陶孩子从小与科学、自然为友，让孩子懂得尊重生命、敬畏生命。（焦小桥）

“小学生必背古诗词”系列

现代教育出版社重点出版项目。现代教育出版社 2017 年 8 月出版。

“小学生必背古诗词”系列共 3 册，包括《小学生必背古诗词 75 篇》《小学生必背古诗词 80 篇》《小学生必背古诗词 75＋80 篇》。本系列图书精编精选的古诗词，让赏析的内容全面翔实，是一本小学生学习古诗词必备查阅手册，不仅包括义务教育《语文课程标准》的指定篇目 75 篇，还涵盖了《语文教学大纲》的必背篇目 80 篇。书中的诗词按年代顺序编排，分为汉代、三国、南北朝、唐代、宋代、明代和清代几部分。根据《语文课程标准》的要求，本书广泛听取了一线优秀语文教师的意见和建议而编写完成本书，希望帮助小学生突破古诗词学习的难点，助力小学生语文学习和考试。（焦小桥）

《丝路画语》

现代教育出版社重点出版项目。现代教育出版社 2017 年 10 月出版。

书中记录了作者考察、临摹、写生丝路艺术的经历和大量珍贵的写生图片，生动再现了作者沿着丝绸之路写生的第一手资料，并配有大量文字真实记录了当年的考察过程，描述了所见所闻，尤其是展现的那个时代、过往年代的风土、人情、事物，使本书读起来亲切、平易、朴实，更具有打动人的力量。本书作者杨戈，原名杨殿波，毕业于中央工艺美术学院（现清华大学美术学院），中国当代实力派画家。书中独具创新地以“吉祥鸟”做比喻，形象地给出了一张“古代丝绸之路”的历史路线图。（杨　静）

“时间岛”品牌作文

现代教育出版社重点出版项目。现代教育出版社编辑出版。

“时间岛”品牌下有两个系列图书，分别是“写作启蒙课系列”和“小学生作文 1000 篇系列”。主编文华，全国中小学语文教学研究专家、优秀出版策划人、“正能量阅读”发起人与推广人，对中小学作文、阅读有深入而独到的研究，她出版的优秀畅销图书约 200 部，深受广大读者的好评。专家顾问胡文杰，其倡导和主持的“童声作文”项目获教育部国家级教学成果奖、浙江省人民政府教学成果奖等百余次奖励。

“写作启蒙课系列”共 8 册，包括《小学生看图说话写话：全彩美绘注音版》《小学生学写一句话一段话：全彩美绘注音版》《小学生日记入门与提高：全彩美绘注音版》《小学生日记周记起步：全彩美绘注音版》《小学生注音看图作文：全彩美绘注音版》《小学生作文好词好句好段：全彩美绘注音版》《小学生作文起步：全彩美绘注音版》《小学生作文入门与提高：全彩美绘注音版》。本书针对小学 1～3 年级学生作文入门与提高学习的要求和特点进行设计，名师手把手进行辅导，方法通俗易懂、简单实用，能够帮助学生的作文快速入门、快速提高。精美的插图、活泼的版式、精彩的内容、富有启发性的练习，能拓展学生的思路，有效激发学生的学习兴趣，让学生在愉快的阅读中轻松学习。2017 年 1

月出版。

“小学生作文1000篇系列”共4册，包括《小学生分类作文1000篇》《小学生获奖作文1000篇》《小学生满分作文1000篇》《小学生优秀作文1000篇》。“小学生作文1000篇系列”内容涵盖写人作文、记事作文、写景作文、状物作文、想象作文、游记作文、应用文、百年经典国文课、优秀作文核心技法、名校尖子生优秀作文、名校创新优秀作文、名校话题优秀作文、名著好词好句好段、十大权威作文大赛、名校大赛获奖作文、经典主题获奖作文、大赛金奖作文全集、获奖作文必备素材、经典考题名师导写、考场满分作文、全国名校满分作文、尖子生课堂满分作文、满分好词好句好段。本系列融权威性、工具性、实用性、丰富性、精品性、典藏性于一体，是全国小学生必备的读练写考多功能作文百科全书。2017年5月出版。（焦小桥）

华文书法教室

中版教材有限公司重点项目。2014年立项。

中版教材有限公司筹建新疆维吾尔自治区“华文书法教室”，旨在落实教育部《中小学书法教育指导纲要》的工作部署，为边疆中小学书法教育创设更好的教学条件，促进边疆中小学书法教育均衡、深入开展。为了有效增强华文版《书法》教材的竞争力，体现出版“国家队”文化援疆的责任与担当，中版教材有限公司计划从2016年起，用3～5年的时间，投入1000万元人民币，通过搭建立体的书法教学支撑体系，进一步支持新疆维吾尔自治区中小学书法教育事业，更好地配合自治区教育厅做好中小学书法教育服务工作。

2017年3月初，中版教材有限公司与新疆维吾尔自治区教育系统相关专家共赴南疆的克州与和田地区，与当地教育行政部门领导及相关学科专家共同确定“克州二中”及“和田五中”两所学校的“华文书法教室”选址工作。至此，中国出版集团公司在新疆维吾尔自治区援建的首批已授牌9个地州市13所中小学的“华文书法教室”建设工作已接近尾声。随着“华文书法教室”的建成和相继启用，将会有更多的“华文书法教室”投入实际教学使用当中。

2017年12月10～16日，新疆维吾尔自治区教育厅和中版教材有限公司在新疆维吾尔自治区巴州库尔勒市联合举办第5届中小学书法骨干教师培训班。培训期间，在巴音郭楞蒙古自治州举行了“巴州二中‘华文书法教室’启用仪式”，并向巴音郭楞蒙古自治州第二中学“华文书法教室”捐赠了100本“华文书法教育”精品图书。

（张造顺）

《中国故事大会》

中版昆仑传媒有限公司重点项目。中版昆仑传媒有限公司2017年9月8日制作出品。

《中国故事大会》以讲好中国故事、弘扬中国精神、培养民族文化自信为内核，讲述百姓故事，展现民生百态，呈现人民生活的平凡气息和非凡精神。节目邀请明星与素人共同参与，将现场讲述与观众互动相融合，并结合线上传播线下互动的形式，创立了国内第一个系统讲述中国故事的大型人文综艺节目。《中国故事大会》由中版昆仑传媒、北京电视台等单位联合打造，于2017年9月8日在北京卫视黄金时间播出，并在腾讯视频同步上线。《中国故事大会》打开了中国出版集团公司“讲好中国故事”的新局面，通过卫视综艺的形式与当代互联网视频的传播，实现电视与互联网及纸媒宣传的深度融合，让中国故事的传播更具穿透力、亲和力和影响力。

《中国故事大会》项目完成度高，赢得了良好的口碑，取得了较大的社会效益。节目自发布以来，不但新华社、《人民日报》《光明日报》等主流媒体进行了深度报道，还成功吸引多家新媒体的持续关注报道，如今日头条、百度、腾讯新闻、网易新闻、新浪网、搜狐网、凤凰网、一点资讯等，累计发布深度文章70余篇，网络转载超过300多家媒体。截至2017年底节目播出完毕，《中国故事大会》收视率占据全国前3名，网络点击量累计达到1.35亿，网络参与阅读、

讨论量超过 1000 万。（沈梦杭）

中国故事千万亿平台

中版昆仑传媒有限公司重点出版项目。中版昆仑传媒有限公司 2017 年 1 月 19 日启动工作。

“中国故事千万亿平台”采用全球协同制作体系作为内容制作流程，基于互联网和云技术的平台融合了高效的媒资管理技术，实现了多人同时在线、24 小时全球制作响应，可同时在线制作内容上百个，拓展了有限的采编空间，实现了用最小的成本办最多的事；它不仅是空间平台、技术平台、资本运作平台，还是融多种传播渠道为一体的内容发布平台：平台在全球拓展融合了传统电视和新媒体等多种渠道，形成了分布在 120 多个国家和地区的 6000 多家注册媒体用户的传播网络，抵达受众可达数亿；“中国故事千万亿平台”不仅有具备全球视野的国际制作人，更有“大数据系统”精确分析受众需求，对传播效果进行定量分析，使传播效果可以衡量，最终形成以传播效果为导向的制作体系，构建起中国故事对外传播的良性循环。

2017 年 1 月 19 日，“中国故事全球传播千万亿高峰对话”在北京举行，参会各方代表签署了 2017 行动宣言，并启动了 6000 部中国故事的投拍和全球传播工作。

“中国故事千万亿平台”项目截至 2017 年底，已经推出数万分钟的中国视听图文内容、近 2000 个中国故事，题材涵盖商务、科技、文化、旅游等类别，并通过其数千个合作媒体渠道，到达了数以亿计的外国受众，推动中国内容规模化地走向世界。（诸琦睿）

人事任免

PERSONNEL MATTERS

中共中央宣传部2017年任免中国出版集团公司干部情况

2017年2月7日，赵东同志任东方出版中心总经理。

2017年2月7日，聂静同志任中国图书进出口（集团）总公司党委书记。

2017年2月7日，刘海涛同志任中国民主法制出版社社长。

2017年2月7日，曹剑同志任中国民主法制出版社党委书记。

2017年2月7日，赵卜慧同志任研究出版社总编辑。

2017年2月7日，臧永清同志任人民文学出版社社长。

2017年2月7日，免去李智平同志东方出版中心总经理。

2017年2月7日，免去吴伟同志中国图书进出口（集团）总公司党委书记。

2017年2月7日，免去管士光同志人民文学出版社社长。

中国出版集团公司2017年任免干部情况

2017年2月7日，赵东同志任东方出版中心党委副书记，中国出版集团公司驻上海办事处主任。

2017年2月7日，聂静同志任中国图书进出口总公司副总经理。

2017年2月7日，刘海涛同志任中国民主法制出版社党委副书记。

2017年2月7日，免去赵卜慧同志中国民主法制出版社党委副书记。

2017年2月7日，免去李智平同志东方出版中心党委副书记、驻上海办事处主任，办理退休。

2017年2月7日，免去吴伟同志中国图书进出口（集团）总公司副总经理，办理退休。

2017年2月7日，免去管士光同志人民文学出版社党委副书记，办理退休。

2017年4月6日，免去臧永清同志研究出版社常务副社长。

2017年2月14日，免去姚劲华同志中版教材有限公司常务副总经理。

2017年3月21日，赖雪梅同志任中版集团数字传媒有限公司执行董事。

2017年4月18日，范存刚同志任荣宝斋党委副书记。

2017年4月18日，李学焦同志任荣宝斋纪委书记。

2017年6月1日，王剑辉同志任中国出版传媒股份有限公司财务部副主任（主持工作）。

2017年6月21日，周绚隆同志任人民文学出版社纪委书记。

2017年7月4日，李红文同志任中国出版集团公司人力资源部副主任（主持工作）。

2017年7月4日，孙竞同志任中版集团数字传媒有限公司副总经理。

2017年7月4日，汪武同志任世界图书出版有限公司党委书记。

2017年7月4日，李春凯同志任世界图书出版有限公司党委副书记。

2017年7月4日，孙延凤同志任世界图书出版有限公司纪委书记。

2017年7月17日，陈琦同志任现代教育出版社党委副书记。

2017年7月28日，姜燕同志任中国出版传媒股份有限公司人力资源部副主任（部门主任级）。

2017 年 8 月 17 日，张力慧同志任中国出版传媒股份有限公司出版业务部副主任、审读小组组长。

2017 年 8 月 17 日，免去张力慧同志华文出版社副总编辑。

2017 年 8 月 17 日，任其忻同志任中国出版传媒股份有限公司市场营销部副主任。

2017 年 8 月 17 日，聘任金霞同志为中国出版传媒商报社副总编辑，聘期 3 年。

2017 年 8 月 17 日，张作珍同志任世界图书出版有限公司总经理、总编辑、党委副书记。

2017 年 8 月 17 日，免去李春凯同志世界图书出版有限公司总经理、总编辑、党委副书记。

2017 年 8 月 17 日，免去张作珍同志生活 · 读书 · 新知三联书店副总经理、纪委书记。

2017 年 9 月 19 日，范存刚同志任荣宝斋上市工作领导小组副组长。

2017 年 10 月 10 日，周辉同志任中国出版传媒股份有限公司科技与数字出版部副主任。

2017 年 10 月 10 日，唐俭同志任中版昆仑传媒有限公司总编辑。

2017 年 10 月 10 日，贾兵伟同志任中译出版社总编辑。

2017 年 10 月 27 日，张高里同志任中译出版社社长。

2017 年 10 月 27 日，免去张高里同志中译出版社总编辑。

2017 年 12 月 12 日，免去陈岩同志世界图书出版有限公司副总经理。

2017 年 12 月 12 日，吴良柱同志任现代出版社总编辑、副社长（主持工作）。

2017 年 12 月 12 日，免去臧永清同志现代出版社总编辑。

2017 年 12 月 12 日，免去吴良柱同志中译出版社总编辑、党委副书记。

（董　易）

规章制度

RULES AND REGULATIONS

CPGC

集团公司部分重要规章制度

《中国出版集团公司亏损子企业扭亏增盈管理办法》

中国出版集团公司 2017 年 2 月 7 日发布实施。为了加强对各级亏损子企业扭亏增盈工作的管理，层层分解和落实管理责任，强化目标管理和过程评价，形成有效的激励和约束机制，提高整体经营效益和运行质量，中国出版集团公司印发了《中国出版集团公司亏损子企业扭亏增盈管理办法》。 （黄　迪）

《中国出版集团公司境外投资财务管理办法》

中国出版集团公司 2017 年 9 月 28 日印发，自 2017 年 10 月 1 日起施行。为进一步加强集团公司境外投资财务管理，防范境外投资财务风险，提高投资效益，根据财政部《国有企业境外投资财务管理办法》等规定，中国出版集团公司印发了《中国出版集团公司境外投资财务管理办法》。 （黄　迪）

《中国出版集团公司差旅费管理办法》

中国出版集团公司 2017 年 11 月 8 日印发，自 2017 年 12 月 1 日起施行。为了推进厉行节约反对浪费制度建设，加强和规范集团公司差旅费管理，参照财政部制定的《中央和国家机关差旅费管理办法》，参考有关中央企业规定，结合集团公司实际情况，中国出版集团公司印发了《中国出版集团公司差旅费管理办法》。 （黄　迪）

《中国出版集团公司项目库管理实施细则》

中国出版集团公司 2017 年 6 月 2 日发布施行。为进一步规范各类专项资金项目库管理流程，明确项目申请、审批及执行各阶段中申报单位、业务归口管理部门、预算牵头部门和财务部门的权利及责任，提升项目管理成效，根据《中国出版集团公司专项资金管理办法》（中版发〔2013〕20 号）、《关于加强专项资金管理工作的指导意见》（中版〔2015〕51 号）等相关文件，中国出版集团公司颁布了此细则。 （黄　迪）

集团公司所属单位部分重要规章制度

《人民文学出版社导向管理规定》

人民文学出版社 2017 年 6 月 28 日修订。为加强人民文学出版社企业管理和编辑队伍基础建设，确保图书选题导向正确、图书编校质量过硬。2017 年人民文学出版社制定了《出版物导向、质量管理注意事项》，并在此基础上修订了《人民文学出版社导向管理规定》。管理规定中再次强调坚持正确的出版导向，为人民提供优质的精神文化产品，是人民文学出版社作为中国文学出版“国家队”的职责。图书导向管理工作是“一把手工程”，社长、总编辑在导向管理上负主要责任，必要时可以行使“一票否决权”；分管编辑出版工作的领导负直接责任；总编室严格依照总局《图书、期刊、音像制品、电子出版物重大选题备案办法》，对涉及图书重大选题的项目坚决履行报备制度；认真落实选题论证制、发稿三审制。初审、复审、终审人员都要有高度的政治敏锐性和责任意识，在书、刊内容导向方面时刻保持警惕，不马虎，不懈怠，不抱侥幸心理，不自以为是，发现问题要及时提出，难以把握和处理的问题可交由社务会最后裁决。导向问题是出版社的生命线，一旦出现问题，一定要严格追责。

与此同时，人民文学出版社还重新修订了《关于资助图书出版的有关管理规定》，及再次调整编制了《关于加强生产会流程管理的通知》等相关图书出版管理的规章制度。

（甘　慧）

《商务印书馆子公司招聘、录用、解聘员工管理细则》

商务印书馆 2017 年 5 月制定并执行。为规范子公司招聘工作流程，严把选人用人关，根据商务印书馆《子公司管理办法》制定。本细则在充分调研各子公司招聘流程的基础上形成，对各子公司的招聘、录用、解聘等环节的具体流程做出了明确规定，强调各环节的报备、报批程序。本细则的实施，有利于人力资源部门及时掌握各子公司的人员动态，对于加强各子公司人力资源管理工作具有积极的指导意义。（刘　波）

《商务印书馆馆内人才交流中心关于待岗及转岗培训人员的管理办法》

商务印书馆 2017 年 3 月制定并执行。为适应人力资源管理的新要求，更好地解决馆内人员流动中出现的新问题，依照商务印书馆《馆内人才交流中心工作条例》制定。

本办法对何为待岗人员，待岗期、转岗培训期的管理时长及流程，待岗期、转岗期的薪金待遇等问题做出规定。其中，待岗期为 1 个月，人员可在待岗期内联系馆内接收部门或馆外接收单位；转岗培训每 3 个月为 1 个周期，至多可于所指定的转岗培训部门进行二期培训及考核，如二期考核均不合格，则另行指定其他部门进行转岗培训；对于经 3 个周期转岗培训，考核仍不合格的人员，解除劳动合同。本办法的实施，对于解

决商务印书馆待岗人员的再上岗问题起到积极的促进作用。（刘　波）

《中华书局2017年度绩效考核分配方案》

中华书局2017年4月18日颁布并执行。为促进企业经济发展，激励与公平并重，总额可控，核算简捷，结合中华书局具体情况，对原有关绩效考核分配方案予以修订完善，制定《中华书局2017年度绩效考核分配方案》。

（刘　澂）

《中华书局有关印制管理的规定》

中华书局2017年7月4日颁布并执行。为规范企业印制管理，降低书刊成本，控制财务风险，保障企业生产的正常进行，结合中华书局具体情况，制定《中华书局有关印制管理的规定》。原有的相关规定，自2017年7月4日起废止。

（刘　澂）

《中国大百科全书出版社印章管理办法》

中国大百科全书出版社2017年1月1日起颁布并执行。条例说明了本管理办法颁布实行的目的与意义：为保证本社印章使用的合法性、严肃性和可靠性，杜绝违法行为，维护公司利益，制定本办法。条例定义了中国大百科全书出版社印章的属性、种类。针对中国大百科全书出版社印章的刻制、使用、保管办法、禁止行为做了详尽的阐述与说明。针对社公章、法人章、财务专用章等重要类型印章的使用或相关事务进行了特别规制。最后就印章的废止、遗失、更换，印章管理人的责权等问题做了解释说明。

（尹添铭）

《中国大百科全书出版社介绍信管理办法》

中国大百科全书出版社2017年1月1日颁布并执行。条例就中国大百科全书出版社介绍信的使用范围、审批办法、保存与管理做了详细的阐述与说明。（尹添铭）

《中国美术出版总社绩效考核管理办法修订方案》

中国美术出版总社2017年5月颁布执行。根据社内实际情况，为了进一步明确考核预期目标，调动和发挥图书编校出版人员的积极性，贯彻按劳分配的原则，经总社办公会议研究，对原有《绩效考核管理办法》进行修订，进一步明确岗位划分、出版图书数量指标、经济效益考核办法等内容。（范雨萌）

《中国美术出版总社资料室职工阅览管理制度》

中国美术出版总社2017年10月颁布执行。为了规范资料室阅览工作，加强对资料室的管理，根据总社实际情况制定该制度，包括《本社阅览室规则》《图书资料借用办法》《读者违规处理办法》《读者卡办卡指南》4项主要内容。

（范雨萌）

《人民音乐出版社出差与差旅费管理规定（修订）》

人民音乐出版社2017年12月颁布执行。为保证出差人员的工作和生活需要，参照《中国出版集团公司差旅费管理办法》，特制定本管理规定。本规定适用于人民音乐出版社所有员工，分为出差管理和差旅费管理两部分内容，对出差范畴、办理手续、审批程序、差旅费标准等进行了详细的说明。（杨莹莹）

《人民音乐出版社数字资源管理办法（试行）》

人民音乐出版社2017年9月颁布执行。为进一步规范人民音乐出版社有限公司数字资源管理，保障数字资源安全有效的利用，参照《电子

文件归档与管理规范》GB/T18894－2002 等有关标准，特制定本办法。本办法适用于出版的图书、音像、期刊、电子、网络出版物，其相关数字资源必须进行归档管理。本办法对数字资源的管理部门、交付要求、资源使用方式、审批流程等进行了详细的说明。 （黄亚超）

《生活·读书·新知三联书店有限公司子公司财务管理制度》

生活·读书·新知三联书店 2017 年 4 月 5 日颁布。该制度的制定，旨在为进一步加强生活·读书·新知三联书店有限公司（以下简称“三联书店”）子公司的管理和控制，规范三联书店内部运作机制，强化财务核算和财务管理，防范经营风险，促进子公司规范运作和健康发展。制度共分为 11 章，分别为总则，财务管理体制，预算管理，会计核算管理，资产管理，成本费用管理，资金支出审批管理，收入、利润及其分配，财务会计报告及财务分析，内部审计监督及附则。 （刘　畅）

《生活·读书·新知三联书店工资总额预算管理办法（试行）》

生活·读书·新知三联书店 2017 年 11 月 1 日颁布。该办法的制定旨在为进一步规范生活·读书·新知三联书店（以下简称“三联书店”）所属企业（以下简称“企业”）工资总额管理，根据国家有关法律法规及收入分配政策，判定本办法。办法共有 19 条，分别包括工资总额管理原则、适用范围、工资总额组成内容、工资总额预算调整数确定方法、企业向三联书店报送工资总额预算方案应当载明内容等。 （刘　畅）

《东方出版中心领导干部因私出国（境）管理办法》

东方出版中心 2017 年 5 月颁布执行。该办法由 11 条 2 个附件内容组成。根据中国出版集团公司《中国出版集团公司领导干部因私出国（境）管理暂行办法》（中版发〔2016〕15 号）通知精神，结合上海市人民政府发布的相关法规要求，制定本办法。办法采取分级负责制，对领导干部因私出境的审批管理、审批流程、证件管理及登记备案相关要求等进行了规定。

（姜小明）

《东方出版中心出版系列高级专业技术职务任职资格评审办法（试行）》

东方出版中心 2017 年 5 月颁布执行。该办法由 5 个章节 19 条内容组成。为了规范和完善专业技术职务任职资格的申报、评审工作，根据国家新闻出版广电总局有关出版职称评审工作的文件精神，制定本办法。办法对申报对象、申报条件、评审标准、评审组织及相关附则进行了规定。 （姜小明）

《东方出版中心资金审批管理办法》

东方出版中心 2017 年 6 月颁布执行。该办法由 2 大板块 7 条内容组成。为加强资金支出审批的管理，在“必需、合理、节俭”的原则下，确保各项经济活动规范、有序地进行，特根据《公司法》《会计法》《企业会计准则》等法律法规和中国出版传媒股份有限公司相关财务管理制度，制定本办法。办法明确了资金支出的分类、资金支付的原则及依据等内容，旨在明确和规范各项资金支出的审批权限和办理程序。决策程序按“三重一大”等相关制度执行。本办法自签发之日起生效，原成本费用审批制度同时废止。

（姜小明）

《东方出版中心“三重一大”决策制度实施办法》

东方出版中心 2017 年 7 月颁布执行。该办法由 9 章 30 条内容组成。为深入贯彻落实《中

国出版集团公司“三重一大”决策制度实施办法（试行）》，规范决策行为，提高决策效率，防范决策风险，进一步促进领导干部廉洁自律，深入推进中心反腐倡廉建设，保障企业科学发展，结合中心实际，特制定本单位“三重一大”决策制度实施办法。办法对“三重一大”的议事原则，“三重一大”事项的内容，决策的形式、程序、规则以及决策实施、监督检查、责任追究等方面进行了规定。本办法自签发之日起实施。原办法同时废止。

（姜小明）

《东方出版中心绩效考核制度（试行）》

东方出版中心 2017 年 11 月颁布执行。该制度由四部分内容组成。为强化绩效管理，改善员工工作表现，激励员工与企业共同成长，最终实现企业目标和使命，特制定本制度。制度通过明确考核目的、组织保证、适用范围及考核原则等内容，对部门考核、个人考核及考核结果的处理进行规范。本制度自发布之日起生效，原有考核方法废止。

（姜小明）

《东方出版中心关于获得各类奖项的奖励办法》

东方出版中心 2017 年 12 月颁布执行。该办法由三部分内容组成。根据薪酬管理及绩效考核制度的基本原则，为进一步调动员工积极性，推动中心事业平稳较快发展，贯彻按劳分配的原则，特制定本办法。围绕图书出版主业，本办法设立了图书开发生产奖和营销宣传奖，同时对获得除图书出版外的各类奖项或表彰设立奖项，明确各奖项的奖励对象和奖励标准。办法自下发之日起执行。

（姜小明）

《新华书店总店差旅费管理办法（修订）》

新华书店总店 2017 年 8 月 28 日颁布并执行。为加强和规范新华书店总店国内差旅费管理，推进厉行节约反对浪费，参照有关部门和中央企业的规定，结合新华书店总店实际情况和现有市场经济水平，特制定本办法。内容共分为 8 个章节，对工作人员临时到常驻地以外地区公务出差所发生的交通费、住宿费和伙食补助费按现任职务进行了规范。

（赵　煦）

《新华书店总店公务接待管理办法（试行）》

新华书店总店 2017 年 8 月 28 日颁布执行。为贯彻落实中央“八项规定”精神和中共中央、国务院印发的《党政机关厉行节约反对铺张浪费条例》《党政机关国内公务接待管理规定》的相关要求，规范企业公务接待管理，结合实际，制定本办法。内容共分为 5 章 22 条，对公务接待原则、招待标准及审批权限、监督检查和责任追究等方面进行规范。

（赵　煦）

《新华书店总店实习生管理办法》

新华书店总店 2017 年 2 月颁布并执行。为规范新华书店总店实习生的管理工作，结合新华书店总店实情和中国出版集团公司相关规定，制定本办法。该管理办法共 10 条，对本办法适用范围、职责分工、实习生招用、聘用办法、实习生管理及待遇等方面做出了明确规定。

（赵　煦）

《新华书店总店中层管理人员竞聘上岗实施方案》（2018—2020 年度）

新华书店总店 2017 年 10 月 27 日颁布执行。为实现新华书店总店发展战略，建立一支与现代企业制度相适应的中层管理队伍，根据干部管理权限以及《新华书店总店中层管理人员选拔任用办法》（2018－2020 年度），制定本方案。内容共有 11 个小节，对中层管理人员竞聘上岗的原则、竞聘方式、岗位及职数、条件、招聘范围、

组织领导、竞聘程序等方面做出了明确规范。

（赵　煦）

新华书店总店中层管理人员选拔任用办法（2018—2020 年度）

新华书店总店 2017 年 10 月 27 日颁布执行。为加强新华书店总店中层管理人员队伍建设，建立健全与现代企业制度相适应的人才机制，建立科学规范的选拔任用管理体系，根据《党政领导干部选拔任用工作条例》《新华书店总店人力资源管理大纲》制定本办法。内容共有 6 章 27 条，包括中层管理人员选拔任用原则、条件与资格、程序与方法、纪律与监督、免职、辞职与降职等方面的内容。

（赵　煦）

新华书店总店中层以下管理岗位竞聘上岗实施方案（2018—2020 年度）

新华书店总店 2017 年 11 月 30 日颁布执行。为了实现新华书店总店发展战略，深化企业人事、分配制度改革，优化人力资源配置，建立与现代企业制度相符合的人力资源管理体系，新华书店总店实行高级主管、高级主管助理及主管等中层以下管理岗位竞聘上岗。内容共 11 个小节，对新华书店总店中层以下管理岗位竞聘上岗的原则、方式、岗位及职数、竞聘基本条件、招聘范围、竞聘流程等方面进行了规范。

（赵　煦）

《荣宝斋官方网站管理办法》

荣宝斋 2017 年 1 月 18 日制定并执行。为加强荣宝斋官方网站的建设和管理，确保荣宝斋官方网站健康、稳定、有效的发展，出台了《荣宝斋官方网站管理办法》。该办法共 8 条，旨在充分利用荣宝斋官方网站，宣传各部门及各所属企业的资讯、产品、学术活动等，以提高业内知名度，促进产品的市场宣传及销售。在做好宣传工作的同时，保护好荣宝斋官方网站的学术性、权威性、市场指导性，严格执行网站资讯发布审批手续。

（陶　爽）

《中译出版社社委会议事规则》

中译出版社 2017 年 5 月修订。该规则共 12 条，根据中国出版集团公司巡视组的意见，结合集团公司对中译出版社领导班子的调整，本次修订对第 2、3、6、8、9 条中的相关内容进行了修改。

（茹　慧）

《中译出版社纪检监察工作制度》

中译出版社 2017 年 11 月 11 日修订。为了强化监督机制，促使全体党员提高自身修养和拒腐防变的能力，为公司的稳定、发展服务，根据国家的相关法律法规、各级纪检监察机关的有关规定，依据《中国共产党章程》《关于新形势下党内政治生活的若干准则》《中国共产党党内监督条例》等有关文件精神，结合本公司具体实际，特制定本制度。本制度适用于公司内部纪检监察事务。共 6 章 18 条，对组织领导、工作职责、工作原则、案件检查、政纪案件调查处理和举报做了详细规定。

（茹　慧）

《世界图书出版有限公司章程》

世界图书出版有限公司 2017 年 8 月 15 日颁布。该章程共 14 章 71 条，依据《中华人民共和国公司法》及相关法律法规制定本章程。章程中写明了公司名称、住所、注册资本、法人代表、经营范围等重大事项的基本内容，载明了公司组织和活动的基本准则。章程第 10 章就公司设立党委、党委成员、党委职责等做了明确规定，同时还规定了党群工作部作为党委办事机构，明确了党建活动经费标准和经费纳入公司预算管理。

（邵宗来）

《世界图书出版有限公司"三重一大"决策制度实施办法》

世界图书出版有限公司 9 月 13 日颁布。该

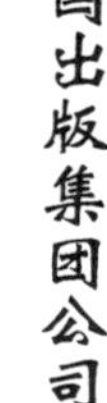

办法共 6 章 34 条，主要依据中共中央、国务院《关于进一步推进国有企业贯彻落实“三重一大”决策制度的意见》和《中国出版集团公司“三重一大”决策制度实施办法》，为加强公司对国有资产的监督管理，进一步规范公司重大问题的决策制度，保证企业决策的科学化、民主化、制度化，结合公司实际，特制定该办法。

（邵宗来）

《华文出版社管理部门考核办法（试行）》

华文出版社于 2017 年 5 月 1 日制定执行。考核办法是为保证全社管理规范有序、服务一线生产经营优质高效，做到职责明确、分工明晰、工作到位，建立长效机制。管理部门围绕年度、月度目标工作要点，有计划、有目的、有组织地进行工作部署，明确目标、任务、措施、时间、进度、要求和责任人。

在创新方法方面，此次推行的《考核办法》突出体现奖优罚劣，坚持公开透明，实行考核标准、考核过程、考核结果“三公开”，为促进创优争先，做好示范。另一方面，实行责任连带，对责任部分主要负责人实行连带扣分。充分运用考核结果，与评先树优、职务调整工作挂钩，有效提升管理效能。（刘　岚）

《华文出版社非编辑部门人员参与图书策划编辑暂行办法》

华文出版社于 2017 年 6 月起执行。为充分调动全员参与选题策划的积极性，更好地规范核心业务工作，经社委会讨论，特制定《华文出版社非编辑部门人员参与图书策划编辑暂行办法》。以选题策划为中心的项目负责制，是在出版社经营环境下提升编辑创新力的一种新路径探索。通过尝试如何建立专业化的选题论证制和科学的编辑分级绩效制的探索，力求激发员工自身积极性和创造性，是出版社在功能创新、管理模式创新方面进行尝试的举措之一。目前，有来自非编辑部门人员参与图书策划的案例，但有待进一步规范和总结。

（刘　岚）

《华文出版社图书数字资源管理办法》

华文出版社于 2017 年 9 月 1 日起执行。计算机网络自身存在的安全隐患，使得数字资源利用存在着不同的安全风险，为进一步规范图书数字资源管理，保障图书数字资源安全有效利用，特制定《华文出版社图书数字资源管理办法》（以下简称《办法》）。

《办法》从图书数字资源的归集、保管和使用方面的技术保障以及安全管理防范等方面入手，结合我社图书数字资源的特点，按照数字资源必须进行统一归档管理的原则，形成图书数字资源管理人员对数字资源的完整性与正确性承担最终责任。因此，提高人员的信息安全意识和培训，对于保障图书数字资源正常运行发展至关重要。

（刘　岚）

《华文出版社廉政规范》

华文出版社于 2017 年 11 月 6 日制定并执行。根据集团廉政建设相关要求，鉴于目前股份公司上市环境及业务流程中尚存的问题，为防范经营过程中存在的风险点，创造廉洁从业的氛围，经社委会研究，对出版各环节职工行为进行规范。

《华文出版社廉政规范》规定，在编辑出版环节，禁止编辑违反职业道德，以各种名义收受作者、合作单位给予的现金、礼物，或者向作者、合作单位索要现金、财物；在向作者支付稿酬方面，须严格按照合同执行；在支付图书出版过程中生成的劳务费用，须事先向出版社签报说明；在印制环节中，禁止编印环节出现出版社人员与印刷企业私下“合作”，抬高价格，收取回扣的行为；在发行环节，原则上禁止现金交易；物品采购环节，禁止与供货方私下“合作”，收取回扣；固定资产由办公室统一处置。对于违反规定的，出版社将给予严肃批评、行政处分，情

节严重或造成严重后果的，自行承担法律责任。

（刘　岚）

《华文出版社差旅费管理办法》

华文出版社于2017年12月7日制定并执行。根据《中国出版集团公司差旅费管理办法》（中版发〔2017〕9号），结合实际情况和实际业务需求，制定本办法。资产财务部负责对出差活动和经费报销的内控管理，配合审计监督差旅审批流程是否健全，出差活动是否按规定履行审批手续；差旅费范围及标准是否符合规定；差旅费报销是否符合规定；接待单位统一安排食宿、提供交通工具时，相关费用收取及账务管理情况是否符合规定等。

（刘　岚）

《中版教材有限公司适度上调培训专家费用标准》

中版教材有限公司2017年8月17日颁布执行。为更好地提高公司培训服务品牌形象，保障专家质量，增强培训实效，提升培训竞争力，参照《中央和国家机关培训费管理办法》，结合培训专家团队意见，公司对培训专家费用标准（2012年）进行适度上调。

（潘　健）

《中版教材有限公司关于进一步加强财务管理的规定（补充规定）》

中版教材有限公司2017年9月5日颁布执行。为进一步贯彻执行中共中央关于改进工作作风的“八项规定”及《党政机关厉行节约反对浪费条例》，根据《党政机关国内公务接待管理规定》《中央和国家机关会议费管理办法》等有关文件和最新指示精神，对2016年12月颁布执行的《中版教材有限公司关于进一步加强财务管理的规定》进行补充规定。

（潘　健）

《中版教材有限公司差旅费管理办法》

中版教材有限公司2017年12月1日颁布执行。为进一步加强和规范差旅费管理，根据《中国出版集团公司差旅费管理办法》的有关规定，制定了《中版教材有限公司差旅费管理办法》，共8章36条。

（潘　健）

《新华联合发行有限公司公务车辆和交通安全管理办法（试行）》

新华联合发行有限公司2017年3月22日颁布执行。共有6章22条。为加强公司公务用车管理，保证正常工作需要，提高车辆使用效率，保障行车安全，降低运行成本，结合公司工作实际制定。本办法对公务车辆的使用和管理、保养和维修、驾驶员的岗位要求和交通安全进行了规定。

（白　雨）

《新华联合发行有限公司印章管理暂行办法》

新华联合发行有限公司2017年3月22日颁布执行。共有6章19条。为规范管理公司各类印章的刻制、发放、保管、使用、废止并有效规避各类经济风险，结合公司工作实际制定。本办法对公司印章的印制、改制与废止，印章的使用、保管以及责任进行了规定。

（白　雨）

《新华联合发行有限公司考勤管理办法》

新华联合发行有限公司2017年5月2日颁布执行。共有6章45条。为加强公司考勤管理，严肃劳动纪律，维护工作秩序，结合公司工作实际制定。本办法对考勤内容、考勤记录、考勤管理和全勤奖进行了规定。

（白　雨）

《新华联合发行有限公司总经理办公会议事规则》

新华联合发行有限公司2017年5月2日颁布执行。共有6章25条。为规范公司总经理办公会议议事程序，保证总经理依法行使职权，履行职责，承担义务，依据相关法律法规、《新华联合发行有限公司章程》，结合公司工作实际制定。本规则对总经理办公会议事范围、与会人员、议事程序以及议定事项的实施和督查进行了规定。（白　雨）

《中版昆仑传媒有限公司员工保密守则》

中版昆仑传媒有限公司2017年4月颁布执行。全文共4章14条。守则规定，公司商业秘密是指关系公司权益、经营策略、发展战略等不便对外公开，不便为公众所知悉的信息，包括技术信息、经营信息和其他需要保密的商业信息等。为了维护公司的正当利益，明确员工对公司所负的保密义务，根据相关法律法规，特制定本守则。公司全体职员都有保守公司秘密的义务和责任。员工在工作中故意或过失违反公司的保密制度，将根据情节轻重和给公司造成的损失大小，视情给予警告、批评或经济处罚，直至予以除名；构成犯罪的，公司将依法追究其刑事责任。（胡振宇）

媒体关注

MEDIA REPORTS

CPGC

部分重要媒体对集团公司的报道

中版集团2016年度好书和2017年度重点图书发布

2017年1月12日《中国新闻出版广电报》报道。报道称，作为2017开年重头戏，1月10日，中国出版集团公司在北京举行第5届经销商大会暨营销创新论坛，发布“中版好书2016年度榜”和“2017年度中版集团重点图书”，同时表彰“中版图书优秀营销门店”“中版图书优秀采购经理”“中国出版集团优秀营销案例”“中国出版集团优秀营销员”。

入选“中版好书2016年度榜”的好书共50种，分别是：《重读先烈诗章》《供给侧改革：理论、实践与思考》等10种主题出版图书，《中国文化的根本精神》《藏身于物的风俗故事》等20种学术文化精品图书，《古乐之美》《北鸢》等10种文学艺术类图书，《野芒坡》《小棕熊的成长故事》等10种少儿类图书。

2017年度中版集团重点图书包括：生活·读书·新知三联书店的《生死关头——中国共产党的道路抉择》、华文出版社的《重走长征路：红一方面军》、中国民主法制出版社的《中共高层与西安事变》、人民文学出版社的《毛泽东三兄弟》、商务印书馆的《世界是通的——“一带一路”的逻辑》等主题出版图书；中国大百科全书出版社的《韦氏高阶英汉双解词典》、商务印书馆的《成语大词典》（最新修订版·彩色本）、人民音乐出版社的《中国音乐词典》（增订版）、世界图书出版公司的《中国民族百科全书》、中华书局的《魏书》等学术文化类图书；人民文学出版社的《天漏邑》、生活书店出版有限公司的《以蓄满泪水的双眼为耳》、中国民主法制出版社的《孤楼诡谈》、荣宝斋的《历代画谱类编》、人民美术出版社的《人美文库》等文学艺术类图书；人民文学出版社的《哈利·波特与密室》（全彩绘本）、天天出版社的《再见，不勇敢的我》、现代教育出版社的“科奇·保罗经典”系列等少儿类图书。

会上，中版集团综合社会反响、品牌强化、销售业绩、社会影响、实际双效等因素，对15家“2016年度优秀营销门店”、15位“2016年度优秀采购经理”、中版集团内出版十大“2016年度优秀营销案例”、15位“2016年度优秀营销员”进行集中表彰，希望树立榜样，引领好书销售。

会议指出，2016年中版集团持续深化内容精品战略、推进品牌经营战略成效显著，集团公司在图书市场的领先优势进一步扩大，新书印数5万册以上的品种有75种，同比增长87%；发货10万册以上的图书有96种，同比增长28%；中版好书年度榜50种图书平均印数达到3.5万册。中版集团“百店千柜工程”提前完成20家书店的落地任务。集团公司的文学、少儿、工具书、社科类图书市场竞争力明显增强。2017年，中版集团将把强导向、调结构、强动力、促融合作为工作主线，在确保导向正确前提下，大力推进产品、营销、业态、管理、人才、机制等方面的结构调整，将持续打造“中版好书榜”，深化“中版好书百店千柜工程”，创新线上线下销售模

式，加强销售管理方式探索。

会议由中国出版集团公司党组成员、中国出版传媒股份有限公司副总经理樊希安主持。中共中央宣传部、国家新闻出版广电总局、中国出版协会、中国书刊发行业协会等有关部门负责人出席会议，110家经销商代表参加会议。

（郑　甜）

出版融合发展重点实验室在中国出版集团公司挂牌

2017年1月16日《中国新闻出版广电报》报道。报道称，1月10日，以中国出版集团公司为依托单位的出版融合发展重点实验室挂牌仪式在中国出版集团公司举行，标志着这家实验室正式开始运行。这也是国家新闻出版广电总局批准建立20家出版融合发展重点实验室中首家挂牌运行的实验室。国家新闻出版广电总局副局长孙寿山、中国出版集团公司总裁谭跃为实验室揭牌并讲话。

孙寿山在讲话中，首先对出版融合发展重点实验室的挂牌表示祝贺。孙寿山指出，在中央全面深化改革领导小组第四次会议上，习近平总书记就媒体融合发展发表了重要讲话，深刻阐述了媒体融合发展的工作理念、实现路径、目标任务和总体要求。国家新闻出版广电总局按照中央战略决策部署，落实《关于推动传统出版和新兴出版融合发展的指导意见》要求，结合新闻出版行业实际，开展建设出版融合发展重点实验室有关工作。这对于探索、推动传统出版和新兴出版在内容、渠道、平台、经营、管理以及体制机制等方面的融合，对于促进传统出版转型升级，引领融合发展方向，拓展和占领网上网下两个阵地，提高新闻出版业的影响力、传播力和竞争力具有重要作用。

对中国出版集团公司近年来在出版融合发展工作中取得的成绩，孙寿山给予充分肯定。他指出，中国出版集团公司与清华大学新媒体传播研究中心和中科院自动化研究所模式识别国家重点实验室共建出版融合发展重点实验室，强强联手，优势互补，将为进一步推动产学研一体化，加强出版融合发展研究和应用打下坚实基础。

孙寿山指出，以中国出版集团公司为依托单位的出版融合发展重点实验室的挂牌，标志着国家新闻出版广电总局布建的重点实验室进入实质性运行阶段。他希望在重点实验室的具体工作中，要以始终坚持正确的导向为根本，牢固树立“四个意识”，坚定“四个自信”，秉承“48字”职责使命，把社会效益放在首位，实现社会效益和经济效益相统一；要以着力开展创新研究为重点，围绕重点研究方向，创新技术、产品、业态，进一步加快新闻出版业转型升级，实现传统出版和新兴出版由相“加”到相“融”；要以不断强化运行管理为基础，为重点实验室研究工作提供优质条件、创造良好氛围；要以加快研究成果转化为关键，尽快形成可复制、推广的新技术新成果，尽快使成果转化为推动产业发展的生产力，为出版融合发展提供智力支撑、技术保障和示范经验。

谭跃在讲话中表示，将紧扣重点实验室的主要任务，以打造数字集团为基础，形成产学研为一体的运营机制，围绕出版融合发展的重大课题、重大项目和重大发展方向开展攻关，努力成为全国融合发展研究与应用的示范点和排头兵。

据了解，经过前期的初评、复评、终评、实地考察，国家新闻出版广电总局批准建立20家出版融合发展重点实验室。这些重点实验室的依托单位，都是新闻出版行业的翘楚，共建单位则是在研究和实际应用领域优势比较突出，且在新闻出版领域有一定的实践经验和成果积累的知名科研机构。近些年来，中国出版集团公司按照国家新闻出版广电总局数字化转型升级工作的总体部署，先后建成了易阅通、译云、中国大百科全书数据库、精品工具书在线、中华经典古籍库等重大数字化项目，取得了良好的社会效益和经济效益。这次中国出版集团公司与清华大学新闻与传播学院新媒体传播研究中心和中国科学院自动化研究所模式识别国家重点实验室等两家国内顶级教育与研究机构作为出版融合发展重点实验室的共建单位，以组成集产学研于一体的最佳结

构。据悉，目前，3家共建单位已经初步拥有了一批技术趋于成熟的产品和研究成果，可以直接植入实验室的研究领域。

国家新闻出版广电总局规划发展司司长朱伟峰、出版管理司副司长许正明等出席仪式，中国出版集团公司副总裁潘凯雄主持了挂牌仪式。

（郑　甜）

中版集团奖励“百店千柜工程”优秀合作书店

2017年1月16日《中国新闻出版广电报》报道。报道称，1月10日，中国出版集团公司举行“中版好书百店千柜工程”工作会议，对工程建设推进、销售增长突出的广东新华发行集团等15家发行单位给予奖励。

据介绍，奖项设有工程建设推进及运营奖、销售增长奖两种。其中，获得工程建设推进及运营奖的广东新华发行集团、新疆维吾尔自治区新华书店、云南省新华书店，每家奖励2万元；海南凤凰新华出版发行有限公司、深圳市新华书店、阿克苏市新华书店，每家奖励1万元。

同时，对销售增长10万元以上且增长比例5%以上的书城给予奖励。此次中版集团奖励海南省海口市解放路新华书店3万元，奖励深圳书城中心城2.5万元，奖励新疆维吾尔自治区新华国际图书城2万元，奖励上海书城福州路店1.5万元，奖励云南省昆明市新华书店1.5万元，奖励浙江省宁波书城1万元，奖励福建省外图厦门书城、云南新华图书城、广东佛山三水购书中心各5000元。

（郑　甜）

中国出版集团公司向英国博航特中学赠书

2017年3月15日《中国新闻出版广电报》报道。报道称，3月14日，第46届伦敦书展开幕，开幕前夕，在英国当地时间3月13日，中国出版集团公司向英国汉普郡的博航特中学赠送了图书，并专门邀请瑞典汉学家林西莉女士做了题为“汉字之美”的讲座。

据了解，博航特中学是汉普郡的一所顶级公立中学，以浸入式汉语教学为特色，学校有1680名11～16岁学生，修习汉语课的学生数量450人，并将在2018年达到1000人。从1996年开始，该校获得英国特色学校联合会的特色语言学校的认可，并开始接受资金支持来扩大师生和所在社区的外语教学范围。这是中国出版集团公司第二次来到该校，2016年4月首次向该校赠书并设置专架。这次带来了更多、更新的汉语教材、工具书、少儿书、中国历史文化类图书，共100余册。

据悉，中国出版集团公司在第46届伦敦书展上，组织了丰富多彩的文化交流活动和务实高效的学术交流及专业活动。除向博航特中学赠书及汉语文化讲座外，还有“外国人写作中国计划”新书发布会暨汉学家联谊会、中译出版社和LID集团“中国企业家系列”（5种）新书发布会与招待酒会、“中国百科进美国”项目发布会暨国际编辑部揭牌仪式、国际出版企业高层论坛伦敦峰会，以及由中国出版集团公司、牛津大学图书馆“中国翻译出版中心”共同举办的《顺风相送》《指南正法》新书发布暨版权推介会等。

（郑　甜）

“外国人写作中国计划”新书发布会在伦敦举行

2017年3月16日人民网报道。报道称，3月14日，中国出版集团公司在伦敦皇家花园酒店举行了“外国人写作中国计划”新书发布会暨欧洲汉学家恳谈会。中译出版社总编辑张高里和集团公司所属单位的代表与来自英国、法国、瑞典等国的20余位汉学家、学者齐聚一堂，共同见证了中译出版社“外国人写作中国计划”的新书发布。

在六七十年前，一部由著名记者斯诺撰写的《西行漫记》向西方社会介绍了一个崭新的中国。延续这一历史传统，中译出版社“外国人写作中国计划”发布的新书包括德国汉学家顾彬的《忆当年》、印度汉学家狄伯杰的《中印情缘》（中英文版）和英国学者 Michael Dillon 参与简写的《简明中国历史读本》。会上还同时发布了邵乃读先生注释和翻译的中英文双语版《易经新注》。中译出版社总编辑张高里与瑞典汉学家林西莉女士和法国汉学家、法国汉语教学总督学白乐桑先生分别签署了“外国人写作中国计划”的两本新书的约稿协议，邀请他们写作自己的中国故事。

据了解，“外国人写作中国计划”以中华图书特殊贡献奖获得者、海外中国问题研究专家、重要汉学家等为主要撰稿人，用他们的亲身经历来讲述自己的“中国故事”。内容包括作者的家庭背景、成长经历，自己国家的历史文化，他们何时开始关注、了解并爱上中国、研究中国，以及他们在中国的求学、工作、生活和爱情，他们如何融入中国，亲身感受中国的发展变化，其间有很多生动感人的故事。这些充满真情实感和个性色彩的故事，可以生动地向世界展示发展中的中国和丰富多彩的中国文化，是推动中国文化“走出去”的一次新的尝试与突破。据悉，中译出版社已经与 15 位知名汉学家签署了写作计划，并开始陆续出版。先期出版的是英文版、汉语版和作者母语版。

《易经》是中华文明哲学的元典，博大精深，很早以前就得到西方哲学界和科学界的普遍关注，对其中的智慧充满赞叹。此次发布的邵乃读先生注释和翻译的《易经新注》，则为英语国家的读者提供了一个更好的了解《易经》、了解中国传统文化的途径。

在新书发布会结束后，在场汉学家、学者、出版人举行了翻译恳谈会，围绕中国出版集团公司所展示陈列的 30 多种外向型图书的翻译出版和国际化推广进行了深入的交流洽谈。中国出版集团公司还向一些知名汉学家颁发了集团公司顾问证书。

（郑　甜）

中国出版集团公司 15 年发展成果丰硕

2017 年 4 月 10 日《光明日报》报道。报道称，4 月 7 日，中国出版集团公司召开“稳增长、调结构、促融合——回顾十八大以来成就、迎接党的十九大召开座谈会”，并以此庆贺集团公司成立 15 周年。

据介绍，2002 年，中国出版集团公司正式建立，成为我国首家中央大型国有出版集团。成立 15 年来，从无到有，从小到大，从大到强，有力地见证了中国出版业改革创新的历史进程，生动地展现了社会主义文化大发展大繁荣的时代图景。集团公司资产总额从 48.71 亿元增长到 192.84 亿元，增幅 296%；销售收入从 30.55 亿元增长到 103.76 亿元，增幅 240%；利润从 1.75 亿元增长到 9.09 亿元，增幅 419%；所有者权益从 22.83 亿元增长到 109.27 亿元，增幅 379%。

国家新闻出版广电总局副局长吴尚之指出，中国出版集团公司 15 年来取得的成就，是我国文化体制改革进程的生动展示，是我国出版业繁荣发展的重要标志，是我国文化建设的重要成果。

（郑　甜）

吴尚之出席中国出版集团公司稳增长调结构促融合座谈会

2017 年 4 月 12 日国家新闻出版广电总局网报道。报道称，4 月 7 日，中国出版集团公司在北京召开“稳增长、调结构、促融合——回顾十八大以来成就、迎接党的十九大召开座谈会”，国家新闻出版广电总局副局长吴尚之、中国出版集团公司总裁谭跃出席会议并讲话。

2002 年，我国首家中央大型国有出版集团——中国出版集团公司正式建立。经过 15 年的发展，集团公司主业成果丰硕，经济实力持续壮大，海外拓展扎实推进，文化影响力不断提升。集团公司资产总额从 48.71 亿元增长到 192.84 亿元，增幅 296%；销售收入从 30.55 亿元增长到 103.76 亿元，增幅 240%；利润从 1.75 亿元增长到 9.09 亿元，增幅 419%；所有者权益从 22.83 亿元增长到 109.27 亿元，增幅 379%。

吴尚之充分肯定了中国出版集团公司成立以

来的改革发展成就。他指出，15 年来，特别是党的十八大以来，中国出版集团公司组织实施了一批体现国家意志、代表国家水平的标志性出版工程，出版了一批在国内外具有重要影响的优秀主题图书和精品力作，出色完成了改革发展的各项任务，取得了优异的成绩，呈现出健康向上、繁荣发展的良好局面。集团公司 15 年来取得的成就，是我国文化体制改革进程的生动展示，是我国出版业繁荣发展的重要标志，是我国文化建设的重要成果。

吴尚之希望中国出版集团公司以更加强烈的责任感和紧迫感做好各项工作，谱写集团公司改革发展的新篇章：一是履行职责使命，服务工作大局。要牢固树立政治意识、大局意识、核心意识、看齐意识，始终坚持正确的政治方向和出版导向，守好阵地，把好关口，忠实履行出版工作的职责使命。二是坚持质量第一，打造传世精品。要进一步处理好数量与质量的关系，努力从“高原”向“高峰”攀登，出版更多具有中国精神、中国风格、中国气派的文化经典。三是深化出版改革，推动融合创新。坚持把社会效益放在首位，建立健全有文化特色的现代企业制度。深入推进供给侧结构性改革，不断满足人民群众的精神文化需求。努力适应科学技术发展新趋势，加快推进传统出版与新兴媒体的融合发展。四是坚持国家站位，提升传播能力。从战略高度谋划在更广阔领域传播中华文化，宣传中国道路、中国价值，讲好中国故事，展示中国形象。五是弘扬优良传统，加强队伍建设。充分挖掘品牌潜力，打磨品牌质量，扩大品牌影响，做强品牌特色。要完善人才选拔、评价、激励机制，培养造就一支政治坚定、品德高尚、业务精湛、敬业奉献的出版队伍。

谭跃在讲话中表示，要围绕迎接、宣传、贯彻党的十九大，坚持稳中求进工作总基调，深化“两调四强”战略重点，以“稳增长、调结构、促融合”为要领，以“提升六个能力”为年度目标，为党的十九大的胜利召开营造积极舆论氛围和良好文化环境，为“十三五”时期基本建成国际著名出版集团奠定更加坚实的基础。

会议对荣获第 2 届集团“突出贡献个人”称号的“十佳编辑”“十佳营销”“十佳经理人”“十佳数字化人才”“十佳国际化人才”“十佳党群工作者”等进行颁奖，向荣获第 8 届集团公司优秀图书奖的 86 种出版物颁奖。商务印书馆、中华书局等 10 家单位做重点发言。会议现场还举办了中国出版集团公司 15 年改革发展成就展、名家手稿展和集团公司职工书画摄影展。

国家新闻出版广电总局出版管理司副司长许正明、集团公司领导班子成员，以及集团公司所属各单位负责人、集团公司总部本部各部门负责人等 130 余人参加会议。（郑　甜）

中国出版集团公司上榜文化企业 30 强

2017 年 5 月 12 日新华网报道。报道称，5 月 11 日，在中宣部召开的“深化文化体制改革”座谈会上，光明日报社和经济日报社联合发布了第 9 届“文化企业 30 强”名单。

中国出版集团公司、山东广电网络有限公司、广东省出版集团有限公司、华侨城集团公司、宋城演艺发展股份有限公司、湖北长江广电传媒集团有限责任公司等 30 家企业上榜。

从本届“30 强”企业情况看，骨干文化企业的总体规模实力和综合效益进一步提升，市场竞争力和盈利能力不断增强，体现了文化产业良好的发展势头。与往届相比，本届“30 强”企业总体实力更强。其中，主营收入 3515 亿元、净资产 4318 亿元、净利润 381 亿元，分别比上届增长 8%、29%和 21%，均创历史新高，且净资产首次突破 4000 亿元大关。（郑　甜）

中国出版集团公司拓展非洲市场
中华文化图书、汉语教材、实体书店等为交流重点

2017 年 8 月 16 日《中国新闻出版广电报》报道。报道称，近日，中国出版集团公司代表团在坦桑尼亚、肯尼亚和南非开展国际交流合作，落实集团公司“拓展新兴市场和亚非拉主要国家

市场”的国际化战略布局，初步达成6项合作意向。

在坦桑尼亚，代表团就输出曹文轩、杨红樱等人童书，出版旅游口袋书达成2项合作意向。在达累斯萨拉姆大学孔子学院和斯瓦希里语学院，代表团详细了解汉语推广和斯瓦希里语应用情况，表示愿意帮助解决汉语教材匮乏问题，就编撰本土化汉语教材、汉斯双语词典、用斯瓦希里语推广中国历史文化达成3项合作意向。

在肯尼亚，代表团拜访了联合国环境规划署，就发布年度重要报告、保护野生动物等提供翻译与中文出版服务达成初步意向。在非洲成立最早的内罗毕大学孔子学院，双方探讨了易阅通合作以及与内罗毕大学出版社合作等问题。在四达肯尼亚分公司，中国出版集团公司党组成员、中国出版传媒股份有限公司副总经理李岩表示，愿意将四达作为一个重要案例，纳入英文传记丛书“中国企业家系列丛书”，积极向海外介绍中国文化企业走出去。

在南非，李岩和 Exclusive Books 首席执行官本杰明·瑞斯克洽谈，围绕国民阅读、实体书店、数字出版、中国题材图书等展开深入交流，就设立中国图书专区达成合作意向。本杰明·瑞斯克表达了来华合作开办实体书店的愿望。

（郑　甜）

“中国出版”今日上市
出版股再迎“国家队”

2017年8月21日人民网报道。报道称，中国出版传媒股份有限公司于2017年8月21日在上海证券交易所主板上市交易，股票简称为“中国出版”，股票代码“601949”。中国出版传媒集团与中国科技出版传媒集团、中国教育出版传媒集团并称三大“国字头”出版集团，其中中国科技出版传媒集团的股份公司中国科传于2017年1月主板上市成功。

据了解，中国出版传媒股份有限公司是一家集纸质出版、数字出版、纸业经营、印刷复制、版权贸易、IP全媒体运营、物流与信息服务等于一体的国有大型出版传媒企业。公司旗下包括商务印书馆、中华书局、生活·读书·新知三联书店、人民文学出版社、人民美术出版社、人民音乐出版社、中国大百科全书出版社、北京新华印刷有限公司等一批“老字号”“人字头”品牌企业，以及国内出版业一流的物流中心——新华联合发行有限公司。

作为中国最具文化影响力的大众和专业出版企业之一，公司汇聚了茅盾、巴金、钱钟书、铁凝、莫言、陈忠实、贾平凹、王树增、曹文轩等一大批国内知名作者和勒·克莱齐奥、萨缪尔森、J. K. 罗琳、丹·布朗等海外名家的版权资源；拥有《新华字典》《现代汉语词典》《围城》《白鹿原》《抗日战争》《哈利·波特系列》《蓝海战略》、“汉译世界学术名著丛书”等图书品牌。公司2016年出版图书1.9万余种，特别是在荣获“五个一工程”奖、中国出版政府奖、“中国好书”、茅盾文学奖等国家大奖上持续领先，在全国图书零售市场占有率上持续领先。

公司积极推动数字化战略，积聚了5万多种数字资源，打造了“中华经典古籍库”“百种精品工具书”“《新华字典》APP”“中阅读”等一批优质数字化产品，初步走出了一条专业化、大众化的中版特色融合发展之路。同时，公司做大国际版权市场，与企鹅兰登、培生等国际著名企业开展密切合作，版权输出50多个国家和地区，其中《于丹〈论语〉心得》《山楂树之恋》输出20多个语种，持续保持版权输出全国领先。

（郑　甜）

中国出版集团公司：持续发力锻造好书

2017年8月25日《光明日报》报道。报道称，8月16日开幕的2017上海书展上，中国出版集团公司展区携8000余种优质图书精彩亮相，希望通过多种举措、多种形式的文化活动，全力推广中版好书，为推广全民阅读做出中国出版“国家队”的表率。

一批迎接党的十九大胜利召开和纪念中国人民解放军建军90周年而推出的重点主题图书集

中亮相。如《我们看好中国》《海上红韵》《嘹亮军歌——中国人民解放军建军 90 周年优秀歌曲集》和《决战朝鲜》，以及连环画出版社出版的"红色经典故事"系列等。

名家经典和新作深受读者喜爱，包括铁凝的《飞行酿酒师》、严歌苓的《芳华》、德国汉学家沃尔夫冈·顾彬的《中国往事》等。除点校本《魏书》《南齐书》修订本等经典版本外，《国学经典学生读本（今注今译）》《中国诗词大会》《辛弃疾词选》《古代诗词典藏本》等中版经典国学读物也吸引了不少年轻读者。

当天，中国出版集团公司还举办了"大众数字产品推介会"，重点推介旗下出版单位的大众类数字产品《新华字典数字版》《经典古籍库微信版》《认识中国——儿童趣味地图》《中读》《去听》等。为便于读者选购，展区设立了"中版好书"展销专台，集中展示销售近 200 种入选"中版好书榜"的图书。（郑　甜）

中国出版集团公司
上海书展推介精品数字产品

2017 年 8 月 28 日光明网报道。报道称，2017 上海书展，中国出版集团公司举办精品数字产品推介会，首次集中展示自己的优秀数字产品，表明中国出版集团公司在数字出版的战略上更加自信，驶入了数字出版的快车道。此次推介的 5 款优秀数字产品，都是中国出版集团公司近两三年研发的重量级精品，包括商务印书馆的《新华字典数字版》、中华书局的《中华经典古籍库（微信版）》、中国大百科全书出版社的《认识中国——儿童趣味地图》、生活·读书·新知三联书店的《中读》以及中版集团数字传媒有限公司的《去听》等优秀大众类数字化产品。

中国出版集团公司党组成员、副总裁潘凯雄说，这次中版集团集中推介的 5 款数字出版精品都是面向终端消费者，立足于传统出版与以数字化为代表的新技术的融合，体现了中国出版集团公司和中国出版传媒股份有限公司在融合发展问题上的基本追求——坚定不移地以融合发展为自己的方向和未来，但这种方向和未来的设定和抵达是有序的、理性的而非盲动的和狂热的。坚定不移地以专业化和建立在专业化基础上的大众化为自己融合发展的基本目标，不乏不滥。无论是"＋互联网"还是"互联网＋"还是"出版＋"，内容一流、品质上乘、体验性好，都是共同的基本追求。

2017 上海书展，中国出版集团公司组织旗下所有 23 家出版单位、400 多人的大型展团，带来近 8000 个最新图书品种，共举办 60 余场活动。中国出版集团公司在传统出版上是排头兵，在数字出版上同样精耕细作。据悉，除了这 5 款产品之外，此次上海书展，中国出版集团公司还带来了《松果 app》《三联生活节气》、"诗词中国"、《荣宝斋艺术品经营网站》《找翻译》等众多数字产品。活动期间，各产品通过兑换码和限免等多种方式，免费提供使用。

作为出版行业的"国家队"，中国出版集团公司拥有丰富的出版及文化资源。近些年来，集团公司按照出版融合发展的总体部署，先后建成了易阅通、译云、译见、中国大百科全书数据库、精品工具书数据库、中华经典古籍库等重大数字化项目。这些产品从内容到渠道、从点到面，几乎涵盖出版业的全产业链，覆盖国内外两个市场，取得了行业领先的社会效益和经济效益。（郑　甜）

中国出版集团公司携同新疆维吾尔
自治区教育厅推进中华文化教育
工作 将课堂"搬"到古都北京
圆边疆学子心中梦想

2017 年 9 月 13 日新华网报道。报道称，8 月 22～28 日，中国出版集团公司、新疆维吾尔自治区教育厅共同组织新疆 9 个地州市、6 个民族的 18 位书法教师和中小学生在北京开展了为期一周的"华文书法教育暨中华文化研学活动"。此次活动让新疆维吾尔自治区各族学生更加深切地体验到中华文化的博大精深，更加深切地领会到中华民族的光荣伟大，更加深切地感受到"中

华民族一家亲”的磅礴力量。

长期以来，中国出版集团公司积极响应党中央号召，发挥自身优势，为推进新疆文化教育事业倾心尽力。近年来，中国出版集团公司在自治区党委支持下，与当地教育行政部门紧密合作，紧紧围绕实施“中国出版集团—新疆书法教育援疆工程”，通过培育新疆书法教育课程、培训书法教育师资队伍、建设专业书法教室，创新中小学书法人才培养模式、拓展中小学书法教育竞技提升渠道等多种措施，使新疆中小学校书法教育质量和各族中小学生书法水平得到全面提升。特别是2017年3月以来，中国出版集团公司密切配合新疆教育厅开展第2届“华文杯”中小学生“民族团结一家亲”主题书法大赛，全区各中小学数十万师生积极参加县市初赛、地区复赛。7月底，400多幅作品进入自治区总决赛，在全区中小学形成研习书法、传承中华文化的热潮。为表彰先进，特遴选出部分获奖师生赴北京参加“华文书法教育暨中华文化研学活动”。师生参加此次活动的相关费用，由中国出版集团公司教材中心承担。

中国出版集团公司此次通过组织“华文书法教育暨中华文化研学活动”的方式，使新疆师生在北京古代建筑博物馆、中国人民革命军事博物馆、故宫、国子监博物馆、首都师范大学书法文化博物馆等10多处历史文化古迹以及红色文化教育场所参观学习，与北京的中小学师生开展交流，近距离地感受书法之美，体验中华文化之博大精深。除了白天考察、学习外，晚上主办方还给师生们安排了书法交流研讨课程，授课教师均为书法教学经验丰富的教研员、书法家。通过贴近新疆中小学师生实际，开展最生动有力的社会主义核心价值观教育和中华文化教育，极大地增强了大家建设伟大祖国、建设美丽新疆的责任感和使命感。

来自库尔勒市的学生贝拉说：“能来首都北京真是我做梦也没有想到的事情，同时也是我梦寐以求的事情。”12岁来自塔城地区额敏县第二小学的学生森巴提说：“这次在荣宝斋，我体验了木版水印工艺，感受了文房四宝文化，更从书法的学习中感受到了中华优秀传统文化的魅力。”阿克苏地区阿克苏市第二小学石自刚老师说：“这次活动将素不相识的新疆各族师生汇聚到一起，共同感受和分享书法教育的喜悦，也促进了各民族的团结和交流，对南疆地区的书法教学以及校园文化建设都有借鉴意义。”

“将课堂搬到古都北京，让中华文化滋养孩子们的心田。”中国出版集团公司坚持一切为了孩子，从培养新疆孩子中华文化素养出发，不断深化教育援疆的内容，拓展教育援疆的形式与平台，全力以赴携同新疆教育厅深度推进中华文化教育工作。（郑　甜）

中国出版集团公司召开干部大会传达学习党的十九大精神

2017年10月30日《中国新闻出版广电报》报道。报道称，10月26日，中国出版集团公司召开干部大会，由十九大代表、集团公司总裁谭跃和十九大代表、中华书局总经理徐俊共同传达学习党的十九大精神。

谭跃传达十九大报告时指出，党的十九大是在全面建成小康社会决胜阶段、中国特色社会主义进入新时代的关键时期召开的一次十分重要的大会。习近平总书记所做的十九大报告立意高远、思想深邃、气势恢宏，通篇展示了以习近平同志为核心的党中央引领新时代中国特色社会主义的理论成果、实践成果、创新成果，是我们党迈进新时代、开启新征程、谱写新篇章的政治宣言和行动指南，是新时代中国特色社会主义发展的总纲领、总部署、总动员。

徐俊传达了《关于十八届中央纪律检查委员会工作报告的决议》《关于〈中国共产党章程（修正案）〉的决议》。（郑　甜）

中国出版集团公司：打造数字融合的高地

2017年11月1日《中国新闻出版广电报》报道。报道称，“中华经典古籍库”“译云”“译见”平台、“易阅通”……中国出版集团公司近年来以自身丰厚的"内容资源"为"本"，推动内容与技术、资本、渠道、品牌的融合，进一步提高集团新兴业态的影响力、传播力和竞争力。目前通过市场化、股份化、资本化运作，逐步在出版、进出口、语言服务、电商、艺术品经营、行业大数据等6个领域打造了一批资源型、可持续、成长性好的重点数字产品，取得了业内领先地位。

加强顶层设计，确保领先地位

"2016年，全集团数字出版营收达到12.72亿元，占集团整体营收比例已经超过10%。"中国出版集团公司副总裁潘凯雄告诉《中国新闻出版广电报》记者，数字化战略是集团"六大战略"之一，集团公司在制定"十三五"规划时，尤其明确了在"十三五"期末要建成数字集团的奋斗目标。

"在关键举措上，牢牢抓住开放融合不放松，机制创新不放松，投入产出不放松。"潘凯雄告诉记者，集团公司通过6条路径实施推动融合发展：一是以资源建设强内核；二是以专业平台强突破；三是以产品运营强影响；四是以行业服务强优势；五是以资源转化强融合；六是以信息系统强管理。

2015年，中国出版集团公司旗下的中国对外翻译出版有限公司根据集团公司专业化发展的总体部署，分立为中译出版社有限公司和中国对外翻译有限公司。分立后的中国对外翻译有限公司利用其资源优势，数字化发展方向明确，在大数据分析领域成长迅速。其自主研发的国际上唯一一款跨语言大数据分析平台——译见，采用了语义搜索、机器翻译、机器学习、语义分析、问答系统、智能采编等人工智能技术。"译见"涵盖国内最大的新闻媒体和社交媒体数据源，汇聚了自1979年以来的全球互联网新闻数据和社交媒体数据，与新闻、舆情、专题等领域的顶尖公司达成垂直领域大数据战略合作，覆盖100多个国家和60多个语种，市场估值20亿元。

满足读者需求，市场成效明显

中华经典古籍库是以中华书局核心点校整理本古籍图书为内容，涵盖经史子集各部及其他经典系列，上线资源达到1200多种、7.5亿字。它是中国最权威、最大量的经过专业整理的古籍数据库，实现了大规模的跨地域、跨集团的合作，包括凤凰出版社、齐鲁书社、巴蜀书社、天津古籍出版社、华东师范大学出版社、辽海书社等加入数据库。"除了机构用户，中华经典古籍库微信版的个人用户迅速成长，不到一年的时间，已有近4万读者关注并使用，得到广泛好评，品牌影响力迅速提升。"

记者在采访中了解到，在知识服务领域，集团公司除了"中华经典古籍库"外，还有国内规模最大的工具书数据库"百种精品工具书数据库"，以"权威、规范的工具书知识服务平台"为目标，汇聚了商务印书馆100余种精品中外文工具书，涵盖汉、英、俄、德、法、日、西等20多个语种；总字数3.5亿余字，词目360余万条。此外，全球数字图书交易平台"易阅通"，目前已签约国内外出版社、图书馆500多家，覆盖机构用户4万多家，在100多个国家开通了24小时直供的按需印刷系统。

在综合服务领域，中版集团推出了"去听"有声读物运营平台，汇聚了集团公司所属各大出版社适合开发有声读物的优质出版资源，与纸质书同步开发，满足部分用户对有声读物的阅读需求。目前已上线有声读物2000余部，总时长近5万小时。

挖掘软实力，发挥引领作用

"通过收购、兼并、重组等方式，打造新业态领域的骨干企业，发挥引领示范作用。"潘凯雄表示，中版集团下一步将推进"数字资源集聚工程"等核心资源的建设，加大优质资源信息网络传播权的签约率，利用多渠道、多终端实现数字内容的多元呈现与立体化传播，优化阅读体验，满足广大人民群众日益增长的精神文化需要。

中国出版集团公司党组成员、副总裁潘凯雄说，加强数字产品建设也是一个重要的努力方向。中版集团将充分依托集团公司在百科、古籍、工具书以及音乐、美术等专业学术方面的出版优势，坚持开发与运营并重，以需求带动运

营，以需求引导开发，实现内容的深度挖掘和传播，逐步形成可持续发展的盈利模式。

此外，中版集团还将努力开拓“出版+”服务的新生态。通过出版要素与媒体、介质、形态、服务的深度融合，努力延伸产业链条，实现出版业态升级。潘凯雄表示，中版集团未来将“依托集团既有的品牌、资源、作者和服务的优势，积极研究、探索在大众精品阅读领域的跨越式发展，在专业学术领域的挖掘与应用，在语言服务领域的创新与升级，在行业服务领域的支撑与引导，最终形成融合发展的竞争优势”。

（郑　甜）

中国出版集团公司“走出去”战略成效初显 版权输出全国第一 成立9个国际编辑部

2017年11月13日《中国新闻出版广电报》报道。报道称，11月7日，中国出版集团公司召开“走出去”工作会。会议透露，5年来，中国出版集团公司版权输出连续获全国第一，在海外的品牌影响力和文化影响力得到大幅度提升，基本实现了初期“做响”战略目标。

据介绍，中国出版集团公司制定了企业国际化发展战略，明确了“初期做响、中期做开、长期做强、总体做实”的方针。5年来，集团版权输出3729项，居全国第一，年增长率保持在8%以上。

围绕“传统文化的当代阐释”和“中国道路的学术表达”两大中心话题，中国出版集团公司非汉语学习类图书已翻译成30多种语言，覆盖近50个国家和地区。通过现代视角输出传统文化图书900种，如《中华文明的核心价值》输出17个语种，《漫画中国历史》《书法》《中华文明史话》输出5个语种；“外国人写作中国计划”已出版2种，签约16种；“中国少数民族作家海外推广计划”签约输出语种达30种，签约总数80多部。

在优秀产品带动国际业务基础上，中国出版集团公司与牛津大学出版社、施普林格等海外著名出版机构建立了稳定的合作关系。“中国图书对外推广计划”年度综合排名多年保持全国第一，“经典中国”“中国当代作品翻译工程”“丝路书香工程”等入选数量和排名全国领先。与此同时，2014年至今累计向“一带一路”沿线国家输出版权1506种，占全集团公司版权输出总数的87%。

国际编辑部成为主题图书出版本土化最有效的合作模式之一，中国出版集团公司所属中国大百科全书出版社、中译出版社等在中东欧、北非、北美等地与知名出版社和高校合作成立了9个国际编辑部。

会议积极贯彻落实十九大精神，围绕加强中外人文交流，推进国际传播能力建设，讲好中国故事等，对“走出去”工作中内容建设、翻译资源、“一带一路”、融合发展、人才培养、深化改革等进行了全面部署。

（郑　甜）

“中国好书”工作会议在北京召开 中国出版集团公司受表彰

2017年12月5日《中国新闻出版广电报》报道。报道称，11月30日，由中国图书评论学会组织的“中国好书”工作会议在北京召开，来自全国141家出版集团、出版社的主要负责人参会。

据介绍，本次会议旨在加深关于“中国好书”标准的理解认识，总结“中国好书”的成功经验和先进做法，避免图书编辑工作中的失误，促进各出版单位以“中国好书”为龙头建立精品图书出版战略，把党的十九大精神贯彻落实到具体的出版举措和实际工作中。

会上，中宣部出版局局长郭义强结合学习十九大精神的心得体会做主题报告，并结合“中国好书”未来工作计划，进一步提出了增强服务意识、增强精品意识、增强质量意识、增强导向意识、增强创新意识、增强编辑意识等六方面部署要求。

会议还对在“中国好书”推荐活动中成绩优异、表现突出的中国出版集团、江苏凤凰出版集

团、中信出版社、人民出版社、北京大学出版社、中华书局 6 家出版单位进行了表彰。同时，中国出版集团、中信出版社两家出版单位作为代表进行了现场经验交流。

与会代表纷纷表示，要以“中国好书”推荐活动为契机和发力点，制定精品出版战略方向、方针和策略，建立健全精品出版工程机制和目标，推进中国精品出版工程的全面发展。

“中国好书”推荐活动是由中宣部出版局直接组织领导、中国图书评论学会承办的优秀图书推荐活动，旨在“为好书寻找读者，为读者寻找好书”。自 2014 年 3 月开展至今，共推出 41 期榜单，122 家出版社榜上有名。（郑　甜）

中国出版集团公司举行座谈会
以十九大精神统领出版导向内容生产

2017 年 12 月 7 日《中国新闻出版广电报》报道。报道称，12 月 1 日，中国出版集团公司召开“以十九大精神统领出版导向内容生产座谈会”。会议要求：“要把十九大精神作为全集团抓出版导向的准绳、选题工作的指南、选题建设的富矿，并且要从执行层面上落实，出成绩、见成效。”

党的十九大以来，中国出版集团公司、中国出版传媒股份有限公司及所属各单位都在结合工作实际，积极贯彻落实十九大精神，目前各出版单位的 2018 年度选题论证工作正在有序进行中。

座谈会上，中宣部出版局局长郭义强、国家新闻出版广电总局出版管理司副司长许正明就如何宣传贯彻十九大精神，做好下一步的出版工作提出了要求。他们希望，出版工作要聚焦重点打造亮点，把宣传阐释党的十九大精神和宣传习近平新时代中国特色社会主义思想作为一项重大的政治任务，让党的主张成为时代的最强音。

会议指出，要把十九大精神落实到出版规划上，落实到具体选题策划上，落实到各单位专业出版板块上及编辑素质提升上。结合十九大报告里“五位一体”“四个全面”“四个伟大”“四个自信”“五大发展理念”等一系列关键词，各出版单位要以主题出版为重要抓手，做好选题工作。围绕“以十九大精神统领出版导向内容生产”，要抓好中长期选题的规划，尤其是 2019、2020、2021 年度重要历史节点的主题类出版物；要尽快确定一批重点选题，力争 2018 年春季出版。集团公司将对重点主题出版选题实施专项管理，重点关注和支持。

人民文学出版社、商务印书馆、中华书局、中国大百科全书出版社等 8 家单位负责人做典型发言。（郑　甜）

部分重要媒体对集团公司所属单位的报道

“奔月”的叙述魅力及其他
（新作评介）——读鲁敏新作《奔月》

2017年12月20日《人民日报·海外版》报道。报道称，最近几年，鲁敏的小说创作越发呈现冷峻面貌。继《六人晚餐》之后，最新出版的长篇小说《奔月》（人民文学出版社2017年10月），似乎把“鲁敏式冷峻”向更加极端的地步又推进了一步。单从书名就可以看出来，她笔下的人物已经由过去的不安、焦灼、迷茫，变得放肆、愤怒，甚至已经开始谋划逃离了，而且还是要离开人间，逃到高冷、寂寞的月球上。

（顾　乡）

生之灿烂与死之遗韵
——杨绛先生逝世周年祭

2017年5月25日《光明日报》报道。报道称，百余年的精神遗留，地地道道的读书人。到今天，杨绛先生走了整整一年，却不知仍活在多少人的心里。

百岁前后，内心更新的先生懂得什么是正道，并一以贯之身体力行，勤而不怨，忧而不困，思而不惧，至死维持着一贯的执拗。

2016年的今日，先生安然走了。

105年，先生穿过生命重重关卡，将所有负面因素转化为珍贵的精神财富，一辈子坚守读书人的本分，用自己干净的言行点亮世人的心灵之灯，成了人类百年的精神容器，精神史上新的标杆。

（顾　乡）

《朗读者》传递文学经典美好品质

2017年8月16日《人民日报·海外版》报道。报道称，由董卿主编的中央电视台原创品牌节目《朗读者》同名图书近日由人民文学出版社出版。全书收录70篇访谈，恢复部分因节目时长被剪掉的精彩访谈；同时，对92篇文本进行全段全篇扩充，甄别版本、校订节选内容，还增加了朗读者小传、名家点评。图书首次使用增强现实（AR）技术，实现了文本与节目视频的无缝结合。中国作家协会主席铁凝在序言中说：“《朗读者》中出现的文本，很多是经过漫长时间检验的名篇佳作；即使是出于今人之手的篇章，此前也多已在读者间广为流传。它们中有相当一部分，都当得起‘经典’二字。它能够跨越年龄和代际的鸿沟、陪伴一代又一代人成长，在情感体验和文化记忆的代代传承之中，把种种高贵和美好的品质传递无尽的后来人。”（顾　乡）

中央广播电视总台大型政论专题片
《将改革进行到底》介绍商务印书馆

2017年7月17～26日中央广播电视总台综合频道每晚8点播出10集大型政论专题片《将改革进行到底》，专题片中第5集《延续中华文脉》对中国出版集团公司、商务印书馆进行了介绍。专题片提到，习近平总书记指出，一部好的作品，应该是把社会效益放在首位，同时也应该

是社会效益和经济效益相统一的作品。中国出版业、影视业、演艺业以及动漫游戏、网络文学、网络视频快速发展，激发了人民群众的参与热情，活跃了文化市场。在2017年乍暖还寒的2月，中国现代出版业的起点——商务印书馆迎来了创办120周年纪念日。“文化担当，社会效益”，不仅是这家百年老字号的立身之本，更是中国出版业繁荣发展的内在动力。商务印书馆所在的中国出版集团公司，已连续多年入选“中国文化企业30强”和“全球出版业50强”。

（冯　雪）

商务印书馆推出“汉译世界学术名著丛书·120年纪念版·分科本”

2017年8月13日《中国出版传媒商报》刊发的报道，介绍南国书香节期间商务印书馆推出的“汉译世界学术名著丛书·120年纪念版·分科本”。报道称，这是商务印书馆“汉译世界学术名著丛书”自出版以来所取得成果的又一次集中展示，是奉献给中国学界和读者的一道文化大餐。报道介绍了此次“汉译世界学术名著丛书·120年纪念版·分科本”是商务印书馆在成立120周年之际，为利于文化积累，便于研读查考，特向长期支持“汉译世界学术名著丛书”出版的译者、编者和读者推出的致敬之作。该套丛书在2011年推出的分科本500种基础上，增补了近几年出版的200余种汉译名著，其中不乏耳熟能详的重头大作；并对所有图书进行了重新校勘，使之更为完善精美。报道还称，1981年“汉译世界学术名著丛书”开始出版，历时30载，出版近700种，成为迄今我国现代出版史上规模最大、最为重要的学术翻译工程。此次增补的200种汉译名著体现了商务印书馆近年来的选题特点和出版思路，在注重充实古典著作的同时，始终关注近现代以来世界学术发展的标志性成果。商务印书馆还将砥砺前行，争取早日完成汉译世界学术名著2000种的宏大出版工程。

（冯　雪）

今天我们仍需要“商务精神”

2017年10月10日《人民日报》第24版刊发的第十二届全国人民代表大会常务委员会副委员长严隽琪撰写的文章。文章总结了商务印书馆创立120年间淬炼出的“商务精神”。文章称，商务精神首先是一种自强不息的进取精神，这是商务印书馆的文化担当。商务精神又是一种勇于探索、敢为人先的创新精神和革命精神，这是商务印书馆的文化胆识。商务精神具有博采中西、兼收并蓄的开放精神，体现了商务印书馆的文化胸怀。商务精神还包括精益求精的工匠精神，这是商务印书馆的文化良心。文章指出，今天我们比历史上任何时期都更接近中华民族伟大复兴的目标，我国的出版业正处于由大到强的关键时期，这尤其需要广大出版工作者具备文化担当、文化胆识、文化胸怀、文化良心，以出版记录历史、沉淀社会思想文化结晶，以出版强壮民族文化脊梁、弘扬这个时代属于中国的思想文化自信。这应该是我们今天纪念商务印书馆创立120年并弘扬商务精神最重要的现实意义。

（冯　雪）

首届宋云彬古籍整理奖颁奖典礼举行

2017年6月16日《光明日报》发布的报道。报道称，以宋云彬命名的首届“宋云彬古籍整理奖”颁奖典礼在北京国家图书馆古籍馆临琼楼隆重举行。国家新闻出版总署原副署长、《中国大百科全书》执行总主编杨牧之，中央文史研究馆馆长袁行霈，中国出版集团公司党组成员、中国出版传媒股份有限公司副总经理李岩，国家图书馆原馆长詹福瑞，中华书局原副总编辑、中央文史研究馆馆员程毅中，全国高校古籍整理研究工作委员会主任安平秋，复旦大学葛兆光等来自高校、科研机构的专家学者、中国版协古籍出版工作委员会成员单位代表、宋云彬古籍整理出版基金理事会成员、推荐委员、评审委员、获奖代表出席颁奖典礼。

首届宋云彬古籍整理奖共评选出图书奖3个，获奖图书分别为：《史记（修订本）》（赵生群等）、《长沙马王堆汉墓简帛集成》（裘锡圭等）、《杜甫全集校注》（萧涤非、张忠纲等），奖金10万元；编辑奖1个，获奖者为中华书局的编辑俞国林，奖金10万元；青年奖·图书奖1个，获奖图书为《光宣诗坛点将录笺证》（王培军），奖金2万元；青年奖·编辑奖1个，获奖者为凤凰出版社的编辑林日波，奖金2万元。

中华书局总经理徐俊在致辞中回顾了首届宋云彬古籍整理奖的推选与评审工作历程。他说："基金理事会将认真总结经验，吸收大家的意见，将宋云彬古籍整理奖的评选工作做得更好，推动古籍整理学科、古籍整理出版行业的发展，为古籍整理出版事业树立新的标杆。"

宋云彬古籍整理出版基金理事会理事长袁行霈在讲话中指出："这次获奖的几部大书，实际整理时间都超过了10年磨一剑的传统提法，都是两代甚至三代以上学者共同努力的成果。获奖作品在古籍整理的集成、提升，体例的规范、使用的便利等方面，都发展了传统的古籍校勘，是我们这个时代传统文化研究的精华，体现了当代学者的水平。"

（刘　激）

《中央档案馆藏日本侵华战犯笔供选编》（第二辑）正式出版

2017年7月18日《人民日报》《光明日报》及多家媒体发布的报道。报道称，由中央档案馆整理、中华书局编辑发行的《中央档案馆藏日本侵华战犯笔供选编》（第二辑）正式出版。《中央档案馆藏日本侵华战犯笔供选编》分1、2两辑，全书120册，中央档案馆共整理、编选了842名日本侵华战犯笔供档案近6.3万页，绝大部分档案属首次公布。

《中央档案馆藏日本侵华战犯笔供选编》采用大开本、高清晰度技术影印出版，整理过程严格尊重档案的原始性、唯一性与权威性。每份笔供内容，涵盖笔供及其补充、更正、附言等，登记年龄、籍贯、家庭，条述了罪行事件，记录战后思想转变，对侵华战犯的亲笔供述做了无删节、修改的全面呈现。除个别直接以中文书写以外，笔供均包括当时的日文原文及中文译文。笔供原文均为战犯本人书写并签名的亲笔供述。笔供中存有个别疏误，均保持历史档案的原貌，未做改动或说明。

《中央档案馆藏日本侵华战犯笔供选编》的出版，为反击日本右翼言论提供了不可撼动的历史证据，具有重要的现实意义和深远的国际影响。

笔供尤其对诸多重要历史事实，如南京大屠杀，七七事变的发动准备，以伤寒菌、性病等科学实验为名的活体解剖，731部队的设置阴谋等，以及日本军国主义通过蒙蔽、诱导、洗脑等种种过程，最终将士兵引向非人性、反人类的罪恶深渊。这些历史事实，通过战犯本人以不同经历、角度的陈述、补充，使诸多历史细节得以鲜活、翔实、全面再现，是日本帝国主义侵略者对中国人民所犯滔天罪行不容撼动的铁证。

（刘　激）

中华书局与巴蜀书社签署战略合作协议

2017年8月23日，《人民日报》发布的报道。报道称，中华书局与巴蜀书社在第24届北京国际图书博览会上举行了战略合作签约仪式。国家新闻出版广电总局副局长周慧琳，中央宣传部出版局局长郭义强，国家新闻出版广电总局印刷发行司司长刘晓凯，版权管理司司长于慈珂，中共四川省委常委、宣传部部长甘霖，四川省新闻出版广电局局长邹吉祥，中共四川省委宣传部副部长向宝云，四川省新闻出版广电局原副局长张晓杰，中国出版集团公司总裁谭跃，中国出版集团公司党组成员、中国出版传媒股份有限公司副总经理李岩，四川新华发行集团党委书记、董事长朱丹枫，四川新华发行集团公司总裁、新华文轩出版传媒股份有限公司董事长何志勇等领导嘉宾，中华书局总经理徐俊、巴蜀书社社长林建等出席、见证签署仪式。

中华书局在管理经验、资源储备、人才培养

诸多方面都具有优势，为弘扬中华文化、促进学术繁荣、传播中华文明做出了重要贡献，在海内外享有极高声誉；巴蜀书社作为西南地区唯一的古籍整理专业出版社，一直坚守古籍整理专业出版阵地，在古籍整理和学术出版方面也有鲜明特色。

中华书局和巴蜀书社同为中国出版协会古籍出版工作委员会成员单位，长期以来一直保持着良好的合作关系。此次战略合作协议签署后，双方将在媒体融合和古籍数字出版、中华优秀传统文化教材出版、古籍整理出版、传统文化“走出去”、人才队伍建设等领域开展深度合作。目前，双方已开始积极推进一些具有国际国内影响力和全国示范效应的项目，包括合作共建“中华经典古籍库”和合作组织编写“《中华优秀传统文化》四川省地方教材”等。（刘　潋）

《中国大百科全书》将触网供读者免费使用

2017年6月15日《人民日报·海外版》发表的文章。报道系统介绍了《中国大百科全书》第三版的特色亮点，并对未来《中国大百科全书》第三版正式上线的愿景进行了描述。文章指出，预计从2018年起，《中国大百科全书》第三版将会作为人们查阅生僻名词或者陌生知识的权威网站正式上线。

文章通过对中国大百科全书出版社社长刘国辉的采访，从3个方面对《中国大百科全书》第三版进行了深层次解读。第一方面：2万多专业人士确保准确权威。较之已有的百科系统，《中国大百科全书》第三版网络版有两个方面的优势，即准确性与权威性。编委会动员全国高等院校和研究机构各学科共计2万余名权威学者，所有词条将由他们亲自撰写、审读及把关。第二方面：规模两倍于《大英百科全书》。《中国大百科全书》第三版将收录超过10万条内容，逐步达到首期目标的30万条，其规模将是《大英百科全书》的两倍。其网络版设立专业、专题与大众3个板块，以教育部的一级学科为基础，参考《中国大百科全书》第一版和第二版的分卷设置，囊括了传统学科与新型学科两大类。第三方面：立起民族文化的标杆。刘国辉表示对网络版的上线有足够信心，百科全书是民族文化的重要标杆。对于当下身处全球村的中国而言，要有自己的话语体系，要有自己的知识体系，要有自己的文化展示。（尹添铭）

《中国大百科全书》网络版亦将“有如苍穹”

2017年8月《中国新闻出版广电报》发表的文章。文章引用著名学者李约瑟对《中国大百科全书》学术高度的评价“有如苍穹”作为标题，指出百科全书是一个国家和民族文化的重要标杆。同时，阐述了《中国大百科全书》第三版的项目背景、项目细节、项目意义、项目进展等诸多方面内容。

报道引用对中国大百科全书出版社社长刘国辉的采访内容作为文章脉络。刘国辉认为，百科全书由纸质版向网络版、由线下到线上的华丽转身是其自身发展的历史需要，也是出版业数字化转型和编纂流程再造的大势所趋。如何实践精准的新定位，在拥抱互联网技术的同时实现资源利用的最大化和最优化，是百科全书数字化转型中所面临的核心问题。中国大百科全书的目标就是建设成为国家大型公共知识服务平台，这个平台意味着共建、共享、共赢、开放，大规模、大范围地融合资源。《中国大百科全书》第三版的编纂工作无论是从内容还是形式上，都会顺应时代发展态势，坚持知识体系的不断调整，正确反映最前沿的研究成果。

文章最后以《人民日报》归纳的“百科精神”点明“执着的爱国主义精神、高尚的集体主义精神、主动开拓的创业精神、实事求是的科学精神、无私的奉献精神”是编好《中国大百科全书》第三版的法宝。刘国辉表示“在这种精神的指引下，我们有信心做好国家的基础工程建设。”

（尹添铭）

用百科全书讲中国故事

2017年3月18日《光明日报》发表的报道。原报道标题为：用百科全书讲中国故事——记“中国百科进美国”项目在伦敦书展发布。报道称，中国大百科全书出版社近年来致力于推动的“中国百科进美国”项目在伦敦书展期间首次对外发布，引起关注。本项目是由中国大百科全书出版社和美国宝库山出版集团合作的文化传播项目。项目以中国主题的百科内容为切入点，推广中国文化、传递真实的中国声音。中国大百科全书出版社提供高品质的百科词条内容，再由美国宝库山集团进行本地化加工，最终形成内容权威、表达国际化的中国主题的百科数字读物。

报道转发了参加发布会的几位重要人士对本项目启动的看法。宝库山出版集团总裁沈凯伦女士表示，此次合作是全球最重要的出版合作项目之一，具有重大的历史意义。国际出版商协会前主席理查德·查金总结该项目体现了以下几个重要因素：好的愿景、建立在信任基础上的长期合作、商业利润可行性和为客户群提供服务。伦敦国王学院中国研究所主任凯瑞·布朗教授认为这一项目非常成功，是对世界的巨大贡献。

（尹添铭）

《李苦禅全集》新书发布

2017年1月20日中央广播电视总台第三综艺频道《文化十分》栏目的报道。报道称，在国家基金的大力支持下，《李苦禅全集》日前由人民美术出版社出版并正式对外发行。该书收录了现存济南李苦禅纪念馆的作品，筛选了李苦禅先生的学生及友人手中的精品，以及其晚年为国家重点项目部门创作的力作和书画收藏家手中的精品，包含绘画作品和书法手稿共计2000余件。

（范雨萌）

“小人书”撬动“大人美”品牌回归

2017年7月7日《中国出版传媒商报》报道。报道称，在连环画发展低谷徘徊的当下，人民美术出版社、连环画出版社对于出版思路进行了调整，强化推广工作，特别是配合北京市教委连环画进校园活动，将连环画成为推进教育的重要载体，以学生喜欢的、易于接受的方式，走出了一条“人美”连环画品牌回归的新路径。

从2014～2017年，北京市委教工委、市教委连续3年开展优秀少儿影片及连环画进校园工作。为配合北京市教委连环画进校园活动，人民美术出版社、连环画出版社出版了“十三五”国家重点图书规划项目《北京小学生连环画》3批，共计654册，总印数达541.2万册。不论是传承连环画这枝具有中国特色的“艺术之花”，还是做好少儿书出版，《北京小学生连环画》、连环画进校园活动都是极佳的载体，得到了师生家长的一致好评。

中国美术出版总社党委书记周伟希望连环画进校园活动能结合各地特点在全国推广开来，“现在是重新振兴中国连环画的时候了”。（范雨萌）

人民美术出版社：“四个人美”的厚植创新

2017年11月6日出版《三联生活周刊》总961期专访。专访中国美术出版总社党委书记周伟，介绍“四个人美”建设情况。文中写道，人美是共和国成立最早的国家级出版社之一，也是共和国美术出版事业的起点。在几代人美人的努力下，人美形成了社会公认的品牌和学术影响力。为了重振人美品牌，提出了“四个人美”的口号，除了提高出版物影响力的“出版的人美”、提升业界话语权的“美术的人美”，还有“教育的人美”和“数字的人美”。（范雨萌）

“拥护《国歌法》实施暨国歌出版发布会”在北京隆重举行

2017年9月29日新华网、人民网、中央电视台、《光明日报》、中国网报道。报道称，为庆祝《中华人民共和国国歌法》（以下简称“《国歌法》”）的诞生与正式实施，向社会大众加强国歌宣传教育，9 月 29 日下午，人民音乐出版社与中国人民解放军军乐团、中国国家交响乐团联合主办的“拥护《国歌法》实施暨国歌出版发布会”在解放军军乐团军乐厅举行。

人民音乐出版社社长莫蕴慧介绍，人民音乐出版社依据 1982 年全国人大公报中的版本重新绘制、审校了草案所附国歌旋律曲谱的标准五线谱版和简谱版；提供了草案中涉及国歌曲谱的相关名词释义和说明文件，并正式作为全国人大常委会二次审议资料。为进一步推进《国歌法》的落实，保证国歌的准确性和权威性，体现国歌立法的意义与价值，推进国歌的规范使用、全面普及和广泛传播，人民音乐出版社于 9 月出版了《中华人民共和国国歌》旋律曲谱及教学挂图，与中国人民解放军军乐团合作推出了国歌管乐版，与中国国家交响乐团合作即将推出国歌交响版、合唱版，以满足社会各界的现实需求。

发布会上，人民音乐出版社举行了赠书仪式，中国人民解放军军乐团现场演奏了国歌，30 名少年儿童依据新版曲谱、按照礼仪要求现场演唱了国歌。

（潘小磊）

《嘹亮军歌》集萃 90 年军旅歌曲

2017 年 6 月 10 日新华社、中央广播电视总台、《人民日报》《光明日报》、新浪网、搜狐网、腾讯网等多家媒体发表报道。报道称，由人民音乐出版社主办的“嘹亮军歌——纪念中国人民解放军建军 90 周年音乐会暨新书发布”在北京国家大剧院举行。《嘹亮军歌——中国人民解放军建军 90 周年优秀歌曲集》由作曲家、中国人民解放军原总政治部歌舞团团长张千一担任总主编，特邀军队文艺创作的顶级专家团队参与编撰。全书共分 9 卷，配套音像光盘，按照编年体方式收录 1927～2017 年间我军各个历史时期、覆盖各个军兵种的 1700 余首优秀军旅歌曲。歌曲集记录了我军 90 年来音乐艺术创作的历史，展示了我军从无到有、从小到大、从弱到强、不断成长壮大的光辉历程。

（潘小磊）

莫蕴慧：真挚是军歌最大魅力

2017 年 8 月 5 日光明网报道。报道称，为了庆祝建军 90 周年，由人民音乐出版社编辑的军歌集《嘹亮军歌》出版。全书共收录 1700 多首军旅歌曲，按照时间顺序，梳理了从 1927 年建军至今具有代表性的军歌。莫蕴慧认为，这是因为军歌的题材内容非常丰富，涉及情感类型也很多样，几乎所有正面的情感都能在军歌当中有所体现。她认为，军歌首先是一种艺术作品，任何艺术作品都是有感染力的，都是对人的情感的表达和呼唤，军歌在这方面的价值更加凸显鲜明，往往能够起到事半功倍的作用。

（潘小磊）

上官鼎与刘兆玄，是一枚硬币的两面

2017 年 3 月 23 日《南方人物周刊》发布的专访。文章称，20 世纪 60 年代，上官鼎是中国台湾地区最著名的武侠小说家之一，封笔 46 年后又以本名刘兆玄闯荡江湖——做过中国台湾地区清华大学的化学教授和校长，也曾受马英九的邀请入阁担任“行政院”院长。曾处江湖之远，也曾居庙堂之高，而今暮年，上官鼎又从现世功名中折返山林，书写藏于历史缝隙的爱恨情仇。他的最新作品是《雁城谍影》，一本“天上写空军，地上写衡阳保卫战”的小说。故事中，5 个血气方刚的女学生在繁花似锦的年纪遭遇抗日战争，被迫在国仇家恨里随命运迁徙。上官鼎说，写作契机是抗日战争胜利 70 周年。

（徐　雯　孔德淇）

大道不器 追求新知
——《御窑千年》编辑札记

2017 年 7 月 13 日《光明日报》发布的编辑札记。札记称，《御窑千年》是一部简明的瓷器文化史，它同其他有关阐述瓷器历史的著作有明显的区别。据不完全统计，《御窑千年》中共涉及约 400 位人物，“人”成了本书关注的重点。

原因在于，作为历史学家的阎崇年更关注人在瓷器发展史上的作用。书中所涉及的众多人物，都直接或间接地与瓷器文化的发展有千丝万缕的联系。有了对相关人物的研究，讲述他们的故事，御窑瓷器的历史就生动鲜活起来了。阎先生秉笔直书，鞭笞专制皇权下的丑恶与贪婪，歌颂美好的价值观念与伟大的工匠精神。阎崇年是著名的历史学家，尤以研究明清史见长。近年在研究明清宫廷文化的过程中他发现，除了文献史料之外，器物也富含大量历史信息，需要下功夫研究。他对御窑和瓷器其实早有留意，但把精力集中投入其间是在 2012 年。5 年之后，他撰述并出版了《御窑千年》。以耄耋之年进入新的研究领域，一方面在于阎崇年谙熟历史学研究的理论与方法；另一方面在于他本人探索新知识的好奇与渴望。更为重要的是，阎先生深知历史学家的责任，向广大读者讲好中国故事，将中国传统文化发扬光大。御窑千年的历史，在阎先生笔下重新焕发出新的生机与活力。（张　龙）

联合国教科文组织《信使》杂志中文版首刊发布

2017 年 5 月 13 日《光明日报》《中国出版传媒商报》、人民网、新华网发布报道。报道称，联合国教科文组织《信使》杂志中文版首刊发布仪式在北京钓鱼台国宾馆举行。中央宣传部常务副部长黄坤明，教育部副部长、中国联合国教科文组织全国委员会主任田学军，联合国教科文组织总干事伊琳娜·博科娃，中国出版集团公司总裁谭跃，中国出版集团公司党组成员、中国出版传媒股份有限公司副总经理孙月沐，中国对外翻译有限公司总经理黄松、副总经理张晶晶等出席仪式，并发表讲话。

首发仪式上，联合国教科文组织总干事博科娃对中方的慷慨支持表示感谢，并宣布向联合国驻华机构和“一带一路”国家驻华使馆免费赠送《信使》中文版。中央宣传部常务副部长黄坤明希望中国支持的《信使》杂志能够为促进世界人民互相理解、和谐共荣、共筑命运共同体做出贡献。

中国出版集团公司总裁谭跃在致辞中表示，感谢联合国教科文组织、中央宣传部和教育部对中国出版集团（以下简称“中版集团”）的高度信任，再次将《信使》的翻译出版工作交给中版集团。这对中版集团既是一份光荣，更是一份责任。中版集团将全力支持做好《信使》杂志的翻译、编辑、出版工作，以恪尽职守的使命意识和精益求精的工匠精神，努力将《信使》杂志打造成一份具有广泛国际影响的品牌期刊，为推进全球文化交流合作做出应有的贡献！

（金文茜）

中国对外翻译有限公司控股子公司——中译语通科技（北京）有限公司发布译见大数据最新技术成果

2017 年 7 月 29 日新华社、《人民日报》发布报道。报道称，中译语通科技（北京）有限公司（以下简称“中译语通”）在北京发布了基于译见大数据技术生态的多款新应用和最新技术成果。发布会上，中译语通总经理于洋回顾了中译语通多年来的发展。他表示，时至今日，中译语通在大数据采集、治理、分析、呈现等多方面都成绩斐然，已经形成了成熟的大数据技术生态。于洋还特别举例了面向海外发布的金融大数据平台 JOVE BIRD。平台通过内置百种数据模型及算法和独特的跨语言文本分析算法，对金融数据进行智能化分析，并以“数据心电图”的形式清晰地呈现分析结果，向上市公司、金融机构、投资人等分享大数据带来的巨大研判价值。

（赵　桐）

中国对外翻译有限公司控股子公司——中译语通科技（北京）有限公司受邀参加第 21 届世界翻译大会

2017 年 8 月 3～5 日，《人民日报》发布报道。报道称，第 21 届世界翻译大会（FIT2017）在布里斯班会展中心召开。作为全球语言行业的

最高殿堂，FIT2017 以“颠覆与多样化”作为主题，旨在探索人工智能时代语言行业发展的新思路与新动力，来自全球 30 多个国家的 1000 余位语言行业翘楚参加会议，进行了 10 多场主题论坛讨论及近百场主旨演讲。中译语通科技（北京）有限公司作为本次大会的独家最高级别战略合作伙伴全程参与大会，并举办两场主题论坛，与现场嘉宾探讨语言科技和大数据技术的探索和先进成果。（赵　桐）

中国对外翻译有限公司控股子公司——中译语通科技（北京）有限公司与察哈尔学会联合主办“一带一路”语言服务研讨会

2017 年 8 月 29 日新华社、《人民日报》《光明日报》发布报道。报道称，由察哈尔学会、中译语通科技（北京）有限公司（以下简称“中译语通”）联合主办的《“一带一路”语言服务市场全景式分析与行业及政策建议》（以下简称“《全景式报告》”）发布会暨“一带一路”语言服务研讨会在察哈尔学会举办。察哈尔学会、中译语通·译世界及语言大数据联盟的代表，“一带一路”国际智库合作联盟、中国翻译协会的领导近 50 名重要嘉宾与会。

《全景式报告》是察哈尔学会、中译语通·译世界以及语言大数据联盟共同发起的学术报告，由北京语言大学高级翻译学院、对外经济贸易大学国际语言服务与管理研究所以及察哈尔学会负责具体学术执行，旨在概括总结“一带一路”建设面临的语言服务问题，分析其困难并提出解决路径。（赵　桐）

北京广播电视台黄金档播出 书店 书香 书缘——新华书店 80 周年特辑

2017 年 4 月 22 日，北京广播电视台青年频道《书香北京》栏目播出“书店 书香 书缘——新华书店 80 周年特辑”。

新华书店总店总经理茅院生通过一段专题片回顾了“新华书店”店招诞生经过、80 年风雨历程，并讲述了新华书店总店发展的美好愿景和新时期“克勤于邦、止于至善”的文化理念。

茅院生总经理谈到，新华书店对于他既是思想的沉淀、灵魂的沉淀，也是职业生涯不可分割的重要部分。在谈及新华书店在全民阅读推广中的重要作用时，茅院生总经理与节目嘉宾——首都师范大学校长宫辉力、波中教育基金会驻中国代表处主任崔萌萌一起，分享了他们与新华书店的情缘故事、推荐观众阅读的好书以及阅读推广的优秀案例和丰富经验。

本期节目由北京电视台金话筒奖获得者姜华主持，由新华国采公司策划并联合首都师范大学、波中教育基金会、《书香北京》栏目共同录制，献礼新华书店总店 80 周年华诞。

（赵　煦）

中央广播电视总台新闻联播报道新华书店成立 80 周年

2017 年 4 月 25 日中央广播电视总台《新闻联播》以《坚持正确方向 传承优秀文化》为题报道了新华书店改革发展成就。

作为国有文化企业的中坚力量，新华书店始终坚持正确方向、坚持读者至上，目前已拥有 13 万名员工，发行网点遍布全国 1 万多处。

在新华书店北京图书大厦一进门的“特别推荐”专架，每天都是人流络绎不绝，尤其是《习近平谈治国理政》《习近平总书记系列重要讲话读本》等出版物，需要不停地补充新码洋。大厦一层正在举办“中国优秀传统文化图书”展销活动，其中中央电视台《中国诗词大会》节目图书到货仅仅两个月，就登上了新华书店图书月度销售排行榜的前 3 名。

在坚守文化责任的同时，新华书店还积极探索创新发展业态，目前上海、江苏、安徽等 9 省市新华发行集团已经实现上市。根据最新数据，全国新华书店年出版物销售额已经超过 1100 亿元人民币，占全国出版物销售总额的 34.7%；截至 2015 年底，资产总额已达 1152 亿元。

新华书店总店总经理茅院生在接受采访时指出：作为国家重要文化机构和广大读者的文化家园，新华书店的品牌和服务正在走向国际，我们也计划在“一带一路”沿线国家开辟实体书店，把中国优秀传统经典文化传播到世界各地。

（赵　煦）

“世纪丹青——吴昌硕·齐白石绘画展”在荣宝斋举行

2017年9月6日中央广播电视总台、新华网、人民网、新浪网、搜狐网等媒体对“世纪丹青——吴昌硕·齐白石绘画展”进行了报道。报道称，2017年，恰好是吴昌硕逝世90周年、齐白石逝世60周年的节点。为纪念两位大师在中国绘画史上“开启山林”的成就与贡献，也借此梳理其与荣宝斋的特别因缘，荣宝斋与北京荣宝拍卖有限公司于11月举办《世纪丹青——吴昌硕·齐白石绘画展》，并由荣宝斋出版社结集出版展览画册。举办此次展览旨在弘扬具有中国气象的“美术精神”，传播树立起具有“中国气派”的艺术传统和标杆，体现中国文化的自信心。此外，也发挥荣宝斋这个特殊“文化平台”的作用，为引领一个“风清气正”的中国画坛而尽我们绵薄之力。

在吴昌硕之前，文人画还作为一种实践中的理想而被玩味着，诗、书、画、印的融会贯通停留在表象的层面上。然自吴昌硕一出，则性质几乎完全改变，尤其在他独树一帜的大写意花卉中，真正地将书法的点画与质感运用其中，并以长题充斥章法，所以金石峥嵘之气、诗文郁拔之气，皆以画像而尽发之。因此说，正是吴昌硕才完全将诗、书、画、印融为一体，开创了一种别开生面的绘画风格与范式。应该说，这也是文人画历史千百年来的空谷回响。同时，也正是从吴昌硕开始为文人画的短暂中兴吹起了嘹亮的号角。

齐白石也正是继吴昌硕之后又一位全面的画坛圣手。他们有过师承关系，齐白石也深受吴昌硕的启迪与影响，并以此上溯至八大山人与石涛。在题材的广泛性与喜闻乐见这点上，齐白石做得会更好一些，所以也决定了他的风格与审美祈向。但有一点他们无比地相似，就是将诗、书、画、印融为一处，在丰富并拓展绘画语言的同时，又客观地将绘画的境界表达提纯到了一个新的高度。正如前人所谓“无处不诗”的感喟一样，在齐白石的视野中更是“无处不画”。从某种意义上而言，齐白石的绘画更是一种“诗化的生活”和“生活的诗化”。

总而言之，“南吴北齐”如同隔着时空，但却又氤氲在同一片云海中，两座并峙的高峰永远屹立在20世纪波澜壮阔的画坛。这次展览的作品大多是荣宝斋馆藏作品，也有一部分是来自藏家的无私奉献。

（陶　爽）

解密非遗技艺，弘扬传统文化

2017年11月北京广播电视台新闻频道《这里是北京》栏目播出了“老号新说 荣宝斋话装裱”节目。节目对荣宝斋装裱修复技艺进行了报道。对荣宝斋的王辛敬、李淑珍等同志进行了采访，从托裱新画到揭旧全笔，从泄粉子到转边，依照工序和难度对装裱技艺进行了详尽的报道，对装裱工艺进行了科普宣传，使得传统技艺揭下了自己的神秘面纱，走近到观众面前。

2017年12月，新浪网新闻中心《大国匠人·手艺物语》栏目对荣宝斋木版水印技艺进行了报道，节目采访了国家级传承人肖刚、装裱修复技艺国家级传承人王辛敬同志。最终，木版水印技艺制作短视频节目播出了两期；装裱修复技艺制作图文报道了一期，获得8000余次赞。节目中对荣宝斋的历史、两项技艺的工序工艺进行了报道，采用了年轻人喜闻乐见的短视频形式，其他媒体纷纷转载，两部短视频累计播放140余万次，图文报道获得8000余次赞，引起社会各界的广泛关注，对于弘扬优秀传统文化，推广传统手工艺起到了积极作用。

（陶　爽）

“外国人写作中国计划”最新成果在伦敦书展受关注

2017年3月20日《文汇报》发表的报道。

报道称，由中译出版社发起的“外国人写作中国计划”的最新成果——印度汉学家狄伯杰的《中印情缘》、英国汉学家迈克尔·狄龙参与撰写的《中国古代简史》、德国汉学家顾彬的《忆当年》等图书在第46届伦敦书展上亮相，引发国际书界的广泛关注。这些已出版的与尚未出版的图书邀请了世界知名汉学家撰写，讲述他们眼里的鲜活中国，呈现对中国历史文化的梳理研究心得，被业内视为“中国出版界推动文化‘走出去’的一次新尝试”。

带队赴英国参展的中译出版社总编辑张高里在接受采访时表示，推出“外国人写作中国计划”，除了看中那些世界知名汉学家的多语种驾驭能力，也因他们独特的文化背景和视角，可以用海外读者所熟悉的叙述方式向世界展示中国的不同侧面。“外国人写作中国计划”正是以海外中国问题研究专家、重要汉学家为主要撰稿人，出版的图书有中文版、英文版以及作者的母语版。

比如，印度知名汉学家狄伯杰教授娶了一位中国太太，育有两个孩子，他在《中印情缘》中追忆了在北京大学求学的日子、与中国太太10年马拉松式的爱情长跑，也以学者的敏锐目光见证分析了印度“中国热”现象，并对中国经典文学为何在印度少有翻译等话题提出见解。

新加入“外国人写作中国计划”的法国知名汉学家白乐桑，多年推广汉语教学。他直言：汉学家写中国，并不比中国学者写中国胜出多少，关键在于能够提供一种有意思的视角介绍解读中国，这种中西方文化的互补性是不同文化对话的基础。

据悉，中译出版社已与莫言小说翻译者、美国汉学家葛浩文，诺贝尔文学奖评委、瑞典汉学家马悦然等15位知名汉学家签署了写作出版协议。“外国人写作中国计划”2017年还将陆续推出格鲁吉亚汉学家玛琳娜《格鲁吉亚的玫瑰》、土耳其汉学家吉莱《从伊斯坦布尔到北京》、波兰汉学家卡伊丹斯基《我生命中的中国》等新书。

（茹　慧）

中国主题图书国际编辑部在罗马尼亚成立

2017年6月7日新华网发表的报道。报道称，中译出版社与罗马尼亚拉奥出版社在布加勒斯特签署协议，并举行“中国主题图书国际编辑部”成立揭牌仪式。

中国出版集团公司代表团向布加勒斯特大学图书馆赠送了《中国大百科全书》《中华文明史话》《中国美术全集》等200余种优秀读物，并与布加勒斯特大学孔子学院的代表举行座谈，共商推动中国图书在罗马尼亚的翻译与出版。

中国出版集团公司党组成员、中国出版传媒股份有限公司副总经理孙月沐说，中国出版集团公司访问罗马尼亚，旨在推动“一带一路”沿线国家与地区对中国优秀文化及当代中国的了解，推进中国图书在罗马尼亚的本土化、品牌化运作。此次建立国际编辑部体现了双方合作共进的诚意，表达了共同推进中国文化内容在罗传播、增强相互了解、促进互译的愿景。

中译出版社还与拉奥出版社签署了一系列版权合作协议，包括“中国企业家与企业”系列5本、《中国通史》6卷本、张雅文的《生命的呐喊》、阿来的《空山Ⅰ》等中国图书的罗马尼亚语版权。

（茹　慧）

中国著名企业家系列5种英文版新书预热会举行

2017年3月14日新华网发表的报道。报道称，中译出版社与西班牙里德（LID）出版集团在伦敦南岸中心（South Bank Centre）联合举办了《中国著名企业家和企业丛书》第1辑（英文版）新书预热会。出席该活动的有中译出版社总编辑张高里；西班牙里德（LID）出版集团英国出版公司代表Martin Liu，伦敦帝国理工学院数据科学所所长、世界知名大数据专家Guo Yike教授，罗马尼亚出版商协会副主席、RAO出版社总经理奥威迪乌·恩卡斯罗斯卡（Ovidiu Encuslescu），中国出版集团公司所属各相关出版单位的代表，中国著名企业的驻英代表，英中贸易协会（CBBC）的代表，英国国王学院中国学院中国研究中心主任凯瑞·布朗教授（Prof. Kerry Brown）以及中外媒体代表等共100余人参加

了这次活动。

新书预热会上，LID 出版集团英国公司总经理 Martin Liu 介绍了嘉宾和新书出版情况，中外嘉宾就中外文化交流、中国企业和中国文化的国际化等广泛话题进行了深入的交流。随后，罗马尼亚知名出版社 RAO 当场签下了这个系列图书的罗马尼亚语版权。据悉，这个系列图书的日文版和阿拉伯文版已经签约。（茹 慧）

《幸福的流失》出版引关注

2017 年 3 月 6 日《文汇报》刊发世界图书出版公司北京分公司出版的《幸福的流失》一书书评文章：经济增长为何会造成幸福流失。文章称，罗伯特·莱恩在书中根据不同国家和地区在不同时期的经济增长、社会发展等数据分析指出，经济增长和幸福在初始阶段的确呈现正相关关系，例如经济增长在穷国可以创造幸福，但这种同步增幅会逐步放缓，在经过一个临界点后，则呈现显著的负相关。尤其是对那些将个人财富看得格外重要的富人来说，财富新增额度很可能无法赶上其欲望、期望、比较标准的提高速度。他着重强调了物质主义、消费主义让人远离而不是趋近幸福，因为物质主义、消费主义的价值观内核剥离了人们的自我，着眼于攀比和不断刷新，很多情况下会使得人们更深地被卷入欲望漩涡，延迟满足能力受到了破坏，认知超载现象更加突出。

书中不无感慨地指出，美国二战后，尤其是 20 世纪 60 年代之后，人们开始普遍面临家庭关系和朋友关系的淡化，不但拜访朋友的频率直线下降，而且年轻人探访父母的次数也在减少，同期显著增加的数字只有离婚率。“越来越多的人脱离了家庭，其后果就是越来越多的人不得不自娱自乐”。尽管近年来社交网络发展很快，迅速填补了人们的孤独和寂寞，但基于社交网络之上建构的弱连接，所可能为人们提供的情感慰藉根本不可能与传统的亲情和友情纽带相比。

（朱利伟）

中央广播电视总台《财经频道》《第一时间》栏目推荐《动物生死书》

2017 年 2 月 13 日中央广播电视总台《财经频道》《第一时间》栏目的“读书时间”推荐了世界图书出版西安有限公司出版的社科类图书《动物生死书》。《动物生死书》出版于 2016 年 9 月，作者杜白，插画师白茶。本书通过描述动物的“生、老、病、死、苦”5 种生活状态，呼吁人们爱护动物、保护动物，正确认识人与动物之间的关系。主持人龙洋在推荐词中说：“如果你认识到人生之旅是一场修行，那么同伴动物就是你的共修……从和它们结缘的第一天，我们就得有这个体悟，必须为它们善终。”（冀彩霞）

《作家文摘》“语之可”书系发布倡导纯粹高格阅读

2017 年 1 月 16 日新华网发表的报道。报道称，1 月 12 日下午，由现代出版社出版的《作家文摘》“语之可”书系于 2017 北京图书订货会上正式发布。据介绍，“语之可”书系依托《作家文摘》语可书坊，主打纯粹高格的纸质阅读产品，志在发现、推广那些意蕴醇厚、文笔隽秀的性灵之作，触探时代的纵深与人性，用思想澄明未来。

“语之可”书系是一套兼具史料性、资料性与文学性的连续出版物。该套书系一年出版 12 本，一个季度出版 3 本。此次发布会发布的《语之可 01：可惜风流总闲却》《语之可 02：英雄一去豪华尽》《语之可 03：也无风雨也无晴》是整套书系的前 3 本。“语之可”书系的出版是传统与新颖并进，高质量的传统文章配上手掌大小的书本，让读者能够随时随地地阅读。

（陈丽壮）

现代出版社新书关注传统士人的转型与抉择

2017 年 6 月 2 日《中国出版传媒商报》发

表的报道。报道称，5 月 31 日，在第 27 届全国图书交易博览会现场，现代出版社举办了《走出晚清：大师们的涅槃时代》新书发布会。该书作者汪兆骞与著名作家、茅盾文学奖得主周大新，《山楂树之恋》编剧肖克凡共同畅聊走出晚清的那些士人学者的命运抉择、热血年代的文人学子的故事，引发现场读者的热烈反响。

汪兆骞系人民文学出版社编审，《当代》杂志原副主编兼《文学故事报》主编。该书为经典史诗级民国大师集体传记“民国清流”系列之前传。沿袭“民国清流”系列图书风格，呈现出1912～1916 年新文化思潮汹涌澎湃的壮丽景观，客观再现了 20 世纪初中国文化进程的巨大蜕变。作者凭借翔实的史实与依据，实事求是地还原历史，披露真相，不偏不倚地讲述与剖析历史人物，刻画出民国大文人、大知识分子在大环境中呈现出的多种文化品格，彰显人性的光辉与卑微。

“民国清流”系列客观公正、优美流畅、生动鲜活的写作风格，编年体集体传记的写法，使得这一系列重磅力作既成为关于民国文化史、文学史、思想史和民国大知识分子的史料的有益补充和延伸，又能让普通读者在汲取历史新知的同时，获得愉悦而充实的阅读享受。

（陈丽壮）

中央广播电视总台《中国通史》百集纪录片主创见面会

2017 年 1 月 24 日《中国出版传媒商报》发表的报道。报道称，1 月 13 日，现代出版社举办“中央广播电视总台《中国通史》百集纪录片主创见面会”。中国出版集团公司党组成员、中国出版传媒股份有限公司副总经理李岩，中国社会科学院历史研究所所长卜宪群，历史专家陈时龙、赵凯，纪录片执行制片赵力，执行导演赵良，澳亚传媒总编辑、《中国通史》统筹总监向世德，现代出版社社长臧永清等，与众多观众共同参与了这场与众不同的阅享之旅。

《中国通史》由中国社会科学院历史研究所撰稿，邀请国内多家重点大学、专业机构的研究员共同参与，历时 10 余年精心制作；在中央电视台电影频道热播，好评如潮。纪录片较全面地讲述了中国古代历史的发生、发展过程，揭示了中国历史的发展趋势及规律。（陈丽壮）

中央宣传部副部长庹震一行莅临新华联合物流中心视察

2017 年 1 月 3 日中国物流与采购网的报道。报道称，中央宣传部副部长庹震一行莅临新华联合物流中心视察指导工作，并就项目进展、业务运营状况等情况听取了项目运营单位的介绍。庹震对物流中心信息化、现代化水平给予充分肯定，并表示在互联网与电子商务快速发展的背景下，出版业大力发展智能物流必将有良好的发展前景。

新华联合物流中心由中国出版集团公司、江西新华发行集团有限公司、江苏凤凰出版传媒股份有限公司共同出资建立。项目位于北京市顺义区北小营镇，总占地面积约 340 亩，总建筑面积 20.5 万平方米，总投资 11.5 亿元，于 2014 年 4 月开工建设，2016 年 10 月投入试运行，是我国出版业规模最大的出版物流通中心。

该物流中心项目依托先进的仓储管理系统及贯通出版业上下游的信息服务平台，大规模应用货到人拣选系统、高位立体库、自动传输系统等现代化物流装备，可实现货物配发、包装、质检、路向分拣等环节的信息化和自动化。物流中心将整合中国出版集团公司所有出版社约 30 亿码洋图书的仓储和配送业务，同时继续吸收北京地区其他出版社图书物流业务，壮大产业集群，达到年配送 70 亿码洋的产能。同时，依托规模优势和强大的信息处理能力，在医药、冷链、家电、日用百货等领域大力发展第三方社会物流，打造国内有强大影响力和辐射力的综合性物流产业平台。

（白　雨）

中国出版：拟 9990 万元增资新华联合持股 37%

2017 年 10 月 26 日中证网的报道。报道称，

中国出版（601949）10月26日晚公告，该公司与新华联合发行有限公司（以下简称“新华联合”）其他两家股东江西新华发行集团有限公司（以下简称“江西新华”）、江苏凤凰出版传媒股份有限公司（以下简称“凤凰传媒”）签订了增资协议。根据协议，公司与江西新华、凤凰传媒共同对新华联合增资27000万元。本次增资后，新华联合注册资本由68800万元增资至95800万元，新增注册资本27000万元，由三方按出资比例进行认缴。其中，公司认缴9990万元；江西新华认缴9450万元；凤凰传媒认缴7560万元；三方均以货币形式出资，本次增资后公司累计认缴出资35446万元，持股比例37%，保持不变。

公告称，新华联合以图书、报纸、期刊、电子出版物的总发行为主业，目标是在全国范围内建立高效的出版物销售、物流配送和连锁经营网络，形成辐射全国并具有市场影响力的全国性出版物发行企业。

公告表示，公司拟与江西新华、凤凰传媒对新华联合进行增资事项，是保障公司实施募投项目和公司发展的必要举措，有助于推动新华联合各项业务的顺利进行，增强新华联合的发展后劲，符合公司战略发展规划及长远利益，有利于进一步完善公司的产业链。

业内人士表示，作为中央国有大型文化企业，“中国出版”以图书、报刊、电子音像等出版物为主业，集出版、发行、物资供应、印刷等业务于一体。公司拥有庞大的作者资源和读者群体，在中国具有强大的文化影响力。该公司具有品牌优势，资源优势明显，连续多年入选全球出版业50强。近年来，该公司积极推动传统报刊与新媒体的融合，数字化收入逐渐提高，探索出一条适合公司特色的“互联网+”发展模式，其未来的业务拓展必会带来新一轮的增长。从长期来看，行业整合是大势所趋。作为行业的领头企业，中国出版将在出版业重新洗牌的过程中居于主导地位。同时，数字技术的改善、将推动该公司的数字化转型实现跨越式发展。在这样的市场环境下，“中国出版”未来仍有较大的发展空间。

（白　雨）

江苏淮安与中国出版集团公司启动全球华语诗词大赛

2017年7月14日人民网报道。报道称，14日，江苏省淮安市政府与中国出版集团公司签署战略合作协议，双方就共同传播中华传统诗词，共同实施“中华优秀传统文化新媒体工程”“中华优秀传统文化国民素养提高工程”，共同打造国学书店，共同举办纪念周恩来诞辰120周年全球华语诗词大赛，共同打造文化教育类图书出版发行基地等事宜达成合作。

淮安市代市长蔡丽新出席并致辞，中国出版集团公司党组成员、副总裁潘凯雄与淮安市副市长王红红分别代表合作双方签署了协议。人民网总编辑余清楚为纪念周恩来诞辰120周年全球华语诗词大赛的启动题写了“为中华之崛起而读书”的书法作品。

此次合作，中国出版集团公司旗下品牌“诗词中国”将入驻淮安，设立“诗词中国博物馆”，面向淮安市中小学生和广大市民全方位推广中国传统诗词。据悉，诗词中国博物馆将设置“诗词中国青少年互动体验中心”“诗词中国Chinstyle文创产品工作坊”“诗词中国创作基地”等互动场地。在14日的活动上，淮安市文化广电新闻出版局局长张冲林与中版文化传播总经理包岩共同为“诗词中国博物馆筹备处”揭牌。

此外，该战略合作协议还包括在淮安共同建设“最美国学书店”以促进国学阅读推广，建立“24小时国学图书自助驿站”，建立教材教辅出版发行基地，建立数字出版基地等事宜。

（张颖潇）

全国中学生国学大赛启动报名：试题有五大板块

2017年11月13日光明网报道。报道称，由中国人民大学国学院、中国出版传媒中版文化主办的“全国中学生国学大赛”系列活动，日前在中国人民大学国学馆召开新闻发布会。全国中学生国学大赛以成就“富蕴思想的青春国学、富有担当的时代国学、富涵意趣的世界国学”为理念，得到众多高校及相关单位的鼎力支持。清华大学人文学院教授孙明君、华中师范大学文学院教授张三夕、北京师范大学文学院教授马东瑶、人民教育出版社编审顾之川、中国社会科学院历史所研究员徐义华等国内知名专家学者受聘成为“全国中学生国学大赛暨国学等级考试”专家评审委员。

在活动现场，经评审委员会集体讨论通过，大赛考试范围确定由中国古代文学、中国古代史、中国古代哲学、中国古代文化常识、古代汉语五大板块组成。大赛总策划人包岩表示，在我们的定位中，这个活动不但是一个高水准、专业化的大赛，同时也是一个多渠道、全媒体、强互动的国学竞技舞台。将传统媒体、新媒体和落地活动相结合，打造一条从“国学兴趣”到“国学研究”再到“选拔人才”的直通车，这是本次活动的一大目标，也是国学教育乃至中华优秀传统文化传承和推广方式的深刻探索。大赛设置初赛、复赛、决赛三个阶段，采用线上答题与现场笔试相结合的方式进行。（张颖潇）

第3届“诗词中国”颁奖典礼在北京举行，获吉尼斯世界纪录“最大规模的诗词竞赛”称号

2017年12月11日新华网报道。报道称，2017年12月9日，由中华书局发起，联合中央电视台、人民网、中华诗词研究院、中华诗词学会共同主办，中国移动通信集团公司协办的第3届“诗词中国”传统诗词创作大赛颁奖典礼在《人民日报》新媒体大厦1号演播厅举行。活动现场颁发了本届大赛成人组和青少组的年终创作奖，并表彰了对大赛给予大力支持的单位和组织。吉尼斯世界纪录认证官现场宣布第3届“诗词中国”挑战吉尼斯世界纪录“最大规模的诗词竞赛”称号成功，并颁发了挑战证书。《人民日报》副总编辑张首映，中国出版集团公司党组成员、中国出版传媒股份有限公司副总经理孙月沐等主协办方领导，周笃文、钟振振、杨逸明、钱志熙等知名学者、诗词名家，地方诗词学会代表及“诗词中国”的部分评委和获奖选手代表应邀出席。

从2012～2017年，“诗词中国”已经走过3届，共收到当代人的原创传统诗词投稿37万余篇，涌现出一大批具有时代精神、个性鲜活的优秀诗词作品。经典文化，大众传播——这是“诗词中国”的核心品牌特色，除了参与人群的“大众化”外，还有传播手法的“大众化”。由组委会自主设计开发的“诗词中国”APP，集诗词互动社区、诗词主题搜索、在线诗人档案、诗词美文欣赏、诗词创作辅助工具等功能于一体，致力于为诗词爱好者提供最全最好的习诗体验。据统计，截至目前，“诗词中国”APP的下载量已经达到3600万次，互动人数超过千万。

“今年的电视银屏上，出现了很多广受好评的古典诗词节目，这是可喜的，但是‘诵’和‘赏’却不能掩盖‘创作’的魅力和价值。我们读那些经典的唐诗宋词，最大的感觉是‘惊艳’，但读‘诗词中国’的投稿作品，读当代人写的传统诗词的时候，获得更多的是‘感动’，是深植在平凡生活中的、震撼人心的力量。”南京师范大学教授、“诗词中国”评委钟振振表示。

（张颖潇）

华文出版社持续向社会捐赠《雷锋全集》

2017年3月2日新华社报道。报道称，在学雷锋日到来前夕，华文出版社深入街道、社区、学校、公交公司等基层单位，捐赠其出版发行的《雷锋全集》。

《雷锋全集》汇集了雷锋22年人生历程中所写下的全部文字，包括日记、诗歌、小说、讲话、书信、散文、赠言等，并选择大量雷锋生前照片。

据华文出版社社长宋志军介绍，自2012年出版以来，出版社多次向社会捐赠《雷锋全集》，捐赠对象包括原沈阳军区、抚顺、长沙三地雷锋

纪念馆，北京育才学校、雷锋小学、亦庄实验学校等学校，以及全国学雷锋活动示范点和全国岗位学雷锋标兵等。

2017 年，出版社的捐赠对象包括大钟寺股份社、北京市财会学校、门头沟区大台街道黄土台社区、门头沟区大峪街道峪园社区、北京公共交通控股（集团）有限公司电车客运分公司、西城区大栅栏街道办事处、北京八方达客运有限责任公司保修分公司等。（景洋子）

《北京印象：化方故事》读者见面会举行

2017 年 2 月 20 日中国新文艺网报道。报道称，《北京印象：化方故事》新书读者见面会在北京图书大厦隆重举行。该书是“金牌词人”化方的年度巨献，由中国出版集团旗下华文出版社精心策划出版。

该书编辑过程中得到了很多名人的支持，由化方亲自操刀作词、著名作曲人胡力倾心打造的同名主题曲在 2016 年末一经推出，即在社会各界引起强烈反响。本书以全新的视角来体悟我们的北京，掀起了一股普通大众在北京生活点滴的追忆。

华文出版社社长宋志军从总体上分析总结了本书的风格和特点。他认为，这本书最大的意义是能让普通读者从书中读出正能量，从这些名人奋斗的历程中体会到成功的励志。整部书的形式非常新颖，图文结合更直白地展示了全书的主题。

中国出版联盟秘书长李姗姗回忆了她与化方来北京一起共同打拼的 13 年。见面会上，作者化方回忆了自己从在锦州做生意到北京闯拼的全过程，喜乐的语言背后是追求成功道路上的苦痛。

最后，化方与读者进行了认真细致的互动。化方用激情的语言回答了读者们关心的问题。整个会场气氛热烈，读者踊跃购书。

（景洋子）

丝绸之路文化行：全球化时代的中国叙事

2017 年 5 月 9 日人民网报道。报道称，为响应“一带一路”的倡议构想，在全球化时代讲好中国故事，2017 年 5 月 6 日，中国出版集团公司、华文出版社和《人民日报》《国家人文历史》杂志联合举办的“《丝绸之路名家精选文库》新书发布会（研讨会）暨‘丝绸之路文化行’大型活动启动仪式”在北京成功举办。《丝绸之路名家精选文库》由《人民日报》文艺部副主任、中国作协全委李舫主编，集萃了 14 位中国名家散文，包括陈建功的《默默且当歌》、张抗抗的《诗性江南》、阿来的《从拉萨开始》、叶舟的《西北纪》等等。这些佳作以优美的文字展现了我国丝路沿线丰富多元的地缘文化、历史传统和习俗风情。它们纵横浩荡地连接起丝绸之路的文明长廊，生动地展示了一个日渐被遗忘的文明世界。

“丝绸之路文化行”以“丝绸之路名家精选文库”（第 1 辑）的作品所展现的地理为轴，拟在陕西、西藏、新疆、宁夏、甘肃、福建和广州、西宁、杭州等 14 个省市自治区举办包括城市人文论坛、非遗展览、全球旅行家创作计划等一系列活动。

（景洋子）

中国故事新讲法

2017 年 3 月 27 日《光明日报》报道。报道称，1 月 19 日，“中国故事全球传播千万亿高峰对话”在北京水立方举行，6000 部中国故事的投拍和全球传播工作正式启动。2 月 28 日，“中国故事全球传播千万亿基金”在北京揭牌，成为国内首支专项支持中国故事全球传播的公益类基金。由中国出版集团公司所属的中版昆仑传媒发起并打造的“中国故事全球传播千万亿平台”项目，作为一项全新的融媒体传播模式，2016 年底刚刚筹备运行，即在短短数月间形成良好发展态势，引发各界广泛关注，成为向世界讲述中国故事的一支新兴力量。

“中国故事全球传播千万亿平台”项目是采用短视频视听语言向全世界讲述中国故事的内容产业集群。中版昆仑传媒有限公司总经理曹剑介绍，作为一个集内容、技术、渠道、人才为一体的融媒体项目，“中国故事全球传播千万亿平台”已在全球开发了6000多家媒体合作渠道，分布在120多个国家和地区，抵达受众数超30亿。在该平台上发布的内容，可以即时进入全球数百乃至数千家媒体的播出和发布渠道，同步到达数以亿计的外国受众。平台已推出数万分钟的中国视听图文内容、近2000个中国故事。

曹剑表示，讲好中国故事是每一个中国人的责任，更是国有文化企业的责任。将这些故事组合起来，推广出去，是实现“中国梦”的一个非常重要的环节。（沈梦杭）

大型人文讲述类节目《中国故事大会》发布会举行

2017年8月26日人民网发表文章。文章称，北京卫视大型人文讲述类节目《中国故事大会》发布会在北京举行。该节目由中版昆仑传媒有限公司、北京电视台、苏州传视影视、京视卫星传媒联合打造，掌门1对1独家冠名，将于9月8日起每周五晚黄金时间播出。

《中国故事大会》是一档有温度、有情感、有态度、有价值观的文化类节目，讲述的是当代普通中国人的故事，每一个故事背后，或有人心向上的力量，或有社会及国家前行的缩影，小故事、大格局，不说教、有共鸣，描绘出一幅当代中国的“清明上河图”。通过这样一档节目，让那些能够代表民族、国家和时代的故事被更多人听到，让更多人通过主流媒体的舞台，把自己讲给中国，把中国讲给世界。

发布会现场，中国出版集团公司党组成员、副总裁刘伯根指出，讲好中国故事是现实的需求，也是文化企业的责任，中国出版集团公司将携手合作伙伴讲好中国故事。中版昆仑传媒有限公司总经理曹剑认为，《中国故事大会》是一档有担当、有深度、有文化、有内涵的综艺节目，拥有巨大的政治价值、社会价值、文化价值、市场价值，未来中版昆仑还将推出中国故事大典、中国故事大赛、中国故事大展。北京电视台卫视节目中心主任马宏表示，讲好中国故事是北京卫视作为首善媒体的应有之义，北京卫视一直坚持做既有意思又有价值的节目。（沈梦杭）

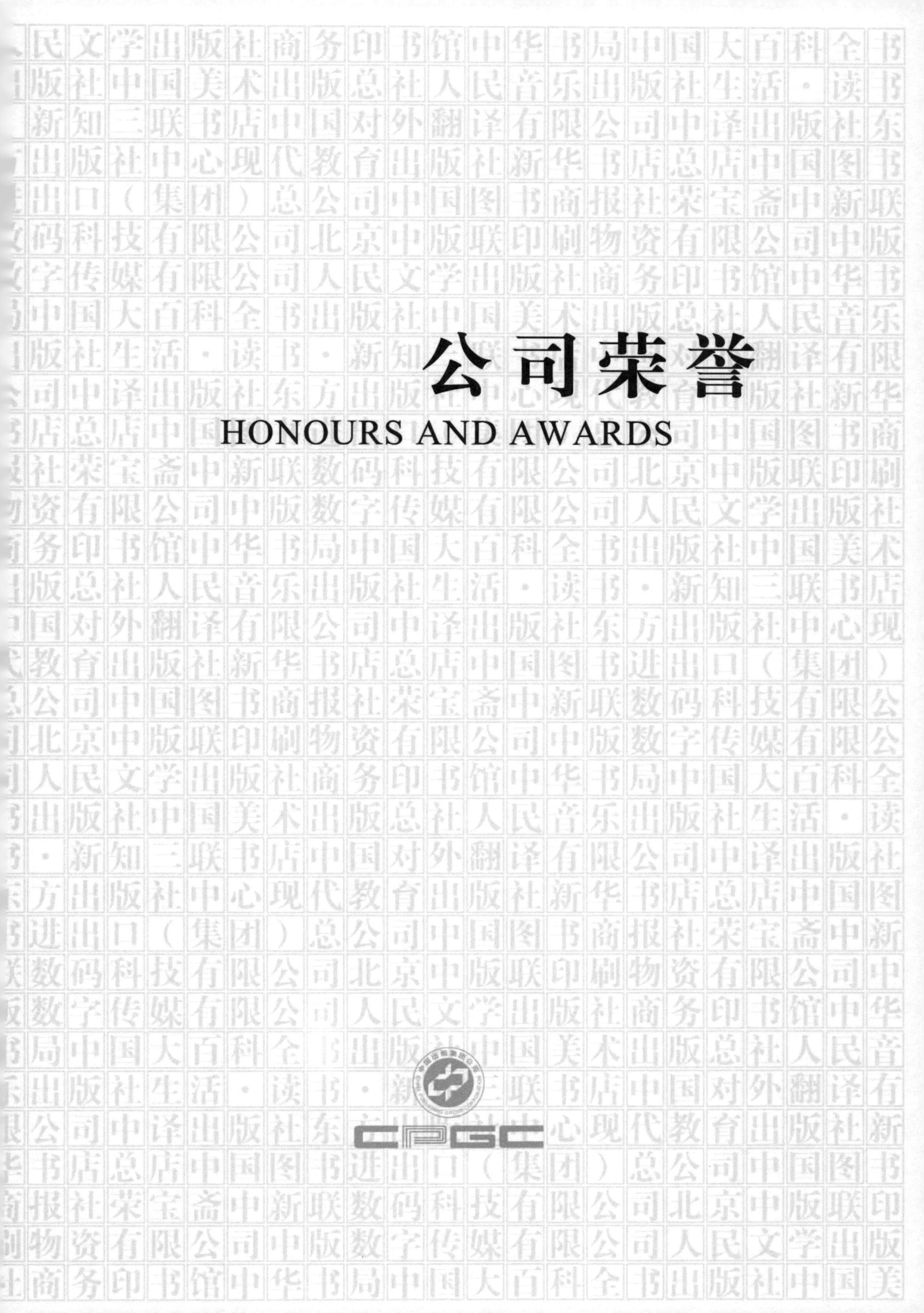

公司荣誉

HONOURS AND AWARDS

获奖（荣誉）

中国出版集团公司财务决算工作连续5年获得通报表扬

2017年10月16日，财政部对2016年度国有企业财务信息管理工作进行了总结考评，对决算工作成绩突出的中央部门和单位、中央企业和地方财政厅（局）提出通报表扬，中国出版集团公司在中央企业中排名第19位。

2017年10月30日，财政部对113户2016年中央文化企业财务决算工作进行了总结和考评，对工作成绩突出的16家中央文化企业予以通报表扬，中国出版集团公司排名第12位。

自2012年以来，中国出版集团公司财务决算和国有资产统计工作已连续5年分别获得财政部和国资委通报表扬。（黄　迪）

新华国采公司荣获“全国巾帼建功先进集体”称号

2017年4月22日，在全国城乡妇女岗位建功先进集体、个人表彰大会上，新华书店总店全资子公司新华国采教育网络科技有限责任公司（以下简称“新华国采公司”）被全国妇联授予“全国巾帼建功先进集体”称号。会议表彰了1980个全国巾帼文明岗，998名全国巾帼建功标兵，500个全国巾帼建功先进集体。全国人大常委会副委员长、全国妇联主席沈跃跃出席表彰大会，向受到表彰的先进集体和先进个人表示热烈祝贺。

新华国采公司现有员工35人，全部具有大学本科以上学历，平均年龄31岁。新华国采公司成立以来，立足传统优势资源和新华书店总店品牌，勇于创新，创造性地规划设计了“全国大中专教材网络采选系统”，借助互联网技术，以教材为中心，打造面向全国高等院校师生的开放性的教材服务生态系统，为广大师生提供一站式知识获取服务，得到广大高校师生、教材出版机构、教材经销商的高度认可和欢迎。新华国采公司大力开拓市场，不断寻求业务的巩固与突破，销售收入、利润屡创新高。新华国采公司承办的“全国高等教育教材峰会”及“优秀教材经销商评选”“金牌教材编辑评选”等活动为繁荣高等教材出版发行市场做出了重要贡献，得到社会各界的高度认可。（张　倩）

获奖（荣誉）名单

2017年度获奖（荣誉）单位

获奖单位	获奖名称	颁奖单位	颁发时间
人民文学出版社	2016年度电子书精进奖	kindle中国	2017年1月
人民文学出版社	年度匠心奖	百度阅读·新视界	2017年1月
人民文学出版社	2016年度江苏零售市场最具影响力供应商	江苏新华发行集团	2017年1月
人民文学出版社	2016年度行业先锋	京东集团	2017年1月
人民文学出版社	2016（第7届）“图书势力榜”金推手	《广州日报》、新华出版发行集团、番禺区委宣传部	2017年3月
人民文学出版社	2017最有号召力的“十佳”出版社	2017上海书展暨“书香中国”上海周组委会办公室	2017年8月
人民文学出版社	2016—2017年度优秀信息宣传单位	中国出版集团公司	2017年11月
人民文学出版社	最受欢迎公众号	《中国出版传媒商报》	2017年11月
人民文学出版社	优秀组织奖	“2017海峡两岸书籍设计邀请赛”组委会	2017年11月
人民文学出版社计划财务部	2015—2016年度中国出版集团公司青年文明号	共青团中国出版集团委员会、中国出版集团公司青年联合会	2017年12月
人民文学出版社	百度教育2017年度优质出版社	百度教育	2017年12月
人民文学出版社	京东图书2017年度行业先锋	京东图书	2017年12月

续表

获奖单位	获奖名称	颁奖单位	颁发时间
商务印书馆	2017 中国图书海外馆藏影响力出版 100 强	《中国出版传媒商报》、北京外国语大学、中国文化“走出去”效果评估中心、国际新闻与出版学院、中国图书进出口（集团）公司	2017 年 8 月
商务印书馆	连续 3 年中国图书海外馆藏影响力出版 30 强	《中国出版传媒商报》、北京外国语大学中国文化“走出去”效果评估中心、国际新闻与出版学院、中国图书进出口（集团）公司	2017 年 8 月
商务印书馆	2017 最有号召力的“十佳”出版社	2017 上海书展暨“书香中国”上海周组委会办公室	2017 年 8 月
商务印书馆	2017 中国版权年度最具影响力企业	中国版权协会	2017 年 11 月
商务印书馆	2016—2017 年度优秀信息宣传单位	中国出版集团公司	2017 年 11 月
商务印书馆	2012—2016 年度中国出版集团公司“走出去”卓越奖	中国出版集团公司	2017 年 11 月
商务印书馆	2016 年度财务报告先进企业	中国出版集团公司	2017 年 12 月
商务印书馆	年度致敬出版社	深圳读书月组委会	2017 年 12 月
中华书局	2017 中国图书海外馆藏影响力出版 30 强	《中国出版传媒商报》	2017 年 8 月
中华书局	2017 中国图书海外馆藏影响力出版 100 强	《中国出版传媒商报》	2017 年 8 月
中华书局	第 5 届全国文明单位	中央精神文明建设指导委员会办公室	2017 年 11 月
中华书局	2016—2017 年度优秀信息宣传单位	中国出版集团公司	2017 年 11 月
中华书局	2016 年度财务报告先进企业	中国出版集团公司	2017 年 12 月
中华书局	2012—2016 年度中国出版集团公司“走出去”工作综合排名第 3 名	中国出版集团公司	2017 年 12 月
中国大百科全书出版社市场营销部	2016 年度中国出版集团公司优秀营销案例奖	中国出版集团公司	2017 年 1 月
中国大百科全书出版社	展览路地区“最美家庭”评选活动先进集体	北京市西城区展览路街道妇女联合会	2017 年 5 月

续表

获奖单位	获奖名称	颁奖单位	颁发时间
中国大百科全书出版社少儿分社	“2017 年全国科技活动周暨北京科技周主场最佳组织活动”	北京市科学技术委员会	2017 年 5 月
中国大百科全书出版社少儿分社	“2017 年度全国巾帼文明岗”称号	中华全国妇女联合会	2017 年 6 月
中国大百科全书出版社	最受欢迎出版社	第 7 届江苏书展	2017 年 7 月
中国大百科全书出版社	2017 年北京市提升出版业国际传播力奖励原创出版物版权贸易奖	北京市新闻出版广电局	2017 年 10 月
中国大百科全书出版社	全国版权示范单位	国家版权局	2017 年 11 月
中国大百科全书出版社	2012—2016 年度中国出版集团公司“走出去”工作综合排名第 3 名	中国出版集团公司	2017 年 11 月
中国大百科全书出版社	2017—2018 年度国家文化出口重点企业	商务部、中宣部、财政部、文化部、国家新闻出版广电总局	2017 年 11 月
中国大百科全书出版社	第 7 届书香中国·北京阅读季优秀合作机构	国家新闻出版广电总局、北京市人民政府	2017 年 12 月
中国美术出版总社	2016 年度经营特别贡献奖	中国出版集团公司	2017 年 5 月
中国美术出版总社	第 27 届阿布扎比国际书展主宾国优秀创意奖	国家新闻出版广电总局	2017 年 6 月
连环画出版社	2017 中国图书海外馆藏影响力出版 100 强	中国出版传媒商报社、北京外国语大学、中国图书进出口（集团）总公司	2017 年 8 月
中国美术出版总社	2012—2016 年度中国出版集团公司“走出去”综合排名第 1 名	中国出版集团公司	2017 年 11 月
中国美术出版总社	京津冀绿色印刷优秀出版单位奖	北京印刷协会、天津市印刷技术协会、河北省印刷协会	2017 年 11 月
中国美术出版总社《连环画振兴宣传项目》	2017 年度青年创新项目二等奖	中国出版集团公司	2017 年 12 月
中国美术出版总社《“编创融合”活动》项目	2017 年度青年创新项目三等奖	中国出版集团公司	2017 年 12 月
中国美术出版总社	2016 年度财务报告先进企业	中国出版集团公司	2017 年 12 月
人民音乐出版社	2016—2017 年度信息宣传工作创新奖	中国出版集团公司	2017 年 11 月

续表

获奖单位	获奖名称	颁奖单位	颁发时间
人民音乐出版社	爱心帮助	晨光脑瘫儿童康复中心	2017 年 11 月
人民音乐出版社教材中心	2017 年度青年创新项目一等奖	中国出版集团公司	2017 年 12 月
人民音乐出版社事业发展部	2015—2016 年度中国出版集团公司青年文明号	中国出版集团公司	2017 年 12 月
人民音乐出版社	2017 年度出版物印制优质产品“质量最佳、成绩优异”	北京印刷协会	2017 年 12 月
人民音乐出版社	助力文化扶贫、推动全民阅读	光华公益书海工程组委会、中国光华科技基金会	2017 年 12 月
生活·读书·新知三联书店	版权输出进步奖	中国出版集团公司	2017 年 11 月
中国对外翻译有限公司	2016 文化贸易重点企业	中国服务贸易协会专家委员会	2017 年 5 月
中国对外翻译有限公司	2016 年度经营特别贡献奖	中国出版集团公司	2017 年 5 月
中国对外翻译有限公司	2017—2018 年度国家文化出口重点企业	商务部、中宣部、财政部、文化部、国家新闻出版广电总局	2017 年 6 月
中国对外翻译有限公司	2016—2017 年度优秀信息宣传单位	中国出版集团公司	2017 年 11 月
中国对外翻译有限公司	2016 年度财务报告先进企业	中国出版集团公司	2017 年 12 月
中国对外翻译有限公司“中译在线平台”	2017 年度中国出版集团公司优秀青年创新项目	中国出版集团公司	2017 年 12 月
中译语通科技股份有限公司“娱乐视频听译制作项目”	2017 年度中国出版集团公司优秀青年创新项目	中国出版集团公司	2017 年 12 月
中译语通科技股份有限公司“语音智能识别项目—纠音平台”	2017 年度中国出版集团公司优秀青年创新项目	中国出版集团公司	2017 年 12 月
中国对外翻译有限公司国际文化发展部	2015—2016 年度中国出版集团公司青年文明号	中国出版集团公司	2017 年 12 月
中译语通科技股份有限公司国际化部	2015—2016 年度中国出版集团公司青年文明号	中国出版集团公司	2017 年 12 月

续表

获奖单位	获奖名称	颁奖单位	颁发时间
东方出版中心	上海市和谐劳动关系达标企业	上海市人力资源和社会保障局、上海市总工会、上海市企业联合会、上海市企业家协会、上海市工商业联合会	2017 年 3 月
东方出版中心	上海市 2016 年度纳税——信用 A 级企业	上海市税务局	2017 年 5 月
东方出版中心	2016 年度经营特别贡献奖	中国出版集团公司	2017 年 5 月
东方出版中心	离退休干部“畅谈十八大以来变化展望十九大胜利召开”征文活动优秀组织奖	中国出版集团公司	2017 年 8 月
东方出版中心党委《新常态下创新国有文化企业党建工作》课题	2016 年宣传系统基层党建调研课题优秀成果三等奖	上海市委宣传部	2017 年 10 月
东方出版中心	2016 年度财务报告先进企业	中国出版集团公司	2017 年 12 月
新华书店总店	2016 年度经营特别贡献奖	中国出版集团公司	2017 年 5 月
中国图书进出口（集团）总公司	优秀展团组织奖	北京图书订货会组委会	2017 年 1 月
中国图书进出口（集团）总公司报刊进口中心	全国三八红旗集体荣誉称号	中华全国妇女联合会	2017 年 2 月
中国图书进出口（集团）总公司	2016 年度经营特别贡献奖	中国出版集团公司	2017 年 5 月
中国图书进出口（集团）总公司	2012—2016 年度“走出去”卓越奖	中国出版集团公司	2017 年 11 月
中国图书进出口（集团）总公司	2016—2017 年度优秀信息宣传单位	中国出版集团公司	2017 年 11 月
中国图书进出口（集团）总公司	2017 年度全国优秀馆配商	《图书馆报》	2018 年 1 月
现代教育出版社高等教育中心	“2017 年度全国巾帼文明岗”称号	中华全国妇女联合会	2017 年 6 月
现代教育出版社高等教育中心	2017 年度中国出版集团公司青年创新项目一等奖	中国出版集团公司	2017 年 12 月

续表

获奖单位	获奖名称	颁奖单位	颁发时间
现代教育出版社基础教育中心	2015—2016 年度中国出版集团青年文明号	中国出版集团公司	2017 年 12 月
现代教育出版社财务中心	2015—2016 年度中国出版集团青年文明号	中国出版集团公司	2017 年 12 月
荣宝斋	企业信用等级 AAA 级评价	中国商业联合会	2017 年 2 月
荣宝斋	北京市优质服务商店	北京市商业联合会、北京市旅游行业协会、北京市私营个体经济协会	2017 年 3 月
荣宝斋	北京市信用 AAA 级企业	北京市企业联合会、北京企业评价协会	2017 年 4 月
荣宝斋	2016—2017 年度优秀信息宣传单位	中国出版集团公司	2017 年 11 月
荣宝斋出版社	2012—2016 年度中国出版集团公司“走出去”综合排名第 2 名	中国出版集团公司	2017 年 11 月
荣宝斋出版社	全国版权示范单位	国家新闻出版广电总局	2017 年 11 月
荣宝斋	2016 年度财务报告先进企业	中国出版集团公司	2017 年 12 月
荣宝斋书法馆	2015—2016 年度中国出版集团公司青年文明号	共青团中国出版集团委员会、中国出版集团公司青年联合会	2017 年 12 月
荣宝斋	西城区 2017 年度交通安全先进单位	西城区交通安全委员会	2017 年 12 月
中国出版传媒商报社有限公司	2015—2017 年度中央直属机关文明单位	中央直属机关精神文明建设委员会	2017 年 12 月
中译出版社	2016 年度经营特别贡献奖	中国出版集团公司	2017 年 5 月
中译出版社	2017 中国图书海外馆藏影响力出版 100 强	《中国出版传媒商报》、北京外国语大学中国文化“走出去”效果评估中心、国际新闻与出版学院、中国图书进出口（集团）总公司	2017 年 8 月
中译出版社	2012—2016 年度中国出版集团公司“走出去”综合排名第 1 名	中国出版集团公司	2017 年 11 月
中译出版社外语分社	2015—2016 年度中国出版集团公司青年文明号	共青团中国出版集团委员会、中国出版集团公司青年联合会	2017 年 12 月

续表

获奖单位	获奖名称	颁奖单位	颁发时间
中译出版社	2015—2017 年度 中央直属机关文明单位	中央直属机关 精神文明建设委员会	2017 年 12 月
世界图书出版有限公司	2016—2017 年度优秀信息宣传单位	中国出版集团公司	2017 年 10 月
中版教材有限公司	2015—2017 年度 中央直属机关文明单位	中央直属机关 精神文明建设委员会	2017 年 12 月
北京新华印刷有限公司	《习近平总书记系列重要讲话读本》 获得金奖	第 6 届中华印制大奖颁奖组委会	2017 年 9 月
中版文化传播 （北京）有限公司	2016—2017 年度 信息宣传工作创新奖	中国出版集团公司	2017 年 11 月
中版文化传播（北京） 有限公司“诗词中国” 线上商城创新项目	2017 年度中国出版集团公司 优秀青年创新项目三等奖	中国出版集团公司	2017 年 12 月

2017年度获奖项目

获奖项目	获奖名称	所属单位	颁奖单位	颁发时间
《帕斯捷尔纳克传》	2016年度文学好书	人民文学出版社	《新京报》	2017年1月
《茧》	2016年度“十大好书”	人民文学出版社	新浪阅读	2017年1月
《北鸢》	2016年度“十大好书”	人民文学出版社	新浪阅读	2017年1月
《汪曾祺小说全编》	“中版好书”2016年度榜	人民文学出版社	中国出版集团公司	2017年1月
《长征》（修订版）	“中版好书”2016年度榜	人民文学出版社	中国出版集团公司	2017年1月
《大写西域》	“中版好书”2016年度榜	人民文学出版社	中国出版集团公司	2017年1月
《慈悲》	“中版好书”2016年度榜	人民文学出版社	中国出版集团公司	2017年1月
《哈利·波特与被诅咒的孩子》	“中版好书”2016年度榜	人民文学出版社	中国出版集团公司	2017年1月
《无愁河的浪荡汉子·八年》	“中版好书”2016年度榜	人民文学出版社	中国出版集团公司	2017年1月
《北鸢》	“中版好书”2016年度榜	人民文学出版社	中国出版集团公司	2017年1月
“青铜葵花获奖作品”（6册）	中国出版集团公司2016年度出版特别贡献奖	人民文学出版社	中国出版集团公司	2017年1月
“名著名译有声读物系列”	中国出版集团公司2016年度出版特别贡献奖	人民文学出版社	中国出版集团公司	2017年1月
《哈利·波特与被诅咒的孩子》	中国出版集团公司2016年度出版特别贡献奖	人民文学出版社	中国出版集团公司	2017年1月
“哈利·波特系列”（纪念版）	中国出版集团公司2016年度出版特别贡献奖	人民文学出版社	中国出版集团公司	2017年1月
《长征》（修订版）	中国出版集团公司2016年度出版特别贡献奖	人民文学出版社	中国出版集团公司	2017年1月
《俗世奇人》（足本）	中国出版集团公司2016年度出版特别贡献奖	人民文学出版社	中国出版集团公司	2017年1月
《肖申克的救赎》（修订版）	中国出版集团公司2016年度出版特别贡献奖	人民文学出版社	中国出版集团公司	2017年1月

续表

获奖项目	获奖名称	所属单位	颁奖单位	颁发时间
《杨绛全集》(9卷)	中国出版集团公司2016年度出版特别贡献奖	人民文学出版社	中国出版集团公司	2017年1月
《老生》	中国出版集团公司2016年度出版特别贡献奖	人民文学出版社	中国出版集团公司	2017年1月
《极花》	中国出版集团公司2016年度出版特别贡献奖	人民文学出版社	中国出版集团公司	2017年1月
《茧》	中国出版集团公司2016年度出版特别贡献奖	人民文学出版社	中国出版集团公司	2017年1月
《安尼尔的鬼魂》	第3届“阅读之城”城市荐读书目	人民文学出版社	首都图书馆联盟	2017年1月
《山中的糖果》	第3届“阅读之城”城市荐读书目	人民文学出版社	首都图书馆联盟	2017年1月
《脆弱》	第3届“阅读之城”城市荐读书目	人民文学出版社	首都图书馆联盟	2017年1月
《在西伯利亚森林中》	第3届“阅读之城”城市荐读书目	人民文学出版社	首都图书馆联盟	2017年1月
《慈悲》	第3届“阅读之城”请读书目获奖图书	人民文学出版社	首都图书馆联盟	2017年1月
《慈悲》	单向街书店文学奖——2016年度书籍	人民文学出版社	单向街公益基金会	2017年1月
《北鸢》	“2016中国书业年度评选·年度图书”	人民文学出版社	《出版人》	2017年1月
《独药师》	2016年度“大众喜爱的50种图书”	人民文学出版社	全民阅读活动组织协调办公室、国家新闻出版广电总局出版管理司	2017年2月
《大写西域》	2016年度“大众喜爱的50种图书”	人民文学出版社	全民阅读活动组织协调办公室、国家新闻出版广电总局出版管理司	2017年2月
《慈悲》	“2016年度影响力图书”TOP50	人民文学出版社	新华网股份有限公司、中国出版传媒商报社	2017年2月
《北鸢》	2016中国好书	人民文学出版社	中国图书评论学会	2017年4月

续表

获奖项目	获奖名称	所属单位	颁奖单位	颁发时间
《群山之巅》	第 6 届红楼梦奖专家推荐奖	人民文学出版社	香港浸会大学	2017 年 4 月
《冯雪峰全集》（1～12 卷）	第 8 届中国出版集团出版奖·综合奖	人民文学出版社	中国出版集团公司	2017 年 4 月
《当代》杂志	第 8 届中国出版集团出版奖·综合奖	人民文学出版社	中国出版集团公司	2017 年 4 月
《火印》	第 8 届中国出版集团出版奖·综合奖	人民文学出版社	中国出版集团公司	2017 年 4 月
《新文学史料》	第 8 届中国出版集团出版奖·优秀报刊奖	人民文学出版社	中国出版集团公司	2017 年 4 月
《米米朵拉》	第 8 届中国出版集团出版奖·优秀校对奖	人民文学出版社	中国出版集团公司	2017 年 4 月
《契科夫小说全集》	第 8 届中国出版集团出版奖·优秀编辑奖	人民文学出版社	中国出版集团公司	2017 年 4 月
《独药师》	第 8 届中国出版集团出版奖·优秀选题奖	人民文学出版社	中国出版集团公司	2017 年 4 月
《狄更斯的圣诞故事》（5 种）	第 8 届中国出版集团出版奖·优秀设计奖	人民文学出版社	中国出版集团公司	2017 年 4 月
《隐身衣》（英文版、西班牙文版）	第 8 届中国出版集团出版奖·优秀“走出去”奖	人民文学出版社	中国出版集团公司	2017 年 4 月
《老生》	第 6 届中华优秀出版物	人民文学出版社	中国出版协会	2017 年 4 月
“纪念老舍先生逝世 50 周年——‘京味儿老舍’系列有声读物”	第 8 届中国出版集团出版奖·优秀数字产品奖	人民文学出版社	中国出版集团公司	2017 年 4 月
《杜甫全集校注》	第 4 届中国出版政府奖提名奖	人民文学出版社	中国出版协会古籍出版工作委员会	2017 年 6 月
《杜甫全集校注》	首届宋云彬古籍整理奖	人民文学出版社	宋云彬古籍整理出版基金	2017 年 6 月
《杜甫全集校注》	中国出版集团优秀图书奖	人民文学出版社	中国出版集团公司	2017 年 6 月

续表

获奖项目	获奖名称	所属单位	颁奖单位	颁发时间
《潘德舆全集》（全5册）	全国优秀古籍图书一等奖	人民文学出版社	中国出版协会古籍出版工作委员会	2017年9月
《清人诗集叙录》（上中下）	全国优秀古籍图书二等奖	人民文学出版社	中国出版协会古籍出版工作委员会	2017年9月
《郭麐诗集》（全3册）	全国优秀古籍图书二等奖	人民文学出版社	中国出版协会古籍出版工作委员会	2017年9月
《聊斋志异详注新评》（全4册）	全国优秀古籍图书普及读物奖	人民文学出版社	中国出版协会古籍出版工作委员会	2017年9月
《抗日战争》	第14届“五个一工程”奖	人民文学出版社	中共中央宣传部	2017年9月
《朗读者》	国家新闻出版广电总局、全国老龄工作委员会办公室2017年向全国老年人推荐优秀出版物	人民文学出版社	国家新闻出版广电总局、全国老龄工作委员会办公室	2017年10月
《“中国传统文化经典选读”丛书》	国家新闻出版广电总局、全国老龄工作委员会办公室2017年向全国老年人推荐优秀出版物	人民文学出版社	国家新闻出版广电总局、全国老龄工作委员会办公室	2017年10月
《重返基利贝格斯》	2017年第9届傅雷翻译出版奖初评10件作品	人民文学出版社	法国驻华使馆文化处	2017年11月
《逐云而居》	2017年第9届傅雷翻译出版奖初评10件作品	人民文学出版社	法国驻华使馆文化处	2017年11月
《重返基利贝格斯》	2017年第9届傅雷翻译出版奖	人民文学出版社	法国驻华使馆文化处	2017年11月
《睡豚，醒来》	第8届全球华语科幻星云奖长篇小说银奖	人民文学出版社	全球华语科幻星云奖组委会	2017年11月
《龙抬头》	2017海峡两岸书籍设计邀请赛“评委会特别推荐奖”	人民文学出版社	“2017海峡两岸书籍设计邀请赛”组委会	2017年11月
《谢谢你用一生陪伴我》	2017海峡两岸书籍设计邀请赛“优秀作品奖”	人民文学出版社	“2017海峡两岸书籍设计邀请赛”组委会	2017年11月
《疼痛》	2017海峡两岸书籍设计邀请赛“十大最美图书”	人民文学出版社	“2017海峡两岸书籍设计邀请赛”组委会	2017年11月

续表

获奖项目	获奖名称	所属单位	颁奖单位	颁发时间
《狄更斯的圣诞故事》	2017 海峡两岸书籍设计邀请赛“十大最美图书”	人民文学出版社	“2017 海峡两岸书籍设计邀请赛”组委会	2017 年 11 月
《春宴》	2017 海峡两岸书籍设计邀请赛“优秀作品奖”	人民文学出版社	“2017 海峡两岸书籍设计邀请赛”组委会	2017 年 11 月
“传统文学期刊《当代》的新媒体运营创新实践”项目	“2017 年度中国出版集团公司青年创新项目”三等奖	人民文学出版社	共青团中国出版集团委员会、中国出版集团公司青年联合会	2017 年 12 月
《白鹿原》	2017 年度十佳电子书	人民文学出版社	当当云阅读	2017 年 12 月
《飞行酿酒师》	2017 年度中国 30 本好书	人民文学出版社	中国出版协会	2017 年 12 月
《青春期动物》	第 2 届“德译中童书翻译奖”	人民文学出版社	德国图书信息中心	2017 年 12 月
《2017 年锦鸡吉祥》	2017 年美国班尼奖精品奖	商务印书馆	美国印刷工业协会	2017 年 1 月
《辞源》120 年纪念版	2017 年美国班尼奖精品奖	商务印书馆	美国印刷工业协会	2017 年 1 月
《世界是通的——“一带一路”的逻辑》	2016 年度“大众喜爱的 50 种图书”	商务印书馆	国家新闻出版广电总局	2017 年 2 月
《花与树的人文之旅》	2016 年度“大众喜爱的 50 种图书”	商务印书馆	国家新闻出版广电总局	2017 年 2 月
《世界是通的——“一带一路”的逻辑》	2016 中国好书	商务印书馆	中国图书评论协会	2017 年 4 月
《辞源》（第 3 版）优盘版	第 6 届中华优秀出版物音像电子游戏奖	商务印书馆	中国出版协会	2017 年 4 月
《数学传奇——那些难以企及的人物》	第 12 届文津图书奖推荐图书	商务印书馆	国家图书馆	2017 年 4 月
《长安与罗马》	第 12 届文津图书奖推荐图书	商务印书馆	国家图书馆	2017 年 4 月
《德国天才》	第 12 届文津图书奖获奖图书	商务印书馆	国家图书馆	2017 年 4 月
《世界是通的——“一带一路”的逻辑》	第 8 届中国出版集团出版奖·综合奖	商务印书馆	中国出版集团公司	2017 年 4 月

续表

获奖项目	获奖名称	所属单位	颁奖单位	颁发时间
《辞源》（第3版）	第8届中国出版集团出版奖·综合奖	商务印书馆	中国出版集团公司	2017年4月
《汉语世界》杂志	第8届中国出版集团出版奖·优秀报刊奖	商务印书馆	中国出版集团公司	2017年4月
《牛津中阶英汉双解词典》（第5版）	第8届中国出版集团出版奖·优秀校对奖	商务印书馆	中国出版集团公司	2017年4月
《全球华语大词典》	第8届中国出版集团出版奖·优秀选题奖	商务印书馆	中国出版集团公司	2017年4月
《最新英汉百科图解大词典》	第8届中国出版集团出版奖·优秀印制奖	商务印书馆	中国出版集团公司	2017年4月
《牛津高阶英汉双解词典》（第8版）APP	第8届中国出版集团出版奖·优秀数字产品奖	商务印书馆	中国出版集团公司	2017年4月
《如是清凉》	第8届中国出版集团出版奖·优秀设计奖	商务印书馆	中国出版集团公司	2017年4月
《辞源》（第3版）网络版	第8届中国出版集团出版奖·优秀数字产品奖	商务印书馆	中国出版集团公司	2017年4月
《中国专利案例精读》	“图书版权输出奖励计划”重点奖励	商务印书馆	国家新闻出版广电总局	2017年5月
《新华字典》工具书APP	2017中国数字出版创新论坛“出版融合创新奖”	商务印书馆	中国出版协会	2017年9月
《猿猴家书》	2017全国优秀科普作品奖	商务印书馆	科技部	2017年11月
《香港方物志》	大鹏十大自然好书奖	商务印书馆	深圳读书月组委会	2017年11月
《醉酒的植物学家》	大鹏十大自然好书奖	商务印书馆	深圳读书月组委会	2017年11月
《茶典——〈四库全书〉茶书八种》	2017年度中国最美的书	商务印书馆	上海市新闻出版局	2017年11月
《陌上问蚕》	2017年度中国最美的书	商务印书馆	上海市新闻出版局	2017年11月
《珠峰简史》	2017年全国优秀科普作品	商务印书馆	中国科学技术协会科普部、中国出版协会、韬奋基金会	2017年12月

续表

获奖项目	获奖名称	所属单位	颁奖单位	颁发时间
涵芬楼书店	2017 年“十大最北京书店”	商务印书馆	北京市新闻出版广电局	2017 年 12 月
《诗的八堂课》	2017 年度十大好书	商务印书馆	《中华读书报》	2017 年 12 月
《地球正义宣言——荒野法》	2017 年度十大好书	商务印书馆	中宣部、深圳市委宣传部	2017 年 12 月
《海豚湾》	2016 年度引进版优秀图书奖	中华书局	中国出版协会、中国新闻出版研究院、出版参考杂志社	2017 年 1 月
《曲院风荷》	2016 年度输出版优秀图书奖	中华书局	中国出版协会、中国新闻出版研究院、出版参考杂志社	2017 年 1 月
《中日论语四十八篇》	2016 年度输出版优秀图书奖	中华书局	中国出版协会、中国新闻出版研究院、出版参考杂志社	2017 年 1 月
《裂变中的传承》	2015 年度输出版优秀图书奖	中华书局	中国出版协会、中国新闻出版研究院、出版参考杂志社	2017 年 1 月
《陶渊明传》	2015 年度输出版优秀图书奖	中华书局	中国出版协会、中国新闻出版研究院、出版参考杂志社	2017 年 1 月
《中国文化的根本精神》	2016 年度中国 30 本好书	中华书局	中国出版协会、中国新闻出版研究院、出版参考杂志社	2017 年 1 月
《重读抗战家书》	中国出版集团公司 2016 年度出版特别贡献奖	中华书局	中国出版集团公司	2017 年 1 月
“中华经典古籍库”	中国出版集团公司 2016 年度出版特别贡献奖	中华书局	中国出版集团公司	2017 年 1 月
《中国古代物质文化》	中国出版集团公司 2016 年度出版特别贡献奖	中华书局	中国出版集团公司	2017 年 1 月
《论语——中华经典藏书》（升级版）	中国出版集团公司 2016 年度出版特别贡献奖	中华书局	中国出版集团公司	2017 年 1 月
《古文观止——中华经典藏书》（升级版）	中国出版集团公司 2016 年度出版特别贡献奖	中华书局	中国出版集团公司	2017 年 1 月

续表

获奖项目	获奖名称	所属单位	颁奖单位	颁发时间
《世说新语——中华经典藏书》(升级版)	中国出版集团公司 2016年度出版特别贡献奖	中华书局	中国出版集团公司	2017年1月
《史记——中华经典藏书》(升级版)	中国出版集团公司 2016年度出版特别贡献奖	中华书局	中国出版集团公司	2017年1月
《古书之爱》	2016年度大众喜爱的50种图书	中华书局	全民阅读活动组织协调办公室、国家新闻出版广电总局	2017年2月
《王力全集》	第8届中国出版集团出版奖·综合奖	中华书局	中国出版集团公司	2017年4月
“中华经典古籍库”(微信版)	第8届中国出版集团出版奖·优秀数字产品奖	中华书局	中国出版集团公司	2017年4月
《中华民国时期外交文献汇编1911—1949》	第8届中国出版集团出版奖·优秀编辑奖	中华书局	中国出版集团公司	2017年4月
《旧五代史》(修订本)	第8届中国出版集团出版奖·优秀编辑奖	中华书局	中国出版集团公司	2017年4月
《中国文化的根本精神》	第8届中国出版集团出版奖·优秀选题奖	中华书局	中国出版集团公司	2017年4月
《文史》	第8届中国出版集团出版奖·优秀报刊奖	中华书局	中国出版集团公司	2017年4月
《论语译注》(印地文版)	第8届中国出版集团出版奖·优秀“走出去”奖	中华书局	中国出版集团公司	2017年4月
《汉风藏韵——中国古代金铜佛像艺术》	第8届中国出版集团出版奖·优秀印制奖	中华书局	中国出版集团公司	2017年4月
《中国文化遗产研究院藏清代名人书札》	第8届中国出版集团出版奖·优秀设计奖	中华书局	中国出版集团公司	2017年4月
《新五代史》(修订本)	第8届中国出版集团出版奖·优秀校对奖	中华书局	中国出版集团公司	2017年4月
《重读抗战家书》	第6届中华优秀出版物奖图书奖	中华书局	中国出版协会	2017年4月
《中国古代物质文化》	第6届中华优秀出版物奖图书奖	中华书局	中国出版协会	2017年4月
“中华经典古籍库”	第6届中华优秀出版物奖音像电子游戏出版物提名奖	中华书局	中国出版协会	2017年4月

续表

获奖项目	获奖名称	所属单位	颁奖单位	颁发时间
《中华活页文选》	2017 年度向全国少年儿童推荐百种优秀报刊	中华书局	国家新闻出版广电总局	2017 年 5 月
《中国诗词大会》	2017 年度向全国少年儿童推荐百种优秀图书	中华书局	国家新闻出版广电总局	2017 年 5 月
《重读抗战家书》	2017 年度向全国少年儿童推荐百种优秀图书	中华书局	国家新闻出版广电总局	2017 年 5 月
《曾公遗录》	2017 中国图书海外馆藏影响力图书 30 强	中华书局	《中国出版传媒商报》	2017 年 8 月
《辽史》	2017 中国图书海外馆藏影响力图书 30 强	中华书局	《中国出版传媒商报》	2017 年 8 月
《殊方未远：古代中国的疆域、民族与认同》	2016 年度全国文化遗产优秀图书	中华书局	中国文物学会、《中国文物报》	2017 年 9 月
《辽史》（修订本）	2016 年度全国优秀古籍图书奖一等奖	中华书局	中国出版协会古籍出版工作委员会	2017 年 9 月
《海外中医珍善本古籍丛书》	2016 年度全国优秀古籍图书奖一等奖	中华书局	中国出版协会古籍出版工作委员会	2017 年 9 月
《困学纪闻注》	2016 年度全国优秀古籍图书奖一等奖	中华书局	中国出版协会古籍出版工作委员会	2017 年 9 月
《杨炯集笺注》（典藏本）	2016 年度全国优秀古籍图书奖二等奖	中华书局	中国出版协会古籍出版工作委员会	2017 年 9 月
《小校经阁金文拓本》	2016 年度全国优秀古籍图书奖二等奖	中华书局	中国出版协会古籍出版工作委员会	2017 年 9 月
《宋史全文》	2016 年度全国优秀古籍图书奖二等奖	中华书局	中国出版协会古籍出版工作委员会	2017 年 9 月
《广雅疏义》	2016 年度全国优秀古籍图书奖二等奖	中华书局	中国出版协会古籍出版工作委员会	2017 年 9 月
《续资治通鉴长编》	2016 年度全国优秀古籍图书奖二等奖	中华书局	中国出版协会古籍出版工作委员会	2017 年 9 月
《孝经郑注疏》	2016 年度全国优秀古籍图书奖二等奖	中华书局	中国出版协会古籍出版工作委员会	2017 年 9 月
《中华传统文化经典百篇》	2016 年度全国优秀古籍图书奖普及读物奖	中华书局	中国出版协会古籍出版工作委员会	2017 年 9 月

续表

获奖项目	获奖名称	所属单位	颁奖单位	颁发时间
《中华经典藏书》（升级版）	2016 年度全国优秀古籍图书奖普及读物奖	中华书局	中国出版协会古籍出版工作委员会	2017 年 9 月
《藏在身体里的汉字》（韩语版）	2016 年度输出版优秀图书奖	中华书局	中国出版协会、中国新闻出版研究院、出版参考杂志社	2017 年 12 月
《论语译注》（印地语版）	2016 年度输出版优秀图书奖	中华书局	中国出版协会、中国新闻出版研究院、出版参考杂志社	2017 年 12 月
《海外中医珍善本古籍丛刊》	2016 年度引进版优秀图书奖	中华书局	中国出版协会、中国新闻出版研究院、出版参考杂志社	2017 年 12 月
《中国历史百科地图》（DVD－ROM）	第 4 届中国出版政府奖电子出版物提名奖	中国大百科全书出版社	国家新闻出版广电总局	2017 年 1 月
《认识中国——儿童趣味地图》	第 4 届中国出版政府奖网络出版物提名奖	中国大百科全书出版社	国家新闻出版广电总局	2017 年 1 月
《小学生必背古诗词 75 首》	优质品一等奖	中国大百科全书出版社	北京质量协会印刷分会、北京市印刷工业产品质量监督检验站	2017 年 1 月
《小学生同义词近义词反义词词典》	优质品一等奖	中国大百科全书出版社	北京质量协会印刷分会、北京市印刷工业产品质量监督检验站	2017 年 1 月
《远古中国》	优质品一等奖	中国大百科全书出版社	北京质量协会印刷分会、北京市印刷工业产品质量监督检验站	2017 年 1 月
《丁玲传》	第 10 届丁玲文学奖	中国大百科全书出版社	中国丁玲研究会	2017 年 3 月
《中国军事百科全书》（第 2 版）	第 8 届中国出版集团出版奖·综合奖	中国大百科全书出版社	中国出版集团公司	2017 年 4 月
《我们三代人》	第 8 届中国出版集团出版奖·优秀选题奖	中国大百科全书出版社	中国出版集团公司	2017 年 4 月
《中印文化交流百科全书》（详编本）	第 8 届中国出版集团出版奖·优秀印制奖	中国大百科全书出版社	中国出版集团公司	2017 年 4 月
《中国军事百科数据库》	第 8 届中国出版集团出版奖·优秀数字产品奖	中国大百科全书出版社	中国出版集团公司	2017 年 4 月

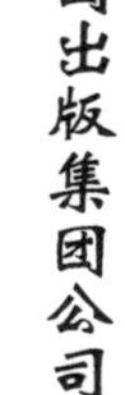

续表

获奖项目	获奖名称	所属单位	颁奖单位	颁发时间
《中国历史百科地图》	第 8 届中国出版集团出版奖·优秀数字产品奖	中国大百科全书出版社	中国出版集团公司	2017 年 4 月
《中华文明史话》（俄文版）	“2016 年度俄罗斯最好图书”“文化对话”类金奖	中国大百科全书出版社	俄罗斯图书出版协会	2017 年 6 月
《中国娃娃快乐幼儿园水墨绘本（30 册）》	“2017 年度影响力图书推展·第贰季童书类”	知识出版社	《中国出版传媒商报》	2017 年 7 月
《DK 儿童人类历史百科全书》	“年度好书榜 TOP80”优秀作品	中国大百科全书出版社	2017 年中国童书博览会	2017 年 7 月
《王大伟儿童安全百科绘本：小石头、电饭煲与汽车警察》	“年度好书榜 TOP80”优秀作品	中国大百科全书出版社	2017 年中国童书博览会	2017 年 7 月
《中国娃娃快乐幼儿园水墨绘本》（30 册）	“2017 年十佳绘本”	知识出版社	中国图书馆学会、《图书馆报》	2017 年 9 月
《百科知识》	“2017 数字阅读影响力期刊 TOP100”	中国大百科全书出版社	中国新闻出版传媒集团、中国期刊协会、中国编辑学会、中国新闻出版研究院、龙源数字传媒集团	2017 年 11 月
《中华百科全书》（英文版）	“2016 年度输出版优秀图书评选活动”输出版优秀图书奖	中国大百科全书出版社	中国版协国际合作出版工作委员会、中国新闻出版研究院、出版参考杂志社	2017 年 12 月
《中华文明史话 10 册》（俄文版）	“2016 年度输出版优秀图书评选活动”输出版优秀图书奖	中国大百科全书出版社	中国版协国际合作出版工作委员会、中国新闻出版研究院、出版参考杂志社	2017 年 12 月
《中国历史地图绘本》	“2016 年度输出版优秀图书评选活动”输出版优秀图书奖	中国大百科全书出版社	中国版协国际合作出版工作委员会、中国新闻出版研究院、出版参考杂志社	2017 年 12 月
《故宫里的大怪兽》	“2017 年度教师推荐的十大童书”奖	中国大百科全书出版社	《中国教育报》	2017 年 12 月
《社会学前沿九讲》	“2017 年百道好书榜社科类 TOP100”	中国大百科全书出版社	百道网	2017 年 12 月

续表

获奖项目	获奖名称	所属单位	颁奖单位	颁发时间
《故宫里的大怪兽》	第5届“少年中国”优秀作品（推优作品）奖优秀作品奖	中国大百科全书出版社	中国儿童少年基金会、韬奋基金会、共青团中央网络影视中心、中共北京市海淀区委宣传部	2017年12月
《儿童安全大百科》	第5届“少年中国”优秀作品（推优作品）奖优秀作品奖	中国大百科全书出版社	北京数字创意产业协会	2017年12月
《幼儿好习惯培养百科》	第5届“少年中国”优秀作品（推优作品）奖优秀作品奖	中国大百科全书出版社	北京数字创意产业协会	2017年12月
《中国娃娃快乐幼儿园水墨绘本（30册）》	第5届“少年中国”优秀作品（推优作品）奖图画书入围奖	知识出版社	北京数字创意产业协会	2017年12月
《AR（增强现实 Augmented Reality）系统手机媒体与传统出版的结合创新》	2016年度青年创新项目奖	中国美术出版总社	中国出版集团公司	2017年1月
《绘本西游记故事（1～10）》	“中版好书”2016年度榜	人民美术出版社	中国出版集团公司	2017年1月
《长征·1936三部曲》	第8届中国出版集团出版奖·综合奖	中国美术出版总社	中国出版集团公司	2017年4月
《中国书法批评史》	第8届中国出版集团出版奖·优秀编辑奖	中国美术出版总社	中国出版集团公司	2017年4月
《中国传统绘画史纲——画脉文心两征录》	第8届中国出版集团出版奖·优秀选题奖	中国美术出版总社	中国出版集团公司	2017年4月
《白求恩在中国》	第8届中国出版集团出版奖·优秀设计奖	中国美术出版总社	中国出版集团公司	2017年4月
《李苦禅全集》	第8届中国出版集团出版奖·优秀印制奖	中国美术出版总社	中国出版集团公司	2017年4月
《第二次世界大战连环画》（韩文版）	第8届中国出版集团出版奖·优秀“走出去”奖	中国美术出版总社	中国出版集团公司	2017年4月
《〈髹饰录〉与东亚漆艺——传统髹饰工艺体系研究》	第4届中国出版政府奖图书奖	人民美术出版社	中共中央宣传部、国家新闻出版广电总局	2017年6月
《西厢记》	第4届中国出版政府奖装帧设计奖	人民美术出版社	中共中央宣传部、国家新闻出版广电总局	2017年6月

续表

获奖项目	获奖名称	所属单位	颁奖单位	颁发时间
《西征东归》项目	入选2017年度“原动力”中国原创动漫出版扶持计划	人民美术出版社	国家新闻出版广电总局	2017年7月
《李苦禅全集》	第26届“金牛杯”优秀美术图书金奖	人民美术出版社	中国编辑学会美术编辑专业委员会	2017年9月
《中华史诗美术大展作品集》	第26届“金牛杯”优秀美术图书银奖	人民美术出版社	中国编辑学会美术编辑专业委员会	2017年9月
《老树作品的背后》	第26届“金牛杯”优秀美术图书铜奖	人民美术出版社	中国编辑学会美术编辑专业委员会	2017年9月
《设计的故事——走向设计之人》	第26届“金牛杯”优秀美术图书铜奖	人民美术出版社	中国编辑学会美术编辑专业委员会	2017年9月
《看见美好：文物与人物》	第26届“金牛杯”优秀美术图书铜奖	人民美术出版社	中国编辑学会美术编辑专业委员会	2017年9月
《图说社会主义核心价值观系列连环画·最美中国人》	第26届“金牛杯”优秀美术图书铜奖	人民美术出版社	中国编辑学会美术编辑专业委员会	2017年9月
《中国音乐词典》（增订版）	第8届中国出版集团出版奖·综合奖	人民音乐出版社	中国出版集团公司	2017年4月
《音乐曲谱出版规范》	第8届中国出版集团出版奖·优秀编辑奖	人民音乐出版社	中国出版集团公司	2017年4月
《剧院运营管理——国家大剧院模式构建》（精装版）	第8届中国出版集团出版奖·优秀编辑奖	人民音乐出版社	中国出版集团公司	2017年4月
《弦乐中国——中国百年小提琴作品精选》（一）	第8届中国出版集团出版奖·选题奖	人民音乐出版社	中国出版集团公司	2017年4月
《中国音乐史图鉴》（日文版）	第8届中国出版集团出版奖·优秀“走出去”奖	人民音乐出版社	中国出版集团公司	2017年4月
《中国音乐教育》（月刊）	第8届中国出版集团出版奖·优秀报刊奖	人民音乐出版社	中国出版集团公司	2017年4月
《音乐中国——中国民族器乐经典》	第8届中国出版集团出版奖·优秀数字产品奖	人民音乐出版社	中国出版集团公司	2017年4月
《音乐中国》（韩文版）	“图书版权输出奖励计划——普遍奖励”	人民音乐出版社	国家新闻出版广电总局	2017年5月

续表

获奖项目	获奖名称	所属单位	颁奖单位	颁发时间
《野火——郭文景作品选》	第4届中国出版政府奖优秀数字与电子音像出版物奖	人民音乐出版社	中央宣传部、国家新闻出版广电总局	2017年6月
《嘹亮军歌——中国人民解放军建军90周年优秀歌曲集》(1～9卷)	2017年入选“十三五”国家重点出版物图书	人民音乐出版社	国家新闻出版广电总局	2017年8月
中国音乐学文库(10册)	2017年入选“十三五”国家重点出版物图书	人民音乐出版社	国家新闻出版广电总局	2017年8月
《中国音乐词典数字版》	2017年入选“十三五”国家重点电子出版物	人民音乐出版社	国家新闻出版广电总局	2017年8月
《不忘初心》《我们从古田再出发》《天下乡亲》《幸福少年》(组歌)	2017年中宣部精神文明建设“五个一工程”奖	人民音乐出版社	中共中央宣传部	2017年9月
《学古琴——古琴自学教程》	2017年向全国老年人推荐优秀出版物	人民音乐出版社	国家新闻出版广电总局、全国老龄工作委员会	2017年9月
《不忘初心 孝行天下》	第10届中国金唱片奖流行类最佳专辑奖	人民音乐出版社	国家新闻出版广电总局	2017年12月
《中国音乐史图鉴》(日文版)	第16届(全国)输出版优秀图书奖	人民音乐出版社	中国版协国际合作出版工作委员会、中国新闻出版研究院、出版参考杂志社	2017年12月
《火枪与账簿:早期经济全球化时代的中国与东亚世界》	21世纪年度好书(2016)	生活·读书·新知三联书店	21世纪经济报道、21世纪经济研究院	2017年1月
《我们的中国》	2016书业年度评选·年度图书	生活·读书·新知三联书店	出版人杂志、北京开卷信息技术有限公司	2017年1月
《中华文明的核心价值:国学流变与传统价值观》	中国出版集团公司2016年度出版特别贡献奖	生活·读书·新知三联书店	中国出版集团公司	2017年1月
《1944:腾冲之围》	中国出版集团公司2016年度出版特别贡献奖	生活·读书·新知三联书店	中国出版集团公司	2017年1月
《枪林弹雨中成长:华为系列故事》	中国出版集团公司2016年度出版特别贡献奖	生活·读书·新知三联书店	中国出版集团公司	2017年1月

续表

获奖项目	获奖名称	所属单位	颁奖单位	颁发时间
《一百年漂泊：台湾的故事》	《作家文摘》2016 年度十大非虚构好书	生活·读书·新知三联书店	《作家文摘》	2017 年 1 月
《北上：党中央与张国焘斗争始末》	《作家文摘》2016 年度专家特别推荐奖	生活·读书·新知三联书店	《作家文摘》	2017 年 1 月
《无悔：陈明忠回忆录》	2016 年度好书	生活·读书·新知三联书店	《北京青年报·青阅读》	2017 年 1 月
《我们的中国》	2016 年度好书	生活·读书·新知三联书店	《北京青年报·青阅读》	2017 年 1 月
《我们的中国》	2016 年度历史好书	生活·读书·新知三联书店	《东方历史评论》	2017 年 1 月
《我们的中国》	2016 年度好书（社科类）	生活·读书·新知三联书店	《中国新闻出版广电报》	2017 年 1 月
《东方照相记：近代以来西方重要摄影家在中国》	第 3 届“阅读之城”请读书目获奖图书	生活·读书·新知三联书店	首都图书馆联盟	2017 年 1 月
《宝剑孤臣泪：晚清的政局和人物续编》	第 3 届“阅读之城”请读书目入选奖	生活·读书·新知三联书店	首都图书馆联盟	2017 年 1 月
《中国茶密码》	第 3 届“阅读之城”请读书目入选奖	生活·读书·新知三联书店	首都图书馆联盟	2017 年 1 月
《奇妙的尘埃》	第 3 届“阅读之城”请读书目入选奖	生活·读书·新知三联书店	首都图书馆联盟	2017 年 1 月
《城市的故事》	第 3 届“阅读之城”请读书目入选奖	生活·读书·新知三联书店	首都图书馆联盟	2017 年 1 月
《我们的中国》	第 3 届“阅读之城”请读书目入选奖	生活·读书·新知三联书店	首都图书馆联盟	2017 年 1 月
《百年旧痕：赵珩谈北京》	第 3 届“阅读之城”请读书目入选奖	生活·读书·新知三联书店	首都图书馆联盟	2017 年 1 月
《生命八卦：世间可有长寿药》	第 3 届“阅读之城”请读书目入选奖	生活·读书·新知三联书店	首都图书馆联盟	2017 年 1 月
《诗共欣赏：陶渊明、杜甫、李商隐三家诗讲录》	2016 年度“大众喜爱的50 种图书”（文学类）	生活·读书·新知三联书店	全民阅读活动组织协调办公室、国家新闻出版广电总局出版管理司	2017 年 2 月

续表

获奖项目	获奖名称	所属单位	颁奖单位	颁发时间
《一百年漂泊：台湾的故事》	2016 年度影响力图书 TOP50	生活·读书·新知三联书店	新华网股份有限公司、中国出版传媒商报社	2017 年 2 月
《从历史中醒来：孙机谈中国古文物》	2016 年度影响力图书 TOP50	生活·读书·新知三联书店	新华网股份有限公司、中国出版传媒商报社	2017 年 2 月
《大都无城：中国古都的动态解读》	“强素质 做表率”读书活动 2017 年推荐书目（上半年）	生活·读书·新知三联书店	中央直属机关工委、中央国家机关工委、国家新闻出版广电总局	2017 年 3 月
《海昏侯刘贺》	2016 中国好书	生活·读书·新知三联书店	中国图书评论学会	2017 年 4 月
《生死关头——中国共产党的道路抉择》	2016 中国好书	生活·读书·新知三联书店	中国图书评论学会	2017 年 4 月
《我们的中国》	第 8 届中国出版集团出版奖·综合奖	生活·读书·新知三联书店	中国出版集团公司	2017 年 4 月
《自然社会：自然法与现代道德世界的形成》	第 8 届中国出版集团出版奖·综合奖	生活·读书·新知三联书店	中国出版集团公司	2017 年 4 月
三联生活周刊	第 8 届中国出版集团出版奖·综合奖	生活·读书·新知三联书店	中国出版集团公司	2017 年 4 月
松果生活	第 8 届中国出版集团出版奖·综合奖	生活·读书·新知三联书店	中国出版集团公司	2017 年 4 月
《大都无城：中国古都的动态解读》	第 8 届中国出版集团出版奖·优秀编辑奖	生活·读书·新知三联书店	中国出版集团公司	2017 年 4 月
《败在海上：中国古代海战图解读》	第 8 届中国出版集团出版奖·优秀选题奖	生活·读书·新知三联书店	中国出版集团公司	2017 年 4 月
《世界之道》	第 8 届中国出版集团出版奖·优秀校对奖	生活·读书·新知三联书店	中国出版集团公司	2017 年 4 月
《万变：李零考古艺术史文集》	第 8 届中国出版集团出版奖·优秀设计奖	生活·读书·新知三联书店	中国出版集团公司	2017 年 4 月
“色彩列传”系列丛书	第 8 届中国出版集团出版奖·优秀印制奖	生活·读书·新知三联书店	中国出版集团公司	2017 年 4 月
《中华文明的核心价值：国学流变与传统价值观》	第 8 届中国出版集团出版奖·优秀“走出去”奖	生活·读书·新知三联书店	中国出版集团公司	2017 年 4 月

续表

获奖项目	获奖名称	所属单位	颁奖单位	颁发时间
《读书》	第 8 届中国出版集团出版奖·优秀报刊奖	生活·读书·新知三联书店	中国出版集团公司	2017 年 4 月
《好诗共欣赏》	第 12 届文津图书奖推荐图书	生活·读书·新知三联书店	国家图书馆	2017 年 4 月
《东西建筑十讲》	第 12 届文津图书奖推荐图书	生活·读书·新知三联书店	国家图书馆	2017 年 4 月
《我们的中国》	第 12 届文津图书奖推荐图书	生活·读书·新知三联书店	国家图书馆	2017 年 4 月
《一百年漂泊——台湾的故事》	第 12 届文津图书奖推荐图书	生活·读书·新知三联书店	国家图书馆	2017 年 4 月
《良训传家：中国文化的根基与传承》	2017 年主题出版重点出版物选题	生活·读书·新知三联书店	中共中央宣传部办公厅、国家新闻出版广电总局办公厅	2017 年 5 月
《弹在膛上：一个维和士兵的战地纪实》	2017 年主题出版重点出版物选题	生活·读书·新知三联书店	中共中央宣传部办公厅、国家新闻出版广电总局办公厅	2017 年 5 月
《生死关头：中国共产党的道路抉择》	2017 年向全国青少年推荐百种优秀出版物	生活·读书·新知三联书店	国家新闻出版广电总局	2017 年 5 月
《御窑千年》	第 7 届书香中国·北京阅读季社长、总编辑荐书（第 1 季）好书	生活·读书·新知三联书店	北京阅读季领导小组办公室	2017 年 8 月
《火枪与账簿：早期经济全球化时代的中国与东亚世界》	第 6 届坡州图书奖（Paju Book Awards）著作奖	生活·读书·新知三联书店	第 6 届坡州图书奖组委会	2017 年 9 月
《第三极的馈赠》	第 2 届“大鹏自然好书奖”“十大自然好书”、年度国际作品奖	生活·读书·新知三联书店	大鹏自然好书奖组委会	2017 年 11 月
《科幻中的中国历史》	第 18 届深圳读书月“年度十大好书”入围前 30 名	生活·读书·新知三联书店	深圳读书月年度十大好书评选活动组委会	2017 年 11 月
《〈三体〉的 X 种读法》	第 18 届深圳读书月“年度十大好书”入围前 30 名	生活·读书·新知三联书店	深圳读书月年度十大好书评选活动组委会	2017 年 11 月
《第三极的馈赠》	《中华读书报》2017 年十大好书	生活·读书·新知三联书店	《中华读书报》	2017 年 12 月

续表

获奖项目	获奖名称	所属单位	颁奖单位	颁发时间
《火枪与账簿：早期经济全球化时代的中国与东亚世界》	《中华读书报》2017 年十大好书	生活·读书·新知三联书店	《中华读书报》	2017 年 12 月
《良训传家：中国文化的根基与传承》	“中版好书”2017 年度榜——主题出版 10 种	生活·读书·新知三联书店	中国出版集团公司	2017 年 12 月
《1944：龙陵会战》	“中版好书”2017 年度榜——人文社科 20 种	生活·读书·新知三联书店	中国出版集团公司	2017 年 12 月
《御窑千年》	“中版好书”2017 年度榜——人文社科 20 种	生活·读书·新知三联书店	中国出版集团公司	2017 年 12 月
《海昏侯刘贺》	“中版好书”2017 年度榜——人文社科 20 种	生活·读书·新知三联书店	中国出版集团公司	2017 年 12 月
《一生充和》	“中版好书”2017 年度榜——人文社科 20 种	生活·读书·新知三联书店	中国出版集团公司	2017 年 12 月
《中国考古学：旧石器时代晚期到早期青铜时代》	“中版好书”2017 年度榜——人文社科 20 种	生活·读书·新知三联书店	中国出版集团公司	2017 年 12 月
《在台湾发现历史：岛屿的另一种凝视》	第 2 届海峡两岸年度作家十大好书	生活·读书·新知三联书店	中央人民广播电台	2017 年 12 月
《良训传家：中国文化的根基与传承》	2017 中国 30 本好书	生活·读书·新知三联书店	中国出版协会	2017 年 12 月
《中华民族道德生活史》	第 8 届中国出版集团出版奖·综合奖	东方出版中心	中国出版集团公司	2017 年 4 月
《三松堂自序》	第 8 届中国出版集团出版奖·校对奖	东方出版中心	中国出版集团公司	2017 年 4 月
《地标日历》	第 8 届中国出版集团出版奖·数字奖	东方出版中心	中国出版集团公司	2017 年 4 月
《岁月沧桑》	第 4 届中国读友读品节指定读品书单	东方出版中心	《中国出版传媒商报》	2017 年 5 月
《竹简学》	2017 年第 2 期中版好书榜	东方出版中心	中国出版集团公司	2017 年 5 月
《二十六篇——和青年朋友谈心》	2016 年度影响力图书 TOP50	东方出版中心	新华网、《中国出版传媒商报》	2017 年 5 月

续表

获奖项目	获奖名称	所属单位	颁奖单位	颁发时间
《我们时代的诗人》	2017年度最受读者欢迎的十大好书	东方出版中心	读者杂志社	2017年5月
《四世同堂（完整版）》	《新京报》书评周刊年度好书（再版类）	东方出版中心	新京报社	2017年5月
《四世同堂（完整版）》	2017年度最受读者欢迎的十大好书	东方出版中心	读者杂志社	2017年5月
《中国玺印篆刻通史》	第26届“金牛杯”优秀美术图书银奖	东方出版中心	中国编辑学会	2017年9月
《中国石刻艺术编年史》	第26届“金牛杯”优秀美术图书铜奖	东方出版中心	中国编辑学会	2017年9月
《英雄联盟瓦洛兰图志·卷一》	第8届中国出版集团出版奖·优秀印制奖	现代教育出版社	中国出版集团公司	2017年4月
《我的动物园》	2017年“中华优秀科普图书榜少儿原创榜单”	现代教育出版社	中国科学技术协会科普部、中国出版协会、韬奋基金会	2017年4月
《克利的世界》	第7届“2017北京儿童阅读周·中国童书博览会”引进年度TOP80	现代教育出版社	北京市新闻出版广电局	2017年5月
《中科院幼儿科学》	2017年中国科学院优秀科普图书奖	现代教育出版社	中国科学院	2017年8月
《三只杯》	2017年深圳读书月“年度十大童书”30强（知识性读物类）	现代教育出版社	深圳市读书月组委会、深圳市阅读联合会、深圳图书情报学会	2017年10月
《我的动物园》	“中版好书”2017年度榜	现代教育出版社	中国出版集团公司	2017年12月
《书画同源·八大山人》	第8届中国出版集团出版奖·优秀校对奖	荣宝斋出版社	中国出版集团公司	2017年4月
《华世翎光：田世光诞辰百年纪念画册》	第8届中国出版集团出版奖·优秀印制奖	荣宝斋出版社	中国出版集团公司	2017年4月
《历代画谱类编》石（1～3）、山水（1～18）	第26届“金牛杯”优秀美术图书金奖	荣宝斋出版社	中国编辑学会	2017年9月

续表

获奖项目	获奖名称	所属单位	颁奖单位	颁发时间
《朱德书法选》《萧朗书画大系》（第1卷）	第26届“金牛杯”优秀美术图书铜奖	荣宝斋出版社	中国编辑学会	2017年9月
《荣宝斋藏册页》（俄文版）、《中国传统绘画撷珍》（吉文版）	2017年国家丝路书香工程	荣宝斋出版社	国家新闻出版广电总局	2017年9月
《兰亭序》折页	首届“紫禁城”杯中华老字号文化创意大赛优秀奖	新产品研发中心	“紫禁城”杯中华老字号文化创意大赛组委会	2017年9月
《荣宝斋画谱古代部分——吴镇山水花卉》（俄文版）	俄罗斯2017年度百种好书	荣宝斋出版社	俄罗斯出版商协会	2017年12月
荣宝斋在线艺术品交易服务平台	第8届中国出版集团出版奖·综合奖	北京荣宝斋科技有限公司	中国出版集团公司	2017年4月
荣宝斋（上海）拍卖有限公司	“青花奖——年度十佳企业”	荣宝斋（上海）拍卖有限公司	中国拍卖行业协会	2017年8月
北京荣宝拍卖有限公司	“青花奖——年度增长能力奖”“青花奖——年度十佳企业”	北京荣宝拍卖有限公司	中国拍卖行业协会	2017年8月
《福寿双全》茶礼	首届“紫禁城”杯中华老字号文化创意大赛铜奖	荣宝斋文化发展（北京）有限公司	“紫禁城”杯中华老字号文化创意大赛组委会	2017年9月
北京荣宝拍卖有限公司	“最具艺术品牌价值奖”	北京荣宝拍卖有限公司	《收藏投资导刊》	2017年12月
《曲江流饮——西安文化旅游宝鉴》	2017年度中国出版集团出版奖·优秀设计奖	世界图书出版西安有限公司	中国出版集团公司	2017年4月
“小小艺术家”系列图书	第8届中国出版集团出版奖·优秀选题奖	世界图书出版上海有限公司	中国出版集团公司	2017年4月
《绿色大业》	“纪录·中国”一等奖	世界图书出版上海有限公司	中国广播电影电视社会组织联合会纪录片工作委员会	2017年7月
《尼尔逊儿科学》	“中版好书”2017年度榜	世界图书出版上海有限公司	中国出版集团公司	2017年12月
《中医的脚印》	“中版好书”2017年度榜	世界图书出版上海有限公司	中国出版集团公司	2017年12月

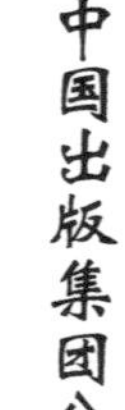

续表

获奖项目	获奖名称	所属单位	颁奖单位	颁发时间
《大国来了》	“中版好书榜” 2017 年第 1 期	华文出版社	中国出版集团公司	2017 年 2 月
《日本人的活法》	“中版好书榜” 2017 年第 2 期	华文出版社	中国出版集团公司	2017 年 4 月
《荣归》	2017 年主题出版重点出版物	华文出版社	国家新闻出版广电总局	2017 年 5 月
《丝绸之路名家 精选文库》	“中版好书榜” 2017 年第 3 期	华文出版社	中国出版集团公司	2017 年 6 月
《荣归》	“中版好书榜” 2017 年第 4 期	华文出版社	中国出版集团公司	2017 年 8 月
《我们看好中国》	“中版好书榜” 2017 年第 5 期	华文出版社	中国出版集团公司	2017 年 10 月
《静说日本》	“中版好书榜” 2017 年第 6 期	华文出版社	中国出版集团公司	2017 年 12 月
《丝绸之路名家 精选文库》	“一带一路国际合作 高峰论坛”图书	华文出版社	中国出版集团公司	2017 年 12 月
《杨度》（全 3 册）	“中版好书榜”2017 年第 1 期	现代出版社	中国出版集团公司	2017 年 2 月
《中国人的人性与人生》	“中版好书榜”2017 年第 2 期	现代出版社	中国出版集团公司	2017 年 4 月
《风雪追击》	“中版好书榜”2017 年第 2 期	现代出版社	中国出版集团公司	2017 年 4 月
《马克思主义哲学智慧》	第 8 届中国出版集团 出版奖・优秀选题奖	现代出版社	中国出版集团公司	2017 年 4 月
《环球人物》10 周年 典藏书系（8 种）	第 8 届中国出版集团 出版奖・优秀编辑奖	现代出版社	中国出版集团公司	2017 年 4 月
《图解万物简史》	中华优秀科普图书榜 “成人原创”榜单	现代出版社	中国科学技术协会 科普部、中国出版 协会、韬奋基金会、 中国大百科全书 出版社有限公司	2017 年 4 月
《中国通史：百集大型 历史纪录片》	2017 年向全国青少年推荐 百种优秀出版物（音像）	现代出版社	国家新闻出版广电总局	2017 年 5 月

续表

获奖项目	获奖名称	所属单位	颁奖单位	颁发时间
《西欧婚姻、家庭与人口史研究》	第 4 届中国出版政府奖入选提名奖	现代出版社	第 4 届中国出版政府奖评奖工作领导小组办公室	2017 年 5 月
《丰子恺：愿你一生清澈明朗》	"中版好书榜"2017 年第 3 期	现代出版社	中国出版集团公司	2017 年 6 月
《中国人的日常》	"中版好书榜"2017 年第 4 期	现代出版社	中国出版集团公司	2017 年 8 月
《程砚千秋：迟小秋程派京剧经典剧目集萃》	2017 年北京市音像电子网络出版物专项资金补贴类项目	现代出版社	北京新闻出版广电局	2017 年 9 月
《沈石溪十二生肖故事》（全 3 册）	"中版好书榜"2017 年第 5 期	现代出版社	中国出版集团公司	2017 年 10 月
《中国通史：百集大型历史纪录片》	2017 年向全国老年人推荐优秀出版物（音像）	现代出版社	国家新闻出版广电总局	2017 年 10 月
《成人学书法》	2017 年向全国老年人推荐优秀出版物	现代出版社	国家新闻出版广电总局	2017 年 10 月
《天堑：西藏和平解放纪实》	中国出版集团公司 2017 年度优秀主题出版项目	现代出版社	中国出版集团公司	2017 年 12 月
《从容生活，温柔处世》	"中版好书榜"2017 年第 6 期	现代出版社	中国出版集团公司	2017 年 12 月
《总有一种柔软，让人生坚定从容》	"中版好书榜"2017 年第 6 期	现代出版社	中国出版集团公司	2017 年 12 月
《沈石溪十二生肖故事》（3 种）	"中版好书榜"2017 年度榜	现代出版社	中国出版集团公司	2017 年 12 月
《嫁衣》	加拿大金枫叶国际电影节入围奖	中版昆仑传媒有限公司	加拿大金枫叶国际电影节组委会	2017 年 9 月

2017 年度获奖（荣誉）人物

获奖个人	获奖名称	所属单位	颁奖单位	颁发时间
陈虞	交通安全优秀管理干部	人民文学出版社	北京市交通安全委员会	2017 年 1 月
廉萍	中国出版集团公司十佳党群工作者	人民文学出版社	中国出版集团公司	2017 年 3 月
刘乔	中国出版集团公司十佳国际化人才	人民文学出版社	中国出版集团公司	2017 年 3 月
朱韵秋	中直机关青年岗位能手	人民文学出版社	中直机关工委	2017 年 7 月
彭蕾	中国出版集团公司青年创新奖章	人民文学出版社	中国出版集团公司	2017 年 8 月
朱韵秋	中国出版集团公司第 5 届青年岗位能手	人民文学出版社	中国出版集团公司	2017 年 12 月
段孟现	中国出版集团公司第 5 届青年岗位能手	人民文学出版社	中国出版集团公司	2017 年 12 月
曾少美	中国出版集团公司第 5 届青年岗位能手	人民文学出版社	中国出版集团公司	2017 年 12 月
李思安	中国出版集团公司第 5 届青年岗位能手	人民文学出版社	中国出版集团公司	2017 年 12 月
曾少美	中国出版集团公司 2017“香山论坛”系列活动征文一等奖	人民文学出版社	中国出版集团公司	2017 年 12 月
欧阳婧怡	中国出版集团公司 2017“香山论坛”系列活动征文二等奖	人民文学出版社	中国出版集团公司	2017 年 12 月
张仲彬	中国出版集团公司十佳国际化人才奖	商务印书馆	中国出版集团公司	2017 年 3 月
毛京伟	中国出版集团公司十佳经理人	商务印书馆	中国出版集团公司	2017 年 3 月
孙晓晖	中国出版集团公司十佳党群工作者	商务印书馆	中国出版集团公司	2017 年 3 月
孙述学	中国出版集团公司十佳数字出版人才	商务印书馆	中国出版集团公司	2017 年 3 月
郑殿华	中国出版集团公司十佳编辑人才	商务印书馆	中国出版集团公司	2017 年 3 月

续表

获奖个人	获奖名称	所属单位	颁奖单位	颁发时间
何光宇	中国出版集团公司十佳营销人才	商务印书馆	中国出版集团公司	2017 年 3 月
王齐	中国编辑学会第 18 届年会学术论坛一等奖	商务印书馆	中国编辑学会	2017 年 11 月
范斐	全国书业 2017 年度发行英杰	商务印书馆	中国出版传媒商报	2017 年 11 月
冯雪	2016—2017 优秀通讯员	商务印书馆	《中国出版集团公司》	2017 年 11 月
刘兰	2016—2017 优秀通讯员	商务印书馆	中国出版集团公司	2017 年 11 月
王齐	2016 年度推动引进输出典型人物	商务印书馆	中国出版协会国际合作出版工作委员会、中国新闻出版研究院、出版参考杂志社	2017 年 12 月
刘婷婷	中国出版集团公司 2017“香山论坛”系列活动征文一等奖	商务印书馆	中国出版集团公司	2017 年 12 月
李学梅	中国出版集团公司 2017“香山论坛”系列活动征文三等奖	商务印书馆	中国出版集团公司	2017 年 12 月
李静	中国出版集团公司十佳编辑人才	中华书局	中国出版集团公司	2017 年 3 月
洪涛	中国出版集团公司十佳数字化人才	中华书局	中国出版集团公司	2017 年 3 月
王瑞玲	中国出版集团公司十佳国际化人才	中华书局	中国出版集团公司	2017 年 3 月
翁向红	中国出版集团公司十佳经理人	中华书局	中国出版集团公司	2017 年 3 月
王军	中国出版集团公司十佳营销人才	中华书局	中国出版集团公司	2017 年 3 月
梁彦	2016—2017 优秀通讯员	中华书局	中国出版集团公司	2017 年 11 月
马晨	中国出版集团公司第 5 届青年岗位能手	中华书局	中国出版集团公司	2017 年 12 月
朱兆虎	中国出版集团公司第 5 届青年岗位能手	中华书局	中国出版集团公司	2017 年 12 月
刘晗	中国出版集团公司 2017“香山论坛”系列活动征文一等奖	中华书局	中国出版集团公司	2017 年 12 月

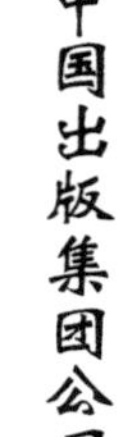

续表

获奖个人	获奖名称	所属单位	颁奖单位	颁发时间
何然	中国出版集团公司 2017“香山论坛”系列活动征文三等奖	中华书局	中国出版集团公司	2017 年 12 月
滕振微	第 4 届中国出版政府奖优秀出版人物（编辑）奖	中国大百科全书出版社	国家新闻出版广电总局	2017 年 1 月
张新智	中国出版集团公司十佳数字出版人才	中国大百科全书出版社	中国出版集团公司	2017 年 3 月
陈义望	中国出版集团公司十佳经理人	中国大百科全书出版社	中国出版集团公司	2017 年 3 月
刘金双	中国出版集团公司十佳编辑人才	中国大百科全书出版社	中国出版集团公司	2017 年 3 月
宋梅娟	中国出版集团公司十佳党群工作者	中国大百科全书出版社	中国出版集团公司	2017 年 3 月
马丽娜	中国出版集团公司成立 15 周年十佳国际化人才	中国大百科全书出版社	中国出版集团公司	2017 年 3 月
杨菲	“山东省店十佳业务员”	中国大百科全书出版社	山东省新华书店	2017 年 4 月
陈义望	“中国出版集团公司迎接党的十九大胜利召开、庆祝集团成立 15 周年书画摄影展览”	中国大百科全书出版社	中国出版集团公司	2017 年 4 月
曾辉	“中国出版集团公司迎接党的十九大胜利召开、庆祝集团成立 15 周年书画摄影展览”	中国大百科全书出版社	中国出版集团公司	2017 年 4 月
高原	“中国出版集团公司迎接党的十九大胜利召开、庆祝集团成立 15 周年书画摄影展览”	中国大百科全书出版社	中国出版集团公司	2017 年 4 月
李晓琴	“中国出版集团公司迎接党的十九大胜利召开、庆祝集团成立 15 周年书画摄影展览”	中国大百科全书出版社	中国出版集团公司	2017 年 4 月
梁燕	“中国出版集团公司迎接党的十九大胜利召开、庆祝集团成立 15 周年书画摄影展览”	中国大百科全书出版社	中国出版集团公司	2017 年 4 月
程忆涵	“中国出版集团公司迎接党的十九大胜利召开、庆祝集团成立 15 周年书画摄影展览”	中国大百科全书出版社	中国出版集团公司	2017 年 4 月

续表

获奖个人	获奖名称	所属单位	颁奖单位	颁发时间
罗锡鹏	“中国出版集团公司迎接党的十九大胜利召开、庆祝集团成立15周年书画摄影展览”	中国大百科全书出版社	中国出版集团公司	2017年4月
严瑾	展览路地区“最美家庭”	中国大百科全书出版社	北京市西城区展览路街道妇女联合会	2017年5月
孙怡	展览路地区“最美家庭”	中国大百科全书出版社	北京市西城区展览路街道妇女联合会	2017年5月
马跃	“读经典、学新知”读书征文活动一等奖	中国大百科全书出版社	中国出版集团公司	2017年6月
张宝军	“读经典、学新知”读书征文活动一等奖	中国大百科全书出版社	中国出版集团公司	2017年6月
任翔宇	“读经典、学新知”读书征文活动三等奖	中国大百科全书出版社	中国出版集团公司	2017年6月
赵菲	“读经典、学新知”读书征文活动三等奖	中国大百科全书出版社	中国出版集团公司	2017年6月
谌燕	“读经典、学新知”读书征文活动三等奖	中国大百科全书出版社	中国出版集团公司	2017年6月
曹来	“读经典、学新知”读书征文活动参与奖	中国大百科全书出版社	中国出版集团公司	2017年6月
徐君慧	“读经典、学新知”读书征文活动参与奖	中国大百科全书出版社	中国出版集团公司	2017年6月
张晓娜	“读经典、学新知”读书征文活动参与奖	中国大百科全书出版社	中国出版集团公司	2017年6月
王文立	“读经典、学新知”读书征文活动参与奖	中国大百科全书出版社	中国出版集团公司	2017年6月
滕振微	“读经典、学新知”读书征文活动参与奖	中国大百科全书出版社	中国出版集团公司	2017年6月
乐祺	“读经典、学新知”读书征文活动参与奖	中国大百科全书出版社	中国出版集团公司	2017年6月
程忆涵	“读经典、学新知”读书征文活动参与奖	中国大百科全书出版社	中国出版集团公司	2017年6月
绳蕴	“读经典、学新知”读书征文活动参与奖	中国大百科全书出版社	中国出版集团公司	2017年6月

续表

获奖个人	获奖名称	所属单位	颁奖单位	颁发时间
高原	“不忘初心・继续前行”中央直属机关喜迎党的十九大书画展二等奖	中国大百科全书出版社	中共中央直属机关书画协会	2017 年 7 月
陈义望	“不忘初心・继续前行”中央直属机关喜迎党的十九大书画展入围奖	中国大百科全书出版社	中共中央直属机关书画协会	2017 年 7 月
罗锡鹏	“不忘初心・继续前行”中央直属机关喜迎党的十九大书画展入围奖	中国大百科全书出版社	中共中央直属机关书画协会	2017 年 7 月
冯波	“新闻出版统计先进个人”	中国大百科全书出版社	国家新闻出版广电总局	2017 年 11 月
赵菲	第 18 届年会学术论坛三等奖	中国大百科全书出版社	中国编辑学会	2017 年 11 月
刘小蕊	少年儿童读物专业委员会学术研讨会优秀论文奖	中国大百科全书出版社	中国编辑学会	2017 年 11 月
梁爽	第 6 届韬奋杯全国出版社青年编校大赛校对个人一等奖	中国大百科全书出版社	国家新闻出版广电总局主办，中国出版协会、韬奋基金会和中国编辑学会承办	2017 年 12 月
刘国辉	“2017 年文化名家暨‘四个一批’人才”	中国大百科全书出版社	中共中央宣传部、中共中央组织部	2017 年 12 月
王韧	“农家书屋全面建设十周年先进个人”称号	中国大百科全书出版社	国家新闻出版广电总局	2017 年 12 月
蒋丽君	“2016 年度推动引进输出的典型人物”	中国大百科全书出版社	中国版协、中国新闻出版研究院、出版参考杂志社	2017 年 12 月
孙迪	2017 年“三个一百”人才	中国大百科全书出版社	中国出版集团公司	2017 年 12 月
谢雪	2017 年“三个一百”人才	中国大百科全书出版社	中国出版集团公司	2017 年 12 月
赵新宇	2017 年“三个一百”人才	中国大百科全书出版社	中国出版集团公司	2017 年 12 月
马蕴	2017 年“三个一百”人才	中国大百科全书出版社	中国出版集团公司	2017 年 12 月
娄庆吉	2017 年“三个一百”人才	中国大百科全书出版社	中国出版集团公司	2017 年 12 月

续表

获奖个人	获奖名称	所属单位	颁奖单位	颁发时间
冯蕙	中国出版集团公司 第5届青年岗位能手	中国大百科全书出版社	中国出版集团公司	2017年12月
宋伟芳	中国出版集团公司 第5届青年岗位能手	中国大百科全书出版社	中国出版集团公司	2017年12月
王瑜	中国出版集团公司 第5届青年岗位能手	中国大百科全书出版社	中国出版集团公司	2017年12月
应世澄	中国出版集团公司 第5届青年岗位能手	中国大百科全书出版社	中国出版集团公司	2017年12月
韩瑞彬	2017年度中国出版集团公司 青年创新奖章	中国大百科全书出版社	中国出版集团公司	2017年12月
刘小蕊	2017年度中国出版集团公司 青年创新奖章	中国大百科全书出版社	中国出版集团公司	2017年12月
刘哲	2017年度中国出版集团公司 青年创新奖章	中国大百科全书出版社	中国出版集团公司	2017年12月
邹欣	2017年度中国出版集团公司 青年创新奖章	中国大百科全书出版社	中国出版集团公司	2017年12月
刘杨	中国出版集团公司2017“香山论坛” 系列活动征文一等奖	中国大百科全书出版社	中国出版集团公司	2017年12月
牛昭	中国出版集团公司2017“香山论坛” 系列活动征文三等奖	中国大百科全书出版社	中国出版集团公司	2017年12月
沙海龙	2016年度青年创新奖章	中国美术出版总社	中国出版集团公司	2017年1月
孙文颖	中国出版集团公司十佳经理人	中国美术出版总社	中国出版集团公司	2017年3月
王铁英	中国出版集团公司十佳编辑人才	中国美术出版总社	中国出版集团公司	2017年3月
管丹	中国出版集团公司十佳国际化人才	中国美术出版总社	中国出版集团公司	2017年3月
黄宗亮	中国出版集团公司十佳营销人才	中国美术出版总社	中国出版集团公司	2017年3月
张茜琳	2017年度中国出版集团公司 青年创新奖章	中国美术出版总社	中国出版集团公司	2017年12月
贾小川	2017年度中国出版集团公司 青年创新奖章	中国美术出版总社	中国出版集团公司	2017年12月

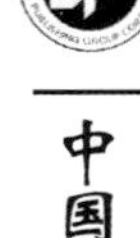

续表

获奖个人	获奖名称	所属单位	颁奖单位	颁发时间
赵丹	中国出版集团公司 第5届青年岗位能手	中国美术出版总社	中国出版集团公司	2017年12月
赵军平	中国出版集团公司2017“香山论坛”系列活动征文一等奖	中国美术出版总社	中国出版集团公司	2017年12月
金黎晅	中国出版集团公司2017“香山论坛”系列活动征文三等奖	中国美术出版总社	中国出版集团公司	2017年12月
李聚慧	中国出版集团公司2017“香山论坛”系列活动征文三等奖	中国美术出版总社	中国出版集团公司	2017年12月
侯超	农家书屋全面建设10周年先进个人	中国美术出版总社	国家新闻出版广电总局	2017年12月
魏振华	中国出版集团公司十佳经理人	人民音乐出版社	中国出版集团公司	2017年3月
胡健	中国出版集团公司十佳党群工作者	人民音乐出版社	中国出版集团公司	2017年3月
张伯平	中国出版集团公司十佳营销人才	人民音乐出版社	中国出版集团公司	2017年3月
邹璐	中国出版集团公司十佳编辑人才	人民音乐出版社	中国出版集团公司	2017年3月
李向颖	全国巾帼建功标兵荣誉称号	人民音乐出版社	中华全国妇女联合会	2017年4月
郭贵明	全国“最美家庭”	人民音乐出版社	中华全国妇女联合会	2017年5月
黄亚超	中直机关第10届青年岗位能手	人民音乐出版社	中直机关团工委、 中直机关青联	2017年5月
赵雨童	中国出版集团公司 青年创新奖章	人民音乐出版社	中国出版集团公司	2017年8月
陈明陆	2016—2017年度优秀通讯员	人民音乐出版社	中国出版集团公司	2017年11月
张健慧	中国出版集团公司 第5届青年岗位能手	人民音乐出版社	中国出版集团公司	2017年12月
黄亚超	中国出版集团公司 第5届青年岗位能手	人民音乐出版社	中国出版集团公司	2017年12月
李晓蓓	中国出版集团公司 第5届青年岗位能手	人民音乐出版社	中国出版集团公司	2017年12月
胡健	中国出版集团公司2017“香山论坛”系列活动征文一等奖	人民音乐出版社	中国出版集团公司	2017年12月

续表

获奖个人	获奖名称	所属单位	颁奖单位	颁发时间
陈明陆	中国出版集团公司 2017 “香山论坛”系列活动征文二等奖	人民音乐出版社	中国出版集团公司	2017 年 12 月
张龙	中国出版集团公司第 5 届青年岗位能手	生活·读书·新知三联书店	中国出版集团公司	2017 年 12 月
邝茜	中国出版集团公司第 5 届青年岗位能手	生活·读书·新知三联书店	中国出版集团公司	2017 年 12 月
魏一平	中国出版集团公司 2017 “香山论坛”系列活动征文一等奖	生活·读书·新知三联书店	中国出版集团公司	2017 年 12 月
张嘉薇	中国出版集团公司 2017 “香山论坛”系列活动征文二等奖	生活·读书·新知三联书店	中国出版集团公司	2017 年 12 月
胡静	“读经典、学新知”读书征文活动二等奖	中国对外翻译有限公司	中国出版集团公司	2017 年 6 月
霍丽	“读经典、学新知”读书征文活动三等奖	中国对外翻译有限公司	中国出版集团公司	2017 年 6 月
金文茜	中国出版集团公司青年创新奖章	中国对外翻译有限公司	中国出版集团公司	2017 年 8 月
刘四元	中国出版集团公司青年创新奖章	中国对外翻译有限公司	中国出版集团公司	2017 年 8 月
王丽萍	中国出版集团公司青年创新奖章	中国对外翻译有限公司	中国出版集团公司	2017 年 8 月
戴璐	中国出版集团公司第 5 届青年岗位能手	中国对外翻译有限公司	中国出版集团公司	2017 年 12 月
李欣杰	中国出版集团公司第 5 届青年岗位能手	中国对外翻译有限公司	中国出版集团公司	2017 年 12 月
史四美	中国出版集团公司第 5 届青年岗位能手	中国对外翻译有限公司	中国出版集团公司	2017 年 12 月
凌荷	中国出版集团公司 2017 “香山论坛”系列活动征文二等奖	中国对外翻译有限公司	中国出版集团公司	2017 年 12 月
倪雪婷	中国出版集团公司 2017 “香山论坛”系列活动征文三等奖	中国对外翻译有限公司	中国出版集团公司	2017 年 12 月
宋伟峰	中国出版集团公司十佳经理人	东方出版中心	中国出版集团公司	2017 年 3 月
何恬溢	上海市优秀共青团员	东方出版中心	共青团上海市委员会	2017 年 4 月
李旭	“创先进、争优秀、强作风”活动优秀青年	东方出版中心	共青团上海市长宁区委员会	2017 年 5 月

续表

获奖个人	获奖名称	所属单位	颁奖单位	颁发时间
李娜	第2届上海市长宁区仙霞社区好青年	东方出版中心	上海市长宁区仙霞街道团工委	2017年5月
唐丽芳	“读经典、学新知”读书征文活动一等奖	东方出版中心	中国出版集团公司	2017年6月
金洁蓉	“读经典、学新知”读书征文活动二等奖	东方出版中心	中国出版集团公司	2017年6月
乔赫	“读经典、学新知”读书征文活动三等奖	东方出版中心	中国出版集团公司	2017年6月
丁峰	2016—2017年度信息宣传工作优秀通讯员	东方出版中心	中国出版集团公司	2017年11月
姜小明	中国出版集团公司2017“香山论坛”系列活动征文二等奖	东方出版中心	中国出版集团公司	2017年12月
马圆圆	中国出版集团公司2017“香山论坛”系列活动征文一等奖	新华书店总店	中国出版集团公司	2017年12月
代幸梅	中国出版集团公司2017“香山论坛”系列活动征文三等奖	新华书店总店	中国出版集团公司	2017年12月
赵煦	中国出版集团公司2017“香山论坛”系列活动征文三等奖	新华书店总店	中国出版集团公司	2017年12月
何璐	2017年度中国出版集团公司青年创新奖章	中国图书进出口（集团）总公司	中国出版集团公司	2017年12月
李杨	2017年度中国出版集团公司青年创新奖章	中国图书进出口（集团）总公司	中国出版集团公司	2017年12月
姜天翔	2017年度中国出版集团公司青年创新奖章	中国图书进出口（集团）总公司	中国出版集团公司	2017年12月
栾强	2017年度中国出版集团公司青年创新奖章	中国图书进出口（集团）总公司	中国出版集团公司	2017年12月
李新欣	中国出版集团公司第5届青年岗位能手	中国图书进出口（集团）总公司	中国出版集团公司	2017年12月
周楠	中国出版集团公司第5届青年岗位能手	中国图书进出口（集团）总公司	中国出版集团公司	2017年12月
苏雨时	中国出版集团公司第5届青年岗位能手	中国图书进出口（集团）总公司	中国出版集团公司	2017年12月
杨潮	中国出版集团公司第5届青年岗位能手	中国图书进出口（集团）总公司	中国出版集团公司	2017年12月
沈婧男	中国出版集团公司第5届青年岗位能手	中国图书进出口（集团）总公司	中国出版集团公司	2017年12月

续表

获奖个人	获奖名称	所属单位	颁奖单位	颁发时间
丁浩磊	中国出版集团公司 2017“香山论坛”系列活动征文一等奖	中国图书进出口（集团）总公司	中国出版集团公司	2017 年 12 月
石岩	中国出版集团公司 2017“香山论坛”系列活动征文一等奖	中国图书进出口（集团）总公司	中国出版集团公司	2017 年 12 月
邵丹	中国出版集团公司 2017“香山论坛”系列活动征文三等奖	中国图书进出口（集团）总公司	中国出版集团公司	2017 年 12 月
李静	中国出版集团公司十佳编辑人才	现代教育出版社	中国出版集团公司	2017 年 3 月
王春霞	2017 年度中国出版集团公司青年创新奖章	现代教育出版社	中国出版集团公司	2017 年 12 月
李维杰	中国出版集团公司第 5 届青年岗位能手	现代教育出版社	中国出版集团公司	2017 年 12 月
孙雄风	中国出版集团公司第 5 届青年岗位能手	现代教育出版社	中国出版集团公司	2017 年 12 月
聂金星	中国出版集团公司 2017“香山论坛”系列活动征文一等奖	现代教育出版社	中国出版集团公司	2017 年 12 月
王春霞	中国出版集团公司 2017“香山论坛”系列活动征文三等奖	现代教育出版社	中国出版集团公司	2017 年 12 月
侯文佳	中国出版集团公司第 5 届青年岗位能手	荣宝斋	中国出版集团公司	2017 年 12 月
李扬	中国出版集团公司第 5 届青年岗位能手	荣宝斋	中国出版集团公司	2017 年 12 月
宋佳鑫	中国出版集团公司第 5 届青年岗位能手	荣宝斋	中国出版集团公司	2017 年 12 月
江翠	中国出版集团公司 2017“香山论坛”系列活动征文一等奖	荣宝斋	中国出版集团公司	2017 年 12 月
张霞	中国出版集团公司 2017“香山论坛”系列活动征文三等奖	中国民主法制出版社	中国出版集团公司	2017 年 12 月
周冠宇	中国出版集团公司 2017“香山论坛”系列活动征文三等奖	中国民主法制出版社	中国出版集团公司	2017 年 12 月
张璐	中国出版集团公司 2017“香山论坛”系列活动征文三等奖	研究出版社	中国出版集团公司	2017 年 12 月
金霞	全国三八红旗手	中国出版传媒商报社	中华全国妇女联合会	2017 年 2 月
温珮滢	中国出版集团公司 2017“香山论坛”系列活动征文二等奖	中国出版传媒商报社	中国出版集团公司	2017 年 12 月

续表

获奖个人	获奖名称	所属单位	颁奖单位	颁发时间
范伟	2017 年度中国出版集团公司青年创新奖章	中译出版社	中国出版集团公司	2017 年 12 月
顾恬	2017 年度中国出版集团公司青年创新奖章	中译出版社	中国出版集团公司	2017 年 12 月
王梦	中国出版集团公司第 5 届青年岗位能手	中译出版社	中国出版集团公司	2017 年 12 月
杨扬	中国出版集团公司第 5 届青年岗位能手	中译出版社	中国出版集团公司	2017 年 12 月
范祥镇	中国出版集团公司第 5 届青年岗位能手	中译出版社	中国出版集团公司	2017 年 12 月
顾客强	中国出版集团公司 2017“香山论坛”系列活动征文二等奖	中译出版社	中国出版集团公司	2017 年 12 月
范祥镇	中国出版集团公司 2017“香山论坛”系列活动征文三等奖	中译出版社	中国出版集团公司	2017 年 12 月
董天然	中国出版集团公司第 5 届青年岗位能手	世界图书出版公司北京公司	中国出版集团公司	2017 年 12 月
王帆	中国出版集团公司第 5 届青年岗位能手	世界图书出版公司北京公司	中国出版集团公司	2017 年 12 月
邓碧琳	中国出版集团公司 2017“香山论坛”系列活动征文二等奖	世界图书出版有限公司	中国出版集团公司	2017 年 12 月
张如	中国出版集团公司 2017“香山论坛”系列活动征文二等奖	华文出版社	中国出版集团公司	2017 年 12 月
胡慧华	中国出版集团公司 2017“香山论坛”系列活动征文三等奖	华文出版社	中国出版集团公司	2017 年 12 月
孙勇	2016 年度优秀营销员	现代出版社	中国出版集团公司	2017 年 1 月
王科	“三个一百”人才评选营销人才	现代出版社	中国出版集团公司	2017 年 12 月
张霆	“三个一百”人才评选编辑人才	现代出版社	中国出版集团公司	2017 年 12 月
窦艳秋	中国出版集团公司第 5 届青年岗位能手	现代出版社	中国出版集团公司	2017 年 12 月
何争辉	中国出版集团公司第 5 届青年岗位能手	现代出版社	中国出版集团公司	2017 年 12 月
袁子茵	中国出版集团公司 2017“香山论坛”系列活动征文二等奖	现代出版社	中国出版集团公司	2017 年 12 月

续表

获奖个人	获奖名称	所属单位	颁奖单位	颁发时间
朱雷	中国出版集团公司第5届青年岗位能手	新华联合发行有限公司	中国出版集团公司	2017年12月
张志胜	中国出版集团公司第5届青年岗位能手	新华联合发行有限公司	中国出版集团公司	2017年12月
郑光合	中国出版集团公司第5届青年岗位能手	新华联合发行有限公司	中国出版集团公司	2017年12月
王豪	2017年度中国出版集团公司青年创新奖章	北京中新联科技股份有限公司	中国出版集团公司	2017年12月
田凌云	中国出版集团公司第5届青年岗位能手	北京中新联科技股份有限公司	中国出版集团公司	2017年12月
王贺	中国出版集团公司第5届青年岗位能手	北京中新联科技股份有限公司	中国出版集团公司	2017年12月
张富真	中国出版集团公司第5届青年岗位能手	北京中新联科技股份有限公司	中国出版集团公司	2017年12月
廖冉	中国出版集团公司第5届青年岗位能手	北京中版联印刷物资有限公司	中国出版集团公司	2017年12月
王兆云	2017年度中国出版集团公司青年创新奖章	中版集团数字传媒有限公司	中国出版集团公司	2017年12月
阮琳越	中国出版集团公司第5届青年岗位能手	中版集团数字传媒有限公司	中国出版集团公司	2017年12月
赫冉	中国出版集团公司2017“香山论坛”系列活动征文二等奖	中版集团数字传媒有限公司	中国出版集团公司	2017年12月
于欣雨	中国出版集团公司2017“香山论坛”系列活动征文三等奖	中版集团数字传媒有限公司	中国出版集团公司	2017年12月
武一格	2017年“读经典、学新知”读书征文活动三等奖	中版教材有限公司	中国出版集团直属机关党委、中国出版集团工会联合会、中国出版集团团委、中国出版集团公司青联	2017年5月
顾梓榆	第10届中央直属机关青年岗位能手	北京新华印刷有限公司	中央直属机关工委	2017年5月
金亚辉	中国出版集团公司第5届青年岗位能手	北京新华印刷有限公司	中国出版集团公司	2017年12月

续表

获奖个人	获奖名称	所属单位	颁奖单位	颁发时间
吕世辉	中国出版集团公司 第5届青年岗位能手	北京新华印刷有限公司	中国出版集团公司	2017年12月
肖相远	中国出版集团公司 第5届青年岗位能手	北京新华印刷有限公司	中国出版集团公司	2017年12月
顾梓榆	中国出版集团公司 第5届青年岗位能手	北京新华印刷有限公司	中国出版集团公司	2017年12月
张婧	中国出版集团公司 第5届青年岗位能手	北京新华印刷有限公司	中国出版集团公司	2017年12月
顾梓榆	中国出版集团公司2017“香山论坛” 系列活动征文二等奖	北京新华印刷有限公司	中国出版集团公司	2017年12月
周继伟	中国出版集团公司2017“香山论坛” 系列活动征文三等奖	北京新华印刷有限公司	中国出版集团公司	2017年12月
吕洋	2017年度中国出版集团公司 青年创新奖章	中版文化传播 （北京）有限公司	中国出版集团公司	2017年12月
张露	中国出版集团公司 第5届青年岗位能手	中版文化传播 （北京）有限公司	中国出版集团公司	2017年12月

部分获奖（荣誉）人物简介

金霞（1976～　）　女，汉族，1976 年 11 月生，中共党员，硕士，清华大学新闻与传播学院毕业，编辑，现任《中国出版传媒商报》副总编辑。连续 15 年担任要闻版一线采编及管理工作，面对长年夜班、岗位责任重大的强度和压力，发挥党员先锋模范作用，出色地完成各项工作，多次荣获国家级、省部级荣誉称号。她多年策划采写了数十篇在行业内外产生重大影响的深度报道，策划实施多个兼具社会效益和经济效益的重点专刊，成为机构品牌、会展品牌专刊的范本。她积极思考行业变革趋势，带领团队不断探索、创新“版面采编＋会议活动＋新媒体传播”复合模式，为报社的报道创新、品牌创新、经营创新做出了贡献。

2017 年，荣获中华全国妇女联合会授予的“全国三八红旗手”荣誉称号。　　（马雪芬）

出版人
PUBLISHERS
CPGC

2017年获得高级职称人员名单

姓名	工作单位	职称类型
付如初	人民文学出版社	编审
胡文骏	人民文学出版社	编审
陈洁	商务印书馆	编审
李娟	商务印书馆	编审
包诗林	商务印书馆	编审
王丽艳	商务印书馆	编审
朱振华	中华书局	编审
秦淑华	中华书局	编审
朱明秀	中国大百科全书出版社	编审
李静	中国大百科全书出版社	编审
朱菱艳	中国大百科全书出版社	编审
张新智	中国大百科全书出版社	编审
杨旭	人民音乐出版社	编审
李鸿谷	生活·读书·新知三联书店	高级记者
方明亮	华文出版社	编审
宋军占	华文出版社	编审

（李　巍）

2017年去世编审简介

杜维沫（1926～2017） 河南滑县人，编审。中共党员、中国作家协会会员、古典文学家、人民文学出版社古典文学编辑室主任、人民文学出版社专家委员会委员，历任中央文化部艺术局干部。

杜维沫同志一生从事古典文学研究，组织整理、编辑出版了多部古典小说名著，业余从事古典小说、诗文的整理与研究工作。1945年发表作品，著有《屈原（九哥）辑注》《一瓢诗话笺注》《李白诗精选》《儒林外史精注》《明清文言小说卷》《孤撞钟》，校点有《花月痕》《国色天香》《大唐王词话》《诗源辨体》《十二楼》《白雨斋词话》，选注有《欧阳修选集》《欧阳修文集》《金瓶梅研究集（合作）》等，还曾发表过一批古典小说论文、古典诗文鉴赏文章和旧体诗词。他编辑、出版、校注的许多国内外颇具影响的古典文学作品具有权威性，在中国古典文学研究领域有很高的学术价值和广泛的影响，得到古典文学界的尊敬，堪称古典文学研究专家。1964～1966年，杜维沫被派往越南外文出版社任中文专家，负责从事校注黎笋著作中文版工作，荣获胡志明主席颁发的劳动勋章和越南政府颁发的友谊奖章。2017年9月1日在北京逝世，享年91岁。

（顾　乡）

胡真才（1950～2017） 陕西旬阳人，编审。中共党员、中国作家协会会员、中国外国文学学会西葡拉美文学研究分会副会长、著名翻译家、人民文学出版社原外国文学编辑室资深编审。

胡真才同志是西语文学翻译的先行者，是将西班牙文学作品翻译并引进中国的杰出翻译家，他于20世纪80年代初开始发表翻译作品，其译著（含合译）有《中奖彩票》《寒水岭匪帮》《维加戏剧选》《回归本源——加西亚·马尔克斯传》《达利自传》《骗子》《名厨之死》等。他一生编辑了许多优秀外国文学图书，其中《塞万提斯全集》《荷马史诗》分获第3届、第4届国家图书奖。生前与他人合编的《杨绛全集》在国内外文学界产生了广泛深远的影响，受到业内同人和广大读者的赞誉。2017年4月14日在北京逝世，享年67岁。

（顾　乡）

屠岸（1923～2017） 江苏常州人，编审。中共党员、著名诗人、资深翻译家、作家、出版家、文艺评论家，中国作家协会全国委员会名誉委员、中国翻译家协会会员、中国诗歌学会副会长、《当代诗坛》主编，中国非物质文化遗产常州吟诵唯一传承人，中国出版集团公司顾问委员会出版顾问、人民文学出版社原总编辑、党委书记、专家委员会副主任、《当代》杂志顾问。

本名蒋璧厚，笔名书牟，大学文化。1946年2月参加革命工作，同年加入中国共产党。屠岸同志曾三任新闻出版总署主办的国家图书奖评委、两任中国作协鲁迅文学奖评委，任翻译奖副主任委员、诗歌奖主任委员；曾有多部诗集、译著、评论集出版。他是一个作风严谨、善于思索、勇于创新、不断追求、不断升华、不断进取的谦祥和蔼的学者，是受广大读者爱戴和业界同人尊敬的长者，是文学出版界、翻译界和诗歌界的翘楚。屠岸翻译的《济慈诗选》曾获“第2届

鲁迅文学奖翻译奖”。2010年他荣获中国翻译家协会颁发的“翻译文化终身成就奖”。2011年荣获国家版权局颁发的“2011年中国版权产业风云人物奖”。2012年被中国出版集团公司评为首批“编辑名家”。2017年11月9日在北京逝世，享年94岁。（顾　乡）

徐式谷（1935～2017）　江苏扬州人，编审。著名双语辞书专家和翻译家。

1957年夏，毕业于北京大学西语系英国语言文学专业。1958年夏至1966年在北京市政府所属北京编译社从事专职英语笔译工作（翻译12级）。1978年底调入商务印书馆工作。1981年《英语世界》杂志创刊后参与杂志的编辑工作。1987～1988年任外语工具书编辑室副主任。1988年任商务印书馆副总编辑，主管《英语世界》杂志。2001年初任英语世界杂志社社长。2005年改任主编，直至2008年3月退休。2008年3月至2011年6月任英语世界杂志社顾问。

参加编纂、翻译的大型外语工具书主要有《英华大词典》《牛津当代英语动词习语词典》《朗文当代高级辞典（英英、英汉双解）》，主编《双语词典研究》，译著《最远的北方》《笛福文选》《论降低利息和提高货币价值的后果》《法国大革命中的群众》等。1984年获“为四化做出突出贡献的优秀个人”荣誉称号，1998年获“全国百佳出版工作者”荣誉称号，2004年获“新中国60年有影响力期刊人”荣誉称号。2017年在北京逝世，享年82岁。（刘　芳）

陈兆福（1928～2017）　祖籍福建福州，缅甸归国华侨，编审。

抗日战争时期由缅甸回祖国求学。1945年抗战胜利后，迫于生计返回缅甸任小学教师。1950年重返祖国，入北京大学哲学系学习。1955年毕业后留校任资料员。1958年调入商务印书馆工作，负责西方哲学史领域的编辑工作。对西方哲学史做过系统研究，重视译名资料的研究和整理，长期致力于西方重要哲学家、思想家学术年表的编著工作，发表过20余种年表。擅长英文、俄文，曾与人合译《帝国主义反动势力的天主教哲学》《托兰德的唯物主义》《哲学史》（威柏著）。2017年在北京逝世，享年89岁。（刘　芳）

许勤（1921～2017）　女，江苏人，编审。中共党员。1945年担任《苏浙日报》（苏南区党委机关报）记者。1946年上半年担任《烟台日报》编辑。1946年下半年主编英文报纸《芝罘新闻》，负责选组稿件、拟定标题，译成英文后政治上、文字上的审改，以及终审和签字付印工作。1952～1953年任新农村报社社长兼总编辑，负责报纸的编辑、出版、发行等全面工作，包括报纸的终审和签字付印。进入中国大百科全书出版社后，于1979～1982年任科技部负责人，负责工程技术一部、二部约10个学科大百科全书的编辑指导工作，包括配备责任编辑、建立编辑工作组、建立各学科的编委会、制定框架条目和条目的撰写、审稿、定稿等方面的指导工作。1983～1986年任编委时，负责工程类中国大百科全书的三审工作。经过三审发稿，付印或出版的图书有《环境科学》卷、《交通》卷、《机械工程》卷等。从1946～1986年前后有10年左右时间从事中英文报纸、期刊、图书和中国大百科全书的终审工作。曾数次总结工程技术类大百科全书的特点，提出解决卷与卷之间交叉重复问题的原则和方法。个人编辑工作经验丰富，组织能力较强，组织指导完成多项较大的编辑任务，解决稿件中或编辑工作中的重大问题。具备较高的鉴别和综合分析稿件的能力，有较好的文字修养和细致的编辑工作作风。1986年12月离休。2017年在北京逝世，享年96岁。（尹添铭）

苏兰生（1954～2017）　曾用名苏澜深，安徽省亳县人，硕士研究生。人民音乐出版社原编辑部主任、编审。中国音乐家协会会员、美国音乐研究会会员。

1976年9月考入西北师范学院（现西北师范大学）音乐系学习。1978年7月毕业分配到西北民族学院艺术系任教，担任基本乐科、作曲

理论、钢琴等科目的教学工作。1985年9月考入天津音乐学院作曲系作曲技术理论专业，攻读硕士研究生学位。1987年7月毕业，获得文学硕士学位。

1988年6月调入人民音乐出版社从事编辑工作。精通作品技术理论、音乐专业文献笔译，熟悉音乐专业理论及实际操作工作。曾担任理论编辑室主任、《音乐研究》副主编、《钢琴艺术》常务副主编，策划、创办《钢琴艺术》杂志。曾参加《现代艺术词典》《简明音乐词典》《中国音乐大百科全书》等辞书条目的撰写工作，《牛津简明音乐词典》《哈佛音乐词典》《美国学术大百科全书》（音乐条目）的翻译工作。译著有《新音乐语汇》《古今钢琴协奏曲史略》《钢琴音乐简史》等。2014年6月退休。2017年1月28日在北京逝世，享年62岁。 （杨莹莹）

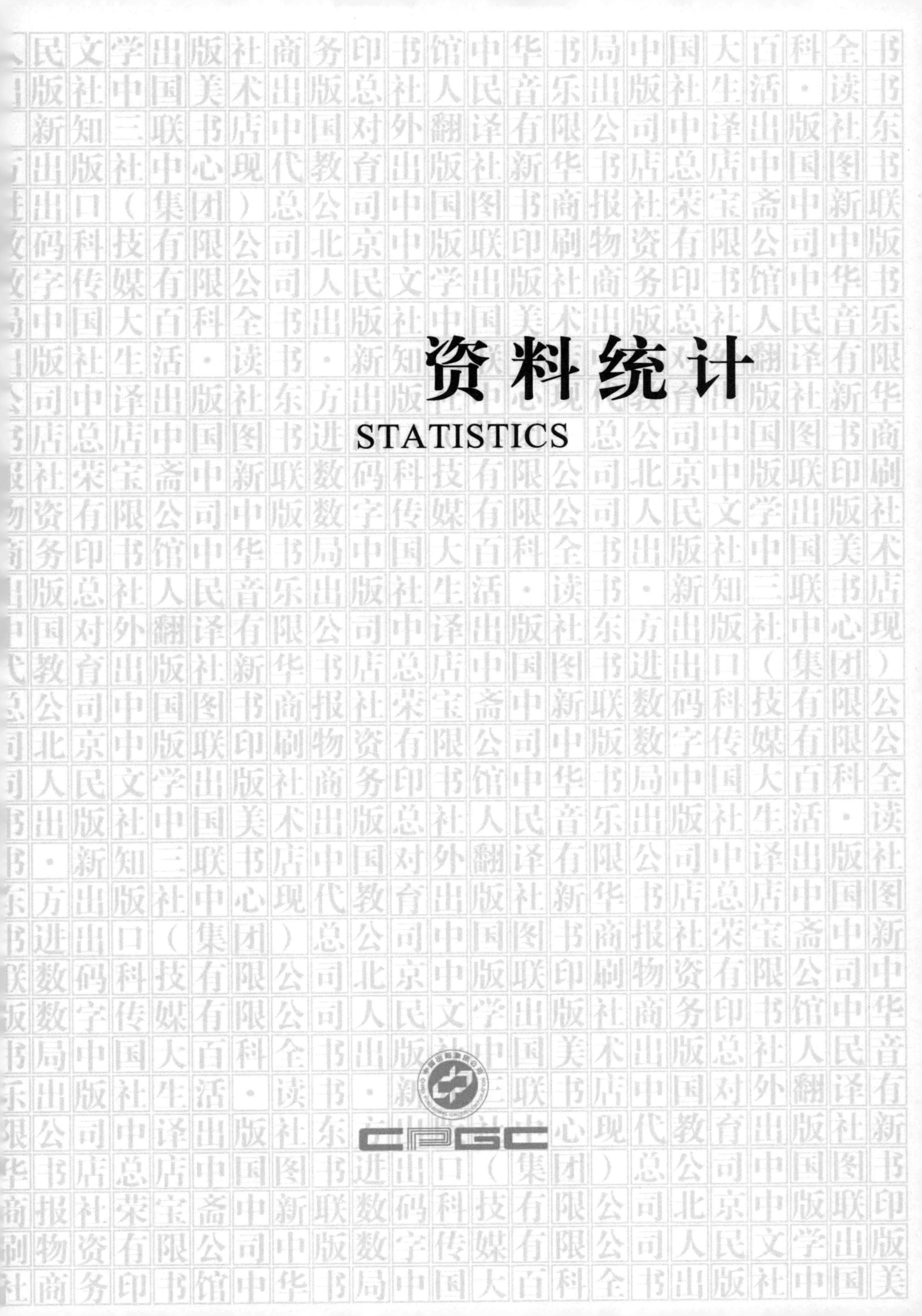
资料统计
STATISTICS
CPGC

编辑、出版、发行

2017 年度图书编辑指标统计表

单位 \ 项目	选题立项(种)			新书发稿(种)			重印书发稿(种)			发稿总字数(千字)		
	2017 年	2016 年	2015 年	2017 年	2016 年	2015 年	2017 年	2016 年	2015 年	2017 年	2016 年	2015 年
人民文学出版社	1824	1417	383	946	767	481	1984	1496	1365	218289	154223	148268
商务印书馆	3627	1622	1298	2834	989	1002	0	0	0	1475474	521266	368192
中华书局	935	1042	1150	606	930	780	1310	1526	1370	1298588	390683	431240
中国大百科全书出版社	708	876	732	472	706	864	1460	1946	1654	475549	812601	186476
中国美术出版总社	345	545	531	414	419	430	575	127	134	21300	22000	21500
人民音乐出版社	238	161	140	167	201	236	794	806	788	26083	26828	30111
生活·读书·新知三联书店	410	350	363	345	290	390	361	335	344	79583	69715	83076
东方出版中心	156	176	202	158	163	145	114	102	54	41056	40596	35242
现代教育出版社	464	462	310	1209	1419	729	652	278	145	129489	559155	240731
中国民主法制出版社	435	576	602	327	319	278	325	206	129	85928	132383	113459
研究出版社	308	107	32	245	63	32	29	13	0	49320	15200	6400
中译出版社	516	439	536	422	569	542	373	690	504	173320	132953	114053
世界图书出版公司	2318	1841	1603	1720	1889	1516	1885	2473	1684	1244187	1186587	549552
华文出版社	359	250	272	200	168	179	179	148	115	77438	52980	57176
现代出版社	792	780	595	770	768	511	206	370	325	176659	101590	99510
荣宝斋出版社	141	270	131	78	168	90	18	30	28	3740	3187	2267
商务印书馆国际有限公司	244	207	86	213	215	78	323	186	191	110388	72585	82529
天天出版社	139	179	192	150	171	158	388	335	199	63939	63825	23490
生活书店出版有限公司	58	74	75	57	53	56	61	53	34	11262	6471	8979
总计	14017	11374	9233	11333	10267	8497	11037	11120	9063	5761592	4364827	2602251

2017 年度出版总规模统计表

项目 / 单位	出版总种数(种)			总印制册数(万册)			总印制码洋(万元)			总印张数(千印张)			总用纸量(吨)		
	2017 年	2016 年	2015 年	2017 年	2016 年	2015 年	2017 年	2016 年	2015 年	2017 年	2016 年	2015 年	2017 年	2016 年	2015 年
人民文学出版社	1467	1146	914	3271.73	2092.85	1787.16	137190.13	80666.99	66420.77	585498.69	387536.31	329182.91	17361.49	13429.78	12205.00
商务印书馆	2811	2132	1756	4047.79	3685.58	3336.61	197651.39	174400.00	143007.96	931908.30	868778.19	785311.48	27324.47	22338.38	21943.72
中华书局	1628	2249	1889	1215.46	1462.16	1030.95	63335.19	72257.00	56753.44	231117.00	283622.00	221858.00	6886.68	8451.19	6607.83
中国大百科全书出版社	1896	2628	2381	2511.00	2456.47	2862.40	105942.00	91120.00	91162.22	314144.20	294758.83	329387.40	10471.47	9825.29	10979.57
中国美术出版总社	715	430	603	2785.56	223.57	744.45	36670.53	9846.00	26552.60	135284.72	27655.00	59310.94	7347.47	1878.70	1780.00
人民音乐出版社	1058	996	933	2324.54	3308.00	2514.00	42285.47	34319.00	35049.64	150254.61	39710.00	146301.00	1360.00	1180.00	2302.00
生活・读书・新知三联书店	616	591	690	741.30	708.90	544.20	32038.00	28998.00	27688.00	105163.64	92981.00	86350.10	4059.00	3483.00	2909.00
东方出版中心	256	274	196	269.76	263.00	100.80	9847.80	10423.00	5402.00	28793.47	23826.35	13824.00	982.00	721.40	539.70
现代教育出版社	1678	1697	971	1236.80	632.33	798.00	35233.00	26382.00	20521.00	136366.00	69048.41	78310.00	5168.00	2248.41	2550.00
中国民主法制出版社	654	515	471	365.29	290.57	293.23	10709.72	10962.00	10775.79	40263.73	39881.59	37805.95	1067.00	1298.00	901.00
研究出版社	218	49	14	33.10	——	——	3153.60	1855.00	399.00	6804.58	——	——	309.50	——	——
中译出版社	731	1189	809	644.68	1174.60	1082.00	21784.00	21215.00	17047.00	63502.41	96439.35	78673.00	2564.78	3170.00	2274.00
世界图书出版公司	4198	3850	2994	1465.74	1652.55	1532.85	50199.00	44595.00	38689.67	170063.50	171662.04	161538.28	8904.50	5047.91	5590.12
华文出版社	381	282	297	985.86	1628.12	869.33	12717.00	15058.00	10015.87	63623.96	86253.39	54772.04	2350.47	3312.24	2084.50
现代出版社	959	1138	1029	430.95	353.62	419.20	16615.00	13789.55	12989.26	56849.42	46246.41	43326.43	2292.00	1387.39	1299.79
荣宝斋出版社	93	120	104	22.29	27.53	28.80	2282.00	2290.00	2483.02	3156.55	2722.94	3441.03	295.00	227.00	253.00
商务印书馆国际有限公司	463	347	282	561.29	329.78	258.13	23845.19	14134.00	11429.28	113074.48	67393.24	63488.48	3681.18	2156.49	2152.74
天天出版社	320	269	309	570.42	474.77	323.81	13698.52	11577.00	8025.53	46316.95	40154.13	27101.23	2099.78	1914.55	1166.40
生活书店出版有限公司	85	100	59	74.80	71.12	67.63	3593.80	3392.00	2984.63	9255.00	8687.38	9436.98	308.50	299.56	324.00
总计	20227	20002	16701	23558.35	20835.52	18593.56	818791.34	667279.54	587396.66	3191441.22	2647356.56	2529419.24	104833.28	82369.29	77862.37

2017 年度新书出版指标统计表

项目 单位	出版总种数(种)			总印制册数(万册)			总印制码洋(万元)			总印张数(千印张)			总用纸量(吨)		
	2017 年	2016 年	2015 年	2017 年	2016 年	2015 年	2017 年	2016 年	2015 年	2017 年	2016 年	2015 年	2017 年	2016 年	2015 年
人民文学出版社	703	610	350	708.20	521.90	311.96	32623.66	23849.74	15164.42	76928.80	73141.74	57951.13	1979.31	2179.56	2947.00
商务印书馆	1617	940	980	716.90	497.96	657.56	56193.45	29699.75	25743.97	143483.98	129080.03	113666.28	5674.54	3318.96	3701.15
中华书局	483	719	634	233.18	441.77	318.51	20377.32	25860.58	24473.88	47347.00	66079.00	61721.00	1410.82	1968.98	1838.30
中国大百科全书出版社	451	682	727	735.48	733.04	1104.15	27724.73	20445.04	30471.33	76845.71	65734.46	109123.59	2561.52	2191.15	3637.45
中国美术出版总社	373	310	519	357.32	159.80	319.10	14657.90	24104.00	20376.68	25829.76	20437.66	34618.52	1754.70	1388.40	1518.50
人民音乐出版社	205	215	195	87.69	52.17	223.98	4745.43	4088.38	5718.19	7477.32	6134.40	13083.43	206.00	202.00	393.00
生活·读书·新知三联书店	282	236	349	239.00	185.00	277.10	12949.40	9125.70	14401.60	40751.76	29632.00	40490.18	1197.00	765.00	1163.00
东方出版中心	142	172	142	123.84	83.01	67.99	4736.18	3419.30	4499.00	14302.66	9711.47	9556.63	443.00	287.06	211.20
现代教育出版社	1025	1419	658	811.30	620.53	398.00	22409.00	16730.33	9304.00	76626.00	67788.82	36542.00	2897.00	2206.11	1200.00
中国民主法制出版社	329	309	342	191.93	147.41	167.01	4988.18	5250.27	7123.54	17982.88	19256.04	20542.24	475.00	726.00	450.00
研究出版社	189	36	14	29.70	——	——	2615.76	——	——	5899.38	——	——	269.00	——	——
中译出版社	366	500	342	205.42	372.00	289.94	8007.00	11627.83	6194.22	23852.83	39082.00	24113.00	1355.43	1357.00	744.17
世界图书出版公司	1725	1504	1310	650.72	507.12	566.61	26297.08	19495.37	17370.76	72490.49	55805.61	60991.78	2001.00	1747.16	2224.56
华文出版社	202	134	182	112.97	55.81	110.36	5359.48	4918.83	3821.29	16377.55	10005.44	12155.67	558.22	349.46	482.72
现代出版社	586	757	516	292.01	228.31	279.67	12594.72	9314.57	9048.27	41657.67	31347.62	28876.97	1143.00	940.43	866.31
荣宝斋出版社	75	90	90	18.35	21.48	24.50	1939.51	1902.34	2181.98	2666.56	2124.45	2997.94	252.00	182.00	216.50
商务印书馆国际有限公司	140	161	91	136.03	131.54	51.38	5158.20	4321.07	2824.47	15790.23	16926.51	13162.77	539.59	554.74	448.06
天天出版社	153	124	132	161.93	116.02	145.79	3826.66	2826.17	3622.15	9081.40	28117.10	10603.17	405.86	342.50	533.33
生活书店出版有限公司	29	55	45	34.30	43.42	44.39	1611.20	1933.56	1880.25	3550.75	3996.13	5757.08	118.36	117.11	197.00
总计	9075	8973	7618	5846.26	4918.29	5358.00	268814.86	218912.82	204219.99	718942.73	674400.47	655953.38	25241.35	20823.62	22772.25

2017年度重印书出版指标统计表

项目 单位	出版总种数(种)			总印制册数(万册)			总印制码洋(万元)			总印张数(千印张)			总用纸量(吨)		
	2017年	2016年	2015年	2017年	2016年	2015年	2017年	2016年	2015年	2017年	2016年	2015年	2017年	2016年	2015年
人民文学出版社	764	536	564	2563.53	1570.95	1475.20	104566.47	59696.02	51256.35	508569.89	314394.57	271231.78	15382.18	11250.22	9258.00
商务印书馆	1194	1192	776	3330.89	3187.61	2679.05	141457.94	144708.69	117263.99	788424.32	739698.16	671645.19	21649.93	19018.90	18242.57
中华书局	1119	1530	1255	937.76	1020.39	687.54	41539.27	45823.72	32029.96	180667.00	217543.00	158753.00	5383.40	6482.21	4728.31
中国大百科全书出版社	1445	1946	727	1775.68	1723.43	1758.26	82452.45	70674.96	60691.26	237298.49	229024.37	220263.49	7909.95	7634.14	7342.12
中国美术出版总社	342	120	257	2428.24	53.48	425.35	22012.63	2875.20	6175.92	109454.96	7217.58	24692.43	5592.76	490.32	19976.50
人民音乐出版社	853	781	738	2236.85	2016.67	2290.02	37540.04	29777.31	29331.45	142777.29	63100.72	51979.00	1154.00	1969.00	1861.00
生活·读书·新知三联书店	334	355	341	502.30	523.90	267.10	19088.70	19872.20	13286.40	64411.88	63349.00	45874.82	2862.00	2718.00	1746.00
东方出版中心	114	102	54	145.92	180.00	32.84	5111.62	7166.70	904.00	14490.81	14114.88	4267.66	539.00	434.34	328.50
现代教育出版社	652	278	313	422.00	11.80	400.00	12704.00	9651.67	11217.00	59520.00	1259.59	41768.00	2251.00	42.30	1350.00
中国民主法制出版社	325	206	129	173.36	143.16	126.22	5721.54	5711.73	3652.25	22280.85	20625.55	17263.71	592.00	572.00	451.00
研究出版社	29	13	0	3.40	1.56	——	537.84	——	——	905.20	——	——	40.50	——	——
中译出版社	365	689	504	439.26	802.60	792.46	13777.00	14029.29	10853.08	39649.58	57357.35	54577.00	1209.35	1813.00	1529.83
世界图书出版公司	2473	2346	1684	815.02	1145.43	966.24	23901.92	25099.63	21318.91	97573.02	115856.44	100546.50	6903.50	3300.75	3365.56
华文出版社	179	148	115	872.89	1571.09	758.97	7357.64	10138.93	6194.58	47246.41	76247.95	42616.37	1792.24	2962.78	1601.78
现代出版社	373	381	516	119.13	125.31	139.53	4020.25	3974.98	3940.99	15191.75	14898.79	14449.45	1149.00	446.96	433.48
荣宝斋出版社	18	30	14	3.94	6.05	4.30	342.72	387.70	301.04	489.99	598.49	443.09	43.00	45.00	36.50
商务印书馆国际有限公司	323	186	191	425.26	198.24	206.75	18686.99	9148.79	8604.81	97284.25	50466.74	50325.71	3141.59	1601.75	1704.68
天天出版社	167	145	177	408.49	332.47	178.03	10504.75	8751.05	4403.38	37235.55	33373.29	16498.06	1693.92	1572.05	633.07
生活书店出版有限公司	56	45	14	40.50	27.70	23.24	1982.60	1459.50	1104.38	5704.25	4691.25	3679.90	190.14	161.77	125.00
总计	11125	11029	8369	17644.42	14641.85	13211.10	553306.37	468948.07	382529.74	2469175.49	2023817.71	1790875.16	79479.46	62515.49	74713.90

2017年度报纸出版指标统计表

单位＼项目	出版种数(种)			平均期印数(万份)			年总印数(万份)			年总定价(万元)			年总印张数(千印张)			年用纸量(吨)		
	2017年	2016年	2015年	2017年	2016年	2015年	2017年	2016年	2015年	2017年	2016年	2015年	2017年	2016年	2015年	2017年	2016年	2015年
人民文学出版社	1	1	1	9.57	7.79	8.76	497.56	405.20	464.50	298.54	243.12	278.70	4632.89	4397.79	4770.30	102.85	97.63	105.90
中国出版传媒商报社	1	1	1	2.17	2.70	2.97	208.70	259.20	285.12	617.40	777.60	855.36	8506.40	10368.00	11404.80	199.90	243.65	268.01
新华书店总店	3	3	3	1.17	1.38	1.32	56.16	66.30	63.16	174.74	132.48	126.72	1587.30	1647.49	2176.66	39.26	45.44	56.82
总计	5	5	5	12.91	11.87	13.05	762.42	730.7	812.78	1090.68	1153.2	1260.78	14726.59	16413.28	18351.76	342.01	386.72	430.73

2017年度期刊出版指标统计表

单位＼项目	出版种数(种)			平均期印数(万份)			年总印数(万份)			年总定价(万元)			年总印张数(千印张)			年用纸量(吨)		
	2017年	2016年	2015年	2017年	2016年	2015年	2017年	2016年	2015年	2017年	2016年	2015年	2017年	2016年	2015年	2017年	2016年	2015年
人民文学出版社	4	4	4	10.32	9.34	10.78	289.87	295.38	295.38	2591.05	2165.70	2169.70	6115.46	14822.00	7241.20	436.81	224.10	414.12
商务印书馆	4	3	2	4.50	3.88	3.83	47.75	41.24	37.60	620.10	388.77	347.00	2410.80	1907.12	1740.68	79.74	56.53	55.49
中华书局	9	9	9	1.71	19.49	11.78	44.53	433.86	346.10	438.60	2897.19	1710.00	3103.00	17709.52	11140.00	92.46	631.13	342.97
中国大百科全书出版社	4	4	4	9.52	9.84	15.06	203.50	302.28	438.60	1380.80	1802.88	2176.64	8242.50	11839.00	17022.00	310.00	455.00	593.46
中国美术出版总社	7	9	9	0.61	1.06	1.83	52.03	141.55	157.62	940.88	1482.41	1612.20	2579.09	4539.71	5142.17	151.98	186.00	260.00
人民音乐出版社	4	4	4	0.57	0.55	0.57	24.55	26.70	27.32	427.95	446.10	354.12	1071.18	1087.10	1124.45	45.00	46.00	48.00
生活·读书·新知三联书店	4	4	4	25.43	27.59	29.90	938.59	1022.36	1130.69	13897.66	15335.40	13558.44	9855.09	10734.78	11251.71	2676.15	2915.00	3079.29
东方出版中心	2	2	2	4.16	5.21	0.71	50.00	62.47	8.51	1856.00	1796.00	170.20	5231.70	6877.90	872.30	145.00	157.00	50.00
现代教育出版社	1	1	0	0.30	0.96	0.00	3.50	5.80	0.00	120.00	174.00	0.00	220.00	348.00	0.00	20.00	30.00	0.00
中译出版社	3	3	3	1.25	1.85	0.68	17.48	18.50	22.70	119.19	155.20	433.50	1199.90	1517.50	1746.00	4.44	3.22	4.09
世界图书出版公司	3	3	3	0.45	0.57	0.57	7.48	7.16	5.84	283.40	167.00	261.40	1171.30	1042.00	727.80	34.27	49.74	32.10
荣宝斋	2	2	2	0.85	1.14	1.30	11.40	13.70	15.60	433.20	457.50	436.80	1056.00	1430.00	1938.00	89.36	110.30	112.80
天天出版社	1	1	1	1.93	2.00	2.00	23.20	24.00	24.00	232.00	204.00	204.00	696.00	720.00	720.00	12.53	12.96	12.96
现代阅读	1	1	1	1.01	1.00	1.00	12.07	12.00	12.00	96.00	96.00	72.00	972.84	967.20	905.20	35.09	24.65	23.24
总计	49	50	48	62.61	84.48	80.01	1725.95	2407.00	2521.96	23436.83	27568.15	23506.00	43924.86	75541.83	61571.51	4132.83	4901.63	5028.52

2017年度音像制品出版指标统计表

项目 单位	出版总品种（种）			其中新品种（种）			出版总数量（万张/盒）			出版总码洋（万元）		
	2017年	2016年	2015年	2017年	2016年	2015年	2017年	2016年	2015年	2017年	2016年	2015年
商务印书馆	12	29	14	4	20	3	11.08	19.89	11.04	书配盘	书配盘	13种书配盘，共41.12
中华书局	12	4	15	7	3	9	1.70	2.61	10.33	0.88	17.50	0.00
中国大百科全书出版社	1	2	2	1	2	2	203.80	174.00	0.00	522.00	0.00	0.00
人民音乐电子音像出版社	48	49	72	18	22	72	88.30	60.27	90.50	1489.11	1046.76	1735.83
生活·读书·新知三联书店	1	3	1	1	1	0	1.00	3.10	2.16	书配盘赠送	书配盘赠送	书配盘赠送
东方出版中心	12	20	47	12	20	46	16.25	19.10	11.09	88.30	130.00	0.08
现代教育出版社	78	126	6	78	126	6	160.10	0.82	4.35	154.00	书配盘赠送	书配盘赠送
中译出版社	22	86	24	13	55	24	9.88	37.30	11.90	书配盘	书配盘	书配盘
世图音像电子出版社	57	65	120	0	13	35	64.60	74.31	61.46	书配盘	书配盘	书配盘
中国科学文化音像出版社	328	297	449	307	283	308	33.55	118.61	1148.64	2988.60	6762.16	15114.85
总计	571	681	750	441	545	505	590.26	510.01	1351.47	5242.89	7956.42	16850.75

2017年度电子出版物出版指标统计表

单位＼项目	出版总品种（种）			其中新品种（种）		出版总数量（万盒/张）			出版总码洋（万元）		
	2017年	2016年	2015年	2017年	2016年	2017年	2016年	2015年	2017年	2016年	2015年
商务印书馆	44	40	41	2	14	127.00	204.62	156.73	书配盘	书配盘	书配盘
中国大百科全书出版社	2	2	0	2	2	0.00	0.30	0.00	0.00	18.44	0.00
人民音乐电子音像出版社	19	0	书配盘	19	0	5.78	0.00	书配盘	50.80	0.00	书配盘
生活·读书·新知三联书店	0	0	1	0	0	0.00	0.00	0.10	0.00	0.00	书配盘赠送
现代教育出版社	0	20	1	0	20	0.00	0.10	0.02	0.00	书配盘赠送	书配盘赠送
中译出版社	0	12	14	0	3	0.00	1.50	6.50	书配盘销售	书配盘销售	书配盘销售
世图音像电子出版社	14	14	12	8	8	4.58	4.72	3.53	书配盘	书配盘	书配盘
中国科学文化音像出版社	38	24	69	38	11	2.71	4.12	130.03	518.28	401.07	1379.55
荣宝电子	0	3	13	0	3	0.00	0.00	128.00	0.00	0.00	书配盘
金版电子	1	6	6	1	6	0.10	2.16	4.50	书配盘	书配盘	1.78
总计	118	121	157	70	67	134.39	217.52	429.41	518.28	419.51	1381.33

2017年度网络出版物出版指标统计表

单位＼项目	出版种数（种）		
	2017年	2016年	2015年
商务印书馆	2	650	230
中国大百科全书出版社	3	0	0
荣宝电子	0	0	0
金版电子	0	0	0
总计	5	650	0

2017年度图书发行指标统计表－1

项目/单位	入库									发货											
	品种数(种)			册数(万册)			码洋(万元)			品种数(种)			册数(万册)			码洋(万元)			其中网店发货码洋(万元)		
	2017年	2016年	2015年	2017年	2016年	2015年	2017年	2016年	2015年	2017年	2016年	2015年	2017年	2016年	2015年	2017年	2016年	2015年	2017年	2016年	2015年
人民文学出版社	1293	1255	1046	2615.00	2029.40	1744.95	109032.00	80676.41	65682.73	5021	4611	4257	2703.00	2140.69	1851.56	110862.00	82766.51	65967.87	40012.00	28450.71	19457.50
商务印书馆	3806	3174	2027	3812.99	3282.00	2904.00	196264.74	154556.93	132967.00	8553	7932	7675	3648.07	3279.00	2932.00	172644.85	151707.00	126604.00	33480.50	29943.00	21067.00
中华书局	1596	2505	1980	1403.04	1343.34	16015.29	90743.13	68993.64	65820.79	5284	6327	6977	1374.17	1404.03	1370.35	65819.82	68165.48	58343.00	29196.53	25870.00	17400.00
中国大百科全书出版社	1413	1550	1670	2285.34	2517.93	2743.55	105942.28	91118.88	91597.88	3320	3346	3441	2351.32	2561.77	2700.48	103607.48	93058.00	86810.94	18324.00	13968.00	11790.63
中国美术出版总社	387	336	760	221.84	154.59	149.88	8097.17	9668.00	10876.14	4432	4717	3752	225.76	27.45	187.90	10403.91	11169.00	9214.96	2370.77	1850.00	2371.48
人民音乐出版社	1072	1148	1235	3643.23	848.03	1062.56	54099.16	23830.45	25420.24	3160	2960	2818	3577.24	907.02	971.62	50895.07	24307.05	22902.55	1096.19	1299.00	752.00
生活·读书·新知三联书店	515	483	597	753.82	682.14	473.10	32614.74	29748.72	26667.08	3559	3310	3455	654.92	637.58	440.81	27518.14	27182.10	24638.16	13346.35	13997.50	10871.86
东方出版中心	259	247	217	238.66	262.56	189.00	9363.89	10586.25	8102.00	1130	1118	932	268.06	263.41	193.89	10490.20	10649.00	7621.99	1018.91	987.00	784.00
现代教育出版社	2182	1697	971	1237.00	973.61	798.00	34476.78	27222.70	20521.00	2319	1780	1350	1498.71	1036.90	765.00	35173.67	26997.00	21470.80	281.15	127.00	252.50
中国民主法制出版社	524	537	376	342.30	358.30	233.00	10266.40	11548.17	8127.00	1639	1364	1139	339.46	401.50	239.40	10342.65	8856.25	6600.00	560.90	580.34	555.90
研究出版社	62	—	—	21.70	—	—	972.12	—	—	62	—	—	12.19	—	—	567.42	—	—	33.0157.8	—	—
中译出版社	828	908	657	914.73	862.76	1029.10	21839.60	21285.24	16274.04	1959	2259	1693	1052.00	729.95	1058.06	23809.68	23041.00	15702.00	3695.90	3495.00	1418.00
世界图书出版公司	4267	3878	3348	2161.51	1595.63	2062.33	60741.12	50313.58	48184.31	11204	8692	7995	2296.81	1918.99	1938.35	73272.93	54343.00	34194.52	6059.57	5691.00	5106.00
华文出版社	139	120	168	61.86	48.95	57.47	2625.05	1722.70	1913.00	748	330	428	59.03	44.14	63.68	2470.46	1467.77	1762.58	742.11	330.93	285.00
现代出版社	1249	838	1029	627.49	353.62	419.20	24831.59	13289.55	12989.26	3362	3946	3681	509.01	435.10	519.70	21052.05	16429.00	15751.00	4192.87	3207.00	3087.00
荣宝斋出版社	93	106	104	22.28	23.71	28.79	2282.00	2006.00	2483.00	848	700	800	20.56	21.26	23.40	1800.00	1930.00	1833.00	200.00	600.00	130.00
商务印书馆国际有限公司	339	253	201	491.44	297.00	233.20	19612.98	14399.00	10664.81	1056	899	835	379.04	280.00	230.51	18210.47	12783.00	10136.33	555.38	3449.00	1627.77
天天出版社	321	341	248	501.22	460.85	318.00	13490.90	11967.37	7584.00	1126	983	830	559.80	452.47	361.00	14140.43	11389.00	7950.00	8018.26	5410.00	3320.00
生活书店出版有限公司	85	99	54	72.43	68.58	68.45	3728.96	3781.81	3016.15	191	158	99	65.56	63.12	63.34	3426.52	3300.00	2793.03	1923.91	1565.00	1263.00
总计	20430	19475	16688	21427.88	16163.00	30529.87	801024.61	626715.40	558890.43	58973	55432	52157	21594.71	16604.38	15911.05	756507.75	629540.16	520296.73	165075.30	140820.48	101539.64

2017 年度图书发行指标统计表－2

项目 / 单位	销售									回款						库存								
	动销品种(种)			册数(万册)			销售实洋(万元)			销售总回款(万元)			其中网店销售回款(万元)			品种数(种)			册数(万册)			码洋(万元)		
	2017 年	2016 年	2015 年	2017 年	2016 年	2015 年	2017 年	2016 年	2015 年	2017 年	2016 年	2015 年	2017 年	2016 年	2015 年	2017 年	2016 年	2015 年	2017 年	2016 年	2015 年	2017 年	2016 年	2015 年
人民文学出版社	8665	6329	6120	1891.00	1663.31	1600.40	41465.00	29697.71	26497.87	41096.00	31027.82	26804.91	16558.00	10460.23	8623.18	6547	8083	4758	827.00	780.32	911.61	37095.00	32882.58	35567.79
商务印书馆	9953	8854	8365	3280.33	2926.87	2995.23	87191.95	80768.26	81005.05	90607.57	77569.00	79082.00	15293.22	14202.00	11818.00	8877	7637	7174	1338.69	1254.50	1158.00	83263.95	65025.00	60292.00
中华书局	5883	6230	6977	1817.53	988.93	1370.35	42083.63	25469.94	33144.28	25358.70	22301.00	20277.00	11174.00	9528.00	7882.00	6904	4190	4374	782.67	681.00	651.00	61512.85	53834.00	52749.41
中国大百科全书出版社	4680	3995	4024	2138.04	2402.82	2600.70	19485.22	18076.18	21559.28	19240.00	18846.00	20157.20	5585.00	4088.00	3255.81	3459	3082	2024	295.43	371.17	378.18	17492.72	17315.00	17690.45
中国美术出版总社	4432	4717	3752	225.76	227.43	187.90	4614.04	4589.90	4944.78	3716.24	4300.00	3712.00	739.75	859.00	1168.53	4118	3971	4100	248.88	258.68	323.62	15676.48	17668.00	19637.14
人民音乐出版社	3970	3508	3648	2229.52	311.48	948.52	23471.02	7302.48	13433.17	21819.68	24505.44	20515.00	548.50	518.00	355.00	4263	4125	3590	297.22	149.66	262.69	14480.32	11043.67	12143.00
生活·读书·新知三联书店	3559	3310	3701	613.55	585.47	465.34	14838.07	14439.97	13103.84	15100.02	14439.97	13103.84	7218.89	6562.15	5951.66	3876	3719	5875	432.36	356.63	356.44	21449.96	16488.60	16531.60
东方出版中心	1327	1118	1440	228.17	245.04	184.80	4550.43	4680.89	3785.42	4677.58	4661.58	3800.00	347.31	307.00	355.00	1160	1706	1559	96.54	116.50	112.41	4795.26	5935.00	5834.00
现代教育出版社	2003	1780	1457	2182.00	4987.77	750.00	10590.62	7948.42	6321.00	11862.91	8086.00	6849.00	104.33	30.00	83.00	1669	1018	956	395.20	216.50	228.00	7858.01	2858.00	3982.00
中国民主法制出版社	1628	2383	1742	265.51	339.00	274.00	4691.50	6664.00	4247.00	6425.87	3643.60	2704.00	198.91	203.90	289.50	2243	1351	951	196.99	135.00	166.50	6449.77	5731.30	8267.70
研究出版社	45	—	—	10.97	—	—	392.99	—	—	91.00	—	—	0.00	—	—	170	—	—	6.64	—	—	284.42	—	—
中译出版社	2222	2259	1693	587.60	729.95	1058.01	4913.02	8426.04	6585.25	4797.30	6524.99	4769.00	908.27	780.00	408.00	2214	5537	4086	273.61	366.73	212.61	9844.99	10232.00	5693.00
世界图书出版公司	9228	9220	11153	2281.74	1757.87	2148.09	39735.78	30088.36	19816.10	29265.80	17592.00	12841.69	2528.66	2488.00	2716.30	10631	8166	10690	643.86	537.90	562.37	23938.36	20496.00	20537.18
华文出版社	748	463	431	59.03	44.14	64.54	1359.82	767.90	1277.58	683.00	1892.16	510.00	161.00	92.00	92.00	506	472	401	58.61	47.05	42.29	2128.83	1718.34	2868.00
现代出版社	4464	3945	3681	305.21	396.40	519.70	5712.39	7007.76	7875.50	5852.53	5100.00	4029.00	1661.61	1200.00	1170.00	1467	1260	1565	113.20	96.48	182.10	4269.33	5436.00	5126.00
荣宝斋出版社	1500	1700	1833	20.00	22.90	23.00	558.54	900.00	1100.00	565.30	400.00	430.00	40.00	60.00	60.00	1550	1400	1600	105.00	109.00	101.00	7200.00	7000.00	7300.00
商务印书馆国际有限公司	1163	970	939	333.85	246.00	177.59	6855.92	4845.00	4124.03	6844.30	4794.00	4196.92	2794.40	1203.00	818.96	1683	862	1387	328.94	187.00	156.80	12545.93	9689.00	7583.22
天天出版社	1168	994	835	445.32	397.75	313.00	5558.05	4868.74	3306.13	5404.84	3693.00	3321.00	3117.00	1697.00	1614.00	1102	1000	837	312.49	295.29	260.02	7342.87	6396.00	4775.00
生活书店出版有限公司	191	158	99	65.56	63.12	63.34	1801.10	1567.26	1427.50	1576.40	1175.00	767.00	809.47	500.00	283.00	191	158	99	48.09	41.23	17.46	2180.44	1878.00	579.00
总计	66829	61933	61890	18980.69	18336.25	15744.51	319869.09	258108.81	253553.78	294985.04	250551.56	227869.56	69788.32	54778.28	46943.94	62630	57737	56026	6801.42	6000.64	6083.10	339809.49	291626.49	287156.49

2017年度报纸发行指标统计表

项目 单位	发行份数（万份）			发行码洋（万元）			发行实洋（万元）		
	2017年	2016年	2015年	2017年	2016年	2015年	2017年	2016年	2015年
人民文学出版社	449.98	358.55	379.83	539.98	525.68	455.80	269.99	266.34	179.51
中国出版传媒商报社	208.70	250.56	275.23	617.40	748.67	822.39	87.65	100.39	166.62
新华书店总店	41.33	45.12	47.04	91.06	90.24	10.08	32.58	34.20	35.66
总计	700.01	654.23	702.10	1248.44	1364.59	1288.27	390.22	400.93	381.79

2017年度期刊发行指标统计表

项目 单位	发行册数（万册）			发行码洋（万元）			发行实洋（万元）		
	2017年	2016年	2015年	2017年	2016年	2015年	2017年	2016年	2015年
人民文学出版社	287.23	248.84	250.24	2728.95	2165.70	2170.70	65.90	623.30	618.80
商务印书馆	3.20	41.24	37.60	26.25	388.77	346.25	53.16	165.65	202.69
中华书局	427.41	391.36	323.66	2174.68	2571.48	1622.16	1066.83	1264.00	890.66
中国大百科全书出版社	203.50	302.28	438.60	1380.80	1802.88	2176.64	724.00	1225.40	488.40
中国美术出版总社	55.52	69.36	80.48	681.03	760.00	1003.00	408.62	490.20	520.00
人民音乐出版社	23.00	22.40	23.30	381.79	370.79	298.09	204.62	219.33	178.85
生活·读书·新知三联书店	931.74	1011.42	1107.69	13795.74	15171.30	13282.44	6897.87	7186.64	7365.85
东方出版中心	50.00	62.52	8.50	1856.00	1795.60	170.00	646.00	862.00	82.00
现代教育出版社	1.00	0.48	0.00	120.00	14.40	0.00	31.00	14.40	0.00
中译出版社	17.18	18.50	21.44	108.39	185.00	353.00	83.40	155.20	282.40
世界图书出版公司	6.60	6.84	5.12	261.00	199.00	233.80	118.00	120.00	147.30
荣宝斋	8.43	13.54	15.60	320.40	421.12	436.80	102.98	265.76	297.00
天天出版社	18.00	17.40	16.20	180.00	147.90	137.70	81.35	62.12	55.08
现代阅读	12.12	12.00	12.00	96.96	96.00	72.00	33.24	36.39	35.00
总计	2044.93	2218.18	2340.43	24111.99	26089.94	22302.58	10516.97	12690.39	11164.03

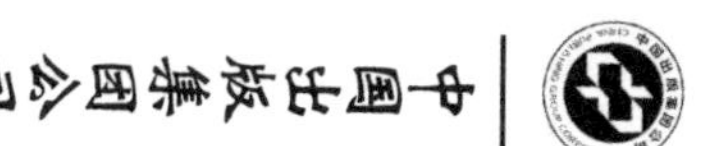

2017 年度音像制品发行指标统计表

单位 \ 项目	发行数量（万盒/张）			发行码洋（万元）			发行实洋（万元）		
	2017 年	2016 年	2015 年	2017 年	2016 年	2015 年	2017 年	2016 年	2015 年
商务印书馆	11.08	7.90	10.34	书配盘	书配盘	书配盘	书配盘	书配盘	书配盘
中华书局	0.00	0.11	10.33	0.00	3.84	0.00	0.00	2.49	0.00
中国大百科全书出版社	0.30	0.70	0.90	174.00	0.00	0.00	169.14	0.00	0.00
人民音乐电子音像出版社	137.29	106.51	111.22	3144.67	1750.59	1381.66	1238.62	819.21	653.45
生活·读书·新知三联书店	1.00	3.10	2.16	书配盘	书配盘	书配盘	书配盘	书配盘	书配盘
东方出版中心	0.00	0.00	11.09	0.00	0.00	109.03	0.00	0.00	5.21
现代教育出版社	160.10	0.82	4.35	154.00	书配盘	书配盘	121.00	书配盘	书配盘
中国民主法制出版社	0.00	0.00	0.00	0.00	0.00	0.00	0.00	0.00	0.00
中译出版社	书配盘	书配盘	书配盘	书配盘	书配盘	书配盘	书配盘	书配盘	书配盘
世图音像电子出版社	64.60	74.31	61.46	书配盘	书配盘	书配盘	书配盘	书配盘	书配盘
中国科学文化音像出版社	62.37	39.54	189.65	2981.23	/	/	546.09	311.98	503.03
商务印书馆国际有限公司	0.00	0.05	0.16	0.00	2.64	5.33	0.00	1.00	1.66
总计	436.74	233.03	401.66	6453.90	1757.07	1496.02	2074.85	1134.68	1163.35

2017年度电子出版物发行指标统计表

项目 单位	发行数量(万张)			发行码洋(万元)			发行实洋(万元)		
	2017年	2016年	2015年	2017年	2016年	2015年	2017年	2016年	2015年
商务印书馆	133.07	174.40	152.53	书配盘	书配盘	书配盘	书配盘	书配盘	书配盘
中国大百科全书出版社	0.00	0.30	0.00	0.00	18.44	0.00	0.00	9.22	0.00
人民音乐电子音像出版社	5.78	0.00	书配盘	50.80	0.00	书配盘	3.81	0.00	书配盘
生活·读书·新知三联书店	0.10	0.00	0.10	0.10	0.00	书配盘	0.10	0.00	书配盘
现代教育出版社	0.00	0.10	0.02	0.00	书配盘	书配盘	0.00	书配盘	书配盘
中译出版社	书配盘	书配盘	书配盘	书配盘	书配盘	书配盘	书配盘	书配盘	书配盘
世图音像电子出版社	4.28	4.72	3.53	书配盘	书配盘	书配盘	书配盘	书配盘	书配盘
中国科学文化音像出版社	2.71	0.75	19.16	518.28	0.00	0.00	14.57	38.76	45.89
金版电子	0.06	1.60	1.61	书配盘	书配盘	9.00	书配盘	书配盘	2.10
总计	146.00	181.87	176.95	518.38	18.44	9.00	18.48	47.98	47.99

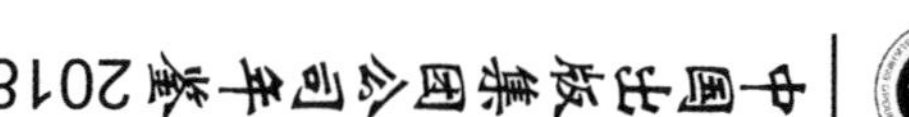

财　务

2017 年度财务指标统计表

项目＼单位	2017 年资产总额（万元）	比上年增长（%）	2017 年营业总收入（万元）	比上年增长（%）	2017 年营业收入（万元）	比上年增长（%）
中国出版集团公司（合并）	2,050,674.24	11.96	1,191,882.38	16.50	1,191,022.44	16.60
中国出版集团公司（总部）	492,534.62	3.24	5,193.71	44.84	5,193.71	44.84
中国出版传媒股份有限公司（合并）	1,093,091.79	21.67	469,655.64	12.99	469,655.64	12.99
中国出版传媒股份有限公司（本部）	794,104.22	21.17	106.43	50.52	106.43	50.52
人民文学出版社有限公司	70,689.47	44.80	48,604.20	37.94	48,604.20	37.94
商务印书馆有限公司	246,289.40	13.39	91,865.42	11.30	91,865.42	11.30
中华书局有限公司	91,356.51	7.90	30,224.89	10.16	30,224.89	10.16
中国大百科全书出版社有限公司	81,561.94	10.02	24,254.84	2.85	24,254.84	2.85
人民音乐出版社有限公司	74,773.79	17.90	25,215.01	9.44	25,215.01	9.44
中国美术出版总社有限公司	34,161.10	11.04	23,144.48	8.20	23,144.48	8.20
中国对外翻译有限公司	103,413.89	59.55	45,682.39	55.65	45,682.39	55.65
生活·读书·新知三联书店有限公司	52,127.81	13.68	30,264.68	38.03	30,264.68	38.03
东方出版中心有限公司	34,182.78	-3.51	9,720.11	15.45	9,720.11	15.45
现代教育出版社有限公司	5,033.96	4.62	10,590.62	50.55	10,590.62	50.55
中国出版传媒商报社有限公司	1,706.00	-0.66	2,771.68	10.24	2,771.68	10.24
中国民主法制出版社有限公司	13,668.27	20.48	9,494.07	7.79	9,494.07	7.79
华文出版社有限公司	4,013.17	46.10	3,382.26	26.10	3,382.26	26.10
现代出版社有限公司	10,541.00	7.99	7,969.41	13.74	7,969.41	13.74
世界图书出版有限公司	31,022.62	-5.97	35,226.12	21.84	35,226.12	21.84

续表

单位 项目	2017 年资产总额（万元）	比上年增长（%）	2017 年营业总收入（万元）	比上年增长（%）	2017 年营业收入（万元）	比上年增长（%）
中译出版社有限公司	11,123.65	7.97	4,758.79	-23.75	4,758.79	-23.75
研究出版社	1,150.59	21.95	381.43	88.43	381.43	88.43
北京中版联印刷物资有限公司	36,029.79	30.79	92,621.35	27.36	92,621.35	27.36
中版教材有限公司	61,177.66	-4.79	39,402.53	-6.39	39,402.53	-6.39
北京中新联科技股份有限公司	4,146.66	-17.70	3,282.07	-2.36	3,282.07	-2.36
中版集团数字传媒有限公司	18,059.80	-0.33	4,639.34	62.22	4,639.34	62.22
新华联合发行有限公司	123,387.72	-1.08	8,296.30	777.53	8,296.30	777.53
中版国际传媒有限公司	760.98	-8.13	186.70	-49.81	186.70	-49.81
北京新华印刷有限公司	43,097.75	1.72	29,769.48	14.68	29,769.48	14.68
中版文化传播（北京）有限公司	1,933.23	4.68	681.40	81.70	681.40	81.70
荣宝斋	239,409.17	-5.92	88,872.16	9.73	88,012.22	10.83
中国图书进出口（集团）总公司	485,586.81	0.69	555,766.06	16.73	555,766.06	16.73
新华书店总店	62,159.93	-5.72	21,698.36	22.18	21,698.36	22.18
中版数字设备有限公司	1,710.22	5.32				
北京中版置业有限公司	1,046.38	-1.53	251.12	-22.61	251.12	-22.61
中版（北京）科贸有限公司	450.53	-51.20	482.18	-14.92	482.18	-14.92
中华书局古籍印刷厂	12,475.15	-9.42	818.35	-4.68	818.35	-4.68
上海东方维京文化发展有限公司	39,746.25	1.59	7,346.69	-10.18	7,346.69	-10.18
上海东昊物业管理有限公司	371.62	21.80	1,201.56	23.77	1,201.56	23.77

对外贸易

2017年度版权贸易指标统计表

单位＼项目	图书		音像制品		电子出版物	
	引进	输出	引进	输出	引进	输出
人民文学出版社		58				48
商务印书馆	325	51				4
中华书局	10	190				
中国大百科全书出版社	31	153				1
中国美术出版总社	90	116				
人民音乐出版社	37	43				
生活·读书·新知三联书店	148	46				
东方出版中心	28	3				
现代教育出版社						
中国民主法制出版社	1	4				
研究出版社		10				
中译出版社		176				
世界图书出版公司	94	4				
华文出版社	1	18				
现代出版社	43	3				
商务印书馆国际有限公司						
荣宝斋		105				
天天出版社	10	8				
中国图书进出口总公司		87				
总计	818	1075				53

著作、论文、书评

2017 年个人著作

书名	作（译）者	作者单位	出版单位	出版时间
《湮没的时尚·花想容》	徐文凯（笔名：暮烟深处）	人民文学出版社	人民文学出版社	2017 年 2 月
《几乎消失的偷闲艺术》	黄凌霞译	人民文学出版社	海天出版社	2017 年 4 月
《神奇动物在哪里》	马爱农译	人民文学出版社	人民文学出版社	2017 年 5 月
《每日读诗日历》	廉萍	人民文学出版社	新星出版社	2017 年 10 月
《古人的日子》	廉萍、扬之水	人民文学出版社	生活·读书·新知三联书店	2017 年 11 月

2017 年个人发表论文

论文名	作者	作者单位	发表刊物	发表时间
改革开放新时期陈原出版思想研究	仝冠军	中国出版集团公司	《中国出版史研究》	2017 年 3 月
“八卦红楼”专栏（50 篇）	廉萍	人民文学出版社	《深圳商报》	2016 年 11 月—2017 年 11 月
鲁西迪：印度的午夜之子	付如初	人民文学出版社	《经济观察报》	2017 年 1 月
遇到赫拉巴尔就是遇到一种难言的美妙	付如初	人民文学出版社	《经济观察报》	2017 年 2 月
“大出版”时代的“小出版”	陈建宾	人民文学出版社	《出版商务周报》（总第 447 期）	2017 年 3 月
叙事诗、风土画与歌谣——重读《呼兰河传》	陈建宾	人民文学出版社	《人民日报》	2017 年 4 月
“我来了，弗兰克，我终于来了……”——伦敦出版培训小记	付如初	人民文学出版社	《经济观察报》	2017 年 5 月
做书就是打一场艰难而美好的仗	马林霄萝	人民文学出版社	《中国出版传媒商报》	2017 年 12 月
日本文学的二〇一五	于壮	人民文学出版社	《跨文化对话》	2017 年 12 月
网络版百科全书学科编辑能力再造——以《中国大百科全书》第三版网络版学科编辑能力建设为例	王瑜	中国大百科全书出版社	《出版广角》	2017 年 1 月
科普图书的发展策略与科技创新研究	张磐	中国大百科全书出版社	《科技传播》	2017 年 1 月
清宫御苑中的“出版社”	程广媛	中国大百科全书出版社	《中国编辑》	2017 年 2 月
编辑在词典类图书审读中应具有的基本意识——《学生成语规范词典》审读回顾	李静	中国大百科全书出版社	《出版发行研究》	2017 年 2 月
出版集团数字化战略中的三大关系	张新智	中国大百科全书出版社	《出版广角》	2017 年 3 月

续表

论文名	作者	作者单位	发表刊物	发表时间
中国书号管理制度与出版管理创新	曾辉	中国大百科全书出版社	《全国新书目》	2017年4月
网络时代的新型百科全书如何打造：看《中国大百科全书》的三版编撰历程	朱明秀	中国大百科全书出版社	《中华读书报》	2017年5月
带你“纸上游故宫”	刘金双 刘小蕊	中国大百科全书出版社	《新华书目报》	2017年5月
积极策划出版具有印度特色的图书	王宇	中国大百科全书出版社	《新华书目报》	2017年5月
成语词典编纂中的“典出”与“语见”问题	刘浪	中国大百科全书出版社	《出版科学》	2017年5月
立足传统出版促进媒体融合	刘艳	中国大百科全书出版社	《中国新闻出版广电报》	2017年5月
数字环境下百科全书编辑的自我修养	刘艳	中国大百科全书出版社	《出版发行研究》	2017年5月
慧眼识珠 珠联璧合——从《丁玲传》的出版看编辑工作	李静	中国大百科全书出版社	《中国编辑》	2017年5月
从圆明园景观称谓看雍乾二帝的天下观	程广媛	中国大百科全书出版社	《紫禁城》	2017年6月
百科全书的整体性、系统化与条目审读	李静	中国大百科全书出版社	《编辑之友》	2017年6月
传承张元济的出版理想——略论出版家陈原对张元济研究的学术贡献	于淑敏	中国大百科全书出版社	《中国出版史研究》	2017年7月
我国少儿科普图书“走出去”的SWOT分析	马丽娜	中国大百科全书出版社	《出版广角》	2017年9月
从西方到中国：国际出版人视线转移	冯蕙	中国大百科全书出版社	《国际出版周报》	2017年10月
复刊《东方杂志》：陈原的未圆之梦	于淑敏	中国大百科全书出版社	《出版科学》	2017年10月
企业应加强销售业务内部控制——以出版企业为例	王秋红	中国美术出版总社	《中国商论》	2017年4月

续表

论文名	作者	作者单位	发表刊物	发表时间
连环画进校园：弘扬传统文化的新探索	高世屹	中国美术出版总社	《中国新闻出版广电报》	2017 年 5 月
出版单位图书成本管理问题研究	王秋红	中国美术出版总社	《中国集体经济》	2017 年 5 月
中国美术出版总社连环画编辑室：薪火相传助力连环画艺术发展	何玉麟	中国美术出版总社	《中国出版传媒商报》	2017 年 7 月
张凤编《汉晋西陲木简汇编》——中国出版史上第二个由中国人独立编纂的西北出土简牍图录及其作者的初步研究	张啸东	中国美术出版总社	《荣宝斋》	2017 年 7 月
改变即创造——艺术家的升级之路	范雨萌	中国美术出版总社	《中国艺术》	2017 年 11 月
“美”的启示	袁法周	中国美术出版总社	《中国美术》	2017 年 11 月
中国学术图书如何走进世界市场——《以鸦片战争再研究》（英文版）为例	孙玮	生活·读书·新知三联书店	《中国新闻出版广电报》	2017 年 1 月
《跨界融合与出版人的新时代》	唐明星	生活·读书·新知三联书店	《出版广角》	2017 年 4 月
托出版优势，以中华文化的学术表达实现“走出去”	孙玮	生活·读书·新知三联书店	《出版参考》	2017 年 6 月
关于出版社编辑市场意识培养的探讨	王春霞	现代教育出版社	新闻研究导刊	2017 年 4 月
亲子阅读——陪伴，是给孩子最好的礼物	刘小华	现代教育出版社	《读与写》	2017 年 6 月
乔布斯对出版人的启示——读《史蒂夫·乔布斯传》有感	魏星	现代教育出版社	《社会科学》	2017 年 9 月
音乐出版去向何方——从我国的唱片业看音乐类图书出版	竹岗	现代出版社	《新华书目报》	2017 年 6 月
浅谈图书装帧的设计理念	袁涛	现代出版社	《中国新闻出版广电报》	2017 年 10 月

2017年发表书评

书评名	作者	作者单位	发表刊物	发表时间
冯其庸先生的《红楼梦》研究	胡文骏	人民文学出版社	《光明日报》	2017年2月
文学可以为反腐做什么	付如初	人民文学出版社	《解放日报》	2017年3月
王城如海，作家如帆	付如初	人民文学出版社	《经济观察报》	2017年3月
《天才捕手》：错把无名当英雄——我的编辑职业心得	付如初	人民文学出版社	《经济观察报》	2017年5月
我有三个祖国：古巴、西班牙语和我的工作	张欣宜	人民文学出版社	《外国文艺》	2017年6月
丧、燃、爱——又吉直树与《火花》	于壮	人民文学出版社	《中国青年》	2017年7月
世上有多少对母女，就有多少种母女关系	翟灿	人民文学出版社	《北京青年报》	2017年7月
燕子相将归巢	付如初	人民文学出版社	《经济观察报》	2017年7月
遇见《朗读者》，遇见可能	张海香	人民文学出版社	《光明日报》	2017年9月
“在你心里，藏着你所寻找的光”——《朗读者》：从电视到图书的故事	付如初	人民文学出版社	《经济观察报》	2017年10月
《朗读者》如何从电视走向书籍	付如初	人民文学出版社	《解放日报》	2017年11月
《春困》：一个青年的成熟或死亡	付如初	人民文学出版社	《经济观察报》	2017年11月
《二十亿光年的孤独》：宇宙剧场中的人间表情	刘晗	中华书局	《中国周刊》	2017年2月
一代有一代之学术	贾雪飞	中华书局	《中国新闻出版广电报》	2017年2月
《汤姆斯河》：众声喧哗中的无声证词	刘晗	中华书局	《中国周刊》	2017年3月
郁达夫的手稿及其他	余佐赞	中华书局	《中华读书报》	2017年3月

续表

书评名	作者	作者单位	发表刊物	发表时间
守正出新，传统文化的打开方式——编辑《资治通鉴与家国兴衰》感悟	贾雪飞	中华书局	《光明日报》	2017 年 3 月
从一篇访谈走进一门学问——《陟彼景山：十一位中外学者访谈录》编后记	贾雪飞	中华书局	《光明日报》	2017 年 3 月
《尼古丁女郎》：烟草的诱惑与管制	刘晗	中华书局	《中国周刊》	2017 年 4 月
《里尔克传》：一个诗人的自我修养	刘晗	中华书局	《北京青年报》	2017 年 4 月
《老虎写作》：跳出藩篱的重构	刘晗	中华书局	《晶报》	2017 年 4 月
大岛渚：从无名小卒到巨匠导演	刘晗	中华书局	《广州日报》	2017 年 4 月
《天意》：孤独，精致利己者的脚注	刘晗	中华书局	《经济观察报》	2017 年 4 月
毕加索：一只闯进艺术界的安达卢西亚公牛	刘晗	中华书局	《晶报》	2017 年 5 月
《消失的地平线》：香格里拉，乌托邦式的传说	刘晗	中华书局	《中国周刊》	2017 年 5 月
阿斯塔菲耶夫："农夫诗人"的生态乌托邦	刘晗	中华书局	《晶报》	2017 年 6 月
留在纸上的历史神韵	刘晗	中华书局	《晶报》	2017 年 6 月
阿斯塔菲耶夫："农夫诗人"的生态乌托邦	刘晗	中华书局	《晶报》	2017 年 7 月
关于人性与自然的隐喻	刘晗	中华书局	《中国周刊》	2017 年 8 月
悬疑案背后的种族纷争	刘晗	中华书局	《晶报》	2017 年 8 月
为人孤傲 为文恬淡——读孙犁《中国文化传统是宽容的》	余佐赞	中华书局	《文汇读书周报》	2017 年 8 月
人生没有白错的字，每一个都算数	胡香玉	中华书局	《新华书目报》	2017 年 9 月
孙犁：由隽永向理性煮文鬻字	吴艳红	中华书局	《光明日报》	2017 年 9 月
阅读是最好纪念	吴艳红	中华书局	《中国新闻出版广电报》	2017 年 9 月

续表

书评名	作者	作者单位	发表刊物	发表时间
《汉口商业简史》：书写江中之城的百年繁华	刘晗	中华书局	《中国周刊》	2017 年 10 月
《江城》：涪陵，在氤氲中崛起的城市	刘晗	中华书局	《中国周刊》	2017 年 11 月
《字看我一生》：解读文字密码	贾雪飞	中华书局	《中国新闻出版广电报》	2017 年 11 月
孙中山研究的出版接力——《孙中山全集续编》《孙中山史事编年》编辑印象	欧阳红	中华书局	《中华读书报》	2017 年 12 月
三本书厘清唐代仕宦人生	胡珂	中华书局	《晶报》	2017 年 12 月
“人化”的动物，辛辣的讽刺	刘晗	中华书局	《晶报》	2017 年 12 月
《寂静的春天》：沉默不语的痛楚，掷地有声的叩问	刘晗	中华书局	《中国周刊》	2017 年 12 月
尽精微 致广大——人民美术出版社《齐白石》绘画丛书推介	陈林	中国美术出版总社	《中国美术》	2017 年 5 月
时尚巨匠 风格永存	薛倩琳	中国美术出版总社	《中国美术》	2017 年 5 月
怀念王叔晖 画到西厢玉绝瑕	林阳	中国美术出版总社	《中国艺术》	2017 年 7 月
“作品的背后”系列新书推荐——《老树作品的背后》	徐永林 皮金灵	中国美术出版总社	《中国美术》	2019 年 7 月
童画中华文化 开启美的体验——推介人美版幼儿美术教材《美的启蒙》	张茜琳	中国美术出版总社	《中国美术》	2017 年 9 月
“互联网＋”视野中的韬奋出版文化——由聂震宁《韬奋精神六讲》说开去	唐明星	生活·读书·新知三联书店	《中国出版》	2017 年 2 月
通晓三百年唐史的捷径——《唐史通俗演义》读后	罗明钢	世界图书出版有限公司北京分公司	《书品》	2017 年 3 月

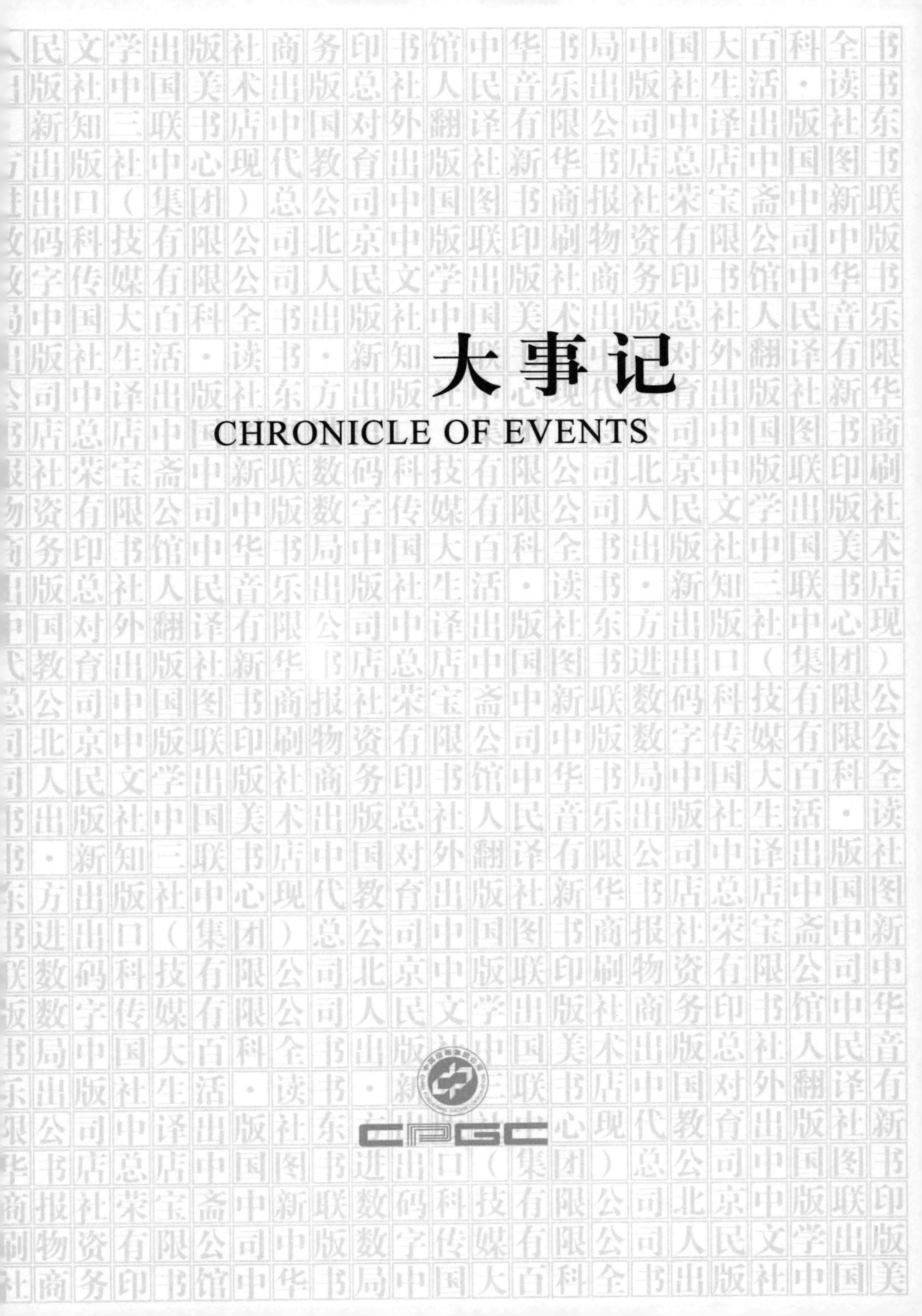

大事记

CHRONICLE OF EVENTS

2017 大事记

1 月

2016 年 12 月 30 日至 2017 年 1 月 12 日，商务印书馆举行首届职工摄影展。

3 日，中华书局举办 105 周年庆典暨 2017 新年联欢会。

4 日，全国人大常委会委员、全国人大教育科学文化卫生委员会主任委员柳斌杰在 2017 北京图书订货会媒体见面会上，对《国际出版周报》予以高度评价。

5 日，商务印书馆“当代外国文学纪事（1980－2000）”丛书发布会暨专家研讨会举行。

6 日，中华书局伯鸿书店试营业。

7 日，商务印书馆主办的“中国译学协同研究中心”揭牌仪式及“第 1 届理论翻译学及译学方法论高层论坛”举办。

8 日，人民文学出版社、享读文化、单向空间联合举办“文学是一场偷情：那些年我们采访的人和事”。

9 日，美国哈佛大学哈佛燕京图书馆郑炯文、杨丽瑄访问中华书局。

9 日，台湾联经出版事业有限公司发行人林载爵访问中华书局。

9 日，东方出版中心老干部团拜会召开。

10 日，《三联生活周刊》实现实体化运营，成立三联生活传媒有限公司。

11 日，中华书局举办离退休老干部茶话会。

11 日，由中国出版协会、中国出版集团公司、《全国大中专教学用书汇编》编委会主办，新华书店总店、新华国采教育网络科技有限责任公司承办的“2017 全国高等教育教材峰会”在北京举行。

12 日，中译出版社参加 2017 年北京图书订货会。

12 日，“中华优秀科普图书榜”评选启动仪式在 2017 北京图书订货会召开。

12 日，《韦氏高阶英汉双解词典》新书发布会在 2017 北京图书订货会举办。

12 日，由现代出版社举办的《作家文摘》“语之可”书系在北京图书订货会上发布。

12 日，由现代出版社举办的梁晓声《中国人的人性与人生》首发式在北京图书订货会上举行。

12 日，中国出版协会美术出版工作委员会第 6 届理事会换届会议在中国美术出版总社召开。

12 日，人民美术出版社在中国国际展览中心（旧馆）召开《人美文库》新书发布会。

12～14 日，商务印书馆参加 2017 北京图书订货会。

12～14 日，中华书局参加 2017 北京图书订货会。

12～14 日，人民音乐出版社参加 2017 北京图书订货会。

12～14 日，现代教育出版社参加 2017 北京图书订货会。

12～14 日，现代出版社参加 2017 北京图书订货会。

13 日，由人民文学出版社、天天出版社举

办的“图画书的原创力：万花镜中的图文重奏——多元视角解读图画书创作”在2017北京图书订货会举办。

13日，由天天出版社举办的“破茧成长——曹文轩、杨志军、殷健灵笔下的少年”活动在中国国际展览中心举办。

13日，商务印书馆《国子监官韵诵唸·论语》新书发布会举行。

13日，商务印书馆《南极洲——从英雄时代到科学时代》新书分享会举行。

13日，商务印书馆《人生智慧箴言》新书发布会举行。

13日，由北京图书订货会组委会、中国出版集团公司、新华书店总店主办的“馆社联动——构建文献资源建设新生态”2017全国馆社高层论坛在北京举办。

13日，荣宝斋举办荣宝斋大讲堂——“范曾讲座《中国画研究法》”。

13日，北京荣宝斋教育科技有限公司与清华大学合作举办“清华——苏富比‘艺术管理硕士’课程活动”。

13日，中国出版传媒股份有限公司财务部湖泊潇对关于到蓝海国投挂职两月进行工作汇报。

13日，由现代出版社举办的“中央电视台《中国通史》百集纪录片主创见面会”在2017北京图书订货会上举行。

13日，南仁淑《下辈子不再嫁给你了》、曾子航《你为什么不敢爱自己》新书发布会在2017北京图书订货会上举行。

14日，商务印书馆“2017中青年语言学者沙龙”举行。

14日，人民美术出版社在2017北京图书订货会上举办《李苦禅全集》新书发布会。

14日，人民美术出版社在2017北京图书订货会上举办《中国最具代表性碑帖临摹范本丛书》新书推介会。

15日，中华书局举办第14期伯鸿讲堂，主题为“春节礼俗移易的社会因素”。

16日，中国出版集团公司根据《财政部关于开展中央部门项目支出绩效自评工作的通知》（财办预〔2016〕123号）要求，布置开展2016年度项目支出绩效自评工作。

16日，东方出版中心党委理论中心组学习扩大会召开，传达中纪委十八届七次会议精神和习近平总书记在会上的讲话精神。

17日，商务印书馆《“一带一路”战略研究》研讨会举行。

18日，中图跨境电商（深圳）有限公司全球文化产品跨境交易平台上线试运行。

19日，中版昆仑传媒有限公司参加“中国故事全球传播千万亿高峰对话”。

19～20日，商务印书馆举行2016年度工作总结暨表彰大会。

20日，中华书局召开2016年度工作总结暨表彰大会。

20日，生活·读书·新知三联书店2017年度工作会议召开。

20日，东方出版中心2017年度党员大会召开，投票增补党委委员。

20日，东方出版中心2017年员工大会召开。

20日，新华书店总店2017年度工作会议召开。中国出版集团公司党组成员、副总裁刘伯根出席并讲话。

20日至2月11日，荣宝斋书画经营一部举办“闻鸡起舞——荣宝斋名家花鸡集萃”。

21日，人民音乐出版社召开2017年度工作会议。

22日，中国出版集团公司根据《财政部关于中国出版集团公司国有资本经营预算执行情况检查结论与处理决定》（财监〔2016〕73号）要求，布置相关企业报送整改报告，并全面开展2011－2016年所有国有资本经营预算项目执行情况自查工作。

22日至2月7日，荣宝斋当代艺术馆举办“经典之路——崔晓东山水画作品荣宝斋品鉴会”。

23日，人民文学出版社召开领导班子民主生活会。

23日，荣宝斋举办“2016年度总结表彰大会”。

1月，商务印书馆“涵芬书院”文化服务空间正式落成。4月14日，“育英·涵芬书院”在北京第二十五中学成立。

1月，商务印书馆开展“书香中国·北京阅读季——书香机关、书香企业”活动。

1月，中国对外翻译有限公司中标北京2022年冬季奥运会和残奥会语言服务项目供应商资格，继成功服务2008北京奥运会、2010上海世博会等后，再次全程助力冬奥盛会。

1月，中国对外翻译有限公司副总经理张晶晶率代表团出访瑞士日内瓦，前往联合国日内瓦办事处（UNOG）、世界知识产权组织（WIPO）和世界卫生组织（WHO）进行工作访问，并应邀出席在联合国日内瓦万国宫内举行的国际翻译高校联盟（CIUTI）论坛。

1月，中版集团数字传媒有限公司在2017图书订货会上举办三网融合少儿平台－咪呀电视端的上线发布会。6月，APP正式上线，并启动“咪呀之星杯”讲故事大赛。

1月，中版集团数字传媒有限公司漫像获得中国出版协会“互联网＋创新”案例奖。

1月，中版教材有限公司团总支开展团费收缴工作。

2月

5日，连环画出版社出版的《中国少年儿童美术书法摄影作品》（第19卷）首发式在北京人民大会堂举行。

8日，中国出版传媒股份有限公司财务部确定股份公司全资子公司2016年度股利分配政策。

8日，国家图书馆典藏阅览部王志庚、郭传芹访问中华书局。

8日，《中国大百科全书》第三版2017年第一次工作会议召开。

8～9日，中国美术出版总社召开2017年度工作会议。

9日，中国出版传媒商报社主办的“教育·出版·互联”高峰论坛在北京召开。

9～19日，中国图书进出口（集团）总公司成功承办第26届古巴哈瓦那国际书展中国代表团参展工作。

10日，商务印书馆举行创立120年生日会。

14日，中国图书进出口（集团）总公司举办“实施总局重大出版工程项目数字资源‘走出去’工作对接会”。

15日，中华书局召开2017年第一次市场分析会。

15日，中版教材有限公司领导班子召开民主评议会，领导班子成员进行书面述职。

16日，人民文学出版社出版的《杨度与梁启超——我们的祖父和外祖父》新书发布会暨出版座谈会在中国人民大学清史研究所召开。

16日，中国出版集团公司召开“提升资产、资金有效运营能力”专题研讨会。集团公司、股份公司领导出席会议并就若干重点工作提出要求。

16日，新华书店总店召开2016年度总店领导班子述职会议。中国出版集团公司党组成员、中国出版传媒股份有限公司副总经理孙月沐出席并讲话。

16日，中国出版集团公司总裁谭跃，中国出版集团公司党组成员、副总裁刘伯根，中国出版集团公司党组成员、中国出版传媒股份有限公司副总经理李岩到中版昆仑传媒有限公司进行工作调研。

17日，中国出版集团公司总裁谭跃，党组成员、副总裁刘伯根、潘凯雄到新华书店总店考察调研。

22日，中国出版传媒股份有限公司解决现代出版社贷款申请需求，对2017年度股份财务预算预报进行汇总，并将预算预报汇总情况向领导进行汇报。

22日，中华书局开始搬迁入驻新华联合物流中心。

22～23日，中国出版传媒商报社2017年度工作会议在北京召开。

23日，新华书店总店第3期新华大讲堂邀

请全国政协委员、中国韬奋基金会理事长聂震宁做题为“邹韬奋是怎样成为出版大家”的精彩报告。

23～25日，中华书局赴韩国出席东亚出版人会议国际事务局年会。

24日，商务印书馆“剑桥应用语言学年度评论”丛书发布会暨“语言学名著译丛”研讨会举行。

24日，中华书局召开2016年度优秀书刊奖及年度编辑、年度营销人员评选会。

24～26日，人民文学出版社连续举办3场毕飞宇新书《小说课》的宣传推荐活动。

25日，《中国诗词大会》明星选手见面会在北京举办。

25日，新华联合发行有限公司召开2017年度工作会议。

26日，中华书局举办第15期伯鸿讲堂，主题为“中华传统文化中的育人思想”。

27日，《商务印书馆》特种邮票发行。

27日，东方出版中心党委理论中心组学习扩大会召开。上海市纪委驻市委宣传部纪检组莫建平副组长做“两准则一条例”专题讲座。

27日，中国出版传媒股份有限公司对新华印刷申请提供计划内担保做出批复。

27～28日，中国图书进出口（集团）总公司召开2017年度工作会议。

28日，中国出版传媒股份有限公司对妥善解决人民文学出版社库房员工安置有关问题的请示进行批复。

28日，人民文学出版社组织女职工座谈会。

28日，中版昆仑传媒有限公司参加“向世界讲好中国故事”高峰论坛暨中国故事全球传播千万亿基金揭牌仪式。

2月，中国对外翻译有限公司2017年联合国语言服务培训（UNTIT）等寒假课程顺利结课。

2月，新华书店总店决定开展80周年系列活动。

3月

1日，中华书局参加中国出版集团公司全面从严治党专题会议。

1日，中华书局各党支部分别召开2017年度专题组织生活会。

1～2日，中华书局参加中国出版集团公司2017年度党群工作会。

3日，中华书局开始在新华联合物流中心正式发货。

3日，中国大百科全书出版社举行学雷锋——文明乘车志愿者服务活动启动仪式。

3日，中国出版集团公司第二巡视组巡视意见反馈大会在中国图书进出口（集团）总公司召开。

3日，中国出版集团公司第二巡视组向中译出版社党委领导班子反馈巡视情况会议在中译出版社召开。中国出版集团公司总裁谭跃、中纪委驻中宣部纪检组副组长罗明成、第二巡视组组长张蕾、集团巡视办公室及第二巡视组同志参加会议。

3～8日，中国大百科全书出版社开展以“传承匠人精神，做美丽百科人”的主题系列活动。

5～25日，中国出版集团公司举办2017年中国出版集团公司外向型编辑海外培训班。

6日，《文汇报》刊发世界图书出版有限公司北京分公司出版的《幸福的流失》书评文章：经济增长为何会造成幸福流失？

7日，人民音乐出版社召开2017年度党建工作会议。

7日，中译出版社开展三八妇女节活动，组织女工学习扎丝网花。

8日，东方出版中心领导班子召开第一次调研会。

9日，中华书局召开《隋书》修订稿本纪部分讨论会。

10日，《中国大百科全书》第三版学科推进会预备会议召开。

12日，人民文学出版社《非比寻常》新书发布会在三联韬奋书店举行。

12日，人民文学出版社《细民盛宴》新书发布会在上海书城举行。

14日，财政部文化司前往中译公司调研检查工作，中国出版集团公司党组书记王涛，党组成员、副总裁潘凯雄，证券法律部主任刘禹和财务部卢妍妍陪同。

14日，由中国出版传媒商报社冠名的2017年伦敦书展国际卓越“教育学习资源奖”授予立陶宛自由市场智库。

14～16日，中译出版社在第46届伦敦书展期间成功举办了“外国人写作中国计划”新书发布会暨汉学家恳谈会、“中国著名企业家与企业”丛书预热会以及与牛津汉学家举行的翻译恳谈会。

14～23日，中国图书进出口（集团）总公司参加北美亚洲研究学会年会、北美东亚图书馆学会年会并举办系列活动。

15日，中国大百科全书出版社等共同举办的“中国百科进美国”项目发布会暨国际编辑部揭牌仪式在第46届伦敦书展举行。

15日，由国际出版商协会、中国出版协会、中国出版集团公司、伦敦书展组委会主办，新华书店总店、《国际出版周报》承办的2017国际出版企业高层论坛伦敦峰会在英国伦敦举行。

17日，人民文学出版社《龙抬头》中文版新书首发式暨出版座谈会在人民文学出版社召开。

17日，“北京市中小学培育和践行社会主义核心价值观——连环画进校园”工作座谈会在北京育才学校举办。

18日，由人民文学出版社、天天出版社主办的“把遥远又真实的故事带给你——自然绘本《这是谁的脚印？》读书沙龙”在北京举行。

19日，由人民文学出版社出版的当代青年作家沈书枝的最新散文作品《燕子最后飞去了哪里》新书分享会在北京举行。

19日，中国图书进出口大连公司首家中图绘本馆正式开业。

20日，人民文学出版社召开《当代》研究发展工作会。

20日，现代教育出版社在北京市第三十五中学举办了主题为“品中外名著，养家国情怀”的《中外文化文学经典导读与赏析系列》新书首发式。

24日，由人民文学出版社、中国外国文学学会及韬奋基金会联合主办的“21世纪年度最佳外国小说·2016暨邹韬奋年度外国小说奖”颁奖典礼在北京召开。

24日，中华书局公布贯彻落实两办《关于实施中华优秀传统文化传承发展工程的意见》的实施纲要。

24日，中国美术出版总社与人民音乐出版社组织扑克牌友谊赛。

24日，国家新闻出版广电总局副局长阎晓宏到新华书店总店调研并座谈，听取新华书店总店改革发展及重点项目建设情况汇报并发表重要讲话。国家新闻出版广电总局印刷发行司司长刘晓凯、副巡视员董依薇，中国出版集团公司副总裁刘伯根等陪同调研。阎晓宏还视察了在建中的135号院“新华文化创意产业园”。

24～27日，中国美术出版总社的150余册连环画亮相第37届巴黎图书沙龙。

25日，人民文学出版社出版的徐皓峰小说集《处男葛不垒》新书发布会在北京涵芬楼书店举行。

25日至4月16日，荣宝斋书画经营一部举办“诗情画意——荣宝斋藏作品展”。

26日，中华书局举办第16期伯鸿讲堂，主题为“那些年、那些人、那些事——梁漱溟和他的朋友们”。

27日，由人民音乐出版社主办的《不忘初心 孝行天下》新专辑首发式和媒体见面会在北京举行。

27日，中版教材有限公司工会组织职工开展春季健步走活动。

28日，中国出版传媒股份有限公司财务部撰写2016年度股份公司绩效考核财务数据调整事项签报，并报中国出版集团公司总裁办公会审核。

28日，商务印书馆《“一带一路”年度报告——行者智见（2017）》发布暨专家研讨会举行。

29日，中国图书进出口（集团）总公司在

第46届曼谷国际书展举办2017中国主题图书巡回展活动。

30日，中国大百科全书出版社邀请中国辞书学会顾问、著名辞书专家周明鑑为出版社编辑做题为“了解辞书、编好辞书”的讲座。

31日，中国出版集团公司财务部主任徐凤君带队到中国银监会非银部了解设立财务公司的有关事项。非银部主任徐春武介绍了有关情况，并提出具体指导意见。

3月，中国对外翻译有限公司举办两场“中译大师汇”公开讲座，邀请前联合国大会和会议管理部文件司中文处处长徐亚男做专题讲座，并与来自全国各地的翻译从业者和爱好者进行了互动交流。

3月，中版集团数字传媒有限公司漫像产品进行3.0版本的更新迭代。

3月，中版集团数字传媒有限公司举办“漫笔生花漫像创作大赛”，收集作品2505幅。

4月

2日，北京荣宝拍卖2017迎春拍卖会收槌。

2～4日，中国大百科全书出版社SPBCN英文拼字大赛2016～2017赛季全国总决赛在北京人卫酒店举行。

3日，天天出版社参加博洛尼亚童书展。

5日，中华书局召开《晋书》修订稿讨论会。

5日，中国图书进出口（集团）总公司聘任刘震云为北京图书博览会首任阅读推广形象大使。

5～8日，人民音乐出版社参加法兰克福国际乐器展。

6日，中华书局召开《重庆图书馆藏民国时期未刊书丛编》出版研讨会。

6日，中国大百科全书出版社团支部组织青年职工前往滴滴出行集团总部进行参观学习。

7日，中国出版集团公司成立15周年成果展及职工书画展在中国美术出版大厦人美美术馆亮相。

7日，生活·读书·新知三联书店《我们的中国》《自然社会》和《读书》、“松果生活”等15个作品获第8届中国出版集团出版奖。

7日，《北京青年报》刊发享受“第九艺术”专题，介绍世界图书出版有限公司北京分公司漫画出版板块。

11日，山西首家商务印书馆乡村阅读中心——良户书院在山西高平良户村揭牌成立。

11日，《中国大百科全书》第三版30个理工学科工作交流促进会在中国科学院召开。中国科学院院长、《中国大百科全书》第三版化学学科主编白春礼院士主持会议。

11日，生活·读书·新知三联书店出版的聂震宁著《阅读力》在北京首发。

11日，中版教材有限公司决定撤销综合部，成立中版教材有限公司印务部，负责公司印务工作。原综合部教材研发、教师培训、专家管理等工作由总经理办公室进行管理。

11日至7月30日，荣宝斋美术馆举办“荣宝斋藏品系列展——海上画派部分（一）”。

12日，西城区第一文化馆馆长郑昕等一行访问中华书局。

12日，中央政治局常委、十一届全国政协原主席贾庆林，北京市政协副主席闫仲秋等领导视察荣宝斋，集团公司党组成员、副总裁、出版传媒股份有限公司监事会主席刘伯根陪同参观了荣宝斋文房用品经营部、书画经营二部、美术馆、木版水印工艺坊、茶文化公司。

12日，人民美术出版社第一所“人美美育学堂”落地临沂第三十九中学。

12～21日，中华书局参加中国出版集团公司代表团，访问波兰、塞尔维亚、匈牙利并参加布达佩斯书展。

13日，中宣文改革办黄志坚主任一行就《关于推动国有文化企业把社会效益放在首位、实现社会效益和经济效益相统一的指导意见》（中发办〔2015〕50号）文件落实情况到中国出版集团公司进行调研，集团公司副总裁刘伯根主持召开调研专题会议。

14日，中国出版集团公司总裁谭跃，党组

成员、副总裁刘伯根召集非上市企业主要负责人经营工作座谈会，交流经营工作情况。

14 日，现代教育出版社组织全体员工参观新华印刷有限公司和进行环湖 3 公里健步走活动。

14～24 日，中华书局参加朝阳公园 2017 北京书市，销售实洋 19.49 万元。

15 日，人民文学出版社作者徐则臣携新作《王城如海》、安意如携最新修订的《人生若只如初见》在朝阳公园北京书市举行签名售书活动。

15 日，商务印书馆乡村阅读中心——拾磨书店在天津市蓟州区西井峪村揭牌成立。

15 日，中华书局举行首届全国中华优秀传统文化教材交流研讨会。

15～16 日，商务印书馆菊生学术论坛举办第 3 期“政教相维：近代中国的制度因革与文教转型”。

16 日，由荣宝斋、山东出版集团、山东省美术家协会、山东齐鲁美术研究院共同举办的荣宝斋齐鲁青年美术十家评选活动启动仪式暨山东青年美术学术研讨会在山东济南山东书城山东出版美术馆举行。

17 日，商务印书馆乡村阅读中心——北冶中学图书馆揭牌暨阅读讲座在河北省平山县北冶中学举行。

17 日，中国大百科全书出版社《故宫里的大怪兽》新书发布会在故宫皇家凝和庙大殿（北京东城灯市口小学北池子校区）举行。

17～21 日，东方出版中心党委组织部分干部一行 16 人赴井冈山开展革命传统教育培训，推进“两学一做”学习教育常态化制度化。

18 日，中国出版传媒股份有限公司财务部资金处处理东方出版中心委托贷款 1000 万元相关事宜。

18 日，中华书局实施《中华书局 2017 年度绩效考核分配方案》。

18 日，刘延东出席中国图书进出口（集团）总公司承建的土耳其加齐大学“中国馆”启动仪式并揭牌。

19 日，财政部文化司司长王家新一行前往中国美术出版总社调研并观看集团公司成立 15 周年展，集团公司总裁谭跃、副总裁刘伯根陪同。

19 日，北京发行集团董事长李湛军、北京市新华书店连锁有限责任公司总经理徐洪生、中国书店出版社总编辑马建农等到新华书店总店，就开展全方位合作事宜进行洽谈。

20 日，商务印书馆《战败者见闻录》中文版推介会举行。

20 日，中华书局组织离退休老干部春游。

20 日，中兴通讯股份有限公司副总裁常金芸一行到新华书店总店就中国新华发行网合作共建事宜进行洽谈。

20 日，“新华书店总店与首都师范大学战略合作签约暨首都师范大学第 2 届大学生阅读季启动仪式”在首都师范大学举行。

20 日，椿树街道首届“文房四宝艺术节”在荣宝斋大厦多功能厅开幕。

20～21 日，第 3 届“诗词中国”大赛终审评议会举办。

21 日，中国出版集团公司参加财政部 2016 年部门决算会审，获得一次性通过。

21 日，中国图书进出口大连公司首家中图精粮馆开业。

21 日，新华书店总店成立 80 周年座谈会举行。中国出版集团公司党组成员、副总裁刘伯根出席并讲话。

21 日，中译出版社参加中共中央党校“跟着总书记读好书”推广周活动。

21 日，由中国出版传媒商报社等机构联合发起的第 4 届中国读友读品节在北京启动。

21 日，中版昆仑传媒有限公司出品的大型电视剧《逆战》举行开机仪式。

22 日，商务印书馆《典瑞流芳——民国大出版家夏瑞芳》新书座谈会举行。

22 日，在全国城乡妇女岗位建功先进集体、个人表彰大会上，新华书店总店全资子公司新华国采教育网络科技有限责任公司被全国妇联授予“全国巾帼建功先进集体”称号。

22 日，“书店 书香 书缘——新华书店 80 周

年特辑”在北京电视台青年频道《书香北京》栏目播出。

22日，中译出版社参加了由博雅翻译文化沙龙主办的第9届“中国翻译职业交流大会”开幕式。

22日，《机器人手术护理学》新书发布会在江西省南昌市召开的“2017机器人与泌尿外科学术论坛”上举行。

23日，由人民文学出版社、中央人民广播电台、北京阅读季三方联合主办的“聆听书韵——2017春之声”朗诵会在北京蓬蒿剧场举行。

23日，《天有二日？禅让时期的大清朝政》作品研讨会在恭王府召开。

23日，由人民文学出版社、天天出版社主办的“杨志军新书《海底隧道》读者见面会”在青岛书城举办。

23日，商务印书馆等主办的“2017读书论坛暨《中国教育报》2016年度推动读书十大人物揭晓仪式”举行。

23日，中华书局举办“4·23读者开放日”活动。

23日，生活·读书·新知三联书店《海昏侯刘贺》和《生死关头》获中国图书评论学会评选的“2016中国好书”奖。《中华文明的核心价值》《1944：腾冲之围》《谢觉哉家书》获第6届中华优秀出版物（图书）奖。

23日，生活·读书·新知三联书店联合“北京阅读季”等在三联韬奋书店海淀分店举办“24小时阅读马拉松”暨“朗读＋我”活动。

23日，生活·读书·新知三联书店携手国航开启空中阅读会，举办“带本好书去旅行”主题活动。

23日，现代教育出版社携手顺义区青少年阅读协会，于顺义鲜花港举办了“游花海 品书香”暨北京阅读马拉松顺义户外主会场活动。

23日，现代教育出版社与摩拜单车、龙湖长楹天街联合举办的“美好席卷天街——分享是件挺酷的事儿”主题阅读分享会在北京市龙湖长楹商业中心举行。

23日，荣宝斋举办“荣宝斋大讲堂——传统·科学与艺术书画修复的理论与实践”。

23日，由荣宝斋、山东出版集团主办，荣宝斋济南分店、齐鲁美术研究院承办的“千载佳艺 百年传承——荣宝斋木版水印作品展”在山东书城5楼大厅举办。

23～30日，荣宝斋当代艺术馆举办“荣宝斋中青年艺术家推介展——巨建伟”。

25日，《口腔种植外科彩色图谱》（第4版）新书发布会在四川省成都世纪城国际会展中心召开的“第16届中国（西部）国际口腔医学学术会”上举行。

25日，中央电视台新闻联播以《坚持正确方向 传承优秀文化》为题，报道了新华书店改革发展成就。

26日，中国美术出版总社主办的“经典连环画作品展览暨图书展销活动”在第27届阿布扎比国际书展上举行。

26日，中译出版社参加第27届阿布扎比国际书展。

26日至5月2日，中国图书进出口（集团）总公司承办第27届阿布扎比国际书展中国主宾国活动。

27日，中国出版传媒股份有限公司财务部关于开展2017年一季度财务报表审阅工作向领导签报请示。

27日，中国外文局翻译专业资格考评中心王继雨一行访问中华书局。

27日，浙江财经大学何华珍访问中华书局。

27日，“易阅通阿语平台”与“中国科讯一带一路阿语版APP”联合发布。

28日，中译出版社和埃及希克迈特文化投资有限公司共同举办了《歌棒》阿语版新书签售会。

28日至5月1日，荣宝斋书法馆举办“闲庭信步——李刚田书法品鉴暨学术座谈会”。

29日，中阿女性文学讲座在第27届阿布扎比国际书展活动区ALMOLTAKA举行。

29日，《整合医学——理论与实践②》新书首发活动在陕西省西安曲江国际会议中心召开的“2017中国整合医学大会”上举办。

4 月，商务印书馆（宁夏）有限公司成立。

4 月，中国对外翻译有限公司助力中国考生冲刺 2017 年联合国中文笔译类竞争性考试，举办联合国文件翻译培训（UNDTT）春假班。

4 月，纪念新华书店总店成立 80 周年系列作品出版。

4 月，现代教育出版社参加“书香进校园 · 给留守儿童带去书香温暖”捐书活动。

4 月，现代教育出版社《英雄联盟瓦洛兰图志 · 卷一》荣获第 8 届中国出版集团出版奖 · 优秀印制奖。

4 月，现代教育出版社《我的动物园》入选 2017 年“中华优秀科普图书榜少儿原创榜单”。

4 月，中版集团数字传媒有限公司举办“香港面孔”漫像创作大赛，收集作品 79 幅。

4～6 月，现代教育出版社党委、党支部顺利完成换届选举工作。

5 月

3 日，中国美术出版总社召开精细化管理工作会议。

4 日，著名儿童文学作家沈石溪做客天天出版社童书直播间。

4 日，人民文学出版社团支部联合朝阳门街道办事处团委在人民文学出版社办公楼会议室举办“手工制作皮质名片夹”活动。

4 日，人民音乐出版社举办“17 分享给你听”活动。

5 日，中华书局召开首届宋云彬古籍整理奖评审会。

5 日，由新华书店总店注资的新华万维国际文化传媒（北京）有限公司注册成立。

5～7 日，人民音乐出版社参加第 3 届北京音乐生活展。

6 日，由人民文学出版社联合天桥盛世投资集团主办的《神奇动物在哪里》中文版首发式暨“神奇的你在哪里”争霸赛在天桥艺术中心举行。

6 日，中华书局举行第 2 届手机拍书影比赛。

8～10 日，天天出版社参与中关村第二小学组织的图书进校园活动。

8～18 日，恒丰艺谭之观云楼藏品展在人美美术馆举办。

9 日，中共中央政治局委员、中央书记处书记、中宣部部长刘奇葆到商务印书馆调研。

9 日，商务印书馆举办 120 年纪念展。

9 日，人民音乐出版社举办“2017 年度编辑校对人员业务培训”。

9 日，生活 · 读书 · 新知三联书店出版的阎崇年著《御窑千年》新书发布会——“御窑文化薪火千年”举行。

10 日，中国出版集团公司印发《中国出版集团公司所属企业负责人“双效”业绩考核办法（试行）》。

10 日，中国出版集团公司印发《中国出版集团公司所属企业负责人薪酬管理办法（试行）》。

10 日，中国出版传媒股份有限公司财务部关于股份本部 2017 年度财务预算情况形成签报，并向领导汇报说明。

10 日，中华书局举行中华书局经典教育研究中心首批研究员聘任仪式暨研讨会。

10 日，中版教材有限公司团总支组织团员青年和员工赴雄安新区学习考察，并参观了雁翎队纪念馆、孙犁纪念馆。深入学习贯彻习近平总书记系列重要讲话精神和治国理政新理念新思想新战略，深刻把握新的形势任务对青年的新要求。

11 日，中国大百科全书出版社召开“创新点亮梦想，实干助推成长——百科与我的职业理想”青年编辑座谈会。

11 日，中国图书进出口深圳公司国内首个全球文化产品跨境交易平台——舍下木棉发布。

11～15 日，荣宝斋参加“第 13 届中国（深圳）国际文化产业博览交易会”。

12 日，人民文学出版社以朝内 166 · 文学公益讲座的形式，举办来访澳大利亚作家杰 · 布鲁克斯与中国作家路内的对谈，进行文学交流分享。

12日，在中国出版集团2017年一季度经营工作会议上，新华书店总店获得集团“2016年度经营特别贡献奖”。

13日，联合国教科文组织《信使》杂志中文版复刊首刊发布仪式在北京钓鱼台国宾馆举行。

13～14日，商务印书馆主办“第2届自然法青年学术论坛”。

13～14日，商务印书馆菊生学术论坛举办第4期“焉知死：古代墓葬研究的前沿与前瞻”。

14日，中央13台（央视网）朝闻天下对《信使》杂志中文版首发进行了报道。

14日，中版昆仑传媒有限公司与龙岩市委有关领导就共同建设古田红色小镇项目进行会谈。

17日，中国美术出版总社召开第2届社店战略合作联席会。

18日，纪念新华书店成立80周年座谈会在北京举行。中共中央政治局委员、中央书记处书记、中宣部部长刘奇葆出席纪念座谈会并做重要讲话。

18日，中国出版传媒股份有限公司财务部提交关于2016年度文化产业《中版IP产业开发平台》项目专项资金拨付的请示。

18～22日，中国图书进出口（集团）总公司首次组团参展第20届都灵国际图书沙龙。

19日，中国出版传媒商报社推出新华书店成立80周年特刊。

19～22日，人民文学出版社组织作家安意如分别为北京三里河第三小学和北京第七中学的学生讲述古典诗词课。

20～24日，荣宝斋书法馆举办“遥襟——邹涛书画印品鉴暨学术座谈会”。

21日，《中医的脚印》在陕西省西安曲江书城举行读者见面会。

22日，北京市工商行政管理局丰台分局商标监督管理科李亚华、曹军访问中华书局。

22日，新华书店总店召开干部会议，传达学习中共中央政治局委员、中央书记处书记、中宣部部长刘奇葆在纪念新华书店成立80周年座谈会上的重要讲话。

22日，新华网发布世界图书出版有限公司北京分公司出版的《女性的力量》书讯：一个女孩要走多少路，才能被称为女人？

22～24日，生活·读书·新知三联书店第7届社店战略合作联席会在安徽召开。

22～27日，荣宝斋举办“春风浓艳——王雪涛花鸟作品展”。

23日，新华网发布世界图书出版有限公司北京分公司出版的《精神分析：开放性对话》书讯：梳理精神分析百年发展脉络与传奇。

23日，全国印刷行业首台防爆型通风除尘系统在北京新华印刷有限公司正式投入使用并通过专家评审团验收，获得北京市国有企业安全生产工作创新奖。

24～26日，生活·读书·新知三联书店召开“融合发展及品牌人才建设专题会议”。

25日，中国出版集团公司完成2016年度企业国有资产统计报表上报工作。

25日，香港中文大学学生到人民文学出版社参观。

25日，中国出版集团公司中青年骨干编辑出版座谈会在商务印书馆举行。

25日，东方出版中心职工代表大会召开。

25日，中版教材有限公司办公地址从北京市东城区美术馆东街20号三联书店搬迁至北京市丰台区西三环南路甲14号院1号楼首科大厦14层。

26日，中国出版传媒股份有限公司财务部关于上报2016年度决算报告及2017年度预算报告进行签报请示。

26日，天天出版社邀请朱永新和曹文轩做客人民网直播间。

26日，中华书局举行2017年度趣味运动会。

26日，新华书店总店党委理论学习中心组就推进“两学一做”学习教育活动常态化制度化组织专题学习。

26日，新华书店总店与安永华明会计师事务所签署合作协议，双方将在财务会计及审计、财务交易、税务管理及咨询服务等领域开展合作。

26日，新华联合发行有限公司召开党员大会，完成了党支部换届工作。

26日，中版集团数字传媒有限公司在江苏常州注册成立中版漫文化科技（常州）有限公司。

26～27日，中版昆仑传媒有限公司全体员工到密云云蒙山参加拓展训练。

28日，荣宝斋参加2017北京国际服务贸易交易会。

31日，新华出版物流通有限公司为适应市场需要，拓宽经营范围，正式更名为新华维邦文化资产管理有限责任公司。

31日，中国出版传媒股份有限公司财务部报经领导审视后，同意东方出版中心按照资产减值准备的财务核销工作原则，对图书进行分类处理，进行财务核销。

31日，加拿大作家及多伦多书展主办方拜访人民文学出版社。

31日，中华书局与图书发行界高层峰会举行。

31日，中国美术出版总社在第27届全国图书交易博览会中心活动区举行了“连环画艺术鉴赏讲座”专场活动。

31日，第27届全国图书交易博览会上，中译出版社举办《信念：十年徒步中国》新书发布会。

31日，由现代出版社出版的汪兆骞《走出晚清：大师们的涅槃时代》新书发布会在第27届全国图书交易博览会上举办。

31日，中央办公厅秘书局局长韩立平一行到北京新华印刷有限公司考察。

31日，中版昆仑传媒有限公司举办赵丽宏《寻找害怕的男孩》新书发布会暨中版昆仑传媒公司影视版权签约仪式。

31日至6月3日，人民音乐出版社参加第27届全国图书交易博览会。

31日至6月3日，现代教育出版社参加第27届全国图书交易博览会。

31日至6月3日，现代出版社参加第27届全国图书交易博览会。

5月，生活·读书·新知三联书店《良训传家》《弹在膛上》获得中宣部和国家新闻出版广电总局“2017年主题出版重点出版物选题”。

5月，现代教育出版社《克利的世界》入选第7届“2017北京儿童阅读周·中国童书博览会”引进年度TOP80。

5月，北京新华印刷有限公司总经理兰本立当选北京印协第九届理事会副理事长。

5月，中版集团数字传媒有限公司举办“一带一路”主题人物作品征集等主题活动，收集作品243幅，并举办两场漫像画家进使馆活动，分别是智利和巴基斯坦大使馆。

5月，中版集团数字传媒有限公司漫像移动服务平台项目入选2017年度新闻出版广电总局改革发展项目库。

6月

1日，葛亮、张悦然“遥望北鸢，时光成茧”文学双人谈在北京大学举行。

1日，由曹文轩图画书《远方》改编的同名儿童舞台剧在北京朝阳9剧场进行首演预演。

1日，中华书局举办《精忠说岳（外五种）》《评书三国演义（一）·汉末风云》读者见面会。

1日，中国美术出版总社在第27届全国图书交易博览会廊坊会场和唐山分会场举办“连环画是什么?”讲座。

1日，中国美术出版总社在第27届全国图书交易博览会廊坊会场举办《绘本西游记故事》涂色创意活动。

2日，纪念商务印书馆创立120年全家福合影拍摄。

2日，《银河系科幻电影指南》新书发布会在北京举行。

2日，北京荣宝2017春季拍卖会收槌。

6日，中国出版集团公司、股份公司财务部联合举办中国出版集团公司项目库操作使用培训会。

6～8日，人民音乐出版社“人音版音乐教材培训会”在北京召开。

7日，人民音乐出版社“嘹亮军歌——纪念中国人民解放军建军90周年音乐会暨新书发布”举行。

7日，新华书店总店与钓鱼台经济开发公司战略合作签约仪式在钓鱼台国宾馆举行。

8日，商务印书馆第五印刷厂旧址揭牌暨“商务印书馆与中华文化自信”学术研讨会举行。

8日，中版集团数字传媒有限公司在福建厦门注册成立中版信达（厦门）文化传媒有限公司。

9日，“《2017美术日记》年度作品展”在中国美术出版大厦人美美术馆举办。

10日，荣宝斋（济南）2017春季拍卖会收槌。

10～11日，商务印书馆菊生学术论坛举办第5期“近代中国的政治革命与社会转型”。

12日，中国出版传媒股份有限公司财务部举办第1期财务培训班，对股份公司上市要求、报表填报规范、增值税会计处理规定、政府补助准则以及2016年决算的总结、分析和2017年半年报的要求进行讲解培训。

12日，中国出版传媒股份有限公司收取各成员单位股利，要求各单位做好相关会计处理并于6月26日前将股利汇至股份公司账户。

14～16日，中国出版集团公司在北京举办2017年人力资源管理培训班。

15～16日，由中国出版传媒商报社和广西师范大学出版社集团有限公司联合主办的第5届中国出版传媒业信息资源联通会议在桂林召开。

16日，中华书局举行首届宋云彬古籍整理奖颁奖典礼。

18日，中华书局举办第20期伯鸿讲堂，主题为“玄奘与丝绸之路”。

19日，中国出版集团公司下发《加快财政专项资金执行进度的通知》，要求各级有财政专项资金的企业全面推进预算执行，提升预算绩效。

19～21日，由中国出版传媒商报社、全国书业教装文创多元经营联盟主办的2017全国书业教装文创多元经营展订研讨会在昆明召开。

19～25日，中国图书进出口（集团）总公司举办2017北京出版交流周。

22日，由中国大百科全书出版社主办，华为技术有限公司、天闻数媒科技（北京）有限公司承办的“互联网环境下百科全书的建设”主题论坛举行。

25日至7月1日，荣宝斋书画经营一部举办“杨天颐水墨作品展”。

26日，东方出版中心纪念中国共产党成立96周年大会召开。

27日，中国美术出版总社在人美学院举办编辑出版业务培训活动。

28日，中国出版集团公司举办会计准则培训班，邀请财政部会计准则委员会徐华新博士介绍我国企业会计准则最新进展。

28日，商务印书馆《太阳是唯一的种子——贡萨洛·罗哈斯诗选》中文版推介会举行。

29日，财政部文化司司长王家新及相关职能处室负责人到中国大百科全书出版社就《中国大百科全书》第三版项目进行调研。

29日，新华书店总店召开“不忘初心 继续前进 纪念中国共产党成立96周年大会”。

30日，生活·读书·新知三联书店在北京77文创美术馆园区小剧场举办“创建85周年庆祝联谊会”。

6月，生活·读书·新知三联书店搬迁至北京77文创美术馆园区办公，三联韬奋书店“服务能力建设”项目开工。

6月，中国对外翻译有限公司荣获第13届中国（深圳）国际文化产业博览交易会“2016文化贸易重点企业”称号。

6月，联合国训练研究所上海亚太地区经济和信息化人才培训中心（CIFAL）办公室主任王根祥先生一行访问中国对外翻译有限公司，双方就加深CIFAL与中译公司全方位、多角度的合作广泛交换意见，并达成深度合作意向。

6月，中版集团数字传媒有限公司《锺馗传

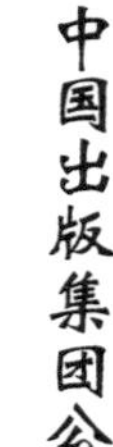

奇》与北京游乾易玩网络有限公司签约共同研发运营《锺馗传奇》衍生手游。10月，中版集团数字传媒有限公司与中国美术出版总社（连环画出版社）签约《锺馗传奇之诡世疑云》图书出版，与北京中视国恒文化传媒有限公司签约《锺馗传奇之诡世疑云》网络剧授权。

7月

1日，商务印书馆《俄罗斯抒情诗选》（俄汉对照）新书发布会暨俄罗斯抒情诗品鉴会举行。

1～2日，商务印书馆菊生学术论坛举办第6期“英国思想与社会的现代转变”跨学科研讨会。

2日，荣宝斋出版社出版发行的《萧朗书画大系》第1卷首发仪式举行。

4日，中华书局实施《中华书局有关印制管理的规定》。

4日，新华书店总店与长江证券股份有限公司战略合作协议签约仪式在长江证券股份有限公司北京代表处举行。

6日，人民邮电出版社副社长李文一行访问中华书局。

7日，“幼儿美术教育研讨会暨《美的启蒙》新书发布会”在中国美术出版总社举行。

7日，中国美术出版总社人美美术馆举办“心像·物像”主题美术展。

7日，中国出版传媒股份有限公司对生活·读书·新知三联书店请求批准“三联韬奋24小时书店能力建设”项目建设总预算做出批复，同意其实施项目并要求加强业务开拓和日常成本、费用管理，努力完成当年的各项经营预算指标。

7日，《写给儿童的中国传统文化微读本》新书试读预售活动在西安市1010亲子阅读馆举行。

7～8日，中国美术出版总社举行2017年度年中工作会。

7～16日，现代教育出版社参加第3届中国童书博览会。

8日，中国作家协会创作研究部、江苏省作家协会和人民文学出版社联合召开赵本夫长篇小说《天漏邑》研讨会。

8日，人民文学出版社出版的《湮没的时尚·云想衣裳》作者李汇群和《湮没的时尚·花想容》作者暮烟深处，受邀参加首都图书馆“尚读沙龙”公益活动，举行“云想衣裳花想容——中国古代服饰与妆容文化漫谈”的讲座。

8日，荣宝斋（南京）2017春季文物艺术品拍卖会落槌。

9～11日，中国出版传媒商报社联合北京方略博华文化传媒有限公司在北京举办为期3天的童书出版特训营活动。

10～17日，《南齐书》修订组景蜀慧、周文俊、洪绵绵、吴南泽访问中华书局。

11日，徐则臣携人民文学出版社出版的《王城如海》参加“我的北京故事”读书沙龙。

11～15日，由人民音乐出版社《中国音乐教育》杂志主办的“国际三大音乐教学法在中国学校音乐课堂教学中的应用——教法融合全体系培训”在杭州举行。

13日，《老年介护技术教程》新书发布会在上海书城（福州路店）举行。

13～16日，中国美术出版总社在第7届江苏书展举办了两场连环画专场活动。

13日至8月4日，人民文学出版社年中总结会共分8次召开。

14日，中国出版集团与淮安市人民政府签署战略合作协议。

15日，中国美术出版总社在第7届江苏书展主宾馆举办了“小学生连环画进校园活动推介会暨连环画名家签售会”。

15～16日，天天出版社出版的《穿堂风》读者见面会在成都、重庆、广州、深圳等地的书城举办。

15～16日，商务印书馆等主办的“为中国未来而读——2017阅读行动论坛”举行。

16日，中国美术出版总社在第7届江苏书展主宾馆举行“《绘本西游记故事》趣味朗读问答”活动。

16日，中国美术出版总社举办《设计的故事——走向设计之人》新书发布会暨签售会。

16日，中国美术出版总社在第7届江苏书展主宾馆举行《我们去哪儿》涂色创意活动。

17～22日，《中国音乐教育》杂志在香港特区举办“2017世界青少年合唱节——香港”。

18日，中华书局举行《中央档案馆藏日本侵华战犯笔供选编（第2辑）》发布会暨赠书仪式。

18日，东方出版中心2017年上半年经营工作会议召开。

18日，中国出版集团公司党组成员、中国出版传媒股份有限公司副总经理孙月沐在新华书店总店召开座谈会，调研近年来报刊改革发展情况。

18日，中国图书进出口（集团）总公司工会召开七届一次会员代表大会。

19日，中国美术出版总社在人美学院举办第2次编辑出版业务培训活动。

19日，国家新闻出版广电总局副局长周慧琳到新华书店总店调研并召开座谈会，对新华书店总店近年来改革发展所取得的成绩给予充分肯定，对新华书店网上商城建设给予全面指导。

19日，中版昆仑传播有限公司召开2017年度上半年工作总结会议。

19～21日，人民音乐出版社联合中华书局、社会科学文献出版社等几家单位共同承办“第3届国内高端学术出版社骨干编辑联合培训班”。

19～25日，现代教育出版社参加2017年香港书展。

20日，中国大百科全书出版社召开2017年半年工作会议。

22日，商务印书馆等主办的“2017海内外中国语言学者联谊会暨第8届学术论坛”举行。

22日，生活·读书·新知三联书店的韩昇著《良训传家》出版。

22日，荣宝斋（桂林）2017春季艺术品拍卖会在昆明翠湖宾馆2楼金色大厅收官。

23日，中华书局举办第21期伯鸿讲堂，主题为“明代版本琐谈”。

23～25日，中国美术出版总社参加2017年全国美术出版社社长年会。

25日，商务印书馆第3届经营管理大会召开。

25日，中国图书进出口（集团）总公司召开2017年度半年工作会议。

26日，中国图书进出口（集团）总公司召开第23届党建思想政治工作会议。

26日，中版昆仑传媒有限公司开展《新闻发言人》剧本研讨会。

27～28日，中国美术出版总社召开2017年期刊工作会议。

28日，人民文学出版社新书《劳燕》在西西弗书店蓝色港湾店举行分享活动。

28日，中国大百科全书出版社党委理论学习中心组召开专题学习（扩大）会议，集中学习刘奇葆同志在全国出版工作会议上的讲话精神。

28日，世界图书出版广东有限公司参加第5届全国高等学校外语非通用语青年骨干教师高级研修班。

29日至8月2日，荣宝斋书法馆举办“汲古——祝竹书画印品鉴会暨学术讲座”。

30日，人民美术出版社举办“人民美术出版社纪念建军90周年出版文献展暨《军魂颂》言恭达大草书法长卷展”。

30日，中国美术出版总社《连环画报》编辑部联手无锡地铁，推出“一趟倒回旧时光的列车”活动。

30日，荣宝斋（上海）2017春季艺术品拍卖会收官。

30日，《辽宁日报》刊发世界图书出版有限公司北京分公司出版的《幸福的流失》书评：消费主义让人越来越远离幸福。

31日，中华书局党员代表前往中国革命军事博物馆参观庆祝中国人民解放军建军90周年主题展览。

31日，“唤醒终南山”秦岭——终南山文化高层论坛暨邢小俊长篇纪实文学《居山活法》研讨会在北京举办。

31日，米兰布雷拉美术学院教授等一行到荣宝斋进行访问，并参观了荣宝斋木版水印工艺等特色项目和其他展览。

7月，中国对外翻译有限公司同大连外国语大学等院校进行深度交流座谈，签署翻译实践基地共建合作协议，并共同为实践基地挂牌。

7月，中国对外翻译有限公司举办“联合国译员的成长之路”专题讲座，特邀中译公司联合国文件翻译部高级翻译金丹进行授课分享。

7月，中版集团数字传媒有限公司漫像文化节入选第5届“北京惠民文化消费季”时尚品位板块。

7月，中版集团数字传媒有限公司“咪呀之星”入选第5届“北京惠民文化消费季”书香艺韵板块。

8月

1日，中国大百科全书出版社团支部前往武警北京总队二师第六支队九中队慰问，并为部队官兵捐赠图书。

1日，新华书店总店召开党委理论学习中心组（扩大）会议，传达学习习近平总书记7月26日在省部级主要领导干部“学习习近平总书记重要讲话精神、迎接党的十九大专题研讨班”上的重要讲话精神。

2日，东方出版中心干部大会召开，传达学习中共中央、中国出版集团公司专题会议精神。

4日，人民文学出版社2017年度香山论坛·分论坛在社内会议室召开。

4日，中国大百科全书出版社党委理论学习中心组召开学习（扩大）会议，专题学习习近平总书记“7·26”重要讲话精神。

7～13日，由《中国音乐教育》杂志主办的“第7届奥尔夫音乐艺术教育国际认证师资培训班”在深圳举行。

8日至11月26日，荣宝斋美术馆举办“荣宝斋藏品系列展——近现代书法部分（二）”。

9日，中国出版集团公司总裁谭跃，中国出版集团公司党组成员、副总裁潘凯雄到北京新华印刷有限公司考察“十九大”印文任务保障情况。

10日，东方出版中心“两学一做”学习教育专题党课开讲，党课主题为《增强四个意识，做党的忠诚卫士》。

10日，新华书店总店与北京发行集团联合召开专题会议，学习贯彻落实中共中央政治局委员、书记处书记、中宣部部长刘奇葆同志在新华书店成立80周年座谈会及全国出版工作会议上的讲话精神，并就共同建设“新华书店网上商城”进行了深入探讨。

10～14日，中国美术出版总社在2017南国书香节举办多场连环画活动。

10～22日，生活·读书·新知三联书店邀请阎崇年、曹雷、姜鸣、余戈、俞敏洪等作者在2017南国书香节、2017上海书展举办12场阅读沙龙活动。

11日，中国出版传媒商报社承办的“南方出版高峰论坛”在广州召开。

12日，现代教育出版社在北京百万庄图书大厦举行《N岁孩子 N岁父母》家长见面会。

12日，荣宝斋参加上海合作组织夏令营开营仪式。

13～14日，“商务印书馆与中国现代文化的兴起”国际学术研讨会举行。

15日，中国出版集团公司2017上海书展媒体见面会举行。中国出版集团公司党组成员、副总裁潘凯雄，东方出版中心总经理李智平，上海市新闻出版局局长徐炯出席。

16日，商务印书馆《微观内蒙古》（汉英版）新书发布会举行。

16～22日，商务印书馆参加2017上海书展。

16～22日，中华书局参加2017上海书展。

16～22日，东方出版中心参加2017上海书展。

16～22日，现代教育出版社参加2017上海书展。

16～22日，现代出版社参加2017上海书展。

17日，商务印书馆“汉译名著分科本120年纪念版出版座谈会”举行。

17日，商务印书馆“尼采与当代艺术——《未来艺术丛书》对谈会”举行。

17日，现代出版社举办的《沈石溪十二生肖故事》新书发布会在2017上海书展举办。

17日，中版教材有限公司适度上调培训专家费用标准。

18日，商务印书馆《自然法名著译丛》《政治哲学名著译丛》签售会举行。

19日，商务印书馆“‘语文教师与经典阅读论坛’暨‘语文教师小丛书’（第1辑）新书发布会”举行。

19日，在中国拍卖行业协会主办的第4届中国文物艺术品拍卖国际论坛暨第2届青花奖颁奖典礼上，北京荣宝拍卖荣获“年度增长能力奖”和“年度十佳企业”称号，荣宝斋（上海）拍卖连续两年荣获“年度十佳企业”称号。

19日，现代出版社举办的天涯超人气历史作家青梅煮酒《太平洋战争》新书发布会在2017上海书展举办。

20日，中国美术出版总社在2017上海书展上举办《图手创意——手机时代的跨界艺术》新书发布会暨签售会。

21日，中国出版传媒股份有限公司A股主板上市仪式在上海证券交易所举行。

21日，中国出版传媒股份有限公司财务部配合证法部完成上市相关工作，股份公司在上交所A股成功上市。

21日，中国出版传媒股份有限公司A股股票在上海证券交易所成功挂牌上市仪式上，中国出版集团公司总裁谭跃赠送给上海证券交易所的礼物——镌刻着著名书法家沈鹏先生题写的“中国出版”4个大字的纸型，由北京新华印刷有限公司设计完成。

21日，商务印书馆与中国现代出版专家座谈会举行。

21日，中国美术出版总社在2017上海书展上举办《看见美好：文物与人物》新书首发式暨签售会活动。

21日，生活·读书·新知三联书店随中国出版传媒股份有限公司在上海整体上市。

21～22日，商务印书馆与中国现代学术专家座谈会举行。

22日，人民音乐出版社召开党委中心组学习扩大会议，深入学习贯彻习近平总书记“7·26”在省部级主要领导干部专题研讨班上的重要讲话精神。

22日，中国图书进出口（集团）总公司承办北京国际出版论坛。

22日，海外汉学专家一行访问荣宝斋。

22～28日，中国出版集团公司、新疆维吾尔自治区教育厅共同举办，中版教材有限公司承办的“华文书法教育暨中华文化研学活动”在北京开展。此次活动为期一周，共有新疆维吾尔自治区9个地州市、6个民族的18位书法教师参加了此次活动。

23日，人民音乐出版社协办“2017国际出版企业高层论坛”。

23日，“商务印书馆创立120年海外合作伙伴恳谈会”举行。

23日，商务印书馆“农民三部曲”英文版发布会举行。

23日，商务印书馆—博睿学术出版社战略合作协议签约仪式举行。

23日，商务印书馆“汉译波斯经典文库”新书发布会举行。

23日，商务印书馆《牛津初阶英汉双解词典》（第4版）和《牛津少儿英汉图解词典》新书发布会举行。

23日，中国大百科全书出版社与德国施普林格·自然集团联合成立《中国大百科全书》第三版英文版国际编辑部。

23日，由国际出版商协会、中国出版协会、中国出版集团公司主办，新华书店总店承办的“2017国际出版企业高层论坛”在北京举行。全国人大教科文卫委员会主任委员、中国出版协会理事长柳斌杰，国家新闻出版广电总局印刷发行司司长刘晓凯，中国出版集团公司党组书记、中国出版传媒股份有限公司总经理王涛等出席

论坛。

23日，中国图书进出口（集团）总公司举行中国图书“走出去”联合签约发布仪式。

23日，北京新华印刷有限公司参加第24届北京国际图书博览会印刷创意馆展览。

23～27日，商务印书馆参加第24届北京国际图书博览会。

23～27日，中华书局参加第24届北京国际图书博览会。

23～27日，人民音乐出版社参加第24届北京国际图书博览会。

23～27日，中国图书进出口（集团）总公司成功举办第24届北京国际图书博览会。

23～27日，荣宝斋参加第24届北京国际图书博览会。

23～28日，生活·读书·新知三联书店在第24届北京国际图书博览会（BIBF）上举办《丝绸之路研究》与《御窑千年》英文版以及《于丹〈论语〉心得》俄文版签约仪式，《中华文明的核心价值》吉尔吉斯语、哈萨克语版的首发仪式。

24日，中共中央政治局常委、中央书记处书记刘云山参观第24届北京国际图书博览会。

24日，在第24届北京国际图书博览会上，中译出版社在中国国际展览中心（新馆）举办“中国著名企业家与企业”丛书（中英文版）新书发布会暨“中国企业对全球经济影响”主题研讨会。

24日，由中译出版社、中国文化译研网（CCTSS）、中国少数民族作家学会与《民族文学》杂志社共同主办的“中国少数民族作家海外推广计划发布会暨少数民族文学国际翻译出版论坛”举行。

24日，北京电视台“北京您早”对第24届北京国际图书博览会“中国少数民族作家海外推广计划发布会”进行了报道，并采访了中译出版社总编辑张高里。

24日，由世界图书出版有限公司举办的“我的学生是外交官——《外交官学汉语的故事》新书交流会”在第24届北京国际图书博览会举行。

25日，伊朗伊斯兰共和国出版社代表团交流会在商务印书馆举行。

25日，中国图书进出口（集团）总公司发布ExpressReader（中国快讯）。

25日，中国图书进出口（集团）总公司与北京英创国际文化发展有限公司共同发起的中国艺术“走出去”联盟成立。

25日，由中国文化译研网、中译出版社联合主办的“CCTSS捷克语专家委员会成立暨中捷文学恳谈会&百年中国儿童文学精品外译书系启动新闻发布会”在北京召开。

25日，中译出版社携手英国查斯（亚洲）出版有限公司共同举办了《宋慈大传》（英文版）第1卷新书活动。

25日，中版昆仑传媒有限公司召开《中国故事大会》新闻发布会。

26日，中华书局举行《京都如晤》新书分享会。

26日，中国出版“走出去”联盟成立。

26日，“中图绘本教育联盟”正式启动。

27日，中华书局举办第22期伯鸿讲堂，主题为“我国的周边战略环境和中印边界形势”。

28日，学习出版社社长董俊山到新华书店总店考察并洽谈合作。

28日，荣宝斋召开2017年上半年经营工作会。

31日，新华书店总店召开2017年上半年经营工作会议。

31日，“人美艺术”平台正式上线运营。

8月，2017年上半年中国对外翻译有限公司“联合国语言人才培训体系”（简称“UNLPP”）英语口、笔译（P1、P2、P3）考试成绩正式发布。8月31日，“联合国语言人才培训体系”考试认证2017年下半年考试报名通道正式开启。

8月，现代教育出版社《中科院幼儿科学》荣获2017年“中国科学院优秀科普图书奖”。

8月，现代教育出版社与教育电视台合作，推出了《玛雅姐姐讲故事》系列电台节目。

9月

2日，张翎在温州与抗战老兵分享新作《劳燕》。

3～9日、10～16日，中华书局举办党员干部党性修养培训班。

4日，北京开卷信息技术有限公司数据部童丽霞一行访问中华书局。

4～8日，商务印书馆举办第2期“两学一做”学习教育活动暨中层管理干部培训班。

4～9日，中华书局赴捷克参加欧洲汉学图书馆协会年会。

5日，中央直属机关工委宣传部副部长、中央直属机关工委文明办主任吴清彬等一行前往中华书局调研精神文明建设工作。

6日，中国出版传媒股份有限公司财务部为证券法律部、财务部开通证券类软件账号，以便及时提供股份公司市值信息、同类企业的对标分析，以及借鉴同行业公告发布情况。

6日，中版集团数字传媒有限公司在江苏省常州市举办第2届漫像文化年会。年会由江苏省人民政府主办，公司与中版漫文化承办，中国常州国际动漫艺术周组委会协办，共青团网络影视中心、中国友好和平发展基金会、中国动漫集团支持举办。百家媒体报道了此次年会盛况。

7日，商务印书馆《选择生命——汤因比与池田大作对谈录》中文新译本发布会举行。

7日，中版教材有限公司成立精神文明建设工作领导小组。旨在切实加强对公司开展精神文明建设工作的组织领导，确保各项活动落到实处，成功实现文明单位的创建目标。

8日，《中国大百科全书》第三版总编辑委员会成立大会在北京召开。

8日，中版昆仑传媒有限公司、北京电视台等单位联合打造的大型人文讲述类综艺《中国故事大会》在北京卫视播出。

10日，荣宝斋（南京）2017石家庄文物艺术品拍卖会在石家庄太行国宾馆落槌。

11日，中国出版集团公司财务部按照财政部资产管理司要求，就国有企业财务会计相关报表体系及相关工作反馈了意见。

11日，荣宝斋福寿双全茶礼、《兰亭序》折页在“紫禁城”杯中华老字号文化创意大赛中获奖。

11～15日，中国出版集团公司在北京举办2017年度新员工培训班。

12日，“刺猬公社”创始人到人民文学出版社谈新媒体营销。

12日，中共中央直属机关工作委员会常务副书记孟祥锋到中华书局调研党建工作。

12日，中国大百科全书出版社召开专题会议，学习刘奇葆同志在《中国大百科全书》第三版总编辑委员会成立大会上的讲话精神。

13日，荣宝斋安全生产领导小组组织召开安全生产工作会，部署安全生产工作。

13～15日，中国大百科全书出版社在山东曲阜组织召开中国辞书学会百科全书专业委员会与中国编辑学会工具书和百科全书专业委员会年会暨学术讨论会。

14日，中国出版集团公司总裁、中国出版传媒股份有限公司董事长谭跃，中国出版集团公司党组成员、中国出版传媒股份有限公司副总经理李岩，带领集团直属机关党委常务副书记、纪委书记、党群部主任姜红新，股份公司出版业务部副主任曹永平、财务部副主任王剑辉等一行，到中版教材有限公司进行工作调研，听取领导班子关于公司的基本情况、2017年以来应对政策变化所开展的主要工作、下一步工作思路和主要措施以及公司面临的问题和困难等情况汇报。

15日，商务印书馆《鹤鸣九皋——民俗学人的村落故事》新书发布暨专家研讨会举行。

16日，由博雅翻译文化沙龙主办，北京大学MTI教育中心承办，中译出版社、对外经济贸易大学国际语言服务与管理研究所联合协办的“一带一路”与MTI教育高峰论坛在北京大学举行。本届大会的主题为“‘一带一路’与MTI教育”。

19日，法国法兰西汉学研究所所长杜德兰访问中华书局。

20日，由中国出版传媒商报社、新华网悦读频道、书香中国·全民阅读官网联合主办的“新华书店80周年文化地标推展授牌礼”在成都举行。

20～22日，中华书局参加第32届全国古籍出版社社长年会暨2016年度全国优秀古籍图书评奖会。

20～22日，由新华书店总店、上海图书馆（上海科学技术情报研究所）、上海市图书馆学会主办，《图书馆报》、上海阿法迪智能标签系统技术有限公司承办的2017智慧图书馆论坛暨《图书馆报》编委会工作会议在上海图书馆召开。

20～23日，第23届东亚出版人会议在浙江乌镇举行。

20日至10月20日，荣宝斋木版水印工艺坊举办“大家风范 各领风骚——40位名家代表作木版水印画联展”。

21日，中华书局组织老干部秋游。

22日，生活·读书·新知三联书店出版的姜鸣编著《中国近代海军史事编年（1860—1911）》出版。

24日，中华书局举办第23期伯鸿讲堂，主题为“《太平广记》的体例与体例校勘”。

24日，由北京荣宝拍卖与永新华韵共同举办的斑斓遗石——寿山石名家保真专场拍卖会在北京富力万丽酒店收官。

25日，北京新华印刷有限公司印制的《习近平总书记系列重要讲话读本》获得第6届中华印制大奖金奖。

26日，中国出版集团公司党组成员、中国出版传媒股份有限公司副总经理李岩带队，前往北京银监局汇报成立财务公司的准备情况。

26日，第8届京沪港三联书店高层年会暨2017年三联时空国际文化传播（北京）有限公司第二届第二次董事会在浙江宁波召开。

26日至10月10日，中国图书进出口（集团）总公司承办2017泰国“中国图书展销”活动。

27日，中国出版传媒股份有限公司财务部关于对《中国出版集团关于提高集团化经营水平促进纸张整合的实施方案》提出补充意见。

27日，人民文学出版社出版的鲁敏长篇小说《奔月》新书发布会在北京彼岸书店举行。

28日，荣宝斋当代艺术馆举办“东方欲晓——崔晓东为毛主席纪念堂创作《韶山》作品品鉴会”。

29日，人民音乐出版社“拥护《国歌法》实施暨国歌出版发布会”举行。

29日，新华书店总店两家全资子公司北京新华数创传媒科技发展有限公司、北京新华文博物业管理有限公司分别在深圳文化产权交易所正式挂牌。

29日，中国非通用语教学研究会主办、世界图书出版广东有限公司协办的“世图杯”第8届全国大学生越南语演讲比赛在北京大学举行。

29日至10月9日，荣宝斋书画经营一部举办“江山如画——近现代山水画名家作品展”。

30日，中华书局成立中华书局有限公司国家安全小组。

30日，“喜迎十九大‘祖国万岁’书画展”在人美美术馆开幕。

9月，全国翻译专业学位研究生教育指导委员会专家组到中国对外翻译有限公司，就“国际关系学院—中国对外翻译有限公司：全国翻译专业学位研究生联合培养示范基地”进行考察评估。

9月，中国对外翻译有限公司“中译语言服务人才库”招募工作正式开启。中译人才库面向持联合国语言人才培训体系（UNLPP）考试证书者及中译培训学员吸收录取，并根据UNLPP证书级别和培训结业测评成绩进行相应的工作推荐。

9月，中版集团数字传媒有限公司与共青团网络影视中心联合启动“青春心向党，喜迎十九大”主题漫像征集活动，累计1万名网民通过直播观看了启动仪式。相关报道累积阅读量达4518.77万，影响力达3458.88万人，收集作品686幅。

9月，中版文化传播（北京）有限公司成立中版文化国家安全小组，设立组长、副组长及小

组成员，确保国家安全政策的执行及落实；同时成立精神文明委员会，设主任、副主任及成员，推动单位精神文明建设工作。

9月，中版文化传播（北京）有限公司党员和全体职工向青海贫困地区共捐献衣物120余件。

10月

5日，中华书局举办《纸色斑斓》出版座谈会暨读者签售会。

6日，北京市副市长、公安局局长王小洪到北京新华印刷有限公司视察。

10日，北京市政协主席吉林，副主席王永庆、闫仲秋，秘书长周毓秋及近30位委员到荣宝斋调研。

10～12日，中译出版社在山东泰安地区与农业大学、泰山中学、泰安四中、文友书店旗舰店等举办《信念：十年徒步中国》雷殿生校园讲座活动共计8场，深受学生欢迎，签名售书约2000册，码洋99800元。

10～14日，人民文学出版社党委在中国革命的圣地——井冈山举办了人民文学出版社“两学一做”学习教育培训班。

11日，人民文学出版社社长臧永清和查斯出版公司总编辑马丁·萨弗里签署了《极花》英文版版权输出合同。

11日，商务印书馆西安编辑策划中心揭牌。

11～14日，人民音乐出版社参加2017中国（上海）国际乐器展览会。

11～16日，商务印书馆参加第69届法兰克福书展。

11～16日，中华书局参加第69届法兰克福书展。

12日，人民音乐出版社与小叶子（北京）科技有限公司正式签署合作协议。

12日，商务印书馆《“一带一路”大数据报告（2017）》新书发布会举行。

12日，中国美术出版总社举办《现行汉字分析》专题讲座。

13日，美国柏克莱加州大学图书馆副馆长周欣平访问中华书局。

14日，商务印书馆举行第3届羽毛球团体赛。

14日，中华书局与金陵图书馆联合举办了“岁月芳华 书香传远——中华书局百年发展历程”展览。

14～15日，商务印书馆菊生学术论坛举办第7期“科际合作——藏学与人类学领域间关系”讲座。

14～17日，“诗词中国”新加坡—马来西亚创作采风活动举办。

16日，中国图书进出口（集团）总公司正式上线“中国快讯 ExpressReader”移动客户端。

16日，中国图书进出口（集团）总公司业务系统BOS上线。

16日，荣宝斋贵阳分店试营业。

17日，人民音乐出版社召开第六次团员代表大会，选举产生了新一届团支部委员会。

17日，中国出版传媒商报社推出《厉害了中国出版》专刊。

18日，中华书局组织全体党员、团员及部分员工观看中国共产党第十九次全国代表大会开幕式。

18日，《尼尔逊儿科学（原著第19版）》新书发布会在江苏省苏州市召开的“第22次全国儿科学术大会”上举行。

18日，中版教材有限公司组织全体员工收看中国共产党第十九次全国代表大会开幕式。

18～24日，中华书局总经理徐俊参加中国共产党第十九次全国代表大会。

18日至12月，商务印书馆组织学习贯彻党的十九大精神。

21日，鲁敏携人民文学出版社出版的最新长篇小说《奔月》在先锋书店与读者进行交流。

21日，生活·读书·新知三联书店出版的杨渡著《在台湾发现历史》在北京举办新书分享会。

22日，在中国出版传媒股份有限公司国际

部的帮助和支持下，中译出版社与突尼斯东方知识出版社举行了“中国主题图书国际编辑部”的签约仪式。

23日，国家艺术基金2017年度艺术人才培养资助项目“荣宝斋装裱修复技艺人才培养培训班”在济南分店举行开班仪式。

25日，商务印书馆等主办的“纪念张元济先生诞辰150周年暨第5届张元济学术思想研讨会”举行。

26日，新华书店总店召开传达学习党的十九大精神会议。

26日，新华联合发行有限公司在北京召开2017年第一次临时股东大会。

27日，中国出版传媒股份有限公司聘请中介机构协助开展2017年第三季度财务报告工作。

27日，世界图书出版上海有限公司召开2018年度编辑选题分享会。

27日至11月1日，荣宝斋书法馆举办“草草不工——蔡澜行草展”。

28日，现代教育出版社携手北京百万庄图书大厦、北京师范大学·家庭教育课题组、书香中国·北京阅读季以及一起悦读俱乐部；在百万庄文化创客空间举办了家庭教育阅读分享会。

28日，荣宝斋举办荣宝斋大讲堂—“蔡澜主讲：冯康侯老师教导的书法与篆刻”。

29日，中华书局举办第24期伯鸿讲堂，题目为“是非功过朱元璋”。

30日，商务印书馆《张菊生先生九十生日纪念册》《校订元明杂剧事往来信札》《涵芬楼烬余书录》（稿本）首发座谈会举行。

30日，人民音乐出版社召开学习传达党的十九大精神专题会议。

30日，东方出版中心党委理论中心组学习扩大会召开，学习传达十九大关于党章修改要点及中国出版集团公司10·26会议精神。

30日，荣宝斋召开全体党员大会，学习宣传贯彻党的第十九次全国代表大会精神。

30日，中译出版社团总支举办组织生活会暨“读百部经典 成专家型人才”读书会，团员及部分青年参加了此次活动。

31日，商务印书馆等主办的“张元济与中华古籍保护”学术研讨会举行。

31日，商务印书馆举办“编辑沙龙”第9期，中国社会科学院语言研究所专家李志江主讲“提高编校能力系列讲座之一——编辑加工中的语法差错及其他”。

31日，人民美术出版社“艺术向未来”人美高校行活动走进昆明理工大学。

10月，中国出版集团公司2018年校园招聘工作启动。

10月，新华书店总店员工向青海省泽库县捐赠500件衣物。

10～12月，现代教育出版社团支部顺利完成换届选举工作。

11月

1日，商务印书馆举办“编辑沙龙”第10期，清华大学出版社总编辑吴培华主讲“提高编校能力系列讲座之二——新技术条件下编辑的质量意识与基本功培养”。

1日，中华书局作为首届主宾社参加“深圳读书月”活动。

1日，教育部基础教育课程教材发展中心临沂实验区“人美美育学堂”教学研讨会在临沂市第三十九中学举行。

1日，中国图书进出口（集团）总公司携“一带一路”主题图书巡展出席第36届沙迦国际书展。

1日，世界图书出版上海有限公司中版教育云平台与西华一高举行交流会。

2日，2017商务印书馆人文社科“十大好书”评选活动举行。

2日，中国大百科全书出版社党委召开以“学习宣传贯彻十九大精神，领会新思想立足新作为开创新局面”为主题的党委理论学习中心组学习（扩大）会议。

2日，中版教材有限公司团总支召开团员大会、第三届团总支委员会第一次全体会议，投票选举新一届团总支委员会成员。

4～5 日，商务印书馆菊生学术论坛举办第 8 期“七至十六世纪信息沟通与国家秩序”讲座。

5 日，商务印书馆《安魂曲——汉诺赫·列文戏剧精选集》中文版新书发布会举行。

5 日，全国中学生国学大赛在北京启动。

6 日，首届“东升杯”全国连环画征稿大赛评选揭晓暨全国巡展首站在人美美术馆开幕。

6 日，荣宝斋与永新华韵举行战略合作签约仪式。

7 日，商务印书馆举办“编辑沙龙”第 11 期，商务印书馆汉语编辑中心编审刘一玲主讲“标点符号用法及数字用法举要”。

7 日，东方出版中心邀请中共上海市委党校教授袁秉达做学习十九大精神专题报告会，报告主题为“新时代、新思想、新征程”。

7 日，中国出版集团公司“走出去”工作会在北京召开。

8 日，商务印书馆举办“编辑沙龙”第 12 期，商务印书馆学术编辑中心编审李霞主讲“译著出版规范”。

8 日，中国出版集团公司 2017 年信息宣传工作会召开。新华书店总店因宣传工作成绩突出，荣获中国出版集团公司 2016－2017 年度信息宣传工作创新奖。

8 日，中国出版集团举行 2017 年信息工作会议，荣宝斋荣获中国出版集团优秀信息宣传单位奖。

9 日，人民音乐出版社团支部召开党的十九大精神学习组织生活会。

9 日，《海派生活小史》新书发布暨海派生活交流分享会在上海大学举行。

10 日，中版昆仑传媒有限公司开展电视剧《傅柏翠传》剧本研讨会。

11 日，商务印书馆主办的第 2 届博物学文化论坛举行。

11 日，中华书局举办《孙中山史事编年》《孙中山全集续编》新书发布会。

13 日，中国出版集团公司党组十九大精神宣讲组成员，中国出版集团公司党组成员、副总裁，中国出版传媒股份有限公司监事会主席刘伯根同志到荣宝斋，为广大党员干部群众做报告，对党的十九大精神进行系统深入的解释和阐读。

13 日，新华联合发行有限公司党支部和工会联合举办“员工接待日”活动。

13～14 日，人民文学出版社在河南郑州、开封两地举行《梁光正的光》分享活动。

14 日，人民音乐出版社走进北京市朝阳区晨光脑瘫儿童康复中心，为脑瘫儿童捐书并讲授音乐素养课程。

14～15 日，中国出版传媒商报社主办的“推进出版业供给侧结构性改革创新论坛暨第 3 届图书库存管控交流会”在北京召开。

16 日，中国图书进出口（集团）总公司承办“中共十九大：中国发展和世界意义国际智库研讨会”。

16 日，世界图书出版上海有限公司召开 2018 年度选题会。

16 日，中版集团数字传媒有限公司承办“一带一路”动漫游戏产业发展峰会，由厦门市人民政府和中国出版集团公司主办。

17 日，中华书局召开新 3 年改革发展动员会。

17 日，人民音乐出版社人音教育菲伯尔国际教学水平考试启动。

19～26 日，荣宝斋书画经营一部举办“世纪丹青——吴昌硕·齐白石绘画展”。

21 日，中国出版集团公司召开“完善集团产业结构”专题会议。

21 日，英国 DK 公司首席执行官伊恩·哈德逊一行到中国大百科全书出版社参观访问。

22 日，由中国出版传媒商报社、浙江省新华书店集团有限公司联合主办的“全国社店营销实务对接会暨 2017 书业营销推展发布礼”在杭州举行。

22～24 日，中国大百科全书出版社召开 2018 年度选题工作会议。

23 日，在中国出版集团公司纪委人员监督下，中国出版传媒股份有限公司询价评选小组听取了中国工商银行、中国农业银行、中信银行、北京银行关于募集资金储存银行的报价。经过综

合考虑，评选小组建议选择中信银行总行营业部作为本次募投资金储存银行，提请总裁办公会审议。

24日，中国出版传媒股份有限公司对北京新华印刷有限公司《关于直燃机低氮改造项目的请示》和《关于购买精装联动线配套设备的请示》进行批复，同意北京新华印刷有限公司直燃机低氮改造和购买设备，要求其按照固定资产管理的相关规定程序办理，严格控制预算支出，并做好相关会计处理和财务管理工作。

24～26日，中译出版社在山东各院校举办《信念：十年徒步中国》雷殿生校园讲座活动。

25日，北京经济技术开发区管委会主任梁胜带领区安监局、消防局等相关部门主要负责人到北京新华印刷有限公司进行消防安全检查。

26日，第18届深圳读书月·深圳读书论坛第4场在深圳书城中心城北区大台阶举行，人民文学出版社携作家毕飞宇受邀为读者带来《愉快地阅读小说》主题讲座。

26日，中华书局举办第25期伯鸿讲堂，主题为“学书初阶——中国书法的基本笔法与内涵”。

27日，中华书局《阮章竞太行山笔记手稿四种》影印本首发式举行。

27日，现代出版社向韬奋基金会捐赠图书。

28日，新华书店总店总经理茅院生带队赴贵州，与贵州省委宣传部、省教育厅、贵州省新华书店集团等部门和单位的领导进行座谈交流，贵州省委常委、宣传部部长慕德贵出席座谈会，就与贵州相关文化和教育单位的深入合作、重点项目落地达成了一致意见。

28～30日，人民音乐出版社组织新员工开展培训实践活动。

29日，国际著名电影巨星杰拉尔·德帕迪约到中版昆仑传媒有限公司参观交流。

29日至12月1日，生活·读书·新知三联书店2018年度选题论证会在昌平召开。

30日，生活·读书·新知三联书店第一部在线有声读物——杨绛著《我们仨》在喜马拉雅FM正式上线，由著名配音表演艺术家曹雷演播。

30日，由新华书店总店和国家版权局网络版权产业研究基地主办的“科技＋文化：天府数字文创产业高峰论坛”在成都举行。

30日，世界图书出版上海有限公司携手钟书阁（闵行店）举办糖尿病健康养生讲座暨《细说糖尿病》新书签售活动。

11月，2017年下半年“联合国语言人才培训体系”（UNLPP）英语口、笔译（P1、P2、P3）考试在北京、上海9大考点举行。

11月，“诗词中国”国有资本金项目建设完成，达到国有资本金预算时设计的诗词存储量、APP下载量等各个分项目标。

12月

1日，新华书店总店、上海阿法迪智能标签系统有限公司与北京新华数创传媒科技发展有限公司在北京签订增资协议。

1～4日，由人民音乐出版社《钢琴艺术》编辑部主办的“第2届全国钢琴教学研讨会”在福建厦门举办。

2日，北京荣宝2017秋季拍卖会收官。

2日，荣宝斋（桂林）2017秋季文物艺术品拍卖会收官。

2日，中版昆仑传媒有限公司出席丝路影视工业链暨《丝路·那一夜》新闻发布会。

4日，中版教材有限公司召开“业务分享会”。

4～15日，生活·读书·新知三联书店举办“2017年读者选书”评选活动，最终选出三联书店“2017年度十本好书”。

5日，由北京作家协会和中国大百科全书出版社联合举办的《故宫里的大怪兽》作品研讨会在北京举办。

5～8日，中国出版集团公司在北京举办2017年度“三个一百”人才培训班。

5～12日，荣宝斋当代艺术馆举办“荣宝斋中青年艺术家推介展——张洪源（第二回）”。

6日，《三联生活周刊》在“未来传播”

2017年度推荐盛典上荣获“探索力推荐媒体”奖。

6～9日，中译出版社在黑龙江地区各院校举办《信念：十年徒步中国》雷殿生校园讲座活动。

6日至2018年3月30日，荣宝斋美术馆举办“荣宝斋藏品系列展——京津画派部分(一)”。

8日，荣宝斋（济南）2017秋季拍卖会收槌。

8～9日，中华书局召开2018年度选题工作研讨会。

9日，第3届“诗词中国”颁奖典礼举行，挑战吉尼斯世界纪录“最大规模的诗词竞赛”成功。

9日，现代教育出版社开始搬迁入驻新华联合物流中心。

9～10日，人民音乐出版社参加在山东省泰安市举行的首届新闻出版合作大会。

9～17日，荣宝斋书法馆举办“和光同尘——丁谦书法作品展”。

11日，新华书店总店党委理论学习中心组召开会议，专题学习党的十九大精神。

12日，中国大百科全书出版社开始搬迁入驻新华联合物流中心。

12～13日，中国美术出版总社在江苏省宜兴市召开人美2018年高校工作会议。

13日，《细说糖尿病》读者见面会在黑龙江举办。

13日，现代出版社向韬奋基金会捐赠图书。

15日，商务印书馆《中国语言文化典藏》(20卷）新书发布会举行。

15日，台湾联经出版事业公司总经理陈芝宇访问中华书局。

15日，中国出版集团公司总裁谭跃带队调研中华书局募投项目。

15日，韩国总统文在寅、夫人金正淑一行50余人参观荣宝斋。

16日，中华书局举行第3届中华之星国学大赛启动仪式。

16日，中华书局2017年度双十佳图书揭晓。

16日，生活·读书·新知三联书店出版的吕途著《中国新工人：女工传记》在北京举行首发式。

17日，“古风遗韵”——周根宝中国画作品展在人民美术出版社美术馆开幕。

17日，中版教材有限公司召开编程教育进课堂研讨会，正式开启《编程技术》教材研发项目。

18日，中国大百科全书出版社召开2016年出版物编校质量检查工作总结会议。

19日，中国出版集团公司召开2017年财务决算培训会，布置2017年度财务决算和2018年度财务预算编制工作。

20日，在阿里云2017云栖大会·北京峰会上，新华书店总店全资子公司新华互联电子商务有限责任公司与阿里巴巴集团全资子公司阿里云计算有限公司签署战略合作协议。

20日，中国出版传媒股份有限公司财务部制定全资子公司2017年度股利分配政策。

20日，由《三联生活周刊》及旗下“熊猫爱茶研究所”发起的“2017首届中国茶生活年会”在北京召开。

21日，商务印书馆“汉语盘点2017”揭晓。

23日，董卿携人民文学出版社出版的《朗读者》现身成都文轩books书店，进行图书签售活动。

23日，人民文学出版社与哈迷举行两场圣诞联欢暨图书交流活动。

23日，人民文学出版社出版的张五毛新书《春困》发布会暨读者见面会在北京言几又书店举办。

26日至2018年1月2日，荣宝斋书法馆举办“2018何国门迎新书画印展”。

27日，荣宝斋工会召开第十届会员代表大会，换届选举产生第十届工会委员会和经费审查委员会。

28日，中国出版传媒股份有限公司经领导批示同意后，使用募投资金对新华联合发行有限

公司进行增资。

28日，中国出版集团公司作为申请人，向北京市银监局正式提交申请筹建财务公司相关资料。

29日，新华联合发行有限公司取得中国出版传媒股份有限公司以募集资金形式支付的增资8491.5万元，用于“第三方图书智能流通平台项目”。

30日，商务印书馆总经理于殿利开讲“文化强国”。

30日至2018年1月7日，荣宝斋当代艺术馆举办“云山清影——潘一见山水画展”。

31日，中华书局举办第26期伯鸿讲堂，主题为“君子乎？小人乎？——漫谈《三国演义》里的曹操与刘备”。

31日，“梅下清思——乐泉书画展暨《乐泉谈艺》（人美版）新书签售会”在人美美术馆开幕。

12月，中国翻译协会第七届理事会第二次会议在北京召开。

12月，现代教育出版社《我的动物园》入选中国出版集团公司2017年度“中版好书榜”。

12月，中译出版社被中央直属机关评为“2015—2017年度文明单位”。

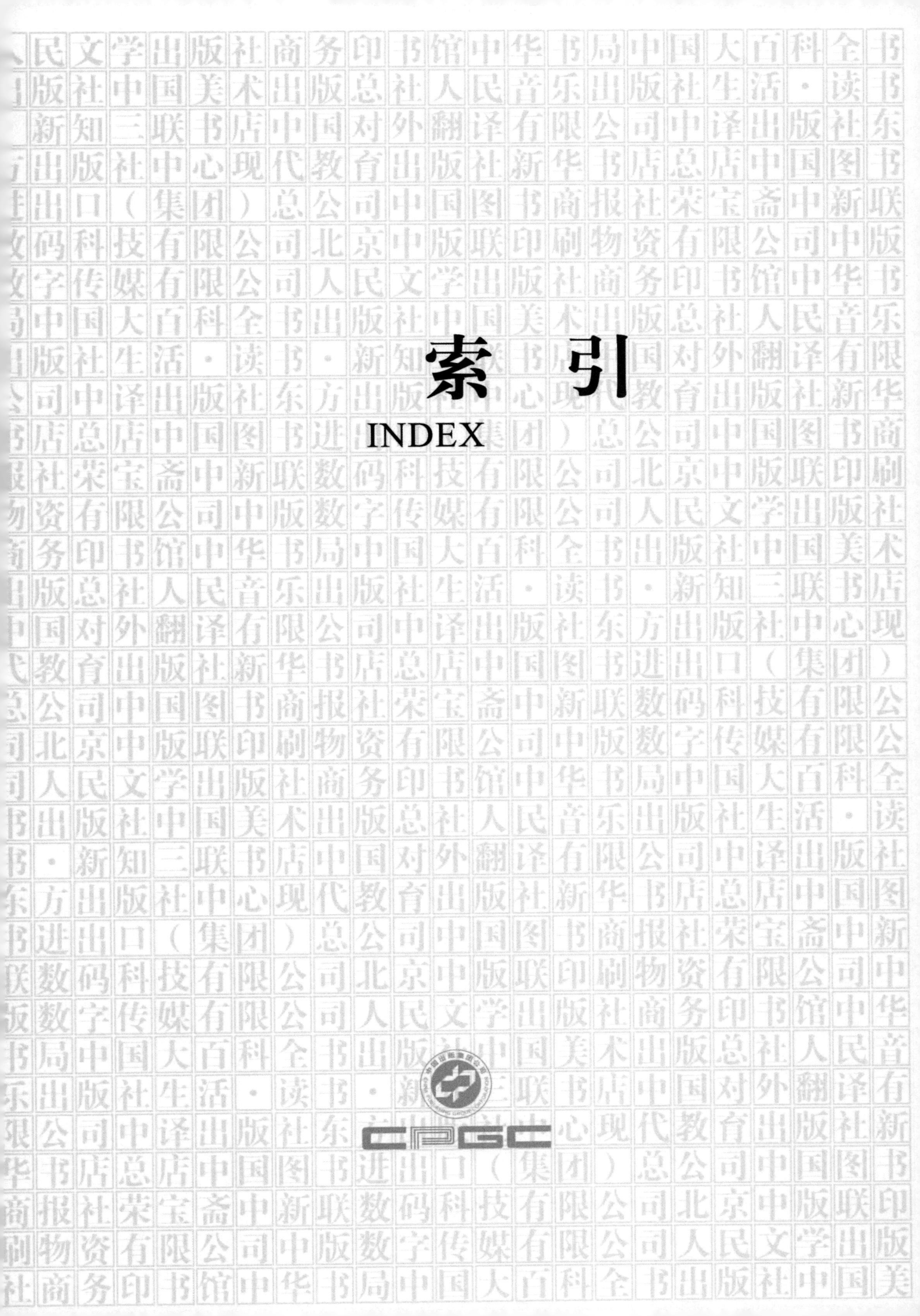

索引

INDEX

条目汉语音序索引

A

ān

B

bǎ

bà

bǎi

bān

běi

C

E

é

ér

F

fàng

fēi

fēng

fǔ

G

H

K

L

M

N

P

Q

R

rèn

róng

S

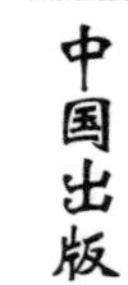

T

W

X

Y

Z

zhōu

zhū

zì

zǒu

字母及数字